Hans-Jürgen Wagener, Thomas Eger

Europäische Integration

Wirtschaft und Recht, Geschichte und Politik

Hans-Jürgen Wagener, Thomas Eger

Europäische Integration

Wirtschaft und Recht, Geschichte und Politik

Verlag Franz Vahlen München

VERLAG
VAHLEN
MÜNCHEN
www.vahlen.de

ISBN 978 3 8006 3646 4

Satz: Fotosatz H. Buck, Kumhausen
Druck und Bindung: Druckhaus „Thomas Müntzer" GmbH
Neustädter Str. 1–4, 99947 Bad Langensalza
Umschlaggestaltung: Ralph Zimmermann – Bureau Parapluie
Bildnachweis: © Claudia Perez Leal - Fotolia.com, © Franz Pfluegl - Fotolia.com
Gedruckt auf säurefreiem, alterungsbeständigem Papier
(hergestellt aus chlorfrei gebleichtem Zellstoff).

Vorwort

Europa ist keine *terra incognita*, die auf den Landkarten der Wissenschaft große weiße Flächen aufwiese mit dem Zusatz *ubi sunt leones*. Geschichte und Kultur, Recht, Wirtschaft und Politik – sie alle haben den Kontinent vermessen und in jeweils umfangreichen Literaturen kartographiert. Selbst wenn man unter Europa einen dialektischen Entwicklungsprozess versteht, der sich zwischen Nationalismus und Kosmopolitismus, zwischen Integration und Desintegration, Zentralisierung und Dezentralisierung, zwischen Harmonisierung und Wettbewerb bewegt, so sind die Kräfte, die ihn vorwärts treiben oder treiben können, von den einzelnen Disziplinen hinreichend identifiziert. Die „Quantenmechanik" und „Thermodynamik" der europäischen Integration harren nicht ihrer Entdeckung. Nicht dass es nichts Neues mehr geben könnte unter der Sonne. Die europäische Integration ist ein historischer Prozess: Jede Scheibe des geschichtlichen Kontinuums hat, wenn auch nicht ihre eigenen Gesetze, so doch ihre besonderen Merkmale und eigenen Fragestellungen. Und keine Wissenschaft wäre mit ihrem Gegenstand je fertig. Doch bewegen wir uns auf relativ festem Grund, wenn wir behaupten, es gebe ein fundiertes positives Wissen, das zur Beschreibung Europas und seiner Entwicklung herangezogen werden kann.

Fundiertes positives Wissen ist eine der Voraussetzungen für ein Lehrbuch. Und ein Lehrbuch vorzulegen, war das Ziel der drei Autoren, die sich vor 5 Jahren zusammengetan hatten, dieses Buch zu schreiben. Der Erfolg und die Veränderungen in der Konstruktion des europäischen Hauses haben eine Neuauflage notwendig gemacht. Von den ursprünglich drei Autoren sind nur zwei übriggeblieben. Denn unser Kollege Heiko Fritz führt seit Jahren in Almaty kasachische Studenten in die Geheimnisse der Ökonomie ein. Damit hat er sich etwas von den aktuellen Problemen der europäischen Integration entfernt, was es schwer machte, Mitverantwortung für die zweite Auflage zu übernehmen. Sein Beitrag zur ersten Auflage bleibt ungeschmälert und manifestiert sich in der Ko-Autorschaft der Kapitel 11 und 14. Die Leser treffen Heiko Fritz auch noch als Gesprächspartner in den einführenden Dialogen an. Denn sie sind unverändert stehen geblieben.

Als weitere Voraussetzung für ein wissenschaftliches Lehrbuch muss das positive Wissen in einen konsistenten theoretischen Rahmen gestellt werden, und zwar in einen Rahmen von Theorien, über deren Validität ein gewisser Konsens besteht. Denn was nützte es dem Studenten oder dem interessierten Leser, wenn er mit verstaubten oder verschrobenen Gedankengebäuden konfrontiert würde. Hier setzen allerdings die Schwierigkeiten ein. Denn die Geschichts- und Kulturwissenschaften, die Rechts-, Wirtschafts- und Politikwissenschaften haben je eigene Theorien, mit denen sie unseren Gegenstand, die europäische Integration, angehen. Ein komplexes Phänomen

– was wäre komplexer als die europäische Integration? – ist gekennzeichnet durch unterschiedliche Aspekte, die von den einzelnen wissenschaftlichen Disziplinen arbeitsteilig behandelt werden. Es ist nun gleichgültig, ob man von einer Eigengesetzlichkeit der gesellschaftlichen Subsysteme Politik und Recht, Wirtschaft und Kultur ausgeht oder ob man in Spezialisierung und Arbeitsteilung nur ein Gebot der praktischen Vernunft sieht: Die Qualität der Wissensproduktion scheint auf die disziplinäre Beschränkung angewiesen zu sein.

Ist es da nicht am besten, der alten Devise zu folgen: Schuster bleib bei deinem Leisten? Vom Standpunkt des Gegenstands aus betrachtet, dem historischen Prozess der europäischen Integration, ist die monodisziplinäre Zersplitterung der Herangehensweisen jedoch nicht unbedingt hilfreich. Das wird besonders dann deutlich, wenn es um die Identifikation mit Europa geht. In jüngster Zeit häufen sich Klagen über eine europakritische Grundeinstellung oder das Fehlen einer europäischen Gesinnung bei den Bürgern. Jede disziplinäre Analyse, besonders in den politisch sensiblen Sozialwissenschaften, mündet früher oder später in einen Reformvorschlag. So weit, so gut. Doch die Reformvorschläge basieren dann eben auf dem jeweiligen Spezialwissen und sind in der Regel technokratischer Natur. Genau darin liegt ein Problem der europäischen Integration, dass man nämlich den Wald vor Bäumen nicht sieht und niemand zu seinem Lobe singt. Nun ist ein Lehrbuch kein Hymnus. Es dient vielmehr dem Verständnis des Gegenstandes und des Lehrgebäudes, das zu seiner Analyse errichtet worden ist. Die Bedeutung des Ganzen der europäischen Integration als historisch einheitliches Phänomen und die Interdependenz der Teile machen eine integrierte Herangehensweise sinnvoll und haben in den immer zahlreicher aufgelegten multidisziplinären Studiengängen „Europastudien" eine entsprechende Nachfrage geschaffen.

Natürlich müssen auch wir bei unserem Leisten bleiben, der aus ökonomischem Holz geschnitzt ist. Doch wenn man die Ökonomie nicht nur in der „klassischen" Theorie der Wirtschaftspolitik, sondern in ihren modernen Ausprägungen der Institutionen- und Konstitutionenökonomik sowie der ökonomischen Analyse des Rechts sieht und sich zusätzlich an die Tradition der historischen Schule erinnert mit ihren zahlreichen Verbindungen zur Rechts-, Geschichts- und Kulturwissenschaft, dann sollte das Fundament breit genug sein für eine „Ökonomie im Kontext". Genau darum geht es. So wie Ulrich Haltern (2005) für eine Rechtswissenschaft als Europawissenschaft verlangt, dass sie „Recht im Kontext" behandeln müsse, kann auch ein wirtschaftswissenschaftlicher Ausgangspunkt nur dann der Komplexität des Gegenstandes europäische Integration gerecht werden und auf ein Verstehen des Gesamtphänomens rechnen, wenn die Ökonomie in den Kontext der rechtlichen, sozialen, politischen und geschichtlichen Zusammenhänge gestellt wird. Das wird im vorliegenden Buch versucht.

Die Europäische Union ist ein lebendiges politisches Gebilde. Man kann es nur in seinem augenblicklichen Zustand und in seiner Geschichte erfassen. Das bringt Probleme mit sich, die sich in dieser zweiten Auflage des Buches darin äußern, dass der Vertrag von Lissabon noch nicht endgültig rechtskräftig ist. Er hat fast alle Hürden genommen, selbst der tschechische Senat hat zugestimmt. Doch neben den Unterschriften der deutschen, polnischen und tschechischen Präsidenten stehen das Votum der irischen Bürger und das Votum des Bundesverfassungsgerichts noch aus. Da wir hier optimistisch sind, haben wir die wesentlichen Bestimmungen dieses Vertrages, der als Ersatz für die gescheiterte Verfassung eine Gemeinschaft von 27 und mehr Mitgliedländern funktionsfähig erhalten soll, in den Text aufgenommen. Kommt der Vertrag, ist der Leser darüber informiert, kommt er nicht, sieht er zumindest, wo der Schuh in Zukunft voraussichtlich drücken wird.

Dank gebührt all jenen, die zum Entstehen des Textes beigetragen haben. Das sind über die Jahre hinweg Kollegen, Mitarbeiter und Studenten, die gar nicht alle namentlich benannt werden können. Denn entstanden ist das Projekt aus Lehrveranstaltungen zur europäischen Integration, die die Autoren vor längerer Zeit einmal in Frankfurt an der Oder zusammengeführt haben. Die Studenten, die sich dort und anderswo damit auseinandersetzen mussten, trugen mit ihrem Verständnis, aber gerade auch mit gelegentlichem Unverständnis zur Klärung des Stoffs und seiner Präsentation bei.

Als unser Freund und Kollege Herbert Brücker anbot, einige Absätze zur Arbeitskräftemobilität und Migrationsproblematik zu schreiben, haben wir nicht nein gesagt, sondern seinen Beitrag in unseren Text (konkret in Kapitel 8.2) eingearbeitet. Für diese Mitarbeit gebührt ihm besonderer Dank.

Dass man Mitarbeiter und Kollegen mit der Durchsicht von Manuskripten und anderen Hilfsdiensten lästig fällt, ist üblich. Wir haben für geduldige und konstruktive Kritik und Unterstützung zu danken: Linda Albertsen, Aida Ardabili, Frank Bönker, Katharina Greszczuk, Sönke Häseler, Sina Imhof, Manfred Kraft, Patrick Leyens, Stefano Lombardo, Lena Reinecke, Alexander Schall, Björn Schallock, Heike Schweitzer, Ohad Soudry, Paul Stange, Michaela Triebel , Katie Walker und Katja Zwingmann.

An der Herstellung eines Buches sind zahlreiche Personen beteiligt. Sie wie im Abspann eines Filmes vom Catering bis zum Vervielfältigungsdienst einzeln aufzuführen, ist bei Büchern nicht üblich. Doch müssen wir Sophia Wagener erwähnen. Sie hat die Abbildungen graphisch gestaltet. Hermann Schenk und seine Kollegen im Vahlen Verlag begleiten das Projekt seit Jahren vorbildlich. Besonderer Dank gebührt ihnen aber dafür, dass sie der zweiten Auflage einen neuen Satzspiegel spendiert haben. Er läßt die Seitenzahl zwar etwas anwachsen, macht den Text aber sehr viel übersichtlicher. Studenten können beruhigt sein: Der Text selbst – zugegeben umfangreich genug – ist um keinen Deut länger geworden. Das abschließende Urteil bleibt dem Leser.

Frankfurt a. d. Oder und Hamburg im Mai 2009 *Hans-Jürgen Wagener*

Thomas Eger

Inhaltübersicht

Inhaltverzeichnis

Teil I:
Wovon handelt das Buch?

Kapitel 1
Europa – ein Kontinent, eine Geschichte, eine Kultur?

Worum geht es in diesem Kapitel?

HJW: Natürlich fangen wir mit Europa an.

HF: Europa – gibt es das überhaupt?

HJW: Also steig jetzt nicht in den Universalienstreit ein! Europa ist ein Modell, ein mentales Konstrukt, und als solches ist es seit Jahrhunderten in den Köpfen der Europäer und ihrer Nachbarn.

TE: Modelle vereinfachen die Realität, machen sie leichter erklärbar, beherrschbar. Meinst du das?

HJW: Das meine ich. Es geht um die Abgrenzung vom Rest der Welt – geographisch, historisch, kulturell. Es macht doch Sinn, Europa als Einheit zu betrachten.

HF: Na, geographisch habe ich so meine Zweifel – viel mehr als der westliche Rand des eurasischen Kontinents ist da auf der Karte nicht zu sehen.

TE: Und historisch ist das mit der Einheit auch so eine Sache. Die Völker Europas haben sich bis in die allerjüngste Zeit ständig bekriegt, wechselseitig erobert, einander Land weggenommen – von einem europäischen Modell weit und breit nichts zu sehen.

HJW: Das war schon bei den alten Griechen so, und trotzdem sind sie zusammen als Griechen vor Troja und gegen die Perser gezogen. Außerdem benutzt du den Begriff Modell jetzt normativ. Es ist eines, mit einem positiven Modell zu erklären, warum sich England, Holland, Frankreich anders entwickelt haben als Indien oder China. Es ist etwas anderes, eine normative Idee von Europa zu haben: Was erwarten wir von den Briten, Holländern, Franzosen als Europäer?

HF: Ist das denn wichtig? Da wird zwar immer die Idee Europa hochgehalten, aber am Ende geht es doch um die wirtschaftlichen Interessen der einzelnen Staaten.

HJW: Ich denke schon. Du brauchst dir nur die Diskussion um Europa als das christliche Abendland anzuschauen, die im Zusammenhang mit dem Entwurf einer Verfassung für die Europäische Union entbrannt ist.

TE: Oder die Diskussion um die Mitgliedschaft der Türkei. Da hat Europa über Jahrhunderte Türkenkriege geführt, um seine Grenzen zu verteidigen. Und jetzt sollen die Türken einfach dazugehören?

HF: Na ja, auch die Ungarn wurden auf dem Lechfeld abgewehrt, und sind doch gute Europäer geworden.

TE: Genauso wie die Finnen. Und beide haben mit den Schweden oder Österreichern mehr gemein als mit ihren Sprachverwandten, den Samojeden jenseits des Urals.

HJW: Also, Europa gibt es.

HF: Und trotzdem ist da ein Problem. Bis vor kurzem war „der Orient" ein ähnliches Modell im historischen oder kulturellen Diskurs. Bis Edward Said kam und uns den „Orientalismus" um die Ohren schlug.

HJW: Das liegt doch etwas anders. Der Orient ist ein Modell, das sich die anderen, nämlich die Europäer, gemacht haben. Darin erkennen sich die Araber und die Inder offenbar nicht wieder. Übrigens bedeutet das nicht, dass das Modell schon deswegen unbrauchbar wäre.

TE: Und du glaubst, Europa sei etwas, womit sich die „Europäer" identifizieren?

HJW: Dafür gibt es genug Zeugnisse in der Literatur.

HF: Wir sollten die „Europäer" einfach mal fragen.

HJW: Das tun wir am Ende dieses Kapitels.

1.1 Europa – ein Mythos: Geschichten von geraubten Frauen

Europa stammt aus Asien. Es klingt paradox, aber so geht die Sage. Denn das Mädchen Europa war eine phönizische Königstochter, an der Zeus, der Göttervater, großen Gefallen fand. Eines Tages verwandelte er sich in einen Stier, keinen gewöhnlichen Stier, sondern einen bunten, strahlenden, der aus dem Maul nach Krokus duftete, und entführte Europa von der phönizischen (der heutigen libanesischen) Küste nach Kreta. Dort hatten sie drei Söhne miteinander, von denen Minos und Rhadamanthys ebenfalls mythische Bedeutung erhielten. Sie waren die gerechtesten Menschen, führten in Kreta, der ältesten Hochkultur auf europäischem Boden, Recht und Gesetz ein und wurden deshalb zu Richtern im Totenreich erhoben. Die Herrschaft des Rechts, das sei schon hier angemerkt, kann als der Kern des „Modells Europa" (Pernice 2005: 768) gesehen werden, eine Entwicklung, die aus der mythischen Vorzeit bis hin zur Rechtsgemeinschaft der Europäischen Union geführt hat. Phönizischen Ursprungs ist übrigens auch der Name Europa, er bedeute Sonnenuntergang, heißt es: Europa ist das Abendland.

Eine andere Sage ist jene vom trojanischen Krieg, den wiederum ein Frauenraub ausgelöst hatte. Um den Raub der Helena durch den trojanischen Prinzen Paris zu rächen, schließen sich die griechischen Fürsten zusammen, die sonst im Streit miteinander lagen. Hier geht es eigentlich um etwas anderes, nämlich um die Grenze zwischen Europa – mehr als Griechenland umfasste es in der damaligen Vorstellungswelt nicht – und Asien und um die Kontrolle der Dardanellen, des Zugangs zum Schwarzen Meer. Diese Geschichte fand ihre Fortsetzung in der römischen Gründungslegende, der *Aeneis* von Vergil (70–19 v. Chr.): Nach der Zerstörung Trojas wandert Äneas, ein trojanischer Heerführer, mit seinem Vater und seinem Sohn und mit seinen alten Götterbildern nach Italien aus, wo die Einwanderer sich mit den Italern vermischen und Rom und die römische Kultur begründen. Die Wahrung der italischen (europäischen) Identität ist dem Dichter, bzw. der römischen Schutzgöttin Juno, dabei ein wichtiges Anliegen.

Box 1.1: Anpassung von Zuwanderern

Juno, die Schwester und Frau des Göttervaters Jupiter, verlangt von ihrem Bruder wütend, dass die Einwanderer aus dem fernen Troja, von denen sie wenig hält, sich in der neuen Heimat Italien anpassen müssen, was dieser ihr um des häuslichen Friedens willen zugesteht (Vergil: Aeneis XII, 834–7):

„Muttersprache und Sitten behalten die Italer, auch ihr
Name bleibt, wie er ist. Die Trojaner vermischen sich leiblich,
Ansonsten passen sie sich an. Den Ritus des Kults stifte ich
Neu und mache aus allen durch eine Sprache Latiner."

Ein dritter Frauenraub sei noch erwähnt, der Europa mit Asien verband oder, wenn man so will, trennte. Wilhelm Graf von Orange, ein Ritter Karls des Großen, raubt Arabelle, eine arabische Königin, die sich taufen lässt und den fränkischen Namen Gyburg annimmt. Ihr Mann und ihr Vater wollen die Familienschande rächen und fallen in Südfrankreich ein. Wilhelm verliert die erste Schlacht und erst das nur mühsam zusammengerufene gemeinsame Aufgebot aller fränkischen und burgundischen Ritter führt zum Sieg über die Araber. Das ist in zahlreichen altfranzösischen *chansons de geste* und in Wolfram von Eschenbachs (um 1170–1220) nacherzähltem Versepos *Willehalm* ausführlich beschrieben worden. Ritterepen wie das Wilhelmslied und das Rolandslied feierten die Abwehr des Fremden, d.h. der Sarazenen, zu einer Zeit, da die europäischen Ritter, französische, deutsche, englische, sich mit den Kreuzzügen zur Rückeroberung des verlorenen römisch-christlichen Raums in Vorderasien und Nordafrika aufmachten. Dem Bemühen war bekanntlich kein bleibender Erfolg beschieden. Spätestens da war deutlich, dass „Europa", das christliche Abendland, auf den europäischen Kontinent beschränkt bleiben wird. Es sollte erst sehr viel später, in weniger sagenhafter Zeit, in der neuen Welt eine Erweiterung nach Westen erfahren.

Mythen haben häufig einen wahren Kern. So auch die kretischen, griechisch-römischen und mittelalterlichen Geschichten von Frauenraub und seinen Folgen. Die vorderasiatischen und ägyptischen Kulturen sind sehr viel älter als die europäische. Deshalb hat vieles, was Europa heute ausmacht, seine Wurzeln in diesem Raum. Denken wir nur an die Schrift. Das heutige Europa kennt drei Schriften: die griechische und daraus abgeleitet die lateinische und die kyrillische Schrift. Die griechische Schrift stammt aber wiederum von phönizischen Vorbildern ab. Denken wir auch an die Religion. Nicht nur die römische Religion kam aus Griechenland und dorthin aus Asien, wie die *Aeneis* verdeutlicht. Konstitutiv für die europäische Kultur ist das Christentum, das aus dem Judentum entstanden ist und seine Wiege in Palästina hat. Es stimmt schon: Europa stammt aus Asien. Aber es definiert sich als eigene

Kultur und wehrt asiatische Einflüsse (einmal getauft ist Gyburg ganz in die fränkische Kultur integriert) und asiatische Eindringlinge mit sonst ungewohnter Einigkeit ab.

1.2 Europa – ein Kontinent

Auf die Frage, was Europa sei, wird man spontan als erstes die Antwort „ein Kontinent" hören. Schauen wir uns den Atlas an, dann ist diese Antwort keineswegs selbstverständlich. Amerika, Afrika, Australien – ja, das sind deutlich Kontinente, von Meeren umschlossen. Europa dagegen ist Teil des riesigen eurasischen Kontinents. Und wie man vom indischen Subkontinent spricht, könnte man auch vom europäischen Subkontinent sprechen, obwohl der weniger klar abgegrenzt ist. Es waren die Europäer, die sich einen eigenen Kontinent zugemessen haben. Darunter tun wir es nicht.

Im Süden, Westen und Norden sind die Grenzen Europas eindeutig definiert: Mittelmeer, Atlantik und Nordmeer, wobei die Zugehörigkeit Grönlands

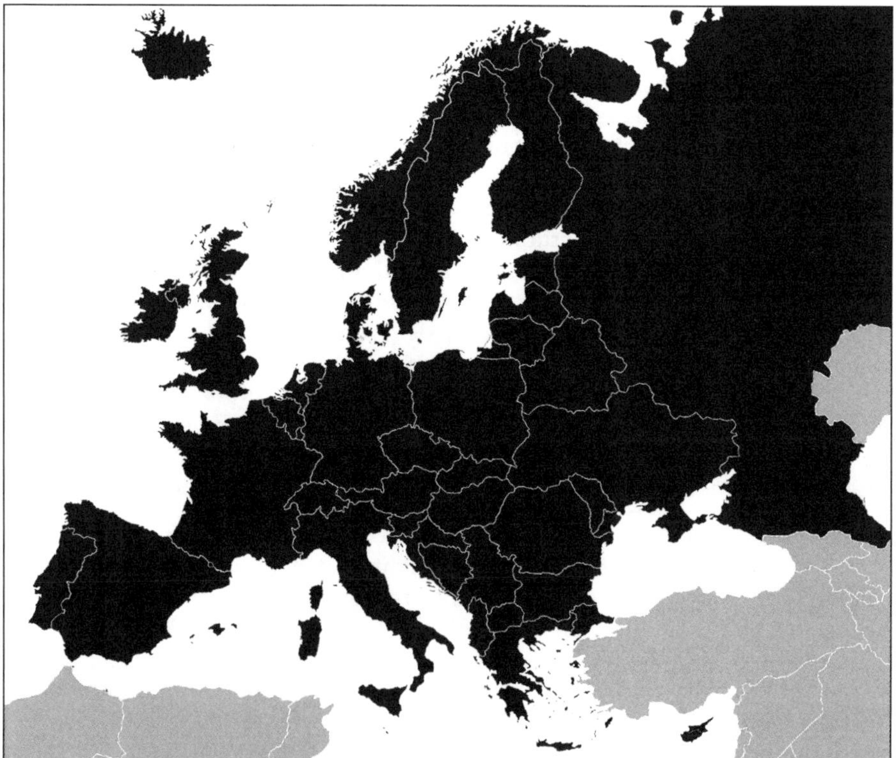

Abbildung 1.1: Der europäische Kontinent

(auf unserer Karte gar nicht mehr zu sehen), aber auch Zyperns zu Europa nicht unmittelbar einleuchten will. Grönland gehörte jedoch als Teil Dänemarks der EU an und ist von sich aus 1985 ausgetreten, Zypern (vorläufig nur der griechische Teil) gehört ihr seit 2004 an. Eher problematisch sind die Grenzen im Osten, wo Europa eben in den asiatischen Kontinent übergeht. Üblicherweise werden hier der Ural (Gebirge und Fluss), das Kaspische Meer, der Kaukasus (bzw. die ihm vorgelagerte Manytsch-Senke, so dass der Kaukasus insgesamt schon Asien zugerechnet wird), und das Schwarze Meer mit Dardanellen und Bosporus als Grenze angesehen. Seit alters heißt Anatolien, das Land östlich der Dardanellen, die heutige asiatische Türkei, Kleinasien, das aber in seinem westlichen Teil griechisch besiedelt war und bis ins 20. Jahrhundert einen griechischen Bevölkerungsteil behalten hatte. Letzte Ausläufer des türkisch-griechischen Konflikts treffen wir noch heute auf Zypern an.

Die Abgrenzung Europas ist relevant. Denn die Europäische Union ist eine „Union der Völker Europas" (Art. 1 EU). Art. 49 EU bestimmt, dass jeder europäische Staat, der die weiteren Voraussetzungen erfüllt, die Mitgliedschaft beantragen kann. Was ein europäischer Staat sei, sagt der Vertrag nicht: Es versteht sich praktisch von selbst, dass Mitgliedschaft Teilhabe am europäischen Kontinent voraussetzt. Die Türkei ist ein asiatisches Land. Aber ihr westlicher Teil, das türkische Thrakien, liegt mit 3 % der türkischen Gesamtfläche auf dem europäischen Kontinent. Sie kann eine Mitgliedschaft in der EU beantragen (und hat das auch getan). Russland reicht bis an den Pazifik. Doch westlich des Urals ist es eindeutig Teil Europas. Es ist folglich denkbar, dass die Europäische Union eines Tages Russland als Mitglied aufnimmt, Nachbar Chinas und Koreas wird und bis an den Pazifik reicht.

Box 1.2: Kann Armenien Mitglied der EU werden?

Armenien ist stolz auf sein antikes Erbe und betrachtet sich als Teil der christlich-abendländischen Kultur. Langfristig gehört die Mitgliedschaft in der EU zu seinen politischen Zielen.

Interview mit Vartan Oskanian, Außenminister Armeniens, in der Frankfurter Allgemeinen Zeitung (23.4.2004):

> „Sind wir in Armenien in Europa – geographisch wie kulturell?"
>
> „Keine Frage, wir befinden uns in Europa. Nicht nur geographisch, sondern auch historisch und kulturell. Wir sind Mitglied des Europarats. Die Europapolitik ist eine wichtige Ausrichtung unserer Außenpolitik. Die Richtung Europa gibt uns eine Blaupause für unsere künftige Entwicklung und eine klare Ausrichtung, wohin das Land steuert."

Ein Blick in den Atlas zeigt, Armenien liegt östlich von Anatolien und südlich des Kaukasus, d.h. geographisch voll und ganz in Asien. Wenn die EU bei der geographischen Voraussetzung für Mitgliedschaft bleibt, womit ein Ansuchen um Mitgliedschaft von Marokko bereits einmal abgelehnt wurde, dann ist klar: Armenien kann nicht Mitglied der EU werden.

Was den europäischen Kontinent geographisch auszeichnet, sind seine große Vielfalt und Kleinräumigkeit. Gebirge, Halbinseln und Inseln machen daraus im Norden, Westen und Süden einen reich gegliederten Raum, der sich dann nur im Osten in der Weite Russlands verliert. Schon das antike Griechenland, das in vielerlei Hinsicht Wiege und Modell Europas war und das, wie erwähnt, in frühen Jahren Griechenland mit Europa gleichgesetzt hatte, wies eine ähnliche kleinräumige Struktur auf. Das führte zur Bildung zahlreicher selbständiger Stadtstaaten mit je einer eigenen Entwicklung, die häufig miteinander im Konflikt lagen. Nur bei Gelegenheit eines Angriffs von außen, zur Abwehr des „Fremden", schließt man sich zusammen – die Perserkriege. Eine politische Integration fand erst unter ausländischer Führung statt, nämlich unter Philip von Mazedonien, dem Vater Alexander des Großen.

Montesquieu (1689–1755) war einer der ersten, die in der geographischen Struktur und im Klima Europas wesentliche Ursachen für seine freiheitliche, auf das Recht gegründete und wirtschaftlich fortschrittliche Entwicklung sahen:

> „In Europa bildet die natürliche Teilung Staaten mittleren Ausmaßes, in denen die Herrschaft der Gesetze nicht mit der Wahrung des Staates in Konflikt steht: Im Gegenteil, sie ist so vorteilhaft, dass ohne sie dieser Staat in Verfall geriete und allen anderen unterlegen wäre. Das hat einen Geist der Freiheit geschaffen, der es für jeden schwer macht, sich von einer fremden Macht unterwerfen zu lassen, es sei denn durch Gesetz und den Nutzen seines Handels." (Montesquieu 1748/1961: 292).

Hier haben wir den Grundgedanken der Herrschaft des Rechts und der europäischen Integration.

1.3 Europa – ein Geschichtsraum

Die Geschichte Europas trägt ähnliche Züge wie die Griechenlands: Viele Völker und Staaten bilden sich heraus, machen sich gegenseitig den Raum streitig und führen miteinander Krieg, der im 20. Jahrhundert in die absolute Katastrophe der zwei Weltkriege mündet. Kann man da von einer europäischen geschichtlichen Einheit sprechen?

Wann lassen wir die europäische Geschichte beginnen? Mit dem Raub der Europa in mythischer Zeit? Das tut die Geschichtsschreibung nicht. Sie sieht in der Antike eine eigene Welt, auch wenn es sich um die europäische Antike, die griechisch-römische Welt handelt. Doch das römische Reich, ihre politisch eindrucksvollste Ausprägung, erstreckte sich zwar über weite Teile des europäischen Kontinents, war aber dem Wesen nach ein mediterranes Reich, das im Kern Vorderasien, Nordafrika und Südeuropa umfasste.

Erst der Zusammenbruch des römischen Reiches und die Verlagerung des historischen Raumes nach Nordwesten kennzeichnet den Beginn der Geschichte Europas. Viele Faktoren spielten da zusammen:

- Die Christianisierung. Im 4. Jahrhundert haben die Kirchenväter Ambrosius (340–397), Hieronymus (um 347–419/20) und Augustinus (354–430) die christliche Religion gefestigt: Ambrosius definierte das Verhältnis von Kirche und Staat, Hieronymus übersetzte die Heilige Schrift in eine westliche Sprache (Latein), und Augustinus schaffte Klarheit über die Glaubensinhalte. Es war nur folgerichtig, dass der römische Kaiser Theodosius das Christentum 380 zur Staatsreligion erklärte. Der Bischof von Mailand (Ambrosius), der Mönch in Bethlehem (Hieronymus) und der Bischof von Hippo in Nordafrika (Augustinus) repräsentieren noch ganz die geographische Ausdehnung des römischen Reiches über Europa, Vorderasien und Nordafrika.
- Die Trennung des römischen Reiches in eine östliche und westliche Hälfte. Der eben genannte Kaiser Theodosius teilte das Reich bei seinem Tod (395) in zwei Hälften: Ostrom (Konstantinopel, Byzanz, heute Istanbul) und Westrom (zur damaligen Zeit mit Mailand als Hauptstadt). Die Trennung wurde bestimmend für die weitere europäische Geschichte. Denn während das weströmische Reich bald unterging, blieb das oströmische, byzantinische Reich bis 1453 bestehen, als die Türken Konstantinopel eroberten. Auch in der christlichen Religion lebte man sich auseinander. Es entwickelte sich eine lateinische und eine orthodoxe Kirche, die sich 1054 im großen Schisma definitiv trennten. Lange Zeit verstand sich Europa als das lateinische Europa. Und erst die europäische Integration im 20. Jahrhundert bemüht sich bewusst, politisch wie religiös, um das ganze Europa.
- Der Einfall der Barbaren. Das weströmische Reich löste sich auf durch den Einfall oder die Einwanderungen der so genannten Barbaren: Kelten, Vandalen, Germanen (3.–6. Jahrhundert). Auch wenn vieles von der antiken mediterranen Kultur dabei zugrunde ging, haben die neuen Herrschaftsvölker Europas andererseits vieles übernommen und adaptiert: die Sprache (romanische Sprachen), die Schriftlichkeit (lateinische Schrift), die Architektur (romanische Baukunst) und vor allem die christliche Staatsreligion. Die Taufe des Frankenkönigs Chlodwig im Jahre 498 wird häufig als der Beginn der eigentlichen europäischen Geschichte angesehen.
- Die Beschränkung des christlichen Abendlands auf den europäischen Kontinent. Dies ist im wesentlichen das Ergebnis der Ausbreitung des Islam im 7. Jahrhundert. Vorderasien und Nordafrika wurden von den Arabern überrannt. Sie machten am Meer nicht Halt – Spanien, Sizilien und zeitweise auch Südfrankreich wurden erobert. Doch es gelang, in Spanien erst nach längerer Zeit (*Reconquista*), sie vom europäischen Kontinent wieder zu vertreiben. In Südosteuropa, das lange Zeit dem Osmanischen Reich einverleibt war und wo es die klaren geographischen Grenzen eben nicht gibt, kam es zu einer Art Symbiose von Christentum (lateinischem und orthodoxem) und Islam. Sie war allerdings nicht immer konfliktfrei, wie wir aus den Türkenkriegen wissen und aus der jüngsten Geschichte noch in Erinnerung haben (Kroatien, Serbien, Bosnien, Kosovo).

Seit dem 6. Jahrhundert entwickelt sich Europa als eigener Geschichtsraum. Das heißt nicht, dass es je eine politische europäische Einheit gegeben hätte.

Universalistische Bestrebungen in dieser Richtung, von Karl dem Großen (742–814), Karl V (1500–1558), Napoleon (1769–1821) oder Hitler (1889–1945), sind mehr oder minder rasch gescheitert. Das griechische Modell des konkurrierenden Partikularismus wurde auf höherer Stufenleiter nachgelebt und führte ständig zu blutigen Auseinandersetzungen. Nur der Einfall des „Fremden" konnte manchmal zu einer gemeinsamen Abwehr motivieren: gegen die Araber (732 – Karl Martell), gegen die Ungarn (955 – Otto I), gegen die Türken (1683 – Johann III Sobieski).

Und trotzdem kann man von einer historischen europäischen Einheit sprechen. Sie manifestiert sich vor allem unter den Eliten. Am deutlichsten wird das im europäischen Hochadel, dem man kaum national-partikularistische Bestrebungen nachsagen kann: In England herrschte das Haus Hannover, in Spanien das Haus Bourbon, in Schweden das Haus Bernadotte, in den Niederlanden das Haus Oranien-Nassau, in Polen ein Sachse, in Russland eine Anhaltinerin, u.s.w., und Ehen untereinander waren an der Tagesordnung. Aber auch die Intellektuellen pflegten ihre europäische Orientierung, die sie schon im Mittelalter an den Tag gelegt hatten. Der so genannte einfache Mann von der Straße hatte lokale Bindungen. Ihm Nationalbewusstsein einzuimpfen, war eine ideologische Leistung des Nationalismus in Folge der französischen Revolution – kein Ruhmesblatt der Aufklärung.

Aus der feudalistischen Ordnung des Mittelalters, die kaum nationale Züge trug, konsolidierten sich Herrschaftsbereiche, die dann in Nationalstaaten übergingen. Sie lagen ständig im Konflikt miteinander. Und trotzdem bildete sich eine europäische Staatenordnung heraus, nach dem Frieden von Münster und Osnabrück (1648) auch die westfälische Ordnung genannt, die, wenn auch nicht dauerhaften Frieden, so doch zumindest eine gewisse europäische Stabilität garantierte, auf dem Wiener Kongress 1815 noch einmal bestätigt wurde und erst mit dem ersten Weltkrieg zusammenbrach.

1.4 Europa – ein Kulturraum

Die Bedeutung des Christentums für die Herausbildung einer gesamteuropäischen Kultur kann man gar nicht überschätzen. Glaubensinhalte, Werthaltungen, Symbole, die Geschichten der biblischen Gestalten und der Heiligen, sie wurden überall verstanden. Daran änderten die Spaltungen der Kirche in orthodoxe und lateinische, in katholische und evangelische Kirchen grundsätzlich wenig. Erst der kommunistische Atheismus hat es geschafft, dass viele Leute bei der Abbildung einer Taube eher an Picasso als an den Heiligen Geist denken. Aber auch Picasso repräsentiert europäische Kultur.

Der universalistische Charakter des Christentums (wohlgemerkt: „universalistisch" wird hier keineswegs wörtlich als global, sondern als Gegensatz zu „partikularistisch" auf Europa beschränkt verstanden – darin äußert sich eine gewisse europäische Arroganz dem Rest der Welt gegenüber, ganz ähnlich wie China sich als „Reich der Mitte" sieht) brachte es mit sich, dass die damit verbundene Kultur, Kunst, Wissenschaft, aber auch Technologie sich über den gesamten europäischen Raum ausbreiteten. Der Mönchsorden der Zisterzienser gilt hier als herausragendes Beispiel. Nach seiner Gründung im Jahr 1098 erstreckte er sich mit einem Netz von bis zu 742 Abteien (Zisterzen) über ganz Europa, von Portugal bis ins Baltikum und von Irland bis Griechenland. Mit ihm breiteten sich eine spezielle Baukunst, die Gotik, eine fortschrittliche Landwirtschaftstechnik, ein reformierter christlicher Glaube und der Kreuzzugsgedanke aus, was zur europäischen Integration nicht nur der ritterlich-höfischen Sphäre, sondern eben auch der ländlichen Welt führte. Ein weiteres wichtiges Element waren die ersten Universitäten (in Bologna, Padua, Paris, Oxford): Die Intellektuellen des Mittelalters bildeten eine europäische Schicht. Erasmus von Rotterdam (1469–1536) ist sozusagen der Prototyp des europäischen Gelehrten: Er lebte in Rotterdam, Deventer, Cambrai, Oxford, Leuven, Turin, Florenz, Venedig, Padua, Siena, Rom, Cambridge, Gent und Basel. Er sprach sieben Sprachen, schrieb aber nur in einer, in der *lingua franca* Latein.

Die Literatur hatte schon sehr viel früher angefangen, in der Volkssprache zu schreiben. Das hinderte jedoch die höfische Kultur zum Beispiel nicht daran, europäisch zu bleiben. Parzival, eine keltische Sage, fand als altfranzösischer Versroman von Chrétien de Troyes (1135–1190) großen Anklang, was den schon erwähnten Wolfram von Eschenbach dazu veranlasste, in Anlehnung daran und an weitere Quellen einen mittelhochdeutschen Parzivalroman in Versen zu schreiben. Dante, Shakespeare, Molière, Goethe sind zwar italienische, englische, französische, deutsche Dichter, aber ihr Publikum fanden sie in ganz Europa. Gleiches gilt für Philosophie und Wissenschaft. Übersetzen gehört seit Hieronymus, sicher seit dem hohen Mittelalter zur europäischen Kultur. Die europäische Republik des Geistes und der Kunst blieb auch nach der Herausbildung der Nationalstaaten bestehen und damit eines der wichtigen integrierenden Elemente. Für die heutige Europäische Union stellte Trevor Lloyd (zitiert nach Buonanno/Deakin 2004: 90) die Vermutung auf: „most people who think themselves as ‚Europeans' have at least a Master of Arts degree".

Die Vielfalt der Sprachen und damit der nationalen Kulturen mag auf den ersten Blick verwirrend erscheinen. Und sie ist kostspielig: Mehr als 10 % der Beamten und Angestellten der EU sind Dolmetscher und Übersetzer. 23 Sprachen sind innerhalb der Europäischen Union offiziell gleichberechtigt und werden als Amtssprachen angewendet. Jede Erweiterung lässt neue Sprachen hinzukommen. Europa kennt insgesamt noch zahlreiche weitere Sprachen. Die Amtssprachen der EU stammen aus drei verschiedenen Sprachfamilien: den indoeuropäischen, den finno-ugrischen und den semitischen (das Maltesische!) Sprachen. Die Familie der indoeuropäischen Sprachen ist dabei die größte mit den drei großen Gruppen der germanischen, romanischen und slawischen Sprachen und den kleineren der keltischen, baltischen, griechischen und albanischen Sprachen. Schließlich gibt es Turksprachen und etwas so eigenartiges wie das Baskische, das sich keiner dieser Familien zuordnen lässt. Der riesige amerikanische Kontinent kennt – von den Indianersprachen und einigen französischen Enklaven abgesehen – nur drei Sprachen: Englisch, Spanisch und Portugiesisch. Drücken wir es ökonomisch aus: Die europäische Kultur ist durch Produktdiversifizierung und Intra-Industrie Handel gekennzeichnet. Beides stimuliert Kreativität und Innovation. Diese kulturelle Prägung – das wird noch zu zeigen sein – bestimmt auch den gemeinsamen Markt der Europäischen Union: Ein friedliches und produktives Zusammenleben der unterschiedlichen Kulturen ist nur durch wechselseitige Anerkennung möglich.

Schließlich ist die europäische Republik des Geldes zu nennen. Die Kaufleute aus den sich neu entwickelnden Städten (Venedig, Genua, Florenz, Sevilla, Lissabon, Brügge, Antwerpen, London, Hamburg, Lübeck, Riga) überzogen den Kontinent mit einem Netz von Handelsbeziehungen und Handelswegen. In manchen Regionen führte das sogar zu einer Art supranationaler Organisation – der Hanse. An den großen Messeplätzen (in der Champagne, Mailand, Verona, Medina del Campo, Frankfurt, Leipzig, Winchester, Novgorod) wurde der Handel vermittelt. Das neu entwickelte Finanzinstrument des Wechsels ließ besondere Bankplätze entstehen (Siena, Florenz, Cahors, Augsburg). Es gab so etwas wie einen gemeinsamen Markt. Den darf man sich allerdings nicht allzu frei vorstellen: An jedem Stadttor, an jeder Brücke war Zoll zu entrichten. Doch die Attraktivität der großen Messeplätze bestand gerade darin, geringe Zölle und Marktgebühren zu erheben.

Das Bild des europäischen Kulturraums wäre aber unvollständig, würde man nicht auch die partikularistische Gegenbewegung sehen – die Herausbildung des Nationalstaates und, schlimmer, des Nationalismus. Der Beginn dieser Bewegung manifestiert sich wiederum im religiösen Bereich. John Wycliffe (um 1320–1384), Jan Hus (um 1370–1415), Martin Luther (1483–1546), Ulrich Zwingli (1484–1531), Jean Calvin (1509–1564) sind Beispiele für die Loslösung vom universalistischen Rom und die Schaffung nationaler religiöser Bewegungen. Gleichzeitig entsteht der moderne Staat. Seine nationale Wirtschaftspolitik, der so genannte Merkantilismus, war entgegen seiner Bezeichnung keineswegs eine Fortführung der mittelalterlichen europäischen Republik des Geldes, sondern ein System des handelshemmenden Protektionismus. In Reaktion darauf hat seit der Aufklärung die politisch-ökonomische Theorie die wohlfahrtsfördernde und friedensstiftende Rolle des freien Handels (*le doux commerce*) und der Aufhebung der Grenzen (*laissez faire laissez passer*) betont. Sie bildet damit den ideologischen Grundstock der europäischen Integration. Nur leider ist das im Gegensatz zum Nationalismus, der ohne Mühe die Massen emotional in Bewegung setzen kann, eine sehr abstrakte, rationale Überlegung. Das Abspielen der Nationalhymne schickt manchen Leuten eine Gänsehaut über den Rücken, ein freihändlerisches Plädoyer eher nicht (und das Abspielen der Europahymne wohl auch nicht).

Der Nationalstaat ist von Beginn an bestrebt, sein Territorium abzustecken und zu sichern. Damit gerät er sofort mit seinen Nachbarn in Konflikt, was in die erste große europäische Katastrophe, den 30jährigen Krieg, mündete. In seinem Ergebnis, dem westfälischen Frieden von Münster und Osnabrück (1648), entsteht ein System der europäischen Staaten, das 1815 nach dem gescheiterten napoleonischen Versuch der Einigung Europas unter imperialer französischer Flagge im Wiener Kongress noch einmal stabilisiert wurde. Es blieb bis zum ersten Weltkrieg bestehen, der die zweite große europäische Katastrophe auslöste, man kann auch sagen den zweiten 30jährigen Krieg (1914–45). Der Friede von Paris (1919) war nicht das Ergebnis eines „Wiener Kongresses" und kein „westfälischer Friede". Eine neue Lösung blieb der Zeit nach 1945 vorbehalten. Das ist aber bereits die Geschichte der Europäischen Union (in Kapitel 3). Kurzum, die Menschen in Europa haben teil an einer gemeinsamen Kultur und einer gemeinsamen Geschichte, auch wenn dies über weite Strecken eine Geschichte von Konkurrenz und Konflikt war.

1.5 Europa – eine Wertegemeinschaft

Der Gegensatz von mittelalterlichem Universalismus und modernem Partikularismus fällt ins Auge. Während die mittelalterliche Identifikation bei den meisten Menschen regional und lokal und nur in bestimmten Schichten (Adel, Kaufmannschaft, Intellektuelle) europäisch war, sind die Identifikationsmuster im modernen Nationalstaat eben national. Damit wird der Nationalstaat zum größten Hindernis für die europäische Integration.

Ein europäischer Nationalismus erscheint vor dem Hintergrund der historischen und kulturellen Vielfalt der Länder Europas jedoch als ein Widerspruch in sich. Natürlich gibt es die Vorbilder Deutschlands und Italiens, wo aus partikularistischen Elementen Nationalstaaten gebildet wurden. Aber die staatliche Einheit bedeutete nicht unmittelbar eine gemeinsame Identität. Der italienische Unterrichtsminister Martino machte das 1896 deutlich: „*Fatta l'Italia, bisogna fare gli Italiani*" (Italien ist geschaffen, nun müssen wir die Italiener schaffen; zitiert nach Chebel d'Appollonia 2002). Ganz ähnlich hat es zur 20-Jahrfeier der Römischen Verträge im Jahre 1977 der italienische Staatspräsident Giovanni Leone mit Bezug auf Europa formuliert:

> „Die römischen Verträge haben uns 20 Jahre wirtschaftlichen Fortschritt und Frieden in Europa gebracht. Wir müssen uns nun auf einen neuen Schritt vorbereiten, ... nämlich uns darauf konzentrieren, die Bedingungen für den „Europäer" zu schaffen, eine Person, die ihr spirituelles, kulturelles und soziales Gleichgewicht in einer neuen Gesellschaft findet. Wenn das erreicht ist, werden die Leute hoffentlich ebenso stolz erklären ‚Ich bin ein Europäer', wie sie früher stolz erklärten ‚civis romanus sum'". (*Bulletin of the European Communities* 1977, no. 3: 13).

Das Beispiel Deutschlands und Italiens macht aber auch deutlich, dass eine „nationale" Identität keineswegs die regionale oder lokale Identität aufhebt.

Deshalb ist die in der Aufklärung gegründete Strömung der Europäisierung wichtig, der europäische Föderalismus. Nicht ein einheitlicher Staat, sondern eine vertragliche Föderation souveräner europäischer Länder, ruhend auf einer republikanischen Verfassung, auf Rechtsstaatlichkeit und auf freiem wirtschaftlichen Verkehr ist hier das Ziel. Immanuel Kant (1724–1804) hat diese Vision in seiner Schrift von 1795 „Zum ewigen Frieden. Ein philosophischer Entwurf" beschrieben. Sie gilt universell, wird sich aber, so Kants Einschätzung, historisch von Europa ausgehend über die Erde verbreiten – soviel Eurozentrismus musste schon sein.

Box 1.3: Kants Idee der Subsidiarität

„Das Postulat also, was allen folgenden Artikeln zum Grunde liegt, ist: Alle Menschen, die auf einander wechselseitig einfließen können, müssen zu irgend einer bürgerlichen Verfassung gehören.

Alle rechtliche Verfassung aber ist, was die Personen betrifft, die darin stehen,

1) die nach dem Staatsbürgerrecht der Menschen, in einem Volke (ius civitatis),
2) nach dem Völkerrecht der Staaten in Verhältnis gegen einander (ius gentium),
3) die nach dem Weltbürgerrecht, so fern Menschen und Staaten in äußerem auf einander einfließendem Verhältnis stehend, als Bürger eines allgemeinen Menschenstaats anzusehen sind (ius cosmopoliticum).

Diese Einteilung ist nicht willkürlich, sondern notwendig in Beziehung auf die Idee vom ewigen Frieden. Denn wenn nur einer von diesen im Verhältnis des physischen Einflusses auf den andern, und doch im Naturzustande wäre, so würde damit der Zustand des Krieges verbunden sein, von dem befreit zu werden hier eben die Absicht ist." (Kant 1968: 203).

Die Hierarchie der Rechtskreise, die Kant als notwendige Voraussetzung für den Frieden postuliert, besteht aus folgenden Stufen:

- dem bürgerlichen Staat, worunter Kant einen demokratischen Rechtsstaat versteht, der auch über das Gewaltmonopol verfügt;
- dem Föderalismus freier, souveräner Staaten, der auf das Völkerrecht gegründet ist; auch das ist eine Rechtsgemeinschaft, der aber keine Zwangsgewalt zu Gebote steht, womit sie auf die Gesinnung der Rechtlichkeit angewiesen bleibt;
- darüber hinaus muss es nach Kant ein Recht geben, das alle verbindet, eine „Minimalordnung außerhalb des Raumes des Bundes freier republikanisch regierter Völker" (Jaspers 1958: 106). Auch hier ist der Sanktionsmechanismus ein offenes Problem.

Die Europäische Gemeinschaft ist angetreten, den Bund freier republikanisch regierter Völker zu verwirklichen. Wie in Kapitel 4 noch näher zu zeigen sein wird, sind Demokratie und Rechtsstaatlichkeit wesentliche Voraussetzungen für die Mitgliedschaft in dieser Gemeinschaft. Und genau darin unterscheidet sich die Europäische Union von den Vereinten Nationen, die undemokratische Unrechtsstaaten als Mitglieder zulässt.

Bei Benjamin Constant (1767–1830) finden wir eine Assoziation der europäischen Nationen, die in Frieden und Freiheit ihre gemeinsamen wirtschaftlichen Interessen verfolgen. Allerdings ist Constant skeptisch, was die emotionale Bindung der Bürger an eine solche Assoziation betrifft. Denn ihre Identität finden sie nur „in der lebendigen Bindung an die Interessen, die

Lebensform und die Gebräuche ihrer unmittelbaren Umgebung", während die imperialen Patrioten (gemeint sind die Revolution und Napoleon) „diese natürliche Quelle des Patriotismus trockengelegt und sie durch ein fiktives Gefühl für etwas Abstraktes zu ersetzen versucht haben, nämlich für eine allgemeine Idee, die all dessen entbehrt, was die Einbildungskraft fangen und die Erinnerung ansprechen kann" (Constant 1988: 74). Worauf Constant hier abzielt, ist der Gegensatz von Gemeinschaft und Gesellschaft, wie ihn später Ferdinand Tönnies (1855–1936) formuliert hat. Tönnies (1963) verdeutlichte, dass die naturhaft gewachsene Gemeinschaft auf Status beruhe und die zweckgerichtete Gesellschaft auf Vertrag. Erstere kann emotionale Bindung herstellen, letztere wird ihre Identität vor allem im gemeinsamen Interesse finden, was nicht unbedingt ein „fiktives Gefühl für etwas Abstraktes" zu sein braucht. Doch Constants Problem hat sich als ein notorischer Defekt der Europäischen Union herausgestellt: Die Einbildungskraft der Bürger wird nicht angesprochen.

Daran schließt sich natürlich die Frage an, ob wir dessen überhaupt bedürfen, einer europäischen Identität. M. Herzfeld (2002: 170) hat es knapp auf den Punkt gebracht: „The idea of a uniform ‚European self' is considerably less promising than that of a single European currency". Und trotzdem ist es durchaus sinnvoll, sich auf sein europäisches Bürgerrecht zu berufen. Wer im römischen Reich stolz erklärte *‚civis romanus sum'*, drückte damit nicht eine nationale Zugehörigkeit aus, sondern unterstrich vor allem, dass er bestimmte Rechte habe und deshalb besonderen Schutz genieße. Wer sich heute oder in Zukunft darauf beruft ‚ich bin ein Europäer', tut nichts anderes, als sich unter den Schutz des staatspolitischen Gebildes eigener Art, der Europäische Union, zu stellen, die in Ergänzung zur nationalen Staatsbürgerschaft eine Unionsbürgerschaft kennt (Art. 17–22 EG). Das mag in alten etablierten Demokratien relativ gering erscheinen, die neu in die Union aufgenommenen Völker sehen darin eine Errungenschaft.

Eine Quelle „nationaler" Identität ist die Verfassung eines Landes, sein Gesellschaftsvertrag. Im Nachkriegsdeutschland, dem die nationalen Werte und Traditionen der überstrapazierten „Volksgemeinschaft" zweifelhaft geworden waren auf Grund ihres Missbrauchs im Nationalsozialismus, hat das Grundgesetz eine wichtige identitätsstiftende Rolle spielen können. Man spricht auch vom Verfassungspatriotismus. Die Verfassung, die die Verfolgung des gemeinsamen Interesses sichert und deshalb den einzelnen Bürger besser stellt – so die These von Hobbes –, wird zum Objekt und Symbol eines vernünftigen „Patriotismus" (Habermas 1999a). Das Projekt, der Europäischen Union eine „Verfassung" zu geben, ist vorläufig gescheitert. Doch erfüllen die Verträge praktisch die gleiche Funktionen bis eben auf die identitätsstiftende.

Verfassungen haben verschiedene Aufgaben. Ihre erste Funktion ist es, die staatlichen Gewalten zu definieren und die Kompetenzen zu verteilen: Legislative, Exekutive, Judikative. Die zweite Aufgabe liegt in der Garantie der Rechte der Bürger als Person und als Bürger dem Staat gegenüber. Aus dem letzteren Verhältnis ergeben sich natürlich auch Pflichten. Und dann gibt es noch eine dritte Funktion:

„Die Verfassung ist eine Art von Depot, das Werte, Ideale und Symbole, die in einer Gesellschaft geteilt werden, widerspiegelt und schützt. Sie ist daher ein Spiegel dieser Gesellschaft, essenzieller Teil ihrer Selbstwahrnehmung, und spielt eine grundlegende Rolle in der Bestimmung der nationalen, kulturellen und wertbezogenen Identität des Volkes, das sie verabschiedet hat." (Weiler 2004: 38).

Die Europäische Union hat als Wirtschaftsgemeinschaft begonnen. Inzwischen ist sie eine Rechtsgemeinschaft, eine Sozialgemeinschaft und ihrer Intention nach eine politische Gemeinschaft. Und die Europäische Union versteht sich als Wertegemeinschaft. Das hat sie in ihren Verträgen klar zum Ausdruck gebracht. Um die Implikationen des Begriffs Wertegemeinschaft zu verstehen, beginnen wir am besten mit einem kurzen Blick auf diese Verträge und das, was darin zu den gemeinsamen Werten gesagt wird.

Den Vertrag über die Europäische Gemeinschaft könnten wir einfach übergehen, da er gerichtet auf die Wirtschaftsgemeinschaft zu politischen und kulturellen Werten keine Aussagen macht. Allerdings gibt es auch ökonomisch relevante Werte, die an dieser Stelle zumindest erwähnt werden sollten. Darunter fallen der wirtschaftliche und soziale Fortschritt, Wettbewerb, Nicht-Diskriminierung, wechselseitige Anerkennung, sozialer Schutz, Schutz der Umwelt, Solidarität, die vor allem in Art. 2 EG aufgeführt sind. Diesen Gemeinschaftszielen liegen Werturteile zugrunde, die die Vertragsparteien teilen.

Als höhere Stufe der Integration betont der Vertrag über die Europäische Union die Wertegemeinschaft sowohl in seiner Präambel als auch in seinen Artikeln. Art. 6.1 EU lautet:

(1) Die Union beruht auf den Grundsätzen der Freiheit, der Demokratie, der Achtung der Menschenrechte und Grundfreiheiten sowie der Rechtsstaatlichkeit; diese Grundsätze sind allen Mitgliedstaaten gemeinsam.

Welche Menschenrechte, welche Grundfreiheiten, darüber lässt sich der Vertrag nicht aus. Sie sind allerdings normativ gemeint. Denn in Art. 7 EU werden Sanktionen eingeführt, die bei einer schwerwiegenden Verletzung eines der Grundsätze greifen.

Eine zentrale Rolle müssen die gemeinsamen Werte, wie gesagt, in einer Verfassung spielen, die sich eine politische Gemeinschaft gibt. Deshalb ist es nicht verwunderlich, dass der Vertrag über eine Verfassung für Europa die ausführlichste Formulierung der Wertebasis der Union enthielt. Er hat keine Gültigkeit erlangt, doch sind wesentliche Formulierungen in den Reformvertrag von Lissabon übernommen worden. Schon die Präambel enthält den höchst bezeichnenden Satz:

Schöpfend aus dem kulturellen, religiösen und humanistischen Erbe Europas, aus dem sich die unverletzlichen und unveräußerlichen Rechte des Menschen sowie Freiheit, Demokratie, Gleichheit und Rechtsstaatlichkeit als universelle Werte entwickelt haben, ...

Schauen wir genau hin: Hier zeigt sich das Selbstbewusstsein Europas. Freiheit, Demokratie, Gleichheit, Rechtsstaatlichkeit und die Menschenrechte sind universelle Werte und sie sind das Produkt der kulturellen, religiösen und humanistischen Entwicklung Europas.

An prominenter Stelle, in Art. 2 EU n.F., werden die Werte der Union dann aufgeführt:

Die Werte, auf die sich die Union gründet, sind die Achtung der Menschenwürde, Freiheit, Demokratie, Gleichheit, Rechtsstaatlichkeit und die Wahrung der Menschenrechte einschließlich der Rechte der Personen, die Minderheiten angehören. Diese Werte sind allen Mitgliedstaaten in einer Gesellschaft gemeinsam, die sich durch Pluralismus, Nichtdiskriminierung, Toleranz, Gerechtigkeit, Solidarität und die Gleichheit von Frauen und Männern auszeichnet.

Welche Rechte diese Werte implementieren, ist in der Charta der Grundrechte der Union festgelegt, die in ihrer Fassung von 2007 mit den Verträgen gleichrangig ist (Art. 6.1 EU n.F.) und zusammen mit ihnen in Kraft treten soll. Außerdem sind die Grundrechte gesichert nicht nur über die nationalen Verfassungen der Mitgliedländer, sondern auch über die Europäische Menschenrechtskonvention. Man kann hier also von einem europäischen Wertkonsens sprechen. In Verbindung damit lassen sich verschiedene Probleme diskutieren. Konzentrieren wir uns auf die nach außen gerichtete Wirkung, d.h. auf die Frage nach der exklusiven und universellen Gültigkeit der Werte und ihrer Berechtigung.

Werte als überpositive Rechtsgrundsätze repräsentieren „das Rechte", das den reinen Rechtspositivismus einschränkt und die Regulierung des Zusammenlebens bestimmten Grundsätzen unterwirft. Vor allem in dieser Form sind Werte für eine Gemeinschaft wie die Europäische Union relevant. Hierbei handelt es sich um „ethisch-sittliche Überzeugungen ..., die über gemeinschaftliche Zielsetzungen und die normative Struktur politischer und gesellschaftlicher Institutionen orientieren" (Joas/Mandry 2005: 549). Charakteristisch für kollektive Werthaltungen sind ihre gewachsene Struktur und ihre historische Tiefe. Sie sind fundiert in gemeinsamen individuellen und kollektiven Erfahrungen und deren Deutungen und bilden somit die Identität der Gemeinschaft. Daraus folgt logischerweise, dass eine europäische Kultur eine europäische Entstehungsgeschichte hat. Die Menschenrechte, die Grundrechte wie Freiheit, Gleichheit, Solidarität und die Grundsätze wie Pluralismus, Toleranz, Rechtsstaatlichkeit, Demokratie sind im europäischen Kulturkreis entstanden, der – zumindest für das hier entscheidende 18. Jahrhundert – seine nordamerikanischen Ableger einschließt.

Man spricht deshalb auch von der westlichen Kultur. Sie sind also Produkte der europäischen Zivilisation, da hat die zitierte Präambel des Lissabonner Vertrages schon recht.

Das schließt nicht aus, dass der Wertekanon universalisierbar ist. Ja, Universalisierbarkeit ist ein wichtiger „Metawert", der ihm zugrunde liegt. Doch die Behauptung der Präambel, die Werte seien universell, kann nicht ungeprüft durchgehen. Wenn wir mit Max Weber Bedeutung und Gültigkeit von Werten unterscheiden (vgl. Schluchter 2005), dann lässt sich eine universelle Bedeutung der europäischen Werte kaum bestreiten, sehr wohl aber ihre universelle Gültigkeit. Wir brauchen nur an die Ächtung der Todesstrafe und anderer Körperstrafen, an das Abtreibungsverbot oder an die Gleichheit von Mann und Frau zu denken, um zu sehen, dass die dahinter stehenden Menschenrechte zwar universalisierbar, aber keineswegs universell gültig sind. Auch der Islam zum Beispiel kennt Menschenrechtskataloge (Europäischer Islamrat 1981, Die Kairoer Erklärung 1990, Rapport 2004). Doch da sie alle auf der Scharia, dem im Koran offenbarten göttlichen Recht, bzw. einer arabischen Tradition des 7. Jahrhunderts, basieren, sind sie keineswegs deckungsgleich mit dem europäischen Menschenrechtskatalog, der vor allem der Aufklärung, einer europäischen Tradition des 18. Jahrhunderts verpflichtet ist. Die islamischen Menschenrechte sind transzendenten Ursprungs und stellen moralische Rechte, d.h. vor allem Pflichten, dar. Die westlichen Menschenrechte sind Produkte der aufgeklärten Vernunft und sie sind juridischer Natur, d.h. individuell einklagbar.

Was läge näher, als die Entwicklung von der Transzendenz zur Vernunft und von der exklusiven Religion zum inklusiven Recht als einen universellen Prozess der Modernisierung zu interpretieren, den früher oder später alle Gesellschaften durchlaufen? Dem entspricht eine vertraute Denkgewohnheit, die wir kulturellen Monismus oder die Kantsche Hypothese nennen können. Denn sie geht auf die Aufklärungsphilosophie, unter anderem auf Kant (1795/1968) und seine Schrift „Zum ewigen Frieden" zurück. Doch auch Marx dachte mit seinem historischen Materialismus in den gleichen Bahnen. Max Weber (1920: 1) hat diese Auffassung zu Beginn seiner Aufsätze zur Religionssoziologie mit der erforderlichen Einschränkung zum Ausdruck gebracht, wenn er vom Auftreten von Kulturerscheinungen schreibt, „welche doch – wie wenigstens wir uns gerne vorstellen – in einer Entwicklungsrichtung von *universeller* Bedeutung und Gültigkeit lagen". Noch klarer hat diese Auffassung Karl Jaspers (1963: 17) ausgesprochen, dass nämlich „die Menschheit einen einzigen Ursprung und ein Ziel habe" (vgl. auch Borgolte 2005: 120). Kultureller Monismus impliziert, dass Kultur das Resultat einer einzigen universellen Entwicklung ist. Für Kant ist sie in der Vernunft begründet. Historisch manifestiert Kultur sich im kollektiven Charakter einer Nation oder einer Zeit, so dass sich mehr oder weniger fortgeschrittene Kulturen ergeben. Die liebgewonnene Vorstellung des Eurozentrismus lautet nun, die europäische oder westliche Kultur habe universelle Bedeutung und Gültigkeit, sie habe einen eigenen Charakter, der sich in der Modernisierung, das heißt der Ausbreitung der Vernunft, äußert, und sie sei deshalb die fortschrittlichste, also ein normatives Entwicklungsmuster (vgl. Asad 2002: 215). Zu einem ähnlichen Ergebnis, nämlich einer universellen Norm, die allerdings statischen Charakter hat, kommen *mutatis mutandis* auch die islamischen Menschenrechtserklärungen – notwendigerweise, denn sobald man Normen als naturrechtlich gegeben oder göttlich offenbart annimmt, ist für sie exklusive Gültigkeit zu fordern. Vom europäischen Standpunkt aus gesehen ist das die voraufgeklärte Situation.

Von dieser Vorstellung wird man sich wohl verabschieden müssen, wie Anthropologen es schon lange angemahnt haben. Kultureller Relativismus oder Pluralismus, die Herdersche Hypothese, ist die Alternative. Es war Herder (1784–91/1974), der in seinen „Ideen zur Philosophie der Geschichte der Menschheit" die unilineare Entwicklungshypothese kritisiert hatte. Kant (1784–5/1968: 804–5) hat Herders Schrift bekanntlich eine ausführliche Rezension gewidmet, die auch kritisch auf diesen Punkt eingeht, nämlich auf die kulturelle Evolution der Menschheit. Claude Lévi-Strauss (1981: 218) spricht in dem Zusammenhang von falschem Evolutionismus: „... wenn man die unterschiedliche Beschaffenheit sowohl der alten als auch der entfernten Gesellschaften als *Stadien* oder *Etappen* einer einzigen Entwicklung behandelt, die, vom gleichen Ausgangspunkt herkommend, auch zum gleichen Ziel führen muß, so wird ihre Verschiedenheit zu einem bloßen Schein." Kultureller Relativismus ist die logische Konsequenz.

Doch ganz so einfach ist es mit dem Pluralismus nicht. Die Losung der Europäischen Gemeinschaft lautet „Einheit in der Vielfalt". Die erforderliche Einheit, die eine Gemeinschaft konstituiert, beruht gerade im Wertkonsens, der einheitlichen Wertebasis. Ein von einer solchen Basis nicht eingeschränkter Rechtspluralismus wäre nicht in der Lage, Freiheit und Gleichheit zu garantieren. Die Europäische Union ist eine Rechtsgemeinschaft. Das heißt nicht, dass überall die gleichen Gesetze gültig sind. Das heißt aber sehr wohl, dass überall die gleichen Grundrechte und Rechtsprinzipien gelten. Genau das verlangt der Gleichheitsgrundsatz – und, nebenbei bemerkt, der unverfälschte Wettbewerb.

Hier taucht nun ein fundamentales Dilemma auf. Wenn man von kulturellem Pluralismus ausgeht, fordert dann nicht der Gleichheitsgrundsatz, interpretiert als Nicht-Diskriminierung, dass Verschiedenes auch verschieden behandelt wird? Muss man nicht den Wertdifferenzen, der jeweils eigenen Identität von Individuen und Gruppen Rechnung tragen? Damit würde man allerdings automatisch in Konflikt mit dem verfassungsmäßigen Gleichheitsgrundsatz, interpretiert als formale, unterschiedslose Gleichbehandlung aller Bürger, geraten. Auch das wird Nicht-Diskriminierung genannt, wogegen kulturalistische Relativisten einwenden, dass die normative Basis, die der unterschiedslosen Gleichbehandlung zugrunde liegt, in der Regel die Wertebasis der Mehrheit sein wird, die dann eben die Werte von Minderheiten diskriminiert (vgl. Asad 2002, Tully 2002).

Box 1.4: Das Grundrecht der Religionsfreiheit

Art. 10 GRCh legt die Gedanken-, Gewissens- und Religionsfreiheit fest:

> Jede Person hat das Recht auf Gedanken-, Gewissens- und Religionsfreiheit. Dieses Recht umfasst die Freiheit, die Religion oder Weltanschauung zu wechseln, und die Freiheit, seine Religion oder Weltanschauung einzeln oder gemeinsam mit anderen öffentlich oder privat durch Gottesdienst, Unterricht, Bräuche und Riten zu bekennen.

Der traditionelle Islam ist der Überzeugung, seine Religion „stelle ein ganz eigenes, in sich geschlossenes und allumfassendes Gefüge von Normen und Werten dar, das sowohl die individuelle Lebensführung wie die öffentliche Ordnung gestalten müsse" (Krämer 2005: 477). Die beiden letzten Artikel der Kairoer Erklärung der Menschenrechte im Islam (1990) lauten:

> *Artikel 24:*
> Alle Rechte und Freiheiten, die in dieser Erklärung genannt wurden, unterstehen der islamischen Scharia.
>
> *Artikel 25:*
> Die islamische Scharia ist die einzig zuständige Quelle für die Auslegung oder Erklärung jedes einzelnen Artikels dieser Erklärung.

Es sollte deutlich sein, dass die Garantie der freien Religionsausübung unter dem Grundrecht der Religionsfreiheit nicht eine Implementierung jenes allumfassenden Gefüges von Normen und Werten, d.h. eine islamische kulturelle Autonomie innerhalb Europas bzw. eines Mitgliedlandes der Europäischen Union bedeuten kann. Denn nicht nur besteht die Gefahr der Verletzung anderer Grundrechte (der Austritt aus der islamischen Gemeinschaft zum Beispiel wird nach der Scharia mit dem Tode bestraft), sondern hier wird auch der Rechtsstaat ausgehebelt.

Angesichts kultureller Vielfalt und Diversifizierung ist das Dilemma grundsätzlich unauflösbar. Denn eine funktionsfähige politische Gemeinschaft verlangt rechtliche Einheit. Habermas (1999c: 262) hat einen praktikablen Weg gewiesen, dem Dilemma zu entrinnen: „Die *ethische Integration* von Gruppen und Subkulturen mit je eigener kollektiver Identität muß also von der Ebene der abstrakten, alle Staatsbürger gleichmäßig erfassenden *politischen Integration* entkoppelt werden." Das heißt, von den Minderheiten wird Loyalität gegenüber der herrschenden politischen Kultur erwartet. „Gleichzeitig darf der ethische Gehalt des Verfassungspatriotismus die Neutralität der Rechtsordnung gegenüber den auf subpolitischer Ebene ethisch integrierten Gemeinschaften nicht beeinträchtigen" (ibid.: 263). Das kann eine heikle Gratwanderung sein angesichts des Totalitätsanspruchs des traditionellen Islam.

Diese Position ist nicht unbestritten geblieben. Respektierung der kulturellen Identität erfordere Selbstregierung, heist es dagegen „that is, forms of legal and political pluralism that accord with cultural differences by means of devices of subsidiarity, devolution, regional autonomy, federalism, and confederalism within a larger constitutional association" (Tully 2002: 350).

Zweifellos können föderale Strukturen und das Subsidiaritätsprinzip viele Probleme der Inhomogenität lösen. Doch solange es sich um eine einheitliche politische Gemeinschaft, d.h. eine einheitliche *constitutional association*, handelt, bedarf es einheitlicher Grundrechte und Prinzipien. Kann man sich darauf nicht verständigen, sind getrennte Wege unvermeidlich wie in den Fällen der Trennung von Indien und Pakistan 1947, dem Auseinderfallen der Sowjetunion 1991, der Trennung von Tschechien und der Slowakei 1993. Selbstregierung löst das Dilemma jedoch nicht grundsätzlich, dadurch wird nur eine bisherige Minderheit zur Mehrheit, und an ihre Stelle treten andere Minderheiten.

1.6 Und was denkt der europäische Bürger?

Dieser Frage gehen verschiedene Erhebungen der öffentlichen Meinung nach. Die Kommission der EU veröffentlicht halbjährlich das „Eurobarometer", in dem die Einstellungen und Meinungen der Bürger der Union und auch der Beitrittskandidaten untersucht werden. Was die Frage nach der europäischen Identität betrifft, so besteht sicher ein Unterschied zwischen den Einstellungen in der „alten" EU-15 und in den neuen Mitgliedländern. Denn für letztere war die EU lange Zeit ein gelobtes Land, bis man im Laufe der Beitrittsverhandlungen mit den Realitäten der Gemeinschaft konfrontiert wurde.

Eine Frage, die das Eurobarometer kurz vor der Osterweiterung gestellt hat, lautete, ob man sich als Europäer fühle, als Europäer und Deutscher, als Deutscher und Europäer oder ausschließlich als Deutscher (bzw. die anderen Nationalitäten). Tabelle 1.1. zeigt nur den Saldo zwischen der rein nationalen und den übrigen drei Möglichkeiten (ein negatives Vorzeichen bedeutet ein Vorherrschen der nationalen Identität). Eine wiederholt gestellte Frage richtet sich auf die Einschätzung der Mitgliedschaft des eigenen Landes in der EU. Auch hier gibt Tabelle 1.1 den Saldo zwischen den positiven und negativen Bewertungen wieder. Schließlich zielte eine Frage auf die Möglichkeit, europäische Werte als solche zu identifizieren. In der Tabelle wird der Saldo zwischen den positiven und negativen Antworten angegeben (d.h. der Prozentsatz der „weiß nicht" Antworten bleibt in allen drei Fällen unberücksichtigt.

Tabelle 1.1: Identität, Einschätzung der Mitgliedschaft, Identifikation europäischer Werte

Land	*Identität 2003*	*Mitgliedschaft 2008*	*Europ. Werte 2008*
Luxemburg	54	65	54
Zypern	48	37	66
Slowakei	43	51	64
Rumänien	–	58	61
Bulgarien	–	43	55
Malta	36	48	49
Italien	36	22	31
Polen	34	59	52
Slowenien	32	–	–
Frankreich	30	31	34
Deutschland	29	52	40
Spanien	29	57	54
Dänemark	25	53	36
Lettland	23	13	49
Ungarn	20	11	35
Litauen	14	–	48
Tschechien	13	37	51
Estland	12	51	63
Niederlande	7	66	15
Belgien	6	56	36
Portugal	1	35	44
Irland	–1	67	45
Österreich	–6	10	34
Griechenland	–6	36	57
Schweden	–10	32	27
Finnland	–13	24	56
Ver. Königreich	–33	-2	23

Quelle: Eurobarometer 2003, 2008

Vergleiche mit anderen Eurobarometer-Erhebungen der gleichen oder ähnlicher Fragen und Erhebungen anderer Institute (z.B. Optem 2001) zeigen, dass die ermittelten Prozentzahlen nicht sehr stabil sind. Was stabil ist und als signifikant betrachtet werden kann, ist die Differenzierung der Einstellung zur europäischen Identität und zur EU. Die Skandinavier und Briten, aber auch Österreich und Ungarn sehen wenig in einer gemeinsamen europäischen Geschichte und Kultur, halten ihre partikulare Kultur (natürlich auch die politische) für besonders, wenn nicht überlegen, und können sich deshalb nur schwach mit Europa identifizieren. Je weiter man nach Süden kommt, desto intensiver werden historische Einheit und kulturelle Zusammengehörigkeit empfunden, und das erlaubt dann auch ein stärkeres Zugehörigkeitsgefühl zu Europa. Was die Identifzierbarkeit europäischer Werte betrifft so wurde auch gefragt, ob es sich dabei nicht eher um allgemein westliche Werte handele. Dies sehen vor allem die alten EU-15 so, während die neuen Mitgliedländer das mehrheitlich ablehnen. Wir können hier nicht nach den Ursachen für diese Differenzierung in der Einstellung forschen. Die Differenzierung wirkt sich natürlich in der Europapolitik der Länder aus. Es ist sicher kein Zufall oder rein ökonomischen Überlegungen zuzuschreiben, dass sich Großbritannien und Schweden unter den drei Ländern befinden, die den Euro 1999 nicht eingeführt haben. Andererseits wird die Mitgliedschaft in der EU von den Niederländern und den Iren besonders positiv gesehen, was sie nicht hinderte, im Referendum 2005 den Verfassungsvertrag bzw. 2008 den Vertrag von Lissabon abzulehnen.

Hätten wir es heute noch wie 1960 mit dem Europa der sechs (EG), dem Europa der sieben (der EFTA mit ihren Gründungsmitgliedern Großbritannien, Dänemark, Schweden, Norwegen, Portugal, Österreich und der Schweiz) und dem „Ostblock" zu tun, dann würde die Frage nach der Identität sicher anders gestellt und anders beantwortet. Es hat sich aber eine einheitliche Europäische Union herausgebildet. Und damit ergibt sich die Fragestellung: Ist das so, weil die gewachsene europäische Identität stärker war als die partikularen Tendenzen – die essentialistische Erklärung, oder ist das so, weil diese Form der Vergesellschaftung den politisch-wirtschaftlichen Interessen am besten entsprach – die funktionalistische Erklärung? Man bildet eine Union, weil es allen Beteiligten nützt. Das schließt nicht aus, dass sich im Laufe der Zeit auch eine affektive europäische Identität herausbildet, zumal wenn sie auf ein Fundament historischer und kultureller Gemeinsamkeiten gegründet ist.

Kapitel 2
Integration – Einheit und Vielfalt

Worum geht es in diesem Kapitel?

TE: Begriffsklärung und Theorie *en passant* oder hier in den ersten Kapiteln, wofür sollen wir uns entscheiden?

HJW: Integration ist ein so vager und vieldeutiger Begriff, dass wir gut daran tun, ihn in einem eigenen Kapitel zu klären. Das schließt die eine oder andere theoretische Überlegung ein.

HF: Für Ökonomen scheint mir der Begriff recht klar: Zwei Märkte werden integriert, wenn man die Grenzen abbaut, die zwischen ihnen bestehen. Das können natürliche Grenzen sein oder künstliche.

TE: Deshalb sollten wir uns erst einmal das Phänomen Grenze etwas genauer ansehen.

HJW: Daran schließt sich mehr oder minder von selbst die ökonomische Integrationstheorie an.

HF: Braucht es da mehr als das Freihandelstheorem? In diesem Punkt sind sich die Ökonomen einig.

HJW: Ein bemerkenswertes Phänomen bei der sprichwörtlichen Uneinigkeit in der Profession: zwei Ökonomen, drei Meinungen.

TE: Von denen Keynes zwei vertritt. Aber trotz der großen Einigkeit *in puncto* Freihandel ist die Welt voll von Handelsbeschränkungen aller Art. Da muss doch eine gewisse Rationalität dahinter stehen.

HJW: Gruppeninteressen, Gefangenendilemmas, Marktversagen auf dem Markt für Politik – die Rationalität findest du in der politischen Ökonomie.

TE: Was uns unmittelbar zum Problem der politischen Integration bringt.

HF: Wozu die politische Wissenschaft eine reichhaltige Literatur entwickelt hat.

TE: Die können wir hier nicht annähernd adäquat referieren.

HJW: Zumal sie nicht so einfach strukturiert ist wie die ökonomische Integrationstheorie. In der Politik gibt es kein Freihandelstheorem, das praktisch einen normativen Anker für alle ökonomischen Diskussionen bildet.

TE: Doch wenn wir uns einen funktionsfähigen Markt nur im Rahmen einer geeigneten staatlichen Ordnung vorstellen können, dann braucht ein solcher Markt, der die nationalen Grenzen überschreitet, auch supra-staatliche Organisation – also so etwas wie politische Integration.

HJW: Die kann nun aber auf sehr unterschiedliche Weise erfolgen, nämlich auf zwischenstaatlicher Ebene oder auf supranationaler Ebene.

HF: Zumindest erklären uns die politikwissenschaftlichen Theorien das so, wobei nicht immer ganz klar ist, ob sie es positiv oder normativ meinen.

TE: Die tatsächliche europäische Integration enthält beide Elemente. Hier findet Regieren auf mehreren Ebenen statt. Das wird uns auch im Weiteren dieses Buches immer wieder begegnen.

HJW: Und die beiden zentralen Ebenen, die europäische und die nationale, beeinflussen sich wechselseitig. Heute kann man in Berlin nicht Politik machen ohne Blick auf Brüssel und in Brüssel nicht ohne Blick auf Berlin.

TE: Damit setzt du aber bereits vollzogene Integration voraus. In der Tat haben wir heute eine Europäische Union, was auch immer ihr staatsrechtlicher Charakter sein möge.

HJW: Wie es dazu gekommen ist, das sollten wir allerdings in einem eigenen Kapitel behandeln.

2.1 Was verstehen wir unter Integration?

Integration ist einer von jenen Begriffen, von denen jeder meint, er wisse, was er bedeute, und keiner eine exakte Definition geben kann. Das lateinische Wörterbuch hilft uns da nur wenig weiter: *integrare* bedeutet wiederherstellen, wieder einrenken. Im nächsten Kapitel werden wir sehen, dass die europäische Integration ursprünglich genau dies zum vornehmsten Ziel hatte, nämlich den verfeindeten, zerstrittenen Kontinent wieder einzurenken. Aber daran denkt man kaum, wenn man den Begriff Integration benutzt. In den europäischen Verträgen kommt er nur in der Präambel des Vertrags über die Europäische Union (EU) vor. Art. 1 EU spricht dann von der „immer engeren Union der Völker Europas". Damit wird das angestrebte Resultat des Integrationsprozesses beschrieben.

Der Begriff Integration stammt in unserem Zusammenhang wohl aus der Ökonomie, genauer aus der Theorie der internationalen Wirtschaftsbeziehungen. Aber auch da ist er relativ jung und erst nach dem zweiten Weltkrieg allgemein in Umlauf gekommen (Machlup 1977). Die neo-klassische Wirtschaftstheorie in ihrer einfachsten und abstraktesten Form betrachtet Produzenten und Konsumenten als Wirtschaftssubjekte, die auf Märkten über Preise miteinander kommunizieren und ihre Güter und Dienste austauschen. Der ideale Markt ist voll integriert, d.h. nur die direkten Produktionskosten und Präferenzen spielen eine Rolle – ein Punktmarkt, auf dem naturgemäß vollständige Information herrscht. Das gibt es in der realen Welt nicht. Die Wirtschaftssubjekte sind im Raum verteilt und sie sind in politisch-sozialen Verbänden organisiert. Aus der ersten Tatsache resultieren natürliche Handelsbeschränkungen: ganz allgemein Entfernung, die durch geographische Besonderheiten (Gebirge, Meere, Wüsten) noch differenziert wird – Wassertransport ist z.B. weniger kostspielig als Landtransport. Aus der zweiten Tatsache resultieren politisch-soziale Handelsbeschränkungen tarifärer und nicht-tarifärer Art. Nicht alle davon sind politisch gesetzt – man denke nur an kulturelle und sprachliche Unterschiede. Integration bedeutet nun eine Bewegung auf den hypothetischen Punktmarkt zu, d.h. die Reduktion der Handelsbeschränkungen.

Box 2.1: Eine Definition der ökonomischen Integration

Das klassische Werk zur Theorie der ökonomischen Integration wurde von Bela Balassa (1961) verfasst. Seine Definition lautet: „We propose to define economic integration as a process and as a state of affairs. Regarded as a process, it encompasses measures designed to abolish discrimination between economic units belonging to different national states; viewed as a state of affairs, it can be represented by the absence of various forms of discrimination between national economies" (Balassa, 1961: 1)

Diese Definition ist uns deshalb zu eng, da sie rein legalistisch nur wirtschaftspolitische Diskriminierung berücksichtigt, während schon Augustin Cournot (1801–1877) die Äquivalenz von Zöllen und Transportkosten konstatiert hat (Cournot 1838/1980: 94). In diesem Buch wird unter ökonomischer Integration ein Prozess verstanden, der die Kommunikation der Märkte fördert mit dem hypothetischen Endziel eines voll integrierten, einheitlichen Marktes. Den Zustand, den dieser Prozess hervorbringt, nennen wir Union.

Im Falle der natürlichen Handelsbeschränkungen findet Integration vor allem durch technischen Fortschritt im Transport- und Kommunikationssektor statt. Im Falle der politisch-sozialen Handelsbeschränkungen findet Integration zum einen durch den Abbau der politisch gesetzten Hemmnisse statt – das wird auch negative Integration genannt. Zum anderen spielen Lernprozesse und interkulturelle Kommunikation eine wichtige Rolle. Auch wenn bei der Analyse der Integration in der Regel nur die Maßnahmen betrachtet werden, die zum Abbau der künstlichen Hindernisse im Handelsverkehr beitragen, sollte man die beiden anderen Integrationsmotoren, technischer Fortschritt und interkulturelle Kommunikation, nicht ganz aus dem Auge verlieren. Denn alle drei wirken zusammen und stimulieren sich gegenseitig. Revolutionäre Entwicklungen in der Telekommunikation über die letzten 30–40 Jahre haben z.B. dazu geführt, dass Wettbewerb auf den entsprechenden Märkten, die bislang durch Staatsmonopole gekennzeichnet waren, zu einem Ziel der europäischen Integrationsbemühungen werden konnte und erhebliche Wohlfahrtsgewinne realisiert wurden.

Schon an dieser Stelle drängt sich die Frage auf, warum Integration denn erstrebenswert sei. Die intuitive Antwort darauf ist ein Theorem der klassischen Ökonomen Adam Smith (1723–1790) und David Ricardo (1772–1823): Arbeitsteilung und Spezialisierung führen im Zusammenhang mit einer maximalen Ausnutzung komparativer Kostenvorteile im Handel zu höchstmöglicher Wohlfahrt. Alles was den Handel behindert, reduziert die Wohlfahrt. Der bereits genannte französische Mathematiker und Ökonom Cournot hat an dieser generellen Formulierung des Theorems einige Einschränkungen angebracht. Die Ausarbeitung des Theorems fand im Rahmen des neo-klassischen Modells statt, und das kennt in seiner einfachsten und abstraktesten Form nicht den Staat, d.h. den politischen Verband, in dem sich die Wirtschaftssubjekte als Bürger organisieren. Neo-klassisch orientierte, liberale Ökonomen haben deshalb eine Präferenz – man könnte auch sagen einen Bias – für negative Integration.

Nun ist das neo-klassische Modell allerdings weiterentwickelt worden und hat den Staat als Akteur im Wirtschaftsprozess wahrgenommen. Abgesehen von den allgemein anerkannten Staatsaufgaben, für Recht und Sicherheit zu sorgen, die über Steuern finanziert werden, sind es vor allem die Theorie des Marktversagens und die Institutionentheorie, die dem Staat eine ökonomische Aufgabe zuweisen. Der Staat hat subsidiär den Markt zu unterstützen, und dabei gilt: *institutions matter*. Letzteres bedeutet vor allem, dass Märkte nicht im luftleeren Raum operieren, sondern im Rahmen einer Ordnung. Wettbewerb z.B. als eine wesentliche Voraussetzung für einen ungehinderten Handel und damit die Wohlfahrtsmaximierung ist kein natürlicher Zustand, sondern muss durch die Wirtschaftsordnung sichergestellt werden (Eucken 1952). Der Staat hat eine wichtige ordnungspolitische Funktion, von deren besserer oder schlechterer Erfüllung Produktivität und Wohlfahrt abhängen.

Märkte erstrecken sich über einen Raum, und Staaten sind definitionsgemäß territorial abgegrenzt. Beide Räume müssen nicht übereinstimmen. Sie tun es nur dann, wenn der Staat seine Märkte rigoros nach außen abschottet, so wie es z.B. die sozialistischen Planwirtschaften mit dem staatlichen Außenhandelsmonopol versucht haben. Aus der potentiellen Inkongruenz der ökonomischen und politischen Räume ergibt sich die Notwendigkeit, dass bestimmte wirtschaftspolitische Maßnahmen, wenn sie ein optimales Marktresultat sicherstellen sollen, nicht an den Landesgrenzen haltmachen können. Zwischenstaatliche Kooperation und Koordination wird erforderlich. Und das nennen wir positive Integration: die Schaffung gemeinsamer politischer Regelungen. Für die Probleme des Umweltschutzes z.B. ist das unmittelbar einzusehen.

Eine differenzierende Betrachtung der koordinierenden Rolle des Staates in einer komplexen Marktwirtschaft macht die alte Gegenüberstellung liberale negative Integration auf der einen Seite und dirigistische positive Integration auf der anderen Seite (Balassa 1961: 7–10) hinfällig. Das liberale Ideal war (und ist noch häufig) die Welt vor dem ersten Weltkrieg, in der es keine Verkehrsbeschränkungen für Güter, Dienste, Kapital und Arbeit gegeben und der Staat sich ganz auf Recht und Sicherheit beschränkt habe. Ganz so „paradiesisch" war die Vorkriegswelt nicht, aber tendenziell wies sie ein hohes Maß an Internationalisierung auf. Um dorthin zurückzukehren, bedarf es nach dieser Auffassung folglich nur der Aufhebung der Beschränkungen, die in der Zwischenkriegszeit eingeführt worden waren. Das dirigistische Gegenmodell entstammt genau dieser Periode, die staatlich kontrollierte

Marktwirtschaft des Nationalsozialismus, bzw. das Extremmodell der sozialistischen Planwirtschaft. Und beides will ja nun wirklich niemand mehr haben. Nicht zuletzt die Institutionentheorie macht jedoch deutlich, dass Wirtschaftspolitik, vor allem Ordnungspolitik, wohlfahrtsfördernde Effekte hat und dass integrierte Märkte auch einer gewissen Koordination durch die staatliche Wirtschaftspolitik bedürfen. Und so kommt es, dass die Europäische Union des 21. Jahrhunderts trotz einer liberalen Grundhaltung nicht mehr genau so aussieht wie die Welt des 19. Jahrhunderts.

Positive Integration braucht sich natürlich nicht auf das Wirtschaftssystem zu beschränken – man kann die Außenpolitik, die Sicherheitspolitik, die Innen- und Rechtspolitik integrieren. Klar, je mehr diese Bereiche gemeinsam geregelt werden, desto mehr wachsen zwei oder mehr Staaten zusammen. Ein voll integrierter Raum hat eine einheitliche politische Organisation – er umfasst einen Staat. Die „immer engere Union der Völker Europas", die in Art. 1 EU angesprochen wird, bedeutet folglich die politische Union Europas als Ziel des Integrationsprozesses. Der Vertrag über die Europäische Union stellt dann auch neben die Säule der wirtschaftlichen Integration, die der Grundpfeiler der Europäischen Gemeinschaft ist, die beiden Säulen der gemeinsamen Außen- und Sicherheitspolitik und der gemeinsamen Innen- und Rechtspolitik.

Es hat nun den Anschein, als ob aus der negativen Integration auf quasi naturgesetzliche Weise die positive Integration folge. Diese Auffassung wird im so genannten Theorem der Anschlusseffekte (Spillover-Theorem) der funktionalistischen Integrationstheorie, die wir etwas weiter unten noch näher behandeln, explizit ausgesprochen. Und der europäische Einigungsprozess scheint diese Auffassung zu stützen. Es ist aber nicht zu übersehen, dass die europäische Integration international ein eher singuläres Ereignis ist. Die Gegenposition ist ebenso vertreten worden: Negative Integration führt zur positiven Desintegration oder, wie es die Vertreter dieser Gegenposition (Alesina, Spolaore, Wacziarg 2000; Alesina, Spolaore 2003; Spolaore, Wacziarg 2003) formuliert haben: Ökonomische Integration führt zu politischer Desintegration. Dieser Prozess ist kurz näher zu betrachten, um zu verhindern, dass Integration als Einbahnstraße betrachtet wird.

Die empirischen Fakten liegen klar auf der Hand. Seit dem zweiten Weltkrieg sind vor allem die tarifären Handelshemmnisse dank der verschiedenen GATT-Runden und vielleicht auch dank ökonomischer Einsicht in die wohlfahrtsfördernde Wirkung freien Handels in erheblichem Maße abgebaut worden. Die Staaten der Welt wurden offener – was mit häufig kritischem Unterton auch Globalisierung genannt wird. Gleichzeitig hat die Zahl der selbständigen Staaten in der Welt von 74 im Jahre 1946 auf 192 Mitgliedländer der Vereinten Nationen im Jahre 2008 zugenommen. Wir brauchen uns nur an die jüngste Runde der politischen Desintegration nach dem Zusammenbruch des kommunistischen Systems zu erinnern: Aus der einen Sowjetunion wurden 15 unabhängige Staaten, Jugoslawien lief in 7 Länder auseinander, die Tschechoslowakei trennte sich in eine Tschechische und eine Slowakische Republik.

Die theoretische Intuition hinter der Erklärung dieses Prozesses ist relativ einfach. Auf Grund von Skaleneffekten wird die Produktivität einer Wirtschaft von der Größe ihres Marktes bestimmt. In einer Welt mit Handelsbeschränkungen hängt die Größe des Marktes von der Größe des Landes ab. Fallen die ökonomischen Grenzen, die Handelsbeschränkungen, dann sind die politischen Grenzen für Marktgröße und Produktivität irrelevant. Im Bereich der Politik hat Größe des Landes jedoch einen negativen Effekt: Je größer das Land desto heterogener ist in der Tendenz seine Bevölkerung. Unterschiedliche Präferenzen erschweren die politische Willensbildung und verteuern den Entscheidungsprozess. Offene Wirtschaften können sich kleine, effiziente politische Verbände leisten, oder umgekehrt: Kleine politische Verbände müssen den freien Handel propagieren.

Die Inkongruenz des ökonomischen und des politischen Raums scheint hier keine negativen Auswirkungen zu haben. So einfach ist es aber nicht. Zwei Effekte sind zu berücksichtigen (Alesina/Spolaore/Wacziarg 2000: 1285; siehe auch Spolaore/Wacziarg 2003):

- „In fact, being part of a political unit may facilitate trade, even in a world without tariffs."
- „... a reduction in the costs of heterogeneity would bring about, simultaneously, larger countries and easier trade. Thus, a direct effect of increased ‚tolerance' would run against, and partly counterbalance, the relationship between country size and trade"

Das bedeutet, wir haben es mit *trade-offs* zu tun. Dass in der europäischen Einigung negative und positive Integration in die gleiche Richtung gehen, lässt nur vermuten, dass die Vorteile, die Wohlfahrtsgewinne aus der Abschaffung der politischen Grenzen, höher eingeschätzt werden als die Nachteile, die Entscheidungskosten (die sich aber immer wieder in ablehnenden Refrenden zu Vertragsänderungen manifestieren). Und der zweite erwähnte Effekt der wachsenden Toleranz ist ein schönes Beispiel für den Integrationsmotor interkulturelle Kommunikation. Sie hat beispielsweise das Verhältnis von Frankreich und Deutschland nach dem zweiten Weltkrieg auf eine völlig neue Basis gestellt und damit die positive Integration überhaupt erst ermöglicht. Umgekehrt kann man die Probleme, die England mit positiver Integration hat, zum Teil auf seine *splendid isolation* auf den britischen Inseln zurückführen. Wir erinnern uns an das in Kapitel 1 erwähnte geringe Bewusstsein, Europa zugehörig zu sein, das *Eurobarometer* in Großbritannien, aber auch in Skandinavien konstatiert hat. Hier haben wir einen Fall, der das Zusammenwirken von natürlichen und kulturellen Verkehrsbeschränkungen verdeutlicht.

2.2 Grenzen sollen schützen und müssen verteidigt werden

Wenn wir einmal von den natürlichen Gegebenheiten absehen, die geographische Räume voneinander trennen (Flüsse, Gebirge, Meere, Wüsten), dann sind Grenzen Produkte des Rechts, und als solche wurden sie vor allem in der Zeit der Nationalstaaten nach dem westfälischen Frieden (1648) definiert. Staatsgrenzen bestimmen den Gültigkeitsbereich von Jurisdiktionen, der gleichzeitig einen bestimmten Personenkreis, die Bürger des jeweiligen Landes, privilegiert. Daraus ergibt sich bereits eine erste wirksame Verkehrsbeschränkung, die sich in Passkontrollen an der Grenze, Visabestimmungen, Aufenthaltsgenehmigungen und -verweigerungen, Ausweisungen usw. manifestiert.

Die legislative Autorität des Staates gibt ihm die Möglichkeit, die unterschiedlichsten Formen von künstlichen Verkehrsbeschränkungen einzuführen. Allgemein geht man davon aus, dass Staaten intern voll integrierte Räume sind, d.h. dass auf dem Territorium eines Staates einheitliche Regelungen gelten und keine diskriminierenden Verkehrsbeschränkungen existieren (nicht diskriminierende Verkehrsbeschränkungen, z.B. das Verbot von Castor-Transporten durch dichtbesiedeltes Gebiet, gibt es natürlich viele). Das ist eine Vereinfachung, die weder historisch noch sachlich ganz der Realität entspricht. Frankreich war bis ins 18. Jahrhundert durch zahlreiche interne Grenzen und regionale Ausfuhrverbote gekennzeichnet, woraus sich die liberale Integrationsmaxime *laissez faire, laissez passer* erklärt: Schafft die internen Grenzen ab! Föderal verfasste Staaten wie die USA, die Schweiz oder Deutschland sind ebenfalls nicht voll integriert. Denn auf ihrem Territorium gibt es mehrere Jurisdiktionen mit bestimmten Kompetenzen – Bund, Länder und Gemeinden. Die steuerliche Belastung wirtschaftlicher Tätigkeit ist in den einzelnen Bundesstaaten der USA zum Beispiel sehr unterschiedlich. Gemeinden bestimmen mit ihren Flächennutzungsplänen die Ansiedlungsmöglichkeiten von Industrien und schränken damit indirekt die volle Kapitalmobilität ein.

Für den Verkehr von Gütern, Dienstleistungen, Arbeit und Kapital werden Grenzen häufig zu unüberwindlichen Hindernissen auf Grund der staatlichen Regelungen. Den Regierungen stehen hierfür so zahlreiche Möglichkeiten zur Verfügung, dass eine erschöpfende Aufzählung sich verbietet. Beschränken wir uns auf die wesentlichen, und das sind erst einmal die Handelshemmnisse, die sich vor allem auf den Güterverkehr erstrecken. Wir unterscheiden:

- Tarifäre Handelshemmnisse, das sind Zölle.
  - Schutzzölle und Finanzzölle: Zölle können unterschiedlichen Funktionen dienen. Sie haben für den Staat immer die angenehme Eigenschaft, Einnahmen zu generieren, und damit eine fiskalpolitische Funktion. Da Zölle relativ einfach zu erheben sind (Straßen-, Brücken-, Tor- und Flusszölle) waren sie lange Zeit die wichtigste Staatseinnahme. Ein Kaufmann aus Basel musste in der zweiten Hälfte des 16. Jahrhunderts auf der Fahrt auf dem Rhein, dem wichtigsten Verkehrsweg in Mitteleuropa, von Basel bis Köln an 31 Mautstellen Zoll bezahlen. Schon 300 Jahre zuvor hatte ein englischer Chronist diesen „rasenden Wahnsinn der Deutschen" (*furiosa Teutonicorum insania*) angeprangert (Heckscher 1932: 38–9). In moderner Zeit haben Steuern die fiskalpolitische Rolle der Zölle übernommen, die jetzt vor allem der Protektion bestimmter Wirtschaftssektoren dienen.

  - Import- und Exportzölle: Die Verschiebung der Funktion von fiskalischen auf protektionistische Ziele führt dazu, dass es heute fast nur noch Importzölle gibt. Das heißt aber nicht, dass der staatlichen Wirtschaftspolitik der Export egal wäre. Ganz im Gegenteil. Die entsprechenden Maßnahmen, Exportsubventionen nämlich, kann man durchaus als negative Exportzölle betrachten. Sie fallen ebenfalls unter die GATT Bestimmungen (und sind generell unzulässig).
  - Mengen- und Wertzölle: Auf die Details der Erhebung wollen wir hier nicht eingehen. Wenn man den inländischen Produzenten ein bestimmtes Preisniveau garantieren möchte und gleichzeitig mit einem schwankenden Weltmarktpreis konfrontiert ist, dann ist der Importzoll variabel zu gestalten. Das bekannteste Beispiel hierfür war die „variable Abschöpfung" der gemeinsamen Agrarpolitik der EU, eben ein variabler Importzoll. Ihm gegenüber steht die „variable Erstattung", eine Exportsubvention, mit der das interne Preisniveau wieder auf den Weltmarktpreis heruntergeführt und ein eventueller Überschuss auf dem Weltmarkt abgesetzt werden kann.

- Nicht-tarifäre Handelshemmnisse. Darunter fallen alle anderen Maßnahmen, die den freien Verkehr steuern sollen. Der wirtschaftspolitischen Phantasie sind dabei kaum Grenzen gesetzt.
  - Importquoten: Mengenmäßige Importbeschränkungen, die im Prinzip den gleichen Effekt haben wie Zölle. Allerdings ist die Schutzwirkung unmittelbarer, wodurch Umgehungen, z.B. durch Dumping, unmöglich werden. Und dann haben Quoten in erster Instanz keine fiskalische Wirkung. Wie bei jeder mengenmäßigen Beschränkung von Angebot und Nachfrage müssen die verfügbaren Mengen rationiert werden, was in diesem Fall über Importlizenzen geschieht. Indem der Staat die Lizenzen versteigert, kann er sich die Quotenrenten, d.h. die Entsprechung der Zolleinnahmen, aneignen. Anderenfalls fallen sie den Lizenzeignern zu, die im Inland oder im Ausland ansässig sein können.
  - Freiwillige Exportbeschränkungen (*voluntary export restraints VERs*): Hier haben wir es mit einer mengenmäßigen Handelsbeschränkung von seiten des Exportlandes zu tun. Im Effekt sind freiwillige Exportbeschränkungen einer Importquote äquivalent. Schon der Name wirft die Frage auf: warum? Die Initiative geht natürlich vom Importland aus, das einen Industriezweig schützen will. Das Exportland ist bereit, einen entsprechenden Vertrag zu schließen, um andere Maßnahmen von seiten des Importlandes zu vermeiden. Der Vorteil für das Exportland liegt in der Quotenrente, die ihm zufällt, d.h. es wird über den erhöhten Preis Einkommen von den Konsumenten des Importlandes in das Exportland transferiert. Abgesehen davon dass VER-Abkommen nicht gegen die GATT Vorschriften verstoßen, während Importquoten das sehr wohl tun, ist die Popularität, derer sich solche Abkommen unter den Regierungen erfreuen, nicht leicht zu erklären. Es gibt auch multilaterale VERs. Ein notorisches Beispiel ist das *Multifibre Agreement* (MFA) und sein Nachfolger, das *Agreement on Textile and Clothing* (ATC; siehe Kapitel 10),

womit die Industrieländer ihre Textil- und Bekleidungsindustrie gegen den Wettbewerb aus den Entwicklungsländern geschützt haben.

- Anti-Dumping Maßnahmen: Auf liberalisierten Märkten spielt die Frage des fairen Wettbewerbs eine große Rolle. Unternehmen, die zu Hause eine Monopolposition einnehmen, haben einen Anreiz, ihre Preise zu differenzieren und auf dem Heimatmarkt höhere Preise zu verlangen als auf dem internationalen Markt. Konkurrenten auf dem internationalen Markt sehen darin unfairen Wettbewerb oder Dumping und veranlassen ihre Regierungen, Anti-Dumping Maßnahmen zu ergreifen (vgl. Kapitel 10). Wir haben es hier also mit einer bedingten Protektion zu tun. Da der Nachweis des Sachverhalts im Einzelfall häufig schwer fällt, besteht immer wieder ein Anreiz, dieses wettbewerbspolitische Instrument für allgemeine Protektionszwecke zu missbrauchen.
- Nationale Produktmarktregelungen: Jedes Land kennt eine Fülle von Bestimmungen, denen Produkte genügen müssen, um auf dem Markt zugelassen zu werden – Sicherheitsvorschriften, Gesundheitsvorschriften, usw. Hier ist die manifeste Funktion nicht der Schutz inländischer Produzenten, sondern der Schutz der Konsumenten. Trotzdem haben Produktmarktregulierungen latent eine protektionistische Wirkung. Eine der wichtigsten Aufgaben der Zollbehörden an der Grenze ist die Überprüfung der Waren auf ihre Konformität. Sie bleibt bestehen, auch wenn die Zölle gefallen sind, und so verlieren die „Zöllner" bei freiem Handel in einer Zollunion nicht ihren Job. Gerade dieses Problem hat die Realisierung des gemeinsamen Marktes in der Europäischen Gemeinschaft lange Zeit aufgehalten. Darauf kommen wir in Kapitel 7 zurück.
- Staatliche Beschaffungspolitik: Auf diesem Gebiet wurde die diskriminierende Wirkung lange Zeit für völlig legitim gehalten. Ist es nicht selbstverständlich, dass der Staat seine Straßen und Universitäten von inländischen Baufirmen bauen lässt, seine Lokomotiven und Panzer bei inländischen Unternehmen bestellt? Der Umfang des staatlichen Konsums und der staatlichen Investitionen nimmt aber einen erheblichen Anteil des Sozialprodukts in Anspruch, der auf diese Weise inländischen Anbietern vorbehalten bleibt – ausländische Anbieter werden diskriminiert.

Die aufgeführten Formen von Verkehrsbeschränkungen haben alle mehr oder minder unmittelbar eine diskriminierende Wirkung zum Zweck. Bei manchen humanitären und Umweltbestimmungen ist das nicht der Fall, und trotzdem wirken sie wie Handelshemmnisse. Der Schutz des Regenwaldes, der Kampf gegen Kinderarbeit, gegen Methoden des Thunfischfangs, die Delphine gefährden – das und ähnliches wird in den Entwicklungsländern als protektionistische Maßnahmen gesehen, nicht nur weil die Zertifizierung kostspielig ist, sondern auch weil für andere Technologien das erforderliche Kapital meist nicht zur Verfügung steht.

Die genannten Beispiele betreffen fast alle den Güterverkehr, weil der Güterverkehr lange Zeit das wichtigste Feld der internationalen Wirtschaftsbeziehungen und damit auch das traditionelle Feld für Handelsbeschränkungen war. Das ist heute nicht mehr so eindeutig gültig. Dienstleistungen werden grenzüberschreitend angeboten. Dort, wo das schon immer der Fall war, im Transportsektor nämlich, haben wir seit der englischen Navigationsakte (1651) nationale Schutzmaßnahmen für die heimischen Spediteure. Andere Dienstleistungen wurden direkt von staatlichen Monopolen angeboten: Eisenbahntransport, Post, Telekommunikation, ähnliches gilt für die sogenannten öffentlichen Versorgungsbetriebe für Strom, Gas, Wasser. Schließlich sind noch die Verkehrsbeschränkungen für die Produktionsfaktoren Arbeit und Kapital zu nennen. Bei der Arbeit spielen neben den rechtlichen Behinderungen die sozialen und kulturellen Grenzen eine wichtige Rolle. Der freie Kapitalverkehr wird wirkungsvoll durch die Inkonvertibilität der Währungen behindert. Kurzum, Integration als Abschaffung diskriminierender Beschränkungen des freien Verkehrs von Gütern, Diensten, Kapital und Arbeit hat ein weites Betätigungsfeld.

2.3 Warum gibt es überhaupt künstliche Handelshemmnisse?

Wenn wir seit über 200 Jahren, d.h. spätestens seit Adam Smith und David Ricardo, wissen, dass freier Handel wohlfahrtsteigernd wirkt, dann stellt sich natürlich die Frage, warum die Politik überhaupt Handelsbeschränkungen einführt und warum es so großer Anstrengungen bedarf, sie abzuschaffen. Um das zu verstehen, müssen wir uns vergegenwärtigen, dass ein Zoll, das klassische Beispiel einer Handelsbeschränkung, aber ebenso mengenmäßige Beschränkungen und sogenannte Maßnahmen gleicher Wirkung nicht nur einen Wohlfahrtsverlust mit sich bringen, sondern auch eine Umverteilung der Wohlfahrt. Eine einfache Grafik verdeutlicht das.

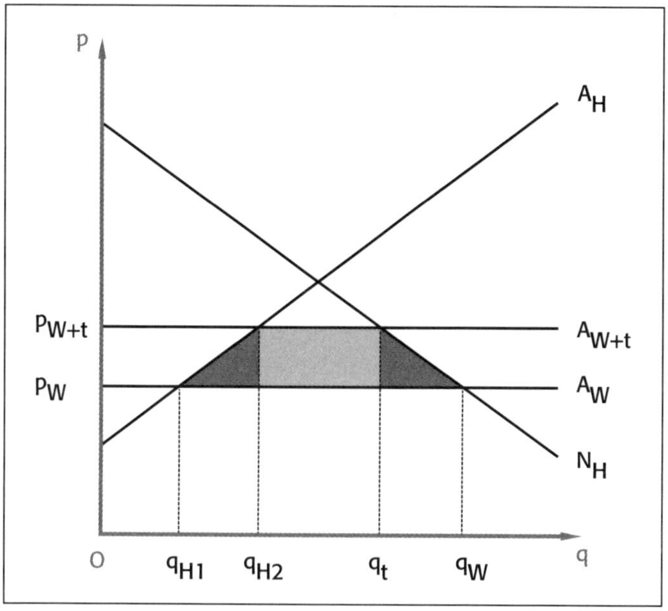

Abbildung 2.1: Die Wirkung eines Zolls in Land H

Land H ist ein kleines Land, d.h. seine Nachfrage hat auf dem Weltmarkt kein Gewicht und deshalb auch keinen Einfluss auf den Weltmarktpreis. Land H ist international gesehen in der Herstellung des betrachteten Gutes vergleichsweise wenig produktiv. Bei Freihandel kommt nur der linke untere Ast der inländischen Angebotskurve (A_H) zur Geltung, ansonsten die Weltmarkt-Angebotskurve (A_W). Auf dem Markt gilt der Weltmarktpreis (p_W). Die inländische Nachfrage beträgt q_W, die im Umfang q_{H1} von inländischen Produzenten befriedigt wird; der Rest ($q_W - q_{H1}$) wird importiert. Den inländischen Produzenten gelingt es, die Regierung zur Erhebung eines Zollsatzes t auf das Gut zu veranlassen. Damit steigt der Marktpreis auf p_{W+t}, die Nachfrage sinkt auf q_t, die inländische Produktion steigt auf q_{H2} und der Import geht zurück auf $q_t - q_{H2}$.

Die Erhebung eines Zolls löst zwei Effekte aus:

- Allokationseffekte: Das sind die beiden dunkelblauen Dreiecke, von denen das linke erhöhte Produktionskosten darstellt (auf dem Weltmarkt ist die Menge $q_{H2} - q_{H1}$ billiger zu haben) und das rechte einen Wohlfahrtsverlust aus verringerter Nachfragebefriedigung (*dead weight loss*);
- Verteilungseffekte: Das sind die Flächen unterhalb der Nachfragekurve (N_H) und zwischen den beiden Preisgeraden. Die weiße Fläche stellt eine Umverteilung von Konsumentenrente auf Produzentenrente dar, die hellblaue eine Umverteilung von Konsumentenrente auf staatliche Zolleinnahmen und die beiden dunkelblauen sind Verluste an Konsumentenrente ohne Wohlfahrtsausgleich. Letztere sind die gesamtwirtschaftlichen Kosten des Zolls.

Box 2.2: Konsumenten- und Produzentenrente

Die Konsumentenrente ist der Wohlfahrtsgewinn, den die Konsumenten insgesamt aus dem Konsum des jeweiligen Gutes ziehen. Man stellt fest, was ein Käufer für eine Einheit maximal zu zahlen bereit gewesen wäre und was er tatsächlich zahlen musste. Die Differenz wird über alle gekauften Einheiten addiert. Die Konsumentenrente ist also das Resultat aus der unterschiedlichen Zahlungsbereitschaft individueller Konsumenten und dem Gesetz vom einheitlichen Preis. Da sich jeder Punkt auf der Marktnachfragekurve (N_H) als der Preis interpretieren lässt, den ein Konsument maximal zu zahlen bereit wäre, um die entsprechende Einheit zu konsumieren, entspricht die Konsumentenrente der Fläche zwischen der Nachfragekurve und der Preisgeraden.

In Analogie zur Konsumentenrente lässt sich die Produzentenrente berechnen. Sie ist der Wohlfahrtsgewinn, den die Produzenten insgesamt aus Produktion und Absatz des jeweiligen Gutes ziehen. Dabei wird für jede verkaufte Einheit des Gutes die Differenz gebildet zwischen dem Angebotspreis, den ein Verkäufer mindestens für die verkaufte Einheit fordert, und dem tatsächlich erzielten Marktpreis. Der Angebotspreis entspricht den Grenzkosten des einzelnen Produzenten, d.h. den Produktionskosten einer zusätzlichen Einheit des Gutes. Jeder Punkt auf der Marktangebotskurve (A_H) lässt sich als der Preis interpretieren, den ein Verkäufer mindestens fordert, und so entspricht die Produzentenrente der Fläche zwischen der Preisgeraden und der Angebotskurve.

Die Gesamtrente, die Summe aus Konsumenten- und Produzentenrente, gilt als grobes ökonomisches Maß für die gesellschaftliche Wohlfahrt, die auf dem entsprechenden Markt hervorgebracht wird.

Diese äußerst vereinfachte Darstellung können wir jetzt noch etwas differenzieren und gleichzeitig schauen, wie sich die Erhebung des Zolls nicht nur auf das Land H, sondern auch auf den Rest der Welt (Land W) und damit die Welt insgesamt auswirkt.

Abb. 2.2 zeigt in seiner linken Hälfte das Exportangebot (A_X) des Landes W und in seiner rechten Hälfte die Importnachfrage (N_M) des Landes H. Dabei ist Land H nicht mehr klein, sondern seine Nachfrage hat Einfluss auf den Preis auf dem Weltmarkt. Land H könnte beispielsweise die Europäische Union sein. Im Ausgangszustand herrscht Freihandel und damit der Weltmarktpreis p*. Die Menge Oq* wird exportiert, bzw. importiert. Jetzt erhebt Land H, die EU also, einen Zollsatz von t. Eines ist sicher: Die Importnachfrage wird zurückgehen und im Gleichgewicht nur noch Oq_t betragen. Damit sinkt aber auch der Exportangebotspreis auf p_{T-t}, so dass der neue Marktpreis im Land H (p_T) nicht um den vollen Zollsatz t erhöht wird. Der neue Weltmarktpreis p_{T-t} ist auch der Marktpreis im Land W. Die Konsumentenrente aus dem Außenhandel sinkt in H um A + C, die Staatseinnahmen nehmen um A + B zu. In Land W sinkt die Produzentenrente um B + D, wobei B einen Rententransfer von W nach H darstellt. Der Nettoeffekt für die Welt insgesamt ist – C – D.

Die gesamtwirtschaftlichen Kosten eines Importzolls im Vergleich zum Freihandel lassen sich auch noch etwas anders darstellen (Abb. 2.3), woraus deutlicher wird, welche einzelnen Effekte bei der Einführung eines Zolls wirksam werden. Die Wohlfahrtsveränderungen in Land W (linke Hälfte der Abbildung) und in Land H (rechte Hälfte der Abbildung) sind in Tab. 2.1 zusammengestellt.

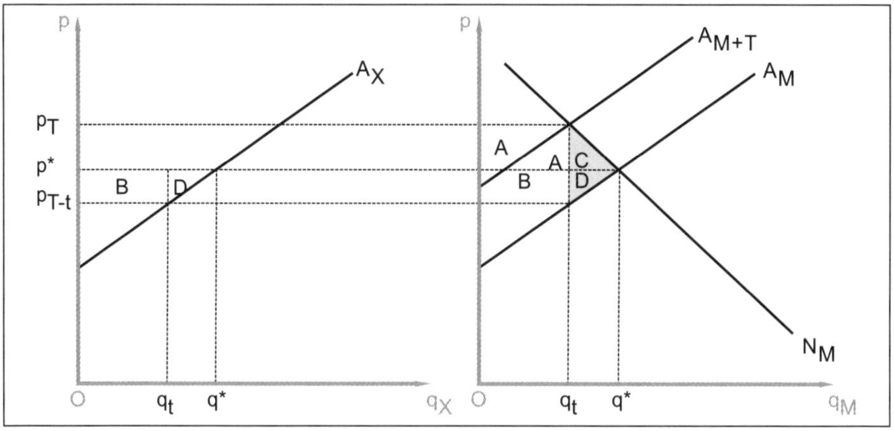

Abbildung 2.2: Auswirkungen eines Zolls auf die Gewinne aus dem Außenhandel

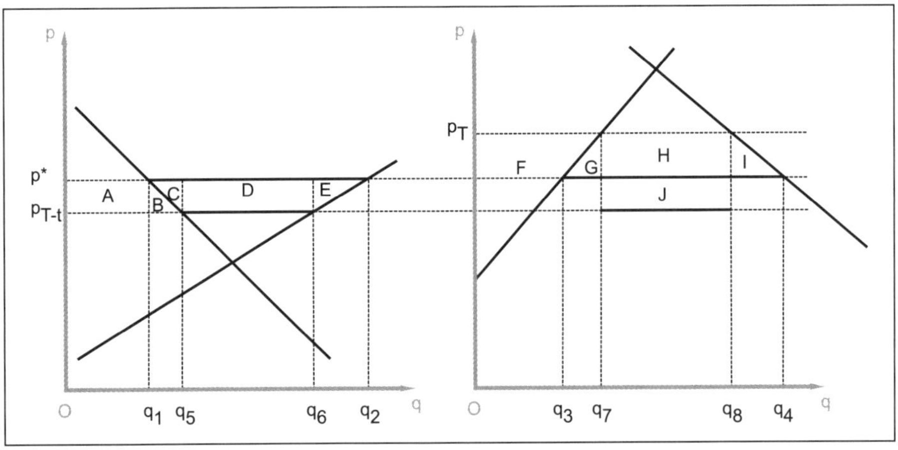

Abbildung 2.3: Wohlfahrtseffekte eines Zolls

Tabelle 2.1: Wohlfahrtsveränderungen

	H	*W*	*H + W*
Konsumentenrente	– F – G – H – I	A + B	A + B – F – G – H – I
Produzentenrente	F	– A – B – C – D – E	F – A – B – C – D – E
Staatseinnahmen	H + J		H + J
Gesamtrente	J – G – I	– C – D – E	– C – E – G – I

Beginnen wir mit dem Ausland. Dort sinkt der Marktpreis, was den Konsumenten nützt und den Produzenten schadet, allerdings ist der Gewinn für die Konsumenten geringer als der Verlust für die Produzenten. Wir sehen also: Die Einführung eines Importzolls durch das Inland wirkt sich immer negativ auf die Wohlfahrt des Auslands aus. (Deshalb heißt eine solche Politik auf Englisch auch *beggar-thy-neighbour* Politik.)

Nicht ganz so eindeutig stellt sich die Situation im Inland dar. Hier verlieren die Konsumenten und gewinnen die Produzenten durch die gestiegenen Preise, gleichzeitig gewinnt die Öffentlichkeit durch Zolleinnahmen. Wir sehen somit: Der Einfluss eines Importzolls auf die Wohlfahrt des Inlandes kann sowohl positiv als auch negativ sein. Positiv wirkt sich die Tatsache aus, dass ein Importzoll zu einer Senkung des Preises des Importgutes frei Grenze führt. Ein Teil der Zolleinnahmen entspricht somit Verlusten der ausländischen Hersteller (J = D in Abb. 2.3, bzw. B in Abb. 2.2). Negativ wirkt sich die Tatsache aus, dass das Handelsvolumen zurückgeht und somit nicht alle Vorteile des Handels genutzt werden (– G – I in Abb. 2.3, bzw. – C in Abb. 2.2). Es hängt letztlich von der Höhe der Zölle und der Steigung der jeweiligen Angebots- und Nachfragekurven ab, ob sich ein Importzoll positiv oder negativ auf die inländische Wohlfahrt auswirkt. Die globale Auswirkung auf Inland und Ausland zusammen ist allerdings immer negativ, wie sich leicht aus einer Addition der beiden Teilergebnisse ableiten lässt.

Mengenmäßige Importbeschränkungen haben letztlich dieselben Preis- und Mengeneffekte wie ein äquivalenter Zoll. Gibt die Regierung Lizenzen über eine Menge ($x_8 - x_7$) von Importgütern aus (Abb. 2.3), so wird dieselbe Menge zu demselben Preis importiert wie bei einem Zoll in Höhe von t. Die Verteilung ist aber eine andere. Der Staat erhält keine Zolleinnahmen mehr. Stattdessen werden die Lizenzinhaber die Waren im Ausland billig kaufen (zu einem Preis $p_{T\text{-}t}$) und im Inland teuer verkaufen (zu einem Preis P_T). Der Überschuss (H + J) landet somit nicht beim Staat, sondern bei den (privaten) Lizenzinhabern. Durch eine Versteigerung der Lizenzen kann sich der Staat diesen Überschuss allerdings leicht aneignen.

Etwas anders liegt der Fall bei den „Maßnahmen gleicher Wirkung", wie etwa nationalen Unterschieden in den Sicherheits- und Qualitätsstandards. Hierdurch werden reale Ressourcenkosten verursacht – nämlich die zusätzlichen Kosten, die dadurch entstehen, dass ein Hersteller seine für den Export bestimmten Waren an die nationalen Vorschriften des Importlandes anpassen muss (Hansen/Nielsen 1997: 28 ff.; Baldwin/Wyplosz 2006: 111 ff.). Aus der Sicht des Inlands sind die Effekte auf Konsumenten- und Produzentenrente die gleichen wie bei einem äquivalenten Zoll. Es entfallen aber die Zolleinnahmen (H + J), so dass die Auswirkungen auf die Wohlfahrt des Inlands zunächst einmal eindeutig negativ sind (– G – H – I in Abb. 2.3). Nehmen wir an, die höheren Standards werden in W nur auf das Exportangebot angewendet. Dann erhöht sich die Exportangebotskurve A_x in Abb. 2.2 um die Kostensteigerung t. Der Wohlfahrtsverlust des Landes W bleibt erst einmal der Verlust an Produzentenrente B + D. Gleichzeitig sind die Kosten gestiegen, die W für die Exportproduktion aufwenden muss (die entsprechenden Flächen sind in Abb. 2.2 nicht dargestellt).

Somit müsste also der Abbau derartiger „unsichtbarer" Handelshemmnisse zu einer höheren Wohlfahrtssteigerung führen als eine äquivalente Zollsenkung. Dieses Argument ist allerdings nur gültig, solange die „Maßnahme gleicher Wirkung" ausschließlich eine protektionistische Funktion erfüllt. Dienen nationale Produktstandards demgegenüber dazu, Marktversagen unter jeweils spezifischen nationalen Bedingungen zu bekämpfen, so sind die berechneten Wohlfahrtsverluste der „Preis", der für die Behebung des Marktversagens zu zahlen ist – und es ist zu prüfen, ob sich dieser Preis ökonomisch rechtfertigen lässt.

Soweit ist dies eine stark vereinfachte Darstellung des Freihandelstheorems. Stark vereinfacht heißt auch, die Annahmen sind sehr restriktiv. Es handelt sich um ein statisches Argument: Die Faktorausstattung ist gegeben, die Technik ist gegeben, es gibt keine neuen Produkte. Und es wird vollständiger Wettbewerb angenommen: homogene und substituierbare Produktionsfaktoren, atomistische Konkurrenz, keine Skalenerträge, vollständige Information. Das hat zur Folge, dass die durch den Import im betrachteten Produktionssektor freigesetzten Produktionsfaktoren in anderen Sektoren Einsatz finden, möglicherweise in Exportsektoren, und so die Wohlfahrt noch weiter steigern. Vollbeschäftigung ist offensichtlich kein Problem. Genau an diesen Annahmen setzte übrigens die erwähnte Kritik von Cournot (1838/1980: 119–25) an.

Wenn wir jetzt noch einmal auf die Grafiken schauen, dann nehmen wir neben dem Wohlfahrtsverlust zwei weitere Effekte des Zolls wahr:

- Den Schutzeffekt: Die inländische Produktion steigt von x_3 auf x_7. Unter den gemachten Annahmen ist eigentlich niemand daran wirklich interessiert. Aber sobald wir die Annahme des vollständigen Wettbewerbs fallen lassen, werden sowohl die Unternehmer wie die Arbeiter des betroffenen Sektors den Zoll begrüßen. Ob er ihnen langfristig hilft, bleibe dahingestellt.
- Den Umverteilungseffekt: Die inländische Konsumentenrente geht, wie wir sahen, zurück, die inländische Produzentenrente steigt, und der fiskalische Umverteilungseffekt erbringt dem Staat Zolleinnahmen auf Kosten der Konsumenten und des Auslands. Ganz offensichtlich profitieren durch die Protektion Unternehmen und Staat, während die Konsumenten – und das Ausland – die Zeche bezahlen.

Abb. 2.2 und Abb. 2.3 zeigen auch, dass ein Land durch moderate Importzölle oder Exportsteuern die Terms-of-Trade, d.h. die relativen Preise von Importen und Exporten, zu seinen Gunsten beeinflussen kann. Man spricht dann von einem Optimalzoll, der aber natürlich nicht prohibitiv sein darf. Ist das importierende Land allerdings sehr klein im Verhältnis zum Ausland, dann verläuft die Importangebotskurve für dieses Land horizontal, die Importnachfrage hat keinen Einfluss auf den Preis an der Grenze und ein Optimalzoll ist hinfällig (Abb. 2.1). Das bekannteste Beispiel für derartige Handelsbeschränkungen ist der Exportzoll der OPEC-Länder, die den Rohölpreis über die Produktionskosten heben, die Nachfrage nach Öl dadurch reduzieren, aber die Einnahmen aus den Ölexporten maximieren (in unserer Grafik heißt das, dass t vom Exporteur, dem Ausland, erhoben wird; dadurch ändern sich natürlich die Wohlfahrtseffekte erheblich). Für die Welt als ganze bleibt es das gleiche verteilungspolitische und Allokationsproblem. Denn die globale Wohlfahrt nimmt durch den Optimalzoll nicht zu. Ganz im Gegenteil, er ist ein monopolistischer Preisaufschlag und hat wie jedes Monopol Wohlfahrtsverluste zur Folge, nur eben nicht für den Monopolisten.

Sobald die sehr restriktiven Bedingungen für ein Gleichgewicht bei vollständigem Wettbewerb aufgegeben werden, sind weitere Wohlfahrtsargumente für einen Eingriff in den freien Handel denkbar. Wenn die Gesamtrente z.B. nicht den gesamten gesellschaftlichen Nutzen aus der Produktion eines Gutes erfasst, dann können durch den Import eines Teils des Konsumbedarfs Verluste auftreten, die größer sind als die beiden dunkelblauen Dreiecke in Abb. 2.1. Das heißt, die Wohlfahrtsverluste aus der Handelsbeschränkung werden durch andere Gewinne an gesellschaftlicher Wohlfahrt kompensiert. Das sind typische Fälle von Marktversagen. Wenn z.B. die Arbeits- und Kapitalmärkte nicht effizient funktionieren, dann setzt ein Auftreten der Entwicklungsländer auf den Märkten für Textil und Bekleidung bei freiem Handel in den Industrieländern Arbeit und Kapital frei. Das Modell des vollständigen Wettbewerbs schichtet die freigesetzten Produktionsfaktoren mehr oder minder automatisch in andere Sektoren um. Tatsächlich finden Textilarbeiterinnen nicht ohne weiteres eine neue Beschäftigung in einer

Region, die bislang vor allem durch die Textilindustrie geprägt war. Und auch das Kapital ist in Maschinen und Gebäuden gebunden, die nicht problemlos neue Produkte herstellen können. Arbeitslosigkeit und brachliegendes Kapital stellen aber einen Verlust an gesellschaftlicher Wohlfahrt dar. Und so kommt es, dass die Industrieländer ohne allzu schlechtes Gewissen für (zumindest eine temporäre) Protektion ihrer Textil- und Bekleidungsindustrie eingetreten sind.

Der Schutz von Industrien, die sich auf dem absteigenden Ast befinden (sogenannte *sunset industries*) mag noch einen etwas schalen Beigeschmack haben. Aber *mutatis mutandis* gilt das gleiche Argument auch für Industrien, die möglicherweise eine strahlende Zukunft vor sich haben (sogenannte *sunrise industries*), die aber zur Zeit auf Grund von Marktunvollkommenheiten, z.B. erheblichen Kostendegressionen, nicht konkurrenzfähig wären. Hier können Importbeschränkungen für eine geschützte Entwicklung sorgen, um dann nach Erreichen der Konkurrenzfähigkeit zum freien Handel überzugehen. Das ist das bekannte *infant industry* Argument, das wir zum ersten Mal bei Friedrich List (1789–1846) antreffen. In einer Welt, in der nicht alle Länder den gleichen technischen und kognitiven Entwicklungsstand aufweisen, ist Freihandel die beste Protektion der führenden Nationen. Denn sie produzieren mit den niedrigsten Kosten und beherrschen bei ungehindertem Zutritt die Weltmärkte. So nimmt es kaum Wunder, dass im 19. Jahrhundert England und im 20. Jahrhundert die USA die stärksten Verfechter der Freihandelspolitik waren. Es gibt aber zwei gewichtige Gründe, trotz Marktunvollkommenheiten bei dieser Politik zu bleiben. Der eine lautet einfach, dass Handelsbeschränkungen nur selten die optimale Maßnahme sind. Zum anderen lehrt die Erfahrung, dass Handelsbeschränkungen einen gewissen Suchtcharakter aufweisen: Die Entwöhnung fällt den meisten Ländern schwer. Was als temporäre Maßnahme eine gewisse Berechtigung haben kann, wird zur Dauereinrichtung und damit zu einer Belastung für die nationale Wohlfahrt.

Box 2.3: Zölle sind die schlechteste Lösung

Nehmen wir den Fall der Bekleidungsindustrie, einer arbeitsintensiven Industrie, in der Niedriglohnländer die Beschäftigten in Hochlohnländern bei freiem Handel vom Markt vertreiben. Nehmen wir an, die Beschäftigten in einem Hochlohnland seien politisch gut organisiert und könnten ihre Regierung veranlassen, sie zu schützen, d.h. ihnen ein Transfereinkommen zukommen zu lassen, das sie unter Bedingungen des freien Handels nicht erhalten würden. Hierfür stehen der Regierung verschiedene Instrumente zur Verfügung (vgl. Rodrik 1995):

a) Lump-sum Zahlungen an die Beschäftigten, die es ihnen erlauben, ihre Löhne, nach Korrektur der Produktivitätsdifferenzen, an die der Niedriglohnländer anzupassen,
b) Lohnsubventionen an die Bekleidungsindustrie,
c) Produktionssubventionen an die Bekleidungsindustrie,
d) Zölle auf importierte Kleidung.

Die Beschäftigten sind indifferent hinsichtlich der Instrumente der Wirtschaftspolitik, wenn sie am Ende das gleiche hohe Einkommen erhalten. Für den Rest der Gesellschaft nehmen dagegen die Wohlfahrtskosten dieser Umverteilungsoperation von a) nach d) zu. Zölle sind die schlechteste Lösung, denn sie verzerren die effiziente Allokation der Ressourcen nicht nur von der Produktionsseite, sondern auch von der Konsumseite her. Trotzdem haben die Industrieländer zum Schutz ihrer Textil- und Bekleidungsindustrie den Weg der Handelsbeschränkungen gewählt (*Multi-Fibre-Agreement* (MFA), *Agreement on Textile and Clothing* (ATC), vgl. Kapitel 10). Schon hier sei angemerkt, dass die europäische Landwirtschaftspolitik, nachdem sie jahrzehntelang vor allem mit dem Instrument der tarifären Handelsbeschränkung operiert hat, seit den 1990er Jahren ihre Unterstützung der Landwirtschaft von d) in Richtung auf a) verlagert.

Die Schlussfolgerung ist nun ziemlich einfach: „trade is not free because politically-influential groups can be made better off by policy interventions in trade" (Rodrik 1995: 1470). Denn die Konsumenten sind nun einmal die politisch am schwächsten organisierte Gruppe, während Arbeiter und Unternehmer einzelner Sektoren ihre Stimme – sicher mit unterschiedlicher Intensität – durchaus geltend machen können, und der Staat seine fiskalischen Interessen ebenfalls durchzusetzen weiß. Nun sind Handelsbeschränkungen nicht das einzige Instrument, mit dem man Umverteilung betreiben kann (s. Box 2.3). Warum sehr häufig gerade das theoretisch ineffizienteste Instrument, eben tarifäre Handelsbeschränkungen, gewählt wird, ist eine schwierige Frage. Es lässt sich nur vermuten, dass es bei der Implementation Kostenvorteile aufweist – Zölle sind die ältesten lukrativen Staatseinnahmen.

2.4 Formen der ökonomischen Integration

Die einfachste Form der ökonomischen Integration ist eine Abnahme der Transport- und Kommunikationskosten. Die Fortschritte, die in den letzten 500 Jahren, vor allem aber in den letzten 100 Jahren in dieser Hinsicht gemacht worden sind, kann man für die Entwicklung der Wohlfahrt gar nicht überbewerten. Bezüglich der künstlichen Handelsbeschränkungen wie Zölle würde man mit Blick auf Grafik 2.1 vermuten, dass es für das betrachtete Land die erstbeste Lösung wäre, solche Beschränkungen einfach abzuschaffen. Die Tatsache, dass so etwas in der Realität praktisch nie vorkommt, lässt Zweifel am *first best* Charakter der Lösung aufkommen. Ein hypothetischer Extremfall zeigt das Problem. Nehmen wir an, Land H schaffe alle seine Zölle ab und der Rest der Welt habe prohibitive Zölle. In unserem partial-analytischen Modell würde H die Güter importieren, die der Rest der Welt vergleichsweise kostengünstig anbietet, aber nichts exportieren können. Das geht offensichtlich nicht. Hier gerät das partial-analytische Modell an seine Grenzen.

Die Beseitigung von Handelsbeschränkungen verlangt einen gewissen Grad von Gegenseitigkeit. Das Allgemeine Zoll- und Handelsabkommen (*General Agreement on Tariffs and Trade*, GATT) und die Welthandelsorganisation (*World Trade Organisation*, WTO, siehe Kapitel 3) sind Foren, in denen entsprechende Vereinbarungen auf globaler Ebene getroffen werden. Man kann sich leicht vorstellen, und die Geschichte der GATT- und WTO-Runden beweist es, dass Verhandlungen, an denen die meisten Handelsnationen der Welt beteiligt sind, enorme Schwierigkeiten aufweisen. Zu unterschiedlich sind Entwicklungsstand, Handelsstruktur und Interessen der einzelnen Länder. Schrittweise negative Integration ist das höchste, was auf diesem Weg zu erreichen ist, und tatsächlich ist auf diesem Wege der Welthandel seit 1948 erheblich liberalisiert worden. Formen der positiven Integration darf man allerdings auf der Ebene nicht erwarten.

Die Konsequenz aus den langsamen Fortschritten der globalen Liberalisierung sind präferentielle Handelsabkommen oder regionale Integrationsabkommen (*regional integration agreements, RIAs*). Grundsätzlich sind solche Abkommen mit dem Meistbegünstigungsprinzip des GATT nicht in Einklang zu bringen: Was man seinem Nachbarn als Vergünstigung einräumt, muss man nach dem Meistbegünstigungsprinzip allen Mitgliedern des GATT, bzw. jetzt der WTO, einräumen. Davon macht der GATT Artikel 24 jedoch explizit eine Ausnahme: Präferentielle, regionale Integrationsabkommen sind unter bestimmten Voraussetzungen erlaubt. Und so treffen wir zahlreiche solcher Abkommen an. Die bekanntesten sind die Europäische Gemeinschaft und die Nordamerikanische Freihandelsassoziation (NAFTA).

Seit Balassa (1961) werden als Formen der regionalen Integration unterschiedliche Stufen wirtschaftspolitischer Maßnahmen verstanden, die eine Reduzierung der künstlichen Handelshemmnisse bewirken und die unterschiedliche Grade negativer und positiver Integration beinhalten. Grundtypen sind:

- Freihandelszone
- Zollunion
- Gemeinsamer Markt
- Wirtschaftsunion
- Volle wirtschaftliche Integration.

Was Balassa bewusst nicht in diese Grundtypen aufnimmt, ist die soziale Integration, die zwar wirtschaftliche Integration effektiver machen kann, zumindest für die unteren Stufen aber nicht unerlässlich ist. Wir werden in einem späteren Kapitel (Kapitel 13) das Problem der sozialen Integration innerhalb der Europäischen Union etwas näher betrachten und sehen, dass dies nicht nur ökonomisch, sondern auch politisch ein schwieriges Thema ist. Gehen wir kurz die fünf Grundtypen durch, um zu verstehen, was damit gemeint ist.

Die Freihandelszone ist der am häufigsten auftretende Typ. Er ist durch rein negative Integration gekennzeichnet. Wie der Name andeutet, herrscht unter ihren Mitgliedern freier Handel, das heißt erst einmal, dass alle tarifären Handelshemmnisse abgeschafft werden. Bei den nicht-tarifären Verkehrsbeschränkungen ist das nicht ganz unproblematisch. Sicher, mengenmäßige Beschränkungen sind bereits durch das GATT Abkommen verboten. Aber um die Produktmarkregelungen, die staatliche Beschaffungspolitik und das Wettbewerbsverhalten in den Griff zu bekommen, sind häufig sehr umfangreiche Verträge notwendig und administrative Organe, die die Einhaltung überwachen, bzw. Streitigkeiten schlichten. Die naive Idee, wir schaffen einfach die Zölle ab und haben dann Freihandel, entspricht nicht mehr der komplexen Realität.

Da sich die Mitglieder einer Freihandelszone die handelspolitische Souveränität Drittländern gegenüber vorbehalten, können die Mitgliedländer unterschiedliche Außenzölle aufweisen. Ohne weitergehende Regelungen würde der gesamte Import aus Drittländern über das Land mit dem jeweils niedrigsten Außenzoll getätigt. Das Land mit dem niedrigsten Zoll hätte die höchsten Zolleinnahmen und die anderen Mitgliedländer gar keine. Um diesem Problem beizukommen, führt eine Freihandelszone Ursprungszertifikate ein: Nur was in einem Mitgliedland hergestellt wurde, geht zollfrei über die Grenze. So weit, so gut. Was aber wurde in einem Mitgliedland hergestellt? Abkommen über Freihandelszonen legen in der Regel fest, wie viel Prozent der Wertschöpfung eines Gutes in einem Mitgliedland erbracht werden müssen, um als Produkt des Mitgliedlandes zu gelten. Es sollte deutlich sein, dass Ursprungszertifikate und ihre Kontrolle einen erheblichen Kostenfaktor einer Freihandelszone ausmachen. Das Freihandelsabkommen zwischen Polen und der Europäischen Gemeinschaft von Anfang der 1990er Jahre bestand zum Beispiel aus 13 Seiten allgemeine Bestimmungen und 60 Seiten, die die Ursprungsregelungen festlegten (Baldwin, Venables 1995: 1635).

Box 2.4: Europäisch? Japanisch? Amerikanisch?

Nissan montierte in einer Fabrik in Großbritannien einen Kleinwagen, dessen Einzelteile zum großen Teil aus Japan importiert wurden. Für Nissan ist das dann besonders interessant, wenn die Zollsätze für komplette Autos höher sind als für Einzelteile. Aber ist das ein europäisches Auto, das zollfrei innerhalb der Gemeinschaft abgesetzt werden darf? Die französische Regierung fand Anfang der 1990er Jahre, dass es sich hierbei um ein japanisches Auto handle, das damit unter das freiwillige Exportbeschränkungsabkommen für Kleinwagen falle, mit dem der französische und italienische Markt für Kleinwagen geschützt wurden. Großbritannien, stolz auf die Ansiedlung eines japanischen Autokonzerns, war da ganz anderer Meinung. Der Konflikt konnte beigelegt werden, indem Nissan den europäischen Wertschöpfungsanteil seiner in Großbritannien gefertigten Autos erhöhte. Das NAFTA-Abkommen zwischen den USA, Kanada und Mexiko legt, wie allgemein üblich, einen Wertschöpfungsanteil von 50 % fest, damit Güter in den Genuss des freien Handels kommen. Nur für Autos ist dieser Anteil auf 65 % festgelegt. Die (amerikanische) Autoindustrie weiß sich zu schützen.

Diese Kosten lassen sich im Rahmen einer Zollunion vermeiden. Denn eine Zollunion ist eine Freihandelszone mit gemeinsamen Außentarifen. Damit ist der erste Schritt einer positiven Integration genommen: Der einheitliche Außenzoll wird durch eine gemeinsame Handelspolitik festgelegt. Und das setzt diesbezüglichen Konsens voraus. Je homogener die potentiellen Mitgliedländer sind, desto eher ist ein solcher Konsens wahrscheinlich. Denn die Interessen der schützenswert geachteten Wirtschaftszweige werden ähnlich gelagert sein. Die Zolleinnahmen aus dem gemeinsamen Außentarif können grundsätzlich bei den importierenden Ländern belassen werden. Sobald die Zollunion in die nächste Stufe, den gemeinsamen Markt, übergeht, in dem es keine internen Grenzen mehr gibt, würde die Verteilung der Zolleinnahmen natürlich zu einem Problem. Dann ist die in der Europäischen Gemeinschaft gewählte Lösung die einfachste: Die EU als supranationale Institution erhält die Zolleinnahmen.

Eine Zollunion enthält, wie gesagt, bereits Elemente positiver Integration, und damit eine Abgabe oder Aufgabe von Souveränität, die es für viele Länder schwierig machen, einer solchen Gemeinschaft beizutreten. Die Geschichte der europäischen Integration hat aber gezeigt, dass erst die Schaffung des Gemeinsamen Marktes, Europa 1992, die mit der Einheitlichen Europäischen Akte von 1986 verabredet wurde, wirklich freien Handel ermöglicht. Das setzte um einiges weitergehende positive Integrationsschritte voraus. Schon zuvor hatte es mit dem Agrarmarkt und dem Markt für Kohle und Stahl sektorale gemeinsame Märkte gegeben, deren Realisierung und Aufrechterhaltung tiefgreifende wirtschaftspolitische Maßnahmen mit sich brachten.

Der gemeinsame Markt beschränkt sich nicht auf die Liberalisierung des Güterverkehrs, sondern schließt auch die Dienstleistungen und die Faktorbewegungen ein – freier Kapitalverkehr und freie Mobilität von Arbeitskräften. Um das zu ermöglichen, sind erhebliche Koordinationsanstrengungen in der Wirtschaftspolitik erforderlich. Es ist deshalb fraglich, ob man den gemeinsamen Markt von der nächsten Stufe, der Wirtschaftsunion, scharf trennen kann, wie Balassa das tut. Nach seiner Vorstellung kommen bei der Wirtschaftsunion zur negativen Integration im gemeinsamen Markt, der alle Verkehrsbeschränkungen abschafft, positive Harmonisierungsbemühungen in der Wirtschaftspolitik hinzu, um die damit verbundenen Diskriminierungen aufzuheben. Das findet aber, wie gesagt, schon in einem funktionierenden gemeinsamen Markt in erheblichem Maße statt.

45 Jahre nach Balassa und um einige konkrete Erfahrungen reicher – denn für die höheren Stufen der Integration von souveränen Staaten gab und gibt es außerhalb der Europäischen Union kaum Beispiele – verstehen wir heute unter einer Wirtschaftsunion eher die Koordinierung der nicht unmittelbar marktbezogenen Wirtschaftspolitik, z.B. im Zusammenhang mit einer Währungsunion. Dieses Integrationsstadium ist in der Taxonomie von Balassa die volle wirtschaftliche Integration, in der Geld-, Konjunktur-, Fiskal- und Sozialpolitik harmonisiert werden. Dafür wird nach seinen Vorstellungen eine supranationale Autorität institutionalisiert, deren Entscheidungen für die Mitgliedländer bindend sind. Tatsächlich wurde 1992 in Maastricht die Wirtschafts- und Währungsunion vereinbart (Art. 98ff. EG), wobei aber *de facto* die Währungsunion der Wirtschaftsunion vorausging (siehe Kapitel 14). Dies war ein theoretisch sehr umstrittener Schritt: Kann man eine Währungsunion bilden, ohne zuvor die Wirtschaftspolitik weitgehend vereinheitlicht zu haben? Sollte die Reihenfolge nicht umgekehrt sein? Der Euro kam 1999, und die Wirtschaftsunion beschränkte sich im wesentlichen auf den Stabilitäts- und Wachstumspakt (siehe Kapitel 15). Die durchgehende Vereinheitlichung der

Wirtschaftspolitik unter einer zentralen Autorität ist nach den Vorstellungen der Föderalismustheorie für ökonomische Integration nicht unumgänglich. Insbesondere die Steuer- und Fiskalpolitik sollte nach der Theorie des Fiskalföderalismus in einem Mehrebenensystem gestaltet werden und nach dem Subsidiaritätsprinzip so tief wie möglich angesiedelt sein.

Da Balassa nur die wirtschaftliche Integration betrachtet, kann er hier stehen bleiben und braucht nicht eventuell notwendige komplementäre Schritte der politischen Integration zu behandeln. Die Erwähnung der supranationalen Autorität deutet aber bereits an, dass volle wirtschaftliche Integration nicht auf rein intergouvernementaler Ebene zu haben ist. Welche Form und welchen Grad der politischen Integration das Programm der wirtschaftlichen Integration bedingt, ob Bundesstaat oder Staatenbund oder eine neue Form *sui generis*, das lassen wir vorerst dahingestellt sein.

Was bringt die regionale ökonomische Integration? Die Antwort auf diese Frage ist nicht notwendigerweise identisch mit der Antwort auf die Frage, was bringt die ökonomische Integration allgemein. Denn während eine generelle Liberalisierung als erstbeste Politikwahl für die Maximierung der Wohlfahrt angesehen werden kann – unter Einschränkungen, wie wir bereits sahen –, ist eine regional beschränkte Liberalisierung nur ein *second best*. Das bedeutet, dass ein Überwiegen der positiven Effekte nicht *ex ante* vorausgesetzt werden kann. Sie ist im Einzelfall nachzuweisen. Die Wirtschaftstheorie hat sich mit den Effekten der präferentiellen ökonomischen Integration vor allem in zwei Diskursen beschäftigt. Der mikro-ökonomische Diskurs behandelt die Theorie der Zollunion und nahm seinen Ausgang mit dem klassischen Beitrag von Jacob Viner (1950). Der makro-ökonomische Diskurs behandelt die Theorie der Währungsunion und greift dabei regelmäßig auf Robert A. Mundells (1961) Theorie des optimalen Währungsraums zurück. Damit lassen sich die Integrationseffekte zwar nicht erschöpfend behandeln. Im Mikro-Bereich sind z.B. zusätzlich Skaleneffekte und Standorteffekte zu berücksichtigen, im Makro-Bereich Akkumulations- und Wachstumseffekte. Die Theorie der Zollunion und die Theorie der Währungsunion bleiben aber die Ausgangspunkte für ein Verständnis der regionalen Integration. Wir gehen in diesem Kapitel auf beide nicht im einzelnen ein, sondern behalten uns das für die Behandlung des gemeinsamen Marktes (in Kapitel 7) und der Währungsunion (in Kapitel 14) vor.

2.5 Politische Integration

Während ökonomische Integration durch den Bezug auf die ökonomischen Grenzen verhältnismäßig einfach zu definieren ist, orientieren sich die Bestimmungen der politischen Integration entweder eng am historischen Prozess der Staatenbildung oder sie bleiben eher allgemein (siehe auch Eising 2003). Zwei Beispiele:

- „Political integration is the process whereby political actors in several distinct national settings are persuaded to shift their loyalties, expectations and political activities toward a new centre, whose institutions possess or

demand jurisdiction over the pre-existing national states. The end result of a process of political integration is a new political community, superimposed over the pre-existing ones" (Haas 1968: 16)
- Politische Integration bedeutet „the creation and maintenance of intense and diversified patterns of interaction among previously autonomous units" (Wallace 1990: 9).

Offensichtlich sind Autonomie oder Souveränität die entscheidenden Variablen. Und das heißt, auch hier geht es um den Abbau von Grenzen, innerhalb derer die jeweilige Gemeinschaft tun und lassen kann, was sie will, mit der Folge, dass man nicht mehr ganz so frei ist, zu tun und zu lassen, was man will. Die definitorischen Schwierigkeiten rühren vielleicht auch daher, dass der Begriff des Politischen Integration mehr oder minder impliziert. Die Polis ist der Verband, innerhalb dessen Interessen – Individualinteressen und Gruppeninteressen – auf den verschiedensten Wegen zum Ausgleich gebracht werden, und der mit Nachbarverbänden nicht in institutionalisierten, sondern nur in akzidentiellen Beziehungen steht. Außerhalb oder über der Polis gibt es keine Autorität mehr, der man sich unterordnen müsste, es seien denn die Gebote Gottes oder das Naturrecht.

Allerdings gibt es unterhalb des nach außen souveränen politischen Verbandes, den wir heute Staat und nicht Stadt (griechisch: *polis*) nennen, weitere Formen der Kommunikation und Assoziation mit integrativem Effekt, die zweierlei deutlich machen:

- Zum einen wäre es falsch das Politische in einer einfachen Dichotomie Individuum – Staat zu sehen und damit den Staat als einzige und höchste Form der Integration. Integration ist ein Prozess der Vergesellschaftung und der tritt in sehr unterschiedlichen Formen auf.
- Und zum anderen hat sich das Integrationsniveau im Laufe der Geschichte territorial immer weiter ausgedehnt: von der Stadt oder noch früheren und bescheideneren Verbänden über den Staat, vor allem den Nationalstaat, zu Formen globaler Vergesellschaftung wie den Vereinten Nationen. Integration ist ein Prozess, der je nach Problemlage immer umfassender werden kann.

Diese verbandstheoretische Auffassung des Politischen ist vor allem von Johannes Althaus (1557–1638) vertreten worden, einem der Begründer der Föderalismustheorie. Er unterschied in aufsteigender Linie private und öffentliche Verbände, innerhalb derer sich die Individuen assoziieren (Althusius 1603/1995):

- die Familie
- die Berufsorganisation
- die Stadt
- die Provinz
- die Republik.

Drei Aspekte des Politischen sind dabei Gegenstand der Untersuchung von Althaus:

- die rechtliche Basis der Zusammenarbeit, welche die Kompetenzverteilung und Verteilung der Ergebnisse regelt (die Verfassungslehre),
- die Institutionen, die daraus entstehen (die Institutionenlehre),
- die Verwaltung des Gemeinwesens und Maßnahmen, die zur Wohlfahrtsmaximierung ergriffen werden (die Regierungslehre).

Alle drei Aspekte sind Gegenstand der politischen Integration.

Wir haben es in der Sprache der Systemtheorie mit Mehrebenensystemen zu tun, wobei die Zahl der Ebenen vom jeweiligen Problem und seiner Komplexität abhängt. Ein Grundprinzip der Kompetenzverteilung in einem solchen Mehrebenensystem geht auf Althaus zurück, das Prinzip, dass jede Ebene ihre Möglichkeiten maximal ausschöpft und dass die nächst höhere Ebene nur dann in Aktion tritt, wenn ein Problem auf der unteren Ebene nicht gelöst werden kann. Das wurde später Subsidiaritätsprinzip genannt und wird in Kapitel 5 näher behandelt. Es gibt keinen Grund zur Annahme, dass die Republik, der Nationalstaat, die höchste und letzte Integrationsstufe sei. Staaten können gemäß der oben angeführten Definition in intensive und vielgestaltige Formen der Zusammenarbeit treten, die einen regelmäßigen Charakter haben. Eine supranationale Integration ist durchaus möglich.

Mit diesen Formen der Zusammenarbeit beschäftigt sich in der Politikwissenschaft die Disziplin der internationalen Beziehungen. Hier sind unterschiedliche Theorien zur europäischen Integration entwickelt worden (eine Zusammenfassung bietet z.B. Rosamond 2000). Je nachdem ob Machterhalt und -gewinn oder Wohlfahrtsmaximierung zentrales Motiv der Zusammenarbeit ist, spielt das Ökonomische dabei eine mehr oder minder zentrale Rolle. (Nach den politischen Theorien von Hobbes und Spinoza steht hinter dem Streben nach Macht ebenfalls ein ökonomisches Interesse, nämlich die Sicherung von Selbsterhalt und Wohlfahrt; vgl. Malcolm 1991.) Die älteren Formen der internationalen Zusammenarbeit waren vor allem auf Macht und Gleichgewicht orientiert, das Feld der Diplomatie und ihrer Fortsetzung mit anderen Mitteln, des Krieges. Die westfälische Ordnung, das politische System in Europa nach dem Westfälischen Frieden (1648), ist ein Musterbeispiel für machtpolitisch ausgerichtete internationale Beziehungen. Auch die Nachkriegsordnung des 20. Jahrhunderts war so geprägt mit der Konfrontation von NATO und Warschauer Pakt. In neuerer Zeit spielen aber die ökonomischen Motive eine immer größere Rolle. Die europäische Integration nach dem zweiten Weltkrieg lief vor allem über die ökonomische Schiene. Sie ist folglich ein Musterbeispiel für wohlfahrtspolitisch ausgerichtete internationale Beziehungen, allerdings mit der Zielsetzung, kriegerische Auseinandersetzungen in Europa zu vermeiden (siehe Kapitel 3).

Hieraus ergeben sich einige Fragestellungen, die die politische Integrationstheorie beschäftigen (Rosamond 2000: 11):

- Ist Integration ein politisches oder ein ökonomisches Phänomen?
- Ist politische Integration eine Voraussetzung für ökonomische Integration oder folgt sie umgekehrt auf die ökonomische?

- Bedingen die aufsteigenden Stufen der ökonomischen Integration, von der Freihandelszone über die Wirtschafts- und Währungsunion bis zur vollen Integration, auch vertiefte Formen der politischen Integration?
- Entsprechen den jeweiligen Formen der ökonomische Integration bestimmte Formen der politischen Integration?
- In welchem Verhältnis stehen Integration und nationale Autorität innerhalb eines geographischen Territoriums?
- Erfordern vertiefte Formen politischer Integration auch neue Governance-Strukturen?

Kurzum, was heißt es eigentlich, wenn wir sagen, Europa befinde sich in einem Prozess der politischen Integration? Während die Ökonomie in der Zollunion oder der Währungsunion klar definierte Phänomene vor sich hat, die sie auf ihre Voraussetzungen und ihre Effekte hin untersuchen kann, sind die Formen der politischen Integration offen und die Theorie hat ihre Schwierigkeiten damit zu sagen, was die abhängige Variable ist. Man kann historische Vorbilder wie die Vereinigten Staaten von Amerika oder die Schweizer Konföderation als Muster verwenden. Aber der tatsächliche Integrationsprozess in Europa hat sich nicht ausschließlich an diesen Vorbildern orientiert. Die europäische Integration ist ein evolutorischer Prozess, und die Resultate evolutorischer Prozesse sind grundsätzlich nicht prädeterminiert. Deshalb kann die abhängige Variable der politischen Theorie nur der Prozess, nicht aber eine konkrete Integrationsform sein.

Box 2.5: Governance – ein Modewort, aber durchaus „kleidsam"

Wie wird ein Land – oder allgemein ein System – regiert? Unter Regierung verstehen wir normalerweise die Aktivität der zu diesem Zweck berufenen Institution, der Regierung (die deutsche Sprache macht es uns insofern schwer, als sie unter Regierung eben beides versteht, die Tätigkeit des Regierens und das Staatsorgan, das diese Tätigkeit ausübt). Die Antwort auf die Frage wird auf die drei schon genannten Aspekte Verfassung, Institutionen und Politik eingehen. Das ist Regierung im rechtlichen Sinn. Man kann Regierung aber auch allgemeiner fassen im Sinn von Kontrolle und Steuerung des Systems, eben Regieren. Dabei werden mehr Akteure als die Regierung tätig und auch mehr Aktivitäten entfaltet. In diesem allgemeineren Sinn spricht man neuerdings von Governance.

Folgende Definition von *government* im Sinn von *governance*, und nicht im rechtlichen Sinn, scheint uns brauchbar: „the traditions and institutions by which authority in a country is exercised. This includes (1) the process by which governments are selected, monitored and replaced, (2) the capacity of the government to effectively formulate and implement sound policies, and (3) the respect of citizens and the state for the institutions that govern economic and social interactions among them" (Kaufmann/Kraay/Zoido-Lobatón, 1999: 1).

Der Begriff der „guten Regierung", den vor allem die Kameralisten im 17. und 18. Jahrhundert propagiert haben, entspricht dem heute oft verwendeten englischen *good governance*. Damit wird nicht allein die Qualität der Tätigkeit des Staatsorgans Regierung erfasst, sondern insgesamt das politische System, das Rechtssystem und die Einstellung der Bürger zu ihrem Gesellschaftssystem. Gute Regierung äußert sich in Partizipation, Vertrauen und Vorhersehbarkeit, schlechte Regierung in Korruption, Inkompetenz, Instabilität und Unsicherheit. Jedes politische System, so auch die Europäische Union, hat unabhängig von seiner staatsrechtlichen Form ein Governance-Problem.

2.6 Politische Integrationstheorien

Hier ist nicht der Ort, die politischen Integrationstheorien ausführlich darzustellen. Wichtig sind für uns einige Grundbegriffe und -auffassungen, die die Diskussion bestimmen. Vor allem deshalb, weil die politische Theorie nicht nur eine positive Analyse bietet, sondern häufig auch normative Elemente enthält. Sie untersucht nicht nur unterschiedlichen Formen der Integration, sondern fragt auch nach mehr oder weniger wünschenswerten Formen der Integration. Darüber können die Meinungen natürlich auseinandergehen. Und so sind wir mit verschiedenen Ansätzen oder Schulen konfrontiert.

Realismus: Die Grundannahme der realpolitischen Position lautet, dass Staaten politische Akteure sind, die in einer anarchischen Umgebung im Eigeninteresse handeln. Das Eigeninteresse ist primär der Selbsterhalt. Das bedeutet, oberhalb der staatlichen Ebene gibt es keine positive Ordnung, es herrscht der Naturzustand von Hobbes, was Gleichgewichtszustände – die berühmte *balance of powers* – nicht ausschließt. Internationale Beziehungen sind Freund-Feind Beziehungen. Die Politik dreht sich um Fragen der Macht und der Sicherheit. Man bildet Koalitionen unter Freunden, um potentielle Feinde in Schach zu halten. Doch die Feinde von heute können die Freunde von morgen sein. Folglich geht man mit ihnen, auch wenn es zu kriegerischen Auseinandersetzungen kommt, so um, dass spätere Koalitionen nicht grundsätzlich unmöglich sind. Diese Situation war typisch für die „westfälische Ordnung" vor dem ersten Weltkrieg. Der dreißigjährige Krieg (1618–1648), die Revolutionskriege nach 1789 und vor allem der zweite dreißigjährige Krieg (1914–1945) haben sich nicht an dieses Muster gehalten. Sie waren totale Kriege mit entsprechender zerstörerischer Wirkung. Nach realistischer Auffassung können die Freunde von heute aber auch die Feinde von morgen sein. Und das impliziert, dass man sich ihnen nicht durch Abhängigkeit schaffende Formen der ökonomischen Zusammenarbeit ausliefert. Ökonomische Integration ist ein zweischneidiges Schwert und Autarkie eine Maßnahme politischer Vorsicht. Hier liegt nun genau das Neue der europäischen Integration nach dem zweiten Weltkrieg: Die Freunde von heute sind mit Sicherheit auch die Freunde von morgen. Die Umgebung, in der eigeninteressierte Staaten operieren, ist nicht mehr anarchisch, sondern positiv geordnet. Und damit lassen sich die Früchte von Integration ernten. Ein verstockter Realpolitiker (z.B. Mearsheimer 1990, siehe Rosamond 2000: 133) wird einwenden, das gehe solange gut, wie es gut gehe, in einer Krisensituation bleibe jedoch jeder auf sich gestellt, und Konflikt sei das wahrscheinlichste Resultat.

Funktionalismus: Wichtige Vertreter dieses Ansatzes, der seinen Ausgang in den 1930er Jahren von Mitrany (1975) genommen hat, sind Haas (1958/1968) und Schmitter (1971). Der Funktionalismus kann als Antwort auf die realistische Machtpolitik gesehen werden. Funktionalisten halten den territorialen Nationalstaat für eine Fehlentwicklung, der die eigentliche Aufgabe der Politik, den Rahmen für eine optimale Bedürfnisbefriedigung zu schaffen, nur unvollkommen erfüllen kann. Hier geht es nicht um die Herrschaft über Personen, sondern um die Verwaltung von Sachen – die marxistischen Wurzeln sind unverkennbar, ebenso aber der liberale Grundton: Der politische Ball wird flach gehalten. Die Produktions- und Verteilungssysteme der einzelnen zur Bedürfnisbefriedigung dienenden Güter sind in ihrer Ausdehnung und Reichweite sehr unterschiedlich strukturiert. Wenn es um das tägliche Brot geht, werden die lokalen Bäcker im Wettbewerb miteinander unter sehr einfachen lokalen Regeln eine optimale Versorgung garantieren (die vorgelagerten Produktionsstufen, z.B. die Versorgung mit dem notwendigen Korn, verlangen möglicherweise schon wieder andere Dimensionen des Wettbewerbs). Wenn es um Atomenergie geht, ist lokaler Wettbewerb ausgeschlossen, und der internationale Umweltschutz und die internationale Sicherheit machen auch eine internationale Regulierung und ihre Kontrolle notwendig. Das ist die Logik hinter der sektoralen Integration in der Europäischen Gemeinschaft für Kohle und Stahl (EGKS) und der Europäischen Atomgemeinschaft (EAG oder Euratom).

Nationale Ideologie, Staatsfixierung und nationale Souveränität behindern die Wohlfahrtsmaximierung. Die Grundthese des Funktionalismus lautet: Die Form folgt der Funktion. Damit erhalten wir im Idealzustand ein Netz von Integrationsformen. Die Europäische Union ist aber als regionale Integration genauso wie der Nationalstaat territorial bestimmt und erscheint damit suboptimal. Hier setzt die Idee der Anschlusseffekte (*spill-over*) ein: Die Integration eines Sektors macht weitere Integrationen in anderen Sektoren notwendig, um optimal zu funktionieren. Eine Zollunion bedingt einen gemeinsamen Markt, der im Rahmen einer Währungsintegration besser funktioniert, die wiederum eine engere wirtschaftspolitische Koordination voraussetzt. Dieser Spillover-Prozess ist so komplex, dass er von einer gemeinsamen Autorität vorbereitet und koordiniert werden muss. Der funktionale Integrationsdruck wird damit von einer institutionalisierten Integrationspolitik unterstützt.

Der europäische Integrationsprozess, den wir im nächsten Kapitel etwas näher verfolgen, weist wesentliche Züge funktionalistischer Zusammenarbeit mit Anschlusseffekten auf. Die Institutionen der Union, vor allem die Kommission in Brüssel, sind mit pragmatischen Problemlösungen beschäftigt – häufig wird das abschätzig als Brüsseler Technokratie bezeichnet. Nun gibt es keine Technokratie, keine Verwaltung von Sachen, ohne Politik: Präferenzen sind zu bestimmen, Verteilungen sind festzulegen, gegensätzliche Interesse sind auszugleichen. Problem einer stark funktionalistisch orientierten Integration ist das „Politische", das Konsens schaffen muss und Identität schaffen könnte. Es spielt eine untergeordnete Rolle. Daraus erklärt sich vielleicht auch die geringe Partizipation der Bürger Europas an der europäischen Politik. Bei Europawahlen ist die Wahlbeteiligung notorisch niedrig (siehe Abb. 6.2), und die Bürger nehmen zuweilen diese Gelegenheit wahr, um ihren nationalen Regierungen einen Denkzettel zu geben, in Ermangelung von Europa-relevanten politischen Inhalten, denen man einzelne Parteien zuordnen könnte mit Ausnahme der Europa-kritischen Parteien.

Intergouvernementalismus (Zwischenstaatlichkeit): Das Problem des „Politischen" auf dem supranationalen Niveau stellt sich für diesen Ansatz nicht, da er ein mit eigenen Kompetenzen ausgestattetes supranationales Niveau für entbehrlich hält. Hier liegen positive und normative Theorie besonders nahe beieinander und sind sorgfältig auseinander zu halten. Die intergouvernementale Vision (exemplarisch ist Moravcsik 1993) geht nicht wie die Realpolitiker unmittelbar von eigeninteressierten Staaten aus, sondern vom methodologischen Individualismus. Die Interessen eines Staates sind über den nationalen politischen Prozess aggregierte Individualinteressen. Staaten operieren dann auch nicht in einer anarchischen Umgebung, sondern einer Umgebung, die in zwischenstaatlichen Verhandlungen stabil gestaltet wird. Der Integrationsprozess lässt sich also aus dem Zusammenspiel von zwei Ebenen erklären, der nationalen politischen Ebene, auf der Regierungen eine Politik anbieten, die ihre Wiederwahl sicherstellen soll, und der internationalen Ebene, auf der sie in Verhandlungen mit anderen Regierungen versuchen, die national bestimmten Präferenzen so weit wie möglich durchzusetzen. Die Einstimmigkeitsregel sorgt dafür, dass nur Pareto-superiore Lösungen akzeptiert werden.

Box 2.6: Zwei-Ebenen-Spiele

Internationale Verhandlungen, wie sie im europäischen Integrationsprozess ständig stattfinden, können als Zwei-Ebenen-Spiele modelliert werden (Putnam 1988, Milner 1997). Dabei werden die Nationalstaaten nicht als einheitliche Akteure aufgefasst, sondern die nationalen Regierungen müssen sich auf der unteren, nationalen Spielebene mit den internen Interessengruppen, politischen Parteien und Verwaltungen auseinandersetzen. Auf der oberen, internationalen Spielebene findet dann der Verhandlungsprozess statt, dessen Ergebnis wiederum auf der unteren Ebene ratifiziert werden muss. Das bedeutet, dass die nationalen Präferenzen, Institutionen und Machtverhältnisse die internationalen Verhandlungen bestimmen. Denn sie legen die Präferenzen fest, die auf der oberen Ebene repräsentiert sind, und sie kontrollieren das Ergebnis im Ratifizierungsprozess.

Der Verhandlungsspielraum der nationalen Regierungen wird somit einerseits von den Präferenzen und Koalitionen und den Institutionen auf der unteren Ebene determiniert und andererseits von den Strategien der nationalen Regierungen und den Institutionen (wenn es diese gibt, was bei der EU aber der Fall ist) auf der oberen Ebene. Es ist nun keineswegs so, dass Regierungen mit einem großen Verhandlungsspielraum sich auf der internationalen Ebene leichter tun als solche, denen die nationale Politik enge Grenzen für akzeptable Lösungen setzt. In einer

Situation, in der es ein allgemeines Interesse an einer kooperativen Lösung gibt, hat eine schwache nationale Regierung, der durch die nationale Opposition die Hände weitgehend gebunden sind, auf der oberen Ebene eher eine starke Position: Sie kann keine Konzessionen machen, um den Ratifizierungsprozess nicht zu gefährden. Ein Beispiel hierfür sind die guten Ergebnisse, die Polen, ein Land mit einer notorisch schwachen Regierung, in den Beitrittsverhandlungen, aber auch in den Verhandlungen zum Lissabonner Vertrag erzielen konnte. Dieses Theorem der Theorie der Zwei-Ebenen-Spiele führt zur Vermutung, dass EU Mitgliedländer, in denen die Fraktion der Anti-Europäer stark ist, ihre Interessen in den Verhandlungen leichter durchzusetzen verstehen als Länder, in denen es einen breiten pro-europäischen Konsens gibt. Zur ersten Ländergruppe sind Großbritannien und Dänemark zu zählen, zur zweiten Italien und Deutschland.

Nun sind natürlich auf seiten der nationalen Akteure wie auf seiten der internationalen Akteure, d.h. der nationalen Regierungen, die unterschiedlichsten Strategien und Koalitionsbildungen möglich. Wir können hier nicht die Theorie der Zwei-Ebenen-Spiele im einzelnen darstellen, auch wenn sie zum Verständnis der Verhandlungen innerhalb der Europäischen Union extrem wichtig ist. Man kann sich aber gut vorstellen, dass die Regierungen, die auf beiden Ebenen agieren, mit dieser Situation strategisch umgehen: Sie setzen die nationale Politik ein, um die internationalen Verhandlungen zu beeinflussen und sie setzen die internationalen Verhandlungen ein, um nationale politische Ziele durchzusetzen. Andererseits können auch nationale Akteure unterhalb der Regierungsebene, Verbände oder Interessengruppen, aber auch politische Parteien, durch internationale Koalitionen die Strategie der eigenen Regierung und den Ausgang der Verhandlungen zu beeinflussen versuchen. Von solchen Versuchen zeugt ein ausgedehntes Lobbywesen in Brüssel.

Der Erklärungswert dieser Theorie, vor allem des Modells der Zwei-Ebenen-Spiele, für die diskreten Integrationsentscheidungen wie Vertragsänderungen (Maastricht, Amsterdam, Nizza, Lissabon), Verfassungsvertrag oder Erweiterungsverhandlungen ist sehr groß. Sie stößt an Grenzen, wenn sie das gesamte Gebäude der Europäischen Union als intergouvernementale Veranstaltung interpretieren möchte. Die europäischen Institutionen, die auf dem Weg über zwischenstaatliche Verhandlungen entstanden sind, haben inzwischen in mancher Hinsicht überstaatlichen Charakter und sie haben ihren eigenen Einfluss auf die Integration, durch den sie in die nationale Politik der Mitgliedländer zurückwirken. Das europäische Niveau übt Governance aus.

Die Theorie des Intergouvernementalismus wird normativ, wenn sie diese Entwicklung als Fehlentwicklung interpretiert und Zwischenstaatlichkeit und Wahrung der nationalen Souveränität zum Integrationsmaßstab macht. Es gibt durchaus Mitgliedländer, in denen eine solche normative Sicht auf Europa vorherrscht. Großbritannien, Schweden und Dänemark sind der Währungsunion ferngeblieben, weil sie die damit verbundenen Souveränitätsverluste mit den im Lande vorherrschenden Präferenzen nicht in Einklang bringen konnten. Doch haben die Mitgliedländer insgesamt ein Gebilde geschaffen, das weit über die reine Zwischenstaatlichkeit zum Beispiel einer Freihandelszone hinausgeht.

Föderalismus: Der föderalistische Ansatz schließlich ist keine theoretische Schule, sondern vorwiegend normativer Natur. Er sei hier kurz erwähnt, weil er im politischen Diskurs eine Rolle spielt. Dabei geht es nicht darum, den Integrationsprozess zu erklären, sondern ihn so zu gestalten, dass am Ende ein föderatives Europa steht. Im Unterschied zum Funktionalismus, dem Staatlichkeit und Politik zweitrangig sind, gilt für Föderalisten der Primat der Politik. Sie streben eine repräsentative Demokratie und Rechtsstaatlichkeit an, d.h. formalisierte internationale Beziehungen. Da es aus funktionalen Gründen Probleme auf supranationalem Niveau gibt, für deren Lösung Institutionen mit supranationalen Kompetenzen ins Leben gerufen wurden, bedürfen diese einer demokratischen Legitimation und einer effektiven Administration. Das föderalistische Projekt propagiert eine feste konstitutionelle Ordnung der territorialen Einheiten, die durch den föderativen Aufbau Einheit und Vielfalt miteinander verbindet. Das Prinzip der Subsidiarität – wir werden es in Kapitel 5 näher erläutern – soll sicherstellen, dass die politische Entscheidungsgewalt so dicht wie möglich beim Bürger bleibt und kein übermächtiger Einfluss von den supranationalen Institutionen ausgeht.

Dieses Programm hat eine lange Vorgeschichte. Als erste Anregung für den föderativen Integrationsansatz wird in der Regel Kants (1795/1968) Schrift „Zum ewigen Frieden" zitiert. Trotz wiederholter Versuche hat das Ziel eines föderativ organisierten Europas bislang keinen Eingang in die Verträge gefunden. Bei der Formulierung des Vertrages über die Europäische Union (EU) in Maastricht hat man auf Vorschlag Englands, das sich der Idee einer föderativ verfassten Union strikt widersetzt, den bereits zitierten Kompromiss der „Verwirklichung einer immer engeren Union der Völker Europas" (Art. 1 EU) gefunden.

Solange sie nicht normativ eingesetzt werden, schließen sich die politischen Integrationstheorien nicht gegenseitig aus. Föderalismus ist eine Leitidee im europäischen Einigungsprozess. Anschlusseffekte treiben ihn voran. Intergouvernementale Verhandlungen, die durch den Verhandlungsspielraum der nationalen Regierungen begrenzt werden, sind die wichtigste Quelle neuer Integrationsformen. Den geringsten Erklärungswert hat der realistische Ansatz, da innerhalb der Union eine seiner Voraussetzungen, die anarchische Umgebung, nicht mehr gegeben ist und nach außen das Macht- und Sicherheitsproblem nicht von der Union, sondern im Rahmen der NATO angegangen wird.

Die politischen Integrationstheorien lassen sich kurz mit Hilfe einer ökonomischen Analogie zusammenfassen. Zwischenstaatliche Probleme, die nach Koordination und Kooperation rufen, treten nur dann auf, wenn grenzüberschreitende externe Effekte im Spiel sind, z.B. die Verschmutzung des Rheins durch französische Kaligruben. Für dieses Problem gibt es bekanntlich drei Lösungen:

- die Pigou-Lösung: Eine übergeordnete Institution korrigiert die Ineffizienz durch Steuern oder andere regulierende Eingriffe,
- die Coase-Lösung: Alle Betroffenen setzen sich an einen Tisch und handeln das allokative Optimum aus, indem sie die dadurch entstehenden Gewinne untereinander verteilen,
- die Stalin-Lösung: Alle betroffenen Einheiten werden fusioniert und einer einheitlichen zentralen Entscheidungsinstanz unterstellt.

Wenn wir die Stalin-Lösung, den einheitlichen zentral geplanten Staat, für eine regionale Integration in der Gegenwart als anachronistisch ausschließen, dann bleiben die Pigou-Lösung und die Coase-Lösung offen. Aus dem Vorherigen wird deutlich, dass bei Auftreten zwischenstaatlicher Probleme die Realisten und die Intergouvernementalisten nur die Coase-Lösung für möglich oder akzeptabel halten. Erstere weil es in einer anarchischen Umgebung keine stabile übergeordnete Institution geben kann. Letztere weil sie die Coase-Lösung für effizient halten. Die Funktionalisten und Föderalisten plädieren dagegen für die Pigou-Lösung. Erstere vor allem wohl deshalb, weil sie Zweifel am Zustandekommen der Coase-Lösung und an ihrer Stabilität haben. Letztere weil ihnen die Coase-Lösung nicht hinreichend demokratisch legitimiert scheint und weil sie das Risiko des Opportunismus ausschließen möchten. Eine institutionalisierte staatsrechtliche Struktur – so das föderalistische Credo – garantiert den Übergang von den Freund-Feind Beziehungen der „westfälischen Ordnung" zu stabilen Freund-Freund Beziehungen der neuen „europäischen Ordnung" und macht damit Wohlfahrtssteigerungen möglich.

2.7 Ordnungspolitische Präferenzen und Integration

Eine ordnungspolitische Grundentscheidung im Zusammenhang mit der Integration beruht auf der Unterscheidung von negativer und positiver Integration (Tinbergen 1954). Negative Integration bezeichnet, wie wir schon sahen, die Abschaffung von künstlichen Handelshemmnissen jeglicher Art. Und das sind vor allem staatliche Regulierungen – Zölle, Quoten, Gesundheits- und Umweltschutzbestimmungen, Anti-Dumping Regeln usw. Dabei ist es nicht immer notwendig, dass solche Vorschriften völlig abgeschafft werden. Häufig genügt es, sie nicht zur Behinderung des freien Güterverkehrs einzusetzen. Ein Beispiel ist das in der EU gültige Prinzip der wechselseitigen Anerkennung: Jedes Land hat seine eigenen Produktmarktregulierungen (z.B. das deutsche Reinheitsgebot für Bier), erkennt aber die Produktvorschriften der Partnerländer an und lässt diesen entsprechende Produkte ungehindert auf dem eigenen Markt zu (Genaueres ist in Kapitel 7 zu finden). Positive Integration bedeutet ein gemeinsames Entscheiden von handelsrelevanten Regelungen, bzw. die Übertragung der entsprechenden Kompetenz an eine übergeordnete Autorität. Das positive Gegenbeispiel zum Prinzip der wechselseitigen Anerkennung ist eine Harmonisierung der Produktvorschriften. Genauso wie bei der Einführung nationaler Regulierungen erfordert das eine gemeinsame positive Entscheidung hinsichtlich der gewünschten Eigenschaften und ist im Vergleich zur wechselseitigen Anerkennung mit sehr viel höheren Verhandlungskosten verbunden.

Es ist nun unmittelbar einzusehen, dass es ordnungspolitische Präferenzen bezüglich negativer und positiver Integration gibt. Liberale Ökonomen, die sich auf die Fahnen schreiben „so wenig Staat wie möglich" werden negative Integration vorziehen. Und in dieser Präferenz werden sie von der Wirtschaftstheorie kräftig unterstützt. Freihandel, auch das haben wir bereits angedeutet, ist die *first best* Lösung des Problems der internationalen Wirtschaftsbeziehungen. Wir brauchen hier nicht die ganze Diskussion um Marktversagen und *second best* Lösungen anzuführen, die angesichts der Nicht-Realisierbarkeit des Erst-Besten notwendig werden, um die Position der etwas weniger orthodoxen liberalen, oder gar sozialdemokratischen Ökonomen zu verstehen. Sie vertreten die Position, dass eine gut funktionierende Marktwirtschaft sich nicht spontan entwickelt, sondern ordnender Eingriffe bedarf. Hier liegt folglich eine Governance-Aufgabe. Diese Aufgabe wird, soweit nationale Märkte betroffen sind, von der nationalen Regierung erfüllt. Soweit aber übernationale Märkte betroffen sind, muss sie eben auf einer höheren Ebene erfüllt werden. Kurzum, nationale und supranationale Ordnungspolitik sind ebenso wie negative und positive Integration keine unvereinbaren Alternativen, sondern sie sind auf wohlfahrtsmaximierende Weise miteinander zu kombinieren. Das ist leichter gesagt als getan, und so gibt es sehr unterschiedliche Auffassungen darüber, wie viel von dem einen oder anderen erforderlich sei.

Box 2.7: Lässt Intergouvernementalismus nur negative Integration zu?

„The historical record is unambiguous: only „negative" market-based integration policy works in the absence of a *demos*. The „positive", institution-centered alternative – based upon the fallacy that economic widening and political deepening go hand in hand – merely complicates and delays the integration process. The EU's breakdown in the 1990s has driven this point home." (Gillingham 2003: 491)

Dem Argument liegt die Annahme zugrunde, dass legitime positive Entscheidungen einer supranationalen Institution Souveränität voraussetzen, welche wiederum in einer Demokratie ein souveränes Staatsvolk (griechisch: *demos*) voraussetzt. Dies ist in der Europäischen Union nicht gegeben und müsste das Resultat einer politischen Vertiefung sein, die von vielen weder für wünschenswert, noch für möglich gehalten wird. Die Behauptung, dass die 1990er Jahre einen Zusammenbruch der EU sahen, wollen wir hier im Vorgriff auf das nächsten Kapitel nur mit einem großen Fragezeichen versehen. Immerhin wurden in diesem Jahrzehnt der Gemeinsame Markt und die gemeinsame Währung realisiert und die Osterweiterung vorbereitet.

Es ist nun allerdings nicht so, dass negative, marktbasierte Integration und Intergouvernementalismus und positive, autoritätsbasierte Integration und Supranationalität völlig Hand in Hand gehen. Der Autor des angeführten Zitats erklärt selbst den Anschlusseffekt einer Weiterentwicklung der ökonomischen Integration auf die Vertiefung der politischen Integration, das Spillover-Argument der

Funktionalisten, für einen Fehlschluss (wir würden sagen, es sei nicht zwingend). Positive Integrationsentscheidungen, z.B. die Einführung eines gemeinsamen Außenzolls oder einer gemeinsamen Währung, können auf zwischenstaatlicher Ebene mit Einstimmigkeit beschlossen werden. Die übergeordnete Autorität, die mit bestimmten positiven Entscheidungskompetenzen ausgestattet wird, kann diese von den Mitgliedländern delegiert erhalten. Das ist die gängige Praxis in der EU, da sich eben noch kein Staatsvolk Europas konstituiert hat, das entsprechende Kompetenzen souverän verleihen könnte. Liberale Ökonomen und liberale Politikwissenschaftler folgen allerdings gleichen Grundüberzeugungen, und deshalb treffen eine Präferenz für negative Integration und eine Präferenz für Intergouvernementalismus häufig aufeinander. So spiegelt das Zitat ein bestimmtes normatives Denken wider.

Die unterschiedlichen ordnungspolitischen Vorstellungen resultieren in verschiedenen Wirtschaftssystemen oder, besser gesagt, in Varianten der kapitalistischen Marktwirtschaft. Dass die amerikanische oder britische Wirtschaftspolitik einem anderen ordnungspolitischen Stil folgt als die deutsche oder französische, ist offensichtlich. Ebenso die Tatsache, dass die eine Ordnung der anderen nicht evident überlegen ist, auch wenn das zu Zeiten behauptet wurde, allerdings mal zum Vorteil der einen und mal zum Vorteil der anderen Ordnung. Peter Hall und David Soskice (2001) versuchen, das Phänomen zu erklären. Die beiden Autoren unterscheiden zwei Grundtypen: liberale Marktwirtschaften und koordinierte Marktwirtschaften, wobei die anglo-amerikanischen Wirtschaftssysteme für erstere typisch sind und die kontinental-europäischen Systeme für letztere. Wichtig ist bei diesem Ansatz die Interdependenz der Teilordnungen, wie wir sie aus der Euckenschen Ordnungstheorie kennen: Die industriellen Beziehungen, die Unternehmenskontrolle, die soziale Sicherung, das Ausbildungssystem müssen einander entsprechen, um optimale Resultate hervorzubringen. Deshalb kann man von konsistenten Varianten der kapitalistischen Marktwirtschaft sprechen. Diese Varianten bedingen in der Produktion komparative Vorteile – grob gesagt hat die liberale Marktwirtschaft einen komparativen Vorteil im Niedrig-Kosten-Bereich und im Dienstleistungsbereich und die koordinierte Marktwirtschaft einen komparativen Vorteil im kostenintensiveren Qualitätsbereich und generell im warenproduzierenden Gewerbe. Bei freiem Handel profitieren beide Seiten von einer solchen Spezialisierung.

Was hat das mit europäischer Integration zu tun? Nun, ordnungspolitische Präferenzen bestimmen die institutionelle Struktur eines Wirtschaftssystems. Einmal installiert sind die Institutionen nur mit hohen Kosten zu ändern. Sie determinieren Verhalten, Struktur und Strategie der Unternehmen und legen so die komparativen Vorteile fest. Die Wirtschaft eines Mitgliedlandes und damit auch seine Regierung müssen ein vitales Interesse daran haben, dass die Ordnungspolitik der Gemeinschaft, das Gebäude der europäischen Institutionen und Politiken, die komparativen Vorteile des jeweiligen Mitgliedlandes nicht in Gefahr bringt. Wenn die Europäische Gemeinschaft aus liberalen Marktwirtschaften und koordinierten Marktwirtschaften besteht, dann liegt die Vermutung nahe, dass die ordnungspolitischen Vorstellungen dieser unterschiedlichen Varianten des Kapitalismus miteinander im Konflikt liegen und der europäische Ordnungsrahmen einen Kompromiss der unterschiedlichen Interessen darstellt.

Ein kurzer Vergleich der Positionen von England und Deutschland in den Verhandlungen zum Vertrag von Maastricht macht das deutlich (die folgende Darstellung beruht auf Fioretos 2001). England hat eine liberale Marktwirtschaft: Einfluss und Interventionspotential des Staates sind gering, der Koordinierungsmechanismus vertraut auf deregulierte Märkte und nur wenig auf direkte Unternehmenszusammenarbeit, die Unternehmen können deshalb Probleme kollektiver Handlung nur unzureichend auffangen, was sich in der Berufsausbildung, bei der langfristigen Finanzierung und im Bereich von Forschung und Entwicklung niederschlägt. Diese institutionelle Struktur geht einher mit einer Niedrig-Kosten- und Niedrig-Qualifikationsstrategie (was High-Tech Produkte nicht grundsätzlich ausschließt). Das Verhalten der Unternehmer ist vornehmlich auf kurzfristige Gewinnmaximierung gerichtet. Ausländische Direktinvestitionen werden von einem solchen Umfeld angezogen. Deutschland hat eine koordinierte Marktwirtschaft: Neben dem Markt spielt die direkte Koordination der Unternehmen eine wichtige Rolle, die über extensive Eigentumsverflechtungen und eine tiefe Verbandsstruktur vermittelt wird. Das erlaubt eher die Bewältigung von kollektiven Handlungsproblemen: Investitionen in Berufsausbildung, langfristige Finanzierung, Technologieentwicklung. Die industriellen Beziehungen sind durch umfangreiche gesetzliche Regelungen (soziale Sicherung, Mitbestimmung) charakterisiert. Diese Institutionenstruktur bringt ein Hoch-Lohn- und Hoch-Qualifikations-Gleichgewicht mit sich. Das Verhalten der Unternehmer ist langfristig orientiert.

Die europäische Integration, die ordnungspolitische Richtungsentscheidungen mit sich bringt, kann nun das nationale Institutionengleichgewicht unterstützen oder untergraben. Das findet durch negative Integration statt, z.B. eine europäische Regelung und Praxis der Wettbewerbskontrolle, die weniger restriktiv ist als die nationale, und durch positive Integration, z.B. Minimalvorschriften im Umweltschutz, die verhindern, dass nationale Präferenzen durch „Umwelt-Dumping" anderer Länder in Bedrängnis kommen. In den Verhandlungen über neue Integrationsformen werden die nationalen Regierungen nun versuchen, die politisch organisierten Interessen ihrer Bevölkerung und ihrer Wirtschaftskreise so zu vertreten, dass sie eine politische Mehrheit behalten. Diese Interessen sind mehr oder weniger direkt mit dem Funktionieren der nationalen Ordnungsvariante verbunden.

Man könnte nun annehmen, dass jedes Mitgliedland daran interessiert wäre, seine ordnungspolitische Autonomie durch eine verfahrenspolitische Absicherung der Vetoposition, d.h. die Einstimmigkeitsregel, zu verteidigen. Das ist nicht der Fall: Im Vertrag von Maastricht wurde der Bereich der Mehrheitsentscheidungen wesentlich erweitert. Es ist vor allem Großbritannien, das sich diesem Trend vehement widersetzt. Die Erklärung, die sich dafür anbietet, lautet: Mit seiner liberalen Marktwirtschaft befindet sich die britische Insel in Europa in einer Minderheit und läuft deshalb Gefahr, bei

Mehrheitsentscheidungen überstimmt zu werden. Die Mitgliedländer auf dem Kontinent – unter den neuen Mitgliedländern in Ostmitteleuropa gibt es jetzt Ausnahmen – wissen sich mit ihren mehr oder minder koordinierten Marktwirtschaften in der Mehrheit. Die Erleichterung der Entscheidungsverfahren durch Einschränkung der Einstimmigkeitsregel stellt für sie eine sehr viel geringere Gefahr dar als für England.

Drei zentrale Politikfelder der Maastricht-Verhandlungen waren die Währungsunion, die Sozialpolitik und die Industriepolitik.

- Währungsunion: Ein Land wie England, dessen Institutionenstruktur vor allem die Kosten zur strategischen Wettbewerbsvariable macht, aber kaum über Möglichkeiten für eine koordinierte Kostenkontrolle (wie z.B. die tripartiten Tarifabsprachen, das so genannte Polder-Modell in den Niederlanden) verfügt, wird den Wechselkurs als wirtschaftspolitisches Instrument ungern aufgeben. Deutschland dagegen, das mit relativ hohen Kosten produziert, wird stabile Wechselkurse oder eben eine einheitliche Währung vorziehen, da damit die Gefahr eines Wettbewerbs über Abwertungsschlachten ausgeschlossen ist.
- Sozialpolitik: Spätestens seit den Reformen von Margaret Thatcher (1925–) betrachten britische Unternehmer eine kostenintensive Arbeitsmarkt- und Sozialpolitik als unverträglich mit den institutionellen Vorteilen ihrer liberalen Marktwirtschaft. England hat deshalb das Sozialprotokoll von Maastricht nicht unterzeichnet (später allerdings den Vertrag von Amsterdam, der seine Bestimmungen in den EG-Vertrag integriert) und besteht nach wie vor auf dem Einstimmigkeitsprinzip in sozialpolitischen Fragen. Deutschland hingegen unterstützt sozialpolitische Mindestvorschriften, um auf diese Weise „Sozialdumping" durch Wettbewerber zu verhindern und die eigenen sozialpolitischen Standards zu verteidigen, die einen Teil der institutionellen Vorzüge seiner koordinierten Marktwirtschaft ausmachen.
- Industriepolitik: In der Industriepolitik wurden die extremen Positionen vor allem von England und Frankreich eingenommen. In einer liberalen Marktwirtschaft ist Industriepolitik grundsätzlich Anathema, während Frankreich eine lange Tradition dirigistischer Eingriffe hat, um die Wettbewerbsposition der nationalen Unternehmen zu stärken. Dieses Ziel sollte eine europäische Industriepolitik, vor allem im Bereich von Forschung und Entwicklung, nun auf dem europäischen Niveau verfolgen (Näheres in Kapitel 10). Art. 157 EG wurde ein Kompromiss. Aber entscheidend für England war die Beibehaltung der Einstimmigkeitsregel für wichtige Maßnahmen in diesem Bereich.

Es wird deutlich, dass England, nachdem es den gemeinsamen Markt mit der Einheitlichen Europäischen Akte tatkräftig vorangetrieben hatte, sich aus weitergehenden Integrationsschritten möglichst herauszuhalten versucht (*opting-out*), weil sie in der Tendenz seine liberale Marktwirtschaft unterhöhlen. Deutschland dagegen versucht, sein Modell der koordinierten Marktwirtschaft nach außen abzusichern, indem es europaweite Regelungen unterstützt, die ein Verwässern seiner Institutionen durch dumping-artigen Wettbewerb verhindern.

Teil II: Die Evolution der Europäischen Integration

Kapitel 3
Modelle und Etappen der Europäischen Integration

Worum geht es in diesem Kapitel?

HJW: Europa kann man nur verstehen, wenn man seine Geschichte kennt. Das gilt auch für die Europäische Union.

TE: Die europäischen Institutionen sind Resultat eines evolutorischen Prozesses, und manchmal sind es sehr gewundene Pfade, auf denen die Gemeinschaft voranschreitet.

HJW: Sie ist ein Haus, das sich ständig im Umbau (*widening*), Ausbau (*deepening)* und Anbau *(enlargement*) befindet. Hamon und Keller (1997) und Olivi und Giacone (2007) haben den gesamten Bau historisch dargestellt. Wir wollen das nicht tun. Doch in einem, in diesem Kapitel sollte dargelegt werden, wie es dazu gekommen ist und in welchen Etappen die Vertiefung und Erweiterung der Zuständigkeiten und die Ausbreitung über den Kontinent erfolgt sind.

HF: Das erspart uns aber nicht historische Rückblicke in anderen Kapiteln. Die Währungsunion beispielsweise muss im Zusammenhang mit der Geschichte der Währungsunion dargestellt werden.

HJW: Einverstanden.

TE: Etappen, das klingt so nach einer *Tour de France* mit Startort und Zielort, Bergwertungen und Sprintwertungen. Geschichte ist ein kontinuierlicher Prozess, auch wenn er mal rascher, mal langsamer abläuft. Am Start ist das Ziel unbekannt.

HJW: Evolutorischer Prozess, Pfadabhängigkeiten – gut. Aber trotzdem lassen sich bestimmte Einschnitte erkennen, die diesen Prozess strukturieren, übersichtlicher machen. Ich sehe drei Phasen der Integration: Die erste ist die Gründungsphase von 1945 bis 1960.

HF: Sie verdient breiten Raum; denn da wurden die Weichen gestellt.

TE: Allerdings so, dass die Züge in verschiedene Richtungen fuhren. Am Ende hatten wir drei verschiedene europäische Integrationsmodelle – die EWG, die EFTA und den RgW.

HJW: Aber schon in der zweiten Phase von 1960 bis 1992–95 können wir beobachten, wie die EFTA in der EWG aufgeht. Gleichzeitig spielt sich der mühselige Prozess der Bildung eines gemeinsamen Marktes ab mit Europa 92 als vorläufigem Abschluss.

HF: Ist diese zweite Phase nicht viel zu lang und inhomogen, um als eine einheitliche Periode gesehen zu werden? Da fanden ganz unterschiedliche Entwicklungen statt, die man als eigene Etappen betrachten kann – die Aufnahme Großbritanniens, die Krise unter De Gaulle, die Kommissionen Delors.

HJW: Jede Periodisierung weist eine gewisse Willkürlichkeit auf und setzt sich kritischer Diskussion aus. Unser Periodisierungskonzept ist hier die Integration Europas. Denn in der dritten Phase der europäischen Integration, die 1993 begonnen hat, wird die Ost-West Spaltung des Kontinents aufgehoben.

TE: Und mit der Währungsunion findet gleichzeitig eine, ich möchte fast sagen revolutionäre, Vertiefung der Gemeinschaft statt. Die Vision der Währungsunion war bereits 1970 vorhanden. Aber erst die Ereignisse um die deutsche Wiedervereinigung schufen eine historische Situation, die der Vision zum Durchbruch verhalf.

HF: Das weckt den Anschein, als seien die Ziele sehr wohl schon lange bekannt und es bleibe nur unklar, auf welcher Etappe man sie dann auch erreicht – eine *Tour de France* ohne Routenplaner.

HJW: Da die Ziele nicht notwendigerweise von allen im Peloton geteilt werden – mit dem Euro kannst du bekanntlich nicht in Großbritannien, Schweden und Dänemark bezahlen –, scheint mir das zweifelhaft. Am Ende muss nicht eine politische Union stehen, die am Anfang viele angestrebt hatten. Ja, die meisten Integrationsprojekte sind bereits mit einer Freihandelszone zufrieden. Über den Endzustand, die Finalität der europäischen Integration brauchen wir hier nicht zu spekulieren.

3.1 Was treibt die Europäische Integration nach 1945?

„Until 1945 at least, Europeans may have been one of the most consistently belligerent groups of peoples anywhere in the world." (Pagden 2002: 14). Bis 1914 hat der Hang zu Konflikt und Krieg Europa nicht daran gehindert, andere Hochkulturen zu überflügeln und über die letzten 200 Jahre mit der industriellen Revolution einen bis dahin ungekannten wirtschaftlichen Aufschwung zu nehmen (Jones 2003). Das wirtschaftlich und technisch gewachsene Zerstörungspotential ließ den ersten Weltkrieg – der trotz des Eingreifens Amerikas ein europäischer Krieg war – zu einer Katastrophe werden, die eine weitere Wohlfahrtsentwicklung in Frage stellte. Schon 1919 machte J.M. Keynes (1883–1946) in seiner Schrift *The economic consequences of the peace* (Keynes 1919/1971) deutlich, dass Europa – darunter verstand er als Brite natürlich nur den Kontinent – einer noch größeren Katastrophe entgegensteuere, wenn es nicht gelinge, Frankreich und Deutschland auszusöhnen und zum Vorreiter einer europäischen Integration zu machen.

Das war mit dem Frieden von Paris, dem Versailler Vertrag nicht gelungen. Er war einerseits die Gründungsurkunde des Völkerbundes, einer idealistischen Weltfriedensordnung. Andererseits diktierte er Deutschland, dem kurzfristigen nationalen Interesse der Sieger folgend, Bedingungen, die den Gedanken an Kooperation und Integration nicht aufkommen ließen.

Die Zwischenkriegszeit wurde eine Periode der abnehmenden Integration, der wirtschafts- und währungspolitischen Abschottung, wodurch auftretende Schocks wie die Banken- und Börsenkrise von 1929, sich zu einer lang anhaltenden und tiefen Depression, der Weltwirtschaftskrise, auswuchsen. Die noch größere Katastrophe nahm ihren Lauf und richtete im zweiten Weltkrieg, der nun kein rein europäischer Krieg mehr war, ungeahnten Schaden an: Millionen Tote, zerstörte Städte, Produktionsanlagen, Infrastruktur. Vor allem auf dem Kontinent schienen Wirtschaft und Wohlfahrt um Jahrzehnte zurückgeworfen.

Eine der Folgen des ersten großen Krieges waren die russische Revolution und die Etablierung von Bolschewismus und Sowjetmacht im russischen Reich. Der entscheidende Beitrag der Sowjetunion zum Sieg der Alliierten im zweiten Weltkrieg brachte es dann mit sich, dass die UdSSR zur imperialen Weltmacht aufstieg und innerhalb Europas ihre Einflusssphäre auf Mittel- und Osteuropa ausdehnte. Auf der westlichen Seite vollzog sich ebenfalls ein tiefgreifender Wandel. Großbritannien, bis dato zumindest auf dem Papier noch eine Weltmacht, war durch die beiden Kriege wirtschaftlich und politisch geschwächt und sah sein Weltreich auseinanderfallen. Seine Rolle übernahmen die USA, die in Europa militärisch und vor allem wirtschaftlich entscheidend zum Sieg beigetragen hatten. In ihrem Westen, im Pazifik, hatten sie den japanischen Imperialismusversuch niedergerungen, sahen sich aber bald einer weiteren kommunistischen Großmacht gegenüber – der Volksrepublik China. Im Ergebnis des zweiten Weltkriegs war damit die Welt zweigeteilt in Ost und West, in Kommunismus und Kapitalismus, in Knechtschaft und Freiheit (was auf beiden Seiten, der eigenen Ideologie entsprechend, unterschiedlich interpretiert wurde).

Viele Faktoren gaben folglich 1945 dazu Anlass, die Nachkriegsordnung auf eine völlig neue Basis zu stellen:

- Die Katastrophe des zweiten Weltkriegs, die das Fehlschlagen der antagonistischen Friedensordnung von 1919 verdeutlichte.
- Das Erschrecken über die Exzesse des Nationalismus, die vor allem Deutschland an den Tag gelegt hatte.
- Die Einsicht, dass ein dauerhafter europäischer Friede eine Aussöhnung und dann die Kooperation zwischen Frankreich und Deutschland voraussetze.
- Die gleichzeitige Einsicht, dass wirtschaftliche Prosperität in Europa ein wirtschaftlich gesundes Deutschland voraussetze.
- Die Weltwirtschaftskrise der 30er Jahre, die praktisch erst durch Aufrüstung und Krieg zu Ende gebracht wurde. Sie war durch eine protektionistische *beggar-thy-neighbour* Politik verschärft worden.
- Die Spaltung der Welt in zwei Hälften, die sich ideologisch unversöhnlich gegenüberstanden und jeweils zum Ziel setzten, die andere Hälfte zu überflügeln, wenn nicht auszulöschen.
- Die Errichtung der Grenze zwischen diesen beiden Weltmächten mitten in Europa, die im Eisernen Vorhang und später (1961) in der Berliner Mauer ihre konkrete Gestalt fand.

- Die zwei aus dem „kalten Krieg" folgenden politischen Strategien: Eindämmung (*containment*: George Kennan (1904–2005)) und Wettbewerb der Systeme (Nikita Chruschtschow (1894–1971)). Sie machten militärische Stärke und gleichzeitig Wohlfahrtssteigerung erforderlich und stellten damit höchste Anforderungen an das Wirtschaftssystem.

Aus der historischen Entfernung von über 50 Jahren gesehen, erscheinen die europäische Integration und ihr Resultat die Europäische Union, d.h. die Zusammenarbeit der europäischen Staaten zuerst auf wirtschaftlichem, dann mehr und mehr auch auf politischem Gebiet, geradezu eine natürliche, selbstverständliche Lösung der aufgeworfenen Probleme zu sein. Das war nun keineswegs der Fall. Es gab verschiedene Ansätze, bevor die Konstruktion der Europäischen Gemeinschaft gefunden wurde. Es bedurfte kreativer politischer Gestaltung, sie mit einer lebensfähigen Ordnung auszustatten. Und es bedurfte großer politischer Entschlossenheit, sie in Krisenzeiten aufrecht zu erhalten und sie, wenn sich die Gelegenheit bot, weiterzuentwickeln, zu vertiefen und zu erweitern. Die konkrete Form der Union ist nicht Ergebnis eines integralen Entwurfs, sonder einzelner mal erfolgloser, mal erfolgreicher Schritte – kurz dessen, was man *learning by doing* nennt.

3.2 Multilaterale, globale Kooperation

Der zweite Weltkrieg hinterließ ein ökonomisch am Boden liegendes Europa – im Westen wie im Osten. Am stärksten getroffen waren auf der Seite der Sieger die Sowjetunion und Polen, auf der Seite der Verlierer Deutschland und Österreich. Deutschland als angeblicher Verursacher des ersten und unbezweifelter Verursacher des zweiten Krieges warf neben dem wirtschaftlichen auch ein politisches Problem auf: Sollte man seinem Wiederaufbau zur führenden Industriemacht des Kontinents tatenlos zusehen, ihn gar unterstützen? Wäre es nicht für alle Beteiligten das Beste, es würde de-industrialisiert und in kleine Teile zerstückelt (Morgenthau-Plan). Ähnlichen Überlegungen hatte nach dem ersten Weltkrieg J.M. Keynes (1919/1971) bereits eine deutliche Absage erteilt: Das wäre der wirtschaftliche, und angesichts des Bolschewismus in Russland auch der politische Ruin des Kontinents. Am Beginn der europäischen Integration steht das Problem Deutschland, und es ist wohl seine Dreiteilung – die Abtrennung des Ostens und die Bildung zweier deutscher Staaten mit der DDR in Mitteldeutschland und der BRD in Westdeutschland –, die zusammen mit der Ost-West Konfrontation die Westbindung eben dieses Westdeutschland und damit die weitere Integration gefördert, wenn nicht überhaupt erst ermöglicht hat. Man muss darin wohl eine List der Geschichte sehen, dass nach dem Zusammenbruch des Kommunismus 1989 die zwei deutschen Staaten wiedervereinigt wurden und der nun polnische ehemalige deutsche Osten mit der Osterweiterung der EU 2004 ebenfalls Aufnahme in die ursprünglich rein westeuropäische Union fand.

Den auf Seiten der Sieger stehenden Ländern Europas ging es allerdings auch nicht wesentlich besser. Güterknappheit und Devisenknappheit bei inkonvertiblen nationalen Währungen verhinderten ein Wiederaufleben des internationalen Handels und führten zu einem rigide kontrollierten Außenwirtschaftsregime mit Zöllen und Quoten. Dabei hatte man sich schon 1944 in Bretton Woods darauf verständigt, die Lehren aus der verfehlten Politik während der Weltwirtschaftskrise zu ziehen. Bretton Woods legte die Währungsordnung für die Nachkriegsperiode fest: ein System fester Wechselkurse mit der Verpflichtung der nationalen Zentralbanken, diese, wenn nötig, durch Interventionen zu stabilisieren. Und es schuf ein System internationaler Finanzinstitutionen (IFIs), nämlich die Weltbank und den Internationalen Währungsfonds. Die Weltbank, gestartet unter dem Namen *International Bank for Reconstruction and Development*, hatte als ersten Auftrag, den Wiederaufbau in Europa zu unterstützen. Erst im Laufe der Zeit rückte ihr zweiter Auftrag in den Vordergrund, der sich auf die wachsende Zahl der Entwicklungsländer in der dritten Welt richtet. Der Währungsfonds hatte zur Aufgabe, das vereinbarte internationale Währungssystem zu unterstützen, d.h. die Konvertierbarkeit der nationalen Währungen zu steigern und bei Zahlungsbilanzproblemen kurzfristige Kredite zu gewähren.

Box 3.1: Konvertibilität

Der Begriff Konvertibilität beschreibt die Umtauschmöglichkeit von Zahlungsinstrumenten in andere Zahlungsinstrumente und letztlich in Waren. Je konvertibler ein Zahlungsinstrument ist, desto eher sprechen wir von Geld. In einem freien Markt weisen die legalen Zahlungsmittel die höchste Konvertibilität auf, und umgekehrt setzt ein freier Markt vollständige Konvertibilität der legalen Zahlungsmittel voraus. In einer Planwirtschaft ist das z.B. nicht gegeben, da die Zahlungsbereitschaft allein nicht über die Verfügbarkeit von Gütern entscheidet.

Im internationalen Zahlungsverkehr bezeichnet Konvertibilität die Umtauschmöglichkeit von nationalen Währungen. Wiederum weist ein freier Devisenmarkt die höchste Konvertibilität auf, bzw. setzt ein freier Devisenmarkt vollständige Konvertibilität voraus. Sie kann durch Devisen- und Kapitalverkehrskontrollen eingeschränkt sein, um offene Ungleichgewichte in der Zahlungsbilanz zu vermeiden. Hier unterscheidet man Konvertibilität der laufenden Posten, worunter Zahlungen im Zusammenhang mit dem Handels- und Dienstleistungsverkehr, den Arbeits- und Vermögenseinkünften aus dem Ausland und den unentgeltlichen Übertragungen verstanden werden, und Kapitalkonvertibilität, die den freien Kapitalverkehr und damit auch eine ungehinderte Spekulation ermöglicht. Deshalb ist volle Kapitalkonvertibilität eher umstritten im Gegensatz zur vollen Konvertibilität der laufenden Posten.

Ein System fester Wechselkurse geht so lange gut, wie es keine systematischen Ungleichgewichte zwischen den beteiligten Ländern gibt. Solche Ungleichgewichte tauchten in der Periode von 1946 bis 1973, den sogenannten goldenen 30 Nachkriegsjahren, wiederholt auf. Das äußerte sich zu Beginn der Periode in der erwähnten Inkonvertibilität und einer Dollarknappheit und an ihrem Ende in der umgekehrten Situation, einer Dollarschwemme auf Grund chronischer amerikanischer Zahlungsbilanzdefizite. In den knapp 2 Jahrzehnten zwischen Mitte der 1950er und Anfang der 1970er Jahre aber hatte das System von Bretton Woods Bestand und hat die stürmische Entwicklung der Weltwirtschaft gefördert. Es brach Anfang der 1970er Jahre zusammen. Als Datum werden der August 1971 genannt, als die amerikanische Regierung die Goldeintauschverpflichtung des Dollars aufhob, und der März 1973, als die meisten Länder flexible Wechselkurse einführten. Die zweite Säule von Bretton Woods, die Internationalen Finanzinstitute, sind allerdings aus dem internationalen Finanzmarkt trotz erheblicher Kritik, der sie zuweilen ausgesetzt sind, kaum wegzudenken.

Neben der Weltwährungsordnung hatte man unmittelbar nach dem Krieg auch versucht, den Güterverkehr zu liberalisieren. Zu diesem Zweck wurde 1947 in Genf das Allgemeine Zoll- und Handelsabkommen (*General Agreement on Tariffs and Trade* – GATT) geschlossen, das eine vorläufige Regelung zur Senkung der Zölle zum Inhalt hat. Wesentliche Elemente sind:

- Meistbegünstigung, d.h. jedem GATT Mitglied ist der Zoll zu gewähren, der gegenüber dem am günstigsten gestellten Land erhoben wird. Davon ausgenommen sind Freihandelszonen und Zollunionen, wie z.B. die EU, – natürlich, denn sie haben intern definitionsgemäß einen Zollsatz von Null, den sie nicht auf den Rest der Welt ausdehnen wollen.
- Ein Verbot, bestehende Handelsbeschränkungen zu verschärfen oder neue einzuführen.
- Ein grundsätzliches Verbot mengenmäßiger Beschränkungen, von Einfuhrquoten also.

Diese Regelung war „vorläufig", weil gleichzeitig eine Welthandels-Charta ausgehandelt wurde, die zur Internationalen Handelsorganisation (*International Trade Organisation* – ITO) führen sollte. Nach dem Ort der Unterzeichnung heißt die Charta auch Havanna-Charta. Sie erlitt jedoch das Schicksal so mancher internationalen Vereinbarung – sie wurde (in diesem Falle von den USA) nicht ratifiziert und konnte damit nicht in Kraft treten. So blieb die „vorläufige" Vereinbarung des GATT, die nur ein Verhandlungsforum ohne Rechtspersönlichkeit darstellte, bis zum Jahr 1994 die Grundlage der Welthandelsordnung. 1994, mit dem Abschluss der sogenannten Uruguay-Runde der GATT-Verhandlungen, wurde die Welthandelsorganisation (*World Trade Organisation* – WTO) gegründet. Sie führt die Aufgaben des GATT fort. Als weltumspannende Handelsordnung haben GATT und WTO nur ein Ziel: Liberalisierung des internationalen Handels. Dies wird Schritt für Schritt in Verhandlungsrunden (Dillon-Runde, Kennedy-Runde, Tokio-Runde, Uruguay-Runde, Doha-Runde) konkretisiert, die sich häufig über viele Jahre hinweg ziehen.

Während die Bretton Woods und GATT-WTO Vereinbarungen sich auf Marktwirtschaften beschränkten (und Russland ist im Gegensatz zu China heute noch nicht Mitglied der WTO), schufen die Vereinten Nationen (VN) eine Reihe von rechtlich selbständigen Organisationen und Gremien, die grundsätzlich globaler Natur waren und insbesondere auch die planwirtschaftlich organisierten Länder der zweiten, der kommunistischen Welt umfassten. Sie brauchen hier nicht im einzelnen vorgestellt zu werden. Wichtige Beispiele sind:

- Ernährungs- und Landwirtschaftsorganisation (*Food and Agriculture Organization* – FAO; 1945)
- Organisation der VN für Erziehung, Wissenschaft und Kultur (*UN Education, Science and Cultural Organization* – UNESCO; 1945)
- Welthandelskonferenz (*UN Conference on Trade and Development* – UNCTAD; 1964)
- Organisation der VN für industrielle Entwicklung (*UN Industrial Development Organization* – UNIDO; 1966).

In unserem Zusammenhang ist vor allem die Wirtschaftskommission für Europa (*Economic Commission for Europe* – ECE) zu erwähnen, eine der fünf Regionalkommissionen der Vereinten Nationen, die 1947 ins Leben gerufen wurde. Ihre ursprüngliche Aufgabe war es ebenfalls, den Wiederaufbau des kriegszerstörten Europa zu fördern, und darüber hinaus, zur Lösung von grenzüberschreitenden Problemen beizutragen, z.B. im Umwelt-, Energie- und Transportbereich. Die Tatsache, dass hier grundsätzlich Ost- und Westeuropäer zusammenarbeiteten, hatte in der Zeit des kalten Krieges zweierlei zur Folge: Die ECE war handlungsunfähig und trug im besten Fall zum Informationsaustausch zwischen Ost und West bei. Sie war aber auch eines der wenigen Gremien, wo Ost und West über die gesamte Periode hinweg (nicht immer unverfälschte) Informationen austauschten. Wenn es eines Beweises dafür bedurft hätte, dass europäische Integration in der Zeit des kalten Krieges nur im regionalen Kontext von Ost und West möglich war, so lieferte die ECE ihn.

Auch wenn die Hilfe des Marshall-Plans ursprünglich den Ländern Ostmitteleuropas ebenso angeboten wurde wie Westeuropa, beginnt mit diesem Programm praktisch die regionale Integration Westeuropas. Das war durchaus das Ziel der amerikanischen Politik. Denn 1947 hielt nicht nur George Marshall (1880–1959) seine berühmte Rede vor der Harvard Universität, sondern es wurde auch die bereits erwähnte Politik der Eindämmung (*containment*) mit der Truman-Doktrin formuliert. Unmittelbarer Anlass war eine Hilfe für Griechenland und die Türkei, um die dort drohende Ausbreitung des Kommunismus zu verhindern.

Der Marshall-Plan, bzw. das Auslandshilfegesetz (*Foreign Assistance Act*, 1948) stellte in der Zeit von 1948–1952 im Rahmen des Europäischen Wiederaufbauprogramms (*European Recovery Program* – ERP) den Ländern Westeuropas insgesamt rund 13 Mrd. US $ zur Verfügung. Die Mittel hatten einen doppelten Zweck: Sie sollten intern ein Kreditvolumen für den Wiederaufbau schaffen und sie sollten extern internationale Liquidität bereitstellen, d.h. konvertible Dollar, um generell den internationalen Handel wieder zu beleben und speziell die für den Wiederaufbau benötigten Importe zu ermöglichen. An diese Hilfe knüpften die USA Bedingungen: Der Protektionismus der 1930er Jahre war abzubauen, der Handel zu liberalisieren, und die europäischen Länder verpflichteten sich zur Zusammenarbeit. „To guide Europe on the road to recovery" wurde 1948 eine internationale Organisation gegründet, die *Organization for European Economic Cooperation* (OEEC), die für die Verteilung der Mittel und die Einhaltung der Bedingungen verantwortlich war. Wie schon der Name sagt, war das Ziel der OEEC Kooperation, nicht Integration.

Box 3.2: European Recovery Program (ERP)

Der doppelte Zweck des ERP wurde dadurch erfüllt, dass europäische Importeure von amerikanischen Waren diese in nationaler Währung bezahlten, und zwar an einen nationalen Fonds, während die amerikanischen Exporteure Dollar aus dem ERP-Fonds erhielten. Zwischen den beiden Fonds fand kein Ausgleich statt, so dass der nationale Fonds Kapital akkumulierte, das revolvierend und über die Zinszahlungen wachsend in der Form von Aufbaukrediten ausgeliehen werden konnte. In Deutschland z.B. entstand dadurch das so genannte ERP-Sondervermögen des Bundes, das über die Kreditanstalt für Wiederaufbau (KfW) für Aufbaukredite, nach der Wiedervereinigung vor allem auch in Ostdeutschland, eingesetzt wurde und wird.

Die OEEC war eine internationale Organisation auf Regierungsebene. Und schon 1948 scheint der Gegensatz zwischen Großbritannien und dem Kontinent auf, der uns im Weiteren noch häufiger beschäftigen wird. Es geht um die Frage von Zwischenstaatlichkeit oder Überstaatlichkeit. Großbritannien wünschte keine starke Organisation, einen Generalsekretär ohne wesentliche Entscheidungsbefugnisse und eine strikte Einstimmigkeitsregel. Frankreich wollte gerne gewisse Elemente der Überstaatlichkeit, d.h. eigene Entscheidungsbefugnisse einführen. Die USA als Geldgeber befürworteten eigentlich noch mehr Supranationalität (die Idee der Vereinigten Staaten von Europa war 1948 hoch aktuell, siehe weiter unten), hielten sich aber als Nicht-Mitglied der OEEC zurück. (Deutschland profitierte zwar vom Marshall-Plan, wurde aber erst 1955 Mitglied der OEEC). In der OEEC setzten sich die englischen Vorstellungen weitgehend durch. Die Ziele Wiederaufbau, Handelsliberalisierung, europäische Kooperation sind im folgenden Jahrzehnt weitgehend realisiert worden. Es fragt sich allerdings, was, abgesehen von den ERP-Mitteln, die Rolle der OEEC dabei gewesen ist. Sie hat in dieser Periode z.B. kaum Anstrengungen gemacht, eine europäische Freihandelszone auf den Weg zu bringen. Erst als sich die EWG am Horizont abzeichnete, unternahm Großbritannien den am Ende erfolglosen Versuch, über die OEEC eine europaweite Freihandelszone zu schaffen.

Dieser eher kritischen Einschätzung der OEEC ist eine wichtige Ausnahme entgegenzustellen: die Europäische Zahlungsunion (EZU) von 1950–1958. Wir sahen bereits, dass der internationale Wirtschaftsverkehr in Europa wegen der Inkonvertibilität der Währungen erheblich behindert war. Unter solchen Bedingungen können Länder eigentlich nur bilateralen Handel treiben, der auch bilateral auszugleichen ist. Denn ein Bilanzüberschuss mit einem Partnerland (also ein Guthaben in der Währung dieses Partnerlandes) lässt sich auf Grund der Inkonvertibilität nicht ohne weiteres auf ein anderes Land übertragen, dem gegenüber man ein Handelsdefizit aufweist. Genau dieses Problems nimmt sich eine Zahlungsunion an, die für den Kreis ihrer Mitgliedländer den Transfer von Bilanzsalden (*clearing*) organisiert. Zusätzlich kann eine Zahlungsunion auch gewisse Kreditfazilitäten zum kurzfristigen Ausgleich eines kumulativen Defizits zur Verfügung stellen. Die Basis hierfür schuf eine Grundausstattung der EZU mit Dollar aus dem ERP.

Box 3.3: Die Wirkung einer Zahlungsunion

Nehmen wir drei Länder A, B und C an. Die Angebots- und Nachfragebedingungen in diesen drei Ländern machen Handelströme möglich, die in Abb. 3.1 durch die Pfeile und die ihnen zugeordneten potentiellen Lieferungen wiedergegeben sind. Sind die Währungen weder zwischen den Ländern noch intertemporal konvertibel, dann müssen die Handelsströme zwischen jeweils zwei Ländern immer ausgeglichen sein. Das nennen wir bilateralen Handel, bei dem die niedrigste potentielle Lieferung den Umsatz bestimmt. Die Spalte „Bilateralismus" gibt das wieder. Nur zwei Drittel des potentiellen Handels werden realisiert.

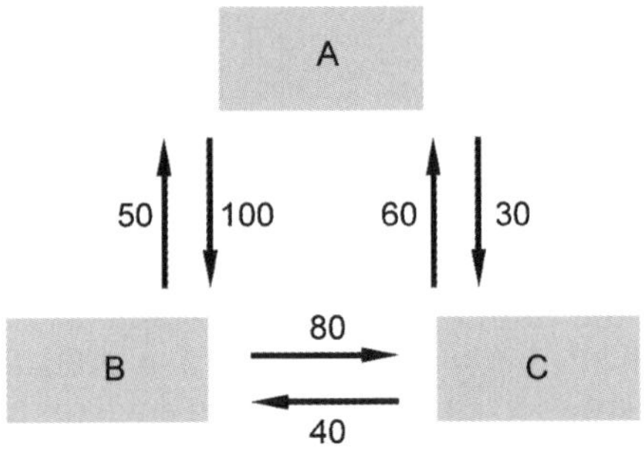

Bilateralismus

AB:	50
BA:	50
AC:	30
CA:	30
BC:	40
CB:	40
Total	240

Zahlungsunion

AB:	80
AC:	30
BA:	50
BC:	70
CA:	60
CB:	40
Total	330

noch nicht realisiert
(Zahlungsunion Kredit)

AB:	20
BC:	10
Gesamt	360

Abbildung 3.1: Eine Zahlungsunion

Durch die Einrichtung einer Zahlungsunion, innerhalb derer man bilaterale Handelssalden übertragbar macht, werden zusätzliche potentielle Handelsströme realisiert. Jetzt gilt nur noch die Regel, dass der Gesamthandel eines Landes ausgeglichen sein muss (z.B. AB + AC = BA + CA). So ist der Handel in der Spalte

„Zahlungsunion" umfangreicher als im Bilateralismus, und es werden immerhin über 90% des potentiellen Handels realisiert.

Doch noch immer bleiben potentielle Handelströme im Umfang von 30 nicht realisiert. Sie würden eine intertemporale Verrechnung erfordern, einen Kredit. Erst wenn C einen Kredit von 10 (für Importe aus B) und B einen Kredit von 10 (für Importe aus A) erhalten, kann das Volumen um weitere 30 Einheiten gesteigert und damit das ganze Potential ausgeschöpft werden. Eine Zahlungsunion simuliert konvertible Währungen, was realistische Wechselkurse auf der Basis von marktwirtschaftlichen Preissystemen voraussetzt. In einem System von Planwirtschaften, wie dem Rat für gegenseitige Wirtschaftshilfe (RgW), war diese Bedingung nicht erfüllt. Deshalb blieb er weitgehend im Bilateralismus stecken.

Organisatorisch wurde die Europäische Zahlungsunion über die Bank für Internationalen Zahlungsausgleich (BIZ) abgewickelt. Dieses internationale, in Basel ansässige Bankinstitut hatten eine Reihe von Zentralbanken 1930 zur Lösung des Transferproblems im Zusammenhang mit den deutschen Reparationszahlungen nach dem Versailler Vertrag gegründet. Im Laufe der Zeit übernahm das Institut, das nicht nur auf europäische Mitgliedländer beschränkt ist, immer wieder neue Funktionen, unter denen seit 1975 vor allem ordnungspolitische Vereinbarungen über die Bankenaufsicht (Basel I und Basel II) und über die Zahlungsverkehrssysteme hervortreten. Das ist für das Thema „Europäische Integration" insofern wichtig, als wir es hier mit einer internationalen Institution zu tun haben, die auch für die Mitglieder der Europäischen Union verbindliche Regulierungsübereinkünfte trifft, die aber nicht von Brüssel ausgehen.

Die EZU, um darauf zurückzukommen, war erfolgreich: In der zweiten Hälfte der 1950er Jahre wurden die europäischen Währungen mehr und mehr konvertibel (volle Kapitalkonvertibilität blieb bis zur Vollendung des gemeinsamen Marktes 1992 ein Desiderat und wird von manchen Ökonomen wegen der hohen Spekulationsanfälligkeit des internationalen Währungssystems gar nicht als wünschenswert angesehen), so dass die EZU 1958 ihre Tätigkeit einstellen konnte.

Auch die OEEC wandelte sich mit der Lösung ihrer ursprünglichen Aufgabe. 1961 ging sie in der Organisation für wirtschaftliche Zusammenarbeit und Entwicklung (*Organization for Economic Cooperation and Development* – OECD) auf. Durch Zutritt der USA und Kanadas wurde aus dem europäischen Klub ein atlantischer Klub. Später kamen mit Japan, Australien, Neuseeland Länder aus anderen Erdteilen hinzu, und es wurde ein Klub der Industrieländer. Ziele dieses Klubs sind:

1. Sicherung von Wachstum und Beschäftigung bei finanzieller Stabilität,
2. Unterstützung der Entwicklungsländer,
3. Förderung des Welthandels auf multilateraler und nicht diskriminierender Grundlage.

Ein eigenes wirtschaftspolitisches Instrumentarium steht der OECD hierfür nicht zur Verfügung. Das bedeutet, der Beitrag einer derartigen Organisation zur Integration kann nur im Bereich der negativen Integration liegen. Hier hat die OEEC in den ersten Jahren mit dem Abbau der mengenmäßigen Importbeschränkungen (Quoten) durchaus einiges erreicht. Für die Schaffung eines gemeinsamen Marktes ist aber mehr, eben auch positive Integration erforderlich.

Der Osten Europas war von dieser Entwicklung abgekoppelt. Natürlich hätten Polen oder die Tschechoslowakei gerne die angebotene Marshall-Plan Hilfe angenommen. Aber dem setzte Stalin ein eindeutiges *njet* entgegen: Die mit dem ERP verbundenen Bedingungen implizierten eine Integration in den westlichen Wirtschaftsraum und würden die sowjetischen Hegemonialansprüche unterminieren. Wenn Amerika seinen Verbündeten Wirtschaftshilfe leistete, dann konnte die zweite Weltmacht das auch. 1949 rief sie deshalb den Rat für gegenseitige Wirtschaftshilfe (RgW) ins Leben als Gegenveranstaltung zur OEEC. (Ähnlich wie die Bundesrepublik in der OEEC war auch die DDR nicht von Anfang an Mitglied des RgW.) Nur fehlten der Sowjetunion die Mittel, ein dem ERP vergleichbares Programm aufzulegen. Ganz im Gegenteil fand anfänglich ein Transfer von Ressourcen aus den Satellitenstaaten in die UdSSR statt. Und so blieb diese Veranstaltung erst einmal auf dem Papier.

In späteren Jahren versuchte der RgW nach dem Vorbild der EZU die Multilateralisierung des Handels der sozialistischen Planwirtschaften untereinander zu fördern. Doch auch diesem Bemühen blieb wegen der Systemeigenschaften der Wirtschaften der Erfolg versagt. Die Integration von Zentralplanwirtschaften setzt einen übernationalen Zentralplaner voraus. Genau diese Rolle hatte Chruschtschow Anfang der 1960er Jahre dem RgW zugedacht. Doch so etwas war selbst im Sowjetimperium nicht durchsetzbar. Halten wir fest: Der RgW war keine rein europäische Organisation, denn z.B. auch die Mongolei, Vietnam und Kuba gehörten ihm an. Der RgW war auch nicht das sozialistische Gegenstück zur EWG, selbst wenn die sowjetische Politik das gerne so gesehen hätte, nachdem sie die Existenz der EWG einmal anerkannte. Die EWG, die über handelspolitische Autorität verfügte, verhandelte grundsätzlich nicht mit dem RgW über Handelspolitik, sondern nur mit den einzelnen sozialistischen Ländern. Der RgW war das Maximum an zwischenstaatlicher Organisation unter Planwirtschaften, das bei gleichzeitiger Existenz einer politischen und wirtschaftlichen Führungsmacht (UdSSR) möglich war.

3.3 Sicherheitspolitische Integration

Politische Integration enthält in der Regel sicherheitspolitische Aspekte. In einer Welt, die in zwei Blöcke geteilt ist, welche auch noch in einem kalten Krieg miteinander liegen, häufig am Rande eines heißen Atomkrieges, ist Sicherheit ein Hauptmotiv für den Zusammenschluss. Die Länder z.B., die nach 1990 in die EU strebten, strebten mit mindestens ebenso großem Nachdruck unter den Schutzschild der NATO, wo sie auch sehr rasch Aufnahme fanden. Die Interdependenz von militärischer und wirtschaftlicher Stärke ist bereits angesprochen worden. Sie hat letztlich das Sowjetimperium zu Fall gebracht.

Trotzdem soll dieser Integrationsaspekt in unserem Buch nicht näher behandelt werden. Es sind nur kurz einige Hauptzüge zu skizzieren, an denen uns vor allem eines interessiert: In der Gründungsphase der Europäischen Union spielte die sicherheitspolitische Integration eine wichtige Rolle. Und es gab wiederholte Versuche, hierfür eine europäische Lösung zu finden, Versuche, die vor allem auch von den USA unterstützt wurden. Sie schlugen aber alle fehl. So kam die atlantische Lösung der NATO zustande. Das bedeutet, Europa, das sich in den 50 Nachkriegsjahren zu einer ökonomischen Weltmacht zusammenschloss, überließ die Führungsrolle in der Sicherheitspolitik den USA und macht auch heute noch wenig Anstalten, auf diesem Gebiet selbständig zu werden.

Unmittelbar nach dem 2. Weltkrieg war der Gegner, gegen den man sich schützen musste, noch Deutschland. 1947 schlossen Frankreich und Großbritannien deshalb mit dem Vertrag von Dünkirchen ein Verteidigungsbündnis, das eine neuerliche deutsche Bedrohung ausschließen sollte. Der Vertrag wurde 1948 mit dem Brüsseler Pakt (*Union occidentale*) um die Benelux-Länder erweitert und richtete sich nun gegen jede Aggression, womit man bereits auf die Sowjetunion schielte. Die *Union occidentale* sah interessanterweise auch eine Zoll- und Wirtschaftsunion vor, was aus den im nächsten Abschnitt aufgeführten Gründen am britischen Widerstand scheitern musste. Doch auch militärisch war die Union zu schwach, weil sie nur die in Deutschland stationierten Truppen betraf.

1955 wurde die Union unter Hinzuziehung von Italien und Deutschland zur Westeuropäischen Union (WEU) erweitert. Hier spielte der Konflikt zwischen Frankreich und Großbritannien (mit den USA im Hintergrund) um die deutsche Wiederbewaffnung eine Rolle. Es ging dabei aber vor allem darum, Deutschland in das atlantische Bündnis aufzunehmen. Das war nämlich das eigentliche sicherheitspolitische Integrationsprojekt. Der WEU kam im Weiteren keine größere Bedeutung zu. Sie lebte allerdings mit dem Vertrag von Maastricht (1992) wieder auf als potentieller militärischer Teil einer politischen Union Europas. Beides, eine politische Union und eine europäische Verteidigungsgemeinschaft (EVG), die eben nicht die nationale Wiederbewaffnung Deutschlands bedeutet hätte, wurde bereits zu Beginn der 1950er Jahre vor allem von Frankreich auf den Weg gebracht. Der Versuch scheiterte aber 1954 an der Weigerung des französischen Parlaments, den EVG-Vertrag zu ratifizieren.

Bevor die USA die Gründung der NATO in Angriff nehmen konnten, mussten sie ihre traditionell isolationistische Position aufgeben (Vandenberg Resolution 1948), womit der Abschluss von militärischen Bündnissen zu Friedenszeiten möglich wurde. Die Berlinblockade (1948–49) durch die Sowjetunion führte dem US Kongress die Notwendigkeit dieses Schrittes deutlich vor Augen. Und so konnte der Nordatlantikpakt (*North Atlantic Treaty Organization* – NATO) 1949 in Washington gegründet werden. Gründungsmitglieder waren die 5 Länder der *Union occidentale*, Italien, Portugal, Island, Norwegen Dänemark und die USA und Kanada. 1952 kamen Griechenland und die Türkei hinzu, 1955, wie erwähnt, Deutschland, nachdem die EVG gescheitert war. Anzumerken ist, dass die NATO nicht das sicherheitspolitische Instrument der Europäischen Union ist. Denn noch immer gehören ihr Schweden, Finnland, Irland, Österreich, Cypern und Malta nicht an.

Auf der östlichen Seite des Eisernen Vorhangs entstand mit dem Warschauer Pakt ein Gegenstück zur NATO. Der Warschauer Pakt wurde allerdings erst im Jahre 1955 gegründet. Die Notwendigkeit, die Selbständigkeit der Länder des Ostblocks durch ein solches Bündnis zu demonstrieren, sah die sowjetische Politik erst nach Stalins Tod (1953) ein. Bis dahin war es klar, dass für die Verteidigung der Errungenschaften der Revolution der proletarische Internationalismus ausreiche, was sich exemplarisch darin äußerte, dass der polnische Verteidigungsminister und Armeeoberbefehlshaber von 1949 bis 1956 mit Konstantin Rokossowski (1896–1968) ein Sowjetmarschall war, der danach wieder stellvertretender sowjetischer Verteidigungsminister wurde.

3.4 Erste Schritte zur regionalen europäischen Integration

Winston Churchill (1874–1965), der große alte Mann der englischen Politik, hat das Ziel in einer berühmten Rede in Zürich am 19. September 1946 vorgegeben, nachdem er zuvor schon in einer anderen Rede den Begriff des „Eisernen Vorhangs" geprägt hatte: „We must set up a sort of United States of Europe … There can be no revival of Europe without a spiritually great France and a spiritually great Germany … In this undertaking which is so urgently necessary, France and Germany together must take the lead" (Vanthoor 2002: 2). Was am Ende des ersten Weltkriegs von Keynes bereits gefordert worden, aber zu jener Zeit noch völlig utopisch war, die deutsch-französische Verständigung und Führungsrolle bei einer europäischen Integration, das stand jetzt auf der Tagesordnung. Genauso wie für Keynes war es auch für Churchill selbstverständlich, dass Großbritannien einen solchen Prozess fördert, dass es aber nicht Mitglied der Vereinigten Staaten von Europa werden könne. Die Logik dahinter ist die der alten Staatenordnung, die Europa vom Westfälischen Frieden bis zum ersten Weltkrieg regierte: Da auf dem Kontinent mit dem Sowjetimperium eine Großmacht entstanden war, verlangte die *balance of power* eine Gegenmacht, die die kontinentalen Staaten nur gemeinsam aufbringen konnten. Diese ausgesprochen konservative Grundüberlegung stand am Beginn eines Prozesses, der die westfälische Ordnung Europas ablösen und mit der Europäischen Union etwas völlig Neues schaffen sollte und dem am Ende auch Großbritannien nicht fernbleiben konnte.

Widerspricht dem nicht die Gründung des Europarats im Jahre 1949, wobei Großbritannien immerhin als Gründungsmitglied zusammen mit den vier übrigen Ländern der *Union occidentale*, Italien, Irland und den drei skandinavischen Ländern bestimmenden Einfluss nahm? Nein: Ähnlich wie die OEEC auf wirtschaftlichem Terrain ist der Europarat auf politischem Gebiet ein reines Diskussionsforum, dessen Einfluss vor allem in seinem moralischen Gewicht liegt. Der Europarat hat drei europäische Werte definiert:

- Gemeinschaft (*union dans la diversité*)

- Achtung der Person
- Freiheit.

Die ursprünglichen Ziele gingen weiter: Von einem gemeinsamen Markt war die Rede, auch eine Militärallianz wurde (z.B. von Churchill) angesprochen. Aber das ließ sich nicht in die Tat umsetzen, weil man sich nicht auf eine dafür notwendige institutionelle Organisation einigen konnte. Der Konflikt zwischen Föderalisten (z.B. Belgien und Frankreich), die als Endziel die Vereinigte Staaten von Europa vor Augen hatten, und Unionisten (eben Großbritannien), die nicht weiter gehen wollten als eine Vereinbarung auf rein zwischenstaatlicher Ebene, kam hier zum ersten Mal voll zum Ausbruch. So wurde es ein Europarat und keine Europaunion, wogegen sich die Briten strikt verwahrt hatten – ein Forum, dem heute alle europäischen Staaten und auch einige Länder jenseits der kontinentalen Grenzen (Armenien, Georgien, Aserbaidschan) angehören.

Eine erste Episode des erfolgreichen Integrationsprozesses ist in der Benelux-Zollunion zu sehen, über die man sich schon 1944 (im Exil also) verständigt hatte und die 1948 in die Realität umgesetzt wurde. Die Wirtschafts- und Währungsunion zwischen Belgien und Luxemburg von 1921 fand Aufnahme in die Benelux-Zollunion, die sich als Fernziel ebenfalls eine Wirtschaftsunion setzte, welche dann 1958 geschlossen wurde. Frankreich reagierte auf diesen ersten Integrationsschritt mit dem Wunsch, daran teilzunehmen. Das hätte vor allem einen Ausschluss Deutschlands von dem so entstehenden Markt impliziert und das war von Frankreich durchaus beabsichtigt. Benelux, vor allem die Niederlande, widersetzten sich dem, und so wurde nichts daraus. Frankreich machte noch einen weiteren, ebenfalls gescheiterten Versuch, eine Integration unter Ausschluss von Deutschland auf den Weg zu bringen, nämlich eine bilaterale Zollunion mit Italien.

Während der Benelux-Weg zur Integration eindeutig über die Wirtschaft führte, sparte der Nordische Rat diesen Bereich in seinen Kooperationsbemühungen gerade aus. 1952 schlossen sich Dänemark, Island, Schweden und Norwegen (Finnland stieß 1955 hinzu) zum Nordischen Rat zusammen und vereinbarten eine Zusammenarbeit im rechtlichen, kulturellen und sozialen Bereich. Vor allem wurde Freizügigkeit im Personenverkehr beschlossen. Die Vereinbarungen fanden eine Formalisierung im Vertrag von Helsinki (1962), und 1971 institutionalisierte man sogar einen Nordischen Ministerrat in Kopenhagen. Aber all das führte nicht zu einer nordischen Wirtschaftsunion. Vielmehr gingen die einzelnen Länder hier eigene Wege über die EWG und die EFTA, oder man ging allein wie Norwegen und Island, die dann erst über den Europäischen Wirtschaftsraum (EWR) Anschluss an die europäische wirtschaftliche Integration gefunden haben.

Drei Dinge sind an diesen Episoden wichtig:

- Es führten viele Wege nach Rom – und vielleicht auch anderswohin: Es hätte genauso gut auch anders kommen und woanders hinführen können.
- Die Aufnahme Deutschlands in die Integrationsbemühungen hat seine westlichen Nachbarn einige Überwindung gekostet, war aber Voraussetzung für ein Gelingen.

– Benelux, Frankreich, Italien und Deutschland stellte so etwas wie eine Mindestgröße für den Beginn einer wirtschaftlichen europäischen Integration dar.

3.5 Schuman-Plan und EGKS

Der Durchbruch erfolgte mit dem Schuman-Plan. Robert Schuman verkündete am 9. Mai 1950 einen Plan zur europäischen Einigung, den Gründungstext der Europäischen Union (und der 9. Mai wurde deshalb später zum Europa-Tag erklärt). Der Plan war in wesentlichen Zügen von Jean Monnet entwickelt worden. Während Schuman zur damaligen Zeit französischer Außenminister war, hatte Monnet die Funktion des Leiters der staatlichen Planungskommission (*Commissaire général au Plan*) inne. Und so trug die Grundidee auch deutlich planerische Züge. Sie lautete: „Die französische Regierung schlägt vor, die gesamte französisch-deutsche Kohle- und Stahlproduktion einer gemeinsamen Hohen Behörde zu unterstellen in einer Organisation, die anderen europäischen Ländern offen steht". Ziel war eine sektorale Integration, „um Krieg nicht nur undenkbar, sondern materiell unmöglich zu machen".

Box 3.4: Jean Monnet oder die europäische Einigung aus dem Geiste der Planifikation?

Jean Monnet (1888–1979) wird häufig Vater der europäischen Einigung genannt. Ein so komplexes Gebilde, das erst im Laufe vieler Jahre Gestalt gewann, hat viele Väter. Für die 1950er Jahre wären hier neben Monnet sicher auch Konrad Adenauer (1876–1967), Alcide De Gasperi (1881–1954) und Robert Schuman (1886–1963) zu nennen. Aber es ist richtig, dass von Monnet nicht nur wesentliche Anstöße, sondern die konstruktiven institutionellen Ideen ausgegangen sind. 1976 wurde er vom Europäischen Rat zum ersten Ehrenbürger Europas ernannt.

Die erste Grundidee des Schuman-Plans ist planerischer Natur. Krieg materiell unmöglich zu machen, heißt den Nationalstaaten die Verfügung über die Ressourcen zu entziehen, die man damals für kriegswichtig hielt – Kohle und Stahl. Deswegen geht es in dem Plan nicht nur um freien Handel mit Kohle und Stahl und um einen gemeinsamen Markt für diesen Sektor, sondern auch darum, die Kohle- und Stahlproduktion einer gemeinsamen Hohen Behörde zu „unterstellen", d.h. den Markt zentral zu lenken.

Diese Grundidee ist in mehrfacher Hinsicht eine Sackgasse. Das Vertrauen in den freien Markt war in der Weltwirtschaftskrise auf ein Minimum gesunken. Nach dem Krieg herrschte im Westen in weiten Kreisen die Überzeugung, Planung sei auch im Kapitalismus unerlässlich (wenn man nicht gleich wie Schumpeter (1950) den „Marsch in den Sozialismus" an die Wand malte). So richteten die Niederlande ein Zentralplanbüro ein unter der Leitung von Jan Tinbergen, dem späteren ersten Nobelpreisträger in der Ökonomie. Frankreich besaß, wie schon erwähnt, ein Generalkommissariat für Planung, und Großbritannien hatte unmittelbar nach dem Krieg wichtige Sektoren der Schwerindustrie verstaatlicht. Doch nicht diese Tendenz setzte sich durch, sondern der Markt. Für die europäische Integration bedeutete das, nicht gemeinsame Planung musste das Ziel sein, sondern ein gemeinsamer Markt – die zweite Grundidee des Schuman-Plans.

Auch eine einseitige sektorale Integration, ein gemeinsamer Markt für Kohle und Stahl, ist als Sackgasse anzusehen, da im Austausch mit den nicht integrierten übrigen Sektoren der Wirtschaft Reibungsverluste drohen. Die Tatsache, dass die EGKS mehr oder minder reibungslos funktionierte und der Pariser Vertrag seine Laufzeit von 50 Jahren im Jahre 2002 still und ohne größere Leiden beendete, ist besonderen Umständen zuzuschreiben. Es stellte sich nämlich bald heraus, dass Kohle und Stahl nicht mehr die wachstumsrelevanten strategischen Ressourcen, sondern Industrien waren, die im europäischen Strukturwandel abgebaut werden mussten. Dieser Prozess erforderte staatliche Unterstützung und internationale Kooperation, sollte er sozial verträglich sein und am Ende eine international wettbewerbsfähige Industrie zum Ergebnis haben. Hier fand die Kohle- und Stahl-Gemeinschaft eine adäquate Aufgabe.

Den planerischen Grundzug des Schuman-Plans muss man also aus der Zeit verstehen. Es ist aber keineswegs so, dass Jean Monnet Planungsbürokrat war und aus der Europäischen Gemeinschaft eine Planungsbürokratie machen wollte. Wie er in seinen Memoiren (Monnet 1988) verdeutlicht, folgte er zwei Prinzipien:

1. Europa soll nicht auf Visionen oder Gemeinplätze gegründet sein, sondern auf eine konkrete Ordnung (*réalisations concrètes*)
2. Gemeinschaftsinstitutionen, und nicht die inter-gouvernementale Kooperation, sind der Schlüssel für ein dauerhaftes Europa.

Damit ist klar, dass er für positive Integration und eine bestimmte Form von Staatlichkeit des geeinten Europa plädierte. Er strebte die Vereinigten Staaten von Europa an. Und damit ist ebenso klar, dass liberale Anhänger einer rein negativen Marktintegration in seiner Basisphilosophie, die die institutionelle Ausgestaltung der EWG und später der EU mitbestimmte, eine fundamentale Fehlleitung des europäischen Integrationsprojekts sehen und ihn als Etatisten und Planifikateur ausmachen.

Der Durchbruch bestand darin, das Unvermeidliche, den deutschen Wiederaufbau, die deutsche Re-Industrialisierung, die sich am Horizont abzeichnende deutsche Wiederbewaffnung, nicht durch Auflagen, Kontrollen, Besatzungsbehörden, Reparationszahlungen und ähnliches zu behindern, wie es nach dem ersten Weltkrieg versucht worden war und wie es auch nach dem zweiten durch eingeschränkte Souveränität, die Abtretung des Saargebietes, eine internationale Ruhrbehörde usw. wieder ansatzweise sich abzeichnete. Vielmehr sollte die Bedrohung, die Frankreich in einem Wiedererstarken Deutschlands sehen musste, dadurch verhindert werden, dass die relevanten Sektoren europäisiert, d.h. einer europäischen Autorität unterstellt wurden. Natürlich ist die Montanindustrie nicht der einzige kriegsrelevante Sektor, der zweite ist das Militär selbst. Und so war es nur logisch, dass neben der Montanunion eine Europäische Verteidigungsgemeinschaft (EVG) angestrebt wurde, die auch das Militär unter europäische Kontrolle stellen sollte. Schließlich hatte man die Schuld an der Katastrophe der beiden Kriege dem

„preußischen“ Militär und den deutschen Stahlbaronen zugeschrieben. Der dritte kritische Sektor kam dann mit der Atomindustrie auf, die in den Römischen Verträgen ebenfalls „europäisiert“ werden sollte.

Der Vertrag von Paris setzte 1951 den Schuman-Plan in die Realität um und trat 1952 in Kraft. Frankreich, Deutschland, Italien und die Benelux-Staaten gründeten die Europäische Gemeinschaft für Kohle und Stahl (EGKS), deren Bedeutung nicht so sehr in den konkreten Aufgaben lag, die sie erfüllen sollte, als vielmehr im Ansatz der europäischen Kooperation und im Ansatz ihrer institutionellen Organisation:

- Die französisch-deutsche Verständigung wurde nicht nur propagiert, sondern in einem konkreten Kooperationsprogramm in die Tat umgesetzt;
- mit der Hohen Behörde der EGKS wurde ein supranationales Exekutivorgan geschaffen und mit weitreichenden wirtschaftspolitischen Kompetenzen ausgestattet;
- eine demokratische parlamentarische Kontrolle dieser Hohen Behörde wurde in der Gemeinsamen Versammlung institutionalisiert, die von den nationalen Parlamenten ernannt wurde; doch sie war nur schwach ausgebildet, denn ihr kamen kein Legislativrecht und kein Budgetrecht zu;
- für Streitfälle setzte man ein Gericht mit sieben unabhängigen Richtern ein, die von den Regierungen ernannt wurden.

Damit waren die drei staatlichen Gewalten in Stellung gebracht: Legislative (zumindest ihre formelle Hülle in der parlamentarischen Versammlung), Exekutive und Judikative. Natürlich impliziert das nicht automatisch Staatlichkeit des neuen Gebildes, schließlich handelte es sich ja nur um eine auf einen Sektor beschränkte Institution. Die Konstruktion wurde aber später in die EWG übernommen und dann erweitert und vertieft. Der qualitative Sprung zu den Vereinigten Staaten von Europa, den Monnet gerne gesehen hätte, oder zu einer anderen Form echter Staatlichkeit, der wurde allerdings bis heute nicht vollzogen. Einen fast revolutionären ordnungspolitischen Eingriff stellte die Montan-Mitbestimmung dar, die in der Unternehmenskontrolle eine paritätische Mitbestimmung von Arbeit und Kapital durchsetzte. Ihr Ziel war es, die Macht der Stahlbarone zu brechen, und nicht, die industriellen Beziehungen des geeinten Europa modellhaft vorzugeben. Sie fand daher auch keine Entsprechung in der EWG.

Das Europa der Sechs, das sich hier zum ersten Mal zusammengefunden hatte, war eine klein-europäische Lösung. Großbritannien blieb mit seinem großen, inzwischen weitgehend verstaatlichten Montansektor außen vor. Das lag nicht nur an seiner Grundeinstellung zu Europa als einem kontinentalen Projekt, sondern vor allem auch an der supranationalen institutionellen Gestaltung der EGKS. Denn damit wurden wesentliche wirtschaftspolitische Entscheidungsbefugnisse an die Hohe Behörde abgegeben. Neben dem Mitbestimmungsmodell, das den englischen Traditionen der industriellen Beziehungen völlig fremd war, standen der Hohen Behörde Möglichkeiten der Produktionslenkung, der Preissetzung und der Investitionslenkung offen – Formen von Wirtschaftspolitik, die der damaligen Labour-Regierung nicht grundsätzlich gegen den Strich gingen, wohl aber dann, wenn sie von einer Hohen Behörde in Luxemburg verordnet wurden. Ein Dokument des Vorstands der Labour Partei vom 13. Juni 1950 macht die britische Haltung deutlich: „Wir sind durch Sprache, Herkunft, Sitten, Institutionen, politische und Interessenkonzeptionen Australien und Neuseeland näher als Europa." ... „Wir lehnen jede Form von supranationaler Behörde ab. Was wir brauchen, ist ein brauchbares internationales System, um frei ausgehandelte Abkommen zu fördern" (zitiert bei Monnet 1988: 399).

All das wurde nicht so heiß gegessen wie gekocht, in Luxemburg so wenig wie in London. Doch blieb die Montanindustrie ein hoch regulierter Sektor. Einer abgeschwächten Form der Kooperation wollte Großbritannien nicht völlig fernbleiben. Folglich schloss es 1954 einen Assoziationsvertrag mit der EGKS. Dieser Vorgang sollte sich noch oft im Prozess der europäischen Integration wiederholen und wurde von Tony Blair sarkastisch kommentiert:

> "First we said it wouldn't happen, then we said it wouldn't work, then we said we wouldn't need it. But it did happen and Britain was left behind at every step of the way" (*Financial Times,* 23.11.2001).

Die zumindest halbwegs erfolgreiche Etablierung der EGKS wurde, wie erwähnt, begleitet von weitergehenden Bemühungen um eine Verteidigungsgemeinschaft. Sie sollte das Problem der deutschen Wiederbewaffnung lösen, die von den Amerikanern gefordert und von den Europäern abgelehnt wurde. In Deutschland selbst sprachen sich weite, vor allem sozialdemokratische Kreise dagegen aus. Nun macht eine Verteidigungsunion ohne gemeinsame Außenpolitik und ohne politische Union wenig Sinn, wenn sie nicht, wie z.B. die NATO, eine Führungsmacht hat. Deshalb setzte sich eine vom belgischen Außenminister Paul Henri Spaak (1899–1972) geleitete Versammlung zusammen, um eine Verfassung für eine Europäische Politische Union (EPU) zu entwerfen. Es hat den Anschein, als setzten sich Jean Monnet und die Föderalisten durch, eine Entwicklung, die auch die Amerikaner unterstützten, vor allem ihr Außenminister John Foster Dulles (1888–1959), der schon als Delegierter bei den Pariser Friedensverhandlungen von 1919 das Elend der innereuropäischen Konflikte beklagt hatte. Erstrebenswert schien eine europäische Konvention von Philadelphia (1776). Doch für einen solchen Schritt war die Zeit 1954 noch nicht reif. Die EPU wurde auf Eis gelegt, und damit war auch eigentlich klar, dass für eine Verteidigungsunion die politische Basis fehlte. Trotzdem schloss man den EVG-Vertrag, der in den Benelux-Ländern und in Deutschland (gegen die Stimmen der SPD wegen der Wiederbewaffnungsfrage) ratifiziert wurde, aber dann in der französischen Nationalversammlung scheiterte. Diese Episode hatte zwei wichtige Konsequenzen:

- Zum einen waren damit die konstitutionellen Bemühungen und der föderalistische Weg zur politischen Integration Europas vorläufig gescheitert. Die Vereinigten Staaten von Europa hatten sich als Illusion erwiesen.
- Zum anderen hackte man den Knoten des deutschen Problems durch: Mit den Pariser Verträgen von 1954 erhält Deutschland die volle Souveränität zurück, tritt dem Brüsseler Pakt und dann der NATO bei, die alliierte Hohe

Behörde wird aufgelöst, das Saargebiet europäisiert (um dann 1957 nach einem Volksentscheid mit Deutschland wiedervereinigt zu werden).

Jetzt war guter Rat teuer. Denn die EGKS konnte ja wohl nicht die Endstation der Integrationsbemühungen sein. Nachdem der konstitutionelle Weg sich als nicht gangbar erwiesen hatte, stand nur noch der sehr viel längere, funktionalistische Weg offen, und zwar über die Wirtschaft. Hierfür gab es einige gute Gründe. Der internationale Rahmen für Handelsliberalisierung, GATT und OEEC, war nicht in der Lage, die unterschiedlichen Interessen zu einem Ausgleich zu bringen. Die Europäer hatten Zahlungsbilanzprobleme, deren sie durch Quotensysteme Herr zu werden versuchten. Die Amerikaner hatten – damals! – keine Zahlungsbilanzprobleme, wohl aber die Neigung, ihre Wirtschaft, wenn notwendig, durch hohe Zölle zu schützen, was ihnen 1955 z.B. für die Landwirtschaft vom GATT auch zugestanden wurde. In Europa gab es allerdings eine Ländergruppe mit traditionell niedrigen Zöllen, die bei reinen Zollsenkungsrunden sehr rasch ihre Verhandlungsmasse verloren hätten. Auf der anderen Seite zeigte der Erfolg der Benelux-Zollunion, dass eine regionale Lösung die Liberalisierung voranbringen und Wirtschaftswachstum stimulieren konnte.

3.6 Die Verträge von Rom

Relance européenne, Wiederbelebung des Europagedankens, hieß 1955 die Parole. Auf einer Konferenz der Sechs in Messina wurden die Weichen gestellt. Allerdings war man sich keineswegs einig, wohin der Zug fahren sollte. Die von Monnet beratene französische Regierung hing weiterhin einer planwirtschaftlich orientierten sektoralen Integration an. Als weitere Sektoren neben der Montanindustrie boten sich die Atomwirtschaft, der Transportsektor und die Landwirtschaft an, Sektoren mit hohen grenzüberschreitenden Effekten und hoher Regulierungsdichte. Die Benelux-Länder und vor allem der niederländische Außenminister J. W. Beyen (1897–1976) plädierten dagegen für eine allgemeine wirtschaftliche Integration in der Form einer Zollunion und später eines Gemeinsamen Marktes. Es versteht sich fast von selbst, dass Deutschland mit seinem liberalen Wirtschaftsminister Ludwig Erhard (1897–1977) die marktwirtschaftliche Lösung unterstützte. Man setzte eine Kommission ein, wieder geleitet von P. H. Spaak, die ein Konzept ausarbeiten sollte. Das Ergebnis, der Spaak-Bericht von 1956, der die Grundlage für die römischen Verträge bildete, konnte nur ein Kompromiss sein. Allerdings war es nicht möglich, den Kompromiss so weit auszudehnen, dass auch Großbritannien, das anfänglich an den Kommissionsberatungen teilnahm, darin eingeschlossen werden konnte. Weder die Idee einer Zollunion noch die Idee einer gemeinsamen Landwirtschaftspolitik, die mit dem Instrument der Preisplanung operiert, waren für die Briten akzeptabel.

Box 3.5: Hochzoll-Politik oder Niedrigzoll-Politik und das System der Agrarsubventionierung

Landwirtschafts- und Zollpolitik sind eng miteinander verbunden. Als erste Industriemacht brauchte Großbritannien keine Schutzzölle – im Gegenteil: Niedrige Zölle sind für den Marktführer die beste Protektion. Das gilt nicht ohne weiteres für die Landwirtschaft. Sollen die Bauern gestützt werden, hat man allerdings zwei Möglichkeiten: hohe Zölle und damit hohe interne Preise oder direkte Zahlungen an die Bauern (*deficiency payments*). Die zweite Lösung hält die Nahrungsmittelpreise niedrig (*cheap food policy*), womit auch die Reallöhne niedrig gehalten werden können und sich die industrielle Wettbewerbsfähigkeit auf dem Weltmarkt erhöht. In der Regel führt das zu umfangreichen Nahrungsmittelimporten, einem relativ kleinen Agrarsektor und damit zu einem geringen politischen Gewicht der Bauern. Diese Politik wurde im Fall Großbritanniens noch durch die Existenz des britischen *Commonwealth* unterstützt, das zollpolitisch einen großen Präferenzraum darstellte.

Auf dem Kontinent gibt es Länder, die traditionell zu einer ähnlichen Niedrigzoll-Politik neigten, Dänemark und die Niederlande z.B. mit entsprechend effizienten Landwirtschaften, während Frankreich und Deutschland auf den im 19. Jahrhundert wachsenden Wettbewerb im Agrarsektor eher mit hohen Zöllen reagiert hatten. In beiden Ländern waren die Agrarsektoren groß und politisch entsprechend einflussreich. Der für die EWG konstitutive Vorschlag der Spaak-Kommission sah nun eine Zollunion und eine gemeinsame Hochzoll-Politik in der Landwirtschaft vor. Beides war für Großbritannien nicht annehmbar. Eine Zollunion ist nicht mit der Präferenzbehandlung des *Commonwealth* vereinbar, denn die nicht britischen Mitglieder (Kanada, Neuseeland, Australien) sind für eine europäische Zollunion Drittländer und fallen unter den gemeinsamen Außenzoll. Und das geplante europäische System der Agrarsubventionierung über den Preis ist nicht mit dem britischen System der Subventionierung über direkte Zahlungen vereinbar. Im Kapitel über die gemeinsame Agrarpolitik (Kapitel 12) werden wir sehen, dass die EU ihre Subventionierungspolitik im Laufe der Zeit vom ersten auf das zweite Modell umgestellt hat – nicht zuletzt unter dem Einfluss Londons.

Am 25. März 1957 wurden die Verträge von Rom unterschrieben. Ihre Ratifizierung in den sechs Ländern stellte kein Problem dar. So konnten sie termingerecht zum 1.1.1958 in Kraft treten. Zwei Verträge waren es, der Vertrag zur Gründung der Europäischen Wirtschaftsgemeinschaft (EWG) und der Vertrag zur Gründung der Europäischen Atomgemeinschaft (EAG oder Euratom). Darin äußerte sich bereits der Kompromiss zwischen sektoraler und funktionaler Integration oder zwischen Plan und Markt. Während für die Benelux-Länder und Deutschland die EWG Priorität genoss, lag Frankreich Euratom besonders am Herzen. Monnet (1988: 531) machte den Gegensatz deutlich: „Für die Mehrzahl der Franzosen war eine Atomenergiegemeinschaft eine klare und deutliche Idee, eine Wirtschaftsgemeinschaft dagegen eine nebulöse. Für einen Teil der Deutschen dagegen war der Gemeinsame

Markt das einzige dynamische Konzept für den Aufschwung, für das der Preis von Euratom und seinen Dirigismus zu bezahlen war."

Und es war die EWG, die die weitere Entwicklung bestimmte. Das Hauptmotiv für die Bildung eines gemeinsamen Marktes war nun nicht mehr friedens- und sicherheitspolitischer, sondern rein ökonomischer Natur – die internationale Wettbewerbsfähigkeit vor allem gegenüber den USA. Drei Faktoren spielen hier eine wichtige Rolle (siehe auch Kapitel 2):

- Wenn die Produkte der sich mehr und mehr verflechtenden europäischen Industrie künstlich durch inner-europäische Zölle verteuert werden, mindert das ihre internationale Wettbewerbsfähigkeit.
- In der modernen forschungsintensiven Industrie bestimmt auf Grund von Skalenerträgen (*economies of scale*) die Marktgröße das Kostenniveau.
- Ein Abbau der Grenzen stimuliert den Wettbewerb, Intra-Industrie-Handel, Produktdiversifizierung, Innovation und Wachstum.

„Wettbewerb" ist der Schlachtruf der EWG, und sie hat der Marktwirtschaft zum Durchbruch verholfen, vor allem in Frankreich und Italien, wo der Staatseinfluss auf die Wirtschaft besonders hoch war. Das leitende Ordnungsmodell der EWG ist allerdings trotzdem das einer koordinierten Marktwirtschaft. Das äußert sich in ihren Grundelementen:

- Eine Zollunion mit einer gemeinsamen Handelspolitik. Schon hierfür bedarf es einer längeren Übergangsperiode, um die nationalen Zölle abzubauen und den gemeinsamen Außenzoll einzuführen.
- Ein gemeinsamer Markt mit freiem Güter-, Dienstleistungs-, Personen- und Kapitalverkehr. Die Realisierung des gemeinsamen Marktes war aber, wie Monnet das erklärt hatte, „nebulös". Dafür schienen weitgehende Harmonisierungsmaßnahmen erforderlich zu sein:
  - Harmonisierung der Steuer- und Subventionssysteme
  - Harmonisierung der Sozialabgaben und der Arbeitsgesetzgebung
  - Harmonisierung der nationalen Gesetze, soweit für einen gemeinsamen Markt erforderlich, insbesondere ein einheitliches europäisches Gesellschaftsrecht
  - Koordinierung der Wirtschafts-, Geld- und Kreditpolitik
  - Harmonisierungen in den Bereichen Umwelt, Technologie und Bildung.
- Gemeinsame sektorale Wirtschaftspolitiken; konkret wurden im Vertrag die Sektoren Landwirtschaft und Transport angesprochen. Dies war eine Forderung Frankreichs und Italiens, um die eindeutigen Vorteile zu kompensieren, die Deutschland aus dem gemeinsamen Markt im industriellen Bereich ziehen würde.
- Eine gemeinsame Wettbewerbspolitik. Dies war eine Forderung Deutschlands, um den etatistischen Tendenzen in der Industriepolitik Frankreichs und Italiens entgegenzuwirken.
- Die Schaffung eines europäischen Sozialfonds, um zumindest eine rudimentäre Arbeitsmarkt- und Sozialpolitik zu ermöglichen.

Das alles greift fundamental in die nationalen Souveränitätsrechte ein und erfordert eine lange Übergansperiode. Sehr optimistisch wurde sie für die

Schaffung des gemeinsamen Marktes im Vertrag von Rom (Art. 8.1) auf 12 Jahre festgelegt. 1968 erklärte man stolz, diesen Plan vorzeitig erfüllt zu haben. Das bezog sich allerdings nur auf die Einführung der Zollunion. Der gemeinsame Markt wurde erst viel später mit der Einheitlichen Europäischen Akte von 1985 ernsthaft in Angriff genommen und ist auch heute noch nicht in allen Aspekten vollendet. Die damit verbundenen Schwierigkeiten sind gewaltig.

Es ist erstaunlich, wie weitsichtig die relevanten Probleme angesprochen worden sind. Denn Vorbilder für einen gemeinsamen Markt ohne politische Integration gab es in der Geschichte oder aus anderen Regionen nicht. Die EWG, der gemeinsame Markt, war eine ordnungspolitische Innovation, und man musste zahlreiche Institutionen, Regelungen und Verfahren erst erfinden, die zu seinem reibungslosen Funktionieren erforderlich waren. Selbst unter den günstigsten politischen Voraussetzungen, die, wie gleich zu sehen sein wird, im ersten Jahrzehnt des Bestehens der EWG nicht immer gegeben waren, wäre ein Zeithorizont von 12 Jahren zu knapp gewesen. Denn jede Entscheidung war einstimmig zu treffen. Anders als die EGKS hatten die EWG und Euratom keine supranationale Hohe Behörde mit der Möglichkeit, Mehrheitsentscheidungen zu fällen.

3.7 Das Gegenmodell: EFTA

Als Großbritannien sich realisierte, wohin der in Messina aufs Gleis gesetzte Zug fuhr, verließ es die Spaak-Kommission und setzte alle seine Bemühungen daran, das Integrationsmodell umzusetzen, von dem es überzeugt war, dass es das bessere sei – zumindest für das eigene Land. Die Bestimmungsfaktoren der britischen Politik sind zum Teil schon erwähnt worden:

- Die atlantische Gemeinschaft mit den USA, die historisch begründet ist und sich in der engen Kooperation der Finanzmärkte von London und New York, aber auch in einer atomwirtschaftlichen Kooperation manifestierte, die Großbritannien bereits 1952 zur dritten Atommacht werden ließ.
- Daraus erklärt sich der Anspruch auf die Position einer dritten Weltmacht.
- Die 1932 in Ottawa begründete Commonwealth-Präferenzzone, die Großbritannien billigen Weizen aus Kanada, billiges Fleisch und billige Butter aus Australien und Neuseeland und billigen Wein aus Südafrika verschaffte.
- Die liberale Freihandelstradition des 19. Jahrhunderts, durch die den Interessen der britischen Industrie am besten gedient wurde und die man dem kontinentalen Etatismus und Protektionismus entgegenstellte.

Aus diesen Bestimmungsfaktoren ergibt sich mehr oder minder natürlich die Forderung, eine europäische wirtschaftliche Integration – und nur eine solche mache vor dem Hintergrund der Existenz der NATO noch Sinn – müsse die Form einer Freihandelszone annehmen. Innerhalb Europas werden alle Zölle im Güterverkehr abgeschafft und jedes Land behält Drittländern gegenüber seinen Autonomie. Die übrigen Elemente des gemeinsamen Marktes sind entweder nicht wichtig (freier Personenverkehr, für den sich vor allem Italien einsetzte auf Grund seiner Beschäftigungsprobleme im Süden), oder nicht realisierbar (Freiheit im Dienstleistungsverkehr, von der man in den 1950er Jahren keine konkreten Vorstellungen hatte), oder sie werden sich bei Gelegenheit fast von selbst einstellen (Kapitalverkehrsfreiheit). Doch die Harmonisierungsbestrebungen und der Wille zur politischen Union, den die Vertragsparteien von Rom von Beginn an an den Tag legten, das war des Teufels.

Die übrigen Länder Europas mussten eine sich abzeichnende Zollunion in der Mitte des Kontinents als Bedrohung empfinden. Denn dort lagen ihre Haupthandelspartner, von denen sie durch einen Außenzoll abgeschottet werden würden. Was lag näher, als im Rahmen der OEEC eine große europäische Freihandelszone unter Einschluss der prospektiven Mitglieder der EWG zu organisieren? Unter britischer Führung wird dieses Projekt in Angriff genommen. Ziel ist es, in der Freihandelszone den gemeinsamen Markt aufzulösen wie ein Stück Zucker in einer Tasse englischen Tees. Das Projekt stößt in den traditionell liberal gesinnten Benelux-Ländern, aber auch bei Ludwig Erhard durchaus auf Gegenliebe. Zeitweise hatte es den Anschein, als favorisiere selbst Monnet diese Lösung, vor allem wegen der Beteiligung Großbritanniens. Doch das „non!", das General de Gaulle, inzwischen in Frankreich an die Macht gekommen, 1958 aussprach, hatte offensichtlich auch Monnets Unterstützung (siehe Box 3.6). Auch für Adenauer war die französisch-deutsche Kooperation wichtiger als das OEEC-Projekt. Und so wurden ungeachtet dieses Störfeuers, das sich von 1956 bis 1958 hinzog, die römischen Verträge geschlossen.

Box 3.6: Der politische Unterschied zwischen der Europäischen Gemeinschaft und einer Freihandelszone

„Wollte man erneut die englische Vorherrschaft über Europa, während es gleichzeitig seine Distanz wahrte, so konnte man dies am sichersten durch die Entfernung von den Regeln der Gemeinschaft und den Anschluss an die Freihandelszone erreichen.

Das Problem stellte sich vor allem in Deutschland. Ich sprach im Januar 1959 mit Erhard, dessen vom Freihandel beeinflusste Meinungen die Gefahr mit sich brachten, die Politik seines Landes auf Abwege zu führen. ‚Diese Sache ist sehr unangenehm', sagte er ... ‚Es gibt einen fundamentalen Unterschied', erwiderte ich, ‚zwischen der Gemeinschaft, die eine Methode darstellt, um die Völker zu vereinigen, und der Freihandelszone, die ein kommerzielles Arrangement darstellt. Unsere Institutionen erfassen das Ganze und schaffen eine gemeinsame Politik; die Freihandelszone versucht, einzelne Schwierigkeiten zu beheben, ohne sie in den Rahmen eines gemeinsamen Handelns zu bringen. Die Gemeinschaft wird sich durch England erweitern, aber ohne im Prinzip der Integration Konzessionen zu machen'" (Monnet 1988: 569).

Die liberale Position sieht das verständlicherweise etwas anders: „The free-trade area proposal ... had real merit and, as an extension of the OEEC, would have been fully compatible with both it and GATT. A union of nineteen nations [die OEEC hatte zu diesem Zeitpunkt nur 17 Mitglieder] rather than six, a free-trade area would also have been far larger than the EEC. Created only to promote free trade and explicitly nonpolitical, interference with the market at the European level would have been ruled out. Competition would have promoted the principle of comparative advantage and reduced distortions to trade and investment at the national level. The lack of a political component simplified negotiations and made it easier to reach agreement" (Gillingham 2003: 50).

Der Versuch, eine „große" Freihandelszone einzurichten, war gescheitert. Das Europa der Sechs war eine Tatsache. So blieb für die elf restlichen OEEC-Mitglieder nur eine kleine Lösung offen. Sie wurde 1960 in Stockholm vertraglich vereinbart und begründete die Europäische Freihandelsassoziation (*European Free Trade Association* – EFTA) – das Europa der Sieben. Die OEEC-Mitglieder Irland, Island, Griechenland und Türkei haben sich daran aus unterschiedlichen Gründen nicht beteiligt.

Sitz der EFTA wurde Genf, wo sie ein kleines Sekretariat unterhielt, das vor allem die regelmäßigen Ratssitzungen organisierte und sich so vom stetig wachsenden Apparat der Europäischen Gemeinschaften in Brüssel, Luxemburg und Straßburg unterschied. Manifestierte sich nicht allein schon darin die größere Effizienz einer Freihandelslösung? Der Rat der EFTA ist ein intergouvernementales Organ, das mit Einstimmigkeit Beschlüsse fassen kann. In Streitfällen ist er auch Schlichtungsinstanz – so etwas wie einen Europäischen Gerichtshof brauchte die EFTA nicht.

Auch eine Freihandelszone, die sich auf das warenproduzierende Gewerbe beschränkt und, wie die EFTA, die meisten Agrarerzeugnisse von der Liberalisierung ausnimmt, ist mit Koordinierungsproblemen konfrontiert, z.B. mit dem Problem der Wettbewerbsverzerrungen. Die Lösung wurde nicht in einem eigenen Wettbewerbsrecht gesucht, wie in der EWG, sondern in vertraglich vereinbarten Verboten und Regelungen für Subventionen, Kartellabsprachen, Dumping-Praktiken und das öffentliche Auftragswesen. In der Entstehungsphase sind die Unterschiede minimal. Denn das EG-Wettbewerbsrecht ist ebenso wie die EFTA-Regeln eine vertragliche Vereinbarung (EG), auf intergouvernementaler Ebene beschlossen. Die Unterschiede werden erst im Laufe der Zeit deutlich. Denn das EG-Wettbewerbsrecht wird zum einen von der Kommission, einer durchaus schlagkräftigen Administration zur Wahrung der Verträge, kontrolliert und durchgesetzt. Zum anderen wird es vor allem durch die Rechtsprechung des EuGH vertieft. Und zum dritten wird es durch Vertragsergänzungen oder Verordnungen (z.B. die Fusionskontrollverordnung) erweitert (siehe Kapitel 9). Genau diese Prozesse der Weiterentwicklung (*widening*) und Vertiefung (*deepening*) sind der EFTA fremd. Das Endziel der EG ist ein freier gemeinsamer Markt und die Abschaffung der Grenzen. Das Endziel der EFTA ist die Aufrechterhaltung der nationalen Autonomie und damit der Grenzen, aber die Reduzierung ihrer handelshemmenden Wirkung im Güterverkehr. Auch das geht nicht ohne administrativen Aufwand vonstatten (z.B. die Kontrolle der notwendigen

Ursprungszertifikate), der jedoch von den nationalen Zollbehörden erledigt werden kann.

3.8 Das Ende der ersten Phase der Integration (1945 – 1960)

1960 kann die erste Phase der Nachkriegsentwicklung und der europäischen Integration als abgeschlossen betrachtet werden. Die Welt war in zwei Blöcke geteilt, Ost und West, die sich in ihren politischen und ökonomischen Systemen fundamental voneinander unterschieden und in einer sehr stabilen Konfrontation einander gegenüberstanden. Ein dritter Block, die Dritte Welt, war noch völlig im Prozess der Entkolonialisierung und Staatenbildung befangen und damit einer der Schauplätze des kalten Krieges, der dort immer wieder in „heiße" militärische Auseinandersetzungen überging (z.B. Korea-Krieg, Indochina-Krieg).

Die Grenze zwischen den beiden Machtblöcken durchzog als eiserner Vorhang den europäischen Kontinent. Im Osten davon herrschte das Sowjetim-

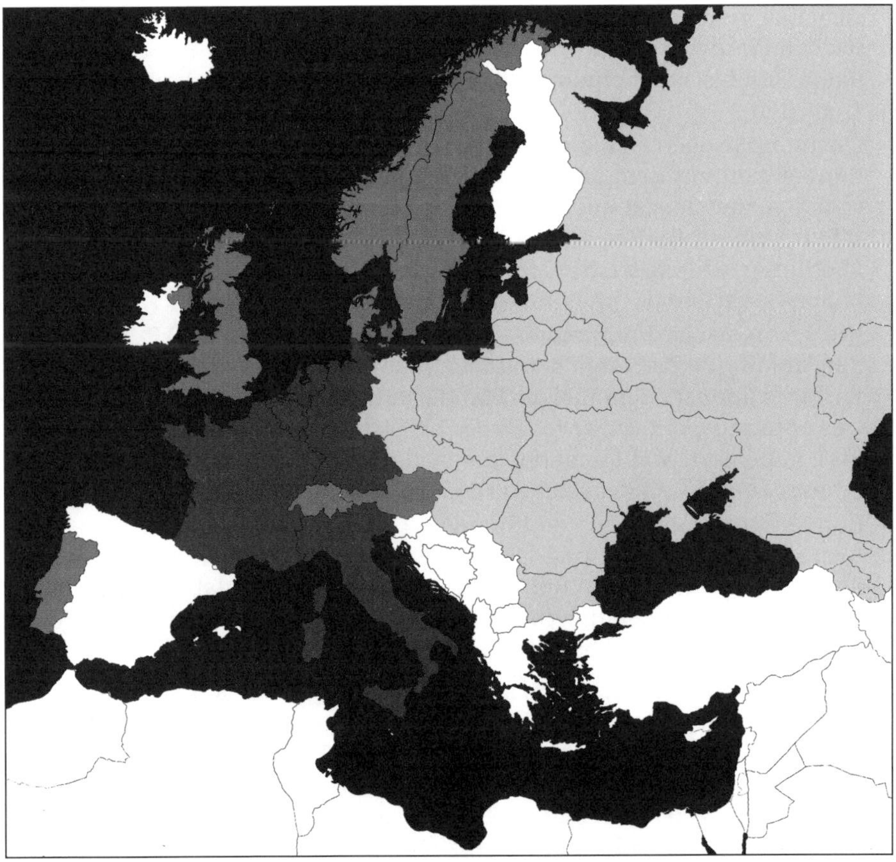

Abbildung 3.2: Die Vierteilung Europas Anfang der 1960er Jahre

perium. Wie streng diese Herrschaft ausgeübt wurde, sieht man nicht nur am Eingreifen der Roten Armee, sobald eine Bedrohung auftauchte (Berlin 1953, Budapest 1956, Prag 1968), sondern vor allem auch daran, dass der „Ostblock" sofort zusammenbrach, als die Sowjetunion unter Gorbačev ihren Herrschaftsanspruch (die so genannte Brežnev-Doktrin) aufgab. Im Westen des eisernen Vorhangs lag die „freie Welt". Sie war sicherheitspolitisch ebenfalls relativ straff in der atlantischen Gemeinschaft der NATO organisiert. Im übrigen aber erfreuten sich die Länder einer friedlichen autonomen Entwicklung und waren erfolgreich bemüht, die ökonomischen und politischen Wunden zu heilen, die der zweite Weltkrieg geschlagen hatte.

1960 hatten sich in Europa drei Integrationsmodelle herausgeschält, und zwar, wie wir sahen, in einem politischen Prozess des *trial and error*, bzw. in Reaktion auf bestimmte politische und ökonomische Anforderungen (französisch-deutsche Kooperation, Wiederaufbau, Internationalisierung der Wirtschaft) und auf sich ändernde historische Randbedingungen (Marshall-Plan, Sowjetherrschaft, Wettbewerb der Systeme, britischer Isolationismus):

- Der Rat für gegenseitige Wirtschaftshilfe (RgW; in Abb. 3.2 hellblau), der zu dieser Zeit gerade anfing, aus der völligen Bedeutungslosigkeit in den Versuch überzugehen, die bilateralen Handelsbeziehungen zwischen sozialistischen Planwirtschaften zu multilateralisieren. Das lief im wesentlichen darauf hinaus, unter einem multilateralen Dach bilaterale Vereinbarungen zu treffen.
- Die Europäischen Gemeinschaften (EGKS, EWG und Euratom; in Abb. 3.2 dunkelblau) mit dem mittelfristigen Ziel, einen gemeinsamen Markt zu schaffen, und dem langfristigen Wunsch, eine höhere Form der politischen Integration zu finden. Das ordnungspolitische Modell der EG kann als koordinierte Marktwirtschaft bezeichnet werden und weist deshalb einen hohen Bedarf an positiver Integration auf.
- Die Europäische Freihandelsassoziation (EFTA; in Abb. 3.2 violett) mit dem alleinigen Ziel einer negativen Integration, d.h. der Abschaffung von tarifären und mengenmäßigen Handelsbeschränkungen im Güterverkehr. Das ordnungspolitische Modell der EFTA ist die liberale Marktwirtschaft (das impliziert, wohlgemerkt, nicht, dass die Mitgliedländer der EFTA intern ebenfalls einem solchen Modell anhängen müssen).
- Einige europäische Staaten (Spanien, Griechenland, Jugoslawien, Albanien, Irland, Finnland und Island; in Abb. 3.2 weiß) nahmen an keinem der Integrationsprojekte teil. Die konkreten Gründe dafür waren unterschiedlicher Natur, hatten in der Mehrheit der Fälle aber mit Neutralitätsverpflichtungen oder -bemühungen zu tun.

Aus der Wirtschaftstheorie lässt sich die Erwartung ableiten, dass ein reines Freihandelsregime, negative Integration also, jedem anderen Modell der regionalen Integration überlegen sei. Es berücksichtigt optimal nationale Präferenzen (z.B. hinsichtlich des Protektionsbedürfnisses Drittländern gegenüber), es nutzt optimal komparative Kostenvorteile und es schafft größere Märkte, die die dynamische Effizienz stimulieren. Man könnte folglich die Vermutung aufstellen, dass sich im Systemwettbewerb das EFTA-Modell im

Laufe der Zeit durchsetzen werde – freien Wettbewerb vorausgesetzt, was natürlich in Bezug auf das planwirtschaftliche Modell erst nach Aufhebung des Systemzwangs gegeben sein konnte.

Mit dem Vorteil einer 50jährigen Rückschau auf die Geschichte wissen wir heute, dass dies nicht der Fall gewesen ist. Es war die Europäische Gemeinschaft, die sich als Attraktor der Integrationsmodelle herausgestellt hat und die die beiden übrigen Modelle verschwinden ließ. Zweifellos hat sich im Laufe dieses Prozesses das ordnungspolitische Modell der EG immer stärker der liberalen Marktwirtschaft angeglichen, man könnte sagen „entmonnetisiert". Doch das Bemühen, die Zusammenarbeit in der Gemeinschaft durch positive Integration zu vertiefen und weiterzuentwickeln, bleibt auf der Tagesordnung. Diese Tatsache ist in der Literatur bislang nicht hinreichend erklärt. Wir wollen hier nur ein paar mögliche Einflussfaktoren aufzählen, ohne sie einem rigorosen Test zu unterziehen:

- Das Europa der Sechs hatte 1960 rund 172 Mio. Einwohner, das Europa der Sieben rund 89 Mio., davon allein die Hälfte in Großbritannien. Das heißt die EG besaß den größeren Markt, von dem die sieben abhängig waren. Und wenn *economies of scale* eine Rolle spielen, dann musste sich das auch auf die Dynamik auswirken.
- Das Europa der Sechs hatte eine zentrale Standortposition inne, vor allem wenn man seine wichtigsten Wirtschaftszentren von Mailand über Stuttgart und Lyon bis zum Ruhrgebiet und der holländischen Randstadt betrachtet. Das Europa der Sieben war demgegenüber durch eine periphere Lage benachteiligt, wie Abb. 3.2 deutlich zeigt.
- Das Modell der negativen Integration in einer Freihandelszone ist vor allem auf eine entwickelte Industriewirtschaft bezogen und konzentriert sich ganz auf den Güterverkehr. 1960 zeichnete sich aber bereits die Dienstleistungsgesellschaft und die Re-Internationalisierung der Wirtschaft ab. In der Welt des 19. Jahrhunderts gab es neben Beschränkungen des Güterverkehrs kaum Hindernisse für freien Personen- und Kapitalverkehr. In der Welt nach dem 2. Weltkrieg war dies alles mit positiven Integrationsmaßnahmen neu zu organisieren. Und darin bestand die Bedeutung des gemeinsamen Marktes. Er ist strukturell das modernere Konzept.
- Die Rolle des Staates in der Wirtschaft hat sich vom 19. bis zum Ende des 20. Jahrhunderts fundamental gewandelt. Selbst in liberalen Marktwirtschaften treffen wir eine signifikante Staatstätigkeit an. Von sozialen Aspekten abgesehen sind externe Effekte oder andere Formen des Marktversagens hier wichtige Ursachen. Grenzüberschreitende Märkte bedürfen dann auch einer grenzüberschreitenden *governance*. Genau dies können die Institutionen der EG im Gegensatz zu einer reinen Freihandelszone bereitstellen. Wettbewerbspolitik, Umweltpolitik, Innovationspolitik, strategische Industrie- und Handelspolitik sind in diesem Zusammenhang zu nennen.

Den Mitgliedern der EFTA scheint fast von Beginn an klar gewesen zu sein, dass sie nicht neben der EG, sondern nur mit ihr existieren konnten. Das bedeutete zweierlei:

- Entweder Beitritt: Nur etwas mehr als ein Jahr nach Gründung der EFTA stellte Großbritannien 1961 den ersten Antrag auf Beitritt zur EWG. Dänemark, über seine Agrarexporte eng mit den britischen Inseln verflochten, musste sich dem anschließen (für Irland, das nicht Mitglied der EFTA war, galt das gleiche). 1962 folgte Norwegen mit seinem Beitrittsbegehren. Diese erste Erweiterungsrunde zog sich auf Grund eines wiederholten „Non!" von de Gaulle über 10 Jahre hinweg und trat erst zum 1. Januar 1973 in Kraft – mit Ausnahme Norwegens, wo die Bevölkerung in einem Referendum den Beitritt abgelehnt hatte.
- Oder Assoziation: Ebenfalls 1961 stellten Österreich, Schweden und die Schweiz einen Antrag auf Assoziation, 1962 folgte Portugal. Assoziation bedeutete im Wesentlichen bilaterale Freihandelsabkommen zwischen der EG und dem Partnerland. Assoziation war eine Form der Bindung an die EG, die den „neutralen" Ländern (Schweden, Finnland, Österreich und die Schweiz) in der Zeit der Ost-West Konfrontation offen stand – Mitgliedschaft schien erst nach der Gorbačevschen Wende denkbar. Auch diese Anträge scheiterten erst einmal am französischen „Non!" und konnten schließlich zusammen mit dem Beitritt von Großbritannien, Dänemark und Irland realisiert werden.

Freihandelsabkommen zwischen einem EFTA-Land und der EG waren natürlich mit den gleichen Nachteilen behaftet, die das Modell der negativen Integration generell aufweist. Das wirkte sich so lange nicht weiter störend aus, als der gemeinsame Markt innerhalb der EG nicht wirklich Realität war. In der 1985 beschlossenen Einheitlichen Europäischen Akte (EEA) vereinbarten die EG-Mitglieder die Vollendung des gemeinsamen Marktes bis zum 31.12.1992. Das brachte für die verbliebenen EFTA-Länder die Notwendigkeit mit sich, neuerliche Abkommen mit der EG zu treffen, die sich auf eben diesen gemeinsamen Markt bezogen. Die Lösung fand man im Vertrag über den Europäischen Wirtschaftsraum (EWR) zwischen der EG und der EFTA, der praktisch das Modell des gemeinsamen Marktes auf alle 19 Länder Westeuropas ausdehnte – die inzwischen auf 12 Mitglieder angewachsene EG (in den 1980er Jahren waren Griechenland, Spanien und Portugal beigetreten) und die verbliebenen 7 EFTA Mitgliedländer (Island, Norwegen, Schweden, Finnland, Österreich, Liechtenstein und die Schweiz). In der Schweiz fand der Vertrag keine Zustimmung der Bevölkerung, sie blieb folglich dem EWR fern. Seine Bedeutung wurde aber auch dadurch reduziert, dass noch vor Inkrafttreten des EWR-Vertrages fünf der sieben EFTA-Länder ihre Vollmitgliedschaft in der EG beantragt hatten: Schweden, Finnland, Norwegen, Österreich und die Schweiz. Die Schweiz ließ ihren Antrag nach dem EWR-Abstimmungsdebakel ruhen, Norwegens Antrag scheiterte wieder am Referendum. Aber die drei übrigen traten 1995 der EU bei. Im EWR verblieben so neben der EU nur noch Island, Norwegen und Liechtenstein.

Box 3.7: EWG – EG – EU, ja was denn nun?

Die Europäische Union firmierte im Laufe der Zeit unter verschiedenen Bezeichnungen, die etwas mit ihrer Entstehungsgeschichte zu tun haben.

- Den Anfang machten drei Europäische Gemeinschaften: die EGKS von 1952 und die beiden Gemeinschaften der römischen Verträge von 1958, die EWG und die EAG (Euratom).
- 1965 wurden die drei Gemeinschaften mit Wirkung vom 1.1.1967 organisatorisch fusioniert, d.h. Kommission und Rat waren für alle drei Teilgemeinschaften zuständig. Für Parlament und Gerichtshof hatte das schon zuvor gegolten. Diese organisatorisch fusionierten Gemeinschaften laufen unter der Bezeichnung Europäische Gemeinschaften (EG).
- EG kann aber auch die Europäische Gemeinschaft (im Singular) abkürzen. So nannte sich die EWG in der Neufassung des EWG Vertrages von Maastricht 1992, dem Vertrag zur Gründung der Europäischen Gemeinschaft (EG). Im Artikel 1 EG heißt es: „Durch diesen Vertrag gründen die Hohen Vertragsparteien untereinander eine Europäische Gemeinschaft."
- Gleichzeitig wurde in Maastricht der Vertrag über die Europäische Union (EU) geschlossen, der eine Vertiefung der Integrationsbemühungen darstellt. Im Art. 1 EU heißt es: „Grundlage der Union sind die Europäischen Gemeinschaften [im Plural!], ergänzt durch die mit diesem Vertrag eingeführten Politiken und Formen der Zusammenarbeit."
- Der Vertrag von Lissabon 2007 – so er denn in Kraft tritt – führt die Europäische Union und die Europäische Gemeinschaft zusammen. Im Art. 1 EU n.F. heißt es: „Die Union tritt an die Stelle der Europäischen Gemeinschaft, deren Rechtsnachfolgerin sie ist." Die Atomgemeinschaft EAG bleibt davon unberührt.

Die EU ist das politische Gesamtgebäude der europäischen Integration. Die Europäischen Gemeinschaften (EG) sind eine ihrer Säulen, die tragende Säule, bestehend aus der Europäischen Gemeinschaft (EG) und der EAG (Euratom). Das Drei-Säulen-Modell von Maastricht (siehe Abb. 5.1) ist durch die Verschmelzung von Union und Gemeinschaft im Lissabonner Vertrag allerdings zu einem schiefen Bild geworden. Der EGKS Vertrag ist im Jahr 2002 ausgelaufen, und damit ist diese Gemeinschaft beendet. Im Text versuchen wir, die zeitlich und sachlich jeweils adäquate Bezeichnung zu wählen – für das Gesamtgebäude nach 1992 EU, für seine wirtschaftliche Säule EG, und EWG nur mit eindeutig historischem Bezug.

Die Osterweiterung soll weiter unten noch etwas ausführlicher behandelt werden. An dieser Stelle genügt es zu sagen, dass nach dem Systemwechsel 1989–90 die Länder Ostmitteleuropas sehr rasch ihr Interesse äußerten, der Union beizutreten, was nach einer Assoziationsphase dann für acht Länder (zusammen mit Malta und Zypern) 2004 und für weitere zwei Länder 2007 vollzogen wurde. Kurzum, nach rund 45 Jahren war von den drei europäischen Integrationsmodellen, die 1960 den Systemwettbewerb angetreten hatten, nur die EU und mit ihr das Modell des gemeinsamen Marktes übrig geblieben.

3.9 Die zweite Phase der Integration (1960 – 1992/95)

Wir haben die Gründungsphase der EG etwas ausführlicher behandelt, weil hier Grundsatzentscheidungen getroffen und die Weichen für die europäische Zukunft gestellt worden sind. Die weitere Entwicklung kann knapper gezeichnet werden, auch wenn sie sich im Einzelnen aus zahlreichen wichtigen Schritten und politisch-ökonomischen Problemen zusammensetzt. In diesem Kapitel gehen wir nur auf einige grundsätzliche Ereignisse und Episoden ein und verweisen, was z.B. die Geschichte der monetären Integration betrifft, auf Kapitel 14.

Die zweite Phase der Integration ist gekennzeichnet von den Krisen, die in ihr stattfanden. Einige der Krisen waren interner Natur. Andere hatten internationale Ursachen wie der Zusammenbruch des Bretton Woods Systems (1972), die Ölpreisschocks (1973 und 1979) und das damit verbundene Ende der 30jährigen Nachkriegsprosperität. Die Krisen hatten einerseits eine gewisse Stagnation der Integrationsbemühungen zur Folge, andererseits erforderten sie von den Mitgliedländern Anpassungsprozesse, mit denen diese erst einmal selbst fertig werden mussten. Ein neuerlicher Prozess der *relance européenne* schließt die zweite Phase dann ab, gekennzeichnet von der Realisierung des gemeinsamen Marktes und der Aufnahme der meisten west-europäischen Länder in die EG. Der erste Prozess war in der Einheitlichen Europäischen Akte (EEA) von 1985 auf den 31.12.1992 terminiert und darf als erfolgreich bezeichnet werden, auch wenn zahlreiche Teilmärkte (Energie und Schienenverkehr z.B.) zur Zeit noch nicht vollständig liberalisiert sind. Der zweite Prozess fand mit der so genannten Norderweiterung am 1.1.1995 seinen Abschluss, die den Beitritt von Schweden, Finnland und Österreich mit sich brachte und nur noch Island, Norwegen und die Schweiz und Liechtenstein außerhalb der EU beließ.

Von den internen Krisen seien hier zwei kurz erwähnt, die „Episode des leeren Stuhls" und die „Episode des *handbag-banging*". Beide Episoden verdeutlichen die Anfälligkeit des Integrationsmodells für ein Ausscheren eines der Mitgliedländer aus dem integrationspolitischen Grundkonsens der Gemeinschaft. Die wachsende Komplexität der wirtschaftlichen Integration ist nicht begleitet von einer adäquaten politischen Integration. Der Konflikt zwischen einem intergouvernementalen Vertrag und einer supranationalen Institution wirkt sich so lange störend aus, als die EG bestimmte wirtschaftspolitische Kompetenzen besitzt, damit verbundene Entscheidungen jedoch nur einstimmig treffen kann.

Die Episode des leeren Stuhls beschreibt die Krise der EG, die General de Gaulle (1890–1970) als französischer Staatspräsident (1958–1969) 1966 heraufbeschworen hatte, als die Übergangsperiode nach dem EWG-Vertrag abgelaufen war und Entscheidungen grundsätzlich mit qualifizierter Mehrheit getroffen werden sollten. De Gaulles vornehmstes Ziel war nationale Unabhängigkeit. Daraus ergab sich zum einen die Vision eines „europäischen Europa" (*l'Europe européenne*), d.h. ein Infragestellen der atlantischen sicherheitspolitischen Gemeinschaft, und zum anderen die Idee eines „Europa der Vaterländer" (*l'Europe des Patries*), d.h. eines kontinentaleuropäischen Konzertes der souveränen Staaten unter französischer Führung. Historisch mag man darin einen Rückfall ins 19. Jahrhundert sehen. Praktisch war es eine Abkehr vom eingeschlagenen Integrationsweg: De Gaulle weigerte sich strikt, Souveränität abzutreten oder auch nur zu delegieren. Das hätte ihn für die britische Position und das EFTA-Modell einnehmen müssen, wäre Großbritannien in seinen Augen nicht ein Konkurrent um die Stabführung im Konzert der Nationen gewesen und hätte ein Übergang zum EFTA-Modell nicht die Aufgabe der gemeinsamen Agrarpolitik (GAP) bedeutet. Solange de Gaulle die französische Politik bestimmte, blieb den Briten die EG verschlossen. Auf ebenso harten Widerstand stießen Vorschläge der Kommission, Italiens und Deutschlands, die wirtschaftliche Integration durch gewisse Schritte zu einer verstärkten politischen Integration zu ergänzen.

Ganz im Gegenteil: Es war in Rom verabredet worden, im Rat ab 1966 bestimmte Fragen, vor allem im Bereich der Wirtschaftspolitik (und das hieß zur damaligen Zeit vor allem im Bereich der GAP), mit Mehrheit zu entscheiden. Dann gab es Vorschläge des Kommissionspräsidenten Hallstein, der EG eigene Budgeteinnahmen zu verschaffen, indem man z.B. die Importabgaben aus der GAP direkt an die Gemeinschaft, und nicht an die nationalen Haushalte überweist und dem Parlament ein beschränktes Budgetrecht zugesteht. Die Intention ist klar, die Kommission finanzpolitisch von den Regierungen etwas unabhängiger zu machen. Dem schob de Gaulle einen Riegel vor, indem französische Regierungsvertreter den Sitzungen des Rats einfach fernblieben, der damit entscheidungsunfähig wurde. Der Rat, so die französische Position, ist ein rein intergouvernementales Organ, das nur mit Einstimmigkeit Beschlüsse fassen kann, und die Kommission ist ein ihm untergeordnetes rein technisches Organ. Das entsprach weder dem Text, noch dem Geist der römischen Verträge. Und de Gaulle hätte gerne eine grundlegende Neuformulierung der Verträge gesehen.

Entsprechende Vorschläge stießen aber auf den erbitterten Widerstand der Partnerländer. Doch die französische Verweigerung der Mitarbeit im Rat musste aufgehoben werden, sollte die Gemeinschaft nicht auseinanderbrechen. So kam es zum so genannten Kompromiss von Luxemburg vom Januar 1966. Er begründet zwei Prinzipien, die sich lähmend auf die Tätigkeit der EG auswirkten, eine strikte Unterordnung der Kommission unter den Rat und ein faktisches Vetorecht:

- Im Verhältnis von Rat und Kommission hat sich letztere dem Rat unterzuordnen. Das heißt vor allem, selbst dort, wo der Kommission nach dem Vertrag ein Initiativrecht zusteht, hat sie ihre Vorschläge mit den Regierungen der Mitgliedländer, bzw. deren permanenten Repräsentanten, abzustimmen.
- Wo der Vertrag Mehrheitsentscheidungen über Kommissionsvorschläge vorsieht, kann ein Mitgliedland nicht überstimmt werden, wenn wichtige Interessen dieses Landes auf dem Spiel stehen.

Es ist klar, dass der Kompromiss, dem sich vor allem Belgien und die Niederlande zu widersetzen versucht hatten, der Idee einer europäischen Föderation die Basis entzog, und dass er auch eine Weiterentwicklung und Vertiefung der römischen Verträge wesentlich erschwerte. Dem Integrationsprozess waren Fesseln angelegt worden – fortan bestimmte das langsamste Schiff das Tempo des Geleitzuges. Die Erweiterung der EG, die grundsätzlich eine Einstimmigkeitsentscheidung ist, fand nach dem Rücktritt de Gaulles 1969 in einer ersten Runde zum 1.1.1973 statt. Aber die betroffenen Länder, vor allem Großbritannien und Dänemark, die ebenso wie de Gaulle eine supranationale Gemeinschaft ablehnten, übernahmen den Kompromiss von Luxemburg mit größter Bereitwilligkeit, wodurch er definitiv zum Gemeinschaftsbesitz (*acquis communautaire*) avancierte. Vom faktischen Vetorecht wieder loszukommen, war ausgesprochen schwer. Es gelang in einem ersten Schritt 1972 auf dem Gipfel von Paris, wo man übereinkam, sich auf den Kompromiss von Luxemburg nicht missbräuchlich zu berufen, und definitiv 1986 im Zusammenhang mit der Einheitlichen Europäischen Akte, und das unter hörbarem Zähneknirschen von seiten Margaret Thatchers.

Sie stand im Zentrum der zweiten großen Krise, der Episode des *handbag-banging*. Kern der Auseinandersetzung war die Tatsache, dass Grosbritannien 1979 16 % des Sozialprodukts der EG erstellte, 20,5 % der Budgeteinnahmen bestritt und nur 10 % der Budgetausgaben erhielt. England war ein Nettozahler, in einer Gemeinschaft, die Solidarität zu ihren Zielen zählt, eine normale Position, in der sich auch Deutschland z.B. befand. Allerdings gehörte Großbritannien als größter Nettozahler (relativ zum BIP) nicht zu den reicheren Ländern der EG. Die Position des Nettozahlers war besonderen strukturellen Eigenschaften der britischen Wirtschaft geschuldet:

- Großbritannien hat einen intensiveren Außenhandel mit Drittländern (vor allem natürlich den Commonwealth-Ländern) und trägt folglich überproportional zu den Zolleinnahmen der EG bei.
- Insbesondere erbringt Großbritannien 19 % der Agrar-Importabgaben, weil seine Importeure und Konsumenten die Gemeinschaftspräferenz weniger berücksichtigen und mehr aus den Commonwealth-Ländern und den USA importieren.
- Die Konsumquote ist in Großbritannien höher als im Durchschnitt der Gemeinschaft. Folglich ist sein Anteil an den Mehrwertsteuereinnahmen der EG auch höher als sein Anteil am BIP.
- Der Agrarsektor Großbritanniens ist besonders klein und erzeugt wenig Überschüsse. Folglich erhält er auch relativ wenig Lagerhaltungs- und Exportsubventionen aus dem EG-Budget. Und der Agrarhaushalt ist nun einmal der größte Posten (zu jener Zeit rund 70 %) in diesem Budget.

Was Premierministerin Thatcher nun verlangte, war praktisch eine Neuverhandlung des *acquis communautaire*, d.h. des vereinbarten Budgetprozesses und seiner Prinzipien. Es geht das Gerücht, sie hätte in Ratsversammlungen wütend mit ihrer Handtasche auf den Tisch geschlagen und gefordert: „*I want my money back*" – daher die Bezeichnung *handbag-banging* Episode. Als Einzelentscheidung ist so etwas kaum durchzusetzen. Anders sieht es natürlich aus, wenn der Rat in einer anderen Angelegenheit die Zustimmung Großbritanniens benötigt. Eine solche Situation ergab sich 1983: die EG geriet in eine finanzielle Krise. Der vereinbarte Plafond für die Mehrwertsteuerabführung an das EG-Budget war erreicht, aber die Ausgaben für die Landwirtschaft stiegen. Nun galt es, entweder die Einnahmen zu erhöhen, was Frankreich vorschlug, wofür aber die Zustimmung Englands erforderlich war, oder die GAP zu reformieren und ihre Ausgaben zu senken, was England schon immer gefordert hatte und auch in Deutschland Unterstützung fand, was aber bei den größten Nutznießern der GAP, Frankreich und Italien, auf Widerstand stieß. Die Lösung konnte nur ein Kompromiss sein, der so genannte Kompromiss von Fontainebleau (1984) – eine Paketlösung, die eine gewisse, aber eben nicht eine radikale Reform der GAP zum Inhalt hatte, die Erhöhung der Budgeteinnahmen für die EG und die Änderung der Budgetregeln zu gunsten von Großbritannien (den so genannten Britenrabatt). Dieses Verfahren ist typisch für schwierige Entscheidungen in der Gemeinschaft. Dank des Vetorechts können Mitgliedländer ihre nationalen Interessen durchsetzen, indem sie auf den Zeitpunkt warten, da ihre Stimme gefragt ist.

Margaret Thatcher steht aber nicht nur im Mittelpunkt einer Krise in der zweiten Phase der Integration, sondern auch im Mittelpunkt des wichtigsten Integrationsschrittes dieser Phase – der Einheitlichen Europäischen Akte (EEA). Gegenstand dieses Schrittes war die Vollendung des gemeinsamen Marktes, d.h. die Beseitigung aller Verkehrsbeschränkungen nicht nur für Güter, sondern auch für Dienstleistungen, Personen und Kapital. Das heißt vor allem negative Integration und Liberalisierung und entsprach genau den Erwartungen Englands an die EG, insbesondere aber den streng liberalen Überzeugungen der britischen Premierministerin. Partner und Gegenspieler bei dieser Operation war Jacques Delors, seit Januar 1985 Kommissionspräsident, der die Vertiefung der Integration mit einer Weiterentwicklung im rechtlichen und auch im politischen Bereich zu verbinden verstand, was keineswegs auf britische Gegenliebe stieß.

Box 3.8: Jacques Delors – ein zweiter Monnet

Jacques Delors (1925 –) ist nach Jean Monnet wohl der einflussreichste Europa-Politiker, der die Integration entscheidend vorangebracht hat. Vertraut mit der französischen Gewerkschaftsbewegung, der französischen Planifikation und dem europäischen Parlament war er unter Präsident François Mitterand Wirtschafts- und Finanzminister in Paris geworden und das bedeutete verantwortlich für ein kurzlebiges Experiment sozialistischer Wirtschaftspolitik in einer marktwirtschaftlichen Ordnung. 1985 übernahm er die Kommissionspräsidentschaft in Brüssel. Nach 25 Jahren Euroskeptizismus und Integrationsstagnation (1960–1984) fallen in seine Präsidentschaft (1985 – 95) drei wichtige Entscheidungen, die den Integrationszug wieder unter Dampf gebracht haben, die Einheitliche Europäische Akte (1985), die Verträge von Maastricht (1992) und die Reform und Reorientierung von Kommission und Gemeinschaftspolitik (das Delors-Paket von 1988).

Der liberalen Orthodoxie (siehe z.B. Gillingham 2003: 157 – 63) ist Delors, ganz ähnlich wie Monnet, äußerst suspekt, da er auf sehr eigenwillige Weise liberales, sozialistisches, keynesianisches und katholisch-korporatistisches Gedankengut miteinander verbindet. So halten die Implementierung des Binnenmarkts und die Konstruktion der Währungsunion durchaus der liberalen Kritik stand. Sie stützen die marktwirtschaftliche Ordnung und vertiefen den Wettbewerb. Demgegenüber ist Delors' Eintreten für eine europäische Sozialunion sehr viel weniger konsensfähig. Auch die Akzentverschiebung der Ausgabenpolitik von der Landwirtschaft auf die Regional- und Strukturförderung entsprach den allgemeinen Erwartungen. Aber die neue Autorität, die die Kommission unter seiner Leitung gewann, festigte die institutionelle Struktur und damit die supranationale politische Rolle der EG. Das Ziel einer politischen Union trat wieder deutlicher vor Augen, und damit das Schreckgespenst eines europäischen oder Brüsseler Etatismus.

Die Definition des gemeinsamen Binnenmarkts als Raum ohne interne Grenzen, in dem sich Güter, Dienste, Kapital und Personen frei bewegen können, beschreibt nur unvollkommen die Komplexität der Abschaffung aller Grenzen. Denn hier geht es nicht nur um die physischen Grenzkontrollen, sondern vor allem um die ihnen zugrunde liegenden technischen und fiskalischen Regulierungen, um Industriestandards, Gesundheits- und Konsumentenschutzbestimmungen, die Gültigkeit von staatlichen Zertifikaten (z.B. Schul- und Universitätsabschlüsse) und dergleichen. Kapitalverkehrskontrollen waren abzuschaffen und im Bereich der Schlüsselsektoren im Dienstleistungsbereich gesetzliche Regelungen zu schaffen, die ihre Liberalisierung erlaubten. Das staatliche Auftragswesen, über das z.B. ein substantieller Anteil aller Investitionsausgaben abgewickelt wird, war dem europaweiten Wettbewerb zu öffnen. Das Weißbuch von 1985 (der Cockfield-Report), das die EEA vorbereitet hatte, zählte 282 erforderliche Entscheidungen auf, die in den kommenden sieben Jahren zu nehmen waren, um den Binnenmarkt Wirklichkeit werden zu lassen. Davon waren am 1.1.1993 immerhin 255 tatsächlich abgearbeitet. Einige der dort angesprochenen Maßnahmen konnten jedoch nicht verwirklicht werden. Sie lagen vor allem im Bereich des Unternehmens- und Steuerrechts (z.B. eine Mehrwertsteuer nach dem Ursprungsprinzip, siehe weiter unten Kapitel 7).

Box 3.8: Umsetzung

„If the Community was to become a United Europe ... the frontiers and the controls associated with them would have to go" (Cockfield 1994: 41).

Die Einführung des Binnenmarkts ist ein ordnungspolitisches Problem oder auch ein Governance-Problem: Der rechtliche Rahmen des Wirtschaftssystems ist so zu gestalten, dass die nationalen Märkte in jeder Hinsicht frei zugänglich sind für Wettbewerber aus den übrigen Mitgliedländern. Der Cockfield-Report hatte hierfür keineswegs erschöpfend 282 notwendige Maßnahmen aufgeführt. In den meisten Fällen wählt die EG Rahmenregelungen und Direktiven, die dann vom nationalen Gesetzgeber in nationales Recht umzusetzen sind.

Im Fall der EEA konstatierte die Kommission im Jahr 1996, dass im Durchschnitt der EU-15 die Umsetzungsrate 90% betrug, aber nur 56% der Maßnahmen von allen Mitgliedländern umgesetzt worden sind (Commission 1996: 23). Wie kann die Umsetzung, und zwar die adäquate und korrekte Umsetzung der Binnenmarktregeln sichergestellt, wie können die nationalen Regierungen dazu gezwungen und wie können die internationalen Wettbewerber für eventuelle Wettbewerbsbehinderungen entschädigt werden? In erster Instanz ist die Überwachung der Umsetzung Aufgabe der Kommission als Hüterin der Verträge. Das stößt allerdings an Informationsgrenzen: Die Vergleichbarkeit der nationalen Regelungen in ihrer Wirkung auf den Wettbewerb wird durch die Unterschiede in den nationalen Rechtssystemen erheblich erschwert.

So tritt neben die Durchsetzung von oben auch die Durchsetzung von unten. Unternehmen und Individuen, die sich in ihrem Vertrauen auf EG Richtlinien getäuscht sehen, können vor Gericht gehen. Das Fallrecht des EuGH unterstützt sie dabei, indem es Mitgliedstaaten für den Bruch ihrer EU-Verpflichtungen verantwortlich macht, dies allerdings nur in schwerwiegenden Fällen. Doch auch die nationalen Gerichte können hier Abhilfe schaffen entsprechend den rechtlichen und prozeduralen Vorschriften des jeweiligen Landes.

Die EEA kodifizierte in diesem Zusammenhang das bereits früher vom EuGH formulierte Grundprinzip der wechselseitigen Anerkennung, wodurch die EG der Aufgabe enthoben wurde, für alle Bereiche ein eigenes Regelwerk zu beschließen. Ein freier Binnenmarkt erhöht in erheblichem Maße die Wettbewerbsintensität. Die weniger entwickelten Länder der EG sahen darin eine Gefährdung für ihre Wirtschaft und haben sich in erster Instanz dieser Initiative widersetzt. Ihre Zustimmung – wieder ein Beispiel für typische Paketlösungen – wurde dadurch gewonnen, dass in den Vertrag das Prinzip der Stärkung des wirtschaftlichen und sozialen Zusammenhalts (Art. 3.1.k EG) aufgenommen wurde, das so genannte Kohäsionsprinzip, und vor allem, dass entsprechende Mittel in einem eigenen Kohäsionsfonds ausgewiesen wurden (siehe Kapitel 13).

Der Binnenmarkt macht also zahlreiche wirtschaftspolitische Entscheidungen notwendig. Auch wenn er am Ende wie das Resultat einer einfachen negativen Integration aussieht, erforderte er gewaltige Anstrengungen positiver Integration. Hier jeweils Einstimmigkeit erzielen zu müssen, hätte den Prozess seiner Verwirklichung weit über den anvisierten Termin, Ende 1992, ausgedehnt. Die EG musste zu qualifizierten Mehrheitsentscheidungen zurückkehren, so wie das der römische Vertrag für die Zeit nach 1966 vorgesehen hatte, und diese generell auf alle mit dem Binnenmarkt verbundenen Entscheidungen ausweiten. Das ist trotz des zu erwartenden Widerstands aus Großbritannien und Dänemark gelungen, wobei allerdings sensible Bereiche grundsätzlich ausgenommen blieben, z.B. Geld- und Fiskalpolitik und Teile der Sozialpolitik.

3.10 Die dritte Phase der europäischen Integration (1992/95 – 2009)

War der Binnenmarkt in den römischen Verträgen vorgegeben und bildete die EEA eigentlich nur den Abschluss des dort vereinbarten Integrationsprogramms, so setzt die dritte Phase der europäischen Integration zu etwas Neuem an, das man sich 1957 in Rom nicht hätte vorstellen können. Es geht um die Währungsunion, die wichtigste 1992 in Maastricht getroffene Entscheidung, und um die Ausweitung der EU auf die ehemals unter sowjetischem Einfluss stehenden Länder Ostmitteleuropas, die Osterweiterung. Diese umfangreichen Um- und Anbauten am europäischen Haus lösten wiederum Bestrebungen aus, das Programm der politischen Einigung voran zu treiben, wozu der Vertrag über eine europäische Verfassung dienen sollte.

Der neu gewonnene Schwung wäre kaum denkbar ohne grundlegende Veränderungen in der historischen Konstellation. Die endogene Dynamik des Integrationsprozesses bringt nur langsame Fortschritte, externe Schocks treiben die Entwicklung. Es war noch einmal das deutsche Problem, das zum Handeln zwang. Der Zusammenbruch des Sowjetimperiums und damit des kommunistischen Systems in Ostmitteleuropa hatte 1990 die Wiedervereinigung Deutschlands zur Folge. Dadurch verschoben sich die Gewichte in Europa grundlegend: Die vier großen Mitgliedländer der EU, Deutschland, Frankreich, Großbritannien und Italien, standen sich nicht mehr gleich stark gegenüber, sondern Deutschland, seiner Bevölkerung nach nun um über ein Viertel gewachsen, nahm eine herausragende Stellung ein, und die Furcht vor einer deutschen Dominanz auf dem Kontinent und vor möglichen deutschen Sonderwegen ging von neuem um. Wenn man sich der Wiedervereinigung nicht widersetzen wollte, dann bot genauso wie in den 1950er Jahren eine verstärkte Einbindung Deutschlands in Europa eine denkbare Lösung. Das konnte kein einseitiger Vorgang sein, sondern erforderte eben eine substantielle Weiterentwicklung und Vertiefung der europäischen Integration.

Symbol der deutschen Vorherrschaft war die D-Mark als Leitwährung im Europäischen Währungssystem. Es lag folglich nahe, die D-Mark zu europäisieren und eine gemeinsame europäische Währung zu schaffen, den Euro, der den gleichen Stabilitätsprinzipien wie die D-Mark unterliegen sollte. Diese Idee von Jacques Delors fand bei Präsident Mitterand und Bundeskanzler Kohl sehr positive Aufnahme, und damit konnte die wichtigste Entscheidung der Maastrichter Beschlüsse, die gemeinsame europäische Währung, ausgearbeitet werden. Eine Währungsunion impliziert für das einzelne Mitglied die Aufgabe wichtiger wirtschaftspolitischer Instrumente, der Geldpolitik und der Wechselkurspolitik. Verständlicherweise findet das dort keine Zustimmung, wo die nationale Souveränität uneingeschränkten Vorrang vor der europäischen Zusammenarbeit hat. Wie zu erwarten blieben Großbritannien, Schweden und Dänemark der Währungsunion vorläufig fern. (Schweden war in Maastricht noch nicht Mitglied der Gemeinschaft, hatte also nicht die Option des *opting-out*. Das hat man ihm aber praktisch in den Beitrittsverhandlungen zugestanden, auch wenn Schweden formell verpflichtet ist, den Euro einzuführen).

Diesen drei Ländern war der Schritt auch deshalb suspekt, da eine Währungsunion ohne weiter gehende politische Zusammenarbeit schwer vorstellbar ist. Maastricht hat dazu nur zögerliche Ansätze gebracht. Neben den notwendigen Ergänzungen im EWG-Vertrag, der in den Vertrag über die Europäische Gemeinschaft (EG) umbenannt wurde, konstituierte sich im Vertrag über die Europäische Union (EU) eben diese Union, wodurch die wirtschaftliche Integration durch einige Maßnahmen der Zusammenarbeit in Bereichen der Außen- 'und Sicherheitspolitik und der Innen- und Rechtspolitik ergänzt wurde. Schon wenige Jahre nach Maastricht folgten der Vertrag von Amsterdam (1997) und der Stabilitäts- und Wachstumspakt, letzterer eine notwendige wirtschaftspolitische Ergänzung zur Währungsunion, die aber die fiskalpolitische Handlungsfreiheit der Euro-Länder einschränkte (Genaueres in Kapitel 15). Auch wenn die Währungsunion nicht unmittelbar zu einer Zentralisierung der Wirtschaftspolitik geführt hatte, wie anfänglich von einigen befürchtet, so kann sie ihr Stabilitätsziel nicht ohne einen gewissen Konsens in der Fiskalpolitik realisieren. Und das impliziert nun einmal eine eingeschränkte Souveränität, sobald der Konsens vertraglich festgehalten wird.

Ganz ähnlich liegen die Dinge bei der Zusammenarbeit im Bereich der Innen- und Rechtspolitik. Die Maßnahmen des Vertrags über die Europäische Union folgten zum Teil schon aus den Prinzipien des Binnenmarkts. Denn beispielsweise der freie Verkehr der Personen (wohlgemerkt der Personen, nicht ausschließlich der Arbeitskräfte) macht personenbezogene Grenzkontrollen unmöglich und erfordert folglich eine innen- und rechtspolitische Zusammenarbeit. Die Interdependenz der Systeme lässt fast automatisch auf einen Schritt negativer Integration (z.B. Liberalisierung des Personenverkehrs) weitere Schritte positiver Integration (z.B. eine gemeinsame Einwanderungspolitik) folgen. Worauf man sich in Maastricht noch nicht einigen konnte, das fand im Vertrag von Amsterdam seine Weiterentwicklung, durch den das Schengener Abkommen in den EG-Vertrag aufgenommen und zum Gemeinschaftsbesitz wurde. Im Schengener Abkommen hatten 1985 Frankreich, Deutschland und die Benelux Länder begonnen, die Grenzkontrollen untereinander aufzuheben. Ihm waren im Laufe der Jahre die meisten anderen Mitgliedländer beigetreten mit Ausnahme von Großbritannien, Irland und Dänemark, die sich auch im Vertrag von Amsterdam diesbezügliche Ausnahmen vorbehielten.

Beide Vorgänge, die sogenannten *opting-out* und *opting-in* Ausnahmeregelungen für einzelne Mitgliedländer bei der Schaffung der Währungsunion und der innen- und rechtspolitischen Zusammenarbeit in einem Raum ohne Grenzkontrollen, verdeutlichen Fortschritte im Entscheidungsverfahren der Gemeinschaft bei Dissens über den Entscheidungsgegenstand. Solange eine Institution nicht Gemeinschaftsbesitz (*acquis communautaire*) ist, unterliegt die Entscheidung, sie einzurichten, dem Einstimmigkeitsverfahren. Soll das Veto eines oder mehrerer Mitgliedländer die Entscheidung nicht grundsätzlich verhindern, sind eben Ausnahmen, sogenannte Derogationen, einzuräumen. Daraus folgt automatisch das so genannte Europa der unterschiedlichen

Geschwindigkeiten, wodurch die endogene Weiterentwicklung der Zusammenarbeit sehr erleichtert wird. Die Aufnahme der entsprechenden Regelung in den Vertrag macht sie zum Gemeinschaftsbesitz, und das bedeutet, dass Neumitgliedern nicht mehr die Möglichkeit offen steht, Ausnahmen zu bedingen. Konkret müssen die Beitrittsländer von 2004 und 2007 die Währungsunion und die Schengener Vereinbarungen implementieren, das allerdings nach nicht näher festgelegten Übergangsperioden.

Hatten die Weiterentwicklung und Vertiefung der EG in Maastricht und Amsterdam eine Stärkung des supranationalen Charakters der Gemeinschaft zur Folge, so wurden dort gleichzeitig Prinzipien festgeschrieben, die etatistischen und interventionistischen Zügen der römischen Verträge und ihrer Politik eine Absage erteilten. Eines dieser Prinzipien ist das Bekenntnis zum „Grundsatz einer offenen Marktwirtschaft mit freiem Wettbewerb" (Art. 4.1 EG, jetzt: Art. 119.1 AEU), wodurch diese liberale Maxime geradezu Verfassungsrang gewinnt. Eine andere konstitutionelle Festlegung ist das Bekenntnis zum Subsidiaritätsprinzip (Art. 2 EU und Art. 5 EG, jetzt: Art. 5 EU n.F.), wonach die nationale Souveränität grundsätzlich vor der Gemeinschaftsebene Vorrang besitzt, es sei denn der Gemeinschaft ist eine ausschließliche Zuständigkeit zugewiesen worden, wie z.B. in der Zollpolitik und der Geldpolitik, oder die angestrebten Ziele lassen sich auf nationaler, regionaler oder lokaler Ebene nicht adäquat realisieren. Dabei handelt es sich offensichtlich nur um politische Prinzipien. Aber oberste Gerichte, so auch der EuGH, verstehen es, Verfassungsgrundsätze in konkrete Rechte zu transformieren. Ob die jeweiligen Grundsätze in einem Verfassungsvertrag oder einem einfachen Vertrag, wie jenem von Lissabon, formuliert werden, ist sekundärer Natur.

Ein weiteres Großprojekt der dritten Integrationsphase ist die Osterweiterung. Der größte Schritt wurde zum 1. Mai 2004 abgeschlossen, als acht Länder Ostmitteleuropas, die 15 Jahre zuvor unter dem Einfluss der Sowjetunion standen oder sogar Teilrepubliken der Sowjetunion waren, zusammen mit Malta und Zypern Aufnahme in die EU fanden. Zwei weitere Länder, Bulgarien und Rumänien, folgten zum 1.1.2007, und es ist abzusehen, dass das eine oder andere Balkanland hinzukommen wird. Die Osterweiterung war auf den Ratssitzungen in Kopenhagen 1993 grundsätzlich beschlossen und 2002 in einer ersten Runde zum Abschluss gebracht worden. Die notwendigen internen Anpassungen der Gemeinschaft sollte der Vertrag von Nizza (2001) regeln. Das ist nur unvollkommen gelungen. Eine Union von 25–30 Mitgliedstaaten bedarf anderer Organisationsstrukturen und Entscheidungsverfahren als die EU-15, um effektiv arbeiten zu können. Änderungen in diesem Bereich unterliegen aber dem Einstimmigkeitsverfahren und sind dementsprechend schwer durchzusetzen. Hier mußten Vertragsänderungen weitere Fortschritte bringen, was ein wesentliches Ziel des Verfassungsvertrages bzw. des daran anschließenden Vertrages von Lissabon war.

Die Osterweiterung ist keine Erweiterungsrunde wie die vorangegangenen. Das zumindest war häufig zu lesen. Die meisten Argumente sind allerdings nicht recht überzeugend:

- Der Anstieg der Mitgliederzahl von 15 auf 27 – eine Erweiterung um 80 % ist gewaltig, aber ein vergleichbarer Anstieg um zwei Drittel war in der ersten Erweiterungsrunde geplant, als das Europa der Sechs auf 10 anwachsen sollte (durch das „nein" im norwegischen Referendum blieb es dann bei 9).
- Der Zuwachs an Bevölkerung von 380 Mio. auf 485 Mio. oder um 27,6 % – die erste Erweiterungsrunde machte aus dem Europa der 6 mit 182 Mio. ein Europa der 9 mit 245 Mio. Einwohnern, eine Steigerung um fast 35 %.
- Die Aufnahme schwach entwickelter „Zuschussländer" – die Süderweiterung in den 1980er Jahren stellte nichts anderes dar. Der Produktivitätsabstand der osteuropäischen Beitrittsländer vom Durchschnitt der EU-15 ist nur etwas größer, als es der Abstand der südeuropäischen Beitrittsländer vom Durchschnitt der EU-9 gewesen war.
- Die schwere Hypothek der kommunistischen Vorperiode, d.h. von Totalitarismus und Planwirtschaft – diese Vorperiode lag 2004 in Osteuropa 15 Jahre zurück. Als die EWG 1958 gegründet wurde, waren Deutschland und Italien von Faschismus und Nationalsozialismus nicht weiter entfernt, und noch kürzer war der Abstand zur Diktatur im Falle von Griechenland, Spanien und Portugal.
- Die schwache legale und administrative Infrastruktur, die sowohl eine effektive Implementierung des *acquis communautaire* und der Gemeinschaftspolitiken zweifelhaft werden wie generelle Bedenken aufkommen lässt hinsichtlich einer entwickelten Rechtsstaatlichkeit – dies alles ist von der Kommission vor dem Beitritt überprüft worden und hat im Falle von Bulgarien und Rumänien zu einer Verschiebung des Beitrittstermins geführt. Auch in der alten Union gibt es Unterschiede in der Regierungsqualität (vgl. Kapitel 6).
- Die sicherheitspolitische Notwendigkeit, die gegenüber dem ökonomischen Nutzen überwiegt – hierzu ist zweierlei zu sagen: Zum einen war das vornehmste Motiv für die europäische Integration zu Beginn der 1950er Jahre, wie wir sehen konnten, Sicherheit und Freiheit in Europa. Zum anderen wird der sicherheitspolitische Aspekt der Osterweiterung von der Osterweiterung der NATO abgedeckt. Der Beitritt zur EU ist in dieser Hinsicht sekundär.

Es ist wohl eher der große Schritt nach Osteuropa, dem dieses Ereignis seine historische Bedeutung verdankt – die Idee Europa, die ohne Budapest, Prag und Warschau kaum denkbar erscheint. Im übrigen sind es ökonomische Motive, die die EU-15 zur Aufnahmebereitschaft veranlasst haben: Markterweiterung, Wettbewerb und die Inkorporierung einer Wachstumsregion. Wenig verwunderlich ist es deshalb, dass sich Deutschland für die Osterweiterung stark gemacht hat. Es rückt vom Rand in die Mitte der Union und wird einen bedeutenden Teil der Erweiterungsgewinne auf sich ziehen, auch wenn es den zunehmenden Wettbewerb als erstes zu spüren bekommt. Ganz anders ist die Motivationslage beim zweiten starken Verfechter der Osterweiterung, Großbritannien. Die Aufnahme von Ländern, die gerade ihre Souveränität gewonnen oder zurückgewonnen haben, wird die retardierenden Elemente im Prozess der politischen Integration und damit das Lager der Intergouvernementalisten verstärken. Das hat sich in den ersten Jahren nach der Osterweiterung vor allem im Verhalten Polens und Tschechiens bestätigt.

In beiden Fällen sollte man aber nicht übersehen, dass es eine starke Dissonanz zwischen der Politik und der Bevölkerung gegeben hat. Am Vorabend der Erweiterung war die Zustimmung zu diesem Schritt unter der deutschen und der englischen Bevölkerung am geringsten in der gesamten Gemeinschaft (Eurobarometer 61 vom Frühjahr 2004). Während sich die Ablehnung in England im Bereich des europäischen Durchschnitts bewegte (und folglich ein großer Prozentsatz der Bevölkerung sich indifferent verhielt), war die Ablehnung in Deutschland besonders hoch. Hier, wie in ähnlicher Weise in Österreich, wird die Kosten-Nutzen Rechnung von der Bevölkerung ganz anders aufgemacht als von der Politik. Eine solche Dissonanz zwischen den politischen Eliten und der Bevölkerung hat spätestens dann negative Folgen, wenn die politischen Eliten die Zustimmung der Bevölkerung zu ihren Projekten benötigen. Das war zum Beispiel dort der Fall, wo die Ratifizierung des Verfassungsvertrages an ein Referendum geknüpft wurde. Die Ablehnung der Verfassung in Frankreich und den Niederlanden ließ sich kaum aus sachlichen Argumenten gegen konkrete Bestimmungen der Verfassung erklären, sondern viele Beobachter sahen darin ein (verspätetes) Votum gegen die Osterweiterung. Ganz ähnlich, wenn auch mit anderem Hintergrund, war die Sitation beim irischen Referendum zum Lissabonner Vertrag im Juni 2008: Im Parlament hatten 160 von 166 Abgeordnete für den Vertrag gestimmt, die Bevölkerung sagte mehrheitlich „no".

In der Abrundung der Osterweiterung im Jahre 2007 kann man einen Abschluss der dritten Phase der europäischen Integration sehen. Das Bemühen, Europa eine Verfassung zu geben, wäre dann als Beginn einer vierten Phase zu werten. Erst spätere Historiker werden hier eine sinnvolle Entscheidung treffen. Das Verfassungsprojekt verfolgte, wie in Kapitel 1 schon angedeutet, das Ziel, die europäische Identität zu stärken, die Bürger in den Integrationsprozess einzubinden. Das war und ist ein Desiderat. Ob es geschickt war, zu diesem Zweck die Staatlichkeit der Union zu unterstreichen, indem man eine „Verfassung" einführt, die „Verordnungen" und „Richtlinien" in „Gesetze" und „Rahmengesetze" umbenennt, einen „Außenminister" einsetzt und Flagge, Hymne und Wappenspruch wählt – alles Symbole nationalstaatlicher Souveränität, das mag dahingestellt bleiben. Es hat in vielen Kreisen der Bürger genau das Gegenteil bewirkt, nämlich die Furcht, die nationale Staatlichkeit und Souveränität würden ausgehöhlt. Während die meisten Mitgliedländer die notwendige Ratifizierung im Parlament vollzogen haben, wurden in einigen die Bürger zu einem Referendum aufgerufen. Die Luxemburger und Spanier stimmten dem Verfassungsvertrag zu, die Franzosen und Niederländer lehnten ihn im Jahr 2005 ab, und die britische und polnische Regierung waren froh, sich dem Plebiszit nicht mehr stellen zu brauchen.

Damit war das Verfassungsprojekt gestorben, und es ging in der Folgezeit darum, die wichtigsten Reformen, die der Vertrag enthielt, in einen Reformvertrag, also eine Neufassung der EU- und EG-Verträge, hinüberzuretten. Dieses Bemühen fand im Lissabonner Vertrag vom 13.12.2007 seinen Abschluss.

Auch wenn, wie schon erwähnt, EU und EG darin verschmolzen werden, bleibt es bei zwei Verträgen, dem Vertrag über die Europäische Union in der Fassung von Lissabon (EU n.F.) und dem Vertrag über die Arbeitsweise der Europäischen Union (AEU). *De facto* kommt noch ein dritter primärrechtlicher Text hinzu, die Charta der Grundrechte in der Fassung von 2007 (ChGR), die nach Art. 6.1 EU n.F. mit den beiden das Unionsrecht konstituierenden Verträgen gleichrangig ist. Großbritannien und Polen haben dabei gewisse Vorbehalte protokollarisch festlegen lassen. Der Verfassungsvertrag hatte beabsichtigt, alle drei Texte in einem Dokument zu konsolidieren. Das wurde in Lissabon unterlassen und auch auf alle Symbole und Bezeichnungen verzichtet, die eine Staatlichkeit der EU suggerieren könnten.

Aber natürlich musste auch der Reformvertrag von Lissabon ratifiziert werden. Da es sich „nur" um eine Vertragsänderung und nicht um so etwas wie eine neue Verfassung handelte, war man allgemein der Meinung, dies könne überall auf parlamentarischem Weg erfolgen. Doch die irische Regierung überließ aus internen verfassungsrechtlichen Gründen die endgültige Entscheidung dem Volk in einem Referendum, das im Juni 2008 zu einer Ablehnung führte. Damit ist die geplante Einführung des Lissabonner Vertrags zum 1.1.2009 gescheitert. Ein ähnliches Schicksal war auch dem Vertrag von Nizza widerfahren, der in erster Runde in Irland abgelehnt wurde und erst nach einem zweiten positiven Votum in Kraft treten konnte. Schon der Vertrag von Maastricht musste in Dänemark zweimal dem Volk vorgelegt werden, bevor es seine Zustimmung gab. Insofern ist das nichts Ungewöhnliches. Doch bei Drucklegung dieses Buches können wir nocht nicht über einen glücklichen Ausgang der Episode berichten. Bei einer definiten Ablehnung des Vertrages von Lissabon bliebe der Vertrag von Nizza in Kraft, der, wie schon erwähnt, für eine Union in ihrem heutigen Umfang nicht optimal ist. Sollte der Vertrag von Lissabon zum 1.1.2010 in Kraft treten können, würde damit eine neue Phase der Integration beginnen.

Kapitel 4
Europa 2010 – Wer ist drin und wer steht draußen?

Worum geht es in diesem Kapitel?

HJW: Im ersten Kapitel haben wir uns mit dem Begriff „Europa" auseinandergesetzt. Das war ein Versuch, den Raum abzugrenzen, innerhalb dessen eine europäische Gemeinschaft stattfinden kann. Das dritte Kapitel bietet einen kurzen Überblick über die Geschichte der Europäischen Union mit dem Ergebnis, dass sie am Anfang des 21. Jahrhunderts *the only game in town* ist. Jetzt wollen wir sehen, wer konkret daran teilnimmt.

HF: Die verschiedenen Erweiterungsrunden machen deutlich, dass es strikte Aufnahmebedingungen gibt: Wer Löcher in den Rasen macht, kommt in den Golfclub nicht rein.

TE: Solche Löcher im Rasen sind Demokratiedefizite, mangelnde Rechtsstaatlichkeit, Menschenrechtsverletzungen, unzureichender Minderheitenschutz.

HF: Eigentlich erstaunlich für einen Club, der als Wirtschaftsgemeinschaft gegründet worden ist. Man sollte vermuten, dass ökonomische Bedingungen den Ausschlag geben.

TE: Die gibt es auch. Denn am gemeinsamen Markt kann nur teilnehmen, wer das marktwirtschaftliche Spiel spielt, ohne wenn und aber.

HJW: Doch die politischen Bedingungen, die keineswegs sekundär sind, machen deutlich, dass die Gemeinschaft mehr ist als eine Wirtschaftsgemeinschaft.

HF: Für eine solche reine Wirtschaftsgemeinschaft wären der Balkan und die Türkei kaum so schwerverdauliche Brocken.

HJW: Die Türkei – das ist nicht nur ein schwerverdaulicher Brocken. Da geht es um mehr, um Fragen der europäischen Identität, der geopolitischen Rolle Europas, der Zukunftsvision.

TE: Das können wir nicht ausdiskutieren. Aber müssen wir die übrigen Spieler nicht auch einzeln vorstellen?

HJW: Ihre Biographien, d.h. landeskundliche Informationen zu liefern, kann nicht unsere Aufgabe sein. Für den Leser wichtig ist eine ungefähre Vorstellung der Spielstärke, des Entwicklungsniveaus der Mitgliedländer und der Kandidaten.

HF: Und kennen wir das Handicap?

HJW: Das zu bestimmen ist schwieriger, als du denkst. Denn hier sind Volkseinkommensdaten miteinander zu vergleichen, was auf unzweideutige Weise schlicht unmöglich ist.

TE: In Euroland sollte das doch kein Problem mehr sein: Die volkswirtschaftliche Gesamtrechnung wird doch in der gleichen Währungseinheit aufgestellt.

HJW: Sicher vereinfacht das vieles, und doch bleibt es ein Problem. Die Kaufkraft eines Euro ist auf dem Lande höher als in der Stadt, in Ostdeutschland höher als in Westdeutschland, u.s.w.

TE: Überlassen wir das den Statistikern! Aber dass im Club starke und schwächere Spieler zusammenkommen, daran besteht kein Zweifel.

HF: Und auch nicht daran, dass sich im Laufe der Zeit die Spielstärke angleicht, Konvergenz stattfindet.

HJW: Darin kann man auch ein säkulares Phänomen sehen: Unter bestimmten gesellschaftlichen Voraussetzungen holen die Spätentwickler und Nachzügler auf. Doch lassen die Beispiele Irlands, Portugals, Spaniens und neuerdings auch Griechenlands vermuten, dass Mitgliedschaft im Club hierzu einen positiven Beitrag leistet.

TE: Das sind doch gute Aussichten für die neuen Mitglieder.

4.1 Wer wird aufgenommen in den Club?

In den vorangegangenen Kapiteln haben wir bereits gesehen, dass die heutige Europäische Union bescheiden angefangen hatte mit dem Europa der Sechs. Damals lautete die Frage nicht so sehr: Wen nehmen wir auf in unseren Club? als vielmehr: Wer möchte überhaupt mitmachen? Mit dem Antrag Großbritanniens auf Mitgliedschaft (zusammen mit Irland, Norwegen und Dänemark) änderte sich die Situation. Es wurde klar, dass sich das Konkurrenzunternehmen EFTA nicht durchsetzen würde, und damit stellte sich die Frage nach den Aufnahmebedingungen. Die langwierige Geschichte der ersten Erweiterungsrunde, vor allem de Gaulles markiges *„non!"* dem Vereinigten Königreich gegenüber, verdeutlichen, dass eine Gemeinschaft, hat sie sich erst einmal konstituiert, von Neumitgliedern eine gewisse Anpassung an die Gepflogenheiten des Clubs verlangen muss, um ihren Clubgeist, ihren Charakter sozusagen, nicht zu verlieren.

Im Falle der ersten Erweiterungsrunde hat das Europa der Sechs vor allem auf zwei Bedingungen gepocht:

- Die Übernahme des gemeinschaftlichen Besitzstandes, des sogenannten *acquis communautaire*. Das Grundprinzip für Beitrittsverhandlungen lautet, dass die Verträge nicht neu verhandelt werden können, sondern zusammen mit den weiteren Verordnungen und Regelungen integral zu übernehmen sind. Was verhandlungsfähig ist, sind im wesentlichen Übergangsbestimmungen und, wo das erforderlich ist, die Einordnung des neuen Mitgliedlandes in die Ordnungsstruktur der Gemeinschaft (z.B.

Zuteilung von Milch- oder Zuckerquoten, die es 1973 zum Teil noch nicht gab). Auch wenn Großbritannien die Übernahme der Gemeinsamen Agrarpolitik (GAP) nur widerwillig geschluckt hat, war diese Bedingung 1973 noch relativ erträglich. Nach weiteren 30 Jahren intensiver Integrationsbemühungen bedeutete die Übernahme des *acquis communautaire* bei der Osterweiterung im Jahre 2004 die Einarbeitung von Tausenden von Seiten rechtlicher Bestimmungen in das nationale Recht der neuen Mitgliedländer, die Einrichtung damit übereinstimmender Verwaltungsstrukturen, aber auch umfangreiche materielle Investitionen (z.B. in vorschriftsmäßige Molkereien, Schlachtereien, Umweltschutzmaßnahmen usw.). Je später ein Land der Union beitritt, desto höher ist die Hürde der Übernahme des gemeinschaftlichen Besitzstandes.

- Ein Unterschreiben der Ziele der Gemeinschaft. Das scheint fast eine Selbstverständlichkeit. Wenn man einem Sportverein beitritt, dann möchte man den Sport betreiben, den dieser Verein anbietet. Im Fall der Europäischen Union ist das, wie wir in Kapitel 2 gesehen haben, aber nicht ganz so selbstverständlich. Am gemeinsamen Markt teilnehmen zu können, ist zweifellos das erste Motiv für einen Aufnahmeantrag. Das impliziert aber nicht notwendigerweise, dass man das in der Präambel des EU Vertrages formulierte Ziel der „Schaffung einer immer engeren Union der Völker Europas" bedingungslos unterstützt. Es ist natürlich unvermeidlich, dass sich der Charakter des Clubs mit seinen neuen Mitgliedern verändert. Denn sind sie erst einmal drin, dann haben sie eine Stimme bei allen Entscheidungen über den weiteren Gang der Dinge. Und bei wichtigen Entscheidungen ist das eine Veto-Stimme. Diese Macht darf aber nicht dazu führen, die beabsichtigte weitere Integration der Union durch Obstruktion zu verhindern.

Box 4.1: Die Kapitel des acquis communautaire bei der Osterweiterung

Beitrittsverhandlungen bestehen aus bilateralen Regierungskonferenzen zwischen dem Kandidaten und den Mitgliedländern der EU. Der Kommission obliegt es dabei, die Übernahme des *acquis communautaire* zu prüfen und die gemeinsame Verhandlungsposition der EU zu formulieren. Dabei wurde im Rahmen der Osterweiterung der *acquis* in 31 Kapitel unterteilt, die eines nach dem anderen in den Verhandlungen abzuarbeiten waren. Diese 31 Kapitel sind:

Tabelle 4.1: Die 31 Kapitel des acquis communautaire

1	Freier Warenverkehr	19	Telekommunikation und Informationstechnologien
2	Freizügigkeit	20	Kultur und audiovisuelle Medien
3	Freier Dienstleistungsverkehr	21	Regionalpolitik und Koordinierung der strukturpolitischen Instrumente
4	Freier Kapitalverkehr	22	Umweltschutz
5	Gesellschaftsrecht	23	Verbraucher- und Gesundheitsschutz
6	Wettbewerb	24	Zusammenarbeit in den Bereichen Justiz und Inneres
7	Landwirtschaft	25	Zollunion
8	Fischerei	26	Auswärtige Beziehungen
9	Verkehr	27	Gemeinsame Außen- und Sicherheitspolitik
10	Steuern	28	Finanzkontrolle
11	Wirtschafts- und Währungsunion	29	Finanz- und Haushaltsbestimmungen
12	Statistik	30	Institutionen
13	Beschäftigung und Soziales	31	Sonstiges
14	Energie		
15	Industriepolitik		
16	Kleine und mittlere Unternehmen		
17	Wissenschaft und Forschung		
18	Bildung und Ausbildung		

Die Liste vermittelt einen Eindruck vom Umfang des gemeinsamen Besitzstandes, bzw. von der Anpassungsleistung, die ein Beitrittskandidat vollbringen muss, um Mitglied im Club werden zu können. Auch wenn dann im Mai 2004 zehn Länder gleichzeitig Aufnahme fanden, wurden die Verhandlungen mit jedem einzeln geführt und jedes einzeln auf seine Anpassungsleistung geprüft. Für die im Oktober 2005 eröffneten Verhandlungen mit der Türkei und Kroatien ist die Liste der Kapitel schon wieder verlängert worden.

Die zweite Erweiterungsrunde (1981/1986) macht deutlich, dass die Europäische Union einerseits nicht nur ein ökonomischer Zweckverband ist, dass sie andererseits aber den ökonomischen Nutzen ihrer Mitglieder nicht aus den Augen verliert. Die römischen Verträge enthielten nicht wie die Präambel des EU Vertrages von 1992 ein Bekenntnis „zu den Grundsätzen der Freiheit, der Demokratie und der Achtung der Menschenrechte und Grundfreiheiten und der Rechtsstaatlichkeit". Trotzdem war es von Anfang an klar, dass nur Länder, die diese Werte hochhielten und in ihrer politischen Praxis auch lebten, Mitglied der Gemeinschaft werden konnten. Bevor Portugal, Spanien und Griechenland sich nicht ihrer Diktaturen entledigt hatten, wie aufgeklärt diese im ökonomischen Bereich auch gewesen sein mögen, konnten sie nicht Mitglied der Europäischen Gemeinschaft werden, selbst wenn sie Mitglieder der NATO waren wie Portugal seit ihrer Gründung und Griechenland seit 1952.

Die griechische Militärdiktatur war nur ein kurzes Zwischenspiel von 1967 bis 1974. Die Möglichkeit, Griechenland in die EGKS oder die EWG einzubeziehen, hatte zuvor aber niemand in Erwägung gezogen. Das Land lag weitab vom Europa der Sechs und es war ein reiner Agrarstaat. Das heißt, das materielle Entwicklungsniveau hätte es Griechenland sehr schwer gemacht, die

Verpflichtungen aus einer Mitgliedschaft zu erfüllen. Auf der anderen Seite besaß die EWG noch nicht das entwickelte strukturpolitische Instrumentarium, um die Konvergenz unterentwickelter Regionen zu stimulieren. Die bescheidenen Mittel, die dafür zur Verfügung standen, nahm der italienische *Mezzogiorno* in Anspruch. Nach der Rückkehr zur Demokratie spielten dann die politischen Gründe, eben die Absicherung der Demokratie in der Europäischen Gemeinschaft, eine größere Rolle als die wirtschaftlichen Bedenken. Ökonomisch hatte vom Beitritt Griechenlands niemand etwas zu befürchten, und so konnte dieser, 1976 beantragt, bereits 1981 in Kraft treten.

Der Übergang zur Demokratie war in Portugal 1974 mit der „Nelken-Revolution" erfolgt und ein Jahr später in Spanien mit dem Tode Francos. Beide Länder stellten 1977 einen Antrag auf Mitgliedschaft. Aber erst 1986 konnte der Beitritt vollzogen werden. Der Grund für die lange Wartezeit ist in ökonomischen Voraussetzungen zu suchen, die in schwierigen Verhandlungen geschaffen werden mussten, um den Beitritt der iberischen Länder für die Altmitglieder der Gemeinschaft akzeptabel zu machen. Auch wenn das nirgendwo schwarz auf weiß stand, sollten die Wirtschaften der Altmitglieder durch Beitritte nicht geschädigt werden, was jedes einzelne Mitgliedland durch ein Veto gegen den Beitritt ja auch hätte verhindern können. Im Falle der iberischen Länder lagen die Probleme einerseits in der Landwirtschaft (Wein, Öl, Südfrüchte), die für Italien und Griechenland eine Konkurrenz darstellten, andererseits in der Fischerei und in der Freizügigkeit der Arbeitskräfte, die vor allem Frankreich einen Zustrom billiger Arbeitskräfte befürchten ließ.

Die dritte Erweiterungsrunde (1995) zeigt, dass es neben den internen Bedingungen für eine Mitgliedschaft auch externe Bedingungen gegeben hat. Denn mit Schweden, Finnland, Österreich und der Schweiz (für Norwegen gilt das nicht) hatten Länder ihre Mitgliedschaft in der EU beantragt, die in der Zeit des kalten Krieges einen neutralen Status gewahrt hatten, sei es freiwillig (Schweden und die Schweiz) oder durch einen Vertrag mit der Sowjetunion dazu angehalten (Finnland und Österreich). Ob dies *de jure* eine Mitgliedschaft in der Union ausgeschlossen hätte, ist nicht ganz klar. *De facto* hielten die Länder und die EU es für angebracht, erst nach dem Ende der Sowjetunion Verhandlungen zu eröffnen. Sie stellten keine größeren Probleme, da diese Kandidaten über die EFTA-EG Kooperation und traditionelle Bindungen schon sehr eng mit der Union zusammenarbeiteten und da es sich hier ausschließlich um hoch entwickelte Industrieländer handelte, die für das Gemeinschaftsbudget keine Belastung darstellen, sondern im Gegenteil einen Nettobeitrag leisten würden.

4.2 Die Kopenhagener Kriterien

Bei der vierten Erweiterungsrunde, der Osterweiterung, kommen nun alle diese Bedingungen voll zum Tragen. Voraussetzung für die Erweiterungsrunde war die Aufgabe der Breznev-Doktrin durch die Sowjetunion, die aus den Staaten Osteuropas den von der Sowjetunion geführten „Ostblock" gemacht hatte. Einmal aus der sowjetischen Kontrolle entlassen warfen die Länder das kommunistische politische System und die damit verbundene Wirtschaftsordnung ab und führten in einem Transformationsprozess Demokratie und Marktwirtschaft ein. Schon bald stellte sich dann Anfang der 1990er Jahre die Frage nach einer Mitgliedschaft in der EU. Auf dem Kopenhagener Gipfeltreffen von 1993 hat die Gemeinschaft die Beitrittsbedingungen summarisch festgelegt, die sogenannten Kopenhagener Kriterien:

1. Institutionelle Stabilität, wodurch sichergestellt werden sollen:
   a. Demokratie
   b. Rechtsstaat
   c. Wahrung der Menschenrechte
   d. Respektierung und Schutz der Rechte von Minderheiten
2. Existenz einer funktionsfähigen Marktwirtschaft
3. Fähigkeit, dem Wettbewerbsdruck und den Marktkräften in der Union standzuhalten
4. Fähigkeit, den Verpflichtungen aus der Mitgliedschaft nachzukommen:
   a. Übernahme des Besitzstandes (des *acquis communautaire*) der Union
   b. Verbundenheit mit den Zielen der politischen Union und der Wirtschafts- und Währungsunion.

Vor allem das zweite und dritte Kriterium sind auslegungsbedürftig. Die Kommission, die anhand dieser Kriterien die Beitrittsreife zu überprüfen hat, misst die Existenz einer funktionsfähigen Marktwirtschaft an:

- Liberalisierung der Preise und des Außenhandels, Ausgleich von Angebot und Nachfrage über den Markt
- Freier Marktzutritt und Marktaustritt
- Funktionierendes Rechtssystem und geregelte Eigentumsrechte
- Durchsetzbarkeit von Gesetzen und Verträgen vor Gericht
- Makroökonomische Stabilität (Preise, Staatshaushalt, Zahlungsbilanz)
- Entwickelter Finanzsektor
- Grundkonsens über die Wirtschaftspolitik

Hier erkennen wir die konstituierenden Prinzipien einer Wettbewerbswirtschaft wieder, wie sie von Walter Eucken (1891 – 1950) formuliert worden sind (Eucken 1952/1990: 254 – 89):

- ein funktionsfähiges Preissystem
- ein stabiles monetäres System
- offene Märkte
- Privateigentum
- Vertragsfreiheit und geregelte Haftung
- Konstanz der Wirtschaftspolitik.

Diese Elemente gehören zusammen und bilden eine konsistente Wirtschaftsordnung.

Die Wirtschaftsordnung der Europäischen Union ist eine Wettbewerbsordnung. Mitgliedländer können liberale Marktwirtschaften haben oder koordinierte Marktwirtschaften (siehe Kapitel 2), aber sie müssen eine Marktwirtschaft haben, um das Institutionengefüge der Union nicht zu stören.

Eine Planwirtschaft würde in diesem Gefüge eine extreme Wettbewerbsverzerrung darstellen, Planung einen eklatanten Fall von Diskriminierung. Deshalb passen die wiederholten Versuche Frankreichs, mittels partieller Verstaatlichungen oder auf anderem Wege den staatlichen Einfluss auf die Wirtschaft zu verstärken (Etatismus), nicht in die ordnungspolitische Landschaft der Gemeinschaft.

Eine Wettbewerbsordnung ist nun aber keineswegs ein Umfeld, in dem das wirtschaftliche Überleben generell leicht fallen würde. Eine Aufnahme neuer Mitglieder ist nur dann sinnvoll, wenn sie die Fähigkeit mitbringen, dem Wettbewerb standzuhalten. Anderenfalls handelt man sich Probleme ein, die die Solidarität der Gemeinschaft überstrapazieren würden. Die Fähigkeit, dem Wettbewerb standzuhalten, misst die Kommission an:

- Funktionsfähige Marktwirtschaft und makroökonomische Stabilität (d.h. ein stabiles Umfeld für betriebliche Entscheidungen)
- Adäquater Stand von Human- und Sachkapital, Infrastruktur, Forschung und Bildung
- Wettbewerbspolitik
- Ausreichende Handelsverflechtung mit der EU
- Ausreichendes Segment von Mittel- und Kleinunternehmen.

Für die ehemaligen Planwirtschaften in Osteuropa bedeutete das konkret, dass der Transformationsprozess erfolgreich abgeschlossen sein musste. Wann das der Fall ist, ist eine Ermessensfrage.

Box 4.2: Transformation in Ostmitteleuropa und in Osteuropa

Erfolgreiche Transformation ist eine Voraussetzung für die Mitgliedschaft in der EU. Andererseits scheint die Aussicht auf Mitgliedschaft in der EU den Transformationsprozess beflügelt zu haben. Denn in Ostmitteleuropa wurde er sehr viel konsequenter vollzogen als in Osteuropa und hat auch einen größeren wirtschaftlichen Erfolg nach sich gezogen. Die Europäische Union prüft, wie wir sahen, den Transformationserfolg nur indirekt, indem sie bei den Kandidaten die Übernahme des *acquis communautaire* überwacht. Es ist klar, wer die Aufnahmebedingungen erfüllt, hat ein demokratisches, rechtsstaatliches System und eine funktionsfähige Wettbewerbsordnung soweit installiert, dass er den Anforderungen aus den Verträgen und der Integrationspraxis der Gemeinschaft entsprechen kann.

Die Transformation wird direkt von der *Europäischen Bank für Wiederaufbau und Entwicklung* (EBWE) erfasst und in ihrem Fortschritt in den jährlichen *Transition Reports* dieser Institution dargestellt. (Die EBWE – auch unter der Abkürzung EBRD für *European Bank for Reconstruction and Development* bekannt – ist keine EU Institution, auch wenn die Union insgesamt 51 % ihres Stammkapitals hält. Andere europäische Länder, aber auch nicht-europäische Länder wie die USA und Japan, sind daran ebenfalls beteiligt.) Der Fortschritt der Transformation wird an Hand von neun Komponenten gemessen (eine genaue Beschreibung findet sich in EBRD 2002: 20 – 1):

- große Privatisierung
- kleine Privatisierung
- Unternehmenskontrolle und Restrukturierung
- Preisliberalisierung
- Handel und Währungssystem
- Wettbewerbspolitik
- Bankreform und Zinsliberalisierung
- Finanzmärkte
- Infrastruktur

Die folgende Tabelle belegt die zu Beginn gemachte Aussage, dass die Aussicht auf EU Mitgliedschaft und der Anpassungsprozess an die Gemeinschaft den Transformationsprozess positiv beeinflusst haben. Sie zeigt den aus den neun Teilkomponenten aggregierten Transformationsindex (der Indikator reicht von 1 bis 4 mit Auf- und Abschlägen von 0,3 Punkten für + und – Bewertungen) und das Niveau des BIP, das die Transformationsländer im Jahr 2004 im Vergleich zu 1989 erreicht haben.

Tabelle 4.2: Transformationserfolg in Ostmitteleuropa, Osteuropa und den Nachfolgestaaten der Sowjetunion

Land	*Transformationsindex 2005*	*BIP 2004 (1989 = 100)*	*Land*	*Transformationsindex 2005*	*BIP 2004 (1989 = 100)*
Estland	3,8	108	Armenien	3,1	98
Lettland	3,6	90	Aserbaidschan	2,7	76
Litauen	3,6	89	Belarus	1,8	111
Polen	3,7	142	Georgien	3,0	46
Tschechien	3,8	114	Kasachstan	2,9	103
Slowakei	3,6	121	Kirgisien	2,9	80
Ungarn	3,9	120	Moldawien	2,8	44
Slowenien	3,4	126	Russland	3,0	82
			Tadschikistan	2,3	69
Bulgarien	3,4	88	Turkmenistan	1,3	112
Rumänien	3,2	99	Ukraine	2,8	57
Kroatien	3,4	94	Usbekistan	2,1	113
Albanien	2,9	136			
Jugoslawien	2,6	56			
Mazedonien	3,0	80			

Quelle: EBRD 2005a, 2005b

Die acht Länder, die 2004 in die EU aufgenommen wurden, haben ihre Wirtschaftsordnung erfolgreich in eine Marktwirtschaft transformiert, auch wenn dieser Prozess noch nicht völlig abgeschlossen ist. Die beiden Länder, die im Jahr

2007 folgten, und Kroatien, das 2004 Kandidatenstatus erhielt, lagen nur unwesentlich zurück. Die ehemaligen Sowjetrepubliken, die heute die Gemeinschaft der unabhängigen Staaten (GUS) bilden, haben dagegen sowohl bei der Transformation wie bei der Überwindung der Transformationskrise noch einen weiten Weg vor sich. Drei unter ihnen, Belarus, Turkmenistan und Usbekistan, stehen erst am Anfang der Transformation und folglich auch das Tal der Transformationskrise noch nicht durchschritten.

Der Aufnahmeprozess ist eine Ermessensfrage. Das wurde bei der Osterweiterung sehr deutlich. Auf dem Luxemburger Gipfeltreffen hatte man 1997 beschlossen, mit einer „ersten Welle" von 5 + 1 Ländern, der sogenannten Luxemburg-Gruppe (Estland, Polen, Tschechien, Ungarn, Slowenien und Zypern), Verhandlungen aufzunehmen, die übrigen Kandidaten in eine Warteschleife zu leiten, der Türkei aber, die schon 1987 einen Antrag eingereicht hatte, keine konkreten Hoffnungen zu machen. Zwei Jahre später wurde vor allem die politische Weisheit dieses Beschlusses in Zweifel gezogen, und auf dem Gipfeltreffen von Helsinki (1999) beschloss man, auch die „zweite Welle" von 5 + 1 Ländern, die sogenannte Helsinki-Gruppe (Lettland, Litauen, Slowakei, Bulgarien, Rumänien und Malta) in die Verhandlungen einzubeziehen und der Türkei den Status eines Beitrittskandidaten zu verleihen. In den Verhandlungen stellte sich dann heraus, dass Bulgarien und Rumänien weder die politischen noch die wirtschaftlichen Bedingungen in ausreichendem Maße erfüllten, um bereits 2004 aufgenommen werden zu können. So kam es 2007 zu einer zweiten Runde der Osterweiterung.

Integration setzt Konvergenz voraus. Dieser Satz ist allerdings zu interpretieren. Wir sehen, dass die Beitrittsbedingungen hier differenzieren.

- Unbedingte Konvergenz: Im Bereich der Gesellschaftsordnung, der Wirtschaftsordnung und des Gemeinschaftsrechts kann die Union keine Kompromisse machen. Nur demokratisch verfasste Marktwirtschaften, die den rechtlichen Rahmen der Gemeinschaft voll übernehmen, sind mitgliedfähig.
- Bedingte Konvergenz: In der Wirtschaftspolitik gibt es Bereiche, die einen hohen Grad an Konvergenz verlangen, z.B. die Wettbewerbspolitik. Andere Bereiche, z.B. die Wirtschafts- und Währungsunion, verlangen ebenfalls einen hohen Grad an Konvergenz, dies aber nicht notwendigerweise schon vor dem Beitritt. In wiederum anderen Bereichen haben die Mitglieder eine relative Autonomie, so dass hier nur der Grundkonsens über die Wirtschaftspolitik gefragt ist, den wir mit Ordnungskonformität präzisieren können.
- Angestrebte Konvergenz: Im Bereich der Wirtschaftsentwicklung ist materielle Konvergenz ein Ziel der Union, aber keine Voraussetzung für den Beitritt. Es können also durchaus weniger entwickelte Länder aufgenommen werden, so wie das bei der Süderweiterung und der Osterweiterung der Fall war. Das Kriterium, dem Wettbewerbsdruck standhalten zu können, enthält allerdings Aspekte, die ein gewisses Mindestniveau der wirtschaftlichen Entwicklung voraussetzen.

4.3 Ein bunter Haufen?

Konvergenz und Homogenität sind für die Länder Europas weder eine herausragende Eigenschaft, noch sind sie etwas allgemein Erstrebenswertes. Würde man die Europäische Union am grünen Tisch ohne Rücksicht auf Geschichte und Kultur in Verwaltungseinheiten einteilen, so ist ziemlich sicher, dass dabei nicht das heutige Muster der Mitgliedländer herauskommen würde, deren größtes, Deutschland, mehr als 200 mal so viel Einwohner zählt wie das kleinste, Malta. Ein Vergleich der mit dem Lineal auf der Karte gezogenen Staatsgrenzen innerhalb der Vereinigten Staaten von Amerika und der über Jahrhunderte umstrittenen Grenzen innerhalb der Europäischen Union macht die Unterschiede von historischer Entwicklung und rationaler Planung deutlich. Jedes Mitgliedland der Union hat seine eigene Geschichte und seine eigene Kultur. Trotz Globalisierung und europäischer Integration weist seine Wirtschaft strukturelle Besonderheiten und komparative Vorteile auf. Und obwohl es sich ausnahmslos um demokratisch verfasste Rechtsstaaten handelt, hat jedes Land ein eigenes politisches System und ein eigenes Rechtssystem. Die ganze Vielfalt in allen ihren Schattierungen wiederzugeben, würde ein eigenes Buch (wenn nicht einen Bücherschrank) füllen und ist nicht Ziel unserer Darstellung.

Dieser Abschnitt soll nur dazu dienen, an hand einiger charakteristischer Aspekte die Vielfalt der Mitgliedländer zu zeigen, aus der sich typische Probleme der Integration ergeben. Wichtige Dimensionen in dieser Hinsicht sind:

- groß – klein
- entwickelt – weniger entwickelt
- arm – reich
- atlantisch orientiert – europäisch orientiert
- föderalistisch orientiert – intergouvernementalistisch orientiert
- liberale Marktwirtschaft – koordinierte Marktwirtschaft.

Die beiden letzten Dimensionen sind bereits in Kapitel 2 ausführlich behandelt worden. Darauf brauchen wir hier nicht zurückzukommen. Die Dimension der außen- und sicherheitspolitischen Orientierung ist wichtig angesichts der Tatsache, dass seit Maastricht 1992 die gemeinsame Außen- und Sicherheitspolitik eine Säule des Gebäudes der Union darstellt, eine Säule allerdings, die noch keine tragende Funktion besitzt. Wenn es eines Beweises dafür bedurft hätte, dann ist er durch den zweiten Golfkrieg (2003) geliefert worden. Während ein Teil der EU Mitgliedländer sowohl aus Westeuropa wie aus Osteuropa an der Seite der USA auf Bagdad marschiert ist, standen andere dieser Operation äußerst kritisch gegenüber. Wie sich ein europäischer Außenminister, hätte es ihn damals schon gegeben, in einer solchen Situation zu verhalten hat, liegt nicht auf der Hand. So paradox es klingen mag, die Osterweiterung hat die atlantische Orientierung verstärkt. Denn für die Länder, die der sowjetischen Hegemonie entkommen sind, war es die Haltung der USA im kalten Krieg und ist es ihre Mitgliedschaft in der NATO, die ihnen die Emanzipation ermöglicht hat und die neu gewonnene Selbständigkeit garantiert.

Tabelle 4.3: Fläche und Bevölkerung der EU, 2007

Land	*Fläche 1000 km²*	*Anteil an EU-27*	*Bevölkerung Mio.*	*Anteil an EU-27*	*Land*	*Fläche 1000 km²*	*Anteil an EU-27*	*Bevölkerung Mio.*	*Anteil an EU-27*
EU-27	4278	100	495,1	100					
Deutschland	357	8,35	82,3	16,62	Dänemark	43	1,01	5,4	1,09
Frankreich	544	12,72	63,4	12,81	Slowakei	49	1,15	5,4	1,09
Großbritannien	242	5,66	60,8	12,28	Finnland	338	7,90	5,3	1,07
Italien	301	7,04	59,1	11,94	Irland	69	1,61	4,3	0,87
Spanien	505	11,80	44,5	8,99	Litauen	65	1,52	3,4	0,69
Polen	313	7,32	38,1	7,70	Lettland	65	1,52	2,3	0,46
Rumänien	238	5,56	21,6	4,36	Slowenien	20	0,47	2,0	0,40
Niederlande	41	0,96	16,4	3,31	Estland	45	1,05	1,3	0,26
Griechenland	69	1,61	11,2	2,26	Zypern	9	0,21	0,8	0,16
Portugal	92	2,15	10,6	2,14	Luxemburg	3	0,07	0,5	0,10
Belgien	30	0,70	10,6	2,14	Malta	0,3	0,007	0,4	0,08
Tschechien	79	1,85	10,3	2,08					
Ungarn	93	2,2	10,0	2,0					
Schweden	450	10,52	9,1	1,84	Kroatien	57		4,4	
Österreich	84	1,96	8,3	1,68	Mazedonien	25		2,0	
Bulgarien	111	2,59	7,7	1,56	Türkei	780		73,4	

Quelle: Eurostat 2008

Größe ist eine Dimension, die vor allem in den Entscheidungsstrukturen (hierzu mehr in Kapitel 6) zu Konflikten führen kann. Das haben die langwierigen Verhandlungen über den Verfassungsvertrag deutlich gemacht. Bei Entscheidungen, die Einstimmigkeit erfordern, hat Malta das gleiche Gewicht wie Deutschland. Auf der anderen Seite steht das demokratische Prinzip *one person one vote*. Würde man dem allgemeine Geltung verschaffen, dann würden die Kleinen unter den Tisch fallen. Tabelle 4.3 zeigt die gewaltigen Unterschiede in der Verteilung von Land und Bevölkerung. Da die Türkei, Kroatien und Mazedonien offiziell einen Kandidatenstatus haben, werden sie von *Eurostat*, dem statistischen Amt der Union, in vielen Statistiken aufgeführt (natürlich ohne Haftung für ihren zukünftigen Status). Dem schließen wir uns an.

Der Vergleich mit anderen wirtschaftlichen Großmächten verdeutlicht das große internationale Gewicht der EU-27. Der Vergleich mit China und Indien relativiert diese Feststellung wieder. Wir müssen allerdings die Produktivität der Länder betrachten, um zu sehen, was sie ökonomisch auf die Waage bringen. Dem wenden wir uns sogleich zu.

Tabelle 4.4: Fläche und Bevölkerung, 2005

Land	*Fläche 1 000 km*	*Bevölkerung Mio.*	*Anteil an der Weltbevölkerung*
EU-27	4 278	495	7,5
USA	9 263	300	4,6
Indonesien	1 913	222	3,4
Brasilien	8 514	185	2,8
Russland	17 075	144	2,2
Japan	370	128	2,0
Indien	3 046	1 134	17,4
China	9 561	1 313	20,2

Quelle: Eurostat 2008, Wikipedia

Die Dimensionen der Entwicklung und des Wohlstands korrelieren natürlich hoch miteinander. Entwicklung wird an sehr unterschiedlichen Indikatoren gemessen: Lebenserwartung, Säuglingssterblichkeit, Ausbildungsniveau zum Beispiel, aber auch am Anteil der drei großen Wirtschaftszweige, Landwirtschaft, Industrie und Dienstleistungen, an der Gesamtbeschäftigung. Da die Landwirtschaftspolitik und die Kohäsions- oder Strukturpolitik die beiden größten Ausgabenposten des Unionsbudgets sind (siehe Kapitel 11), spielen das Entwicklungsniveau allgemein und das Gewicht des Agrarsektors in der Wirtschaft der Mitgliedländer für ihre Interessenlage eine wichtige Rolle. Die weniger entwickelten und stärker agrarisch geprägten Mitgliedländer werden für eine großzügige Ausgabenpolitik der Gemeinschaft plädieren. Der Wohlstand, gemessen am Volkseinkommen pro Kopf der Bevölkerung, ist wiederum für die Einnahmenseite des Budgets entscheidend. Je reicher ein Land, desto größer wird in der Tendenz sein Nettobeitrag zum gemeinsamen Haushalt sein. Die Reichen werden folglich für eine Beschränkung der Ausgaben eintreten, um so ihren Nettobeitrag in Grenzen zu halten.

Die Interessenlage der Mitgliedländer wird aber nicht nur von der Budgetpolitik der Gemeinschaft bestimmt. Die Vorteile, die der gemeinsame Markt bietet, werden um so mehr genutzt, je stärker ein Land außenhandelsorientiert ist. Die europäische Integration hat die beteiligten Wirtschaften insgesamt offener gemacht. Aber auf Grund ihrer Wirtschaftsstruktur und ihrer geographischen Lage ziehen einzelne Mitgliedländer mehr Vorteile daraus als andere. Die Offenheit einer Wirtschaft misst man üblicherweise am Verhältnis von Außenhandelsumsatz (der Summe von Export und Import geteilt durch zwei, bzw. vom Exportumsatz allein) und Bruttoinlandsprodukt. Und es ist klar: Je größer ein Land ist, desto niedriger wird in der Tendenz der Offenheitsgrad sein. Der Abnehmer eines belgischen Produkts liegt mit höherer Wahrscheinlichkeit außerhalb der Landesgrenzen als der Abnehmer eines amerikanischen Produkts. Wohlstand und Entwicklung werden von einer stärkeren Einbindung in die internationale Arbeitsteilung positiv beeinflusst. Das wissen wir spätestens seit David Ricardo (1772–1823).

Um die Zahlenflut nicht ausufern zu lassen, beschränken wir uns auf einen Indikator, die Produktivität gemessen am Bruttoinlandsprodukt (BIP) pro Kopf der Bevölkerung. Vergleichbare Daten der Volkswirtschaftlichen Gesamtrechnung, hier also ein vergleichbares BIP herzustellen, ist ein großes statistisches Problem. Erst einmal müssen vergleichbare Tatbestände in der Sozialproduktsrechnung erfasst werden. Die kommunistischen Länder hatten zum Beispiel mit dem System des Materialprodukts (*Material Product System*, MPS) eine völlig andere Methode als die in den kapitalistischen Länder übliche Methode der Volkswirtschaftlichen Gesamtrechnung (*System of National Accounts*, SNA). Beide Methoden sind von den Vereinten Nationen standardisiert worden, um eben die Vergleichbarkeit, zumindest innerhalb der Methoden, sicherzustellen. Das MPS wurde nach 1990 aufgegeben. Die jüngste Revision des SNA Systems erfolgte 1993 und wurde gemeinsam von den großen internationalen Organisationen, Eurostat, Internationaler Währungsfonds, OECD, Vereinte Nationen und Weltbank, ausgearbeitet, um zumindest konzeptionell eine Vereinheitlichung der Volkswirtschaftlichen Gesamtrechnungen zu erreichen (Commission of the EC 1993). Vergleichbare Tatbestände heißt auch, dass gleichnamige Produkte qualitativ miteinander vergleichbar sind: Eine Tonne Weizen ist eine Tonne Weizen (auch da gibt es Qualitätsunterschiede!), aber eine Vierzimmerwohnung in Genf und eine Vierzimmerwohnung in Bukarest sind nicht ohne weiteres das Gleiche.

Dann werden die Sozialproduktsdaten in nationalen Währungen erfasst. Die könnte man nun mit Hilfe der Wechselkurse in eine Währung, z.B. US Dollar oder Euro, umrechnen. Doch welche Information erhält man damit? Wechselkurse sagen nicht notwendigerweise etwas aus über die Kaufkraft der jeweiligen Währung. Sie werden, abgesehen vom Wechselkursregime (feste oder flexible Wechselkurse), bei konvertiblen Währungen mehr und mehr von Finanztransaktionen bestimmt, die nicht unmittelbar etwas zu tun haben mit der Produktivität und der Wohlfahrt eines Landes. Deshalb verwendet man für vergleichbare Daten häufig sogenannte Kaufkraftparitäten (*purchasing power parities*, PPP). Doch auch hier ist zu fragen, welche Information sie vermitteln (s. Box 4.3).

Box 4.3: Wechselkurse und Kaufkraftparitäten

Wechselkurse sind eindeutige Daten. Sie werden bei konvertiblen Währungen vom Devisenmarkt bestimmt, nicht ganz ohne Einflussnahme der nationalen Zentralbanken. In einem Regime flexibler Wechselkurse ändern sie sich allerdings täglich. Vergleicht man nun Sozialproduktsdaten über die Zeit, so können enorme Sprünge auftreten, die nicht auf reale Veränderungen zurückzuführen sind, sondern nur auf Wechselkursschwankungen.

Die Berechnung von Kaufkraftparitäten führt nicht zu eindeutigen Daten, sondern ist abhängig von der gewählten Methode. Kaufkraftparitäten sind Indexzahlen und sie implizieren damit das statistische Indexzahlenproblem. Bei zwei Ländern wird der Wert eines repräsentativen Warenkorbs in den nationalen Währungen miteinander verglichen. Nun kann man den Warenkorb des Landes A oder des Landes B zugrunde legen. Je nachdem wird die Kaufkraftparität etwas unterschiedlich sein. Bei intertemporalen Preisindices ist das als der Unterschied von Paasche und Laspeyres Indices bekannt. Häufig wird aus beiden Indices das geometrische Mittel gebildet, was den sogenannten Fisher-Index ergibt. Die Kaufkraftparität eines Euro betrug zu Beginn des Jahres 2008 1,35 US-Dollar basierend auf einem deutschen Warenkorb, 1,14 US-Dollar basierend auf einem OECD-Warenkorb und nur 0,91 US-Dollar basierend auf einem US-Warenkorb (*CESifo Forum* 1/2008). Wir sehen, die Unterschiede sind nicht zu vernachlässigen.

Haben wir 27 Länder oder mehr, tritt ein weiteres Problem hinzu. Üblicherweise wählt man ein „Sternland" A und berechnet auf bilateraler Basis 26 Kaufkraftparitäten der 26 Länder B, C, D usw. mit dem „Sternland" A. Diese lassen sich dann verketten. Da eine solche Verkettung allerdings nicht transitiv ist, können Verzerrungen auftreten: Der direkte Vergleich zwischen B und C kann eine andere Kaufkraftparität ergeben als die Verkettung der Vergleiche AB und AC.

Wir können hier nicht weiter ins Detail gehen. Nur eines sollte deutlich sein: Wenn unterschiedliche Institutionen Kaufkraftparitäten berechnen, dann kommen sehr wahrscheinlich unterschiedliche Ergebnisse heraus. Genau das ist der Fall. Die drei wichtigsten Institutionen, die international vergleichbare Sozialproduktsdaten produzieren, sind die Weltbank, die OECD und Eurostat. Während die beiden ersten die ganze Welt erfassen, beschränkt sich Eurostat auf die EU, die Kandidatenländer und die unmittelbare Umgebung. Tabelle 4.5 weckt die Vermutung, dass die Weltbank sich für ihre Daten der EU-Länder auf die Angaben von Eurostat verlässt, während die OECD (Maddison 2007) vom gleichen statistischen Ausgangsmaterial zu anderen Ergebnissen kommt.

Tabelle 4.5: Unterschiedliche Berechnung des BIP pro Kopf

Land	*Eurostat 2006*	*Weltbank 2005*	*OECD 2003*
	Euro von 2006	*US $ von 2005*	*Intern. $ von 1990*
USA	100	100	100
China	.	9,8	16,5
Indien	.	5,1	7,4
Japan	73,5	72,7	73,1
Großbritannien	76,8	75,8	73,4
Deutschland	73,5	73,2	65,9
Frankreich	72,9	71,1	75,3
Italien	67,1	66,6	66,0
Spanien	65,8	65,4	58,6

Quellen: Eurostat 2008, Maddison 2007: 382, ICP 2007

Die von Eurostat in so genannten Kaufkraftstandards (KKS) ausgewiesenen Daten basieren auf transitiven Kaufkraftparitäten und drücken Volumendaten in einer fiktiven Einheit (eben KKS) aus, die von den nationalen Währungen unabhängig ist (Eurostat 2003a: 147), aber ungefähr einem Euro entspricht. Nun sollte man denken, dass die einheitliche Währung des Euro zumindest für die Euro-Länder das Problem löse. Das ist nicht der Fall, da das Preisniveau (in Euro!) in den einzelnen Mitgliedländern sehr unterschiedlich ist. Tabelle 4.6 macht das deutlich: Ist das Pro-Kopf Einkommen in KKS höher als in Euro, dann ist das Preisniveau in dem entsprechenden Land niedriger als im europäischen Durchschnitt oder der Wechselkurs liegt unter der Kaufkraftparität, ist das Pro-Kopf Einkommen in KKS niedriger als in Euro, dann ist das Preisniveau höher als im europäischen Durchschnitt oder der Wechselkurs liegt über der Kaufkraftparität. Es macht wenig Sinn, beim Vergleich von Wechselkurs und Kaufkraftparität von Über- oder Unterbewertung zu sprechen, da in die Kaufkraftparität die Konsumgüterpreise eingehen, während der Wechselkurs eher von der Wettbewerbsfähigkeit des Landes bestimmt wird. Von den Ländern in Tabelle 4.6 haben Irland, Finnland, Deutschland, Frankreich, Spanien und Griechenland den Euro, während Großbritannien, Tschechien, Polen und Bulgarien nationale Währungen haben. Die Tabelle verdeutlicht zwei Tatsachen:

- der Euro hat das Preisniveau in den Euro-Ländern noch nicht ausgeglichen,
- weniger entwickelte Länder haben in der Tendenz ein relativ niedrigeres Preisniveau und/oder einen Wechselkurs, der unter der Kaufkraftparität liegt.

Tabelle 4.6: Kaufkraftparitäten und Wechselkurse

Land	*BIP pro Kopf in KKS*	*BIP pro Kopf in Euro*
EU-27	23500	23500
Irland	33500	41100
Großbritannien	27900	31500
Finnland	27300	31700
Deutschland	26700	28200
Frankreich	26500	28400
Spanien	24000	22300
Griechenland	22700	19300
Tschechien	18600	11100
Polen	12400	7100
Bulgarien	8700	3300

Ob nationale Sozialproduktsdaten mit Hilfe von Wechselkursen oder von Kaufkraftstandards vergleichbar gemacht werden sollten, hängt von der jeweiligen Fragestellung ab. Ein Unternehmer, der den Aufbau von Produktionskapazitäten in einem anderen Land erwägt, wird das dortige Lohnniveau und die dortige Produktivität mit Wechselkursen umrechnen, um festzustellen, ob es sich lohnt. Ein Unternehmer, der das Gütervolumen eines fremden Marktes und das dortige Wohlstandsniveau abschätzen möchte, muss mit Kaufkraftparitäten rechnen. Die Europäische Union, die für die Zuteilung von Strukturfondsmitteln bestimmte Entwicklungsschwellen definiert hat, braucht dafür Kaufkraftparitäten.

Tabelle 4.7 zeigt die Entwicklungsunterschiede innerhalb der EU.

Tabelle 4.7: BIP pro Kopf der Bevölkerung 2007, in Kaufkraftstandards

Land	*BIP pro Kopf*	*Land*	*BIP pro Kopf*
EU-27	100	EU-27	100
Luxemburg	276	Griechenland	98
Irland	146	Zypern	93
Niederlande	131	Slowenien	89
Österreich	127	Tschechien	82
Dänemark	123	Malta	77
Belgien	118	Portugal	75
Schweden	126	Estland	72
Großbritannien	116	Slowakei	69
Finnland	117	Ungarn	64

Land	*BIP pro Kopf*	*Land*	*BIP pro Kopf*
Deutschland	113	Litauen	60
Frankreich	111	Lettland	58
Spanien	107	Polen	54
Italien	101	Rumänien	41
		Bulgarien	38
USA	155	Kroatien	56
Japan	114	Türkei	42
China*	15	Mazedonien	29
Indien*	8		

* 2005
Quelle: Eurostat 2008, ICP 2007

Sozialproduktsdaten mittels Kaufkraftparitäten vergleichbar zu machen, führt zu unterschiedlichen Datensätzen. Eurostat Daten und OECD Daten (siehe Box 4.3 und für ausgewählte Länder Tab. 4.5) weichen in nicht unerheblichem Maß voneinander ab, auch wenn sie, wie anzunehmen ist, von den gleichen nationalen Daten ausgehen. Abweichungen von ± 10 % sind für die Länder der EU 15 nicht ungewöhnlich. Für die statistisch noch nicht so gut erfassbaren Beitrittsländer liegen die Abweichungen eher im Bereich von ± 25 %. Das bedeutet, dass man die Fehlermargen in diesen Bereichen anzusiedeln hat und solche komparative Daten nicht überinterpretieren sollte. Rangordnungen der Länder sind auf dieser Basis nicht angebracht. Bestenfalls kann man Gruppen von Ländern bilden, die auf einem ähnlichen Produktivitätsniveau stehen. In der linken Hälfte der Tabelle treffen wir mit Ausnahme Griechenlands und Portugals die alten Mitgliederländer der EU 15 an. Sie haben ein überdurchschnittliches und, sehen wir einmal von Luxemburg ab, relativ ausgeglichenes Entwicklungsniveau. Die neuen Mitglieder bleiben alle in der rechten Tabellenhälfte und weisen noch eine erhebliche Entwicklungslücke und stärkere Unterschiede auf. Bulgarien und Rumänien und auch die Türkei liegen noch einmal erheblich unterhalb des bereits niedrigen Niveaus in Ostmitteleuropa.

4.4 Catching-up als Folge der Integration

Tabelle 4.7 zeigt uns die Situation Europas am Beginn des neuen Jahrhunderts. Die Entwicklung, die dorthin geführt hat – beschränken wir uns nur auf das 20. Jahrhundert –, sind hundert Jahre europäische Geschichte, die wir hier nicht ansatzweise zusammenfassen können. 1913 gab es von den in der Tabelle aufgeführten Ländern einige nicht als selbständige Staaten (Tschechien, Slowakei, Polen, Irland, Finnland, Estland, Lettland, Litauen, Slowenien, Kroatien, Zypern, Malta), die meisten anderen hatten zum Teil völlig andere Grenzen als heute (Frankreich, Deutschland, Österreich, Italien, Ungarn, Rumänien, Bulgarien, Griechenland, Türkei). Die beiden Weltkriege, aber auch der Zusammenbruch des Sowjetimperiums 1989 – 91 haben das Staatengefüge Europas, vor allem in Ostmitteleuropa, grundlegend verändert. Die Grenzen, die in den Pariser Vorortfrieden von 1919 gezogen worden waren, hatten keinen Bestand.

Für die Konstruktion konsistenter Zeitreihen der langfristigen Wirtschaftsentwicklung bringt dies das Problem mit sich, dass die Territorien der von den nationalen Statistiken der jeweiligen Jahre erfassten Wirtschaftsdaten zum Teil erheblich voneinander abweichen. Man denke nur an das Deutsche Reich von 1913 und die Bundesrepublik und DDR von 1950. Dieser Aufgabe hat sich Angus Maddison (2001, 2003, 2007) gestellt und langfristige Zeitreihen in einheitlichen Grenzen konstruiert. Sie sind natürlich nicht für die historischen staatlichen Einheiten repräsentativ, sondern nur für die Wirtschaftsentwicklung innerhalb der angegebenen Grenzen (sei es Deutschlands und Österreichs von heute oder der Tschechoslowakei von 1950). Maddison hat die Daten dann auch noch mit den oben beschriebenen Methoden über konstante Preise und Kaufkraftparitäten intertemporal und zwischenstaatlich vergleichbar gemacht. Sie erlauben es uns nun, die Wirtschaftsentwicklung Europas im 20. Jahrhundert an hand der Produktivitätsentwicklung (BIP pro Kopf der Bevölkerung) darzustellen. Absolute Zahlen geben wir nur für Großbritannien an, um das reale Wachstum zu verdeutlichen. Im übrigen werden alle Daten auf Großbritannien normiert (d.h. GB = 100), weil dadurch die Verschiebungen in der relativen Position klarer sichtbar sind. Diese Normierung macht auch deshalb Sinn, weil das Vereinigte Königreich zu Beginn des 20. Jahrhunderts das höchste Entwicklungsniveau in Europa aufwies und so der Aufholprozess der übrigen Länder verdeutlicht wird. Im Jahr 2001 war das Produktivitätsniveau Großbritanniens dem Durchschnitt für die EU-15 genau gleich. Die Angaben in Tab. 4.7 und für das Jahr 2001 in Tab. 4.8 machen noch einmal deutlich, dass unterschiedliche Berechnungen derartiger vergleichbarer Größen auch zu unterschiedlichen Ergebnissen führen. Das zeigt sich vor allem bei den Daten für Osteuropa.

Tabelle 4.8: BIP pro Kopf 1913 – 2001; in internationalen Dollars von 1990, bzw. GB = 100

Land	*1913*	*1929*	*1950*	*1970*	*1990*	*2001*
Großbritannien	4921	5503	6939	10767	16430	20127
Großbritannien	100	100	100	100	100	100
Niederlande	82	103	86	111	105	108
Belgien	86	92	79	99	105	104
Frankreich	71	85	76	108	110	105
Deutschland[1]	74	74	56	101	97	93

Land	*1913*	*1929*	*1950*	*1970*	*1990*	*2001*
Österreich	70	67	53	91	103	100
Schweden	61	70	97	118	108	102
Dänemark	79	92	100	118	112	115
Finnland	43	49	61	89	110	101
Italien	52	56	50	90	99	95
Irland	56	51	50	58	72	115
Spanien	42	50	32	59	73	78
Portugal	25	29	30	51	66	71
Griechenland	32	43	28	58	61	62
Tschechoslowakei[2]	43	55	50	60	52	44
Ungarn	43	45	36	47	39	37
Polen	35	38	35	41	31	37
Rumänien	35	21	17	26	21	16
Bulgarien	31	21	24	44	34	28
UdSSR[2]	30	25	41	52	42	23
Türkei	25	22	23	29	33	30
USA	108	125	138	140	141	138

[1] Die Quelle (Maddison 2003) hat eine (hypothetische) konsistente Zeitreihe für Deutschland in den heutigen Grenzen konstruiert, d.h. von 1950 bis 1990 ist die DDR in den Daten enthalten. Der Index des Produktivitätsniveaus beträgt für die alte Bundesrepublik 114 und für die DDR 31 im Jahr 1990 (Maddison 2001: 178). Die zweite Zahl ist im Vergleich zu Polen und der Tschechoslowakei sicher zu niedrig, woraus sich möglicherweise der in Tab. 4.5 konstatierte Unterschied zwischen den Angaben für Deutschland von Eurostat und von Maddison erklärt.

[2] In ähnlicher Weise ist eine Zeitreihe für die Tschechoslowakei und die UdSSR in den Grenzen von 1990 konstruiert worden, d.h. die Daten für 2001 sind hypothetischer Natur.

Quelle: Maddison 2003

Die Tabelle erzählt etwas über die Wirtschaftsgeschichte Europas in der Zeit von 1913 bis 2001 und damit auch über die Wirkung der europäischen Integration:

– Die einzelnen Teilperioden weisen auf Grund der mit ihnen verbundenen Ereignisse (Kriege, Depression, Transformation) sehr unterschiedliche durchschnittliche Wachstumsraten auf. Für Großbritannien betragen sie
  - 1913–1929 0,71
  - 1929–1950 1,11
  - 1950–1970 2,22

- 1970–1990 2,15
- 1990–2001 1,82

Je nach Verschiebung der relativen Position haben sich die übrigen Länder langsamer oder rascher als Großbritannien entwickelt.

- 1913 war das Vereinigte Königreich noch eindeutig die führende Industrienation in Europa. In der Welt hatten die USA Großbritannien gerade überholt, was die Produktivität betrifft. Der Rest der Geschichte ist eine Geschichte des *catching-up,* des Aufschließens der übrigen europäischen Wirtschaften zum führenden Produktivitätsniveau. Es ist ein langfristiger Prozess, wie wir sehen. In Südeuropa ist er noch nicht abgeschlossen, und in Ostmitteleuropa hat er gerade erst begonnen.
- 1913 und 1929 gab es große Entwicklungsunterschiede in Europa. England, die Benelux Länder und Dänemark führten die Tabelle an, während die Peripherie von Finnland über Irland, Portugal, Spanien, Italien und Griechenland bis nach Ostmitteleuropa nur rund 50 % der Produktivität dieser Länder erreichte. Nur Südosteuropa lag noch weiter zurück.
- 1950 hatten die Unterschiede in der Folge des Krieges weiter zugenommen. Großbritannien war vom Krieg relativ verschont geblieben, der Kontinent hatte sich 1950 davon noch nicht erholt. Auch daraus erklärt sich die unterschiedliche Haltung Großbritanniens und der kontinentalen Länder in der Anfangsphase der europäischen Integration.
- Den enormen Konvergenzerfolg, den wir im Zeitraum von 1950 bis 2001 für das nicht-kommunistische Europa beobachten, können wir natürlich nicht ausschließlich der europäischen Integration zuschreiben. Zum Teil wurden damit nur die Kriegsfolgen wieder ausgeglichen. Aber der Vergleich zu 1929 zeigt deutlich, wie ehemals rückständige Länder zur Spitze aufgeschlossen haben. Dieser *catching-up* Prozess ist der größte Erfolg der Integration.
- „Wirtschaftswunder" waren in dieser Periode kein deutsches Monopol. Italien, Österreich, Finnland, Schweden und in jüngster Zeit Irland haben mindestens ebenso eindrucksvolle Entwicklungsleistungen vollbracht. Dabei ist zu bemerken, dass dies nicht nur im Rahmen der EWG erfolgt ist. Aber Integration fand auch außerhalb der formellen Mitgliedschaft in der Gemeinschaft statt.
- Die Länder Westeuropas, die 1970 noch deutlich zurücklagen, Irland, Spanien, Portugal und Griechenland haben durch die Mitgliedschaft einen erheblichen Entwicklungsschub erhalten, der Irland sogar an die Spitze der Mitgliedländer gebracht hat.
- Ostmitteleuropa hatte keinen Anteil am *catching-up* Prozess. Die Länder der Region standen 1990 im Vergleich zu Großbritannien (GB = 100) ungefähr genau so da wie 1929 oder 1950. Durch die Transformationskrise verschlechterte sich ihre Position dann sogar noch etwas. Während sie sich 1929 und 1950 mit Italien, Spanien, Österreich und Irland vergleichen konnten, waren diese Länder 2001 weit enteilt. Die sozialistische Planwirtschaft hatte sich als Misserfolg erwiesen. Der Anschluss an das westliche Ordnungsmodell und dann auch an die westeuropäischen Integrations-

formen, d.h. das Streben, Mitglied der EU zu werden, war eine logische Folge.

Box 4.4: Catching-up

Zum führenden Läufer aufzuschließen, bedeutet schneller zu laufen als dieser. Die Zeit, die dafür erforderlich ist, bestimmen der Vorsprung des Führenden und die Geschwindigkeitsdifferenz. Nehmen wir an, die Wirtschaft der EU-15 (Produktivitätsindex $P_1 = 100$) wächst langfristig mit einer durchschnittlichen Rate von $r_1 = 2\%$. Die Dauer des *catching-up* Prozesses hängt dann ab von der Produktivitätslücke ($\Delta P = P_1 - P_i$, wobei P_i der Produktivitätsindex des aufholenden Landes ist) in der Ausgangssituation (dem Jahr 2006 in Tab. 4.7) und von der durchschnittlichen Wachstumsrate r_i ($i = 2, 3, \ldots, n$). Das bedeutet, die Entwicklung von P_1 und P_i ist gegeben durch:

$$P_1\,(1 + r_1)^T \qquad \text{und} \qquad P_i\,(1 + r_i)^T$$

Die Dauer T des Aufholprozesses bestimmt sich dann nach der Formel:

$$T = \ln\,(P_1/P_i)/\ln\,[(1 + r_i)/(1 + r_1)]$$

Schauen wir uns die konkrete Situation in Europa an. Nehmen wir an, die wirtschaftsschwächeren Länder wollten auf ein durchschnittliches Niveau der EU-15, z.B. auf das Niveau von Frankreich oder Deutschland, aufschließen. Vereinfachend können wir dann sechs Produktivitätslücken unterscheiden:

- $P_i = 90$ Spanien, Italien
- $P_i = 80$ Griechenland, Zypern, Slowenien
- $P_i = 70$ Tschechien, Malta, Portugal, Estland; hier wären auch die neuen Bundesländer im Vergleich zu den alten einzuordnen
- $P_i = 60$ Slowakei, Ungarn
- $P_i = 50$ Litauen, Lettland, Polen, Kroatien
- $P_i = 30$ Türkei, Rumänien, Bulgarien

Für unterschiedliche Wachstumsdifferenzen ($\Delta r = r_i - r_1$) ergeben sich damit folgende Perspektiven für den *catching-up* Prozess:

Tabelle 4.9: Dauer des catching-up Prozesses

	$\Delta r = 2\%$	$\Delta r = 4\%$	$\Delta r = 6\%$	$\Delta r = 8\%$
$P_i = 90$	5,4	2,7	1,8	1,4
$P_i = 80$	11,5	5,8	3,9	3,0
$P_i = 70$	18,4	9,3	6,2	4,7
$P_i = 60$	26,3	13,3	8,9	6,8
$P_i = 50$	35,7	18,0	12,1	9,2
$P_i = 30$	62,0	31,3	21,1	15,9

Irland hatte in der zweiten Hälfte der 1990er Jahre eine Wachstumsdifferenz von 7–8% gegenüber dem Durchschnitt der EU-15. Im gleichen Zeitraum war die Wachstumsdifferenz zwischen den neuen und den alten Bundesländern praktisch Null. Doch das eine war ungewöhnlich hoch und das andere ungewöhnlich niedrig: Irland hat die Produktivitätslücke geschlossen, ja sogar einen Vorsprung gewonnen (vgl. Tab. 4.7 und 4.8); die neuen Bundesländer haben entsprechende Erwartungen nicht erfüllen können. In den vier Jahren 2004 – 2007 betrug das durchschnittliche Wachstum des BIP pro Kopf der Bevölkerung real zwischen 1,4 und 1,8 % in Frankreich und Deutschland. In den *catching-up* Ländern war die Situation wie folgt:

Tabelle 4.10: Durchschnittliche Wachstumsraten des BIP pro Kopf 2004 – 2007, in %

Land	*r*	*Land*	*r*
Lettland	11,1	Slowenien	4,8
Estland	9,5	Griechenland	3,8
Litauen	8,6	Ungarn	3,7
Slowakei	7,6	Kroatien	3,0
Bulgarien	6,7	Malta	2,1
Rumänien	6,4	Spanien	2,0
Türkei	6,1	Zypern	2,0
Tschechien	5,5	Portugal	1,0
Polen	5,5	Italien	0,6

Quelle: Eurostat 2008

Daraus lässt sich bei aller Unsicherheit über künftige Wachstumsraten zumindest der Schluss ziehen, dass der Aufholprozess in fast allen diesen Ländern stattfindet. In einigen wird es allerdings ein langfristiger Prozess sein.

4.5 Wer gehört denn noch nicht dazu?

Von den 43 Staaten Europas sind zur Zeit 27 Mitglied der Gemeinschaft. Vier weitere Länder, die Schweiz, Kroatien, Mazedonien und die Türkei, besitzen Kandidatenstatus. Die Aufnahmeverhandlungen mit Kroatien und der Türkei wurden im Oktober 2005 aufgenommen. Im Fall der Schweiz ruhen sie. Wir können die 16 Nicht-Mitgliedländer in vier Gruppen einteilen.

Schweiz, Liechtenstein, Norwegen und Island: Diese reichen, hochentwickelten westeuropäischen Länder haben von sich aus beschlossen, der Gemeinschaft nicht beizutreten. Die Schweiz und Norwegen hatten in der Vergangenheit (Norwegen bereits zweimal) Anträge auf Mitgliedschaft eingereicht, diese auf Grund von ablehnenden Volksentscheiden jedoch zurückgezogen, bzw. ruhen lassen. Island ist wegen der Fischereipolitik der Gemeinschaft an einer Mitgliedschaft nicht interessiert. Denn es müsste seinen wichtigsten Wirtschaftszweig den Brüsseler Regelungen unterordnen, was als sehr nachteilig eingeschätzt wird. Sollte eines der drei Länder in Zukunft doch

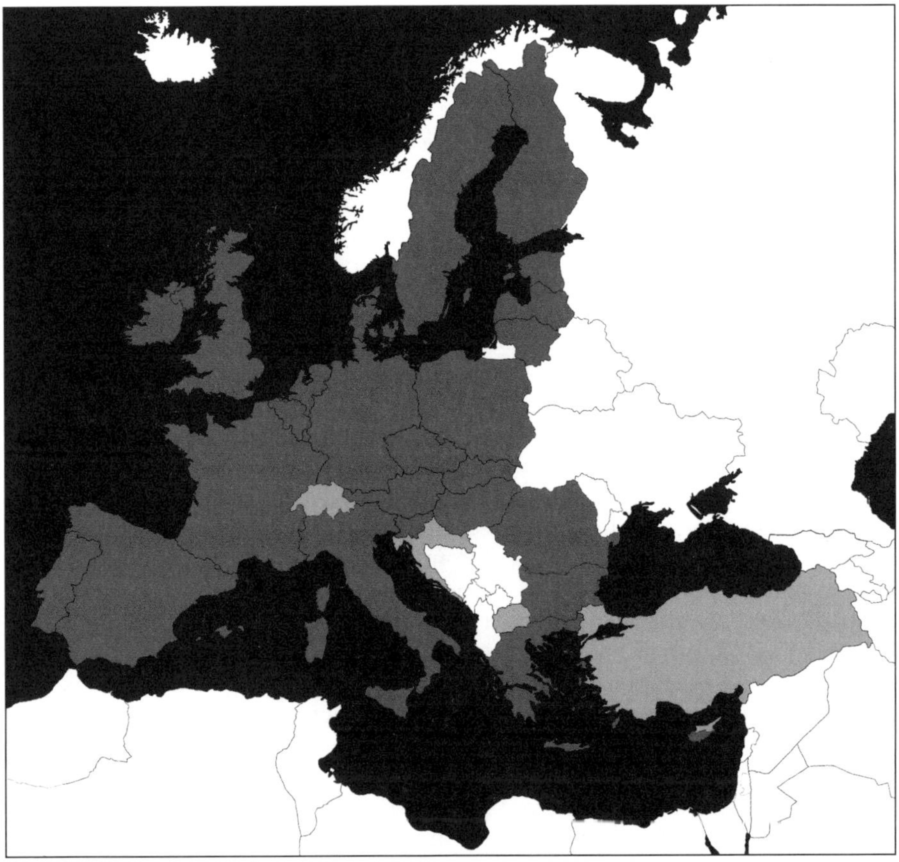

Abbildung 4.1: Die EU (dunkelblau), ihre Kandidaten (hellblau) und der Rest Europas (weiß)

den Wunsch äußern, Mitglied zu werden, so dürfte einer Aufnahme nichts im Wege stehen.

Die Balkanländer Kroatien, Serbien, Bosnien-Herzegowina, Montenegro, Mazedonien, Kosovo und Albanien: Alle übrigen Nicht-EU Länder sind arm bis sehr arm und wenig entwickelt. Das ist zweifellos ihr Hauptproblem. Im gemeinsamen Markt kann man sich heute nur wenige dieser Länder vorstellen. Das eigentliche Problem des Balkans ist aber politischer Natur. Schon die geographische Lage zwischen dem EU-Mitgliedland Griechenland und Mitteleuropa macht die Balkanländer andererseits zu natürlichen Kandidaten für eine Mitgliedschaft in der Gemeinschaft. Sie würde auch sicher zur politischen Stabilisierung der Region beitragen. Nur schreckt die Gemeinschaft davor zurück, ökonomisch sehr schwache Länder aufzunehmen, die ihre internen Probleme noch nicht gelöst haben, und das sind vor allem ethnische und religiöse Konflikte, eine schwach ausgebildete Rechtsstaatlichkeit, Demokratiedefizite und eine extrem hohe Arbeitslosigkeit. Die strukturellen und institutionellen Voraussetzungen einer Mitgliedschaft wären von diesen

Ländern finanziell nicht zu verkraften. Das bedeutet, dass die Hinführung zur Mitgliedschaft erhebliche Investitionen von seiten der EU erfordert. Der Fall Mazedonien, das ja bereits Kandidatenstatus genießt, macht deutlich, dass die EU dazu prinzipiell bereit ist. Unter den Balkanländern bildet Kroatien eine Ausnahme. Es war zwar ebenso wie die übrigen in die Kriege und ethnischen Konflikte verwickelt, die die Region nach dem Zusammenbruch der kommunistischen Herrschaft und dem Auseinanderfallen des jugoslawischen Staates erschüttert hatten. Inzwischen ist es aber politisch wie ökonomisch so weit gefestigt, dass die EU ihm 2004 Kandidatenstatus gewährt und 2005 Aufnahmeverhandlungen aufgenommen hat.

Die europäischen Nachfolgestaaten der Sowjetunion Russland, Weißrussland (Belarus), Ukraine und Moldawien: Diese Länder kommen aus den unterschiedlichsten Gründen mittelfristig für eine Mitgliedschaft in der Europäischen Union nicht in Frage. Alle vier haben, wie schon erwähnt, die Transformation zu demokratischen und marktwirtschaftlich organisierten Systemen noch nicht hinreichend erfolgreich abgeschlossen, ja Belarus hat diesen Prozess noch nicht einmal begonnen. Moldawien ist ein historisch und politisch sehr inhomogener Staat, der auf Grund seiner ethnisch-kulturellen Zusammensetzung zwischen Russland und Rumänien umstritten war. Diese Konflikte kennzeichnen auch den heutigen unabhängigen Staat noch immer. Die Ukraine hat offiziell ihr Interesse an einer EU Mitgliedschaft bekundet. Gleichzeitig ist sie aber stark abhängig von Russland, vor allem was ihre Energieversorgung betrifft. Und so ist noch nicht abzusehen, ob sie über einen Assoziationsvertrag mit der EU hinauskommen wird. Russland, das sollte deutlich sein, ist allein schon wegen seiner Größe und seiner Ausdehnung bis an den Pazifik ein schwieriges Kapitel für die EU. Einerseits ist die EU von russischen Rohstoffen (Erdöl, Erdgas) abhängig. Andererseits stellt der enorme Investitionsbedarf Russlands einen wichtigen Absatzmarkt für die europäische Industrie dar. Das heißt, von einer engen Zusammenarbeit profitieren beide Seiten. Aber eine Integration in der Form der Mitgliedschaft in der Gemeinschaft ist zur Zeit schwerlich vorstellbar. Eine Marginalie in diesem Zusammenhang ist der Bezirk Kaliningrad (der nördliche Teil des ehemaligen Ostpreußen), der nach dem Krieg an die Sowjetunion und dort an die Russische Sowjetrepublik gefallen war. Dieser Bezirk ist heute, nachdem Polen und Litauen Mitglieder der EU geworden sind, eine russische Enklave in der EU.

4.6 Die Türkei Mitglied in der EU?

Die vierte Gruppe der europäischen Nicht-EU Länder wird allein von der Türkei gebildet. Und ihre Mitgliedschaft ist zur Zeit ein sehr umstrittenes Thema in allen Mitgliedländern – und auch außerhalb: Die USA drängen aus geostrategischen oder sicherheitspolitischen Gründen die EU, die Türkei aufzunehmen. Die Diskussion ist fast eine unendliche Geschichte. Schon 1963 hatte sich die EWG im Assoziierungsvertrag mit der Türkei bereit erklärt, die Türkei langfristig als potentielles Mitglied zu betrachten. 1987 hat die Türkei offiziell einen Antrag auf Mitgliedschaft gestellt, der zwei Jahre später abgelehnt wurde, auch wenn man die Akte nicht völlig geschlossen hat. Erst seit dem Gipfeltreffen von 1999 in Helsinki betrachtet die EU die Türkei als Kandidat für eine Mitgliedschaft, und es dauerte wieder bis Dezember 2004, bis eine Entscheidung über die Aufnahme von Beitrittsverhandlungen gefällt wurde, die schließlich im Oktober 2005 erfolgte. Ganz offensichtlich liegt die Türkei der EU schwer im Magen, und man weiß nicht so recht, wie damit umzugehen sei. In der Diskussion um die Aufnahme der Türkei geht es jedoch nicht nur um dieses Land. Es geht vor allem auch um die Europäische Union: Was stellt man sich unter Europa vor? Die Diskussion wird auf drei Ebenen geführt, der politischen, der ökonomischen und der historischen (Übersichten bei Kramer 2003; Quaisser/Reppegather 2004, Leggewie 2004).

Die historische Ebene ist die komplexeste; denn hier verbinden sich Fragen nach der Geschichte, der Identität, den Wertvorstellungen, d.h. nach den Gemeinsamkeiten, die die europäische Gemeinschaft aufweist, mit der Bestimmung des „Anderen", der Grenzziehung zur Umgebung. Eine einfache Lösung wäre die Festlegung Europas auf das christliche Abendland. Die am Ende gescheiterten Bemühungen einiger Mitgliedländer, die christliche Tradition in den Verfassungstext aufzunehmen, hatte zwar nicht dies zum Ziel, wäre am Ende aber nicht anders verstanden worden. Der Versuch ist vor allem an einer anderen europäischen Tradition gescheitert, der aus der französischen Revolution stammenden strikten Trennung von Kirche und Staat. Diesen Schritt hat übrigens die Türkei auf ihrem Weg nach Europa mit der Revolution unter Kemal Atatürk (1881–1938) nachvollzogen (anders als manches Mitgliedland der EU, das eine Staatskirche kennt, z.B. England). Das Erbe der europäischen Aufklärung beinhaltet Pluralismus und Toleranz. Wollte man nun die Religion zum Abgrenzungskriterium machen, müsste man nachweisen, dass der Islam Pluralismus und Toleranz grundsätzlich ausschließt, d.h. dass diese Wertvorstellungen nicht adaptierbar sind.

Ein Europa unter Einschluss der Türkei wäre ein anderes Europa als ein Europa ohne die Türkei. Darüber besteht Einigkeit. Die Aufnahme eines Landes, das zu 97 % in Kleinasien liegt, würde bedeuten, dass man es aufgibt, eine prinzipielle Außengrenze Europas festzulegen. Das Projekt der europäischen Integration wäre grundsätzlich offen und würde der Idee eines kosmopolitischen Föderalismus, wie sie Kant (1795) in seiner berühmten Schrift entwickelt hat, sehr viel eher entsprechen als ein exklusives Europa (vgl. Kapitel 1). Allerdings würde eine der Kantschen Voraussetzungen, die Respektierung einer einheitlichen rechtlichen Basis, die in der heutigen Europäischen Union ihren Niederschlag im obligatorischen Charakter des *acquis communautaire* findet, auf die Dauer mit einiger Wahrscheinlichkeit in die Kritik des kulturellen Pluralismus geraten. Diese Kritik richtet sich gegen „the difference-blind application of his principle of equality and the principle of citizens' dependence on a single, common source of legislation" (Tully 2002: 352). Wertvorstellungen sind kulturell bestimmt, und das Recht schreibt die ethischen Normen fest. Was wäre „natürlicher", als dass unterschiedliche Kulturen ihre Gesellschaften unterschiedlich verfassen? Es ist nun aber eines festzustellen, ein jeder könne auf seine Façon selig werden, und ein anderes, innerhalb einer Gemeinschaft unterschiedliche Rechtsauffassungen zu respektieren. Ein Europa, das sich als Wertegemeinschaft versteht, hat mit der Aufnahme der Türkei größere Probleme als ein Europa, das sich als Freihandelszone versteht. Auf der anderen Seite ist es aber keineswegs ausgemacht, dass die Türkei die europäischen Verträge, den europäischen Grundrechtskatalog und generell das Projekt der europäischen Integration nicht mittragen würde.

Box 4.5: Türkei und Russland und die europäische Identität

„Russland, Weißrussland und die Ukraine, erst recht die Türkei sind nie Bestandteile des historischen Europa gewesen. Sie sind nicht durch die Antike, das römische Recht, die Reformation, geschweige denn die Aufklärung, nicht durch das okzidentale Bürgertum mit seinen autonomen Bürgerständen, durch den europäischen Adel, das europäische Bauerntum geprägt worden, auch wenn die Aufholjagd seit Peter dem Großen und Atatürk anhält. Zugegeben: Europa ist auch eine historisch, allerdings nur innerhalb enger Grenzen sich wandelnde Größe, die öfters neu bestimmt worden ist. Insofern ist sie eine zeitabhängige ‚Konstruktion', über die auch heutzutage wieder entschieden werden muss." (Hans-Ulrich Wehler in der Frankfurter Allgemeinen Zeitung vom 19.12.2003)

Zumindest im Hintergrund dürfte auch die Überlegung eine Rolle spielen, dass die Türkei binnen kürzester Zeit das größte Mitgliedland der Union wäre. Schon heute wird sie mit ihren über 70 Millionen Einwohnern nur von Deutschland übertroffen. Ihr Bevölkerungswachstum lässt es aber erwarten, dass sie innerhalb der nächsten 15 Jahre die 80 Millionen Grenze weit überschritten haben wird. Je demokratischer die Entscheidungsprozesse innerhalb der EU werden (dazu mehr in Kapitel 6), desto größer wird das Gewicht der großen Länder. Für viele Kritiker eines Beitritts der Türkei ist es eine abenteuerliche Vorstellung, die größte Vetomacht der Gemeinschaft in den Händen einer peripheren asiatischen Provinz Europas zu wissen.

Historisch-kulturelle Argumente sind allerdings, wie wir gesehen haben, in den Kopenhagener Beitrittskriterien nicht enthalten. Wenn die Union diese Bedingungen für notwendig und hinreichend hält, dann sollten nur die politischen und ökonomischen Voraussetzungen entscheidend sein. Und genau das ist es, was die Kommission, wie bei der Osterweiterung, für die Türkei überprüft. Es ist in unserem Zusammenhang nicht notwendig, im einzelnen nachzuzeichnen, welche Fortschritte die Türkei bei der Annäherung an Europa gemacht hat oder wo die Defizite noch besonders groß sind (Quaisser/Reppegather 2004). Demokratie, Rechtsstaat, Wettbewerbsordnung und Wettbewerbsfähigkeit sind bekannte kritische Bereiche. Da die Kommission den Eindruck gewonnen hat, die Annäherung sei hinreichend erfolgt, hat sie empfohlen, Beitrittsverhandlungen aufzunehmen. Das ist ein technokratischer Vorgang, und es oblag dem politischen Organ der Union, dem Rat, einen entsprechenden Beschluss zu fassen. Das Parlament kommt erst sehr viel später ins Spiel, nämlich dann, wenn es darum geht, die Aufnahme zu vollziehen.

Ein häufig anzutreffendes Argument gegen eine Mitgliedschaft der Türkei in der EU lautet, praktisch alle Aspekte einer Zusammenarbeit zwischen der EU und der Türkei ließen sich außerhalb der Mitgliedschaft regeln. Im ökonomischen Bereich wird dafür die Zollunion angeführt, die seit 1996 für gewerbliche Waren und verarbeitete Agrarerzeugnisse besteht. Das bedeutet, dass es einen freien Warenverkehr zwischen der Gemeinschaft und der Türkei gibt (damit hat die Türkei noch Probleme, die sie durch nicht-tarifäre Handelshemmnisse zu umgehen versucht) und dass die Türkei den Außenzoll der Gemeinschaft übernimmt. (Das kann auf Grund der unterschiedlichen Wirtschaftsstruktur nicht immer optimal sein. Man denke nur an die Baumwolle: Als reiner Baumwollimporteur wird die EU hier keinen Zoll erheben, während die Türkei als Baumwollproduzent ihre Bauern durch Zölle schützen möchte. Und das ist in diesem Fall möglich, da die Zollunion sich nur auf verarbeitete Agrarerzeugnisse erstreckt). Auch wenn eine Zollunion noch nicht ein gemeinsamer Markt ist, der für die EU einen erheblichen Integrationsfortschritt darstellt, ist es sicher richtig, dass die wirtschaftliche Zusammenarbeit zwischen der Gemeinschaft und der Türkei bereits hoch entwickelt ist.

Wäre die EU eine rein intergouvernementale Veranstaltung, dann ließe sich auch eine weitere Vertiefung der Zusammenarbeit auf dieser Ebene vorstellen. Sie ist es aber nicht, und deshalb besitzt Mitgliedschaft eine andere Qualität. Genau diese Qualität strebt die Türkei an. So steht die Union vor dem Problem, klar „ja" oder „nein" zu sagen, nachdem sie über Jahrzehnte „später" gesagt hat. Dieser Entscheidungszwang birgt die Chance, Intention und Identität der Europäischen Union neu zu reflektieren. Die Hauptargumente Pro und Kontra einer EU-Mitgliedschaft der Türkei lassen sich im Anschluss an Leggewie (2004: 17) in folgender Tabelle zusammenfassen:

Tabelle 4.8: Argumente für und gegen eine EU-Mitgliedschaft der Türkei

Pro	*Kontra*
Dynamik der Entwicklung	Rückständigkeit, Anpassungskosten
Bevölkerungszahl: Marktgröße	Bevölkerungszahl: Stimmgewicht in der Union
Modell der Versöhnung von Islam und Demokratie	Politischer Islam, weitere Ausdehnung nach Europa
Brücke Orient – Okzident	Zusammenprall der Kulturen
Identitätserweiterung der EU	Identitätsbruch der EU
Erweiterung des Modells Europa	Erschwerte Vertiefung der EU
Pazifizierung der Region	Sicherheitsrisiko

Teil III:
Prinzipien der Integration

Kapitel 5
Verfassung und Wirtschaftsordnung des geeinten Europa

Worum geht es in diesem Kapitel?

TE: Nachdem wir den geographischen, historischen und kulturellen Rahmen skizziert haben, innerhalb dessen sich der europäische Einigungsprozess vollzieht, müssen wir nun zur materiellen Substanz kommen – der Wirtschaftsverfassung der Gemeinschaft.

HF: Verfassung klingt nach Staat. Handelt es sich bei der Union denn um einen solchen? Und haben sie die Verfassung nicht abgelehnt in Frankreich und Holland?

TE: Den Vertrag über eine Verfassung – ja. Aber die Gemeinschaft ist bereits durch ihre bestehenden Verträge, vor allem durch den EG-Vertrag und den EU-Vertrag verfasst, die jetzt im Vertrag von Lissabon zusammengeführt werden. Sie verfügt über primäres und sekundäres Recht, und dieses Recht hat Vorrang gegenüber dem Recht der Mitgliedländer. Wenn sie auch kein Staat im herkömmlichen Sinn ist, dann ist sie doch ein staatsrechtliches Gebilde *sui generis*, sie ist eine Rechtsgemeinschaft.

HJW: Kann es denn überhaupt eine einheitliche Wirtschaftsordnung geben, wenn erst 6 und heute immerhin 27 Staaten, die unterschiedliche Traditionen aufweisen und unterschiedliche Wirtschaftsstile pflegen, eine Gemeinschaft bilden?

TE: Da wird es zu Kompromissen kommen müssen.

HF: Wir haben den Gegensatz zwischen Föderalisten und Intergouvernementalisten, also zwischen Deutschland und den Benelux-Ländern auf der einen Seite und Frankreich und Großbritannien auf der anderen.

HJW: Und wir haben den Gegensatz zwischen Ordoliberalen oder Neoliberalen und Etatisten, also hier zwischen Deutschland und Großbritannien auf der einen und Frankreich und Italien auf der anderen Seite.

TE: Und wenn ihr hinzunehmt, dass das Gebilde Europäische Union nicht fix und fertig wie Athena dem Kopf des Zeus entsprungen ist, sondern sich über nunmehr 50 Jahre entwickelt, dann sollte deutlich sein, dass seine Wirtschaftsordnung ständigem Wandel unterworfen ist.

HJW: Dabei ist mir nicht klar, in welche Richtung dieser Wandel verläuft. Die Ordoliberalen, vor allem in Deutschland, klagen, dass der liberale Grundcharakter der Verträge von Rom durch interventionistische Tendenzen im Vertrag von Maastricht verwässert worden sei. Demgegenüber beklagen die Kritiker auf der Linken, vor allem in Skandinavien und Frankreich, im Binnenmarkt einen Sieg der Neoliberalen.

TE: Das ist bei Kompromissen normal. Allerdings sehe ich nach wie vor einen Vorrang des Rechts vor der Politik und eine Wirtschaftsordnung, die weitgehend liberalen Vorstellungen entspricht, „die der Eigengesetzlichkeit des Ökonomischen Rechnung trägt und die das Verhältnis von Staat bzw. Gemeinschaft und Wirtschaft, von Ökonomie und Politik, von Markt und Intervention, von Privatautonomie und Regulierung nach justiziablen Kriterien bestimmt", wie es Peter Behrens (1994: 84) formuliert hat.

HJW: Politik als diskrete Intervention tritt ins zweite Glied.

TE: Das ist es, was Majone (1998) mit dem Regulierungsstaat meint. Eine Gemeinschaft, die sich strikt auf Regelsetzung und dann die Kontrolle ihrer Einhaltung beschränkt, kann allerdings nicht sehr populär werden. Da taucht rasch der Vorwurf des Politikdefizits auf.

HF: Und die viel gescholtene Industriepolitik?

TE: Viel heiße Luft.

HJW: Es gibt aber kaum noch einen Wirtschaftsbereich, der nicht nach der Pfeife Brüssels tanzte.

TE: Das liegt an der hohen Interdependenz und Komplexität: Überall treten grenzüberschreitende Auswirkungen auf Dritte auf, positive und negative Externalitäten. Die entscheidende politische Beschränkung für Brüssel ist das Geld: Es hat wenig, sehr wenig zu verteilen. Das bleibt Sache der Mitgliedstaaten.

5.1 Einleitung: Der politische Charakter der EU

Die Europäische Union ist kein staatliches Gebilde im herkömmlichen Sinn, keine föderativen „Vereinigten Staaten von Europa", schon gar kein Zentralstaat. Sie ist aber auch keine rein intergouvernementale Veranstaltung, dazu weist sie schon zu viele Institutionen auf, die den Rahmen einer internationalen Organisation wie der Welthandelsorganisation (WTO) oder ihrer ehemaligen Konkurrenz, der Europäische Freihandelszone (EFTA), überschreiten.

Von der bescheidenen Organisation der EFTA zum Beispiel unterscheidet sich die EU wahrlich fundamental – bedauerlicherweise, wie manche Kritiker finden. Sie verfügt über Legislative, Exekutive und Judikative. Sie hat ein Corpus europäischen Rechts geschaffen, das Vorrang vor dem Landesrecht hat. Sie hat ein System von Gerichten, einen Rechnungshof und eine Zentralbank, die eine eigene Währung unterhält.

Box 5.1: Begriffe

„Anstalt soll ein Verband heißen, dessen gesatzte Ordnungen innerhalb eines angebbaren Wirkungsbereiches jedem nach bestimmten Merkmalen angebbaren Handeln (relativ) erfolgreich oktroyiert werden. ...

Herrschaft soll heißen die Chance, für einen Befehl bestimmten Inhalts bei angebbaren Personen Gehorsam zu finden. ...

Politischer Verband soll ein Herrschaftsverband dann und insoweit heißen, als sein Bestand und die Geltung seiner Ordnungen innerhalb eines angebbaren geographischen Gebiets kontinuierlich durch Anwendung und Androhung physischen Zwangs seitens des Verwaltungsstabes garantiert werden. Staat soll ein politischer Anstaltsbetrieb heißen, wenn und insoweit sein Verwaltungsstab erfolgreich das Monopol legitimen physischen Zwanges für die Durchführung der Ordnungen in Anspruch nimmt." (Weber 1956: 42 – 3)

Was fehlt ihr dann zur eigenen Staatlichkeit? Das lässt sich vielleicht mit der Taxonomie Max Webers klären (siehe Box 5.1). Herrschaft übt die EU aus, d.h. es besteht die Chance, für ihre Anordnungen bei einem definierten Personenkreis Gehör zu finden. Da wo die Gemeinschaft Rechtsakte erlässt, haben diese Vorrang vor dem nationalen Recht. Die EU ist auch ein Herrschaftsverband, denn sie verfügt über einen Verwaltungsstab. Das unterscheidet sie beispielsweise von einer Freihandelszone wie der EFTA, die nur über ein Büro verfügte, das die jährlichen Sitzungen koordinierte. Dieser Herrschaftsverband hat die Eigenschaften einer Anstalt, denn seine Ordnung ist für alle auf seinem Territorium tätigen natürlichen und juristischen Personen verbindlich. Was der EU fehlt und, nach Max Weber, den politischen Verband, insbesondere den Staat ausmacht, ist die Durchsetzung der Anordnungen mittels Androhung physischer Gewalt seitens des Verwaltungsstabes, wobei der Staat hierfür ein Monopol besitzt. Dieses Monopol haben sich – man muss sagen: noch immer – die einzelnen Mitgliedländer vorbehalten. Wir vermeiden es, den Staat über seine uneingeschränkte Souveränität nach innen und außen zu definieren. Denn in föderativen Systemen, die für eine europäische Staatlichkeit Modell sein könnten, verteilt sich die Souveränität zwischen Teilstaaten und Gesamtstaat, abgesehen davon, dass generell wesentliche Teile der gesellschaftlichen Beziehungen, z.B. der Markt, weitgehend der staatlichen Souveränität entzogen sind.

Wir haben hier folglich einen Herrschaftsverband vor uns, der für die Durchsetzung seiner Anordnungen auf das Potential legitimen physischen Zwangs seiner dezentralen Einheiten zurückgreifen muss und dies bislang auch relativ erfolgreich getan hat. Es genügt für die folgenden Ausführungen festzustellen, dass wir es bei der EU mit einer politischen Ordnung zu tun haben – *sui generis*, wenn man so will (vgl. Nettesheim 2003) – die eine ausreichende institutionelle Kapazität und auch eine ausreichende Legitimität für eine eigenständige Politik, insbesondere Wirtschaftspolitik, besitzt. Beides gründet auf ihrer „Verfassung", d.h. dem Vertrag zur Gründung der Europäischen Gemeinschaft. Dieser Vertrag wurde von den

Mitgliedstaaten ausgehandelt, von den nationalen Parlamenten ratifiziert und zum Teil von der nationalen Bevölkerung in einem Referendum bestätigt. Der an den Referenden in Frankreich und den Niederlanden gescheiterte Verfassungsvertrag sah lediglich vor, diese konstitutionelle Basis zu erweitern und zu vertiefen. Die (wirtschafts-)politische Autorität der Gemeinschaft ist also im Rahmen der vertraglichen Beschränkungen an sie delegiert. So verhält es sich mit jeder politischen Autorität einer demokratischen Regierung.

Die Besonderheit der politischen Ordnung der EU gegenüber einem herkömmlichen Bundesstaat – zu dem sie sich durchaus noch entwickeln könnte, aber nicht muss – liegt in dem komplexen Verhältnis zwischen den Mitgliedländern und den zentralen Gemeinschaftsinstitutionen, die eben nicht mit der Zentralregierung eines Bundesstaates gleichgesetzt werden können. Das politische System, das sich im Laufe der Zeit herausgebildet und keineswegs bereits zu einer etablierten Ordnung verfestigt hat, wird adäquat als Mehrebenensystem (Scharpf 1999, 2002) beschrieben. Je nach Verfassung der Mitgliedstaaten ist die Zahl der Ebenen unterschiedlich. In Deutschland haben wir es mit vier (oder sechs) Ebenen zu tun: Gemeinde, (Kreis, Regierungsbezirk), Land, Bund, Europäische Gemeinschaft. Hier wollen wir vereinfachend nur von zwei Ebenen ausgehen: Mitgliedstaat und Gemeinschaft. Dabei fällt der unteren Ebene, den Mitgliedstaaten, bei legislativen und haushaltspolitischen Entscheidungen eine zentrale Rolle auf der oberen Ebene, der Gemeinschaftsebene, zu. Wo in einem Bundesstaat die Zentralregierung die ihr zugewiesenen Aufgaben mehr oder minder autonom ausführt und nur dem direkt gewählten Parlament verantwortlich ist, sind in der EU die dezentralen Einheiten, die Mitgliedstaaten, in den Entscheidungsprozess der oberen Ebene eng eingebunden (siehe Kapitel 6).

Das Verfahren, das dabei zur Anwendung kommt, wird Gemeinschaftsmethode genannt. Sie soll die Interessen der Gemeinschaft als Ganzes und ihrer Teile, der Mitgliedstaaten, die von sehr unterschiedlicher Größe und sehr unterschiedlichem wirtschaftlichen Entwicklungsniveau sind, zum Ausgleich bringen. Die Kommission repräsentiert dabei das Gemeinschaftsinteresse. Sie ist weitgehend unabhängig und hat vor allem über die Einhaltung der Verträge zu wachen. Man kann in ihr geradezu eine Verkörperung des Weberschen Idealtypus der Bürokratie sehen. Der Kommission kommt bei haushaltspolitischen und legislativen Beschlüssen das Vorschlagsrecht zu. Beschlüsse werden dann vom Rat gefasst, der die Mitgliedstaaten vertritt, und – bislang mit geringerem Einfluss – vom Parlament, das die Bürger vertritt. Je nach den Bestimmungen des Vertrages, die hier nach Politikbereichen differenziert sind, erfolgen die Ratsbeschlüsse mit qualifizierter Mehrheit oder einstimmig. Der Europäische Gerichtshof (EuGH) wacht über die Einhaltung der Rechtsstaatlichkeit (Kommission der EG 2001). Die Gemeinschaftsmethode beinhaltet eine Vermischung von Kompetenzen und Verantwortlichkeiten zwischen den beiden Ebenen und unterscheidet sich so vom klassischen Föderalismus, bei dem beide Ebenen möglichst unabhängig voneinander sein sollten (Apolte 2004).

Man könnte fast behaupten, die politischen Aktivitäten der Gemeinschaft seien apolitisch. Das würde sich darin äußern, dass es für die europäische Politik kaum zutreffend wäre, von politischen Unternehmern zu sprechen, Unternehmern, die ein konkretes Programm formulieren, sich dafür auf dem Stimmenmarkt ein Mandat holen, es mehr oder minder geschickt umsetzen und sich dann der politischen Kontrolle der Wiederwahl stellen. Dieses Fehlen „Emotionen bewegender" Politik auf der europäischen Ebene, dem ein völlig verschwommenes europapolitisches Profil der im Parlament vertretenen Parteien (mit Ausnahme der Anti-Europäer) entspricht, wird häufig bedauert. Denn damit wird auch keine politische Identifikation der Bürger stimuliert, was sich in einer niedrigen Wahlbeteiligung niederschlägt. Stellen wir uns vor, in der Bundesrepublik Deutschland würde die Regierung von der Mehrheit des Bundesrates bestimmt und ihre Gesetzesvorlagen würden mit qualifizierter Mehrheit im Bundesrat beschlossen, wobei nur in bestimmten Fällen eine Zustimmungspflichtigkeit des Bundestages bestände, dann haben wir ungefähr die Situation in Europa vor Augen. Damit würde die Regierung mehr oder minder zu einem Administrativorgan der Bundesländer.

Die politischen Aktivitäten der Union haben in eben diesem Sinne eher einen administrativen oder bürokratischen Charakter. Das Programm ist vertraglich vereinbart: ein gemeinsamer Markt, eine gemeinsame Währung mit Preisstabilität, die Förderung unterentwickelter Regionen. Und die Gemeinschaftsinstitutionen sind nur dafür da, dieses Programm, die vertraglichen Vereinbarungen, in die Realität umzusetzen. Es hat den Anschein, als ob hier ausschließlich technokratisch gehandelt würde. Europäische Wirtschaftspolitik wäre demnach nur die verwaltungstechnische Umsetzung der vertraglich vereinbarten Ziele. Eine solche rein administrative „Verwaltung von Sachen" ist, wie gesagt, eine Fiktion. Jede politische Entscheidung impliziert Gewinner und Verlierer und die langwierigen Verhandlungen, die häufig Ratsentscheidungen vorausgehen, verdeutlichen den politischen Einsatz. Aber es ist richtig, dass die europäische Politik ein sehr eingeschränktes Mandat hat und sich mehr durch externe, objektive Kriterien leiten lässt als durch interessenvermittelte Kriterien, die im Rat natürlich ebenfalls zur Geltung kommen. Die Kontrolle der Politik erfolgt nicht durch den üblichen politischen Prozess der Wiederwahl, sondern einerseits durch die parlamentarische und mediale Öffentlichkeit, andererseits und sehr viel effektiver durch die Administration der Mitgliedstaaten, die sich wiederum im Rat Gehör verschaffen kann. Der Rat ist eben nicht nur ein souveränes Organ der Legislative, sondern gleichzeitig auch der Ort für den Interessenausgleich der dezentralen Einheiten. Darin ist die für die Gemeinschaft typische Vermischung der Funktionen zu sehen.

Versetzt man sich noch einmal in die fünfziger Jahre zurück, als die drei Europäischen Gemeinschaften EGKS, EWG und Euratom durch die sechs Mitgliedstaaten Deutschland, Frankreich, Italien, Belgien, Niederlande und Luxemburg gegründet wurden, und vergleicht den damaligen Zustand mit der heute erreichten Integration, so lässt sich eine Bewegung feststellen weg von einer internationalen Organisation, die durch einen völkerrechtlichen Vertrag zwischen souveränen Staaten gekennzeichnet ist, hin zu einer supranationalen Organisation, die immer mehr Hoheitsrechte von den Mitgliedstaaten übernimmt und deren Willensbildung sich in hohem Maße von den Mitgliedstaaten verselbständigt hat. Aus ökonomischer Sicht stellt sich die europäische Integration zunächst einmal als ein gewaltiges Deregulierungsprogramm dar. Um einen Gemeinsamen Markt zu schaffen, wurden im Laufe der letzten fünf Jahrzehnte zahlreiche nationale Regulierungen beseitigt, welche die Mobilität der Güter und Dienstleistungen sowie der Arbeitskräfte und des Kapitals zwischen den Mitgliedstaaten beeinträchtigten. Gleichzeitig wurden aber in zunehmendem Maße gemeinsame Politikbereiche auf die supranationalen Organe der Gemeinschaft(en) übertragen, wobei im einzelnen noch zu klären ist, inwiefern diese zentralen Politiken Marktprozesse auf europäischer Ebene unterstützen oder ersetzen (vgl. Basedow 1992: 26ff.). Unter diesen Bedingungen sind die folgenden Spannungen zwischen einzelnen Mitgliedstaaten und den supranationalen Organen der Gemeinschaft theoretisch möglich und praktisch immer wieder aufgetreten:

- Die Gemeinschaftsorgane streben eine Stärkung der Marktprozesse an, der betroffene Mitgliedstaat bevorzugt eine Regulierung auf nationaler Ebene (Beispiel: Reinheitsgebot deutschen Bieres und wechselseitige Anerkennung von Produktstandards in Europa).
- Die Gemeinschaftsorgane streben eine europaweite Regulierung an, der betroffene Mitgliedstaat möchte in diesem Bereich deregulieren und Marktprozessen ein größeres Gewicht einräumen (Beispiel: England widersetzte sich lange Zeit einer europaweiten Regulierung der Sozial- und Beschäftigungspolitik).
- Die Gemeinschaftsorgane wollen zentral regulieren, der betroffene Mitgliedstaat will dezentral regulieren (Beispiele: europäische oder nationale Wettbewerbspolitik, europäische oder nationale Umweltstandards).
- Der betroffene Mitgliedstaat möchte einen Bereich zentral regulieren, weil er eine bestimmte Politik auf nationaler Ebene nicht durchsetzen kann (Beispiel: Bundesfinanzminister Waigel setzte sich erfolgreich in Brüssel für einen relativ hohen Mindestmehrwertsteuersatz ein, um in Deutschland eine Mehrwertsteuererhöhung durchzusetzen.)

Die Lösung dieser Spannungen wird ganz entscheidend durch das Gemeinschaftsrecht bestimmt. Das primäre Gemeinschaftsrecht, d.h. insbesondere die Gründungsverträge mit allen Anhängen und Protokollen, verpflichtet nicht nur die Unterzeichnerstaaten dazu, bestimmte Dinge zu tun oder zu unterlassen (z.B. bestehende Zölle und nicht-tarifäre Handelshemmnisse abzubauen und keine neuen Handelshemmnisse zu errichten), sondern ermächtigt darüber hinaus Gemeinschaftsorgane, ihrerseits für die Gemeinschaft verbindliche Rechtsnormen zu erlassen. Hierbei handelt es sich um das sekundäre Gemeinschaftsrecht. Schließlich ist der Europäische Gerichtshof (EuGH) für die Auslegung und Anwendung des Gemeinschaftsrechts zuständig. In den folgenden zwei Abschnitten wird untersucht werden, auf welche Weise primäres und sekundäres Gemeinschaftsrecht sowie die Rechtsprechung des EuGH die Verfassung und Wirtschaftsordnung des geeinten Europa geprägt haben.

5.2 Primäres Gemeinschaftsrecht und europäische Wirtschaftsordnung

Mit der Gründung der Europäischen Gemeinschaft für Kohle und Stahl (EGKS bzw. Montanunion) durch den Pariser Vertrag vom 18.4.1951 beginnt zwischen sechs europäischen Staaten (Deutschland, Frankreich, Italien, Belgien, Niederlande, Luxemburg) für einen zwar strategisch wichtigen, doch letztlich eher kleinen Sektor der Wirtschaft ein Prozess der Integration, der durch die Römischen Verträge vom 25.3.1957 zur Gründung der Europäischen Wirtschaftsgemeinschaft (EWG-Vertrag, in Kraft getreten am 1.1.1958) sowie zur Gründung der Europäischen Atomgemeinschaft (EAG bzw. Euratom) auf die anderen Wirtschaftszweige ausgedehnt und seitdem ständig intensiviert und auf neue Mitgliedstaaten erweitert wurde.

Aus heutiger Sicht ist der mit Abstand wichtigste der drei Gründungsverträge der EWG-Vertrag, der seit 1992/93 EG-Vertrag heißt und mit Inkrafttreten des Lissabonner Vertrags im EU-Vertrag bzw. dem Vertrag über die Arbeitsweise der EU aufgehen wird. Er erfasst alle Branchen der Volkswirtschaft, die nicht Gegenstand der beiden spezielleren Verträge über die Montanunion oder die Atomgemeinschaft sind. Da der auf 50 Jahre befristete EGKS-Vertrag inzwischen ausgelaufen ist (am 23.7.2002) und da die zivile Nutzung der Kernkraft, Gegenstand des Euratom-Vertrages, in Europa stark an Bedeutung verloren hat, wird der Ordnungsrahmen für die europäische Integration praktisch durch den EWG-Vertrag mit allen seinen Veränderungen sowie das zugehörige sekundäre Gemeinschaftsrecht und die relevante Rechtsprechung des Europäischen Gerichtshofs definiert. Hierauf wollen wir uns deshalb im Folgenden auch konzentrieren.

Seit 1957 wurde der EWG-Vertrag mehrfach und in immer kürzeren Abständen geändert. Abgesehen davon, dass sich wiederholt neue Mitglieder der Gemeinschaft angeschlossen haben – die Zahl der Mitgliedstaaten vergrößerte sich inzwischen von ursprünglich 6 auf 27, und in näherer Zukunft sind zusätzliche Erweiterungen zu erwarten (siehe Kapitel 4) – beziehen sich diese Vertragsänderungen auf zwei Dimensionen:

- Zum einen wurden immer mehr Politikbereiche „vergemeinschaftet", d.h. von den Mitgliedstaaten auf die supranationalen Gemeinschaftsorgane übertragen. Diesem Gesichtspunkt werden wir in den folgenden Abschnitten unsere besondere Aufmerksamkeit widmen.
- Zweitens hat man das europäische Gesetzgebungsverfahren mehrfach geändert, mit der Folge, dass der Einfluss der Mitgliedstaaten beim Erlass sekundärrechtlicher Normen zugunsten supranationaler Organe zurückgedrängt wurde. Diesen Gesichtspunkt und die Einzelheiten der verschiedenen Varianten europäischer Gesetzgebungsverfahren werden wir ausführlich in Kapitel 6 diskutieren. Zum besseren Verständnis wollen wir allerdings bereits hier kurz auf die wichtigsten Merkmale des Rechtsetzungsverfahrens beim Erlass von sekundärem Gemeinschaftsrecht eingehen.

Grob vereinfacht läuft der europäische Gesetzgebungsprozess folgendermaßen ab:

- Eigentlicher Gesetzgeber ist nicht das Parlament, sondern der Rat (Ministerrat), der sich aus den jeweils zuständigen Fachministern der Mitgliedstaaten zusammensetzt und einstimmig bzw. mit qualifizierter Mehrheit über die Annahme neuer „Gesetze" (d.h. insbesondere Richtlinien und Verordnungen) entscheidet.
- Dabei hat der Rat allerdings kein Initiativrecht, sondern das Initiativmonopol liegt – mit gewissen Einschränkungen (Art. 208 und Art. 192 EG) – bei der Kommission, die manchmal auch (nicht ganz zutreffend) als „europäische Regierung" bezeichnet wird und die als „Hüterin der Verträge" und „Motor der Integration" wirken soll.
- Es sind vor allem zwei Tendenzen, welche die dominierende Rolle der Mitgliedstaaten beim Erlass sekundärrechtlicher Normen allmählich aufweichten:
  - Einerseits wurde das Einstimmigkeitsprinzip, das jedem Mitgliedstaat ein Vetorecht einräumt, in zunehmendem Maße durch das Prinzip der qualifizierten Mehrheitsentscheidung ersetzt, so dass neue gemeinschaftsrechtliche Normen auch gegen den Willen der Repräsentanten einzelner Mitgliedstaaten erlassen werden können.
  - Andererseits wurde der Einfluss des Europäischen Parlaments auf das sekundäre Gemeinschaftsrecht systematisch gestärkt, obwohl dieses Parlament auch heute noch weit davon entfernt ist, den nationalen Parlamenten der Mitgliedstaaten ebenbürtig zu sein.

Während sich der Einfluss des Europäischen Parlaments auf den Gesetzgebungsprozess in der Frühphase der europäischen Integration weitgehend auf Anhörungsrechte beschränkte, hat die Einheitliche Europäische Akte den parlamentarischen Einfluss gestärkt und für bestimmte Bereiche ein neues Verfahren der Zusammenarbeit eingeführt. Dabei kann das Parlament mit einfacher Mehrheit einem von der Kommission vorgeschlagenen und vom Rat mit qualifizierter Mehrheit angenommenen Gesetzentwurf widersprechen. Den Einwand des Parlaments kann der Rat allerdings dadurch abwenden, dass er den Gesetzentwurf einstimmig verabschiedet. Der Vertrag von Maastricht hat die Rolle des Parlaments durch die Einführung des neuen Verfahrens der Mitentscheidung weiter gestärkt, das im Vertrag von Amsterdam deutlich gestrafft und auf zahlreiche neue Politikbereiche ausgeweitet wurde. Danach kann das Parlament einen Gesetzentwurf endgültig scheitern lassen. Nach Lissabon ist das Mitentscheidungsverfahren das „ordentliche Gesetzgebungsverfahren" (Art. 289 Abs. 1 AEU) der Union.

5.2.1 Der EWG-Vertrag

Grundlegend für die europäische Integration sind der Gemeinsame Markt und die schrittweise Annäherung der Wirtschaftspolitik der Mitgliedstaaten, die bereits im EGKS-Vertrag von 1951 und in den beiden Römischen Verträgen von 1957 als Ziel und Mittel der europäischen Integration Erwähnung finden. So lautet Artikel 2 des EWG-Vertrages von 1957:

Aufgabe der Gemeinschaft ist es, durch die Errichtung des Gemeinsamen Marktes und die schrittweise Annäherung der Wirtschaftspolitik der Mitgliedstaaten eine harmonische Entwicklung des Wirtschaftslebens innerhalb der Gemeinschaft, eine beständige und ausgewogene Wirtschaftsausweitung, eine größere Stabilität, eine beschleunigte Hebung der Lebenshaltung und engere Beziehungen zwischen den Staaten zu fördern, die in dieser Gemeinschaft zusammengeschlossen sind.

In Artikel 3 sind im einzelnen die Tätigkeiten definiert, die durch die supranationalen Organe der Gemeinschaft wahrgenommen werden sollen:

a) die Abschaffung der Zölle und mengenmäßigen Beschränkungen bei der Ein- und Ausfuhr von Waren sowie aller sonstigen Maßnahmen gleicher Wirkung zwischen den Mitgliedstaaten;
b) die Einführung eines gemeinsamen Zolltarifs und einer gemeinsamen Handelspolitik gegenüber dritten Ländern;
c) die Beseitigung der Hindernisse für den freien Personen-, Dienstleistungs- und Kapitalverkehr zwischen den Mitgliedstaaten;
d) die Einführung einer gemeinsamen Politik auf dem Gebiet der Landwirtschaft;
e) die Einführung einer gemeinsamen Politik auf dem Gebiet des Verkehrs;
f) die Errichtung eines Systems, das den Wettbewerb innerhalb des Gemeinsamen Marktes vor Verfälschungen schützt;
g) die Anwendung von Verfahren, welche die Koordinierung der Wirtschaftspolitik der Mitgliedstaaten und die Behebung von Störungen im Gleichgewicht ihrer Zahlungsbilanzen ermöglichen;
h) die Angleichung der innerstaatlichen Rechtsvorschriften, soweit dies für das ordnungsgemäße Funktionieren des Gemeinsamen Marktes erforderlich ist;
i) die Schaffung eines Europäischen Sozialfonds, um die Beschäftigungsmöglichkeiten der Arbeitnehmer zu verbessern und zur Hebung ihrer Lebenshaltung beizutragen;
j) die Errichtung einer Europäischen Investitionsbank, um durch Erschließung neuer Hilfsquellen die wirtschaftliche Ausweitung in der Gemeinschaft zu erleichtern;
k) die Assoziierung der überseeischen Länder und Hoheitsgebiete, um den Handelsverkehr zu steigern und die wirtschaftliche und soziale Entwicklung durch gemeinsame Bemühungen zu fördern.

Aus diesen Formulierungen wird deutlich, dass die sechs Gründungsstaaten bereits 1957 weitaus mehr vorhatten, als lediglich eine Zollunion zu errichten, d.h. die tarifären und nicht-tarifären Handelshemmnisse zwischen den Mitgliedstaaten abzubauen und einen gemeinsamen Zolltarif gegenüber Drittstaaten zu etablieren (lit. a und b). Vielmehr sollte die Liberalisierung auch auf den Personen-, Dienstleistungs- und Kapitalverkehr zwischen den Mitgliedstaaten ausgedehnt werden. Unterstützt wird dieses Prinzip gleicher Marktfreiheiten durch das in Art. 7 EWG-Vertrag (heute: Art. 12 EG bzw. Art. 18 AEU) verankerte allgemeine Verbot der Diskriminierung von

Angehörigen anderer Mitgliedstaaten. Darüber hinaus sollten insbesondere eine gemeinsame europäische Handels-, Landwirtschafts-, Verkehrs- und Wettbewerbspolitik eingerichtet, nationale Politikmaßnahmen zur Beseitigung von Zahlungsbilanzungleichgewichten koordiniert und nationale Rechtsvorschriften einander angeglichen werden, um ein ordnungsgemäßes Funktionieren des Gemeinsamen Marktes zu ermöglichen. Bezüglich der Sozialpolitik enthielt der EWG-Vertrag allerdings keine Regelungen zur Harmonisierung, sondern lediglich die Absichtserklärung einer engen Zusammenarbeit (Art. 117 ff.).

Der EWG-Vertrag enthielt eine Übergangszeit von 12 Jahren, die in drei Stufen von jeweils vier Jahren unterteilt war. Für den Beginn der dritten Stufe, zum 1.1.1966, war vorgesehen, in einigen Bereichen die Einstimmigkeitsregel durch eine qualifizierte Mehrheitsregel zu ersetzen mit der Folge, dass bei der Entscheidung über neue sekundärrechtliche Gemeinschaftsnormen einzelne Länder im Ministerrat hätten überstimmt werden können. De Gaulle sah hierdurch insbesondere in der Landwirtschafts- und Handelspolitik die nationalen Interessen Frankreichs gefährdet und veranlasste seine Minister ab Juli 1965, sämtliche Sitzungen des Ministerrats zu boykottieren („Politik des leeren Stuhls", siehe Kapitel 3). Als Folge des französischen Drucks kam es am 29.1.1966 zur so genannten „Luxemburger Vereinbarung", die folgende Kompromissformel enthielt:

> „I. Stehen bei Beschlüssen, die bei Mehrheit auf Vorschlag der Kommission gefasst werden können, sehr wichtige Interessen eines oder mehrerer Partner auf dem Spiel, so werden sich die Mitglieder des Rates innerhalb eines angemessenen Zeitraumes bemühen, zu Lösungen zu gelangen, die von allen Mitgliedern des Rats unter Wahrung ihrer gegenseitigen Interessen und der Interessen des Rates gemäß Artikel 2 des Vertrages angenommen werden können.
>
> II. Hinsichtlich des vorgestellten Absatzes ist die französische Delegation der Auffassung, daß bei sehr wichtigen Interessen die Erörterung fortgesetzt werden muss, bis ein einstimmiges Einvernehmen erzielt worden ist.
>
> III. Die sechs Delegationen stellen fest, daß in der Frage, was geschehen soll, falls keine vollständige Einigung zustandekommt, mittlerweile unterschiedliche Meinungen bestehen.
>
> IV. Die sechs Delegationen sind jedoch der Auffassung, daß diese Meinungsverschiedenheit nicht verhindert, daß die Arbeit der Gemeinschaft nach dem normalen Verfahren wieder aufgenommen wird."

Obwohl der Kompromiss im Grunde genommen keinerlei Verbindlichkeit beanspruchen konnte, da er im Widerspruch zum geltenden Primärrecht stand, schwebte er *de facto* wie ein Damoklesschwert über allen Gesetzgebungsvorhaben, die eine qualifizierte Mehrheitsentscheidung im Ministerrat erlaubten (Bergmann 2001: 141).

5.2.2 Die Einheitliche Europäische Akte („Vollendung eines europäischen Binnenmarktes")

Obwohl der Abbau der Binnenzölle und die Vereinheitlichung der Außenzölle zwischen den sechs Gründerstaaten schneller erfolgte als geplant und bereits zum 1.7.1968 abgeschlossen war, gestaltete sich der Prozess der europäischen Integration in den 1970er und frühen 1980er Jahren äußerst zäh. Zahlreiche nicht-tarifäre Handelshemmnisse erschwerten den Güterverkehr zwischen den Mitgliedstaaten, und von einem freizügigen Dienstleistungs-, Personen- und Kapitalverkehr konnte erst recht keine Rede sein. Die Tatsache, dass sich die Gemeinschaft inzwischen von sechs auf zwölf Mitglieder verdoppelt hatte, machte die Aufgabe, einen Gemeinsamen Markt zu errichten, keineswegs einfacher. Die Situation änderte sich erst im Jahre 1985, als Jacques Delors zum Präsidenten der Europäischen Kommission gewählt wurde.

Mit sehr viel Energie und Geschick sorgte er dafür, dass ein Ruck durch die Mitgliedstaaten ging, indem er veranlasste, dass eine konkrete Zeitvorgabe für die Vollendung eines „europäischen Binnenmarktes" rechtlich verbindlich vorgegeben und zu diesem Zweck ein umfangreiches Maßnahmenbündel ausgearbeitet wurde. Die konkreten Maßnahmen sind Gegenstand des sekundären Gemeinschaftsrechts und werden in Kapitel 5.5 behandelt. Die primärrechtlichen Voraussetzungen für diese Maßnahmen schuf die Einheitliche Europäische Akte (EEA), die am 28.2.1986 unterzeichnet wurde und am 1.7.1987 in Kraft trat. Durch die EEA wurde insbesondere der EWG-Vertrag in wichtigen Teilen geändert und ergänzt. Darüber hinaus wurden die Anfänge einer gemeinsamen Außenpolitik, die sich seit 1970 entwickelte, durch den Titel III der EEA als „Zusammenarbeit in der Außenpolitik" vertraglich normiert. Wir konzentrieren uns im Folgenden auf die maßgeblichen Änderungen des EWG-Vertrages.

Der in den Vertrag eingefügte Artikel 8a (heute: Art. 14 EG) beauftragt die Gemeinschaft, die erforderlichen Maßnahmen zu treffen, um bis zum 31.12.1992 den Binnenmarkt schrittweise zu verwirklichen. Im zweiten Satz des gleichen Artikels ist der Binnenmarkt wie folgt definiert:

> Der Binnenmarkt umfasst einen Raum ohne Binnengrenzen, in dem der freie Verkehr von Waren, Personen, Dienstleistungen und Kapital gemäß den Bestimmungen dieses Vertrages gewährleistet ist.

Einige Autoren verwendeten viel Mühe darauf, das Verhältnis von „Binnenmarkt" und „Gemeinsamer Markt" zu bestimmen. Substantielle Unterschiede haben sich hieraus aber nicht ergeben (vgl. Streit/Mussler 1995: 84 und Herdegen 2003: 218). Wir werden deshalb im Folgenden die beiden Begriffe synonym verwenden.

Zu jener Zeit bestanden zahlreiche Beschränkungen des freien Verkehrs von Gütern, Dienstleistungen und Produktionsfaktoren noch darin, dass die einzelnen Mitgliedstaaten unterschiedliche nationale Qualitäts-, Sicherheits-, Gesundheits- und Qualifikationsstandards definierten. Grundsätzlich gibt es zwei Möglichkeiten, die hieraus resultierenden Binnengrenzen zu beseitigen. Entweder gleicht man die nationalen Standards an (Harmonisierung), oder man zwingt die Mitgliedstaaten, die Standards der jeweils anderen auch auf dem eigenen Territorium zu akzeptieren (wechselseitige Anerkennung). Anders als die Kommission, die im Rahmen des „neuen Ansatzes" eine Präferenz für die wechselseitige Anerkennung entwickelte (siehe Abschnitt 5.5), haben die Repräsentanten der Mitgliedländer bei der Neuformulierung des primären Gemeinschaftsrechts in stärkerem Maße auf Harmonisierung gesetzt (Streit/Mussler 1995: 90 ff.).

Artikel 100 EWG-Vertrag (heute: Art. 94 EG bzw. Art. 115 AEU) ermächtigte die Gemeinschaft, einstimmig Maßnahmen zur Angleichung von Rechts- und Verwaltungsvorschriften der Mitgliedstaaten zu treffen, „die sich unmittelbar auf die Errichtung oder das Funktionieren des Gemeinsamen Marktes auswirken". Dem wurde Artikel 100a (heute: Art. 95 EG bzw. Art. 114 AEU) zugefügt, der es erlaubt, gemäß dem Verfahren des Artikels 189b (heute: Art. 251 EG bzw. Art. 294 AEU), d.h. mit qualifizierter Mehrheit und unter Mitentscheidung des Europäischen Parlaments, Maßnahmen zur Angleichung von Rechts- und Verwaltungsvorschriften der Mitgliedstaaten zu treffen, „die die Errichtung und das Funktionieren des Binnenmarktes zum Gegenstand haben". Dabei ist bei den harmonisierten Rechts- und Verwaltungsvorschriften von einem „hohen Schutzniveau" in den Bereichen Gesundheit, Sicherheit, Umweltschutz und Verbraucherschutz auszugehen (Abs. 3). Offensichtlich besteht hier ein beträchtlicher Ermessensspielraum, ob die Gemeinschaft überhaupt zu einer Maßnahme ermächtigt ist und, wenn ja, ob diese Maßnahme einstimmig oder mit qualifizierter Mehrheit beschlossen werden muss. Ausgenommen von dieser Harmonisierung binnenmarktrelevanter Vorschriften mit qualifizierter Mehrheit sind Bestimmungen über Steuern, über Freizügigkeit sowie über Rechte und Interessen der Arbeitnehmer (Abs. 2).

Mit dem zusätzlichen Artikel 100b wurde erstmals explizit die Möglichkeit gegenseitiger Anerkennung in den Vertrag aufgenommen. Nach Abs. 1 Satz 2 kann der Rat die Gleichwertigkeit derjenigen nationalen Normen beschließen, die bis zum Ende des Jahres 1992 nicht harmonisiert wurden. Dieser Artikel fand allerdings keine Anwendung und wurde im Vertrag von Amsterdam wieder gestrichen. In vielen Fällen erzwangen jedoch Entscheidungen des EuGH die wechselseitige Anerkennung nationaler Vorschriften (siehe hierzu weiter unten).

Um die Zustimmung der später so genannten „Kohäsionsländer" Griechenland, Irland, Spanien und Portugal zu dem umfassenden Binnenmarktprogramm zu erhalten, wurden eine Reihe von neuen Artikeln zum „wirtschaftlichen und sozialen Zusammenhalt" geschaffen mit dem Ziel, durch die sog. Strukturfonds die erforderlichen Maßnahmen sozial abzufedern. Schließlich erweiterte das Einfügen neuer Kapitel und Titel den Aufgabenkatalog der Gemeinschaft um die Bereiche Forschung und Entwicklung, Umwelt, Europäisches Währungssystem, Schutz der Sicherheit und Gesundheit der Arbeitnehmer und Entwicklung des Dialogs zwischen den Sozialpartnern auf europäischer Ebene.

Insbesondere beim Binnenmarktprogramm, aber auch in einigen anderen Politikbereichen, wird durch die EEA die Einstimmigkeitsregel durch die qualifizierte Mehrheit ersetzt und auch der Einfluss des Europäischen Parlaments gestärkt (hierzu ausführlicher Kapitel 6).

5.2.3 Der Vertrag von Maastricht

Die Wiedervereinigung Deutschlands am 10.10.1990 brachte praktisch eine „implizite Osterweiterung" mit sich, da die frühere DDR als Teil der neuen Bundesrepublik Deutschland Mitglied der EWG sowie der anderen Gemeinschaften wurde. Gleichzeitig stieg dadurch Deutschland zum mit Abstand größten Mitgliedstaat der Europäischen Gemeinschaften auf. Die Verträge von Maastricht müssen in Verbindung mit diesem Ereignis gesehen werden. Denn ein reibungsloser Vollzug der Wiedervereinigung war nur mit Zustimmung der vier Siegermächte des zweiten Weltkriegs denkbar. Nicht alle waren von dem Ereignis uneingeschränkt begeistert, und Frankreich nahm die Gelegenheit wahr, schon länger bestehende Änderungswünsche am Gebäude der Gemeinschaft beschließen zu lassen. Wollte Deutschland die Wiedervereinigung nicht gefährden, musste es dem zustimmen.

Die Verträge von Maastricht waren bereits am 7.2.1992 unterzeichnet worden. Aber sie konnten erst nach konfliktreichen Ratifizierungsverfahren mit Volksabstimmungen in Dänemark, Frankreich und Irland (wobei die dänische Bevölkerung erst in einem zweiten Urnengang zustimmte) und einer vom Bundesverfassungsgericht zurückgewiesenen Verfassungsklage gegen die parlamentarische Zustimmung in Deutschland am 1.11.1993 in Kraft treten. Sie eröffneten eine neue Etappe auf dem Weg zur Verwirklichung eines europäischen Binnenmarktes und zur politischen Einigung Europas. Durch diese Verträge wurden nicht nur die Römischen Verträge erneut geändert (und in „Vertrag zur Gründung der Europäischen Gemeinschaft", umbenannt), wobei die am schwersten wiegende und auch umstrittenste Änderung im Drei-Stufen-Plan zur Errichtung einer Währungsunion bestand. Darüber hinaus etablierte ein zweiter Vertrag, der Vertrag über die Europäische Union (EU), neue Formen der intergouvernementalen Zusammenarbeit in den sensiblen Bereichen Außen- und Sicherheitspolitik sowie Justiz und Innenpolitik.

Der Maastricht-Vertrag (es ist üblich geworden, beide Verträge zusammen als *den* Vertrag von Maastricht zu bezeichnen, aber meistens wird damit der EG-Vertrag gemeint) ist äußerst kompliziert und in Teilen schwer nachzuvollziehen. Juristen finden gelegentlich wenig freundliche Worte. So schreibt etwa der renommierte Europarechtler Thomas Oppermann (1993: 108; zitiert nach Mussler 1998: 166): „Politischer Redeschwall ersetzt an vielen Stellen die rechtliche Substanz, Deklamationen treten an die Stelle von Sachregelungen". Um etwas Licht ins Dunkel zu bringen, wird die Grundstruktur des Vertrages von Maastricht häufig mit der Architektur eines Tempels verglichen, wobei die drei (supranationalen) Europäischen Gemeinschaften (EWG (jetzt: EG), EAG und bis 2002 die EGKS) sowie die beiden intergouvernementalen Formen der Zusammenarbeit drei Säulen bilden und die Europäische Union

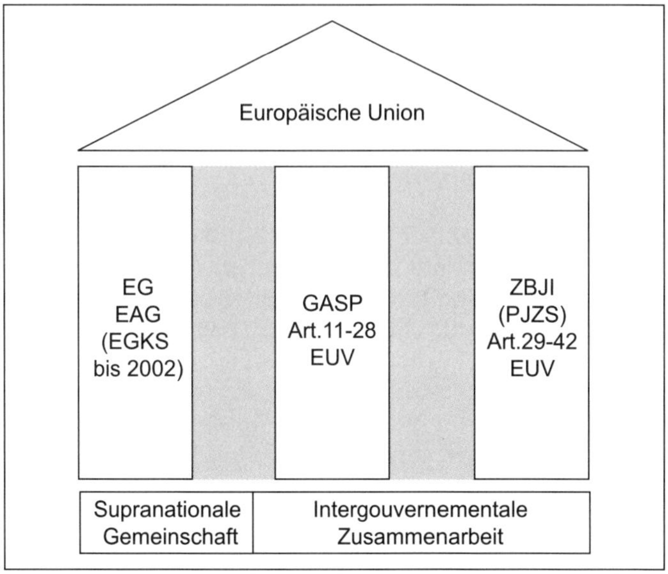

Abbildung 5.1: Der Tempel von Maastricht

mit einigen allgemeinen Prinzipien und politischen Absichtserklärungen ein Dach darüber spannt.

Als Ziele der Union werden neben den drei Säulen zum einen die Einführung einer Unionsbürgerschaft als Ergänzung zur Staatsbürgerschaft der Mitgliedstaaten genannt, die im EG-Vertrag weiter beschrieben wird (Art. 8–8e, heute: 17–22 EG bzw. Art. 20 – 25 AEU). Zum anderen wird die Wahrung des gemeinschaftlichen Besitzstandes (*acquis communautaire*) und seine Weiterentwicklung als Ziel der Union definiert, d.h. es soll ein Rückschritt des bisher erreichten Standes der Integration (insbesondere in Folge der Aufnahme neuer Mitglieder) verhindert werden. Bei der Verfolgung ihrer Ziele wird die Union auf das Subsidiaritätsprinzip verpflichtet, wie es in Art. 3b EG (heute: Art. 5 EG bzw. Art. 5 EU n.F.) und in der Präambel EU spezifiziert ist.

Der EU-Vertrag dient als Dach für drei Säulen (Abb. 5.1). Die erste Säule setzt sich aus den drei (seit 2002 zwei) Europäischen Gemeinschaften zusammen und bezieht sich somit auf die Übertragung von Kompetenzen der Mitgliedstaaten auf supranationale Organe (supranationales Gemeinschaftsrecht). Im Zentrum dieser Säule steht der EWG-Vertrag, der beträchtlich geändert und, wie gesagt, in EG-Vertrag umbenannt wurde. Die zweite Säule betrifft die Gemeinsame Außen- und Sicherheitspolitik (GASP), d.h. unter anderem die schrittweise Festlegung einer gemeinsamen Verteidigungspolitik. Die dritte Säule betrifft die Zusammenarbeit im Bereich der Justiz und Innenpolitik (ZBJI).

Wichtig für den vorliegenden Band sind vor allem die Änderungen im EG-Vertrag. Die mit Abstand gravierendste Änderung besteht in dem Drei-

Stufen-Plan zur Errichtung einer Währungsunion. Damit wurden die bereits bestehenden Elemente der europäischen Wirtschaftsordnung, nämlich der Gemeinsame Markt (bzw. Binnenmarkt) und die Gemeinsamen Politiken, durch ein drittes Element ergänzt, die Einführung einer einheitlichen Währung und die Unterwerfung unter eine gemeinsame Geldpolitik durch ein europäisches Zentralbankensystem. Der Verzicht auf eine eigene, nationale Währung bedeutete für manche Mitgliedstaaten eine bittere Pille. Politisch möglich wurde die Errichtung einer Währungsunion vermutlich aufgrund eines politischen Kuhhandels zwischen Frankreich und Deutschland. Frankreich wollte vermeiden, dass ein wiedervereinigtes Deutschland in Zukunft die Europäische Gemeinschaft dominiert; Deutschland verzichtete, als Preis für Frankreichs Zustimmung zur Wiedervereinigung, auf die DM, ihr Symbol für wirtschaftliches Wachstum und Wohlstand. Allerdings waren nicht alle Staaten zur Teilnahme an der Währungsunion bereit. Großbritannien, Schweden und Dänemark haben bis heute ihre nationalen Währungen behalten und haben sich insofern aus dem europäischen Integrationsprozess ausgeklinkt. Es ist ihnen allerdings möglich, zu einem späteren Zeitpunkt der Währungsunion beizutreten, sofern sie dies wünschen und sofern sie die geforderten Konvergenzkriterien erfüllen (Näheres in Kapitel 14).

Erstmals seit 1957 wurde durch den Vertrag von Maastricht auch der in Artikel 3 enthaltene und oben aufgeführte Katalog der Tätigkeiten, zu denen die supranationalen Organe der Gemeinschaft ermächtigt werden, erweitert – und zwar um insgesamt 13 Politikbereiche. Es ist allerdings umstritten, inwiefern die Gemeinschaftskompetenzen tatsächlich in dem Maße ausgeweitet wurden, wie es auf den ersten Blick den Anschein hat. Die Bereiche „wirtschaftlicher und sozialer Zusammenhalt", „Forschung und technologische Entwicklung" sowie „Umwelt" waren bereits durch die Einheitliche Europäische Akte als neue Titel in den Vertrag eingeführt worden, sie tauchen aber erst im Vertrag von Maastricht im Tätigkeitskatalog von Artikel 3 auf. Die „Kohäsionspolitik" (d.h. der wirtschaftliche und soziale Zusammenhalt) wurde darüber hinaus faktisch dadurch gestärkt, dass ein neuer Kohäsionsfonds etabliert wurde, dessen Mittel ausschließlich den damals ärmsten Mitgliedstaaten Spanien, Portugal, Griechenland und Irland zugute kamen und der wohl auch dazu diente, diesen Ländern die Zustimmung zum Vertrag von Maastricht zu erleichtern (siehe Kapitel 13). Bei einigen umweltpolitischen Maßnahmen ist nun keine Einstimmigkeit mehr erforderlich, sondern eine qualifizierte Mehrheit ausreichend. Als wesentliche neue Bereiche kamen die Infrastrukturpolitik (Aufbau und Ausbau transeuropäischer Netze) sowie der Verbraucherschutz hinzu. Weitere, neu aufgeführte Tätigkeitsbereiche betreffen die Entwicklungszusammenarbeit, den Gesundheitsschutz, Beiträge zur Bildungs- und Kulturpolitik sowie Energie, Katastrophenschutz und Fremdenverkehr. In der Praxis dürften sie allerdings nicht mit nennenswertem Kompetenzzuwachs der Gemeinschaft verbunden gewesen sein, da sie entweder faktisch bereits von der Gemeinschaft übernommen worden waren oder aber die Rolle der Gemeinschaft gegenüber den Mitgliedstaaten nur schwach definierten.

Insbesondere zwei gemeinschaftliche Politikbereiche haben umfangreiche politische und wissenschaftliche Kontroversen mit sich gebracht. Der erste betrifft das sogenannte „Sozialprotokoll". Da es im Rahmen der Vertragsverhandlungen nicht möglich war, sich mit Großbritannien auf eine Annäherung der Standards der Sozialpolitik (wie z.B. sozialer Schutz von Arbeitnehmern, Wiedereingliederung von Arbeitslosen in das aktive Berufsleben, Koalitions- und Mitbestimmungsrecht, Arbeitszeitrecht) zu verständigen, schlossen alle Mitgliedstaaten mit Ausnahme Großbritanniens ein Abkommen über die Sozialpolitik, das als Protokoll dem Vertrag beigefügt wurde. Auf diese Weise wurde mit Zustimmung Großbritanniens innerhalb der EU eine Sondergemeinschaft zur Sozialpolitik begründet. Nach dem Regierungswechsel von John Major auf Tony Blair in Großbritannien erlosch der Widerstand gegen eine Angleichung der Sozialpolitik, so dass der Vertrag von Amsterdam das Sozialprotokoll in den EG-Vertrag überführen konnte. Der zweite Bereich betrifft die Industriepolitik („Stärkung der Wettbewerbsfähigkeit der Industrie der Gemeinschaft"). Hier fallen die Beurteilungen weit auseinander. Während einige Autoren überhaupt kein Problem sehen, da die europäische Industriepolitik markt- und wettbewerbsorientiert sowie anti-protektionistisch ausgerichtet sei (z.B. Pelkmans 2001: 41), befürchten andere ein Zurückdrängen der Marktkräfte und eine Zunahme interventionistischer Gemeinschaftskompetenzen (z.B. Behrens 1994: 87 ff.; Mussler 1998: 169 ff.).

Der Maastricht-Vertrag enthält aber auch einige Bestimmungen, die einer übermäßigen Zentralisierung wirtschaftspolitischer Kompetenzen in Brüssel sowie einer systematischen Verdrängung von Marktkräften durch interventionistische Maßnahmen entgegenwirken sollen. So verlangt der neu eingeführte Artikel 3a (jetzt Art. 4 EG bzw. Art. 119 AEU) von den Mitgliedstaaten und der Gemeinschaft die Einführung einer Wirtschaftspolitik, die „dem Grundsatz einer offenen Marktwirtschaft mit freiem Wettbewerb verpflichtet ist". Allerdings besteht dieser neu aufgenommene Grundsatz nur „nach Maßgabe dieses Vertrags", d.h. der unverfälschte Wettbewerb steht gleichberechtigt neben den zahlreichen anderen Gemeinschaftsaktivitäten, die in Artikel 3 aufgelistet sind, und wird im Konfliktfall kaum als wirksamer, „verfassungsrechtlich" begründeter Schutz des Wettbewerbs gegen interventionistische Wirtschaftspolitik dienen können. (Mussler 1998: 179).

Eine weitere Zentralisierungsbremse wurde mit dem Subsidiaritätsprinzip in den EG-Vertrag eingebaut (Art. 3b; jetzt Art. 5 EG bzw. Art. 5 EU n.F.). Danach darf die Gemeinschaft bei konkurrierender Zuständigkeit nur tätig werden, wenn die mit den entsprechenden Maßnahmen angestrebten Ziele nicht in ausreichendem Maße auf Ebene der Mitgliedstaaten erreicht werden können. Wir werden weiter unten noch etwas ausführlicher diskutieren, inwiefern dieses Prinzip tatsächlich ein wirksames „Gegengift" gegen eine übermäßige Zentralisierung wirtschaftspolitischer Kompetenzen auf Gemeinschaftsebene darstellt. Schließlich fand auch der Grundsatz der Verhältnismäßigkeit, der in der Rechtsprechung des EuGH bereits eine große Rolle spielte, mit

Art. 3b (jetzt: Art. 5 bzw. Art. 5 EU n.F.).) im Primärrecht eine Verankerung. Die Tätigkeit der Gemeinschaft ist strikt auf die zugewiesenen Befugnisse beschränkt, und ihre Maßnahmen dienen ausschließlich der Erreichung der erklärten Ziele.

5.2.4 Der Vertrag von Amsterdam

Der Zusammenbruch des Kommunismus in Mittel- und Osteuropa Anfang der 1990er Jahre hatte die Bedingungen der Europäischen Integration fundamental geändert. So begehrten zahlreiche ehemalige Ostblockländer Einlass in die EU, die sich zunächst eher zögernd verhielt. Im Juni 1993 gaben allerdings die Regierungschefs auf dem Gipfel in Kopenhagen ihre anfängliche Zurückhaltung auf und eröffneten allen europäischen Staaten die Aussicht, Mitglied der Gemeinschaft zu werden, sofern sie drei Gruppen von Kriterien – die so genannten Kriterien von Kopenhagen – erfüllen (vgl. Kommission der Europäischen Gemeinschaften 2002: 9ff. und Kapitel 4):

- die politischen Kriterien, d.h. „institutionelle Stabilität als Garantie für demokratische und rechtsstaatliche Ordnung, für die Wahrung der Menschenrechte sowie die Achtung und den Schutz von Minderheiten";
- die wirtschaftlichen Kriterien, d.h. eine „funktionsfähige Marktwirtschaft sowie die Fähigkeit, dem Wettbewerbsdruck und den Marktkräften innerhalb der Union standzuhalten";
- das Kriterium der Übernahme des gemeinschaftlichen Besitzstandes (*acquis communautaire*).

Bereits die Vorbereitungen zum Vertrag von Maastricht hatten klar gemacht, dass eine Erweiterung größeren Umfangs voraussetzt, dass man die Entscheidungsprozesse auf Gemeinschaftsebene deutlich verbessert und die entsprechenden Institutionen grundlegend reformiert. Zu diesem Zweck nahm 1996 eine Regierungskonferenz der 15 Mitgliedstaaten ihre Arbeit auf, die am 2.10.1996 zur Unterzeichnung des Vertrages von Amsterdam führte, der am 1.5.1999 in Kraft getreten ist. Der Vertrag enthielt allerdings nicht, wie beabsichtigt, eine Reform der europäischen Institutionen (man einigte sich darauf, diesen Punkt zu einem späteren Zeitpunkt zu lösen), sondern einige eher marginale Änderungen des Vertrages von Maastricht und der Gründungsverträge sowie eine veränderte, fortlaufende Numerierung der alten und neu aufgenommenen Bestimmungen.

Grundsätzlich wurde die Architektur des Vertrages von Maastricht, die drei Säulen, beibehalten (siehe Abb. 5.1), wobei allerdings einige Verschiebungen zwischen den Säulen sowie kleinere Veränderungen der Spezifikationen innerhalb der Säulen stattfanden. So wurde ein Teil der dritten Säule des Maastrichter Vertrages (Visapolitik, Aufenthalt von Zuwanderern, Asylverfahren, Flüchtlingsfragen, justitielle Zusammenarbeit in Zivilsachen) in die erste Säule (den EG-Vertrag) übertragen und somit vergemeinschaftet, d.h. der unmittelbaren Kontrolle der Mitgliedstaaten entzogen und den supranationalen Autoritäten der Gemeinschaft überantwortet. Dadurch reduzierte sich der Inhalt der weiterhin bestehenden dritten Säule auf die „Polizeiliche und Justitielle Zusammenarbeit in Strafsachen" (PJZS).

Art. 2 EU führte als neues Ziel für die dritte Säule die Erhaltung und Weiterentwicklung der Union als „Raum der Freiheit, der Sicherheit und des Rechts" auf. Für die zweite Säule („GASP") schuf man die Rolle des Hohen Repräsentanten der Gemeinsamen Außen- und Sicherheitspolitik („Mr. GASP") und besetzte sie als erstes mit dem ehemaligen Nato-Generalsekretär Javier Solana. Die Art. 40 und 43ff. EU sowie Art. 11 EG eröffneten erstmals die Möglichkeit einer verstärkten Zusammenarbeit innerhalb einer Teilgruppe von Mitgliedstaaten („Europa der zwei Geschwindigkeiten"). Diese größere Flexibilität der europäischen Integration setzt allerdings eine Ermächtigung durch den Rat voraus und dürfte in der Praxis – wenn überhaupt – wohl am ehesten in der zweiten und dritten Säule genutzt werden. Darüber hinaus bestätigte ein spezielles Protokoll über die Prinzipien der Subsidiarität und Verhältnismäßigkeit weitgehend die seit 1992 vorherrschenden Praktiken.

Der EG-Vertrag (erste Säule) erhielt als neues Ziel in Art. 3 Abs. 2 die Gleichheit von Mann und Frau als Querschnittaufgabe, die bei der Verfolgung aller anderen Ziele zu berücksichtigen sei. Das bereits bestehende Ziel des Umweltschutzes wurde durch Art. 6 ebenfalls als Querschnittaufgabe definiert. Was den Gemeinsamen Markt angeht, so sind hier insbesondere die Veränderungen bezüglich der Freizügigkeit des Personenverkehrs erwähnenswert, denn es fand, wie bereits erläutert, die Einwanderungs- und Asylpolitik Aufnahme in den EG-Vertrag (Art. 61–69). Darüber hinaus wurden die Abkommen von Schengen durch ein besonderes Protokoll zum Vertrag von Amsterdam in den Rahmen der Europäischen Gemeinschaft überführt. „Schengen" zielte darauf, die Personenkontrollen an den Binnengrenzen abzuschaffen und stattdessen die Kontrolle der Außengrenzen als gemeinsame Aufgabe aller Beteiligten nach einheitlichen Grundsätzen zu definieren. Hieran beteiligen sich Großbritannien, Irland und Zypern allerdings nicht, dafür aber die Nicht-EU-Staaten Island, Norwegen und seit Dezember 2008 auch die Schweiz. Bei den Gemeinsamen Politiken sind insbesondere folgende Änderungen von Interesse: Zum einen konnte man dank der geänderten britischen Haltung das Sozialprotokoll zum Vertrag von Maastricht nun in den EG-Vertrag übernehmen (Art. 136–145). Zum anderen wurde ein neuer Titel zur Beschäftigungspolitik eingefügt (Art. 125–130), der allerdings faktisch keine großen Änderungen brachte, da die formalen Befugnisse bei den Mitgliedstaaten bleiben.

5.2.5 Der Vertrag von Nizza und die Charta der Grundrechte der Europäischen Union

Schon bei der Unterzeichnung des Vertrages von Amsterdam waren sich die Mitgliedstaaten darüber einig, dass sie ihr Ziel nicht erreicht hatten, die Institutionen und Verfahren der Gemeinschaft, ursprünglich für sechs Mitgliedstaaten konzipiert, an die Bedürfnisse einer beträchtlich erweiterten Union anzupassen. Vor allem drei Probleme hatte der Vertrag von Amsterdam nicht gelöst (die so genannten *left-overs*):

- Zum einen musste eine Entscheidung über die Größe der Kommission getroffen werden. Bei 25 oder mehr Mitgliedern ist es kaum möglich, je-

dem Mitgliedland mindestens einen Kommissar zuzugestehen, ohne die Handlungsfähigkeit der Kommission zu gefährden.
- Weiterhin sollte die Legitimation der Gemeinschaftsentscheidungen dadurch erhöht werden, dass die Stimmgewichtung im Rat und die Sitzverteilung im Europäischen Parlament stärker an die Bevölkerungsgröße der Mitgliedstaaten angepasst wird und dass die Stellung des Europäischen Parlaments durch Ausweitung des Mitentscheidungsverfahrens und des Klagerechts vor dem EuGH gestärkt wird.
- Schließlich sollte die Integration dadurch erleichtert werden, dass in wichtigen Bereichen der EG-Gesetzgebung die Einstimmigkeitsregel durch qualifizierte Mehrheitsentscheidungen ersetzt wird.

Um diese institutionellen Reformen durchzusetzen, wurde im Dezember 2000 auf der Konferenz von Nizza zwischen den Staats- und Regierungschefs der EU-Mitgliedstaaten ein Vertrag ausgehandelt, der nach einem langwierigen Ratifizierungsprozess (diesmal waren in Irland zwei Referenden erforderlich) zum 1.2.2003 in Kraft trat. Die institutionellen Reformen werden detailliert in Kapitel 6 diskutiert. Hier ist lediglich erwähnenswert, dass im Vertrag von Nizza die erforderlichen institutionellen Reformen nur halbherzig angegangen wurden. Herdegen (2003: 48) spricht von einem „bescheidenen Reformminimum". Bezüglich der Größe der Kommission einigte man sich auf einen Stufenplan: Bis Ende 2004 blieb es bei 20 Kommissaren, ab 1.1.2005 wird jeder Mitgliedstaat nur durch einen Staatsangehörigen in der Kommission vertreten, so dass die fünf großen Mitgliedstaaten (Deutschland, Frankreich, Großbritannien, Italien und Spanien) je einen Kommissar verlieren. Ab der Erweiterung der Union auf 27 Mitglieder soll die Anzahl der Kommissionsmitglieder kleiner als die Anzahl der Mitgliedländer werden. Die qualifizierte Mehrheit der Stimmen im Rat erfordert ab 2005 die Einhaltung dreier Quoren (die so genannte dreifache Mehrheit), was die Gesetzgebung komplexer und blockadeanfälliger macht:
- das Stimmenquorum, wonach 170 von 237 Stimmen erforderlich sind,
- das Staatenquorum, das eine Mehrheit der Mitgliedstaaten erfordert,
- das Bevölkerungsquorum, das auf Antrag eines Mitgliedstaates die Repräsentanz von 62 % der Unionsbevölkerung durch die abgegebenen Stimmen erfordert.

Zwar wurde die Anwendung des Einstimmigkeitsprinzips im Rat von bisher 73 auf 38 Anwendungsfälle reduziert und durch die qualifizierte Mehrheitsregel ersetzt. Die Aufgliederung der Politikfelder in Fälle, die der Einstimmigkeit, und andere Fälle, die der qualifizierten Mehrheit unterliegen, macht das Gesetzgebungsverfahren aber nicht gerade transparenter. Insbesondere beim Asylrecht, der Steuerpolitik (Harmonisierung der indirekten Steuern), Teilen der Sozialpolitik (soziale Sicherheit der Arbeitnehmer, Kündigungsschutz, Betriebsverfassung und Mitbestimmung) und der Strukturpolitik bleibt das Einstimmigkeitsprinzip erhalten.

Weiterhin wurden gegenüber dem Vertrag von Amsterdam die Möglichkeiten einer verstärkten Zusammenarbeit innerhalb einer Gruppe von Mitgliedstaaten erleichtert, und es wurde – als Reaktion auf die diplomatischen Verwicklungen in Folge der Beteiligung von Haiders FPÖ an der österreichischen

Regierung (2000) – ein „Frühwarnsystem" etabliert, das eine schnelle Reaktion der Union auf die Verletzung von Verfassungsgrundsätzen in Artikel 6 Abs. 1 EU durch einen Mitgliedstaat ermöglicht.

Neben den Verhandlungen über das Vertragswerk proklamierte die Konferenz von Nizza feierlich die Charta der Grundrechte der Europäischen Union. Ein Konvent unter Vorsitz des ehemaligen deutschen Bundespräsidenten Roman Herzog hatte zwischen Dezember 1999 und Oktober 2000 diese Charta ausgearbeitet. Sie besteht aus 54 Artikeln und gliedert sich in sieben Kapitel: Würde des Menschen, Freiheiten, Gleichheit, Solidarität, Bürgerrechte, justitielle Rechte und allgemeine Bestimmungen. Die Grundrechte-Charta wurde in Nizza noch nicht zum förmlichen Bestandteil der Verträge und konnte deshalb keine unmittelbare Geltung beanspruchen.

5.2.6 Eine Verfassung für Europa

Spätestens seit der Konferenz von Nizza hat sich gezeigt, dass das bisher übliche Instrument zur Änderung der Verträge, die Regierungskonferenz, angesichts der komplexen Probleme in einer immer größer werdenden Union an seine Grenzen gestoßen ist. Da man gleichzeitig recht gute Erfahrungen mit der Einberufung des Konvents zur Ausarbeitung einer Charta der Grundrechte der Europäischen Union gemacht hatte, fasste die Konferenz der europäischen Staats- und Regierungschefs in Laeken am 15.12.2001 den Beschluss, erneut auf dieses Instrument zurückzugreifen, um die dringend erforderlichen Änderungen der Verträge in Angriff zu nehmen (vgl. hierzu insbesondere die Beiträge von Oppermann, Grosse Hüttmann und Köck/Marktler in Beckmann/Dieringer/Hufeld 2005). Die „Erklärung von Laeken" stellte fest, dass die Bürger eine Union erwarteten, „die einfacher gestaltet, in der Verfolgung ihrer wesentlichen Ziele schlagkräftiger und in der Welt stärker präsent ist", und dass die größte Herausforderung darin bestehe, die Institutionen der Union demokratischer, transparenter und effizienter zu machen. Deshalb berief der Europäische Rat den „Konvent zur Zukunft Europas" ein mit der Aufgabe, sich mit einer Liste von mehr als 60 Fragen zur Zukunft Europas auseinander zu setzen und bis Mitte 2003 ein Abschlussdokument zu erstellen. Dieses sollte zur Vorbereitung einer für das Jahr 2004 anberaumten Regierungskonferenz dienen.

Box 5.2: Braucht Europa eine Verfassung?

Die erste Antwort auf diese Frage ist: nein. Denn die Gemeinschaft hat bereits eine Verfassung in den Verträgen von Rom. Fast alles, was in einem demokratischen Rechtsstaat die Verfassung regelt, wird von den Verträgen erfasst. Allein was sich vertraglich nur unzureichend regeln lässt, das Element der Demokratie, das ist unterentwickelt. "In other words: the treaties have all necessary elements of a constitution but one: They do not emanate from or are attributable to the people as the ultimate source of legitimate public power. Rather, it is the Member States which created the Union and retain the power to amend or abolish its legal foundations. They continue to be the so-called 'masters of the treaties'" (Grimm 2002: 320).

Dieses demokratische Element, so wird weiterargumentiert, kann durch eine formale Verfassung auch gar nicht geschaffen werden. Denn es fehlen eine europaweite politische Repräsentation, eine europaweite Zivilgesellschaft, ein europaweiter politischer Diskurs und eine europaweite Öffentlichkeit, die einer formal demokratischen Organisationsstruktur den notwendigen materiellen Inhalt verleihen würden. Das trifft auf den gegenwärtigen Zustand der Union zweifellos zu. Fragt sich nur, was zuerst da sein muss: ein verfasstes Staatswesen oder die Gesellschaft, die sich die Verfassung gibt? Das Beispiel der Schweiz – ganz allgemein ein gutes Vorbild für einen Konstitutionalisierungsprozess in einem multikulturellen Staatenbund – macht deutlich, wie aus einem gewollten Staatsverband eine politische Identität erwächst (vgl. van Aaken 2002).

Schließlich kann man auch mit Grimm (1995; 2002) der Ansicht sein, dass die augenblickliche Verfassung der Europäischen Union (selbstverständlich mit kleineren Korrekturen, wo erforderlich) optimal sei. Die Union ist eine staatsrechtliche Innovation, die einerseits den Nationalstaat in seinen Rechten belässt, andererseits über eine reine internationale Organisation hinausgeht, indem sie eine eigene Rechtsprechung und damit die Möglichkeit hat, ihre Regeln durchzusetzen. In dem Moment, wo die Union eine echte Verfassung erhielte, ginge der *pouvoir constituant* von den Mitgliedstaaten auf das neue Gebilde über, das damit ein ganz normaler Staat wird, womit der Charme der Innovation und des politischen Gebildes *sui generis* verloren ginge. Die Entscheidung für eine Verfassung ist diesem Argument zufolge eine Entscheidung für einen (föderalen) europäischen Staat, in dem obendrein die Bürger mangels demokratischer Öffentlichkeit nicht mehr, sondern weniger Einfluss hätten.

„In Grimms Beschreibung erscheint die EU als eine hinzunehmende Einrichtung, mit deren Abstraktionen wir leben müssen. Die Gründe, aus denen wir sie politisch wollen sollten, kommen nicht vor" (Habermas 1999: 188). Am augenblicklichen Demokratiedefizit zweifelt auch Habermas nicht, denn es ist bereits auf dem nationalen Niveau zu beklagen. Allerdings hält er es für möglich, dass sich die demokratische Öffentlichkeit nach der Konstitutionalisierung herausbildet. Und eine demokratische Kontrolle der europäischen Willensbildungsprozesse sei dringend erforderlich, da Europa ökonomisch, gesellschaftlich und administrativ immer enger zusammenwachse, wodurch mehr und mehr Entscheidungen auf gemeinschaftlichem Niveau gefällt werden müssen. Nach dem Spillover-Theorem (s. Kapitel 2) folgt aus der fortschreitenden Integration am Ende auch der Übergang vom Staatenbund zum Bundesstaat. Damit ist allerdings nicht die Kompetenzverteilung zwischen Zentralstaat und Mitgliedländern präjudiziert.

Der Konvent, zumeist „Europäischer Verfassungskonvent" genannt, bestand aus 105 Mitgliedern, ebenso vielen Stellvertretern und 13 Beobachtern aus EG-Institutionen. Jedes der 15 Mitglied- und 13 Beitrittsländer (inkl. Bulgarien, Rumänien und Türkei) stellte einen Vertreter der nationalen Regierung und zwei Vertreter des nationalen Parlaments, darüber hinaus entsandten das Europäische Parlament 16 und die Kommission zwei Mitglieder. Zum Präsidenten des Konvents wurde der ehemalige französische Staatspräsident Valéry Giscard d'Estaing ernannt, zu Vizepräsidenten wählten die Staats- und

Regierungschefs den ehemaligen belgischen Ministerpräsidenten Jean-Luc Dehaene und den ehemaligen italienischen Regierungschef Giuliano Amato. Der Konvent begann seine Arbeit am 28.2.2002 und konzentrierte sich zielstrebig und kreativ auf diejenigen Fragen des Mandats von Laeken, zu denen er auch konkrete Lösungsvorschläge bieten konnte. Im Juli 2003 legte Giscard d'Estaing dem Europäischen Rat den Entwurf eines Verfassungsvertrages vor, der sämtliche Bestimmungen des primären Unionsrechts in einem Vertrag zusammenfasste.

Dieser Entwurf fand allerdings zunächst keine Zustimmung bei den Staats- und Regierungschefs. Auf der Europäischen Ratstagung in Brüssel im Dezember 2003 kam es zu keinem Konsens. Nach zahlreichen bilateralen Gesprächen und einigen Veränderungen des Entwurfs wurde auf der Regierungskonferenz in Brüssel am 18.7.2004 der konsolidierte Verfassungsvertrag einstimmig angenommen und am 29.10.2004 feierlich in Rom durch die Staats- und Regierungschefs der 25 Mitgliedländer und der 3 Beitrittskandidaten unterzeichnet. Um in Kraft zu treten, musste der Verfassungsvertrag aber auch von allen Mitgliedstaaten ratifiziert werden, wozu in einigen Ländern die Zustimmung des Parlaments ausreicht, während in anderen ein Referendum erforderlich oder zumindest möglich ist. Nachdem Anfang 2005 in zwei Gründungsstaaten der Union, in Frankreich und den Niederlanden, die Referenden ablehnend ausgefallen waren, wurde der Verfassungsvertrag erst einmal auf Eis gelegt. Es galt somit weiterhin der primärrechtliche Status quo, wie er seit Nizza definiert ist.

Was hätte der Verfassungsvertrag nun an Neuerungen gebracht und woran ist er gescheitert? Der Verfassungsvertrag besteht aus vier Teilen, wobei Teil I die „eigentliche Verfassung" enthält (Ziel und Zweck der Union, Grundsätze, Kompetenzen, Gesetzgebung, Institutionen etc.). Als Teil II wurde die Grundrechte-Charta aufgenommen, Teil III führt die einzelnen Politikbereiche und die Arbeitsweise der Union näher aus und Teil IV enthält die Übergangs- und Schlussbestimmungen. Mit insgesamt 448 Artikeln hätte es sich hierbei um eine der längsten Verfassungen der Welt gehandelt. Dies ist dem voluminösen Teil III zu verdanken, dessen Umfang (322 Artikel) dadurch zu erklären ist, dass aufgrund des Prinzips der begrenzten Einzelermächtigung die Politikbereiche im einzelnen beschrieben sein müssen. Das bedeutet, dass der Verfassungsvertrag, der den EG-Vertrag und den EU-Vertrag ersetzen sollte, die Bestimmungen dieser Verträge, soweit sie Gültigkeit behalten sollten, übernehmen musste.

Die wesentlichen Neuerungen finden sich in Teil I. Die Trennung von Union und Europäischer Gemeinschaft wird aufgegeben, die Europäische Union erhält eine eigene Rechtspersönlichkeit mit dem Europäischen Rat als oberstes Organ der Politikgestaltung. Als Neuheit wird das Amt des Präsidenten des Europäischen Rates, der für die Dauer von zweieinhalb Jahren gewählt werden soll, eingeführt. Ebenfalls neu ist das Amt eines Außenministers der Union. Durch diese Innovationen sollte die Repräsentation der Union nach außen verbessert werden.

Darüber hinaus wurden zahlreiche Vorkehrungen getroffen, um die Entscheidungsprozesse innerhalb der erweiterten Union zu vereinfachen. Das im Vertrag von Nizza vereinbarte System der dreifachen Mehrheit bei qualifizierten Mehrheitsentscheidungen im Ministerrat, welches Minderheiten zahlreiche Blockademöglichkeiten eröffnet, wird durch das System der doppelten Mehrheit (55 % der Ratsmitglieder, 65 % der Bevölkerung der Mitgliedstaaten) ersetzt. Außerdem wird die Zusammensetzung der Kommission verändert, um zu verhindern, dass sie als Folge der Erweiterungen auf eine Größe anwächst, die nicht mehr zu beherrschen ist. Die Rolle des Europäischen Parlaments bei der Gesetzgebung wird dadurch verstärkt, dass das Mitentscheidungsverfahren sich zum „ordentlichen Gesetzgebungsverfahren der Union" gemausert hat.

Um eine erhöhte Transparenz der legislativen Tätigkeit der Union zu erreichen, war vorgesehen, die Tagungen des Ministerrates, soweit sie Gesetzgebungsakte betreffen, öffentlich abzuhalten. Einen Beitrag zur besseren Verständlichkeit der legislativen Tätigkeit der Union sollte auch die Abschaffung des Jargons, „Euro-Sprech" (*Euro-speak*) genannt, bei der Bezeichnung der verschiedenen Arten europäischer Rechtssetzungsakte liefern (siehe hierzu den nächsten Abschnitt).

Erstmals erhielt das Primärrecht mit dem Verfassungsvertrag auch eine Bestimmung, die es jedem Mitgliedstaat erlaubt, nach einem festgelegten Verfahren wieder aus der Union auszutreten. Ebenfalls neu ist das in einem Zusatzprotokoll verankerte Recht der nationalen Parlamente der Mitgliedstaaten, Einspruch gegen Entwürfe europäischer Rechtsetzungsakte zu erheben, wenn sie das Subsidiaritätsprinzip verletzt sehen, und gegebenenfalls den entsprechenden Rechtsetzungsakt beim EuGH deswegen anzufechten.

Warum stieß nun der Verfassungsvertrag bei den Referenden in Frankreich und den Niederlanden auf Ablehnung? Nach allem, was wir wissen (s. auch Kapitel 6), enthalten die vielfältigen Motive der Ablehnung einen gemeinsamen Nenner: den „Protest gegen die entfremdete Politik, die im Namen Europas betrieben wird" (Heinrich August Winkler). In Frankreich spielten dabei die soziale Situation und die Beitrittsverhandlungen mit der Türkei eine entscheidende Rolle, in den Niederlanden eher die Nettozahlerposition und die Befürchtung, die Kontrolle über die eigenen Angelegenheiten zu verlieren. Interessanterweise wird dieser Protest auch von den Befürwortern des Verfassungsvertrages geteilt – sollte er doch mehr Demokratie, mehr Transparenz und eine stärkere Durchsetzung des Subsidiaritätsprinzips mit sich bringen. Aber die Ablehnung dürfte sich weniger aus einem Vergleich der konkreten Regelungen im Vertrag von Nizza mit dem Verfassungsvertrag speisen, sondern sie ist eben vielmehr auf die allgemeine Wahrnehmung zurückzuführen, dass wesentliche Zukunftsentscheidungen in zunehmendem Maße auf europäischer Ebene ohne Einbeziehung der betroffenen Bürger gefällt werden. Diese durchaus zutreffende Wahrnehmung erzeugt Ängste, die verständlich sind, auch wenn sie nicht immer berechtigt sein mögen.

5.2.7 Der Vertrag von Lissabon

Jetzt war guter Rat teuer. Denn einerseits machte die Erweiterung der Union auf 27 Mitglieder eine Reform ihrer Organisation und Entscheidungsprozesse unumgänglich. Andererseits konnte man den Verfassungsvertrag den französischen und niederländischen Bürgern nicht noch einmal zur Abstimmung vorlegen, zumal die Front der Ablehner möglicherweise noch breiter war (Großbritannien, Polen). Das Projekt „Verfassung" war aufzugeben, und gleichzeitig galt es, die wesentlichen inhaltlichen Neuerungen des Verfassungsvertrages zu bewahren. Nach einer „Reflexionsphase" übernahm der Europäische Rat vom 21./22. Juni 2007 in Brüssel dazu die Initiative und beauftragte eine unmittelbar einzuberufende Regierungskonferenz, bis zum Jahresende einen Reformvertrag auf der Basis der Beschlüsse des Rates von 2004 vorzulegen. Damit war der rekurrente Anschluss an den Verfassungsvertrag gewahrt, ohne die Verfassung explizit zu erwähnen. Denn das, was ursprünglich als ideales Mittel für eine vertiefte Integration und als Identifikationsobjekt für die europäischen Bürger gedacht war, eine „europäische Verfassung", hatte sich als größtes Reformhindernis herausgestellt.

Das Ergebnis dieser Bemühungen ist der Vertrag von Lissabon vom 13. Dezember 2007. Er übernimmt im Wesentlichen die materielle Substanz des Verfassungsvertrages, gibt aber den Verfassungsbegriff und alle daran erinnernden Regelungen auf (vgl. Streinz/Ohler/Herrmann 2008). So wurden die Symbole (Hymne, Flagge) aus dem Primärrecht gestrichen, Verordnungen bleiben Verordnungen und werden nicht zu „Gesetzen", der Aussenminister behält zwar seine erweiterten Funktionen, dies aber unter der umständlichen Bezeichnung „Hoher Vertreter der Union für die Gemeinsame Aussen- und Sicherheitspolitik", die Grundrechtecharta wird aus dem Vertrag ausgegliedert. Der Ansatz, das gesamte Primärrecht der Union in einem Vertrag zu vereinen, der sich bei Weiterbestehen des Euratomvertrages sowieso nicht perfekt durchführen ließ, wurde aufgegeben. Damit haben wir drei Verträge:

- den neuen EU-Vertrag (EU n.F.), mit kleineren Änderungen ist das Teil I des Verfassungsvertrages;
- den Vertrag über die Arbeitsweise der Europäischen Union (AEU), das war Teil III des Verfassungsvertrages, der aus dem alten EG-Vertrag hervorgegangen ist,
- und die Charta der Grundrechte (ChGR), Teil II des Verfassungsvertrages, die durch Art. 6 Abs. 1 EU n.F. explizit in das Primärrecht der Union aufgenommen wird.

Gegen diese Grundrechtscharta hatten Großbritannien und Polen Einwände vorgebracht, so dass ihre Gültigkeit für diese beiden Mitgliedländer in einem Zusatzprotokoll eingeschränkt werden musste. Dass Europa gerade im Bereich der Grundrechte mit zwei Geschwindigkeiten fährt, mag bedauerlich erscheinen, gehört aber zu den Besonderheiten des Charakters *sui generis* der Union.

Man vermied aufs Peinlichste Eingriffe in die Souveränitätsrechte der Mitgliedländer, damit der Vertrag von Lissabon durch die nationalen Parlamente und nicht durch Referenda ratifiziert werden könne. Das gelang mit einer Ausnahme: Irland. Die irische Regierung sah sich aus verfassungsrechtlichen Gründen zu einem Referendum veranlasst, und das Ergebnis war prompt negativ. Auch in diesem Fall sind die Gründe für die Ablehnung nicht leicht nachzuvollziehen. Vor allem die Furcht vor einem zu großen Einfluss von aussen auf die nationale Politik scheint eine wesentliche Rolle gespielt zu haben. Der „Unfall" lässt sich möglicherweise durch entsprechende Reparaturarbeiten (z.B. Zusatzprotokolle) in einem zweiten irischen Referendum beheben, wie das beim Nizza-Vertrag schon einmal in Irland und auch beim Maastricht-Vertrag in Dänemark geglückt ist. Doch bis zur Europawahl 2009 konnte der Lissabon-Vertrag nicht mehr in Kraft treten.

5.3 Sekundäres Gemeinschaftsrecht und die integrationsfördernde Rolle des Europäischen Gerichtshofs

Im Unterschied zu den Mitgliedstaaten handelt die Europäische Gemeinschaft weitgehend durch die Produktion von Rechtsnormen. Öffentliche Einnahmen und Ausgaben spielen – ungeachtet der starken Beachtung in den Medien – nur eine sehr geringe Rolle: „The EEC is a regulatory machinery, not a spending spree" (Pelkmans 2001: 36). So beansprucht der EU-Haushalt gerade einmal gut 1 % des europäischen Bruttosozialprodukts, während sich die Staatsquote in den Mitgliedstaaten zwischen 34 % und 56 % bewegt (siehe Kapitel 11).

Die Gemeinschaftsaktivitäten zielen zum einen auf die Errichtung eines gemeinsamen Marktes (bzw. Binnenmarktes), zum anderen auf die Durchführung der verschiedenen gemeinsamen Politiken. Dabei ist im einzelnen zu untersuchen, in welchem Maße die gemeinsamen Politiken die Errichtung eines europäischen Binnenmarktes unterstützen oder den Markt in bestimmten Bereichen ersetzen. Zu einem geringen Teil basieren die erforderlichen Maßnahmen auf den Verträgen, d.h. dem primären Gemeinschaftsrecht. Zum weitaus überwiegenden Teil handelt die Gemeinschaft aber durch die Produktion sekundärrechtlicher Normen. Die durch die Verträge institutionalisierten Gemeinschaftsorgane (Rat, Kommission, Parlament) verabschieden nach jeweils spezifischen Verfahren sekundäres Gemeinschaftsrecht. Dabei gilt das „Prinzip der begrenzten Einzelermächtigung", wonach die Gemeinschaftsorgane nur tätig werden dürfen, wenn sie ausdrücklich durch die Verträge hierzu ermächtigt wurden. Dieses Prinzip wurde allerdings von Anfang an durch die Generalermächtigung des Art. 308 EG durchbrochen, jetzt Art. 352 Abs. 1 AEU, die in den Absätzen 2 – 4 mit gewissen Einschränkungen versehen worden ist:

> Erscheint ein Tätigwerden der Union im Rahmen der in den Verträgen festgelegten Politikbereiche erforderlich, um eines der Ziele der Verträge zu verwirklichen, und sind in den Verträgen die hierfür erforderlichen Befugnisse nicht vorgesehen, so erlässt der Rat einstimmig auf Vorschlag der Kommission und nach Zustimmung des Europäischen Parlaments die geeigneten Vorschriften.

Aufgrund der zahlreichen zusätzlichen Kompetenzen, die verschiedene Vertragsänderungen der Gemeinschaft explizit übertrugen, hat diese Generalermächtigung allerdings heute an Bedeutung eingebüßt. Weiterhin eröffnen die in Art. 94 EG und in dem durch die Einheitliche Europäische Akte neu eingefügten Art. 95 EG enthaltenen generellen Bestimmungen über die Angleichung der Rechts- und Verwaltungsvorschriften ein breites Betätigungsfeld für gesetzgeberische Maßnahmen der Gemeinschaftsorgane.

Es lassen sich folgende Rechtsakte des sekundären Gemeinschaftsrechts unterscheiden:

- Die *Verordnung* entspricht am ehesten dem, was man in den Begrifflichkeiten der nationalen Rechtsordnungen der Mitgliedstaaten als Gesetz bezeichnen würde. Sie hat unmittelbare Wirkung in jedem Mitgliedstaat und betrifft als abstrakt-genereller Rechtssatz eine unbestimmte Zahl von Fällen und eine unbestimmte Anzahl von Personen. Der Verfassungsvertrag sah hier den neuen Begriff „Europäisches Gesetz" vor, was aber im Vertrag von Lissabon, wie erwähnt, wieder fallengelassen wurde.
- Die *Richtlinie* richtet sich demgegenüber lediglich an die Mitgliedstaaten und verpflichtet diese, den Richtlinieninhalt durch innerstaatliche Rechtsakte in nationales Recht umzusetzen. Es handelt sich also hierbei um einen Rechtsakt, der in etwa einem Rahmengesetz entspricht. Der Verfassungsvertrag wählte deshalb hier den Terminus „Europäisches Rahmengesetz", doch auch diese Bezeichnung musste aufgegeben werden.
- Die *Entscheidung* betrifft den Einzelfall, d.h. sie ist in allen ihren Teilen für diejenigen Adressaten (Mitgliedstaaten, natürliche oder juristische Personen) verbindlich, an die sie sich richtet. Die entsprechende Wortwahl im Verfassungsvertrag lautet: „Europäischer Beschluss".
- *Empfehlungen und Stellungnahmen* der Gemeinschaftsorgane sind demgegenüber nicht verbindlich. Sie zählen insofern zum „Soft-Law", entfalten allerdings in der Praxis häufig eine nicht zu unterschätzende Wirkung, da sie von den nationalen Gerichten bei der Auslegung nationaler Rechtsvorschriften zu berücksichtigen sind.

Beim Erlass sekundärrechtlicher Gemeinschaftsnormen hat die Kommission in der Regel das Initiativmonopol. Sie ist insofern der Motor der Integration und hat in dieser Rolle immer wieder bedeutsame Gesetzgebungsvorhaben auf den Weg gebracht. Häufig werden Gesetzesinitiativen durch die Kommission dadurch vorbereitet, dass diese durch Vorlage sogenannter Grün- und Weißbücher öffentliche Diskussionen provoziert, aus denen dann Gesetzentwürfe und schließlich auch neue Gesetze, d.h. insbesondere Verordnungen und Richtlinien, hervorgehen. „In der Praxis stellen Grünbücher in der Regel eine umfassend neue Konzeption für eine bestimmte, im Vertrag benannte Gemeinschaftspolitik vor, ohne schon detaillierte Vorschläge zu machen. Weißbücher dagegen widmen sich meist einem enger begrenzten Sektor und schlagen einen präzisen Maßnahmenkatalog vor." (Bergmann 2001: 204, Anm. 56). Tatsächlich hat die Kommission ihre

Position immer wieder dazu genutzt, auf Probleme im Zusammenhang mit der Europäischen Integration aufmerksam zu machen, Programme zur Beschleunigung des Integrationsprozesses in kritischen Bereichen zu entwerfen und entsprechende Änderungen des sekundären Gemeinschaftsrechts zu initiieren.

Gemäß Art. 220 EG „sichert [der Gerichtshof] die Wahrung des Rechts bei der Auslegung und Anwendung dieses Vertrages." Den Europäischen Gerichtshof (EuGH) gibt es bereits seit 1952, als Gerichtshof der EGKS, seit 1958 ist er der Gerichtshof der Europäischen Gemeinschaften. Seit 1989 sind dem EuGH das „Gericht erster Instanz" (EuG) und seit Nizza zusätzliche Kammern angegliedert, um den EuGH von einfacheren Fällen zu entlasten. Im Vertrag von Lissabon wird nun die gesamte gemeinschaftliche Gerichtsbarkeit als „Europäischer Gerichtshof" bezeichnet, die aus den drei Teilen „Gerichtshof", „Gericht" und „Fachgerichte" besteht.

In der Praxis hat sich der Europäische Gerichtshof neben der Europäischen Kommission als wichtigster Motor der Integration erwiesen. „Der Gerichtshof hat in besonderer Weise als Integrationsfaktor für die Gemeinschaft gewirkt. Sein Mandat zur ‚Wahrung des Rechts' hat der Gerichtshof immer wieder in besonders dynamischer Weise verstanden und dieses Verständnis in einer integrationsfreundlichen Auslegung der Verträge, zuweilen in kühner Rechtsfortbildung dokumentiert." (Herdegen 2003: Rd. Nr. 153; siehe auch Schütz/Bruha/König 2004 und Vaubel 2001: 126 ff.). Aus diesem Grund ist es kaum möglich, die Dynamik der Europäischen Integration zu erklären, ohne die wesentlichen Grundsatzentscheidungen des EuGH explizit zu berücksichtigen.

Im Folgenden soll kurz gezeigt werden, auf welche Weise der EuGH seine Rolle als Motor der Integration wahrnimmt. Zunächst einmal ist zu erklären, warum überhaupt hinreichend viele Fälle beim EuGH landen und es diesem ermöglichen, tätig zu werden und wegweisende Grundsatzentscheidungen zu fällen. Hierbei kommt einem speziellen Klageverfahren, dem so genannten Vorabentscheidungsverfahren, eine entscheidende Rolle zu. Daran anschließend ist zu zeigen, wie der EuGH die integrationsfreundliche Auslegung des primären und sekundären Gemeinschaftsrechts begründet (*implied powers* Lehre, *effet utile* Maxime) und über welche Hebel er die Integration tatsächlich fördert. Hierbei spielen mehrere Grundsatzurteile eine Rolle, insbesondere:

- zur unmittelbaren Anwendbarkeit von bestimmten primärrechtlichen Bestimmungen (Artikel des EG-Vertrages),
- zum verpflichtenden Charakter von Richtlinien, die nicht in nationales Recht umgesetzt wurden,
- zum unbedingten Vorrang von Gemeinschaftsrecht gegenüber nationalem Recht
- sowie zur Haftung der Mitgliedstaaten für Verstöße gegen Gemeinschaftsrecht.

Die Strategie des EuGH besteht darin, den einzelnen Bürger mit individuell einklagbaren Rechtspositionen auszustatten, um ihn dazu zu mobilisieren,

Gemeinschaftsrecht durch Klagen vor innerstaatlichen Gerichten durchzusetzen und damit die Integration voranzutreiben.

5.3.1 Das Vorabentscheidungsverfahren

Der Rechtsweg zum EuGH (wie auch zum EuG) wird dadurch eröffnet, dass eine der im EG-Vertrag vorgesehenen Verfahrensarten relevant ist (Herdegen 2003: 160ff.; Arndt 2003: 58ff.). Wichtig sind hierbei insbesondere:

- das *Vertragsverletzungsverfahren*, das der Beseitigung von Vertragsverletzungen seitens der Mitgliedstaaten dient,
- die *Nichtigkeitsklage*, durch welche die Rechtmäßigkeit von Handlungen der Gemeinschaftsorgane gerichtlich überprüft werden kann,
- die *Untätigkeitsklage*, wonach gegen ein Unterlassen der Gemeinschaftsorgane geklagt werden kann,
- die *Amtshaftungsklage*, die auf einen Ersatz der durch rechtswidrige Akte der gemeinschaftlichen Hoheitsgewalt verursachten (deliktischen) Schäden gerichtet ist,
- sowie das *Vorabentscheidungsverfahren*, das eine Besonderheit des Gemeinschaftsrechts darstellt und in der Praxis die größte Bedeutung hat.

Durch das Vorabentscheidungsverfahren nach Artikel 234 EG bzw. 267 AEU (früher: 177 EGV) soll eine einheitliche Auslegung und gleichförmige Anwendung des Gemeinschaftsrechts in der gesamten Gemeinschaft erreicht werden. Hat ein nationales Gericht in einer Rechtssache, die das Gemeinschaftsrecht betrifft, Zweifel an dessen Auslegung oder Gültigkeit, so kann es das Verfahren aussetzen und dem Gerichtshof Fragen zur Vorabentscheidung vorlegen. In bestimmten Fällen sind die nationalen Gerichte sogar verpflichtet, ein Vorabentscheidungsverfahren vor dem EuGH anzustrengen. Eine Vorlagepflicht ist insbesondere gegeben, wenn das Urteil des nationalen Gerichts nicht mehr mit Rechtsmitteln des innerstaatlichen Rechts angefochten werden kann (z.B. bei den obersten Bundesgerichten).

Das Vorabentscheidungsverfahren hat sich im Laufe der Jahre zu der bedeutendsten Verfahrensart am EuGH entwickelt. Von den im Zeitraum 1952 – 2007 15 068 neu eingegangenen Rechtssachen betrafen 6 030, d.h. etwa 40 %, Vorabentscheidungsgesuche nationaler Gerichte beim EuGH. Seit 1994 war jedes Jahr, mit Ausnahme des Jahres 2003, die Anzahl der neu eingegangenen Vorabentscheidungsgesuche größer als die Anzahl aller direkten Klagen (Nichtigkeitsklagen, Untätigkeitsklagen, Vertragsverletzungsklagen, Schadensersatzklagen sowie Streitigkeiten betreffend Schiedsklauseln) zusammen (*Jahresbericht des EuGH 2007*: 103 f.).

Interessanterweise wurden von den im Zeitraum 1952 bis 2003 neu anhängig gewordenen 5 044 Vorabentscheidungsgesuchen die Mehrheit, nämlich 3 604, von anderen als den obersten nationalen Gerichten vorgelegt (*Jahresbericht des EuGH 2004*: 247). Derartige Fälle sind in der Regel nicht vorlagepflichtig. Deshalb scheint ein relativ starker Anreiz bei den nicht-letztinstanzlichen Gerichten zu bestehen, über das Vorabentscheidungsverfahren und unter Umgehung der obersten Bundesgerichte einen Beitrag zur richterlichen

Rechtsschöpfung zu leisten und damit das eigene Ansehen zu erhöhen. Was auch immer im einzelnen die Motive gewesen sein mögen, auf das Vorabentscheidungsverfahren zurückzugreifen, so diente es ganz offensichtlich in der Praxis dazu, zahlreiche Rechtssachen, die vor nationalen Gerichten anhängig waren, dem EuGH zur Überprüfung zuzuspielen. Er nutzte diese Möglichkeit weidlich und fällte als Reaktion auf entsprechende Gesuche eine Vielzahl bahnbrechender Grundsatzentscheidungen. Sie hatten einen spürbaren Einfluss auf die Richtung und Geschwindigkeit der europäischen Integration.

5.3.2 *Grundlegende EuGH-Entscheidungen zur Reichweite des Gemeinschaftsrechts*

Der EuGH erweist sich in seiner Rechtsprechung als äußerst integrationsfreundlich. Bei der Auslegung des Gemeinschaftsrechts bedient er sich insbesondere zweier Konzepte, die es der Gemeinschaft nicht nur gestatten, in Bereichen tätig zu werden, die ihr nicht explizit durch die Gründungsverträge zugewiesen worden waren, sondern die darüber hinaus die Durchschlagskraft des Gemeinschaftsrechts gegenüber dem nationalen Recht der Mitgliedstaaten stärkten. Hierbei handelt es sich zum einen um die *implied-powers* Lehre, die dem allgemeinen internationalen Organisationsrecht entlehnt ist und besagt, dass sich Zusatzkompetenzen der Gemeinschaft aus dem engen Sachzusammenhang mit bereits bestehenden EG-Zuständigkeiten ergeben. Zum anderen bedient sich der EuGH der *effet utile* Maxime, die der französischen Rechtsprechungstradition entlehnt ist. Danach sind die Vertragskompetenzen teleologisch so auszulegen, dass sie ihre volle Wirksamkeit im Sinne der europäischen Integration entfalten (Oppermann 2005: § 6, Rz. 69–70).

Unter diesen Bedingungen fällte der EuGH zahlreiche Grundsatzentscheidungen, die den Einfluss des Gemeinschaftsrechts auf den Alltag der Unionsbürger in ganz erheblicher Weise verstärkten. Einige in diesem Zusammenhang wesentliche Entscheidungen des EuGH stellen wir im Folgenden kurz vor.

5.3.2.1 Zur unmittelbaren Anwendbarkeit von Primärrecht

In der Rechtssache *Van Gend & Loos* (EuGH Rs. 26/62, Slg. 1963, 1) klagte ein niederländisches Transportunternehmen vor einem niederländischen Gericht gegen die niederländische Zollverwaltung, die für die Einfuhr eines chemischen Erzeugnisses aus Deutschland einen höheren Zoll als bisher erhoben hatte. Das Unternehmen sah hierin einen Verstoß gegen Art. 12 EWG-Vertrag, der den Mitgliedstaaten die Einführung neuer und die Erhöhung bestehender Zölle verbot. Der EuGH, dem das niederländische Gericht den Fall im Rahmen eines Vorabentscheidungsverfahrens mit einigen Fragen zur inhaltlichen und rechtlichen Tragweite dieses Artikels vorlegte, nahm den Fall zum Anlass, grundsätzlich festzustellen, dass die Gemeinschaft eine neue Rechtsordnung *sui generis* darstelle, dass sich der EWG-Vertrag nicht nur an die Mitgliedstaaten, sondern auch an deren Bürger richte und dass die Vertragsbestimmungen den einzelnen Bürgern von der Gesetzgebung der Mitgliedstaaten unabhängige Rechte verliehen, sofern der Vertrag inhaltlich völlig klare und unbedingte Regelungen enthält und die Mitgliedstaaten eindeutig zu einem bestimmten Tun oder Unterlassen verpflichtet.

In zahlreichen späteren Entscheidungen hat der EuGH immer wieder betont, dass insbesondere primärrechtliche Vorschriften, die die vier Grundfreiheiten betreffen, den einzelnen Bürgern unmittelbar wirkende Rechtspositionen verleihen, die sie vor den nationalen Gerichten der Mitgliedstaaten geltend machen können (vgl. Herdegen 2003: Rd. Nr. 167 f.).

5.3.2.2 Zum Anwendungsvorrang von Gemeinschaftsrecht

In den Gründungsverträgen gibt es keine ausdrückliche Regelung darüber, ob das Gemeinschaftsrecht dem nationalen Recht vorgeht oder nachsteht. Bereits 1964 hat der EuGH in einem weiteren Grundsatzurteil den Vorrang des Gemeinschaftsrechts gegenüber dem nationalen Recht der Mitgliedstaaten festgestellt. In der Rechtssache *Costa/ENEL* (Rs. 6/64, Slg. 1964, 1251) sah sich der italienische Rechtsanwalt Costa als Aktionär der von der Verstaatlichung der Elektrizitätserzeugung und -versorgung betroffenen Aktiengesellschaft Edison Volta um seine Dividende gebracht und weigerte sich, seine Stromrechnung an die verstaatlichte Stromgesellschaft E.N.E.L. zu zahlen. Vor dem Friedensrichter in Mailand begründete Costa sein Verhalten unter anderem damit, dass die Verstaatlichung der Stromgesellschaft gegen Gemeinschaftsrecht verstoße. Das Friedensgericht legte dem EuGH daraufhin im Rahmen eines Vorabentscheidungsverfahrens eine Liste von Fragen zur Auslegung des EWG-Vertrages vor. Hierzu führte der EuGH aus (ebenda, 1253): „Zum Unterschied von gewöhnlichen internationalen Verträgen hat der EWG-Vertrag eine eigene Rechtsordnung geschaffen, die (...) in die Rechtsordnung der Mitgliedstaaten aufgenommen worden und von ihren Gerichten anzuwenden ist. Durch die Gründung einer Gemeinschaft für unbegrenzte Zeit, die mit eigenen Organen, mit der Rechts- und Geschäftsfähigkeit, mit internationaler Handlungsfähigkeit und insbesondere mit echten, aus der Beschränkung der Zuständigkeit der Mitgliedstaaten oder der Übertragung von Hoheitsrechten der Mitgliedstaaten auf die Gemeinschaft herrührenden Hoheitsrechten ausgestattet ist, haben die Mitgliedstaaten ihre Souveränitätsrechte beschränkt und so einen Rechtskörper geschaffen, der für ihre Angehörigen und sie selbst verbindlich ist." Daraus folgt, dass „dem vom Vertrag geschaffenen, somit aus einer autonomen Rechtsquelle fließenden Recht wegen dieser seiner Eigenständigkeit keine wie immer gearteten innerstaatlichen Rechtsvorschriften vorgehen (können), wenn ihm nicht sein Charakter als Gemeinschaftsrecht aberkannt und wenn nicht die Rechtsgrundlage der Gemeinschaft selbst in Frage gestellt werden soll. Die Staaten haben dadurch, dass sie nach Maßgabe der Bestimmungen des Vertrages Rechte und Pflichten, die bis dahin ihren inneren Rechtsordnungen unterworfen waren, der Regelung durch die Gemeinschaftsrechtsordnung vorbehalten haben, eine endgültige Beschränkung ihrer Hoheitsrechte bewirkt, die durch spätere einseitige, mit dem Gemeinschaftsbegriff unvereinbare Maßnahmen nicht rückgängig gemacht werden kann."

Der Vorrang des Gemeinschaftsrechts gegenüber den nationalen Rechtsnormen der Mitgliedstaaten wurde durch weitere EuGH-Entscheidungen bestätigt. Erwähnenswert sind insbesondere die Rechtssache *Internationale Handelsgesellschaft* (Rs. 11/70; Slg. 1970, 1125), wobei der Gerichtshof den Vorrang des Gemeinschaftsrechts auch gegenüber nationalem Verfassungsrecht feststellte, sowie die Entscheidung in der Rechtssache *Simmenthal II* (Rs. 106/77; Slg. 1978, 629), die noch einmal kompromisslos den uneingeschränkten Anwendungsvorrang des Gemeinschaftsrechts auch gegenüber neuen nationalen Gesetzgebungsakten herausstellte.

Der vom EuGH mit durchaus guten Gründen postulierte Vorrang des Gemeinschaftsrechts stößt verständlicherweise nicht auf uneingeschränkte Zustimmung seitens der obersten Gerichte der Mitgliedstaaten. (Einen Überblick über den Vorrang des Gemeinschaftsrechts aus der Sicht verschiedener Mitgliedstaaten geben Craig/de Búrca 2003: 285 ff.). Offene Konflikte wurden bisher vermieden. In der Bundesrepublik Deutschland hat sich das Bundesverfassungsgericht in einigen bedeutenden Entscheidungen mit der Frage auseinandergesetzt, ob und inwieweit deutsche Gerichte und Verwaltungsbehörden beim Vollzug des Gemeinschaftsrechts an die Grundrechte des Grundgesetzes gebunden sind. (Vgl. Herdegen 2003: Rd. Nr. 243 ff., Huber 2002: 33 ff. und Bergmann 2001: 192 ff.). Nach seiner *Solange I Entscheidung* (BVerfGE 37: 271 ff.) vom 29.5.1974 sind beim Vollzug des Gemeinschaftsrechts durch deutsche Behörden die deutschen Grundrechte zu beachten, solange das Gemeinschaftsrecht, das zunächst keine Grundrechtsgarantien kannte, nicht selbst den vom Grundgesetz geforderten Mindeststandard sicherstellt. Zwölf Jahre später revidiert das Bundesverfassungsgericht dieses viel kritisierte Urteil und kommt in seiner *Solange II Entscheidung* (BVerfGE73: 339 ff.) vom 22.10.1986 zu dem Ergebnis, dass das Gemeinschaftsrecht einen wirksamen Schutz der Grundrechte gewährleiste und dass insofern der Vorrang des Gemeinschaftsrechts gegenüber nationalem Recht akzeptiert wird.

Im *Maastricht-Urteil* (BVerfGE 89: 155 ff.) vom 12.10.1993 wird eine neuerliche Klarstellung vorgenommen, die durchaus potentiellen Sprengstoff enthält. Danach können Rechtsakte der Gemeinschaftsorgane keine Anerkennung im innerstaatlichen Recht der Bundesrepublik Deutschland beanspruchen, wenn sie offensichtlich die der Gemeinschaft übertragenen Kompetenzen überschreiten. Damit wird der Vorrang des Gemeinschaftsrechts gegenüber nationalem Recht und das Monopol des EuGH für die verbindliche Auslegung des Gemeinschaftsrechts theoretisch durchlöchert, auch wenn das bisher noch keine praktischen Auswirkungen hatte. Das Europäische Parlament erkannte jedenfalls die Sprengkraft derartiger Urteile und distanzierte sich in einer Entschließung vom 27.10.1997 von der Tendenz in einigen nationalen Gerichtsbarkeiten, Akte der Gemeinschaftsorgane durch nationale Gerichte überprüfen zu lassen und nach eigenem Gusto zu entscheiden, ob im konkreten Fall eine Überschreitung der Gemeinschaftskompetenzen vorliege.

Andererseits stellt sich die Frage, ob man nicht den Bock zum Gärtner macht, wenn der EuGH das letzte Wort bei Kompetenzstreitigkeiten zwischen Mitgliedstaaten und Gemeinschaft hat (Box 5.3).

Box 5.3: Stoppt den Europäischen Gerichtshof!?

Sehr viel Aufmerksamkeit insbesondere im rechtswissenschaftlichen Schrifttum hat die vor einigen Jahren entschiedene Rechtssache *Mangold* (Rs. C-144/04, Slg. 2005: I-9981) hervorgerufen. Diesem Fall liegt ein von zwei Rechtsanwälten inszenierter Rechtsstreit zugrunde. Um die Einstellungschancen älterer Arbeitnehmer zu erhöhen, hatte die rot-grüne Koalition in Deutschland Ende 2002 beschlossen, die Altersgrenze, von der an Arbeitsverträge ohne sachliche Rechtfertigung befristet abgeschlossen werden können, vorübergehend von 58 auf 52 Jahre zu senken. Die Rechtsanwälte sahen in dieser Regelung einen Verstoß gegen das europarechtliche Verbot der Ungleichbehandlung wegen des Alters in Beschäftigung und Beruf. Der Fall kam schließlich vor den EuGH, der entschied

> „dass diese Bestimmung zwar nicht gegen die Richtlinie 1999/70/EG über befristete Arbeitsverträge verstoße, da diese für die erste oder einmalige Befristung keine Vorgaben enthält, sie ist aber mit dem allgemeinen Grundsatz des Gemeinschaftsrechts (!), der seinen Ursprung in verschiedenen völkerrechtlichen Verträgen und den gemeinsamen Verfassungstraditionen der Mitgliedstaaten hat (?), dem Verbot der Diskriminierung aufgrund des Alters und mit Art. 6 Abs. 1 der Gleichbehandlungsrahmenrichtlinie 2000/78/EG nicht vereinbar. Der EuGH hatte sozusagen das Verbot der Altersdiskriminierung kraft Rechtsfortbildung als ein „neues" Gemeinschaftsgrundrecht erschaffen, als ein primärrechtliches Verbot und zwar als Ausfluss des Grundsatzes der Gleichbehandlung in Beschäftigung und Beruf, welcher wieder seine Wurzeln im allgemeinen Grundsatz der Gleichbehandlung hat." (Egger 2008: 71 f.).

Aus vier Gründen stieß das Mangold-Urteil auf massive Kritik (Herzog/Gerken 2008: 8; Egger 2008: 71 ff.): Zum ersten gehört die Arbeitsmarkt- und Sozialpolitik weiterhin zu den Kernkompetenzen der Mitgliedstaaten und fällt nicht in die Kompetenz der EU. Zweitens waren die Mitgliedstaaten aufgefordert, die Vorgaben der Antidiskriminierungsrichtlinie bis zum 2. Dezember 2006 in nationales Recht umzusetzen. Zum Zeitpunkt des Rechtsstreits war diese Frist noch nicht abgelaufen. Drittens rechtfertigte der EuGH sein Urteil damit, dass das Verbot der Diskriminierung wegen des Alters nicht nur aus der (noch nicht umzusetzenden) Antidiskriminierungsrichtlinie folge, sondern darüber hinaus einen „allgemeinen Grundsatz des Gemeinschaftsrechts" darstelle, der in den „gemeinsamen Verfassungstraditionen der Mitgliedstaaten" und in „verschiedenen völkerrechtlichen Verträgen" enthalten sei. Allerdings enthalten nur zwei der Verfassungen der damals 25 Mitgliedstaaten ein explizites Verbot der Diskriminierung wegen des Alters (Finnland und Portugal), und es bleibt auch offen, auf welche völkerrechtlichen Verträge sich der EuGH bezieht. Schließlich entschied der EuGH, dass das deutsche Reformgesetz ab sofort „unangewendet" zu bleiben habe, d.h. alle auf Grundlage des deutschen Reformgesetzes geschlossenen befristeten Arbeitsverträge waren unwirksam und wurden in unbefristete Verträge umgewandelt. Dies führte zu materiellen Folgeschäden für die betroffenen Unternehmen und einem Vertrauensverlust in die Verlässlichkeit arbeitsrechtlicher Regelungen.

Aufgrund dieses Falles und einiger ähnlich gelagerter Fälle kommen der ehemalige Bundespräsident und Präsident des Bundesverfassungsgerichts Roman Herzog und der Vorsitzende des Centrums für Europäische Politik, Lüder Gerken, zu dem Ergebnis, dass der „EuGH … als letztinstanzlicher Wächter der Subsidiarität und als Schützer der Belange der Mitgliedstaaten ungeeignet [ist]" und dass „die Errichtung eines vom EuGH unabhängigen Gerichtshofs für Kompetenzfragen zwingend geboten [ist]" (Herzog/Gerken 2008:8).

Es mag erstaunen, dass die mehrfachen Revisionen des Vertrages nicht zum Anlaß genommen worden sind, den Vorrang des Gemeinschaftsrechts vertraglich zu fixieren. Das ist auch mit dem Reformvertrag von Lissabon nicht geschehen. Allerdings hat die Regierungskonferenz vom 17.12.2007, die den Vertrag verabschiedete, ihm eine Erklärung den Vorrang des Gemeinschaftsrechts betreffend hinzugefügt (*Amtsblatt der EU* C306: 256):

Die Konferenz weist darauf hin, dass die Verträge und das von der Union auf der Grundlage der Verträge gesetzte Recht im Einklang mit der ständigen Rechtsprechung des Gerichtshofs der Europäischen Union unter den in dieser Rechtsprechung festgelegten Bedingungen Vorrang vor dem Recht der Mitgliedstaaten haben.

Teil der Erklärung ist ein Gutachten des Juristischen Dienstes des Rates, das die Rechtmäßigkeit des Vorrangs unterstreicht:

Nach der Rechtsprechung des Gerichtshofs ist der Vorrang des EG-Rechts einer der Grundpfeiler des Gemeinschaftsrechts. Dem Gerichtshof zufolge ergibt sich dieser Grundsatz aus der Besonderheit der Europäischen Gemeinschaft. Zum Zeitpunkt des ersten Urteils im Rahmen dieser ständigen Rechtsprechung (Rechtssache 6/64, Costa gegen ENEL, 15. Juli 1964) war dieser Vorrang im Vertrag nicht erwähnt. Dies ist auch heute noch der Fall. Die Tatsache, dass der Grundsatz dieses Vorrangs nicht in den künftigen Vertrag aufgenommen wird, ändert nichts an seiner Existenz und an der bestehenden Rechtsprechung des Gerichtshofs.

Man kann nur über die Widerstände Vermutungen aufstellen, die eine Aufnahme des Vorrangs des EG-Rechts in den Vertrag verhindern, aber gleichzeitig zulassen, dass er in der Schlussakte einer Regierungskonferenz erwähnt wird.

5.3.2.3 Zur Haftung der Mitgliedstaaten bei Verstößen gegen Gemeinschaftsrecht

Mit einer aufsehenerregenden Entscheidung Anfang der 1990er Jahre in der Rechtssache *Francovich* (Rs. C-6/90 und C-9/90, Slg. 1991: I–5357) entwickelte der EuGH ein neuartiges europarechtliches Staatshaftungsinstitut, indem er einen Mitgliedstaat haften ließ für Schäden, die Bürgern durch die

Nichtumsetzung einer Richtlinie entstanden sind. Im konkreten Fall konnten einige italienische Arbeitnehmer bei Konkurs ihres Arbeitgebers ihre ausstehenden Lohnforderungen nicht erstattet bekommen, da eine Richtlinie, die in solchen Fällen Zahlungen aus einem Ausgleichsfonds vorsieht, noch nicht in nationales italienisches Recht umgesetzt war. Der EuGH entschied, dass unter drei Voraussetzungen Mitgliedstaaten für Schäden aus der Nichtumsetzung von Richtlinien gegenüber ihren Bürgern schadensersatzpflichtig sind:

(1) Das Ziel der entsprechenden Richtlinie muss darin bestehen, Einzelnen Rechte zu verleihen;

(2) der Inhalt dieser Rechte muss hinreichend bestimmt sein, so dass sich das Mindestmaß der gebotenen Begünstigung konkretisieren lässt;

(3) es muss ein Kausalzusammenhang bestehen zwischen dem Verstoß des Mitgliedstaates gegen die Umsetzungspflicht und dem für den Begünstigten entstandenen Schaden.

In späteren Urteilen hat der EuGH diese Grundsätze auch auf Verletzungen des primären Gemeinschaftsrechts (*Brasserie du Pêcheur* und *Factortame III*, Urteil vom 5.3.1996) sowie auf die fehlerhafte Umsetzung von Richtlinien (*British Telecommunications*, Urteil vom 26.3.1996) ausgedehnt.

Diese verschuldensunabhängige Haftung der Mitgliedstaaten für Verstöße gegen Gemeinschaftsrecht lässt sich als Mittel begreifen, den einzelnen Bürger dazu zu mobilisieren, im wohlverstandenen eigenen Interesse die Durchsetzung gemeinschaftsrechtlicher Normen einzufordern. Aus juristischer Sicht bedeutet die Anerkennung einer Staatshaftung für gemeinschaftsrechtswidrige Gesetzgebungsakte „einen geradezu revolutionären Einbruch in das deutsche Staatshaftungsrecht" (Herdegen 2003: Rd. Nr. 237). Das deutsche Recht kennt bisher keine Amtshaftung für legislatives Unrecht, da Amtspflichten des parlamentarischen Gesetzgebers gegenüber Dritten verneint werden. Aus ökonomischer Sicht stellt sich die Frage, zu welchem Verhalten die Mitgliedstaaten durch eine derartige Staatshaftung veranlasst werden (siehe Van den Bergh/Schäfer 2000, sowie mit zahlreichen interessanten Details Van Roosebeke 2007).

5.3.2.4 Zur unmittelbaren Wirkung von Richtlinien

Während EU-Verordnungen nach Artikel 249 Abs. 2 EG unmittelbar in jedem Mitgliedstaat gültig sind und nationales Recht brechen, begründet eine Richtlinie nach der Konzeption von Art. 249 Abs. 3 EG keine unmittelbaren Rechte und Pflichten, sondern überlässt den innerstaatlichen Stellen die Wahl der Form und der Mittel, wie die zu erreichenden Ziele umgesetzt werden. Aber abweichend von dieser Konzeption hat der EuGH bereits in den 1970er Jahren durch eine Reihe von Entscheidungen anerkannt, dass eine Richtlinie eine vertikale Direktwirkung habe, sodass sich ein Marktbürger einem Mitgliedstaat gegenüber auf eine von diesem Staat nicht umgesetzte Richtlinie berufen könne. Diese unmittelbare Wirkung von Sekundärrecht setzt allerdings voraus, dass die Richtlinie nicht fristgemäß oder inhaltlich nicht ordnungsgemäß umgesetzt worden ist und dass die Bestimmungen der

Richtlinie inhaltlich unbedingt und hinreichend genau sind. Eine horizontale Direktwirkung von Richtlinien auf das Verhältnis Privat-Privat wird im Normalfall vom EuGH abgelehnt. (Vgl. Herdegen 2003: Rd. Nr. 183ff., Arndt 2003: 82ff.; siehe allerdings das Mangold-Urteil in Box 5.3).

5.4 Zuständigkeiten der Gemeinschaft – wie der Ökonom sie gern hätte

Nachdem wir die Quellen des primären und sekundären Rechts und die rechtsschöpfende Autorität des EuGH kennen gelernt haben, stellt sich die Frage nach der konkreten Anwendung dieser legitimen Kapazität: Was macht die EU eigentlich? Der Bedeutung der ersten Säule entsprechend wird die Antwort vor allem auf dem Feld der Wirtschaftspolitik zu suchen sein. Gehen wir aus von einer gängigen Lehrbuchdefinition der Wirtschaftspolitik:

> Es handelt sich um die Gestaltung der Wirtschaftsordnung sowie die Einflussnahme auf die Struktur, den Ablauf und die Ergebnisse gesellschaftlichen Wirtschaftens durch staatliche Instanzen nach politisch bestimmten Zielen. Nach Aufgabenbereichen lassen sich die Ordnungs-, die Allokations-, die Stabilisierungs- sowie die Verteilungspolitik unterscheiden (Streit 2000: 24).

Diese Definition gibt uns vier Grundelemente der Wirtschaftpolitik an:

- den Träger der Wirtschaftspolitik: staatliche Instanzen,
- die Zielbestimmung der Wirtschaftspolitik: der politische Prozess,
- den Gegenstand der Wirtschaftspolitik: einerseits die Wirtschaftsordnung, andererseits der Wirtschaftsprozess,
- die Aufgaben der Wirtschaftspolitik: Ordnung, Allokation, Stabilisierung, Verteilung.

Ein fünftes Grundelement wird hier nicht genannt, ist aber doch wichtig für die Ausgestaltung der Wirtschaftspolitik – nämlich die Instrumente.

Das eigentliche und schwierigste Problem der europäischen Wirtschaftspolitik ist die Frage, wo die Gemeinschaft tätig werden dürfe oder solle. Ziel der Europäischen Gemeinschaft ist die politische und wirtschaftliche Integration Europas. Seit Tinbergen (1954) unterscheiden wir zwischen negativer und positiver Integration (siehe auch Scharpf 1999 und Kapitel 2), wobei negative Integration passive wirtschaftspolitische Maßnahmen bezeichnet, die Handelshemmnisse und Verkehrsbehinderungen abschaffen, während positive Integration die aktive Ausübung von wirtschaftspolitischen Kompetenzen meint.

Welche Optionen, wirtschaftspolitische Kompetenzen auszuüben, stehen der Gemeinschaft nun rein theoretisch zur Verfügung und wie sind diese Optionen aus ökonomischer Sicht zu bewerten? Ganz allgemein lassen sich drei Alternativen unterscheiden (ähnlich Van den Bergh, 2000, S. 448):

1. Die Gemeinschaft hält sich vornehm zurück und überlässt die Wirtschaftspolitik ausschließlich den Mitgliedstaaten. In diesem Fall ist zu erwarten,

dass Unterschiede in den grundlegenden nationalen Rechtsvorschriften und in der laufenden Wirtschaftspolitik nur sehr langsam – wenn überhaupt – abgebaut werden, dass sowohl die positive als auch die negative Integration nur sehr langsam vorangehen und dass somit Europa auf absehbare Zeit in mehr oder weniger stark voneinander abgeschottete nationale Teilmärkte zerfällt.

2. Auch bei der zweiten Alternative hält sich die Gemeinschaft weitgehend zurück und ergreift lediglich Maßnahmen, um bilaterale und multilaterale Verträge zwischen den Mitgliedstaaten zur Beseitigung grenzüberschreitender Externalitäten aller Art zu erleichtern (die Coasesche Verhandlungslösung).
3. Schließlich kann die Gemeinschaft selbst aktiv tätig werden, indem sie die Mitgliedstaaten zwingt, bestimmte nationale Rechtsvorschriften wechselseitig anzuerkennen und damit Hemmnisse für grenzüberschreitende Aktivitäten zu beseitigen („negative Integration"), oder indem sie gegenüber allen Mitgliedstaaten einheitliche Rechtsvorschriften durchsetzt (Harmonisierung, „positive Integration").

Wann tritt jedoch eine ökonomische Notwendigkeit eines Eingreifens der oberen Ebene auf? Dieses Problem stellt sich generell in föderalen Systemen oder Mehrebenensystemen, die sich das Subsidiaritätsprinzip als ein Grundprinzip der Demokratie zu eigen gemacht haben, so wie es in der Präambel des EU-Vertrages formuliert ist, nämlich dass „die Entscheidungen entsprechend dem Subsidiaritätsprinzip möglichst bürgernah getroffen werden" (Präambel EU). Diese Formulierung ist nicht ausgesprochen operational, denn was ist „möglichst bürgernah"? Die neoklassische Theorie des Fiskalföderalismus (für eine Übersicht siehe Oates 1999) bietet hierfür möglicherweise einen Lösungsansatz. Sie untersucht generell Kosten und Nutzen der Zuweisung von öffentlichen Aufgaben an die unterschiedlichen Regierungsebenen und trifft dann ihre Entscheidungen nach dem ökonomischen Prinzip der Wohlfahrtsmaximierung. Auf den ersten Blick scheinen Wohlfahrtsmaximierung und Bürgernähe nichts miteinander zu tun zu haben. Doch wenn wir Kosten und Nutzen unterschiedlicher Entscheidungsebenen näher betrachten, dann stellen wir eine brauchbare Entsprechung fest.

Die alte Hypothese der Planwirtschaftler, dass Zentralisierung Koordinations- und Verwaltungskosten spare, wird kaum noch vertreten. Zu zahlreich sind die Gegenbeispiele vor allem aus den Zentralplanwirtschaften, wo Informationskosten und Motivationsprobleme optimale Entscheidungen verhindert haben. Eindeutig negativ schlagen die Kontrollkosten zu Buche, die bei wachsender Entfernung vom Bürger zunehmen, weil die Kontrolle der Entscheidungsträger delegiert werden muss. Die Kosten der zunehmenden Zentralisierung werden schließlich noch durch die regionale Inhomogenität der Präferenzen erhöht. Dieses Argument geht von der durchaus plausiblen Annahme aus, je kleiner und geschlossener eine gesellschaftliche Gruppe ist, desto homogener sind ihre Präferenzen. Politische Entscheidungen in einer Demokratie unterliegen dem Diskriminierungsverbot oder dem Gleichheitsgrundsatz. So auch in der Europäischen Gemeinschaft, und das heißt, dass Regelungen für den gesamten Jurisdiktionsraum der jeweiligen Regierungsebene undifferenziert gültig sein müssen. Treffen diese einheitlichen Entscheidungen jedoch auf heterogene Präferenzen, dann sind Ineffizienzen fast unvermeidlich. Ein Schutz davor ist das Einstimmigkeitsprinzip, das in der EU deshalb in vielen Bereichen hoch gehalten wird, dessen Kosten aber in der möglicherweise aufgezwungenen Beibehaltung eines Status quo zu sehen sind, der von einer Mehrheit für nicht effizient gehalten wird.

Hieraus ließe sich eine generelle Präferenz für dezentrale Entscheidungen ableiten, die – konsequent zuende gedacht – zum endgültigen Verzicht auf eine zentrale Wirtschaftspolitik führte. Das ist das Hayeksche Plädoyer, das mit gewissen Einschränkungen auch von der ordoliberalen Schule vertreten wird. Die Theorie des Fiskalföderalismus zeigt dagegen, dass es auf die Frage nach dem adäquaten Entscheidungsniveau keine allgemeinverbindliche Antwort gibt, sondern dass man hier je nach betroffener Wirtschaftsaktivität differenzieren muss. Dabei baut sie auf der allgemeinen ökonomischen Theorie des Staates auf. Das Hayeksche Plädoyer und das allgemeine demokratische Prinzip der Subsidiarität werfen erst einmal die Frage auf, warum es überhaupt staatliche Eingriffe in die private Wirtschaftstätigkeit geben sollte. Die Antwort findet man in der Theorie des Marktversagens: Öffentliche Güter, Skalenerträge und externe Effekte bringen die Möglichkeit mit sich, dass rein über den Markt koordinierte private Entscheidungen zu suboptimalen Ergebnissen führen. Staatlicher Eingriff folgt daraus noch nicht zwingend, wie das Coase-Theorem zeigt. Aber die Transaktionskosten individueller Koordination sprechen häufig für kollektive Lösungen. Diese erste Stufe des Subsidiaritätsgedankens, die den Übergang von der Gesellschaft zum Staat, d.h. vom Individuum zum Kollektiv, rationalisiert, ergänzt der Fiskalföderalismus dadurch, dass er die gleichen Überlegungen für die zweite Stufe anwendet, nämlich für die Verteilung der staatlichen Aktivität auf die unterschiedlichen Regierungsebenen.

Box 5.4: Die politische Ökonomie des Föderalismus

Mit Föderalismus bezeichnen wir die vertikale Struktur der Herrschaft oder des öffentlichen Sektors. Argumente, die bei ihrer konstitutionellen Einrichtung eine Rolle spielen sind:

- der Schutz persönlicher, politischer oder ökonomischer Rechte,
- die Stimulierung der individuellen Partizipation in der Politik,
- die effiziente Allokation ökonomischer Ressourcen.

Gehen wir aus vom Wettbewerbsmodell der Jurisdiktionen (Tiebout 1956). In Analogie zum Marktmodell in der Güterproduktion setzt ein wohlfahrtsmaximierender Wettbewerb der Jurisdiktionen erstens freien Zutritt voraus, d.h. politische Gemeinden können sich frei formieren, zweitens Handlungs- und Vertragsfreiheit, d.h. die politische Gemeinde kann die von ihr gewünschte Politik setzen und durchsetzen, und drittens freie Mobilität der Haushalte und Unternehmen zwischen den einzelnen Jurisdiktionen. Wie im Marktmodell muss auch hier ein starker Zentralstaat die Einhaltung der Bedingungen kontrollieren.

Der politische Wettbewerb ist nur unter bestimmten Bedingungen effizient (Inman, Rubinfeld 1998):

1. Die von lokalen Jurisdiktionen produzierten Güter müssen zu minimalen Durchschnittskosten erstellt werden, d.h. keine Skalenerträge.
2. Das Angebot lokaler Jurisdiktionen muss vollständig elastisch sein.
3. Die Haushalte und Unternehmen, die Konsumenten also, benötigen perfekte Information über die angebotenen Politiken.
4. Die Mobilität zwischen den Jurisdiktionen erfolgt kostenlos.
5. Es treten keine Externalitäten und Spillovers auf.

Wie im Gütermarktmodell gibt es auch bei diesem Wettbewerb offensichtlich Marktversagen und damit den Zwang, nach anderen Lösungen Ausschau zu halten.

Diese sind, die Analogie geht weiter, effiziente Verhandlungen, wie wir sie aus dem Ansatz von Coase (1960) kennen, oder zentralstaatliche Übernahme der jeweiligen Aufgabe. Effiziente Verhandlungen nach dem Coaseschen Muster haben wiederum eine Reihe von restriktiven Voraussetzungen, unter denen niedrige Transaktionskosten, vollständige Information und Konsens über die Verteilung der Verhandlungsgewinne besonders wichtig sind. Intergouvernementale Verhandlungen sind also nicht immer möglich oder effizient. Damit kommt die nächst höhere Ebene, im europäischen Fall das supranationale Niveau, ins Spiel.

Demokratischer Föderalismus ist deshalb „a middle ground upon which to balance the advantages of a decentralized federal constitution for protecting rights and promoting participation and the advantages of a centralized federal constitution for efficiently providing public goods and local spillovers“ (Inman, Rubinfeld 1998: 547). Beispiele für Aktivitäten, die eher der zentralen Ebene zuzuordnen sind:

- öffentliche Güter mit Skalenerträgen in der Produktion oder im Verbrauch,
- Steuern, die die räumliche Verteilung der Ressourcenallokation beeinflussen,
- Dienstleistungen und Regeln mit Spillover Effekten.

Die Beweislast obliegt dem Zentralisierungsbegehren. Denn normativer Ausgangspunkt ist das Dezentralisierungstheorem:

> „in the absence of cost-savings from the centralized provision of a local public good and of interjurisdictional externalities, the level of welfare will always be at least as high (and typically higher) if Pareto-efficient levels of consumption are provided in each jurisdiction than if *any* single, uniform level of consumption is maintained across all jurisdictions“ (Oates 1999: 1122).

Der Nutzen öffentlicher Güter ist meistens geographisch begrenzt. Je nach Gut kann der betroffene geographische Raum allerdings unterschiedlich groß sein. Die Straßenbeleuchtung ist erst einmal Angelegenheit der Straßenanwohner. Skalenerträge machen es jedoch effizient, die Straßenbeleuchtung auf kommunaler Ebene zu regeln. Die äußere Sicherheit eines Landes ist quasi definitionsgemäß auf zentralem Niveau zu versorgen. Bei der inneren Sicherheit ist das bereits nicht mehr so eindeutig. Die allgemeine Regel lautet, dass öffentliche Güter auf derjenigen Regierungsebene bereitgestellt werden sollten, die den minimalen geographischen Raum abdeckt, der die Kosten und Nutzen ihrer Bereitstellung internalisiert. Da öffentliche Güter nur ein Spezialfall von externen Effekten sind, kann diese Regel verallgemeinert werden. Nun folgen die Internalisierungsräume von externen Effekten natürlich nicht immer den administrativen Grenzen von Regierungsebenen. Doch wenn die Grenzüberschreitung signifikant ist, ist das ein Argument für die Regelung auf der nächst höheren Ebene.

Es ließe sich somit der folgende Schluss ziehen: Bei homogenen Präferenzen, starken externen Effekten und steigenden Skalenerträgen sollte die Politik zentralisiert werden, bei heterogenen Präferenzen, schwachen externen Effekten und nicht-steigenden Skalenerträgen sollte die Politik dezentralisiert werden, bei heterogenen Präferenzen und starken externen Effekten oder steigenden Skalenerträgen sollte eine Coasesche Verhandlungslösung angestrebt werden.

Ein Problem der traditionellen Föderalismustheorie besteht nun darin, dass sie den politischen Willensbildungsprozess und die damit verbundenen Informations- und Anreizprobleme völlig ausblendet (siehe Apolte 1999). So gibt es auch noch politisch-ökonomische Überlegungen zur Kompetenzverteilung in der Wirtschaftspolitik. Das Argument ist grundsätzlich das gleiche für beide Schritte, den Übergang von der Gesellschaft zum Staat und dann zu den einzelnen Regierungsebenen. Auch hier können wir wieder vom Hayekschen Plädoyer für vollständige Dezentralisierung ausgehen. Je dezentralisierter ein System organisiert ist, desto höher ist der Grad des Wettbewerbs, der in ihm herrscht. Und Wettbewerb ist die dynamische Kraft der Gesellschaft, wie schon Heraklit wusste, der ihn den Vater aller Dinge nannte. Etwas bescheidener betonte Hayek (1969) seine Eigenschaften als Entdeckungsverfahren. Generell beruhen effiziente Gleichgewichte in Marktwirtschaften auf Wettbewerb. Denn man muss davon ausgehen, dass weder Regierungen noch die Wähler vollständig über alle Politikalternativen und ihre Konsequenzen informiert sind. Bei einer dezentralisierten Wirtschaftspolitik in der Zuständigkeit der Mitgliedstaaten wirkt Wettbewerb als Entdeckungsverfahren in dem Sinne, dass die einzelnen Mitgliedstaaten zur Lösung ihrer Probleme mit jeweils spezifischen Politikkonzepten experimentieren werden und erfolgreiche Konzepte von anderen Mitgliedstaaten mit ähnlichen Problemen imitiert werden. Diese Form des Lernens ist bei einer zentralisierten Wirtschaftspolitik ausgeschlossen.

Zum anderen kann man nicht davon ausgehen, dass Regierung und Gesetzgeber einzig und allein daran interessiert sind, die Wohlfahrt der in ihrem Zuständigkeitsbereich lebenden Bevölkerung zu maximieren. Wie wir aus der Public-Choice Literatur wissen, besteht bei der Gesetzgebung immer das latente Problem, dass sich gut organisierte Sonderinteressen Geltung verschaffen und die Gesetzgebung zum eigenen Vorteil und zu Lasten der Effizienz der Volkswirtschaft beeinflussen. Man spricht in diesem Fall von *rent seeking* (Buchanan/Tollison/Tullock 1980). In welchem Maße dieses Problem auch manifest wird, hängt von den *checks and balances* im System der politischen Willensbildung ab. Auch die für die Durchsetzung der Wirtschaftspolitik verantwortlichen Bürokraten verfolgen eigene Ziele, die nicht notwendig mit dem Ziel der Wohlfahrtsmaximierung kompatibel sind. Dezentralisierung und Wettbewerb zwischen den Gebietskörperschaften können hier die Anreize zu einer effizienten Wirtschaftspolitik verbessern.

Wenden wir uns diesem zweiten Punkt etwas näher zu. Über zwei Kanäle kann Dezentralisierung zu einer besseren Wirtschaftspolitik beitragen. Sie entsprechen den beiden von Albert O. Hirschman (1970) beschriebenen Strategien, sich gegen unerwünschte Zustände zu wehren. Da ist zum einen die Strategie des „Widerspruchs" (*voice option*). In unserem Zusammenhang ist damit gemeint, dass mit einer Dezentralisierung der Wirtschaftspolitik zusätzliche Vergleichsmöglichkeiten für die Bevölkerung bestehen und so die Wahrscheinlichkeit steigt, dass die Wähler Druck auf eine ineffiziente Wirtschaftspolitik ihrer Regierung ausüben. Diese Strategie stößt allerdings schnell an ihre Grenzen, da es für die Bevölkerung schwierig ist, den Zusammenhang zwischen bestimmten wirtschaftspolitischen Maßnahmen und den wirtschaftlichen Ergebnissen zu erkennen. Wirkungsvoller ist unter Umständen die Strategie der „Abwanderung" (*exit option*). Hierbei geht es darum, dass jeder Einwohner eines Mitgliedstaates neben seinem Stimmrecht eine „Abstimmung mit den Füßen" ausüben kann. Bürger, die mit den Lebensverhältnissen in ihrem Herkunftsland nicht zufrieden sind, wandern in ein bevorzugtes anderes Mitgliedland ab und üben dadurch möglicherweise Druck auf die Regierung ihres Herkunftslandes aus, die Verhältnisse zu ändern. Das gleiche gilt für Arbeitnehmer und Selbständige, die mit den Bedingungen im Herkunftsstaat unzufrieden sind.

Es gibt aber auch Formen der „Abwanderung", die nicht notwendigerweise mit einem Ortswechsel von Personen verbunden sind. Ist ein Konsument mit den Produktstandards seines Landes nicht zufrieden und darf er ohne Einschränkungen Produkte aus einem anderen Mitgliedstaat importieren, so wählt er damit auch zugleich die entsprechende Rechtsvorschrift seines Wohnsitzstaates ab und „wandert" zur entsprechenden Jurisdiktion des anderen Mitgliedstaates. Auch hierdurch wird Druck auf die betroffenen Gesetzgeber ausgeübt, die bestehenden Rechtsvorschriften (Produktstandards) zu ändern. Entsprechend haben Investoren einen Anreiz, dort nach Kapitalanlagemöglichkeiten zu suchen, wo die steuerlichen und sonstigen Bedingungen für sie günstig sind, und sie werden dadurch diejenigen Mitgliedstaaten unter Druck setzen, in denen die entsprechenden Bedingungen weniger günstig sind.

Diese „Abstimmung mit den Füßen" setzt allerdings voraus, dass zwischen den Mitgliedstaaten ein freizügiger Waren-, Dienstleistungs-, Personen- und Kapitalverkehr stattfindet. Doch welche Wirkungen wird eine dezentralisierte Wirtschaftspolitik in Verbindung mit einer konsequenten Durchsetzung der vier Grundfreiheiten haben? Hier gibt es keine allgemeingültige Antwort, sondern die Wirkungen sind für die einzelnen Politikbereiche gesondert zu analysieren. Allgemein lässt sich nur soviel sagen: Durch den Wettbewerb zwischen den Jurisdiktionen wird die wirtschaftspolitische Gestaltungsmöglichkeit der Mitgliedstaaten eingeschränkt. Dies ist immer dann positiv zu beurteilen, wenn die Mitgliedstaaten ohne diesen Wettbewerbsdruck eine ineffiziente Politik zugunsten bestimmter Sonderinteressen durchführen würden. Der Wettbewerb zwischen den Jurisdiktionen dient in diesem Fall dazu, Staatsversagen zu korrigieren. Negativ ist die Einschränkung der Gestaltungsfreiheit der Mitgliedstaaten demgegenüber zu bewerten, wenn der Staat ohne diesen Wettbewerbsdruck eine effiziente Politik zur Bekämpfung von Marktversagen betrieben hätte und nun daran gehindert wird. Genau diesen letzteren Punkt betont Hans-Werner Sinn (2003: 6) durch Hinweis auf das vom ihm so genannte Selektionsprinzip:

> Because the state is a stopgap which fills the empty market niches and corrects the failures of existing markets, it cannot be expected that the reintroduction of the market by the back door of systems competition will lead to a reasonable allocation result.

Wenn die staatliche Regulierung und Intervention prinzipiell nur solche Aktivitäten auswählen, wo kein Markt vorhanden ist oder wo der Markt versagt, wieso sollte man dann erwarten, dass Wettbewerb unter Staaten in diesen Fällen zu effizienteren Ergebnissen führe? Worauf Sinn hinweist, ist die Möglichkeit eines „Marktversagens" im Systemwettbewerb. Das dadurch drohende „race to the bottom" kann entweder durch Harmonisierung der Rechtsvorschriften (d.h. Zentralisierung der Wirtschaftspolitik) oder durch Beschränkung des Wettbewerbs (d.h. Einschränkung der Grundfreiheiten) und Coasesche Verhandlungen zwischen den Mitgliedstaaten vermieden werden.

Beide Strategien verursachen wiederum Probleme eigener Art. Bei einer Harmonisierung besteht das Problem, dass heterogene Mitgliedstaaten mit heterogenen Politikpräferenzen über einen Kamm geschoren werden. Darüber hinaus ist zu klären, wie die Informations- und Anreizprobleme auf zentraler Ebene gelöst werden. Bei einer Beschränkung des Wettbewerbs durch Einschränkung der Grundfreiheiten ist das Problem zu lösen, wie ausschließlich die schädlichen Formen des Wettbewerbs unterbunden werden können, ohne dabei gleichzeitig den nützlichen, effizienzsteigernden Wettbewerb zu behindern, wenn man realistischerweise davon ausgehen muss, dass Coasesche Verhandlungen zwischen den Mitgliedstaaten auf Grund der hohen Transaktionskosten nicht notwendigerweise zu einem effizienten Ergebnis führen werden.

Was folgt aus alledem für die ökonomisch gewünschten Zuständigkeiten der Gemeinschaft? Der Grundsatz des Subsidiaritätsprinzips „so dicht wie möglich beim Bürger" wird sowohl von der neoklassischen Theorie wie von der neo-österreichischen Wettbewerbstheorie unterstützt. Eindeutig überlegen ist Zentralisierung der Wirtschaftspolitik auf EU-Ebene eigentlich nur, wenn die folgenden Bedingungen erfüllt sind:

(1) Die Präferenzen der Bürger in allen Mitgliedstaaten sind bezüglich der zentralisierten Wirtschaftspolitik homogen.

(2) Die wirtschaftspolitischen Maßnahmen haben eine geographische Reichweite, die alle Mitgliedstaaten umfasst, so dass eine Dezentralisierung mit starken externen Effekten verbunden wäre, oder es bestehen steigende Skalenerträge bei der Bereitstellung der öffentlichen Leistungen.

(3) Zentraler Gesetzgeber und zentrale Regierung sind hinreichend informiert und haben auf Grund der bestehenden Architektur der kollektiven Willensbildungsprozesse auch hinreichend starke Anreize, eine effiziente Wirtschaftspolitik im Interesse der davon betroffenen Bevölkerung durchzusetzen.

Sind diese Bedingungen nicht gegeben, so ist zu untersuchen, ob eine dezentrale Politik auf der Ebene der Gemeinde, der Region oder des Mitgliedstaates – in Verbindung mit Wettbewerb zwischen den Jurisdiktionen bzw. Coaseschen Verhandlungen – zu irgendwelchen Problemen führt und, falls das der Fall ist, ob die erwarteten Probleme größer sind als die bei einer Zentralisierung zu erwartenden Probleme. Nur in diesem Fall kann eine Übertragung der wirtschaftspolitischen Kompetenzen auf die nächsthöhere Ebene ökonomisch gerechtfertigt werden. Je weiter der Gültigkeitsraum von Entscheidungen wird, desto größer wird die Wahrscheinlichkeit von inhomogenen Präferenzen und damit die Notwendigkeit, zumindest bei wichtigen Entscheidungen auf die Einstimmigkeitsregel zurückzugreifen. So werden die höheren Regierungsebenen relativ unflexibel. Optimal ist eine Kompetenzverteilung, wenn sich die Präferenzen der von den Maßnahmen betroffenen Bürger zu den niedrigsten Kosten durchsetzen lassen.

5.5 Zuständigkeiten der Gemeinschaft – wie sie sich tatsächlich entwickelt haben

Das war die Theorie. Vergleichen wir nun die gewünschte Kompetenzverteilung einmal holzschnittartig mit der tatsächlichen Kompetenzverteilung. Wie bereits erwähnt gilt für die Zuständigkeit der Gemeinschaft das „Prinzip der begrenzten Einzelermächtigung", d.h. die Gemeinschaftsorgane dürfen nur tätig werden, wenn sie ausdrücklich durch die Verträge hierzu ermächtigt werden. Auf den ersten Blick scheint hier also eine starke Bremse gegen eine übermäßige Zentralisierung eingebaut zu sein. Die Gemeinschaft erhält nur Kompetenzen, welche die Mitgliedstaaten als Herren der Verträge freiwillig abgeben. Vier wirtschaftspolitische Kompetenzfelder lassen sich unterscheiden und werden im Vertrag als solche auch explizit aufgeführt (Art. 2–6 AEU):

- Bereiche mit ausschließlicher Zuständigkeit: hier hat die Union ausschließliche gesetzgebende Macht.
- Bereiche mit geteilter Zuständigkeit: hier teilen sich Union und Mitgliedländer die legislativen Befugnisse.
- Die Koordination der Wirtschafts- und Beschäftigungspolitik der Mitgliedländer: hier kann die Union durch Richtlinien Einfluss nehmen.
- Die Durchführung von Unterstützungs-, Koordinierungs- und Ergänzungsmaßnahmen: hier liegen die Entscheidungsbefugnisse eindeutig bei den Mitgliedländern.

Bei genauerer Betrachtung erweist sich die Zentralisierungsbremse allerdings als wenig wirksam. Die Gemeinschaftskompetenzen sind in den Verträgen funktional und zum Teil derart breit definiert, dass sie die Gemeinschaftsorgane in ihrem Bestreben, Kompetenzen an sich zu ziehen, kaum wirksam begrenzen: Die Kommission, ein Gemeinschaftsorgan, hat beim Sekundärrecht, d.h. insbesondere bei den Verordnungen und Richtlinien, das Initiativmonopol; der Europäische Gerichtshof, ebenfalls ein Gemeinschaftsorgan, hat bei der Auslegung des Gemeinschaftsrechts das Interpretationsmonopol.

Schauen wir uns den Vertrag daraufhin an, auf welchen wirtschaftspolitischen Feldern er für die Gemeinschaft Betätigungsmöglichkeiten vorsieht, so beschreibt der dritte Teil des Vertrages (Art. 23–181 EG bzw. der dritte und fünfte Teil des Lissabonner Vertrages Art. 26–197 und 205–222) die Politiken der Union. Der EG-Vertrag hat nicht weniger als 21 Titel, im Lissabonner Vertrag sind es bereits 24 Titel für das innere und 7 Titel für das auswärtige Handeln. Es dürfte schwer fallen, irgendein wirtschaftspolitisches Feld zu finden, auf dem die Gemeinschaft prinzipiell nicht tätig werden könnte. Das ist auch nicht weiter verwunderlich, wenn man in Art. 2 EG die allgemeinen Ziele liest, die sich die Gemeinschaft gesetzt hat. Es gibt allerdings auch den Fall, wo der Vertrag der Gemeinschaft grundsätzlich eine Zuständigkeit versagt. Art. 295 EG ist ein Beispiel. Er lautet apodiktisch: „Dieser Vertrag lässt die Eigentumsordnung in den verschiedenen Mitgliedstaaten unberührt." Irgendeine Form von „Verstaatlichung" auf der zentralen EU-Ebene kann es nicht geben. Eine andere Konsequenz ist die, dass das Europäische Patentamt, 1977 ins Leben gerufen, keine EU-Institution sein kann. Es beruht auf einer Konvention der einzelnen europäischen Staaten, EU-Mitglieder und auch Nicht-Mitglieder, welche die Gewährung des Schutzes von geistigem Eigentum zentral regeln, was aus Effizienzgesichtspunkten sicher vorteilhaft ist.

Alles in allem war die Liste der Gemeinschaftsaufgaben in der ursprünglichen Fassung des Vertrages von Rom noch sehr viel kürzer (siehe oben Abschnitt 5.2.1), ebenso die dort zugewiesenen Politikfelder. Mit der Einheitlichen Europäischen Akte von 1986 und der Verwirklichung des Gemeinsamen Marktes 1992 wurden aber immer mehr Risiken und Nebenwirkungen der Integration deutlich, auf welche die Gemeinschaft reagieren musste. So ist sie inzwischen praktisch für alles zuständig und könnte sich deshalb tatsächlich zu einem zentralistischen Superstaat entwickeln. Um einer derartigen Entwicklung entgegenzusteuern, wurde im Vertrag von Maastricht das Subsidiaritätsprinzip in Art. 5 EG verankert, das jetzt zusammen mit den Grundsätzen der begrenzten Einzelermächtigung und der Verhältnismäßigkeit in Art. 5 EU n.F. anzutreffen ist:

(2) Nach dem Grundsatz der begrenzten Einzelermächtigung wird die Union nur innerhalb der Grenzen der Zuständigkeiten tätig, die die Mitgliedstaaten ihr in den Verträgen zur Verwirklichung der darin niedergelegten Ziele übertragen haben. Alle der Union nicht in den Verträgen übertragenen Zuständigkeiten verbleiben bei den Mitgliedstaaten.

(3) Nach dem Subsidiaritätsprinzip wird die Union in den Bereichen, die nicht in ihre ausschließliche Zuständigkeit fallen, nur tätig, sofern und soweit die Ziele der in Betracht gezogenen Maßnahmen von den Mitgliedstaaten weder auf zentraler noch auf regionaler oder lokaler Ebene ausreichend verwirklicht werden können, sondern vielmehr wegen ihres Umfangs oder ihrer Wirkungen auf Unionsebene besser zu verwirklichen sind.

(4) Nach dem Grundsatz der Verhältnismäßigkeit gehen die Maßnahmen der Union inhaltlich wie formal nicht über das zur Erreichung der Ziele der Verträge erforderliche Maß hinaus.

Zur Begrenzung der Ausdehnung der Gemeinschaftskompetenzen der EU wurde somit das altbekannte Subsidiaritätsprinzip wiederbelebt.

Box 5.5: Subsidiarität, Korporatismus und Demokratie

Das Subsidiaritätsprinzip wird häufig auf die katholische Soziallehre und die Enzyklika *Quadragesimo anno* zurückgeführt. Doch ist der Grundgedanke älter und geht auf Johannes Althaus (Althusius 1603) zurück, einen calvinistischen Rechtsprofessor und Stadtsyndikus von Emden. Die Föderalismustheorie von Althaus verbindet private (Familie und Berufsverband) und öffentliche (Stadt, Provinz, Reich) Vergesellschaftungsformen und Herrschaftsebenen. Dabei ist klar zu trennen zwischen der Kompetenzzuweisung an die jeweilige Ebene und der Legitimation und Repräsentation der jeweiligen Ebene. Die katholische Soziallehre der 1930er Jahre war z.B. korporatistisch, d.h. die höheren Ebenen werden von der nächst unteren bestimmt und kontrolliert. Im Anschluss an Apolte (2004) können wir das auch das Pyramidenmodell nennen. Im modernen demokratischen Föderalismus, z.B. der Bundesrepublik Deutschland, werden dagegen die Repräsentanten auf den drei Ebenen, Bund, Länder und Gemeinden, direkt vom Souverän, dem Volk, gewählt. Allerdings haben die Länder über den Bundesrat einen gewissen Einfluss auf die zentrale Legislative. Dadurch entsteht eine weitgehende personelle Unabhängigkeit der drei Ebenen, und die individuellen Präferenzen kommen auf allen drei Ebenen direkt zum Tragen. Die Europäische Gemeinschaft folgt, zumindest zur Zeit noch, mehr dem korporatistischen als dem demokratischen Modell. Die Kompetenzzuweisung, die sich von der Rationalität des Subsidiaritätsgedankens leiten lassen sollte, ist grundsätzlich Sache des Souveräns, also eine Verfassungsangelegenheit. Im Pyramidenmodell legt die untere Ebene fest, welche Kompetenzen an die obere zu delegieren sind. Das ist nicht unproblematisch. Es wäre allerdings ebenso wenig unproblematisch, wenn die Kompetenzzuweisung von qualifizierten Mehrheiten in den einzelnen Mitgliedländern der Gemeinschaft abhinge.

Hinreichend operationalisiert könnte das Subsidiaritätsprinzip als effektives Kriterium dienen, um die politischen Aktivitäten der zentralen Regierungsebene in einem Mehrebenensystem zu bewerten. Auf die EU angewendet könnte man mit seiner Hilfe feststellen, welche Kompetenzen, die ausschließlich der zentralen Ebene zugewiesen sind, gar nicht dorthin gehören, und umgekehrt, welche politischen Aktivitäten, die sich die Mitgliedländer vorbehalten, besser der Union überlassen würden. Als die Mitgliedländer die Brisanz dieses in Maastricht eingeführten Kriteriums erkannten, fügten sie, wie erwähnt, dem Vertrag von Amsterdam ein „Protokoll über die Anwendung der Grundsätze der Subsidiarität und der Verhältnismäßigkeit" an. Darin wird erst einmal klargestellt: „Das Subsidiaritätsprinzip stellt nicht die Befugnisse in Frage, über welche die Europäische Gemeinschaft aufgrund des Vertrags entsprechend der Auslegung des Gerichtshofs verfügt." Das heißt, das Prinzip kommt nur dort zur Anwendung, wo es konkurrierende Zuständigkeiten gibt.

Der Subsidiaritätstest sieht nach den Bestimmungen des Vertrags und des Protokolls etwa wie folgt aus:

1. Lässt der Vertrag eine Regelung nach dem Subsidiaritätsprinzip überhaupt zu?
2. Weist das betreffende Politikfeld grenzüberschreitende Aspekte auf, die durch geeignete Maßnahmen der nationalen Regierungen nicht adäquat geregelt werden können?
3. Können die betroffenen Mitgliedländer die Angelegenheit nicht durch einfache Kooperation unter sich regeln?
4. Würde das Fehlen von Gemeinschaftsmaßnahmen gegen die Anforderungen des Vertrages verstoßen oder sonst die Interessen der Mitgliedstaaten erheblich beeinträchtigen?
5. Bringen Maßnahmen auf Gemeinschaftsebene deutliche Vorteile mit sich?

Bisher durfte das Subsidiaritätsprinzip allerdings eher ein Papiertiger als eine wirksame Waffe gegen einen europäischen Superstaat sein. Möglicherweise wird das Inkrafttreten des neu formulierten „Protokolls über die Anwendung der Grundsätze der Subsidiarität und der Verhältnismäßigkeit" zum Lissabonner Vertrag, das den nationalen Parlamenten Klagerechte gegen die Gemeinschaft wegen Verletzung des Subsidiaritätsprinzips einräumt, eine verbesserte Kontrolle gegen übertriebene Zentralisierungstendenzen bieten. Allerdings fragt sich auch in diesem Fall, inwieweit das Subsidiaritätsprinzip überhaupt justitiabel ist – einmal ganz abgesehen davon, dass es bei ausschließlichen Kompetenzen der Gemeinschaft keine Anwendung findet. Kritiker sehen deshalb einen besseren Weg darin, einen klaren Kompetenzkatalog für die Union zu definieren (Kirchner 1997).

Die Gemeinschaftsorgane sollten aber nicht einseitig als gefährlicher Leviathan angesehen werden, den es zu bändigen gilt. Sie haben darüber hinaus einen durchaus heilsamen Druck auf die Mitgliedstaaten ausgeübt und diese gezwungen, nationalen Protektionismus abzubauen und ihren Beitrag zur Schaffung eines Gemeinsamen Marktes zu leisten. Betrachten wir die entsprechenden Maßnahmen etwas näher, weil sie zum Verständnis dessen beitragen, wie die Gemeinschaft ihre Kompetenzen nutzt und gegebenenfalls erweitert. Es ist evident, dass der größte Effizienzvorteil von der negativen Integration erwartet werden kann, d.h. von der Abschaffung aller Handelshemmnisse und Verkehrsbeschränkungen, bzw. der Einführung eines gemeinsamen Marktes. Durch die Erweiterung des Marktes sinken automatisch die Marktanteile der einzelnen Akteure auf dem Markt, und der Wettbewerb nimmt zu. Gleichzeitig können auf Grund größerer Absatzchancen Spezialisierungsvorteile und Skalenerträge stärker genutzt werden. Das ist sozusagen die Gründungsidee der Europäischen Wirtschaftsgemeinschaft. Nur reicht dafür negative Integration nicht aus, sondern sie wird immer wieder durch Maßnahmen der positiven Integration ergänzt.

Als erstes braucht eine Zollunion, mit der alles begann, einen gemeinsamen Außentarif oder eine gemeinsame Handelspolitik. Schon der Begriff macht deutlich, dass dies nur auf der EU-Ebene beschlossen werden kann. Entsprechend heißt es in Art. 26 EG bzw. 31 AEU:

Der Rat legt die Sätze des Gemeinsamen Zolltarifs auf Vorschlag der Kommission fest.

Nur wenige Artikel des Vertrages sind so klar und knapp. Ebenso klar war von Beginn an, dass die Gemeinschaft eine Wettbewerbspolitik zur Bekämpfung von Wettbewerbsbeschränkungen mit gemeinschaftsweiter Bedeutung braucht. Auch wenn die Mitgliedstaaten, jedes für sich in seinen Grenzen, den unverzerrten Wettbewerb kontrollierten – was 1957 nicht der Fall gewesen ist –, haben sie nach Einführung des Gemeinsamen Marktes starke Anreize, der eigenen Wirtschaft durch Förderung der Konzentration und Gewährung von Subventionen Wettbewerbsvorteile zu verschaffen und so zusätzliche Marktanteile und Wohlfahrt zu gewinnen.

Aber schon hier zeigen sich die Differenzierungsmöglichkeiten und -notwendigkeiten. Bei der Errichtung der Zollunion war die Gemeinschaft sehr erfolgreich, da sie 18 Monate früher als vertraglich vorgesehen (Mitte 1968 statt Ende 1969) abgeschlossen war. Allerdings wurde mit dem Abbau der Zölle sowie der mengenmäßigen Ein- und Ausfuhrbeschränkungen deutlich, dass auch die bestehenden Unterschiede in den relevanten Rechtsvorschriften der Mitgliedstaaten Handelshemmnisse darstellen können – seien diese nun beabsichtigt oder eine ungewollte Nebenwirkung. Während im Mittelalter als Folge der Rezeption des römischen Rechts in fast ganz Europa ein gemeinsames Recht galt, das *ius commune*, kam es mit der Entstehung der Nationalstaaten und den Kodifikationen seit dem 18. und 19. Jahrhundert zu einer territorialen Zersplitterung des Rechts (vgl. auch van Caenegem 2002; Bellomo 2005). Unter dem Aspekt der Europäischen Integration und der Schaffung eines Europäischen Binnenmarktes ergab sich daraus ein Problem, das man in Abwandlung eines bekannten Zitats von Adam Smith wie folgt beschreiben kann: „The division of labour is limited by the extent of law" (Schmidtchen/Schmidt-Trenz 1990; vgl. auch Schmidtchen 1995).

Um den Binnenmarkt voranzutreiben, suchte man deshalb nach Wegen, die räumliche Ausdehnung des Rechts in Europa dort zu erweitern, wo man in der Zersplitterung Hemmnisse für einen freizügigen Verkehr der Güter und Produktionsfaktoren zu erkennen glaubte. Zunächst einmal ging es um öffentlich-rechtliche Regulierung (Interventionsrecht), d.h. es stellte sich das Problem, dass die Mitgliedstaaten mit dem Abbau der Binnenzölle in zunehmendem Maße nichttarifäre Handelshemmnisse, wie insbesondere länderspezifische Produktregulierungen und Produktstandards, aber auch Subventionen, Lizenzen, diskriminierende öffentliche Auftragsvergabe u.a.m., etablierten, um die heimische Wirtschaft vor Konkurrenz zu schützen (vgl. z.B. Egan: 2001: 41 ff.). Der Weg, den die Kommission in der Zeit zwischen 1958 und 1985 wählte, um die räumliche Ausdehnung der relevanten öffentlich-rechtlichen Vorschriften zu erhöhen, war die Strategie der regulatorischen Harmonisierung. Die praktische Erfahrung zeigte jedoch, dass es sich hierbei um einen aussichtslosen Kampf handelte, da sehr schnell immer wieder neue nationale Vorschriften erlassen wurden.

Box 5.6: Zur Strategie der Detailharmonisierung

1968 legte die Kommission ein Allgemeines Programm zur Eliminierung technischer Handelsbarrieren vor. Da man die beträchtlichen Unterschiede in den nationalen Regulierungen insbesondere in den Bereichen Nahrungsmittel, Veterinär- und Phytosanitärstandards, Pharmazeutische Produkte sowie Autos und Traktoren als technische Handelshemmnisse beobachtete und diese Unterschiede als nichttarifäre Handelshemmnisse identifizierte, machte sich die Kommission daran, in mühevoller Kleinarbeit einheitliche Standards für bestimmte Produkte auszuhandeln und in Richtlinienentwürfe zu gießen, die nur zu einem Teil durch den Rat akzeptiert wurden und somit Gesetzeskraft erlangten.

So gab es beispielsweise langwierige Verhandlungen über die Zusammensetzung von Wurst, Bier oder Marmelade, die zulässige Lautstärke von Rasenmähern und die Brennbarkeit von Nikolausbärten. Richtlinien zur Angleichung von Rechtsvorschriften wurden verabschiedet unter anderem über die Betriebserlaubnis für Kraftfahrzeuge und Kraftfahrzeuganhänger (6.2.1970), über elektrische Betriebsmittel innerhalb bestimmter Spannungsgrenzen (19.2.1973), über die Betriebserlaubnis für land- und forstwirtschaftliche Zugmaschinen auf Rädern (4.3.1974), über Aerosolpackungen (20.5.1975) und über gemeinsame Vorschriften für Druckbehälter (27.7.1976).

Die Beratungsdauer zu diesen Harmonisierungsrichtlinien sprengte in einigen Fällen alle Vorstellungskraft. So dauerte es ganze acht Jahre, um sich auf einen gemeinsamen Standard für Scheibenwischer zu einigen. Für die 1984 verabschiedete Richtlinie über nahtlose Gasflaschen aus unlegiertem Aluminium war eine mehr als zehnjährige Beratungsdauer erforderlich. Die Einigung auf einen gemeinschaftlichen Standard für Mineralwasser beanspruchte nicht weniger als 15 Jahre. So nimmt es nicht Wunder, dass zwischen März 1968 und Januar 1985 gerade einmal rund 150 Harmonisierungsrichtlinien zum Abbau technischer Handelshemmnisse verabschiedet wurden, während Tausende solcher Handelshemmnisse weiterhin bestehen blieben (Egan 2001: 61–82).

Die Strategie der Detailharmonisierung erwies sich aus folgenden Gründen als wenig erfolgreich (Egan 2001: 78ff.):

1. machte das Einstimmigkeitserfordernis im Rat einen Fortschritt bei dieser komplizierten Materie unendlich schwierig;
2. waren zur Vorbereitung der entsprechenden Harmonisierungsrichtlinien internationale Expertenkomitees erforderlich, wodurch der Gesetzgebungsprozess sehr zeitaufwendig wurde;
3. blieb das Stillhalteabkommen, das die Mitgliedstaaten von der Etablierung neuer nationaler technischer Standards abhalten sollte, ohne große Wirkung, da es rechtlich nicht bindend war;
4. erhöhten die neu hinzukommenden Mitgliedstaaten zusätzlich die Widerstände gegen eine Harmonisierung;
5. verminderte die Rezession von 1973 zusätzlich die Bereitschaft der Mitgliedstaaten, technische Barrieren abzubauen;
6. war der Ansatz der Detailharmonisierung zu inflexibel, um auf den technischen Fortschritt und auf innovative Produkte angemessen reagieren zu können.

Aufgrund dieser Probleme schlug die Kommission in ihrem „Weißbuch über die Vollendung des Binnenmarktes" von 1985 einen „neuen Ansatz" zum Abbau technischer Handelshemmnisse vor, der aus den folgenden wesentlichen Elementen besteht (vgl. Streit/Mussler 1995: 89):

- Solange keine Harmonisierung der technischen Vorschriften erfolgt ist, gilt das Prinzip der gegenseitigen Anerkennung, wie es vom EuGH in seinen Entscheidungen *Dassonville* (1974) und *Cassis de Dijon* (1979) entwickelt worden war (siehe Kapitel 7).
- Die Harmonisierung der Rechtsvorschriften beschränkt sich auf die Festlegung zwingender Erfordernisse für Gesundheit und Sicherheit. Dadurch werden endlose Debatten im Rat über technische Details vermieden.
- Die Harmonisierung der technischen Standards im Detail soll demgegenüber durch die Europäischen Normungsinstitute wie beispielsweise das 1961 gegründete „Comitée Européen de Normalisation" (CEN) oder für den Bereich der Elektrotechnik das 1971 gegründete „Comitée Européen de Normalisation Electrotechnique" (CENELEC) erfolgen.

Die Vorschläge der Kommission bezogen sich nicht nur auf den Abbau technischer Handelshemmnisse, sondern schlossen materielle Handelshemmnisse (Kontrollen an den Binnengrenzen) und steuerliche Handelshemmnisse (unterschiedliche Belastungen der Güter und Dienstleistungen mit indirekten Steuern) mit ein. Darüber hinaus wurden auch die noch bestehenden Beschränkungen eines freizügigen Personen-, Dienstleistungs- und Kapitalverkehrs in zahlreichen entsprechenden Richtlinien und Verordnungen ins Visier genommen. Interessanterweise veränderte sich dabei die Strategie der Integration – unterstützt durch die Rechtsprechung des EuGH – derart, dass bezüglich aller vier Grundfreiheiten immer weniger der einfache Abbau der Diskriminierung von Ausländern gegenüber Inländern im Vordergrund stand. Vielmehr wurde der generelle Abbau von Beschränkungen der freien Güter- und Faktormobilität sowie der allgemeinen Freizügigkeit zum Maß aller Dinge. Hierdurch entsteht ein Wettbewerb zwischen den Jurisdiktionen der Mitgliedstaaten. Einschränkungen ergeben sich nur aus einigen primärrechtlich definierten und vom EuGH sehr eng interpretierten Rechtfertigungsgründen sowie aus einer Reihe sogenannter „zwingender Gründe des Allgemeininteresses", die der EuGH in ständiger Rechtsprechung entwickelt hat. Details hierzu werden ausführlich in den Kapiteln 7 und 8 diskutiert.

Kurzum, war man anfangs in der Gemeinschaft der Überzeugung, dass alle marktrelevanten Regulierungen vereinheitlicht, also harmonisiert werden müssten, so sah man nach der bahnbrechenden *Cassis de Dijon* Entscheidung des EuGH, dass in vielen Fällen das Prinzip der wechselseitigen Anerkennung ausreiche. Denn kein Mitgliedland hat einen Anreiz, zum Beispiel seine Gesundheitsvorschriften unter ein bestimmtes, den eigenen Präferenzen entsprechendes Niveau zu senken, um den heimischen Produzenten Wettbewerbsvorteile auf ausländischen Märkten zu verschaffen. Und die Präferenzen, so die zusätzliche Annahme, liegen, was Gesundheit betrifft, in Europa nicht weit auseinander. Das Prinzip der wechselseitigen Anerkennung entlastet die europäische Wirtschaftspolitik von einer gewaltigen Harmonisierungslast. Kritiker sehen in der durch Kommission und EuGH eingeleiteten Liberalisierung gleichzeitig ein „Sprungbrett für eine weitere Zentralisierung". Da die Interessengruppen, die bisher nationale Handelsbeschränkungen und Regulierungen durchgesetzt haben, nun als Ersatz entsprechende europäische Schutzmaßnahmen forderten, werde die Macht der Kommission entsprechend gestärkt (Vaubel 2001: 133).

Die territoriale Zersplitterung des Rechts in Europa bezieht sich aber nicht nur auf die öffentlich-rechtliche Regulierung, sondern auch auf das Privatrecht. In welchem Maße hier eine stärkere Harmonisierung wünschenswert ist, ist bis heute sehr umstritten. Die Positionen reichen von „kein Handlungsbedarf, der Markt wird's schon richten" bis zur Forderung nach einem Europäischen Zivilgesetzbuch (vgl. etwa Martiny/Witzleb 1999; Ott/Schäfer 2002; Eger/Schäfer 2007). Gegenwärtig sind zahlreiche Juristen damit beschäftigt, gemeinsame Grundsätze eines europäischen Vertrags- und Deliktsrechts aufzudecken und als Grundlage für eine Vereinheitlichung des Zivilrechts zu nutzen. Die Europäische Kommission hat 2001 das Projekt zur Schaffung eines Gemeinsamen Referenzrahmens für ein europäisches Vertragsrecht angestoßen, der (ab 2009) als verbindlicher Referenztext für das Vertragsrecht nicht nur der Union, sondern auch der Mitgliedstaaten gelten soll. Insbesondere im engeren zivilrechtlichen Bereich sind seit Mitte der 1980er Jahre eine Reihe von Richtlinien zum Verbraucherschutz erlassen und in nationales Recht umgesetzt worden, wie beispielsweise zur Produkthaftung (1985), zu Haustürgeschäften (1985), zu Verbraucherkrediten (1986), zu missbräuchlichen Vertragsklauseln (1993), zum Time-sharing-Vertrag (1994), zum Fernabsatz (1997), zum Verbrauchsgüterkauf (1999) und zum elektronischen Geschäftsverkehr (2000). Bereits seit geraumer Zeit versuchen die Mitgliedstaaten, die Kollisionsnormen im Bereich des Vertrags- und Deliktsrechts anzugleichen. Kollisionsnormen sind Bestandteil des nationalen Rechts der Mitgliedstaaten und legen fest, welches nationale Recht bei grenzüberschreitenden Rechtskonflikten anzuwenden ist. Nach Verordnungen zur Regelung der internationalen Zuständigkeit der Gerichte und die Anerkennung und Vollstreckung von in anderen Mitgliedstaaten ergangenen Urteilen („Brüssel I") sowie zur Harmonisierung des Internationalen Privatrechts im Bereich der vertraglichen Schuldverhältnisse („Rom I") wurde 2007 mit der Verabschiedung der Verordnung „Rom II" zur Regelung der Kollisionsnormen für außervertragliche Schuldverhältnisse die europäische Harmonisierung des Internationalen Privatrechts im Bereich der zivil- und handelsrechtlichen Schuldverhältnisse abgeschlossen.

Wie sieht es heute mit der Kompetenzverteilung zwischen Gemeinschaft und Mitgliedstaaten aus und wie ist sie aus ökonomischer Sicht zu beurteilen? Nachdem das Projekt des gemeinsamen Marktes 1992 zu einem gewissen Abschluss gebracht worden war, nahm man im gleichen Jahr das Projekt einer monetären Union in Angriff. Die Währungsunion ist ordnungspolitisch geradezu eine Revolution für die Gemeinschaft. Denn moderne Geldpolitik wird nicht mehr rein regulativ, sondern diskretionär gefahren, wenn auch unter einer mehr oder minder strikten Zielvorgabe. Sinnvollerweise wurden die entsprechenden politischen Befugnisse aber nicht auf die Kommission übertragen, sondern auf eine Institution, die erklärtermaßen unabhängig von Kommission und Rat ist – die Europäische Zentralbank. Deshalb lässt sich die Charakterisierung der Wirtschaftspolitik der Gemeinschaft als vornehmlich ordnungspolitisch oder regelorientiert weiterhin aufrechterhalten.

Das Projekt einer monetären Union ist zu trennen von den wirtschaftspolitischen Maßnahmen, die damit möglicherweise auf zentraler Regierungsebene verbunden sind. Die Effizienzvorteile einer gemeinsamen Währung in einem gemeinsamen Markt hängen nach der Theorie des optimalen Währungsraums (siehe Kapitel 13) von der Homogenität der Wirtschaftsentwicklung innerhalb dieses Raums ab und davon, ob im Falle asymmetrischer Schocks andere Ausgleichsmechanismen als die Geld- und Währungspolitik zur Verfügung stehen. Denn eine gemeinsame Währung impliziert notwendigerweise eine gemeinsame Geld- und Wechselkurspolitik. Das eigentliche Problem ist aber die Fiskalpolitik. Es gibt Ökonomen, die eine gemeinsame Währung nur im Zusammenhang mit einer gemeinsamen Fiskal- oder Stabilitätspolitik für möglich halten. Das heißt, erst politische Union, dann monetäre Union. Denn die Zentralisierung der Fiskalpolitik, selbst im Rahmen eines fiskalischen Föderalismus, ist gleichbedeutend mit einer politischen Union.

Die Gemeinschaft ist einen anderen Weg gegangen, nämlich die Fiskalpolitik bei den Mitgliedländern zu belassen und sie nur durch den Stabilitäts- und Wachstumspakt in ihrem diskretionären Handlungsspielraum zu beschränken (siehe Kapitel 15). Dafür gibt es einige theoretische und empirische Argumente (Tabellini 2003). Ähnlich wie bei der Geldpolitik gibt es auch bei der Fiskalpolitik erhebliche theoretische Zweifel, ob sie als Stabilisierungsinstrument einer demokratischen Regierung, die auf Wiederwahl angewiesen ist, wirklich geeignet sei. Eine Fiskalpolitik, die festen Regeln unterworfen ist, wirkt bereits als automatischer Stabilisator. Notorisch kurzsichtige Regierungen tendieren eher zu pro-zyklischem Verhalten. Mit ähnlicher Begründung wurde bereits die Geldpolitik den Regierungen aus den Händen genommen und die Unabhängigkeit der Zentralbank institutionalisiert. Hinzu kommt die empirische Feststellung, dass das fiskalpolitische Verhalten auf der unteren Regierungsebene nur geringe *spillover* Effekte auf andere Mitgliedländer hat, womit ein wichtiges Zentralisierungsargument fortfällt.

Das weite Feld der öffentlichen Güter können wir hier nur kurz anschneiden. Öffentliche Güter, die wegen ihres Wirkungsbereichs auf der Unionsebene angeboten werden müssten, sind allerdings nicht so zahlreich. Vielleicht das wichtigste ist die Wirtschaftsordnung. Eine Wirtschaftsgemeinschaft mit unterschiedlichen Wirtschaftsordnungen ist schwer vorstellbar. Die Grundfragen der Ordnungspolitik sind zentral zu regeln. Das geschieht im EG Vertrag, der sich in Art. 4 Abs. 1 (jetzt Art. 119 Abs. 1 AEU) auf den „Grundsatz einer offenen Marktwirtschaft mit freiem Wettbewerb" festlegt. Vor allem im Zusammenhang mit der Osterweiterung wurde dieser ordnungspolitische Grundsatz relevant. Denn von den ehemaligen Planwirtschaften verlangte man, dass sie ihren Transformationsprozess zu stabilen und konkurrenzfähigen Marktwirtschaften weitgehend abgeschlossen haben, bevor sie Mitglieder der Gemeinschaft werden. Wie wir aber bereits gesehen haben, bedeutet die Zentralisierung der ordnungspolitischen Grundentscheidung nicht, dass alle für die gewählte Ordnung relevanten Politiken ebenfalls zentralisiert werden müssten.

Weitere öffentliche Güter, von denen üblicherweise angenommen wird, dass sie am effizientesten von der zentralen Regierungsebene bereitgestellt werden, sind die äußere Sicherheit und die Außenpolitik. Was die Außenpolitik anbelangt, so gibt es im Zusammenhang mit dem Lissabonner Vertrag Bemühungen, diese zumindest partiell zu zentralisieren. Die äußere Sicherheit verlangt nach einem Gewaltpotential, und da haben wir bereits gesehen, dass die Mitgliedländer bislang nicht bereit waren, ihr Monopol der physischen Gewaltausübung abzutreten oder zu teilen. Die europäische Sicherheitspolitik wird bislang nicht im Rahmen der Europäischen Union, sondern im Rahmen der NATO koordiniert. Was die innere Sicherheit anbelangt, so sehen wir am Beispiel der Bundesstaaten, dass hier eine weitgehende, wenn auch nicht vollständige Dezentralisierung möglich ist: In Deutschland z.B. ist die Polizei Ländersache.

Politikfelder, deren Regelung auf zentraler Ebene sehr umstritten ist, sind die Agrarpolitik und die Sozialpolitik. Die Logik der gemeinsamen Agrarpolitik (siehe Kapitel 12) ist grundsätzlich recht einfach. Der Agrarmarkt ist Teil des gemeinsamen Marktes. Auf ihn müssen die gleichen Regeln zutreffen wie auf die übrigen Teilmärkte des gemeinsamen Marktes: keine Diskriminierung, keine Wettbewerbsverzerrungen, gleiche Chancen für alle Anbieter. Oder er wird aus dem gemeinsamen Markt ausgegliedert, wie das bei der EFTA der Fall gewesen ist. Wettbewerbsverzerrungen treten auf dem Agrarmarkt weniger durch das Verhalten der Anbieter auf als durch die staatliche Politik. In fast allen Industrieländern gibt es eine Agrarpolitik, die zum Schutze der bäuerlichen Betriebe und zur Stabilisierung der Preise und der Einkommen ein komplexes Instrumentarium von Zöllen, Subventionen und anderen Regulierungen zum Einsatz bringt. In einem gemeinsamen Agrarmarkt muss diese Politik vereinheitlicht werden. Eine Harmonisierung der Agrarpolitik ist jedoch nicht erforderlich (und hier haben wir ein schönes Beispiel für Dezentralisierungsmöglichkeiten der Wirtschaftspolitik), wenn die Förderung der bäuerlichen Betriebe von der Produktion entkoppelt wird und in der Form von direkten *lump sum* Zahlungen erfolgt. Diesen Weg beschreiten die Reformen der gemeinsamen Agrarpolitik seit 1992, und es wird bereits darüber gesprochen, den Mitgliedländern längerfristig die Agrarpolitik zumindest teilweise wieder zu überlassen.

5.6 Wie aktiv ist die EU Wirtschaftspolitik?

Wirtschaftspolitik verfügt über zwei Instrumente: Geld und Regeln. Die europäische Wirtschaftspolitik folgt dem Grundsatz *rather rules, not money*. Notgedrungen, denn sie unterliegt harten Budgetbeschränkungen. Der gesamte Haushalt der EU darf zur Zeit nicht mehr als 1,27 % des Bruttoinlandsprodukts der Gemeinschaft betragen (Näheres hierzu in Kapitel 11). Tatsächlich liegt er unter diesem Grenzwert. Zweitens muss er vertragsgemäß (Art. 268 EG) ausgeglichen sein: Die EU macht keine Schulden. Vergleichen wir die 1,27 % des EU-Haushalts mit dem Anteil der Staatsausgaben der Mitgliedländer an ihrem BIP, der im Jahre 2006 zwischen 34 % in Irland und 56 % in Schweden lag, dann sehen wir, dass die EU mit ihrem Haushalt keine großen Sprünge machen kann. Die gesamte Ausgabensumme von rund 130 Mrd. € im Jahre 2008 erscheint noch immer beachtlich, ist aber angesichts der Größe der Gemeinschaft eben sehr bescheiden. Knapp die Hälfte davon wird für die Agrarpolitik aufgewendet, ein weiteres Drittel für die Regional- und Strukturpolitik. In beiden Fällen handelt es sich um Umverteilungsmaßnahmen zugunsten eines schwachen Sektors, der bäuerlichen Betriebe, bzw. zugunsten zurückgebliebener Regionen. Alle anderen Posten kann man fast vernachlässigen. Kurzum, die Haushaltspolitik ist in der EU weitestgehend dezentralisiert. In der Bundesrepublik Deutschland beispielsweise teilen sich die Staatsausgaben zwischen Bund, Ländern und Gemeinden im Verhältnis 60 : 24 : 16 auf.

Also Regeln. Die primären und sekundären Rechtsquellen der EU sind weiter oben vorgestellt worden. Alesina, Angeloni und Schuknecht (2001) haben sich die Mühe gemacht, die einzelnen legislativen Akte der Gemeinschaft über die Zeit von 1971 bis 2000 zu zählen. Gleichzeitig haben sie diese in elf breite Politikfelder eingeordnet. Tabelle 5.1 gibt das Resultat für das erste und letzte Jahrfünft wieder.

Tabelle 5.1 bedarf kurz der Erläuterung. Die Politikfelder sind nicht so eindeutig, wie ihre Bezeichnungen suggerieren. Es scheint selbstverständlich, alle die Landwirtschaft betreffenden Aktivitäten der entsprechenden sektoralen Wirtschaftspolitik zuzurechnen. Viele der Aktivitäten dienen aber gleichzeitig, wie wir gesehen haben, der Aufrechterhaltung des gemeinsamen Marktes, indem sie Wettbewerbsgleichheit in diesem Sektor schaffen. Das lässt sich in der Aufstellung der Tabelle nicht wiedergeben. Unter dem Titel

Tabelle 5.1: Legislative und fiskalische Aktivitäten der EU 1971 – 2000

Politikfeld	*1971–1975*		*1996–2000*		
	Regeln		*Regeln*		*Anteil am EU-HH*
	absolut	*in %*	*absolut*	*in %*	
Handelspolitik	864	33,1	2041	17,9	0,1
Gemeinsamer Markt	133	5,1	529	4,6	0,2
Geld und Finanzen	49	1,9	249	2,2	0,1
Landwirtschaft	980	37,5	4907	43,0	46,7
Industrie, Energie	109	4,2	370	3,2	1,0
Transport	66	2,5	160	1,4	0,0
Unternehmensbeziehungen	116	4,4	1406	12,3	0,4
Internat. Beziehungen	155	5,9	501	4,4	9,2
Umwelt	29	1,1	255	2,2	0,2
FuE, Erziehung, Kultur	15	0,6	136	1,2	5,5
Soziales, Bürger	96	3,7	860	7,5	35,9
Insgesamt	2612	100	11414	100	100

Quelle: Alesina, Angeloni, Schuknecht 2001

„Unternehmensbeziehungen" sind nicht-sektoral ausgerichtete Maßnahmen zusammengefasst wie Vereinheitlichung von Gesetzen, Wettbewerbspolitik und allgemeine Subventionen. Die „internationalen Beziehungen" enthalten vor allem auch die Entwicklungshilfe. Unter dem Titel „Soziales und Bürger" werden auch die Maßnahmen der Struktur- und Regionalpolitik subsumiert, was besonders unglücklich ist, aber verständlich, da die Mittel der Struktur- und Kohäsionsfonds für sehr unterschiedliche Aktivitäten verwendet werden und zum Teil auch den Fortfall der Geld- und Wechselkurspolitik kompensieren sollen. Der Einwand, dass die Zahl der legislativen Akte nicht ihre Bedeutung wiedergibt, liegt auf der Hand. Doch die quantitativen Verhältnisse der Tabelle widerspiegeln sicher in groben Zügen die wirtschaftspolitischen Aktivitäten der Gemeinschaft. Der Landwirtschaftspolitik kommt dabei ein unverhältnismäßig großes Gewicht zu – dieser Sektor ist mit hoher Wahrscheinlichkeit überreguliert.

Mit diesen Daten können wir nun den drei Autoren bei der Bewertung der europäischen Wirtschaftspolitik folgen. Dazu wird die augenblickliche politische Intensität in den einzelnen Politikfeldern mit der nach den normativen Gesichtspunkten optimal erscheinenden Intensität verglichen (Tab. 5.2).

Während in den meisten Politikfeldern die normative Erwartung mit der tatsächlichen Rolle der Europäischen Gemeinschaft übereinstimmt, ist das in vier Bereichen nicht der Fall. In den internationalen Beziehungen und bei der Umweltpolitik wäre eine stärkere Koordination auf der Gemeinschaftsebene wünschenswert. Das Defizit haben wir bei den internationalen Beziehungen,

Tabelle 5.2: Konzentration der Wirtschaftspolitik nach Regierungsebenen

Politikfeld	*Externe Effekte*	*Präferenz -asymmetrie*	*Bevorzugte Regierungs-ebene*	*Rolle der EU*
Handelspolitik	Hoch	Niedrig	EU/Global	Groß
Gemeinsamer Markt	Hoch	Niedrig	EU	Groß
Geld und Finanzen	Hoch/Mittel	?	National/ EU	Mittel
Landwirtschaft	Niedrig	Hoch	National	Groß
Industrie, Energie	Niedrig	Hoch	National	Gering
Transport	Niedrig	Hoch	National	Gering
Unternehmensbe-ziehungen	Hoch	?	EU/Global	Groß
Intern. Beziehungen	Mittel/Hoch	Niedrig	National/ EU	Gering
Umwelt	Mittel/Hoch	Hoch	National/ EU/Global	Gering
FuE, Erziehung, Kultur	Niedrig	Hoch	Lokal/ National	Gering
Soziales, Bürger	Niedrig	Hoch	Lokal/ National	

Quelle: Alesina, Angeloni, Schuknecht 2001

die die Politikfelder Außen- und Verteidigungspolitik und Entwicklungshilfe umfassen, bereits weiter oben angesprochen. In diesen Bereichen fällt den Mitgliedländern die Aufgabe von Souveränität besonders schwer. Man wird auch bezweifeln können, ob die Präferenzasymmetrie hier wirklich so niedrig wie angenommen ist. Die Haltung der einzelnen Mitgliedländer zum Irak-Krieg spricht zum Beispiel eine andere Sprache. Die Umweltpolitik ist ein Fall, wo externe Effekte und Präferenzasymmetrie zu unterschiedlichen normativen Erwartungen führen. Die zentrale Oktroyierung der nord- und mitteleuropäischen Standards würde die weniger entwickelten und weniger dicht besiedelten Mitgliedländer im Süden und Osten überfordern. In diesem Zusammenhang fragt es sich auch, ob die beträchtlichen Teile europäischen Umweltrechts, die sich auf lokal konzentrierte Verschmutzungen beziehen, nicht besser den Mitgliedstaaten überantwortet werden sollten (so auch Van den Bergh 2000: 451 ff.).

Die Landwirtschaft zeigt sich auch hier als der Problembereich der europäischen Wirtschaftspolitik. Der Reformbedarf ist allgemein anerkannt, die allgemeine Richtung, nämlich Dezentralisierung, ebenfalls. Doch Änderungen von Umverteilungsmaßnahmen lassen sich nur gegen massive Widerstände durchsetzen. Bei der Beurteilung des Politikfeldes „Soziales und Bürger" schließlich können wir den drei Autoren nicht folgen. Die indizierte große Rolle der EU ist ausschließlich Folge der Zurechnung der Regional- und

Strukturpolitik zum Sektor „Soziales", wie auch wir das in Kapitel 13 machen. Umverteilungsmaßnahmen der Regionalpolitik können der Natur der Sache nach nur auf der oberen Regierungsebene vorgenommen werden. Sie folgen, wie erwähnt, zum Teil aus der Währungsunion. Und verglichen mit der interregionalen Umverteilung in großen Bundesstaaten, z.B. den USA, ist der Umfang in der Europäischen Gemeinschaft gering, weshalb einige Kritiker die Währungsunion auch für verfrüht gehalten haben. Die Rolle der europäischen Sozialpolitik, die wegen der hohen Präferenzasymmetrie der Einstimmigkeitsregel unterliegt, ist demgegenüber äußerst bescheiden und entspricht folglich der theoretisch bevorzugten Kompetenzverteilung.

Seit Mai 2004 hat die Zahl der Mitgliedländer der EU von 15 auf 27 zugenommen, und vier weitere Länder sitzen zur Zeit im Wartezimmer. Welche Folgen hat das für die europäische Wirtschaftspolitik? Der Wirtschaftsraum der Gemeinschaft ist durch die Erweiterung erheblich größer und erheblich inhomogener geworden. Nach der oben ausgeführten Theorie ist es wahrscheinlich, dass die Zahl der externen Effekte, die den gesamten Wirtschaftsraum erfassen, und die Zahl der öffentlichen Güter, die über den gesamten Raum wirksam sein sollten, abnehmen wird. Ebenso ist es wahrscheinlich, dass die Inhomogenität der Präferenzen zunehmen wird, zumal die Neuankömmlinge ein Entwicklungsniveau haben, dass zum Teil weit unter dem der bisher am geringsten entwickelten Mitgliedländer Griechenland und Portugal liegt.

Hieraus folgt erst einmal, dass die wirtschaftspolitische Domäne der zentralen Regierungsebene verkleinert werden müsste. Nehmen wir aber an, dass die Aktivität der Gemeinschaftsebene für die EU 15 optimal war – wir haben gesehen, dass das nicht in jedem Einzelfall so gewesen ist –, dann würde die Rückverweisung von bestimmten wirtschaftspolitischen Kompetenzen an die untere, nationale Regierungsebene für die Altmitglieder ineffizient sein oder, anders ausgedrückt, die Erweiterung wäre ineffizient gewesen. Die Ineffizienz kann allerdings behoben werden durch das, was man das Europa der unterschiedlichen Geschwindigkeiten nennt: Einzelne Mitgliedländer kooperieren auf bestimmten Politikfeldern miteinander und bilden so eine neue Regierungsebene zwischen der Gemeinschaftsebene und der nationalen Ebene.

Ein gutes Beispiel ist die Währungs- und Wirtschaftsunion. Schon bislang sind nur 12 der 15 Altmitglieder der EU auch Mitglied der EWWU gewesen. Auf Grund abweichender währungspolitischer Präferenzen haben sich Großbritannien, Dänemark und Schweden abseits gehalten. Die Option stand den beiden ersten bei der Gründung der EWWU 1992 offen, Schweden konnte sie sich bei seinem Beitritt 1995 *de facto* ausbedingen, obwohl es grundsätzlich zum Beitritt verpflichtet ist. Die Neumitglieder der Osterweiterung haben diese Wahlmöglichkeit nicht. Aber auf Grund ihrer besonderen Entwicklungssituation und der noch nicht voll synchronisierten Wirtschaftsentwicklung ist eine Aufgabe der nationalen Geld- und Währungspolitik bei vielen von ihnen zur Zeit noch nicht zu empfehlen. Und so dürfte es einige Jahre dauern, bis sie diesen Schritt im Einvernehmen mit der Union vollziehen werden.

Kapitel 6
Entscheidungsstrukturen und Entscheidungsprozesse: die Institutionen der Union

Worum geht es in diesem Kapitel?

HJW: *Institutions matter.*

TE: Dann müssen wir die Institutionen auch kennen.

HF: Was bedeutet es denn genau, dass Institutionen eine Rolle spielen?

TE: Dazu hat Jean Monnet bemerkt: „Les hommes passent, les institutions restent".

HJW: Ganz konkret: Gute Institutionen machen gute Politik, und gute Politik führt zu Wohlstand, Wachstum und Sicherheit.

TE: Das lässt sich empirisch belegen. Und das wollen wir auch zeigen. Aber worum es eigentlich geht, ist das recht verwinkelte Gebäude von Organen, Komitees und Ausschüssen, die Recht setzen, die Gesetze ausführen und dann ihre Einhaltung überwachen.

HF: Muss das so verwinkelt sein? Hätte man das nicht in einfacher Plattenbauweise errichten können?

TE: Na ja, Plattenbauten sind ja nicht gerade Muster architektonischer Schönheit. Doch beim institutionellen Gebäude der Europäischen Gemeinschaft geht es nicht um Ästhetik, sondern wie bei jedem Bauwerk erst einmal um Statik.

HJW: Ich würde eher sagen, um sehr labile Gleichgewichte zwischen den Souveränitätsansprüchen der Mitgliedländer und den Zweckmäßigkeitsüberlegungen supranationaler Regelungen.

HF: Das sind aber keine statischen Gleichgewichte: Das Gebäude kommt in immer kürzeren Abstände ins Gerüst und erhält dabei nicht nur einen neuen Anstrich – Einheitliche Europäische Akte, Maastricht, Amsterdam, Nizza, Verfassungsvertrag, Lissabon: Die Rolle der Organe und ihre Machtbalance werden ständig neu definiert, wenn auch nur in kleinen Schritten.

TE: Darin äußert sich der evolutorische Prozess der europäischen Integration.

HJW: Am deutlichsten sieht man das am Europäischen Rat: In Rom gab es ihn nicht, in Maastricht wurde er legalisiert, ohne konkrete Kompetenzen zu erhalten, im Verfassungsvertrag wurde er offiziell zu dem, was er ist, die höchste Macht in der Union. Und das ist in Lissabon auch so geblieben, zusätzlich erhält er einen auf zweieinhalb Jahre gewählten Präsidenten.

TE: Ganz ähnlich kannst du die Entwicklung des Parlaments oder des Europäischen Gerichtshofs beschreiben. Sie alle haben im Laufe der Zeit an Bedeutung gewonnen, wenn sie nicht, wie die Zentralbank, überhaupt erst in jüngerer Zeit ins Leben gerufen wurden.

HF: Wenn die einzelnen Organe der Gemeinschaft sich nicht untereinander das Wasser abgegraben, sondern alle an Einfluss gewonnen haben, auf wessen Kosten ist das dann geschehen?

TE: Auf Kosten der nationalen Souveränität – da beißt die Maus keinen Faden ab.

HJW: Braucht sie auch nicht. In einer komplexer und interdependenter werdenden Welt, nimmt die Zahl der Probleme zu, die adäquat nur gemeinschaftlich gelöst werden können.

TE: Trotzdem wachen die Mitgliedländer darüber, dass sie ihre Autonomie und Autorität nicht verlieren.

HF: Das klingt nach der Quadratur des Kreises.

HJW: Wollte man ein Optimum, dann wäre es sicher die Quadratur des Kreises. Doch es genügen befriedigende Gleichgewichte.

HF: Nach der Osterweiterung ist das Gleichgewicht aber gestört.

TE: Nachdem es Amsterdam und Nizza nicht geschafft hatten, sollte die Verfassung da Abhilfe schaffen.

HF: Schaffte sie aber nicht. War das nicht eine Totgeburt?

HJW: Vielleicht, aber der Vertrag von Lissabon hat die wichtigsten Neuregelungen übernommen. Doch auch der ist noch nicht in trockenen Tüchern.

6.1 Institutions matter

Drei Aspekte des Politischen haben wir in Kapitel 2 kennengelernt, die ein staatliches Gebilde adäquat beschreiben: die rechtliche Basis der Zusammenarbeit, die die Kompetenzverteilung und die Verteilung der Ergebnisse regelt (die Verfassungslehre), die Institutionen, die daraus entstehen (die Institutionenlehre), und die Verwaltung des Gemeinwesens und Maßnahmen, die zur Wohlfahrtsmaximierung ergriffen werden (die Regierungslehre). Auf letztere gehen wir in den Teilen IV–VI des Buches ein. Dieses Kapitel ist den Institutionen gewidmet. Was unter Institutionen zu verstehen ist, macht der allgemeine Sprachgebrauch deutlich: Das sind die Organe der Gemeinschaft wie Parlament, Rat, Kommission, Gerichtshof – die Orte also, wo Politik gemacht, ausgeführt und kontrolliert wird. Sie können natürlich nur im Zusammenhang mit der Verfassung bzw. den sie institutionalisierenden Verträgen behandelt werden. Denn dort werden ihre Kompetenzen formal festgelegt. Also geht es in diesem Kapitel um Verfassungsregeln und die daraus resultierenden Organisationen, die von Menschen geführt werden.

Damit haben wir eine Brücke geschlagen zur Institutionentheorie oder Institutionenökonomik (z.B. Richter/Furubotn 1999, Voigt 2002), die unter ihrem Gegenstand, den Institutionen, etwas anderes versteht als der normale Sprachgebrauch, nämlich die Regeln und nicht die Organisationen. Beides ist im Folgenden wichtig. Wenn wir von den Organen der Gemeinschaft gelegentlich als Institutionen sprechen, dann ist deutlich, was gemeint ist. Die rechtlichen Normen, die sie begründen, sind die vertraglich vereinbarten Übereinkünfte der Mitgliedländer. Sie sind in den Verträgen kodifiziert.

Box 6.1: Institutionen – Organisationen

> „Institutionen können ... definiert werden als allgemein bekannte Regeln, mit deren Hilfe wiederkehrende Interaktionssituationen strukturiert werden und die mit einem Durchsetzungsmechanismus bewehrt sind, der eine Sanktionierung bzw. Sanktionsdrohung im Falle eines Regelverstoßes bewirkt" (Voigt 2002: 34).

Sehen wir ab von allen weiteren Details, dann ist klar, dass die Institutionentheorie unter Institutionen Regeln versteht, die Verhalten von Individuen und Gruppen strukturieren. Dank des Umstands, dass ihre Nicht-Beachtung mit Kosten verbunden ist, können sie Erwartungen stabilisieren und damit Unsicherheit reduzieren. Solche Regeln treten in den unterschiedlichsten Formen auf: Konventionen, ethische Normen, vertragliche Beschränkungen, und in der Form des positiven Rechts. Je nachdem unterscheiden sich auch die Durchsetzungsmechanismen vom staatlichen Gewaltmonopol bis hin zur gerümpften Nase.

In unserem Zusammenhang spielt vor allem das positive Recht eine zentrale Rolle, insbesondere das Verfassungsrecht. Der einzelne Bürger kann sich anhand der Verfassung, d.h. der Regeln, die den staatlichen Organen Kompetenzen zuweisen, ein Bild davon machen, was er von der Verwaltung zu erwarten hat und was nicht. Handelt die Verwaltung außerhalb dieser Regeln, dann steht ihm der Weg zum Verwaltungs- oder Verfassungsgericht offen. Ein staatliches Organ, die Regierung zum Beispiel, besteht also aus den Regeln, die ihre Handlungsalternativen festlegen, und den Personen, die konkret handeln, regieren in diesem Fall. Das nennen die Institutionentheoretiker eine Organisation.

Doch weder die Institutionen noch die Organisationen sind unveränderliche Daten. Vielmehr sind beide einem ständigen Wandel unterworfen. Ihn zu erklären, ist Aufgabe der Sozialwissenschaften. Die allgemeine Hypothese von Douglass North (1990: 7) zeigt die Interdependenzen auf:

> Institutions, together with the standard constraints of economic theory, determine the opportunities in a society. Organizations are created to take advantage of those opportunities, and, as the organizations evolve, they alter the institutions. The resultant path of institutional change is shaped by (1) the lock-in that comes from the symbiotic relationship between institutions and the organizations that have evolved as a consequence of the incentive structure provided by those institutions and (2) the feedback process by which human beings perceive and react to changes in the opportunity set.

In einfachem Deutsch heißt das: Die Regeln legen die Handlungsspielräume für die Organisationen fest, doch indem sich die Organisationen entwickeln, nehmen sie Einfluss auf die Formulierung der Regeln. Das Resultat muss nicht effizient sein, denn Pfadabhängigkeiten können den Weg zum Optimum blockieren. Den Wandel der Institutionen und Organisationen in einem so komplexen System wie dem multinationalen Mehrebenensystem der Europäischen Union zu erklären, ist extrem schwierig. Das ist – Gott sei Dank! – nicht Aufgabe eines einführenden Lehrbuchs.

Die europäische Integration basiert im wesentlichen auf regulativer Governance – *rules not money*, wie wir im weiteren noch wiederholt sehen werden. Die Normen, die durch die Regeln gesetzt werden – formale Institutionen nach der Institutionentheorie –, dienen wie erwähnt dazu, Erwartungen zu stabilisieren, das Verhalten der Partner zu beurteilen und Vorstellungen über „normales" Verhalten zu wecken. All das reduziert Unsicherheit und schafft Vertrauen, wodurch rein ökonomisch gesehen mehr wohlfahrtsfördernde Aktivitäten, im vorliegenden Fall grenzüberschreitender Art, möglich werden. Von entscheidender Bedeutung ist es, wer Einfluss auf die rechtlichen Regeln nehmen kann:

- bei ihrer Ausarbeitung
- bei ihrer Entscheidung
- bei ihrer Anwendung
- und bei ihrer Interpretation und Durchsetzung.

Die Antwort hierauf scheint auf der Hand zu liegen: die Regierungen der Mitgliedländer. Denn sie waren und sind es, die die Verträge ausgehandelt und beschlossen haben. Sie sind die „Herren der Verträge". Nur haben die Herren der Verträge Institutionen in die Welt gesetzt, die dort ihr eigenes Leben führen, so dass nach einer gewissen Zeit durchaus die Frage gestellt werden kann „Who are the masters of the Treaty?" (Alter 1998). Das ist zumindest die Grundhypothese der Institutionentheorie: *institutions matter*. Daraus folgt, dass der Integrationsprozess ohne genaue Kenntnis der Institutionen, die ihn mitgestalten, nicht zu verstehen ist. Die unterschiedlichen Auffassungen der politischen Integrationstheorie, die wir in Kapitel 2 bereits kennen gelernt haben, werden hier manifest. Denn im Gegensatz zur gerade erwähnten Hypothese der Institutionalisten sehen die Intergouvernementalisten eben in den Regierungen der Mitgliedländer die alleinigen Herren der Verträge und die treibenden Kräfte der Integration.

„The integration process did not supersede or circumvent the political will of national leaders; it *reflected* their will" (Moravcsik 1998: 4). Für Moravcsik sind Adenauer, de Gaulle, Thatcher, Schmidt, Giscard d'Estaing die Helden der Integration, nicht Monnet, Hallstein, Delors. Es scheint fast evident: Keiner der diskreten Integrationsschritte hätte ohne das Zusammenwirken der Regierungschefs – und, da die intergouvernementalistische Integrationstheorie im Kern eine Machttheorie ist, im wesentlichen der Regierungschefs der großen Drei: Deutschland, England, Frankreich – stattfinden können. Und die haben ihre nationalen Interessen im Auge. Das widerspricht aber nicht grundsätzlich der institutionalistischen These der Pfadabhängigkeit. Die nationalen Interessen werden auf jeder Integrationsstufe vom erreichten Integrationsniveau mitbestimmt, so dass ein folgender Schritt fast unausweichlich wird. Im Ergebnis erhalten wir ein System, dessen einzelne Entstehungsschritte zwar rational aus den nationalen Präferenzen zu erklären sind, das aber als solches von niemandem beabsichtigt oder geplant wurde.

Stimmt es dann nicht, dass *institutions matter*? Die Frage lässt sich auf zweierlei Weise verstehen und beantworten. Zum einen dahingehend, dass die Repräsentanten der supranationalen Institutionen, die Monnet, Hallstein und Delors also, keine Handlungsspielräume haben und das Endresultat ohne sie mehr oder minder das gleiche wäre. Sicher ist richtig, keiner von den Dreien hat genau das bekommen, was er haben wollte. Wer bekommt das schon in einem höchst verwickelten Mehr-Personen Spiel! Doch gerade weil das Mehr-Personen Spiel der Integration so verwickelt ist, Koalitionen, Seitenzahlungen und Kompromisse erfordert, kann die Rolle des zentralen Vermittlers und Agenda-Setzers Handlungsspielräume eröffnen. Der Generalsekretär der Vereinten Nationen und der Präsident der Europäischen Kommission besitzen unterschiedliche Macht in ihren Institutionen, genauso wie der Europäische Gerichtshof mehr Autorität besitzt als der Internationale Gerichtshof in Den Haag. Das war so gewollt, sicher. Aber nachdem es einmal so ist, lässt es sich nur schwer außer Kraft setzen. Die Europäische Union ist heute mehr als eine normale internationale Organisation.

Denn ihre supranationalen Institutionen entwickeln zum anderen eine Eigendynamik (siehe Kapitel 5). Hat man sich einmal dafür entschieden, für den Interessenausgleich im Konfliktfall ein Gericht zu installieren, und erfordert die Chancengleichheit im gemeinsamen Markt ein einheitliches Recht, dann ist es fast unvermeidlich, dass sich ein umfangreiches supranationales Rechtssystem herausbildet. Den Mitgliedländern bleibt nur bei den großen Schritten ein Vetorecht – Großbritannien kann dem Euro fernbleiben. Andererseits würde es für Deutschland sehr kostspielig, wollte es den Euro verlassen. Das Phänomen der Irreversibilität unterstreicht die Bedeutung der Institutionen, wenn sie einmal installiert sind. Die dynamische Entwicklung der Integration und ihre weitgehende Irreversibilität bringen noch ein weiteres mit sich – die Pfadabhängigkeit der institutionellen Ausgestaltung der Gemeinschaft. „Thus, initial policy choices may restrict subsequent evolution so that a kind of path-dependency influences a change of course in policy" (Armstrong/Bulmer 1998: 55).

Die institutionelle Struktur der Union muss der komplexen politischen Struktur der Union gerecht werden. Das bedeutet vor allem, dass die zwei grundlegenden Interessenrichtungen miteinander in Einklang gebracht werden müssen: die vertikale, die das Gemeinschaftsinteresse zu vertreten hat, und die horizontale, die die Interessen der Mitgliedländer vorträgt. Das Verhältnis von Supranationalität und Zwischenstaatlichkeit spielt also eine tragende Rolle. Es wäre aber falsch, dieses Verhältnis als antagonistische Dichotomie zu verstehen. Schließlich ist das Gemeinschaftsinteresse die Resultante nationaler Interessen, die freiwillig und bewusst den Integrationsprozess vorantreiben. Allerdings ist Integration eben ein Prozess, der von einem gewissen Moment an eine Eigendynamik entwickelt, die auch von den zentralen Instanzen forciert werden kann. Wir sehen im Verhältnis von Supranationalität und Zwischenstaatlichkeit eine dialektische Spannung von Gewolltem und Gewordenen, die es nicht mehr erlaubt, eindeutig zu beantworten, wer die Herren der Verträge sind.

Wenn auf ein soziales Phänomen die Charakterisierung Adam Fergusons (1723 – 1816) zutrifft, die Hayek (1969) wieder zum Gegenstand theoretischer Überlegungen gemacht hat, nämlich „the result of human action but not the result of human design" zu sein (zitiert nach Hutchison 1988: 333), dann ist dies die Governance-Struktur der Europäischen Union. Natürlich haben die Verträge die Organe der Gemeinschaft und ihre Kompetenzen festgelegt. Das ist der formale Aspekt der Institutionen. Aber die materielle Governance-Struktur ist ein komplexes Netzwerk, in dem viele Institutionen auf den unterschiedlichsten Ebenen zusammenspielen, um letztendlich zu Entscheidungen zu gelangen. Die Gleichgewichte, die sich dabei herausbilden, sind labil und können durch Schocks leicht erschüttert werden, wie sie in der Form von Erweiterungen der Mitgliederzahl (neue Akteure) und Erweiterungen der Kompetenzen (neue Politikfelder) immer wieder auftreten. Das bedeutet, dass die Governance-Struktur, die für die 1960er Jahre repräsentativ war, im ersten Jahrzehnt des 21. Jahrhunderts nicht mehr anzutreffen ist, und dass die Erweiterungsrunden dieses Jahrzehnts sich sicher auf die künftige Governance-Struktur auswirken werden.

6.2 Die Organe im einzelnen

Trotz des prinzipiellen Zusammenwirkens von Supranationalität und Zwischenstaatlichkeit lassen sich die wichtigsten Institutionen der Union entlang dieser Unterscheidung in zwei Gruppen einteilen:

- die Institutionen, die das intergouvernementale Element der Union repräsentieren: Europäischer Rat, Rat (Ministerrat) und Komitee der ständigen Vertreter (Coreper),
- die Institutionen, die das supranationale Element der Union repräsentieren: Parlament, Kommission, Europäischer Gerichtshof und Rechnungshof. Hierzu zählen auch die Europäische Investitionsbank und natürlich die Europäische Zentralbank, die wir aber im Zusammenhang mit der Wirtschafts- und Währungsunion (Kapitel 14) näher behandeln wollen.

6.2.1 Der Europäische Rat

Beginnen wir die Vorstellung der Institutionen mit der höchsten Instanz, dem Europäischen Rat! Das ist insofern nicht selbstverständlich, als diese Institution weder in den Konstruktionsplänen der Gründerväter vorgesehen war und folglich in den Verträgen von Paris und Rom auch nicht vorkommt. Noch hat sie, nachdem sei einmal (1992 im Maastricht Vertrag) legalisiert worden ist, einen klaren formalen Status und wohl definierte Kompetenzen.

Und schließlich haben ihre Beschlüsse auch keine rechtlich bindende Kraft. Trotzdem verkörpert der Europäische Rat die höchste Macht in der Union. Dieses Paradox macht noch einmal deutlich, dass die Europäische Union ein politisches Gebilde ganz eigener Natur ist.

Der merkwürdige Status des Europäische Rates findet seine Begründung darin, dass er eine Institution der Union ist, und diese hat noch keine eigene Rechtspersönlichkeit, folglich auch keine eigenen Kompetenzen. Die Verfassung sah eine Änderung hierin vor. Der fast gleichlautend bezeichnete Rat (Ministerrat) ist ein Organ der Gemeinschaft, die in der Wirtschaftsgemeinschaft und der Atomgemeinschaft sehr wohl eigene Rechtspersönlichkeit hat (vgl. Pechstein/Koenig 1998). Man könnte geneigt sein zu sagen, der Europäische Rat sei identisch mit dem Rat in der Zusammensetzung der Staats- und Regierungschefs (wie er z.B. in den Art. 121 und 122 EG angesprochen wird), was personell der Fall ist, wäre da nicht der entscheidende Unterschied, dass der Rat (Ministerrat), der im folgenden Abschnitt zu behandeln sein wird, als Organ der Gemeinschaft eben vertraglich konkrete Kompetenzen und Entscheidungsverfahren erhalten hat. Genau die fehlten bislang der Union und damit dem Europäischen Rat. Hier treten die Regierungschefs nicht im Korsett klar definierter Verfahrensvorschriften mit zugeteilten Stimmgewichten auf, sondern sozusagen mit ihrem „natürlichen" Gewicht. Das kann sehr unterschiedlich sein und wird die Bedeutung und den politischen Einfluss des vertretenen Landes widerspiegeln, aber auch die Seniorität im Europäischen Rat und die persönlichen Beziehungen des jeweiligen Regierungschefs. Nicht von ungefähr hatten sich die drei kleinen EWG Mitgliedländer, die Benelux Staaten, anfänglich gegen die Einrichtung des Europäischen Rates ausgesprochen. Sie befürchteten, nicht genug „natürliches Gewicht" in die Waagschale werfen zu können, während ihr formales Stimmgewicht im Rat (Ministerrat) im Verhältnis zu ihrer Größe überproportional war. Es sei hier nur angemerkt, dass die weitere Formalisierung der Union und des Europäischen Rates im Vertrag von Lissabon (Art. 15 EU n.F.) diesen bei Mehrheitsentscheidungen der gleichen Stimmgewichtung unterwirft, wie sie für den Rat gilt.

Man kann mit den Vertretern der intergouvernementalistischen Schule der Integrationstheorie (vgl. Kapitel 2) darin eine späte Einsicht der teilnehmenden Regierungen vermuten, dass nämlich der supranationale Charakter der Gemeinschaft eine Fehlentwicklung gewesen sei, die in die Eurosklerose der 1970er Jahre geführt habe, und behaupten, Europa kehre damit zur Normalität zwischenstaatlicher Beziehungen zurück. Europäische Politik ist – nach dieser Schule – Interessenpolitik der europäischen Staaten, die entsprechend den jeweiligen Machtverhältnissen auf intergouvernementaler Ebene ausgehandelt wird. „Bargaining outcomes reflect the relative power of states rather than supranational entrepreneurship", stellt Andrew Moravcsik (1998: 485) fest. Doch diese Auffassung übersieht, dass es gerade der Europäische Rat war, der die entscheidenden Schritte vorangetrieben und abgesegnet hat, die den supranationalen Charakter der Union gestärkt haben: die Direktwahl zum Europäischen Parlament, die Wirtschafts- und Währungsunion oder die europäische Verfassung bzw. den Vertrag von Lissabon zum Beispiel.

Der Europäische Rat hat zweifellos das intergouvernementale Element in der Entscheidungsstruktur der Union gestärkt. Und dieses Element ist wichtig für das Funktionieren des politischen Gebildes Europäische Gemeinschaft, das wesentlich auf den Konsens der Mitgliedländer gegründet ist. Blockaden müssen aufgebrochen, neue Entwicklungen einvernehmlich auf den Weg gebracht werden. So liegt die Richtlinienkompetenz der europäischen Politik bei den Regierungschefs der souveränen Mitgliedländer, die sich zwar regelmäßig, aber sonst an keine weiteren formellen Regeln gebunden im Europäischen Rat treffen. Im Laufe der Zeit hat der Europäische Rat aber auch für das „normale" Geschäft der Gemeinschaft an Bedeutung gewonnen. Und es kann vorkommen, dass er eine seiner Sitzungen ganz einem konkreten Politikthema widmet, so z.B. in Lissabon im Jahr 2000, wo der so genannte Lissabon-Prozess (s. Kapitel 10) auf den Weg gebracht wurde.

Wie ist es dazu gekommen? In Kapitel 3 haben wir bereits gesehen, dass die Gemeinschaft durch die Verweigerungspolitik de Gaulles und den Kompromiss von Luxemburg in eine Stagnationsphase ihrer Entwicklung geraten war. Es ging nicht vor noch zurück, weil im Ministerrat kein Konsens für weiterreichende Entscheidungen gefunden werden konnte. Eine Möglichkeit, die Lähmung zu durchbrechen, sah nach dem Rücktritt de Gaulles dessen Nachfolger Georges Pompidou (1911 – 1974) in Gipfelkonferenzen der Regierungschefs. Auf der Gipfelkonferenz von 1972 in Paris verabredete man, sie regelmäßig abzuhalten. Im Laufe der Zeit hat es sich eingebürgert, das zweimal im Jahr als Höhepunkt der jeweiligen Ratspräsidentschaft zu tun. Die Gipfelkonferenzen erhielten dann die Bezeichnung Europäischer Rat, als ob es sich hier um ein formelles Organ der Gemeinschaft handelte. In der Erklärung von Stuttgart (1983) schrieb er sich in sehr allgemeinen Formulierungen Funktionen zu, die er zuvor schon ausgeübt hatte: treibende Kraft der Integration zu sein, neue Initiativen in die Wege zu leiten, allgemeine Richtlinien der Entwicklung zu formulieren und den gemeinsamen Standpunkt in Fragen der Außenpolitik deutlich zu machen. Die Einheitliche Europäische Akte von 1986 erwähnte den Europäischen Rat. In Maastricht (1992) fand er dann schließlich Aufnahme in die Verträge.

Die rechtliche Grundlage für den Europäischen Rat war bis zum Lissabonner Vertrag Art. 4 EU. Der vorangehende Art. 3 EU stellt fest: „Die Union verfügt über einen einheitlichen institutionellen Rahmen, ...", der im fünften Teil des EG-Vertrages ausgearbeitet ist und fünf Organe der Gemeinschaft (Parlament, Rat, Kommission, Gerichtshof und Rechnungshof) und drei weitere Institutionen (Wirtschafts- und Sozialausschuss, Ausschuss der Regionen und die Europäische Investitionsbank) aufführt. Der Europäische Rat ist darin nicht enthalten. Er wird im ganzen EG-Vertrag nur einmal angesprochen (Art. 99 EG). Das erlaubt wohl die Schlussfolgerung, dass der Europäische Rat nicht zu jenem „einheitlichen institutionellen Rahmen" gehört und außerhalb der regulären Entscheidungsstruktur der Gemeinschaft anzusiedeln ist. Die Feststellung von de Schoutheete (2002: 30), der Europäische Rat sei „not as an institution, in legal terms, but as a locus of power" zu betrachten, trifft den Kern der Sache. So konnte der Europäische Rat sein Procedere aufrecht erhalten, das von Informalität gekennzeichnet ist. „Keine Papiere – keine Beamte" war Bundeskanzler Helmut Schmidts Devise.

Mit dem Vertrag von Lissabon geht diese Informalität verloren. Die Europäische Union erhält Rechtspersönlichkeit, der Europäische Rat wird ordentliches Organ der Union und wird statt zweimal nun viermal im Jahr tagen. Er setzt sich zusammen aus den Staats- und Regierungschefs der Mitgliedstaaten (diese Formulierung rührt daher, dass im Präsidialsystem einiger Mitgliedländer, z.B. Frankreichs, Finnlands und Polens, der Staatschef gleichzeitig oberster Regierungsbeamter ist), dem Präsidenten des Europäischen Rates und dem Präsidenten der Kommission. Die beiden letzteren haben bei formellen Entscheidungen kein Stimmrecht. Der neu geschaffene Präsident des Europäischen Rates ist praktisch der oberste Repräsentant der Union. Er wird vom Europäischen Rat mit qualifizierter Mehrheit für zweieinhalb Jahre gewählt und hat anders als der Ratspräsident keine einzelstaatliche Funktion.

Gestimmt wird im Europäischen Rat nur in sehr seltenen Fällen, denn er wird nicht gesetzgeberisch tätig, legt vielmehr die Richtlinien der Politik nach dem Konsensprinzip fest. Aber gefeilscht wird, wenn es sein muss, wie auf dem Rossmarkt. Output der Verhandlungen sind die Schlussfolgerungen der Präsidentschaft, die bislang mit der Ratspräsidentschaft zusammenfiel. Diese Schlussfolgerungen haben nicht den legalen Charakter von Verordnungen oder Richtlinien des Rates (Ministerrates), sondern können bestenfalls als „weiches Recht" bezeichnet werden. Aber materiell sind sie wichtige Dokumente, die die Entwicklungsrichtungen der Politik in allen Bereichen der Union abstecken. Hier fallen die richtungweisenden Entscheidungen, die dann im Rat in formelles Recht umgesetzt werden. Die Beschlüsse des Europäischen Rats ziehen die öffentliche Aufmerksamkeit auf sich. Hier wird Europa sichtbar regiert.

Dieser Vergleich des Europäischen Rats mit einer Regierung kommt nicht von ungefähr. Wie sich diese Institution Anfang der 1970er Jahren herausbildete, sprach Jean Monnet, der als *elder European statesman* im Hintergrund noch großen Einfluss hatte, von der Notwendigkeit einer provisorischen Regierung, um dem Integrationsprozess neue Dynamik zu verleihen. Der Vertrag von Lissabon– vorausgesetzt er tritt in Kraft – stellt einen weiteren Schritt in diese Richtung dar. Er integriert die drei Säulen von Maastricht und hebt damit den gesonderten Status der Gemeinschaft auf. Darüber hinaus institutionalisiert der Vertrag einen europäischen Außenminister, aus verfassungspolitischen Gründen Hoher Vertreter der Union für Außen- und Sicherheitspolitik genannt. Da nach Art. 13 EU bzw. Art. 26 EU n.F. der Europäische Rat die Leitlinien der gemeinsamen Außen- und Sicherheitspolitik (GASP) bestimmt, muss der Hohe Vertreter ja wohl im Europäischen Rat angesiedelt sein. Das ist in der Tat der Fall: Nach Art. 15 EU n.F. nimmt der Hohe Vertreter an der Arbeit des Europäischen Rats teil, allerdings ohne Stimmrecht, genauso wie der Präsident des Europäischen Rats und der Präsident der Kommission dort kein Stimmrecht haben. Mit Blick auf die Richtlinienkompetenz des Europäischen Rats ließe sich dieser auch mit dem Bundeskanzler vergleichen, sozusagen ein Art kollektiver Bundeskanzler mit einer hohen politischen Autorität. Die exekutiven Aufgaben einer Regierung bleiben nach wie vor bei der Kommission, die legislativen bei Rat und Parlament.

Diese Vergleiche rufen die Frage nach dem Verhältnis zum Parlament auf: Regierungen sollten den Vertretern des Volkes verantwortlich sein. In einem rein intergouvernementalen Modell wären das die jeweiligen nationalen Parlamente, denen die Regierungschefs natürlich in jedem Fall Rede und Antwort zu stehen haben. Doch in diesem Fall spielt auch das Europäische Parlament eine – zugegeben noch äußerst bescheidene – Rolle: Der Parlamentspräsident spricht zur Eröffnung der Sitzungen des Europäischen Rats, und Art. 4 EU bzw. Art. 15 EU n.F. verpflichtet den Europäischen Rat, nach jeder Tagung dem Parlament Bericht zu erstatten. Andererseits fällt auf, dass der Präsident des Europäischen Rates, den der Lissabonner Vertrag vorsieht, nicht von der Legislative gewählt wird, also weder vom Parlament noch vom Rat (Ministerrat). Vielmehr sieht der Vertrag in Art. 15.4 EU n.F. vor, dass der Europäische Rat seinen Präsidenten mit qualifizierter Mehrheit selbst wählt. Man kann das für logisch halten; denn wenn das oberste legislative Organ, der Rat, die Wahl vornähme, würde das durch den Rat in der Zusammensetzung der Staats- und Regierungschefs geschehen, und der ist, was die stimmberechtigten Mitglieder und deren Stimmgewichte betrifft, identisch mit dem Europäischen Rat. Wir sehen, Ansätze für eine demokratische Verantwortung sind vorhanden, aber noch sehr unterentwickelt.

6.2.2 Der Rat (Ministerrat)

Der Rat (Ministerrat) war einmal die höchste Instanz der Gemeinschaft. In der Rangordnung der Organe der Union (Art. 13 EU n.F.) ist er inzwischen hinter Parlament und Europäischem Rat auf den dritten Platz gefallen. In ihm konzentrierten sich die Entscheidungsbefugnisse der Europäischen Gemeinschaft – die legislative Gewalt (vgl. Hayes-Renshaw/Wallace 1997). Wenn manchmal davon die Rede ist, der Rat sei die „Regierung" der Gemeinschaft, dann ist das eher irreführend. Seine Hauptaufgaben waren die Rechtssetzung und das Budgetrecht, beides Funktionen, die in „normalen" Demokratien beim Parlament liegen, während die einer Regierung zukommende Exekutivgewalt in der EU bei der Kommission angesiedelt ist. Je mehr die Europäische Union den Charakter einer „normalen" Demokratie annimmt, desto stärker wird die Rolle des Parlaments. Deshalb stellt der Lissabonner Vertrag klar:

> Das Europäische Parlament wird gemeinsam mit dem Rat als Gesetzgeber tätig und übt gemeinsam mit ihm die Haushaltsbefugnisse aus (Art. 14.1 EU n.F.), und
>
> Der Rat wird gemeinsam mit dem Europäischen Parlament als Gesetzgeber tätig und übt gemeinsam mit ihm die Haushaltsbefugnisse aus (Art. 16.1 EU n.F.).

Wenn man für den Rat einen Vergleich anstellen möchte, dann wäre er in der zweiten Kammer, der Länderkammer einer Legislative zu sehen, wobei hier nur die Bedeutung vertauscht ist: Dem Rat und nicht dem Parlament kommt in der EU in den meisten Fällen das letzte Wort zu.

Wir schreiben die Bezeichnung Ministerrat manchmal in Klammern, um mögliche Verwechslungen mit dem Europäischen Rat zu vermeiden. Die Bezeichnung Ministerrat wurde eigentlich dadurch hinfällig, dass es, wie schon gezeigt, den Rat auch in der Zusammensetzung der Staats- und Regierungschefs gibt, in einer vollständigen Personalunion also mit dem Europäischen Rat, was die stimmberechtigten Mitglieder betrifft.

Die Gemeinschaftsorgane sind in der Mehrheit der Fälle aus den Institutionen der Montanunion (EGKS) entstanden, so auch der Ministerrat. Der so genannte Besondere Ministerrat der Europäischen Gemeinschaft für Kohle und Stahl war als intergouvernementales Gegengewicht zur supranationalen Hohen Behörde geschaffen worden, deren Position in der EG die Kommission innehat. Nur die Verteilung der Rollen unterschied sich erheblich. Lagen in der Montanunion Legislative und Exekutive zusammen in den Händen der Hohen Behörde, so dass dem Besonderen Ministerrat nur eine informative und beratende Funktion übrig blieb, sind in der EG legislative und exekutive Gewalt zwischen Rat und Kommission verteilt, wodurch das intergouvernementale Element erheblich gestärkt ist.

Formal haben wir es im Rat, der in Art. 202–210 EG (bzw. Art. 16 EU n.F. und Art. 237–243 AEU) seine gesetzliche Grundlage findet, mit *einem* Organ zu tun. Er besteht aus je einem Vertreter der Mitgliedländer auf Ministerebene, der befugt ist, für seine Regierung verbindlich zu handeln. Beschlüsse des Rats haben deshalb bindende Kraft. Materiell gibt es den Rat je nach Verhandlungsgegenstand in unterschiedlichen Zusammensetzungen, die vertraglich nicht festgelegt sind.

Erst im Lissabonner Vertrag werden zwei dieser Zusammensetzungen ausdrücklich erwähnt: der Rat „Allgemeine Angelegenheiten" und der Rat „Auswärtige Angelegenheiten". Die übrigen Zusammensetzungen werden danach vom Europäischen Rat festgelegt (Art. 236 EU n.F.). Die zur Zeit wichtigsten dieser Gremien sind:

- Der Rat in seiner Zusammensetzung der Staats- und Regierungschefs hat, wie wir bereits sehen konnten, seinen Niederschlag in Art. 121, 122 EG, aber auch in Art. 214 EG gefunden. Vor Maastricht hatte es diesen Rat nicht gegeben. Die Funktionen, die die erwähnten Artikel des Gemeinschaftsvertrags diesem Rat zuteilen, stehen im Zusammenhang mit der Errichtung der Wirtschafts- und Währungsunion und der Ernennung des Kommissionspräsidenten. Die politische Vermittlerrolle, die man bei einem solchen Gremium vermuten könnte, kommt eigentlich dem allgemeinen Rat zu. Das sieht der Vertrag von Lissabon auch immer noch so vor. Denn der Rat in seiner Zusammensetzung der Staats- und Regierungschefs findet darin keine Erwähnung mehr. Er wird hinfällig, da der Europäische Rat ein vollwertiges Organ der Union sein wird.
- Der Rat Allgemeine Angelegenheiten: In ihm kümmern sich die Außenminister der Mitgliedländer, wie der Name sagt, um die allgemeinen Angelegenheiten der Gemeinschaft, d.h. sie tragen die Verantwortung für's

Ganze. Daneben werden hier die Fragen der Außenpolitik behandelt, und das ist spätestens seit der Errichtung der zweiten Säule von Maastricht, der Gemeinsamen Außen- und Sicherheitspolitik (GASP), ihre Hauptbeschäftigung. Der Vertrag von Lissabon trennt, wie wir sahen, diese beiden Funktionen, ohne allerdings zu sagen, wer dann im Rat Allgemeine Angelegenheiten Sitz und Stimme haben soll.

Mit der zur Zeit gegebenen Aufgabenhäufung besteht die Gefahr, dass die Koordination der Ratstätigkeit zu kurz kommen könnte. Darüber hinaus sind die gemeinschaftsinternen Angelegenheiten auch nicht mehr als genuin außenpolitische Angelegenheiten der Mitgliedländer zu betrachten. So erscheint es fast natürlich, dass die Rolle als Vermittler und Initiativgeber sich mehr und mehr auf den Rat in seiner Zusammensetzung der Staats- und Regierungschefs, bzw. auf den Europäischen Rat verlagert und, wie es der neue Vertrag vorsieht, ein eigener Rat Auswärtige Angelegenheiten geschaffen wird.

- Der Wirtschafts- und Finanzrat (Ecofin-Rat), in dem die Wirtschafts- oder Finanzminister zusammentreffen. In einer Wirtschaftsgemeinschaft, die erhebliche wirtschaftspolitische Kompetenzen aufweist, kommt diesem Rat natürlich eine besondere Bedeutung zu.
- Der Landwirtschaftsrat behandelt schließlich die Probleme und Politiken des Sektors, der nach wie vor den größten Teil des Gemeinschaftsbudgets für sich in Anspruch nimmt und den größten Teil der Gemeinschaftsregeln veranlasst (s. Tabelle 5.1).

Daneben tagt der Rat noch in einem Dutzend fachlich bestimmter Zusammensetzungen, z.B. für Umwelt, Gesundheit, Budgetangelegenheiten, Interne Angelegenheiten und Justiz, usw. Es versteht sich von selbst, dass im Fischereirat die für die Fischereipolitik zuständigen nationalen Minister zusammentreten, im Industrie- und Energierat die für diesen Bereich verantwortlichen Minister. Der Rat weist also in seiner funktionalen und sektoralen Aufgabenverteilung einen hohen Grad der Fragmentierung auf. Die Governance-Struktur der Gemeinschaft hat folglich neben der supranationalen und intergouvernementalen auch noch eine funktional-sektorale Dimension. Im Rat wird deshalb vermutlich vor allem ein Ressortgeist herrschen. Es bedarf ausgleichender Elemente, die das Ganze im Auge behalten und Kohäsion und Konsistenz wahren. Zum einen hat diese Funktion der Europäische Rat übernommen, zum anderen werden wir im Ausschuss der ständigen Vertreter (Coreper) eine Institution kennen lernen, die Ähnliches leistet.

Der Vorsitz im Rat, die Ratspräsidentschaft, wechselt alle 6 Monate nach einem Rotationsverfahren. Anfänglich mag der periodisch wechselnde Vorsitz eher eine rein sitzungstechnische Angelegenheit gewesen sein. Doch inzwischen sind die Verpflichtungen der Präsidentschaft angewachsen:

- die Ratssitzungen vorbereiten und einberufen,
- den Ausschüssen und Kommissionen auf allen Ebenen der Ratshierarchie vorsitzen,
- mindestens eine Sitzung des Europäischen Rats organisieren,

- die Gemeinsame Außen- und Sicherheitspolitik koordinieren und als Sprecher der Union nach außen auftreten,
- Ansprechpartner für Kommission und Parlament sein.

Das erfordert nicht nur unmittelbar einen hohen personellen Aufwand, sondern die entsprechende vorbereitende und unterstützende Logistik nimmt viel Arbeit und Zeit in Anspruch. Hinzu kommt, dass die Präsidentschaft natürlich einer großen Neutralität verpflichtet ist, so dass die Idee eines rotierenden technischen Vorsitzes eine Illusion ist. Praktisch braucht ein Mitgliedland in der Präsidentschaft zwei Teams, das eine für die Aufgaben der Präsidentschaft und das andere zur Wahrung der nationalen Interessen. Deshalb sieht der neue Vertrag, was den Vorsitz betrifft, Änderungen, bzw. mögliche Änderungen vor. Den Vorsitz im Rat „Auswärtige Angelegenheiten" übernimmt der neue Hohe Vertreter der Union für Außen- und Sicherheitspolitik. In den übrigen Fällen wird zwar die Vorschrift der gleichberechtigten Rotation unter allen Mitgliedländern aufrecht erhalten (Art. 16.9 EU n.F.), aber die explizite Vorschrift des sechsmonatigen Wechsels (Art. 203 EG) wird fallen gelassen. Natürlich reduziert auch die Schaffung eines Präsidenten des Europäischen Rates die Bedeutung der Ratspräsidentschaft.

Unterstützt wird die Präsidentschaft durch das Generalsekretariat, dessen Aufgabe es ist, die Logistik der Ratssitzungen bereitzustellen und die administrative Kontinuität zu wahren. Anders als das Bundeskanzleramt ist das nicht die Küche, die das politische Menü zusammenstellt. Allerdings hat die Rolle des Generalsekretärs eine stärkere politische Bedeutung gewonnen, als er nach Maastricht mit der Aufgabe des Hohen Vertreters der Gemeinsamen Außen- und Sicherheitspolitik (Mr. GASP) betraut wurde. So war es nur logisch, dass er auch im Europäischen Rat einen Sitz erhielt. Die Vermischung der Aufgabenbereiche wird sich wieder auflösen, wenn mit dem Lissabonner Vertrag die Position eines Hohen Vertreters der Union für die Außen- und Sicherheitspolitik geschaffen sein wird.

Dieser allerdings erhält eine bemerkenswerte, und möglicherweise nicht unproblematische Position: Er nimmt an den Sitzungen des Europäischen Rates teil, er sitzt dem Rat Auswärtige Angelegenheiten vor und er koordiniert als *ex officio* Vizepräsident der Kommission die zur Außenpolitik gehörigen Ressorts der Kommission (einschließlich der Handels-, Entwicklungs- und Erweiterungspolitik). Damit wird er auch Dienstherr eines zu bildenden diplomatischen Dienstes der Union, von dem noch unklar ist, ob er nun der Kommission oder dem Rat zuzurechnen sei. Nach normaler staatsrechtlicher Logik ist der auswärtige Dienst Teil der Exekutive und als solcher dem Parlament verantwortlich. Das würde bedeuten, dass er der Kommission unterstellt wird. Die Vermischung der supranationalen und intergouvernementalen Ebenen in der Position des „Außenministers" kann als ein Eindringen der supranationalen Kommissionsebene in die intergouvernementale Ratsebene gesehen werden. Andererseits ist kaum vorstellbar, dass sich die Mitgliedländer ihren unmittelbaren Einfluss auf die europäische Außenpolitik schmälern lassen.

Das äußerst komplexe politische Gebilde Europäische Union mit seinen wachsenden Kompetenzen und Funktionen wird, wie man sieht, von Leuten,

Ministern, geleitet, die zu Hause schon einen Job haben, der sie mehr als *full time* in Anspruch nimmt. Man stelle sich das gleiche im bundesdeutschen Rahmen vor: Die Aufgabe des Bundeskanzlers oder eines Bundesministers würde alle sechs Monate von einem der Ministerpräsidenten der Länder, bzw. einem Länderminister zusätzlich zu seinen normalen Geschäften übernommen. Da stellt sich die Frage, wer die eigentliche Arbeit leistet, die ständig zunimmt. Die Antwort finden wir in dem schier unübersichtlichen Netzwerk von Ausschüssen, Kommissionen, Arbeitsgruppen der mittleren und unteren Ebene, die im folgenden Abschnitt kurz zur Sprache kommen sollen. Der neue Vertrag trägt dem Problem der Überbeanspruchung insofern Rechnung, als sie für den neu geschaffenen Präsidenten des Europäischen Rates verbietet, dass er gleichzeitig ein einzelstaatliches Amt ausübe, was sich für den „Außenminister" als Mitglied der Kommission selbstverständlich ebenfalls ausschließt.

Da beim Rat die gesetzgebende Gewalt der Gemeinschaft liegt, ist es von zentraler Bedeutung, wie dort abgestimmt wird. In einer Demokratie gilt die Regel *„one person, one vote"*. In einem rein zwischenstaatlichen Gebilde, wie z.B. den Vereinten Nationen, wird daraus die Regel „ein Land, eine Stimme". Dabei ist es grundsätzlich egal, ob Entscheidungen dem Einstimmigkeitsprinzip oder einem Mehrheitsprinzip unterliegen. Das Einstimmigkeitsprinzip unterstreicht den intergouvernementalen Charakter einer Gemeinschaft bei Wahrung der vollen Souveränität der einzelnen Mitgliedländer. Die Stimme jeden Landes hat gleiches Gewicht, und jedes Land hat ein Vetorecht. Die Entwicklung der Europäischen Union weist nun zwei parallele Tendenzen auf:

- die fortschreitende Ersetzung des Einstimmigkeitsprinzips durch das Mehrheitsprinzip (in der Regel eine qualifizierte Mehrheit),
- und einen graduellen Übergang von der Regel „ein Land, eine Stimme" zur Regel „eine Person, eine Stimme".

Dabei scheint es fast selbstverständlich, dass letztere, demokratische Regel nicht vollständig übernommen werden kann, weil die Größe der Mitgliedländer zu unterschiedlich ist und die kleinen dadurch ihre Stimme völlig verlieren würden. Beide Tendenzen lassen sich als Überführung der Gemeinschaft von einer zwischenstaatlichen Organisation in ein supranationales politisches Gebilde mit eigener Autorität und eigener demokratischer Legitimierung interpretieren.

Nun steht man allerdings vor der schwierigen Frage, wie die Stimmrechte konkret zu verteilen seien. Zur Zeit liegen zwei Schemata vor, das seit 2005 gültige, das in Nizza vereinbart wurde, und das im Lissabonner Vertrag für die Zukunft vorgesehene. Beide sind kurz vorzustellen.

Verteilung der Stimmrechte nach Nizza: Der Vertrag von Nizza sieht in einem seiner Protokolle vor, dass Art. 205 EG, der die Stimmengewichtung regelt, zum 1. Januar 2005 für die EU-15 geändert wird. Da aber in Nizza (2000 – 2001) noch nicht bekannt war, wer im Jahre 2005 die Mitglieder der Gemeinschaft sein würden, hat man in einer Erklärung zur Regierungskonferenz eine Festlegung für eine EU-27 getroffen, also unter Einschluss von Bulgarien und Rumänien. Diese geben wir hier wieder.

Eine Stimmengewichtung erfolgt nur für den Fall, dass Entscheidungen mit qualifizierter Mehrheit gefällt werden. Dabei ist zu unterscheiden, ob der Beschluss auf Vorschlag der Kommission zustande kommt oder nicht. Das Grundprinzip der Nizza-Regelung ist das Prinzip der dreifachen Gewichtung und damit der dreifachen Mehrheit:

- „Ein Land, eine Stimme"
- ein Stimmgewicht entsprechend den zugeteilten Stimmen
- ein Stimmgewicht entsprechend dem Bevölkerungsanteil, also praktisch „eine Person, eine Stimme".

Die Stimmenverteilung ist aus Tab. 6.1 ersichtlich.

Bei Beschlüssen auf Vorschlag der Kommission sind mindestens 258 Stimmen und die Mehrheit der Mitglieder für eine Zustimmung erforderlich. In den anderen Fällen sind mindestens 258 Stimmen und eine Zwei-Drittel-Mehrheit der Mitglieder notwendig. Diese doppelten Mehrheiten sind obligatorisch. Auf Antrag eines Mitgliedlandes kann noch eine dritte Bedingung hinzugefügt werden, dass nämlich die Staaten, die die qualifizierte Mehrheit bilden, mindestens 62 % der Gesamtbevölkerung der Union repräsentieren.

Verteilung der Stimmgewichte nach dem Lissabonner Vertrag (Art. 16.4 EU n.F.): Der Vertrag weist jedem Mitgliedland ein Stimmgewicht entsprechend

Tabelle 6.1: Stimmengewichtung und Bevölkerungsanteile (2003)

Land	*Stimmen*	*In % aller Stimmen*	*Bevölkerungsanteil*	*Land*	*Stimmen*	*In % aller Stimmen*	*Bevölkerungsanteil*
Deutschland	29	8,41	17,01	Schweden	10	2,90	1,84
Großbritannien	29	8,41	12,40	Bulgarien	10	2,90	1,63
Frankreich	29	8,41	12,24	Österreich	10	2,90	1,67
Italien	29	8,41	11,97	Slowakei	7	2,03	1,11
Spanien	27	7,83	8,34	Dänemark	7	2,03	1,11
Polen	27	7,83	7,97	Finnland	7	2,03	1,07
Rumänien	14	4,06	4,62	Irland	7	2,03	0,80
Niederlande	13	3,77	3,32	Litauen	7	2,03	0,72
Griechenland	12	3,48	2,19	Lettland	4	1,16	0,50
Tschechien	12	3,48	2,13	Slowenien	4	1,16	0,41
Belgien	12	3,48	2,13	Estland	4	1,16	0,28
Portugal	12	3,48	2,13	Zypern	4	1,16	0,17
Ungarn	12	3,48	2,11	Luxemburg	4	1,16	0,08
				Malta	3	0,87	0,08
				Insgesamt	345		

seinem Anteil an der Gesamtbevölkerung zu. Das Grundprinzip, das erst ab November 2014 Gültigkeit haben soll, ist jetzt das der doppelten Gewichtung und damit auch der doppelten Mehrheit:

- „ein Land, eine Stimme"
- ein Stimmgewicht entsprechend dem Bevölkerungsanteil, also praktisch „eine Person, eine Stimme".

Bei Beschlüssen auf Vorschlag der Kommission ist eine Mehrheit von mindestens 55 % der Mitglieder des Rates, gebildet aus mindestens 15 Mitgliedern, erforderlich. Diese Mehrheit muss mindestens 65 % der Gesamtbevölkerung der Union repräsentieren. Bei allen anderen Beschlüssen mit qualifizierter Mehrheit sind mindestens 72 % der Mitglieder und wiederum mindestens 65 % der Gesamtbevölkerung zur Zustimmung nötig. Zusätzlich ist festgelegt, dass sich für eine Sperrminorität mindestens vier Mitglieder zusammenfinden müssen. Die Implikationen der Regelungen von Nizza und nach dem neuen Vertrag werden erst dann klar, wenn man sich das an konkreten Beispielen verdeutlicht. Dazu dient Box 6.2.

Box 6.2: Hatte die Verfassung Spanien und Polen benachteiligt?

Spanien und Polen hatten sich im Rat in erster Instanz gegen die Verfassung ausgesprochen, weil sie sich in der Verteilung der Stimmgewichte gegenüber dem Status quo, dem Vertrag von Nizza, benachteiligt sahen. Die übrigen Mitgliedländer, vor allem Deutschland, waren der Ansicht, dass die Verfassung (und danach der Lissabonner Vertrag) eine Schieflage der Stimmgewichte, die Nizza verursacht hatte, wieder gerade setze.

Nach Nizza haben Spanien und Polen mit jeweils 27 Stimmen quasi „Großmachtstatus", während die vier großen Mitgliedländer Italien, Frankreich, Großbritannien und Deutschland, die anderthalb bis zweimal so viele Einwohner zählen, nur zwei Stimmen mehr in die Waagschale werfen können. Ist das nicht eklatant unfair? Die Frage, was eine faire Stimmrechtverteilung sein könne, ist allerdings nicht ohne weiteres zu beantworten. Denn es ist klar, dass das Prinzip „ein Land, eine Stimme", das bei einstimmig zu fällenden Entscheidungen automatisch gilt, bei Mehrheitsentscheidungen nicht gelten kann, da die Bevölkerung der großen Länder dann weit ins Hintertreffen geriete. Andererseits würde eine Stimmrechtverteilung für Mehrheitsentscheidungen mit der Maßgabe „eine Person, eine Stimme", d.h. also proportional der Bevölkerungsstärke, die kleinen Länder zur Bedeutungslosigkeit verdammen.

So hat man sich schon bei der Gründung der EWG und dann wieder in Nizza auf Stimmrechtsverteilungen geeinigt, bei denen das Gewicht des einzelnen Bürgers mit wachsender Bevölkerungsstärke des einzelnen Mitgliedlandes abnimmt. Und zwar sehr rasch: Hinter einer Stimme von Malta stehen rund 130000 Bürger, hinter einer Stimme von Deutschland 2,84 Millionen. Liegt dieser Verteilung nun irgendeine Regelmäßigkeit zugrunde? Die Erklärungen von Nizza sprechen sich darüber nicht aus. Doch wenn wir uns die tatsächliche Verteilung genauer ansehen, dann wird deutlich, dass dem Verhältnis von Ratstimmen und Bevölkerung eines Mitgliedlandes eine logarithmische Funktion zugrunde liegt. Besonders gut können wir die Verteilung mit einer quadratischen logarithmischen Funktion abbilden:

$$\text{Stimmen} = a + b\,(\ln \text{Bevölkerung})^2$$

wobei a die Mindeststimmenzahl, konkret 3, und b einen Proportionalitätsfaktor wiedergeben. Mit dieser Gleichung lässt sich die tatsächliche Verteilung von Nizza zu 95 % erklären.

Das heißt aber auch: Zu 5 % wird davon abgewichen. Legt man diese implizite Verteilungsnorm zugrunde, sind Spanien und Polen in Nizza tatsächlich begünstigt worden, und zwar vor allem auf Kosten von Rumänien und Deutschland. Tabelle 6.1 deckt nun aber ein scheinbares Paradox auf. Beim Grundsatz der doppelten Mehrheit, wird eine Entscheidung nur dann angenommen, wenn sie sowohl nach dem Prinzip „ein Land, eine Stimme" wie nach dem Prinzip „eine Person, eine Stimme" die vorgegebene Mehrheitsschwelle erreicht. „Ein Land, eine Stimme" heißt, dass jedes Mitgliedland das gleiche Gewicht hat, also in der EU-27 3,70 %. „Eine Person, eine Stimme" heißt, dass das Gewicht eines Mitgliedlandes vom Bevölkerungsanteil bestimmt wird. Der ist nun für Spanien wie für Polen größer als das relative Stimmgewicht von Nizza. Warum wehrten sie sich dann gegen den neuen Gewichtungsvorschlag?

Das Paradox löst sich auf, wenn man sich klarmacht, dass es für die Macht eines Landes nicht so sehr auf den absoluten Bevölkerungsanteil ankommt, als vielmehr auf den Anteil im Verhältnis zur Mehrheitsschwelle. Am einfachsten lässt sich das an der Vetomacht zeigen. Die Regierungskonferenz von Nizza legt die Mehrheitsschwelle so fest, dass eine Entscheidung die einfache Mehrheit der Mitgliedländer, bei 27 Mitgliedern also 14, benötigt und 258 der insgesamt 345 Stimmen. Das bedeutet, um eine Entscheidung zu verhindern, braucht man entweder 14 Mitgliedländer oder 88 Stimmen. Im ersten Fall beträgt die Vetomacht jedes Landes 1/14 oder 7,14 %. Im zweiten Fall beträgt die Vetomacht Spaniens und Polens jeweils 27/88 oder 30,68 %. Das ist erheblich, und die Vetomacht der vier „Großen" ist nur unwesentlich höher: 29/88 oder 32,95 %. Der Verfassungsvorschlag der doppelten Mehrheit sah ursprünglich als Mehrheitsschwellen die einfache Mehrheit der Länder und 60 % der Bevölkerung vor. Für ein Veto brauchte man also entweder wiederum 14 Mitglieder oder 40 % der Gesamtbevölkerung. Das bedeutete, dass die Vetomacht von Spanien in der EU-27 auf 20,85 %, die von Polen auf 19,93 % gesunken wäre, d.h. um rund ein Drittel. Die Vetomacht Deutschlands wäre spürbar auf 42,52 % gestiegen, die von Frankreich leicht auf 30,60 % gesunken.

Damit ist klar, wer für und wer gegen den Verfassungsentwurf sein musste. Die endgültige Regelung der Verfassung und auch des Lissabonner Vertrages ist ein Kompromiss. Jetzt benötigt man für ein Veto 13 Mitglieder oder 35 % der Gesamtbevölkerung. Mit der ersten Mehrheit hat jedes Mitglied eine Vetomacht von 7,69 %. Mit der zweiten hat Spanien nun eine Vetomacht von 23,83 % und Polen von 22,77 %. Die Vetomacht Deutschlands ist dadurch allerdings ebenfalls gestiegen, auf 48,60 %, und dementsprechend auch bei den übrigen drei

„Großen". Jede Dreierkoalition der vier Großen könnte nun einen Beschluss verhindern. Darin sahen alle kleineren Länder eine unerwünschte Machtkonzentration bei den großen. Deshalb wurde als Bedingung hinzugefügt, dass ein Veto von mindestens vier Mitgliedländern getragen werden müsse. Natürlich erschwert die Erhöhung der Vetomacht generell die Entscheidungsfindung in der Union und kann bei der üblichen Praxis, Zustimmung durch Konzessionen vor allem auch im budgetären Bereich zu erkaufen, sehr kostspielig werden.

Es ist nun ziemlich müßig, über mögliche Koalitionen im Rat nachzudenken. Die Erweiterung der Union hat dazu geführt, dass das Gewicht des einzelnen Mitgliedstaates bei Abstimmungen mit qualifizierter Mehrheit relativ gering geworden ist. Nur die vier „Großen" können Dreierkoalitionen bilden, zu denen sie nur noch eine zusätzliche Stimme benötigen, um eine Sperrminorität aufzubauen. Koalitionen der mittleren und kleinen Mitgliedstaaten müssen sehr umfangreich sein, um ihren Einfluss gegen die „Großen" geltend zu machen. Nach dem Nizza-Verfahren hätten die zehn neuen Mitgliedländer in Ostmitteleuropa und Südosteuropa eine Sperrminorität. Nach dem neuen Verfahren verlieren sie diese und müssten sich z.B. mit Spanien, Portugal und Griechenland zu einem „Kohäsionsblock" zusammenschließen. Abgesehen vom Anspruch auf Mittel aus dem Kohäsionsfonds (vgl. Kapitel 13) ist eine stabile Interessenharmonie zwischen all diesen Ländern unwahrscheinlich. Es ist deshalb sehr viel eher zu erwarten, dass es ständig wechselnde Koalitionen geben wird, um konkrete Interessen durchzusetzen, und sei es auch nur im Huckepack-Verfahren (über Seitenzahlungen, Paketlösungen oder Log-rolling).

6.2.3 Ausschüsse und Arbeitsgruppen – die Lastenträger der Entscheidungsfindung

Das tägliche Geschäft, Entscheidungen vorzubereiten und Kompromisse zwischen den einzelstaatlichen Interessen auszuhandeln, aber auch die historischen Kontinuität und Konsistenz der Regierungstätigkeit zu wahren, findet außerhalb des Scheinwerferlichts der Öffentlichkeit in den zahlreichen Ausschüssen und Arbeitsgruppen statt, die die Governance-Struktur der Union so unübersichtlich machen. Die genaue Kenntnis dieser Struktur und ihrer Arbeitsweise ist eine Wissenschaft für sich – die „Komitologie". Der wollen wir uns hier nicht verschreiben, sondern nur kurz auf typische Institutionen eingehen.

Da ist vor allem der Ausschuss der ständigen Vertreter, nach der Abkürzung seiner französischen Bezeichnung *comité des représentants permanents* auch Coreper genannt (vgl. hierzu Mentler 1996). Der Ausschuss wird manchmal als Ministerrat in Permanenz bezeichnet, da die ständigen Vertreter der Mitgliedländer sich hier laufend, und in der Mehrzahl der Fälle auch abschließend, mit der Vorbereitung der Ratsentscheidungen befassen. Der Ausschuss hat keine formellen Entscheidungsbefugnisse, aber *de facto* wird hier das zu erwartende Abstimmungsverhalten im Rat ausgetestet. Dabei ist der Ausschuss wie der Europäische Rat bemüht, auch bei Entscheidungen, die nur einer qualifizierten Mehrheit unterliegen, Konsens herzustellen. Das Prinzip des Luxemburg-Kompromisses (vgl. Kapitel 3) wirkt offensichtlich noch nach.

Während der Rat sektoral organisiert ist, wie wir sahen, ist der Ausschuss der ständigen Vertreter intersektoral geblieben. Die ständigen Vertreter, hochrangige Diplomaten ihrer Heimatländer, behandeln alle Probleme. Damit waren sie natürlich rasch überfordert, und so hat sich der Ausschuss bereits 1962 zweigeteilt:

- Coreper I ist für die mehr technisch-sektoralen Fragen (z.B. Gesundheit, Fischereiwesen) zuständig und wird von den stellvertretenden ständigen Vertretern gebildet;
- Coreper II konzentriert sich auf die mehr politisch-funktionalen Probleme (z.B. allgemeine Angelegenheiten, Finanzen), und die sind Sache der ständigen Vertreter selbst.

Die Funktion des Ausschusses, dessen gesetzliche Grundlage Art. 207 EG (bzw. Art. 240 AEU) bildet, ist auf den ersten Blick die Vorbereitung der intergouvernementalen Koordinierung. Doch geht sie allem Anschein nach (vgl. die Interviewergebnisse bei Lewis 2002) weit darüber hinaus, allein die nationalen Interessen zu koordinieren. Die Governance-Struktur der Union ist durch ein multipolares Spannungsfeld gekennzeichnet: zwischen Union und Mitgliedstaat, zwischen dem sektoralen und dem übergeordneten integralen nationalen Interesse, horizontal zwischen den einzelnen Sektoren, vertikal zwischen den speziellen Arbeitsgruppen und dem Ministerrat. Im Zentrum dieses Spannungsfeldes befindet sich der Ausschuss der ständigen Vertreter, der sich bemüht, ein Auseinanderdriften der unterschiedlichen Kräfte zu verhindern und das Gesamtinteresse nicht aus den Augen zu verlieren. Das bedeutet den schwierigen Spagat zwischen nationalem Interesse, Ressortgeist und Unionsgeist, von dem die ständigen Vertreter in erheblichem Maße infiltriert zu sein scheinen, da sie sich durch ihre permanente Anwesendheit am Regierungssitz der wechselseitigen Verflechtung und Abhängigkeit stärker bewusst sind als nationale Ressortminister. (Böse Zungen sprechen deshalb auch vom Ausschuss der ständigen Verräter, der nationalen Interessen nämlich.)

Diesen Unionsbias der ständigen Vertreter kann man vielleicht am besten aus der Geschichte des Ausschusses verstehen. Denn er hat sich aus dem Spaak-Ausschuss entwickelt, in dem die Verträge von Rom im einzelnen ausgearbeitet worden waren. Es lässt sich leicht vorstellen, dass die Kommission anfänglich befürchtete, durch Coreper in ihren Funktionen, vor allem der Vorbereitung von Gesetzesvorlagen, unterlaufen zu werden. Doch solche Befürchtungen erwiesen sich als unbegründet. Im Gegenteil: Im Ausschuss der ständigen Vertreter hat die Kommission einen direkten Verhandlungspartner, der den nationalen Sachverstand in Gemeinschaftsangelegenheiten repräsentiert. Ihm muss sie zu allererst ihre Initiativen „verkaufen". Hier zeigt sich, was machbar ist und was nicht. Deshalb wäre es auch falsch, in Coreper einen supranationalen politischen Unternehmer zu sehen, wie das vielleicht bei den Kommissaren möglich ist. Umgekehrt ist das Verhältnis der ständigen

Vertreter zu ihren nationalen Regierungen auch keine Einbahnstraße der Weisungsgebundenheit, sondern es findet zusätzlich eine Rückkoppelung des gemeinschaftlichen Interesses der übrigen Mitgliedländer und mehr und mehr auch des Unionsinteresses statt: „what stands out is the interpenetration of the national with the European and vice versa" (Lewis 2002: 295).

Als Rat in Permanenz kann auch der Ausschuss der ständigen Vertreter die tägliche Detailarbeit nicht leisten. Das findet in den Arbeitsgruppen des Rates statt, von denen jede Zusammensetzung des Rates mindestens eine hat, deren Gesamtzahl je nach Problemlage schwankend aber 150 und mehr betragen kann. In der Mehrzahl der Fälle werden sie von Coreper ins Leben gerufen, und sie liefern auch ihre Berichte diesem Ausschuss. Hier kommen die Fachleute aus den Mitgliedländern zusammen, von den ständigen Vertretungen dorthin abgestellt, und arbeiten die legislativen Vorschläge der Kommission Punkt für Punkt durch. Das Bestreben ist wiederum Konsens, und wenn der gefunden ist, dann brauchen Coreper und der Rat die entsprechende Entscheidung nur noch durchzuwinken. Auch im umgekehrten Fall, wenn ein allgemeiner Dissens klar zutage getreten ist, brauchen Coreper und Rat ihre Agenda meistens nicht mehr mit der Angelegenheit zu belasten – sie wird fallengelassen (vgl. hierzu van Schendelen 1996).

Arbeitsgruppen, Coreper und Rat bilden eine vertikale Achse der legislativen Entscheidungsvorbereitung und -findung. Parallel dazu gibt es aber weitere vorbereitende und beratende Institutionen, die praktisch in Konkurrenz zu Coreper stehen. Zu nennen sind hier der Wirtschafts- und Finanzausschuss, der Ausschuss für Wirtschaftspolitik, der Beschäftigungsausschuss und der Sonderausschuss für Landwirtschaft – für die zweite und dritte Säule von Maastricht gibt es ebenfalls weitere eigene Ausschüsse. Der Sonderausschuss für Landwirtschaft ist unter den vier genannten der älteste. Er wurde schon 1960 mit Aufnahme der gemeinsamen Agrarpolitik ins Leben gerufen, um die damit verbundenen zahlreichen technischen Details zu bearbeiten. Entlastung von Coreper war eindeutig die Intention. Das kann man bei den drei erstgenannten Ausschüssen, die alle in Verbindung mit der Einführung der dritten Stufe der Wirtschafts- und Währungsunion im Jahre 1999 zu sehen sind, nicht mehr so eindeutig sagen. Vielmehr verlagert sich dort der Akzent von generalistischer Koordination auf spezialistische Politikvorbereitung.

Vor allem der auf Art. 114 EG (Art. 134 AEU) beruhende Wirtschafts- und Finanzausschuss, der direkt dem Rat zuarbeitet, stellt eine wichtige neue politische Instanz dar. In ihm sind jedes Mitgliedland, die Kommission und die EZB mit jeweils höchstens zwei Mitgliedern vertreten. Die Vertreter der Mitgliedländer können Regierungsvertreter und Vertreter der nationalen Zentralbanken sein. Denn hier wird auch die Währungspolitik diskutiert. Stimmberechtigt sind allerdings, wenn es um Fragen geht, die später im Ecofinrat behandelt werden, nur die Regierungsvertreter der Mitgliedländer. Das bedeutet, dass das zentrale Politikfeld der Wirtschafts- und Finanzpolitik aus der über den Ausschuss der ständigen Vertreter verlaufenden Achse der Entscheidungsvorbereitung ausgegliedert und einer eigenen Achse zugewiesen worden ist.

Komitologie im engeren Sinn hat mit der ausführenden Funktion der Kommission bei der Gesetzgebung der Union zu tun. Auch wenn der Kommission grundsätzlich diese Funktion zukommt, schließlich ist sie die Exekutive der Gemeinschaft, wollte der Rat, und das heißt wollten die Mitgliedländer sie hier nicht ganz unbeobachtet und unkontrolliert lassen und haben Komitees aus Vertretern der nationalen Regierungen gebildet, die den Implementationsprozess überwachen. Man kann darin eine unzulässige Vermischung von Legislative und Exekutive sehen, man kann das Verfahren aber auch als Ausfluss der supranational – intergouvernemental Dialektik der Europäischen Union interpretieren. In anderen, häufig temporären Ausschüssen sind Interessenvertreter unterschiedlicher Herkunft, aber auch Techniker und Wissenschaftler zusammengeführt, um die Kommission bei Bedarf zu beraten. Das Verfahren ist im so genannten Komitologie-Beschluss des Rates (1999/468/EG) festgelegt (Hix 2005: 52 ff.). Danach gibt es:

- Das beratende Verfahren (I), bei dem die Kommission ihren Ausführungsbeschluss dem Ausschuss der Regierungsvertreter vorlegen muss und der Empfehlung des Komitees dann sorgfältigst Rechnung zu tragen hat, aber in keiner Weise daran gebunden ist. Dieses Verfahren kommt vor allem in Verbindung mit dem Wettbewerbsrecht zur Anwendung.
- Das Managementverfahren (II), bei dem die Kommission den Rat zu informieren hat, weicht sie von der Meinung der Komitees ab. Der Rat kann dann innerhalb einer vorgegebenen Frist eine möglicherweise von Kommission und Komitee abweichende Entscheidung fällen. Unterlässt er das, bleibt die Entscheidung der Kommission gültig. Unter das Verfahren fallen Ausführungsentscheidungen, die budgetrelevant sind, also insbesondere die Landwirtschaftspolitik.
- Das regulatorische Verfahren (III), bei dem die Kommission noch stärker der Kontrolle des Rates und des Parlaments unterworfen wird, wenn der Ausschuss den Vorschlag der Kommission abgelehnt hat. Das Parlament kommt ins Spiel, wenn das dem Ausführungsbeschluss zugrundeliegende Gesetz im Mitentscheidungsverfahren verabschiedet wurde. Anwendungsgebiete für dieses Verfahren sind z.B. Umweltschutz und Bestimmungen zur Sicherheit von Nahrungsmitteln.
- Das Sicherungsverfahren (IV), bei dem es um Entscheidungen geht, die die Interessen der Union oder der Mitgliedländer unmittelbar betreffen. Das setzt die Information des Rates und der Mitgliedländer voraus und kann durch diese geändert oder aufgehoben werden. Hierunter fallen Maßnahme der Handelspolitik und Abkommen mit Drittstaaten.
- In besonderen Fällen (Verfahren V) hat der Rat direkte ausführende Gewalt. Das betrifft hoch sensible Ausführungsbestimmungen, z.B. im Zusammenhang mit der Zentralbank.

Eine weitere Ausschussfamilie sei ebenfalls kurz erwähnt – der Wirtschafts- und Sozialausschuss und der Ausschuss der Regionen (Art. 7 und Art. 257–265 EG, bzw. Art. 300–307 AEU). Beide sind nicht dem Rat untergeordnet, sondern ihm und dem Parlament nebengeordnet. Es handelt sich dabei um bestimmte Interessenvertretungen, die im Gesetzgebungsverfahren Anhörungsrechte haben. Ihrer Intention nach sollte mehr als das daraus werden. Ihre Väter und Mütter dachten an eine dritte Kammer im Gesetzgebungsverfahren mit entsprechenden Mitbestimmungsrechten. Doch daraus wurde aus verständlichen Gründen nichts. Und so haben wir zwei umfangreiche (jeweils 350 Mitglieder in der EU-27) beratende Einrichtungen der Union, deren politischer Einfluss als äußerst beschränkt eingeschätzt werden muss.

Der ältere der beiden ist der Wirtschafts- und Sozialausschuss, der bereits im Vertrag von Rom anzutreffen ist. Die Idee stammte aus Belgien und vor allem den Niederlanden, die einen korporatistischen Sozial-Ökonomischen Rat kennen. Darin sind Arbeitgeber, Arbeitnehmer und die Regierung als Repräsentanten der Gesellschaft vertreten und stimmen die Wirtschafts- und Sozialpolitik ab, mit einigem Erfolg übrigens. Für die Bundesrepublik Deutschland waren ein solches korporatistisches Modell einer sozialen Marktwirtschaft ein rotes Tuch, Tarifautonomie im Grundgesetz festgeschrieben und eine drittelparitätische Mitbestimmung undenkbar. Und so bestimmte der Vertrag, dass im Wirtschafts- und Sozialausschuss die organisierte Zivilgesellschaft, insbesondere die Erzeuger, Landwirte, Verkehrsunternehmer, Arbeitnehmer, Kaufleute, Handwerker, die freien Berufe, Verbraucher und das Allgemeininteresse vertreten sein sollten. Eine demokratische Repräsentation der Gruppen ist in keiner Form gegeben. Wie die Mitgliedländer ihre Vertreter auswählen, bleibt ihnen überlassen. *De facto* hatten sich im Ausschuss drei Gruppierungen herausgebildet, die der ursprünglichen Intention nahe kommen: Arbeitnehmer, Arbeitgeber und übrige diverse Interessen, letztere natürlich weniger gut organisiert und kohärent als die ersten beiden. Der Lissabonner Vertrag hat dies in Art. 300.2 AEU legalisiert und die aufgeführte Liste der Gruppen gestrichen. Der Zwang zur Konsensbildung ist auch hier, wie in den meisten drittelparitätischen Mitbestimmungsorganen, sehr hoch. Nur sind die Meinungen und Empfehlungen des Wirtschafts- und Sozialausschusses weder für den Rat und das Parlament, noch für die Kommission in irgendeiner Form verbindlich. Und so führt dieser Ausschuss eher ein Schattendasein.

Der Ausschuss der Regionen wurde im Vertrag von Maastricht inauguriert und geht vor allem auf die Initiative nun gerade der deutschen Bundesländer zurück. Sie nahmen den Slogan vom „Europa der Regionen" und das Subsidiaritätsprinzip ernst und beanspruchten eine politische Repräsentation auf europäischer Ebene. Eine formale Repräsentation regionaler Regierungen war allerdings für die zentralistisch organisierten und die kleinen Mitgliedländer kaum möglich. So wurde der Ausschuss der Regionen ebenfalls ein recht bunter Haufen, in dem regionale Gebietskörperschaften aller Art vertreten sind. Der Vertrag von Nizza hat hier eine Einschränkung angebracht und verlangt, dass die Vertreter der regionalen Gebietskörperschaften in diesen entweder ein auf einer Wahl beruhendes Mandat haben oder einer gewählten Versammlung politisch verantwortlich sein müssen.

Der Zwang zur demokratischen Legitimierung soll dem Ausschuss der Regionen das Schicksal seines älteren Bruders ersparen, in der Bedeutungslosigkeit zu versinken. Das scheint zum Teil auch zu gelingen, denn der Status dieses Ausschusses in der Hierarchie der Brüsseler Beratungsinstanzen ist höher einzuschätzen als der des Wirtschafts- und Sozialausschusses. Seine Empfehlungen werden vor allem in der Kommission ernst genommen. Auf der anderen Seite ist das Verhältnis zum Parlament eher gespannt. Denn der Anspruch des Ausschusses der Regionen, eine dritte Kammer der Legislative zu bilden, muss auf den Widerstand des Parlaments stoßen. Dieser Anspruch war bisher nicht durchzusetzen. Und so setzt der Ausschuss zumindest darauf, den regionalen und lokalen Interessen in der Gemeinschaft, und das sind nach seinem Selbstverständnis doch die unmittelbaren Interessen der Bürger, auf dem Brüsseler Parkett eine Stimme zu verleihen. Es dürfte allerdings deutlich sein, dass das allenthalben beklagte demokratische Defizit der Union durch diese regionale und zivilgesellschaftliche Repräsentation nicht wirklich behoben werden kann. Der Ort, wo Demokratie sich beweisen muss, ist das Parlament.

6.2.4 Das Parlament – vom Feigenblatt zur Mitentscheidung

Während Rat und Kommission von Beginn an klar definierte Kompetenzen und Einfluss in der Gemeinschaft hatten, musste das Parlament um seine Position kämpfen, bis es zur dritten Kraft im heutigen Machtdreieck der Union werden konnte. Entstanden ist das Europäische Parlament aus der Gemeinsamen Versammlung der Montanunion, in die die nationalen Parlamente ihre Vertreter entsandten. Diese Praxis wurde für die „Versammlung" übernommen, wie die parlamentarische Körperschaft im Vertrag von Rom genannt wurde. Allerdings legte der Vertrag bereits fest, dass die Versammlung einen Vorschlag für allgemeine Wahlen zu einem Parlament nach einheitlichem Verfahren in allen Ländern unterbreiten solle. Dazu kam es aber erst nach der de Gaulle Eiszeit 1979 mit der ersten Direktwahl und, was das einheitliche Verfahren betrifft, noch später.

Parlamente haben in der Regel drei wichtige Kompetenzen: Legislative, Budgetrecht und Personalentscheidungen. Von allen dreien konnte bei der ursprünglichen Versammlung nicht die Rede sein. Inzwischen sind die Rechte des Parlaments und damit sein Einfluss erheblich gewachsen:

- *Budgetrecht:* Als erstes gewann das Europäische Parlament Kontrollbefugnisse bezüglich des Gemeinschaftsbudgets. Denn als die Gemeinschaft Ende der 1960er Jahre nicht mehr ausschließlich aus den nationalen Haushalten alimentiert wurde, sondern eigene Mittel erhielt (vgl. Kapitel 11), war eine Haushaltskontrolle durch die nationalen Parlamente nicht mehr möglich, und das Europäische Parlament musste diese Aufgabe übernehmen. Inzwischen ist das Budgetrecht erheblich ausgeweitet, und ein Budget der Gemeinschaft wird erst mit der Unterschrift des Parlamentspräsidenten rechtsgültig.
- *Legislative:* Die Gewinnung legislativer Befugnisse war ein langwieriger Prozess. Ein erster Markstein ist die Entscheidung des EuGH (der so genannte *Isoglucose*-Fall von 1980, Rs. 138/79), dass legislative Ratsbeschlüsse ohne Konsultation des Parlaments nichtig seien. In der Einheitlichen Europäischen Akte bekam das Parlament Zustimmungsrechte vor allem

in Verbindung mit internationalen Verträgen. In Maastricht wurde dann schließlich das Mitentscheidungsverfahren (Art. 251 EG) eingeführt, das im weiteren erheblich ausgebaut und im Vertrag von Lissabon (Art. 289 AEU) sogar zum „ordentlichen Gesetzgebungsverfahren der Union" geadelt wird. Danach bedürfen Gesetze sowohl der Bestätigung durch die Regierungen (Rat) wie durch die Bürger (Parlament).

Dieses Mitentscheidungsverfahren (s. Abb. 6.1) bezieht sich auf die erste Säule von Maastricht, auf die Europäische Gemeinschaft. *De jure* ist es ein Dialog zwischen den beiden legislativen Institutionen, Parlament und Rat, die auf den einzelnen Stufen mit unterschiedlichen Mehrheiten ihre Entscheidungen fällen müssen. *De facto* handelt es sich eigentlich um einen Trialog. Denn die Kommission hat nicht nur ein Initiativmonopol, sie beeinflusst auch das Verfahren: Wenn ihre Stellungnahme zu den Änderungsvorschlägen des Parlaments aus zweiter Lesung negativ ausfällt, kann der Rat diese nur einstimmig übernehmen; fällt sie positiv aus, genügt eine qualifizierte Mehrheit. Eine weitere wichtige Stärkung des Parlaments in Maastricht ist im indirekten Initiativrecht (Art. 192 EG bzw. Art. 225 AEU) zu sehen: Es kann die Kommission mit absoluter Mehrheit auffordern, Gesetzesvorschläge, die es zur Ausführung des Vertrages für geeignet hält, vorzubereiten. Das Parlament hat somit inzwischen deutlich gestärkte Möglichkeiten, unerwünschte Gesetzesvorhaben zu blockieren, aber weiterhin nur sehr eingeschränkte Rechte, eigene Gesetzgebungsvorhaben auf den Weg zu bringen. Daraus folgt, dass das Parlament immer dann einen vergleichsweise starken Einfluss hat, wenn der Status quo für die maßgeblichen Entscheidungsträger (Ministerrat und Kommission) unattraktiv geworden ist und somit ein starker Anreiz zu Veränderungen besteht (Moser 1999, S. 16 f.).

- *Personalentscheidungen:* Schon seit den Tagen von Rom, d.h. der Gründung der EWG, hatte das Parlament das Recht, die Kommission kollektiv mit einem Misstrauensvotum in die Wüste zu schicken (Art. 201 EG). Doch das schien nur eine theoretische Möglichkeit. Bis 1999 das Unglaubliche passierte: Der Santer-Kommission, wegen des Verhaltens einiger Kommissare ins Gerede gekommen, drohte ein Misstrauensvotum, das sie nur abwenden konnte, indem sie sich einem vom Parlament eingesetzten unabhängigen Untersuchungsausschuss stellte. Dessen Bericht fiel vernichtend aus, und die Kommission kam dem Misstrauensvotum nur durch den kollektiven Rücktritt zuvor. Maastricht, Amsterdam und Nizza haben die Position des Parlaments gegenüber der Kommission weiter gestärkt. Den entscheidenden Schritt nach vorn macht der Lissabonner Vertrag, nach dem das Parlament den Kommissionspräsidenten auf Vorschlag des Europäischen Rats wählt (Art. 17 EU n.F.). Der Kommissionspräsident muss sich zusammen mit der Kommission noch einmal der Zustimmung durch das Parlament stellen. Auch wenn das Parlament das Kommissionskollegium nur insgesamt ablehnen kann, hat die Erfahrung mit der Barroso-Kommission 2004 gezeigt, dass die Drohung, die Kommission abzulehnen, zum Austausch von Kommissaren führen kann, die nach der individuellen Vorstellung vor dem Parlament für dieses nicht akzeptabel sind.

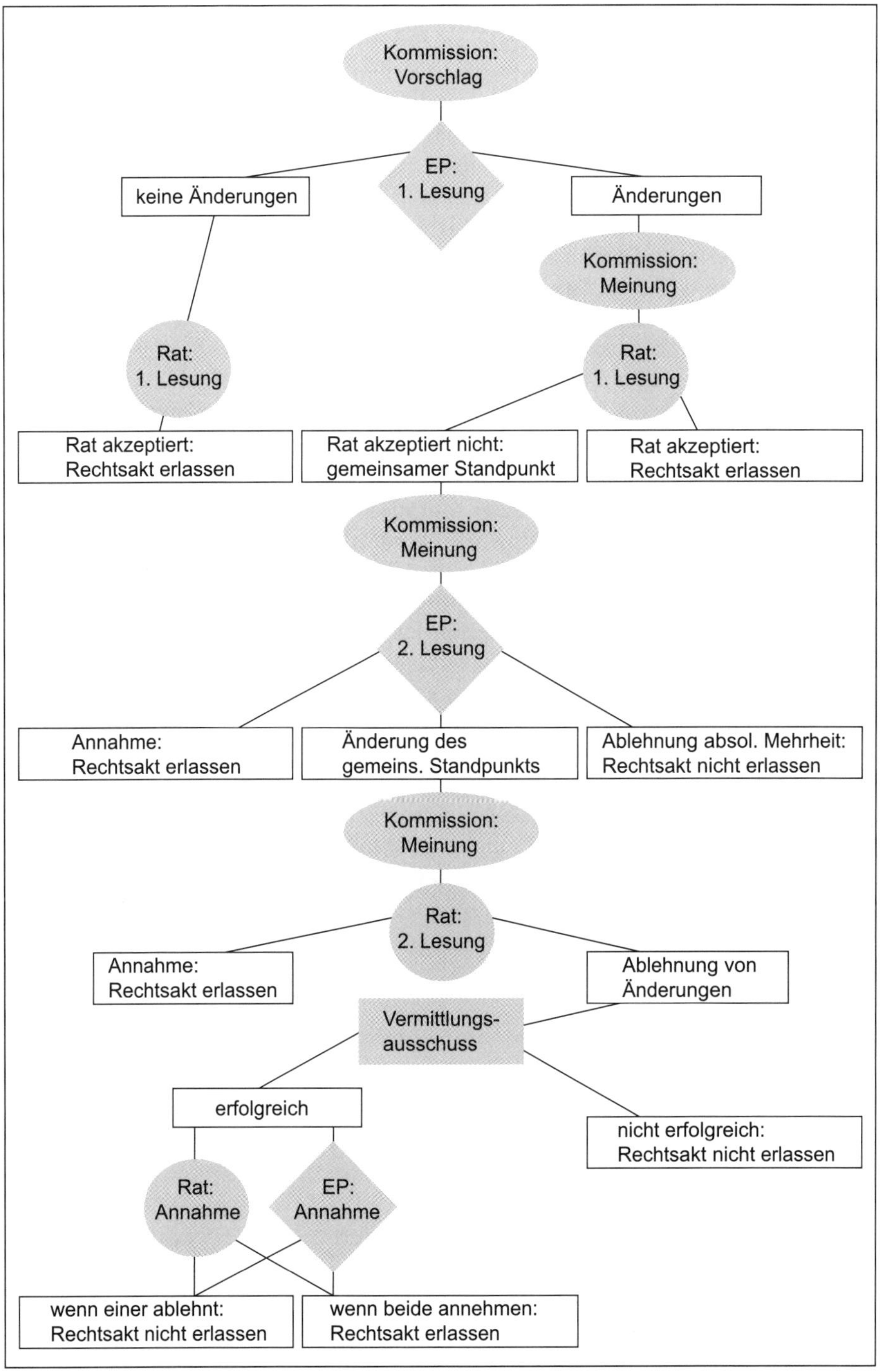

Abbildung 6.1: Das Mitentscheidungsverfahren nach Art. 251 EG

Wir sehen: Legislative Autorität und Budgetrecht fallen mehr und mehr zusammen, wie es für ein Parlament normal ist, und das Parlament steht gleichberechtigt neben dem Rat (Art. 14 EU n.F.). Allerdings gibt es Bereiche, in denen das Europäische Parlament noch wenig Einflussmöglichkeiten hat. Sie betreffen die Beschlüsse des Europäischen Rats und der Regierungskonferenzen, auf denen Vertragsänderungen vorgenommen werden. Sie betreffen auch die zweite Säule des Maastrichter Vertrages, die gemeinsame Außen- und Sicherheitspolitik, während die dritte Säule, die Zusammenarbeit in den Bereichen Justiz und Inneres, mit dem Lissabonner Vertrag dem normalen Gesetzgebungsverfahren unterworfen wird. In den ersten beiden Fällen hat das Parlament nur ein Anhörungsrecht. Daran ändert der neue Vertrag nichts und das heißt, auch Änderungen der Verträge können zwar vom Parlament vorgeschlagen werden, bleiben aber den Mitgliedländern zur Entscheidung vorbehalten. In diesen Politikfeldern herrscht noch uneingeschränkt Zwischenstaatlichkeit.

Die Europa-Abgeordneten vertreten das Volk des jeweiligen Mitgliedlandes. Ein europäisches Staatsvolk gibt es genauso wenig wie einen europäischen Staat. Normalerweise gilt für eine repräsentative Demokratie die Regel „eine Person, eine Stimme". Das wirft in diesem Fall Probleme auf. Denn die Zahl der Parlamentssitze ist notgedrungen beschränkt. Der Vertrag von Nizza hat sie auf 732 festgelegt, der Lissabonner Vertrag erlaubt maximal 750. Bei einer Gesamtbevölkerung der EU-27 von 484,5 Mio. Bürgern (2003) bedeutet das: Bei 750 Sitzen stehen hinter einem Sitz rund 650 000 Bürger. Malta und Luxemburg haben erheblich weniger Einwohner und wären deshalb im Parlament nicht vertreten. Das Prinzip der doppelten Gewichtung und der doppelten Mehrheit, wie es im Rat praktiziert wird, verbietet sich im Parlament, da die Volksvertreter individuell ein freies Mandat haben. Folglich muss man vom Grundsatz „eine Person, eine Stimme" abweichen und kleineren Ländern verhältnismäßig mehr Sitze zugestehen als größeren. Das ist von Anfang an geschehen. Aber erst der Vertrag von Lissabon (Art. 14.2 EU n.F.) hat hierfür eine Regel aufgestellt:

- mindestens 6 Sitze
- höchstens 96 Sitze
- und eine „degressiv proportionale" Repräsentation der Bürger.

Was degressiv proportional genau heiße, haben die Vertragsväter und -mütter nicht gesagt. Mathematisch ist das kein eindeutiger Begriff. Am ehesten kann man sich darunter eine Sitzverteilung vorstellen nach der Formel:

$$S = a(B)B$$

mit $S' \geq 0$ und $S'' < 0$

wobei S die Zahl der Sitze eines Landes und B die Bevölkerungszahl des Landes sind.

Die Festlegung einer Höchstzahl von 96 Sitzen widerspricht nicht grundsätzlich der degressiven Proportionalität (das Maximum ist erreicht, wenn $S' = 0$). Sie wird verständlich aus dem Bestreben, keinem Mitgliedland ein Übergewicht im Parlament zu verschaffen. Man denke in diesem Zusammenhang nur an einen möglichen Beitritt der rasch wachsenden Türkei.

Tabelle 6.2: Sitzverteilung im EP 2009 und Bevölkerung 2007

Land	*Sitze nach Nizza*	*Sitze nach Lissabon*	*Bevölker. 2007 Mio.*	*Bevölker. pro Sitz (Lissabon) in 1000*	*Land*	*Sitze nach Nizza*	*Sitze nach Lissabon*	*Bevölker. 2007 Mio*	*Bevölker. pro Sitz (Lissabon) in 1000*
EU-27	737	751	495,1	659					
Deutschland	99	96	82,3	857	Österreich	17	19	8,3	437
Frankreich	72	74	63,4	857	Bulgarien	17	18	7,7	428
Großbritannien	72	73	60,8	833	Dänemark	13	13	5,4	415
Italien	72	73	59,1	810	Slowakei	13	13	5,4	415
Spanien	50	54	44,5	824	Finnland	13	13	5,3	408
Polen	50	51	38,1	747	Irland	12	12	4,3	358
Rumänien	33	33	21,6	655	Litauen	12	12	3,4	283
Niederlande	25	26	16,4	631	Lettland	8	9	2,3	256
Griechenland	22	22	11,2	509	Slowenien	7	8	2,0	250
Portugal	22	22	10,6	482	Estland	6	6	1,3	217
Belgien	22	22	10,6	482	Zypern	6	6	0,8	133
Tschechien	22	22	10,3	468	Luxemburg	6	6	0,5	83
Ungarn	22	22	10,1	459	Malta	6	6	0,4	67
Schweden	18	20	9,1	455					

Die Wahl zum Europäischen Parlament 2009 hätte nun nach Maßgabe des Vertrages von Nizza oder des Vertrages von Lissabon stattfinden können je nachdem, ob letzterer rechtzeitig in Kraft getreten wäre oder nicht. Er ist es nicht, wie wir wissen. Trotzdem wollen wir beide Sitzverteilungen betrachten. Die jeweilige Verteilung der Sitze auf die Mitgliedländer ist aus Tabelle 6.2 zu entnehmen. Dass die Gesamtzahl der Sitze nach dem Lissabonner Vertrag nun 751 und nicht 750 beträgt, ist dem Umstand zu verdanken, dass Italien auf 73 statt 72 Sitzen bestand: Woher nehmen und nicht stehlen? Die elegante Lösung: Man zählt den Parlamentspräsidenten, auch wenn er aus der Mitte des Parlaments gewählt wird, nicht mit, so dass wir 750 + 1 Mitglied erhalten.

Das Parlament hat einen Präsidenten, der jeweils für die Hälfte einer Sitzungsperiode, also für zweieinhalb Jahre gewählt wird. Die Regelung soll es ermöglichen, dass die beiden großen im Parlament vertretenen Gruppen, die Konservativen und die Sozialisten, in einer Sitzungsperiode zum Zuge kommen. Wie in jedem Parlament findet die eigentliche Arbeit in den Ausschüssen statt, die wir hier nicht im einzelnen vorzustellen brauchen. Nicht zuletzt die Besetzung der Ausschüsse setzt die Existenz von Fraktionen voraus. Das ist ein heikles Thema. Denn die Kandidaten für die Europawahl werden in den einzelnen Mitgliedländern von den politischen Gruppierungen nominiert, die dort die unterschiedlichen politischen Richtungen repräsentieren. Diese unterscheiden sich von Land zu Land, und so gibt es fast 100 verschiedene Parteien, die Abgeordnete nach Straßburg entsenden. Sie in einer überschaubaren Zahl von Fraktionen unterzubringen, ist kein leichtes Geschäft.

Um eine Fraktion im Europäischen Parlament zu bilden, braucht man mindestens 19 Mitglieder, die aus mindestens einem Fünftel der Mitgliedländer kommen müssen. Im Laufe der Zeit haben sich acht solche Fraktionen herausgebildet, unter denen zur Zeit die Christdemokraten/Europäische Demokraten (die Konservativen) die größte sind gefolgt von den Sozialisten und den Liberalen. Je weniger die konstitutiven Parteien Volksparteien, sondern weltanschauliche Parteien sind, desto schwieriger wird der Fraktionszusammenhang. Eine relativ kleine Fraktion bringt die Gegner der Union zusammen, die natürlich auch im Parlament vertreten sind, eine andere all jene, die unabhängig sind und sich keiner der anderen Fraktionen zuordnen wollen, aber eben doch Fraktionsstatus anstreben.

Es gibt unterschiedliche Gründe dafür, dass die Arbeit des Europäischen Parlaments fast im Verborgenen stattfindet und nur selten die Aufmerksamkeit der Medien auf sich zieht. Der Hauptgrund liegt wohl darin, dass das Parlament nicht in Regierungsfraktionen und Opposition geteilt ist. Die Parlamentsarbeit ist sachbezogen, was häufig zu wechselnden Mehrheiten über die Fraktionsgrenzen hinweg führt. Sie ist sehr viel weniger politisch orientiert als in den nationalen Parlamenten, wo sich Regierung und Opposition ihre publikums- und wählerwirksam vermuteten Schlachten liefern. Ein weiterer Grund ist die Intransparenz, zu der die ungewohnten Fraktionen das ihre beitragen. Der Bürger geht zur Europawahl, weil er zeigen möchte, dass ihm Europa wichtig ist, und eher nicht, um seine politischen Präferenzen adäquat

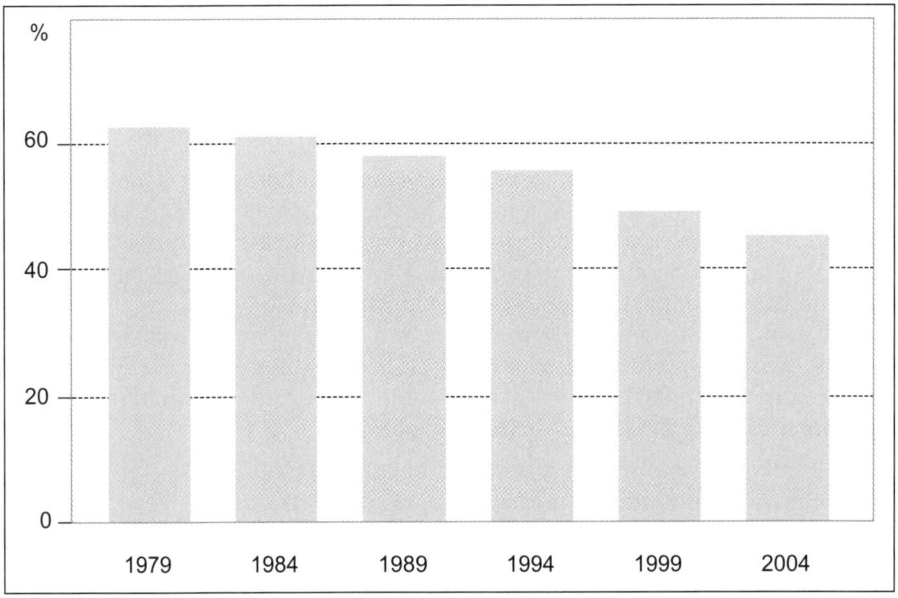

Abbildung 6.2: Wahlbeteiligung bei Europawahlen 1979 – 2004

vertreten zu sehen. So ist es wenig verwunderlich, dass über die Jahre hinweg die Wahlbeteiligung bei Europawahlen gesunken ist.

Hinter dem Durchschnitt von 45,7 % bei der Europawahl 2004 verbirgt sich eine hohe Varianz unter den einzelnen Mitgliedstaaten. Während die (ungewogene) durchschnittliche Wahlbeteiligung in der alten EU-15 immerhin 52,7 % betrug, variierend zwischen 37,8 % in Schweden und 90,8 % in Belgien, lag sie in den acht neuen Mitgliedländern Ostmitteleuropas nur bei 31,2 %, variierend zwischen 17 % in der Slowakei und 48,4 % in Litauen. Dabeisein ist eines, mitmachen ein anderes. Allerdings ist in den neuen Demokratien Ostmitteleuropas die Beteiligung auch bei nationalen Wahlen verhältnismäßig niedrig.

6.2.5 Die Kommission – die Eurokraten

Die Kommission wird häufig als Regierung Europas bezeichnet und der Kommissionspräsident als Ministerpräsident oder Kanzler. Einer solchen Auffassung haben auch einige Präsidenten Vorschub geleistet, z.B. Walter Hallstein (Präsident 1958 – 1967) und Romano Prodi (Präsident 1999 – 2004). Die Staats- und Regierungschefs der Mitgliedländer hören das nicht gerne, und im Fall von Hallstein hat ihm das den erbitterten Widerstand Präsident de Gaulles eingetragen, was Hallstein 1967 zum Rückzug aus der Kommission zwang und – unter anderem – Frankreichs zeitweiligen Rückzug aus der Gemeinschaft auslöste. Das Problem ist das Verhältnis von Politik und Administration und wieder die leidige Frage Supranationalität oder Zwischenstaatlichkeit. Die Kommission ist die Exekutive der Gemeinschaft. Doch wir sahen bereits, das oberste politische Organ ist der Europäische Rat, dem auch die

Richtlinienkompetenz zukommt. Nur ist es undenkbar, dass eine Institution keinen politischen Einfluss hätte, die das Monopol besitzt, gesetzgeberische Initiative zu nehmen, in der alle Informationen über politische Maßnahmen und ihre Wirkungen zusammenlaufen, die über einen Apparat von mehr als 20 000 Mitarbeitern verfügt und die in allen Fragen gehört wird.

Entstanden ist die Kommission aus der Hohen Behörde der Montanunion, auch wenn die Verfasser der Römischen Verträge sorgfältig vermieden haben, ihr und der Kommission von Euratom ähnliche Machtbefugnisse wie Jean Monnets Hoher Behörde zuzugestehen. Es war zwar ein logischer Schritt, dass die drei Organe 1967 zu einer einheitlichen Kommission zusammengefasst wurden. Sie besaß allerdings je nach Vertrag, auf Grundlage dessen sie tätig wurde, unterschiedliche Kompetenzen. Alle drei zentralen Organe der Gemeinschaft, Parlament, Rat und Kommission, unterlagen ursprünglich unterschiedlichen Zyklen oder Amtsperioden:

- das Parlament wurde und wird für fünf Jahre gewählt,
- der Rat wechselt alle sechs Monate seinen Vorsitz,
- die Kommission wurde für vier Jahre eingesetzt.

Mit dem Vertrag von Maastricht hat man die Amtsperiode der Kommission auf fünf Jahre erweitert und mit der des Parlaments synchronisiert. Der Lissabonner Vertrag sieht vor, dass der Präsident des Europäischen Rats auf zweieinhalb Jahre gewählt wird und er eröffnet die Möglichkeit, die Präsidentschaft des Rates länger als sechs Monate dauern zu lassen. Wir sehen, die Union politisiert sich und bildet ihren eigenen politischen Zyklus heraus.

So wie die Europäische Union ein politisches Gebilde *sui generis* ist, findet auch die Kommission in der politischen Struktur von Nationalstaaten keine eindeutige Entsprechung (ausführlich zur Kommission Nugent 2001). Ihre Funktion wird oft in Metaphern umschrieben: Hüterin der Verträge, Motor der Integration, Gewissen der Gemeinschaft. Dahinter steckt das Bedürfnis nach einer supranationalen Autorität, die das Projekt europäische Integration aufrecht erhält, mit Leben erfüllt und voran treibt. In etwas nüchterner Formulierung werden ihr im Vertrag (insbesondere Art. 211 EG, bzw. Art. 17 EU n.F.) folgende Aufgaben zugewiesen:

1. Anwendung der Verträge und der daraus abgeleiteten Maßnahmen, darunter insbesondere auch die Ausführung des Haushaltsplans,
2. Überwachung der Einhaltung der Gesetze und Verordnungen,
3. Vertretung der Union nach außen außer in der Außen- und Sicherheitspolitik (also vor allem in der Handelspolitik und bei Erweiterungsverhandlungen),
4. Leitung der jährlichen und mehrjährigen Programmplanungen,
5. Initiative, um die Interessen der Union, d.h. ihre Konsistenz, Kontinuität und Dynamik, zu wahren,
6. Vermittlung zwischen den Mitgliedländern und zwischen diesen und den Organen der Union.

Dabei sind die ersten zwei Punkte eindeutig administrativer Natur, während die folgenden Aufgabenbereiche ohne politischen Gestaltungswillen nicht zu bewältigen sind. Ihre exekutiven Aufgaben kann die Kommission in den meisten Fällen nur in Zusammenarbeit mit den nationalen Regierungen ausüben. Das haben wir in dem weiter oben erwähnten Komitologiebeschluss bereits gesehen. Denn der Vollzug oder die Ausführung von Gemeinschaftsrecht kann nach dem Subsidiaritätsprinzip auf nationaler oder regionaler Ebene erfolgen. Die Kommission hat nur darauf zu achten, dass dies auch geschieht. Eine Ausnahme stellt das Wettbewerbsrecht dar. Hier fungiert die Kommission quasi als Kartellamt und überwacht die Einhaltung des Rechts, bzw. sanktioniert Missbrauch von Marktmacht, unzulässige Fusionen oder unerlaubte Beihilfen durch die Regierungen der Mitgliedländer. Dagegen können die Betroffenen Einspruch vor dem Europäischen Gerichtshof erheben.

Wie weit die Kommission mit eigenen Initiativen in den vier stärker politisch eingefärbten Aufgabenbereichen gehen kann, hängt zu einem großen Teil ab vom politischen Gewicht und Geschick ihres Präsidenten. Zwei unter ihnen sind hier besonders zu erwähnen, die beiden einzigen übrigens, die bislang mehrere Amtsperioden gedient haben: Walter Hallstein (1958 – 1967) und Jacques Delors (1985 – 1995). Hallstein ist es gelungen, der neu geschaffenen Wirtschaftsgemeinschaft und ihrem Exekutivorgan Autorität, Reputation und Respekt zu verschaffen. Delors hat sie aus einer tiefen Krise herausgeführt und mit dem Binnenmarkt und der Währungsunion auf ein neues Gleis gesetzt.

Das Projekt Währungsunion ist ein gutes Beispiel für die Einflussmöglichkeiten des Kommissionspräsidenten. Die Initiative geht auf Delors zurück, der 1988 den Rat soweit brachte, ihn mit der Leitung einer Expertengruppe zu beauftragen, die das Konzept einer Währungsunion entwickelte. Auf Grundlage dieses so genannten Delors-Berichts arbeitete die Kommission dann 1990 den Plan für die Europäische Wirtschafts- und Währungsunion aus, der durch die Ereignisse im Kontext der deutschen Wiedervereinigung eine konkrete Chance erhielt und in Maastricht 1992 mit vielen Änderungen von der Regierungskonferenz angenommen wurde.

Die intergouvernementalistische Schule der Integrationstheorie hat sicher recht, wenn sie feststellt (Moravcsik 1998), dass die Kommission nur dann handlungsfähig sei, wenn die nationalen Interessen in Einklang gebracht werden können. Keine Kommission kann gegen den Willen der Mitgliedländer, und in der Regel ohne den Konsens aller Mitgliedländer, Europapolitik machen. Governance in der Union ist ein Spiel auf mehreren Ebenen, und die Mitgliedländer sind Veto-Spieler. Weniger einsichtig ist schon die Feststellung, dass die nationalen Regierungen sich durch Gemeinschaftsrecht und damit durch die Kommission nur bis zu dem Grad binden ließen, wie sie die Glaubwürdigkeit ihrer gegenseitigen Verpflichtungen auf diese Weise sichern könnten. Das mag zum Zeitpunkt der Annahme eines Rechtsakts zutreffen; doch europäische Rechtsakte sind nur schwer reversibel, und wie eine spätere Regierung eines Mitgliedlandes zum *acquis communautaire* steht, ist offen. Europäische Integration und damit auch die Autorität der Kommission sind pfadabhängig. Aus beidem kann man sicher nicht schließen, dass die

Person des Kommissionspräsidenten letztendlich keinen Unterschied mache. Natürlich gibt es stärkere und schwächere Präsidenten. Doch ist einigermaßen gut belegt, dass das Initiativmonopol der Kommission politischen Einfluss verschafft (vgl. Scharpf 1999). Und damit kann ein Kommissionspräsident, wenn seine Stimme im Europäischen Rat Gewicht hat, mit eigenen Lösungsvorstellungen für politische Probleme erfolgreich sein. Das hat Jacques Delors unter Beweis gestellt.

Box 6.3: Die Macht der Europäischen Kommission durch ihr Initiativmonopol

Die Kommission setzt mit einem Vorschlag den Gesetzgebungsprozess auf der Gemeinschaftsebene in Gang – sie besitzt das Initiativmonopol. Sie kann zwar vom Rat und vom Parlament aufgefordert werden, innerhalb eines vorgegebenen Zeitraums einen Vorschlag zur Lösung bestimmter Probleme vorzulegen; der Rat oder das Parlament können ihr jedoch keine Vorschriften hinsichtlich der spezifischen Ausgestaltung des Vorschlags machen. Politikwissenschaftler wie auch Ökonomen haben mit Hilfe von Modellen der räumlichen Präferenzverteilung (*spatial voting models*) gezeigt, wie die Kommission hierdurch das Ergebnis des Gesetzgebungsprozesses beeinflussen kann (vgl. etwa Cooter/Drexl 1994, Tsebelis/Garrett 1996, Moser 1999 sowie die Beiträge in Schmidtchen/Cooter 1997). Das soll anhand eines hypothetischen und stark vereinfachten Beispiels aus dem Bereich der Handelspolitik verdeutlicht werden.

Angenommen, auf den Import eines bisher zollfreien Gutes solle ein Zoll erhoben werden. Der Status quo (SQ) entspricht also einem Zollsatz von 0%. Weiterhin habe jedes Ratsmitglied i eine Präferenz für ein optimale Zollsatz (R_i), der zur Maximierung der erwarteten Stimmen bei der nächsten Wahl im Heimatland führt. Der optimale Zollsatz ist zwischen den Ratsmitgliedern unterschiedlich, da die Begünstigten und Benachteiligten eines Zolls unter anderem von der Produktionsstruktur eines Landes, den Präferenzen der Bevölkerung und ihrer Organisationsfähigkeit abhängen. Weiterhin bewerte ein Ratsmitglied einen beliebigen Zollsatz allein anhand des Unterschieds zu seinem stimmenmaximalen Zoll R_i. Beträgt z.B. ein stimmenmaximaler Zoll für ein Mitgliedland 10%, so zieht es 11% einem Satz von 12% vor, ist aber zwischen 9% und 11% indifferent. Wir nennen das symmetrische, eingipflige Präferenzen. Die Präferenzen der einzelnen Ratsmitglieder und der Status quo können so auf einer eindimensionalen Skala angeordnet werden.

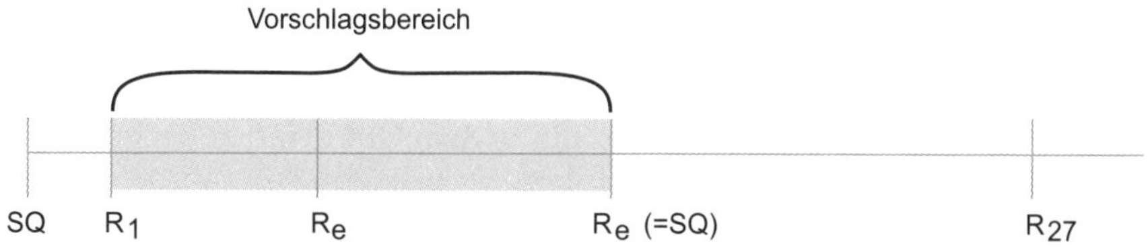

Wie oben erwähnt, ist der Status quo SQ = 0. Das am stärksten freihändlerisch ausgerichtete Ratsmitglied R_1 liegt relativ dicht bei SQ, während das protektionistischste Mitglied R_{27} weit rechts liegt. Die stimmenmaximalen Zollsätze aller anderen Mitglieder liegen dazwischen. Entsprechend der Präferenzanordnung und der zugrunde liegenden Abstimmungsregel – in unserem Beispiel der Handelspolitik ist das die qualifizierte Mehrheit – gibt es ein entscheidendes Ratsmitglied R_e, dessen Stimme den Ausschlag für die Annahme eines Kommissionsvorschlags gibt. Bei der Abstimmung über einen Kommissionsvorschlag orientieren sich die Ratsmitglieder am erwarteten Stimmenzuwachs auf dem heimatlichen Stimmenmarkt gegenüber dem Status quo. Nur wenn er positiv ist, stimmt ein Mitglied für den Vorschlag.

Drei Abstimmungsergebnisse sind möglich:

(i) Die Ratsmitglieder können sich einstimmig auf eine Veränderung des Kommissionsvorschlags einigen. Das ist der Fall, wenn die Kommission einen relativ niedrigen Zollsatz im Bereich zwischen SQ und R_1 vorschlägt. Die Ratsmitglieder ändern den Vorschlag auf R_1, da sich dabei alle gegenüber dem Status quo und gegenüber dem Kommissionsvorschlag besser stellen.

(ii) Der Kommissionsvorschlag wird mit qualifizierter Mehrheit angenommen. Dies trifft auf Vorschläge zu, die einen Zoll zwischen R_1 und R_e (= SQ) vorsehen, bei dem das entscheidende Ratsmitglied indifferent gegenüber dem Status quo ist. Möglicherweise erleiden liberale Ratsmitglieder hierdurch Stimmenverluste zuhause, aber sie werden im Rat überstimmt, da eine qualifizierte Mehrheit Stimmengewinne erwartet.

(iii) Der Kommissionsvorschlag findet keine qualifizierte Mehrheit, so dass der Status quo bestehen bleibt. Das ist für Vorschläge der Fall, die einen Zoll vorsehen, der höher als R_e (= SQ) ist. Das entscheidende Ratsmitglied und natürlich auch alle liberaler eingestellten Mitglieder stimmen gegen den Vorschlag.

Die Kommission hat also durch ihr Vorschlagsmonopol einen diskretionären Entscheidungsspielraum, der in der Graphik als Vorschlagsbereich gekennzeichnet ist. Es obliegt allein der Kommission, welchen Zollsatz sie aus diesem Bereich wählt. Sie führt vor der Formulierung eines Vorschlags Konsultationen mit Vertretern der Mitgliedstaaten, um ihren Spielraum auszuloten. Diese Macht der Kommission nehmen auch die Interessengruppen wahr und richten deshalb ihre Lobby-Manöver auf sie.

Europäische Politik ist sehr viel eher Verwaltung von Sachen als Herrschaft über Personen, als das bei nationalen Regierungen der Fall ist, wie wir andeutungsweise bereits bei der Betrachtung des Europäischen Parlaments sahen. Die Tatsache folgt aus dem Umstand, dass europäische Politik erst einmal und vor allem Wirtschaftspolitik ist. Die „politisch geladeneren" Felder Innen-, Rechts-, Bildungs- und Sozialpolitik sind bislang schwach von der Integration erfasst. Hinzu kommt, dass der Umverteilungsspielraum von Brüssel minimal ist. Die Politik erhält so einen technokratischen Anstrich, verliert scheinbar den Charakter des Politischen. Dass ein solcher Eindruck täuscht, braucht kaum erwähnt zu werden. Ob die Wirtschaft nach einem ordo-liberalen Grundmuster geordnet wird oder einem sozial-liberalen, macht einen Unterschied. Und das ist keine technokratische Frage.

Kurzum, es wäre grundfalsch, in der Kommission ein reines Verwaltungsorgan zu sehen, auch wenn ihr eindeutig supranationaler Charakter dazu verführen mag, ihre politischen Aufgaben herunterzuspielen, um nicht Souveränitätseifersucht zu wecken, wie das bei de Gaulle der Fall gewesen ist. Schon die Organisation der Kommission lässt beide Funktionen hervortreten. Denn sie ist zweigeteilt:

- das Kollegium der Kommissare, der „politische Arm" der Kommission,
- die Generaldirektionen und Dienste, administrativer Arm der Kommission.

Allerdings ist eine solche Trennung der Funktionsbereiche nicht streng durchzuhalten, und sei es nur auf Grund der einfachen Tatsache, dass einerseits „politische" Kommissare auf die Zuarbeit und das Wissen ihrer Verwaltungen angewiesen sind und andererseits Verwaltungsakte unter anderem auch politische Entscheidungen darstellen.

Diese Tatsache führt dazu, dass Ausführungsbestimmungen, basierend auf den vom Rat erlassen Rechtsakten, einer politischen Kontrolle bedürfen. Und das wiederum hat die so genannten Komitologie-Ausschüsse ins Leben gerufen – eine EU Konstruktion, die der Dialektik von Zwischenstaatlichkeit und Supranationalität geschuldet ist. Die Durchführung von Rechtsakten durch die Kommission wird von Verwaltungs- und Regulierungsausschüssen überwacht, in denen jedes Mitgliedland mit einem Vertreter Sitz und Stimme (nach den Regeln der qualifizierten Mehrheit) hat und der Vertreter der Kommission nicht stimmberechtigt ist. Diese Komitologie-Ausschüsse können Kommissionsentscheidungen in bestimmten Fällen, die wir weiter oben bereits kennen gelernt haben, blockieren, womit sie automatisch der höheren Instanz, dem Rat, vorgelegt werden müssen.

Das Kollegium der Kommissare unterliegt, wie der Name andeutet, dem Kollegialprinzip. Das bedeutet, nicht die Kommissare sind politisch für ihre Aufgabenbereiche verantwortlich, sondern das Kollegium insgesamt. Wir sahen bereits, dass das Parlament das Kollegium nur als ganzes bestätigen oder einem Misstrauensvotum unterziehen kann. Das würde auch bedeuten, dass der Kommissionspräsident nur *primus inter pares* ist. So war es bis Nizza. Im Vertrag von Nizza fand die Position des Präsidenten dann eine Aufwertung. Denn nun arbeitet die Kommission „unter der politischen Führung ihres Präsidenten" (Art. 217 EG), der den Kommissaren, die nur mit seinem Einverständnis ernannt werden, ihre Aufgaben zuweist, diese Aufgaben im Laufe der Amtsperiode ändern und sogar einen Kommissar zum Rücktritt auffordern kann. Die Tendenz zur Position eines Ministerpräsidenten oder Kanzlers ist eindeutig.

Die Zahl der Kommissare wird bislang von der Zahl der Mitgliedländer bestimmt. Bis 2004 stellte jedes Mitgliedland einen Kommissar und die fünf „Großen" (wozu hier auch Spanien zählte) je zwei – also hatte die Kommission 2004 zwanzig Kommissare. Nach der Erweiterung mussten die fünf „Großen" ihren zweiten Kommissar abgeben, und jedes Mitgliedland stellt nun einen – also insgesamt 27. Es gibt Bedenken gegen die Arbeitsfähigkeit einer so großen Kommission. So legt der Vertrag von Lissabon (Art. 17.5 EU n.F.) für die Zeit ab 1.11.2014 fest, dass die Zahl der Kommissare, einschließlich des Präsidenten und des „Außenministers“, auf zwei Drittel der Mitgliederzahl der Union reduziert werden solle. Für eine EU-27 bedeutet das 18 Kommissare. Wer zum Zuge kommt, legt ein Rotationsverfahren fest. Da die Kommission ein rein supranationales Organ ist, wirft eine solche Regelung keine grundlegenden Probleme auf. Doch wird man Prestigekämpfe erwarten dürfen, wenn es darum geht, die ersten Rotationsopfer zu bestimmen, auch wenn bei dem Verfahren alle Mitgliedländer strikt gleichberechtigt sind. Nun wollten die Iren „ihren“ Kommissar behalten und haben unter anderem deshalb den Vertrag in erster Runde abgelehnt. Es steht zu vermuten, dass es deshalb in diesem Punkt Konzessionen gibt.

Der administrative Arm der Kommission hat, wie auf Grund der enormen Ausweitung der Aufgabenbereiche der Union nicht anders zu erwarten, im Laufe der Zeit erheblich an Stärke gewonnen. Kam Hallstein 1958 noch mit neun Generaldirektionen und sechs anderen Diensten aus, sah sich Prodi 1999 mit 24 Generaldirektionen und 21 anderen Diensten konfrontiert. Diese starke Fragmentierung hat man durch eine Reform etwas einzudämmen versucht. Die zur Zeit amtierende Kommission Barroso gebietet über 23 Generaldirektionen und 14 andere Dienste. Die Generaldirektionen sind in zwei Gruppen eingeteilt: 17 befassen sich mit internen Politiken der Union (Landwirtschaft, Wettbewerb, Gesundheit und Konsumentenschutz, Regionalpolitik u.s.w.) und 6 mit den Außenbeziehungen (Entwicklung, Erweiterung, Handel, Außenpolitik z.B.). Die anderen Dienste unterteilen sich in 5 allgemeine Dienste (z.B. das Generalsekretariat und Eurostat) und 9 interne Dienste (z.B. Haushalt, Personal und Verwaltung). Was ist der Unterschied zwischen einer Generaldirektion und einem Dienst? Er liegt nicht in der Bedeutung oder im Umfang der Institution – da gibt es in beiden Gruppen größere und kleinere, politisch wichtigere und weniger wichtige. Generaldirektionen verwalten einzelne Politikfelder, während die Dienste entweder mit horizontalen Aufgaben betraut sind (das Generalsekretariat, Haushaltsangelegenheiten, Finanzkontrolle) oder im eigentlichen Wortsinn Dienste sind: das Statistische Amt Eurostat, der Übersetzungsdienst, der Presse- und Kommunikationsdienst, usw.

Den Kommissaren sind nun einzelne Aufgabenfelder zugewiesen. Konkret heißt das, dass sie für Politikfelder zuständig sind, die von einer (oder mehreren) Generaldirektion oder einem Dienst abgedeckt werden. Ihr Verhältnis zu dieser Generaldirektion ist insofern delikat, als sie nicht einfach „Minister“ oder Amtsleiter sind. Diese Rolle übt der Generaldirektor aus, der in der Regel aus einem anderen Land als der Kommissar stammt. Das führt dazu, dass sich die Kommissare eigene Kabinette halten, kleine Beraterstäbe, die mit vertrauten (also meist aus dem eigenen Land stammenden) Fachleuten besetzt sind. Diesen Kabinetten stehen die großen (Landwirtschaft mit mehr als 800 Mitarbeitern) Generaldirektionen gegenüber, in denen natürlich der detaillierte Sachverstand versammelt ist. Das gilt auch für den Präsidenten, dem das Generalsekretariat zuarbeitet, der aber daneben noch ein eigenes Kabinett unterhält. Die obersten Etagen der Generaldirektionen werden politisch besetzt. Das heißt, dass die Mitgliedländer bei ihrer Besetzung ein

Wörtchen mitzureden haben. Aber sie sind nicht mit politischen Beamten besetzt, die bei einem Wechsel der Kommission ohne weiteres abgelöst werden könnten. Wir sehen, dass die Trennung zwischen politischem Arm und administrativem Arm der Exekutive in der Europäischen Union schärfer vorgenommen wurde, als das in den meisten nationalen Regierungen der Fall ist.

Schließlich noch ein Wort zum öffentlichen Erscheinungsbild der Kommission. Es gilt weithin als ausgemacht, in Brüssel versammle sich ein ungeheurer Apparat von Eurokraten, die, ohne der öffentlichen und demokratischen Kontrolle unterworfen zu sein, selbstherrlich die Geschicke der Gemeinschaft leiteten. Dementsprechend denken Europas Bürger, dass Verwaltungskosten den größten Teil der Haushaltsausgaben in Anspruch nehmen. Vor allem in Deutschland ist diese Meinung weit verbreitet (Eurobarometer 2005c). Die Realität sieht ganz anders aus (siehe Kapitel 11). Die Transparenz der Governanceprozesse ist relativ niedrig, wie schon gezeigt, unter anderem auf Grund der verwickelten Konstruktionen, die die Dialektik von Zwischenstaatlichkeit und Supranationalität mit sich bringt. Brüsseler Entscheidungen sind aber in der Regel auch eher technischer Natur und erregen mehr die betroffenen Wirtschaftskreise als das allgemeine Publikum. Sie erreichen selten die Schlagzeilen oder sind Tagesthemen. Was die Kontrolle der Kommissionsentscheidungen mit politischer Wirkung betrifft, so ist sie dank der Komitologie-Ausschüsse zumindest von Seiten des Rates gesichert. Und spätestens seit den Erfahrungen der Santer-Kommission 1999 haben die Kommissare auch gebührenden Respekt vor dem Parlament.

Der Umfang der Kommission ist mit rund 22 000 Stellen (und unter Einrechnung der Berater und der nicht budgetierten Stellen etwa 30 000) für eine politische Einheit von über 450 Mio. Einwohnern bescheiden. Dabei bringt die europäische Sprachenvielfalt es mit sich, dass rund 10 % des Personals allein mit Dolmetsch- und Übersetzungsdiensten tätig sind. Wenn man weiß, dass die USA auf der Unionsebene mehr als 1 Mio. in ihren Büros beschäftigen, dann muss man die europäische Verwaltung als durchaus schlank bezeichnen. Das Militär ist in dieser Zahl selbstverständlich nicht enthalten. Aber auch abgesehen davon gibt es zahlreiche Dienste, die die Europäische Union nicht auf dem zentralen Niveau unterhält, weil die fehlende Staatlichkeit das nicht erfordert. Man denke zum Beispiel nur an die Geheimdienste, den diplomatischen und konsularischen Dienst und den Justizvollzug. Die Verwaltungskosten der Gemeinschaft (alle Organe umfassend) schlagen mit rund 6 % in den Budgetausgaben zu Buche, und die Gesamtausgaben der Gemeinschaft liegen unter 1 % des BIP. Eine so billige Verwaltung bringt es natürlich mit sich, dass viele normale administrative Tätigkeiten nicht auf europäischer Ebene geleistet werden können. Die Ausführung und Überwachung der gemeinsamen Politiken müssen deshalb auf der nationalen Ebene erfolgen, was zuweilen Zweifel an ihrer Effektivität aufkommen lässt. Doch eines ist sicher: Der Brüsseler Leviathan ist ein Mythos.

6.2.6 *Der Europäische Gerichtshof – Diener zweier Herrn?*

In der Einleitung zu diesem Kapitel sahen wir, dass es für die Architektur des institutionellen Rahmens eines Systems wie der Europäischen Gemeinschaft von entscheidender Bedeutung ist, wer Einfluss auf die Gestaltung der rechtlichen Regeln nehmen kann:

- bei ihrer Ausarbeitung
- bei ihrer Entscheidung
- bei ihrer Anwendung
- und bei ihrer Interpretation und Durchsetzung.

Die vorangegangenen Abschnitte haben gezeigt, dass die Ausarbeitung und Formulierung des europäischen Rechts zentrale Aufgabe der Kommission mit ihrem Initiativmonopol ist. Die Entscheidung obliegt der Legislative, also Parlament und Rat. Die Anwendung erfolgt in den meisten Fällen auf nationalem Niveau. Bleibt die Frage: Wer interpretiert das Recht und setzt es durch?

Bevor wir die auf der Hand liegende Antwort „der Europäische Gerichtshof" geben, sollte man aber bedenken, dass dies keineswegs so selbstverständlich ist. Die Gemeinschaft basiert auf internationalen Verträgen. Und im internationalen Kontext fehlt mit dem Staat auch das Prinzip der Rechtsstaatlichkeit. Internationale Verträge müssen sich selbst durchsetzen, d.h. die Vorteile, die sie den Parteien bieten, sorgen für ihre Einhaltung. Wozu ein internationaler Vertrag verpflichtet, legt jede Partei für sich aus, natürlich unter Wahrung ihres eigenen Vorteils und unter Berücksichtigung der Erwartungen der übrigen Parteien, die diesen Vorteil bei Abweichungen von ihren Erwartungen mindern können. Nur in Ausnahmefällen richten internationale Verträge eigene Gerichtsbarkeiten ein, wie die Europäische Menschenrechtskonvention den Europäischen Menschenrechtshof in Straßburg oder die Welthandelsorganisation ihre Arbitrageverfahren Letztere können aber bei Vertragsverstößen den Betroffenen auch nur die geplanten Strafmaßnahmen legalisieren.

Internationale Verträge sind offensichtlich strategische Spiele, deren Stabilität von den Präferenzen der Parteien abhängt. An dieser Ecke treffen wir wieder auf unsere alten Bekannten, die Intergouvernementalisten. Denn sie sehen die Union als zwischenstaatliche Veranstaltung, mithin als ein strategisches Spiel, in dem einer Institution wie dem Europäischen Gerichtshof praktisch nur die Rolle eines Agenten gegenüber den Mitgliedländern als Prinzipalen zukommt. Letztere unterwerfen sich der Autorität des Gerichts nur insofern und so lange, als das für sie vom Vorteil ist. Der Vorteil beruht vor allem darin, dass die Verträge Musterbeispiele unvollständiger Verträge sind. (Man vergegenwärtige sich nur, dass das primäre Recht in seiner neuesten Formulierung, den beiden Lissabonner Verträgen, gerade einmal über 55 und 358 Artikel verfügt. Auch wenn viele Kommentatoren das für eine ungewöhnlich umfangreiche Verfassung halten mögen – es ist das gesamte primäre Recht der Union.) Und als unvollständige Verträge bedürfen sie der Interpretation, um sicherzustellen, dass in den kontingenten Situationen der politischen und wirtschaftlichen Entwicklung auch eingehalten wird, was man vereinbart hat. Die entsprechende Auffassung von Moravcsik (1998) haben wir im letzten Abschnitt bereits erwähnt: Die Mitgliedländer delegieren und poolen Souveränität nur soweit, wie dies Effizienz und Effektivität erfordern; sie gewähren supranationalen Organen nur so viel Raum, wie nötig ist, um ihre wechselseitig eingegangenen Verpflichtungen einzumauern. Aber sie bleiben Herr im Haus.

Diese Auffassung entspricht wahrscheinlich der ursprünglichen Intention der Gründerväter (Alter 2001). Sie brauchten eine Institution, die dafür sorgt, dass die übrigen Organe der Gemeinschaft nicht ihre Kompetenzen überschreiten, die das Problem der unvollständigen Verträge löst und die – über das Instrument der Vorabentscheidung (siehe Kapitel 5) – eine einheitliche Anwendung des EU-Rechts, d.h. der vertraglichen Vereinbarungen, durchsetzt. Was sie nicht brauchten, oder woran sie kaum gedacht haben dürften, war eine Institution, die aus einer internationalen Organisation eine Art supranationalen Rechtsstaat mit judikativer Autonomie macht, die eigenes Fallrecht entwickelt, damit eigenmächtig die Integration vorantreibt, und die letztlich entscheidende Schritte in Richtung auf eine transnationale Gesellschaft unternimmt. Genau das scheint mit dem Europäischen Gerichtshof der Fall zu sein. Zumindest sehen das die Institutionalisten so: Nach der Gründungsphase, die nur vertragstheoretisch zu erklären ist, gewinnen die Institutionen ein Eigenleben, der durchaus beabsichtigte *lock-in* Effekt verselbständigt sich – Supranationalität setzt sich fest. Für Integouvernementalisten ist das ein Ding der Unmöglichkeit, und sie betonen deshalb (z.B. Garrett 1995, siehe auch die Kritik von Mattli/Slaughter 1995), dass das Gericht längerfristig nicht gegen die Interessen der Mitgliedländer bestehen kann. Diese würden sich einfach nicht an die Urteile halten, die Richter bei nächstbester Gelegenheit auswechseln oder ihre Gesetze so gestalten, dass umgangen wird, was ihnen nicht passt.

All das ist nicht geschehen. Oder doch? Es gibt Untersuchungen, die das Verhalten des EuGH als strategisches Spiel modellieren und zu belegen versuchen, dass das Gericht zwei Herren dient: der *rule of law* und den Interessen der Mitgliedländer (Garret/Kelemen/Schulz 1998). Andere Auffassungen (z.B. Armstrong/Bulmer 1998, Alter 1998) geben zwar zu, dass die Rechtsprechung des Gerichts Inkohärenzen aufweise, sind aber überzeugt davon, dass man in der Rechtsprechung des Gerichts das Recht nicht durch nationale Interessen substituieren könne. Es ist auch schwer vorstellbar, wie ein zentrales Organ die Präferenzen von 15 oder 27 Mitgliedländern akkommodieren sollte und gleichzeitig die Einheit des Rechtes wahren. Für die Kommission gilt durchaus, dass gegen den Willen der Mitgliedländer, des Rates, nichts zu machen ist. Für das Gericht gilt das nicht, allein schon deshalb nicht, weil entsprechende Kontrollmechanismen fehlen: Dem Gericht sind keine Komitologie-Ausschüsse beigeordnet. Die Einheit des Rechts ist für einen gemeinsamen Markt ein hohes Gut. Denn würden die Marktordnungen in den einzelnen Mitgliedländern unterschiedlich ausgelegt und gehandhabt, dann führte das unweigerlich zu Wettbewerbsverzerrungen. Zweifellos versuchen die Mitgliedländer immer wieder, die Wettbewerbsposition „ihrer" Unternehmen zum Beispiel durch staatliche Beihilfen zu verbessern. Dass das im Rahmen des vereinbarten Rechts bleibt, darüber wachen Kommission und Gericht, die gerade mit derartigen Subventionsfällen mehr als genug zu tun haben.

Wie aber hat es dazu kommen können, dass das Gericht sich der Kontrolle der Mitgliedländer entzieht und gleichzeitig zu einem Organ entwickelt, das den institutionellen Rahmen, innerhalb dessen die Gemeinschaft operiert, entscheidend mitbestimmen kann? Die Antwort hierauf kann wieder nur „Pfadabhängigkeit" lauten: Mit seinen Urteilen bahnt das Gericht bestimmte Wege, versucht so der *„rule of law"* (wir verwenden hier absichtlich den englischen Begriff, da die deutsche Entsprechung „Rechtsstaatlichkeit" eben an die Staatlichkeit gebunden ist, die im Fall der Union noch nicht vorliegt) Geltung zu verschaffen, dieser Weg wird beschritten, das heißt akzeptiert, und im rekurrenten Anschluss geht es so weiter. Niemand hat das Resultat teleologisch geplant. Die Probleme des täglichen Geschäfts – und das nahm ständig zu in der Gemeinschaft – haben nach Lösungen verlangt, und als Fallrecht determinieren diese den weiteren Weg. Die Mitgliedländer können darauf nur insofern steuernd einwirken, als sie die Kapazität des Gerichts beschränken oder auch nicht. Die Autorität des Gerichts beruht auf Akzeptanz, da ihm kein staatliches Gewaltmonopol zur Seite steht, seine Entscheidungen durchzusetzen. Soweit ist den Intergouvernementalisten Recht zu geben. Doch im Ergebnis verfügt die Europäische Union über ein Gericht, das nach den Grundsätzen der Rechtsstaatlichkeit und nicht strategisch urteilt. Die Gemeinschaft verfügt über eine eigene Rechtsordnung, die sich vom nationalen Recht, aber auch vom Völkerrecht unterscheidet.

Der Gerichtshof hat seinen Sitz in Luxemburg, was ihn vom politischen Zentrum Brüssel etwas entfernt (ganz ähnlich wie im alten deutschen Reich, das überhaupt einige konstruktive Ähnlichkeiten mit der EU aufweist, das Reichskammergericht in Wetzlar beheimatet war). Er hat seinen Ursprung im Vertrag über die Europäische Gemeinschaft für Kohle und Stahl (Montanunion). In seiner Arbeit folgt der Gerichtshof der französischen Rechtstradition. Das äußert sich nicht nur in der Arbeitssprache – natürlich werden die Urteile in alle Sprachen der Gemeinschaft übersetzt –, sondern auch in der Rolle des Generalanwalts, der als unparteiischer und unabhängiger Rechtsgutachter das Gericht unterstützt. Der Generalanwalt repräsentiert keine externe Institution, wie der deutsche Staatsanwalt zum Beispiel, sondern gibt am Ende der Verhandlung als Mitglied des Gerichts öffentlich eine erste Meinung ab. Der brauchen die Richter nicht zu folgen, sie tun es aber wohl in der Mehrheit der Fälle. Entscheidungen des Gerichts erfolgen nach dem Kollegialitätsprinzip. Das bedeutet, auch wenn eine Kammer den Fall gehört hat, erfolgt die Entscheidung durch das Gericht, und Minderheitsvoten werden nicht bekannt gegeben.

Der Gerichtshof ist im Laufe der Zeit mit seinen Aufgaben ständig gewachsen. Kam er 1958 bei Inkrafttreten des EWG-Vertrages noch mit sieben Richtern aus, die in der Regel im Plenum tagten, und mit zwei Generalanwälten, so haben wir jetzt eine dreistufige Organisation des Gerichtshofs der Europäischen Union, die auch im Vertrag von Lissabon (Art. 19.1 EU n.F.) festgeschrieben wird:

- Der Gerichtshof: Das ist der gute alte EuGH; er besteht aus einem Richter je Mitgliedland, also 27 zur Zeit. Hinzu kommen acht Generalanwälte, deren Zahl aber vermehrt werden kann. Richter und Generalanwälte werden von den Regierungen der Mitgliedstaaten im gegenseitigen Einvernehmen für die Dauer von 6 Jahren ernannt. Der Gerichtshof ist die oberste Instanz und entscheidet vor allem über Rechtsfragen. Er tagt in Kammern oder im Plenum, je nach Fall.
- Das Gericht: Es hieß bislang Gericht erster Instanz und war mit der Einheitlichen Europäischen Akte geschaffen worden, um die Arbeitsüberlastung des Gerichtshofs zu mildern. Das Gericht besteht aus mindestens einem Richter je Mitgliedland, ist also beliebig erweiterungsfähig, und tagt in Kammern. Es wird bevorzugt mit Fällen betraut, in denen erst einmal der Sachverhalt zu ermitteln ist, z.B. die häufigen wettbewerbsrechtlichen Fälle.
- Die Fachgerichte: Da beide Gerichte, der Gerichtshof und das Gericht erster Instanz, auch weiterhin eine Überlast nicht erledigter Fälle mit sich mitschleppten, hat der Vertrag von Nizza (Art. 225a EG) die Möglichkeit geschaffen, sogenannte gerichtliche Kammern zu bilden, denen besondere Sachgebiete, zum Beispiel arbeitsrechtliche Klagen des Personals der Union, zugewiesen werden. Der neue Vertrag nennt sie nun Fachgerichte.

Richter und Generalanwälte werden von den Mitgliedstaaten im gegenseitigen Einvernehmen ernannt. Wer das konkret tut, ob Parlament, Regierung oder Staatsoberhaupt, das bleibt ihnen überlassen. Die Regeln unterscheiden sich hier von Land zu Land. Die Verträge verlangen nur, dass eine ausreichende Qualifikation vorliegt. Gegen dieses Verfahren sind verschiedentlich Bedenken vorgebracht worden: Die Auswahl der Richter unterliege keiner Kontrolle auf der Gemeinschaftsebene, vor allem nicht hinsichtlich ihrer Neutralität ihren Heimatregierungen gegenüber. Damit, so heißt es, werde die Reputation des Gerichts möglicherweise gefährdet. Dieser Kritik hat der Vertrag von Lissabon Rechnung getragen und in Art. 255 AEU einen Richterwahlausschuss eingerichtet, der sich vor der Ernennung eines Richters oder Generalanwalts zu seiner Eignung äußern muss. Der Ausschuss besteht aus sieben hochrangigen Juristen, die der Rat auf Initiative des Präsidenten des Gerichtshofs ernennt. Dem Parlament kommt dabei das Vorschlagsrecht für eines der Ausschussmitglieder zu. Die Absicht ist unverkennbar, einen möglichst hohen Standard der Unabhängigkeit der Justiz zu sichern.

6.2.7 Der Rechnungshof – auch Eurokraten müssen kontrolliert werden

Jeder demokratische Staat überwacht die Tätigkeit seiner Verwaltung. Hierzu dient in den meisten Ländern der Rechnungshof. Die Europäische Union ist kein demokratischer Staat – braucht sie trotzdem ein solches Organ? Die Antwort der Gründer der Gemeinschaften war: nein. Denn in den römischen Verträgen suchen wir vergeblich danach. Doch damals wurde, wie wir sahen, die Gemeinschaft noch aus den nationalen Haushalten alimentiert, und diese Ausgaben überwachten die nationalen Rechnungshöfe. Als Mitte der 1970er Jahre der Gemeinschaftshaushalt auf eigene Füße gestellt wurde, forderte das

Parlament sofort eine unabhängige, d.h. supranationale Kontrollinstanz, um zur Ausübung seines Budgetrechts sachgerechte Informationen zu erhalten. Mit den Verträgen von Maastricht wurde die Rechnungsprüfungsbehörde als Rechnungshof in den Status eines vollwertigen Gemeinschaftsorgans erhoben. Funktion eines Rechungshofs ist die externe Finanzkontrolle. Natürlich verfügen die übrigen Organe der Gemeinschaft daneben über interne Kontrollinstanzen. Doch deren Funktionstüchtigkeit muss der Rechnungshof als unabhängige Instanz überprüfen. Denn die interne Finanzkontrolle bleibt hierarchisch abhängig von der Behörde, in der sie tätig ist.

Der Rechnungshof besteht aus einem Staatsangehörigen je Mitgliedland, zur Zeit also aus 27 Personen, und er verfügt über einen Stab von mehr als 500 Mitarbeitern. Die Mitglieder des Rechnungshofs werden auf Vorschlag der Mitgliedländer vom Rat nach Konsultation des Parlaments ernannt. Die Kandidaten müssen dabei dem Haushaltskontrollausschuss des Parlaments Rede und Antwort stehen. Das macht auch Sinn, denn schließlich dient der Rechnungshof vor allem der effektiven Ausübung des parlamentarischen Budgetkontrollrechts. Der Rechnungshof ist, wie in jedem Land, eher ein technisches Organ und steht nur einmal im Jahr im Lichte der Öffentlichkeit bei der Vorlage seines Berichts, aus dem dann üblicherweise die eklatanten Fälle von Mittelverschwendung zitiert werden. Trotzdem sollte man seine Bedeutung nicht unterschätzen. Bei der Kommissionskrise von 1999, die zum kollektiven Rücktritt der Santer-Kommission führte, spielten der Rechnungshof und sein Präsident eine zentrale Rolle.

Im Vertrag von Maastricht wurden die Kompetenzen des Rechnungshofes neu definiert und damit erweitert. Er hat eine „Erklärung der Zuverlässigkeit" abzulegen, in der Rechtmäßigkeit und Ordnungsgemäßheit (im deutschen Text des Art. 248 EG steht „Ordnungsmäßigkeit", was etwas anderes ist und nicht gemeint sein kann) der Einnahme- und Ausgabenvorgänge der Gemeinschaft attestiert werden. Das bedeutet, er hat sehr weitgehende Kontrollbefugnisse erhalten und kann vor allem der Kommission, die die meisten Ausgaben tätigt, genau auf die Finger sehen. Das bringt die Finanzprüfer in ein gewisses Spannungsverhältnis zur Kommission. Ein Großteil der Ausgaben der Gemeinschaft erfolgt in der Form von Zuweisungen an öffentliche Organe und Unternehmen in den Mitgliedländern. Das führt dazu, dass der Rechnungshof seine Tätigkeit nur in enger Zusammenarbeit mit den entsprechenden nationalen Behörden ausüben kann. Denn schließlich geht es darum, ob die Bürger Europas für ihr Geld das bekommen, wofür es bestimmt war, und das steht noch nicht fest, wenn das Geld Brüssel verlassen hat.

Auch in diesem Fall können wir wieder das nun schon bekannte Muster der institutionellen Evolution feststellen. Der Rechnungshof wurde von den Mitgliedländern als den Prinzipalen installiert, um ihre Agenten, vor allem die Kommission, zu kontrollieren. Auf diese Weise wurden demokratische Praktiken guter Regierung auf dem supranationalen Niveau der Gemeinschaft etabliert. Das Geld, dessen rechtmäßige und sachgerechte Verwendung vom Rechnungshof überprüft werden muss, wird dank des Subsidiaritätsprinzips zu einem wesentlichen Teil über die Verwaltungsbehörden der Mitgliedländer seiner endgültigen Zweckbestimmung zugeführt. Und so kam es als eine der doch wohl eher nicht beabsichtigten Folgen dazu, dass der Hof das Finanzgebaren in den Mitgliedländern in seine Untersuchungen miteinbeziehen muss. Im Ergebnis werden sich wahrscheinlich die Verwaltungs- und Überwachungskulturen in der Gemeinschaft aneinander angleichen. Sie sind, wie sogleich noch zu zeigen sein wird, keineswegs von Beginn an auf gleichem Niveau.

Der Rechnungshof hat somit letztlich die Aufgabe, die Wirtschaftlichkeit der Haushaltsführung bei der EU durchzusetzen. Kritiker weisen darauf hin, dass hier das Wirtschaftlichkeitsprinzip – wie auch in den Mitgliedstaaten – zu eng ausgelegt wird. Insbesondere bei der EU, deren Hauptaktivität in der Produktion von Rechtsnormen besteht, sollte das Wirtschaftlichkeitsprinzip auf eine systematische Gesetzesfolgenabschätzung ausgedehnt werden (Leschke 2005: 195).

In der Union geht viel Geld um. Auch wenn das Budget im Verhältnis zum Bruttoinlandsprodukt klein ist, die Beträge, um die es dabei geht, sind absolut beträchtlich. Und das lockt – auch in zivilisierten Ländern – betrügerische Manipulationen hervor. Da werden Exportsubventionen für Rinderhälften beansprucht, die gar nicht in der Gemeinschaft produziert worden sind. Da lässt man sich Fortbildungskurse aus dem Sozialfonds finanzieren, die nie abgehalten wurden. Es ist klar, dass vor allem die ausgabenintensiven Bereiche Landwirtschaft und Regionalpolitik von diesem Virus besonders befallen sind. Die offizielle Schätzung der Kommission beziffert solche Betrügereien auf 1,4 % der Haushaltsausgaben. Andere Quellen sind weniger optimistisch und gehen bis zu 10 %.

Ein Rechnungshof besteht aus Wirtschaftsprüfern, aber nicht aus Wirtschaftskriminalisten. Um des Betrugs Herr zu werden, hat die Kommission 1988 eine Koordinationseinheit für die Betrugsbekämpfung ins Leben gerufen, die 1999 zum Amt für Betrugsbekämpfung aufgewertet wurde. Das hört in Brüssel auf den Namen Olaf (*Office de la Lutte Anti-fraude*). Die entsprechenden rechtlichen Grundlagen hatte der Vertrag von Amsterdam (Art. 280 EG) geschaffen. Im Zusammenhang mit der Krise von 1999 war darüber hinaus das Vertrauen in die Kommission geschwunden, adäquat mit der Betrugsproblematik umgehen zu können. Eine der zentralen Aufgaben von Olaf ist es, mit den nationalen Behörden für Betrugsbekämpfung zu kooperieren und ihre Aktivitäten so zu koordinieren, dass man dieses grenzüberschreitende Phänomen in den Griff bekommt. Es scheint evident, dass beide Institutionen, Rechnungshof und Olaf, in einer gewachsenen Union an Bedeutung gewinnen.

6.3 Gute Regierung – schlechte Regierung

Die Organe der Gemeinschaft üben Regierungsfunktionen aus in den drei politischen Bereichen der Legislative, der Exekutive und der Judikative. Das kann mit hoher Qualität geschehen oder auch mit geringerer Qualität. „Gute Regierung" nannten es die Kameralisten im 18. Jahrhundert, und *good governance* wird es auch heute wieder genannt. Im zweiten Kapitel haben wir bereits den Begriff der Governance kennen gelernt (Box 2.5). Gute Regierung äußert sich in Partizipation, Vertrauen und Vorhersehbarkeit, schlechte Regierung in Korruption, Inkompetenz, Instabilität und Unsicherheit.

Das politische System der Union ist ein Mehrebenensystem. Regierung findet folglich als ein Zusammenspiel mehrerer Ebenen statt, der europäischen, der nationalen, der regionalen. In einem so großen Raum wie Europa, mit so unterschiedlichen politischen Kulturen und historischen Erbschaften werden die Praktiken des Regierens verschieden und auch von sehr unterschiedlicher Qualität sein. Um das zu verdeutlichen, muss man die Regierungsqualität messen und vergleichen. Und das ist ein schwieriges Geschäft. Denn ein normaler Bürger mag zwar in der Lage sein zu sagen, was er von seiner Regierung hält. Laut Eurobarometer (2005c) sind in Dänemark 92 % der Bürger damit zufrieden, wie die Demokratie in ihrem Land funktioniert, in Deutschland 52 %, in Litauen aber nur 24 %. Doch wie das mit benachbarten oder entfernteren Regierungen zu vergleichen ist, dürfte ihm schwer fallen zu bestimmen.

Wir stellen hier zwei Datensätze vor, die Governance-Wahrnehmungen aus verschiedenen Quellen (Experten, internationale Organisationen, Unternehmerverbände, NGOs, u.s.w.) zusammengestellt und aggregiert haben. Die Methoden, wie man das macht, sollen uns hier nicht näher beschäftigen (siehe Kaufmann/Kraay/Zoido-Lobatón 1999 und Transparency International). Beide Datensätze können als vertrauenswürdig gelten, sind aber aus der Natur der Sache mit großen Fehlermargen behaftet und müssen deshalb mit äußerster Vorsicht interpretiert werden. Der eine Datensatz sei Governance-Index genannt. Er wird von einem Weltbankteam erarbeitet (Kaufmann/Kraay/Zoido Lobatón 2002). Die Autoren schätzen sechs Teilindices für die Governance-Komponenten

- Verantwortlichkeit und Einspruch
- Politische Stabilität
- Regierungseffektivität
- Regulierungsqualität
- Rechtsstaatlichkeit
- Korruptionskontrolle.

Wir haben diese Teilindices zu einem Gesamtindex aggregiert. Die Skala reicht von – 2,5 bis + 2,5. Der zweite Datensatz wird von Transparency International, einer Non-Government Organisation, in Zusammenarbeit mit der Universität Passau erstellt. Er ist ebenso wie der erste aus unterschiedlichen Erhebungen anderer Organisationen abgeleitet. Zum Inhalt hat er aber nur eine Governance-Komponente, die Korruption, und heißt deshalb auch Korruptionswahrnehmungsindex. Hier reicht die Skala von 1 bis 10.

Als erstes fällt einem in der Tabelle auf, dass beide Reihen hoch miteinander korreliert sind ($R^2 = 0,9$): Ein niedriger Grad von Korruption geht einher mit einer hohen allgemeinen Regierungsqualität. Man kann sich praktisch auf die Korruption als Hauptmerkmal von *bad governance* konzentrieren, sollte die anderen Dimensionen guter Regierung dabei aber nicht ganz vergessen. Die Liste der Phänomene, die mit politischer Korruption in Verbindung gebracht

Tabelle 6.3: Governance (2000) und Korruption (2004) in Europa

Land	*Governance-Index*	*Korruptionsindex*	*Land*	*Governance-Index*	*Korruptionsindex*
Belgien	1,06	7,5	Schweden	1,59	9,2
Dänemark	1,58	9,5	Großbritannien	1,52	8,6
Deutschland	1,39	8,2	Bulgarien	0,12	4,1
Griechenland	0,77	4,3	Zypern		5,4
Spanien	1,23	7,1	Tschechien	0,64	4,2
Frankreich	1,06	7,5	Estland	0,86	6,0
Irland	1,44	7,5	Ungarn	0,81	4,8
Italien	0,76	4,8	Litauen	0,39	4,6
Luxemburg	1,65	8,4	Lettland	0,37	4,0
Niederlande	1,70	8,7	Malta		6,8
Österreich	1,46	8,4	Polen	0,59	3,5
Portugal	1,12	6,3	Rumänien	– 0,16	2,9
Finnland	1,75	9,7	Slowenien	0,86	
			Slowakei	0,45	4,0

Quelle: Transparency International; Kaufmann/Kraay/Zoido-Lobatón 2002; eigene Berechnungen

werden, ist lang: „fraud, embezzlement, theft, nepotism, cronyism, gifts, tips, donations, clientelism, connections, networks, lobbying, bargaining, mafioso protection rackets, patronage, conflict of interest, kleptocracy" (Offe 2004: 77). Das verbindende Merkmal all dieser Phänomene ist illegale Vorteilsbeschaffung im politischen Raum. Das Gegenmuster guter Regierung ist im Modell der bürokratischen Herrschaftsausübung von Max Weber (1956) enthalten. Sie zeichnet sich aus durch: Rationalität, Kontinuität, Regelgebundenheit, Berechenbarkeit, Eindeutigkeit, Verlässlichkeit, Unparteilichkeit und vor allem Sachlichkeit. Für gute Regierung genügt das allerdings nicht. Denn wie schon Weber feststellte, fehlt dem bürokratischen Herrschaftsmodell mit all seiner Sachlichkeit der persönliche Bezug: soziale Gerechtigkeit und Solidarität. Europäische Politik, das konnten wir bereits sehen, ist vor allem auf Sachthemen konzentriert. Den sozialen Aspekt behalten sich die Mitgliedländer unter Berufung auf das Subsidiaritätsprinzip vor (vgl. Kapitel 13). Das verringert den Raum für mögliche Korruption allerdings kaum.

Ein Zweites macht die Tabelle deutlich: Die neuen Mitgliedstaaten in Ostmitteleuropa weisen ein signifikant höheres Niveau von Korruption oder von schlechter Regierung auf. Hierfür bieten sich verschiedene Erklärungen an. Zentral steht die Transformation von einer sozialistischen Parteiherrschaft zu einem demokratischen Rechtsstaat. Verglichen mit den übrigen Transformationsstaaten in Osteuropa haben die neuen Mitgliedländer jedoch bereits eine gute Wegstrecke in Richtung auf gute Regierung hinter sich gebracht. Einen nicht geringen Einfluss darauf hatte die Vorbereitung auf die Mitgliedschaft in der Union. Denn nicht nur die Übernahme des *acquis communautaire*, sondern auch generell Rechtsstaatlichkeit und Verwaltungsqualität gehören zu den Aufnahmebedingungen (siehe Kapitel 4). Dabei hat die Gemeinschaft in der Vorbereitungsphase mit ihren Programmen aktive Unterstützung geleistet. Mitgliedschaft in der Europäischen Gemeinschaft fördert *good governance*.

Gleichzeitig ist als Drittes aus der Tabelle aber abzulesen, dass die Varianz guter Regierung innerhalb der alten Mitgliedländer noch immer erheblich ist. Ein Gefälle von Nord nach Süd ist nicht zu übersehen. Über die Gründe wollen wir hier nicht spekulieren. Dass die politischen Kulturen sich unterscheiden, ist keine Erklärung der Tatsache, sondern nur ihre Konstatierung in anderen Worten. Für die Gemeinschaft, die mit den nationalen Regierungen im Mehrebenensystem des europäischen Regierens eng zusammenarbeiten muss, ergibt sich daraus die Schwierigkeit, eben mit sehr unterschiedlichen politischen Kulturen fertig werden zu müssen ohne zu diskriminieren. In unseren zwei Datensätzen gibt es keine Wahrnehmungen über die Governance-Qualität von Brüssel und Straßburg. Inwieweit sich die Organe der Union an den höchsten Standards der Region orientieren und diese auch durchzusetzen verstehen, lässt sich zwar erwarten, doch nicht beweisen. Man wird aber auch für die alten Mitgliedländer vermuten dürfen, dass ein hohes Governance-Niveau auf der supranationalen Ebene positive Auswirkungen auf die darunter liegenden Ebenen hat.

Und das zahlt sich aus. Wenn die Institutionentheorie behauptet: *institutions matter*, dann heißt das unter anderem: Sie spielen eine wichtige Rolle für Wohlfahrt und Wachstum. Korruptionsfreie gute Regierung schafft Vertrauen, Erwartungssicherheit, Stabilität und erhöht damit die Chancen für wohlfahrtsfördernde Investitionen. Eine Regression des BIP pro Kopf der Bevölkerung im Jahr 2001 auf den Governance Index (Tab. 6.3) ergibt ein deutliches Bild. 70 % der Wohlfahrtsunterschiede innerhalb der EU lassen sich durch Unterschiede in der Regierungsqualität erklären. Wir wollen das Ergebnis nicht überinterpretieren; die Mechanismen, die dahinter stehen, sind komplex. Doch als Illustration für die Bedeutung der Institutionen mag es durchaus herhalten.

Gute Regierung ist der Union zu einem Problem geworden. Es ist ihr natürlich nicht entgangen, dass die Partizipation der Bürger an der Regierung vergleichsweise gering, dass das Interesse der Bürger am Geschehen in Brüssel und Straßburg wenig ausgeprägt ist, dass der Ruf der Eurokraten in einem krassen Missverhältnis zu ihren tatsächlichen Leistungen steht. Die Frage, wie die Demokratie in der EU funktioniere, wird laut Eurobarometer (2005c) relativ skeptisch beantwortet. Vor allem fällt die Differenz zwischen den Altmitgliedern und den Neumitgliedern auf. Während die meisten aus der ersten Gruppe ihre heimatliche Demokratie hoch einschätzen und die europäische Demokratie relativ niedrig, liegt die Einschätzung in der zweiten Gruppe mehrheitlich umgekehrt. Man kann den Gemeinschaftsorganen kaum *bad governance* vorwerfen, Korruption also, Inkompetenz, Instabilität,

Unsicherheit. Und trotzdem ist das Ergebnis nicht *good governance*, Partizipation nämlich, Vertrauen und Vorhersehbarkeit. Dieses Dilemma wurde im Weißbuch „Europäisches Regieren" (Kommission 2001) konstatiert, das sich zum Ziel gesetzt hat, hier Abhilfe zu schaffen.

Die Dimensionen guten Regierens, die die Kommission dabei in den Mittelpunkt stellt, sind die folgenden:

- Offenheit: Die Organe sollten offener arbeiten und gemeinsam mit den Mitgliedstaaten deutlich machen, was die Union tut und wie die Entscheidungen gefällt werden. Die damit verbundenen Probleme, Komplexität, Abstraktheit und Distanz, haben wir bereits angesprochen.
- Partizipation: Teilhabe bewirkt Vertrauen in den Prozess und sein Ergebnis. Doch wenn das zentrale Entscheidungsorgan der Rat ist, also die Regierungen der Mitgliedländer, und das richtungweisende politische Organ der Europäische Rat ist, also die Regierungschefs, dann ist schwer vorstellbar, wie man die Bürger einbeziehen könnte.
- Verantwortlichkeit: Die Rollenverteilung zwischen Gesetzgebung und Ausführung sollte klarer geschieden sein. Der Bürger sollte wissen, wen er wofür verantwortlich sehen muss. Die Diskussion um die Verfassung, worin die Kompetenzverteilung ja geregelt ist, hat gezeigt, dass dies einem breiten Publikum fast unmöglich zu vermitteln ist.
- Effektivität: Die Politik muss wirksam sein – natürlich. Doch eine effektive Zielerreichung wird vom Bürger als solche nur wahrgenommen, wenn es genau um die Ziele geht, die er für wichtig hält. Das dies genau die Ziele der europäischen Politik sind, die eingeschränkt von den Verfassungsregeln von den Regierungen der Mitgliedländer ausgehandelt werden, ist nicht sicher. Es kann eine Diskrepanz zwischen Erwartung und Wirklichkeit geben (siehe Kapitel 16). Häufig liegen auch die effektiven Lösungen außerhalb des Verhandlungsraums (Scharpf 1999: 171).
- Kohärenz: Politisches Handeln muss kohärent sein. Was für die Landwirtschaft beschlossen wird, darf den Umweltzielen nicht widersprechen. In einem Mehrebenensystem ist Kohärenz ein zentrales Governance-Problem. Die Prinzipien der Politik müssen auf allen Ebenen gewahrt bleiben. Inwieweit die europäische „Rechtsstaatlichkeit" ausreicht, das zu garantieren, mag man bezweifeln.

Wir sehen, gute Regierung ist mehr als das Vermeiden von schlechter Regierung. Was der Kommission in ihrem Weißbuch zur Verbesserung der Regierungsqualität wichtig erscheint, ist alles bedenkenswert. Die Liste ist lang:

- Bessere Einbindung der Akteure und der Bürger
- Einbindung der Zivilgesellschaft
- Transparenz und Effektivität
- Vertrauen in Expertenwissen
- Verbesserung von Qualität und Effizienz der Regulierungsmaßnahmen
- Schaffung autonomer Regulierungsagenturen
- Effiziente und rechtzeitige Durchführung der Regeln in den Mitgliedstaaten
- Neuausrichtung der Politikfelder und der Institutionen.

Dabei ist jeder einzelne Punkt in operative Maßnahmen umzusetzen. Es ist nicht unsere Aufgabe, das hier wiederzugeben und kritisch zu durchleuchten. Vielmehr sollte am Ende dieses Kapitels noch einmal unterstrichen werden: Die Europäische Union befindet sich institutionell noch immer in ihrer formativen Phase, hat also noch kein institutionelles Gleichgewicht erreicht. Gleichzeitig fährt sie aber wie ein Großtanker – sie ändert nur langsam ihre Richtung.

Teil IV:
Der Kern der Integration

Kapitel 7
Der Gemeinsame Markt: Güter und Dienstleistungen

Worum geht es in diesem Kapitel?

HF: So, jetzt sind wir beim ökonomischen Kern der Gemeinschaft angelangt, dem gemeinsamen Markt.

HJW: Ja, ja, aber was ist genau des Pudels Kern?

HF: Na hör mal, der Markt natürlich.

TE: Der fällt nicht vom Himmel. Jeder Markt ist eine Institution. Die zentrale Frage lautet: Wer hat Zutritt zum Markt und was darf er da tun? Das wird rechtlich geregelt.

HJW: In der EU sind heute 27 Rechtsstaaten vereinigt, also haben wir 27 Rechtssysteme, die den Zutritt zu den jeweiligen Märkten regulieren.

TE: Nicht mehr. Genau das ist des Pudels Kern: Das Ding heißt Europäische Wirtschaftsgemeinschaft, es ist aber auch eine europäische Rechtsgemeinschaft.

HF: Das klingt so, als ob wir es in den Kapiteln zum gemeinsamen Markt vor allem mit juristischen Fällen zu tun bekommen.

TE: Unvermeidlich. Die Ökonomie des gemeinsamen Marktes kreist um die Probleme Protektion und Marktversagen. Das erste gilt es abzuschaffen und auf das zweite ist institutionell so zu reagieren, dass niemand diskriminiert wird. Ein Gespür für die dabei auftretenden Schwierigkeiten bekommst du erst dann, wenn du dir wegweisende Gerichtsentscheidungen anschaust.

HF: Muss man die denn kennen?

TE: Nicht im Detail, nicht die Sachverhalte. Es geht vielmehr darum, den Prozess der Bildung und Aufrechterhaltung des Binnenmarkts zu verstehen. Der wird nicht durch Gesetz dekretiert, sondern entsteht durch die zweckrationale Anwendung der vereinbarten Grundprinzipien im konkreten Einzelfall – ein Zusammenspiel von Recht und Ökonomie.

HJW: Das ist an Hand der vier Grundfreiheiten zu behandeln: freier Güter- und Dienstleistungsverkehr, freier Personen- und Kapitalverkehr. Für ein Kapitel zu viel.

HF: Wenn wir nicht jeder der vier Freiheiten ein eigenes Kapitel geben wollen, dann nimmt man am besten Güter und Dienstleistungen zusammen und im folgenden Kapitel Arbeit und Kapital.

TE: Das ist eine altmodische produktionstheoretische Einteilung, die von der Produktionsfunktion ausgeht – Inputs und Outputs.

HJW: Der institutionentheoretische Ansatz konzentriert sich auf die Transaktionen, und da wird sehr schnell deutlich, dass zwischen dem Personen- und Dienstleistungsverkehr ein sehr viel engerer Zusammenhang besteht als zwischen dem Waren- und Dienstleistungsverkehr.

TE: Das sehen die Juristen auch so und haben im Vertrag einen Titel für den Warenverkehr geschaffen und einen Titel für die drei anderen Freiheiten.

HF: Damit geraten uns die beiden Kapitel aber aus dem Lot. Freizügigkeit, Dienstleistungs- und Kapitalverkehrsfreiheit zusammen, das wird ein schwerer Brocken.

HJW: Finde ich auch. Allein aus praktischen Überlegungen plädiere ich deshalb für die altmodische produktionstheoretische Einteilung.

TE: Einverstanden. Aber man muss sehen, dass es bei den Freiheiten, vor allem bei der Freizügigkeit, gar nicht mehr ausschließlich um wirtschaftliche Aktivitäten geht, sondern darum, den Bürgern zu garantieren, sich unabhängig von den wirtschaftlichen Aktivitäten freizügig in ganz Europa zu bewegen.

HF: Tun sie das? Und wollen wir das wirklich?

HJW: Herbert Brücker, den wir hier zu Rate ziehen, wird im nächsten Kapitel kurz über das Migrationsverhalten referieren. Und du wirst sehen: Befürchtungen hinsichtlich exzessiver innereuropäischer Wanderungen sind nicht angebracht. Im übrigen gibt es ökonomisch kaum einen Unterschied zwischen freiem Waren- und freiem Personenverkehr.

7.1 Zur Theorie der Zollunion

7.1.1 Statische Wohlfahrtseffekte einer Zollunion

Jacob Viner (1950) war einer der ersten, der systematisch die ökonomischen Auswirkungen der regionalen Integration, insbesondere einer Zollunion, analysierte. Dabei stellte er die seinerzeit weitverbreitete Auffassung in Frage, dass eine Zollunion einen Schritt in Richtung Freihandel darstelle. Der von Viner eingeführte und später von anderen Autoren (insbesondere Meade 1955 und Johnson 1965, s. auch Baldwin/Venables 1995) weiterentwickelte Ansatz konzentriert sich auf eine komparativ-statische Effizienzbetrachtung, d.h. es werden die Effizienzgewinne und -verluste analysiert, die sich daraus ergeben, dass eine Zollunion die Ressourcenallokation verändert. Die fundamentale Einsicht von Viner lautet: Eine regionale Integrationsvereinbarung ist grundsätzlich ein *second best*. Generell wird angenommen,

- dass die Produktionsfaktoren innerhalb eines Landes völlig mobil sind, zwischen den Ländern dagegen völlig immobil,
- dass Transportkosten keine Rolle spielen,

- dass die Zollsätze die einzige wirksame Handelsbeschränkung sind; insbesondere werden Handelsbeschränkungen vernachlässigt, die von unterschiedlichen Währungen ausgehen,
- dass die Ressourcen vollkommen ausgelastet sind,
- dass alle Märkte im Gleichgewicht sind.

Im einfachsten Grundmodell wird darüber hinaus angenommen,

- dass vollständige Konkurrenz auf allen Güter- und Faktormärkten besteht und
- dass die in der Zollunion zusammengeschlossenen Länder so klein sind, dass sie durch ihre Exporte und Importe weder einzeln noch gemeinsam einen spürbaren Einfluss auf die Weltmarktpreise haben (kein Terms-of-Trade Effekt, vgl. die Theorie des Optimalzolls in Kapitel 2).

Wir betrachten ein homogenes Gut, das in drei Regionen, dem Heimatland (H), dem Partnerland (P) und dem Rest der Welt (W) produziert wird (vgl. zur Darstellung etwa Moore 1997: 62ff.). Mit diesem einfachen partialanalytischen Grundmodell lassen sich einige allgemeine Zusammenhänge aufzeigen, die *mutatis mutandis* auch bei abgeschwächten Annahmen und auch bei anderen Integrationsformen als der Zollunion ihre Gültigkeit behalten.

Wie wirkt sich nun eine Zollunion auf die Wohlfahrt im Heimatland aus? Nehmen wir an, die Produktionsbedingungen des Partnerlandes seien günstiger als im Heimatland, aber ungünstiger als bei den Anbietern auf dem Weltmarkt. Das heißt, die Angebotskurve, mit der das Heimatland in der Zollunion konfrontiert ist (A_{H+P}), liege von einer bestimmten Outputmenge ab unterhalb der Autarkie-Angebotskurve (A_H), aber oberhalb der Angebotskurve des Weltmarktes (A_W). Der ursprüngliche Zollsatz in H betrug $t_H = p_{W+t} - p_W$.

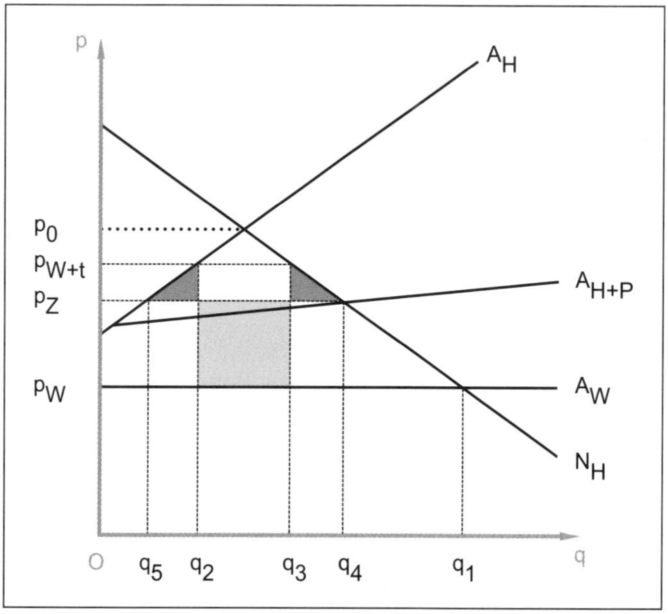

Abbildung 7.1: Zollunion: Land H

Es wurde in H die Menge q_3 konsumiert, die Menge q_2 produziert und die Differenz ($q_3 - q_2$) importiert. Solange wie der gemeinsame Außenzoll der Zollunion $t_Z > (p_Z - p_W)$ ist, spielt er in diesem Fall keine Rolle. Das Heimatland konsumiert beim Preis p_Z die Menge q_4, produziert die Menge q_5 und importiert die Differenz ($q_4 - q_5$) aus dem Partnerland.

Die allokativen Auswirkungen der Einführung einer Zollunion im Heimatland sind also:

- Preis auf dem Binnenmarkt fällt von p_{W+t} auf p_Z,
- Importe erhöhen sich auf den Betrag $q_4 - q_5$, wobei alle Importe statt vom Weltmarkt aus dem Partnerland importiert werden.

Die Wohlfahrtswirkungen einer Zollunion lassen sich wie folgt darstellen:

- Die Konsumentenrente steigt um das Trapez zwischen der Ordinate, den beiden Preislinien p_Z, p_{W+t} und der Nachfragekurve N_H,
- die Produzentenrente fällt um das Trapez zwischen der Ordinate, den beiden Preislinien und der Angebotskurve A_H,
- die Zolleinnahmen $t_H(q_3 - q_2)$ fallen insgesamt fort,
- die Nettoveränderung der Gesamtwohlfahrt wird also durch die beiden dunkelgrauen Dreiecke und das hellgraue Rechteck wiedergegeben:
  - Die beiden dunkelgrauen Dreiecke sind Wohlfahrtsgewinne, wobei das linke eine Einsparung an Produktionskosten bedeutet und das rechte den Gewinn an Konsumentenrente aus der Konsumerweiterung: Handelsschaffung,
  - das hellgraue Rechteck stellt einen nicht kompensierten Verlust von Zolleinnahmen dar, also einen Wohlfahrtsverlust: Handelsumlenkung.

Der Nettowohlfahrtseffekt der Zollunion ist somit davon abhängig, was überwiegt, der positive Effekt der Handelsschaffung oder der negative Effekt der Handelsumlenkung. Fassen wir diese Effekte noch einmal zusammen:

1. Handelsschaffung („trade creation")
Durch die Zollunion verschiebt sich der Konsum von den teuren inländischen Produkten zu den preisgünstigeren Produkten des Partnerlandes. Diese Handelsschaffung setzt sich wiederum aus zwei Teileffekten zusammen:

a) dem Produktionseffekt, d.h. der Einsparung realer Produktionskosten bei Produkten, die bisher – zu teuer – im Inland produziert wurden und
b) dem Konsumeffekt, d.h. dem Zuwachs an Konsumentenrente durch erhöhten Konsum.

2. Handelsumlenkung („trade diversion")
Durch die Zollunion werden die Inländer veranlasst, ihre importierten Produkte nicht am billigen Weltmarkt, sondern beim teuren Partnerland zu kaufen. Dieser Effekt äußert sich in reduzierten Zolleinnahmen.

Nehmen wir nun an, vor Errichtung der Zollunion erhebt das Land H einen nicht-prohibitiven Zoll $t_H = p_{W+tH} - p_w$ und das Land P einen prohibitiven Zoll $t_P > p_P - p_W$. In diesem Fall importiert nur das Land H Güter vom Weltmarkt, und zwar die Menge $q_2 - q_1$. Die beiden Länder bilden nun eine Zollunion und einigen sich auf den gemeinsamen Außenzoll t_Z, der sich z.B. als arithmetisches Mittel der bisher geltenden individuellen Zollsätze ergibt ($t_Z = p_{W+tZ} - p_W$). Denn es entspricht den Regeln der WTO, das Niveau des Protektionismus durch die Zollunion nicht zu erhöhen. So hat die EWG bei ihrer Gründung den gemeinsamen Außenzoll als arithmetisches Mittel der vier Außenzölle der Gründungsmitglieder (Deutschland, Frankreich, Italien und der Benelux-Zollunion) gebildet. Der gemeinsame Außenzoll t_Z bestimmt den Angebotspreis für Weltmarktprodukte p_{W+tZ} und damit eine Preisobergrenze für die Mitgliedländer der Zollunion – anderenfalls würde vom Weltmarkt importiert. Der gleichgewichtige Marktpreis innerhalb der Zollunion ist p^*, wobei das weniger wettbewerbsfähige Land H aus dem wettbewerbsfähigeren Land P die Menge $(q_4 - q_3) = (q_7 - q_6)$ importiert.

Für Land H ergeben sich die bekannten Nettowohlfahrtseffekte, nämlich Handelsschaffung (x + y) und Handelsumlenkung (– z). In Land P steigen durch die erhöhte Nachfrage der Konsumenten des Landes H die Preise von p_P auf p^*, wodurch die Konsumentenrente um die Fläche a + b sinkt und die Produzentenrente um die Fläche a + b + c steigt. Der Nettowohlfahrtsgewinn in P beträgt somit c.

Sollte durch die Zollunion die gemeinsame Wohlfahrt beider Länder steigen (d.h. $x + y + c - z > 0$), aber die Wohlfahrt des Landes H sinken (d.h. $x + y - z < 0$), so müsste zwischen beiden Ländern neben dem gemeinsamen Zolltarif noch ein Transfermechanismus vereinbart werden, der Zahlungen von P nach H vorsieht, die hinreichend groß sind, um H zur Teilnahme an der Zollunion zu motivieren. Bei der Errichtung der Europäischen Wirtschaftsgemeinschaft spielte die gemeinsame Agrarpolitik die Rolle eines solchen Transfermechanismus (siehe Kapitel 12). Je nach Konstellation der Märkte sowie der Zölle vor und nach Errichtung der Zollunion sind eine Vielzahl von Modellvarianten möglich, die hier nicht diskutiert werden sollen, weil sie keine grundsätzlich neuen Erkenntnisse hinzufügen.

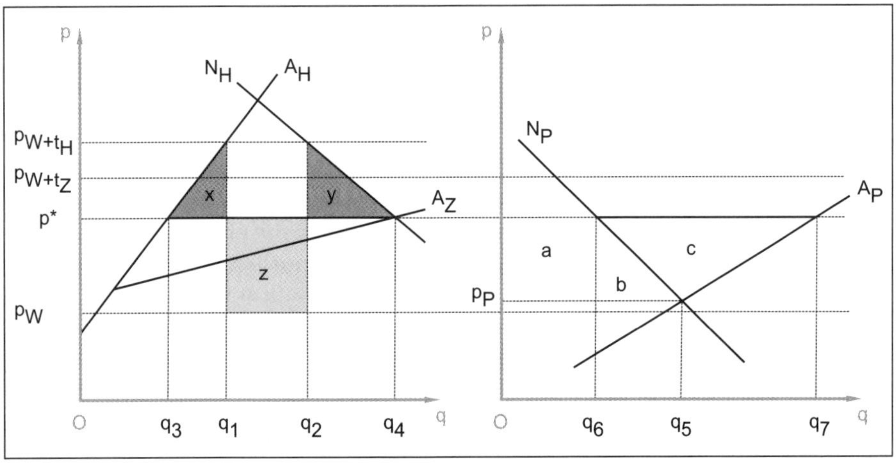

Abbildung 7.2: Zollunion: Land H und Land P

Zu beachten sind noch einmal die Einschränkungen des Modells:

- Es handelt sich um ein Partialmodell, wobei ein einzelner Markt für ein einzelnes Gut untersucht wird. Dies führt nur solange zu halbwegs zuverlässigen Ergebnissen, solange die Rückwirkungen dieses Marktes auf die relativen Preise anderer Güter vernachlässigt werden können.
- Es wird unterstellt, dass die Zollunion so klein ist, dass Rückwirkungen auf die Weltmarktpreise vernachlässigt werden können.
- Es wird vollständige Konkurrenz auf allen Güter- und Faktormärkten unterstellt, das heißt auch, es gibt keine Beschäftigungsprobleme.

Ob eine Zollunion potentiell vorteilhaft für die Mitgliedstaaten ist, d.h. ob die handelsschaffenden die handelsumlenkenden Effekte überwiegen, hängt von den Umständen des Einzelfalls ab. Es lassen sich allerdings einige nützliche Verallgemeinerungen treffen (Robson 1998: 27; Blank/Clausen/Wacker 1998: 95):

- Je größer der Wirtschaftsraum der Zollunion und je größer die Anzahl der Mitglieder, desto stärker werden die handelsschaffenden im Verhältnis zu den handelsumlenkenden Effekten sein. (Extremfall: Weltweit freier Warenverkehr).
- Je geringer der gemeinschaftliche Zolltarif im Vergleich zum bisher gültigen durchschnittlichen Zolltarif, desto stärker sind die handelsschaffenden Effekte im Vergleich zu den handelsumlenkenden Effekten (hohes x und y, geringes z).
- Je ähnlicher die Produktionsstrukturen der Mitgliedstaaten sind, desto stärker sind die handelsschaffenden im Vergleich zu den handelsumlenkenden Effekten. Stellen z.B. alle Mitgliedstaaten Automobile her, so werden tendenziell teure heimische Autos durch billigere aus den Partnerländern ersetzt. Sind demgegenüber die Mitgliedstaaten in ihrer Wirtschaftsstruktur eher komplementär (z.B. einige Staaten sind industriell geprägt, andere eher agrarisch), dann überwiegt die Handelsumlenkung, da tendenziell der Import billiger Weltmarktprodukte durch den Import teurer Produkte aus den Partnerländern ersetzt wird.
- Je größer bei den konkurrierenden Industrien die Unterschiede in den Produktionskosten zwischen den Mitgliedstaaten der Zollunion sind, desto größer ist der Effekt der Handelsschaffung.

Nun ist es bei einer großen Zollunion wie der EWG (bzw. später der EG) unrealistisch, von gegebenen Weltmarktpreisen auszugehen. Vielmehr ist zu erwarten, dass der Weltmarktpreis fällt, wenn durch die Zollunion die Importe aus Drittländern zurückgehen und die Importe aus Mitgliedländern steigen (d.h. die Terms of Trade verbessern sich zugunsten der Zollunion, der sogenannte „Terms-of-Trade Effekt"). Durch diesen Effekt werden die negativen Effekte der Handelsumlenkung teilweise wieder kompensiert oder sogar überkompensiert, was sich darin äußert, dass die Zolleinnahmen für einen jeweils gegebenen gemeinsamen Außenzoll höher sind als bei einem unveränderlichen Weltmarktpreis (vgl. etwa Robson 1998: S. 39 ff. und Blank/Clausen/Wacker 1998: S. 98 ff.).

Zwei Einschränkungen sind dabei zu berücksichtigen. Die Zollunion verursacht einen Anstieg der Realeinkommen in den Mitgliedländern, und deshalb wird die Nachfrage nach Importgütern aus Drittländern zunehmen, wodurch sich die Terms of Trade tendenziell wieder verschlechtern. Zum anderen kann man nicht davon ausgehen, dass handelspolitische Maßnahmen der Zollunion, die sich negativ auf den Rest der Welt auswirken, von den betroffenen Drittländern einfach hingenommen werden. Reagiert beispielsweise der Rest der Welt auf die verschlechterten Terms of Trade durch erhöhte Zölle auf Importprodukte aus Mitgliedstaaten der Zollunion, so wird der Terms-of-Trade Effekt für die Zollunion ganz oder teilweise wieder zunichte gemacht. Häufig tritt man dann in Zollverhandlungen ein. Dabei ist vermutlich die Verhandlungsposition der Zollunion umso stärker, je größer sie ist (vgl. hierzu bereits Viner 1950).

7.1.2 Unvollständige Konkurrenz, Skalenvorteile, dynamische Effekte

Die Vergrößerung des Marktes durch die Schaffung einer Zollunion kann aber auch zu Konsequenzen führen, die von der älteren Theorie mit ihren restriktiven Annahmen vernachlässigt wurden (vgl. Robson 1998: 38, 41ff.; Blank/Clausen/Wacker 1998: 102ff.; Hansen/Nielsen 1997: 35ff.). Beispiele für Effekte, die über die einfache Handelsschaffung und Handelsumlenkung hinausgehen, sind (Baldwin/Venables 1995):

- Produktionsverschiebung: Die Handelsumlenkung wird die Zahl der Unternehmen und die Produktvielfalt innerhalb der Zollunion erhöhen auf Kosten des Auslands.
- Wettbewerbsverstärkung: Durch die Vergrößerung der oligopolistischen Märkte geraten die Gewinnaufschläge unter Druck und die Unternehmen müssen, um zu überleben, ihre Durchschnittskosten senken, und das heißt bei Skalenvorteilen, ihren Produktionsumfang steigern.
- Reduzierung der Marktsegmentierung: Unternehmen sind eher auf dem Heimatmarkt marktbeherrschend als auf dem Auslandsmarkt. Das führt häufig dazu, dass sie auf dem Auslandsmarkt niedrigere Preise setzen als auf dem Heimatmarkt. Ein typisches Beispiel ist die Automobilindustrie. Integration der Märkte verringert die Möglichkeiten für Preisdifferenzierung. Die paradoxe Folge ist allerdings eine Abnahme des grenzüberschreitenden Handels.
- Akkumulationseffekte: Produktionsverschiebungen sind fast automatisch mit Investitionsumlenkungen verbunden. Der Investitionsertrag fließt allerdings dem ausländischen Investor zu. Nur wenn der private und der gesellschaftliche Nutzen aus der Investition auseinanderfallen, wird der Integrationsraum in den Genuß einer Wohlfahrtssteigerung kommen. Bei Vorliegen abnehmender Ertragszuwächse ist das allerdings nur ein Übergangsphänomen.
- Langfristige Wachstumseffekte: Die moderne Wachstumstheorie kennt auch Fälle, bei denen physisches oder Humankapital nicht abnehmenden Ertragszuwächsen unterliegt. In solchen Fällen sind auch langfristige Wachstumseffekte aus der Marktvergrößerung und Handelsintensivierung denkbar.

So stellt sich beispielsweise die Frage, ob bei Vorliegen unvollständiger Konkurrenz auf den relevanten Gütermärkten durch eine Zollunion nicht der Wettbewerbsdruck auf die Unternehmen in den Mitgliedstaaten erhöht wird und dadurch zusätzliche, bisher vernachlässigte positive gesamtwirtschaftliche Effekte entstehen (vgl. auch Baldwin/Wyplosz 2006: 150ff.). Hierbei werden vor allem zwei Argumente vorgebracht. Zum einen wird diskutiert, ob neben den potentiellen Allokationsgewinnen aus einer verbesserten Ressourcenallokation nicht noch weitere Gewinne durch eine Verbesserung der Ressourcennutzung in den einzelnen Unternehmen („X-Effizienz") erzielt werden können. Möglicherweise werden die Manager der einzelnen Unternehmen durch den Wettbewerb gezwungen, die Kosten zu senken und tatsächlich die Minimalkostenkombination zu erreichen („kalte Dusche"). Dem steht allerdings gegenüber, dass die durch Handelsumlenkung begünstigten Unternehmen einem entgegengesetzten Effekt ausgesetzt sind, den man entsprechend als „Turkish bath effect" bezeichnen könnte (Robson 1998: 38).

Zum anderen weisen die Gütermärkte in der Realität häufig nicht vollständige Konkurrenz, sondern vielmehr monopolähnliche Verhältnisse auf. Eine Zollunion könnte nun die Unternehmen aufgrund des verstärkten Konkurrenzdrucks insofern disziplinieren, als nur noch vergleichsweise geringe Aufschläge auf die Grenzkosten durchsetzbar sind. Der Monopolgrad und die damit verbundenen volkswirtschaftlichen Ineffizienzen würden somit durch eine Zollunion vermindert. Haben sich beispielsweise vor Gründung der Zollunion zwei Länder wirtschaftlich vollständig voneinander abgeschottet und wird ein bestimmtes homogenes Gut in jedem Land von einem nationalen Monopolisten angeboten, so führt die Beseitigung der Handelshemmnisse zu einem einheitlichen Markt mit zwei Anbietern. Aus der Oligopoltheorie wissen wir, dass Wettbewerb zwischen den beiden Anbietern zu geringeren Preisen und höheren abgesetzten Mengen als bei den beiden nationalen Monopolisten führt. In beiden Ländern resultieren folglich Wohlfahrtsgewinne daraus, dass der Aufschlag der Anbieter auf die Grenzkosten reduziert wird.

Es gibt aber auch die gegenteilige Ansicht, dass die Zollunion (bzw. die ökonomische Integration im allgemeinen) die Bildung von mächtigen Monopolen begünstigt (vgl. Blank/Clausen/Wacker 1998: 111ff.). Letztlich lässt sich keine allgemeingültige Aussage über solche zusätzlichen Kosten und Nutzen der ökonomischen Integration treffen ohne zusätzliche Annahmen über die Marktstruktur in der Ausgangssituation, über die Mobilität der Produktionsfaktoren, über die verfolgten Unternehmensstrategien, über die durchgeführte Wettbewerbspolitik (siehe hierzu Kapitel 9) und über die bestehenden wirtschaftlichen und politischen Institutionen im Allgemeinen. Das gleiche gilt für die Frage, inwiefern durch eine Zollunion die Anreize zu Investitionen in Forschung und Entwicklung sowie zur Durchsetzung von Produkt- und Verfahrensinnovationen beeinflusst werden.

Darüber hinaus sind die Wirkungen zu berücksichtigen, die entstehen, wenn steigende Skalenerträge vorliegen. In diesem Fall kann eine Zollunion dazu führen, dass sich größere Unternehmen (Betriebe) bilden, die größere Mengen zu geringeren Kosten produzieren. Es können somit Effizienzgewinne aus Spezialisierung entstehen, obwohl keine Unterschiede in den komparativen Kosten zwischen den beteiligten Ländern bestehen. Gleichzeitig wird sich mit der Größe des Marktes auch die Anzahl der Produktvarianten erhöhen, die zu jeweils gegebenen Kosten hergestellt werden können. Dies führt zu einer Zunahme des Intra-Industrie-Handels (z.B. deutsche gegen französische Automobile) und zu positiven Wohlfahrtseffekten, da das Produktsortiment besser an die Konsumentenbedürfnisse angepasst wird (vgl. Hansen/Nielsen 1997: 44 ff.).

Generell bleiben bei Berücksichtigung steigender Skalenerträge die orthodoxen Konzepte der Handelsschaffung und Handelsumlenkung relevant. Sie müssen allerdings durch zwei weitere Konzepte ergänzt werden: Zum einen durch den Kostensenkungseffekt (*cost reduction*), d.h. Kostensenkungen aufgrund der besseren Ausnutzung von Größenvorteilen; zum anderen durch den Effekt der Handelsunterdrückung (*trade suppression*), der dadurch entsteht, dass billige Importe aus Drittländern durch Ausdehnung der heimischen Produktion (unter Ausnutzung von Skalenerträgen) verdrängt werden.

7.1.3 Empirische Befunde

Wie hat sich nun die europäische Integration auf Umfang und Struktur der Handelsströme und auf die Wohlfahrt der Mitgliedstaaten (sowie des Rests der Welt) ausgewirkt? Diese Frage ist leicht gestellt, aber nicht so einfach zu beantworten. Das methodische Problem besteht darin, eine hypothetische Welt zu konstruieren, die zeigt, wie die Entwicklung verlaufen wäre, wenn es keine europäische Integration gegeben hätte (vgl. hierzu auch Hansen/ Nielsen 1997: 32 f.).

Die verfügbaren Daten machen deutlich, dass der Warenaustausch seit Gründung der EWG ständig zugenommen hat, nicht nur unter den Mitgliedstaaten der Gemeinschaft, sondern auch zwischen diesen und dem Rest der Welt. Die starke Zunahme des Binnenhandels unter den Mitgliedstaaten ist teilweise auf die verschiedenen Erweiterungen, teilweise auf die Intensivierung des Binnenhandels zwischen den jeweiligen Mitgliedstaaten zurückzuführen.

Abb. 7.3 verdeutlicht, dass Mitte der 1960er Jahre bis Mitte der 1980er Jahre sowohl der Intra- als auch der Extra-EU-Handel relativ zum BIP stark angestiegen sind, wobei bis Anfang der 1970er Jahre der Intra-EU-Handel stärker gestiegen ist als der Extra-EU-Handel. Seit Mitte der 1980er bis Ende der 1990er Jahre ist die Bedeutung des Intra-EU-Handels deutlich größer als die des Extra-EU-Handels, wobei beide seit 1995 relativ zum BIP steigen.

In den 1960er und 1970er Jahren gab es eine Reihe von empirischen Studien, die handelsschaffende und handelsumlenkende Effekte in den Gründungsjahren der Zollunion zu quantifizieren suchten (vgl. Baldwin/Venables 1995 und Grimwade 2004). Die meisten dieser Studien kamen zu dem Ergebnis, dass die handelsschaffenden die handelsumlenkenden Effekte dominierten. Nur für Agrarprodukte gab es als Folge der gemeinsamen Agrarpolitik (s. Kapitel 12) erkennbare handelsumlenkende Effekte. Für die Industrieproduktion lässt sich somit aus diesen Studien schließen, dass die europäische Integration gut für Europa und nicht schlecht für den Rest der Welt war. Der Nettowohlfahrtseffekt der Zollunion war nach diesen Studien allerdings

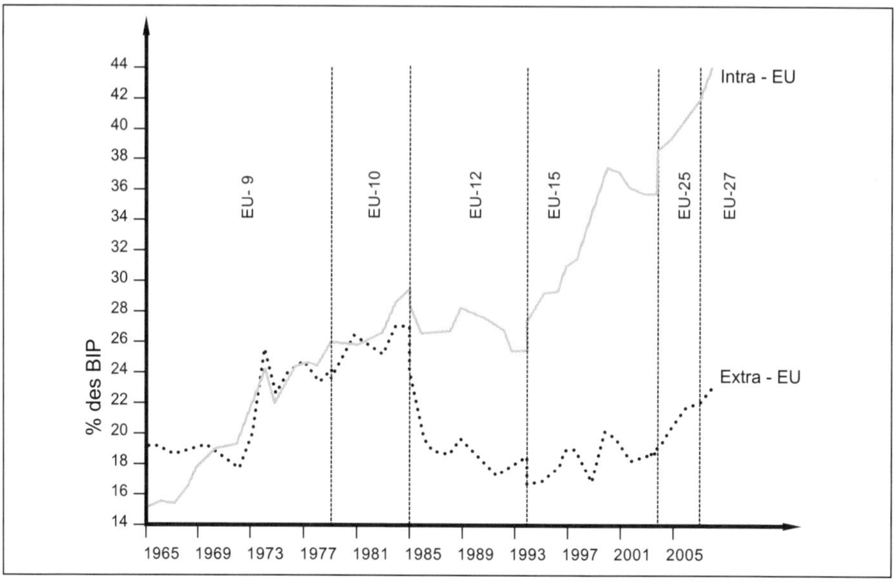

Abbildung 7.3: Intra- und Extra-EU-Warenhandel[1] in Prozent des BIP, 1965 – 2008

vernachlässigbar gering. Nach Schätzungen von Balassa (1975) betrug der Wohlfahrtseffekt gerade einmal 0,15 % des Bruttoinlandsprodukts. Das liegt unter anderem auch daran, dass die späteren Mitglieder der Gemeinschaft schon vor deren Konstituierung wechselseitige Haupthandelspartner waren, und das heißt Lieferanten mit den niedrigsten Kosten. Die bescheidenen Ergebnisse sind allerdings auch darauf zurückzuführen, dass dynamische Wettbewerbs- und Skaleneffekte vernachlässigt wurden.

Wie veränderte sich die Spezialisierung der europäischen Mitgliedstaaten als Folge der Handelsschaffung? Es gibt grundsätzlich zwei unterschiedliche Formen der Spezialisierung. Nach der neoklassischen Handelstheorie, die konstante Skalenerträge und homogene Güter unterstellt, werden sich relativ kapitalreiche Länder auf die Produktion (und den Export) relativ kapitalintensiver Produkte spezialisieren. Umgekehrt werden sich relativ kapitalarme Länder auf die Produktion (und den Export) relativ arbeitsintensiver Produkte spezialisieren. Danach spezialisiert sich beispielsweise das kapitalreiche Land auf Automobile, das arbeitsreiche Land auf Textilien. Der Handel zwischen den Ländern nimmt dann die Form des „inter-industry-trade", d.h. des Handels mit Produkten unterschiedlicher Branchen, an. Nach der „Neuen Handelstheorie", die steigende Skalenerträge und heterogene Güter zulässt, kommt es demgegenüber zu einem Intra-Industrie Handel, d.h. zu einem Handel mit unterschiedlichen Produktvarianten derselben Branche. Deutschland exportiert Automobile nach Frankreich und importiert zur gleichen Zeit Automobile aus Frankreich. Zur Messung des Anteils des intra-industriellen Handels am gesamten Warenhandel wird gewöhnlich der Grubel und Lloyd Index verwendet, der den gewogenen Durchschnitt des Anteils des intra-

[1] Summe der Exporte und Importe

industriellen Handels über alle Produktkategorien darstellt. Verschiedene Untersuchungen zeigen, dass sich der Anteil des intra-industriellen Handels nicht nur im Zeitraum von 1964 bis 1974, sondern auch danach bis Mitte der neunziger Jahre beträchtlich erhöht hat, wobei allerdings auch deutliche Unterschiede zwischen den Mitgliedstaaten bestehen (vgl. Grimwade 2004: 134 ff. und Jørgensen/Lüthje/Schröder 2001: 130 ff.).

Zur Vorbereitung des Binnenmarktprogramms regte die Europäische Kommission Mitte der 1980er Jahre zwei wichtige Studien an (Ceccini et al. 1988; Emerson et al. 1988), die die „Kosten der Nichtverwirklichung des Binnenmarktes", d.h. der Fortexistenz der zahlreichen „unsichtbaren" Handelsbeschränkungen, auf jährlich mindestens 200 Mrd. Ecu (das entspricht etwa 200 Mrd. €) bezifferten und die sich von einem Abbau der bestehenden Marktsegmentierung eine Steigerung des Bruttoinlandsprodukts von 4,5–7 % versprachen. Diese Studien berücksichtigen dynamische Wettbewerbs- und Skaleneffekte, werden aber von Kritikern als zu optimistisch angesehen, weil sie die Skaleneffekte, ermittelt auf der Basis von Daten vor allem aus den 1960er Jahren, ebenso überschätzten wie die positiven Wohlfahrtseffekte einer zunehmenden Zahl von Produktvarianten, und sie vernachlässigten die Bedeutung der Wettbewerbspolitik (Hansen/Nielsen 1997: 51 f.). Kritisiert wurde an den Berechnungen auch die Vernachlässigung der sozialen Folgekosten des Binnenmarktes durch zunehmenden grenzüberschreitenden Schwerlastverkehr, Abfall, Umweltverschmutzung und Landschaftsverbrauch (s. „Weißbuch der europäischen Umweltverbände" vom März 1991).

Die Integration der europäischen Märkte erfolgte, wie wir aus Kapitel 3 wissen, in zwei Schritten. Der erste, die Schaffung der Zollunion, wurde in den 1960er Jahren abgeschlossen. Der zweite, die Vollendung des Binnenmarkts, ist mit dem Jahr 1992 verbunden. Zahlreiche empirische Untersuchungen haben Wachstums- und Wohlfahrtseffekte dieses zweiten Schrittes zu ermitteln versucht (s. Baldwin/Venables 1995, und Henrekson/Torstensson/Torstensson 1997). Auch hier ist die quantitative Ausbeute nicht spektakulär. Doch dafür lassen sich wieder einige gute Gründe anführen. Zum einen konnte die Vollendung des Binnenmarkts nicht mehr handelsschaffend im theoretischen Sinn wirken, da die Zolltarife bereits abgeschafft waren. Zum anderen lag die Bedeutung von Europa 92 vor allem in der Integration der Dienstleistungs- und Finanzmärkte, deren Effizienzsteigerung sehr viel schwieriger als bei den Gütermärkten zu ermitteln ist.

Wie weit ist nun die Integration der Gütermärkte tatsächlich fortgeschritten? Ein guter Indikator für das Ausmaß der Integration der nationalen Gütermärkte ist die Konvergenz der Preise für identische Produkte. In einem vollständig integrierten europäischen Binnenmarkt dürften sich die Preisunterschiede für identische Produkte innerhalb großer Flächenstaaten nicht systematisch von den Preisunterschieden zwischen den Mitgliedstaaten unterscheiden. Eine von der Kommission in Auftrag gegebene umfangreiche Erhebung der Preisunterschiede bei standardisierten Markenprodukten hat allerdings ergeben, dass im Jahre 2002 immer noch beträchtliche Preisunterschiede zwischen den Mitgliedstaaten bestanden, die sich nicht allein auf unterschiedliche Mehrwertsteuersätze und unterschiedliche Transportkosten zurückführen lassen (Tabelle 7.1).

Tabelle 7.1: Preisunterschiede zwischen den Mitgliedstaaten bei Markenprodukten (Durchschnitt = 100)

Produkt	Höchster Preis		Niedrigster Preis		p_{max}/p_{min}
	Land	p_{max}	Land	p_{min}	
Evian Mineralwasser	Finnland	189	Frankreich	44	4,3
Barilla Spaghetti	Schweden	138	Italien	59	2,3
Heinz Ketchup	Italien	138	Deutschland	66	2,1
Kellogg's Cornflakes	Griechenland	152	Großbritannien	71	2,1
Mars Riegel	Dänemark	143	Belgien	73	2,0
Coca-Cola	Dänemark	139	Deutschland	73	1,9
Fanta	Schweden	146	Niederlande	77	1,9
Nivea Rasierschaum	Großbritannien	142	Frankreich	81	1,8
Colgate Zahncreme	Großbritannien	126	Portugal/ Spanien	76	1,7
Elvital Shampoo	Irland	126	Spanien	76	1,7
Nescafé	Italien	133	Griechenland	77	1,7

Quelle: EU-Kommission, Pressemitteilung vom 16. Mail 2002

7.2 Der Binnenmarkt in der Praxis: Die vier Grundfreiheiten

Herzstück der Europäischen Gemeinschaft ist der Binnenmarkt, d.h. ein „… Raum ohne Binnengrenzen, in dem der freie Verkehr von Waren, Personen, Dienstleistungen und Kapital gemäß den Bestimmungen dieses Vertrages gewährleistet ist" (Art. 14 Abs. 2 EG). Aus ökonomischer Sicht dienen die vier Grundfreiheiten dazu, eine effiziente Allokation der Ressourcen zu ermöglichen, d.h. Waren, Dienstleistungen und Produktionsfaktoren dorthin zu lenken, wo sie am höchsten bewertet werden. Daraus folgt zunächst einmal das Verbot, Waren, Dienstleistungen und Produktionsfaktoren aus anderen Mitgliedstaaten gegenüber den inländischen zu diskriminieren. Es zeigt sich aber, dass ein rechtliches Diskriminierungsverbot, d.h. das Gebot der Gleichbehandlung inländischer und ausländischer Waren, Dienstleistungen und Produktionsfaktoren, nicht ausreicht, faktische Behinderungen des Imports ausländischer Ressourcen zu unterbinden. Unterscheiden sich beispielsweise die Qualitätsstandards oder Kennzeichnungs- und Verpackungsvorschriften in den einzelnen Mitgliedstaaten voneinander, so bedeutet eine formale Gleichbehandlung inländischer und ausländischer Hersteller, dass ein Hersteller die für den Export bestimmten Produkte an die nationalen Vorschriften des Importlandes anpassen muss. Dadurch entstehen ihm zusätzliche Kosten, die den freien Warenverkehr behindern. Zu ähnlichen Problemen führen Unterschiede in den nationalen Rechtsnormen auch bei der Freizügigkeit von Personen, Dienstleistungen und Kapital.

Es gibt grundsätzlich zwei Wege, derartige Beschränkungen des freien Verkehrs von Gütern und Produktionsfaktoren zu vermeiden (vgl. Barnard 2004: 17ff.). Nach der „zentralistischen" Lösung harmonisiert man die entsprechenden Rechtsnormen zwischen den Mitgliedstaaten. Aber wie wir an anderer Stelle gezeigt haben, ist eine derartige Harmonisierung ein äußerst zeit- und kostenintensiver Prozess. Darüber hinaus ist zu bedenken, dass sich Unterschiede in den nationalen Rechtsnormen der Mitgliedstaaten zumindest teilweise auf Unterschiede in der Wirtschafts- und Sozialstruktur dieser Staaten zurückführen lassen. Reflektieren aber Unterschiede in den nationalen Rechtsnormen die unterschiedlichen Präferenzen der Bevölkerung, so führt eine „Gleichmacherei" durch Harmonisierung zumindest bei einem Teil der Adressaten der entsprechenden Normen zu Wohlfahrtsverlusten.

Der zweite Weg besteht in einer dezentralen Lösung. Danach werden die relevanten Artikel des EG-Vertrages nicht eng als ein Verbot formaler Diskriminierung interpretiert, sondern breiter als allgemeines Beschränkungsverbot. Das bedeutet, dass jede nationale Maßnahme, welche die Freizügigkeit des Waren-, Personen-, Dienstleistungs- und Kapitalverkehrs beschränkt, als unvereinbar mit dem Gemeinschaftsrecht gesehen wird. Eine wichtige Variante dieser dezentralen Lösung besteht darin, die Mitgliedstaaten zu zwingen, Unterschiede in den relevanten nationalen Rechtsnormen wechselseitig anzuerkennen. Der Europäische Gerichtshof hat in zahlreichen Entscheidungen, die alle vier Grundfreiheiten betreffen, diesen Weg beschritten (vgl. auch Herdegen 2003: 225ff.). Gleichzeitig hat er die vertraglich vorgesehenen Rechtfertigungsgründe für Beschränkungen der Grundfreiheiten an harte Voraussetzungen geknüpft, hat aber darüber hinaus auch neue Rechtfertigungsgründe entwickelt, die im Vertrag zumindest nicht explizit vorgesehen sind.

Dieser Ansatz, das Diskriminierungsverbot zu einem Beschränkungsverbot weiterzuentwickeln, bzw. die Mitgliedstaaten zu einer wechselseitigen Anerkennung ihrer unterschiedlichen Regeln zu zwingen, unterstützt einerseits den freien Verkehr von Gütern und Faktoren innerhalb der Gemeinschaft, untergräbt aber andererseits die regulatorische Autonomie der Mitgliedstaaten. Allerdings sichern die vom EuGH anerkannten Rechtfertigungsgründe für Beschränkungen der Grundfreiheiten in den betreffenden Bereichen in gewissem Rahmen die nationale Gestaltungshoheit der Mitgliedstaaten.

Aus ökonomischer Sicht ist die Entscheidung zwischen einem ausgedehnten Beschränkungsverbot (= Unterstützung der vier Grundfreiheiten) und den Rechtfertigungsgründen für Beschränkungen der Grundfreiheiten (= Unterstützung nationaler Regulierungstätigkeit) wie folgt zu bewerten (ähnlich auch Sinn 2003). Liegt Marktversagen vor, dann ist zunächst einmal zu prüfen, ob die Ebene des Mitgliedstaates die für dieses spezifische Marktversagen adäquate Regulierungsebene ist. Stellt sich nun heraus, dass die nationale Norm eine adäquate Antwort auf das spezifische Marktversagen ist, so liegt aus ökonomischer Sicht ein Rechtfertigungsgrund für Beschränkungen der Grundfreiheiten vor. Würde man unter diesen Umständen ein Beschränkungsverbot durchsetzen, so würde die sinnvolle nationale Regulierungsmaßnahme konterkariert und das Marktversagen praktisch durch die Hintertür der Grundfreiheiten ins Haus zurückschleichen. Ist demgegenüber davon auszugehen, dass die nationale Norm keine effiziente Antwort auf das Marktversagen darstellt, sondern vielmehr das Resultat der Bestrebungen von Interessengruppen ist, sich durch die Behinderung des Wettbewerbs Renten anzueignen, so liegt aus ökonomischer Sicht kein Rechtfertigungsgrund für eine Beschränkung der Grundfreiheiten vor.

Im Folgenden werden aus dieser Perspektive die relevanten Vertragsartikel und insbesondere einige grundlegende Entscheidungen des EuGH zu den vier Grundfreiheiten diskutiert, wobei dieses siebente Kapitel die Güter- und Dienstleistungsmärkte zum Gegenstand hat und das achte Kapitel die Faktormärkte behandelt.

7.3 Der freie Warenverkehr

Nach Art. 23 EG ist die Grundlage der Gemeinschaft eine Zollunion. Wie wir bereits an anderer Stelle gezeigt haben, ist eine Zollunion durch eine interne und eine externe Dimension gekennzeichnet. Intern, d.h. im Verhältnis der Mitgliedstaaten untereinander, bedeutet eine Zollunion zunächst einmal die Aufhebung aller Zölle zwischen den Mitgliedstaaten. In Europa ist man allerdings bereits in den Römischen Verträgen sehr viel weiter gegangen und hat mit der Zollunion ein umfassendes Verbot aller möglichen tarifären und nichttarifären Handelshemmnisse verbunden. Verboten sind neben Ein- und Ausfuhrzöllen auch Abgaben gleicher Wirkung, mengenmäßige Ein- und Ausfuhrbeschränkungen sowie Maßnahmen gleicher Wirkung und eine diskriminierende oder protektionistische Besteuerung ausländischer Güter. Diesem Aspekt der Zollunion werden wir uns im Folgenden etwas ausführlicher widmen. Extern, d.h. im Verhältnis zum Rest der Welt, bedeutet eine Zollunion gemeinsame Zölle aller Mitgliedstaaten im Handelsverkehr mit Nicht-Mitgliedstaaten. In der Europäischen Gemeinschaft ist die gemeinsame Zollpolitik Bestandteil einer umfassenden gemeinsamen Handelspolitik, die weiter unten ausführlicher diskutiert werden wird (Kapitel 10).

7.3.1 Das Verbot von Zöllen und Abgaben gleicher Wirkung

Gemäß Art. 25 EG besteht seit dem Vertrag von Amsterdam ein absolutes Verbot von Zöllen und Abgaben gleicher Wirkung, d.h. es sind keine Rechtfertigungsgründe für derartige Abgaben vorgesehen. Der ursprüngliche Art. 12 des EWG-Vertrages enthielt eine Stillhalteklausel, d.h. es war den Mitgliedstaaten verboten, neue Zölle oder Abgaben gleicher Wirkung einzuführen oder bestehende zu erhöhen. Die ursprünglichen Art. 13 bis 17 EWGV enthielten Bestimmungen, nach welchem Verfahren und welchem Zeitplan die bestehenden Zölle und Abgaben gleicher Wirkung abgebaut werden sollten. Es war vorgesehen, innerhalb der allgemeinen Übergangszeit von 12 Jahren, also bis zum 1.1.1970, alle Binnenzölle zu beseitigen. Tatsächlich erreichte man dieses Ziel bereits zum 1.7.1968. Das betraf die sechs Gründungsmitglieder. Beitrittsländer erhielten jeweils Übergangsregelungen.

Am absoluten Zollverbot gab es seit dieser Zeit nichts mehr zu rütteln. Interessant sind aber die „Abgaben gleicher Wirkung", für die ebenfalls ein absolutes Verbot gilt. Es soll verhindern, dass Waren beim Grenzübertritt mit zusätzlichen Kosten belegt werden, die genau so wie Zölle wirken, sich aber hinter einem „harmloseren" Namen verstecken. So überrascht es nicht, dass sich der EuGH bereits kurz nach Vollendung des Abbaus der Binnenzölle mit der Frage zu beschäftigen hatte, ob bestimmte Gebühren als zollgleiche Abgaben zu werten seien. In der Rechtssache *Diamantarbeiders* (Rs. 2 und 3/69, Slg. 1969, 211, 222) lieferte der EuGH eine Definition der zollgleichen Abgabe (siehe hierzu auch die Rechtssache *Kommission/Italien*, Rs. 24/68, Slg. 1969, 193, sowie die ausführlichen Kommentare bei Barnard 2004: 36 ff.):

> „Eine – auch noch so geringe – den in- oder ausländischen Waren wegen ihres Grenzübertritts einseitig auferlegte finanzielle Belastung stellt sonach, wenn sie kein Zoll im eigentlichen Sinne ist, unabhängig von ihrer Bezeichnung und der Art ihrer Erhebung eine Abgabe gleicher Wirkung im Sinne von Art. 9 und 12 dar, selbst wenn sie nicht zugunsten des Staates erhoben wird und keine diskriminierende oder protektionistische Wirkung hat und wenn die belastete Ware nicht mit inländischen Erzeugnissen in Wettbewerb steht."

In zahlreichen späteren Entscheidungen legte der EuGH fest, dass Gebühren wie beispielsweise Statistikgebühren, Löschungsgebühren, Gebühren für gesundheitspolizeiliche oder tierärztliche Untersuchungen von Waren, Gebühren für die Durchführung von Qualitätskontrollen oder Lagergebühren, die bei der Zollvorführung von Waren aus anderen Mitgliedstaaten erhoben werden, als zollgleiche Abgaben zu werten seien und insofern gegen Gemeinschaftsrecht verstießen. Wie für Binnenzölle gibt es auch für zollgleiche Abgaben keine Rechtfertigungsgründe. Ende der achtziger Jahre legte der EuGH in der Rechtssache *Kommission/Deutschland* Bedingungen dafür fest, dass eine Abgabe keine zollgleiche Wirkung haben und insofern zulässig sein kann (Rs. 18/87, Slg. 1988, 5427):

- Die Abgabe ist Teil einer allgemeinen Gebührenregelung, die für inländische und ausländische Waren gleichermaßen gilt, oder
- die Abgabe stellt ein angemessenes Entgelt für einen dem Wirtschaftsteilnehmer tatsächlich geleisteten Vorteil dar, oder
- die Abgabe stellt eine EG-rechtlich vorgeschriebene Maßnahme dar, wobei diese Abgabe die entstandenen Kosten nicht überschreiten darf sowie

gleichmäßig und obligatorisch erhoben werden muss. Außerdem muss die Maßnahme im Interesse der Gemeinschaft (und nicht einzelner Mitgliedstaaten) liegen und den freien Warenverkehr begünstigen.

Wir sehen also: Das Gemeinschaftsrecht verbietet sehr strikt den Einsatz von Binnenzöllen oder von Abgaben, die Zöllen hinreichend nahe kommen. Hierfür gibt es generell keine Rechtfertigungsgründe.

7.3.2 Verbot diskriminierender oder protektionistischer Besteuerung ausländischer Waren

Wie wir gesehen haben, sind Abgaben, die aus Anlass oder im Zusammenhang mit dem Grenzübertritt von Waren erhoben werden, nur in sehr seltenen Ausnahmefällen zulässig. Andererseits wird anerkannt, dass die Mitgliedstaaten in ihrer Steuerpolitik autonom sind. Sie können aus wirtschafts- und sozialpolitischen Gründen einzelne Waren mit unterschiedlichen Steuersätzen belegen und sind dadurch auch in der Lage, ihr internes Steuersystem so zu gestalten, dass Güter mit objektiven Merkmalen, die typischerweise bei importierten Gütern und weniger häufig bei inländischen Gütern auftreten, mit höheren Steuersätzen versehen werden. Eine derartige Diskriminierung nach Produktmerkmalen kann der Verfolgung bestimmter gemeinschaftsrechtlich anerkannter Ziele dienen, sie kann aber auch dazu genutzt werden, inländische Produzenten gegenüber der ausländischen Konkurrenz abzuschirmen. In diesem Fall kann die Wirkung eines Systems differenzierter indirekter Steuern der Wirkung von Zöllen und zollgleichen Abgaben sehr nahe kommen.

Um zu vermeiden, dass an die Stelle von Zöllen und zollgleichen Abgaben diskriminierende oder protektionistische Systeme indirekter Steuern treten, verbietet Art. 90 EG eine derartige Besteuerung. (Trotz des engen Zusammenhangs zwischen Art. 25 und Art. 90 EG war ursprünglich der Vorläufer von Art. 25 EG (ex-Art. 12) im zweiten Teil des Vertrages („Grundlagen der Gemeinschaft") untergebracht, während Art. 90 EG (ex-Art. 95) im dritten Teil placiert wurde. Dies veranlasste einige Autoren, Art. 90 EG als subsidiär zu den Art. 23–25 EG anzusehen. Seit dem Vertrag von Amsterdam sind beide Artikel Bestandteil des dritten Teils des Vertrages („Die Politiken der Gemeinschaft")).

Im Einzelfall ist die Unterscheidung zwischen differenzierten indirekten Steuersätzen, die der Verfolgung hehrer Ziele dienen, und solchen, die aufgrund des strikten Zollverbots den Marktzutritt für ausländische Anbieter erschweren sollen, nicht immer leicht zu treffen. Hier nur einige Beispiele aus der EuGH-Rechtsprechung (Barnard 2004: 46):

- In der Rechtssache *Bergandi* (Rs. 252/86, Slg. 1988, 1343) hielt es der EuGH für gerechtfertigt, dass Frankreich bestimmte Typen von Spielautomaten höher besteuert als andere, um von der Nutzung dieser Automaten abzuschrecken.
- Ebenso hielt es der EuGH für zulässig, dass Italien (mit dem Ziel, die Landwirtschaft zu unterstützen) denaturierten synthetischen Alkohol

mit Erdöl als Grundlage höher besteuert als denaturierten Alkohol, der durch Vergärung gewonnen wird (*Chemial Farmaceutici*, Rs. 140/79, Slg. 1981, 1).

- Andererseits wird die differenzierte Besteuerung unterschiedlicher alkoholischer Getränke vom EuGH gewöhnlich als Protektionismus angesehen – wie etwa die günstigere Besteuerung von Bier im Vergleich zu Wein beim Bierproduzenten Großbritannien (*Kommission/UK*, Rs. 170/78, Slg. 1980, 417). Ein anderer Fall betraf Frankreich, das die dort vorherrschend produzierten Spirituosen auf Obstbasis (wie Cognac, Calvados, Armagnac) günstiger besteuerte als Spirituosen auf Getreide- oder einer anderen Basis (wie Whisky, Rum, Gin) (*Kommission/Frankreich*, Rs. 168/78, Slg. 1980, 347).

Art. 90 EG zielt auf zwei Arten der Behinderung des freien Warenverkehrs durch nationale Systeme der indirekten Besteuerung. Satz 1 enthält ein Verbot der diskriminierenden Besteuerung gleichartiger in- und ausländischer Güter (z.B. in- und ausländischen Biers). Satz 2 enthält demgegenüber ein Verbot der protektionistischen Besteuerung nicht gleichartiger Güter, die in einer Substitutionsbeziehung zueinander stehen (z.B. Bier und billiger Wein).

Da die Rechtsfolgen sehr unterschiedlich sind, je nachdem ob es sich um gleichartige, um substituierbare oder um nicht-substituierbare Güter handelt, hat sich der EuGH in mehreren Entscheidungen dieser Abgrenzung widmen müssen. Insbesondere bei der Abgrenzung zwischen substituierbaren und nicht-substituierbaren Gütern scheint sich der Gerichtshof eher einer „impressionistischen" Vorgehensweise bedient zu haben (vgl. Barnard 2004: 50 ff.). Es lassen sich die folgenden Fälle unterscheiden:

- Handelt es sich um gleichartige Waren, so ist jede direkte Diskriminierung der ausländischen Konkurrenten durch unterschiedliche Steuersätze oder unterschiedliche Berechnungsmethoden rechtswidrig und somit zu beseitigen. Auch eine indirekte Diskriminierung, d.h. eine Differenzierung nach objektiven, nicht herkunftsbezogenen Merkmalen, die faktisch zu einer Diskriminierung ausländischer Anbieter führt (z.B. steuerliche Begünstigung starker gegenüber leichten Zigaretten in Frankreich), ist gewöhnlich rechtswidrig, kann aber unter Umständen aus Gründen des Umweltschutzes, des Verbraucherschutzes, der Regionalentwicklung, der Unterstützung der Landwirtschaft etc. gerechtfertigt werden, sofern der Grundsatz der Verhältnismäßigkeit nicht verletzt wird.
- Handelt es sich um nicht-gleichartige, aber substituierbare Waren, so ist eine Besteuerung mit protektionistischer Wirkung für die betroffenen inländischen Anbieter rechtswidrig. Die Besteuerung ist so zu verändern, dass die protektionistische Wirkung beseitigt wird, was nicht notwendigerweise eine Gleichbehandlung inländischer und ausländischer Waren bedeutet.
- Handelt es sich um nicht-gleichartige, nicht-substituierbare Waren, so besteht kein Handlungsbedarf.

Behindern Unterschiede in der nationalen Besteuerung der Waren den freien Warenverkehr, so besteht noch eine andere Möglichkeit, dieses Hindernis aus dem Weg zu räumen: die Harmonisierung der indirekten Steuern (also die „zentralistische" Lösung). Tatsächlich ermächtigt Art. 93 EG die Gemeinschaft zur Harmonisierung der indirekten Steuern. Diese kann allerdings nur einstimmig erfolgen. So überrascht es nicht, dass eine Annäherung in diesem Bereich nur sehr langsam vorangekommen ist. Aufgrund ihrer besonderen Bedeutung für den freizügigen Warenverkehr diskutieren wir im folgenden Abschnitt etwas ausführlicher die Bemühungen zur Annäherung der nationalen Umsatzsteuersysteme, den gegenwärtigen Stand der Harmonisierung in diesem Bereich sowie die Konsequenzen für den freien Warenverkehr.

7.3.3 Mehrwertsteuern und freizügiger Warenverkehr

Unterschiedliche Systeme der indirekten Besteuerung und unterschiedliche Steuersätze können den Handel mit Gütern und Dienstleistungen innerhalb der Gemeinschaft beeinflussen und eine effiziente Arbeitsteilung und Spezialisierung behindern. Dies gilt in um so stärkerem Maße, je mehr sonstige Handelshemmnisse abgebaut sind. Es ist somit nur konsequent, wenn die EWG bereits relativ früh den Versuch unternahm, die indirekten Steuern in den Mitgliedstaaten zu vereinheitlichen. Die am 11.4.1967 erlassenen ersten beiden Mehrwertsteuerrichtlinien (RL 67/227/EWG und 67/228/EWG) sahen die Einführung der Mehrwertsteuer als einheitliche Form der Umsatzsteuer in allen EWG-Staaten vor. Dadurch wurde 1968 z.B. in Deutschland die aus dem Jahre 1918 stammende Bruttoumsatzsteuer durch die Mehrwertsteuer (d.h. die Allphasen-Nettoumsatzsteuer mit Vorsteuerabzug) ersetzt. Es dauerte dann noch einmal 10 Jahre, bis die 6. Umsatzsteuerrichtlinie (RL/77/388/EWG) des Rates vom 17.5.1977 eine weitgehende Angleichung der steuerlichen Bemessungsgrundlagen bewirkte (Oppermann 2005: 368). Diese Richtlinie wurde mehr als 30 mal geändert und 2006 durch die konsolidierte Richtlinie 2006/112/EG, die allerdings keine weiteren inhaltlichen Änderungen mit sich brachte, ersetzt.

Die Harmonisierung der Mehrwertsteuersätze hat zwar zu gewissen Annäherungen geführt. Allerdings bestehen bis heute noch beträchtliche Unterschiede. Die Steuersatz-Richtlinie von 1992 (RL 92/77/EWG) hat einen Normaltarif mit einem Mindestsatz von 15 % eingeführt, wobei allerdings zahlreiche Abweichungen und Ausnahmen möglich sind. Anfang 2009 ergab sich folgendes Bild (siehe Tabelle 7.2):

Tabelle 7.2 Mehrwertsteuersätze in den Mitgliedstaaten der EU (Stand: Januar 2009)

Mitgliedstaaten	*Stark ermäßigter Satz*	*Ermäßigter Satz*	*Normalsatz*	*Zwischensatz*	*Mitgliedstaaten*	*Stark ermäßigter Satz*	*Ermäßigter Satz*	*Normalsatz*
EU-15					EU-12			
Belgien		6/12	21	12	Bulgarien		7	20
Dänemark			25		Estland		5	18
Deutschland		7	19		Lettland		10	21
Finnland		8/17	22		Litauen		5/9	19
Frankreich	2,1	5,5	19,6		Malta		5	18
Griechenland	4,5	9	19		Polen	3	7	22
Irland	4,8	13,5	21,5	13,5	Rumänien		9	19
Italien	4	10	20		Slowenien		8,5	20
Luxemburg	3	6/12	15	12	Slowakei		10	19
Niederlande		6	19		Tschechien		9	19
Österreich		10	20	12	Ungarn		5	20
Portugal		5/12	20	12	Zypern		5/8	15
Schweden		6/12	25					
Spanien	4	7	16					
Ver. Königreich		5	15					

Quelle: EU-Kommission 2009

- Die Normalsätze schwanken zwischen 15 % und 25 %.
- Einige Länder haben ein stark differenziertes System von ermäßigten Sätzen.
- Außerdem haben einige Länder bestimmte Leistungen völlig von der Mehrwertsteuer befreit.

Aufgrund der spürbaren Unterschiede in der indirekten Besteuerung zwischen den Mitgliedstaaten ist es für die Effizienz der Ressourcenallokation (sowie für die Verteilung der Steueraufkommen auf die beteiligten Staaten) von Bedeutung, nach welchem Prinzip indirekte Steuern auf Güter und Dienstleistungen im grenzüberschreitenden Handel erhoben werden:

- Beim Ursprungslandprinzip wird das Gut dort besteuert, wo es produziert wird. Das Umsatzsteueraufkommen fließt ausschließlich dem Fiskus des exportierenden Landes zu.
- Beim Bestimmungslandprinzip wird das Gut dort besteuert, wo es konsumiert wird. Beim Grenzübertritt werden die Waren von den indirekten Steuern des Exportlandes befreit und mit den indirekten Steuern des Importlandes belegt. Das Mehrwertsteueraufkommen fließt ausschließlich dem Fiskus des importierenden Landes zu (vgl. Homburg 2005: 303 ff.; Fuest 2001: 470 ff.).

Beide Prinzipien haben ihre Vor- und Nachteile: Nehmen wir an, in zwei Ländern (A und B) wird ein homogenes, international handelbares Konsumgut produziert und konsumiert. Auf allen Märkten herrscht vollständige Konkurrenz, es bestehen keine tarifären und nicht-tarifären Handelshemmnisse, keine Transportkosten und keine Informationskosten. Bei Erhebung einer Mehrwertsteuer fallen nun die Nettopreise (d.h. die Preise, welche die Produzenten erhalten) und die Bruttopreise (d.h. die Preise, welche die Konsumenten zu zahlen haben) auseinander. Auf alle Fälle werden sich innerhalb jedes Landes die Bruttopreise für inländische und importierte Produkte angleichen, da die Konsumenten anderenfalls die teureren durch die billigeren Güter substituieren würden. Ob sich zwischen den Ländern die Brutto- oder die Nettopreise angleichen, hängt davon ab, nach welchem Prinzip die indirekten Steuern im grenzüberschreitenden Handel erhoben werden.

Beim Bestimmungslandprinzip werden Importgüter und im Inland produzierte Güter gleichermaßen mit dem inländischen Steuersatz belastet. Es gilt dann – im Gleichgewicht – für die Bruttopreise:

im Land A

$$q^A = P^A (1 + \theta^A) = P^B (1 + \theta^A)$$

und im Land B

$$q^B = P^A (1 + \theta^B) = P^B (1 + \theta^B)$$

woraus folgt, dass in beiden Ländern gilt:

$$P^A = P^B$$

(wobei q^A, q^B = Bruttopreise in Land A und B; P^A, P^B = Nettopreise in Land A und B; θ^A, θ^B = Mehrwertsteuersätze in Land A und B).

Die Produzenten erhalten somit trotz der unterschiedlichen Steuersätze in beiden Ländern die gleichen Preise. Die Konsumenten werden dazu veranlasst, das Gut dort zu kaufen, wo es zu den geringsten Kosten produziert wird. Die internationale Allokation der Produktion wird somit durch die unterschiedlichen Mehrwertsteuersätze nicht verzerrt (d.h. es wird eine maximale Produktion erreicht). Die Konsumenten werden in jedem Mitgliedstaat solange teurere durch billigere Produkte ersetzen, bis die letzte Einheit in allen Staaten zu den gleichen Grenzkosten produziert wird.

Es bestehen aber auch Nachteile des Bestimmungslandprinzips:

- Die internationale Allokation des Konsums wird verzerrt, da sich die Konsumenten unterschiedlichen Preisen gegenübersehen.
- Es funktioniert bei Dienstleistungen nur eingeschränkt oder gar nicht (z.B. müsste ein französischer Friseur unterschiedliche Mehrwertsteuersätze für französische und deutsche Kunden berechnen).
- Es muss festgestellt werden, welche Güter die Grenze überschreiten, um den Exporteuren die im Inland gezahlte Mehrwertsteuer zu ersetzen. Das wird zu einem praktischen Problem in der EU, wo man die Grenzkontrollen abgebaut hat.

Beim Ursprungslandprinzip werden im Inland produzierte Güter mit der heimischen Mehrwertsteuer belastet, unabhängig davon, wo sie konsumiert werden. Entsprechend werden alle im Ausland produzierten Güter mit der ausländischen Mehrwertsteuer belastet, unabhängig davon, wo sie konsumiert werden. Für die Bruttopreise in beiden Ländern gilt dann:

$q^A = q^B$, bzw.
$P^A (1 + \theta^A) = P^B (1 + \theta^B)$.

Daraus folgt, dass sich bei unterschiedlichen Steuersätzen ($\theta^A \neq \theta^B$) die Produzentenpreise unterscheiden müssen ($P^A \neq P^B$). Es kommt somit zu einer internationalen Verzerrung der Produktion, während die internationale Allokation des Konsums nicht verzerrt ist.

Ein wichtiges Resultat der Theorie der optimalen Besteuerung besteht darin, dass Steuern vermieden werden sollten, wenn sie Produktionsentscheidungen verzerren. Unter diesem Aspekt ist das Bestimmungslandprinzip dem Ursprungslandprinzip vorzuziehen. Bestehen allerdings flexible Arbeitsmärkte, sind die Arbeitnehmer international immobil und werden alle Güter jeweils mit einem einheitlichen nationalen Mehrwertsteuersatz besteuert, so sind beide Prinzipien äquivalent, da höhere Mehrwertsteuersätze durch geringere Nominallöhne wieder ausgeglichen werden (vgl. Homburg 2005: 304 ff.).

Tatsächlich basierte die Erhebung der Mehrwertsteuer in den Mitgliedstaaten der EG bis Anfang der 90er Jahre auf dem Bestimmungslandprinzip. Mit dem Abbau der Grenzkontrollen innerhalb der EG seit dem 1.1.1993 entstand nun das Problem, dass zur Aufrechterhaltung des Bestimmungslandprinzips andere Formen der Kontrolle erforderlich wurden, um zu verhindern, dass Unternehmen ihre Produktion bzw. Handelsware als Exportware deklarieren und einen entsprechenden Grenzausgleich erhalten, obwohl sie die Ware tatsächlich inklusive eines (nicht deklarierten und nicht abgeführten) Mehrwertsteueraufschlages an inländische Endverbraucher veräußert haben.

Um derartige Probleme zu vermeiden, existiert seit dem 1.1.1993 eine Übergangsregelung, die eine befristete Beibehaltung des Bestimmungslandprinzips trotz Abschaffung der innergemeinschaftlichen Grenzkontrollen ermöglichen soll. Diese Übergangsregelung war ursprünglich bis zum 31.12.1996 befristet, bleibt aber bis zur Entscheidung des Rates für ein endgültiges System weiterhin in Kraft.

Diese Übergangsregelung hat die folgenden Merkmale:

- Für den innergemeinschaftlichen gewerblichen Warenverkehr wurde das Bestimmungslandprinzip beibehalten. Zur Vermeidung von Steuerhinterziehung ist als Ersatz für die weggefallenen Grenzkontrollen ein EDV-gestütztes Mehrwertsteuer-Meldesystem eingeführt worden. Es basiert auf Umsatzsteuer-Identifikationsnummern für alle Unternehmen der EU und den sog. „zusammengefassten Meldungen" an die zuständigen Finanzämter mit Angaben des Umsatzvolumens sowie der Umsatzsteuer-Identifikationsnummer des Erwerbers bzw. des Lieferanten, die zum EU-weiten Abgleich an eine zentrale Meldestelle weitergeleitet werden (vgl. Reding/Müller 1999: 442ff.). Durch diese Verlagerung der steuerlichen Grenzformalitäten in die Unternehmen entstand für diese z.T. ein beträchtlicher zusätzlicher Verwaltungsaufwand.
- Für den innergemeinschaftlichen Reiseverkehr (d.h. Direktkäufe von Konsumenten im Ausland) gilt innerhalb der EU das Ursprungslandprinzip. Problem: Es kommt zu Wettbewerbsverzerrungen in grenznahen Regionen, wenn größere Unterschiede in den Mehrwertsteuersätzen bestehen (Beispiel: DK = 25%; D = 19%). Da sich in den grenznahen Regionen tendenziell die Konsumentenpreise annähern werden, kommt es zu Unterschieden in den Produzentenpreisen und damit zu einer Verzerrung der internationalen Allokation der Produktion: Es wird zuviel in dem Land mit geringem Mehrwertsteuersatz und zu wenig in dem Land mit dem hohen Mehrwertsteuersatz produziert.
- Für innergemeinschaftliche Versendungslieferungen und den Verkauf von Neufahrzeugen (inkl. Schiffen und Flugzeugen) gilt auch bei Verkäufen an Privatpersonen das Bestimmungslandprinzip. Der Grund ist leicht nachzuvollziehen: Zum einen unterscheiden sich bei Versandhäusern die Versandkosten innerhalb der EU nur wenig; das Ursprungslandprinzip würde daher zu starken Wettbewerbsverzerrungen führen. Zum anderen würde es sich bei Geltung des Ursprungslandprinzips aufgrund der hohen Beschaffungspreise von Neuwagen für Privatpersonen lohnen, neue Fahrzeuge gezielt in Ländern mit geringen Mehrwertsteuersätzen zu kaufen und direkt zu importieren. In beiden Fällen würde eine spürbare Verzerrung der internationalen Allokation der Produktion resultieren.

Gemäß der Änderung der 6. Mehrwertsteuerrichtlinie vom 16.12.1991 soll – nach Abschluss der Übergangsregelung – bei Umsätzen innerhalb der Gemeinschaft generell das Ursprungslandprinzip angewendet werden, da das Bestimmungslandprinzip als unvereinbar mit dem Abbau der Grenzkontrollen angesehen wird. Aufgrund der durch das Ursprungslandprinzip verursachten Wettbewerbsverzerrungen hat die Kommission einen Vorschlag gemacht, der eine Mischung aus beiden Prinzipien darstellt („Binnenmarktprinzip"). Die Grundidee dieses Vorschlags besteht darin, dass Importeure die im Preis der importierten Ware enthaltene Mehrwertsteuer als Vorsteuer abziehen können. Damit würden Wettbewerbsverzerrungen vermieden, da bei Importen aus Ländern mit höheren Mehrwertsteuersätzen auch höhere Vorsteuern abgezogen werden können.

Ein Problem dieses Vorschlages liegt darin, dass er eine beträchtliche Umverteilung des Umsatzsteueraufkommens zwischen den Mitgliedstaaten induziert – und zwar zu Lasten der Netto-Importländer und zugunsten der Netto-Exportländer. Aus diesem Grunde wurde vorgeschlagen, ein Clearingsystem einzurichten, das dafür sorgt, dass die an inländische importierende Unternehmen erstattete Vorsteuer vom begünstigten Clearingpartner (dem exportierenden Staat) zurückerstattet wird. Dann würde die Verteilung des Steueraufkommens derjenigen bei Gültigkeit des Bestimmungslandprinzips entsprechen.

Wir sehen: Die Tatsache, dass die indirekten Steuern innerhalb der Gemeinschaft nicht harmonisiert sind, wirft in einem gemeinsamen Markt erhebliche Probleme auf. Einer völligen Harmonisierung der Mehrwertsteuersätze stehen allerdings unterschiedliche nationale Präferenzen bezüglich der Zusammensetzung von direkten und indirekten Steuern im Wege.

7.3.4 Verbot mengenmäßiger Ein- und Ausfuhrbeschränkungen und Maßnahmen gleicher Wirkung

Art. 28 und 29 EG enthalten ein Verbot mengenmäßiger Ein- und Ausfuhrbeschränkungen sowie ein Verbot von Maßnahmen gleicher Wirkung. Dabei sind insbesondere Importbeschränkungen von Bedeutung, da die Mitgliedstaaten immer wieder dazu neigen, Einfuhrzölle, für die ja ein absolutes Verbot besteht, zum Schutz der eigenen Industrie durch nicht-tarifäre Handelshemmnisse zu ersetzen. Mengenmäßige Exportbeschränkungen gibt es auch. Sie beziehen sich zum einen auf ökonomisch sensitive Produkte wie beispielsweise Erdöl, zum anderen auf politisch sensible Produkte wie Waffen oder Kulturgüter. Während der erste Teil der beiden Artikel klar definiert ist (Verbot von Import- und Exportkontingenten; das betrifft natürlich auch den Extremfall eines Import- oder Exportverbotes, d.h. eines Kontingents von null), sind die „Maßnahmen gleicher Wirkung" interpretationsbedürftig. Hier hat der EuGH zu Art. 28 EG ein umfangreiches Fallrecht entwickelt, auf das im Weiteren noch einzugehen sein wird.

Anders als das Zollverbot aus Art. 25 EG, das ein absolutes Verbot ist, gibt es für Abweichungen vom Verbot mengenmäßiger Ein- und Ausfuhrbeschränkungen und Maßnahmen gleicher Wirkung Rechtfertigungsgründe, die in Art. 30 EG aufgeführt sind. Danach sind mengenmäßige Beschränkungen und Maßnahmen gleicher Wirkung zulässig, wenn sie der Realisierung der folgenden nationalen Ziele dienen (vgl. hierzu auch im Einzelnen Barnard 2004: 64 ff.), d.h. wenn sie zur Herstellung der entsprechenden öffentlichen Güter dienen:

- Öffentliche Sittlichkeit (z.B. Verbot des Imports pornographischer Schriften)
- Öffentliche Ordnung (wird vom EuGH allerdings sehr eng definiert und dient somit sehr selten als Rechtfertigungsgrund)
- Öffentliche Sicherheit (wird vom EuGH großzügiger ausgelegt als der Rechtfertigungsgrund „Schutz der öffentlichen Ordnung")
- Schutz der Gesundheit und des Lebens von Menschen, Tieren oder Pflanzen (dieser Rechtfertigungsgrund wird am häufigsten geltend gemacht)
- Schutz des nationalen Kulturguts von künstlerischem, geschichtlichem oder archäologischem Wert (bisher hat der EuGH noch keinen Fall entschieden, der auf dieser Rechtfertigung basiert)
- Schutz des gewerblichen und kommerziellen Eigentums (siehe Box 7.1)

Die Anwendung dieser Rechtfertigungsgründe darf allerdings nicht zu willkürlicher Diskriminierung oder zu versteckten Handelsbeschränkungen führen (Art. 30, 2 EG). Dabei prüft der Gerichtshof, ob der Grundsatz der Verhältnismäßigkeit beachtet wurde, d.h. ob die entsprechende Maßnahme geeignet und erforderlich ist, um das entsprechende Ziel zu erreichen. Die Beweislast, dass der Grundsatz der Verhältnismäßigkeit beachtet wurde, liegt bei dem entsprechenden Mitgliedstaat. Eine Berufung auf Art. 30 EG ist nur möglich, wenn keine Gemeinschaftsregel existiert, d.h. wenn keine Harmonisierung nationaler Rechtsnormen erfolgt ist.

Box 7.1: Intellektuelle Eigentumsrechte und Warenverkehrsfreiheit

Patentrechte, Urheberrechte und ähnliche intellektuelle Eigentumsrechte stellen einen praktisch und theoretisch besonders interessanten Rechtfertigungsgrund für mengenmäßige Beschränkungen des freien Warenverkehrs dar. Das Grundproblem besteht in Folgendem. Einerseits haben Patentrechte, Urheberrechte und verwandte Schutzrechte die wichtige Funktion, die wirtschaftlichen Akteure zu Innovationen bzw. schöpferischer Tätigkeit zu ermutigen. Andererseits beziehen sich diese Rechte grundsätzlich auf das Territorium eines bestimmten Staates, so dass immer die Gefahr besteht, dass sie zur Abschottung der nationalen Märkte und somit zur Behinderung des freien Warenverkehrs missbraucht werden. Der EuGH hatte in diesem Zusammenhang in einer Reihe von Fällen zu entscheiden, ob es dem Inhaber eines Schutzrechtes erlaubt ist, den Parallelimport von Erzeugnissen zu verhindern, die durch ein Patent oder ähnliche intellektuelle Eigentumsrechte geschützt werden.

Der EG-Vertrag ist hier nicht eindeutig. Einerseits lässt er gemäß Art. 295 EG die Eigentumsordnung – und hierzu gehören auch die intellektuellen Eigentumsrechte – in den verschiedenen Mitgliedstaaten unberührt. Diese Bestimmung wird auch durch den Rechtfertigungsgrund des Schutzes gewerblichen und kommerziellen Eigentums aus Art. 30 EG unterstützt. Andererseits fordert Art. 28 EG freien Warenverkehr, und Art. 30 Abs. 2 EG bestimmt, dass die Rechtfertigungsgründe entfallen, wenn sie eine willkürliche Diskriminierung oder eine versteckte Handelsbeschränkung darstellen. Der EuGH versöhnte in mehreren Entscheidungen diese beiden Aspekte, indem er zwischen dem Bestand und der Ausübung von intellektuellen Eigentumsrechten unterschied. Der Bestand, d.h. die Bedingungen und Verfahren der Verleihung intellektueller Eigentumsrechte, gehört gemäß Art. 295 EG in den Verantwortungsbereich der Mitgliedstaaten. Die Ausübung der intellektuellen Eigentumsrechte fällt demgegenüber in den Verantwortungsbereich der Gemeinschaft.

Können nun unter Hinweis auf bestehende Schutzrechte Parallelimporte aus anderen Mitgliedstaaten verhindert werden? Der EuGH stellte in mehreren Urteilen klar, dass Parallelimporte aus anderen Mitgliedstaaten von patent-geschützten Erzeugnissen nicht verhindert werden können, wenn diese Erzeugnisse durch den Inhaber des Schutzrechtes selbst oder mit seiner Zustimmung in diesem anderen Mitgliedstaat erstmals in Verkehr gebracht wurden. Das Schutzrecht ist mit der freien Entscheidung über die erstmalige Vermarktung erschöpft, ein weiterer Vertrieb der Ware kann durch den Inhaber des Schutzrechtes nicht mehr verhindert werden. Die Verhinderung von Parallelimporten ist allerdings dann zulässig, wenn die geschützte Ware in dem anderen Mitgliedstaat nicht mit Zustimmung und gegen den freien Willen des Rechteinhabers (z.B. aufgrund einer Zwangslizenz) erstmalig in Verkehr gebracht wurde.

Beispiel:

Die Firma „Sterling Drug" war Inhaber eines Patents an dem Medikament „Negram". Der Patentschutz wurde in verschiedenen Mitgliedstaaten entsprechend den nationalen Vorschriften gewährt. Da das Medikament in Großbritannien zu deutlich geringeren Preisen als in den Niederlanden verkauft wurde, kaufte der Parallelimporteur „Centrafarm" große Mengen des Medikaments in Großbritannien, um sie mit Gewinn in den Niederlanden zu verkaufen. „Sterling Drug" klagte auf Patentverletzung, um den Parallelimport zu unterbinden. Der EuGH sah den Patentschutz als erschöpft an und untersagte „Sterling Drug", Parallelimporte zu verhindern (Rs. 15/74, Slg. 1974, 1147). (Vgl. Barnard 2004: 155 ff.; Craig/De Búrca 2003: 1088 ff.; Herdegen 2003: 241 ff.).

Was aber hat man nun unter „Maßnahmen gleicher Wirkung" (wie einer mengenmäßigen Beschränkung) zu verstehen? Hierzu entwickelte der EuGH im Laufe der Jahre ein ausgeklügeltes Fallrecht. Einige bahnbrechende Entscheidungen sollen etwas ausführlicher diskutiert werden.

7.3.4.1 Die Entscheidung Dassonville (1974)

Im Jahre 1974 lieferte der EuGH in der Entscheidung *Dassonville* eine sehr breite Definition des Begriffs „Maßnahmen gleicher Wirkung". In diesem Fall ging es um eine belgische Importfirma, die strafrechtlich verfolgt wurde, weil sie Scotch Whisky aus Frankreich nach Belgien, d.h. nicht direkt vom britischen Hersteller, sondern über eine französische Vertriebsgesellschaft importiert hatte, ohne eine – nach belgischem Recht erforderliche – Ursprungsbescheinigung der britischen Zollbehörden zu besitzen. Solche Bescheinigungen sind beim Direktimport aus England relativ leicht zu erhalten, nicht aber beim Import aus Frankreich. Nachdem das zuständige Brüsseler Strafgericht den EuGH gemäß Art. 234 EG zur Vorabentscheidung die Frage vorgelegt hatte, ob die Bestimmung des nationalen belgischen Rechts als „Maßnahme gleicher Wirkung" im Sinne von Art. 28 EG aufzufassen sei, bestätigte der EuGH die Rechtsauffassung des belgischen Importeurs Dassonville in einem Grundsatzurteil, das als entscheidende Aussage die „Dassonville-Formel" enthält (Box 7.2).

> *Box 7.2: Die Dassonville-Formel*
>
> „Jede Handelsregelung der Mitgliedstaaten, die geeignet ist, den innergemeinschaftlichen Handel unmittelbar oder mittelbar, tatsächlich oder potentiell zu behindern, ist als Maßnahme mit gleicher Wirkung wie eine mengenmäßige Beschränkung anzusehen" (EuGH, Rs. 8/74, Slg. 1974, 837, Rn. 5).

Hierdurch wird der Begriff der „Maßnahme gleicher Wirkung" äußerst extensiv ausgelegt (vgl. ausführlich Barnard 2004: 87 ff.). So zählen beispielsweise zu den Maßnahmen gleicher Wirkung auch nationale Rechtsnormen, die inländische Produzenten und Importeure formal gleich behandeln, aber faktisch zu einer versteckten Diskriminierung von in- und ausländischen Wettbewerbern führen. Das war etwa bei einer britischen Regelung der Fall, wonach in Großbritannien vermarktete H-Milch in einer im Inland zugelassenen Molkerei verpackt und sterilisiert werden musste (vgl. Herdegen 2003: 231). Auch andere staatliche Maßnahmen als rechtliche Beschränkungen, wie beispielsweise Werbekampagnen zur Förderung des Absatzes inländischer Waren (*Buy Irish*, Rs. 249/81, Slg. 1982. 4005), oder staatliches Unterlassen, wie beispielsweise die Untätigkeit französischer Behörden bei gewalttätigen Protesten französischer Landwirte gegen importiertes Obst und Gemüse aus anderen Mitgliedstaaten (*Spanish strawberries*, Rs. C-265/95, Slg. 1997, I–6990) werden als Maßnahmen gleicher Wirkung im Sinne von Art. 28 EG angesehen. *Dassonville* ist folglich eine Grundentscheidung zur Liberalisierung des Handels.

7.3.4.2 Die Entscheidung Cassis de Dijon (1979)

Fünf Jahre nach der Dassonville-Entscheidung hat der EuGH in der Entscheidung *Cassis de Dijon* das Verbot der „Maßnahmen gleicher Wirkung" näher präzisiert (Rs. 120/78, Slg. 1979, 649). Im konkreten Fall beabsichtigte die deutsche Handelskette REWE, aus Frankreich einen größeren Posten französischen Johannisbeerlikörs mit der Bezeichnung „Cassis de Dijon" nach Deutschland einführen. Der Alkoholgehalt dieses Fruchtlikörs liegt zwischen 15 und 20 Volumenprozent. Die deutsche Bundesmonopolverwaltung untersagte der Firma REWE diesen Import, weil das deutsche Branntweinmonopolgesetz für Fruchtliköre einen Mindestalkoholgehalt von 25 % verlangt.

Das von REWE angerufene Finanzgericht Kassel legte dem EuGH gemäß Art. 234 EG die Frage vor, ob durch das deutsche Branntweinmonopolgesetz eine unzulässige Einfuhrbeschränkung mengengleicher Wirkung geschaffen worden sei. In seinem Urteil bestätigte der EuGH zunächst die in der „Dassonville-Formel" enthaltene weite Auslegung des Begriffs der mengengleichen Einfuhrbeschränkung und stellte fest, dass jedes in einem Mitgliedstaat rechtmäßig hergestellte und in den Verkehr gebrachte Erzeugnis grundsätzlich auf dem Markt der anderen Mitgliedstaaten zuzulassen sei (Ursprungslandprinzip, Prinzip der gegenseitigen Anerkennung). Auch solche nationalen technischen Vorschriften und Handelsregelungen, die unterschiedslos für heimische und Importerzeugnisse gelten, verstoße somit zunächst einmal gegen Art. 28 EG, wenn sie den freien Warenverkehr behindern – es sei denn, es liegen besondere Rechtfertigungsgründe vor.

Box 7.3: Wechselseitige Anerkennung: Euromarmelade oder Produktvielfalt?

Hier haben wir es mit einem Grundprinzip der europäischen Integration zu tun. Das Problem sind nationale Regulierungen und Standards, die bei Marktunvollkommenheiten und Marktversagen Sicherheit und Gesundheit, die Umwelt und den Konsumenten schützen sollen. Sie wirken grundsätzlich als nicht-tarifäre Handelshemmnisse und verhindern die Realisierung eines gemeinsamen Marktes.

Die traditionelle Methode, mit diesem Problem umzugehen, die auch in der Gemeinschaft bis 1979 angewendet wurde, sind entweder eine einheitliche zentrale Regulierung oder die Harmonisierung der nationalen Regelungen (der englische Begriff *approximation* bringt noch deutlicher zum Ausdruck, worum es sich dabei handelt). Das Ergebnis sind langwierige Abstimmungsprozesse und die Euromarmelade und Euroschokolade.

Ausgehend von der Annahme, dass die Ziele oder der beabsichtigte Effekt der Regulierung in den einzelnen Mitgliedländern der Union äquivalent sind, kann man die konkrete Spezifikation der Standards im grenzüberschreitenden Verkehr eigentlich vernachlässigen. Es geht darum, die nationale Vielfalt zu respektieren: Das Regulierungsregime der anderen Mitgliedländer wird anerkannt. Schließlich wollen sie das gleiche erreichen. Wohlgemerkt: Wechselseitige Anerkennung ist kein Automatismus, sie setzt den Äquivalenztest voraus. Deshalb ist wechselseitige Anerkennung mit nicht zu vernachlässigenden Informations-, Transaktions- und Durchsetzungskosten verbunden.

Auf der anderen Seite war es nur dank dieses Prinzips möglich, den gemeinsamen Markt zügig zu realisieren. Es hat Tausende von Standardisierungsverfahren überflüssig gemacht. Dabei bleibt die Vielfalt der nationalen Produkte erhalten, denen allerdings ein größerer Markt verschafft wird, wodurch insgesamt der Wettbewerb zunimmt. Zu diesen positiven Wohlfahrtseffekten ist auch der Regulierungswettbewerb zu rechnen, der Folge der wechselseitigen Anerkennung ist. Die Überregulierung nationaler Märkte wird dadurch höchstwahrscheinlich reduziert, und es setzt eine Suche nach „best practice" Regelungen ein.

Wechselseitige Anerkennung ist eine Innovation im institutionellen Gefüge des internationalen Handels, eine Innovation, der der EuGH mit *Cassis de Dijon* zum Durchbruch verholfen hat. Etwas entsprechendes ist in anderen regionalen Integrationsräumen nicht anzutreffen, schon gar nicht im Rahmen der Welthandelsorganisation WTO. Denn eine wesentliche Voraussetzung für dieses den freien Verkehr von Gütern, Diensten und Personen stimulierende Prinzip ist die Existenz einer supranationalen Gerichtsbarkeit. Nicht nur dass der EuGH wechselseitige Anerkennung ins Leben gerufen hat, seine Rechtsprechung sorgt auch dafür, dass sie wirklich zur Anwendung kommt.

Literatur: Pelkmans 2005.

Neu an der *Cassis de Dijon*-Entscheidung ist also insbesondere das Prinzip der wechselseitigen Anerkennung und, dass der EuGH neben den in Art. 30 EG vorgesehenen Rechtfertigungsgründen eine offene Liste weiterer Rechtfertigungsgründe präsentiert, die eine Beschränkung des Warenverkehrs durch nationale technische Vorschriften und Handelsregelungen zulassen („Cassis-Formel, Box 7.4).

Box 7.4: Die Cassis-Formel

„Hemmnisse für den Binnenhandel der Gemeinschaft, die sich aus den Unterschieden der nationalen Regelungen über die Vermarktung (bestimmter) Erzeugnisse ergeben, müssen hingenommen werden, soweit diese Bestimmungen notwendig sind, um zwingenden Erfordernissen gerecht zu werden, insbesondere den Erfordernissen einer wirksamen steuerlichen Kontrolle, des Schutzes der öffentlichen Gesundheit, der Lauterkeit des Handelsverkehrs und des Verbraucherschutzes" (Rn. 8).

Diese offene Liste „zwingender Erfordernisse" als zusätzliche Rechtfertigungsgründe für bestimmte „Maßnahmen gleicher Wirkung", ist insbesondere deshalb von Bedeutung, weil die Rechtfertigungsgründe gemäß Art. 30 EG abgeschlossen sind und die Prioritäten der Sechser-Gemeinschaft im Jahre 1957 widerspiegeln. In einigen Folgeentscheidungen stellte der EuGH zunächst klar, dass sich die „zwingenden Erfordernisse" als Rechtfertigungsgründe für Beschränkungen des freien Warenverkehrs nur auf solche „Maßnahmen gleicher Wirkung" beziehen, bei denen inländische und importierte Erzeugnisse rechtlich gleich behandelt, aber faktisch unterschiedlich belastet werden. In späteren Entscheidungen fanden die „zwingenden Erfordernisse" allerdings eine breitere Anwendung. Inzwischen hat der EuGH in zahlreichen nachfolgenden Entscheidungen die folgenden „zwingenden Erfordernisse" anerkannt (Barnard 2004: 108 ff.):

- Erfordernisse einer wirksamen steuerlichen Kontrolle
- Schutz der öffentlichen Gesundheit
- Lauterkeit des Handelsverkehrs
- Verbraucherschutz
- Umweltschutz
- Arbeitsschutz
- Kulturpolitik
- Medienvielfalt
- Schutz der finanziellen Balance des sozialen Sicherungssystems
- Schutz der Grundrechte.

Auch bei Rückgriff auf diese zusätzlichen Rechtfertigungsgründe ist der Grundsatz der Verhältnismäßigkeit zu beachten.

Im konkreten Fall des französischen Johannisbeerlikörs gab der EuGH der REWE-Gruppe recht. Die Festsetzung eines Mindestalkoholgehaltes durch das deutsche Branntweinmonopolgesetz stelle eine mengengleiche Einfuhrbeschränkung dar, die nicht durch zwingende Erfordernisse des Gemeinwohls gerechtfertigt werden könne.

Auf Grundlage der „Cassis-Formel" hat der EuGH in einer Reihe von Entscheidungen nationale Regelungen als ungerechtfertigte mengengleiche Einfuhrbeschränkungen klassifiziert und dadurch die Freizügigkeit des Warenverkehrs durchgesetzt.

Beispiele:

- „Margarinefall" (1982): In Belgien durfte Margarine nur in Würfelform verkauft werden.
- „Reinheitsgebot für deutsches Bier" (1987): Das Reinheitsgebot von 1516, das älteste Lebensmittelgesetz der Welt, wonach zur Herstellung von untergärigem Bier nur Gerstenmalz, Hopfen, Hefe und Wasser verwendet werden dürfen, rechtfertigt nicht die Abwehr des Imports von ausländischem Bier, das nicht nach dem Reinheitsgebot gebraut ist.
- „Italienische Teigwaren" (1988): Das italienische Verbot des Verkaufs von Trockenteigwaren, d.h. Nudeln, die mit – relativ billigem – Weichweizen statt Hartweizen hergestellt sind, darf nicht den Import von Teigwaren auf Weichweizenbasis beschränken.
- „Fleischurteil" (1989): Die in der Bundesrepublik geltende Fleischverordnung vom 21.1.1982 stellt keine Rechtfertigung für ein Verbot des Imports von Fleischerzeugnissen dar, die nicht dieser Verordnung entsprechen.

Konsequenz dieser Rechtsprechung: Es entsteht das Problem der Inländerdiskriminierung, d.h. während sich Inländer an die strengeren Inlandsvorschriften halten müssen, unterliegen ausländische Anbieter nur den schwächeren Regelungen ihrer Ursprungsländer.

Box 7.5: Führt das Ursprungslandprinzip zu einem race to the bottom?

Seit der Cassis-Entscheidung wird immer wieder die Frage aufgeworfen, ob Ursprungslandprinzip und wechselseitige Anerkennung von Produktstandards nicht dazu führen werden, dass die Konsumenten sich systematisch für Produkte aus Mitgliedstaaten mit weniger strengen Produktstandards entscheiden werden, die zu geringeren Kosten hergestellt und somit auch zu niedrigeren Preisen angeboten werden können. Regierungen und Parlamente in Mitgliedstaaten mit schärferen Qualitäts-, Sicherheits- und Umweltanforderungen stehen dann vor dem Problem, so wird argumentiert, dass sich Produkte, die nach ihren Standards hergestellt werden, nicht mehr absetzen lassen, und sie werden darauf mit einem Absenken der Produktstandards reagieren (*race to the bottom*). Aus ökonomischer Sicht wird eine wechselseitige Anerkennung unterschiedlicher Produktstandards immer dann Probleme aufwerfen, wenn die nationale Regulierung eine rationale Antwort auf bestimmte Formen von Marktversagen darstellt (Sinn 2003). Nur dann lassen sich Beschränkungen des freien Warenverkehrs ökonomisch rechtfertigen – und dies auch nur insoweit, als eine Harmonisierung der nationalen Standards ökonomisch nicht sinnvoll oder politisch nicht durchsetzbar ist.

Nehmen wir zunächst an, alle Konsumenten seien vollständig über alle relevanten Produktmerkmale informiert und weder die Produktion noch der Konsum der entsprechenden Waren verursachten irgendwelche Externalitäten. Was wird geschehen? Sind alle europäischen Konsumenten insofern homogen, als sie Produkte besserer Qualität zu höheren Preisen gegenüber Produkten niedrigerer Qualität zu geringeren Preisen bevorzugen, so werden nur noch Produkte mit hohen Qualitätsstandards gekauft werden. Bevorzugen demgegenüber alle europäischen Konsumenten Produkte geringer Qualität zu niedrigen Preisen gegenüber Produkten hoher Qualität zu hohen Preisen, so wird sich die niedrige Qualität durchsetzen. Hierbei handelt es sich nicht um ein *race to the bottom*, da die Produktqualität effizient an die Bedürfnisse der Konsumenten angepasst ist. Sind die Konsumenten heterogen, so werden einige hohe Qualität zu hohen Preisen, andere niedrige Qualität zu geringen Preisen bevorzugen. Die freie Wahl zwischen Produkten aus unterschiedlichen Mitgliedstaaten führt immer zu einem effizienten Ergebnis. Warum sollten bei vollständig informierten Konsumenten dann überhaupt irgendwelche Produktstandards erforderlich sein? Deshalb modifizieren wir die Annahmen etwas und unterstellen, dass die Konsumenten schlecht über bestimmte Produkteigenschaften wie Sicherheit beim Gebrauch, Reparaturanfälligkeit und Lebensdauer informiert sind, dass sie aber vergleichsweise gut darüber informiert sind, in welchen Mitgliedstaaten strengere oder weniger strenge Produktstandards existieren. Dann werden nur solche Produktstandards eine Überlebenschance haben, die dazu beitragen, dass die Produkteigenschaften effizient an die Konsumentenbedürfnisse angepasst werden.

Nehmen wir nun an, die Konsumenten seien weder über die tatsächlichen Produkteigenschaften noch über die Merkmale der nationalen Produktstandards hinreichend informiert, mit der Konsequenz, dass eine Informationsasymmetrie zwischen Hersteller und Verbraucher besteht. Dann taucht tatsächlich die Gefahr eines *race to the bottom* auf. Kurzfristig werden die Konsumenten dazu übergehen, systematisch billige Produkte aus Ländern mit weniger strengen Qualitätsstandards zu kaufen. Längerfristig geraten die Gesetzgeber unter Druck, die Qualitätsstandards nach unten anzupassen. Wir sehen, dass das Prinzip der gegenseitigen Anerkennung sinnvollerweise mit einer Kennzeichnungspflicht verbunden wird.

Die Abwärtsspirale eines *race to the bottom* kann aber schon deshalb nicht in Gang kommen, weil das Prinzip der wechselseitigen Anerkennung nur dann anwendbar ist, wenn die Ziele oder Effekte der konkreten Regulierung in den Mitgliedländern äquivalent sind. Würde ein Staat systematisch die Sicherheits- oder Gesundheitsstandards der übrigen unterbieten, um seinen Produzenten einen Vorteil zu verschaffen, würde er offensichtlich den Äquivalenztest nicht bestehen, und die übrigen Mitgliedländer könnten ihren nationalen Regulierungen zur Geltung verhelfen.

Aus rechtlicher Sicht gibt es gegenwärtig zwei Typen von Waren, die zwischen den EU-Mitgliedstaaten gehandelt werden. Der größere Teil der gehandelten Produkte unterliegt der gemeinschaftsweit harmonisierten Gesetzgebung. Hierbei bedient man sich des Mitte der 1980er Jahre entwickelten „Neuen Ansatzes" (siehe Kapitel 5.5): Durch entsprechende Richtlinien werden allgemeine Anforderungen bezüglich Gesundheit und Sicherheit definiert; die technischen Details werden demgegenüber durch die Europäischen Normungsinstitute festgelegt. Wer die entsprechenden Standards einhält, darf seine Waren mit dem Zeichen „CE" („Communauté Européenne") versehen. Hierbei tauchen Probleme auf, dass nämlich die verschiedenen Prüfstellen in den Mitgliedstaaten sehr unterschiedliche Preise für ihre Überprüfung der Kompatibilität mit dem europäischen Standard verlangen, dass sich die Akkreditierungskosten für die Zulassung neuer Prüfstellen stark unterscheiden und dass beträchtliche, in den Mitgliedstaaten unterschiedliche Durchsetzungsprobleme bestehen. So kann es vorkommen, dass gekennzeichnete Produkte erhebliche Mängel aufweisen – sei es, weil die Prüfung nicht ordnungsgemäß erfolgt ist, sei es, weil das Kennzeichen gefälscht wurde (Frankfurter Allgemeine Zeitung vom 20.2.2007: 17).

Etwa 28 % des innergemeinschaftlichen Handels mit Industrieprodukten unterliegt nicht der gemeinschaftsweit harmonisierten Gesetzgebung, sondern fällt unter den Grundsatz der gegenseitigen Anerkennung nationaler Produktstandards. Wie wir gezeigt haben, bestehen hier zahlreiche Rechtfertigungsgründe für die Mitgliedstaaten, durch nationale Produktstandards den innergemeinschaftlichen Warenhandel im Interesse der Erfüllung bestimmter gemeinschaftlich anerkannter Ziele wie öffentliche Ordnung, Gesundheit oder Umweltschutz einzuschränken. Dieses Recht wurde in der Praxis häufig zu protektionistischen Zwecken missbraucht. Die Kommission nennt etwa die folgenden Beispiele: „So dürfen in Großbritannien nur Bettgestelle verkauft werden, die nicht brennen. In Deutschland und einigen anderen EU-Staaten müssen Fahrräder mit Dynamo ausgestattet sein, ein batteriebetriebenes Licht reicht nicht. In Tschechien muss Kinderkleidung Tests unterworfen werden, damit Schweiß und Spucke keinen chemischen Reaktionen hervorrufen. In Belgien muss das für Brotteig verwendete Natriumchlorid (Salz) eine besondere Zusammensetzung haben. Elektrische Schalter in dänischen Häusern müssen Standards genügen, die nur dänische Anbieter erfüllen können. In den skandinavischen Staaten dürfen nur bestimmte Sorten von Müsli auf den Markt und den Frühstückstisch gebracht werden. Belgien verlangt, dass in neuen Krankenwagen besondere Sitze eingebaut werden; die deutschen Originale etwa entsprechen diesen Regeln nicht. Und ein deutscher Kochtopf aus Aluminium darf in Großbritannien erst in den Laden, wenn durch britische Tests belegt ist, dass er das Trinkwasser nicht verunreinigt" (Frankfurter Allgemeine Zeitung vom 15.2.2007: 12). Nach Schätzungen der Kommission entstanden durch derartige weiterhin bestehende Handelshemmnisse im Jahr 2000 Verluste im innergemeinschaftlichen Warenhandel im Umfang von 150 Mrd. Euro (ebenda).

Aufgrund dieser Probleme wurde im August 2008 ein umfangreiches Maßnahmenpaket verabschiedet, durch welches der EU-Binnenmarkt für Waren neue Impulse erhalten soll. Es handelt sich hierbei insbesondere um die Verordnung (EG) Nr. 764/2008 über die Anerkennung von Produkten aus anderen EU-Mitgliedstaaten, die Verordnung (EG) Nr. 765/2008 über die Akkreditierung und Marktüberwachung sowie um den Beschluss Nr. 768/2008/EG über einen gemeinsamen Rechtsrahmen für EG-Binnenmarktrichtlinien. Durch diese Maßnahmen sollen zum einen die Vertrauenswürdigkeit und Qualität der Konformitätsbewertung sowie die Glaubwürdigkeit der CE-Kennzeichnung erhöht und allgemein die Rechtssicherheit insbesondere für kleine und mittelständische Unternehmen gestärkt werden. Zum anderen sollen bei solchen Waren, die nicht Gegenstand gemeinschaftsrechtlicher Harmonisierung sind, die Möglichkeiten protektionistischer Beschränkungen insofern eingeschränkt werden, als die Beweisanforderungen für die nationalen Behörden zur Rechtfertigung von Handelsbeschränkungen angezogen werden.

7.3.4.3 Die Entscheidung Keck und Mithouard (1993)

Anfang der neunziger Jahre machte der EuGH durch eine Entscheidung von sich reden, die von einigen Juristen als revolutionär bezeichnet wurde. Es handelt sich um die Rechtssache *Keck und Mithouard* (verb. Rs. C-267 und 268/91, Slg. 1993, I–6097). Worum ging es in diesem Fall, und warum fand diese Entscheidung eine so starke Beachtung?

Anlass für diesen Fall war ein französisches Verbot, Waren unter dem Einstandspreis weiter zu veräußern. Herr Keck und Herr Mithouard, die zwei Supermarktfilialen in Straßburg betreiben, hatten gegen dieses Verbot verstoßen. Im Strafverfahren vor einem Straßburger Gericht machten sie geltend, dass sie durch die Vorschrift im Wettbewerb mit benachbarten deutschen Supermärkten, die keinem entsprechenden Verbot unterworfen sind, benachteiligt seien. Damit würden ihre Chancen, deutsche Importwaren in Frankreich zu veräußern, verringert. Das französische Gericht legte dem EuGH gemäß Art. 234 EG die Frage vor, ob das französische Vertriebsverbot gegen Art. 28 EG verstoße.

In seiner Entscheidung machte der EuGH deutlich, dass sich immer mehr Wirtschaftsteilnehmer im Laufe der Jahre auf Art. 28 EG beriefen, um irgendwelche nationalen Regelungen zu beanstanden, weil der Gerichtshof in seinen Entscheidungen *Dassonville* und *Cassis de Dijon* die „Maßnahme gleicher Wirkung" sehr breit definiert habe. Es sei an der Zeit klarzustellen, dass Art. 28 EG nicht beliebig als Waffe gegen unliebsame nationale Gesetze eingesetzt werden könne. Der Kern der Entscheidung ist die sog. „Keck-Formel" (Box 7.6).

Box 7.6: Die Keck-Formel

„... entgegen der bisherigen Rechtsprechung (ist) die Anwendung nationaler Bestimmungen, die bestimmte Verkaufsmodalitäten beschränken oder verbieten, auf Erzeugnisse aus anderen Mitgliedstaaten nicht geeignet, den Handel zwischen den Mitgliedstaaten im Sinne des Urteils Dassonville ... unmittelbar oder mittelbar, tatsächlich oder potentiell zu behindern, sofern diese Bestimmungen für alle betroffenen Wirtschaftsteilnehmer gelten, die ihre Tätigkeit im Inland ausüben, und sofern sie den Absatz der inländischen Erzeugnisse aus anderen Mitgliedstaaten rechtlich wie tatsächlich in der gleichen Weise berühren." (Rn. 16).

Durch dieses Urteil sollte offenbar einer extensiven Berufung auf die Dassonville-Formel ein Riegel vorgeschoben werden, indem unterschieden wird zwischen

- bestimmten Verkaufsmodalitäten (wie Verkaufszeiten, Verkaufsorte, Preisfestsetzungen, Werbebeschränkungen und Vorkehrungen zum Schutze der öffentlichen Sittlichkeit und Ordnung), die nach der Keck-Formel nicht mehr in den Anwendungsbereich des Art. 28 EG fallen, soweit sie inländische und importierte Erzeugnisse in gleicher Weise treffen und sofern sie alle inländischen Wirtschaftsteilnehmer gleichermaßen betreffen, und
- Produktanforderungen (wie Bezeichnung, Form, Abmessung, Gewicht, Zusammensetzung, Etikettierung und Beschriftung sowie Verpackung), die weiterhin in den Anwendungsbereich des Art. 28 EG fallen.

Abgesehen davon, dass es im Einzelfall manchmal schwierig ist, Verkaufsmodalitäten und Produktanforderungen sauber voneinander abzugrenzen und dass insofern die Rechtssicherheit leidet, steht und fällt die ökonomische Sinnhaftigkeit dieser Unterscheidung mit der Fähigkeit des Gerichtshofs zu erkennen, wann eine Verkaufsmodalität faktisch eine Marktzutrittsbeschränkung darstellt. So wird etwa ein Werbeverbot oder eine Werbebeschränkung den Marktzutritt neuer, insbesondere ausländischer Waren erschweren. (Zur Keck-Formel sowie zu Folgeentscheidungen Oppermann 2005: 416 und Barnard 2004: 128 ff.).

7.3.5 Umformung der staatlichen Handelsmonopole und Zwischenfazit

Staatliche Handelsmonopole, d.h. Exklusivrechte staatlicher Stellen beim An- und Verkauf bestimmter Waren, sind mit dem Gemeinschaftsrecht grundsätzlich vereinbar. Gemäß Art. 31 Abs. 1 EG sind allerdings die Mitgliedstaaten aufgefordert, die bestehenden Handelsmonopole derart umzuformen, „dass jede Diskriminierung in den Versorgungs- und Absatzbedingungen zwischen den Angehörigen der Mitgliedstaaten ausgeschlossen ist". Von dieser Regelung sind heute offensichtlich nur neue Beitrittsländer betroffen. Mit dem Beitritt Schwedens stand beispielsweise das schwedische Alkoholmonopol, Systembolaget, auf dem Prüfstand. Zum Erstaunen vieler Fachleute wurde es aber vom EuGH als gemeinschaftsrechtskonform akzeptiert (*Schwedisches Alkoholmonopol/Franzén*, Rs. C-189/95, Slg. 1997, I–5909). Absatz 2 des gleichen Artikels verbietet es den Mitgliedstaaten, neue Maßnahmen zu ergreifen, die den in Absatz 1 genannten Grundsätzen widersprechen.

Der freie Verkehr von Gütern innerhalb der Gemeinschaft ist das Produkt von Liberalisierung, wechselseitiger Anerkennung und Harmonisierung. Dort wo die Risiken des Marktversagens besonders hoch sind und nationale Sonderwege möglicherweise inakzeptable Konsequenzen hätten, greift die

Gemeinschaft auf einheitliche zentralisierte Regeln zurück – die Harmonisierung alten Stils, die zu genau spezifizierten Minimalstandards führt. Das sind aber Ausnahmefälle. Der Normalfall ist durch Harmonisierung neuen Stils und wechselseitige Anerkennung gekennzeichnet. Seit Mitte der 1980er Jahre ist das Verfahren der Harmonisierung grundlegend geändert worden. Es ist eher breit angelegt und erfasst ganze Produktgruppen. Dabei werden die wesentlichen Anforderungen (Sicherheit, Gesundheit, Schutz der Konsumenten und der Umwelt) definiert, worüber man im Rat auch relativ rasch Einigkeit finden kann. Denn schließlich sind die Zielsetzungen der Mitgliedländer mehr oder minder äquivalent.

Soweit diese Anforderungen erfüllt werden, sind die Mitgliedländer frei in der Ausformulierung ihrer Standards. Allerdings haben sie Produkte aus Mitgliedländern, die in ihrem Regelwerk die vereinbarten Anforderungen berücksichtigen, ungehindert auf ihren Märkten zuzulassen. Wechselseitige Anerkennung läuft damit auf eine Reduzierung der nationalen Regulierungssouveränität bezüglich der Importgüter hinaus. Bei Gütern mag das noch unproblematisch erscheinen, bei Dienstleistungen und dem freien Personenverkehr stößt das Prinzip auch auf Kritik. Denn es greift direkt und indirekt in die sozialpolitische Autonomie der Mitgliedländer ein (vgl. Kapitel 8 und 13). Freier Verkehr von Gütern (und Diensten) – durch Liberalisierung, Harmonisierung und wechselseitige Anerkennung gewährleistet und durch eine supranationale Gerichtsbarkeit garantiert – ist eine neue Qualität im internationalen Handel: Verkehrsfreiheit ist mehr als freier Handel. Denn es werden nicht nur Handelshemmnisse beseitigt, sondern Rechte geschaffen. Hier wird augenfällig, dass ein gemeinsamer Markt mehr ist als nur eine Freihandelszone.

7.4 Dienstleistungsfreiheit

7.4.1 Dienstleistungen – ist das etwas Besonderes?

Die Bedeutung des Dienstleistungssektors hat sich in den Mitgliedstaaten der Europäischen Union in den letzten 50 Jahren beträchtlich erhöht. Inzwischen wird der Anteil der Dienstleistungen in den EU-Mitgliedstaaten am Bruttoinlandsprodukt auf knapp 72 % geschätzt, der Anteil der im Dienstleistungssektor Beschäftigten an den insgesamt Beschäftigten erreicht einen ähnlich hohen Anteil (Eurostat 2008: 299). Obwohl die Dienstleistungsfreiheit bereits in den Römischen Verträgen verankert war, spielten grenzüberschreitende Dienstleistungen bis in die jüngste Vergangenheit nur eine vergleichbar geringe Rolle: Nach Angaben von Kox/Lejour/Montizaan (2004: 14) exportieren die meisten Dienstleistungsbranchen weniger als 5 % ihrer Produktion in andere EU-Mitgliedstaaten. Zu groß waren die Hindernisse für einen freizügigen Dienstleistungsverkehr, die sich aus den jeweils spezifischen Regulierungsnormen der Mitgliedstaaten ergaben.

Richtig sichtbar wurden diese Hindernisse aber erst mit dem Fortschritt der Warenverkehrs- und Personenverkehrsfreiheit, der einen erhöhten Anreiz mit sich brachte, grenzüberschreitende Dienstleistungen bereitzustellen oder in

Anspruch zu nehmen. Einige Richtlinien zur Harmonisierung der relevanten nationalen Rechtsnormen und zur Liberalisierung des Dienstleistungsverkehrs wurden erlassen und der Europäische Gerichtshof hat, insbesondere seit Ende der 1980er Jahre, in einer Reihe von Grundsatzentscheidungen zur Beseitigung zahlreicher Hindernisse beigetragen. Aber erst im Anschluss an die Ratstagung in Lissabon im März 2000, wo das Ziel formuliert wurde, die Europäische Union bis 2010 zum wettbewerbsfähigsten und dynamischsten wissensbasierten Wirtschaftsraum der Welt zu machen und in diesem Zusammenhang insbesondere den Binnenmarkt für Dienstleistungen zu verwirklichen, machte die Kommission eine systematische Bestandsaufnahme der noch bestehenden Hindernisse eines freizügigen Dienstleistungsverkehrs (Kommission 2002) und legte schließlich am 25.2.2004 den „Vorschlag für eine Richtlinie des Europäischen Parlaments und des Rates über Dienstleistungen im Binnenmarkt" (kurz: Dienstleistungsrichtlinie) vor. Nach erbitterten Widerständen von Seiten der Gewerkschaften und Globalisierungskritikern trat die Richtlinie in einer deutlich abgeschwächten Version Ende 2006 in Kraft.

In allen Mitgliedstaaten unterliegen zahlreiche Dienstleistungen traditionell einer mehr oder weniger strikten Regulierung. Für viele Berufsgruppen wie Ärzte, Rechtsanwälte, Wirtschaftsprüfer und Architekten bestehen nationale Zulassungsvoraussetzungen, die an den Nachweis bestimmter Kenntnisse und Fähigkeiten gebunden sind. Für solche Regulierungen lassen sich gute ökonomische Gründe anführen. Dienstleistungen sind gewöhnlich durch ausgeprägte Erfahrungs- oder Glaubenseigenschaften gekennzeichnet, d.h. der Konsument der Dienstleistung lernt erst nach ihrer Inanspruchnahme, ob er für hohe oder geringe Qualität bezahlt hat („Erfahrungseigenschaft"), oder er ist sich sogar sein Leben lang unsicher, von welcher Qualität die empfangene Leistung war („Glaubenseigenschaft"), wie das häufig bei Gesundheits- und Reparaturleistungen der Fall ist: Fühlt man sich besser oder funktioniert das reparierte Gut wieder, so bleibt man dennoch unsicher, ob das nicht auch ohne bzw. durch weniger gravierende Eingriffe hätte erreicht werden können. Fühlt man sich nach der ärztlichen Behandlung nicht besser oder funktioniert das Gut auch nach der Reparatur nicht fehlerfrei, so bleibt man im Zweifel, ob ein anderer Anbieter mit alternativen Methoden tatsächlich bessere Ergebnisse erzielt hätte.

Zwischen dem Anbieter der Dienstleistung und ihrem Empfänger besteht eine Informationsasymmetrie. Insbesondere bei Dienstleistungen, die nicht häufig in Anspruch genommen werden (z.B. Hypothekendarlehen an private Kunden), sowie bei Dienstleistungen mit ausgeprägten Glaubenseigenschaften (zahlreiche Gesundheitsleistungen) ist zu erwarten, dass die Informationsasymmetrie zu Marktversagen führt:

- sei es in Form von *moral hazard*, d.h. der Anbieter als die besser informierte Partei hat einen zu geringen Anreiz, Maßnahmen zur Qualitätsverbesserung vorzunehmen,
- oder in Form von *adverser Selektion*, d.h. Dienstleistungen von überdurchschnittlich hoher Qualität werden aus dem Markt genommen, weil

die schlecht informierten Konsumenten nicht bereit sind, den überdurchschnittlichen Preis zu zahlen.

Eine adäquate Regulierung kann in diesen Fällen ökonomisch sinnvoll sein, um ein effizientes Wirtschaften zu unterstützen und Anreize zu schaffen, die Qualität von Dienstleistungen zu verbessern. Das ist aber nur die eine Seite der Medaille. Nicht jede bestehende Regulierung dient dem guten Zweck, Marktversagen zu heilen und effiziente Anreize zu schaffen. Häufig lassen sich bestehende Regulierungen besser durch den Einfluss gut organisierter Interessengruppen erklären, welche die Regulierung bestimmter Tätigkeiten als ein wirkungsvolles Instrument entdeckt haben, den Marktzutritt zu beschränken und die Einkommen der Insider zu Lasten der Outsider und zu Lasten der Konsumenten zu erhöhen (vgl. hierzu insbesondere die „klassischen" Aufsätze von Stigler 1971 und Peltzman 1976).

Werden unter diesen Bedingungen Dienstleistungen grenzüberschreitend gehandelt, so stellt sich die Frage, inwiefern Unterschiede in den nationalen Regelungen der Mitgliedstaaten eine Beschränkung der Dienstleistungsfreiheit rechtfertigen. Zwingt man importierende Mitgliedstaaten, die Regelungen des Exportlandes anzuerkennen, so wird ihre Autonomie beeinträchtigt, die Qualität von Dienstleistungen zu kontrollieren, die von ihren Bürgern in Anspruch genommen werden. Aus ökonomischer Sicht ist das positiv zu bewerten, sofern der betroffene Mitgliedstaat die Autonomie dazu nutzt, die einheimischen Anbieter von Dienstleistungen durch Marktzutrittsbarrieren gegen potentielle Konkurrenz zu schützen, und damit Wohlfahrtsverluste erzeugt. Der Zwang zur wechselseitigen Anerkennung und die Beeinträchtigung der nationalen Autonomie sind allerdings negativ zu bewerten, wenn die Autonomie dazu genutzt wird, effizient gegen Marktversagen vorzugehen und damit Wohlfahrtsgewinne zu erzeugen.

Grundsätzlich gelten hier die gleichen Argumente wie beim Prinzip der wechselseitigen Anerkennung, das in der Folge der *Cassis de Dijon*-Entscheidung des EuGH zur Regel bei der Produktmarktintegration erklärt worden ist. Der einzige Unterschied besteht in der Vermutung, dass Marktversagen bei Dienstleistungen häufiger auftritt als im warenproduzierenden Gewerbe. Die Gefahr eines *race to the bottom*, d.h. der systematischen Herabsetzung der Standards mit der Folge, dass schlecht informierte Konsumenten Dienstleistungen geringer Qualität zu niedrigen Preisen nachfragen, obwohl sie Dienstleistungen höherer Qualität zu höheren Preisen bevorzugten, kann dabei unter zwei Bedingungen als gering veranschlagt werden. Sind die nationalen Präferenzen hinsichtlich des Konsumentenschutzes annähernd gleich, dann werden die nationalen Standards nicht weit voneinander abweichen. Das ist die Logik hinter *Cassis de Dijon*. Andererseits lässt sich der „Boden", auf den die Standards bei opportunistischem Verhalten absinken könnten, um so höher fixieren, je stärker die nationalen Regelungen harmonisiert sind. Eine Harmonisierung bringt allerdings – wie an anderer Stelle bereits diskutiert – eigene Probleme mit sich. Abgesehen von den langwierigen und kostspieligen Einigungsverfahren zwischen nunmehr 27 Mitgliedstaaten ist eine Harmonisierung immer dann problematisch, wenn die Unterschiede zwischen den gewachsenen nationalen Regelungen der Mitgliedstaaten auf systematische Unterschiede in den objektiven Gegebenheiten oder in den subjektiven Präferenzen der Bevölkerung zurückzuführen sind. Hier gestattet die Produktmarktregulierung, wie wir schon sahen, trotz des Prinzips der wechselseitigen Anerkennung nationale Sonderwege bei Umkehrung der Beweislast und Wahrung des Grundsatzes der Verhältnismäßigkeit.

In diesem Spannungsfeld bewegen sich alle realen, die Dienstleistungsfreiheit betreffenden Konflikte. Im Folgenden wird etwas eingehender untersucht, welche Dienstleistungen überhaupt vom Gemeinschaftsrecht erfasst werden und wie die Konflikte zwischen Dienstleistungsfreiheit und wirtschafts- und gesellschaftspolitischer Gestaltungsfreiheit der Mitgliedstaaten gelöst wurden.

7.4.2 Welche Dienstleistungen sind erfasst? Zum gemeinschaftsrechtlichen Begriff der Dienstleistung

Art. 50 EG legt fest, dass es bei dieser Grundfreiheit um Leistungen geht, „die in der Regel gegen Entgelt erbracht werden, soweit sie nicht den Vorschriften über den freien Waren- und Kapitalverkehr und über die Freizügigkeit der Personen unterliegen." Adressaten der Dienstleistungsfreiheit sind selbständig Erwerbstätige; als Beispiele werden gewerbliche, kaufmännische, handwerkliche und freiberufliche Tätigkeiten aufgeführt. Es handelt sich bei der Dienstleistungsfreiheit somit um einen „Auffangtatbestand", der nur greift, wenn keine der anderen Grundfreiheiten Anwendung findet. Explizit ausgenommen ist der Verkehr (Art. 51 Abs. 1 EG), der in einem eigenen Titel über die gemeinsame Verkehrspolitik geregelt ist. Eine weitere Einschränkung des Anwendungsbereichs der Dienstleistungsfreiheit besteht darin, dass die Dienstleistungen von Banken und Versicherungen im Einklang mit dem Kapitalverkehr liberalisiert werden sollen (Art. 51 Abs. 2 EG). Die Vorschriften über die Freizügigkeit des Dienstleistungsverkehrs betreffen somit nur einen Teil der Dienstleistungen im ökonomischen Sinn.

Gemäß Art. 50 EG und gemäß der ständigen Rechtsprechung des EuGH muss eine Dienstleistung im Sinn von Art. 49ff. EG Teil des Wirtschaftslebens sein; außerdem muss der Leistung in der Regel eine Gegenleistung gegenüberstehen. Der EuGH legt diese Kriterien weit aus: Zum einen können nach ständiger Rechtsprechung beispielsweise auch Religionsgemeinschaften und Amateursportvereine wirtschaftlich tätig sein. Zum anderen verlangt das Kriterium der Gegenleistung nicht, dass das Entgelt auch vom Konsumenten bezahlt werden muss. Das betrifft insbesondere bestimmte Dienstleistungen in den Bereichen Gesundheit, Sport, Rundfunk und Fernsehen, wo zwar häufig ein lediglich mittelbarer Zusammenhang zwischen konkreter Leistung und Gegenleistung besteht, der EuGH aber dennoch das Kriterium der Entgeltlichkeit als erfüllt ansieht (Barnard 2004: 335ff.; s. auch Rat der Europäischen Union 2004).

Da es sich bei der Dienstleistungsfreiheit um einen Auffangtatbestand handelt, wird ihr Anwendungsbereich maßgeblich durch die Grenzziehung zu den anderen Grundfreiheiten definiert. Die nächste Verwandtschaft besteht offensichtlich zwischen Dienstleistungsfreiheit und Niederlassungsfreiheit. In beiden Fällen entschließt sich ein in einem Mitgliedland ansässiger Anbieter von Dienstleistungen, diese für Konsumenten in einem anderen Mitgliedland bereitzustellen. Das entscheidende Abgrenzungskriterium besteht darin, ob der Anbieter die Tätigkeit in dem Gaststaat permanent (Niederlassungsfreiheit) oder lediglich vorübergehend (Dienstleistungsfreiheit) ausübt. In der Entscheidung *Gebhard* hat der EuGH spezifiziert, dass es bei der Abgrenzung auf die Dauer, Häufigkeit, Regelmäßigkeit und Kontinuität der erbrachten Leistung ankommt (Rs. C-55/94, Slg. 1995, I–4165, Rn. 27). Da Dienstleistungen nicht nur von Einzelpersonen, sondern in vielen Fällen von Unternehmen mit abhängig Beschäftigten angeboten werden, ergibt sich ein Abgrenzungsproblem zur Freizügigkeit von Arbeitnehmern. Sind die Arbeitnehmer faktisch als Beschäftigte des Anbieters der Dienstleistung oder als Beschäftigte eines Auftraggebers (des Dienstleistungsempfängers) anzusehen? Im ersten Fall wäre die Dienstleistungsfreiheit, im zweiten Fall die Freizügigkeit von Arbeitnehmern berührt. Schließlich bestehen im Einzelfall noch Abgrenzungsprobleme bei Dienstleistungen, die in engem Zusammenhang mit einer Warenlieferung erfolgen (z.B. Aufstellung, Inbetriebnahme und Wartung einer Werkzeugmaschine), sowie bei Dienstleistungen, die in engem Zusammenhang mit dem Kapitalverkehr erfolgen.

Voraussetzung für eine Berufung auf die gemeinschaftsrechtliche Dienstleistungsfreiheit ist die Grenzüberschreitung der entsprechenden Dienstleistung. Hier lassen sich nach der ständigen Rechtsprechung des EuGH drei Fälle unterscheiden, von denen nur der erste durch den Wortlaut des Art. 50 EG erfasst ist (Barnard 2004: 331 ff.; Herdegen 2003: 261; Pache 2003: 275 f.):

(1) Bei der aktiven Dienstleistungsfreiheit reist der Anbieter (z.B. ein Rechtsanwalt oder Unternehmensberater), der sich in einem Mitgliedstaat niedergelassen hat, zu seinem in einem anderen Mitgliedland ansässigen Kunden, um dort die Dienstleistung zu erbringen.

(2) Bei der passiven Dienstleistungsfreiheit – anerkannt seit der Entscheidung *Luisi und Carbone* von 1984 – reist der Konsument in ein anderes Mitgliedland, um dort die Dienstleistung zu empfangen (z.B. Leistungen eines Hotels, eines Krankenhauses oder einer Reparaturwerkstatt an Touristen).

(3) Bei der Korrespondenzdienstleistungsfreiheit – anerkannt seit der Entscheidung *Sacchi* von 1974 – überschreitet weder der Erbringer noch der Empfänger der Dienstleistung, sondern nur die Leistung selbst die Grenze zu einem anderen Mitgliedstaat: Dies betraf ursprünglich insbesondere die grenzüberschreitende Ausstrahlung von Rundfunk- und Fernsehsendungen, gewinnt aber durch den technischen Fortschritt bei der Informations- und Kommunikationstechnologie zunehmend an Bedeutung (Internet, Call Centers etc.).

7.4.3 Zulässige und unzulässige Beschränkungen des Dienstleistungsverkehrs

Die Dienstleistungsfreiheit entsprechend dem EG-Vertrag enthält ein Diskriminierungsverbot mit der Verpflichtung, Angehörige eines Mitgliedstaates, die sich zur Erbringung einer Dienstleistung vorübergehend in einem anderen Mitgliedland aufhalten, nach den gleichen Grundsätzen wie Inländer zu behandeln (Art. 50 Abs. 3 EG). Darüber hinaus enthält Art. 49 Abs. 1 EG ein umfassendes Beschränkungsverbot, welches auch alle „sonstigen Beschränkungen" erfasst, die den freizügigen Dienstleistungsverkehr behindern, obwohl sie weder offen noch versteckt nach der Staatsangehörigkeit diskriminieren.

Explizit ausgenommen vom freien Dienstleistungsverkehr sind alle Tätigkeiten, die in einem Mitgliedstaat dauernd oder zeitweise mit der Ausübung öffentlicher Gewalt verbunden sind (Art. 55 EG in Verbindung mit Art. 45 EG). Der Vertrag lässt auch bei allen anderen Dienstleistungen eine explizite Diskriminierung nach Staatsangehörigkeit zu, wenn sie aus Gründen der öffentlichen Ordnung, Sicherheit oder Gesundheit gerechtfertigt ist (Art. 55 EG in Verbindung mit Art. 46 EG). „Sonstige Beschränkungen" können nach der ständigen Rechtsprechung des EuGH durch zwingende Gründe des Allgemeininteresses gerechtfertigt werden, sofern sie nicht-diskriminierend sind und sofern der Verhältnismäßigkeitsgrundsatz nicht verletzt wird. Bisher wurden vom EuGH im Bereich der Dienstleistungsfreiheit unter anderem die folgenden „zwingenden Gründe des Allgemeininteresses" anerkannt: Lauterkeit des Handelsverkehrs und Schutz der Verbraucher, Schutz der Arbeitnehmer, Kohärenz des Steuersystems, Ansehen der Kapitalmärkte, kulturpolitische Belange, Anliegen der Sozialpolitik und Betrugsbekämpfung, finanzielles Gleichgewicht des Systems der sozialen Sicherheit, Funktionsfähigkeit der Rechtspflege.

Eine Reihe von Richtlinien unterstützt die Liberalisierung des Dienstleistungsverkehrs. Wie das folgende Kapitel zur Niederlassungsfreiheit näher ausführt, wurden bereits in den 1960er Jahren zahlreiche Richtlinien zur Harmonisierung der Ausbildungsstandards für verschiedene Gruppen selbständig Erwerbstätiger erlassen, die weitgehend auch für grenzüberschreitende Dienstleistungen gelten. Seit Ende der 1980er Jahre ist man von der sektorspezifischen Detailharmonisierung abgekommen und zu einer sektorübergreifenden gegenseitigen Anerkennung von berufsqualifizierenden Diplomen und Befähigungsnachweisen übergegangen. Die Fernsehrichtlinie von 1989 (RL 89/552/EWG) garantiert die freie Weiterverbreitung von Fernsehsendungen mit dem Vorrang der Kontrolle durch den Ursprungsstaat (sog. Sendestaatsprinzip), enthält aber gleichzeitig Regelungen zur Begünstigung „europäischer Werke" (insbesondere durch entsprechende Mindestquoten), die mitunter scharf kritisiert wurden, da sie einen massiven Eingriff in die Programmgestaltungsfreiheit der Fernsehveranstalter darstellen. Die Fernsehrichtlinie wurde 1997 aktualisiert (Änderungsrichtlinie 97/36/EG), wobei die Übertragung von Veranstaltungen mit großer Öffentlichkeitswirkung (wie z.B. die Olympischen Spiele) als neuer Bereich einbezogen wurde, neue

Werbeformen sowie das Teleshopping zugelassen wurden, sowie das Sitzlandprinzip explizit verankert wurde (Oppermann 2005: 544f.; Herdegen 2003: 265ff.; Barnard 2004: 355ff.). Schließlich ist noch die Entsenderichtlinie von 1996 von Bedeutung (RL 96/71/EG), welche es den Mitgliedstaaten gestattet, gewisse Kernelemente der geltenden Arbeitnehmerschutzbestimmungen auch auf solche Arbeitnehmer anzuwenden, die von Dienstleistungsunternehmen mit Sitz in anderen Mitgliedstaaten vorübergehend zur Verrichtung von Dienstleistungen entsandt wurden und die somit grundsätzlich den arbeitsrechtlichen Bestimmungen ihres Heimatstaates unterliegen (siehe 7.4.3.2).

Im Folgenden werden einige grundlegende Entscheidungen des EuGH systematisiert und auf ihre Implikationen für den freien Dienstleistungsverkehr untersucht. Übersicht 7.1 unterscheidet sechs Fallgruppen, die sich aus der Kombination der drei Typen der Grenzüberschreitung mit den zwei möglichen Quellen der Beschränkung ergeben. Von diesen sechs theoretisch möglichen Fallgruppen sind aber nur fünf praktisch relevant. Zumindest ist den Autoren kein Fall bekannt, wo der Heimatstaat des Dienstleisters diesem irgendwelche Beschränkungen für seine vorübergehende Tätigkeit in einem anderen Mitgliedstaat auferlegt.

Übersicht 7.1 Grundlegende EuGH-Entscheidungen zur Dienstleistungsfreiheit

Art der Grenz-Überschreitung / Quelle der Beschränkung	Aktive Dienstleistungsfreiheit	Passive Dienstleistungsfreiheit	Korrespondenzdienstleistungsfreiheit
Sitzstaat des Dienstleistungsempfängers	*Van Binsbergen* (1974) *Fremdenführer* (1991) *Corsten* (2000) *Rush Poruguesa* (1990)	*Luisi und Carbone* (1984) *Kohll* (1998) *Geraets-Smits und Peerbooms* (2001) *Müller-Fauré und van Riet* (2003)	*Bond van Adverteerders* (1988) *ARD* (1999) *Säger* (1991) *Schindler* (1994)
Sitzstaat des Dienstleistungserbringers		*Ciola* (1999)	*Alpine Investments* (1995)

7.4.3.1 Aktive Dienstleistungsfreiheit

Der ursprüngliche Normalfall der Dienstleistungsfreiheit bezieht sich auf die so genannte „aktive Dienstleistungsfreiheit", wobei sich der Dienstleister vorübergehend am Sitz des Kunden aufhält, um dort seine Leistung zu erbringen. Der typische Rechtskonflikt betrifft nationale Vorschriften des Gastlandes, welche die Ausübung der Dienstleistung an bestimmte Erfordernisse (wie Staatsangehörigkeit, Ansässigkeit, Ausbildung, behördliche Genehmigung) knüpfen und durch die sich der Erbringer der Dienstleistung in seinem Recht auf freizügigen Dienstleistungsverkehr behindert sieht. In der Rechtssache *van Binsbergen* (Rs. 33/74, Slg. 1974, 1299) entschied der EuGH erstmals, dass auch „sonstige Beschränkungen", die gleichermaßen für in- und ausländische Dienstleister gelten, eine Beeinträchtigung des freizügigen Dienstleistungsverkehrs zwischen den Mitgliedstaaten darstellen können. In diesem Fall ging es um einen niederländischen Rechtsanwalt, der von einem niederländischen Staatsbürger beauftragt worden war, ihn als Prozessbevollmächtigter vor einem niederländischen Gericht zu vertreten. Als der Rechtsanwalt während des Verfahrens seinen Wohnsitz nach Belgien verlegte, wurde er von der weiteren Prozessvertretung ausgeschlossen, da nach den Vorschriften der niederländischen Prozessordnung nur in den Niederlanden ansässige Personen als Prozessbevollmächtigte auftreten können. Der EuGH stellte fest, dass als Beschränkungen im Sinn von Art. 49 und 50 EG alle Anforderungen gelten,

„die an den Leistenden namentlich aus Gründen seiner Staatsangehörigkeit oder wegen des Fehlens eines ständigen Aufenthalts in dem Staate, in dem die Leistung erbracht wird, gestellt werden und nicht für im Staatsgebiet ansässige Personen gelten oder in anderer Weise geeignet sind, die Tätigkeiten des Leistenden zu unterbinden oder zu behindern" (Rn. 10/12).

Zwar lässt sich nach Auffassung des Gerichts das Erfordernis einer festen beruflichen Niederlassung innerhalb des Bereichs bestimmter Gerichte grundsätzlich rechtfertigen, sofern es sachlich geboten ist, um die Einhaltung von Berufsregeln und damit das Funktionieren der Justiz zu gewährleisten. Im vorliegenden Fall sah der EuGH aber keine Rechtfertigung für die beanstandete Maßnahme, da der Verhältnismäßigkeitsgrundsatz verletzt sei. Das gleiche Ziel, ein reibungsloses Funktionieren der Justiz, könne auch mit weniger einschränkenden Maßnahmen, wie der Angabe einer Zustellungsanschrift für die gerichtlichen Mitteilungen, erreicht werden.

In diesem Tenor wurden in den darauf folgenden Jahren zahlreiche Rechtsstreitigkeiten entschieden. So standen beispielsweise in den verschiedenen „Fremdenführer-Fällen" italienische, französische und griechische Rechtsvorschriften auf dem Prüfstand, wonach ausländische Fremdenführer, die mit eigenen Touristengruppen aus anderen Mitgliedstaaten in die betreffenden Länder einreisten, ebenso wie inländische Fremdenführer eines Gewerbescheins bedurften, der wiederum das Bestehen einer entsprechenden Sachkundeprüfung voraussetzte. Der EuGH qualifizierte diese nationalen Rechtsvorschriften als „sonstige Beschränkungen" der Dienstleistungsfreiheit. Grundsätzlich akzeptierte er zwar das Interesse der betroffenen Länder an der Aufwertung ihrer historischen Reichtümer und an der bestmöglichen Verbreitung von Kenntnissen über das künstlerische und kulturelle Erbe ihres Landes als „zwingende Gründe des Allgemeininteresses", die eine Beschränkung rechtfertigen können, sah jedoch im konkreten Fall im Erfordernis eines Gewerbescheins den Grundsatz der

Verhältnismäßigkeit verletzt (EuGH, Slg. 1991, I–682, I–718, I–735; vgl. auch Pache 2003: 285 ff.).

In die gleiche Kategorie fallen Regelungen eines Mitgliedstaates, die Dienstleistungsunternehmen aus anderen Mitgliedstaaten die Verrichtung handwerklicher Tätigkeiten nur dann gestatten, wenn die Erteilung einer Erlaubnis oder die Eintragung in die Handwerksrolle des Aufnahmelandes vorliegt (Rs. C-58/98-*Corsten*, Slg. 2000, I-07919). Ein besonderes Problem besteht darin, Arbeitnehmer, die vorübergehend in ein Gastland entsandt werden, den tariflichen und sonstigen Rechtsvorschriften des Gastlandes zu unterwerfen.

7.4.3.2 Entsenderichtlinie, Entsendegesetz – cui bono?

Zur Dienstleistungsfreiheit gehört es auch, dass Dienstleistungsunternehmen ihre Beschäftigten in ein anderes Mitgliedland entsenden können, um dort vorübergehend Dienstleistungen zu erbringen. Diese Form der aktiven Dienstleistungsfreiheit führt zu Konflikten mit Arbeitnehmern, Gewerkschaften und Regierungen des Gastlandes, wenn die Löhne und sonstigen Arbeitsbedingungen des Heimatlandes, zu denen die Arbeitnehmer beschäftigt sind, deutlich von den Bedingungen des Mitgliedstaates abweichen, in dem die Arbeitnehmer vorübergehend tätig sind. Das Problem trat erstmals in den 1980er Jahren nach dem Beitritt Portugals auf, als portugiesische Bauunternehmen Beschäftigte nach Frankreich entsandten und sie dort zu wesentlich geringeren Löhnen und Urlaubsansprüchen arbeiten ließen, als es den Tarifbestimmungen des Gastlandes entsprach. Mit der Osterweiterung häuften sich die Fälle auch in anderen Branchen – die Entsendung polnischer Fleischer nach Deutschland hat beispielsweise öffentliche Aufmerksamkeit auf sich gezogen.

Ausführlich befasste sich der EuGH in der Rechtssache *Rush Portuguesa* (Rs. C-113/89, Slg. 1990, I–01417) mit dieser Frage. In dem Fall ging es um ein Bauunternehmen mit Sitz in Portugal, die „Rush Portuguesa Lda", die als Subunternehmer einer französischen Firma am Bau einer Eisenbahnstrecke in Westfrankreich beteiligt war. Unter den entsandten Arbeitnehmern befanden sich auch solche aus Drittstaaten, die in Portugal entsprechend den dort geltenden Vorschriften eingestellt worden waren. Nach französischem Recht dürfen Angehörige aus Drittstaaten aber nur vom staatlichen Einwanderungsamt angeworben werden. Das belegte das portugiesische Unternehmen wegen Verstoßes gegen das französische Arbeitsgesetzbuch mit einer Sonderzahlung, wogegen Rush Portuguesa Klage erhob. Der EuGH entschied, dass das portugiesische Bauunternehmen durch die französischen Vorschriften in diskriminierender Weise in seiner Dienstleistungsfreiheit behindert worden sei und dass es das Recht habe, alle nach den Vorschriften des Heimatstaates legal beschäftigten Arbeitnehmer, ob sie nun aus EU-Mitgliedstaaten oder aus Drittstaaten kommen, zur Verrichtung von Dienstleistungen vorübergehend in einen anderen Mitgliedstaat zu entsenden. Gleichzeitig wies der EuGH aber darauf hin,

> „dass es das Gemeinschaftsrecht den Mitgliedstaaten nicht verwehrt, ihre … Rechtsvorschriften oder die von den Sozialpartnern geschlossenen Tarifverträge unabhängig davon, in welchem Land der Arbeitgeber ansässig ist, auf alle Personen auszudehnen, die in ihrem Hoheitsgebiet, und sei es auch nur vorübergehend, eine unselbständige Erwerbstätigkeit ausüben; ebenso wenig verbietet es das Gemeinschaftsrecht den Mitgliedstaaten, die Beachtung dieser Regeln mit den geeigneten Mitteln durchzusetzen" (Rn. 18).

Damit hatte der EuGH grundsätzlich grünes Licht für eine sekundärrechtliche Regelung gegeben, die aber aufgrund des hinhaltenden Widerstands Portugals und Großbritanniens erst am 16.12.1996 in Gestalt der Entsenderichtlinie (RL 96/71/EG) das Licht der Welt erblickte. Diese Richtlinie sieht vor, dass ein harter Kern klar definierter Arbeitnehmerschutzbestimmungen eines Mitgliedstaates – wie Mindestlöhne, Ruhezeiten, bezahlter Jahresurlaub, Gesundheits-, Hygiene- und Sicherheitsstandards, Jugendschutz und Antidiskriminierungsvorschriften – auch auf solche Arbeitnehmer Anwendung finden, die vorübergehend aus einem anderen Mitgliedstaat entsandt wurden. Anders ausgedrückt: Die entsandten Arbeitnehmer werden im Wesentlichen zu den ortsüblichen Bedingungen des Gastlandes beschäftigt. Bereits ein knappes Jahr vorher, am 26.2.1996, hatte das deutsche Parlament das Arbeitnehmer-Entsendegesetz (AEntG) verabschiedet:

> „Die Rechtsnormen eines für allgemeinverbindlich erklärten Tarifvertrages des Bauhauptgewerbes oder des Baunebengewerbes … finden auch auf ein Arbeitsverhältnis zwischen einem Arbeitgeber mit Sitz im Ausland und seinem im räumlichen Geltungsbereich des Tarifvertrages beschäftigten Arbeitnehmer zwingend Anwendung." (Art. 1 AEntG).

Dieses Gesetz wurde in den letzten Jahren mehrfach geändert, wobei insbesondere dessen Anwendungsbereich um weitere Branchen (die Gebäudereinigung sowie Briefdienstleistungen) erweitert wurde.

Was sind nun die ökonomischen Konsequenzen dieser Maßnahmen? Zunächst einmal wird für einen „harten Kern" von Arbeitsbedingungen das Herkunftsland- durch das Bestimmungslandprinzip ersetzt, was den Dienstleistungsverkehr mit zusätzlichen Kosten belastet. Ein Dienstleistungsunternehmen, das europaweit tätig ist, muss jedesmal, wenn es seine Arbeitnehmer in einen anderen Mitgliedstaat entsendet, die Löhne, Urlaubsbedingungen etc. an die Bestimmungen des Gastlandes anpassen. Gibt es für eine derartige Behinderung der Dienstleistungsfreiheit ökonomische Rechtfertigungsgründe? Als Übergangsmaßnahme ließe sie sich damit rechtfertigen, dass man den Hochlohnländern eine Galgenfrist einräumt, sich an die veränderten Wettbewerbsbedingungen anzupassen. Genau aus diesem Grund hat man ja in den Beitrittsverhandlungen mit den osteuropäischen Staaten auch Übergangsfristen für die Umsetzung der Arbeitnehmerfreizügigkeit vereinbart. Beschränkt man aber für eine Übergangszeit die Arbeitnehmerfreizügigkeit, ohne gleichzeitig die Dienstleistungsfreiheit zu beschränken, so läuft die erstere Maßnahme zumindest in jenen Branchen ins Leere, in denen eine Substitution von eigenen Arbeitnehmern durch Beschäftigte von Subunternehmen relativ leicht möglich ist.

Werden allerdings die Mindestlöhne und Mindestarbeitsbedingungen des Gastlandes für entsandte Arbeitnehmer auf Dauer festgeschrieben, so werden insbesondere die jungen und unqualifizierten Arbeitskräfte, die große Schwierigkeiten haben, zu den hohen Löhnen beschäftigt zu werden, negativ von diesen Maßnahmen betroffen sein. Mindestlohn und Mindestarbeitsbedingungen sind insbesondere dann ein völlig ungeeignetes Mittel, die inländischen Arbeitnehmer zu schützen, wenn die Arbeitskräftemobilität ohne große Probleme durch einen freizügigen Warenverkehr ersetzt werden kann – wenn also beispielsweise die osteuropäischen Fleischer nicht nach Deutschland kommen, sondern das Vieh nach Osteuropa exportiert, dort geschlachtet und das Fleisch nach Deutschland re-importiert wird, oder wenn die osteuropäischen Bauarbeiter nicht nach Deutschland kommen, sondern in ihrem Heimatland komplexe Komponenten produzieren, die dann nach Deutschland exportiert und dort nur noch zusammengesetzt werden.

Längerfristig gibt es kaum einen guten ökonomischen Grund dafür zu verhindern, dass Güter dort produziert und Dienstleistungen dort erbracht werden, wo das zu den geringsten Kosten möglich ist. Eine Beschränkung der Dienstleistungsfreiheit für entsandte Arbeitskräfte ließe sich allenfalls dann rechtfertigen, wenn die geringeren Löhne und schlechteren Arbeitsbedingungen in den Entsendestaaten mit einer schlechteren Qualität der erbrachten Leistung verbunden sind und die Konsumenten die Qualität nicht korrekt einschätzen können, so dass adverse Selektion und ein *race-to-the-bottom* zu befürchten sind. Das grundlegende Problem beim Herkunftslandprinzip scheint in diesem Zusammenhang die Durchsetzung der im Herkunftsland gültigen Vorschriften zu sein. Die Behörden des Staates, in dem die Leistung erbracht wird, kennen die relevanten Vorschriften nur unzureichend und haben auch nur einen geringen Anreiz, weniger restriktive Vorschriften des Herkunftslandes durchzusetzen. Die Behörden des Herkunftslandes sind weit vom Einsatzort der entsandten Arbeitnehmer entfernt und haben nur einen geringen Anreiz und auch nur eingeschränkte praktische Möglichkeiten, die eigenen Vorschriften im Ausland durchzusetzen. So wird beispielsweise berichtet, dass die Beschäftigung ungelernter Arbeitskräfte aus dem Osten zu hohen Qualitäts- und Hygieneproblemen in den betroffenen Schlachthöfen geführt habe (FAZ, 17. Mai 2005: 3).

7.4.3.3 Passive Dienstleistungsfreiheit oder „Gesundheitstourismus"?

Die zweite Fallgruppe betrifft Kunden, die eine Dienstleistung im Ausland erhalten möchten und die durch nationale Vorschriften ihres Heimatstaates daran gehindert werden. Im Fall *Luisi und Carbone* (verb. Rs. 286/82 und 26/83, Slg. 1984, 377) ging es um zwei Italiener, die sich in Italien Devisen beschafft hatten, um damit medizinische Behandlungen in einem anderen Mitgliedland zu bezahlen. Die seinerzeit geltenden italienischen Devisenvorschriften erlaubten die Ausfuhr ausländischer Devisen nur bis zu einer bestimmten Höhe. Frau Luisi und Herr Carbone versuchten die Vorschriften dadurch zu umgehen, dass sie bei zahlreichen Banken jeweils geringe Beträge umtauschten. Sie wurden dabei ertappt und mit einer empfindlichen Geldbuße belegt. Der EuGH machte erstmals deutlich, dass auch die passive Dienstleistungsfreiheit durch die Art. 49 ff. EG geschützt ist und dass eine Beschränkung des Exports ausländischer Devisen, die zur Bezahlung von im Ausland empfangenen Dienstleistungen benötigt werden, gegen die Dienstleistungsfreiheit verstößt. Später war durch den EuGH noch eine Reihe verwandter Rechtsstreitigkeiten zu entscheiden, wobei es darum ging, dass Angehörige eines Mitgliedstaates sich in einem anderen Mitgliedland medizinisch behandeln ließen und dass die Krankenkassen eine Erstattung der Kosten verweigerten.

Box 7.7: Marktunvollkommenheiten im Gesundheitswesen

Im Gesundheitswesen lassen sich effiziente Handlungsanreize der beteiligten Akteure nur bedingt durch Wettbewerb und Freizügigkeit herstellen (vgl. den grundlegenden Aufsatz von Arrow 1963). Wichtigster Grund für Marktversagen in diesem Bereich ist die Tatsache, dass das Arzt-Patienten-Verhältnis durch eine ausgeprägte Informationsasymmetrie gekennzeichnet ist. Der Arzt als Anbieter von Gesundheitsdienstleistungen bestimmt praktisch selbst, welche Leistungen der Patient zu erwerben hat. Aufgrund der mangelnden Information des Patienten über die Qualität der ärztlichen Dienstleistung führen individuelle Wahlfreiheit und Wettbewerb gerade nicht zu einem systematischen Druck auf die Anbieter, die jeweils angemessene Qualität zu den geringsten Kosten anzubieten.

Dieser gesellschaftlich unerwünschte Effekt wird noch durch die Tatsache verstärkt, dass die Kosten in der Regel von Krankenversicherungen übernommen werden. Sie sind zum einen nicht in der Lage, das tatsächliche individuelle Risiko des Versicherten zu beobachten, so dass der Versicherte immer einen gewissen Anreiz hat, unnötige Kosten zu produzieren und auf die Versichertengemeinschaft zu überwälzen (*moral hazard*). Zum anderen würde eine ausschließlich freiwillige Krankenversicherung dazu führen, dass sich viele Bürger gar nicht oder zumindest zu gering versichern, weil sie erwarten, dass die Mitbürger sie im Falle einer schweren Krankheit allein aus humanitären Gründen nicht hängen lassen. Ein weiterer Grund für Marktversagen im Gesundheitswesen besteht darin, dass die Gesundheit des Einzelnen positive externe Effekte für den Rest der Gesellschaft hat. Es ist somit zu erwarten, dass insbesondere bei ansteckenden Krankheiten die individuell rationalen Vorsorgeanstrengungen (etwa kostspieliges Impfen) geringer als die gesellschaftlich optimalen sind.

Aus diesen Gründen ist das Gesundheitswesen üblicherweise in hohem Maße reguliert, wobei sich allerdings Art und Intensität der Regulierung in den verschiedenen Staaten unterscheiden. Dabei kann man nicht unbedingt davon ausgehen, dass jede nationale Regulierung des Gesundheitswesens ausschließlich als eine effiziente Antwort auf Marktversagen unter den jeweiligen Bedingungen zu interpretieren ist. Vielmehr gibt es Interessengruppen wie Ärzte, Krankenhäuser, Kurkliniken, Apotheker und Pharmahersteller, deren Einkommen durch die Art der Regulierung stark beeinflusst wird und die deshalb als Lobbyisten danach streben, den Charakter der Gesundheitspolitik mitzubestimmen.

Die Freizügigkeit trägt offensichtlich einen Januskopf: Einerseits gestattet sie den Bürgern, auf Gesundheitsdienstleistungen zurückzugreifen, die gegenwärtig in ihrem Land nicht oder nur zu höheren Preisen zur Verfügung stehen. Dadurch erhöht sie die Anreize zu Arbeitsteilung und Spezialisierung im europäischen Gesundheitswesen. Andererseits besteht die Gefahr, dass die Freizügigkeit die Fähigkeit der Mitgliedstaaten unterminiert, Marktversagen im Gesundheitssektor zu bekämpfen und eine angemessene Gesundheitsversorgung zu tragbaren Kosten bereitzustellen (vgl. hierzu auch die allgemeinen Ausführungen zum Systemwettbewerb in Kapitel 5).

Seit Ende der 1990er Jahre hatte der EuGH einige Konflikte zu entscheiden zwischen Patienten, die Gesundheitsdienstleistungen im Ausland in Anspruch nehmen wollten, und ihren Krankenversicherungen, die sich weigerten, die Kosten zu erstatten (vgl. auch Barnard, 2004, S. 362 ff.). Die erste wichtige Entscheidung in diesem Bereich wurde in der Rechtssache *Kohll* (Rs. C-158/96, Slg. 1998, I-01931) getroffen. Hier wollte der luxemburgische Staatsangehörige Raymond Kohll seine minderjährige Tochter von einem deutschen Zahnarzt in Trier behandeln lassen. Nach den Bestimmungen des luxemburgischen Sozialgesetzbuchs war eine Auslandsbehandlung grundsätzlich möglich, bedurfte aber einer vorherigen Genehmigung durch den nationalen Krankenversicherungsträger. Diese wurde ihm mit der Begründung verweigert, dass die Behandlung zum einen nicht dringend sei und zum anderen auch in Luxemburg erbracht werden könne. Herrn Kohlls Klage gegen diesen Bescheid landete letztlich zur Vorabentscheidung beim EuGH, der zu folgendem Urteil kam:

- Das luxemburgische Erfordernis einer Genehmigung von Auslandsbehandlungen beschränkt die Dienstleistungsfreiheit aus Art. 49 und 50 EG sowohl für den Zahnarzt als auch für die Patientin.
- Es gibt keine Rechtfertigung für diese Beschränkung: Zum einen wird durch eine Inanspruchnahme der Dienstleistungsfreiheit das finanzielle Gleichgewicht des Systems der sozialen Sicherheit nicht gefährdet, da Herr Kohll eine Kostenerstattung nach dem inländischen (luxemburgischen) Tarif verlangt hat, so dass der Versichertengemeinschaft keine im Vergleich zur Inlandsbehandlung erhöhten Kosten entstanden sind. Zum anderen kann die Genehmigungspflicht auch nicht mit dem Schutz der öffentlichen Gesundheit (Sicherung einer Mindestqualität ärztlicher Leistungen) begründet werden, da die Bedingungen des Zugangs zu und der Ausübung von ärztlichen und zahnärztlichen Tätigkeiten Gegenstand mehrerer Koordinierungs- oder Harmonisierungsrichtlinien sind.

Während der Fall *Kohll* eine ambulante Behandlung im Ausland zum Gegenstand hatte, ging es in der Entscheidung *Geraets-Smits und Peerbooms*

(Rs. C-157/99, Slg. 2001, I-05473) um zwei niederländische Staatsbürger, die sich in einem anderen Mitgliedland stationär hatten behandeln lassen: Frau Geraets-Smits litt an der parkinsonschen Krankheit und hatte sich in Kassel einer speziellen Behandlung unterzogen; Herr Peerbooms war infolge eines Verkehrsunfalls ins Koma gefallen und wurde an der Universitätsklinik Innsbruck mit einer besonderen Intensivtherapie behandelt. In beiden Fällen lehnte die niederländische Krankenversicherung den Antrag auf Erstattung der Krankenhauskosten mit der Begründung ab, dass auch in den Niederlanden entsprechende Behandlungsmöglichkeiten zur Verfügung gestanden hätten. Der EuGH kam zu folgendem Urteil:

- Auch wenn – wie in den Niederlanden – das Sachleistungsprinzip vorherrscht, wobei die Krankenhäuser von den Krankenkassen pauschal entgolten werden, handelt es sich bei den Leistungen des Krankenhauses um eine wirtschaftliche Tätigkeit, die in den Geltungsbereich der Dienstleistungsfreiheit fällt.
- Die nationalen niederländischen Regelungen, wonach die Krankenkasse des Versicherten den Krankenhausaufenthalt in einem anderen Mitgliedstaat vorher genehmigen muss und wonach die Genehmigung der doppelten Voraussetzung unterliegt, dass die entsprechende Behandlung als in ärztlichen Kreisen üblich betrachtet werden kann und dass eine medizinische Notwendigkeit für die Behandlung vorliegt, stehen den Art. 49 und 50 EG grundsätzlich nicht entgegen.
- Dabei ist allerdings zu beachten, dass das Kriterium der Üblichkeit als erfüllt anzusehen ist, wenn es sich erweist, dass die betreffende Behandlung in der internationalen Medizin hinreichend erprobt und anerkannt ist. Außerdem kann die Genehmigung wegen fehlender medizinischer Notwendigkeit nur dann versagt werden, wenn die gleiche oder eine für den Patienten ebenso wirksame Behandlung rechtzeitig in einem (inländischen) Krankenhaus erlangt werden kann, das eine vertragliche Vereinbarung mit der Krankenkasse geschlossen hat.
- In beiden vorliegenden Fällen sah der EuGH ein Versagen der Genehmigung als nicht gerechtfertigt an, da die Kriterien der Üblichkeit bzw. medizinischen Notwendigkeit von der Krankenkasse zu eng ausgelegt wurden.

Wenige Jahre später traf der EuGH in seinem Grundsatzurteil zur Rechtssache *Müller-Fauré und van Riet* (Rs. C-385/99, Slg. 2003, I–04509) eine explizite Unterscheidung zwischen der grenzüberschreitenden Inanspruchnahme von ambulanten Gesundheitsleistungen einerseits und stationären Leistungen andererseits. Während er das Erfordernis einer vorherigen Genehmigung durch die Krankenkasse bei Krankenhausaufenthalten in einem anderen Mitgliedstaat für grundsätzlich gerechtfertigt hält, wobei allerdings die Genehmigung nur bei Vorliegen klar definierter Voraussetzungen versagt werden darf (siehe Fall *Geraets-Smits und Peerbooms*), sieht er in einer Genehmigungspflicht für die Inanspruchnahme von Gesundheitsdienstleistungen außerhalb eines Krankenhauses einen Verstoß gegen die Dienstleistungsfreiheit – jedenfalls solange eine Aufhebung des Genehmigungserfordernisses nicht zur Folge hat, dass

„ungeachtet der Sprachbarrieren, der räumlichen Entfernung, der Kosten eines Auslandsaufenthalts und des Mangels an Informationen über die Art der im Ausland geleisteten Versorgung derart viele Patienten. [veranlasst würden], sich ins Ausland zu begeben, dass dadurch das finanzielle Gleichgewicht des niederländischen Systems der sozialen Sicherheit erheblich gestört würde" (Rn. 95).

Es wird noch einmal klargestellt, dass es allein Sache des Mitgliedstaates ist, den Umfang des Krankenversicherungsschutzes für die Versicherten zu bestimmen.

Halten wir fest: Der EuGH erkennt die Ziele eines „Schutzes der öffentlichen Gesundheit" und der „Sicherung des finanziellen Gleichgewichts des nationalen Systems der sozialen Sicherheit" als zwingende Gründe des Allgemeininteresses an. Insofern akzeptiert er die ökonomische Auffassung, dass das Gesundheitswesen durch Marktversagen gekennzeichnet ist und ein gewisses kollektives Handeln erfordert. Diese Ziele rechtfertigen aber eine Beschränkung der Dienstleistungsfreiheit nur insoweit, als der Grundsatz der Verhältnismäßigkeit nicht verletzt wird. Man könnte die zugrundeliegende Philosophie also folgendermaßen beschreiben: Soviel Regulierung wie nötig, soviel Freizügigkeit wie möglich. Inzwischen hat die Europäische Kommission am 2. Juli 2008 einen Richtlinienentwurf über die Ausübung der Patientenrechte bei der grenzüberschreitenden Gesundheitsversorgung vorgelegt, der sich an den vom EuGH entwickelten Prinzipien orientiert und gleichzeitig die Rechtssicherheit in diesem Bereich erhöhen soll.

Etwas anders liegen die Dinge im Fall *Ciola* (Rs. C-224/97, Slg. 1999, I–02517). Herr Ciola betrieb einen Bootshafen im österreichischen Teil des Bodensees. Ihm wurde von der zuständigen Behörde die Auflage gemacht, seine Anlegeplätze nicht über ein bestimmtes Kontingent hinaus an Bootseigner mit Wohnsitz im Ausland zu vermieten. Begründet wurde die Auflage damit, dass ein Ausgleich für die relativ geringe Kaufkraft ortsansässiger Bootseigner geschaffen werden solle. Der Fall weist Gemeinsamkeiten und Unterschiede zu den „Gesundheitstourismus-Fällen" auf. Einerseits handelt es sich ebenfalls um die Fallgruppe „passive Dienstleistungsfreiheit", d.h. der Empfänger der Dienstleistung reist zum Sitz des Erbringers. Andererseits geht aber hier die Beschränkung nicht vom Sitzland des Empfängers, sondern vielmehr vom Sitzland des Erbringers der Leistung aus. Der EuGH stellte fest, dass es sich hierbei nicht um eine offene Diskriminierung handele, da formales Anknüpfungskriterium für die Ungleichbehandlung nicht die Staatsangehörigkeit, sondern der Wohnsitz des Bootseigners sei. Da aber gebietsfremde Bootseigner in der Regel auch Ausländer sind, qualifizierte der EuGH die Beschränkung als „versteckte Diskriminierung".

7.4.3.4 Korrespondenzdienstleistungsfreiheit

Eine weitere Fallgruppe bezieht sich auf Dienstleistungen, die als solche die Grenze zu einem Mitgliedstaat überschreiten, ohne dass Erbringer oder Empfänger der Dienstleistung eine Ortsveränderung vornehmen. In der ersten Variante geht dabei die Beschränkung der Dienstleistungsfreiheit vom Sitzland des Dienstleistungsempfängers aus.

Nachdem der EuGH bereits 1974 im Fall *Sacchi* (Rs. 155/73, Slg. 1974, 409) den grenzüberschreitenden Rundfunk als Dienstleistung besonderer Art anerkannt hatte, musste er sich seit Mitte der 1980er Jahre mit einer Reihe von Rechtsstreitigkeiten befassen, die durch Versuche entstanden waren, eine freizügige Verbreitung von Fernsehsendungen zu behindern. Im Fall *Bond van Adverteerders* (Rs. 352/85, Slg. 1988, 02085) war ein niederländisches Gesetz Stein des Anstoßes, das die Übertragung ausländischer Programme verbot, wenn diese Programme speziell für das niederländische Publikum bestimmte Werbemitteilungen und niederländische Untertitel enthielten. Begründet wurde das Verbot damit, dass für derartige Programme eine staatliche Kontrolle seitens der Niederlande nicht ausgeübt werden könne, die aber aus Gründen der öffentlichen Ordnung erforderlich sei, um den nichtkommerziellen und pluralistischen Charakter des niederländischen Rundfunks zu wahren. Der EuGH sah in dem Gesetz eine diskriminierende Beschränkung des freien Dienstleistungsverkehrs, die nicht aus Gründen der öffentlichen Ordnung gerechtfertigt werden könne, da sie unverhältnismäßig sei: Die angestrebten Ziele ließen sich auch durch weniger einschränkende Maßnahmen – wie beispielsweise ein Verbot der Werbung für bestimmte Erzeugnisse oder an bestimmten Tagen, der Begrenzung der Zeitdauer oder der Häufigkeit der Sendungen – verwirklichen.

In der Rechtssache *ARD* (Rs. C-6/98, Slg. 1999, I-07599) klagte die ARD gegen die drei deutschen Privatsender PRO Sieben, SAT 1 und Kabel 1 auf Einhaltung des nach deutschem Recht geltenden Nettoprinzips bei der Werbeunterbrechung von Spielfilmen im Fernsehen. Während bei dem von den Beklagten befürworteten Bruttoprinzip in den Zeitraum, der für die zulässige Zahl der Unterbrechungen berechnet wird, die Dauer der Werbung einzubeziehen ist, darf nach dem Nettoprinzip nur die Dauer der Werke selbst einbezogen werden. Die ARD machte geltend, dass die Einhaltung des Nettoprinzips dazu dienen solle, den Verbraucher gegen ein Übermaß an kommerzieller Werbung zu schützen und die Erhaltung einer bestimmten Programmqualität im Rahmen der Kulturpolitik zu gewährleisten. Der EuGH stellte fest, dass zum einen die Fernsehrichtlinie zwar (implizit) die Anwendung des Bruttoprinzips vorsieht, dieses aber lediglich eine Mindestnorm sei, die es den Mitgliedstaaten erlaube, die Werbung strengeren Bestimmungen zu unterwerfen. Zum anderen stelle zwar die strengere nationale Regelung (das Nettoprinzip) eine Beschränkung des freien Dienstleistungsverkehrs dar, da hierdurch für im Sendestaat niedergelassene Fernsehveranstalter die Möglichkeit eingeschränkt werde, Werbung für in anderen Mitgliedstaaten niedergelassene Werbetreibende auszustrahlen. Diese Beschränkung diene aber zwingenden Gründen des Allgemeininteresses (Verbraucherschutz, Kulturpolitik) und entspreche dem Grundsatz der Verhältnismäßigkeit, sei also insofern rechtlich nicht zu beanstanden.

In diese erste Fallgruppe der Korrespondenzdienstleistungsfreiheit gehören allerdings nicht nur Konflikte, die in Zusammenhang mit der Verbreitung von

Fernsehsendungen in anderen Mitgliedstaaten stehen. In der Rechtssache *Säger* (Rs. C-76/90, Slg. 1991, I–04221) klagte ein Münchner Patentanwalt gegen eine Gesellschaft englischen Rechts mit Sitz im Vereinigten Königreich, die von dort aus die Einhaltung gewerblicher Schutzrechte auch für Inhaber aus anderen Mitgliedländern überwacht. Der Kläger beanstandete, dass der englischen Gesellschaft die für eine Tätigkeit in Deutschland erforderliche Genehmigung fehle. Der EuGH entschied, dass das Erfordernis einer Genehmigung gegen Art. 49 EG verstoße. Dabei machte er insbesondere geltend, dass ein Mitgliedstaat die Erbringung von Dienstleistungen in seinem Hoheitsgebiet nicht von der Einhaltung solcher Voraussetzungen abhängig machen dürfe, die für eine Niederlassung gelten. Damit würde den Bestimmungen zur Dienstleistungsfreiheit jede praktische Wirksamkeit genommen.

In die gleiche Kategorie fällt auch die Rechtssache *Schindler* (Rs. 275/92, Slg. 1994, I–01039). Hier versandten die Brüder Schindler als selbständig tätige Bevollmächtigte der Süddeutschen Klassenlotterie von den Niederlanden aus Werbematerial und Bestellformulare an britische Staatsbürger. Der britische Zoll beschlagnahmte die Postsendungen unter Hinweis auf das seinerzeit bestehende gesetzliche Verbot von Lotterien und Glücksspielen. Der EuGH entschied, dass es sich bei dem britischen Verbot der Einfuhr von Losen und Werbematerial für Lotterien zwar um eine „sonstige Beschränkung" der Dienstleistungsfreiheit handele, dass diese Beschränkung aber durch zwingende Gründe des Allgemeininteresses gerechtfertigt sei. Das Einfuhrverbot sei geeignet und erforderlich, um den angestrebten Schutz der Empfänger der Dienstleistung und den Schutz der Sozialordnung sicherzustellen (vgl. Pache 2003: 285 ff.).

Eine zweite Variante der Beschränkung der Korrespondenzdienstleistungsfreiheit betrifft Beschränkungen, die vom Sitzland des Dienstleistungserbringers ausgehen. Einschlägig ist hier der Fall *Alpine Investments* (Rs. C-384/93, Slg. 1995, I-01141). Bei der Alpine Investments BV handelt es sich um eine auf Warentermingeschäfte spezialisierte Gesellschaft mit Sitz in den Niederlanden und Kunden in mehreren Mitgliedstaaten. Die Kundenwerbung erfolgte auf dem Weg des so genannten *„cold calling"*, womit die Praxis bezeichnet wird, mit Privatleuten ohne deren vorherige schriftliche Zustimmung telefonisch Kontakt aufzunehmen, um ihnen verschiedene Finanzdienstleistungen anzubieten. Nach Beschwerden von Kapitalanlegern, die mit dieser Anlageform schlechte Erfahrungen gemacht hatten, verbot der niederländische Minister der Finanzen das *„cold calling"* und dehnte dieses zunächst nur innerstaatlich wirkende Verbot auch auf Dienstleistungen aus, die von den Niederlanden aus in anderen Ländern angeboten wurden. Als Grund für die Maßnahme wurde der Schutz des Rufs des niederländischen Finanzsektors angegeben. Nach mehreren erfolglosen Beschwerden gegen das Verbot klagte Alpine Investments vor dem zuständigen niederländischen Gericht, das den Fall dem EuGH zur Vorabentscheidung vorlegte. Dieser entschied, dass es sich bei dem Verbot des *„cold calling"* zwar um eine „sonstige Beschränkung" des freien Dienstleistungsverkehrs handelt, dass diese Beschränkung aber aus zwingenden Gründen des Allgemeininteresses gerechtfertigt sei, da sie erforderlich und geeignet sei, den guten Ruf des nationalen Finanzsektors aufrechtzuerhalten (vgl. Pache 2003: 280ff.).

7.4.4 Zur Diskussion um die Dienstleistungsrichtlinie

In einer umfangreichen Studie zum Stand des Binnenmarktes für Dienstleistungen stellte die Kommission vor einigen Jahren fest, dass zehn Jahre nach der angestrebten Vollendung des EG-Binnenmarktes der freizügige Dienstleistungsverkehr immer noch zahlreichen Beschränkungen ausgesetzt sei (Kommission 2002). Dabei wurden – abgesehen von Informationsdefiziten sowie kulturellen und sprachlichen Barrieren – eine Vielzahl noch bestehender „rechtlicher Schranken" identifiziert, die sich auf die Niederlassungsfreiheit, den grenzüberschreitenden Dienstleistungsverkehr oder auf beides bezogen. Behinderungen des freizügigen Dienstleistungsverkehrs entstehen dem Bericht zufolge

- erstens aus Unterschieden in den nationalen Vorschriften (wie beispielsweise spezifische Genehmigungs-, Eintragungs- und Meldepflichten, Anforderungen an die berufliche Qualifikation, Wohnsitz- und Staatsangehörigkeitserfordernisse, Inhaltskontrolle der Werbung bis hin zu Werbeverboten, Unterschiede im Vertragsrecht, unterschiedliche Vorschriften zur Berufshaftung usw.),
- zweitens aus *ex ante* schwer einschätzbaren Ermessensspielräumen der nationalen Behörden
- und drittens aus der zusätzlichen Rechtsunsicherheit, die sich aus der Komplexität bestimmter Situationen im grenzüberschreitenden Dienstleistungsverkehr ergibt.

Am härtesten sind mittelständische Unternehmen von solchen Beschränkungen betroffen, da umfangreiche Kosten für Rechtsberatung entstehen, die weitgehend unabhängig von der Unternehmensgröße sind. Da viele Dienstleistungen eng miteinander verflochten sind, pflanzen sich derartige Beschränkungen häufig in einer Kettenreaktion von einer Dienstleistung auf zahlreiche andere Dienstleistungen fort. Die Kommission nennt als Beispiel einen Einzelhändler, der sich in einem anderen Mitgliedland niederlassen und zu diesem Zweck die Dienste von Immobilienmaklern, Dekorateuren, Architekten, Ingenieuren, Bauunternehmen, Banken und Versicherungen in Anspruch nehmen möchte, mit denen er gewöhnlich in seinem Herkunftsland zusammenarbeitet (Kommission 2002).

Wie die Kommission allerdings selbst einräumt, handelt es sich bei dieser Studie um eine reine Bestandsaufnahme tatsächlich bestehender Beschränkungen des Dienstleistungsverkehrs, die keine Aussage darüber zulässt, inwiefern diese Beschränkungen gerechtfertigt sind (etwa weil sie geeignet und erforderlich sind, auf Marktversagen zu reagieren und bestimmte wirtschafts- und gesellschaftspolitischen Ziele zu verwirklichen) oder ob sie ausschließlich dazu dienen, inländische Dienstleistungserbringer gegenüber ausländischen Konkurrenten zu schützen und die Funktionsfähigkeit des Binnenmarktes zu beeinträchtigen.

Aufbauend auf diesen Befunden legte die Kommission am 25.2.2004 den Vorschlag für eine Richtlinie über Dienstleistungen im Binnenmarkt („Dienstleistungsrichtlinie") vor, durch welche die noch bestehenden rechtlichen und administrativen Hindernisse für den Dienstleistungsverkehr in den Bereichen beseitigt werden sollten, die gemäß Art. 49ff. EG bereits für den Wettbewerb geöffnet wurden. Der Richtlinienentwurf beabsichtigte einerseits, Hemmnisse für die Niederlassungsfreiheit zu beseitigen und die Genehmigungserfordernisse und -verfahren zu vereinfachen. Andererseits sollte der grenzüberschreitende Dienstleistungsverkehr dadurch erleichtert werden, dass in der Regel das Herkunftslandprinzip angewendet wird, wonach der Dienstleistungserbringer einzig den Rechtsvorschriften des Landes unterworfen ist, in dem er niedergelassen ist.

Was ist von diesem Richtlinienentwurf zu halten? Eines ist jedenfalls sicher: Er hat viel Staub aufgewirbelt. Gewerkschaften, Verbraucherschützer und Globalisierungsgegner haben sich in vielen Mitgliedstaaten auf ihn eingeschossen, und in Frankreich hat nicht zuletzt die Diskussion um die Dienstleistungsrichtlinie dazu beigetragen, dass die Ratifizierung der EU-Verfassung mit klarer Mehrheit von der Bevölkerung abgelehnt wurde (obwohl das eine mit dem anderen nichts zu tun hat). Die Kritiker des Richtlinienentwurfs befürchteten, dass sich bei einer konsequenten Anwendung des Herkunftslandprinzips immer mehr Dienstleistungserbringer in solchen Mitgliedstaaten niederlassen würden, wo die Qualitäts- und Umweltstandards niedrig und die Arbeitsbedingungen schlecht sind, um von dort aus in ganz Europa die entsprechenden Dienstleistungen anzubieten. Allgemein wurde von den Kritikern erwartet, dass die angestrebte größere Freizügigkeit der Bereitstellung von Dienstleistungen zu einem verschärften Wettbewerb mit der Konsequenz einer immer schlechteren Qualität der Dienstleistungen, immer schlechterer Arbeitsbedingungen und immer niedrigerer Umweltauflagen führen werde – ein *race to the bottom* also.

In Reaktion auf die anhaltenden Widerstände wurde der Richtlinienentwurf von 2004 durch Intervention des Europäischen Parlaments deutlich abgeschwächt. Vor allem die konsequente Anwendung des Herkunftslandsprinzips auf Dienstleistungen geriet dabei unter die Räder. Zum 28.12.2006 trat schließlich die Dienstleistungsrichtlinie (RL 2006/123/EG) in Kraft, die bis zum 28.12.2009 von den Mitgliedstaaten in nationales Recht umzusetzen ist. Die endgültige Richtlinie unterscheidet sich in zwei wichtigen Punkten vom Entwurf. Zum einen wurde auf die heftig umstrittene konsequente Anwendung des Herkunftslandprinzips verzichtet. Faktisch geht man jetzt vom Bestimmungslandprinzip aus, auch wenn das nicht explizit erwähnt wird. Die Bestimmungsländer werden dabei aufgefordert, die freie Aufnahme und freie Ausübung der Dienstleistungstätigkeit in ihrem Hoheitsgebiet zu gewährleisten. Sie sind nur insofern berechtigt, ihre entsprechenden nationalen Vorschriften durchzusetzen, als diese nicht-diskriminierend, verhältnismäßig und durch einen zwingenden Grund des Allgemeininteresses, der öffentlichen Sicherheit, der öffentlichen Gesundheit oder des Umweltschutzes gerechtfertigt sind.

Zum anderen wurde der Katalog von Ausnahmen vom Anwendungsbereich der Richtlinie gegenüber dem Entwurf stark erweiteret (vgl. etwa die Übersicht bei Donges et al. 2007: 29). Erstens sind solche Dienstleistungen ausgenommen, für die spezielle gemeinschaftsrechtliche Regeln gelten. Das betrifft Finanzdienstleistungen, Dienstleistungen und Netze der Telekommunikation, Dienstleistungen von Rechtsanwälten sowie die Entsendung von Arbeitnehmern. Zweitens sind diejenigen Dienstleistungen nicht erfasst, die unter einem spezifischen nationalen oder gemeinschaftsrechtlichen Regulierungsvorbehalt stehen (Gesundheitsdienstleistungen und pharmazeutische Dienstleistungen, Zeitarbeitsagenturen und Hafendienstleistungen). Drittens fallen alle Dienstleistungen von „allgemeinem Interesse" nicht in den Anwendungsbereich der Dienstleistungsrichtlinie. Hierbei handelt es sich insbesondere um Postdienste, Elektrizitäts-, Gas-und Wasserversorgung, Abwasserentsorgung, Abfallbehandlung, spezifische Verkehrsdienstleistungen, audiovisuelle Dienste (Fernsehen, Rundfunk, Kino, Verwertungsgesellschaften für Rechte am geistigen Eigentum), Dienstleistungen von Notaren, Sicherheitsdienste, Gewinnspiele, spezifische soziale Dienstleistungen und das Steuerwesen.

Drei weitere Elemente der Richtlinie, die bereits im Entwurf vorgesehen waren, betreffen die Verwaltungsvereinfachung, die Verwaltungszusammenarbeit und die Qualitätssicherung. Bezüglich der Verwaltungsvereinfachung verpflichtet die Richtlinie die Mitgliedstaaten nicht nur dazu, die für die Aufnahme und die Ausübung einer Dienstleistung geltenden Verfahren und Formalitäten hinreichend zu vereinfachen. Sie sieht darüber hinaus insbesondere vor, dass die Mitgliedstaaten einheitliche Ansprechpartner etablieren, bei denen die Dienstleister alle zur Ausübung ihrer Tätigkeit erforderlichen Formalitäten erledigen können, und dass die Abwicklung dieser Formalitäten auf elektronischem Wege möglich wird. Um auch grenzüberschreitende Dienstleistungen wirksam kontrollieren zu können und um kostspielige Mehrfachkontrollen zu vermeiden, soll die Verwaltungszusammenarbeit zwischen den Mitgliedstaaten intensiviert werden. Zu diesem Zweck wurde bereits damit begonnen, ein elektronisches Informations- und Kommunikationssystem zwischen den zuständigen Behörden der Mitgliedstaaten aufzubauen. Zur Sicherung der Qualität der Dienstleistungen sollen schließlich die freiwillige Zertifizierung der Dienstleistungen, die Erarbeitung eigener Qualitäts-Chartas sowie die Erarbeitung europäischer Verhaltenskodizes, insbesondere durch Berufsverbände und Berufsorganisationen, gefördert werden.

Vergleicht man die Dienstleistungsrichtlinie von 2006 mit dem Entwurf von 2004, so lässt sich Folgendes festhalten: Zweifellos hat das im Entwurf verankerte Herkunftslandprinzip die größere marktöffnende Wirkung im Vergleich zu dem jetzt faktisch wirksamen Bestimmungslandprinzip (so auch Donges et al. 2007: 15ff.). Somit haben sich die Möglichkeiten der Mitgliedstaaten, durch entsprechende Regulierungen die heimischen Dienstleister zu Lasten der ausländischen Konkurrenz zu schützen, grundsätzlich verstärkt. Die Dienstleistungsrichtlinie bietet aber auch eine Chance, indem sie den Weg für eine Liberalisierung der Bereitstellung von Dienstleistungen freimacht (ebenda:

60). Es hängt jetzt vieles davon ab, wie die Mitgliedstaaten die Richtlinie in nationales Recht umsetzen. In Deutschland wurde der erste Schritt hierzu mit dem am 18. Dezember 2008 in Kraft getretenen Vierten Gesetz zur Änderung verwaltungsrechtlicher Vorschriften vollzogen. Durch dieses Gesetz wurden insbesondere das neue „Verfahren über eine einheitliche Stelle", der Anspruch auf elektronische Verfahrensabwicklung sowie umfangreiche Informations- und Auskunftsansprüche gegenüber der Verwaltung eingeführt. Weiterhin wurde die so genannte Genehmigungsfiktion aufgenommen, wonach eine Genehmigung als erteilt gilt, wenn die Behörde nicht binnen einer vorgegebenen Frist entschieden hat.

7.4.5 Exkurs: Öffentliches Auftragswesen und Vergaberecht

7.4.5.1 Bedeutung und Besonderheiten öffentlicher Auftragsvergabe

Der Staat entfaltet in allen Mitgliedstaaten eine bedeutende Nachfrage nach Gütern und Diensten. Als „öffentliche Hand" tritt er in Konkurrenz zu privaten Marktteilnehmern, indem er zum Beispiel Dienstwagen, Büroausstattungen und Krankenhauseinrichtungen nachfragt, Verträge mit Gebäudereinigungsfirmen abschließt und Aufträge an Bauunternehmen zur Errichtung von Schulen, Universitäten, Krankenhäusern und Verwaltungsgebäuden vergibt. Gelegentlich tritt der Staat aber auch als alleiniger oder zumindest sehr wesentlicher Nachfrager auf, wie bei der Beschaffung von Waffensystemen für die Armee oder als Auftraggeber bei größeren Infrastrukturvorhaben. Nach Schätzungen der Kommission betrug der Wert aller öffentlichen Aufträge im Jahr 2002 1,5 Billionen Euro, das waren 16,3 % des Bruttoinlandsprodukts (BIP) der EU-15 (Kommission 2004: 5). Dieser Anteil ist seit Mitte der 1990er Jahre relativ stabil geblieben, variiert aber zwischen den Mitgliedstaaten beträchtlich: In Italien ist der Anteil der öffentlichen Aufträge an der Gesamtnachfrage dauerhaft niedrig (2002: 11,88 %), während die Niederlande beanspruchen können, „Europameister" bei den öffentlichen Aufträgen zu sein (2002 mit 21,46 % des BIP). Einen ähnlich hohen Anteil hat dauerhaft nur Schweden (2002: 20,49 %). Die Bedeutung des öffentlichen Auftragswesens in Deutschland liegt seit Mitte der 1990er Jahre kontinuierlich etwas über dem europäischen Durchschnitt (2002: 17,03 %).

Warum bedarf das öffentliche Auftragswesen einer gesonderten Diskussion? (Vgl. hierzu Mestmäcker/Schweitzer 2004: 904 f. und Office of Fair Trading 2004: 63 ff.). In bestimmten Bereichen verfügt der Staat – wie erwähnt – über ein Nachfragemonopol oder zumindest über eine starke Nachfragemacht. Wenn das die einzige Besonderheit der öffentlichen gegenüber der privaten Beschaffung wäre, würde es sich hierbei ausschließlich um ein wettbewerbspolitisches Problem handeln, das seinen richtigen Platz folglich auch im wettbewerbspolitischen Kapitel hätte. Es gibt aber noch eine zweite Besonderheit der öffentlichen gegenüber der privaten Beschaffung, die darauf zurückzuführen ist, dass die öffentlichen Auftraggeber systematisch anderen Anreizen ausgesetzt sind als private Auftraggeber. Das hängt zum einen damit zusammen, dass die Budgetbeschränkung bei einem öffentlichen

Auftraggeber, der sich über Zwangsabgaben finanziert, nicht die gleiche Rolle spielt wie bei einem privaten Auftraggeber, dem diese Möglichkeit nicht zur Verfügung steht. Zum anderen verfolgt der Staat, anders als private Auftraggeber, durch die Auftragvergabe häufig nicht nur ein Beschaffungsziel im engeren Sinn (z.B. Bau einer neuen Schule in angemessener Zeit zu angemessenen Kosten), sondern darüber hinaus weitere regional-, industrie-, sozial- oder arbeitsmarktpolitische Ziele. Dabei fragt sich, ob die Nutzung der öffentlichen Auftragsvergabe zur Verfolgung dieser Ziele im Einzelfall ökonomisch gerechtfertigt werden kann, oder ob nicht andere Instrumente zur Verfügung stehen, die hierzu besser geeignet sind. Letztlich werden alle Maßnahmen einer Regierung auch immer unter dem Aspekt in Angriff genommen, inwieweit sie die Chancen für die Regierenden erhöhen, wiedergewählt zu werden. Da sich die Kosten eines großen öffentlichen Auftrags auf eine Vielzahl von Steuerzahlern verteilen, während die Erträge einer identifizierbaren Gruppe von Produzenten zugute kommen, besteht bei der öffentlichen Auftragvergabe systematisch ein geringerer Anreiz, die Kosten zu senken, als bei vergleichbaren privaten Aufträgen. Darüber hinaus sind öffentliche Vergabeentscheidungen durch ausgeprägte Prinzipal-Agenten-Probleme gekennzeichnet: Ohne wirksame Kontrollen besteht in diesem Bereich ein starker Anreiz zu Korruption.

Um diesen Fehlanreizen gegenzusteuern, gibt es in den Mitgliedstaaten seit langem ein Vergaberecht. Insbesondere in den Ländern, die das Vergabeverfahren traditionell dem Privatrecht zuordnen (wie insbesondere Deutschland, die Niederlande, Großbritannien, Irland und die skandinavischen Länder), wird lediglich das Interesse der Öffentlichkeit an einer sparsamen Verwendung der Haushaltsmittel gewahrt. Der Schutz der privaten Anbieter gegen intransparente und diskriminierende Vergabeentscheidungen spielt keine große Rolle oder wird sogar grundsätzlich abgelehnt. Demgegenüber soll das Vergaberecht der Europäischen Gemeinschaft im Wesentlichen die Interessen der Marktteilnehmer schützen, die sich um öffentliche Aufträge bemühen (Mestmäcker/Schweitzer 2004: 906ff.).

7.4.5.2 Entwicklung und Merkmale des EG-Vergaberechts

Die öffentliche Auftragsvergabe in den Mitgliedstaaten ist traditionell protektionistisch, d.h. die öffentlichen Auftraggeber bevorzugen grundsätzlich einheimische gegenüber ausländischen Anbietern (siehe Trionfetti 2003: 226f.; Trionfetti 2000: 61ff.). Es ist gezeigt worden, dass dieses Verhalten öffentlicher Auftraggeber insbesondere in solchen Sektoren zu einer Verzerrung der internationalen Spezialisierung führt, die durch steigende Skalenerträge und einen monopolistischen Wettbewerb gekennzeichnet sind. Bei konstanten Skalenerträgen und kompetitiven Märkten hat die Präferenz der öffentlichen Auftraggeber für inländische Produkte demgegenüber keine Auswirkungen auf die internationale Spezialisierung, sofern die öffentliche Nachfrage im Verhältnis zum inländischen Output hinreichend gering ist. In dem Fall werden nämlich die verminderten öffentlichen Importe durch vermehrte private Importe ersetzt.

Ein „*home bias*" bei der öffentlichen Auftragsvergabe steht natürlich in Widerspruch zu den Grundfreiheiten. Dabei sind insbesondere der freizügige Warenverkehr (öffentliche Lieferaufträge) und die Dienstleistungsfreiheit (öffentliche Dienstleistungs- und Bauaufträge) betroffen. Um dieser Entwicklung gegenzusteuern, wurden bereits 1971 eine Richtlinie zur Koordinierung der Verfahren zur Vergabe öffentlicher Bauaufträge und 1976 eine entsprechende Richtlinie zur Vergabe öffentlicher Lieferaufträge erlassen. (Vgl. zum Folgenden Mestmäcker/Schweitzer 2004: 933 ff., sowie Weindl/Woyke 1999: 221 ff.). Da diese Richtlinien in der Praxis nicht konsequent umgesetzt wurden und die öffentliche Auftragsvergabe eine weitgehend nationale Angelegenheit blieb, nahm sich die Kommission 1985 im „Weißbuch zur Vollendung des Binnenmarktes" erneut dieses Themas an. Um die noch bestehenden tatsächlichen und rechtlichen Hindernisse zu beseitigen, wurden die beiden Richtlinien aus den siebziger Jahren Anfang der 1990er Jahre grundlegend überarbeitet und durch eine Richtlinie zur Vergabe öffentlicher Dienstleistungsaufträge (RL 92/50/EWG) ergänzt. Darüber hinaus wurde zusätzlich zu diesen allgemeinen Vergaberichtlinien noch eine so genannte Sektorenrichtlinie verabschiedet, die sich ausschließlich auf die Auftragsvergabe im Bereich der Wasser-, Energie- und Verkehrsversorgung sowie im Telekommunikationssektor bezieht (RL 90/531/EWG, ersetzt durch RL 93/38/EWG). Während sich die allgemeinen Vergaberichtlinien ausschließlich auf staatliche Einrichtungen als Auftraggeber beziehen, erweitert die Sektorenrichtlinie die Anwendung des Vergaberechts auf private Auftraggeber in den entsprechenden, häufig durch Gebietsmonopole und staatsnahe Strukturen geprägten Sektoren. Inzwischen wurden die Richtlinien zur Vergabe von Liefer-, Bau- und Dienstleistungsaufträgen zu einer Richtlinie zusammengefasst (RL 2004/18/EG) und die Sektorenrichtlinie von 1993 wurde durch eine neue Sektorenrichtlinie ersetzt (RL 2004/17/EG), die den inzwischen einem stärkeren Wettbewerb ausgesetzten Telekommunikationssektor heraus- und die Postdienste hereinnimmt. Um benachteiligten Bietern die Möglichkeit zu geben, die materiellrechtlichen Regelungen des Vergaberechts in den Mitgliedstaaten durchzusetzen, wurden die Vergaberichtlinien durch zwei Rechtsmittelrichtlinien ergänzt: eine für den generellen Anwendungsbereich von Liefer-, Bau- und Dienstleistungsaufträgen (RL 89/665/EWG), die andere für den speziellen Anwendungsbereich der Sektorenrichtlinie (RL 92/13/EWG). Beide Rechtsmittelrichtlinien wurden inzwischen überarbeitet und durch eine neue Richtlinie (RL 2007/66/EG) ersetzt, die bis zum 20. Dezember 2009 in nationales Recht umzusetzen ist. Die Beschaffung von Verteidigungsgütern ist weitgehend von der Anwendung der Vergaberichtlinien ausgenommen und orientiert sich in der Praxis zumeist an rein nationalen Vorschriften. Anfang 2003 leitete die Europäische Kommission eine Initiative ein, die zum schrittweisen Aufbau eines europäischen Marktes für Verteidigungsgüter beitragen soll.

Die Vergaberichtlinien sehen für alle öffentlichen Aufträge, deren Auftragsvolumen bestimmte Schwellenwerte übersteigt (Box 7.8), eine europaweite Ausschreibung sowie die Anwendung von Verfahrensregeln vor, die einen Vergabewettbewerb mit gleichen Chancen für alle Bieter aus EU-Mitgliedstaaten gewährleisten sollen.

Box 7.8: Schwellenwerte für die Anwendung der EG-Vergaberichtlinien

1) Anwendungsbereich der allgemeinen Vergaberichtlinie (RL 2004/18/EG):
   - Öffentliche Liefer- und Dienstleistungsaufträge, die von zentralen Regierungsbehörden vergeben werden: 162000 Euro;
   - Öffentliche Liefer- und Dienstleistungsaufträge von anderen Auftraggebern: 249000 Euro;
   - Öffentliche Bauaufträge: 6,242 Millionen Euro.
2) Anwendungsbereich der Sektorenrichtlinie (RL 2004/17/EG):
   - Liefer- und Dienstleistungsaufträge: 499000 Euro;
   - Bauaufträge: 6,242 Millionen Euro.

Die Richtlinien unterscheiden vier Verfahrensarten, nach denen der Vergabewettbewerb organisiert werden kann:

- Beim offenen Verfahren kann jeder interessierte Bieter ein Angebot abgeben. Dieses Verfahren ist effizient, wenn es sich um standardisierte Leistungen handelt, wobei es letztlich nur darauf ankommt, den Anbieter mit dem günstigsten Preis herauszufinden. Die Transaktionskosten sind relativ gering, und mehr Bieter bringen allen Beteiligten letztlich mehr Vor- als Nachteile.
- Beim nicht-offenen Verfahren wird in einem ersten Schritt öffentlich zur Teilnahme an der Ausschreibung aufgerufen, in einem zweiten Schritt werden aber nur ausgewählte Bewerber zur Abgabe eines Angebots aufgefordert. Dieses Verfahren ist dem offenen Verfahren überlegen, wenn es nicht um einen reinen Preiswettbewerb geht, sondern wenn die Qualität der Leistung für den Auftraggeber auch von anderen Merkmalen des Anbieters abhängt (Pünktlichkeit, Zuverlässigkeit). Es erleichtert dem Auftraggeber, der sich auf eine Auswahl grundsätzlich geeigneter Bewerber konzentrieren kann, eine effiziente Auswahl, reduziert Transaktionskosten und verhindert darüber hinaus, dass Anbieter ohne realistische Chancen dazu veranlasst werden, knappe Ressourcen in das Bewerbungsverfahren zu investieren. Zwischen diesen beiden Verfahren können die öffentlichen Auftraggeber frei wählen.
- Beim Verhandlungsverfahren wendet sich der Auftraggeber an Marktteilnehmer seiner Wahl, um mit einem oder mehreren von ihnen über die konkreten Bedingungen des Auftrags zu verhandeln. Hierbei handelt es sich um ein weitgehend formloses Verfahren, wobei der Ermessensspielraum des Auftraggebers nur durch das Diskriminierungsverbot und das Transparenzprinzip begrenzt wird. Da mit zunehmendem Ermessensspielraum auch die Gefahr einer verdeckten Diskriminierung ausländischer Anbieter zunimmt, ist die Nutzung des Verhandlungsverfahrens, zumindest im Anwendungsbereich der allgemeinen Vergaberichtlinie, an sehr enge Voraussetzungen gebunden. Es handelt sich hierbei insbesondere um komplexere Aufträge, bei denen sich die Leistungen und Gegenleistungen nicht präzise *ex ante* spezifizieren lassen.

- Seit 2004 gibt es darüber hinaus noch das Verfahren des wettbewerblichen Dialogs, „bei dem sich alle Wirtschaftsteilnehmer um die Teilnahme bewerben können und bei dem der öffentliche Auftraggeber einen Dialog mit den zu diesem Verfahren zugelassenen Bewerbern führt, um eine oder mehrere seinen Bedürfnissen entsprechende Lösungen herauszuarbeiten, auf deren Grundlage bzw. Grundlagen die ausgewählten Bewerber zur Angebotsabgabe aufgefordert werden" (RL 2004/18/EG, Art. 1 Abs. 11 lit. c). Dieses Verfahren ist nur bei hochkomplexen Projekten wie integrierten Verkehrsinfrastruktursystemen, der Einrichtung großer Datennetze oder der Vereinbarung komplexer Finanzierungsmodelle zulässig, wenn es unmöglich ist, eine bestimmte technische, rechtliche oder finanzielle Lösung *ex ante* festzulegen (zu einer Bewertung dieses Verfahrens siehe Arrowsmith 2004: 1280 ff.).

Die Vergaberichtlinien enthalten detaillierte Vorschriften über die Publizität des Vergabeverfahrens, die Spezifikation der gewünschten Leistung, die erforderlichen Fristen, die zulässigen Eignungsnachweise und die zulässigen Kriterien der Bewerberauswahl, die in zahlreichen Entscheidungen des EuGH weiter präzisiert wurden: So verstößt beispielsweise die Bezugnahme auf nationale technische Normen bei der Leistungsbeschreibung dann gegen die Grundfreiheiten, wenn es funktional äquivalente europäische Normen gibt. Die Fristen sind so festzulegen, dass ausländische Bieter nicht benachteiligt werden. Es wird eine strikte Trennung zwischen Eignungs- und Zuschlagsprüfung gefordert, wobei die Berücksichtigung personenbezogener Kriterien bei der Zuschlagsentscheidung unzulässig ist. Generell muss die Auswahl aufgrund objektiver, nicht-diskriminierender und im Amtsblatt publizierter Kriterien oder Regeln erfolgen. Angebote zu einem ungewöhnlich niedrigen Preis können abgelehnt werden, wenn begründete Zweifel an deren Seriosität und wirtschaftlicher Tragfähigkeit bestehen. In diesem Fall ist allerdings ein kontradiktorisches Verfahren einzuleiten, wobei dem Bewerber Gelegenheit gegeben wird nachzuweisen, dass in seinem besonderen Fall die Zweifel nicht begründet sind.

Besonders interessant und umstritten ist die Frage, inwiefern die öffentlichen Auftraggeber befugt sind, das eigentliche Beschaffungsziel, nämlich die Erlangung einer bestimmten Leistung zu einem möglichst günstigen Preis-Leistungs-Verhältnis, mit weiteren wirtschafts- und gesellschaftspolitischen Zielen zu verbinden – etwa durch die Anforderung an die Bewerber, Tariftreue-Erklärungen abzugeben bzw. zu einer bestimmten Quote Frauen oder Langzeitarbeitslose zu beschäftigen. Ist man hier zu großzügig, so besteht die Gefahr, dass versteckte Diskriminierung und Protektionismus bei der öffentlichen Auftragsvergabe quasi durch die Hintertür wieder eingeführt werden und dass somit die wesentliche Zielsetzung des EG-Vergaberechts verfehlt wird, einen europäischen Binnenmarkt auch im Bereich der öffentlichen Auftragsvergabe zu schaffen. Ist man demgegenüber zu restriktiv, so schwächt man unter Umständen die Fähigkeit der Regierungen der Mitgliedstaaten, auf spezifische Probleme angemessen zu reagieren.

Das bestehende Primärrecht privilegiert zunächst einmal ausdrücklich die Förderung kleiner und mittlerer Unternehmen (Art. 163 Abs. 2 EG). Darüber hinaus hat der EuGH bisher nur solche Zusatzkriterien anerkannt, die dem Kampf gegen die Arbeitslosigkeit dienen. In den neuen Vergaberichtlinien sind explizit „zusätzliche Bedingungen" insbesondere sozialer und umweltbezogener Art zugelassen, sofern sie nicht gegen primäres Gemeinschaftsrecht verstoßen (d.h. vor allem nicht die Antidiskriminierungsvorschriften verletzen) und sofern sie in der Ausschreibung transparent gemacht werden. Als Beispiele werden Bedingungen genannt, die sich auf Umweltschutz, Einstellung von Langzeitarbeitslosen, Ausbildungsmaßnahmen für Arbeitnehmer und Jugendliche oder auf die Beschäftigung von Behinderten beziehen.

Nach Schätzungen der Kommission (2003: 19) nahm die grenzübergreifende öffentliche Beschaffung von 6 % 1987 auf 10 % 1998 zu und stagniert seitdem. Damit bleibt die relative Bedeutung grenzübergreifender öffentlicher Beschaffung deutlich hinter dem Privatsektor (20 %) zurück. Positiv ist zu vermerken, dass sich zwischen 1995 und 2002 die Anzahl der im Amtsblatt veröffentlichten Ausschreibungen fast verdoppelt hat und dass sich ihr Wert von 8,4 % des geschätzten Gesamtwerts der öffentlichen Beschaffung 1995 auf 16,2 % im Jahr 2002 erhöht hat (Europäische Kommission 2004b: 7 f.). Die Transparenz der öffentlichen Auftragsvergabe hat somit zugenommen. Eine umfangreiche aktuelle Befragung von über 1 500 mit öffentlichen Aufträgen befassten Unternehmen offenbart, dass 67 % aller Gebote von inländischen Unternehmen, 30 % von inländischen Töchtern ausländischer Unternehmen und nur 3 % direkt von ausländischen Unternehmen abgegeben werden. Dabei ist die durchschnittliche Erfolgsquote der direkt von ausländischen Bewerbern abgegebenen Gebote mit 25 % geringer als in den anderen beiden Fällen (30 % bzw. 35 %). Diese Zahlen geben allerdings keine Auskunft darüber, wie viele insbesondere kleine und mittelständische ausländische Anbieter von vornherein auf eine Bewerbung verzichten, weil sie hohe administrative Kosten erwarten und von einer geringen Erfolgswahrscheinlichkeit ausgehen. Aus dem gleichen Kommissionsbericht geht hervor, dass im Jahr 2002 zwar immer noch erhebliche Preisdifferenzen für vergleichbare Güter und Dienstleistungen bestehen, die von unterschiedlichen öffentlichen Auftraggebern bezogen werden. Eine ökonometrische Auswertung der verfügbaren Daten zeigte aber auch, dass Preise, die von öffentlichen Auftraggebern für Leistungen gezahlt wurden, welche nicht in den Anwendungsbereich der Vergaberichtlinien fallen, im Schnitt ca. 40 % über den Preisen lagen, die durch die Vergaberichtlinien kontrolliert werden.

Kapitel 8
Der Gemeinsame Markt: Produktionsfaktoren

unter Beteiligung von *Herbert Brücker*

Worum geht es in diesem Kapitel?

TE: Zwei der vier Grundfreiheiten eines gemeinsamen Marktes haben wir im vorangegangenen Kapitel abgehandelt – den freien Güterverkehr und den freien Dienstleistungsverkehr. Bleiben die beiden anderen – die freie Mobilität der Produktionsfaktoren Arbeit und Kapital.

HJW: Das ist ein heikles Thema. Während die Vorteile des freien Warenverkehrs am Ende auch dem Laien noch verständlich sind, sieht er die freie Mobilität der Produktionsfaktoren eher als Gefahr denn als Segen.

HF: Die polnischen Klempner, die das französische Handwerk brotlos machen, haben die Verfassungsdiskussion in Frankreich beherrscht. Die Verlagerung von Produktionsstätten ins Ausland bestimmt die Tarifverhandlungen bei VW.

HJW: Gefahren sehen aber auch unsere Kollegen. Hans-Werner Sinn (2004: 77) stellt zum Beispiel fest: „Eine Entwicklung, die vom Grundsatz her positiv gesehen werden kann, ist maßlos übertrieben und geht weit über das Optimum, das in den Lehrbüchern der reinen Außenhandelstheorie beschrieben wird, hinaus."

TE: Richtig daran ist sicher, dass eine Veränderung der Randbedingungen die Preis- und Allokationsstruktur nicht unbeeinflusst lässt. Wenn wir also Verkehrsbeschränkungen für Kapital und Arbeit aufheben, dann ordnen sich die Produktionsfaktoren neu im Raum: Das Kapital tendiert dorthin, wo es die höchste Rendite erwartet, die Arbeit dorthin, wo sie den höchsten Lohn sieht. Bis ein neues Gleichgewicht erreicht ist, gibt es Wanderungsströme – und Anpassungskosten.

HF: Ob das die Richter in Luxemburg immer so klar vor Augen haben, wenn sie wieder eine Entscheidung fällen, die die Mobilität erhöht?

TE: Denen kannst du den schwarzen Peter nicht zuschieben. Sie verschaffen den vertraglich vereinbarten Prinzipien des gemeinsamen Marktes und des freien Wettbewerbs Geltung. Zu Auslastungsproblemen kommt es, wenn sich die Preise nicht an die neue Situation anpassen.

HJW: Nicht die vier Grundfreiheiten sind schuld an der Arbeitslosigkeit, sondern die Unfähigkeit der Märkte, sich rasch daran anzupassen.

TE: Ich denke, dass Sinn genau das sagen wollte.

HF: Die Entscheidungen des Gerichts finden nicht überall ungeteilten Applaus. Schließlich haben sich die Staaten etwas dabei gedacht, als sie Regelungen einführten, die sich dann auch als Verkehrsbeschränkungen herausgestellt haben.

HJW: Wenn es um Marktversagen geht, ja. Wenn es um die Bedienung von einzelnen Interessengruppen geht, nein. Wettbewerb als *race to the bottom* ist zu vermeiden. Das gilt hier genauso wie im Güterverkehr. Freier Wettbewerb bedeutet ja nur, dass alle Teilnehmer unter den gleichen Bedingungen antreten.

TE: Erst wenn du dir einzelne Fälle anschaust, die vor dem EuGH verhandelt worden sind, wird dir klar, wie ausgefuchst die nationalen Systeme der Handels- und Verkehrsbeschränkungen waren und wie schwierig es ist, so einfachen Grundprinzipien wie den vier Grundfreiheiten materielle Geltung zu verschaffen.

HF: Wie auch immer die Gesamtbilanz eines gemeinsamen Marktes ausfällt, er verändert tiefgreifend die wirtschaftliche und damit die soziale Situation von vielen Menschen. Das verlangt doch nach einem sozialpolitischen Ausgleich.

HJW: Darüber wird im Kapitel zur sozialen Dimension der Europäischen Gemeinschaft, also in Kapitel 13, zu sprechen sein.

8.1 Freier Güterverkehr und freier Verkehr der Produktionsfaktoren

Die klassischen (David Ricardo) und neo-klassischen (Eli Heckscher, Bertil Ohlin, Paul Samuelson) Theorien des internationalen Handels hatten sich ganz auf den freien Güterverkehr konzentriert und waren von der Annahme ausgegangen, dass die Produktionsfaktoren immobil sind, d.h. die Landesgrenzen nicht überschreiten. Freihandel mit Gütern, so ließ sich mit dem letzteren Ansatz theoretisch zeigen (vgl. z.B. Krugman/Obstfeld 1997), führt zur Angleichung der Faktorpreise und damit zu einer realen Konvergenz. Die einfache Intuition hinter einer etwas komplexeren Beweisführung lautet, dass sich *ceteris paribus* bei gleicher Technologie und bei gleichen relativen Güterpreisen – dies dank des Freihandels – auch die Faktorpreise angleichen müssen, also die Löhne und die Zinsen. Genügt es dann nicht, eine Freihandelszone oder eine Zollunion einzurichten, um die Ziele der ökonomischen Integration, nämlich Steigerung des Sozialprodukts in dem integrierten Wirtschaftsraum und Ausgleich der Wohlfahrtsunterschiede, zu verwirklichen?

Box 8.1: Der freizügige Warenverkehr ersetzt die Faktormobilität.

Geht man davon aus, dass in zwei betrachteten Ländern Güter mit stärker kapitalintensiven und Güter mit stärker arbeitsintensiven Methoden produziert werden, so ist bei freizügigem Warenverkehr zu erwarten, dass das kapitalreiche Land mehr kapitalintensive und das kapitalarme Land mehr arbeitsintensive Güter produziert.

Die Nachfrage nach einem Produktionsfaktor steigt dadurch im faktorreichen und sinkt im faktorarmen Land, was zur Folge hat, dass sich die Zinsen und Löhne in beiden Ländern annähern. Im Idealfall vollständiger Konkurrenz auf allen Gütermärkten, Abwesenheit von Transportkosten und identischen Produktionsfunktionen mit konstanten Skalenerträgen führt ein freizügiger Warenverkehr zu einem Ausgleich der Faktorpreise, ohne dass eine Re-Allokation der Produktionsfaktoren erforderlich wäre (das ist das berühmte Faktorpreisausgleichstheorem nach Heckscher-Ohlin-Samuelson).

Vor allem zwei Argumente sprechen gegen eine solche Minimallösung und für die Ausweitung der Verkehrsfreiheit auf die Produktionsfaktoren. Zum einen hat sich die Heckscher-Ohlin-Samuelson Theorie des internationalen Handels empirisch nicht als sehr robust herausgestellt. Nicht alle Güter sind handelbar, und der Warenverkehr ist teilweise mit hohen Transportkosten verbunden. Ein effizienter Faktoreinsatz lässt sich allein aus diesen Gründen in der Regel nicht ohne eine gewisse Kapitalmobilität erreichen. Oder anders formuliert: Kapitalverkehr trägt dazu bei, die gesellschaftlichen Kosten des grenzüberschreitenden Warenverkehrs zu senken, und der Effekt der Angleichung der Faktorpreise lässt sich auf direktem Wege über die Faktormobilität wohl eher erreichen als auf dem indirekten Weg über den Güterhandel. Zum anderen beschränkt sich das europäische Integrationsprojekt nicht nur auf die ökonomische Integration, sondern strebt auch politische Integration an, die wiederum eine gewisse sozio-kulturelle Integration voraussetzt. Das wird vor allem durch einen freizügigen Personenverkehr, ein wechselseitiges Kennenlernen und Verstehen gefördert.

Freier Handel mit Gütern ist weithin als wohlfahrtssteigernd akzeptiert, auch wenn es, wie wir bereits sehen konnten, immer wieder Bestrebungen gibt, mit offenen oder versteckten Handelshemmnissen die Verkehrsfreiheit zu beschränken. Die öffentliche Resonanz auf die Arbeitskräfte- und Kapitalmobilität ist sehr viel ambivalenter. Schon im letzten Kapitel sahen wir, dass die Dienstleistungsfreiheit, die ja in vielen Fällen mit freizügigem Personenverkehr verbunden ist, sehr viel später realisiert wurde als der freie Güterverkehr und mit sehr viel größeren Einwänden und dann auch Einschränkungen versehen ist. Kapitalmobilität wird auf der anderen Seite als Kapitalflucht diskriminiert, denn mit dem Kapital, so die Befürchtung, wandern auch Arbeitsplätze ab. Zuletzt hat die Diskussion um die Osterweiterung diese Ambivalenz deutlich gemacht. Einige Mitgliedländer – vor allem Deutschland und Österreich – haben ihre Zustimmung davon abhängig gemacht, dass die grundsätzlich im *acquis communautaire* enthaltene Freiheit mit Übergangsbestimmungen für die neuen Mitgliedländer temporär eingeschränkt wird. Das macht auch die Diskussion um einen eventuellen Beitritt der Türkei deutlich.

Die Politiker der Mitgliedstaaten müssen also davon ausgehen, dass freier Personenverkehr, und das heißt vor allem Bewegungsfreiheit für Arbeitnehmer und Selbständige, und Kapitalverkehrsfreiheit auf Bedenken und Widerstand stoßen. Wollen sie wiedergewählt werden, so müssen sie berücksichtigen, dass sich die Freizügigkeit der Produktionsfaktoren negativ auf die wahrgenommenen Beschäftigungschancen und auf das Lohnniveau der einheimischen Arbeitskräfte auswirken kann und dass eine Politik zur Förderung der internationalen Faktormobilität immer dem Risiko ausgesetzt ist, beim Medianwähler durchzufallen.

Box 8.2: Medianwähler – wer ist das?

Unter Medianwähler versteht man einen Wähler, dessen individuelle politische Präferenzen am Median ausgerichtet sind. In der Statistik ist der Median der Zentralwert, der eine Verteilung in zwei Hälften unterteilt. Kann man etwa alle Parteiprogramme anhand einer Skala von „linksextrem" bis „rechtsextrem" ordnen, so ist die politische Präferenz des Medianwählers dadurch gekennzeichnet, dass es eine gleich große Zahl an Wählern mit Präferenzen links und solchen rechts vom Medianwähler gibt. Eine politische Partei, die mit ihrem Programm eine maximale Zahl von Wählerstimmen zu erhalten versucht, wird sich an den Präferenzen des Medianwählers orientieren (vgl. Downs 1957).

8.2 Der freizügige Personenverkehr

8.2.1 Ein Unterschied zwischen Güterverkehrsfreiheit und Freizügigkeit?

Die Freizügigkeit für Arbeitnehmer und andere Personen zählt bereits seit den Verträgen von Rom zu den vier Grundfreiheiten des Gemeinsamen Marktes. 1968 trat die Arbeitnehmerfreizügigkeit für die sechs Gründungsmitglieder der Gemeinschaft mit einer Gesamtbevölkerung von 185 Millionen Personen in Kraft und wurde bis 1995 schrittweise auf die fünfzehn Mitglieder der damaligen EU und die drei weiteren Mitglieder des Europäischen Wirtschaftsraums (EWR) mit einer Gesamtbevölkerung von rund 380 Millionen Personen ausgedehnt. Allerdings wurden sowohl bei der Süderweiterung der Union um Griechenland, Portugal und Spanien als auch bei den Osterweiterungen Übergangsregelungen für die Arbeitnehmerfreizügigkeit vereinbart. So kann jeder Mitgliedsstaat der EU die Arbeitnehmerfreizügigkeit gegenüber den zehn neuen Mitgliedsstaaten aus Ostmittel- und Südosteuropa mit einer Gesamtbevölkerung von rund 103 Millionen Personen nach der sogenannten „2+3+2"-Formel für bis zu sieben Jahre aussetzen. Während den ersten beiden Phasen genügt eine einfache Erklärung des Mitgliedsstaates, der die Arbeitnehmerfreizügigkeit aussetzen will, gegenüber der Europäischen Kommission. In der letzten Phase kann die Arbeitnehmerfreizügigkeit nur ausgesetzt werden, wenn eine schwere Störung des Gleichgewichtes auf dem Arbeitsmarkt vorliegt oder droht. Die Übergangsfristen wurden unterschiedlich in Anspruch genommen: In der ersten Phase haben nur Irland, Schweden und das Vereinigte Königreich ihre Arbeitsmärkte für Staatsbürger aus den acht neuen Mitgliedländern in Ostmitteleuropa, die am 1.5.2004 beigetreten sind, geöffnet. In der zweiten Phase sind dann die übrigen EU-Mitgliedstaaten bis auf Belgien, Dänemark, Deutschland und Österreich gefolgt. In der letzten Phase wollen voraussichtlich nur Deutschland und Österreich die Beschränkungen aufrecht erhalten. Im Fall von Bulgarien und Rumänien, die am 1.1.2007 der EU beigetreten sind, haben zunächst nur Finnland und Schweden ihre Arbeitsmärkte sofort geöffnet, zu Beginn der zweiten Phase sind Griechenland und Spanien gefolgt. Wie wir noch sehen werden, hat die unterschiedliche Anwendung der Übergangsregelungen Arbeitnehmer in diejenigen Länder geführt, die ihre Arbeitsmärkte bereits frühzeitig geöffnet haben.

Die Übergangsregelungen zeigen, dass die Freizügigkeit für Arbeitnehmer und andere Personen heute umstrittener ist als die Freiheit des Güterhandels und des Kapitalverkehrs. Die Einführung der Freizügigkeit insbesondere gegenüber Ländern mit niedrigem Pro-Kopf-Einkommen ist bei der Bevölkerung der Einwanderungsländer häufig mit Ängsten vor sinkenden Löhnen, steigender Arbeitslosigkeit und höheren Belastungen für den Sozialstaat verbunden. Dabei hat Arbeitsmobilität unter den Annahmen des neo-klassischen Modells des internationalen Handels ähnliche Effekte wie der Handel mit Gütern. Robert Mundell hat gezeigt, dass unter den Annahmen des Heckscher-Ohlin-Samuelson-Modells Handel und Arbeitskräftemobilität Substitute sind: Die freie Mobilität von Arbeit führt dazu, dass sich die Faktorpreise angleichen, so dass der Handel von Gütern überflüssig wird – und umgekehrt. Beides, Handel und Arbeitsmobilität, führen zu einer höheren Effizienz des Ressourceneinsatzes und damit zu einem höheren Sozialprodukt in dem integrierten Wirtschaftsraum, aber auch, wie wir noch sehen werden, zu einer Umverteilung von Einkommen und Beschäftigungschancen.

8.2.2 Umfang und Ursachen der Wanderung in Europa

Die europäischen Wanderungsprozesse seit 1960

Der europäische Kontinent und seine Nachbarregionen in Nordafrika, dem Mittleren Osten und Zentralasien sind durch ein ähnliches Einkommensgefälle gekennzeichnet wie der amerikanische Kontinent. Gemessen in Kaufkraftparitäten beträgt das Verhältnis des BIP pro Kopf zwischen der EU und der Gemeinschaft Unabhängiger Staaten (GUS), Südosteuropa und Nordafrika 5:1, gemessen in laufenden Wechselkursen sogar 10:1. Demgegenüber ist die EU ein Club mit relativ homogenen Pro-Kopf-Einkommen. Zudem konvergieren die Pro-Kopf-Einkommen in der EU: Im Durchschnitt halbiert sich der Einkommensabstand zwischen den Mitgliedstaaten alle 35 Jahre (Barro/Sala-i-Martin 1991, 1995). Mit dem Beitritt der ostmitteleuropäischen Staaten nimmt die EU Länder mit einem Pro-Kopf-Einkommen auf, das deutlich unter dem durchschnittlichen Niveau der Gemeinschaft liegt. Im Durchschnitt der acht neuen Mitgliedstaaten aus Ostmitteleuropa betrug das BIP pro Kopf zu Kaufkraftparitäten rund 50 %, und das von Bulgarien und Rumänien rund 30 Prozent des Niveaus der alten Mitgliedstaaten (vgl. Kapitel 4).

Angesichts dieser Einkommensdifferenzen auf dem europäischen Kontinent ist es nicht überraschend, dass die Mehrheit der ausländischen Bevölkerung in der EU aus Ländern außerhalb der Gemeinschaft stammt. Im Jahr 2000 lebten rund 18 Millionen Ausländer in den damals fünfzehn Mitgliedstaaten der Gemeinschaft, von denen mit 5,6 Millionen nur knapp ein Drittel auf

Staatsangehörige der EU entfielen. Der überwiegende Teil der EU-Ausländer in der Gemeinschaft stammt aus den südeuropäischen Ländern (Italien, Griechenland, Portugal, Spanien), die während der Gastarbeiteranwerbung in den 1960er und frühen 1970er Jahren in die industriellen Zentren gewandert sind. Seitdem stagniert die absolute Zahl der EU-Ausländer, ihr Anteil an der ausländischen Bevölkerung ist rückläufig. Demgegenüber nimmt die ausländische Bevölkerung aus Südosteuropa (Türkei, den Nachfolgestaaten des früheren Jugoslawiens), Nordafrika (Algerien, Marokko, Tunesien) und, seit dem Fall des Eisernen Vorhangs, aus Mittel- und Osteuropa deutlich zu. Ein erheblicher Teil der legalen Zuwanderung aus Mittel- und Osteuropa entfällt auf Aussiedler und Bürgerkriegsflüchtlinge aus den Nachfolgestaaten des früheren Jugoslawiens. Zum Jahresende 2007 hielten sich in der EU-15 1,9 Mio. ausländische Staatsbürger aus den acht neuen ostmitteleuropäischen Mitgliedstaaten auf. Die Zahl der ausländischen Staatsbürger aus Bulgarien und Rumänien betrug gut 1,8 Millionen Personen. In Deutschland lebten zum Jahresende 2007 685.000 ausländische Staasangehörige aus den neuen Mitgliedstaaten.

Box 8.3: Wer ist ein Migrant?

Mit dem Konzept der Staatsangehörigkeit kann nur ein Teil der internationalen Wanderungsbewegungen erfasst werden. Zudem unterscheidet sich das Staatsbürgerschaftsrecht erheblich in den einzelnen Ländern der EU. So erhält eine in Frankreich geborene Person automatisch die französische Staatsbürgerschaft, während in Deutschland viele Kinder von ausländischen Staatsangehörigen auch in der zweiten und dritten Generation keine deutschen Staatsbürgerschaft besitzen. Andererseits erhalten Spätaussiedler, die nach Deutschland einwandern, unmittelbar die deutsche Staatsbürgerschaft. Nach den Angaben des Mikrozensus aus dem Jahr 2006 beläuft sich die Zahl der ausländischen Staatsangehörigen in Deutschland auf 8 %, die Zahl der im Ausland geborenen Personen auf 12 % und die Zahl der Personen mit Migrationshintergrund auf 18 % der Bevölkerung. Zu Personen mit Migrationshintergrund werden vom Mikrozensus neben ausländischen Staatsangehörigen und im Ausland geborenen Personen auch Personen gerechnet, bei denen mindestens ein Elternteil im Ausland geboren wurde oder ausländischer Staatsbürger ist.

Das Niveau der regionalen Arbeitsmobilität in der EU und dem EWR beläuft sich nur auf ein Fünftel bis ein Drittel des Niveaus in den USA, obwohl die regionalen Einkommens- und Beschäftigungsdifferenzen in der EU ausgeprägter sind als in den USA. Die geringe Arbeitsmobilität kann eine der Ursachen für die höhere Arbeitslosigkeit auf dem Europäischen Kontinent sein: Wie Olivier Blanchard und Lawrence Katz (1992) gezeigt haben, werden in den USA strukturelle Schocks, die zu regionalem Strukturwandel und Arbeitslosigkeit führen, in erheblichem Umfang durch regionale Arbeitskräftemobilität absorbiert, so dass innerhalb einer Dekade regionale Beschäftigungsunterschiede weitgehend ausgeglichen werden.

Ursachen der Wanderung in Europa

Wanderungsentscheidungen fallen den Individuen oder Haushalten schwer. Sie hängen von zahlreichen politischen, institutionellen, ökonomischen und sozialen Faktoren ab. Die ökonomische Theorie betrachtet die Wanderungsentscheidung als Investition. Die diskontierten Nettoerträge dieser Investition müssen die monetären und nicht-monetären Kosten übersteigen, damit man sich für die Wanderung entscheidet (Sjaastadt 1962). Die ökonomischen Erträge der Migration hängen nicht allein von Unterschieden im Lohnniveau, sondern auch von den Beschäftigungschancen an den jeweiligen Orten ab (Harris/Todaro 1970). Angesichts eines überproportionalen Arbeitslosigkeitsrisikos der ausländischen Bevölkerung können Lohnersatzleistungen wie Arbeitslosenunterstützung oder Sozialhilfe deshalb eine wichtige Rolle für Wanderungsentscheidungen spielen. Jüngere Ansätze in der Migrationstheorie betonen die Rolle der Ungewissheit und des Risikos für Wanderungsentscheidungen. Da kann es rational sein, zu Hause zu bleiben und abzuwarten, auch wenn hohe Einkommensunterschiede zwischen Ländern bestehen (Burda 1995).

Zahlreiche nicht-ökonomische Aspekte beeinflussen die Wanderungsentscheidung. So wirft die Migration hohe soziale und psychische Kosten auf, die sich aus der räumlichen Trennung von Freunden und Familienmitgliedern sowie von der gewohnten Umgebung ergeben (Sjaastadt 1962). Dies erklärt auch, warum der überwiegende Teil der Migration einen temporären Charakter hat: Selbst bei hohen Einkommensdifferenzen bestehen Anreize, in die Heimatländer zurückzukehren, wenn nicht-monetäre Argumente in der Nutzenfunktion für ein Leben im Heimatland sprechen (Djajic/Milbourne 1986). Für die Einschätzung des Wanderungspotentials ist es von Bedeutung, dass die Menschen sich unterscheiden. Das gilt nicht nur für ihre Humankapitalcharakteristika (Ausbildung, Sprachkenntnisse, Alter, Familienstand usw.), sondern auch für ihre Präferenzen, d.h. ihre Neigung bei gegebenen Bedingungen zu wandern oder im Heimatland zu bleiben (Stark 1995, Brücker/Schröder 2005). Ein Teil der Bevölkerung wird deshalb selbst bei hohen Einkommensdifferenzen immer im Heimatland verbleiben.

Schließlich haben natürlich auch politische, institutionelle und ethnische Faktoren einen erheblichen Einfluss auf Wanderungsentscheidungen. So sind in der Dekade nach dem zweiten Weltkrieg rund 20 Millionen Menschen aus den ehemaligen Ostgebieten des Deutschen Reiches und der DDR nach Westdeutschland gewandert, oder in den 1990er Jahren mehr als drei Millionen Menschen aufgrund der Bürgerkriege aus den Nachfolgestaaten des früheren Jugoslawiens geflohen. Seit dem Zusammenbruch der Sowjetunion können wir eine starke ethnische Segregation beobachten, die unabhängig von den Einkommensdifferenzen zu einer erheblichen Zuwanderung von ethnischen Russen nach Russland geführt hat.

Prognosen des Wanderungspotentials aus den neuen Mitgliedstaaten der EU

Prognosen des Migrationspotentials sind von großem wirtschaftspolitischem Interesse. Denn die aktuelle Lage auf den Arbeitsmärkten, die demographische Entwicklung und die Finanzierung der sozialen Sicherungssysteme werden von der Migration beeinflusst. Allerdings lässt sich das Migrationspotential nur schwer prognostizieren, wenn sich die institutionellen Rahmenbedingungen ändern, wie das z.B. mit der Einführung der Freizügigkeit für Arbeitnehmer und andere Personen aus den neuen Mitgliedstaaten der EU der Fall ist. Das Migrationsverhalten ist in den einzelnen Ländern sehr unterschiedlich, wodurch sich die Ungewissheit über das Potential weiter erhöht.

Die meisten makroökonometrischen Studien, die das Migrationspotential schätzen, erklären die Wanderung mit den gleichen Variablen: Differenzen in den Pro-Kopf-Einkommen, Arbeitslosenraten in den Ziel- und Herkunftsländern und institutionelle Wanderungsrestriktionen. Andere Variablen wie das Alter der Bevölkerung oder der Umfang sozialstaatlicher Leistungen (Arbeitslosenunterstützung, Sozialhilfe), die in der theoretischen Diskussion eine Rolle spielen, werden entweder gar nicht berücksichtigt oder haben sich als nicht signifikant herausgestellt (vgl. Box 8.4).

Box 8.4: Methodische Probleme der Schätzung des Migrationspotentials

Die meisten vorliegenden Schätzungen des Migrationspotentials aus Mittel- und Osteuropa stützen sich entweder auf Meinungsumfragen oder ökonometrische Untersuchungen. Meinungsumfragen haben den Nachteil, dass sie mit Migrationsabsichten nur die Angebotsseite, nicht aber die Nachfrageseite berücksichtigen. Zudem lassen Umfragen keine Schlussfolgerungen darüber zu, wie ernsthaft die geäußerten Migrationsabsichten sind und wie lange die Aufenthaltsdauer sein wird. Es lassen sich aus Meinungsumfragen vielleicht interessante Schlussfolgerungen über die Struktur des Migrationspotentials, aber nur schwer Schlussfolgerungen über dessen Umfang ziehen. Von den Ostdeutschen beispielsweise, die 1991 bei einer Befragung des Sozioökonomischen Panels (SOEP) geäußert hatten, sie wollten nach Westdeutschland wandern, wohnten fünf Jahre später tatsächlich nur 5 % dort.

Auf ökonometrische Schätzungen gestützte Projektionen des Migrationspotentials stehen vor dem Problem, dass die Wanderungsneigung nicht nur über die Zeit, sondern auch zwischen einzelnen Ländern variieren kann. Die in der Literatur üblichen Schätzansätze verwenden in der Regel ähnliche erklärende Variablen wie das Pro-Kopf-Einkommen, die Beschäftigungsraten in den Ziel- und Herkunftsländern, EU-Mitgliedschaft und Freizügigkeit, sie unterscheiden sich aber in ihren Schätzmodellen, vor allem hinsichtlich der Annahmen, die über die Bedeutung länderspezifischer Faktoren getroffen werden. Diese Annahmen wirken sich auf die Höhe des geschätzten Migrationspotentials aus. So berücksichtigt ein Teil der Schätzmodelle ‚fixe Effekte', die länderspezifische Unterschiede bei jenen Faktoren zulassen, die einen konstanten Einfluss auf die Migration haben (z.B. Distanz, Sprache, Kultur). Ein anderer Teil der Modelle nimmt an, dass diese Faktoren in allen Ländern den gleichen Einfluss auf das Wanderungsverhalten ausüben. Im Fall der EU-Osterweiterung führen die Studien mit fixen Effekten zu niedrigeren Schätzergebnissen, die anderen Studien zu deutlichen höheren. Spezifikationstests zeigen, dass die ‚fixen' Effekte hochsignifikant sind, so dass

Modelle, die auf eine Berücksichtigung von ‚fixen' Effekten verzichten, fehlspezifiziert sind. Tatsächlich haben sich die Modelle mit fixen Effekten bei der Prognose des Migrationspotentials als recht zuverlässig erwiesen, während die anderen Modelle die Zuwanderung in den ersten Jahren seit der EU-Osterweiterung deutlich überschätzten.

Zahlreiche Studien versuchen, das Wanderungspotential aus den neuen in die alten Mitgliedstaaten zu prognostizieren. Die Mehrzahl schätzt, dass langfristig, d.h. 15 bis 25 Jahre nach Einführung der Freizügigkeit, 3–4 % der Bevölkerung aus den Beitrittsländern in der EU-15 leben werden. Kurzfristig, d.h. unmittelbar nach Einführung der Freizügigkeit, wird mit einer Nettozuwanderung von 250 000–350 000 Personen aus den acht ostmitteleuropäischen Mitgliedstaaten in die EU-15 gerechnet (Boeri/Brücker 2001, 2005; Krieger 2003; Layard et al. 1992). Einzelne Studien kommen auch zu deutlich höheren (Sinn et al. 2001) oder niedrigeren Ergebnissen (Fertig 2001; Fertig/Schmidt 2001).

Alle diese Studien betonen die hohe Ungewissheit, der solche Vorhersagen unterliegen. Dies ist auch darauf zurückzuführen, dass die Schätzungen des Migrationspotentials aus den mittel- und osteuropäischen Ländern aufgrund des Eisernen Vorhangs, d.h. der massiven Behinderung von Freizügigkeit in der sozialistischen Periode, sich nicht auf zurückliegende Erfahrungen und Daten stützen können. Stattdessen werden die Erfahrungen der Nord-Südwanderungen auf die Ost-West-Wanderungen übertragen. Doch eigene geographische, sprachliche, kulturelle und institutionelle Bedingungen führen zu möglicherweise unterschiedlichem Wanderungsverhalten in den ost- und südeuropäischen Ländern.

Die Entwicklung in den ersten vier Jahren seit der Osterweiterung bestätigt die aggregierten Schätzungen für die EU-15 weitgehend: So sind im Durchschnitt pro Jahr rund 250.000 Personen aus den acht neuen Mitgliedsstaaten, die zum 1.5.2004 der EU beigetreten sind, in die EU-15 gewandert. Das entspricht recht exakt der Prognose von Alvarez-Plata et al. (2003) und anderen Studien. Allerdings muss berücksichtigt werden, dass, anders als in den Studien angenommen, noch nicht alle EU Mitglieder ihre Arbeitsmärkte geöffnet haben. Die Öffnung in Deutschland und Österreich kann deshalb noch zu einem weiteren Anstieg der Wanderung führen. Erste Erkenntnisse sprechen jedoch dafür, dass sich im Zuge der 2007 einsetzenden Finanzkrise die Zuwanderung aus den neuen Mitgliedsstaaten in die EU-15 deutlich abschwächen wird.

Allerdings hat die unterschiedliche Anwendung der Übergangsfristen eine deutliche Umlenkung der Migrationsströme bewirkt: Vor der Osterweiterung entfielen rund zwei Drittel der Zuwanderrung aus den acht ostmitteleuropäischen Staaten auf Deutschland und Österreich, seit der EU-Osterweiterung rund 70 % auf Irland und das Vereinigte Königreich. Alle vorliegenden Migrationsprognosen gingen jedoch von der Annahme aus, dass alle EU-Mitgliedstaaten gleichzeitig ihre Arbeitsmärkte öffnen werden. Dementsprechend wurde das Migrationspotential für Deutschland und Österreich deutlich über-, für Irland und Großbritannien deutlich unterschätzt. Zu diesem Vorgehen gab es jedoch keine Alternative, weil vergleichbare Voraussetzungen für eine Umlenkung der Migrationsströme in der Geschichte der EU nicht vorliegen.

Die künftige Entwicklung der Wanderungsprozesse in Europa

Die weitere Beseitigung von Wanderungsbarrieren in der EU und dem EWR wird angesichts der recht homogenen und konvergierenden Pro-Kopf-Einkommen aller Voraussicht nach nur geringe quantitative Effekte nach sich ziehen. Auch die Osterweiterung der EU wird, sofern die vorliegenden Schätzungen des Wanderungspotentials zutreffen und sich die gegenwärtigen Trends fortsetzen, keine Massenwanderung auslösen. Das große Wanderungspotential liegt ohne Zweifel außerhalb der heutigen Grenzen der EU und des EWR in Südosteuropa (Balkan, Türkei), den Nachfolgestaaten der Sowjetunion und den Mittelmeeranrainern in Nordafrika und im Mittleren Osten. Hier ist das Einkommensgefälle, wie erwähnt, hoch und es wird unter realistischen Annahmen über die Konvergenz der Pro-Kopf-Einkommen für Generationen hoch bleiben. Auch sind diese Regionen sehr viel stärkeren politischen und ethnischen Konflikten ausgesetzt als die EU. Schließlich altert die Bevölkerung in der EU deutlich schneller als in den Nachbarregionen, wodurch wiederum Wanderungsanreize entstehen. Die europäischen Mitglieder der GUS mit ihrer ebenfalls schnell alternden Bevölkerung bilden hier eine wichtige Ausnahme.

Box 8.5: Wie hoch ist das Migrationspotential aus der Türkei?

Ähnlich wie bei der Osterweiterung der EU stellt sich im Falle eines Beitritts der Türkei die Frage nach der Höhe des Migrationspotentials. Die Beitrittsverhandlungen mit der Türkei werden sicher lange Übergangsfristen für die Freizügigkeit vereinbaren. Am Ende des Prozesses muss gleichwohl die Öffnung der Arbeitsmärkte stehen – schließlich ist Freizügigkeit für Arbeitnehmer und andere Personen eine Grundfreiheit des Gemeinsamen Marktes.

Die ökonomischen und demographischen Voraussetzungen sprechen für ein erhebliches Migrationspotential aus der Türkei: Das Bruttoinlandsprodukt pro Kopf zu Kaufkraftparitäten wird auf höchstens 30% des Niveaus der EU-15 geschätzt (s. Tab. 4.5). Das ist deutlich niedriger als bei den neuen Mitgliedsstaaten, die 2004 beigetreten sind (im Durchschnitt 50%). Zudem wird die Bevölkerung der Türkei von 68 Mio. in den nächsten drei Dekaden auf mehr als 80 Mio. Einwohner wachsen. Allerdings sind die Wachstumsraten des BIP in der Türkei gegenwärtig außergewöhnlich hoch, und der Anteil der Alterskohorten mit einer hohen Wanderungsbereitschaft wird auch in der Türkei im Zuge des demographischen Wandels in den kommenden Jahrzehnten deutlich abnehmen.

Es liegen zwei Studien zum Migrationspotential der Türkei vor: Die erste hat das Centraal Planbureau der Niederlande erstellt (Lejour *et al.* 2004). Sie stützt sich auf eine sogenannte ‚Meta-Studie' der vorliegenden Migrationsschätzungen, die im Zusammenhang mit der EU-Osterweiterung vorgelegt wurden. Die Prognose beruht auf dem Durchschnitt der Koeffizienten, die für die erklärenden Variablen der Migration (z.B. Pro-Kopf-Einkommen, Arbeitslosigkeit) gefunden wurden. Sie kommt zu dem Ergebnis, dass im Falle einer Einführung der Freizügigkeit langfristig knapp 2,7 Mio. Personen aus der Türkei in die EU-15 wandern werden. Rund 75% davon oder 2 Mio. würde es nach Deutschland ziehen, wobei sich dieser Migrationsprozess über mehrere Jahrzehnte erstreckt.

Die zweite Studie wurde von einem Forscherteam der Bogazici-Universität in Istanbul erstellt (Erzan *et al.* 2004). Sie stützt sich auf das Migrationsmodell von Boeri/Brücker (2001) und die Nachfolgestudie von Alvarez-Plata et al. (2003), die das Migrationspotential aus den mittel- und osteuropäischen Beitrittsländern für Deutschland prognostiziert haben. Diese sehr differenzierte Studie berechnet verschiedene Szenarien. Danach ist im Falle der Einführung der Freizügigkeit eine Zuwanderung zwischen 1,8 und 2,1 Mio. Personen nach Deutschland möglich. Beide Studien kommen folglich zu einem ähnlichen Ergebnis.

Nun ist es nicht so, dass es ohne eine EU-Erweiterung nicht zu Zuwanderungen aus der Türkei käme. Wir müssen deshalb ein alternatives Szenario ohne Einführung der Freizügigkeit entwerfen, wenn die Effekte der Erweiterung korrekt erfasst werden sollen. Gegenwärtig beläuft sich die Nettozuwanderung aus der Türkei in die EU-15 auf rund 35 000 Personen pro Jahr. Langfristig, über drei Jahrzehnte zum Beispiel, ergibt sich eine potentielle Nettozuwanderung von knapp 1 Mio. Personen. Ein Abbruch der Beitrittsverhandlungen kann zu einem wirtschaftlichen Rückschlag in der Türkei und geringerem Wirtschaftswachstum führen. Ezran et al. (2004) haben ein solches Szenario durchgespielt. Nach ihren Schätzungen könnte die Zuwanderung im Fall des Nicht-Beitritts auf 2,7 Mio. Personen ansteigen und damit die Zuwanderung im Beitrittsfall sogar übertreffen. Dieses Alternativszenario beruht vielleicht auf extremen Annahmen. Es zeigt jedoch, dass auch der Verzicht auf einen EU-Beitritt der Türkei Risiken birgt und zu einem deutlichen Anstieg der Zuwanderung aus der Türkei führen kann.

8.2.3 *Wohlfahrts- und Verteilungseffekte der Freizügigkeit von Arbeitskräften*

Aus ökonomischer Sicht erfüllt der Abbau von Beschränkungen der Mobilität der Arbeitskräfte innerhalb Europas zunächst einmal die Funktion, die Arbeitskräfte dorthin zu lenken, wo sie am höchsten bewertet werden, d.h. die höchste Produktivität haben. Es geht um eine effiziente Allokation der Arbeitskräfte. Die Mobilität von Arbeit steigert aber nicht nur die Produktivität in dem integrierten Wirtschaftsraum. Sie zieht auch Verteilungseffekte nach sich. Wie wir sehen werden, können in den Einwanderungsländern die Löhne und Beschäftigungsaussichten der einheimischen Bevölkerung durch Zuwanderung fallen. Dies erklärt den Widerstand weiter Kreise der Bevölkerung gegen eine Liberalisierung der Zuwanderung.

In diesem Abschnitt betrachten wir zunächst den einfachsten Fall der Wanderung zwischen zwei Volkswirtschaften, die abgesehen von der Mobilität der Arbeitskräfte geschlossen und deren Arbeitsmärkte vollkommen flexibel sind. Im nächsten Schritt geben wir dann die Annahme flexibler Arbeitsmärkte auf. Danach untersuchen wir die Effekte der Migration in einem Zuwanderungsland, das regionale Unterschiede in den Pro-Kopf-Einkommen und den Beschäftigungsaussichten aufweist. Schließlich betrachten wir den Fall der Migration in eine offene Volkswirtschaft, in der neben der Arbeit auch Güter die Grenzen überschreiten.

Die Effekte der Wanderung in sonst geschlossenen Volkswirtschaften ohne Arbeitslosigkeit

Beginnen wir mit dem einfachsten Fall der Arbeitsmobilität zwischen zwei Ländern, in denen die Löhne völlig flexibel sind und folglich keine Arbeitslosigkeit existiert. Es wird nur ein Gut mit den beiden Faktoren Arbeit und Kapital produziert und die Produktionsfunktion zeichnet sich durch konstante Skalenerträge aus. Wir betrachten zwei Länder: das Heimatland (H) und ein Partnerland (P). In der Ausgangssituation verfügt jedes Land über einen bestimmten Bestand an homogenen Arbeitskräften, $0_H A_0$ in Land H und $A_0 0_P$ in Land P (Abbildung 8.1). Dabei ist folgendes zu beachten: Die Arbeitskraft kann nicht unabhängig von ihrem Besitzer wandern. Für die volkswirtschaftliche Gesamtrechnung tut sie das praktisch im Fall der Pendler. Sie leisten ihre Arbeit in P, bleiben aber in H ansässig, womit ihr Lohn in das Volkseinkommen von H eingeht. Dieser Fall ist – *mutatis mutandis* – völlig identisch mit dem (weiter unten zu behandelnden) Fall der Kapitalmobilität. Deswegen werden wir an dieser Stelle nicht näher darauf eingehen. Der häufigere Fall der Arbeitskräftemobilität mit Änderung des Wohnsitzes hat auf die Bevölkerungsverteilung zwischen H und P Einfluss und muss deshalb gesondert betrachtet werden.

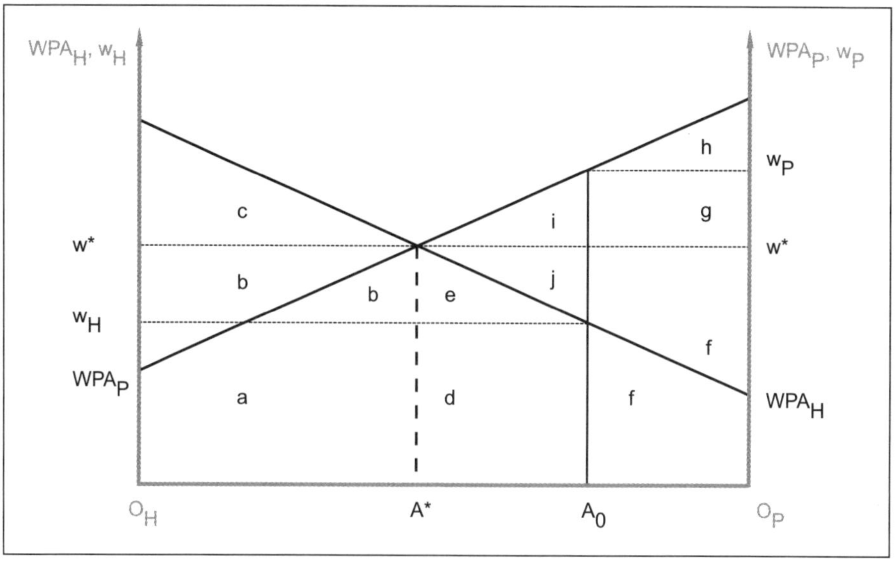

Abbildung 8.1: Produktionsveränderungen und Verteilungseffekte bei Arbeitskräftemobilität

In Abb. 8.1 sind WPA das Wertgrenzprodukt der Arbeit, O_HA_0 und O_PA_0 die jeweiligen Anfangsausstattungen mit Arbeit und w der Lohnsatz. Folglich finden wir unterhalb der Lohnlinie das Arbeitseinkommen und zwischen Lohnlinie und WPA-Kurve das Kapitaleinkommen. Die Effekte für Wohlfahrt und ihre Verteilung sind in Tabelle 8.1 zusammengefasst.

Tabelle 8.1: Produktion und Verteilung bei Arbeitskräftemobilität auf flexiblen Märkten

	Ohne Mobilität		*Mit Mobilität*	
	H	*P*	*H*	*P*
Arbeitseinkommen	a+d	f+g	a+b	d+e+f+j
Kapitaleinkommen	b+c+e	h	c	g+h+i
Volkseinkommen	a+b+c+d+e	f+g+h	a+b+c	d+e+f+g+h+i+j
	Veränderungen durch die Mobilität			
	H	*P*	*H + P*	
Arbeitseinkommen	b−d	d+e+j−g	b+e+j−g	
Kapitaleinkommen	−b−e	g+i	g+i−b−e	
Volkseinkommen	−d−e	d+e+i+j	i+j	

Nach Einführung der freien Arbeitskräftemobilität wandert Arbeit aus H nach P, bis in A* das Gleichgewicht erreicht wird. Da die Arbeitskräfte auch als Personen den Wohnort gewechselt haben, bleiben Inlandsprodukt und Volkseinkommen gleich. Für beide Länder zusammen stellt sich ein Wohlfahrtsgewinn von i + j ein. Er ist aber mit einer regionalen und einer funktionalen Umverteilung verbunden. Land H ist Verlierer der Operation, und die Arbeitseinkommensbezieher sind in diesem Land als Gruppe nur dann Gewinner, wenn b > d. Land P ist generell Gewinner. Sogar seine Arbeitnehmer profitieren von der Migration, wenn (d + e + j) > g. Würde nach Gruppen über die Einführung der Freizügigkeit abgestimmt, wäre das Ergebnis relativ klar: H dagegen, P dafür. Aber es wird in der Demokratie individuell abgestimmt. Und das bedeutet, dass wir Informationen über die Auswirkungen auf das Pro-Kopf Einkommen benötigen. Da Arbeitskräfte (wohlgemerkt: annahmegemäß sind alle Faktoren homogen!) mit niedriger Produktivität aus H abwandern und in P nur mit niedrigerer Produktivität als bisher im Lande üblich eingesetzt werden, muss das Pro-Kopf Produkt und ebenso das Pro-Kopf Einkommen in H steigen und in P fallen. Das Abstimmungsergebnis über die Einführung der Mobilität wird damit weniger eindeutig, wenn nicht gar umgekehrt. Faktormobilität begünstigt den in der Ausgangssituation relativ reichlich vorhandenen Faktor und benachteiligt den relativ knappen Faktor. Insgesamt bringt sie eine Nettoverbesserung der Wohlfahrt.

Nun ist in der Realität die Wanderung von einem Land in ein anderes mit verschiedenen Nachteilen verbunden, deren monetäres Äquivalent wir als Mobilitätskosten bezeichnen. Man gibt seine vertraute Umgebung auf, lässt Freunde und möglicherweise auch Familienangehörige zurück, muss gegebenenfalls eine fremde Sprache lernen, sich in eine fremde Kultur einfügen. Mobilitätskosten bewirken, dass Arbeitskräfte erst einen Anreiz zur Migration haben, wenn die Lohndifferenz zwischen beiden Ländern größer ist als die Mobilitätskosten. Ein Ziel der Europäischen Gemeinschaft besteht darin, die Mobilitätskosten so gering wie möglich werden zu lassen, um Wanderungen von Arbeitskräften zu fördern. Natürlich lassen sich nicht alle sprachlichen und kulturellen Mobilitätshemmnisse durch Gesetze und höchstrichterliche Urteile beseitigen. Aber wie wir sehen werden, ist gerade der Europäische Gerichtshof sehr erfolgreich darin, systematisch Beschränkungen abzubauen, die den Zugang zu unselbständigen und selbständigen Tätigkeiten und ihre Ausübung behindern und die Mitnahme von Familienangehörigen erschweren.

Die Wohlfahrts- und Verteilungswirkungen der Arbeitskräftemobilität verändern sich, wenn wir die restriktiven Annahmen unseres einfachen Modells aufgeben. Ein anderes Bild kann sich ergeben, wenn wir insbesondere folgende Annahmen fallen lassen:

- homogene Arbeitskräfte,
- flexible Arbeitsmärkte,
- homogene Regionen in den Ein- und Auswanderungsländern,
- eine sonst geschlossene Volkswirtschaft,
- fixe Kapitalausstattung.

Zuwanderung und heterogene Arbeitskräfte

Arbeitskräfte unterscheiden sich in Hinblick auf Alter, Ausbildung, Arbeitserfahrung usw. und konkurrieren in unterschiedlichen Segmenten des Arbeitsmarktes. Die Zuwanderung hat deshalb unterschiedliche Effekte für die einzelnen Arbeitskräfte. So werden schlecht ausgebildete Arbeitskräfte durch die Zuwanderung gering Qualifizierter verlieren: Das Angebot steigt. Für höher qualifizierte Arbeitskräfte sind die Effekte einer solchen Zuwanderung ambivalent: Einerseits profitieren sie von einer Ausweitung der Produktion, die zu steigender Nachfrage nach höher qualifizierter Arbeit führt, andererseits können sie verlieren, wenn aufgrund des gesunkenen Lohnes für ungelernte Arbeit höher qualifizierte durch gering qualifizierte Arbeit ersetzt wird. Schließlich gibt es Gruppen im Arbeitsmarkt, deren Qualifikationen sich vollkommen komplementär zu gering qualifizierter Arbeit verhalten, d.h. aus technischen oder organisatorischen Gründen nicht substituiert werden können. Sie zählen auf jeden Fall zu den Gewinnern der Zuwanderung gering qualifizierter Arbeitskräfte. Im Extremfall, wenn überhaupt keine Einheimischen Arbeiten ausüben, die von Zuwanderern übernommen werden (Putzen, Straßenreinigung, etc.), gibt es überhaupt keine Verlierer der Zuwanderung.

Schließlich profitieren einheimische Arbeitskräfte durch geringere Preise für Konsumgüter und Dienstleistungen, beispielsweise im Hotel- und Gaststättengewerbe, von der Zuwanderung.

Geben wir also die Annahme der Homogenität der Arbeit auf, sind die Effekte der Zuwanderung sehr viel komplexer, und es ist eine offene Frage, ob der Medianwähler in den Einwanderungsländern zu den Gewinnern oder Verlierern der Zuwanderung gehört. Grundsätzlich gilt, dass bei Vollbeschäftigung die Gewinne für die Volkswirtschaft umso höher ausfallen, je komplementärer sich das Qualifikationsprofil der Zuwanderer zu dem der einheimischen Arbeitskräfte verhält. Eine Volkswirtschaft mit einem hohen Anteil gut ausgebildeter Arbeitskräfte wird also stärker von der Zuwanderung gering qualifizierter Arbeitnehmer profitieren, während umgekehrt eine Volkswirtschaft, die nur über einen geringen Anteil hoch qualifizierter Arbeitskräfte verfügt, am stärksten durch die Zuwanderung hoch Qualifizierter gewinnt.

Migration und Arbeitslosigkeit

Bisher sind wir von flexiblen Löhnen und Vollbeschäftigung ausgegangen. Diese Annahme ist jedoch nicht realistisch. Während in den 1960er und frühen 1970er Jahren in den meisten Einwanderungsländern der EU Vollbeschäftigung herrschte, ist die Arbeitslosigkeit heute insbesondere in den kontinentaleuropäischen Einwanderungsländern hoch. Ähnliches gilt für die Auswanderungsländer. Um die Effekte der Migration bei Arbeitslosigkeit zu analysieren, stellen wir uns folgende Situation vor: Der Lohn für Arbeit wird von Arbeitgeberorganisationen und Gewerkschaften in bilateralen Verhandlungen verbindlich festgelegt. Danach stellen die Unternehmen soviel

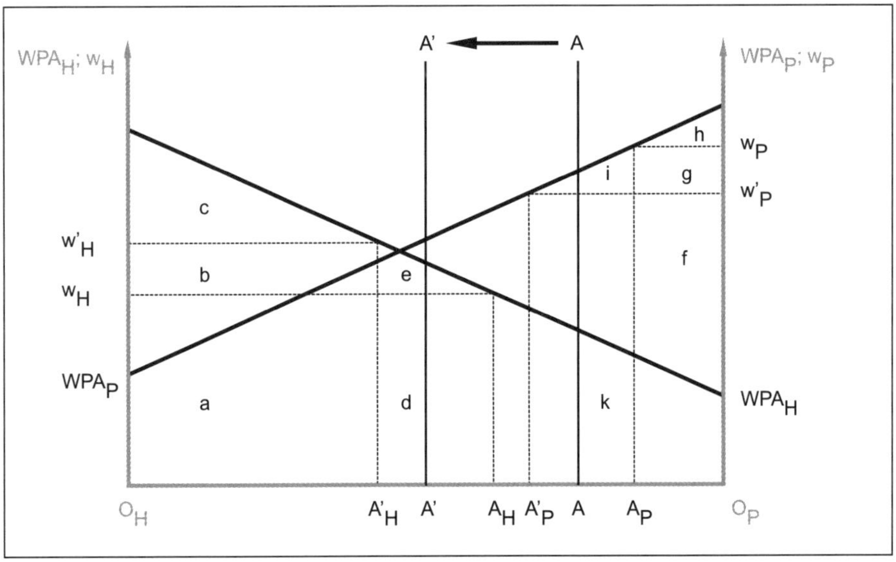

Abbildung 8.2: Produktions- und Wohlfahrtsveränderungen bei Arbeitskräftemobilität und rigiden Arbeitsmärkten

Arbeitskräfte ein, bis das Wertgrenzprodukt der Arbeit dem Lohn entspricht. Die verbleibenden Arbeitskräfte sind arbeitslos. Würde der Lohn bei der Zuwanderung nicht sinken, würde die Zahl der Arbeitslosen unter sonst gleichen Bedingungen um die Zahl der zugewanderten Arbeitskräfte steigen. Nun reagiert aber der vereinbarte Tariflohn auf die Arbeitslosigkeit, d.h. er sinkt mit steigender Arbeitslosigkeit und steigt mit fallender Arbeitslosigkeit. Allerdings passt sich der Tariflohn nicht vollkommen der Veränderung des Arbeitsangebotes an, d.h. die Löhne fallen in dem Einwanderungsland weniger stark und steigen weniger stark im Auswanderungsland als im Falle des Vollbeschäftigungsmodells des vorgehenden Abschnitts.

Die Effekte der Migration sind bei partiell rigiden Arbeitsmärkten etwas schwieriger zu analysieren als bei vollkommen flexiblen Löhnen. In Abb. 8.2 ist wieder das Wertgrenzprodukt der Arbeit im Heimatland von links nach rechts (Kurve WPA_H) und im Partnerland von rechts nach links (Kurve WPA_P) abgetragen. Im Ausgangszustand liegt der Lohn in beiden Ländern über dem Wertgrenzprodukt der Arbeit bei Vollbeschäftigung, so dass nur ein Teil des zur Verfügung stehenden Arbeitskräftepotentials ($O_HA + O_PA$) genutzt wird. Im Heimatland entspricht die Zahl der Beschäftigten der Strecke O_HA_H und die Zahl der Arbeitslosen der Strecke A_HA, im Partnerland die Zahl der Beschäftigten der Strecke O_PA_P und die Zahl der Arbeitslosen der Strecke A_PA.

Was passiert nun, wenn ein Teil der Arbeitskräfte (AA') aus dem Heimatland in das Partnerland wandert? Zunächst erhöht sich das Arbeitskräftepotential im Partnerland von O_PA auf O_PA' und verringert sich im Heimatland von O_HA auf O_HA'. Im Partnerland fallen die Löhne (von w_P auf w_P'), aber nicht ausreichend, um das erweiterte Arbeitskräftepotential zu absorbieren: Die Zahl der

Tabelle 8.2: Produktion und Verteilung bei Arbeitskräftemobilität auf rigiden Märkten

	Ohne Mobilität		*Mit Mobilität*	
	H	*P*	*H*	*P*
Arbeitseinkommen	a+d	f+g	a+b	f+k
Kapitaleinkommen	b+c+e	h	c	g+h+i
Volkseinkommen	a+b+c+d+e	f+g+h	a+b+c	f+g+h+i + k
	Veränderungen durch die Mobilität			
	H	*P*	*H + P*	
Arbeitseinkommen	b–d	k – g	b+k–d–g	
Kapitaleinkommen	–b–e	g+i	g+i–b–e	
Volkseinkommen	–d–e	i+k	i+k–d–e	

Beschäftigten steigt von O_PA_P auf $O_PA'_P$, und die Zahl der Arbeitslosen steigt von A_PA auf A'_PA'. Umgekehrt steigt im Auswanderungsland H der Lohn von w_H auf w'_H, aber nicht so stark, dass die Zahl der Arbeitslosen konstant bleibt. Die Zahl der Beschäftigten sinkt dort von O_HA_H auf $O_HA'_H$ und die Zahl der Arbeitslosen sinkt von A_HA auf A'_HA'. Ob die Arbeitslosigkeit in beiden Ländern zusammen sinkt, ist *a priori* nicht zu sagen.

Wie sieht es nun mit den Wohlfahrtseffekten der Wanderung aus? Insgesamt verändert sich in der Region die Wohlfahrt in Höhe der Flächen i + k – d – e, d.h. es entsteht ein Nettogewinn, wenn i + k > d + e ist. Dies dürfte immer dann der Fall sein, wenn der Anstieg der Beschäftigung im Einwanderungsland P nicht sehr viel geringer ist als der Beschäftigungsrückgang in dem Heimatland H, d.h. unter realistischen Annahmen erwarten wir auch bei partiell rigiden Arbeitsmärkten Nettogewinne für die Gesamtregion durch die Wanderung.

Interessanter sind die Verteilungseffekte: Im Heimatland gewinnen die beschäftigten Arbeitnehmer durch die gestiegenen Löhne, während die Kapitaleigner Einkommen verlieren. Es ist auch wahrscheinlich, dass das Pro-Kopf-Einkommen stärker als die Löhne steigt, weil die verbliebene Beschäftigung produktiver und die Zahl der Arbeitslosen geringer geworden sind (die Arbeitslosenrate muss wegen der Bevölkerungsveränderung nicht sinken). Im Partnerland gewinnen die Produzenten zusätzliches Einkommen. Wenn k > g ist, dann gewinnen auch die Arbeitnehmer insgesamt, allerdings bei sinkendem Lohn für die alteingesessenen Arbeitnehmer. Die Effekte für die alteingesessenen Arbeitnehmer und die Migranten hängen vor allem davon ab, wie sich das Arbeitslosigkeitsrisiko auf Zuwanderer und einheimische Bevölkerung verteilt. Würde die gleiche Zahl an einheimischen Arbeitskräften wie vor der Zuwanderung beschäftigt und das Arbeitslosigkeitsrisiko allein von den Zuwanderern getragen, dann entstünde für die einheimischen Arbeitnehmer ein Einkommensverlust im Umfang der Lohnsenkung. Wird ein Teil der einheimischen durch ausländische Arbeitskräfte verdrängt, entstehen weitere Einkommensverluste durch Arbeitslosigkeit.

Im Vergleich zum Modell mit Vollbeschäftigung sinken die Löhne in dem Einwanderungsland zwar weniger stark, aber dafür steigt das Arbeitslosigkeitsrisiko der einheimischen Bevölkerung. Ob ein positiver oder negativer Nettoeffekt für die einheimische Bevölkerung in den Zuwanderungsländern entsteht, hängt von der Verteilung der Arbeitslosigkeitsrisiken auf die einzelnen Bevölkerungsgruppen und vom Grad der Lohnflexibilität ab. Schließlich müssen noch Belastungen für die Sozialversicherungssysteme berücksichtigt werden. Allerdings ist es auch denkbar, dass durch Zuwanderung die Arbeitslosigkeit in den Einwanderungsländern sinkt. Dass ist insbesondere dann der Fall, wenn höher qualifizierte Zuwanderer zusätzliche Nachfrage für geringer qualifizierte Arbeitskräfte schaffen, die überproportional von Beschäftigungsrisiken betroffen sind. Bei Lohnrigiditäten und Arbeitslosigkeit profitieren die Einwanderungsländer deshalb sehr viel stärker von Zuwanderern mit hohen Qualifikationen, als es bei räumenden Arbeitsmärkten der Fall ist. Dies dürfte der Grund sein, warum die meisten Einwanderungsländer eine Zuwanderung von hochqualifizierten Arbeitskräften bevorzugen, auch wenn sie selbst viele qualifizierte Arbeitskräfte besitzen.

Migration in heterogenen Regionen

Das hier beschriebene Modell der Zuwanderung in Volkswirtschaften mit partiell rigiden Löhnen und Arbeitslosigkeit setzt voraus, dass die tariflich vereinbarten Löhne überall bindend sind. Dies ist jedoch nicht überall der Fall. Nehmen wir beispielsweise an, dass ein Einwanderungsland aus zwei Regionen besteht, einer Hochlohnregion in einem Ballungsgebiet und einer Niedriglohnregion auf dem Lande oder in einer strukturschwachen Region. Die tariflichen Mindestlöhne werden in den Niedriglohnregionen bezahlt, während in den Hochlohnregionen über Tarif bezahlt wird. Die Arbeitslosigkeit ist in den Niedriglohnregionen sehr viel höher als in den Hochlohnregionen. Die einheimische Bevölkerung ist weitgehend immobil, so dass sich die Lohn- und Beschäftigungsunterschiede zwischen den Regionen nicht angleichen. Aufgrund der höheren Löhne und besseren Beschäftigungschancen wandern die Zuwanderer in die prosperierenden Regionen. Das ist tatsächlich der Fall: In Ostdeutschland beträgt der Anteil der ausländischen Bevölkerung ein Sechstel des bundesdeutschen Durchschnitts, in den Ballungsräumen Süddeutschlands, dem Rhein-Main-Gebiet und Hamburg dagegen das Drei- bis Vierfache.

Welche Effekte entstehen in diesem Fall durch die Zuwanderung? Zunächst steigen Sozialprodukt und Einkommen in den Einwanderungsländern sehr viel stärker, als wenn wir homogene Regionen annehmen (vgl. Borjas 2001). Darüber hinaus wird die Arbeitslosigkeit in den Hochlohnregionen nicht oder nur geringfügig ansteigen, weil die Löhne hier weitgehend flexibel sind. Allerdings werden die überdurchschnittlich bezahlten Arbeitskräfte in diesen Regionen Einbußen erleiden. Schließlich ist noch ein weiterer Effekt denkbar: Werden die tariflichen Mindestlöhne in den Niedriglohnregionen vom durchschnittlichen Lohnniveau in den Hochlohnregionen beeinflusst, dann fallen mit der Zuwanderung Mindestlöhne und Arbeitslosigkeit in den Niedriglohnregionen (Boeri/Brücker 2005). Migration kann also auch zu sinkender Arbeitslosigkeit in den Einwanderungsländern führen.

Migration in offenen Volkswirtschaften

Alle Effekte der Zuwanderung, die wir bisher untersucht haben, beruhten auf der Annahme, dass die Volkswirtschaften mit Ausnahme der Migration von Arbeitskräften geschlossen sind. Das ist natürlich eine starke Vereinfachung und wenig realistisch bei der zunehmenden Integration der Güter- und Kapitalmärkte innerhalb der EU wie auch mit anderen Regionen der Welt. Welche Effekte hat nun Migration, wenn wir die Wechselbeziehung zwischen der Wanderung von Arbeit und dem Handel mit Gütern berücksichtigen? Unter den Annahmen des Standardmodells der Außenhandelstheorie, dem bereits angesprochenen Heckscher-Ohlin-Samuelson-Modell, kann die Zuwanderung neutral für die Faktoreinkommen sein. Betrachten wir den Fall eines kleinen Landes, das durch sein Angebot und seine Nachfrage die Preise auf den internationalen Gütermärkten nicht beeinflussen kann. Dieses Land produziert zwei Güter, ein kapitalintensives Gut (Autos) und ein arbeitsintensives Gut (Bekleidung) mit den beiden Faktoren Kapital und Arbeit. Die Zuwanderung von Arbeitskräften würde dazu führen, dass der Anteil des Bekleidungssektors an der Produktion steigt, während der Anteil des Automobilsektors sinkt. Es würde weniger Bekleidung importiert, und weniger Autos exportiert. Die Preise auf den Gütermärkten blieben konstant, gleiches gilt für Löhne und die Rendite auf Kapital.

Dies ist ein theoretischer Extremfall, der von einer Reihe von Annahmen abhängt. Allerdings zeigt das Modell, dass sich offene Volkswirtschaften an die Zuwanderung von Arbeit nicht allein durch sinkende Löhne, sondern durch eine Veränderung der Produktions- und Handelsstrukturen anpassen können. Empirische Studien belegen, dass dies auch tatsächlich der Fall ist. So haben Hanson/Slaughter (2002) in den USA beobachtet, dass Zuwanderung zu einer Ausweitung arbeitsintensiver Produktionszweige geführt hat. Ähnlich ist gegenwärtig an den Ostgrenzen Österreichs eine Expansion der Holzproduktion zu beobachten, die vor dem Fall des Eisernen Vorhangs stagnierte.

Anpassung der Kapitalstocks

Das Grundmodell geht davon aus, dass Migranten kein Kapital mitbringen und die Ausstattung des Einwanderungslandes mit physischem Kapital – also Maschinen, Anlagen, aber auch der physischen Infrastruktur – konstant bleibt. Das ist aber wenig realistisch. Bei konstantem Kapitalstock steigt, wie gezeigt, durch Zuwanderung die Kapitalrendite, so dass es sich für inländische und ausländische Investoren lohnt, in ein Land mit steigendem Arbeitsangebot zu investieren. Aus der empirischen Forschung wissen wir, dass das Verhältnis von Kapital zu Output langfristig konstant bleibt. Das bedeutet, dass die Arbeitsintensität der Produktion durch Zuwanderung und andere Arbeitsangebotsschocks nicht steigt. Die Kapitalrendite und die Entlohnung des Faktors Arbeit bleiben auf gesamtwirtschaftlicher Ebene gleich, allerdings kann sich die Entlohnung zwischen den einzelnen Gruppen im Arbeitsmarkt ändern. Offen ist jedoch, wie schnell sich der Kapitalstock an einen Arbeitsangebotsschock anpasst. Empirische Untersuchungen in den USA und Deutschland zeigen, dass dafür nur wenige Jahre erforderlich sind (Brücker/Jahn, 2008; Ottaviano/Peri, 2006).

Je realitätsnäher die Annahmen der einzelnen Modelle der Migration, desto unbestimmter werden die Effekte. Festzuhalten ist: Es gibt keine eindeutigen Antworten auf die Frage, ob die Migration zu sinkenden Löhnen und steigender Arbeitslosigkeit in den Empfängerländern führt. Hierfür sind eine Quantifizierung der einzelnen Effekte und empirische Untersuchungen notwendig.

Und was sagt die empirische Forschung?

Die Effekte der Migration für Löhne und Beschäftigung in den Einwanderungsländern sind in zahlreichen ökonometrischen Studien untersucht worden. Sie konzentrieren sich in der Regel auf die Frage, ob die Erhöhung des Ausländeranteils in einer Region oder einer Branche zu einem Rückgang der

Löhne oder einem Anstieg der Beschäftigungsrisiken für die einheimische Bevölkerung unter sonst gleichen Bedingungen führt. Die meisten jüngeren Studien in Deutschland, Europa und den USA kommen zu dem Ergebnis, dass die Migration weitgehend neutral für Löhne und Beschäftigung einheimischer Arbeitskräfte ist. So sinkt im Durchschnitt der empirischen Studien bei einer Zuwanderung von einem Prozent der Lohn um weniger als 0,1 Prozent und die Arbeitslosigkeit steigt um weniger als 0,1 Prozentpunkte (so die Meta-Studien von Longhi et al., 2005 und 2006). Das deutet daraufhin, dass Modelle mit einer Anpassung des Kapitalstocks oder einer offenen Volkswirtschaft, in der sich Handel und Produktion an die Veränderung des Arbeitsangebotes anpassen, während die Preise für Kapital und Arbeit konstant bleiben, besser geeignet sind, die Effekte der Migration zu beschreiben, als das Modell einer geschlossenen Volkswirtschaft.

Nun hat diese Literatur den Nachteil, dass Migranten überwiegend in prosperierende Regionen wandern, so dass trotz statistischer Kontrollen für die Endogenität des Migrationsverhaltens die Effekte möglicherweise unterschätzt werden. George Borjas (2003) hat deshalb vorgeschlagen, die Varianz des Ausländeranteils in Qualifikations- und Erfahrungsgruppen auf nationaler Ebene für die Identifikation der Arbeitsmarkteffekte der Zuwanderung zu nutzen. Tatsächlich findet er in den USA, dass eine Zuwanderung von einem Prozent die Löhne um 0,3 bis 0,4 Prozent senkt, während die Arbeitslosigkeit um 0,3 bis 0,4 Prozentpunkte steigt.

Dies wird von jüngeren Studien in Frage gestellt, die berücksichtigen, dass sich der Kapitalstock anpasst, und dass Inländer und Ausländer auch bei gleicher Qualifikation und Berufserfahrung keine vollkommenen Substitute im Arbeitsmarkt sind. Sie kommen ähnlich wie die ältere Literatur zu dem Ergebnis, dass bei einer Zuwanderung von einem Prozent die Löhne um weniger als ein Prozent sinken und die Arbeitslosigkeit um weniger als ein Prozentpunkt steigt. Langfristig, also nach einer vollständigen Anpassung des Kapitalstocks, verschwinden diese Effekte weitgehend. Allerdings gibt es Gewinner und Verlierer: Während die Inländer gewinnen, verlieren die schon im Einwanderungsland lebenden Ausländer deutlich durch weitere Zuwanderung (vgl. Brücker/Jahn, 2008, für Deutschland, und Ottaviano/Peri, 2006, für die USA).

Die empirische Forschung kommt also nicht zu einheitlichen Schlussfolgerungen. Das mag auch daran liegen, dass die Effekte der Migration für Löhne und Beschäftigung relativ klein sind, so dass sie empirisch schwer gemessen werden können. Auf jeden Fall sind in allen Studien die Arbeitsmarkteffekte der Migration sehr viel geringer, als in der Öffentlichkeit häufig vermutet wird.

8.2.4 Mobilität und soziale Sicherung

Die beschriebenen positiven Wohlfahrtseffekte der Arbeitskräftemobilität setzen voraus, dass die Wanderungen der Arbeitskräfte produktivitätsgeleitet sind, d.h. dass sich die Arbeitskräfte an der Differenz der Bruttoentgelte zwischen Herkunfts- und Zuwanderungsland orientieren und dass die

Bruttoentgelte auch die soziale Grenzproduktivität der Arbeit reflektieren. Tatsächlich orientieren sich die Wanderungsentscheidungen aber nicht an den Bruttoentgelten, sondern zusätzlich auch an den privaten und öffentlichen geldwerten Leistungen, über welche die entsprechenden Personen im Herkunfts- bzw. im Zuwanderungsland verfügen können – also an den Nettoentgelten im weitesten Sinne. Dabei sind nicht nur Steuern und Sozialversicherungsbeiträge als Abzüge vom Bruttoentgelt zu berücksichtigen, sondern auch alle Leistungen, die damit finanziert werden und die von Inländern und Zuwanderern gleichermaßen in Anspruch genommen werden können. Darunter fallen beispielsweise die Leistungen des Gesundheits- und Alterssicherungssystems wie auch Kinder-, Wohn- und Arbeitslosengeld, gebührenfreier Zugang zu Schulen und Universitäten, gegebenenfalls Sozialhilfe und anderes mehr.

In ihrem Bestreben, Beschränkungen der Arbeitskräftemobilität so weit wie möglich abzubauen, erleichterten der Gemeinschaftsgesetzgeber und der EuGH – das wird sogleich gezeigt werden – kontinuierlich die Bedingungen, unter denen Zuwanderer Zugriff auf Sozialleistungen des Gastlandes haben. Orientieren sich unter diesen Bedingungen die Migranten an den Nettoentgelten im weitesten Sinne und bestehen zwischen Herkunfts- und Zuwanderungsländern große Unterschiede in der Besteuerung der Arbeitseinkommen und der Gewährung sozialer Leistungen, so besteht die Gefahr, dass die Wanderungen nicht mehr ausschließlich produktivitätsgeleitet, sondern teilweise auch umverteilungsorientiert sind. Dies hätte zwei negative Konsequenzen:

- Zum einen werden Arbeitskräfte dazu veranlasst abzuwandern, obwohl ihre Grenzproduktivität im Gastland geringer als im Herkunftsland ist, wenn der Produktivitätsunterschied durch die umfangreichen Sozialleistungen des Gastlandes überkompensiert wird.
- Zum anderen gerät im Zuwanderungsland das soziale Sicherungssystem unter Druck: Entweder müssen die Beiträge erhöht oder die Leistungen reduziert werden.

Bei heterogenen Arbeitskräften werden insbesondere solche mit geringer Qualifikation und geringer Produktivität von Aufnahmeländern mit großzügigen sozialen Sicherungssystemen angezogen werden. In diesem Fall produziert das Zuwanderungsland eine positive Migrationsexternalität für das Herkunftsland, indem dort die Streuung der Bruttoeinkommen reduziert und ohne eigenes Zutun der Zielerreichungsgrad der Sozialpolitik verbessert wird (Sinn 1995: 246 f.). Dieses Problem wird seit einigen Jahren insbesondere im Zusammenhang mit der Osterweiterung der EU diskutiert. Es wird befürchtet, dass Arbeitnehmer mit geringer Produktivität aus ärmeren Staaten Mittel- und Osteuropas gezielt in solche Staaten Westeuropas einwandern, die über ein vergleichsweise großzügiges System der sozialen Sicherung verfügen (wie z.B. Deutschland oder Österreich). Auch aus diesem Grunde hat man Übergangsfristen zwischen den neuen und den bestehenden Mitgliedstaaten vereinbart, während derer die Freizügigkeit des Personenverkehrs beschränkt werden kann.

Der Vollständigkeit halber ist allerdings zu berücksichtigen, dass Sozialleistungen grundsätzlich Wanderungsanreize in beide Richtungen beeinflussen können. So spricht beispielsweise in Deutschland die empirische Evidenz eher dafür, dass Migranten weniger sozialstaatliche Leistungen erhalten, als sie an Beiträgen in die Sozialsysteme einzahlen, da das deutsche Rentenversicherungssystem systematisch gegen kurzfristige Beitragszahlungen diskriminiert.

Das Problem allgemeiner Übergangsfristen besteht darin, dass für eine gewisse Zeit sowohl produktivitätsgeleitete als auch umverteilungsorientierte Wanderungen behindert werden dürfen. Deshalb hat der Wissenschaftliche Beirat beim Bundesministerium der Finanzen in Deutschland vorgeschlagen, das Beschäftigungslandprinzip durch das „Prinzip der verzögerten Integration" zu ersetzen. Nach ersterem sind einem Wanderarbeitnehmer alle sozialen Vergünstigungen des Aufnahmelandes zu gewähren. Nach letzterem bleiben Zuwanderer aus EU-Mitgliedstaaten während einer Übergangszeit (z.B. fünf Jahre) den Sozialversicherungsträgern des Herkunftslandes zugeordnet. Während dieser Zeit zahlen sie Sozialabgaben und erhalten Sozialleistungen nach den Regelungen des Herkunftslandes. Dieser Vorschlag konnte sich aber nicht durchsetzen (vgl. Wissenschaftlicher Beirat beim Bundesministerium der Finanzen 2001: 83, 87f.; Richter/Wiegard 2001: 21).

8.2.5 Der freizügige Personenverkehr in der Gemeinschaft

Bereits der EWG-Vertrag von 1958 hatte der Gemeinschaft in Art. 3 die Aufgabe übertragen, einen gemeinsamen Markt mit freizügigem Personenverkehr zu schaffen. Ursprünglich war die Freizügigkeit des Personenverkehrs zwischen den Mitgliedstaaten allerdings in zweierlei Hinsicht eingeschränkt: Zum einen musste die „mobilitätswillige" Person die Staatsbürgerschaft eines Mitgliedstaates besitzen – und das war Angelegenheit des nationalen Rechts. Zum anderen wurde Freizügigkeit nur gewährt, wenn die Abwanderung mit einer ökonomischen Aktivität verbunden war, mit einem Beschäftigungsverhältnis, mit der Aufnahme einer selbständigen Tätigkeit oder mit der Bereitstellung bzw. dem Konsum einer Dienstleistung. Außerdem wurde „Freizügigkeit" zunächst als Verbot einer (direkten oder versteckten) Diskriminierung dieser Personen auf Grund von Staatsangehörigkeit interpretiert.

Im Laufe von knapp 50 Jahren hat sich die Situation durch Veränderungen des Primärrechts, durch Erlass einschlägiger sekundärrechtlicher Normen sowie durch zahlreiche klärende Entscheidungen des EuGH zum Teil dramatisch geändert. Erstens wurde seit den 1980er Jahren, insbesondere mit der Verabschiedung des Maastrichter Unionsvertrages (1992) und der dadurch neu geschaffenen Unionsbürgerschaft, der nicht-wirtschaftliche Personenverkehr grundsätzlich in die Freizügigkeit einbezogen: Die Kopplung zwischen Freizügigkeit und wirtschaftlicher Betätigung wurde aufgehoben. Zweitens wurde die Freizügigkeit auch auf Familienangehörige ausgedehnt, die nicht die Staatsangehörigkeit eines Mitgliedstaates besitzen. Schließlich erweiterte insbesondere die Rechtsprechung des EuGH das bloße Diskriminierungsverbot zu einem generellen Beschränkungsverbot: es wurden in zunehmendem Maße auch solche nationalen Regelungen als Verstöße gegen das Gemeinschaftsrecht angesehen, die Personen aus anderen Mitgliedstaaten gegenüber Inländern zwar weder direkt noch versteckt diskriminieren, die aber dennoch geeignet sind, ihren Marktzugang oder ihre Fähigkeit, die gewünschte Tätigkeit auszuüben, zu beschränken.

Im Folgenden stellen wir die wesentlichen rechtlichen Regelungen dar die Freizügigkeit der Arbeitnehmer sowie die Niederlassungsfreiheit betreffend und versuchen, sie unter ökonomischen Gesichtspunkten zu bewerten.

8.2.5.1 Freizügigkeit der Arbeitnehmer

Primärrecht

Die Freizügigkeit der Arbeitnehmer ist in den Artikeln 39 bis 42 EG primärrechtlich verankert. Art. 39 Abs. 2 EG enthält ein Verbot der Diskriminierung von Arbeitnehmern aus anderen Mitgliedstaaten aufgrund der Staatsangehörigkeit hinsichtlich Beschäftigung, Entlohnung und sonstiger Arbeitsbedingungen. Daneben werden in Art. 39 Abs. 3 EG als notwendige Begleitrechte der sog. „Wanderarbeitnehmer" das Recht auf Zugang zu Beschäftigungsmöglichkeiten in anderen Mitgliedstaaten sowie ein Einreise- und Aufenthaltsrecht definiert, die allerdings einem *Ordre-Public*-Vorbehalt unterliegen: Die öffentliche Ordnung, Sicherheit und Gesundheit können eine Einschränkung dieser Rechte seitens der Mitgliedstaaten rechtfertigen. Der Vorbehalt ist gemäß der Richtlinie 64/221/EWG sowie der Rechtsprechung des EuGH eng und dem Grundsatz der Verhältnismäßigkeit entsprechend auszulegen und anzuwenden. Nach Art. 39 Abs. 4 EG ist eine Beschäftigung in der öffentlichen Verwaltung von den Grundsätzen der Freizügigkeit ausgenommen, d.h. bei einer Beschäftigung in der öffentlichen Verwaltung ist die Staatsangehörigkeit des entsprechenden Mitgliedstaates als Einstellungskriterium zulässig. Dieser Ausnahmebereich wird durch den EuGH ebenfalls sehr eng ausgelegt und auf die Ausübung hoheitlicher Funktionen beschränkt. Aus diesem Grunde musste in Deutschland das Beamtenrecht geändert werden, um Personen mit der Staatsangehörigkeit eines anderen Mitgliedstaates den Zugang zu Beamtenpositionen zu ermöglichen, die nicht eine *per se* hoheitliche Funktion ausüben, wie z.B. beamtete Lehrer und Professoren (vgl. dazu Oppermann 2005: 527 f., Herdegen 2003: 247 ff. und Barnard 2004: 231 ff.).

Sekundärrecht

Die primärrechtlichen Bestimmungen zur Arbeitnehmerfreizügigkeit werden in verschiedenen sekundärrechtlichen Verordnungen und Richtlinien konkretisiert, zu denen die Art. 39 Abs. 3 lit. d, 40 und 42 EG die Gemeinschaft ermächtigen. Zentrale Bedeutung kommt der Freizügigkeitsverordnung (EWG-VO Nr. 1612/68) zu, die im Einzelnen das Recht der Wanderarbeitnehmer, ihre Familien mitzunehmen, sowie ihre Integration in das Gastland regelt. Die Verordnung bestimmt,

- dass Ausländerquoten auf Staatsangehörige anderer Mitgliedstaaten keine Anwendung finden (Art. 4),

- dass Wanderarbeitnehmer auch hinsichtlich Kündigung, beruflicher Wiedereingliederung, Wiedereinstellung, steuerlicher und sozialer Vergünstigungen sowie Zugang zu Berufsschulen und Umschulungszentren Anspruch auf Gleichbehandlung mit inländischen Arbeitnehmern haben (Art. 7 Abs. 1–3),
- dass alle diesbezüglich diskriminierenden Bestimmungen in Tarif- oder Einzelarbeitsverträgen oder in sonstigen Kollektivvereinbarungen nichtig sind (Art. 7 Abs. 4)
- und dass der Wanderarbeitnehmer Anspruch auf Gleichbehandlung hinsichtlich einer Gewerkschaftszugehörigkeit und der Ausübung gewerkschaftlicher Rechte hat (Art. 8).

Umfassende Rechte erhalten auch nahe Familienangehörige – und zwar unabhängig von ihrer Staatsangehörigkeit (Art. 10–12): So ist beispielsweise Ehegatten, minderjährigen oder unterhaltsberechtigten Kindern und unterhaltsberechtigten Verwandten in aufsteigender Linie ein Aufenthaltsrecht im Gastland zu gewähren. Darüber hinaus haben Ehegatten und (minderjährige bzw. unterhaltsberechtigte) Kinder das Recht auf Ausübung einer selbständigen oder unselbständigen Tätigkeit im Gastland. Schließlich haben die Kinder der Wanderarbeitnehmer das Recht, gleichberechtigt am allgemeinen Unterricht sowie an der Lehrlings- und Berufsausbildung teilzunehmen. Die Verordnung wird ergänzt durch die Richtlinie 68/360/EWG, die technische Einzelheiten bezüglich des Reise- und Aufenthaltsrechts der Wanderarbeitnehmer und ihrer Familien regelt.

Die EWG-Verordnung Nr. 1251/70 enthält Bestimmungen über das Bleiberecht der Wanderarbeitnehmer und ihrer Familien im Gastland, wenn jene dort keine Beschäftigung mehr ausüben, weil sie die Altersgrenze erreicht haben, weil sie dauernd arbeitsunfähig geworden sind oder weil sie in einem anderen Mitgliedstaat eine Beschäftigung aufgenommen haben. Hier wird ein Bleiberecht gewährt, wenn bestimmte Mindestanforderungen bezüglich der Dauer der Beschäftigung bzw. des Aufenthalts im Gastland erfüllt sind.

Von großer Bedeutung für die Förderung der Mobilität der Arbeitnehmer zwischen den Mitgliedstaaten ist schließlich auch die Sozialverordnung (EWG-VO Nr. 1408/71). Hierbei geht es darum, die von Wanderarbeitnehmern in verschiedenen Mitgliedstaaten zurückgelegten versicherungsrelevanten Zeiten zusammenzurechnen, so dass die erhöhte Mobilität nicht zu einer systematischen Verringerung der Sozialversicherungsansprüche gegenüber den nationalen Versicherungsträgern führt.

Anfang der 1990er Jahre wurden schließlich drei Richtlinien verabschiedet, die das Aufenthaltsrecht nicht-erwerbstätiger Unionsbürger betreffen: die Richtlinie über das Aufenthaltsrecht (RL 90/364), die Richtlinie über das Aufenthaltsrecht der aus dem Erwerbsleben ausgeschiedenen Arbeitnehmer und der selbständigen Erwerbstätigen (RL 90/365) und die Richtlinie über das Aufenthaltsrecht der Studenten (RL 93/96). Alle drei Richtlinien gewähren Unionsbürgern – unabhängig von ihrem Status als Erwerbstätiger oder Familienangehöriger eines Erwerbstätigen – das Aufenthaltsrecht in jedem beliebigen Mitgliedstaat, unter der Voraussetzung, dass sie über Krankenversicherungsschutz sowie über ausreichende Mittel zur Bestreitung ihres Lebensunterhalts verfügen. Diese drei Richtlinien sind inzwischen in der neuen EU-Freizügigkeitsrichtlinie (2004/38/EG) vom 29.4.2004 aufgegangen, die bis zum 1.5.2006 in nationales Recht umzusetzen war. Es sind vor allem zwei Bestimmungen dieser Richtlinie, die öffentliche Aufmerksamkeit erregt und wissenschaftliche Diskussionen entfacht haben. Zum einen dürfen sich EU-Bürger generell länger als drei Monate in einem anderen Mitgliedstaat aufhalten, sofern sie dort erwerbstätig sind oder – als Nicht-Erwerbstätige – für sich und ihre Familien über ausreichende Existenzmittel verfügen und Krankenversicherungsschutz nachweisen können. Zum anderen kann jeder Unionsbürger, der sich fünf Jahre lang rechtmäßig in einem anderen Mitgliedstaat aufgehalten hat, dort ein Daueraufenthaltsrecht beanspruchen, auch wenn er nicht erwerbstätig ist und über keine ausreichenden Existenzmittel verfügt.

Die Rechtsprechung des Europäischen Gerichtshofes

Wie bereits bei der Entscheidungspraxis zum freizügigen Warenverkehr interpretierte der EuGH das relevante Primär- und Sekundärrecht auch hinsichtlich der Arbeitnehmerfreizügigkeit äußerst integrationsfreundlich. Er bezog möglichst viele Personen und möglichst viele Arten von Regelungen in den Geltungsbereich der Art. 39 ff. EG ein. Er erkannte bei der Beurteilung dieser Regelungen sehr häufig eine Behinderung der Mobilität der Arbeitnehmer. Und er gewährte Wanderarbeitnehmern und ihren Familien einen – gemessen am Wortlaut des sekundären Gemeinschaftsrechts – großzügigen Zugang zu den sozialen Leistungen des Gastlandes.

Der Begriff des Arbeitnehmers wird durch den EuGH sehr weit ausgelegt und umfasst alle abhängig Beschäftigten, die ein gewisses Entgelt für ihre Tätigkeit erhalten, selbst wenn dieses Entgelt nicht zur Deckung des Lebensunterhalts ausreicht. Nach dieser gemeinschaftsrechtlichen Definition zählen beispielsweise auch Teilzeitbeschäftigte mit niedrigem Einkommen, Lehrlinge, Studien- und Rechtsreferendare, Studenten, die ihre berufliche Karriere zwecks Weiterbildung unterbrochen haben, Profisportler und Prostituierte sowie unter bestimmten Bedingungen auch Arbeitssuchende zu den Arbeitnehmern.

Nach der ständigen Rechtsprechung des EuGH sind die Vorschriften zur Arbeitnehmerfreizügigkeit nicht nur an die Gemeinschaft und an die Mitgliedstaaten gerichtet, sondern sie entfalten auch unmittelbare Drittwirkung gegenüber privaten Dritten. Damit fallen nicht nur Tarif- und Einzelarbeitsverträge unter das Diskriminierungsverbot des Art. 39 EG, sondern auch Verbandsregelungen im Profisport – wie beispielsweise Staatsangehörigkeitsklauseln im internationalen Radsport (Fall *Walrave*, Rs. 36/74, 1974, 1405) bzw. Transferregeln und Ausländerklauseln des belgischen Fußballverbandes und des Europäischen Fußballverbandes UEFA (Fall *Bosman*, Rs. C-415/93, Slg. 1995, I–04921). Im Fall *Angonese* (Rs. C-281/98, Slg. 2000, I–4161) hat der EuGH sogar eine unmittelbare Drittwirkung der Vorschriften zur Arbeitnehmerfreizügigkeit gegenüber diskriminierenden Einstellungsvoraussetzungen geltend gemacht, die von einem privaten Arbeitgeber aufgestellt wurden.

In mehreren Urteilen stellte der Gerichtshof darüber hinaus klar, dass Art. 39 EG nicht nur die unmittelbare Diskriminierung von Arbeitnehmern nach deren Staatsangehörigkeit verbietet, sondern auch versteckte Formen der Diskriminierung, die an Merkmale wie Herkunfts- oder Wohnort anknüpfen und somit ausländische Staatsangehörige mit einer deutlich höheren Wahrscheinlichkeit als inländische Staatsangehörige treffen. Typisch hierfür sind verschiedene Entscheidungen zur Situation von Fremdsprachenlektoren an Universitäten, von denen in Box 8.6 eine vorgestellt wird.

Box 8.6: Aufstand der Lektoren: Der Fall „Allué/Coonan" (Rs. 33/88, Slg. 1989, 01591)

Nach italienischem Recht dürfen Verträge zwischen Universitäten und Fremdsprachenlektoren nur für das jeweilige Studienjahr abgeschlossen werden, wobei sie bis zu einer maximalen Laufzeit von fünf Jahren verlängert werden können. Für die übrigen Beschäftigten der Universitäten besteht eine derartige Beschränkung nicht. Diese Ungleichbehandlung nahmen die spanische Staatsangehörige Pilar Allué und die britische Staatsangehörige Carmel Mary Coonan zum Anlass, die Universität Venedig, bei der sie als Fremdsprachenlektoren beschäftigt waren, zu verklagen, um eine Aufhebung der Befristung des Arbeitsvertrages zu erreichen. Das zuständige italienische Gericht legte den Fall dem EuGH zur Vorabentscheidung vor.

Der Gerichtshof entschied, dass die Sonderbehandlung der Fremdsprachenlektoren eine versteckte Diskriminierung gemäß Art. 39 Abs. 2 EG darstellt, da nur 25 % der Fremdsprachenlektoren die italienische Staatsangehörigkeit besitzen. Aus diesem Grund trifft die Regelung zum weitaus überwiegenden Teil nichtitalienische Staatsbürger. Die von der italienischen Regierung geltend gemachten Rechtfertigungsgründe wurden verworfen.

Später hat der EuGH auch diskriminierungsfreie Beschränkungen der freizügigen Arbeitnehmermobilität wie die Transferregelungen im Profifußball als Verletzung von Art. 39 EG betrachtet (siehe Box 8.7) und damit das Diskriminierungsverbot zu einem allgemeinen Beschränkungsverbot erweitert. Die breite Anwendung des Diskriminierungsverbotes von Art. 39 EG durch die Einbeziehung versteckter Formen der Diskriminierung und (diskriminierungsfreier) Beschränkungen relativiert der EuGH, indem er für diese Einschränkungen der Arbeitnehmerfreizügigkeit weitere Rechtfertigungsgründe anerkennt, die nicht explizit im Primärrecht vorgesehen sind. Bei diesen Rechtfertigungsgründen handelt es sich um eine offene Liste „zwingender Gründe des Allgemeininteresses", zu denen beispielsweise der Schutz vor der missbräuchlichen Führung akademischer Grade, der Schutz des sportlichen Wettbewerbs, die Sicherung funktionsfähiger Steuer- und Sozialversicherungssysteme, der Schutz der Arbeitnehmer und Konsumenten u.a.m. zählen (vgl. Barnard 2004: 240ff.; Becker 2003: 236f.). Man beachte die Analogie zu den „zwingenden Erfordernissen" der *Cassis de Dijon* – Entscheidung, durch welche bestimmte Beschränkungen des freizügigen Warenverkehrs gerechtfertigt werden können.

Box 8.7 Wie ein kleiner belgischer Profispieler die große Fußballwelt erschütterte: Der Fall „Bosman" (Rs. C-415/93, Slg. 1995, I–04921)

Der Hintergrund: Berufsfußballspieler schließen mit ihren Vereinen Verträge über eine Laufzeit zwischen ein und fünf Jahren ab. Will ein Spieler während der Vertragslaufzeit den Verein wechseln, so muss er sich aus dem Vertrag „herauskaufen" – ein ganz normaler Vorgang. Eine Besonderheit des Profifußballs besteht nun darin, dass ein Spieler auch nach Ablauf des Vertrages den Verein nur wechseln kann, wenn der neue Verein an den bisherigen eine „Ablöse" bezahlt. Seit den sechziger Jahren wurden darüber hinaus von zahlreichen nationalen Fußballverbänden Regeln erlassen, die die Möglichkeit der Vereine beschränkten, ausländische Spieler zu verpflichten oder in Wettkämpfen einzusetzen.

Der Sachverhalt: Jean-Marc Bosman ist ein belgischer Berufsfußballer. Nach Ablauf seines Vertrages mit dem RC Lüttich bot ihm der Verein einen neuen Vertrag zu einem Viertel des bisherigen Monatsgehalts an. Der daraufhin von Bosman vorbereitete Wechsel zum französischen Zweitligaverein Dünkirchen sowie zwei weitere Wechselversuche scheiterten an der von Lüttich geforderten Ablösesumme. Bosman vermutete einen Boykott und beantragte bei dem zuständigen Gericht in Lüttich, die Transferregeln und Ausländerklauseln für auf ihn nicht anwendbar zu erklären und den RC Lüttich sowie den belgischen und den europäischen Fußballverband zu verurteilen, ihm den aus dem Scheitern des beabsichtigten Transfers entstandenen Schaden zu ersetzen. Der *Cour d'appel* Lüttich legte dem EuGH den Fall zur Vorabentscheidung vor.

Die Entscheidung: Obwohl die Transferregeln für alle Profifußballspieler gleichermaßen gelten und weder eine direkte noch eine versteckte Diskriminierung auf Grund der Staatsangehörigkeit darstellen, sah der EuGH hierin eine Beeinträchtigung der Freizügigkeit der Arbeitnehmer und insofern einen Verstoß gegen Art. 39 Abs. 2 EG:

> „Bestimmungen, die einen Staatsangehörigen eines Mitgliedstaates daran hindern oder davon abhalten, sein Herkunftsland zu verlassen, um von seinem Recht auf Freizügigkeit Gebrauch zu machen, stellen daher Beeinträchtigungen dieser Freiheit dar, auch wenn sie unabhängig von der Staatsangehörigkeit der betroffenen Arbeitnehmer Anwendung finden." (Rn. 96)

Zwar erkennt der EuGH die von den Verbänden geltend gemachten Rechtfertigungsgründe für die Transferregeln, nämlich die Aufrechterhaltung des finanziellen und sportlichen Gleichgewichts zwischen den Vereinen und die Unterstützung der Suche nach Talenten sowie der Ausbildung der jungen Spieler, grundsätzlich als „zwingende Gründe des Allgemeininteresses" an. Er hält aber die bestehenden Transferregeln für nicht geeignet, diese Zwecke zu erfüllen.

Die Konsequenzen: Ökonomisch interessant sind die Konsequenzen des Verbots des bisherigen Transfersystems. Nach Ablauf eines Vertrags waren keine Ablösezahlungen des neuen an den bisherigen Verein mehr möglich. Dadurch stiegen zunächst einmal die Gehälter der Spieler nach Ablauf ihrer Verträge stark an. Denn ohne Ablösezahlungen nimmt einerseits die maximale Zahlungsbereitschaft des alten Vereins zu, den Spieler zu halten, andererseits steigt auch die maximale Zahlungsbereitschaft des neuen Vereins, den Spieler zu gewinnen: Er wird maximal den kompletten Wert v_n, den der Spieler für den neuen Verein hat, zu zahlen bereit sein, während vor dem Bosman-Urteil die maximale Zahlung an den Spieler um die Transferzahlung geringer war ($p_{max} = v_n - t$). Gleichzeitig wird die Laufzeit neu geschlossener Verträge länger, weil man sich so als Verein für einen längeren Zeitraum Ablösezahlungen für wechselwillige Spieler sichern kann, allerdings mit dem Nachteil, dass man sich von weniger leistungsfähigen oder weniger leistungsbereiten Spielern nicht so schnell wieder trennen kann. Die Anreize der Vereine, in die Ausbildung und das Training der Spieler zu investieren, und die Leistungsanreize der Spieler werden somit letztlich durch diese Entscheidung eher negativ berührt.

Im Jahr 2001 einigten sich FIFA, UEFA und die EU-Kommission auf neue Transferregeln – das so genannte Monti-System: Wechselt ein Spieler in der Ausbildung bis zum 23. Lebensjahr zu den Profis, so ist eine pauschalierte Ausbildungsentschädigung allen an seiner Ausbildung beteiligten Vereinen zu zahlen. Nach der Ausbildung ist bei ausgelaufenen Verträgen jede Ablöse untersagt. Die Laufzeit von Verträgen wird auf fünf Jahre begrenzt. Aus ökonomischer Sicht dürfte diese Regelung im Vergleich zur Situation vor dem Bosman-Urteil zu geringeren Anreizen der Vereine führen, in die Ausbildung der Spieler zu investieren. (Vgl. Fees/Mühlheußer 2002; Antonioni/Cubbin 2000). Im Juli 2005 traten neue FIFA-Regeln in Kraft, die in stärkerem Maße in Einklang mit der Bosman Entscheidung stehen als die Regeln von 2001.

Sehr großzügig bei der Auslegung des Gemeinschaftsrechts zeigt sich der EuGH, wenn die Freizügigkeitsrechte der Kinder von Erwerbstätigen bzw. von Unionsbürgern, die keiner Erwerbstätigkeit nachgehen, zur Diskussion stehen. In der Entscheidung *Casagrande* (Rs. 9/74, Slg. 1974, 773) stellte der EuGH fest, dass der in München wohnhafte Sohn eines verstorbenen italienischen Gastarbeiters unter den gleichen Bedingungen wie deutsche Staatsbürger einen Anspruch auf BaföG hat. Ein Anspruch auf BaföG wurde auch der Tochter eines in Darmstadt wohnhaften italienischen Gastarbeiters für ein Studium in Italien zugesprochen (Fall *Di Leo*, Rs. C-308/89, Slg. 1990, I–4185). Noch weiter ging der EuGH in der Entscheidung *Baumbast* (Rs. C-413/99, Slg. 2002, I–7091), als er einem deutschen Staatsbürger, der in Großbritannien erwerbstätig war, aber seine Erwerbstätigkeit inzwischen eingestellt hatte, und dessen kolumbianischer Frau ein Recht auf weiteren Aufenthalt im Vereinigten Königreich zuerkannte, um ihren Kindern eine Beendigung der Ausbildung zu ermöglichen. Obwohl das Aufenthaltsrecht Nicht-Erwerbstätiger in anderen Mitgliedstaaten nach dem Wortlaut des einschlägigen Sekundärrechts an die Bedingungen ausreichender Mittel für den Lebensunterhalt und ausreichenden Krankenversicherungsschutzes gebunden ist, zeigt sich der EuGH auch hier großzügig. So bescheinigte der Gerichtshof einer spanischen Staatsangehörigen, die zeitweise in Deutschland gearbeitet hatte und inzwischen dort von der Sozialhilfe lebte, einen

Anspruch auf Erziehungsgeld nach dem Bundeserziehungsgeldgesetz (Fall *Martinez Sala*, Rs. C-85/96, Slg. 1998, I–2708). Im Fall *Grzelczyk* (Rs. C-184/99, Slg. 2001, I–6193) erkannte der EuGH einem französischen Staatsbürger, der in Belgien ein Sportstudium aufgenommen hatte und nach einigen Jahren nicht mehr für seinen Lebensunterhalt aufkommen konnte, einen Anspruch auf Sozialhilfe nach belgischem Recht zu (hierzu kritisch Hailbronner in: NJW 31/2004: 2185 ff.).

8.2.5.2 Die Niederlassungsfreiheit natürlicher Personen

Primärrecht

Art. 43 EG verpflichtet alle Mitgliedstaaten, Personen aus anderen Mitgliedstaaten bei der Aufnahme und Ausübung einer selbständigen Erwerbstätigkeit den gleichen nationalen Bestimmungen zu unterwerfen, die auch für die Staatsangehörigen des Aufnahmelandes gelten (Diskriminierungsverbot). Dieses Recht auf Freiheit der Standortwahl und Freizügigkeit der unternehmerischen Tätigkeit bezieht sich nicht nur auf natürliche, sondern auch auf juristische Personen, und es erstreckt sich auch auf die Gründung von Agenturen, Zweigniederlassungen oder Tochtergesellschaften in einem anderen Mitgliedstaat (sekundäre Niederlassungsfreiheit). Da die Niederlassungsfreiheit juristischer Personen nicht notwendig mit der Mobilität natürlicher Personen verbunden ist und darüber hinaus eine Reihe spezifischer Fragen mit sich bringt, wird diese in einem separaten Abschnitt (8.2.6) behandelt. Eng verwandt mit der Niederlassungsfreiheit ist die Dienstleistungsfreiheit, die sich auf „vorübergehend" in einem anderen Mitgliedstaat ausgeübte bzw. in Anspruch genommene selbständige Erwerbstätigkeit bezieht (siehe Kapitel 7.4). Gemäß Art. 46 EG kann eine Einschränkung der Niederlassungsfreiheit aus Gründen der öffentlichen Ordnung, Sicherheit oder Gesundheit gerechtfertigt werden. Ausgenommen von der Niederlassungsfreiheit sind nach Art. 45 EG Tätigkeiten, die dauernd oder zeitweise mit der Ausübung öffentlicher Gewalt verbunden sind. Wir sehen also: Die Architektur des Kapitels über die Niederlassungsfreiheit ist derjenigen des Kapitels über die Arbeitnehmerfreizügigkeit sehr ähnlich.

Sekundärrecht

Diese primärrechtlichen Bestimmungen zur Niederlassungsfreiheit werden durch eine Reihe sekundärrechtlicher Richtlinien konkretisiert, zu denen die Gemeinschaft durch die Art. 44 und 47 EG ermächtigt wird. So regelt beispielsweise eine Richtlinie das Reise- und Aufenthaltsrecht von selbständig Erwerbstätigen und ihren Familienangehörigen (RL 73/148/EWG), eine andere das Bleiberecht der selbständig Erwerbstätigen nach der Beendigung ihrer Tätigkeit im Gastland (RL 75/34/EWG). Die Analogie zu den Verordnungen VO 1612/68 und VO 1251/70 zur Konkretisierung der Arbeitnehmerfreizügigkeit ist offensichtlich. Diese Richtlinien sind inzwischen in der neuen EU-Freizügigkeitsrichtlinie (2004/38/EG) aufgegangen.

Besonders bedeutend für die Niederlassungsfreiheit sind die verschiedenen Richtlinien zur Harmonisierung bzw. wechselseitigen Anerkennung der nationalen Qualifikationsanforderungen, die an die Aufnahme bzw. Ausübung selbständiger Tätigkeiten gestellt werden. Jeder Mitgliedstaat hat spezifische Anforderungen für einzelne Berufe und Branchen definiert, um zu verhindern, dass sich jeder Quacksalber als Arzt, jeder Michael Kohlhaas als Rechtsanwalt und jeder Hobby-Gestalter als Architekt niederlassen kann. Unterstellen wir einmal (optimistisch), dass die nationalen Vorschriften einen optimalen Schutz der Konsumenten gewähren und nicht dazu dienen, den Zugang zu diesen Berufen zum Vorteil der Insider künstlich zu beschränken. Selbst dann stellen die Zulassungsvoraussetzungen für selbständig Erwerbstätige eine praktisch kaum überwindbare Einschränkung der Niederlassungsfreiheit dar, auch wenn sie unterschiedslos auf Inländer und Ausländer angewendet werden. Denn in diesem Fall müsste man von einem Arzt, Rechtsanwalt oder Architekt, der in einem Mitgliedstaat zugelassen ist und sich nun in einem anderen Mitgliedstaat niederlassen möchte, verlangen, dass er die komplette Ausbildung noch einmal im Aufnahmestaat nachholt.

Um dies zu vermeiden, wurden seit Anfang der 1960er Jahre eine Vielzahl von branchen- bzw. berufsbezogenen Richtlinien zur Harmonisierung der Ausbildungsstandards verabschiedet. Es gelang, Mindeststandards für die einzelnen Ausbildungsgänge zu definieren und damit künstliche Einschränkungen der Niederlassungsfreiheit zu beseitigen (vgl. Oppermann 2005: 548; Craig/De Búrca 2003: 777 f.). Dies war allerdings, ähnlich wie bei der Detailharmonisierung der Produktstandards, ein mühsamer und zeitaufwendiger Prozess. Allein die Ausarbeitung der Architektenrichtlinie benötigte beispielsweise 17 Jahre (Barnard 2004: 300). Aus diesem Grunde verständigte man sich, inspiriert von der *Cassis de Dijon*-Rechtsprechung, Ende der 1980er Jahre darauf, einen neuen Ansatz zu verfolgen, der von der grundsätzlichen Gleichwertigkeit vergleichbarer Ausbildungsgänge ausgeht und somit die gegenseitige Anerkennung von Diplomen und sonstigen amtlichen Befähigungsnachweisen auch ohne vorherige Harmonisierung der Ausbildungsgänge vorsieht. Zu diesem Zweck wurden insbesondere in den 1990er Jahren eine Reihe von entsprechenden Richtlinien verabschiedet. Eine neue Richtlinie (2005/36/EG) zur Anerkennung der Berufsqualifikationen vom September 2005 konsolidierte und modernisierte die bisher bestehenden Vorschriften (vgl. im einzelnen Kluth/Rieger 2005). Diese umfassende, sektorübergreifende Richtlinie, die bis zum 20. Oktober 2007 in nationales Recht umzusetzen war, regelt den Marktzugang sowie die Ausübung aller reglementierten Berufe, mit Ausnahme der Rechtsanwälte und Notare.

Sowohl im Bereich der Dienstleistungs- als auch der Niederlassungsfreiheit herrscht das Prinzip der wechselseitigen Anerkennung der Berufsqualifikationen. Die Dienstleistungsfreiheit darf aufgrund der Berufsqualifikation nicht eingeschränkt werden, wenn der entsprechende Beruf im Ursprungsland ebenfalls reglementiert ist oder wenn der Dienstleistungserbringer den Beruf während der vergangenen zehn Jahre mindestens zwei Jahre lang rechtmäßig ausgeübt hat. Bei Ausübung der Niederlassungsfreiheit sind drei Fallgruppen zu unterscheiden:

(1) Besteht eine Mindestharmonisierung der Berufsausbildung durch sektorspezifische Richtlinien, so erfolgt eine automatische Anerkennung der in einem anderen Mitgliedstaat erworbenen Berufsqualifikation.

(2) Bei reglementierten Berufen in Handwerk, Industrie und Handel ohne eine Mindestharmonisierung der Berufsqualifikation erfolgt eine Anerkennung der Berufserfahrung, wobei je nach Berufsgruppe eine unterschiedliche Dauer an Berufserfahrung erforderlich ist.

(3) Für alle anderen Fälle gilt eine Auffangregelung, wonach die Mitgliedstaaten die Befähigungs- und Ausbildungsnachweise auf den verschiedenen Niveaus wechselseitig anerkennen müssen.

Bei Regelungen der Berufsausübung, insbesondere im Berufsrecht und Berufsaufsichtsrecht, gilt allerdings anders als bei der Berufszulassung nicht das Prinzip der wechselseitigen Anerkennung, sondern der Grundsatz der Inländergleichbehandlung und somit das Bestimmungslandprinzip. Einige Ausnahmen sind bei der Ausübung der Dienstleistungsfreiheit, nicht aber bei der Ausübung der Niederlassungsfreiheit vorgesehen. Die Richtlinie ist sehr komplex und nicht immer transparent, so dass auch für die Zukunft zu erwarten ist, dass dem Europäischen Gerichtshof die Arbeit nicht ausgeht,

Die Rechtsprechung des Europäischen Gerichtshofes

Auch bezüglich der Niederlassungsfreiheit interpretierte der EuGH das Primär- und Sekundärrecht großzügig mit dem Ziel, den freizügigen Personenverkehr innerhalb der Europäischen Union so weit wie möglich zu fördern. Er erklärte Art. 43 EG nach Ablauf der Übergangszeit für unmittelbar anwendbar, bezog das Diskriminierungsverbot auch auf versteckte Formen der Diskriminierung und erweiterte es schließlich zu einem allgemeinen Beschränkungsverbot. Gleichzeitig relativierte der Gerichtshof wiederum die breite Interpretation des Diskriminierungsverbotes durch die Anerkennung „zwingender Gründe des Allgemeininteresses" als weitere Rechtfertigungsgründe für eine Beschränkung der Niederlassungsfreiheit, welche nicht explizit im Primärrecht vorgesehen sind. Einige wichtige Entscheidungen des Europäischen Gerichtshofes dokumentieren diese Entwicklung.

Im Fall *Reyners* (Rs. 2/74, Slg. 1974, 00631) wollte sich ein niederländischer Staatsangehöriger, der in Belgien aufgewachsen war und studiert hatte, dort als Rechtsanwalt niederlassen. Dies wurde ihm von den belgischen Behörden verweigert, da nach belgischem Recht hierzu die belgische Staatsangehörigkeit erforderlich sei. Offensichtlich handelte es sich hierbei um eine klare Diskriminierung auf Grund der Staatsangehörigkeit. Der EuGH entschied, dass das belgische Recht gegen Gemeinschaftsrecht verstößt, obwohl die in Art. 44 EG vorgesehene Richtlinie noch nicht verabschiedet war. Das in Art. 43 EG verankerte Diskriminierungsverbot wurde somit für unmittelbar anwendbar erklärt.

Etwas anders liegt der Fall *Klopp* (Rs. 107/83, Slg. 1984, 02971). Herr Klopp ist ein Düsseldorfer Rechtsanwalt, der eine weitere Kanzlei in Paris eröffnen wollte. Obwohl Herr Klopp alle französischen Qualifikationsanforderungen erfüllte, untersagte ihm die Pariser Anwaltskammer die Niederlassung in Paris, da das französische Standesrecht für Anwälte mehrere berufliche Niederlassungen verbiete. Diese Regelung galt für französische und nicht-französische Staatsbürger gleichermaßen, stellte also keine offene Diskriminierung auf Grund der Staatsangehörigkeit dar. Der EuGH entschied, dass das primärrechtlich verankerte Recht, Zweigniederlassungen in anderen Mitgliedstaaten zu gründen, faktisch ausgehöhlt würde, wenn die Genehmigung, eine Niederlassung in einem Mitgliedstaat zu eröffnen, an die Bedingung geknüpft sei, eine bereits bestehende Niederlassung aufzugeben. Zwar billigte der EuGH den Mitgliedstaaten das Recht zu, im Interesse einer geordneten Rechtspflege Vorschriften zu erlassen, um einen ausreichenden Kontakt der Rechtsanwälte zu ihren Mandanten und den Gerichten zu gewährleisten. Er stellte aber auch fest, dass bei der heutigen Entwicklung des Verkehrs- und Fernmeldewesens dieser Kontakt auch ohne ein Verbot der Gründung von Zweigniederlassungen gesichert werden könne.

Eine generelle Erweiterung des Diskriminierungsverbots zu einem allgemeinen Beschränkungsverbot erfolgte in der Entscheidung *Gebhard* (Box 8.8), der für die Niederlassungsfreiheit eine ähnlich grundsätzliche Bedeutung zukommt wie den Entscheidungen *Dassonville* und *Cassis de Dijon* für die Warenverkehrsfreiheit (Box 7.2 und 7.4).

Box 8.8: Verhältnismäßig: Der Fall „Gebhard" (Rs. C-55/94, Slg. 1995, I–04165)

Der Sachverhalt:

Herr Gebhard ist ein deutscher Rechtsanwalt, der seit 1978 mit seiner italienischen Ehefrau und seinen drei Kindern in Italien lebt. Seit dem 1. März 1978 war er zunächst als Mitarbeiter, später, ab 1. Januar 1980 bis Anfang 1989, als Sozius (*associato*) in einer Anwaltssozietät in Mailand tätig. Im Juli 1989 eröffnete Herr Gebhard eine eigene Kanzlei in Mailand, in der er seine Tätigkeit unter der Bezeichnung *avvocato* ausübte. Auf Beschwerde einiger italienischer Berufskollegen leitete die Mailänder Anwaltskammer ein Disziplinarverfahren gegen ihn ein, da er die notwendigen Voraussetzungen für diese Tätigkeit (wie ein italienisches Jura-Studium und eine Anwaltsprüfung), die für In- und Ausländer gleichermaßen gelten, nicht erfülle. Das zuständige italienische Gericht legte dem EuGH den Fall zur Vorabentscheidung vor.

Die Entscheidung:

Nachdem der EuGH zunächst festgestellt hatte, dass in diesem Fall aufgrund der „stabilen und kontinuierlichen" Weise der Berufsausübung in Italien die Niederlassungsfreiheit und nicht die Dienstleistungsfreiheit berührt sei, und nachdem er das Recht der Mitgliedstaaten anerkannt hatte, die Aufnahme und Ausübung bestimmter selbständiger Tätigkeiten von der Beachtung bestimmter durch das Allgemeininteresse gerechtfertigter Rechts- und Verwaltungsvorschriften abhängig zu machen, kam er zu folgender bemerkenswerten Feststellung, die sich auf alle Grundfreiheiten bezieht:

„Aus der Rechtsprechung des Gerichtshofes ergibt sich jedoch, dass nationale Maßnahmen, die die Ausübung der durch den Vertrag garantierten grundlegenden Freiheiten behindern oder weniger attraktiv machen können, vier Voraussetzungen erfüllen müssen: Sie müssen in nichtdiskriminierender Weise angewandt werden, sie müssen aus zwingenden Gründen des Allgemeininteresses gerechtfertigt sein, sie müssen geeignet sein, die Verwirklichung des mit ihnen verfolgten Zieles zu gewährleisten, und sie dürfen nicht über das hinausgehen, was zur Erreichung dieses Zieles erforderlich ist."(Rn. 37)

Bezogen auf den konkreten Fall fordert der EuGH die Mitgliedstaaten auf, „bei der Anwendung ihrer nationalen Vorschriften nicht die Kenntnisse und Qualifikationen außer acht [zu] lassen, die der Betroffene bereits in einem anderen Mitgliedstaat erworben hat." (Rn. 38)

Allgemein lässt sich aus der Rechtsprechung des EuGH die Tendenz erkennen, alle künstlichen Barrieren zu beseitigen, die den Zugang zu einer selbständigen Tätigkeit oder ihre Ausübung behindern. Das bezieht sich auch auf die steuerliche Behandlung von selbständig Erwerbstätigen aus anderen Mitgliedstaaten oder deren Zugriff auf öffentlich geförderten Wohnraum sowie den Zugang zu allgemeinen Fazilitäten, die zur Durchführung einer selbständigen Tätigkeit notwendig sind (siehe hierzu Barnard 2004: 305 ff.).

8.2.6 Zur Niederlassungsfreiheit von Gesellschaften

Gemäß Artikel 43 Abs. 2 EG umfasst die Niederlassungsfreiheit auch die Gründung und Leitung von Gesellschaften (sofern diese einen Erwerbszweck verfolgen), und Art. 48 Abs. 1 EG bestimmt, dass in Bezug auf die Niederlassungsfreiheit „ ... die nach den Rechtsvorschriften eines Mitgliedstaates gegründeten Gesellschaften, die ihren satzungsmäßigen Sitz, ihre Hauptverwaltung oder ihre Hauptniederlassung innerhalb der Gemeinschaft haben, den natürlichen Personen gleich[stehen], die Angehörige der Mitgliedstaaten sind". Die Niederlassungsfreiheit bezieht sich also nicht nur auf natürliche, sondern auch auf juristische Personen.

Trotz zahlreicher Richtlinien, die eine gewisse Angleichung der nationalen Gesellschaftsrechte anstreben (Engert 2005: 251 ff.), unterscheidet sich das Gesellschaftsrecht der Mitgliedstaaten immer noch beträchtlich. Bei international tätigen Gesellschaften stellt sich somit die Frage, welche gesellschaftsrechtlichen Vorschriften Anwendung finden. Dies ist im internationalen Privatrecht (Kollisionsrecht) der einzelnen Mitgliedstaaten geregelt, wobei sich herkömmlich zwei Ansätze unterscheiden lassen:

- Nach der Sitztheorie, die in Deutschland, Österreich, Frankreich, Belgien, Luxemburg, Portugal und Griechenland vertreten wird, ist das Recht am effektiven Sitz der Hauptverwaltung auf alle Niederlassungen der Gesellschaft anzuwenden.
- Der Gründungstheorie zufolge, die im Vereinigten Königreich, den Niederlanden und den nordischen Staaten vertreten wird, ist einheitlich das Recht

anzuwenden, unter dem die Gesellschaft gegründet wurde – unabhängig davon, in welchem Staat sich die Hauptverwaltung befindet.

Das Kollisionsrecht Italiens und Spaniens liegt zwischen diesen beiden Ansätzen. (Wendehorst 2005: 363f.; Kieninger 2005: 2f.).

Grundlegende EuGH-Entscheidungen

Das Verhältnis der Niederlassungsfreiheit von Gesellschaften zu den nationalen Kollisions- und Gesellschaftsrechten wurde durch eine Reihe von EuGH-Entscheidungen präzisiert (vgl. die Darstellungen bei Grundmann 2004; Hirte/Bücker 2005; Lutter 2005; Eidenmüller 2004; Roth 2008). Eine erste Entscheidung zum Problem der Niederlassungsfreiheit von Gesellschaften traf der EuGH am 27.9.1988 zum Fall *Daily Mail* (Rs. 81/87, Slg. 1988, 05483). Hierbei ging es um eine britische Gesellschaft, die aus steuerlichen Gründen ihren Sitz von London in die Niederlande verlegen wollte. Nach britischem Recht ist für eine solche Sitzverlagerung ohne vorherige Auflösung der Gesellschaft, d.h. unter Vermeidung der Aufdeckung der stillen Reserven und der Liquidationsbesteuerung, eine Genehmigung des britischen Finanzministeriums erforderlich, die im vorliegenden Fall verweigert worden war. Nach langwierigen, letztlich erfolglosen Verhandlungen mit dem Finanzministerium erhob die Gesellschaft Klage beim High Court of Justice, der den Fall dem EuGH zur Vorabentscheidung vorlegte. Dieser kam seinerzeit zu dem Urteil, dass das britische Recht keine Verletzung der Niederlassungsfreiheit bewirke und insofern europarechtlich nicht zu beanstanden sei.

Mehr als zehn Jahre später brachten drei Leitentscheidungen des EuGH Bewegung in das internationale Gesellschaftsrecht der Mitgliedstaaten. In allen drei Fällen sah der EuGH die Niederlassungsfreiheit durch mitgliedstaatliche gesellschaftsrechtliche bzw. kollisionsrechtliche Normen beschränkt und setzte damit insbesondere diejenigen Mitgliedstaaten unter Druck, die (noch) der Sitztheorie anhingen.

Im *Centros*-Fall ging es um ein in Dänemark ansässiges Ehepaar dänischer Staatsangehörigkeit, das in Großbritannien eine *„private limited company"*, die Centros Ltd., gegründet hatte, welche bei den zuständigen Behörden die Eintragung einer Zweigniederlassung in Dänemark beantragte. Dieser Antrag wurde abgelehnt mit der Begründung, dass die Gründung der englischen Limited (Ltd.) nur zu dem Zweck erfolgt sei, die nationalen dänischen Vorschriften über die Einzahlung eines Mindestgesellschaftskapitals von 200 000 DKR zu umgehen, dass die Gesellschaft nicht in Großbritannien, sondern ausschließlich in Dänemark tätig sei und dass es sich insofern bei der dänischen Niederlassung nicht um eine Zweigniederlassung, sondern um den Hauptsitz handele. Tatsächlich bestand das Hauptmotiv des dänischen Ehepaares, eine englische Limited zu gründen, darin, die in Dänemark für Gesellschaften mit beschränkter Haftung vorgesehene hohe Mindestkapitaleinlage zu vermeiden und die zu geringen Gebühren gegründete Limited als Vehikel zu benutzen, in Dänemark wirtschaftlich tätig zu sein und dabei zu geringeren als den sonst üblichen Kosten die Vorteile einer Haftungsbeschränkung zu genießen. Der EuGH betrachtete in seiner Entscheidung vom 9.3.1999 (Rs. C-212/97, Slg. 1999, I–01459) die Weigerung der dänischen Handelsregisterbehörde, die Zweigniederlassung einzutragen, als Verstoß gegen die Niederlassungsfreiheit. Er machte zum einen deutlich, dass es für sich allein keine missbräuchliche Ausnutzung des Niederlassungsrechts darstelle, wenn ein Staatsangehöriger eines Mitgliedstaates eine Gesellschaft in dem Staat mit dem für ihn günstigsten Gesellschaftsrecht gründet und in anderen Mitgliedstaaten Zweigniederlassungen errichtet. Zum anderen lasse sich zwar grundsätzlich der Gläubigerschutz als „zwingender Grund des Allgemeininteresses" heranziehen, um eine Beschränkung der Niederlassungsfreiheit zu rechtfertigen. Im konkreten Fall wurde die Weigerung der dänischen Behörden, die Zweigniederlassung einzutragen, aber weder als geeignet, noch als erforderlich angesehen, das Ziel des Gläubigerschutzes zu erreichen. Hierbei wies der EuGH insbesondere darauf hin, dass die Eintragung der Zweigniederlassung in Dänemark nicht verweigert worden wäre, wenn die Gesellschaft eine Geschäftstätigkeit in Großbritannien ausgeübt hätte, obwohl die dänischen Gläubiger durch das fehlende Mindestkapital ebenso gefährdet gewesen wären.

Eine weitere interessante Grundsatzentscheidung des EuGH betrifft den Fall *Überseering*. Hier hatte die Überseering BV, eine Gesellschaft niederländischen Rechts, in Düsseldorf ein Grundstück erworben und ein deutsches Bauunternehmen mit der Sanierung der auf diesem Grundstück befindlichen Gebäude beauftragt. Nach Abschluss der Sanierung machte Überseering Mängel bei den Malerarbeiten geltend. Da das deutsche Bauunternehmen den wiederholten Aufforderungen zur Mängelbeseitigung nicht nachgekommen war, verklagte Überseering dieses vor einem deutschen Gericht auf Schadensersatz. Die Klage wurde in zwei Instanzen mit der Begründung abgewiesen, dass Überseering ihren tatsächlichen Verwaltungssitz nach Deutschland verlegt habe und als Gesellschaft niederländischen Rechts in Deutschland nicht rechtsfähig und demnach auch nicht parteifähig sei. In seiner Entscheidung vom 5.11.2002 (Rs. C-208/00, Slg. 2002, I–09919) stellte der EuGH fest, dass das aus der in Deutschland geltenden Sitztheorie abgeleitete Erfordernis, die Gesellschaft in Deutschland neu zu gründen, letztlich einer Negierung der Niederlassungsfreiheit gleichkomme, die im konkreten Fall auch durch „zwingende Gründe des Gemeinwohls" wie Gläubigerschutz, Schutz der Minderheitsgesellschafter, Arbeitnehmerschutz und Fiskalinteressen nicht gerechtfertigt werden könne. Im vorliegenden Fall erscheint der Hinweis auf zwingende Gründe des Gemeinwohls zur Rechtfertigung für Beschränkungen der Niederlassungsfreiheit ja auch geradezu absurd: Da ein Gerichtsstand in den Niederlanden aufgrund der besonderen Umstände des Falls nicht eröffnet war, hätte eine konsequente Anwendung der Sitztheorie praktisch nicht zu einem Schutz, sondern zu einer Enteignung des Gläubigers geführt, indem man ihm das Klagerecht am einzig möglichen Gerichtsstand entzogen hätte (Kieninger 2004: 688).

Ein knappes Jahr später, am 30.9.2003, urteilte der EuGH im Fall *Inspire Art* (Rs. C-167/01, Slg. 2003, I–10155), der wesentliche Gemeinsamkeiten mit dem Centros-Fall hat. Hier gründete ein Niederländer mit Wohnsitz in Den

Haag eine Gesellschaft englischen Rechts mit Sitz in Folkestone, die „Inspire Art Ltd.", welche in Amsterdam eine Zweigniederlassung errichtete und ausschließlich von dieser Zweigniederlassung aus im Kunsthandel tätig wurde. Zwar folgt man im niederländischen internationalen Gesellschaftsrecht der Gründungstheorie, hat aber besondere Vorschriften für sog. „formal ausländische Gesellschaften" erlassen, d.h. solche nach ausländischem Recht gegründete Gesellschaften, die ihre Tätigkeit vollständig oder nahezu vollständig in den Niederlanden ausüben. Derartige Gesellschaften sind als solche im Handelsregister zu kennzeichnen und müssen bestimmte Publizitätspflichten und Mindestkapitalanforderungen erfüllen. Bei einem Verstoß gegen diese Vorschriften haften die Geschäftsführer neben der Gesellschaft gesamtschuldnerisch für alle während ihrer Geschäftsführung im Namen der Gesellschaft vorgenommenen Rechtshandlungen. Es überrascht nicht, dass der EuGH die nationalen Bestimmungen über Mindestkapital und über die Geschäftsführerhaftung bei „formalen ausländischen Gesellschaften" als Beschränkungen der Niederlassungsfreiheit ansieht und dass er im konkreten Fall weder einen Missbrauch der Niederlassungsfreiheit noch eine Rechtfertigung für Beschränkungen der Niederlassungsfreiheit aus „zwingenden Gründen des Gemeinwohls" gegeben sieht.

Betrachtet man die drei letzten EuGH-Entscheidungen etwas genauer, so stellt man fest, dass es nur im Fall *Überseering* tatsächlich um die Mobilität von Gesellschaften ging – nämlich um die Gründung und die Niederlassung der Hauptverwaltung einer Gesellschaft in einem Mitgliedstaat und die spätere Verlegung des tatsächlichen Sitzes dieser Gesellschaft in einen anderen Mitgliedstaat. Insoweit hat die Niederlassungsfreiheit für Gesellschaften vielfältige Gemeinsamkeiten mit der Niederlassungsfreiheit für natürliche Personen. Es geht darum, künstliche Beschränkungen einer optimalen Standortwahl zu beseitigen. Ganz anders liegen demgegenüber die Fälle *Centros* und *Inspire Art*. Hier geht es letztlich nicht um die optimale Standortwahl, sondern um eine optimale Wahl der Rechtsform – losgelöst vom Standort der Hauptverwaltung. Durch die vergrößerte Wahlfreiheit setzt sich im internationalen Gesellschaftsrecht der Mitgliedstaaten die Gründungstheorie gegenüber der Sitztheorie durch, und es wird möglicherweise auch Druck auf die Mitgliedstaaten ausgeübt, ihr Gesellschaftsrecht zu ändern – was durch entsprechende Richtlinien in den letzten Jahrzehnten nur sehr unvollkommen gelungen ist (Heine/Kerber 2002: 50; Kieninger 2004: 692f.; Mock 2005: 771).

Der EuGH hat somit auch bezüglich der Niederlassungsfreiheit von Gesellschaften das Diskriminierungsverbot zu einem allgemeinen Beschränkungsverbot erweitert. Seit der Entscheidung *Gebhard* (siehe oben) ist bei allen Grundfreiheiten eine Rechtfertigung von Beschränkungen nur unter den folgenden vier Voraussetzungen gegeben:

(1) die Beschränkung wird in nicht-diskriminierender Weise angewandt,

(2) die Beschränkung wird durch zwingende Erfordernisse des Allgemeininteresses gerechtfertigt,

(3) die Beschränkung ist zur Erreichung des verfolgten Zieles geeignet und
(4) die Beschränkung geht nicht über das hinaus, was zur Erreichung dieses Zieles erforderlich ist.

In seiner Rechtsprechung zur Niederlassungsfreiheit von Gesellschaften zeigte sich der EuGH zwar großzügig in der Anerkennung von „zwingenden Erfordernissen des Allgemeininteresses": Grundsätzlich werden der Gläubigerschutz, der Schutz von Minderheitsgesellschaftern, der Arbeitnehmerschutz sowie Besteuerungsinteressen des Staates als Rechtfertigungsgründe anerkannt. Streng geprüft wird aber, ob die Beschränkungen für einen Schutz der genannten Interessen geeignet und erforderlich sind.

Kontrovers diskutiert und auf den ersten Blick überraschend ist die aktuelle EuGH-Entscheidung im Fall *Cartesio* (Rs. C-210/06) vom 16.12.2008. Hierbei geht es um eine Kommanditgesellschaft ungarischen Rechts, die ihre Geschäftsleitung nach Italien verlegte. Der Antrag, die bisherige ungarische Rechtsform beizubehalten, wurde vom zuständigen Handelsregistergericht in Ungarn abgelehnt. Anders als bei *Centros*, *Überseering* und *Inspire Art* waren in diesem Fall somit nicht Beschränkungen strittig, die vom Aufnahmestaat ausgingen, sondern vielmehr solche seitens des bisherigen Heimatstaates. Der EuGH entschied, dass bei einem Wegzug die Beibehaltung des nationalen Rechts nicht durch die Niederlassungsfreiheit geschützt ist. Das Gemeinschaftsrecht schützt die wegziehende Gesellschaft lediglich davor, dass der Gründungsstaats von ihr verlangt, sich aufzulösen und nach dem Recht des Zuzugsstaats neu zu gründen. Eine Sitzverlegung unter Änderung des anwendbaren Gesellschaftsrechts darf durch nationales Recht nur in begründeten Ausnahmefällen verweigert werden, d.h. wenn dies zwingenden Gründen des Allgemeininteresses dient (Teichmann 2009).

Niederlassungsfreiheit, Gläubigerschutz und Mitbestimmung

In den drei Entscheidungen *Centros*, *Überseering* und *Inspire Art* ging es den Mitgliedstaaten, in denen sich der tatsächliche Sitz der Gesellschaft befand, darum, Mindestkapitalanforderungen mit dem Argument des Gläubigerschutzes durchzusetzen. So erfordert beispielsweise die Gründung einer GmbH in Deutschland ein Mindestkapital von 25 000 Euro, die „Limited" (Ltd.) – das britische Gegenstück zur GmbH – kennt demgegenüber praktisch kein Gründungskapital, der Eintrag ins britische Handelsregister erfolgt unbürokratisch und kostet gerade einmal zwischen 20 und 80 Pfund. Da wird so mancher kleine Existenzgründer schwach, sieht er doch die Chance, eine Haftungsbeschränkung zu einem geringen Preis zu erhalten. Bis Ende 2006 wurden insgesamt etwa 30.000 deutsche Ltds. inkorporiert, von denen Ende 2006 allerdings nur noch 13.615 gemeldet waren. Nachdem die Zahl von Ltds. in Deutschland zwischen 2002 und 2005 rapide zugenommen hatte, stagniert sie seit 2006 (Niemeier 2007). Der deutsche Gesetzgeber reagierte auf den durch die EuGH-Rechtsprechung initiierten „Wettbewerb der Gesellschaftsrechte" mit der größten Reform der deutschen GmbH seit ihrer Schaffung im Jahre 1892. Das zum 1. November

2008 in Kraft getretene Gesetz zur Modernisierung des GmbH-Rechts und zur Bekämpfung von Missbräuchen (MoMiG) lässt neben der gewöhnlichen GmbH die so genannte „Unternehmergesellschaft (haftungsbeschränkt)" zu, bei der vollständig auf ein Mindestkapital verzichtet wird (vgl. im einzelnen Hirte 2008).

Besteht nun durch die Umgehung der Mindestkapitaleinlage bei Gründung einer Limited tatsächlich eine Gefahr für den Gläubigerschutz? Diese Frage ist leichter gestellt als beantwortet. Zunächst einmal ist zwischen antizipierenden, d.h. wohl informierten, und nicht-antizipierenden, d.h. schlecht informierten, Gläubigern zu unterscheiden. Ein vertraglicher Gläubiger, der über die fehlende Mindestkapitaleinlage und die gegebenenfalls damit verbundenen zusätzlichen Risiken informiert ist, kann dies durch entsprechende Risikozuschläge, durch eine geeignete Rationierung des Kredits oder durch die Einforderung zusätzlicher Kreditsicherheiten berücksichtigen. Ein Deliktsgläubiger, der also nicht durch den Abschluss eines Vertrages, sondern durch irgendeinen anderen, meist widrigen Umstand in diese Rolle geraten ist, hat dazu keine Möglichkeit, ebenso jeder andere nicht-antizipierende Gläubiger. Im theoretischen Idealfall wird der vollständig informierte Vertragsgläubiger der Limited alle zusätzlichen Risiken exakt in Rechnung stellen, und der vollständig informierte Existenzgründer wird sich nur dann für die Limited entscheiden, wenn die Kosteneinsparungen bei der Eintragung mindestens so groß sind wie die zusätzlichen Risikokosten bei der späteren Kreditaufnahme. Im praktischen Realfall ist allerdings zumindest kurzfristig zu erwarten, dass sowohl Existenzgründer als auch solche Kreditgeber, deren Erfahrungen mit Ltds. begrenzt sind, unvollständig informiert sind und Enttäuschungen über die tatsächlichen Kosten und Risiken erleben werden (vgl. die Berichte in *Der Spiegel*, vom 27.9.2004: 106, und in der *Wirtschaftswoche* vom 7.4.2005: 26, sowie die weiterführenden Überlegungen bei Schall, 2005).

Im Gefolge der drei EuGH-Entscheidungen *Centros*, *Überseering* und *Inspire Art* wird auch immer wieder die Frage aufgeworfen, ob nach ausländischem Recht gegründete Gesellschaften, die ihren Sitz nach Deutschland verlegen, die Unternehmensmitbestimmung unter Berufung auf die europäische Niederlassungsfreiheit umgehen könnten. Der EuGH hatte bisher keinen Fall dieser Art zu entscheiden, da es sich bei den Limiteds mit Sitz in Deutschland ausschließlich um Kleinunternehmen handelt, die nicht mitbestimmungspflichtig sind. Das könnte sich aber in Zukunft sehr schnell ändern, und so ist es nicht verwunderlich, dass sich in den letzten Jahren eine kontroverse Diskussion darüber entwickelt hat, ob eine Erstreckung der deutschen Unternehmensmitbestimmung auf EU-Auslandsgesellschaften mit dem europäischen Gemeinschaftsrecht vereinbar sei (vgl. hier etwa die unterschiedlichen Auffassungen bei Müller-Bonani in Hirte/Bücker 2005, Zimmer in Lutter 2005 und Grundmann/Möslein 2003). Weitgehend unstreitig dürfte heute sein, dass die Verpflichtung von EU-Auslandsgesellschaften mit tatsächlichem Sitz in Deutschland, die Unternehmensmitbestimmung einzuführen, eine Beschränkung der Niederlassungsfreiheit darstellt. Offen ist allerdings die

Frage, ob der EuGH im Fall der Fälle Rechtfertigungsgründe für diese Beschränkung anerkennen würde. Da der Arbeitnehmerschutz als „zwingendes Erfordernis des Gemeinwohls" akzeptiert ist, läuft alles auf die Frage hinaus, ob der Europäische Gerichtshof die Unternehmensmitbestimmung als geeignet und erforderlich ansieht, um den Arbeitnehmerschutz zu gewährleisten. Die gegenwärtigen Entwicklungen deuten allerdings darauf hin, dass es sich hierbei um eine praktisch weniger relevante Möglichkeit handelt. Von größerer Bedeutung für eine derartige „regulatorische Arbitrage" scheint zur Zeit die gemeinschaftsrechtliche Gesellschaftsform der Societas Europaea (SE) zu sein (siehe Kapitel 8.3.5).

8.3 Kapitalverkehrsfreiheit

8.3.1 Late-comer der Liberalisierung

Im Vergleich zu den anderen Grundfreiheiten wurden die rechtlichen Voraussetzungen für einen vollständig freizügigen Kapitalverkehr erst sehr spät, Ende der 1980er Jahre, geschaffen. Im EWG-Vertrag von 1957 war gemäß Artikel 67 Abs. 1 (inzwischen gestrichen) eine Liberalisierung des Kapitalverkehrs nur insoweit vorgesehen, als es „für das Funktionieren des Gemeinsamen Marktes notwendig ist". Gleichzeitig enthielt der EWG-Vertrag zahlreiche Rechtfertigungsgründe für Einschränkungen der Kapitalverkehrsfreiheit, die ebenfalls in dieser Form heute nicht mehr existieren. Der Grund für die Sonderstellung der Kapitalverkehrsfreiheit bestand in der Sorge der Mitgliedstaaten, dass unkontrollierte, insbesondere kurzfristige internationale Kapitalbewegungen ihre Fähigkeit, eine autonome Geld- und Kreditpolitik durchzuführen, untergraben würden und Zahlungsbilanzkrisen verursachen könnten (Pelkmans 2006: 201–03). Zwar liberalisierte man mit zwei Richtlinien bereits Anfang der 1960er Jahre einige Typen internationaler Kapitaltransaktionen wie Direktinvestitionen, kurz- und mittelfristige Handelskredite sowie den Kauf börsennotierter Wertpapiere. Aber der größte Teil der Finanztransaktionen unterlag weiterhin strikten staatlichen Kontrollen (Kimms 1996: 30 ff.).

Erst zwanzig Jahre später, Mitte der 1980er Jahre, nahm man den Prozess der Liberalisierung des Kapitalverkehrs wieder auf (Kimms 1996: 64 ff.). Das „Weißbuch zur Vollendung des Binnenmarkts" von 1985 enthielt zahlreiche Vorschläge zur Beseitigung von Hemmnissen der finanziellen Integration, und die 1986 verabschiedete Einheitliche Europäische Akte fügte den neuen Artikel 8a (heute: Art. 14 EG) in den EWG-Vertrag ein, der den Binnenmarkt als einen Raum ohne Binnengrenzen definierte, „in dem der freie Verkehr von Waren, Personen, Dienstleistungen und Kapital gemäß den Bestimmungen dieses Vertrages gewährleistet ist". Damit wurde der freizügige Kapitalverkehr als gleichberechtigt mit den anderen drei Grundfreiheiten etabliert.

Nach drei Richtlinien aus den Jahren 1985 und 1986, welche die Liberalisierung auf weitere Kategorien des Kapitalverkehrs ausdehnten, wurde der Prozess der Kapitalverkehrsliberalisierung 1988 schließlich durch die Richtlinie

88/361/EWG vollendet. Sie verpflichtet die Mitgliedstaaten, alle Beschränkungen des Kapitalverkehrs zwischen Personen, die in den Mitgliedstaaten ansässig sind, bis zum 1.7.1990 zu beseitigen. Dabei bezieht sich die Verpflichtung nicht nur auf den Abbau der devisenrechtlichen Beschränkungen, sondern auch auf den Abbau der indirekten Beschränkungen des Kapitalverkehrs. Im Anhang enthält die Richtlinie eine Nomenklatur für den gemeinschaftsrechtlich relevanten Kapitalverkehr. Mit Ablauf der Umsetzungsfrist erlangte die Kapitalverkehrsfreiheit als letzte Grundfreiheit unmittelbare Geltung (EuGH-Entscheidung *Bordessa*, Rs. C-358/93, Slg. 1995, I-0361). Für die seinerzeit wirtschaftlich schwächeren Länder Irland, Griechenland, Portugal und Spanien wurde eine Übergangsfrist bis zum 31.12.1992 vereinbart. Portugal und Griechenland wurde die Möglichkeit einer Verlängerung der Übergangsfrist von bis zu drei Jahren eingeräumt, die Griechenland bis zum Mai 1994 in Anspruch nahm.

Die neuen Artikel über die Kapitalverkehrsfreiheit reproduzieren weitgehend den Inhalt der Richtlinie und sind nun zusammen mit den Vorschriften über den freizügigen Zahlungsverkehr in einem Kapitel des Vertrages (Art. 56–60 EG) zusammengefasst. Die Rechtfertigungsgründe für Beschränkungen des Kapitalverkehrs wurden im Vergleich zum EWG-Vertrag stark eingeschränkt.

8.3.2 Wohlfahrts- und Verteilungseffekte der Kapitalverkehrsfreiheit

Aus ökonomischer Sicht soll ein freizügiger Kapitalverkehr dazu beitragen, dass Kapital dort eingesetzt wird, wo es die höchsten Erträge erwirtschaftet. Beginnen wir mit einem einfachen Grundmodell, welches dadurch gekennzeichnet ist, dass in zwei Ländern – dem Heimatland (H) und dem Partnerland (P) – jeweils ein homogenes Gut mit zwei homogenen Produktionsfaktoren, Arbeit und Kapital, hergestellt wird (eine gute Darstellung des 1958 von MacDougall entwickelten Modells findet sich in Baldwin/Wyplosz 2006: 432–4). In der Ausgangssituation seien beide Produktionsfaktoren innerhalb des jeweiligen Landes völlig mobil, Faktorbewegungen zwischen den Ländern seien jedoch nicht zulässig. Die Produktionsfunktion sei durch konstante Skalenerträge gekennzeichnet und auf allen Märkten herrsche vollständige Konkurrenz.

Im Unterschied zur Arbeitskräftemobilität liegen die Verhältnisse bei der Kapitalmobilität relativ einfach: Was wandert, ist das Kapital, und nicht die Kapitalbesitzer. Deshalb haben wir keine Bevölkerungsveränderung in den beiden Ländern. Abb. 8.3 zeigt die Produktions- und Wohlfahrtsveränderungen. Die WPK-Kurve gibt das Wertgrenzprodukt des Kapitals an, O_HK_0 und O_PK_0 sind die jeweiligen Anfangsausstattungen mit Kapital, i ist der Zinssatz. Folglich finden wir das Kapitaleinkommen unterhalb der Zinsgeraden und das Arbeitseinkommen zwischen Zinsgerade und WPK-Kurve.

Nach Einführung der freien Kapitalmobilität wandert Kapital aus H nach P und zwar bis zur gleichgewichtigen Faktorverteilung K^*. Die Folgen für Produktion und Verteilung sind aus Tab. 8.3 abzulesen.

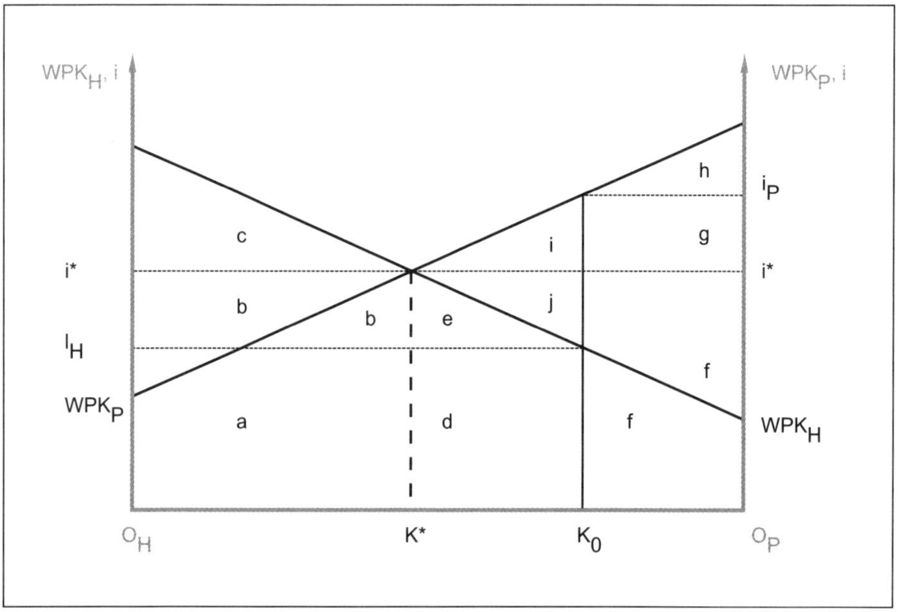

Abbildung 8.3: Produktionsveränderungen und Verteilungseffekte bei Kapitalmobilität

Tabelle 8.3: Produktion und Verteilung bei Kapitalmobilität

	Ohne Mobilität		*Mit Mobilität*	
	H	*P*	*H*	*P*
Kapitaleinkommen	a+d	f+g	a+b+d+e+j	f
Arbeitseinkommen	b+c+e	h	c	g+h+i
BIP	a+b+c+d+e	f+g+h	a+b+c	d+e+f+g+h+i+j
Volkseinkommen	a+b+c+d+e	f+g+h	a+b+c+d+e+j	f+g+h+i
	Veränderungen durch die Mobilität			
	H	*P*	*H + P*	
Kapitaleinkommen	b+e+j	−g	b+e+j−g	
Arbeitseinkommen	−b−e	g+i	g+i−b−e	
BIP	−d−e	d+e+i+j	i+j	
Volkseinkommen	j	i	i+j	

Produktion und Volkseinkommen fallen auseinander, weil nur das Kapital und nicht die Kapitalbesitzer wandern. Das bedeutet, dass das Einkommen des aus H abgewanderten Kapitals seinen Besitzern in H zufällt. Natürlich brauchen wir nun auch freien Güterverkehr, um die Zahlungsbilanz zwischen H und P auszugleichen und das erhöhte Einkommen zu realisieren, was nur über Importe möglich ist. Der Nettoeffekt der Mobilität besteht in den beiden Dreiecken i und j. Da sich dieser Nettoeffekt auf beide Länder aufteilt, haben auch beide Anteil an der Pareto-Verbesserung und damit ein Interesse an der Einführung der Mobilität. Die Veränderungen in der Produktion spielen unter den gemachten Annahmen (vollständige Flexibilität auf allen Märkten) keine gravierende Rolle. Sobald man aber inflexible Märkte, vor allem Arbeitsmärkte zulässt, wird die Abnahme der Produktion in H mit Beschäftigungsverlusten verbunden sein. Daraus erklären sich die weitverbreiteten Vorbehalte gegen Kapitalmobilität.

Allerdings sehen wir in Tab. 8.3 auch, dass die Einführung der Kapitalverkehrsfreiheit für die Kapitaleigner in H vorteilhaft ist, nicht aber für die Bezieher von Arbeitseinkommen. In P verhält es sich umgekehrt. Wäre über die Kapitalmobilität in beiden Ländern abzustimmen, so würden im Heimatland H die Kapitaleigner dafür, die Arbeitnehmer aber dagegen stimmen, der Medianwähler wäre also wohl dagegen. Im Zuzugsland P ist die Situation umgekehrt: Die Arbeitnehmer würden dafür votieren und die Kapitaleigner dagegen, und die Vermutung liegt nahe, dass der Medianwähler sich für die Verkehrsfreiheit ausspräche. Die Einführung des freizügigen Kapitalverkehrs führt somit nicht zu einer Pareto-Verbesserung. Erst unter Hinzuziehung des Kaldor-Hicks Kriteriums, d.h. der Möglichkeit, dass die Gewinner die Verlierer kompensieren, stellt sich eine Verbesserung ein. Um aber den Medianwähler im Abwanderungsland H zur Zustimmung zu bringen, müssten die Gewinner tatsächlich seine Verluste kompensieren. Das ist im konkreten Fall nicht immer ganz einfach. Ob sich der Medianwähler in H mit der wahrscheinlich zutreffenden Feststellung zufrieden geben wird, er profitiere von der gleichzeitig eingeführten Güterverkehrsfreiheit, bleibe dahingestellt.

Wir können somit festhalten, dass in diesem einfachen Modell ein freizügiger Kapitalverkehr zu einer effizienten Ressourcenallokation führt, weil eigennutzorientierte Kapitaleigner ihr Kapital systematisch aus Niedrigzins- in Hochzinsländer transferieren, wodurch sie zu einer Konvergenz der Zinsen und der Grenzproduktivitäten des Kapitals in den betroffenen Ländern beitragen. Damit wird die gemeinsame Produktion in allen Ländern maximiert. Jede Beschränkung des internationalen Kapitalverkehrs bremst diesen Konvergenzprozess und verursacht damit eine ineffiziente Faktorallokation.

Diese Ergebnisse sind allerdings zu modifizieren, wenn man die stark vereinfachenden Annahmen des Grundmodells abschwächt. Im Unterschied zum Produktionsfaktor Arbeit kann man die Mobilitätskosten des Kapitals allerdings fast vernachlässigen, mit einer Ausnahme – dem Risikoaspekt. Und es gibt, abgesehen vom normalen Unternehmensrisiko, zahlreiche Risiken, die den internationalen Kapitalverkehr einschränken: Wechselkursrisiken, politische Risiken, das Risiko unterschiedlicher Rechts- und Wirtschaftskulturen zum Beispiel. Genau hier setzt dann auch wieder das europäische Integrationsprojekt an: Es gilt solche und andere Verkehrsbeschränkungen so weit wie möglich zu reduzieren. Die gemeinsame Währung beispielsweise ist ein wichtiger Schritt auf diesem Wege.

Weiterhin ist zu berücksichtigen, dass unter realistischeren Bedingungen auch ein Zusammenhang zwischen dem Kapitalverkehr und der Mobilität der Arbeitskräfte besteht. Dabei kann es sich zum einen um Substitutionsbeziehungen handeln. Besteht in einem Land relativer Kapitalreichtum, in einem anderen relativer Reichtum an Arbeitskräften, so kann entweder die Arbeit zum Kapital oder das Kapital zur Arbeit wandern. Beide Alternativen tragen unter den Bedingungen des Grundmodells zu einer Konvergenz der Faktorpreise und somit zu einer effizienten Allokation beider Produktionsfaktoren bei. Wenn es für einen Arbeitnehmer mit höheren Kosten verbunden ist, in einem anderen Land beschäftigt zu sein, als es einem Kapitaleigner zusätzliche Kosten verursacht, im Ausland zu investieren, führt der Ersatz der Arbeitskräfte- durch die Kapitalmobilität zu einer Wohlfahrtssteigerung. Genau das wird von der Politik häufig angestrebt. Denn vom sozialen Standpunkt aus gesehen ist es besser, das Kapital wandert und die Arbeitskräfte bleiben in ihrer angestammten Umgebung. Doch zeigt die Erfahrung, dass sich das Kapital oft schwerer tut, Grenzen zu überschreiten, als die Arbeit. Es ist als einer der großen Erfolge des europäischen Integrationsprojektes anzusehen, dass die innergemeinschaftliche Arbeitskräftemobilität im Laufe der Zeit abgenommen und die Kapitalmobilität zugenommen hat.

Kapital- und Arbeitskräftemobilität können aber auch in einer komplementären Beziehung zueinander stehen, vor allem dann, wenn wir die Annahme der Homogenität der Faktoren fallen lassen. Die Errichtung einer Produktionsstätte im Ausland (Kapitalexport) kann beispielsweise mit dem Einsatz heimischer Manager und sonstiger Arbeitskräfte mit gewissen Schlüsselqualifikationen verbunden sein. Im kapitalarmen Land, in das Kapital exportiert wird, ist häufg auch *know-how* ein knapper Faktor, und nur relativ unqualifizierte Arbeit ist reichlich vorhanden. Sobald wir das Grundmodell um weitere Faktoren wie Qualifikation oder *know-how* erweitern, ist die dichotome Gegenläufigkeit der Faktorausstattungen nicht mehr gegeben. Das kann zur Folge haben, dass Kapital und (qualifizierte) Arbeit in die gleiche Richtung wandern.

Ganz allgemein wird ein freizügiger Kapitalverkehr dann nicht notwendigerweise zu Wohlfahrtsgewinnen führen, wenn die privaten von den sozialen Kapitalerträgen abweichen. Das ist beispielsweise der Fall, wenn Kapitalerträge im In- und Ausland unterschiedlich besteuert werden oder wenn Unterschiede in den Umwelt-, Sicherheits- und Hygienestandards dazu führen, dass die relevanten Kosten und Erträge in unterschiedlichem Maße internalisiert werden. Sind diese Verzerrungen hinreichend stark, so kann das dazu führen, dass Kapital aus Ländern mit hoher Grenzproduktivität abgezogen und in Ländern mit geringerer Grenzproduktivität investiert wird. In diesem Fall führt freizügiger Kapitalverkehr zu Wohlfahrtsverlusten. Hier liegt ein weiteres Betätigungsfeld für die Gemeinschaft, nämlich entweder dafür zu sorgen, dass die Ausgangsbedingungen in allen Mitgliedländern annähernd gleich sind (Harmonisierung), oder einen Systemwettbewerb zu organisieren, der die Bedingungen in allen Mitgliedländern zum Ausgleich bringt (zum Beispiel über die „offene Methode der Koordinierung", siehe Kapitel 13).

Der Kapitalverkehr setzt sich aus sehr unterschiedlichen Transaktionen zusammen. Dabei geht es um alle finanziellen Transaktionen, die nicht durch Waren- oder Dienstleistungsverkehrsströme gedeckt sind: insbesondere Direktinvestitionen, Wertpapieranlagen sowie Finanz- und Handelskredite mit unterschiedlichen Laufzeiten. Eine wichtige theoretische Unterscheidung, die allerdings in der Praxis mit Abgrenzungsproblemen verbunden ist, wird zwischen Portfolioinvestitionen und Direktinvestitionen gemacht:

- Bei Portfolioinvestitionen orientieren sich die Anleger ausschließlich an den Erträgen der entsprechenden Anlageformen, korrigiert um die damit verbundenen Risiken. Auf diesen Typ von Kapitalverkehr bezieht sich unser einfaches Grundmodell – unter der Voraussetzung, dass keine Wechselkursrisiken bestehen und dass die Erträge auf die Investition keine Varianz aufweisen.
- Bei Direktinvestitionen kommt zu dem Ertragsmotiv noch das Kontrollmotiv hinzu. Multinationale Unternehmen errichten im Ausland Produktionsstätten auf der grünen Wiese, erwerben Anteile an bestehenden Unternehmen im Ausland oder beteiligen sich an grenzüberschreitenden Fusionen, mit der Absicht, die entsprechenden Aktiva unter eine einheitliche Kontrolle zu bringen und Beschaffung, Produktion und Absatz besser an die bestehenden ökonomischen, rechtlichen und politischen Bedingungen anzupassen. Unterschiede in den Zinssätzen spielen somit bei den Direktinvestitionen eine untergeordnete Rolle (vgl. z.B. Blank/Clausen/Wacker 1998: 143 ff.).

Eine weitere Besonderheit der Direktinvestition im Vergleich zur Portfolioinvestition besteht darin, dass Direktinvestitionen häufig mit einem Technologietransfer verbunden sind. Bei technologischem *know-how* handelt es sich um ein „öffentliches Gut", d.h. ein Gut, bei dem keine Rivalität im Konsum besteht (allerdings kann durchaus Ausschließbarkeit z.B. durch Patentschutz bestehen). Somit erhöht ein Technologietransfer das technologische *know-how* im kapitalimportierenden Land, ohne es gleichzeitig im kapitalexportierenden Land zu verringern. Anders als beim Grundmodell können daher in diesem Fall auch die im kapitalimportierenden Land ansässigen Kapitaleigner zu Gewinnern werden. Erfolgen Direktinvestitionen verbunden mit Technologietransfer in beide Richtungen, gibt es somit keine Verlierer mehr, sondern nur noch Gewinner eines freizügigen Kapitalverkehrs. Andererseits tragen Direktinvestitionen dazu bei, dass die komparativen Vorteile eines Landes immer weniger naturgegeben und immer mehr menschengemacht sind. Bei Vorliegen steigender Skalenerträge oder Vorliegen von Agglomerationsvorteilen kann ein freizügiger Kapitalverkehr dann auch zu divergenten Entwicklungen zwischen den beteiligten Ländern führen. Hier setzt die Industriepolitik an (siehe Kapitel 10).

Eine letzte Modifikation des Grundmodells betrifft die Tatsache, dass in der Realität Kapitalanbieter und -nachfrager gewöhnlich nicht direkt aufeinander treffen, sondern dass Banken, Versicherungen und Börsen als Intermediäre dazwischengeschaltet sind. Dadurch werden die Kosten gesenkt, Ersparnisse zu sammeln und diese in Kredite und Anlagen bestimmter Größe und Fristigkeit umzuwandeln. Die Finanzmärkte sind allerdings aufgrund der starken Informationsasymmetrien zwischen vielen Marktteilnehmern und den daraus folgenden Prinzipal-Agenten-Problemen in allen Staaten mehr oder weniger stark reguliert. Neben den direkten Kapital- und Devisenkontrollen stellen somit Unterschiede im Banken-, Börsen-, Wertpapier- und Gesellschaftsrecht ein weiteres potentielles Hemmnis eines freizügigen Kapitalverkehrs dar.

Halten wir fest: Ein freizügiger Kapitalverkehr ist ein wichtiger Mechanismus, um knappe Ressourcen effizient einzusetzen. Er kann nur in Grenzen durch andere Mechanismen, wie den freizügigen Warenverkehr und eine ungehinderte Mobilität der Arbeitskräfte, ersetzt werden. Um diese Freizügigkeit zu sichern, reicht es allerdings nicht aus, direkte Kapital- und Devisenkontrollen zu beseitigen. Auch Unterschiede in den nationalen Rechtsordnungen, die sich auf die Regulierung der Finanzintermediäre und Finanzmärkte beziehen, stellen indirekte Hemmnisse des Kapitalverkehrs dar. Internalisieren die Kapitaleigner allerdings nicht alle sozialen Kosten und Erträge einer Anlage im Ausland, so kann es zu unerwünschten Verzerrungen der privaten Anreize kommen mit der Folge, dass der freizügige Kapitalverkehr nicht notwendig zur Konvergenz der Grenzproduktivitäten des Kapitals und einer Wohlfahrtssteigerung führt, sondern auch zu einer Divergenz und zu Wohlfahrtsverlusten führen kann.

8.3.3 Zulässige und unzulässige Beschränkungen des Kapitalverkehrs

Gemäß Art. 56 Abs. 1 EG „sind alle Beschränkungen des Kapitalverkehrs zwischen den Mitgliedstaaten sowie zwischen den Mitgliedstaaten und dritten Ländern verboten". Auffällig im Vergleich zu den anderen Grundfreiheiten ist, dass hier die Kapitalverkehrsfreiheit explizit auch im Verhältnis zu Drittstaaten definiert wird. Aus den Artikeln 57 ff. EG wird allerdings deutlich, dass gegenüber Drittstaaten eine Vielzahl von Rechtfertigungsgründen für Beschränkungen der Kapitalverkehrsfreiheit aufgeführt werden, während im Verhältnis der Mitgliedstaaten untereinander Beschränkungen des Kapitalverkehrs nur unter sehr eng definierten Bedingungen zulässig sind. Eine Definition des Kapitalverkehrs wird nicht geliefert. Der EuGH orientiert sich in ständiger Rechtsprechung an der Nomenklatur im Anhang der Richtlinie 88/361 EWG, die eine große Bandbreite von Transaktionen dem Kapitalverkehr zuordnet. Hierunter fallen beispielsweise so unterschiedliche Transaktionen wie die Verbringung oder die Übertragung von Bargeld, Devisengeschäfte, die Begebung von Schecks und Wechseln, der Erwerb von Grundstücken, die Übertragung von Gesellschaftsanteilen, die Ausgabe von und der Handel mit Aktien und Schuldverschreibungen, der Erwerb von Anteilen an Investmentfonds, Termingeschäfte, der Erwerb von Unternehmen, die Erbringung einer Kapitaleinlage bei der Gründung einer Gesellschaft, die Gewährung von Darlehen, die Einzahlung von Spareinlagen, die Versicherung von Risiken, die Begründung von Forderungen, die Abtretung von Forderungen, die Bestellung von Sicherungsrechten, die Übernahme von Bürgschaften, Beitritt zu fremden Verbindlichkeiten sowie Schenkungen, Erbschaften und Vermächtnisse (Wilmovsky 2003: 290f.). Art. 56 Abs. 2 EG verbietet dementsprechend Beschränkungen des internationalen Zahlungsverkehrs, worunter finanzielle Transaktionen zur Begleichung der Gegenleistung für die Lieferung von Waren oder die Bereitstellung von Dienstleistungen zu verstehen sind.

Art. 58 EG enthält Rechtfertigungsgründe, die sowohl im Verhältnis der Mitgliedstaaten untereinander als auch gegenüber Drittstaaten gelten. Gemäß Abs. 1 lit. a berührt das Beschränkungsverbot nicht das Recht der Mitgliedstaaten, Steuerpflichtige mit unterschiedlichem Wohn- und Kapitalanlageort unterschiedlich zu behandeln. Weitere Rechtfertigungsgründe sind solche der öffentlichen Ordnung und Sicherheit, die Gewährleistung einer effektiven Steuer- und Finanzaufsicht oder die Durchsetzung von Meldeverfahren für den Kapitalverkehr zwecks administrativer oder statistischer Information (Abs. 1 lit. b). Aber auch diese Maßnahmen und Verfahren dürfen keine willkürliche Diskriminierung oder eine verschleierte Beschränkung des freien Kapital- und Zahlungsverkehrs darstellen.

Zusätzlich zu diesen allgemein gültigen Rechtfertigungsgründen gibt es noch eine Vielzahl weiterer zulässiger Beschränkungen des Kapitalverkehrs gegenüber Drittstaaten. Hier sind vom Beschränkungsverbot diejenigen Beschränkungen ausgenommen, die am 31.12.1993 aufgrund einzelstaatlicher oder gemeinschaftlicher Rechtsvorschriften bestanden (Art. 57 Abs. 1 EG). Darüber hinaus ermächtigen die Artikel 57 Abs. 2 und 60 EG in vielen Fällen den Rat und gegebenenfalls auch die Mitgliedstaaten, den Kapitalverkehr im Verhältnis zu Drittstaaten zu beschränken.

Zusätzlich zu diesen kodifizierten Rechtfertigungsgründen hat der EuGH, ähnlich wie auch bei den anderen Grundfreiheiten, in ständiger Rechtsprechung „zwingende Erfordernisse des Allgemeininteresses" definiert, welche auch im Verhältnis der Mitgliedstaaten untereinander diskriminierungsfreie Beschränkungen des Kapitalverkehrs rechtfertigen, sofern der Grundsatz der Verhältnismäßigkeit nicht verletzt wird (Barnard 2004: 472; Wilmovsky 2003: 298f.).

8.3.4 Wichtige Urteile des EuGH zu Beschränkungen der Kapitalverkehrsfreiheit

Wurde früher der internationale Kapitalverkehr insbesondere durch Devisenkontrollen eingeschränkt, spielen in den heutigen Rechtskonflikten andere staatliche Maßnahmen, welche die internationalen Finanztransaktionen mit zusätzlichen Kosten belegen, die entscheidende Rolle. Dabei wird auch deutlich, dass die Kapitalverkehrsfreiheit eng mit den anderen Grundfreiheiten zusammenhängt. Investiert jemand im Ausland, um eine Unternehmung zu gründen oder eine Zweigniederlassung zu etablieren, so ist neben der Kapitalverkehrsfreiheit auch die Niederlassungsfreiheit betroffen Auf diesen

Zusammenhang nimmt übrigens unmittelbar Art. 294 EG Bezug, indem er die Mitgliedstaaten auffordert „... die Staatsangehörigen der anderen Mitgliedstaaten hinsichtlich ihrer Beteiligung am Kapital von Gesellschaften im Sinne des Artikels 48 den eigenen Staatsangehörigen gleich[zustellen]". Erwirbt ein Wanderarbeitnehmer ein Grundstück im Ausland, so sind sowohl die Kapitalverkehrsfreiheit als auch die Arbeitnehmerfreizügigkeit betroffen (Wilmovsky 2003: 291 ff.). Im Folgenden werden einige wichtige Entscheidungen des EuGH diskutiert, die sich auf drei Kategorien des grenzüberschreitenden Kapitalverkehrs beziehen: Immobilieninvestitionen, Portfolioinvestitionen und Direktinvestitionen.

Immobilieninvestitionen

Bei der Entscheidung *Konle* (Rs. C-302/97, Slg. 1999, I–03099) ging es um einen deutschen Staatsangehörigen, der im Rahmen eines Zwangsversteigerungsverfahrens den Zuschlag für ein Grundstück in Tirol unter dem Vorbehalt der damals erforderlichen behördlichen Genehmigung erhalten hatte. Die Genehmigung wurde ihm aus raumplanerischen Gründen verweigert, da die zuständige Behörde befürchtete, dass der Käufer das Grundstück lediglich als Ferienwohnung nutzen werde, die über längere Zeiträume leer stehen würde. Rechtsgrundlage für diese behördliche Verweigerung war das Tiroler Grundverkehrsgesetz, welches im Laufe des Rechtsstreits geändert worden war. Während das Gesetz in der Fassung von 1993 eine behördliche Genehmigung ausschließlich von nicht-österreichischen Staatsbürgern forderte und damit eine diskriminierende Beschränkung des Kapitalverkehrs darstellte, dehnte das reformierte Gesetz in der Fassung von 1996 das Erfordernis einer behördlichen Genehmigung auch auf österreichische Staatsbürger aus. Der EuGH erkannte in diesem neuen Gesetz eine nicht-diskriminierende Beschränkung des Kapitalverkehrs, die durch „zwingende Erfordernisse des Allgemeininteresses", zu denen auch die von österreichischer Seite geltend gemachten raumplanerischen Ziele gehören, grundsätzlich gerechtfertigt werden kann. Im konkreten Fall erkannte der Gerichtshof allerdings in den Tiroler Rechtsvorschriften einen Verstoß gegen Gemeinschaftsrecht: Zum einen bemängelte er, dass der behördliche Ermessensspielraum derart weit gefasst war, dass die Gefahr einer Diskriminierung nicht-österreichischer Staatsangehöriger bestand. Zum anderen machte er geltend, dass weniger einschneidende Mittel existierten, um das angestrebte Ziel zu erreichen, wie beispielsweise die Abgabe einer vorherigen schriftlichen Erklärung in Verbindung mit empfindlichen Sanktionen bei einem Verstoß gegen diese Erklärung.

In der Rechtssache *Albore* (Rs. C-423/98, Slg. 2000, I–05965) hatten zwei deutsche Staatsangehörige Grundstücke auf der Insel Ischia (Italien) erworben, ohne eine Genehmigung des Präfekten beantragt zu haben. Da die fraglichen Grundstücke zu Gebieten von militärischer Bedeutung erklärt worden waren, erforderte das italienische Recht für alle nicht-italienischen Staatsbürger eine solche Genehmigung. Der Fall landete letztlich zur Vorabentscheidung beim EuGH. Der stellte fest, dass die italienische Vorschrift eine diskriminierende Beschränkung des Kapitalverkehrs zwischen den Mitgliedstaaten darstelle, die grundsätzlich nur durch einen der explizit in Artikel 58 EG aufgeführten Gründe gerechtfertigt werden könne. Er sah eine Rechtfertigung aufgrund der militärischen Interessen des Landes („öffentliche Sicherheit") nicht gegeben, da nicht dargelegt werden konnte, warum weniger einschneidende Maßnahmen nicht ausgereicht hätten, den Erfordernissen der Landesverteidigung zu genügen. Auch hier scheiterte die Rechtfertigung am Grundsatz der Verhältnismäßigkeit.

Portfolioinvestitionen

Die Entscheidung *Verkooijen* (Rs. C-35/98, Slg. 2000, I-4071) geht zurück auf eine Klage des in den Niederlanden lebenden Herrn V., der Aktien der belgischen Aktiengesellschaft Petrofina NV besaß und 1991 eine Dividende in Höhe von 2337 Gulden erhalten hatte. Grund für seine Klage war eine Vorschrift des niederländischen Einkommenssteuergesetzes, wonach der Freibetrag für Einkünfte aus Kapitalvermögen in Höhe von 2000 Gulden nur für Dividendeneinkünfte von Kapitalgesellschaften mit Sitz in den Niederlanden geltend gemacht werden kann. Hier lag offenkundig eine Ungleichbehandlung vor, und es war zu prüfen, ob sie zu rechtfertigen ist. Artikel 58 Absatz 1 lit. a EG berechtigt zwar die Mitgliedstaaten, bei der Besteuerung von Kapitaleinkünften nach dem Anlageort des Kapitals zu unterscheiden. Absatz 3 des gleichen Artikels verbietet aber jede willkürliche Diskriminierung. Da nicht ersichtlich war, dass die Ungleichbehandlung sachlich gerechtfertigt ist, sah der EuGH in der niederländischen Vorschrift einen Verstoß gegen das Verbot einer Beschränkung des freizügigen Kapitalverkehrs.

Im Fall *Kommission/Belgien (Eurobonds)* (Rs. C-478/98, Slg. 2000, I-07587) hatte der belgische Finanzminister auf dem Euroanleihenmarkt eine öffentliche Anleihe in Höhe von einer Milliarde DM plaziert. Dabei verzichtete er entsprechend den auf dem Euroanleihenmarkt geltenden Regeln auf die bei Inlandsanleihen übliche Quellenbesteuerung der Zinseinnahmen. In Belgien ansässigen Personen wurde die Zeichnung der Anleihe mit der Begründung untersagt, dadurch würden Steuerhinterziehung vermieden sowie steuerliche Kohärenz und Wirksamkeit der Steueraufsicht gewährleistet. Die Kommission erhob aufgrund dieser Vorschrift Klage gegen das Königreich Belgien. Der EuGH erkannte einen Verstoß gegen die Kapitalverkehrsfreiheit, da der Grundsatz der Verhältnismäßigkeit verletzt sei. Das sei bereits daraus deutlich ersichtlich, dass keine in Belgien ansässige Person daran gehindert werde, andere als vom Königreich Belgien ausgegebene Euroanleihen zu zeichnen.

Direktinvestitionen

In diesem Bereich gibt es eine Reihe interessanter Entscheidungen, die unter dem Stichwort „Goldene Aktien" (*golden shares*) diskutiert werden. Hierbei geht es um verschiedene Sonderrechte, die sich staatliche Stellen auch nach der Privatisierung ehemaliger Staatsunternehmen vorbehalten (ein Überblick über solche Fälle findet sich bei Grundmann/Möslein 2003 sowie in einem „Commission Staff Working Document" vom 22.7.2005).

Gegenstand der Entscheidung *Kommission/Belgien* (Rs. C-503/99, Slg. 2002, I–04809) waren zwei königliche Verordnungen, die dem belgischen Staat Sonderrechte in zwei privatisierten Energieversorgungsunternehmen einräumten. Es handelte sich um ein Entsenderecht für zwei Verwaltungsratsmitglieder und um eine Meldepflicht mit Widerspruchsrecht des Ministers bei Übertragung von Leitungen und bestimmten anderen strategischen Aktiva oder deren Verwendung als Sicherheit. Der EuGH erkannte darin eine Beschränkung des Kapitalverkehrs, die allerdings durch das legitime öffentliche Interesse an der Sicherstellung der Energieversorgung im Krisenfall gerechtfertigt sei. Da die Widerspruchsregelung an strenge Fristen gebunden sei, sich auf klar definierte Entscheidungen beschränke, nur bei Beeinträchtigung der energiepolitischen Ziele greife, einer förmlichen Begründung bedürfe und einer wirksamen gerichtlichen Kontrolle unterliege und da die Kommission als Klägerin nicht dargetan habe, dass das verfolgte Ziel mit weniger einschneidenden Maßnahmen erreicht werden könne, sei auch der Grundsatz der Verhältnismäßigkeit nicht verletzt.

Meist kam der EuGH allerdings zu einer anderen Bewertung staatlicher Sonderrechte bezüglich privatisierter Unternehmen. Im Fall *Kommission/Frankreich* (Rs. C-483/99, Slg. 2002, I–04781) stand ein französisches Dekret zur Privatisierung des Unternehmens Elf-Aquitaine auf dem Prüfstand. Diese Vorschrift sah einerseits bei Überschreitung bestimmter Schwellenwerte für direkte und indirekte Kapitalbeteiligungen eine vorherige ministerielle Genehmigung vor. Andererseits bestand ein staatliches Widerspruchsrecht gegen jede Abtretung der Kapitalmehrheit an den vier Tochtergesellschaften oder die Verwendung des Kapitals als Sicherheit. Der EuGH erkannte auch in diesem Fall eine Beschränkung des Kapitalverkehrs und sah grundsätzlich auch hier eine mögliche Rechtfertigung der Beschränkung in dem legitimen öffentlichen Interesse, die Versorgung mit Erdölprodukten im Krisenfall sicherzustellen. Da die Ausübung der Genehmigung bzw. des Widerspruchsrechts nicht an hinreichend genaue und objektive Kriterien gebunden war, entschied der EuGH, dass der Grundsatz der Verhältnismäßigkeit verletzt sei und dass das französische Dekret insofern eine rechtswidrige Beschränkung des Kapitalverkehrs darstelle.

In der Entscheidung *Kommission/Portugal* (Rs. C-367/98, Slg. 2002, I–04731) galt es, ein portugiesisches Rahmengesetz zur Privatisierung öffentlicher Unternehmen und zwei auf dieser Ermächtigungsgrundlage ergangene Verordnungen zu prüfen. Dabei normierte die eine Verordnung eine Obergrenze des Anteilsbesitzes ausländischer Anleger von insgesamt 25 % am Gesellschaftskapital, gemäß der zweiten Verordnung unterlag jede Transaktion, die zu einem Überschreiten des Schwellenwertes von 10 % des stimmberechtigten Kapitals durch eine Person führte, einem Genehmigungsvorbehalt. Offensichtlich stellt die erste Vorschrift eine Diskriminierung zwischen in- und ausländischen Anlegern dar, die nach Auffassung des EuGH nicht dadurch gerechtfertigt werden könne, dass in der Verwaltungspraxis kein Gebrauch davon gemacht wurde. Die zweite Vorschrift wurde vom EuGH als nicht-diskriminierende Beschränkung des Kapitalverkehrs klassifiziert.

Die von der portugiesischen Regierung geltend gemachten Rechtfertigungsgründe (Schutz der finanziellen Interessen der Portugiesischen Republik, Wahl eines strategischen Partners, Stärkung der Wettbewerbsstruktur des fraglichen Marktes, Modernisierung und Steigerung der Leistungsfähigkeit der Produktionsmittel) wurden allerdings verworfen, da nach ständiger Rechtsprechung des EuGH „wirtschaftliche Gründe" keine Beeinträchtigungen rechtfertigen.

Um Sonderaktien des Staates, Genehmigungsvorbehalte und Höchststimmrechte bei privatisierten Unternehmen ging es auch in den Fällen *Kommission/Großbritannien* (Rs. C-98/01, Slg. 2003, I-04641), *Kommission/Spanien* (Rs. C-463/00, Slg. 2003, I-04581) und *Kommission/Italien* (Rs. C-174/04). In allen diesen Fällen entschied der EuGH, dass die nationalen Privatisierungsvorschriften rechtswidrige Beschränkungen des Kapitalverkehrs darstellten. Anfang 2005 hat die Kommission nach langem Streit Klage gegen die Bundesrepublik Deutschland erhoben, da sie in den durch das VW-Gesetz statuierten Höchststimmrechten und Entsenderechten des Landes Niedersachsen eine Beschränkung des freizügigen Kapitalverkehrs sieht (siehe Box 8.9).

Box 8.9: ... und läuft, und läuft, und läuft? Kapitalverkehrsfreiheit und VW-Gesetz

1960 wurde die Volkswagenwerk GmbH privatisiert und in eine Aktiengesellschaft umgewandelt. Um einen entsprechenden Einfluss der öffentlichen Hand auf den Automobilhersteller zu erhalten, wurden durch das VW-Gesetz von 1960 (geändert 1970) zum einen Höchststimmrechte festgelegt, wonach kein Aktionär mehr als 20 % der Stimmrechte ausüben kann, auch wenn er über mehr als 20 % der Anteile verfügt. Gegenwärtig hält das Land Niedersachsen 20,1 % der Stammaktien. Die Bundesrepublik hat sich inzwischen von allen VW-Aktien getrennt. Zweitens erhielten die Bundesrepublik und das Land Niedersachsen das Recht, jeweils zwei Aufsichtsratsmitglieder zu entsenden (Entsenderechte), welches gegenwärtig aber nur von Niedersachsen in Anspruch genommen wird. Drittens war für Grundlagenentscheidungen eine qualifizierte Mehrheit von 80 % des Grundkapitals vorgesehen (Sperrminorität von 20 % statt der im deutschen Aktienrecht üblichen 25 %). Diese Vorschriften stärken den Einfluss der öffentlichen Hand und machen VW für eine Übernahme uninteressant. Die EU-Kommission sieht in diesen Regelungen ein Hindernis für ausländische Investoren und reichte nach langjährigem Streit mit der Bundesregierung am 12.3.2005 Klage beim EuGH ein (Rs. C-112/05). Der EuGH entschied mit Urteil vom 23.10.2007, dass das VW-Gesetz gegen die in Artikel 56 EG verankerte Kapitalverkehrsfreiheit verstößt (vgl. auch Roth 2008: 435 f.). Im Mai 2008 legte die Bundesregierung den Entwurf eines neuen VW-Gesetzes vor, das zwar die ersten beiden Steine des Anstoßes (Höchststimmrechte und Entsenderechte) beseitigte, die Sperrminorität von 20 % aber beibehielt. Daraufhin wurde durch die Kommission im Juni 2008 erneut ein Vertragsverletzungsverfahren gegen die Bundesrepublik Deutschland wegen nicht erfolgter Umsetzung des EuGH-Urteils eingeleitet und im November 2008 verschärft. Möglicherweise steht 2009 eine weitere Klage der Kommission beim EuGH bevor.

Was ist nun von diesen „Golden Shares Entscheidungen" des Gerichtshofs zu halten? Um einen kleinen Denkanstoß zur Beschäftigung mit dieser Frage zu geben, wollen wir uns im Folgenden kritisch mit einigen wesentlichen Kriterien auseinandersetzen, von denen sich der EuGH bei seinen Entscheidungen leiten ließ:

- Zum einen legt der EuGH das in Artikel 56 Abs. 1 EG verankerte Verbot einer Beschränkung des Kapitalverkehrs in ständiger Rechtsprechung äußerst weit aus. Einschlägig ist etwa die Formulierung in *Kommission/ Portugal* (Rs. C-367/98, Slg. 2002, I–04731, Rd. Nr. 45):

  > „Auch wenn die fragliche Regelung nicht zu einer Ungleichbehandlung führt, kann sie den Erwerb von Anteilen an den betreffenden Unternehmen verhindern und Anleger aus anderen Mitgliedstaaten davon abhalten, in das Kapital dieser Unternehmen zu investieren. Sie ist daher geeignet, den freien Kapitalverkehr illusorisch zu machen".

  Auch in Unternehmen ohne staatliche Beteiligung ist es durchaus üblich, Aktien „minderer Qualität" (wie stimmrechtslose Aktien) auszugeben, die mit entsprechenden Kursabschlägen gehandelt werden. Angesichts dieser Tatsache stellt sich die Frage, ob nicht auch die Sonderrechte des Staates in privatisierten Unternehmen zu einem Angebot einer spezifischen Anlageform führen, das von den Anlegern – sofern sie hierüber informiert sind – dann entsprechend bewertet und gegebenenfalls mit Abschlägen versehen wird. Wenn man hierin eine Beschränkung sieht, müsste dann nicht grundsätzlich jede staatliche Maßnahme als Beschränkung des Kapitalverkehrs behandelt werden, die bestimmte Anlageformen für alle in- und ausländischen Anleger unattraktiver macht? Gibt es dann überhaupt noch eine staatliche Maßnahme, die nicht betroffen wäre, wenn man davon ausgehen muss, dass öffentliche Interventionen immer einen irgendwie gearteten Einfluss auf die relativen Vermögenswerte haben? Zumindest bei solchen staatlichen Sonderrechten, die weder rechtlich noch faktisch zwischen in- und ausländischen Anlegern diskriminieren und die aufgrund ihrer vergleichsweise geringen volkswirtschaftlichen Bedeutung auch nicht in spürbarem Umfang die Attraktivität des inländischen Kapitalmarktes für Anleger aus anderen Mitgliedstaaten beeinflussen, stellt sich die Frage, ob sich hier gemeinschaftsrechtliche Einschränkungen der Gestaltungsfreiheit nationaler Gesetzgeber ökonomisch rechtfertigen lassen. Schließlich ergibt sich die Gesamtwirkung der nationalen Maßnahmen aus dem vom EuGH betonten direkten Effekt auf das Anlageverhalten ausländischer Investoren sowie aus dem vom EuGH vernachlässigten indirekten Effekt, dass nämlich die Aktie billiger und damit attraktiver wird (vgl. Hellwig 2008b: 10 f.; Grundmann/Möslein 2003: 330 ff.).
- Zum anderen sollte man auch die Rechtfertigungsgründe, die der EuGH anerkennt bzw. nicht anerkennt, kritisch unter die Lupe nehmen. Einerseits hat der EuGH alle Versuche der beklagten Mitgliedstaaten, sich bei der Gestaltung ihrer Privatisierungsmaßnahmen auf Art. 295 EG zu berufen, wonach der EG-Vertrag die Eigentumsordnung in den verschiedenen

Mitgliedstaaten unberührt lässt, kategorisch zurückgewiesen. Nach ständiger Rechtsprechung des EuGH dürfen Grundprinzipien des Vertrages durch Berufung auf Art. 295 EG nicht ausgehebelt werden, wobei in der neueren Rechtsprechung nicht nur das Diskriminierungsverbot, sondern auch die Niederlassungs- und Kapitalverkehrsfreiheit zu diesen Grundprinzipien zählen. Zwar hatte der Generalanwalt noch die Auffassung vertreten, dass Art. 295 EG den Mitgliedstaaten nicht nur ein Wahlrecht zwischen Privatisierung und Verstaatlichung im Sinne eines Entweder-Oder gestatte, sondern auch Zwischenformen zwischen diesen Extremen zulasse, die sich durch bestimmte Sonderrechte für den Staat als Aktionär ergeben (vgl. Grundmann/Möslein 2003: 338 ff.). Demgegenüber spricht sich der EuGH für eine klare Trennung zwischen öffentlichen und privaten Entscheidungen aus. Um zu erreichen, dass die grundsätzlich autonomen privaten Unternehmen öffentlichen Belangen Rechnung tragen, sollte der Staat deren Verhalten durch entsprechende Gesetze, Verordnungen und Verwaltungsakte steuern, nicht aber an den Entscheidungen in den privaten Unternehmen mitwirken. Diese klare und aus ökonomischer Sicht unterstützenswerte ordnungspolitische Vorstellung des EuGH steht im Widerspruch zu der insbesondere in Deutschland häufig erhobenen Forderung, „die Unternehmen müssten jeweils im Einklang mit ihrer gesellschaftlichen und volkswirtschaftlichen Verantwortung handeln" (Hellwig 2008b: 12; zu den zahlreichen hiermit verbundenen Problemen siehe ebenda: 13 ff.). Andererseits lässt der EuGH grundsätzlich eine Vielzahl von Rechtfertigungsgründen zu. So dehnt er beispielsweise bei den geschriebenen Rechtfertigungsgründen den Begriff der „öffentlichen Sicherheit" von der reinen Gefahrenabwehr (Schutz vor Steuerhinterziehung, Geldwäsche, Drogenhandel oder Terrorismus) auf die Sicherstellung der Grundversorgung der Bevölkerung aus. Darüber hinaus erkennt der EuGH zahlreiche „zwingende Erfordernisse des Allgemeininteresses" als ungeschriebene Rechtfertigungsgründe an. Im konkreten Fall scheitert die Rechtfertigung allerdings in aller Regel am Verhältnismäßigkeitsgrundsatz. Bei den Entscheidungen scheint dabei die ökonomisch wichtige Frage, wie der Markt für Unternehmenskontrolle funktioniert, keine Rolle gespielt zu haben. Kann man davon ausgehen, dass der Markt für Unternehmenskontrolle funktionsfähig ist und dass somit die Manager durch die glaubhafte Drohung einer feindlichen Übernahme veranlasst werden, eine Geschäftspolitik im Interesse der langfristig orientierten Investoren zu betreiben, werden Beschränkungen eines freizügigen Kapitalverkehrs allein aus diesem Grund zu gesamtwirtschaftlichen Effizienzverlusten führen. Ist der Markt für Unternehmenskontrolle demgegenüber durch Marktversagen gekennzeichnet und ist aus diesem Grund eine öffentliche Regulierung der Finanzmärkte bzw. eine Substitution der Kapitalmarktkontrolle durch andere Mechanismen der Unternehmenskontrolle (z.B. durch Hausbanken statt durch feindliche Übernahmen) ökonomisch gerechtfertigt, so können bestimmte Beschränkungen des freizügigen Kapitalverkehrs auch mit Effizienzgewinnen verbunden sein. Hier gibt es allerdings bis heute keine allgemein akzeptierte Lösung. Die Diskussion um adäquate Mechanismen der *corporate governance* wird äußerst kontrovers geführt (vgl. Hellwig 2008b: 15 ff.; Pelkmans 2006: 189 ff.; Romano. 1993: 221 ff.; Adams 2002: 251 ff.; Windolf 2002).

8.3.5 Sekundärrechtliche Begleitmaßnahmen zur Schaffung eines europäischen Finanzraums

Der Abbau von Beschränkungen des freizügigen Kapitalverkehrs, wie er im vorangegangenen Abschnitt beschrieben wurde, ist zwar eine notwendige, aber keine hinreichende Bedingung für die Schaffung eines europäischen Finanzraums, innerhalb dessen die Marktteilnehmer nach einheitlichen Spielregeln in ganz Europa ihr Kapital dort anlegen, wo es die höchsten Erträge bringt, oder sich Eigenkapital bzw. Kredite dort beschaffen, wo das zu den geringsten Kosten möglich ist. In der europäischen Realität stellten und stellen noch immer die Unterschiede zwischen den Mitgliedstaaten in der Regulierung der Banken, Börsen und Versicherungen, im Gesellschaftsrecht sowie in der Besteuerung der Kapitalerträge ein Hemmnis für die Kapitalmobilität dar, welches allerdings im Unterschied zu den vorher diskutierten Beschränkungen primärrechtlich nicht zu beanstanden ist. Aus diesem Grund wurde seit Ende der 1960er, Anfang der 1970er Jahre eine unübersehbare Vielzahl von Richtlinien verabschiedet, die alle eines gemeinsam haben: Sie versuchen, durch eine gewisse Harmonisierung im Kapitalmarkt-, Gesellschafts- und Steuerrecht mittelbar Einfluss auf den internationalen Kapitalverkehr in Europa zu nehmen (vgl. Überblicke bei Ress/Ukrow 2002, Kimms 1996: 86 ff.). Auch was die zivilrechtliche Haftung für fehlerhafte Kapitalmarktinformationen betrifft, weisen die Mitgliedstaaten Unterschiede auf (vgl. Hopt/Voigt 2005)

Bank-, Börsen- und Versicherungsrecht

Der Ansatz zur Schaffung eines europäischen Finanzraumes stützt sich im Wesentlichen auf drei Grundsätze:

- Das Prinzip der Teilharmonisierung, womit die Festlegung gewisser Mindeststandards bezüglich der Zulassung und Tätigkeit von Banken und Versicherungen sowie bezüglich der Börsenregeln gemeint ist.
- Das Prinzip der gegenseitigen Anerkennung, wonach ein in einem Mitgliedstaat ansässiges Finanzinstitut seine Dienstleistungen auch in anderen Mitgliedstaaten anbieten darf, ohne dort noch einmal nach den dortigen Bedingungen zugelassen werden zu müssen (der so genannte „europäische Pass").
- Das Prinzip der Sitzlandkontrolle, wonach die zuständigen Behörden des Sitzstaates die Aufsicht über die Gesamttätigkeit eines Finanzinstituts in allen Mitgliedstaaten ausüben.

Am weitesten fortgeschritten ist man mit diesem Ansatz im Bankenbereich. Hier wurden seit 1973 zahlreiche Richtlinien über Mindestanforderungen hinsichtlich Eigenkapital, Solvabilität und Einlagensicherung, über die Zulassung von Zweigniederlassungen in anderen Mitgliedstaaten, Geldwäsche, Bankenaufsicht u.a.m. erlassen und in nationales Recht umgesetzt (Schnyder

2005; Kimms 1996: 89ff.; Nagel 2003: 343ff.; Bigus/Leyens 2008; Leyens 2009).

Bei den Versicherungen stellt sich die Integration der Märkte als ein sehr viel langwierigerer und beschwerlicherer Prozess dar. Zwar wurde die Niederlassungsfreiheit bereits frühzeitig durch den Erlass entsprechender Richtlinien verwirklicht. Die Dienstleistungsfreiheit, d.h. die Möglichkeit Versicherungsleistungen grenzüberschreitend zu verkaufen, kam aber nur sehr langsam voran. Erst mit den Urteilen des EuGH vom 4.12.1986 (insbesondere Rs. 205/84 *Kommission/Deutschland*, Slg. 1986, 3755) gab es hier einen gewissen Fortschritt. Denn es wurde festgestellt, dass das Erfordernis der Ansässigkeit eines Versicherungsunternehmens nicht mit dem Gemeinschaftsrecht vereinbar sei. Allerdings wurde das Prinzip der Sitzlandkontrolle nur bei Industriegeschäften gefordert, während bei Massengeschäften aus Gründen des Verbraucherschutzes weiterhin eine Kontrolle durch die Vorschriften des Bestimmungslandes erfolgen durfte. Eine Reihe von Richtlinien sahen dann die Teilharmonisierung bestimmter Versicherungsarten vor. Inzwischen gilt die Sitzlandkontrolle mit gewissen praktischen Einschränkungen auch im Massengeschäft. Aufgrund der relativ geringen Transparenz spielen hier aber grenzüberschreitende Dienstleistungen noch eine geringe Rolle.

Zur Regulierung der Wertpapiergeschäfte versuchen zahlreiche Harmonisierungsrichtlinien, eine einheitliche Zulassung und Aufsicht sowie eine angemessene Eigenkapitalausstattung der Wertpapierhäuser durchzusetzen. In der Praxis wurden allerdings bisher viele Richtlinien nicht umgesetzt, und sowohl die Harmonisierung als auch die wechselseitige Anerkennung lassen noch zu wünschen übrig (siehe hierzu auch den Bericht der sieben Weisen über die Regulierung der europäischen Wertpapiermärkte vom November 2000).

Halten wir fest:

- Anbieter und Nachfrager auf Finanzmärkten bedienen sich häufig der Unterstützung von Finanzintermediären, die traditionell durch die Mitgliedstaaten stark reguliert werden.
- Unterschiede in der Regulierung der Zulassung und Aufsicht von Bank-, Versicherungs- und Wertpapiergeschäften verringern die Markttransparenz und stellen ein faktisches Hindernis für den freizügigen Kapitalverkehr in Europa dar.
- Der Versuch, durch eine Teilharmonisierung (Festlegung von Mindeststandards), wechselseitige Anerkennung und Sitzlandkontrolle einen europäischen Finanzraum zu schaffen, ist bisher erst teilweise erfolgreich gewesen.

Gesellschaftsrecht

Häufig sind an Kapitalmarkttransaktionen nicht nur natürliche Personen beteiligt, sondern auch (oder ausschließlich) Gesellschaften, die wiederum den nationalen Vorschriften des Gesellschaftsrechts unterliegen. Wie wir im Abschnitt 8.2.6 über die Niederlassungsfreiheit von Gesellschaften gesehen haben, werden diese Vorschriften damit gerechtfertigt, die Interessen von

Gläubigern, Minderheitseignern und Arbeitnehmern zu schützen. Lassen wir einmal dahingestellt, ob sie diesen Schutz tatsächlich leisten. Unterschiede im Gesellschaftsrecht können grundsätzlich die internationale Kapitalmobilität in zweierlei Hinsicht beeinträchtigen. Zum einen wird durch diese Unterschiede die Markttransparenz verringert. Ein Anleger, der sich an einer ausländischen Gesellschaft beteiligen will, ist sich unsicher, welche Erträge und welche spezifischen Rechte, Pflichten und Risiken mit dieser Anlage verbunden sind. Er wird deshalb möglicherweise eine inländische Beteiligung oder andere Anlagen bzw. den Konsum vorziehen, obwohl er sich bei vollständiger Information für die ausländische Beteiligung entschieden hätte. Zum anderen bringen Unterschiede im Gesellschaftsrecht insbesondere dann kaum lösbare Probleme mit sich, wenn zwei Gesellschaften aus unterschiedlichen Mitgliedstaaten fusionieren wollen oder wenn die eine die andere übernehmen will. Was aus diesen Problemen folgt, ist eine andere, sehr kontrovers diskutierte Frage: Sollte man das Gesellschaftsrecht stärker harmonisieren, oder sollte man den Unternehmenseignern eine größere Wahlfreiheit bei der Wahl der Rechtsform lassen und dadurch den Wettbewerb zwischen den Jurisdiktionen um das bessere Gesellschaftsrecht eröffnen?

Seit 1968 wurden zahlreiche gesellschaftsrechtliche Richtlinien erlassen und weitgehend in nationales Recht umgesetzt, die gewisse Mindeststandards für Publizitäts- und Prüfungspflichten festlegen und für bestimmte Fallgruppen einheitliche Bilanzierungsregeln definieren. Dadurch sollte die geringe Markttransparenz verbessert werden. Die Lösung des zweiten Problems, grenzüberschreitende Übernahmen und Fusionen, gestaltete sich deutlich schwieriger, wie aus der Historie der „Verschmelzungsrichtlinie" und der „Übernahmerichtlinie" deutlich wird.

Nach mehr als zwanzigjähriger kontroverser Diskussion über eine „Verschmelzungsrichtlinie" mit dem Ziel, grenzüberschreitende Fusionen in Europa zu erleichtern, wurde schließlich im Oktober 2005 die Richtlinie 2005/56/EG über die Verschmelzung von Kapitalgesellschaften aus unterschiedlichen Mitgliedstaaten verabschiedet. Sie musste bis Dezember 2007 in nationales Recht umgesetzt werden. Der 1984 von der Kommission vorgelegte erste Entwurf scheiterte an der Frage der Mitbestimmung und wurde nach langjährigen ergebnislosen Beratungen schließlich im Jahr 2001 zurückgezogen. Das Problem bestand darin, dass in einigen Mitgliedstaaten (Deutschland, Österreich, Schweden, Luxemburg, aber auch den Neumitgliedern Slowakei und Tschechien) die Vertretung der Arbeitnehmer im Aufsichtsrat gesetzlich vorgeschrieben ist. Was passiert aber, wenn ein Unternehmen aus einem Mitgliedstaat mit starken Mitbestimmungsrechten und ein Unternehmen aus einem Mitgliedstaat mit schwachen Mitbestimmungsrechten fusionieren? Hier war ein Kompromiss erst möglich, als man sich im Jahre 2001 auf das Statut der „Europäischen Aktiengesellschaft" („Societas Europaea") geeinigt hatte, die nun als zusätzliche, supranational-europäische Rechtsform zur Verfügung steht, wenn die Gründungsgesellschaften eine institutionelle Verbindung zu zwei oder mehreren Mitgliedstaaten aufweisen (vgl. Nagel 2005: 334 ff.; Eidenmüller/Engert/Hornuf 2008).

Die Lösung der Mitbestimmungsfrage bestand in einer Verhandlungslösung mit gesetzlicher Auffangregelung und einem gewissen Schutz vor einer Minderung bisher bestehender Mitbestimmungsrechte, sofern bestimmte Schwellenwerte des Anteils der betroffenen Arbeitnehmer überschritten werden. Mit diesem Kompromiss war auch die Blockade der Verschmelzungsrichtlinie gebrochen. Die Kommission zog 2001 ihren früheren Entwurf zurück und legte 2003 einen neuen Entwurf vor, der sich bezüglich der Arbeitnehmermitbestimmung am Statut der Europäischen Aktiengesellschaft orientierte. Ende 2004 hatte sich der Ministerrat auf einen Gedankenaustausch zum neuen Kommissionsvorschlag verständigt, so dass das Gesetzgebungsverfahren Ende 2005 abgeschlossen werden konnte.

Welche Bedeutung hat die Richtlinie über grenzüberschreitende Fusionen für den freizügigen Kapitalverkehr in Europa? Bislang waren Fusionen zwischen Kapitalgesellschaften aus verschiedenen Mitgliedstaaten insbesondere aufgrund der Unterschiede im Gesellschaftsrecht äußerst kompliziert und kostspielig. Häufig wurden die beteiligten Unternehmen zu diesem Zweck aufgelöst und in eine neue Gesellschaft eingebracht. Die Richtlinie sieht vor, dass grenzüberschreitende Fusionen grundsätzlich nach dem Recht des Mitgliedstaates vollzogen werden, in dem das aus der Fusion hervorgegangene Unternehmen eingetragen wird. Es ist ein Verschmelzungsplan aufzustellen, der eine Reihe verbindlicher Angaben enthalten muss, um den beteiligten Arbeitnehmern und Gesellschaftern einen gewissen Mindestschutz zu gewähren. Durch diesen gesetzlichen Rahmen will man insbesondere auch kleinen und mittelständischen Unternehmen die grenzüberschreitende Expansion erleichtern (vgl. Europäische Kommission, *Single Market News* 36, 2004).

Als Alternative zur Vornahme einer transnationalen Verschmelzung innerhalb Europas oder einer identitätswahrenden Sitzverlegung steht seit einigen Jahren die Societas Europaea (SE) als gemeinschaftsrechtliche Gesellschaftsform zur Verfügung (vgl. zum folgenden Eidenmüller/Engert/Hornuf 2008). Trotz des Inkrafttretens der Verschmelzungsrichtlinie und trotz der Beseitigung einiger Mobilitätshemmnisse durch die EuGH-Entscheidungen *Centros*, *Überseering* und *Inspire Art* (siehe Kapitel 8.2.6) erfreut sich diese Gesellschaftsform in den letzten Jahren zunehmender Beliebtheit. So wurden in der EU 2005 gerade einmal 21 SE gegründet, 2006 waren es immerhin 40 und 2007 bereits 85. Bis Juni 2008 wurden insgesamt 216 SE gegründet, davon allein 74 in Deutschland und 62 in Tschechien. Sofern es sich nicht um reine Vorratsgesellschaften handelt (was insbesondere in Tschechien häufig der Fall ist), bestehen die SE zum überwiegenden Teil aus kleineren und mittleren Unternehmen. Insbesondere in Deutschland finden sich allerdings auch Großunternehmen mit klangvollen Namen wie Allianz, BASF, Porsche und Fresenius. Erste Erhebungen deuten darauf hin, dass die SE durchaus auch als Mittel genutzt wird, (unerwünschten) nationalen Regelungen auszuweichen („regulatorische Arbitrage"). So machten beispielsweise mitbestimmte deutsche Gesellschaften in mehreren Fällen von der Möglichkeit Gebrauch, den Aufsichtsrat zu verkleinern bzw. die bisherige Größe des Aufsichtsrates trotz zunehmender Arbeitnehmerzahl beizubehalten. Bei kleineren Unternehmen scheint demgegenüber ein anderes Motiv wichtig zu sein. Diese wählen häufig die Rechtsform der SE, um eine Aktiengesellschaft gründen zu können, ohne das in mehreren Mitgliedstaaten vorgeschriebene dualistische System (Trennung zwischen Geschäftsführungs- und Aufsichtsorgan) in Kauf nehmen zu müssen.

Ein weiterer Dauerbrenner ist die „Übernahmerichtlinie". Hier hatte die Kommission bereits 1989 einen Entwurf vorgelegt, der allerdings nach jahrelangen ergebnislosen Verhandlungen im Juli 2001 zurückgezogen und im September 2002 durch einen neuen Entwurf ersetzt wurde. Nach weiteren kontroversen Diskussionen wurde schließlich am 21.4.2004 die Übernahmerichtlinie erlassen (RL 2004/25/EG), die bis zum 20.5.2006 in nationales Recht umzusetzen war (vgl. im einzelnen z.B. Seibt/Heiser 2005 sowie Leyens 2007).

Worüber konnte man sich so lange nicht einigen? Wie bereits bei den „Golden Shares"-Entscheidungen des EuGH geht es auch hier um den Markt für Unternehmenskontrolle. Ein Bieter versucht, durch Erwerb einer hinreichenden Mehrheit der Anteile die Kontrolle über die Zielunternehmung zu erlangen. Probleme treten hierbei insbesondere bei so genannten feindlichen Übernahmen auf, d.h. wenn die Geschäftsführung nicht daran interessiert ist, von einem neuen Mehrheitseigentümer kontrolliert zu werden. Die nationalen Rechtsvorschriften in den einzelnen Mitgliedstaaten lassen unterschiedliche Abwehrmaßnahmen zu, eine vom Vorstand oder von den bisher die Kontrolle ausübenden Anteilseignern unerwünschte Übernahme zu verhindern. So gestattet beispielsweise das deutsche Recht der Hauptversammlung, so genannte Vorratsbeschlüsse zu fassen, die den Vorstand ohne Vorliegen eines konkreten Übernahmeangebotes auf Vorrat zur Abwehr ermächtigen. In Skandinavien und Frankreich können Übernahmen faktisch durch Mehrfachstimmrechte verhindert werden, durch die Minderheitseignern eine Mehrheit auf der Hauptversammlung gesichert wird. Eine ähnliche Wirkung haben auch Stimmrechtsbeschränkungen.

Die neue Übernahmerichtlinie verpflichtet die Mitgliedstaaten, einerseits dafür zu sorgen, dass derartige Regeln während eines Übernahmeangebotes ausgesetzt werden. Andererseits werden Fristen und Offenlegungspflichten definiert, und bei Überschreitung bestimmter Schwellenwerte ist ein Ausschluss- bzw. Andienungsverfahren vorgesehen. Nach dem Ausschlussverfahren kann ein Bieter von den verbleibenden Minderheitsanteilseignern verlangen, dass sie ihm ihre Anteile zu einem angemessenen Preis verkaufen. Nach dem Andienungsverfahren (*sell-out*) können die verbleibenden Minderheitsanteilseigner verlangen, dass der Bieter ihre Anteile zu einem angemessenen Preis erwirbt. Aus ökonomischer Sicht soll das Andienungsverfahren sicherstellen, „dass der Erwerber die Unternehmung nur dann kauft, wenn er erwartet, dass sie in seinen Händen eine Wertsteigerung erfährt, und nicht bereits dann, wenn seine Macht im Unternehmen so groß wird, um für ihn profitable Umverteilungen zu Lasten der Kleinaktionäre durchführen zu können" (Schäfer/Ott 2005: 657). Das Ausschlussverfahren (*squeeze-out*) soll demgegenüber dem Erwerber ermöglichen, den gesamten Profit aus seinem unternehmerischen Handeln zu ziehen.

8.3.6 Besteuerung der Kapitalerträge

Die Besteuerung der Kapitalerträge in den europäischen Mitgliedstaaten ist zum einen durch eine klare Tendenz gekennzeichnet, die gesetzlichen Einkommenssteuersätze und insbesondere die Körperschaftssteuersätze zu reduzieren. Weniger klar ist dabei allerdings, inwiefern sich diese Tendenz auch auf die effektive Steuerbelastung (unter Berücksichtigung aller steuerlichen Abschreibungsbedingungen) bezieht (vgl. etwa Fuest 2001: 482ff.; Sinn 2003: 19ff.). Zum anderen bestehen immer noch beträchtliche Unterschiede zwischen den Mitgliedstaaten (Tab. 8.4).

Ob Unterschiede zwischen den Mitgliedstaaten in der Besteuerung der Kapitalerträge Auswirkungen auf die freizügige Kapitalmobilität haben, hängt davon ab, nach welchem Prinzip grenzüberschreitende Kapitaleinkommen besteuert werden (vgl. Fuest 2001: 473ff.). Werden die Einkommen eines Investors nach dem Wohnsitzlandprinzip besteuert, d.h. wird der Investor bei allen Kapitalerträgen mit dem inländischen Steuersatz belastet, unabhängig davon, in welchem Land die Erträge anfallen, so wird die internationale Kapitalallokation durch die unterschiedlichen Steuersätze nicht verzerrt. Jeder Investor hat einen Anreiz, sein Portfolio umzuschichten, bis die Grenzerträge des Kapitals vor Steuern in allen Ländern gleich sind. Für einen Investor, der in Land A ansässig ist und sowohl in seinem Wohnsitzland als auch im Ausland (Land B) nach Anlagemöglichkeiten sucht, gilt im Gleichgewicht:

$$r^A (1 - t^A) = r^B (1 - t^A).$$

Unter diesen Bedingungen wird der Investor also unabhängig von den ausländischen Steuersätzen ein Portfolio anstreben, für das gilt: $r^A = r^B$. Unterschiede in der Kapitalbesteuerung verzerren bei diesem Prinzip allerdings die internationale Allokation der Ersparnisse. In Ländern mit hohen Steuersätzen werden relativ zu wenig Ersparnisse bereitgestellt, in Ländern mit niedrigen Steuersätzen besteht das umgekehrte Problem. Ein weiteres Problem des Wohnsitzlandprinzips ist dessen Durchsetzbarkeit. Ist es für einen Investor leichter, ausländische Kapitalerträge vor dem Finanzamt geheim zu halten, als das bei inländischen Kapitalerträgen der Fall ist, wird es auch bei diesem Prinzip zu einer Verzerrung der Kapitalallokation zugunsten ausländischer Anlagen kommen.

Werden demgegenüber die Einkommen eines Investors nach dem Quellenlandprinzip besteuert, d.h. wird der Investor für im Ausland erzielte Kapitalerträge mit den dortigen Steuersätzen belastet, so verzerren unterschiedliche Steuersätze die Kapitalallokation. Der Investor ist daran interessiert, den Nettogrenzertrag in beiden Ländern auszugleichen. Er strebt folglich ein Portfolio mit relativ hohen Kapitalerträgen im Hochsteuerland und relativ niedrigen Kapitalerträgen im Niedrigsteuerland an und wird somit zuviel im Niedrigsteuerland und zuwenig im Hochsteuerland investieren:

$$r^A (1 - t^A) = r^B (1 - t^B),$$

d.h. wenn $t^A > t^B$, dann muss auch $r^A > r^B$, um für den Investor attraktiv zu sein.

Tabelle 8.4: Besteuerung der Kapitalerträge in den EU-Mitgliedstaaten 2007

Mitgliedstaaten	*Einkommenssteuerspitzensatz des Zentralstaats und der Gebietskörperschaften, in % (ab zu versteuerndem Einkommen, in €)*[1]		*Unternehmenssteuern (nominal)*[2], *in %*	*Unternehmenssteuern (effektiv)*[3], *in %*
EU-15				
Belgien	53,5	(32.270)	33,99	25,4
Dänemark	59		25	22,5
Deutschland	47,48	(250.000)	38,65	35,5
Finnland	50,4	(60.800)	26	24,5
Frankreich	48	(66.679)	34,43	34,6
Griechenland	40	(75.000)	25	21,7
Irland	41	(34.000)	12,5	14,4
Italien	44,15	(75.000)	37,25	31,8
Luxemburg	38	(34.500)	29,63	25,9
Niederlande	52	(53.064)	25,5	23,7
Österreich	50	(51.000)	25	23,0
Portugal	42	(61.260)	26,5	23,7
Schweden	56,6	(51.904)	28	24,6
Spanien	43	(52.360)	32,5	34,5
Großbritannien	40	(51.305)	30	29,3
EU-12				
Bulgarien	24	(3.681)	10	8,8
Estland	22	(Flat Tax)	22	17,3
Lettland	25	(Flat Tax)	15	14,3
Litauen	27	(Flat Tax)	18	15,2
Malta	35	(15.723)	35	32,2
Polen	40	(22.697)	19	17,4
Rumänien	16	(Flat Tax)	16	14,8
Slowakei	19	(Flat Tax)	19	16,8
Slowenien	41	(13.600)	23	20,7
Tschechien	32	(11.679)	24	21,0
Ungarn	40	(6.885)	21,28	19,5
Zypern	30	(34.240)	10	10,6

Quellen:

1) Monatsberichte des Bundesministeriums der Finanzen, April 2008.

2) Körperschaftssteuer, Gewerbeertragssteuer und vergleichbare andere Steuern des Zentralstaats und der Gebietskörperschaften. Monatsberichte des Bundesministerium der Finanzen, April 2008.

3) Hierbei wurden alle belastungsrelevanten Ertrags- und Substanzsteuern, denen eine rentable Modellinvestition eines Unternehmens unterliegt, einbezogen. Neben den jeweiligen Steuertarifen wurden auch die Abschreibungsvorschriften und sonstige wichtige Vorschriften zur Bestimmung der Bemessungsgrundlagen berücksichtigt. Berechnungen des ZEW mit dem Devereux/Griffith Modell *(*Project for the EU Commission. TAXUD/2005/DE/310, September 2008*)*.

Nach welchen Prinzipien werden in den Mitgliedstaaten der EU die Kapitalerträge besteuert? Hier muss man zwischen der Besteuerung der privaten Kapitaleinkommen (insbesondere Zinsen und Dividenden) und der Besteuerung der Unternehmenseinkommen unterscheiden. Die privaten Kapitaleinkommen werden in den Mitgliedstaaten traditionell im Rahmen der persönlichen Einkommenssteuer nach dem Wohnsitzlandprinzip besteuert und dabei teilweise durch eine Quellenbesteuerung ergänzt. Aufgrund der durch die ergänzende Quellenbesteuerung verursachten Doppelbesteuerung sowie aufgrund der Existenz von Steueroasen und der weit verbreiteten Steuerhinterziehung in diesem Bereich gibt seit über 40 Jahren zahlreiche Versuche, die Besteuerung innerhalb der EU zu harmonisieren (Genschel 2002: 128 ff.). Aber erst im Juni 2003 einigten sich die Mitgliedstaaten auf eine diesbezügliche Richtlinie (Richtlinie 2003/48/EG), die zum 1.7.2005 in Kraft getreten ist und folgenden Kompromiss vorsieht:

- 22 der 25 Mitgliedstaaten haben sich zu einem automatischen Auskunftsaustausch verpflichtet. Danach meldet die Bank die Zinserträge ausländischer Kontoinhaber an die zuständige inländische Behörde, welche die Information an die zuständige Behörde im Wohnsitzland des Kontoinhabers weiterleitet.
- Österreich, Belgien und Luxemburg beteiligen sich vorläufig nicht an diesem automatischen Auskunftsaustausch, sondern erheben während eines Übergangszeitraumes auf Zinseinkünfte von Anlegern mit steuerlichem Wohnsitz in einem anderen Mitgliedstaat eine einheitliche Quellensteuer. Der Steuersatz betrug zunächst 15 %, stieg am 1.7.2008 auf 20 % und wird am 1.7.2011 auf 35 % steigen. Die Einnahmen aus der Quellensteuer gehen zu 25 % an den Quellenstaat und zu 75 % an den Wohnsitzstaat des Steuerpflichtigen, wobei die Identität des Steuerpflichtigen nicht offengelegt wird.
- Die meisten der abhängigen bzw. assoziierten Gebiete sowie die fünf europäischen Drittstaaten Schweiz, Andorra, Liechtenstein, Monaco und San Marino führen ebenfalls einen entsprechenden Quellensteuerabzug ein.

Während das deutsche Finanzministerium in diesen Maßnahmen den „großen Durchbruch im Kampf gegen die grenzüberschreitende Steuerflucht" sieht, gibt es auch skeptische Stimmen, die bezweifeln, dass diese Regeln konsequent durchgesetzt werden, oder die darauf hinweisen, dass insbesondere für juristische Personen immer noch zahlreiche Schlupflöcher bestehen (vgl. *Der Spiegel* vom 7.6.2005: 80).

Die Unternehmensbesteuerung erfolgt demgegenüber weitgehend nach dem Quellenlandprinzip. Das bedeutet, dass grenzüberschreitend tätige Unternehmen die Gewinne und Verluste der Betriebsstätten oder Tochtergesellschaften in jedem Mitgliedstaat getrennt ermitteln und nach den dortigen Vorschriften versteuern müssen. Obwohl die direkten Steuern grundsätzlich in die Zuständigkeit der Mitgliedstaaten fallen, können die nationalen Steuervorschriften in Konflikt mit dem Gemeinschaftsrecht geraten, wenn sie gegen die Grundfreiheiten des Binnenmarktes oder gegen allgemeine Diskriminierungsvorschriften verstoßen. Eine Reihe von EuGH-Entscheidungen führten aus diesem Grunde bereits zur Anpassung nationaler Vorschriften zur

Unternehmensbesteuerung. (Fuest 2005: 21ff.; Wiegard 2006: 107f.; Beiser/Kühbacher 2008). Derartige Probleme könnten grundsätzlich durch eine Harmonisierung der Unternehmensbesteuerung gelöst werden. Diese gestaltet sich jedoch sehr viel schwieriger als eine Harmonisierung der Steuern auf private Kapitaleinkommen (vgl. Genschel 2002: 156ff., sowie Bach 2001: 105ff.). Das hängt zum einen damit zusammen, dass es keine einheitliche Steuer für Unternehmensgewinne gibt, sondern dass Einzelunternehmer und Personengesellschaften der persönlichen Einkommenssteuer unterliegen, während Kapitalgesellschaften und andere juristische Personen mit Körperschaftssteuern belastet werden. Diese Steuern werden noch durch andere Steuern ergänzt (insbesondere Grund-, Gewerbe- und Vermögenssteuern), die ebenfalls den Unternehmensgewinn belasten können. Zum anderen besteht bei jeder Unternehmensbesteuerung das Problem, dass die Körperschaftssteuer nicht nur das Unternehmen belastet, sondern auch die hinter der Körperschaft stehenden Personen als Teilhaber. Will man Wettbewerbsverzerrungen zwischen Personen- und Kapitalgesellschaften vermeiden, so muss man Vorkehrungen treffen, um zu verhindern, dass an die Teilhaber ausgeschüttete Gewinne doppelt belastet werden: erst mit der Körperschaftssteuer und dann mit der persönlichen Einkommenssteuer der einzelnen Teilhaber. Dieses Problem wurde in den Mitgliedstaaten auf sehr unterschiedliche Weise gelöst, so dass die Besteuerung der Unternehmensgewinne in den Mitgliedstaaten letztlich durch unterschiedliche Körperschaftssteuersysteme, unterschiedliche steuerliche Bemessungsgrundlagen und unterschiedliche Steuersätze gekennzeichnet war und bis heute gekennzeichnet ist.

Besondere steuerrechtliche Probleme werfen Unternehmenszusammenschlüsse auf. Bei Fusionen besteht das steuerliche Hauptproblem in der Behandlung der stillen Reserven. Zum Zeitpunkt der Fusion werden diese stillen Reserven nämlich sichtbar und lösen unter Umständen hohe Körperschaftssteuerforderungen aus, die eine ökonomisch sinnvolle Fusion vereiteln können. Die meisten Mitgliedstaaten lösten das Problem dadurch, dass sie fusionierten Unternehmen Steueraufschub für stille Reserven bis zum Zeitpunkt der tatsächlichen Veräußerung der entsprechenden Aktiva gewährten. Das steuerliche Hauptproblem bei einer Konzernbildung durch Beteiligungserwerb besteht in der Gefahr, dass Gewinne, die eine Konzerntochter an die Konzernmutter ausschüttet, doppelt mit Körperschaftssteuern belastet werden, wodurch ökonomisch sinnvolle Konzernverflechtungen verhindert werden könnten. Die Mitgliedstaaten lösten dieses Problem in der Regel durch verschiedene Varianten des sogenannten Schachtelprivilegs, wonach an die Muttergesellschaft ausgeschüttete Gewinne unter bestimmten Bedingungen ausschließlich bei der Tochtergesellschaft mit Körperschaftssteuern belastet wurden.

Da diese Vergünstigungen allerdings in der Regel nicht für grenzüberschreitende Unternehmenszusammenschlüsse gewährt wurden, legte die Kommission bereits Ende der 1960er Jahre Entwürfe für eine Fusionsrichtlinie und eine Mutter-Tochter-Richtlinie vor. Nach einer über zwanzigjährigen Diskussion stimmte der Ministerrat schließlich 1990 erstmals einer substantiellen

Angleichung des Steuerrechts im Bereich der direkten Steuern zu. Die Fusionsrichtlinie (RL 90/434/EWG), die mittlerweile durch die Richtlinie 2005/19/EG geändert wurde, gewährte den Steueraufschub für stille Reserven auch bei grenzüberschreitenden Fusionen, und die Mutter-Tochter-Richtlinie (RL 90/435/EWG) dehnt das Schachtelprivileg auf Konzerne aus, die sich über mehrere Mitgliedstaaten erstrecken (ausführlich Genschel 2002: 197 ff.).

Im gleichen Jahr wurde durch Abschluss eines Schiedsabkommens zwischen den Mitgliedstaaten noch auf ein weiteres Problem der grenzüberschreitenden Unternehmensbesteuerung reagiert. International tätige Konzerne kalkulieren für innerhalb des Konzerns erfolgende Lieferungen von Waren oder Bereitstellungen von Dienstleistungen Verrechnungspreise, die kreativ dafür eingesetzt werden, die Kosten in Hochsteuerländern und die Erlöse in Niedrigsteuerländern zu erhöhen. Derartige Verrechnungspreise werden von den Steuerbehörden der negativ betroffenen Mitgliedstaaten häufig korrigiert. Erfolgt keine Gegenkorrektur durch den begünstigten Staat, entsteht eine Doppelbesteuerung. Durch das Schiedsverfahren soll eine solche Doppelbesteuerung schnell und verbindlich vermieden werden.

Während die steuerlichen Probleme im Zusammenhang mit internationalen Unternehmenszusammenschlüssen somit einen beträchtlichen Fortschritt gemacht haben, kamen die seit 1967 wiederholten Versuche der Kommission, das Körperschaftssteuersystem zu harmonisieren, überhaupt nicht voran. Zahlreiche Richtlinienentwürfe wurden vorgelegt und wieder zurückgezogen, bis man im Laufe der 1990er Jahre zu der Überzeugung kam, dass man sich nicht auf die Harmonisierung der Körperschaftssteuersysteme konzentrieren, sondern stattdessen Spielregeln für einen „fairen Steuerwettbewerb" durchsetzen bzw. Maßnahmen zur Bekämpfung des „schädlichen Steuerwettbewerbs" ergreifen sollte. Der Ministerrat verabschiedete schließlich 1998 den „Verhaltenskodex für die Unternehmensbesteuerung", eine rechtlich unverbindliche Vereinbarung zwischen den Mitgliedstaaten über den Gebrauch von Steueranreizen in der Unternehmensbesteuerung. Der Grund für derartige Spielregeln ist die Befürchtung, dass ein ungehinderter Steuerwettbewerb dazu führe, die mobilen Faktoren (Kapital) letztlich von allen Steuern zu befreien und stattdessen die immobilen Faktoren (insbesondere Arbeit) stärker mit Steuern zu belasten. So würde insgesamt die Fähigkeit der Mitgliedstaaten, ihre öffentlichen Aufgaben aus Steuermitteln zu finanzieren, beeinträchtigt. Langfristig strebt die Kommission eine einheitliche Bemessungsgrundlage für die Unternehmensbesteuerung an. Nach dem in den USA und Kanada üblichen „Formula Apportionment" würden für alle Unternehmen die EU-weit erzielten Gewinne und Verluste nach einheitlichen Regeln ermittelt und nach einer bestimmten Formel den einzelnen Mitgliedstaaten zugeordnet. Die Mitgliedstaaten würden ihre jeweils spezifischen nationalen Steuersätze auf die ihnen zugeordnete einheitliche Bemessungsgrundlage anwenden.

Wie aus Box 8.10 deutlich wird, ist das Problem der Besteuerung der Kapitalerträge sehr komplex, und ob Harmonisierung der Steuern oder Steuerwettbewerb die adäquate Antwort ist, lässt sich nicht ohne weitere Ausnahmen beantworten.

Box 8.10: Kapitalertragsbesteuerung – Wettbewerb oder Harmonisierung?

Beginnen wir mit einem sehr einfachen Modell einer kleinen offenen Volkswirtschaft, deren Output durch den Einsatz eines mobilen Faktors (Kapital) und eines immobilen Faktors (Arbeit) erzeugt wird (ähnlich Homburg 2005: 273ff.). Die immobilen Faktoren können sich auf dem „Weltkapitalmarkt" beliebig viel mobiles Kapital beschaffen, sofern sie bereit sind, den gleichgewichtigen Zinssatz vor Steuern (i*) zu zahlen. Unter diesen Bedingungen wird jede Quellensteuer vollständig überwälzt werden, d.h. ein Quellensteuersatz von t erhöht die Kapitalkosten, die letztlich die Eigentümer der immobilen Faktoren zu tragen haben, auf i* + t. Ein Steuerwettbewerb, der zu immer niedrigeren Steuern auf Kapitalerträge führt, ist somit überraschenderweise im wohlverstandenen Interesse des kapitalimportierenden Landes und der Eigentümer der immobilen Faktoren. Im Optimum wird vollständig auf eine Besteuerung der Kapitalerträge verzichtet. Dies kann man sich leicht anhand der folgenden Abbildung klarmachen.

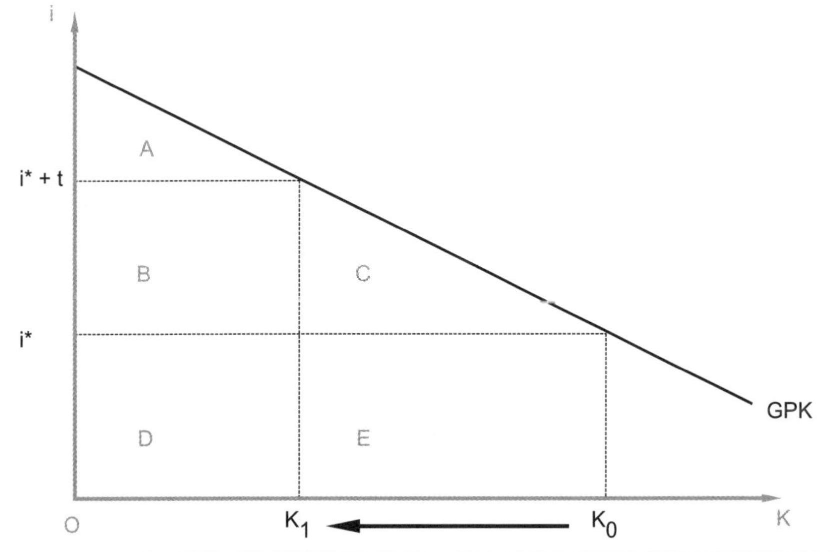

Abbildung 8.4 Kapitalbesteuerung und Einkommen

Bei einem Steuersatz t und damit Kapitalkosten von i* + t wird der Kapitaleinsatz auf K_1 festgelegt, wo die Grenzkosten des Kapitaleinsatzes dem Wertgrenzprodukt des Kapitals (GPK) entsprechen. Die Gesamtproduktion beträgt A + B + D, wovon die (möglicherweise ausländischen) Kapitaleigner D, der Fiskus B und die inländischen Eigentümer der immobilen Faktoren A erhalten. Wird auf eine Quellenbesteuerung der Kapitalerträge vollständig verzichtet, so verringern sich die Kapitalkosten auf i*, der Kapitaleinsatz erhöht sich auf K_0 und die Inlandsproduktion auf A + B + C + D + E, wovon die (möglicherweise ausländischen) Kapitaleigner D + E und die inländischen Eigentümer der immobilen Faktoren A + B + C erhalten. Damit erhöhen sich die Einkommen der immobilen Faktoren um einen größeren Betrag (B + C), als sich die Steuereinnahmen des Staates verringern (–B). Beschafft sich der Staat die entgangenen Steuern aus Kapitalerträgen bei den Eigentümern der immobilen Faktoren, so steht sich niemand schlechter und einige stehen sich besser.

Die Situation verändert sich, wenn man berücksichtigt, dass die Kapitalertragsbesteuerung dafür eingesetzt werden kann, öffentliche Infrastrukturprojekte zu finanzieren, deren Nutzung mit so genannten „Überfüllungseffekten" verbunden ist und somit das Inland mit zusätzlichen Kosten belastet. Die Investoren sind nicht nur an einer geringen Steuerbelastung, sondern auch an einer leistungsfähigen Infrastruktur interessiert. Effizient wäre dann eine Steuer, die sich an den marginalen Überfüllungskosten orientiert. Bei sinkenden Durchschnittskosten der Überfüllung führt allerdings eine an den Grenzkosten orientierte „Preis"gestaltung zu einer Unterdeckung, die durch Besteuerung der immobilen Faktoren finanziert werden müsste (Sinn 2003: 27 ff.). Ob Steuerwettbewerb letztlich zu einer Unterversorgung mit Infrastrukturleistungen oder zu einer effizienten Bereitstellung von Infrastrukturleistungen mit unerwünschten Umverteilungseffekten zu Lasten der immobilen Faktoren führt, hängt von den spezifischen Umständen ab. Harmonisiert man die Besteuerung der Kapitalerträge, so besteht unter Umständen ein Anreiz für die Staaten, durch übermäßige Bereitstellung von Infrastrukturleistungen, welche wiederum durch Besteuerung der immobilen Faktoren zu finanzieren wären, um international mobiles Kapital zu werben.

8.3.7 Finanzmarktregulierung und Finanzmarktintegration

Die Finanzmärkte haben sich in den letzten 50 Jahren zu einem sehr komplexen und differenzierten Gefüge entwickelt. Damit ging auch ihre Internationalisierung einher, was unter dem Stichwort „Globalisierung" einen fast bedrohlichen Klang erhalten hat. Die zentralen Akteure auf diesen Märkten sind die Banken und Versicherungen, die Angebot und Nachfrage über eine Vielzahl von Finanzierungsinstrumenten vermitteln. Integration der Finanzmärkte bedeutet, dass die regionalen oder nationalen Finanzmärkte nicht künstlich voneinander getrennt sind, Sparer ihr Kapital dort anlegen können, wo es die höchste Rendite erbringt, und Unternehmen Kapital zu den günstigsten Bedingungen aufnehmen können. Bei Finanzgeschäften geht es um Geld, aber nicht nur darum, sondern vor allem auch um Zeit. Das bedeutet, dass auf der einen Seite Risiken und Unsicherheiten eine wichtige Rolle spielen, auf der anderen Seite Vertrauen (das heißt schließlich „Kredit" auf Deutsch). Damit werden diese Märkte von Informationen beherrscht. Auf Grund der enormen Informationsanforderungen für einen liquiden und funktionierenden Kapitalmarkt und auf Grund der Tatsache, dass die relevanten Informationen kostspielig und asymmetrisch verteilt sind, wird es einen perfekt integrierten Finanzmarkt nicht geben. Was auf den Gütermärkten die Transportkosten, sind auf den Finanzmärkten die Informationskosten.

Je nach Teilmarkt sind die Informationsprobleme unterschiedlich strukturiert und unterschiedlich gewichtet. Betrachten wir das Privatkundengeschäft (*re-*

tail banking), so geht es dabei auf der Passivseite darum, dass die Bürger ihr Kapital ertragreich und vor allem sicher anlegen können. Sie werden zögern, dabei Grenzen zu überschreiten, wenn sie nicht sehr gut über die Qualität der ausländischen Finanzinstitute und über die Qualität der Regulierung der ausländischen Finanzsysteme informiert sind. Auf der Aktivseite (Konsum- und Hypothekarkredite) müssen die Finanzinstitute über Bonität und Sicherheiten informiert sein, was über große Entfernungen ebenfalls nur schwer möglich ist. Das führt zum so genannten *home bias* im Privatkundengeschäft (Barros et al. 2005; Schrooten 2006). Kurz, das Privatkundengeschäft setzt geringe Distanzen und damit ausgebaute Filialnetze voraus. Sinn der Liberalisierung im Rahmen von Europa 1992 ist es, die rechtlichen Voraussetzungen für einen freien Marktzutritt zu schaffen.

Auf dem Markt für Unternehmensfinanzierung (*wholesale banking*) sind die Informationen stärker normiert und werden durch einheitliche Bilanzierungsvorschriften auch vergleichbarer und transparenter. Trotzdem lassen sich hier erhebliche Unterschiede in den Informationsanforderungen zwischen dem Kapital- und dem Kreditmarkt vermuten. Denn Charakter und Streuung der Anbieter, die rechtlichen Rahmenbedingungen und die jeweiligen Sicherheiten sind auf diesen Märkten sehr verschieden. Auch die Finanzierung großer Unternehmen und mittlerer und kleiner Unternehmen wirft unterschiedliche Informationsprobleme auf. Insgesamt ist es jedoch eher denkbar, dass nach Beseitigung der unmittelbaren rechtlichen Hindernisse dieses Marktsegment sich stärker integriert. Am einfachsten ist die Geschichte für den Markt mit öffentlichen Anleihen. Da zumindest innerhalb der Europäischen Union das Konkursrisiko zu vernachlässigen ist, spielt für den grenzüberschreitenden Verkehr nur das Wechselkursrisiko eine Rolle, und das ist mit Einführung des Euro für die Mehrzahl der Mitgliedstaaten entfallen. Wir erwarten folglich für diesen Markt eine besonders weitgehende Integration.

Vor 1985 hatten die Mitgliedländer der Gemeinschaft sehr unterschiedliche Bankensysteme, was Struktur, Produktdifferenzierung und Regulierung betrifft. Sie waren aber alle hoch geschützt gegen internationale Konkurrenz. Mit einer ersten Bankenrichtlinie von 1977 (77/780/EWG) startete die Europäische Gemeinschaft den Versuch, die nationalen Finanzmarktregulierungen zu harmonisieren. Das verlief hier genauso wenig problemlos wie auf den Güter- und Dienstleistungsmärkten. Und genauso wie dort erwies sich das Prinzip der wechselseitigen Anerkennung kombiniert mit Deregulierung und einer Harmonisierung der unmittelbaren Bankenregulierung als Voraussetzung für eine erfolgreiche Integration der Finanzmärkte. Hierfür zeichneten die Einheitliche Europäische Akte von 1986 und die zweite Bankenrichtlinie von 1989 (89/646/EWG) verantwortlich. Was nach 1992 dann sehr rasch einsetzte, war eine Restrukturierung der nationalen Bankensektoren, die zu Konzentration und Geschäftsausweitung (das „Allfinanzkonzept") führte. Sehr viel langsamer erfolgte die Integration der nationalen Märkte. Das veranlasste die Gemeinschaft, 1999 einen Aktionsplan für Finanzdienstleistungen (*Financial Services Action Plan, FSAP*) zu beschließen. Er setzte sich zum Ziel, bis zum Jahr 2005

- das Privatkundengeschäft europaweit zu öffnen, indem noch bestehende Hindernisse für grenzüberschreitende Dienstleistungen beseitigt, der Informationsfluss verbessert und die Sicherheitsvorkehrungen vereinheitlicht und transparenter gemacht werden,
- die Voraussetzungen für einen wirklich gemeinsamen Markt für Unternehmensfinanzierung zu schaffen,
- die Finanzmarkt- und die Bankenregulierung zu modernisieren und zu harmonisieren und dafür zu sorgen, dass sie auf dem nationalen Niveau auch adäquat überwacht wird.

Die Konkretisierung des Aktionsplans für Finanzdienstleistungen wurde, was den Wertpapiermarkt betrifft, einem „Ausschuss der Weisen" unter Leitung von Alexandre Lamfalussy übertragen. Aufgabe war es, die Regulierung dieses Marktes europaweit zu vereinheitlichen, damit er voll funktionsfähig wird. Das Resultat, der so genannte Lamfalussy-Prozess, ist insofern von Interesse, als hier ganz im Gegensatz zur offenen Methode der Koordinierung ein verkürztes zentralisiertes Entscheidungsverfahren eingeführt wurde, um den Marktentwicklungen nicht hinterherzuhinken. Die Entscheidungen finden auf vier Ebenen statt:

- Ebene 1: Die allgemeinen Prinzipien der Regulierung werden von Rat und Parlament Im normalen Mitentscheidungsverfahren festgelegt;
- Ebene 2: Die legislativen Details für die nationalen Regulierungsbehörden werden von der Kommission zusammen mit zwei Komitees ausgefüllt, einem Ratskomitee für Wertpapiermärkte (European Securities Committee) und einem Komitee der nationalen Regulierungsbehörden für Wertpapiermärkte (Committee of European Securities Regulators);
- Ebene 3: Letzteres ist dann für die technische Implementierung und Koordination verantwortlich;
- Ebene 4: Die Durchsetzung der Regeln wird schließlich wie üblich von der Kommission überwacht.

Rat und Parlament kommen dabei nur im Zusammenhang mit den allgemeinen Richtlinien zu Wort. Der Rest ist ein mehr oder minder technisches Problem im Rahmen der Komitologie (vgl. Kapitel 6). Da dieses Verfahren sich in den ersten Jahren bewährt hat, soll es auf die Regulierung der Banken, der Versicherungen und der betrieblichen Pensionskassen erweitert werden.

Es sind darüber hinaus noch weitere Maßnahmen zur Umsetzung des Aktionsplans für Finanzdienstleistungen erwähnenswert (Leyens 2009; Bigus/Leyens 2008): Zwei neue Richtlinien zur Kapitalbildung und –erhaltung von Banken (RL 2006/48/EG und RL 2006/48/EG) etablieren im Zusammenwirken mit der Einlagensicherungsrichtlinie (RL 94/19/EG) und der Anlegerentschädigungsrichtlinie (RL 97/9/EG) ein umfassendes Schutzkonzept gegen die grundsätzlichen Schwächen der Kapitalisierung von Finanzintermediären. Bei Finanzmarktkrisen wie der jüngsten in den Jahren 2007 – 2009 erweist sich ein solcher Schutz als nützlich, wenn auch nicht in allen Fällen als ausreichend. Zwei weitere Richtlinien regeln die marktlichen Verhaltenspflichten von Finanzintermediären. Die Marktmissbrauchsrichtlinie (RL 2003/6/EG) löst die Richtlinie zu Insidergeschäften von 1989 ab und unterstellt sämtliche Formen des Marktmissbrauchs einem einheitlichen Ansatz, wie beispielsweise die Einwirkung auf die Kursbildung von Finanzinstrumenten und die Verbreitung falscher oder irreführender Informationen. Die Finanzmarktrichtlinie (MiFID, RL 2004/39/EG), die im Juli 2007 in deutsches Recht umgesetzt wurde, löst die Wertpapierdienstleistungsrichtlinie von 1993 ab. Diese für den Kapitalmarkt bedeutsame Richtlinie zielt darauf, die Bedingungen für den Wertpapierhandel europaweit zu regeln und zu harmonisieren, Hindernisse bei der Verwendung des „europäischen Passes" für Wertpapierfirmen zu beseitigen, den Anlegerschutz in Europa durch neue Verhaltens- und Transparenzpflichten zu verbessern und den Wettbewerb zwischen den europäischen Handelsplattformen zu fördern.

Im „Weißbuch zur Finanzdienstleistungspolitik für die Jahre 2005–2010" stellt die Kommission trotz aller Fortschritte in der Integration des europäischen Finanzmarktes noch Defizite fest und schlägt eine Reihe von Maßnahmen zu deren Beseitigung vor. Die Defizite betreffen insbesondere die Märkte für langfristige Sparprodukte, verbesserte Finanzierungsmöglichkeiten für die Altersversorgung, den Binnenmarkt für Privatkundendienstleistungen sowie einen Risikokapitalmarkt zur Förderung neuer und innovativer Unternehmen.

Abgesehen von den erwähnten Defiziten kann man heute in beträchtlichem Maße von freiem Handel mit Finanzdienstleistungen und von Niederlassungsfreiheit für Finanzinstitute innerhalb der Union sprechen (vgl. Dermine 2003). Ein wesentlicher weiterer Schritt zur Marktintegration war dann die Einführung einer Gemeinschaftswährung, die innerhalb des Euroraums mit den Wechselkursrisiken aufgeräumt hat. Wie weit werden nun die sich daraus ergebenden Möglichkeiten auch genutzt? Wie weit sind die Märkte integriert?

Box 8.11: Finanzielle Integration – und wie misst man sie?

„The market for a given set of financial instruments and/or services is fully integrated if all potential market participants with the same relevant characteristics

1) face a single set of rules when they decide to deal with those financial instruments and/or services
2) have equal access to the above-mentioned set of financial instruments and/or services; and
3) are treated equally when they are active in the market".

(Baele et al. 2004: 6).

Finanzielle Integration bedeutet also, dass ein Investor für identische Anlageformen auch den gleichen Ertrag auf verschiedenen Märkten erwarten und dass ein Nachfrager nach Kapital sich auf verschiedenen Märkten zu gleichen Konditionen bedienen kann. Mit anderen Worten: Die Preise für vergleichbare Anlagen gleichen sich über die Grenzen an: Es gilt das Gesetz des einheitlichen Preises. Das erfolgt über Arbitrage, vorausgesetzt es stellen sich dem freien Kapitalverkehr keine Hindernisse in den Weg. Diese Definition unterstellt allerdings nicht, dass sich die nationalen Strukturen des Finanzsektors aneinander angleichen, und sie unterstellt auch nicht, dass die Finanzmärkte perfekt sind. Wesentlich für Integration ist es, dass Marktfriktionen keine asymmetrischen Effekte haben, d.h. nicht diskriminierend wirken.

Finanzielle Integration ist zu trennen von monetärer Integration, auch wenn erstere durch letztere sehr gefördert wird und umgekehrt finanzielle Integration die Geldpolitik in einem einheitlichen Währungsraum unterstützt. Vor der Einführung des Euro war es theoretisch denkbar, dass die Märkte zwar integriert sind, aber auf Grund der Wechselkursrisiken trotzdem Preisdifferenzen auftreten.

Finanzielle Integration wird zu allererst an Hand der Zinsdifferenzen gemessen, bzw. der Preisdifferenzen für Bankdienstleistungen. Danach spielt die Reaktion auf Informationen eine Rolle. Integrierte Märkte kennen nur Einflüsse gemeinsamer Informationen, während lokale Informationen unbedeutend sind. Daraus leitet sich einer der großen Vorteile der finanziellen Integration ab: Risiken werden geteilt. Wichtige Indikatoren für Integration sind auch quantitative Daten über grenzüberschreitende Kapitalströme und Bankaktivitäten, der Markteintritt ausländischer Finanzinstitute, die grenzüberschreitende Aktivität bei Unternehmenszusammenschlüssen (*mergers and acquisitions*), die internationale Zusammenstellung der Portfolios und die Korrelation von Sparen und Investieren. Schließlich sind die Regulierungs- und Steuersysteme zu beachten. (Baele et al. 2004; Barros et al. 2005).

Als erstes sind die Zinssätze zu betrachten; denn bei vollständig integrierten Finanzmärkten werden gewinnorientierte Marktteilnehmer Arbitragegewinne realisieren, bis die Zinsen in allen Ländern identisch sind. Abbildung 15.4 macht deutlich, wie die Einführung des Euro und die dadurch bedingte Beseitigung des Wechselkursrisikos erwartungsgemäß zur Konvergenz der Zinssätze geführt hat, nämlich der Zinssätze für Staatsanleihen mit zehnjähriger Laufzeit, bei denen Risikozuschläge für das Ausfallrisiko bis vor kurzem praktisch keine Rolle spielten. Seit Ende 2008/Anfang 2009 hat sich die Situation dramatisch geändert. Die internationale Finanzmarktkrise hat sich in einer Reihe von Euro-Staaten zur Staatskrise ausgeweitet. So wurden beispielsweise Griechenland, Italien, Portugal, Spanien und inzwischen auch Irland durch die Ratingagenturen in ihrer Kreditwürdigkeit herabgestuft. Auf Staatsanleihen aus diesen Ländern sind Risikozuschläge von 1 bis 3 Prozentpunkten zu zahlen. Ähnlich verhält es sich auch auf dem Markt für private Anleihen. Stärkere Zinsdifferenzen zwischen den Mitgliedstaaten gibt es seit langem bei Spareinlagen und insbesondere bei Krediten. Hier bestehen offenbar noch immer spürbare Kosten grenzüberschreitender Transaktionen, so dass sich die Vermutung des *home bias* bestätigt. Trotz offensichtlich weiterhin bestehender Barrieren der Kapitalmobilität in Europa ist die Verflechtung der europäischen Finanzmärkte untereinander allerdings wesentlich stärker als mit dem Finanzmarkt USA. So waren im Jahr 2002 die innereuropäischen Portfolioinvestitionen in der EU-25 mehr als dreimal so hoch wie die Portfolioinvestitionen der EU-25 in die USA (Schrooten 2006).

Einen weiteren Hinweis auf die Internationalisierung des Kapitalverkehrs bietet die Entwicklung der Bruttowertpapierverkäufe und -käufe zwischen

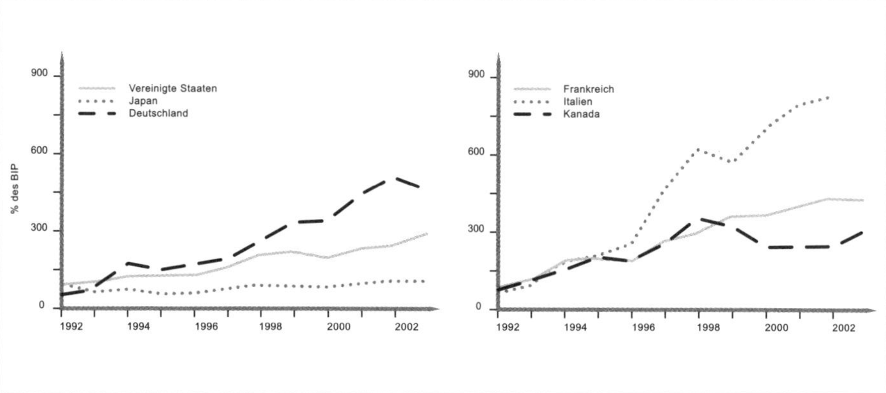

Abbildung 8.5: Grenzüberschreitende Wertpapiertransaktionen in Prozent des BIP Quelle: White 2007

Gebietsansässigen und Gebietsfremden im Verhältnis zum Bruttoinlandsprodukt (dabei ist zu beachten, dass Wertpapiere im Laufe eines Jahres mehrfach den Eigentümer wechseln). Abb. 8.5 zeigt, dass sich die Intensität der internationalen Anleihe- und Aktientransaktionen in den drei großen Euroländern Deutschland, Frankreich und Italien deutlich stärker erhöht hat als in den nicht-europäischen Wirtschaftszentren USA, Kanada und Japan.

Indikativ für eine Marktintegration ist auch die Zusammenstellung der Portfolios institutioneller Investoren. Sowohl Anleihen- wie Aktienfonds werden mehr und mehr internationalisiert. Und selbst die besonders strengen Vorschriften unterworfenen Pensionsfonds investieren stärker in ausländische Titel.

Einen wichtigen Bestandteil des internationalen Kapitalverkehrs stellen die Direktinvestitionen dar, die im Unterschied zu Portfolioinvestitionen weniger stark auf Zinsdifferenzen reagieren. Nach der auch von *Eurostat* verwendeten Definition spricht man von einer Direktinvestition, wenn der Investor mindestens 10 % der Stammaktien oder Stimmrechte (bei Unternehmen mit eigener Rechtspersönlichkeit) bzw. einem vergleichbaren Anteil (bei Unternehmen ohne eigene Rechtspersönlichkeit) besitzt. Seit Mitte der 1980er Jahre gab es weltweit einen starken Zuwachs an ausländischen Direktinvestitionen, wobei es sich zum überwiegenden Teil um Investitionen zwischen entwickelten Ländern handelt – und nicht etwa, wie man aus dem einfachen neoklassischen Grundmodell folgern könnte, um Investitionen aus kapitalreichen, entwickelten Ländern in kapitalarme, unterentwickelte Länder (Jørgensen 2001: 145).

Auch in Europa hat die Bedeutung der ausländischen Direktinvestitionen in den letzten Jahrzehnten beträchtlich zugenommen. Während 1975 die Summe der Zu- und Abflüsse an Direktinvestitionen in fast allen Mitgliedstaaten weniger als 10 % der Gesamtinvestitionen betrug, erreichte dieser Anteil 1997 in 10 Mitgliedstaaten über 20 % (Mayes/Kilponen 2004: 315). Zwischen 1998 und 2003 nahmen die Direktinvestitionen zwischen den 15 EU-Mitgliedstaaten wesentlich stärker zu als Direktinvestitionen zwischen Mitgliedstaaten und Drittstaaten. So erhöhten sich die Direktinvestitionsbestände zwischen den EU-Mitgliedstaaten in diesem Zeitraum um den Faktor 3,6, während sich die Direktinvestitionsbestände zwischen EU-Mitgliedstaaten und Drittstaaten lediglich um den Faktor 2,5 (bezogen auf die Bestände in Drittländern) bzw. um den Faktor 2,3 (bezogen auf die Bestände in den EU-Mitgliedstaaten) erhöhten (Eurostat, *Statistik kurzgefasst, Wirtschaft und Finanzen*, 13/2006: 6). Den größten Anteil an den ausländischen Direktinvestitionen innerhalb der EU hatte der Dienstleistungssektor, dessen Anteil an den gesamten Intra-EU-Direktinvestitionsbeständen sich im gleichen Zeitraum von 60 % auf 80 % erhöhte. Innerhalb des Dienstleistungssektors beansprucht das Kredit- und Versicherungsgewerbe den mit Abstand größten Anteil (1998: 35 %, 2003: 55 %) (ebenda).

Die fünfzehn Altmitglieder erhöhten ihre Direktinvestitionen in die zwölf neuen Mitgliedstaaten seit 2004 beträchtlich. Der Zufluss in die neuen Mitgliedstaaten stieg von 19,1 Mrd. Euro im Jahr 2004 auf 37,5 Mrd. Euro im Jahr 2005 und blieb 2006 nahezu unverändert auf dem Niveau von 37,2 Mrd. Euro. Auch hierbei dominierten Direktinvestitionen in den Dienstleistungssektor, insbesondere in das Kredit- und Versicherungsgewerbe (Eurostat, Statistics in Focus, Economy and Finance, 71/2008: 2f.).

Betrachten wir die Direktinvestitionen etwas näher, so zeigt sich, dass sie zu einem kleinen Teil aus Investitionen auf der grünen Wiese bestehen, zum überwiegenden Teil aber aus einbehaltenen Gewinnen von ausländischen Tochterunternehmen sowie aus Käufen und Verkäufen existierender Unternehmen (so genannte „Mergers and Acquisitions", kurz: M&A). Nach Erhebungen der Europäischen Kommission fanden bis Anfang der 1990er Jahre Fusionen und Übernahmen zum ganz überwiegenden Teil (ca. 2/3) zwischen Parteien ein und desselben Mitgliedstaates statt. Seitdem stieg der Anteil von Fusionen und Übernahmen unter Beteiligung von Unternehmen aus Drittstaaten an und stabilisierte sich seit Mitte der 1990er Jahre bei gut 25 %. Fusionen und Übernahmen unter Beteiligung von Unternehmen aus einem anderen EU-Mitgliedstaat blieben demgegenüber (mit Ausnahme der Jahre 1989 und 1990) bis Mitte der 1990er Jahre mit Anteilen von zwischen knapp 10 % und 13,5 % eher die Ausnahme und erreichten seit 1997 die immer noch vergleichsweise niedrigen Anteile von zwischen 14 % und 15 % (Mayes/Kilponen 2004: 323).

Insgesamt erfolgt die Integration der Finanzmärkte in Europa vorwiegend durch grenzüberschreitende Kapitalströme. Vor allem die Geld- und Kapitalmärkte weisen einen hohen Grad an Integration auf. Die Bankmärkte sind dagegen dem Gesetz nach weitgehend integriert, faktisch ist man davon aber noch ein gutes Stück entfernt. Sehr viel langsamer, wenn überhaupt, bewegen sich die Finanzinstitute selbst über die Grenzen. Anders als zum Beispiel in der chemischen Industrie oder der Stahlindustrie findet der Konzentrations- und Umstrukturierungsprozess im Wesentlichen auf nationalem Niveau statt. Dafür mag es besondere Gründe geben, wie die für Vertrauen notwendigen engen Beziehungen zwischen Bank und Kunden (in Deutschland vor allem über das so genannte Hausbankprinzip). Doch die Tatsache, dass in den USA die regionale Ausbreitung und überregionale Konzentration der Banken rasch vonstatten gingen, nachdem einmal die Gesetze abgeschafft waren, die das verhindert hatten, lässt vermuten, dass in Europa auch protektionistische Faktoren nach wie vor am Werk sind.

Letztere zeigten sich besonders deutlich 2008 im Gefolge der sich weltweit ausbreitenden Finanzkrise. Die Regierungen der Mitgliedstaaten überboten sich in milliardenschweren Unterstützungsmaßnahmen für „ihre" Banken und später auch „ihre" Industrieunternehmen, und die Europäische Kommission hatte Mühe, die Beihilfenkontrolle (siehe Kapitel 9.7) so anzuwenden, dass einerseits sinnvolle Maßnahmen der nationalen Krisenbekämpfung nicht verhindert werden und andererseits ein für alle Staaten schädlicher Subventionswettlauf unterbunden wird. Gleichzeitig wird nach Wegen gesucht, wie derartige Krisen in Zukunft vermieden oder zumindest besser bewältigt werden können. Zu diesem Zweck rief die Kommission eine „High-Level Group on Financial Supervision in the EU" unter Vorsitz von Jacques de Larosière ins Leben, die Ende Februar 2009 einen umfangreichen Bericht vorlegte. Dieser Bericht verdeutlicht unter anderem, dass die bestehende Bankenregulierung und -aufsicht in Europa nicht verhindern konnte, dass komplexe Finanzprodukte in Umlauf gebracht wurden, deren Risiken weder von den Anlegern, noch von den Banken, noch von den Rating-Agenturen korrekt bewertet wurden. Erfolgsorientierte Entlohnungssysteme veranlassten insbesondere die Investmentbanker systematisch dazu, hohe Risiken einzugehen. Regulierungs- und Aufsichtsorgane versagten, weil sie zu hohes Vertrauen in das Risikomanagement der Banken setzten und weil sie systemische Risiken vernachlässigten. Die prozyklisch wirkenden Eigenkapitalregeln für Kreditinstitute (Basel II) hätten darüber hinaus den Abschwung noch weiter verstärkt (vgl. zu derartigen Fragen ausführlich Hellwig 2008c). Die Expertengruppe schlug unter anderem vor, einen „European Systemic Risk Council" als Frühwarnsystem für systemische Risiken und ein „European System of Financial Supervision" zur besseren Koordination der nationalen Aufsicht für Banken, Versicherungen und den Wertpapiersektor zu schaffen. Inwieweit aus der Finanzmarktkrise dann wirklich praktische Lehren gezogen werden, muss die Zukunft erweisen.

Kapitel 9
Wettbewerbspolitik – der Ordnungshüter

Worum geht es in diesem Kapitel?

HF: In keinem anderen Land würde in einem einführenden Lehrbuch ein so langes Kapitel zur Wettbewerbspolitik geschrieben.

HJW: Da hast du wohl recht. Aber in keinem anderen Land gibt es auch eine so umfangreiche Literatur zur Wettbewerbspolitik.

TE: Das ist der Einfluss des Ordoliberalismus. Für die deutsche Ordnungstheorie steht fest, dass in einer Marktwirtschaft, folglich auch im gemeinsamen europäischen Markt, ein fairer unverzerrter Wettbewerb sichergestellt werden muss.

HF: Ist denn der Ordoliberalismus bestimmend gewesen für Ordnung des Gemeinsamen Marktes?

HJW: So direkt lässt sich das nicht behaupten. Alfred Müller-Armack (1976: 404), der ja an der Wiege der EWG stand, hat einmal festgestellt: „Es liegt, glaube ich, im Wesen international ausgehandelter Verträge dieser Art, dass die Vorstellungen einzelner Länder nur indirekt zum Zuge kommen. So ist etwa in der Zeit der Verhandlungen nie die Rede davon gewesen, die französische Planifikation zu übernehmen oder das deutsche System der Sozialen Marktwirtschaft zu akzeptieren."

TE: Trotzdem scheint mir unstrittig, dass von deutscher Seite nicht nur bei der Gründung, sondern über die gesamte Zeit hinweg auf eine strikte Wettbewerbskontrolle gedrungen wurde.

HJW: Und darin äußert sich eine der ordoliberalen Grundüberzeugungen: Aufrechterhaltung des Wettbewerbs ist eine ordnungspolitische Aufgabe, die bei einem supranationalen Markt auch eine supranationale Institution mit entsprechenden Kompetenzen bedingt.

TE: Zumindest muss sichergestellt sein, dass der grenzüberschreitende Wettbewerb keinerlei Diskriminierung unterliegt – das berühmte *level playing field* der Engländer.

HF: Die übrigens keine Ordoliberalen sind und trotzdem die Wettbewerbspolitik groß schreiben.

HJW: Es führen viele Wege nach Rom …

TE: … aber nur einer in den Himmel einer effizienten und dynamischen Marktwirtschaft – Wettbewerb.

HF: Aber müssen wir deshalb wirklich die zahlreichen Einzelfälle behandeln, in denen Kartellverbot, Missbrauchsaufsicht, Fusionskontrolle und Beihilfenkontrolle zur Anwendung kommen?

TE: Erst einmal geht es doch darum, in Fallstudien die realen Probleme zu Wort kommen zu lassen. Dafür braucht man etwas Platz. Denn Fälle haben einen Hintergrund, einen Sachverhalt, eine konkrete Entscheidung und Konsequenzen.

HJW: Und dann wird an konkreten Fällen häufig klarer als in theoretischen Diskussionen, wie ambivalent Entscheidungen sein können.

TE: Die Gefahr der Wettbewerbspolitik beruht oft darin, dass sie unmittelbare Wettbewerbsverzerrungen sanktioniert und dadurch künftigen dynamischen Wettbewerb eher behindert.

HJW: Chicagoer Ökonomen sehen mit ihrer Theorie der umstrittenen Märkte deshalb sehr viel weniger Anlass, ordnend einzugreifen.

TE: Gleichzeitig verurteilen sie aber auch die lenkenden Eingriffe des Staates.

HF: Heißt das, in Europa ziehen Wettbewerbspolitik und Industrie- und Handelspolitik nicht am selben Strang?

HJW: Darüber haben Frankreich und Deutschland so manchen Streit ausgefochten. Denn für einen Liberalen ist klar: Der Wettbewerb geht vor.

TE: Das tut er auch im Gemeinschaftsrecht.

9.1 Warum ein eigenes Kapitel – und noch dazu ein so umfangreiches?

Unerlässlich für das Funktionieren eines Marktes ganz allgemein, und so auch des Gemeinsamen Marktes, ist der Wettbewerb. Statische wie dynamische Effizienz zu erreichen, setzt Anstrengungen und adäquate Informationen voraus. Die Anstrengungen werden nur dann aufgebracht, wenn Nachlässigkeit zum Marktaustritt, d.h. in der Regel zum Konkurs führt. Die Informationen sind nur dann optimal, wenn sie keine Verzerrungen durch Gruppeninteressen, d.h. in der Regel keinen monopolistischen Bias, enthalten. Das Ergebnis des Marktprozesses wird nur dann als einigermaßen fair akzeptiert, wenn dadurch einzelne Marktteilnehmer nicht besonders begünstigt werden. All das setzt voraus, dass auf dem Markt möglichst vollständiger Wettbewerb herrscht.

Die wirksamste Garantie für Wettbewerb ist zunächst einmal der Gemeinsame Markt selbst. Wenn 27 nationale Märkte die Handelsmauern schleifen, durch die sie sich voneinander abgeschirmt haben, dann erhält man einen Freihandelsraum von gewaltigem Ausmaß. In diesem Raum ist Wettbewerb, und zwar ein intensiver Wettbewerb, der Normalzustand. Wer da seine Kosten nicht im Zaum hält, wer da nicht innovativ ist, wer da nicht erstklassige Konditionen und Service bieten kann, der wird binnen kürzester Zeit vom Markt verdrängt. Brauchen wir dann noch eine eigene Wettbewerbspolitik? Spontan ist man geneigt zu antworten: nein. Doch gibt es mehrere Gründe dafür, dass Freihandel keine ausreichende Garantie für Wettbewerb ist:

- Wettbewerb ist kein Naturzustand – oder doch? Dazu gibt es unterschiedliche Auffassungen. Während die deutschen Ordoliberalen hier staatlichen Handlungsbedarf sehen, halten die Chicagoer Liberalen Märkte für grundsätzlich umkämpft (*contestable markets*). Eines steht aber fest: So wohlfahrtsfördernd für die Gesamtgesellschaft Wettbewerb sein mag, jeder einzelne Unternehmer hasst die Konkurrenz und sucht den Wettbewerb tunlichst zu umgehen oder auszuschalten. Dafür stehen ihm verschiedene Strategien zu Gebote:
  - Die Verhandlungsstrategie: Schon Adam Smith (1776/1976: 145) wusste: „People of the same trade seldom meet together, even for merriment and diversion, but the conversation ends in a conspiracy against the publick, or in some contrivance to raise prices". Kartelle, Syndikate, Absprachen, stillschweigende Kooperation (*tacit collusion*) – das Instrumentarium hierfür ist facettenreich.
  - Die Behinderungsstrategie: Häufig bedienen sich Unternehmen diverser Geschäftspraktiken, die dazu geeignet sind, Konkurrenten oder aktuelle und potentielle Vertragspartner durch Verträge (wie z.B. Ausschließlichkeits- und Kopplungsbindungen) oder faktisches Marktverhalten (wie z.B. Diskriminierung, Lieferverweigerung und Boykott) in ihrer Wettbewerbsfreiheit zu beschränken oder die Funktionsfähigkeit des Wettbewerbs als Institution zu beeinträchtigen.
  - Die Konzentrationsstrategie: Die Wirtschaftsgeschichte zeigt, dass mit den Märkten der Umfang führender Unternehmen mitgewachsen ist. Erfolgreiche Unternehmen wachsen, das ist normal. Und wenn es ihnen gelingt, zum Beispiel durch innovative Spezialisierung Marktnischen zu öffnen und zu besetzen, dann können sie auch in räumlich großen Märkten marktbeherrschende Positionen gewinnen. Wie lange diese Position unbestritten bleibt, ist, wie gesagt, Gegenstand des wissenschaftlichen Diskurses. Rascher als über internes Wachstum geht es über externes Wachstum. Durch die Übernahme von Konkurrenten oder den Zusammenschluss mit Konkurrenten (horizontale Konzentration), aber auch mit vor- oder nachgelagerten Unternehmen (vertikale Konzentration) werden die Marktbedingungen zugunsten des eigenen Unternehmens verbessert.
  - Die Protektionsstrategie: Am wirkungsvollsten lassen sich die Marktkräfte durch staatliche Intervention ausschalten. Indem man sich die eine oder andere Form eines staatlichen Privilegs beschafft, schließt man den Markt für lästige Konkurrenten und führt ein geruhsames Leben. Tarifäre und nicht-tarifäre Handelshemmnisse, staatliche Monopole und Gebietsmonopole, gesetzlich abgesicherte Preise (Gebührenordnungen), Subventionen – auch hier gibt es zahlreiche Möglichkeiten, für deren Ausbeutung zum Teil erhebliche Mittel aufgewendet werden (*rent seeking*).
- Wettbewerb ist von Natur aus mehr oder minder ausgeschlossen. Das ist der Fall des sogenannten natürlichen Monopols, das bei extrem hohen Fixkosten oder Netzwerkexternalitäten auftreten kann.
- Wettbewerb wird von Staats wegen verhindert. Das kann, wie wir gerade sahen, das Ergebnis einer erfolgreichen Durchsetzung von Sonderinter-

essen (*rent seeking*) sein. Das kann aber auch Ergebnis autonomer staatlicher Politik sein. Wenn der Staat zum Beispiel öffentliche Unternehmen betreibt, dann sorgt er häufig auch dafür, dass diese nicht von lästiger Konkurrenz behelligt werden.

Kurzum, ehe man es sich versieht, gibt es auf dem Markt, sei er nun klein oder groß, Wettbewerbsbeschränkungen, Wettbewerbsverzerrungen, unfairen Wettbewerb, Begünstigungen und Behinderungen – das Spielfeld, auf dem der Konkurrenzkampf ausgetragen wird, ist nicht eben. Um letzteres einigermaßen sicherzustellen, bedarf es der Wettbewerbspolitik. Da es dabei grundsätzlich darum geht, für den gesamten Markt gleiche Bedingungen herzustellen, ist eine Harmonisierung unerlässlich, d.h. eine gemeinsame Wettbewerbspolitik. Sie ist das Grundgesetz eines jeden Marktes, und diesem Grundgesetz muss man aktiv Geltung verschaffen. Denn wie wir gerade sehen konnten, sind häufig die Regierungen einzelner Mitgliedländer und immer die individuellen Unternehmen daran interessiert, den Wettbewerb zu umgehen.

Da der Gemeinsame Markt das Kernstück der wirtschaftlichen Integration Europas darstellt, hat die gemeinsame Wettbewerbspolitik zentrale Bedeutung. Ihr etwas mehr Raum zu gewähren als den übrigen Aspekten der Wirtschaftspolitik, ist deshalb durchaus gerechtfertigt. Wir tun dies aber auch noch aus einem weiteren Grund. An diesem Beispiel lässt sich besonders gut verdeutlichen, wie Legislative, Exekutive und Judikative der Europäischen Union zusammenwirken, um das Projekt der Integration zum Erfolg zu führen. Erst anhand der Fallbeispiele sieht man, wie der Europäische Gerichtshof die eher allgemein gehaltenen Vertragstexte mit konkretem Sinn füllt und wie er Entscheidungen der Kommission bestätigt oder korrigiert.

Seit der Gründung der Europäischen Wirtschaftsgemeinschaft ist die Wettbewerbspolitik als Gemeinschaftsaufgabe primärrechtlich verankert. Das Sensationelle dieser Tatsache ist uns heute kaum noch bewusst. Denn als der Vertrag von Rom ausgehandelt wurde, gab es im Europa der Sechs kein Wettbewerbsrecht, das diesen Namen verdiente. Das deutsche Gesetz gegen Wettbewerbsbeschränkung (GWB) war gerade im Bundestag verabschiedet worden und trat genauso wie der EWG-Vertrag am 1.1.1958 in Kraft. Italien besaß überhaupt keine rechtliche Regelung, und die kleineren Benelux Länder verließen sich vor allem auf ein liberales Handelsregime.

Nach Art. 3 Abs. 1 lit. g EG umfasst die Tätigkeit der Gemeinschaft „ein System, das den Wettbewerb des Binnenmarktes vor Verfälschungen schützt". Zusammen mit den vier Grundfreiheiten bildet die Wettbewerbspolitik die wichtigste ordnungspolitische Stütze des europäischen Integrationsprozesses. Ohne eine gemeinsame Wettbewerbspolitik könnten der freizügige Waren- und Dienstleistungsverkehr auf andere Weise als durch tarifäre und nichttarifäre Handelsbeschränkungen der Mitgliedstaaten beeinträchtigt und die Versorgung der Bevölkerung zugunsten steigender Monopolgewinne der Unternehmen verschlechtert werden. Während sich die meisten Mitgliedstaaten immer darüber einig waren, und es auch heute noch sind, dass eine gemeinsame Wettbewerbspolitik grundsätzlich unverzichtbar ist, bestehen unterschiedliche Vorstellungen darüber, wie diese Wettbewerbspolitik im Einzelnen auszugestalten sei. Für die einen ist die europäische Wettbewerbspolitik vor allem ein Mittel, die nationalen Märkte zu einem Gemeinsamen Markt zu integrieren und auf diesem europäischen Binnenmarkt wirksamen Wettbewerb zu gewährleisten. Für andere sind über die Wettbewerbspolitik auch weitergehende Ziele anzustreben. Letztlich dreht sich die ganze Diskussion um die Grundsatzfragen, wie weit sollte sich die Gemeinschaft auf ordnungspolitische Maßnahmen zur Unterstützung eines wirksamen Wettbewerbs beschränken und wie weit sollte die Wettbewerbspolitik auch die Verfolgung industrie-, umwelt-, beschäftigungspolitischer und sonstiger Ziele im Auge behalten. Seit dem Vertrag von Maastricht scheinen die Gewichte zugunsten einer stärker interventionistischen Politik verschoben zu sein (A. Schmidt 2001: 365–368, 387 ff.). Auf Initiative Frankreichs wurde schließlich der „freie und unverfälschte Wettbewerb" aus dem Zielkatalog des EU-Reformvertrages gestrichen (Fischer 2008: 112). Das Spannungsverhältnis zwischen Wettbewerbs- und Industriepolitik werden wir in Kapitel 10 noch ansprechen.

Das europäische Wettbewerbsrecht ist durch drei Besonderheiten gekennzeichnet, die wichtig für das Verständnis seiner Konsequenzen im wirtschaftlichen Alltag sind:

1. Das Ziel der europäischen Wettbewerbspolitik besteht nicht nur darin, einen funktionsfähigen Wettbewerb zu gewährleisten, sondern auch darin, die Marktintegration der Mitgliedstaaten zu unterstützen. Daraus folgt, dass alle wettbewerbsbeschränkenden Maßnahmen, die dazu geeignet sind, die nationalen Märkte der Mitgliedstaaten voneinander abzuschotten, von den wettbewerbspolitischen Autoritäten besonders kritisch gesehen werden.

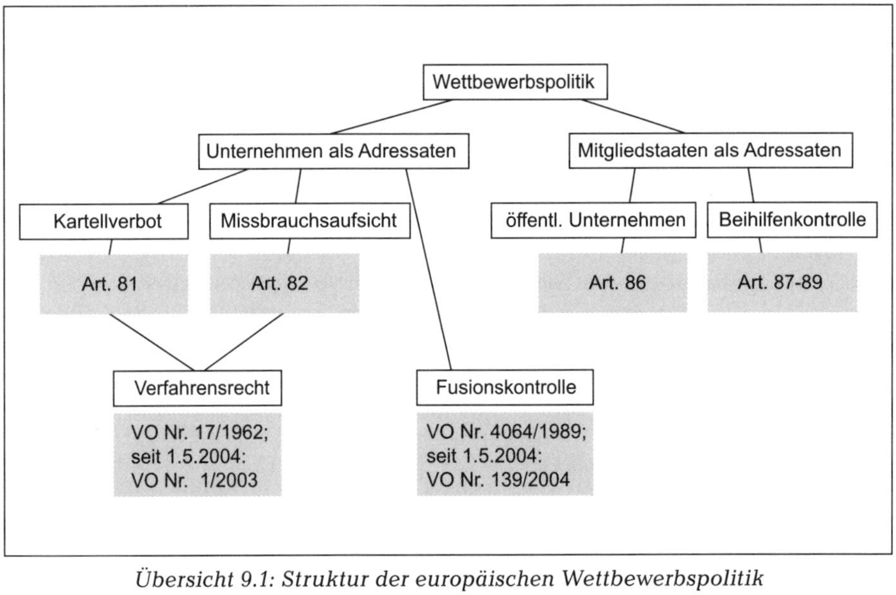

Übersicht 9.1: Struktur der europäischen Wettbewerbspolitik

2. Das europäische Wettbewerbsrecht enthält nicht nur Vorschriften, die sich direkt an Unternehmen richten (wie Kartellverbot, Missbrauchsaufsicht und Fusionskontrolle), sondern es enthält darüber hinaus Vorschriften, die sich an die Mitgliedstaaten richten (wie Vorschriften über öffentliche Unternehmen und Beihilfenkontrolle) (Übersicht 9.1).
3. Die europäische Wettbewerbspolitik wird sowohl auf europäischer als auch auf der Ebene der Mitgliedstaaten durchgesetzt. Die zuständige europäische Wettbewerbsbehörde ist die Europäische Kommission, der umfangreiche Auskunfts-, Untersuchungs- und Sanktionsrechte übertragen wurden. Da die relevanten Artikel des EG-Vertrages unmittelbar anwendbar sind, können sie auch vor den zuständigen Gerichten der Mitgliedstaaten geltend gemacht werden.

9.2 Kartellverbot (Art. 81 EG)

9.2.1 Inhalt des Kartellverbots

Ein wichtiges Ziel jeder Wettbewerbspolitik ist die Bekämpfung von Kartellen. Es soll erreicht werden, dass die Unternehmen um die Gunst der Konsumenten konkurrieren, und es soll vermieden werden, dass die Unternehmen ihr Verhalten zu Lasten der Konsumenten wechselseitig aufeinander abstimmen. Nach Artikel 81 Abs. 1 EG sind alle Vereinbarungen zwischen Unternehmen, Beschlüsse von Unternehmensvereinigungen und abgestimmte Verhaltensweisen verboten, sofern sie

- geeignet sind, den Handel zwischen den Mitgliedstaaten zu beeinträchtigen (Zwischenstaatlichkeitsklausel), und
- eine Verhinderung, Einschränkung oder Verfälschung des Wettbewerbs innerhalb des Gemeinsamen Marktes bezwecken oder bewirken (Wettbewerbsbeschränkung).

Der Anwendungsbereich dieses Verbots ist zunächst einmal durch die ständige Rechtsprechung von EuG und EuGH sehr weit gefasst: Zum einen werden die Adressaten der Norm, Unternehmen und Unternehmensvereinigungen, funktional definiert unabhängig von Rechtsform und Finanzierung, so dass beispielsweise auch Einzelkaufleute, Freiberufler sowie Sportler und Künstler, soweit sie am Wirtschaftsverkehr teilnehmen, vom Kartellverbot erfasst sind. Zum anderen bezieht sich das Kartellverbot grundsätzlich sowohl auf horizontale Wettbewerbsbeschränkungen, wie beispielsweise Preisabsprachen zwischen Konkurrenten, als auch auf vertikale Wettbewerbsbeschränkungen, d.h. wettbewerbsschädliche Abstimmungen zwischen Unternehmen vor- und nachgelagerter Produktionsstufen (Hersteller – Händler, Hersteller – Lieferant).

Die Zwischenstaatlichkeitsklausel grenzt den Zuständigkeitsbereich europäischer Wettbewerbspolitik von der Wettbewerbspolitik der Mitgliedstaaten ab. Auch die Zwischenstaatlichkeitsklausel wird durch die ständige Rechtsprechung sehr breit interpretiert. Es wird geprüft, ob eine Maßnahme unmittelbar oder mittelbar, tatsächlich oder potentiell dazu geeignet ist, den Handel zwischen den Mitgliedstaaten zu beeinträchtigen.

Damit eine Vereinbarung, ein Beschluss oder eine Verhaltensweise unter das Kartellverbot fällt, muss eine Wettbewerbsbeschränkung bezweckt oder bewirkt sein. Artikel 81 Abs. 1 EG nennt hier einige Regelbeispiele wie Preisfestsetzungen und Marktaufteilungen. Insbesondere auf oligopolistischen Märkten besteht das Problem, dass nicht immer leicht zu entscheiden ist, ob ein gleichförmiges Verhalten von Wettbewerbern Ergebnis eines intensiven Wettbewerbs ist, der alle konkurrierenden Unternehmen zwingt, sich in einer bestimmten Weise an die jeweils spezifischen Marktbedingungen anzupassen („Parallelverhalten"), oder ob es sich hierbei um ein abgestimmtes Verhalten handelt mit dem Ziel, den Wettbewerb zu beschränken (siehe die ausführliche Diskussion des Zellstoff-Falles bei Motta 2004: 211 ff.). Besonders kritisch sehen Kommission und Europäischer Gerichtshof solche Vereinbarungen, die zu einer Abschottung der nationalen Märkte führen (Box 9.1).

Box 9.1: Der Fall „Farbstoffe"

Stein des Anstoßes war die Beobachtung, dass zwischen 1964 und 1967 die Preise für Anilin-Farbstoffe in mehreren Mitgliedstaaten gleichzeitig und wiederholt um einen einheitlichen Betrag erhöht worden waren. Die Kommission sah hierin ein rechtswidriges abgestimmtes Verhalten und verhängte hohe Bußgelder gegen die beteiligten Unternehmen, die teilweise außerhalb der Europäischen Gemeinschaft ansässig waren. Die Unternehmen machten demgegenüber geltend, dass es sich bei den beanstandeten Maßnahmen nicht um ein Preiskartell handele, sondern vielmehr um ein aus der oligopolistischen Konkurrenz resultierendes Parallelverhalten, und brachten den Fall vor den EuGH.

Der EuGH schloss sich der Auffassung der Kommission an. Aus der Entscheidung sind insbesondere zwei Grundsätze hervorzuheben, die bis heute maßgeblich sind:

- Wichtigstes Element des Gesetzesverstoßes war die „Abschottung der nationalen Märkte" durch die beteiligten Unternehmen, wodurch auf jedem nationalen Markt ein spezifisches Preisniveau durchgesetzt werden konnte.
- Weiterhin bestätigte der EuGH die Auffassung der Kommission, dass ihre Entscheidung auch für Unternehmen mit Sitz außerhalb der Europäischen Gemeinschaft verbindlich sei. Entscheidend für einen Verstoß gegen Art. 81 Abs. 1 EG ist lediglich, dass sich die Wettbewerbsbeschränkungen auf den Gemeinsamen Markt auswirken. Somit ist das EG-Wettbewerbsrecht auch extraterritorial anwendbar.

Literatur: EuGH v. 14.7.1972, Slg. 1972, 619, 713, 745, 787, 845, 851, 887, 934; Mestmäcker/Schweitzer 2004: 253 f., 158; Nagel 2003: 106 f.

Die Wettbewerbsbeschränkung muss nach ständiger Rechtsprechung des EuGH allerdings auch spürbar sein, d.h. Bagatellkartelle fallen nicht unter das Verbot von Art. 81 Abs. 1 EG. Die Kommission hat ihre Auffassung, wann eine Wettbewerbsbeschränkung nicht spürbar ist, in verschiedenen *de minimis*-Bekanntmachungen präzisiert. Seit Dezember 1997 wird von der Kommission als einziges Kriterium der Spürbarkeit der Marktanteil der an der Vereinbarung beteiligten Unternehmen herangezogen. Gemäß der letzten *de minimis*-Bekanntmachung von 2001 liegt die Spürbarkeitsschwelle im Fall horizontaler Vereinbarungen bei 10 %, im Fall vertikaler Vereinbarungen bei 15 %. Bei besonders schwerwiegenden Wettbewerbsbeschränkungen („schwarze Liste") finden diese Schwellenwerte allerdings keine Anwendung. Im Einzelfall kann auch bei höheren Marktanteilen eine Spürbarkeit verneint werden.

Gemäß Art. 81 Abs. 2 EG sind Vereinbarungen, Beschlüsse und abgestimmte Verhaltensweisen, die gegen das Kartellverbot aus Abs. 1 verstoßen, nichtig, sofern das Kartellverbot nicht aus den in Abs. 3 genannten Gründen für nicht anwendbar erklärt wird.

9.2.2 Keine Regel ohne Ausnahme: Ausnahmen vom Kartellverbot

Wie bereits angedeutet enthält Art. 81 Abs. 3 EG eine Reihe von Rechtfertigungsgründen, bei deren Vorliegen das Kartellverbot aus Abs. 1 für nicht anwendbar erklärt werden kann:

- Die entsprechende Maßnahme dient der Verbesserung der Warenerzeugung oder -verteilung bzw. der Förderung des technischen oder wirtschaftlichen Fortschritts und
- die Verbraucher werden angemessen am dadurch entstehenden Gewinn beteiligt und
- die Wettbewerbsbeschränkung ist für diese erwünschten gesamtwirtschaftlichen Folgen unerlässlich und
- der Wettbewerb wird für einen wesentlichen Teil der betreffenden Waren durch diese Maßnahme nicht ausgeschaltet.

Vor allem bei vertikalen Vereinbarungen sahen die Kommission und der Europäische Gerichtshof die Bedingungen aus Abs. 3 häufig erfüllt, es sei denn, sie dienten dazu, die nationalen Märkte voneinander abzuschotten (siehe Box 9.2).

Box 9.2: Der Fall Consten und Grundig

Ende der 1950er Jahre hatte die deutsche Grundig GmbH die französische Firma Consten zu ihrem Alleinvertriebsvertreter in Frankreich bestellt. Grundig verpflichtete sich, keine anderen Personen in Frankreich direkt oder indirekt zu beliefern, und ließ darüber hinaus auf Consten das Warenzeichen GINT (Grundig International) eintragen, um Parallelimporte seitens anderer französischer Händler zu unterbinden. Im Gegenzug verpflichtete sich Consten, Grundig-Geräte nicht zu exportieren. Als ein französischer Konkurrent von Consten dennoch Grundig-Geräte nach Frankreich importierte, wurde dieser von Consten verklagt. Das zuständige französische Gericht setzte das Verfahren aus, um die Entscheidung der Europäischen Kommission über den bei ihr gestellten Antrag auf Feststellung der Wettbewerbswidrigkeit des Alleinvertriebsvertrages zwischen Grundig und Consten abzuwarten.

Die Kommission entschied am 23.9.1964, dass der vorliegende Alleinvertriebsvertrag bezwecke, Consten vor Parallelimporten und damit vor Wettbewerb zu schützen, und damit gegen das Kartellverbot des EG-Vertrages verstoße. Der in dem Vertrag vereinbarte absolute Gebietsschutz sei für die geltend gemachten Vorteile der Vereinbarung nicht unerlässlich.

Der EuGH bestätigte in seiner Entscheidung vom 13.7.1966 die Auffassung der Kommission und kam insbesondere zu folgenden grundsätzlichen, bis heute maßgebenden Erwägungen:

- Art. 81 Abs. 1 EG erfasst nicht nur horizontale, sondern auch vertikale Wettbewerbsbeschränkungen.
- Obwohl vertikale Vereinbarungen in vielen Fällen eine Freistellung vom Kartellverbot rechtfertigen, weil sie die Bedingungen aus Abs. 3 erfüllen, verstößt ein absoluter Gebietsschutz, der darauf abzielt, die nationalen Märkte voneinander abzuschotten, in jedem Fall gegen das Kartellverbot.

Literatur: EuGH v. 13.7.1966, Slg. 1966, 321; Schmidt/Schmidt 2006: 51 ff.; Nagel 2003: 103 f.; Mestmäcker/Schweitzer 2004: 265, 348.

Für eine ökonomische Würdigung der Möglichkeit der Freistellung vom Kartellverbot ist zunächst einmal von Interesse, wie sie in der Praxis gehandhabt wird. Hier lohnt es sich, die Entwicklung der letzten vier Jahrzehnte Revue passieren zu lassen. Die Durchführungsbestimmungen zu den Artikeln 81 und 82 EG waren bis vor kurzem in der Verordnung des Rates Nr. 17/1962 enthalten. Sie sah für die Freistellung vom Kartellverbot ein Genehmigungsverfahren vor, d.h. jede Freistellung musste bei der Kommission beantragt und von dieser genehmigt werden. Die Mitgliedstaaten verfügten zu dieser Zeit kaum über wettbewerbsrechtliche Erfahrungen, und die Unternehmen waren somit sehr unsicher, ob bestimmte Maßnahmen überhaupt in den Anwendungsbereich des Kartellverbots fielen. So gab es in den ersten Jahren eine Flut von Anträgen auf einen so genannten Negativattest (d.h. eine formelle Entscheidung der Kommission, dass nach den ihr bekannten Tatsachen kein Verstoß gegen das Kartellverbot gemäß Abs. 1 vorliege) bzw. auf eine Freistellung vom Kartellverbot gemäß Abs. 3.

Um die hieraus resultierende Arbeitslast zu reduzieren, bediente sich die Kommission insbesondere zweier Strategien:

- Zum einen ging sie seit Anfang der 1970er Jahre dazu über, das Verfahren durch die Ausgabe einfacher Verwaltungsschreiben (*comfort letters*) zu erleichtern, worin die Kommission den anmeldenden Unternehmen mitteilt, dass nach den ihr bekannten Tatsachen ein Tätigwerden nicht erforderlich sei. Diese Verwaltungsschreiben schützten zwar vor einem Bußgeldverfahren, gaben jedoch keine Rechtssicherheit.
- Zum anderen erließ die Kommission, nach einer entsprechenden Ermächtigung durch den Rat, seit Anfang der 1980er Jahre eine Reihe von so genannten Gruppenfreistellungsverordnungen. Dadurch werden bestimmte Typen von Vereinbarungen, sofern sie bestimmten Voraussetzungen genügen, generell vom Kartellverbot freigestellt, ohne dass es einer vorherigen Anmeldung und Genehmigung bedarf.

Box 9.3: Die kluge Musikliebhaberin: Ökonomische Argumente für Ausnahmen vom Kartellverbot

Man geht davon aus, dass bestimmte Typen von Vereinbarungen gewöhnlich die Freistellungsbedingungen aus Art. 81 Abs. 3 EG erfüllen. Unter Ökonomen ist heute unstrittig, dass vertikale Vereinbarungen effizienzsteigernde Wirkungen haben können, die auch den Konsumenten zugutekommen. Bei hochwertigen Gütern fragen die Konsumenten häufig vor und nach dem Kauf zusätzliche Dienstleistungen wie Beratung, Wartung, Reparatur u.a.m. nach. Der Wert des Gutes für den Konsumenten (und damit auch dessen Zahlungsbereitschaft) wird somit durch die Qualität des Gutes und die Qualität der entsprechenden Dienstleistungen bestimmt.

Nehmen wir an, jemand möchte sich eine neue Stereoanlage kaufen. Sie sucht ein Fachgeschäft auf, lässt sich verschiedene Produkte erklären, vergleicht in einem großzügig ausgestatteten Studio verschiedene Elemente miteinander und gewinnt einen Eindruck, welche Ausrüstung am besten ihren Wünschen entspricht. Der Händler macht ihr ein Preisangebot, das hinreichend hoch ist, um die Beschaffungskosten für die Anlage sowie die anteiligen Kosten für Fachpersonal, Tonstudio, umfangreiche Lagerhaltung etc. zu decken. Nehmen wir nun an, ein Discounter biete die gleiche Anlage an. Er verfügt über kein Tonstudio, kein geschultes Fachpersonal und keine große Lagerhaltung und spart die entsprechenden Kosten ein. Der Discounter ist somit in der Lage, die Stereoanlage wesentlich günstiger anzubieten als der Fachhändler. In diesem Fall wird folgendes geschehen: Nachdem sich die kluge Musikliebhaberin beim Fachhändler ausreichend informiert hat, macht sie sich auf den Weg zum Discounter, um die Anlage ihrer Träume zu einem sehr viel günstigeren Preis als beim Fachhändler zu erstehen. Handeln aber viele Konsumenten nach diesem Muster, werden die Fachhändler allmählich vom Markt verschwinden – und mit ihnen vermutlich auch die Produkte, die ihren vollen Wert für den Konsumenten erst in Verbindung mit den ergänzenden Dienstleistungen des Fachhändlers entfalten.

Der Hersteller hochwertiger Produkte hat somit ein Interesse, derartiges Trittbrettfahrerverhalten des Discounters zu unterbinden – und genau dem Zweck dienen verschiedene Arten vertikaler Vereinbarungen. So kann der Hersteller beispielsweise nur ausgewählte Fachhändler beliefern und ihnen verbieten, an Discounter weiterzuverkaufen. Oder er gibt den Händlern einen Mindestpreis vor, um Preiswettbewerb zu Lasten der Fachhändler zu unterbinden und Nicht-Preis-Wettbewerb über die Qualität der ergänzenden Dienstleistungen zu fördern. Solche Vereinbarungen beschränken zunächst einmal lediglich den Wettbewerb innerhalb des Vertriebsnetzes eines bestimmten Herstellers (*intrabrand competition*), sie beschränken aber nicht notwendigerweise den Wettbewerb zwischen konkurrierenden Herstellern (*interbrand competition*) – ja sie können diesen sogar fördern.

Andererseits ist es auch denkbar, dass vertikale Vereinbarungen horizontale Wettbewerbsbeschränkungen ermöglichen. Eine Gruppe von Herstellern kann beispielsweise leichter eine abgestimmte Preispolitik durchsetzen, wenn jeder Hersteller erreicht, dass sein Produkt bei allen Händlern zum gleichen Preis verkauft wird. Allgemein werden vertikale Vereinbarungen als wettbewerbspolitisch relativ unbedenklich angesehen, wenn die horizontale Konkurrenz zwischen den Herstellern (*interbrand competition*) hinreichend stark ist (Eger 1995: 192ff.).

9.2.3 Gruppenfreistellungsverordnungen

Sieht man einmal von den sektorspezifischen Gruppenfreistellungen ab (insbesondere Versicherungen und Transport), so bezogen sich die ersten Gruppenfreistellungen auf zwei Typen von Vereinbarungen:

(1) *Vertikale Vereinbarungen*

- Alleinvertriebsvereinbarungen (VO Nr. 1983/83)
- Alleinbezugsvereinbarungen (VO Nr. 1984/83)
- Selektive Vertriebssysteme in der Kfz-Branche (VO Nr. 123/85, später ersetzt durch VO Nr. 1475/95)
- Franchisevereinbarungen (VO Nr. 4087/88).

(2) *Horizontale Vereinbarungen*

- Spezialisierungsvereinbarungen (VO Nr. 417/85)
- Forschungs- und Entwicklungsvereinbarungen (VO Nr. 418/85)
- Patentlizenzen (VO Nr. 2349/84) und Know-how-Vereinbarungen (VO Nr. 556/89), die später in einer Gruppenfreistellungsverordnung zu Technologietransfer-Vereinbarungen zusammengefasst wurden (VO Nr. 240/96).

Diese „erste Generation" von Gruppenfreistellungsverordnungen legte für jeweils spezifische Typen von Vereinbarungen fest, welche Bestimmungen diese Vereinbarungen nicht enthalten dürfen („schwarze Liste"), welche Bestimmungen unbedenklich sind („weiße Liste") und welche Bestimmungen nach vorheriger Anmeldung freigestellt sind, sofern die Kommission keinen Widerspruch erhebt („graue Klauseln"). Diese Praxis wurde zunehmend kritisiert, da sie zu einem unerwünschten „Zwangsjackeneffekt" führe: Um spätere Probleme mit der Kommission zu vermeiden, orientierten sich die betroffenen Unternehmen in ihren Vereinbarungen so weit wie möglich an den „weißen Klauseln" und verzichteten mitunter auf ökonomisch sinnvollere Bestimmungen.

Die „neue Generation" von Gruppenfreistellungsverordnungen, d.h. insbesondere die neuen Gruppenfreistellungsverordnungen für vertikale Vereinbarungen, für Spezialisierungsvereinbarungen und für Vereinbarungen über Forschung und Entwicklung (Box 9.4) verzichtet auf „weiße" und „graue" Klauseln und schließt die automatische Freistellung vom Kartellverbot aus, wenn die Vereinbarung bestimmte ausdrücklich verbotene „Kernbeschränkungen" enthält („schwarze Liste") und wenn bestimmte Marktanteile überschritten werden. Seit einigen Jahren ist die Kommission dazu übergegangen, sich bei Freistellungen vom Kartellverbot eines stärker ökonomisch orientierten Ansatzes („more economic approach") zu bedienen. Dabei tritt die Form der wettbewerbsbeschränkenden Absprache in den Hintergrund

und stattdessen richtet sich das Augenmerk auf die erwarteten positiven und negativen Auswirkungen der Absprache auf den relevanten Markt (siehe insbesondere die Leitlinien zur Anwendung von Artikel 81 Absatz 3 EG vom 27.4.2004, deren Philosophie sich teilweise auch in den seit 1999 erlassenen Gruppenfreistellungsverordnungen niederschlägt). Dieser Ansatz wird mittlerweile bei der Anwendung aller Instrumente der europäischen Wettbewerbspolitik zugrundegelegt (siehe auch die Diskussionen bei Schmidtchen/Albert/Voigt 2007).

Box 9.4: Wichtige derzeit gültige nicht-sektorale Gruppenfreistellungsverordnungen (Stand: Frühjahr 2009)

(1) Vertikale Vereinbarungen

Gruppenfreistellungsverordnung für vertikale Vereinbarungen und aufeinander abgestimmte Verhaltensweisen (VO Nr. 270/1999 der Kommission vom 22.12.1999, in Kraft getreten zum 1.6.2000):

- Fasst die drei früheren Verordnungen über Alleinvertriebsvereinbarungen, Alleinbezugsvereinbarungen und Franchisevereinbarungen zusammen.
- Stellt die entsprechenden vertikalen Vereinbarungen vom Kartellverbot frei, sofern der Marktanteil des Verkäufers (bei Alleinbelieferungsvereinbarungen: der Marktanteil des Käufers) 30% nicht übersteigt und sofern die Vereinbarungen nicht die in der „schwarzen Liste" enthaltenen verbotenen Kernbeschränkungen (wie insbesondere vertikale Mindestpreisbindung und Gebietsaufteilung) enthalten.
- Durch die Ausgaben von Leitlinien zu vertikalen Beschränkungen hat die Kommission noch einmal präzisiert, nach welchen Prinzipien sie im Konfliktfall vertikale Vereinbarungen bewertet.

Gruppenfreistellungsverordnung für Kfz-Vertrieb (VO Nr. 1400/2002 der Kommission vom 31.7.2002, in Kraft getreten zum 1.10.2002):

- Die Gruppenfreistellung bezieht sich auf den Kauf oder Verkauf neuer Kfz und von Ersatzteilen für Kfz sowie auf den Kauf oder Verkauf von Instandsetzungs- und Wartungsdienstleistungen.
- Im Unterschied zu anderen neueren Gruppenfreistellungsverordnungen enthält diese GVO neben einer Liste von Kernbeschränkungen, die freistellungsschädlich sind (insbesondere Fest- und Mindestpreisbindungen, in vielen Fällen auch Gebiets- und Kundenbeschränkungen), auch eine Positivliste. Insofern ist sie strenger als die GVO über vertikale Vereinbarungen.
- Grundsätzlich gilt die automatische Freistellung nur bis zu einem Marktanteil des Anbieters von 30%. Hiervon gibt es allerdings beim Kfz-Vertrieb Ausnahmen.
- Die Verordnung unterscheidet: (1) Qualitativ selektive Vertriebssysteme, bei denen Weiterverkaufsmöglichkeiten der Groß- und Einzelhändler nach vom Hersteller festgelegten Auswahlkriterien eingeschränkt werden, sind ohne Rücksicht auf den Marktanteil des Lieferanten freigestellt. (2) Quantitative selektive Vertriebssysteme, bei denen der Lieferant Merkmale für die Auswahl

der Händler und Werkstätten verwendet, durch die deren Zahl unmittelbar begrenzt wird, sind bis zu einem Marktanteil von 40% freigestellt. (3) Exklusive Vertriebssysteme mit Gebietsschutz der Händler sind zulässig, sofern den Händlern nicht verboten wird, die Kraftfahrzeuge an Weiterverkäufer außerhalb des Händlernetzes wie z.B. Supermärkte zu verkaufen.

- Der Hersteller darf dem Händler nicht verbieten, mehrere Marken zu vertreiben.
- Der Hersteller darf dem Händler nicht verbieten, einen Untervertrag mit einer Werkstatt zu schließen und dieser die erforderlichen Reparatur- und Wartungsleistungen zu übertragen.
- Durch verschiedene Maßnahmen soll verhindert werden, dass der Ersatzteilemarkt durch die Hersteller monopolisiert wird.
- Händlern und Werkstätten wird ein verstärkter Schutz gegenüber Kündigungen seitens der Hersteller eingeräumt.

(2) Horizontale Vereinbarungen

Gruppenfreistellung für Spezialisierungsvereinbarungen (VO Nr. 2658/2000 der Kommission vom 29.11.2000, in Kraft getreten am 1.1.2001):

- Durch diese Verordnung soll die Wettbewerbsfähigkeit kleiner und mittlerer Unternehmen gefördert werden.
- Bedingung für die Freistellung ist, dass die Summe der Marktanteile der beteiligten Unternehmen 20% nicht übersteigt.
- Bestimmte, als besonders wettbewerbsschädlich angesehene Kernbeschränkungen fallen nicht unter die Freistellung.

Gruppenfreistellung für Vereinbarungen über Forschung und Entwicklung (VO Nr. 2659/2000 der Kommission vom 29.11.2000, in Kraft getreten am 1.1.2001):

- Nach dieser Verordnung sind gemeinsame F&E-Aktivitäten wettbewerbsrechtlich unbedenklich und somit vom Kartellverbot freizustellen, solange das Stadium der Produktreife noch nicht erreicht ist und sofern der wirksame Wettbewerb in Bezug auf Innovationen nicht wesentlich verringert wird.
- Der Marktanteil der beteiligten Unternehmen darf 25% nicht überschreiten (nach der alten VO: 20%).
- Die VO enthält eine Reihe von Kernbeschränkungen, die einer Freistellung entgegenstehen.

Gruppenfreistellung für Vereinbarungen über Technologietransfer (VO Nr. 772/2004 vom 7.4.2004, in Kraft getreten am 1.5.2004):

- Bezieht sich auf Patent- und Know-how-Lizenzen sowie auf Rechte an Mustern, Modellen und Softwarelizenzen.
- Freigestellt sind entsprechende Vereinbarungen zwischen Wettbewerbern nur dann, wenn der gemeinsame Marktanteil auf den relevanten Märkten 20% nicht überschreitet. Zwischen Nicht-Wettbewerbern ist eine automatische Freistellung ausgeschlossen, wenn der individuelle Marktanteil der Parteien auf den relevanten Märkten 30% überschreitet.
- Die Verordnung enthält eine Reihe von Kernbeschränkungen, die den Wettbewerb erheblich beeinträchtigen und deshalb eine Freistellung ausschließen.

9.3 Missbrauchsaufsicht (Art. 82 EG)

Nach Art. 82 EG ist die missbräuchliche Ausnutzung einer beherrschenden Stellung auf dem Gemeinsamen Markt oder einem wesentlichen Teil desselben verboten, sofern dadurch der Handel zwischen den Mitgliedstaaten beeinträchtigt wird. Es müssen somit drei Bedingungen erfüllt sein, damit die Europäische Kommission im Rahmen der Missbrauchsaufsicht tätig werden kann:

1. Eine Unternehmung verfügt über eine beherrschende Stellung.
2. Es besteht eine missbräuchliche Ausnutzung dieser beherrschenden Stellung.
3. Dadurch wird der Handel zwischen den Mitgliedstaaten beeinträchtigt.

Der dritte Punkt dient der Abgrenzung der Zuständigkeiten zwischen Europäischer Kommission und den nationalen Wettbewerbsbehörden. Wie wir bereits im vorangehenden Abschnitt und in Kapitel 7 gesehen haben, wird diese Zwischenstaatlichkeitsklausel durch die Rechtsprechung sehr breit definiert: Es reicht bereits hin, dass eine Maßnahme unmittelbar oder mittelbar, tatsächlich oder potentiell dazu geeignet ist, den zwischenstaatlichen Handel zu beeinträchtigen (der so genannte Dassonville Test). Konzentrieren wir uns also im Folgenden auf die ersten beiden Punkte. Da es sich hierbei offensichtlich um unbestimmte Rechtsbegriffe handelt, ist es nicht verwunderlich, dass im Konfliktfall immer wieder erbitterte Kontroversen zwischen den beteiligten Parteien auftraten. Die Entscheidungspraxis der Kommission und Urteile der zuständigen Europäischen Gerichte haben diese unbestimmten Rechtsbegriffe zwar im Laufe der Zeit mit Inhalt gefüllt. Doch die rechts- und wirtschaftswissenschaftlichen Kontroversen um eine geeignete Definition von Marktbeherrschung und Missbrauch dauern bis heute an, so dass es sich lohnt, der Theorie und Praxis der Missbrauchsaufsicht in der EU etwas Raum zu widmen.

9.3.1 Beherrschende Stellung

In zwei frühen Entscheidungen zu Artikel 82 EG definierte der EuGH „beherrschende Stellung" als „die wirtschaftliche Machtstellung eines Unternehmens [...], die dieses in die Lage versetzt, die Aufrechterhaltung eines wirksamen Wettbewerbs auf dem relevanten Markt zu verhindern, indem sie ihm die Möglichkeit verschafft, sich seinen Wettbewerbern, seinen Abnehmern und schließlich den Verbrauchern gegenüber in einem nennenswerten Umfang unabhängig zu verhalten" (EuGH Rs. 27/76, *Chiquita*, vom 14.2.1978, Slg. 1978, 207, und EuGH Rs. 85/76, *Vitamine*, vom 13.2.1979, Slg. 1979, 461). Auch diese Formulierung ist interpretationsbedürftig, denn es fragt sich, woran man die Fähigkeit eines Unternehmens, sich dem Wettbewerbsdruck zu entziehen, festmachen soll.

Ein in der Ökonomie bekanntes Maß zur direkten Messung von Marktmacht ist der 1934 von Abba Lerner entwickelte und nach ihm benannte Lerner-Index. Dieser Index macht die Fähigkeit einer Unternehmung, sich dem Wettbewerbsdruck zu entziehen, daran fest, in welchem Maße es ihr gelingt, Preise oberhalb der Grenzkosten durchzusetzen (siehe Box 9.5). In der

Praxis der Kartellbehörden spielt dieser Index allerdings aus zwei Gründen kaum eine Rolle (Motta 2004: 116): Zum einen kann sich mangelnder Wettbewerbsdruck auch in höheren Kosten niederschlagen, so dass ein geringer Aufschlag auf die Grenzkosten nicht notwendigerweise ein Zeichen für geringe Marktmacht ist. Zum anderen sind die Grenzkosten der Produktion für einen Außenstehenden schwer zu bestimmen. Um dies zu vermeiden, kann man den Lerner-Index zwar alternativ auch über den Kehrwert der Preiselastizität der Nachfrage nach den Produkten der Unternehmung bestimmen, doch entsteht auch hier das Problem, dass nicht immer zuverlässige Daten zur Verfügung stehen.

Box 9.5: Lerners Maß der Marktmacht

Der Lerner-Index misst den im Preis enthaltenen Aufschlag auf die Grenzkosten:

$L = \frac{p - K'}{p}$, wobei K' = Grenzkosten.

Der Lerner-Index kann Werte zwischen 0 und 1 annehmen. Entspricht der Preis den Grenzkosten ($p = K'$), so wird $L = 0$, d.h. es besteht überhaupt keine Marktmacht. Der maximale Wert von $L = 1$ wird erreicht, wenn die Grenzkosten (und im Gewinnmaximum auch die Grenzerlöse) einen Wert von null annehmen.

Alternativ lässt sich der Lerner-Index durch die Preiselastizität der Nachfrage nach den Produkten der Unternehmung ermitteln, und zwar wie folgt:

Die Erlöse betragen:

$E = p(x) \bullet x$, so dass für die Grenzerlöse gilt:

$E' = p + x\frac{dp}{dx} = p + p\frac{x}{p}\frac{dp}{dx}$.

Da $\frac{x}{p}\frac{dp}{dx}$ den Kehrwert der Preiselastizität der Nachfrage (η) darstellt, gilt für die Grenzerlöse:

$E' = p + p\frac{1}{\eta}$, wobei $\eta < 0$ und $E' > 0$ nur wenn $|\eta| > 1$.

Die Regel für die Gewinnmaximierung lautet bekanntlich $K' = E'$, also

$K' = p + p\frac{1}{\eta}$, woraus folgt: $L = \frac{p - K'}{p} = -\frac{1}{\eta}$,

wobei anzunehmen ist, dass der Monopolist immer in der Region $|\eta| > 1$ operiert.

D.h. der Lerner-Index kann durch den (negativen) Kehrwert der Preiselastizität der Nachfrage gemessen werden (vgl. hierzu beispielsweise Pindyck/Rubinfeld 2003: 483).

Dieser ursprüngliche Lerner-Index misst die Marktmacht eines Monopolisten. Handelt es sich um einen oligopolistischen Markt, so lässt sich der Lerner-Index durch Berücksichtigung des Marktanteils der betrachteten Unternehmung (i) in folgender Weise verallgemeinern: $L_i = -m_i/\eta$, wobei m_i den Marktanteil von Unternehmung i bezeichnet (vgl. etwa Motta 2004, S. 123).

Wegen dieser Probleme ist es gängige Praxis der Wettbewerbsbehörden in aller Welt, die beherrschende Stellung von Unternehmen indirekt zu messen, insbesondere anhand des Marktanteils, ergänzt um Faktoren, die die Bedeutung des Marktanteils gegebenenfalls modifizieren. So ist es auch bei der Europäischen Kommission und den zuständigen Europäischen Gerichten unstrittig, dass zur Feststellung einer beherrschenden Stellung der Marktanteil des Unternehmens eine entscheidende Rolle spielt (Daumenregel: ab 40 % Marktanteil wird eine beherrschende Stellung angenommen), wobei allerdings auch andere Faktoren wie das Verhältnis zwischen den Marktanteilen des Unternehmens und seiner Wettbewerber, der technologische Vorsprung gegenüber den Wettbewerbern, die Qualität des Vertriebsnetzes und fehlender potentieller Wettbewerb zu berücksichtigen sind.

Wenn nun der Marktanteil eine so große Rolle spielt, schließt sich die Frage an, wie denn der relevante Markt in sachlicher und räumlicher Hinsicht abzugrenzen sei. Definiert man den relevanten Markt eng, so erscheint der Marktanteil des betreffenden Unternehmens hoch; definiert man den Markt breit, so erscheint der Marktanteil des betreffenden Unternehmens demgegenüber gering. Es ist klar, dass jedes von einer Missbrauchsklage betroffene Unternehmen versuchen wird, seinen Markt so weit wie möglich zu fassen.

Was ist beispielsweise der relevante Markt eines Herstellers von Orangensaft in sachlicher und räumlicher Hinsicht? Muss man den Markt sehr eng definieren und nur auf eine bestimmte Qualität von Orangensaft abstellen? Oder sollte man auch andere Qualitäten von Orangensaft, andere Fruchtsäfte oder gar alle anderen nicht-alkoholischen Getränke mit hinzuziehen? Handelt es sich um einen lokal oder regional begrenzten Markt? Oder ist der relevante Markt der nationale, der europäische oder gar der Weltmarkt? Die Antwort auf diese Fragen ist zunächst einmal beim Konsumenten zu suchen. Betrachten hinreichend viele Konsumenten Orangensaft und Multivitaminsaft als nahe Substitute und reagieren deshalb auf eine relativ geringe Preiserhöhung für Orangensaft damit, dass sie die Nachfrage nach Orangensaft relativ stark einschränken und die Nachfrage nach Multivitaminsaft relativ stark erhöhen, so liegt ein relevanter Markt vor. Reagieren Hamburger Konsumenten demgegenüber nicht auf eine drastische Senkung der Orangensaftpreise in München, handelt es sich hierbei in räumlicher Hinsicht um zwei getrennte Märkte. Neben den Konsumenten ist aber auch die Reaktion der Anbieter zu berücksichtigen. Selbst wenn aus der Sicht der Konsumenten Orangensaft und Multivitaminsaft keine nahen Substitute sind, ist es sinnvoll, beide Getränke zu einem relevanten Markt zusammenzufassen, wenn die Anbieter in der Lage sind, die Produktion ohne große Kosten schnell vom einen auf das andere Getränk umzustellen.

Schwellenwerte für Marktanteile spielen eine bedeutende Rolle bei der Abgrenzung zwischen wettbewerbswidrigem und rechtlich zulässigem Verhalten, und zwar nicht nur bei der Missbrauchsaufsicht nach Art. 82 EG, sondern in zunehmendem Maße auch – wie wir im vorangegangenen Abschnitt gesehen haben – beim Kartellverbot. So ist es für die betroffenen Unternehmen wichtig, dass die Definition des relevanten Marktes und die Berechnung der Marktanteile zuverlässig und grundsätzlich vorhersehbar erfolgt. Um die Rechtssicherheit bei potentiellen Klägern und Beklagten zu erhöhen, hat die

Kommission ihre Vorgehensweise in Bekanntmachungen zum relevanten Markt offengelegt.

In ihrer letzten Bekanntmachung zum relevanten Markt von 1997 (ABl. 1997, C 372/5) entschied sich die Kommission für einen Test, der Anfang der 1980er Jahre in den USA entwickelt und inzwischen von vielen Wettbewerbsbehörden in aller Welt übernommen wurde, den hypothetischen Monopoltest, auch SSNIP-Test genannt.

Box 9.6: SSNIP oder was wäre wenn?

Es handelt sich beim SSNIP-Test (SSNIP steht für *Small but Significant Non-transitory Increase in Price*) um ein Gedankenexperiment (Motta 2004: 102 ff.). Man beginnt mit einer sehr engen Abgrenzung des Produktmarktes und unterstellt, dass sich alle Anbieter wie ein Monopolist verhalten und den Preis dauerhaft um 5% – 10% erhöhen. Ist aufgrund der verfügbaren Informationen zu erwarten, dass der Gewinn der hypothetischen Monopolisten nach der Preiserhöhung ansteigt, so ist der relevante Markt auch entsprechend eng zu definieren. Ist demgegenüber zu erwarten, dass sich der Gewinn reduziert, weil viele Konsumenten auf ein anderes Produkt ausweichen, so wird dieses nahe Substitut in den relevanten Markt einbezogen. Der Test wird für den erweiterten Markt wiederholt, und es werden solange weitere Produkte eingeschlossen, bis der hypothetische Monopolist für den erweiterten Markt durch eine Preiserhöhung von 5% – 10% seinen Gewinn erhöhen kann. Nach dem gleichen Prinzip erfolgt die Marktabgrenzung auch in räumlicher Hinsicht.

Die praktische Leistungsfähigkeit des SSNIP-Tests wird in der Literatur sehr unterschiedlich beurteilt. Einige Autoren sind sehr optimistisch (Van den Bergh/Camesasca 2006: 125 ff.), andere bezweifeln, dass die Kartellbehörden über die entsprechenden Informationen verfügen, um den Test durchführen zu können (Mestmäcker/Schweitzer 2004: 394 f.). Ein systematisches Problem der Anwendung des SSNIP-Tests tritt dann auf, wenn das betreffende Unternehmen über Marktmacht verfügt und diese bereits durch einen hohen Preisaufschlag auf die Grenzkosten ausgenutzt hat. Führt eine weitere Erhöhung des Preises um 5% – 10% zu einer starken Abwanderung der Konsumenten zu einem anderen Produkt, so kann man daraus nicht schließen, dass beide Produkte zusammen einen relevanten Markt bilden. Der korrekte Referenzpreis ist nämlich nicht der tatsächliche Preis, sondern der Preis, der sich bei wirksamem Wettbewerb gebildet hätte. Dieses Problem wird in der Literatur unter der Bezeichnung *„Cellophane Fallacy"* diskutiert, nachdem der US Supreme Court irrtümlich entschieden hatte, dass Cellophan und andere Verpackungsmaterialien nahe Substitute seien.

9.3.2 Missbrauch

Für sich allein genommen verstößt die beherrschende Stellung eines Unternehmens noch nicht gegen europäisches Wettbewerbsrecht: Was kann der Sigismund dafür, dass er so schön ist? Es muss noch etwas hinzukommen, nämlich der Missbrauch dieser beherrschenden Stellung. Wann genau liegt ein Missbrauch vor? Die Beantwortung dieser Frage erfordert viel Fingerspitzengefühl und gute Kenntnis der Verhältnisse auf dem entsprechenden Markt. Ist die Kommission schnell mit dem Finger am Abzug und erkennt in jedem vom „Üblichen" abweichenden Verhalten einen Missbrauch, so riskiert sie, innovative Strategien eines Unternehmens zu unterbinden, die dazu geeignet wären, seine Rivalen aus dem Dornröschenschlaf zu reißen und den Wettbewerb zugunsten der Konsumenten zu verstärken. Der Wettbewerb würde auf diesem Markt durch öffentliche Intervention eingeschränkt. Ist die Kommission dagegen zu nachgiebig gegenüber mächtigen Unternehmen, so besteht die Gefahr, dass diese ihre Machtstellung dazu nutzen, tatsächlichen und potentiellen Konkurrenten systematisch Steine in den Weg zu legen und den Wettbewerb zulasten der Konsumenten zu behindern.

Artikel 82 EG enthält vier Regelbeispiele, die den allgemeinen Missbrauchstatbestand konkretisieren sollen, die aber keine erschöpfende Aufzählung aller denkbaren Verstöße gegen das Missbrauchsverbot darstellen:

- den Preis- und Konditionenmissbrauch gegenüber schwächeren Vertragspartnern (lit. a),
- die Einschränkung der Erzeugung, des Absatzes oder der technischen Entwicklung zum Schaden der Verbraucher (lit. b),
- die Diskriminierung von Handelspartnern (lit. c) und
- die sachlich nicht gerechtfertigte Kopplung verschiedener Leistungen (lit. d).

Aus diesen Regelbeispielen wird deutlich, dass Artikel 82 EG zwei Formen des Missbrauchs erfasst, den Ausbeutungsmissbrauch gegenüber Abnehmern und Lieferanten sowie den Behinderungsmissbrauch gegenüber Konkurrenten auf den beherrschten oder dritten Märkten.

Ein typisches Anwendungsbeispiel für den Ausbeutungsmissbrauch einer marktbeherrschenden Stellung ist die Durchsetzung „unangemessener Preise", d.h. überhöhter Preise seitens eines dominanten Anbieters bzw. unangemessen niedriger Preise seitens eines dominanten Nachfragers. Aber gerade hier stößt die Wettbewerbspolitik an ihre Grenzen. Was ist ein angemessener Preis? Welcher Preis hätte sich bei wirksamem Wettbewerb ergeben? Sowohl Wissenschaftler als auch Praktiker lehnen den Einsatz der Wettbewerbsbehörden als „Preiskommissare" in aller Regel ab. Die Aufgabe der Wettbewerbsbehörden besteht darin, den Restwettbewerb auf beherrschten Märkten soweit wie möglich zu schützen und damit mittelbar den Verbraucherinteressen zu dienen. Eine Preisregulierung wird im Allgemeinen nur dann als gerechtfertigt angesehen, wenn es nicht möglich ist, einen wirksamen Wettbewerb auf Dauer zu gewährleisten, wie im Fall natürlicher Monopole (z.B. Versorgungsnetzwerke wie Wasserwerke, Elektrizitätswerke, das Ortsnetz bei der Telekommunikation).

Es überrascht somit nicht, dass es bisher nur ein einziges Verwaltungsverfahren gegeben hat, in dem die Europäische Kommission den Missbrauch einer beherrschenden Stellung in überhöhten Preisen sah. Es handelt sich hierbei um die *Chiquita*-Entscheidung, wobei die Kommission Missbrauch einer beherrschenden Stellung durch überhöhte Preise auf Grund der Tatsache rügte, dass *United Brands* in verschiedenen Mitgliedstaaten stark unterschiedliche

Preise für Bananen verlangte. Der EuGH hob diese Entscheidung allerdings wieder auf, mit der Begründung, die Kommission habe es versäumt, den Verkaufspreis mit den Gestehungskosten zu vergleichen und festzustellen, ob der Preis in einem angemessenen Verhältnis zu dem wirtschaftlichen Wert der Leistung stehe (KomE 17.12.1975, ABl. 1976, L 95/1; EuGH, 14.2.1978, Slg. 1978, 207).

Die Kommission konzentriert sich heute somit auf die verschiedenen Formen des Behinderungsmissbrauchs, d.h. auf die Versuche marktbeherrschender Unternehmen, durch exklusive Bezugs- und Abnahmeverpflichtungen, Kopplungen, Geschäftsverweigerungen, Diskriminierungen von Handelspartnern, Kampfpreisunterbietungen und anderes mehr den Wettbewerb zu Lasten der Konkurrenten und auch zu Lasten der Verbraucher zu beeinträchtigen. Eine adäquate Bewertung derartiger Strategien erfordert gute ökonomische Kenntnisse und detaillierte Informationen über die konkreten Bedingungen des Einzelfalls. Die Grenze zwischen rechtswidrigem Missbrauch und erwünschten innovativen Strategien des Leistungswettbewerbs zugunsten der Verbraucher ist häufig nicht leicht zu bestimmen: Was dem einen als unzulässige Kampfpreisunterbietung erscheint, stellt sich für den anderen als ein erwünschter intensiver Preiswettbewerb dar. Preisdiskriminierung klingt in vielen Ohren sehr böse, kann aber in einer Welt unvollkommenen Wettbewerbs durchaus zu Wohlfahrtssteigerungen führen.

Wie wir bereits im letzten Abschnitt gesehen haben, beschränken vertikale Bindungen zwischen Abnehmern und Lieferanten zwar den *intra-brand* Wettbewerb, können sich aber durchaus förderlich auf den *inter-brand* Wettbewerb auswirken. Kopplungsverträge mögen als Versuch erscheinen, den Wettbewerb für das gekoppelte Produkt zu beschränken und damit die Marktmacht von einem Markt auf den anderen auszudehnen; andere nehmen derartige Verträge als gelungenen Versuch wahr, den Konsumenten ein „Rundum-Sorglos-Paket" zu einem günstigen Preis zu bescheren. Europäische Kommission und Europäische Gerichte hatten sich in den letzten 30 Jahren mit einer Vielzahl derartiger mutmaßlicher Missbrauchsfälle auseinanderzusetzen, wobei die Entscheidungen aus ökonomischer Sicht teils mehr und teils weniger geglückt erschienen (Mestmäcker/Schweitzer 2004: 409–472; Bishop/Walker 2002: 190–252; Schmidt/Schmidt 2006: 69–83). Da uns hier der Platz fehlt, auf wichtige Einzelentscheidungen zu den verschiedenen Fallgruppen einzugehen, wollen wir abschließend – stellvertretend für die vielen anderen Entscheidungen – einen Fall diskutieren, der in der Öffentlichkeit sehr viel Aufsehen erregt hat und der mehrere Aspekte der Missbrauchsaufsicht in sich vereint: den Fall Microsoft (Box 9.7).

Box 9.7: May the best win: Der Fall Microsoft

Der Hintergrund:

Der amerikanische Software-Konzern Microsoft verfügt seit geraumer Zeit über eine beherrschende Stellung auf dem Markt für PC-Betriebssysteme. „Windows"

hat sich weltweit zum dominierenden Betriebssystem entwickelt. Im Laufe der Jahre hat Microsoft dieses Betriebssystem immer weiter entwickelt und auch immer wieder ergänzende Software integriert. Das wohl bekannteste Beispiel ist die Integration des Internet-Browsers „Internet Explorer", was zur Folge hatte, dass der bisher führende Browser „Netscape Navigator" vom Markt verdrängt wurde. Dabei stellt sich die Frage, ob es sich hier um eine missbräuchliche Ausdehnung der beherrschenden Stellung auf benachbarte Märkte handelt, oder ob nicht Produktinnovationen entwickelt wurden, die letztlich den Verbrauchern zugutekommen und unter wettbewerbspolitischen Gesichtspunkten nicht zu bekämpfen, sondern zu begrüßen wären. Im Mai 1998 ermittelten die amerikanischen Justizbehörden in diesem Zusammenhang gegen Microsoft wegen verschiedener Verstöße gegen das amerikanische Kartellrecht. Der Fall durchlief mehrere Gerichtsinstanzen und mündete schließlich Ende 2002 in einen Vergleich. Etwa zur gleichen Zeit leitete die Europäische Kommission Ermittlungen gegen Microsoft wegen Missbrauchs einer beherrschenden Stellung ein. Diesem europäischen Microsoft Fall wollen wir uns im Folgenden etwas näher widmen.

Der Sachverhalt:

Im Dezember 1998 beantragte die amerikanische Firma „Sun Microsystems", ein Hersteller von Servern und Betriebssystemen, bei der Europäischen Kommission ein Verfahren gegen Microsoft wegen Verletzung von Art. 82 EG. Sun Microsystems beschuldigte Microsoft, durch Geheimhaltung wesentlicher Schnittstelleninformationen die Dialogfähigkeit zwischen Windows-PCs und nicht von Microsoft stammenden Arbeitsgruppenservern zu beeinträchtigen und sich dadurch eine beherrschende Stellung bei Betriebssystemen für Arbeitsgruppenserver zu sichern. Daraufhin leitete die Kommission umfangreiche Ermittlungen ein, die sie auf eigene Initiative auf einen weiteren Sachverhalt ausdehnte – nämlich die Integration des „Windows Media Players", einer speziellen Software zur Kommunikation von Audio- und Videoinhalten über das Internet, in das Betriebssystem „Windows 2000".

Die Entscheidung:

Nach mehr als fünfjährigen Ermittlungen kam die Kommission am 24.3.2004 schließlich zu folgender Entscheidung:

1. Wegen schweren und fortdauernden Verstoßes gegen Art. 82 EG wird gegen Microsoft ein Bußgeld in der Rekordhöhe von mehr als 497 Mio. € verhängt.
2. Innerhalb von 120 Tagen muss Microsoft die Kommunikationsprotokolle für die Schnittstellen zu seinem Betriebssystem Windows offenlegen. Soweit die Schnittstelleninformationen durch intellektuelle Eigentumsrechte geschützt sind, ist Microsoft eine angemessene Vergütung zu zahlen (Technologiezugang durch Zwangslizenzen).
3. Innerhalb von 90 Tagen muss Microsoft eine abgespeckte zweite Windows Version ohne den Media Player anbieten („Produktentbündelung").

Microsofts Antrag auf einstweilige Verfügung wurde vom Europäischen Gericht erster Instanz in seiner Entscheidung vom 22.12.2004 abgelehnt. Als zwei Jahre nach der Kommissionsentscheidung die Auflage der Offenlegung aller relevanten Schnittstelleninformationen nicht erfüllt war, verhängte die Kommission am

12.7.2006 ein Zwangsgeld in Höhe von 280,5 Mio. € gegen Microsoft. Microsofts Klage in der Hauptsache wurde vom Europäischen Gericht Erster Instanz in seiner Entscheidung vom 17.9.2007 in allen wesentlichen Punkten abgewiesen (FAZ vom 18. September 2007, 14).

Ökonomische Konsequenzen:

Wenden wir uns zunächst der ersten durch die Kommission verfügten Auflage zu: der Verpflichtung zur Offenlegung der relevanten Schnittstelleninformationen. Begründen ließe sich eine solche Verpflichtung aus wettbewerbsrechtlicher Sicht möglicherweise durch Rückgriff auf die im amerikanischen Antitrust-Recht entwickelte *essential facilities doctrine*. Nach dieser Doktrin wird durch die Öffnung des Zugangs zu „wesentlichen Einrichtungen" der Wettbewerb auf nachgelagerten Märkten erst ermöglicht. Typische Anwendungsbeispiele sind Durchleitungen im Bereich der leitungsgebundenen Energie und der Zugang zur „letzten Meile" bei der Festnetz-Telekommunikation. Entsprechend könnte man auch die relevanten Schnittstelleninformationen als „wesentliche Einrichtung" betrachten, über die der Zugang zum Markt für Windows-kompatible Arbeitsgruppenserver erst ermöglicht wird.

Diese Argumentation greift allerdings zu kurz, da sie die Anreize vernachlässigt, in Produktinnovationen zu investieren. Diese Anreize werden durch einen entsprechenden Schutz geistiger Eigentumsrechte geschaffen. Erwartet beispielsweise Microsoft, dass es in Zukunft alle Informationen, die Verbesserungen der Schnittstellen betreffen, seinen Konkurrenten offenlegen und diesen gegebenenfalls eine Zwangslizenz gewähren muss, so verringern sich *ex ante* die Anreize, in derartige Verbesserungen zu investieren. Aber auch das ist noch nicht die ganze Wahrheit. Denn auf der anderen Seite erhalten dadurch die Wettbewerber von Microsoft Anreize, in Verbesserungen der Betriebssysteme für Arbeitsgruppenserver zu investieren. Entscheidend für die Bewertung der langfristigen ökonomischen Konsequenzen der Offenbarungspflicht ist somit unter anderem der Nettoeffekt auf die Innovationsanreize im gesamten Netzwerk.

Die Kommission ging offensichtlich davon aus, dass die verringerten Anreize von Microsoft durch die verstärkten Anreize seiner Wettbewerber überkompensiert würden. Immerhin gibt es Anhaltspunkte dafür, dass es Microsoft nicht nur um das berechtigte Interesse an Erträgen aus Investitionen in Produktinnovationen ging. Zunächst zeigte sich Microsoft nämlich sehr großzügig in seiner Informationspolitik. Es gewährte den Wettbewerbern Einblick in die relevanten Schnittstelleninformationen und motivierte sie dazu, viel Geld in die Entwicklung Windows-kompatibler Betriebssysteme für Arbeitsgruppenserver zu investieren. Das war durchaus im Sinne von Microsoft, denn mit der Ausdehnung des Marktes für Windows-kompatible Server-Betriebssysteme stieg auch der Wert von Windows. Erst als Microsoft seinen Marktanteil bei Betriebssystemen für Arbeitsgruppenserver auf ca. 30 % erhöht hatte, schränkte es seine Informationspolitik ein und erschwerte den Konkurrenten das Leben. Dennoch ist es sehr schwierig, eindeutig zu bestimmen, welche Innovationen durch die beanstandete Politik von Microsoft in welchem Maße gefördert bzw. beeinträchtigt werden. Die Kommission überträgt Microsoft die Beweislast, sein Verhalten dadurch zu rechtfertigen, dass insgesamt die Innovationstätigkeit zunimmt. Diese Beweislastverteilung ist allerdings aus ökonomischer Sicht nicht unproblematisch. Da der Beweis praktisch schwer zu führen sein wird, ist zu erwarten, dass in vielen Fällen auch solche Praktiken untersagt werden, die tatsächlich die Innovationstätigkeit zugunsten der Verbraucher verstärken.

Die zweite Auflage der Kommission – nämlich die Verpflichtung, eine abgespeckte Windows Version ohne Media-Player anzubieten – ist aus ökonomischer Sicht ganz ähnlich zu bewerten. Letztlich geht es um den Anreiz zu komplementären Innovationen. Einerseits handelt es sich bei der Integration von komplementärer Software in das Betriebssystem um eine Produktinnovation, die von den Konsumenten geschätzt wird. Andererseits ist es möglich, dass spezialisierte Anbieter ergänzender Software von gesellschaftlich wünschenswerten Investitionen in Forschung und Entwicklung abgeschreckt werden, wenn sie erwarten müssen, dass der Anbieter des dominierenden Betriebsystems (Windows) genau in dem Moment eine konkurrierende Software in sein Betriebssystem integriert, wo der Markt für diese Software lukrativ zu werden beginnt. In der Praxis scheint die Erfüllung der zweiten Auflage keine größeren Folgen für den Markt gehabt zu haben. Nach Angaben von Microsoft wurden von der entkoppelten Windows-Version ohne den Media-Player nur etwa 2000 Stück verkauft (FAZ vom 18. September 2007, 11).

Literatur: Motta 2004; Lévèque 2005; Ayres/Nalebuff 2005; Kirchner 2005.

9.3.3 Jüngste Entwicklungen

Im Dezember 2005 veröffentlichte die Europäische Kommission ein Diskussionspapier mit der Absicht, die Kontrolle beherrschender Unternehmen stärker an ökonomischen Kriterien auszurichten. Zum einen wird dabei das Wohl der Verbraucher durch den Schutz des Wettbewerbs, und nicht der Schutz des Wettbewerbers in den Vordergund gerückt. Zum anderen geht es um die Durchsetzung des Verbots des Behinderungsmissbrauchs gemäß Artikel 82 EG. Eine im Dezember 2008 verabschiedete „Guidance" der Kommission fokussiert die Kontrolle missbräuchlichen Verhaltens nicht mehr auf die Form bestimmter Unternehmensstrategien, sondern darauf, wie sie sich auswirken. Mit anderen Worten, wettbewerbsfördernde und wettbewerbshemmende Wirkungen werden gegeneinander abgewogen und der „more economic approach" in diesem Bereich stärker präzisiert. Insbesondere deutsche Wissenschaftler äußerten Befürchtungen, dass der neue Ansatz zu einer schwer vorhersehbaren Einzelfallgerechtigkeit führe und somit die Rechtssicherheit beeinträchtigen werde. Ob das so ist, wird die Praxis in den nächsten Jahren enthüllen. (Zur theoretischen Fundierung vgl. insbesondere Economic Advisory Group on Competition Policy 2005; Schmidtchen/Albert/Voigt 2007. Hellwig 2007 kritisiert beispielsweise die AKZO-Entscheidung des EuGH sowie die British Airways-Entscheidungen der Kommission und der Europäischen Gerichte. Die Feststellung rechtswidriger Kampfpreise oder eines rechtswidrigen Verdrängungswettbewerbs durch ein Bonussystem, das

Fluggesellschaft und Reisevermittler untereinander vertraglich vereinbart hatten, sei ökonomisch mangelhaft fundiert.).

9.4 Behördliche und private Durchsetzung von Art. 81 und 82 EG

9.4.1 Reform des Verfahrensrechts

Die europäischen Wettbewerbsregeln in Art. 81 und 82 EG werden bis heute weitgehend von der Europäische Kommission, also auf behördlichem Wege, durchgesetzt. Dabei besitzt die Kommission nicht nur umfangreiche Ermittlungsrechte, sondern entscheidet gleichzeitig über Art und Umfang der Sanktionen, wenn sie Verletzungen des europäischen Wettbewerbsrechts feststellt. Alle Einzelheiten waren bis vor kurzem in der Verordnung Nr. 17/1962 geregelt, die mit Wirkung vom 1.5.2004 durch die Verordnung Nr. 1/2003 abgelöst wurde. Die Verfahrensänderungen der neuen Verordnung stellen die vermutlich tiefgreifendste Reform des europäischen Wettbewerbsrechts dar. Sie betreffen insbesondere die Durchsetzung des Kartellverbots gemäß Art. 81 EG. Mit der Reform entfällt für die betroffenen Unternehmen die Notwendigkeit, eine horizontale oder vertikale Vereinbarung bei der Europäischen Kommission anzumelden und eine Einzelfreistellung vom Kartellverbot zu beantragen. Erfüllen die entsprechenden Vereinbarungen die Voraussetzungen des Art. 81 Abs. 3 EG, so sind diese von vornherein ohne explizite Freistellung zulässig. Ob dies der Fall ist, müssen die betroffenen Unternehmen zunächst selbst einschätzen. Der endgültige Test erfolgt erst, wenn die Wettbewerbsbehörden von Amts wegen oder auf Grund einer Beschwerde ermitteln oder wenn das Opfer eines Verstoßes gegen das Kartellverbot (bzw. eine Partei der Kartellvereinbarung) vor einem Zivilgericht Klage erhebt. Während bisher die Ausnahmen vom Kartellverbot als Erlaubnisvorbehalt (administrative *ex ante* Kontrolle) ausgelegt wurden, geht man nun zu einem System der Legalausnahme mit dezentraler Durchsetzung über und will dadurch die Rolle der Privatinitiative seitens der Opfer bei der Durchsetzung des Wettbewerbsrechts stärken (*ex post* Kontrolle durch Individualklagen). Dabei soll auch die Rolle der nationalen Wettbewerbsbehörden bzw. der Zivilgerichte der Mitgliedstaaten bei der Durchsetzung des europäischen Kartellrechts gestärkt werden, so dass sich die Kommission auf die Verfolgung der schwerer wiegenden Kartellverstöße konzentrieren kann und auch nach der Erweiterung der EU auf 27 Mitglieder arbeitsfähig bleibt. Der Systemwechsel wurde im europäischen Ausland teilweise befürwortet (z.B. Wils 2001). Bei deutschen Wettbewerbsrechtlern stieß die Reform zum Teil auf scharfe Kritik, weil man einen Verlust an Rechtssicherheit befürchtet (z.B. Mestmäcker/Schweitzer 2004: 148 ff., 473 ff.).

9.4.2 Setzt die Kommission das Kartellverbot durch?

In den ersten Jahren der europäischen Kartellverbotspraxis sah sich die Kommission einer Flut von Anmeldungen gegenüber, die natürlich in der Absicht erfolgten, eine Freistellung vom Kartellverbot zu erhalten. So wurden nach Auskunft der Kommission bis 1967 nicht weniger als 37 450 Vereinbarungen zwischen Unternehmen angemeldet. Mit der zunehmenden Verbreitung von Gruppenfreistellungsverordnungen reduzierte sich die Anzahl der neuen Anmeldungen auf durchschnittlich etwa 250 pro Jahr in den 1990er Jahren und pendelte sich zwischen 2000 und 2003 auf durchschnittlich weniger als 100 ein. Mit dem neuen Kartellverfahrensrecht gibt es seit dem 1.5.2004 überhaupt keine Anmeldungen mehr.

In den letzten Jahren konzentrierte sich die Kommission auf Ermittlungen gegen internationale Hardcore-Kartelle, d.h. gegen solche Vereinbarungen, für die es mit Sicherheit keine Rechtfertigungsgründe gibt und die deshalb auch gar nicht erst angemeldet werden. Die 1996 erlassene und 2002 geänderte Kronzeugenregelung, die Kartellaussteiger durch Bußgelderlasse und -ermäßigungen zur Zusammenarbeit mit der Kommission ermutigen soll, erleichtert der Kommission in der Praxis den Nachweis von Kartellverstößen und trug wohl mit dazu bei, dass sich die Zahl der von der Kommission entschiedenen Kartellfälle von etwa zwei pro Jahr zwischen 1990 und 1999 auf etwa 6 pro Jahr seit 2000 drastisch erhöht hat (http://ec.europa.eu/competition/cartels/statistics/statistics.pdf). Gleichzeitig erreichten die verfügten Geldbußen im neuen Jahrhundert ständig neue Rekordhöhen. Das Bußgeld hängt von der Schwere und der Dauer der Zuwiderhandlung ab und ist auf maximal 10 % des im vorausgegangenen Geschäftsjahr erzielten Gesamtumsatzes begrenzt. 1990 – 1994 bzw. 1995 – 1999 betrugen die insgesamt verhängten Geldbußen gerade einmal 343 bzw. 271 Mio. €. Sie stiegen dann rapide auf 3,2 Mrd. € (2000 – 2004) bzw. 8,1 Mrd. € (2005 – Nov. 2008) an. 2008 wurde zum ersten Mal in einem Kartellfall eine Geldbuße von insgesamt mehr als 1 Mrd. € verhängt (1,384 Mrd. € im Fall Autoglas). Die zehn höchsten Geldbußen, die seit 1969 gegen einzelne Unternehmen wegen Verstößen gegen das Kartellverbot verhängt wurden, konzentrieren sich auf die letzten acht Jahre.

Tabelle 9.1: Die zehn höchsten Geldbußen wegen Verstoßes gegen das Kartellverbot pro Unternehmung (seit 1969); Stand November 2008

Jahr	*Unternehmung*	*Fall*	*Betrag in €**
2008	Saint Gobain	Autoglas	896.000.000
2007	ThyssenKrupp	Aufzüge	479.669.850
2001	F. Hoffmann-La Roche AG	Vitamine	462.000.000
2007	Siemens AG	Gasisolierte Schaltanlagen	396.562.500
2008	Pilkington	Autoglas	370.000.000
2008	Sasol Ltd	Paraffinwachs	318.200.000
2006	EniSpA	Synthetikkautschuk	272.250.000
2002	Lafarge SA	Gipskarton	249.600.000
2001	BASF AG	Vitamine	236.845.000
2007	Otis	Aufzüge	224.932.950

* Korrigiert gemäß Gerichtsentscheidungen
Quelle: http://ec.europa.eu/competition/cartels/statistics/statistics.pdf

Mit der Verordnung Nr. 622/2008 steht der Kommission seit Juli 2008 ein weiteres Instrument zur Bekämpfung von Kartellabsprachen zur Verfügung. Um die Verwaltungsverfahren zu vereinfachen und die Anzahl der Rechtsstreitigkeiten in Kartellsachen zu verringern, verfügt die Kommission nun über die Möglichkeit, geständigen Kartellsündern einen Vergleich mit bis zu 10 % reduzierten Geldbußen anzubieten. Dieses Instrument ergänzt die weiterhin bestehende Kronzeugenregelung und soll der Kommission helfen, Ressourcen für die Bearbeitung weiterer Fälle frei zu machen. Es bleibt abzuwarten, ob sich dadurch die Beteiligten an Kartellabsprachen tatsächlich abschrecken lassen. Sofern die Geldbußen geringer sind als die durch das Kartell verdienten Zusatzgewinne, trägt eine erhöhte Aufklärungsquote kaum zu einer erhöhten Abschreckung bei (Stephan 2008).

9.4.3 Private Durchsetzung durch Schadensersatzklagen

Der durch die Verordnung Nr. 1/2003 eingeleitete Paradigmenwechsel mit dem Ziel, eine privatrechtliche Durchsetzung des EG-Kartellrechts vor den nationalen Gerichten der Mitgliedstaaten zu stärken, ist noch keineswegs abgeschlossen. Bis heute spielen private Schadensersatzklagen der Opfer von Kartellrechtsverletzungen in der EU – anders als beispielsweise in den USA – eine zu vernachlässigende Rolle. Aus diesem Grund plant die Kommission mit weiteren Rechtsakten die Durchsetzung von Schadensersatzansprüchen aus Verletzungen der Art. 81 und 82 EG zu erleichtern. In ihrem Grünbuch „Schadensersatzklagen wegen Verletzung des EU-Wettbewerbsrechts" vom 19.12.2005 hatte die Kommission verschiedene Hindernisse in den materiellen und verfahrensrechtlichen Vorschriften für kartellrechtliche Schadensersatzklagen vor den nationalen Gerichten der Mitgliedstaaten identifiziert (vgl. die interessante Diskussion bei Wagner 2007 sowie Basedow 2007). Mit dem knapp drei Jahre später erschienenen Weißbuch vom 2.4.2008 schlägt die Kommission vor, einen EU-weiten Mindeststandard bei der Durchsetzung von Schadensersatzansprüchen wegen Verletzung von Art. 81 und 82 EG-Vertrag zu gewährleisten.

Im Einzelnen geht es um die folgenden Maßnahmen bzw. rechtspolitischen Optionen:

1. Jeder soll zur Klage berechtigt sein, der einen Schaden durch einen Kartellrechtsverstoß erlitten hat. Das betrifft auch indirekte Abnehmer, die in keinem Vertragsverhältnis mit dem Rechtsverletzer stehen. Da es sich bei den Schäden häufig um Streuschäden handelt, d.h. viele Opfer (die Endkonsumenten) erleiden jeweils einen kleinen Schaden, empfiehlt die Kommission zwei einander ergänzende Mechanismen des kollektiven Rechtsschutzes: Verbandsklagen für bestimmte Gruppen von Einzelpersonen (z.B. durch Verbraucherverbände) und Opt-in-Gruppenklagen, wobei sich einige Opfer zusammenschließen, um ihre jeweiligen Schadensersatzansprüche in einer einzigen Klage zusammenzufassen.
2. Für die Kläger soll der Zugang zu Beweismitteln erleichtert werden, indem die einzelstaatlichen Gerichte unter klar definierten Voraussetzungen

befugt werden, die Prozessparteien oder Dritte anzuweisen, relevante Beweismittel offenzulegen.

3. Bestandskräftige Entscheidungen der nationalen Wettbewerbsbehörden sollen als unwiderleglicher Beweis für den festgestellten Verstoß gegen Art. 81 oder 82 EG herangezogen werden.
4. In Mitgliedstaaten, in denen eine Haftung nur bei Nachweis eines Verschuldens möglich ist, soll der Rechtsverletzer immer dann haften, wenn er nicht nachweisen kann, dass sein Verstoß auf einem „genuin entschuldbaren Irrtum" beruht.
5. Die Kommission beabsichtigt zur Erleichterung der Berechnung des Schadensersatzes im Einzelfall die Ausarbeitung eines „pragmatischen und unverbindlichen Orientierungsrahmens für die Berechnung des Schadensersatzes bei Wettbewerbsverstößen".
6. Die beklagte Partei soll das Recht erhalten, bei Schadensersatzklagen wegen Preisaufschlägen den Einwand der Schadensabwälzung („passing-on defence") geltend zu machen. Gleichzeitig sollen sich indirekte Abnehmer auf die widerlegliche Vermutung berufen können, dass der rechtswidrige Preisaufschlag in vollem Umfang auf sie abgewälzt wurde.
7. Die Verjährungsfrist für kartellrechtliche Schadensersatzansprüche sollte nicht beginnen, bevor eine dauernde oder fortgesetzte Zuwiderhandlung eingestellt wurde und bevor von dem Geschädigten vernünftigerweise Kenntnis der Zuwiderhandlung und des ihm dadurch verursachten Schadens erwartet werden kann. Um Folgeklagen im Anschluss an Entscheidungen der Wettbewerbsbehörde zu erleichtern, soll eine neue Verjährungsfrist von mindestens zwei Jahren beginnen, sobald die Entscheidung der Wettbewerbsbehörde bestandskräftig wird.
8. Da kartellrechtliche Schadensersatzklagen in der Regel komplexer und zeitaufwendiger sind als andere zivilrechtliche Klagen, schlägt die Kommission eine Reihe von Maßnahmen vor, welche die Kosten der Schadensersatzklage gering halten und kalkulierbar machen (wie z.B. Begünstigung von Vergleichen, Obergrenzen für Gerichtskosten, frühzeitiger Erlass von Kostenentscheidungen).
9. Um die Attraktivität von Kronzeugenprogrammen nicht zu verringern, soll schließlich für Unternehmenserklärungen im Rahmen von Kronzeugenprogrammen ein angemessener Schutz vor Offenlegungen (siehe Punkt 2) sichergestellt werden.

Wie sind diese Aktivitäten zur Erleichterung privater kartellrechtlicher Schadensersatzklagen zu beurteilen? Aus ökonomischer Sicht steht weniger der Schadensausgleich (*ex post*) als vielmehr die Verhaltenssteuerung (*ex ante*) im Vordergrund. Inwiefern veranlasst die Erleichterung von Schadensersatzklagen der Opfer die Verursacher von Kartellrechtsverletzungen in Erwartung zukünftiger Klagen dazu, sich stärker wettbewerbskonform zu verhalten, und das zu ökonomisch vertretbaren volkswirtschaftlichen Kosten? In einem kombinierten System behördlicher und privater Durchsetzung des Kartellrechts können private Schadensersatzklagen auf zweierlei Weise zur Abschreckung von Kartellrechtsverletzungen beitragen. Zum einen wird die Wahrscheinlichkeit von Sanktionen erhöht, sofern die privaten Kläger zusätzliche Informationen zur Verfügung stellen. Zum anderen erhöht sich die Sanktion dadurch, dass auf die behördliche Geldbuße noch ein privater Schadensersatzanspruch draufgesattelt wird. Wir sind der Meinung, dass die Abschreckungswirkung ergänzender privater Schadensersatzklagen sehr unterschiedlich sein wird je nach dem, ob es sich um die Durchsetzung des Kartellverbots (Art. 81 EG) oder des Verbots des Missbrauchs einer beherrschenden Stellung (Art. 82 EG) handelt.

Bei einer Verletzung des Kartellverbots entstehen typischerweise einerseits Streuschäden, d.h. eine Vielzahl von Opfern erleiden jeweils relativ geringe Schäden, andererseits ist die Kausalität für das einzelne Opfer in der Regel kaum erkennbar. Durch zahlreiche Substitutionshandlungen werden die Schäden, die durch ein Kartell verursacht werden, auf die unterschiedlichsten gesellschaftlichen Gruppen überwälzt: So zahlen einige Konsumenten höhere Preise, andere verzichten auf den Konsum der zu teuer gewordenen Produkte, weichen möglicherweise auf nicht kartellierte Märkte für nahe Substitute aus und treiben dort die Preise in die Höhe. Die Kartellmitglieder schränken ihre Produktion ein, verringern dadurch ihre Nachfrage nach Produktionsfaktoren, üben Druck auf die Faktorpreise aus und schädigen auch die Faktoreigner. Es ist somit unwahrscheinlich, dass durch die privaten Kläger zusätzliche Informationen zur Verfügung gestellt werden, welche die Kommission von eigenen Ermittlungsanstrengungen entlasten. Es ist vielmehr zu erwarten, dass Schadenersatzklagen typischerweise Folgeklagen im Anschluss an Entscheidungen der Wettbewerbsbehörden sind. Unter diesen Bedingungen erreicht man eine stärkere Abschreckung eher durch erhöhte Bußgelder (etwa durch Beseitigung der Höchstgrenze von 10 % des Jahresumsatzes) als durch eine Erleichterung privater Schadensersatzklagen. Zum einen spart man dadurch die gesellschaftlichen Kosten zusätzlicher Zivilverfahren. Zum anderen lässt das erhöhte Risiko privater Schadensersatzklagen die Kronzeugenprogramme weniger attraktiv werden und verringert insofern die Wahrscheinlichkeit, dass ein Kartell entdeckt wird. Unter dem Gesichtspunkt, ex post eine Entschädigung der Opfer durch die Rechtssverletzer durchzusetzen, ist Folgendes zu beachten: Eine Erhöhung der Bußgeldeinnahmen verringert die Beiträge der Mitgliedstaaten zum Haushalt der EU. Es ist bei Verstößen gegen das Kartellverbot keineswegs klar, dass der private Ausgleich über Schadenersatzklagen zielgenauer ist als der kollektive Ausgleich über die Verringerung der Beiträge der Mitgliedstaaten an den EU-Haushalt (vgl. zu derartigen Fragen auch Eger/Weise 2008).

Bei einer Verletzung des Verbots des Missbrauchs einer beherrschenden Stellung ist demgegenüber typischerweise zu erwarten, dass die Opfer über mehr Informationen als die Kommission verfügen. Zusätzliche Anreize, diese Informationen zur Verfügung zu stellen, erhöhen somit die Aufdeckungswahrscheinlichkeit von Verletzungen des Missbrauchsverbots und damit auch die Abschreckung. Es sollte allerdings vermieden werden, dass eine Erleichterung privater Schadensersatzklagen in diesen Fällen zu einem Anstieg ungerechtfertigter Klagen gegen Konkurrenten und dadurch zur Behinderung eines funktionsfähigen Wettbewerbs führt.

9.5 Fusionskontrolle

9.5.1 Eine schwierige Geburt

Neben dem Kartellverbot und der Missbrauchsaufsicht ist die präventive Zusammenschlusskontrolle („Fusionskontrolle") das dritte wesentliche Element jeder modernen Wettbewerbspolitik. Hierdurch sollen Wettbewerbsbeschränkungen verhindert werden, die aus unkontrollierten Konzentrationsprozessen resultieren. Aus ökonomischer Sicht sind Zusammenschlüsse von Unternehmen ambivalent. Zum einen besteht immer die Gefahr, dass hierdurch Marktmacht aufgebaut und der Wettbewerb zu Lasten schwächerer Konkurrenten und der Konsumenten beschränkt wird. Zum anderen können durch Unternehmenszusammenschlüsse auch Wohlfahrtsgewinne auftreten, wenn sich dadurch Größenvorteile ergeben (Van den Bergh/Camesasca 2006: 31 ff., 348 ff.).

Der EG-Vertrag enthält keine explizite Vorschrift zur Fusionskontrolle. Aus dem Grunde griffen Europäische Kommission und Europäischer Gerichtshof bei der Bewertung strittiger Unternehmenszusammenschlüsse zunächst auf Art. 81 und 82 EG (damals. Art. 85 und 86) des Vertrages zurück. Im Fall *Continental Can* untersagte die Kommission eine Fusion zwischen zwei Unternehmen der Verpackungsindustrie, weil sie darin Missbrauch einer beherrschenden Stellung sah. Der EuGH verneinte zwar im vorliegenden Fall das Bestehen einer beherrschenden Stellung, machte in seiner Grundsatzentscheidung aber deutlich, dass er den Tatbestand des Missbrauchs einer beherrschenden Stellung auch dann als erfüllt ansehe, wenn eine bereits vorhandene beherrschende Stellung durch Fusion verstärkt wird (EuGH 21.2.1973, Slg. 1973, 215). Vierzehn Jahre später entschied der EuGH im Fall *Philipp Morris*, dass auch Artikel 81 EG (damals: Art. 85) auf Unternehmenszusammenschlüsse angewendet werden kann, wenn der Erwerb einer Kapitalbeteiligung an einem Wettbewerber dazu genutzt wird, das Geschäftsverhalten des Zielunternehmens zu beeinflussen und den Wettbewerb zu beschränken (EuGH 17.11.1987, Slg. 1987, 4566).

Die Kontrolle von Unternehmenszusammenschlüssen auf Grundlage von Art. 81 und Art. 82 EG hatte allerdings einige schwerwiegende Nachteile. So wurden auf diese Weise nicht alle relevanten Unternehmenszusammenschlüsse erfasst, die Bewertung erfolgte nicht auf Grundlage einheitlicher Kriterien und das Verfahren war umständlich und langwierig. Deshalb hatte die Kommission bereits 1973 einen Vorschlag für eine Fusionskontrollverordnung vorgelegt. Der Ministerrat verabschiedete sie jedoch nach langen Diskussionen erst am 21.12.1989, und sie trat am 21.9.1990 in Kraft (VO Nr. 4064/89). Diese Verordnung wurde 1997 in einigen Punkten geändert (VO Nr. 1310/97) und 2004 schließlich durch eine neue Verordnung ersetzt, die am 1.5.2004 in Kraft getreten ist (VO Nr. 139/2004). Bei allen Unterschieden im Detail lässt sich die Grundstruktur dieser Fusionskontrollverordnungen folgendermaßen beschreiben:

- Unternehmenszusammenschlüsse von gemeinschaftsweiter Bedeutung sind bei der Kommission anzumelden.

- Die Kommission entscheidet innerhalb relativ kurzer, gesetzlich festgelegter Fristen anhand von bestimmten Kriterien (Untersagungskriterien), ob sie den beantragten Zusammenschluss (mit oder ohne Auflagen) genehmigt oder untersagt.

Beide Punkte wollen wir im Folgenden etwas ausführlicher diskutieren.

9.5.2 Unternehmenszusammenschlüsse von gemeinschaftsweiter Bedeutung

Hierbei geht es darum, die Zuständigkeiten zwischen Europäischer Gemeinschaft und Mitgliedstaaten voneinander abzugrenzen. Während für Unternehmenszusammenschlüsse von lokaler oder bestenfalls nationaler Bedeutung die Wettbewerbsbehörden der Mitgliedstaaten zuständig sind, konzentriert sich die Europäische Kommission auf solche Unternehmenszusammenschlüsse, die von gemeinschaftsweiter Bedeutung sind. Zu diesem Zweck definiert die Fusionskontrollverordnung als „Aufgreifkriterien" Umsatzschwellen, bei deren Überschreiten die Gemeinschaft zuständig ist (Box 9.8). Das ist einer der wenigen Fälle, in denen dem Subsidiaritätsprinzip relativ eindeutige Kriterien beigegeben sind.

Box 9.8: Gemeinschaftsweite Bedeutung von Unternehmenszusammenschlüssen

Seit der Fusionskontrollverordnung von 1989 werden als Aufgreifkriterien für Unternehmenszusammenschlüsse von gemeinschaftsweiter Bedeutung folgende Umsatzschwellenwerte zugrundegelegt:

- Alle am Zusammenschluss beteiligten Unternehmen haben zusammengenommen einen weltweiten Gesamtumsatz von mehr als 5 Mrd. € (früher: ECU) und
- mindestens zwei der beteiligten Unternehmen erzielen einen gemeinschaftsweiten Gesamtumsatz von jeweils mehr als 250 Mio. € und
- alle beteiligten Unternehmen erzielen weniger als 2/3 ihres gemeinschaftsweiten Gesamtumsatzes in ein und demselben Mitgliedstaat.

Seit der Reform von 1997 (fortgesetzt durch die Fusionskontrollverordnung von 2004) wurde die Zuständigkeit der Gemeinschaft zusätzlich zu den bisher gültigen Kriterien auch auf Unternehmenszusammenschlüsse mit geringeren Umsatzwerten erweitert:

- Alle am Zusammenschluss beteiligten Unternehmen haben zusammengenommen einen weltweiten Gesamtumsatz von mehr als 2,5 Mrd. € und
- mindestens zwei der beteiligten Unternehmen erzielen einen gemeinschaftsweiten Umsatz von jeweils mehr als 100 Mio. € und
- alle am Zusammenschluss beteiligten Unternehmen erzielen zusammen in mindestens drei Mitgliedstaaten einen Gesamtumsatz von jeweils mehr als 100 Mio. € und
- mindestens zwei der beteiligten Unternehmen erzielen in jedem dieser drei Mitgliedstaaten einen Umsatz von jeweils mehr als 25 Mio. € und
- alle beteiligten Unternehmen erzielen weniger als 2/3 ihres gemeinschaftsweiten Umsatzes in ein und demselben Mitgliedstaat.

Was aber ist ein Zusammenschluss im Sinn der europäischen Fusionskontrollverordnung? Der europäische Gesetzgeber fasst diesen Begriff sehr weit. Es wird nicht nur die Vollfusion von zwei oder mehreren bislang unabhängigen Unternehmen erfasst. Darüber hinaus unterliegt ein Kontrollerwerb im weitesten Sinn der Fusionskontrolle, unabhängig davon, ob diese (unmittelbare oder mittelbare) Kontrolle durch Erwerb von Anteilsrechten oder Vermögenswerten, durch Vertrag oder auf andere Weise erlangt wird. Eine besondere Variante des Zusammenschlusses stellt die Gründung eines Gemeinschaftsunternehmens dar, sofern dieses auf Dauer alle Funktionen einer selbständigen wirtschaftlichen Einheit erfüllt.

9.5.3 Untersagung und Freistellung von Zusammenschlüssen durch die Kommission

Ist ein Unternehmenszusammenschluss entsprechend der oben genannten Umsatzschwellenwerte von gemeinschaftsweiter Bedeutung, so ist er bei der Kommission anzumelden. Die Kommission hat dann zu prüfen, ob sie den Zusammenschluss untersagt oder genehmigt.

Bis zur jüngsten Reform von 2004 war das entscheidende Untersagungskriterium die Begründung oder Verstärkung einer marktbeherrschenden Stellung. Demzufolge waren Zusammenschlüsse, die eine beherrschende Stellung begründen oder verstärken, durch welche ein wirksamer Wettbewerb im Gemeinsamen Markt oder einem wesentlichen Teil desselben erheblich behindert wird, von der Kommission für unvereinbar mit dem Gemeinsamen Markt zu erklären. Wichtigstes Kriterium für eine marktbeherrschende Stellung war der Marktanteil der Unternehmen nach dem Zusammenschluss. So wurde bei einem gemeinsamen Marktanteil unter 25 % in der Regel keine beherrschende Stellung angenommen. Bei einem Marktanteil von deutlich über 25 % sind nach ständiger Rechtsprechung ergänzende Umstände zur Feststellung einer beherrschenden Stellung erforderlich. Besonders hohe Marktanteile von über 50 % rechtfertigen in der Regel die Annahme einer beherrschenden Stellung (Mestmäcker/Schweitzer 2004: 609f.). Als (verschärfende oder mildernde) ergänzende Umstände wurden insbesondere die Marktstellung der verbleibenden Wettbewerber, die relative Marktstärke der Nachfrager und die Stärke des potentiellen Wettbewerbs berücksichtigt. Seit jüngster Zeit wird von der Kommission darüber hinaus der *Herfindahl-Hirschman-Index* zur Messung des Konzentrationsgrades bzw. dessen Veränderung herangezogen (Box 9.9).

Box 9.9: Der Herfindahl-Hirschman-Index

Seit jüngster Zeit zieht die Europäische Kommission auch den Konzentrationsgrad eines Marktes zur Charakterisierung der entsprechenden Wettbewerbssituation heran. Ein gebräuchliches Maß für den Konzentrationsgrad eines Marktes, auf dem nicht zu viele Unternehmen tätig sind, ist der Herfindahl-Hirschman-Index (HHI). Dieser Index misst den Konzentrationsgrad eines Marktes als die Summe der quadrierten Marktanteile aller Unternehmen in diesem Markt:

$$HHI = \sum_{i=1}^{N} S_i^2,$$

wobei N die Anzahl der Unternehmen im Markt und S_i den Marktanteil von Unternehmen i kennzeichnet.

Besteht beispielsweise ein Markt aus vier Anbietern mit Marktanteilen von 50, 20, 20 und 10 Prozent, so beträgt der Herfindahl-Hirschman-Index

$$HHI = 50^2 + 20^2 + 20^2 + 10^2 = 2\,500 + 400 + 400 + 100 = 3\,400.$$

Offensichtlich kann der HHI Werte zwischen 0 (unendlich viele Unternehmen mit einem Marktanteil von jeweils 0) und 10000 (ein Unternehmen mit einem Marktanteil von 100) annehmen. Die Kommission legt ihren Entscheidungen zum einen den HHI nach dem Zusammenschluss zugrunde, zum anderen aber auch die Veränderung des HHI durch den Zusammenschluss (das sog. „Delta"). Nach den jüngsten „Leitlinien zur Bewertung horizontaler Unternehmenszusammenschlüsse" von 2004 geht die Kommission davon aus, dass ein Unternehmenszusammenschluss, der zu einem HHI von unter 1 000 führt, keine weiteren Untersuchungen erfordert. Das gleiche gilt für einen HHI nach Zusammenschluss zwischen 1 000 und 2 000 bei einem Delta-Wert von weniger als 250 oder für einen HHI nach Zusammenschluss von mehr als 2 000 bei einem Delta-Wert von weniger als 150, sofern keine besonderen, wettbewerbspolitisch bedenklichen Umstände vorliegen.

Literatur: Mestmäcker/Schweitzer 2004: 598; Bishop/Walker 2002: 56ff.; „Leitlinien zur Bewertung horizontaler Zusammenschlüsse" Amtsblatt C 31 vom 5.2.2004.

Die Prüfung des Zusammenschlusses erfolgt in zwei Stufen. Zunächst einmal wird überprüft, ob der Zusammenschluss überhaupt in den Anwendungsbereich der Fusionskontrollverordnung fällt und ob in diesem Fall ernsthafte Bedenken gegen den Zusammenschluss bestehen. Nur wenn beide Bedingungen erfüllt sind – und dies ist nur in etwa 5 % aller angemeldeten Zusammenschlüsse der Fall –, leitet die Kommission innerhalb eines Monats das förmliche Verfahren ein und entscheidet innerhalb einer Frist von weiteren vier Monaten über Genehmigung, Genehmigung unter Bedingungen und Auflagen oder Untersagung des Zusammenschlusses. Von September 1990 bis Dezember 2008, also in den achtzehn Jahren seit Bestehen einer europäischen Fusionskontrolle, wurden insgesamt 4 015 Fusionen angemeldet, wovon lediglich 186 in die zweite Stufe des vertieften Prüfverfahrens weitergeleitet wurden. Davon wurden letztlich 20 Zusammenschlüsse untersagt. Erstmalig wurde im Oktober 1991 ein Zusammenschluss durch die Kommission untersagt (siehe Box 9.10).

Box 9.10: Ein Euro-Champion wird verhindert: Der Fall Aérospatiale/Alenia-de Havilland

Am 2.10.1991 hat die Europäische Kommission erstmals einen Zusammenschluss untersagt. Das französische Staatsunternehmen *Aérospatiale SNI* und das italienische Staatsunternehmen *Aeritalia e Selenia SpA*, beide in der Luft- und

Raumfahrt tätig, hatten 1982 das Gemeinschaftsunternehmen *Groupement d'Intérêt Économique Avion de Transport Régional* (ART) gegründet, das auf die Entwicklung, Fertigung und den Vertrieb von Regionalflugzeugen spezialisiert war. Es war beabsichtigt, dass ART, der europa- und weltweit führende Hersteller von Regionalflugzeugen, die Kontrolle über *de Havilland* erlangen sollte, eine kanadische Tochter des US-amerikanischen Boeing-Konzerns und weltweit der zweitgrößte Hersteller von Regionalflugzeugen.

Die Kommission untersagte den Zusammenschluss mit der Begründung, dass dadurch auf dem relevanten Markt (regionale Turbopropflugzeuge mit einer Kapazität von 20 bis 70 Sitzplätzen) sowohl innerhalb der EG als auch auf dem Weltmarkt mit 65% bzw. 50% eine beherrschende Stellung entstehen würde, dass mittel- bis langfristig weder von den verbleibenden Konkurrenten noch von den Fluggesellschaften als Nachfragern ein hinreichend starker Wettbewerbsdruck auf das neue Unternehmen zu erwarten sei und dass unter den gegebenen Bedingungen nicht mit einem Marktzutritt potentieller Konkurrenten zu rechnen sei.

Diese erste Untersagung eines Unternehmenszusammenschlusses führte nicht nur zu heftigen Protesten seitens der französischen und italienischen Regierung, sondern veranlasste auch den für Industriepolitik zuständigen Kommissar Bangemann, ein verstärktes Mitspracherecht seiner Generaldirektion schon bei der Einleitung eines Fusionskontrollverfahrens zu fordern. Abgesehen von einer Informationspflicht der Generaldirektion Wettbewerb gegenüber den anderen betroffenen Generaldirektionen, auf die sich die Kommission im Februar 1992 einigte, hatte dieser Protest allerdings keine Konsequenzen für die zukünftige Fusionskontrolle.

Literatur: Schmidt/Schmidt 2006: 107f.; Nagel 2004: 150f.

Aus ökonomischer Sicht stellt sich ein typischer horizontaler Zusammenschluss zweier oder mehrerer Unternehmen wie folgt dar: Das durch den Zusammenschluss neu entstehende Unternehmen hat einen höheren Marktanteil als die beteiligten Einzelunternehmen. Dadurch kann bei Überschreitung bestimmter Schwellenwerte eine beherrschende Stellung begründet bzw. verstärkt werden. Man kann in diesem Fall von individueller Marktbeherrschung durch ein einzelnes Unternehmen sprechen. Es gibt aber noch eine andere Variante der Marktbeherrschung. Ein wirksamer Wettbewerb kann durch einen horizontalen Zusammenschluss auch dadurch behindert werden, dass die nach dem erfolgten Zusammenschluss am Markt verbleibenden Parteien nun ihr Verhalten besser aufeinander abstimmen können (Bishop/Walker 2002: 263ff.). Eine derartige kollektive Marktbeherrschung wird zwar in der Fusionskontrollverordnung nicht explizit erwähnt, wurde aber von der Kommission im Fall *Nestlé-Perrier* 1992 erstmals bei einem Fusionskontrollverfahren zugrundegelegt (Box 9.11).

Box 9.11: Ein (fast) zu großer Schluck aus der Pulle: Der Fall Nestlé-Perrier

Anfang der neunziger Jahre machte der international tätige Lebensmittelkonzern Nestlé dem französischen Mineralwasserhersteller Perrier erfolgreich ein

Übernahmeangebot. Zugleich vereinbarten Nestlé und BSN, der dritte führende Anbieter auf dem französischen Mineralwassermarkt, die Quelle Volvic von Perrier an BSN zu übertragen. Die Europäische Kommission prüfte zunächst, ob der Zusammenschluss (Nestlé + Perrier ohne Volvic) eine beherrschende Stellung begründe oder verstärke. Als relevanten Markt identifizierte die Kommission den französischen Markt für abgefülltes Wasser aus natürlichen Quellen oder Brunnen. Da durch die Übertragung von Volvic an den Hauptrivalen BSN dieser einen Marktanteil von über 30 % erhalten würde, war eine Untersagung der Fusion auf Grund von individueller Marktbeherrschung schwer zu begründen.

Stattdessen entschied die Kommission, dass diese Fusion zu einer kollektiven Marktbeherrschung führen würde. Die Argumentation: der französische Markt sei vor der Fusion durch drei große Anbieter (Nestlé, Perrier und BSN) sowie eine große Anzahl kleiner, geographisch verstreuter Anbieter lokaler Quellwasser gekennzeichnet. Aufgrund der relativ hohen Transportkosten und aufgrund der Existenz starker etablierter Marken sei die potentielle Konkurrenz seitens ausländischer Anbieter als gering einzuschätzen. Die vorherrschende Praxis, Listenpreise zu veröffentlichen, führe zu einer hohen Markttransparenz. Diese Argumente brachten die Kommission zu dem Schluss, dass die Verringerung von drei auf zwei große Anbieter die Wahrscheinlichkeit eines abgestimmten Verhaltens erhöhen und damit eine kollektive Marktbeherrschung begründen werde. Letztlich genehmigte die Kommission die Übernahme unter der Auflage, dass Perrier bestimmte Mineralwassermarken an eine dritte Partei veräußere (KomE 22.7.1992).

Literatur: Schmidt/Schmidt 2006: 95 ff.; Mestmäcker/Schweitzer 2004: 633 f.; Motta 2004: 279 ff.)

In den darauffolgenden Jahren untersagte die Kommission weitere Zusammenschlüsse wegen Begründung einer kollektiv beherrschenden Stellung, wie z.B. in den Fällen *Kali und Salz* (KomE 14.12.1993) und *Airtours/First Choice* (KomE 22.9.1999). Diese Untersagungen wurden später vom EuGH bzw. dem EuG wieder gekippt, und das EuG formulierte relativ harte Bedingungen (wie hinreichende Markttransparenz, wirksame Sanktionen gegen Abweichler sowie unzureichender tatsächlicher und potentieller Wettbewerb), die erfüllt sein müssten, um eine kollektiv beherrschende Stellung anzunehmen.

Ein besonderes Kapitel stellen vertikale und konglomerate Unternehmenszusammenschlüsse dar. Auf den ersten Blick entsteht hierdurch kein Handlungsbedarf, da sich der Marktanteil auf keinem Markt verändert. Schließen sich etwa ein Automobilhersteller und ein Hersteller von Autositzen zusammen (vertikaler Zusammenschluss), so verändern sich dadurch weder auf dem Automobilmarkt noch auf dem Markt für Sitze die Marktanteile. Das gleiche gilt für den Zusammenschluss eines Automobilherstellers und eines Waschmaschinenproduzenten (konglomerater Zusammenschluss). Deshalb ist in der wettbewerbspolitischen Literatur umstritten, unter welchen Bedingungen derartige Zusammenschlüsse überhaupt ein wettbewerbsrechtliches Problem darstellen (Mestmäcker/Schweitzer 2004: 616 ff.; Bishop/Walker 2002: 288 ff.).

Vertikale Zusammenschlüsse werfen nur dann wettbewerbspolitische Probleme auf, wenn das integrierte Unternehmen auf einer oder mehrerer Wirtschaftsstufen über beherrschende Stellungen verfügt. Unter diesen Bedingungen wird es nämlich in die Lage versetzt, die Kosten der Wettbewerber auf einer Wirtschaftsstufe durch Behinderung ihres Zugangs zu wichtigen Inputs auf der vorgelagerten Wirtschaftsstufe zu erhöhen (der so genannte *foreclosure effect*). Bei wichtigen Inputs handelte es sich in der Vergangenheit insbesondere um natürliche Rohstoffe (etwa in der Montanindustrie). Heute dagegen spielt der Zugang zu Netzen der Kommunikationswirtschaft eine zunehmende Rolle. Bei konglomeraten Zusammenschlüssen ist es noch zweifelhafter, ob hier ein wettbewerbspolitisches Problem vorliegt. Führt „Größe an sich" zu Wettbewerbsbeschränkungen? Grundsätzlich geht die Kommission bei konglomeraten Zusammenschlüssen von der Vermutung aus, dass keine Wettbewerbsbeschränkungen resultieren. In den letzten Jahren hat die Kommission allerdings mehrere Voraussetzungen identifiziert, unter denen wettbewerbsbeschränkende Wirkungen von konglomeraten Zusammenschlüssen zu erwarten seien. Ein interessantes Beispiel von grundsätzlicher Bedeutung ist der Fall *General Electric/Honeywell*, der deshalb etwas ausführlicher diskutiert werden soll (Box 9.12).

Box 9.12: Greift die Kommission in den amerikanischen Markt ein? Der Fall General Electric-Honeywell

Im Februar 2001 wurde bei der Europäischen Kommission die beabsichtigte Übernahme des amerikanischen Flugzeugausrüsters *Honeywell* durch den amerikanischen Hersteller von Flugzeugmotoren *General Electric* angemeldet. Obwohl an dieser Megafusion mit einem Volumen von 42 Mrd. Dollar nur amerikanische Unternehmen beteiligt waren, fiel der Fall in die Zuständigkeit der Europäischen Kommmission, da die relevanten Umsatzschwellenwerte überschritten wurden und der Zusammenschluss somit eine „gemeinschaftsweite Bedeutung" hatte. Während die ebenfalls angerufenen amerikanischen Antitrust-Behörden keine Einwände hatten, untersagte die Kommission den Zusammenschluss mit der Begründung, dass durch die Verbindung von Finanzkraft mit konglomerater und vertikaler Integration eine beherrschende Stellung entstehe bzw. verstärkt werde. Diese Begründung verleiht dem Fall eine grundsätzliche Bedeutung.

Besonders kompliziert wird der Zusammenschluss dadurch, dass er sowohl horizontale als auch vertikale und konglomerate Elemente enthält. Zunächst einmal sind von dem Zusammenschluss drei Märkte für Flugzeugmotoren betroffen:

(1) Motoren für düsengetriebene große Verkehrsflugzeuge: hier hat General Electric (GE) einen Marktanteil von über 50%, Honeywell tritt aber nicht als Anbieter auf;
(2) Motoren für Regionalflugzeuge, wobei auf dem Teilmarkt für größere Regionalflugzeuge sowohl GE als auch Honeywell Motoren anbieten;
(3) Motoren für Privatflugzeuge, die ebenfalls von beiden Unternehmen angeboten werden.

Auf zwei dieser drei Märkte hätte der Zusammenschluss somit eine horizontale Dimension.

Aber das Interessante und zugleich Komplizierte an dem Fall ist die Tatsache, dass auch eine vertikale und eine konglomerate Dimension bestehen. So finanziert die Tochtergesellschaft *GE Capital*, eine der größten Banken der Welt, die Entwicklung neuer Produktlinien bei den Flugzeugherstellern, die sich im Gegenzug häufig bereit erklären, ausschließlich GE Motoren zu verwenden. Eine weitere GE Tochtergesellschaft, die GECAS (*General Electric Capital Aviation Services*), ist als Leasinggesellschaft weltweit einer der bedeutendsten Nachfrager nach Flugzeugen (ca. 10 % Marktanteil) und bietet darüber hinaus den Fluggesellschaften sämtliche Dienstleistungen an, die für den Erwerb, die Finanzierung, das Management und die Unterhaltung einer Luftflotte von Bedeutung sind. Honeywell bietet eine breite Palette von Produkten an, die der Ausrüstung von Flugzeugen dienen. Es handelt sich hierbei zum einen um sog. *Avionics*, d.h. luftfahrtspezifische Ausrüstungen, die die Navigation, Kommunikation und Ermittlung von Flugbedingungen betreffen, und *Non-Avionics* wie beispielsweise Reifen, Bremsen und Beleuchtung. Honeywell hat nicht nur als Hersteller dieser Produkte eine weltweit führende Stellung, sondern hat auch auf den Folgemärkten für Wartung, Reparatur und Überholung eine starke Marktstellung. Darüber hinaus stellt Honeywell Vorprodukte für die Herstellung von Flugzeugmotoren her (sog. *engine controls*), hat insbesondere bei der Starttechnik einen Marktanteil von ca. 50 % und ist in dieser Eigenschaft auch Lieferant von General Electric.

Wir sehen also: Zweifellos würde durch diesen Zusammenschluss ein sehr mächtiges Unternehmen entstehen. Aber würden dadurch auf den relevanten Märkten beherrschende Stellungen begründet oder verstärkt? Würde durch den Zusammenschluss der wirksame Wettbewerb im Gemeinsamen Markt oder einem wesentlichen Teil desselben erheblich behindert? Die Europäische Kommission sagt: ja; die amerikanischen Antitrust-Behörden und viele Ökonomen sagen: nein. Wir werden diese Fragen hier nicht endgültig beantworten können, wollen zumindest aber in aller Kürze kritisch darauf eingehen, wie die Kommission ihre Untersagung begründet.

Was den vertikalen Aspekt angeht, so befürchtet die Kommission, dass der Zusammenschluss zwischen einem Hersteller von Flugzeugmotoren (GE) und dem Marktführer von Starttechnik, die als wichtiger Input bei der Herstellung von Flugzeugmotoren benötigt wird, dazu führen werde, dass der Zugang konkurrierender Hersteller von Flugzeugmotoren zur Starttechnik verteuert wird (*foreclosure*). Dafür muss es aber erstens profitabel sein, die Lieferung von Starttechnik an die Konkurrenten einzuschränken, und zweitens darf es keine konkurrierenden Anbieter von Starttechnik geben, für die es profitabel wäre, Starttechnik zum bisherigen Preis an die Konkurrenten zu liefern.

Bezüglich der konglomeraten Integration befürchtet die Kommission, dass die Zusammenfassung der verschiedenen Produkte in einem Unternehmen zur Ausdehnung der Marktmacht von bisher beherrschten Märkten auf andere Märkte führe („Hebelwirkung"). Die Kommission legt hierbei drei Mechanismen zugrunde. Zum einen könne die Tochtergesellschaft *GE Capital* ihre finanzielle Stärke dazu einsetzen, den Käufern eigener Produkte attraktive finanzielle Konditionen anzubieten, mit denen die Konkurrenz nicht mithalten kann. Zweitens könne das neugeschaffene Unternehmen über die Nachfragemacht der Leasinggesellschaft GECAS die Flugzeughersteller veranlassen, vorzugsweise *avionics* und *non-avionics* von Honeywell einzubauen. Und drittens könne das zusammengeschlossene Unternehmen seine Marktmacht von einem Markt auf angrenzende Märkte übertragen, indem es z.B. Preisnachlässe auf gemeinsam bezogene komplementäre Produkte gewähre (Bündelung) und gleichzeitig quersubventioniere. Ist es wahrscheinlich, dass diese Befürchtungen tatsächlich eintreten? Um diese Frage zu beantworten, müsste gezeigt werden, dass die genannten Strategien für das neu geschaffene Unternehmen auch tatsächlich auf die Dauer profitabel sind. Dieser Nachweis ist der Kommission nach Meinung vieler Kritiker nicht gelungen. Die Nichtigkeitsklagen von GE und Honeywell wurden vom Europäischen Gericht Erster Instanz am 14. Dezember 2005 abgewiesen. Obwohl das Gericht Teile der Kommissionsentscheidung, die sich auf konglomerate und vertikale Wirkungen der Fusion beziehen, als rechtswidrig betrachtete, wurde die Untersagung der Fusion auf Grund der unstreitigen horizontalen Effekte bestätigt.

Literatur: KomE 3.7.2001, Abl. 2004, Nr. L 48/1; Motta 2002: 379ff.; Mestmäcker/Schweitzer 2004. 623ff.; Schmidt/Schmidt 2006: 131ff.

9.5.4 Jüngste Entwicklungen: Zur „Ökonomisierung" der Fusionskontrolle

2002 war ein schwarzes Jahr für die Europäische Kommission. Innerhalb kurzer Zeit hob das Europäische Gericht Erster Instanz (EuG) drei Untersagungsentscheidungen wieder auf – nämlich in den Fällen *Airtours*, *Schneider Electric* und *Tetra Laval*. In allen Fällen bemängelten die Richter unter anderem, die Kommission habe die ökonomische Theorie nicht konsistent angewandt. Bereits zuvor hatte es Kritik an Untersagungsentscheidungen der Kommission gegeben, und so nimmt es nicht Wunder, dass auf Initiative von EU-Kommissar Mario Monti seit September 2003 ein Chefökonom, unterstützt von einem Stab von Industrieökonomen, mehr ökonomische Expertise in die wettbewerbspolitischen Aktivitäten der Kommission einbringen soll. Die stärkere ökonomische Orientierung zeigt sich unter anderem in der neuen Fusionskontrollverordnung (FKVO) von 2004, die einen veränderten Untersagungstatbestand definiert:

„Zusammenschlüsse, durch die wirksamer Wettbewerb im Gemeinsamen Markt oder in einem wesentlichen Teil desselben erheblich behindert würde, insbesondere durch Begründung oder Verstärkung einer beherrschenden Stellung, sind für mit dem Gemeinsamen Markt unvereinbar zu erklären." (Art. 2 Abs. 3 FKVO; dies auch ein Beispiel Brüsseler Sprachkunst).

Neues Untersagungskriterium ist somit die „erhebliche Behinderung des wirksamen Wettbewerbs". Das bisherige Kriterium der „Begründung oder Verstärkung einer beherrschenden Stellung" bleibt lediglich als Regelbeispiel erhalten. Die Veränderung ist Resultat einer langjährigen Diskussion um die Frage, ob der „Marktbeherrschungstest" ein adäquates Mittel zur Beurteilung von Unternehmenszusammenschlüssen sei, oder ob man nicht lieber zu dem schon längere Zeit in den USA, Kanada und Australien üblichen „SLC-Test" (*substantial lessening of competition*) übergehen solle (Bishop/Walker 2002: 309 ff.). Ein weiterer Punkt, der seit der Vorbereitung der ersten Fusionskontrollverordnung von 1989 kontrovers diskutiert wird, ist die Frage, ob man Unternehmenszusammenschlüsse, die den wirksamen Wettbewerb behindern, nicht dennoch zulassen solle, wenn Effizienzvorteile (z.B. Kostenvorteile durch Ausnutzung von Größenvorteilen) die schädlichen Konsequenzen für den Wettbewerb überkompensierten (*efficiency defence*). Der Vorschlag Frankreichs und einiger anderer Länder, eine derartige *efficiency defence* explizit in die Fusionskontrollverordnung aufzunehmen, um die Wettbewerbsfähigkeit europäischer Unternehmen auf den internationalen Märkten zu stärken, scheiterte an ordnungspolitischen Bedenken Englands und Deutschlands. Hier zeigen sich deutlich die Fronten zwischen den industriepolitischen und wettbewerbspolitischen Präferenzen.

Die ökonomische Kritik an der alten Fusionskontrollverordnung, die das Kriterium der beherrschenden Stellung in den Vordergrund rückte und zumindest explizit keine *efficiency defence* zuließ, bezog sich insbesondere auf zwei Punkte:

- Zusammenschlüsse, die keine beherrschende Stellung schaffen oder verstärken, aber dennoch zu Wohlfahrtseinbußen führen, können nicht untersagt werden.
- Zusammenschlüsse, die eine beherrschende Stellung schaffen oder verstärken, die aber dennoch zu Wohlfahrtssteigerungen führen, können nicht ohne weiteres freigestellt werden.

Die neue Fusionskontrollverordnung in Verbindung mit den neuen „Leitlinien zur Bewertung horizontaler Zusammenschlüsse" rückt zum einen das Kriterium der „beherrschenden Stellung" in den Hintergrund und lässt zum anderen explizit einen Erlaubnisvorbehalt aufgrund von Effizienzgewinnen zu (Leitlinie, Rd. Nr. 76 ff.). Inwiefern hierdurch eine Verbesserung eintritt, wird gegenwärtig durchaus kontrovers diskutiert. Kritiker befürchten, dass diese stärkere „Ökonomisierung" der EG-Fusionskontrolle letztlich zu einer stärker einzelfallbezogenen Beurteilung von Unternehmenszusammenschlüssen auf der Grundlage industrieökonomischer Modelle führe und damit *ex ante* für die betroffenen Unternehmen die Rechtssicherheit vermindere (Schmidt/Voigt 2005, Christiansen 2005).

9.6 Öffentliche Unternehmen und „Daseinsvorsorge" (Art. 86 EG)

9.6.1 Geht das Brüssel etwas an?

Interessanterweise sahen die Römischen Verträge von Anfang an vor, dass öffentliche und private Unternehmen wettbewerbspolitisch grundsätzlich gleich zu behandeln seien und dass der Kommission zur Durchsetzung dieses Ziels besondere Entscheidungs- und Richtlinienbefugnisse übertragen würden. Abgesehen von begründeten Ausnahmen, auf die noch zurückzukommen sein wird, sind die Wettbewerbsregeln somit auch auf öffentliche Unternehmen anzuwenden. Geregelt ist dies alles in Art. 86 EG.

Offensichtlich ist eine derartige Regelung unverzichtbar, wenn man die Schaffung eines europäischen Binnenmarktes ernst nimmt. Was nützten alle Bestimmungen zu den vier Grundfreiheiten und zu den Wettbewerbsregeln für private Unternehmen, wenn es den Mitgliedstaaten freigestellt wäre, nach eigenem Gutdünken Aufgaben auf öffentliche Unternehmen zu übertragen und diese dem Wettbewerb zu entziehen? Gemäß Art. 295 EG lässt der EG-Vertrag die Eigentumsordnung der Mitgliedstaaten unberührt, d.h. es bleibt den Mitgliedstaaten überlassen, in welchem Maße sie die Produktion von Gütern und Dienstleistungen von privaten oder öffentlichen Unternehmen durchführen lassen. Aber diese Gestaltungsfreiheit der Mitgliedstaaten wird durch Art. 86 EG insofern relativiert, als öffentliche Unternehmen nur in begründeten Ausnahmefällen dem Wettbewerb entzogen werden dürfen.

Gleichzeitig enthält der Artikel auch eine erhebliche politische Sprengkraft. Denn welcher Staat lässt sich schon gerne verbieten, dass öffentliche Leistungen zu anderen Bedingungen angeboten werden, als sie ein wirksamer Wettbewerb erzeugen würde? Wichtige Beispiele für derartige Leistungen, die in Deutschland auch unter dem Begriff „Daseinsvorsorge" zusammengefasst werden, sind die großen netzgebundenen Wirtschaftszweige der Versorgungswirtschaft (Elektrizität, Gas, Wasser), der Telekommunikation und des Verkehrswesens, aber auch das öffentliche Bankwesen und der öffentlich-rechtliche Rundfunk. In den einzelnen Mitgliedstaaten herrschen sehr unterschiedliche Vorstellungen darüber, wie das nationale Interesse an derartigen Leistungen mit dem Gemeinschaftsinteresse an einem einheitlichen europäischen Binnenmarkt in Einklang zu bringen sei. Deshalb stand Art. 86 EG von dem Augenblick an unter Beschuss, als ihn die Kommission nach einem langen Dornröschenschlaf in den 1980er Jahren konsequent anwenden wollte. Einige Mitgliedstaaten forderten Änderungen oder sogar die Abschaffung des Artikels, worauf als Kompromiss der Vertrag von Amsterdam Art. 16 EG neu eingeführt hat. Er betont noch einmal die Verantwortung der Gemeinschaft und der Mitgliedstaaten für die Funktionsfähigkeit der öffentlichen Dienste. Aber damit sind die Bemühungen um eine Revision des EG-Vertrages im Bereich der Daseinsvorsorge noch lange nicht abgeschlossen. Mit dem Weißbuch der Kommission zu Dienstleistungen von allgemeinem Interesse vom 12.5.2004 wird einmal mehr deutlich, dass die beteiligten Akteure noch Klärungsbedarf sehen.

9.6.2 Die wesentlichen Bestimmungen von Art. 86 EG

Art. 86 EG besteht aus drei Absätzen. Absatz 1 sieht vor, dass die Wettbewerbsvorschriften der Art. 81 ff. EG sowie das allgemeine Diskriminierungsverbot gemäß Art. 12 EG grundsätzlich auch für öffentliche Unternehmen gelten sowie für solche Unternehmen, denen die Mitgliedstaaten besondere oder ausschließliche Rechte gewähren. Nach ständiger Rechtsprechung des EuGH kann bereits die Gewährung und Aufrechterhaltung ausschließlicher Rechte einen Verstoß gegen Art. 82 EG (Missbrauchsverbot) darstellen.

Art. 86 Abs. 2 EG sieht eine Ausnahme der Anwendung der Wettbewerbsregeln für solche Unternehmen vor, die mit Dienstleistungen von allgemeinem wirtschaftlichen Interesse betraut sind bzw. die den Charakter eines Finanzmonopols haben. Der Begriff der Dienstleistungen von allgemeinem wirtschaftlichen Interesse ist weder im Primär- noch im Sekundärrecht näher bestimmt. Die Kommission geht in ihrem Weißbuch vom 12.5.2004 davon aus, dass weitgehende Übereinstimmung dahingehend herrscht, dass es sich um wirtschaftliche Tätigkeiten handelt, „... die von den Mitgliedstaaten oder der Gemeinschaft mit besonderen Gemeinwohlverpflichtungen verbunden werden und für die das Kriterium gilt, dass sie im Interesse der Allgemeinheit erbracht werden" (S. 27). Auch diese Formulierung hilft nicht wirklich weiter. Als Beispiele werden Verkehrswesen, Postdienste, Energiesektor und Telekommunikation genannt. Bei Finanzmonopolen handelt es sich um öffentliche Unternehmen, denen Monopolrechte übertragen wurden, um Einnahmen für den Staatshaushalt zu erzielen (z.B. das Branntweinmonopol).

Auf Anforderung des Europäischen Rats hat die Kommission in ihren Mitteilungen zu Leistungen der Daseinsvorsorge in Europa vom 19.1.2002 drei Grundsätze entwickelt, die für die Anwendung von Art. 86 Abs. 2 EG maßgebend sind:

- erstens der Grundsatz der Neutralität, wonach Dienstleistungen von allgemeinem wirtschaftlichen Interesse sowohl von öffentlich-rechtlich als auch von privatrechtlich organisierten Unternehmen erbracht werden können,
- zweitens der Grundsatz der Gestaltungsfreiheit, welcher besagt, dass die primäre Zuständigkeit im Bereich der Daseinsvorsorge bei den Mitgliedstaaten liegt und dass die Kommission die mitgliedstaatlichen Entscheidungen nur auf „offensichtliche Fehler" kontrollieren wird,
- und drittens der Grundsatz der Verhältnismäßigkeit, wonach die Ausnahme von der Geltung der relevanten gemeinschaftsrechtlichen Vorschriften auf die Fälle zu beschränken ist, in denen die mitgliedstaatliche Regulierung tatsächlich der Erfüllung der übertragenen Aufgaben dient und die Einschränkung des Wettbewerbs oder der Binnenmarktfreiheiten nicht über das erforderliche Maß hinausgeht.

Absatz 3 ermächtigt die Kommission, die erforderlichen Richtlinien und Entscheidungen zu erlassen. Damit werden ihr weitreichende ausschließliche Kompetenzen übertragen, um die Bestimmungen der Absätze 1 und 2 auch durchzusetzen. Die Mitgliedstaaten waren nicht begeistert, als die Kommission begann, auf dieser Rechtsgrundlage Richtlinien zu erlassen, und erhoben zu Beginn generell Nichtigkeitsklagen gegen Richtlinien gemäß Art. 86 Abs. 3 EG mit der Begründung, dass diese Vorschrift die Kommission lediglich zur Anwendung bestehenden Gemeinschaftsrechts im Einzelfall, nicht aber zur

Rechtsetzung ermächtige. Der EuGH hat jedoch in ständiger Rechtsprechung die Position der Kommission bestätigt.

Die erste Richtlinie, die von der Kommission auf dieser Rechtsgrundlage erlassen wurde, war die Transparenz-Richtlinie (RL 80/723/EWG) vom 25.6.1980. Durch diese Richtlinie sollte zunächst einmal sichergestellt werden, dass öffentliche und private Unternehmen als Empfänger von staatlichen Beihilfen gleichbehandelt werden. Mit der Änderung dieser Richtlinie im Jahr 2000 (RL 2000/52/EG) ist deren Zweck erweitert worden. Transparenz soll nun auch bezüglich der internen Kosten- und Leistungsrechnung der begünstigten Unternehmen gewährleistet werden, wobei sichtbar werden soll, ob die Höhe der staatlichen Beihilfen durch die besondere Verpflichtung des entsprechenden Unternehmens, Dienstleistungen von allgemeinem wirtschaftlichen Interesse bereitzustellen, gerechtfertigt werden kann und ob insofern der Wettbewerb nicht verzerrt wird.

9.6.3 Liberalisierung von Netzindustrien

Seit Mitte der 1980er Jahre übt die Europäische Gemeinschaft kontinuierlich Druck auf die Mitgliedstaaten aus, die Bereitstellung von Netzdienstleistungen, wie beispielsweise Elektrizität, Gas und Wasser, Telekommunikationsdienste und schienengebundene Transportleistungen, in stärkerem Maße zu liberalisieren und dem Wettbewerb zu öffnen. Sie wurden bislang typischerweise exklusiv durch entsprechende öffentliche Unternehmen angeboten.

Lange Zeit rechtfertigte man Staatsmonopole wie die Deutsche Bundesbahn und die Deutsche Bundespost sowie die Gebietsmonopole bei der Energie- und Wasserversorgung ökonomisch mit dem Hinweis auf Marktversagen. Diese Netzindustrien wurden als natürliche Monopole angesehen, und die Bereitstellung der entsprechenden Dienstleistungen durch öffentliche Unternehmen stellt eine Lösung der mit einem natürlichen Monopol verbundenen Effizienzprobleme dar (Box 9.13). Ein weiterer Grund für die öffentliche Bereitstellung der Leistungen bestand in dem Ziel der nationalen Gesetzgeber, ein kontinuierliches, flächendeckendes Angebot wichtiger Infrastrukturleistungen zu erschwinglichen Preisen sicherzustellen.

Box 9.13: Natürliche Monopole, öffentliche Unternehmen und Regulierung

Man spricht von einem natürlichen Monopol, wenn die langfristigen Durchschnittskosten eines Anbieters mit einer Zunahme der produzierten Menge sinken, so dass die Produktionskosten minimiert werden, wenn die gesamte Produktion durch einen Anbieter erbracht wird. Langfristig bedeutet in diesem Zusammenhang, dass nicht nur die Veränderung der produzierten Menge bei gegebener Kapazität, sondern auch die Anpassung der Kapazität selbst durch entsprechende Investitionen berücksichtigt wird. Die folgende Abbildung stellt ein natürliches Monopol bei einer Einprodukt-Unternehmung dar, wobei DK die langfristigen Durchschnittskosten, GK die langfristigen Grenzkosten, GE die Grenzerlöse, N die Nachfragefunktion und X die produzierte und abgesetzte Menge kennzeichnen.

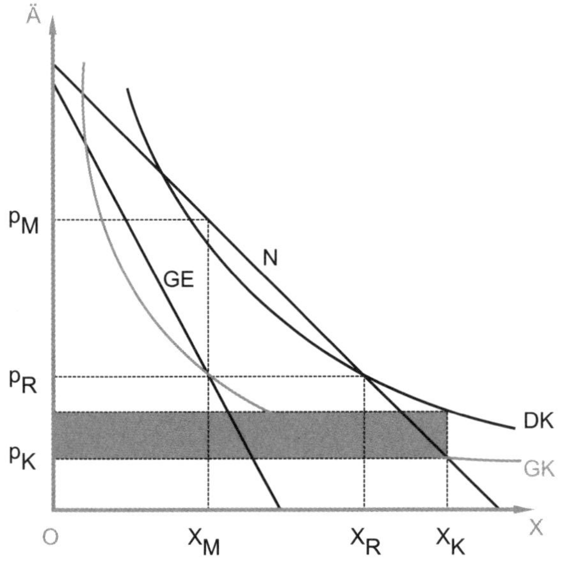

Abbildung 9.2: Das natürliche Monopol

Typische Beispiele für natürliche Monopole sind so genannten Netzindustrien, welche die Bevölkerung mit Elektrizität, Gas, Wasser, schienengebundenem Verkehr u.a.m. versorgen. Dafür sind zunächst umfangreiche Investitionen in eine Netzinfrastruktur erforderlich, über die dann die gewünschten Dienstleistungen bereitgestellt werden. Grund für sinkende Durchschnittskosten in diesen Industrien ist somit der hohe Fixkostenblock.

Bei freiem Wettbewerb zwischen privaten Anbietern würde sich letztlich ein Anbieter als natürlicher Monopolist durchsetzen, der entsprechend der Gewinnmaximierungsregel (Grenzkosten = Grenzerlöse) eine geringe Menge (x_M) zu einem hohen Preis (p_M) anbietet. Dieses Ergebnis ist bekanntlich ineffizient.

Die zumindest in Kontinentaleuropa „klassische" Lösung für derartiges Marktversagen ist die Übertragung der Versorgungsaufgaben auf öffentliche Unternehmen. Die Grundidee der Lösung besteht darin, die Leistung zum Grenzkostenpreis (p_K) anzubieten, und den dabei entstehenden Verlust (die graue Fläche) aus Steuereinnahmen zu decken. So bestechend die Lösung auf den ersten Blick erscheint, sie bringt doch einige Probleme mit sich:

- Das Management hat kein wirkliches Interesse, die Leistungen zu minimalen Kosten zu erstellen. Denn jede Kostensenkung führt zu verringerten Preisen und/oder zu verringerten Zuschüssen. Es wird somit den eigenen Nutzen durch komfortablere Büros, größere Dienstwagen, umfangreiche Reisetätigkeit usw. zu steigern versuchen und damit auch die Kosten der Leistungserstellung über das erforderliche Maß hinaus erhöhen.

- Aus dem gleichen Grund bestehen nur geringe dynamische Anreize zu Innovationen, die in Zukunft die Produktivität erhöhen und damit die Kosten senken.
- Da praktisch keine Steuer allokationsneutral wirkt, erzeugt die Verlustdeckung aus Steuermitteln zusätzliche Ineffizienzen.
- Doch auch abgesehen davon bleibt ein Problem: Da die Konsumenten über den Preis nur einen Teil der Gesamtkosten der entsprechenden Leistung vergüten, während der andere Teil über Zwangsabgaben gedeckt wird, ist es bei dieser Lösung nicht ausgeschlossen, dass sich die soziale Wohlfahrt erhöhen würde, wenn die entsprechende Leistung überhaupt nicht angeboten und die hohen Fixkosten eingespart würden.

Eine andere Lösung besteht in der Regulierung privater Unternehmen. In diesem Fall überträgt man das Monopolrecht einer privaten Unternehmung. Eine Regulierungsbehörde sorgt dafür, dass die entsprechenden Leistungen in der erwünschten Qualität und Quantität angeboten werden und dass die regulierte Unternehmung für diese Leistung nicht den hohen Monopolpreis fordert, sondern einen Preis p_R, der die Gesamtkosten deckt. Gebräuchlich sind insbesondere zwei Formen der Regulierung:

In den USA wird häufig die Regulierung der Kapitalverzinsung (*rate-of-return-regulation*) praktiziert. Dabei strebt die Regulierungsbehörde an, die Preise so zu setzen, dass die Unternehmung mit einem angemessenen Gewinn ihr Kapital angemessen verzinst. Abgesehen von der praktischen Schwierigkeit, den Wert des eingesetzten Kapitals und einen „angemessenen" Gewinn zu bestimmen, ist diese Regulierungsmethode mit folgenden Problemen verbunden:

- Wie bei jeder kostenorientierten Preisbestimmung bestehen auch hier nur geringe Anreize, die Minimalkostenkombination zu realisieren und sich um kostensenkende Innovationen zu bemühen.
- Zusätzliche Probleme können sich ergeben, wenn der „angemessene Gewinnzuschlag" über der marktüblichen Risikoprämie liegt. Denn dann kann die Unternehmung zu einer übermäßig kapitalintensiven Produktion tendieren („Averch-Johnson-Effekt").

Die Methode der Preisobergrenzen-Regulierung (*price-cap-regulation*), die insbesondere in Großbritannien weit verbreitet ist, will durch Entkopplung der genehmigten Preise von den tatsächlichen Kosten die Anreize zur Kostensenkung verstärken. Hierbei orientieren sich die genehmigten Preise an der allgemeinen Inflationsrate sowie an der Produktivitätsentwicklung eines Durchschnittsunternehmens in einem vergleichbaren Wirtschaftszweig, d.h. die genehmigten Preise erhöhen sich mit der Inflationsrate und verringern sich mit der Rate der Produktivitätssteigerung. Abgesehen vom praktischen Problem, die Produktivitätsentwicklung zuverlässig zu ermitteln, liegt das Hauptproblem darin, dass für die regulierten Unternehmen ein starker Anreiz besteht, die Kosten durch Qualitätsverschlechterung zu senken. Aus diesem Grund ist mit dieser Form der Regulierung auch immer eine Regulierung der Produktqualität verbunden. Je besser es den Regulierungsbehörden gelingt, die geforderten Qualitätsstandards *ex ante* zu spezifizieren und *ex post* durchzusetzen, desto weniger fällt das Problem ins Gewicht.

Ein weiterer Lösungsvorschlag geht auf eine Idee von Chadwick (1858) zurück, die von Demsetz (1968) wieder aufgegriffen wurde und inzwischen in einigen Gemeinden der USA Anwendung findet. Die Idee besteht darin, dass man den Wettbewerb auf dem Markt durch einen Wettbewerb um den Markt ersetzt. Der Staat oder die Gemeinde versteigert das Recht, für eine bestimmte Zeit als Monopolist die geforderten Leistungen zu erbringen. Es erhält derjenige Bieter den Zuschlag, der die entsprechende Leistung zum geringsten Stückpreis anbietet. Unter den Bedingungen eines kompetitiven Versteigerungsverfahrens ist das der Bieter mit den geringsten Durchschnittskosten. Dieser Vorschlag hat den großen Vorteil, dass bei den Unternehmen ein Anreiz zur Kostensenkung besteht, um die Wahrscheinlichkeit zu erhöhen, den Zuschlag zu bekommen, und dass auch ein Anreiz besteht, mit dem Gebot die privaten Informationen bezüglich der eigenen Herstellungskosten der Regulierungsbehörde zu offenbaren. Probleme treten bei diesem Verfahren insbesondere unter folgenden Bedingungen auf:

- Gibt es nur wenige Anbieter, die zur Erstellung der entsprechenden Leistung in Frage kommen, so besteht die Gefahr von wettbewerbsbeschränkenden Absprachen zwischen den Bietern. Die Preise werden höher sein als die Durchschnittskosten bei Minimalkostenkombination.
- Ist es schwierig, die Qualität der geforderten Leistungen *ex ante* zu spezifizieren und *ex post* durchzusetzen, so besteht auch hier ein Anreiz zu Kostensenkungen durch Qualitätsverschlechterungen.
- Sind zur Erbringung der Leistung in beträchtlichem Umfang irreversible Investitionen in die Netzinfrastruktur erforderlich, so wird nach Ablauf der Frist der Wettbewerb um die Folgeaufträge beschränkt. Da diese Investitionen *ex post* versunkene Kosten darstellen, begünstigen sie bei Neuausschreibungen den Insider auch gegenüber leistungsfähigeren Herausforderern.

Literatur: Viscusi/Vernon/Harrington 2000: Kapitel 11; Fritsch/Wein/Ewers 2003: Kapitel 7 und 8; aus rechtsökonomischer Sicht auch Ogus 1994.

In diesen Industrien gibt es jedoch einen Spielraum für mehr Wettbewerb. Denn die mit Versorgungsleistungen betrauten öffentlichen (oder auch privaten) Unternehmen weisen in der Regel komplexe vertikale Strukturen auf. Sie haben nur teilweise den Charakter eines natürlichen Monopols und sind teilweise durchaus für eine wettbewerbliche Öffnung geeignet. Lediglich aus politischen Gründen blieben sie Staats- oder Gebietsmonopole. Vereinfacht lassen sich zwei Bestandteile der vertikal integrierten Netzindustrien unterscheiden:

- die Bereitstellung der Netzinfrastruktur (Elektrizitäts-, Gas-, Wasser- und Telephonleitungen sowie Schienennetze), die in der Regel den Charakter eines natürlichen Monopols hat und nur bedingt dem Wettbewerb zugänglich ist,
- und die Bereitstellung der Netzdienstleistungen über diese Infrastruktur (Strom-, Gas- und Wasserlieferungen, Vermittlung von Telephongesprächen und Inanspruchnahme von Transportleistungen), die grundsätzlich für den Wettbewerb geeignet ist.

Liberalisierung setzt somit eine gewisse Entflechtung der vertikal integrierten Strukturen voraus, sei es einfach durch eine getrennte Rechnungslegung, sei es durch eine organisatorischen Trennung der verschiedenen Bereiche. Letztere kann in einer gesellschaftsrechtlichen Trennung bestehen, indem bestimmte Aufgaben auf rechtlich selbständige Tochterunternehmen übertragen werden. Sie kann auch zur Trennung der Eigentumsanteile führen, wobei die einzelnen Funktionen unterschiedlichen Eigentümern übertragen werden. Aus ökonomischer Sicht besteht das Ziel einer sinnvollen Liberalisierung von Netzindustrien darin, allen Wettbewerbern auf den vor- und nachgelagerten Stufen einen diskriminierungsfreien Zugang zur Netzinfrastruktur zu angemessenen Preisen zu gewähren, die auch hinreichende Anreize setzen, in den Erhalt und die Verbesserung der Netzinfrastruktur zu investieren. Sind allerdings die Verbundvorteile einer vertikalen Integration größer als die Vorteile eines intensiveren Wettbewerbs auf vor- bzw. nachgelagerten Märkten, lässt sich eine Entflechtung von Netzindustrien aus ökonomischen Effizienzerwägungen nicht mehr rechtfertigen.

Ausgehend von diesen ökonomischen Vorüberlegungen lassen sich die verschiedenen Gemeinschaftsaktivitäten seit Ende der 1980er Jahre bewerten, die darauf abzielen, den öffentlichen Sektor stärker als bisher den Wettbewerbsregeln und den vier Grundfreiheiten zu unterwerfen. Zunächst leitete die Europäische Kommission Ende der 1980er Jahre durch verschiedene, auf Art. 86 Abs. 3 EG gestützte Richtlinien die Liberalisierung der Telekommunikation ein. Die Endgeräte-Richtlinie von 1988 (RL 88/301/EWG) verpflichtete die Mitgliedstaaten, die bestehenden Ausschließlichkeitsrechte für den Betrieb, die Einrichtung und die Wartung von Telekommunikationsendgeräten aufzuheben. Viele Kunden der Deutschen Bundespost werden sich noch daran erinnern, dass man sich früher seinen Telephonapparat nicht kaufen konnte, sondern ihn bei der Post mieten musste. Als dieses Monopol fiel, konnten die Konsumenten aus einer großen Vielfalt von Telephonapparaten bei schnell sinkenden Preisen wählen. Tatsächlich gab es keine ökonomische Rechtfertigung dafür, die Monopolrechte am Festnetz auf den Markt für Endgeräte auszudehnen. Hier hat die Politik der Europäischen Gemeinschaft dazu beigetragen, dort Wettbewerb einzuführen, wo auch Wettbewerb hingehört.

Die Dienste-Richtlinie von 1990 (RL 90/388/EWG) verpflichtete die Mitgliedstaaten zur Beseitigung aller besonderen und ausschließlichen Rechte in Bezug auf die Bereitstellung von Telekommunikationsdiensten, wobei gewisse Ausnahmen vorläufig weiter zugelassen waren. Die letzten Monopole fielen schließlich als Folge der Richtlinie 96/19 EG vom 13.3.1996, welche die Mitgliedstaaten zur Einführung vollständigen Wettbewerbs auf den Telekommunikationsmärkten bis zum 1.1.1998 verpflichtete. Für die schnelle Liberalisierung im Bereich der Telekommunikation ist sicherlich nicht zuletzt der technische Fortschritt verantwortlich, der mit der Mobilfunktechnologie, Satellitenübertragungen, den Breitbandkabelnetzen von Rundfunk und Fernsehen sowie dem Internet wirtschaftliche Alternativen zur traditionellen Sprachtelefonie über herkömmliche Festnetze schuf und damit den Charakter des Telekommunikationsmonopols immer mehr in Frage stellte. In Deutschland kann man bestenfalls die Ortsnetze („letzte Meile", *local loop*) als natürliches Monopol definieren. Sie befinden sich noch zu über 90 % im Eigentum der Telekom, wobei ein diskriminierungsfreier Zugang für die Wettbewerber durch die 1998 gegründete „Regulierungsbehörde für Telekommunikation und Post" gesichert werden soll. (Gabelmann/Groß 2003: 85ff.; Mestmäcker/Schweitzer 2004: 21ff.).

Durch eine Reihe von Telekommunikationsrichtlinien aus dem Jahre 2002, wie insbesondere der Rahmenrichtlinie 2002/21/EG, der Genehmigungsrichtlinie 2002/20/EG, der Zugangsrichtlinie 2002/19/EG, der Universaldienstrichtlinie 2002/22/EG sowie der Richtlinie 2002/77/EG änderten der Rat und die Kommission ihren Regulierungsansatz im Telekommunikationsbereich. Danach werden relevante Märkte im Bereich der Telekommunikation definiert, und der Kommission wird die Kompetenz übertragen festzustellen, für welche Märkte eine sektorspezische Regulierung erwogen werden soll. (Kritisch hierzu äußert sich Hellwig 2008a). Die Umsetzung dieser Richtlinien in deutsches Recht erfolgte durch das Telekommunikationsgesetz vom 22. Juni 2004. Letztlich geht es bei diesen Liberalisierungsmaßnahmen darum, das schwierige Problem zu lösen, das bestehende Monopol des Netzmonopolisten durch einen diskriminierungsfreien Zugang zum Netz für konkurrierende Anbieter von Telekommunikationsleistungen aufzubrechen, ohne dadurch die Anreize zur Erhaltung und Verbesserung der Netze zu schwächen.

Bei allen anderen Netzindustrien hat die Europäische Kommission von ihrer Richtlinienbefugnis nach Art. 86 Abs. 3 EG keinen Gebrauch gemacht. Dennoch fand auch hier eine Liberalisierung statt, die allerdings durch Richtlinien des Rates und des Europäischen Parlaments – gestützt auf die entsprechenden Artikel zu den Grundfreiheiten, zur Rechtsangleichung sowie zu spezifischen Sektoren – initiiert wurden. Betrachten wir beispielhaft die Energieversorgung und den Schienenverkehr.

Die Liberalisierung der Energiemärkte wurde durch die Elektrizitätsbinnenmarktrichtlinie (RL 96/92/EG) vom 19.12.1996 eingeleitet. Vor der Liberalisierung waren in den Mitgliedstaaten mit der Stromversorgung der Bevölkerung in der Regel Energieversorgungsunternehmen betraut, die durch Ausschließlichkeitsrechte geschützt und in hohem Maße vertikal integriert waren. Sie kontrollierten den gesamten Produktionsprozess weitgehend von der Stromerzeugung, über den Betrieb der relevanten Netze, den Transport über große Distanzen, die Verteilung zu den Endkunden und die Vertragsgestaltung mit den Endkunden. Während es sich bei der Netzinfrastruktur offensichtlich um ein natürliches Monopol handelt, gibt es keinen ökonomischen Rechtfertigungsgrund dafür, bei Stromerzeugung und Handel mit Strom den Wettbewerb zu beschränken.

Die Elektrizitätsbinnenmarktrichtlinie hatte zum Ziel, Wettbewerb auf der Ebene der Stromerzeugung einzuführen, indem sie die Mitgliedstaaten verpflichtete, Großkunden das Recht einzuräumen, ihren Stromlieferanten frei zu wählen, und damit diesem auch Zugang zu fremden Netzen zu gewähren.

Die Kommission stellte es den Mitgliedstaaten frei, zwischen drei Formen der Organisation des Netzzugangs zu wählen:

- einem (durch eine sektorspezifische Regulierungsbehörde) regulierten Netzzugang,
- einem (zwischen den relevanten Verbänden) verhandelten Netzzugang, wobei die Einhaltung der Diskriminierungsfreiheit auf Grundlage des allgemeinen Kartellrechts durchgesetzt werden soll,
- und das Alleinabnehmersystem, das in der Praxis kaum eine Rolle spielt.

Deutschland entschied sich bei der Umsetzung der Richtlinie als einziges Mitgliedland für einen verhandelten Netzzugang. Das hatte zur Folge, dass kurzfristig zahlreiche neue Stromanbieter auftraten, dass es aber nach einigen Jahren den vier großen Anbietern gelang, über vergleichsweise hohe Netznutzungsentgelte die neuen Anbieter wieder vom Markt zu verdrängen und die eigene Marktmacht auszubauen. Außerdem gewährte Deutschland im Unterschied zu den meisten anderen Mitgliedstaaten ohne Zwischenschritte nicht nur Großkunden, sondern allen Kunden das Recht, den Stromlieferanten frei zu wählen (Brunekreft/Keller 1993: 131 ff.; Mestmäcker/Schweitzer 2004: 26 ff.).

Alles in allem war die Liberalisierung der Stromversorgung nicht so erfolgreich wie bei der Telekommunikation. Der diskriminierungsfreie Zugang zu den Netzen erfolgte nur sehr zögerlich, bei erheblichen Unterschieden zwischen den Mitgliedstaaten. Aufgrund dieser Probleme erließ die Kommission 2003 eine neue Elektrizitätsbinnenmarktrichtlinie (RL 2003/54/EG), die durch eine Netzzugangsverordnung den grenzüberschreitenden Stromhandel betreffend ergänzt wurde. Die neue Richtlinie sieht eine stärkere Entflechtung von Netz und Versorgung vor und macht darüber hinaus das System des regulierten Netzzugangs für alle Mitgliedstaaten verbindlich. Auf ähnliche Weise haben zwei Erdgasbinnenmarktrichtlinien der Kommission die Versorgung mit Erdgas liberalisiert: die RL 98/30/EG vom 22.6.1998 und die RL 2003/55/EG. Die Umsetzung in deutsches Recht erfolgte durch das Energiewirtschaftsgesetz vom 7. Juli 2005, das die Zuständigkeit der Überwachung des Netzzugangs und der Netzentgelte für Strom und Gas der damaligen Regulierungsbehörde für Telekommunikation und Post übertrug und sie in „Bundesnetzagentur" umbenannte.

Auch bei der Liberalisierung des Schienenverkehrs hat die Europäische Gemeinschaft ihre Hände im Spiel. Traditionell waren die Eisenbahnunternehmen in den Mitgliedstaaten weitgehend als Staatsmonopole organisiert. Die Richtlinie 91/440/EWG von 1991, die eine Öffnung des grenzüberschreitenden Schienengüterverkehrs für den Wettbewerb vorsieht, schreibt den Mitgliedstaaten zwingend vor, in der Rechnungsführung die Bereitstellung von Transportleistungen vom Betrieb der Eisenbahninfrastruktur zu trennen. Die vier Jahre später verabschiedeten Richtlinien 95/18/EG und 95/19/EG regelten allgemein den Zugang von Wettbewerbern zum Schienennetz. Trotz dieser Richtlinien blieben in den Mitgliedstaaten Struktur und Höhe der Wegeentgelte sowie Form und Dauer der Fahrwegzuweisung noch immer erheblich differenziert. Wettbewerb konnte sich nur sehr zögerlich entwickeln. Die

Europäische Kommission legte daraufhin seit 1998 drei „Eisenbahnpakete" mit entsprechenden Gesetzesentwürfen vor. Sie sollen den Wettbewerb im grenzüberschreitenden Schienengüterverkehr verstärken und ihn auf den inländischen Schienengüterverkehr sowie den grenzüberschreitenden Schienenpersonenverkehr ausdehnen (Berndt/Kunz 2003: 165 ff.; Pelkmans 2001: 147 f.; o.V. 2005: 1 ff.).

9.7 Beihilfenkontrolle (Art. 87–89 EG)

9.7.1 Berechtigte Interessen oder Verfälschung des Wettbewerbs?

Auch die Kontrolle der Beihilfen war von Anfang an in den Römischen Verträgen verankert. Würde man es den Mitgliedstaaten überlassen, ihre Wirtschaft nach eigenem Gutdünken durch Subventionen, Steuerermäßigungen, Staatsbürgschaften, Vorzugskonditionen bei der Inanspruchnahme bestimmter Dienstleistungen u.a.m. zu fördern, so würde der Leistungswettbewerb auf dem Gemeinsamen Markt statt durch Zölle und nicht-tarifäre Handelshemmnisse durch mitgliedstaatliche Beihilfen verzerrt. Darf ein Mitgliedstaat ineffiziente heimische Unternehmen nicht mehr durch Importzölle vor der leistungsfähigeren ausländischen Konkurrenz schützen, dann mag er geneigt sein, durch Zahlung von Subventionen oder Gewährung von Steuererleichterungen den Wettbewerbsdruck auf diese Unternehmen zu mildern, um deren Überleben zu sichern. In diesem Fall würden allerdings die anderen betroffenen Mitgliedstaaten nicht tatenlos zusehen und dazu übergehen, die nun verschlechterten Wettbewerbschancen der in diesen Staaten ansässigen Unternehmen durch eigene staatliche Beihilfen wieder auszugleichen. Ergebnis wäre ein Subventionswettlauf mit der Folge, dass allgemein der Wettbewerbsdruck auf die Unternehmen nachlässt, dass zu höheren Kosten als strikt erforderlich produziert wird und dass die Versorgung der Bevölkerung mit Gütern und Dienstleistungen sinkt (vgl. Kapitel 10).

Das ist aber nur eine Seite der Medaille. Würden staatliche Beihilfen ausschließlich dem Zweck dienen, den Leistungswettbewerb zu behindern und ineffiziente Strukturen zu konservieren, so bestünde die beste Lösung darin, sie ausnahmslos abzuschaffen. Staatliche Beihilfen können aber auch als wirtschaftspolitisches Instrument dienen, um bestimmte Formen des Marktversagens zu bekämpfen. Ein Beispiel haben wir bereits im letzten Abschnitt kennengelernt. Verpflichtet der Staat ein natürliches Monopol, die entsprechenden Leistungen flächendeckend zu Grenzkostenpreisen anzubieten, so ist eine staatliche Beihilfe erforderlich, um die dabei entstehenden Verluste zu decken. Häufig werden staatliche Beihilfen auch dazu eingesetzt, kleine und mittelständische Unternehmen zu fördern, die Umwelt zu schützen, Forschung und Entwicklung zu unterstützen und bestimmte Regionen zu entwickeln, um tatsächlichem oder von interessierter Seite behauptetem Marktversagen entgegenzuwirken oder um bestimmte verteilungs- und kulturpolitischen Ziele zu verfolgen. Die Mitgliedstaaten haben ein starkes Interesse, die Wirtschaftspolitik ihren Gegebenheiten und politischen Präferenzen entsprechend selbst zu gestalten und zu diesem Zweck auch staatliche Beihilfen zu gewähren.

Die Grenze zwischen ökonomisch harmlosen und ökonomisch nicht gerechtfertigten staatlichen Beihilfen ist in der Praxis häufig schwer zu ziehen. Es besteht ein Konflikt zwischen der Sicherung des unverfälschten Wettbewerbs im Gemeinsamen Markt und dem Recht der Mitgliedstaaten, Beihilfen als Mittel der Politikgestaltung einzusetzen. Zu seiner Lösung begrenzt der EG-Vertrag den Einsatzbereich staatlicher Beihilfen und unterwirft sie einer strikten Kontrolle durch die Gemeinschaft. Diese sogenannte Beihilfenkontrolle bezieht sich ausschließlich auf von den Mitgliedstaaten gewährte Beihilfen, nicht aber auf Beihilfen, die von der Europäischen Gemeinschaft gewährt werden.

9.7.2 Zur Architektur des materiellen Beihilferechts

Gemäß Art. 87 Abs. 1 EG sind staatliche Beihilfen, die den Wettbewerb verfälschen oder zu verfälschen drohen, mit dem Gemeinsamen Markt unvereinbar (und damit auch nach der ständigen Rechtsprechung des EuGH verboten), soweit sie den Handel zwischen den Mitgliedstaaten beeinträchtigen. Es handelt sich hierbei allerdings um kein absolutes Verbot, sondern es werden in Absatz 2 einige eng eingegrenzte Arten von Beihilfen als Legalausnahmen zugelassen. Darüber hinaus räumt Abs. 3 der Kommission bei der Kontrolle einer relativ weit definierten Gruppe von Beihilfen einen Ermessensspielraum ein. Für die Landwirtschaft und den Verkehr gelten beihilfenrechtliche Spezialregelungen (Art. 36 EG bzw. Art. 73, 76, 78 i.V.m. Art. 80 EG).

Der Begriff der „staatlichen Beihilfe" ist im Vertrag nicht definiert, wurde aber in der Rechtsprechung des EuGH und der Praxis der Kommission sehr weit interpretiert. Dementsprechend lassen sich staatliche Beihilfen durch folgende Tatbestandsmerkmale charakterisieren (Mestmäcker/Schweitzer 2004: 1054 f.; Nagel, 2004, S. 353 ff.; Schmidt/Schmidt 2006: 208 ff.):

- Entscheidend für das Vorliegen einer „staatlichen Beihilfe" im Sinne von Art. 87 Abs. 1 ist zunächst einmal weder die Form noch die Zielsetzung der staatlichen Maßnahme, sondern ausschließlich deren Wirkung. Damit werden nicht nur Subventionen im engeren Sinn erfasst, sondern beispielsweise auch bestimmte Formen der Ermäßigung von Steuern und Sozialabgaben bzw. Zahlungserleichterungen, Vorzugsbedingungen bei der Inanspruchnahme öffentlicher Dienstleistungen u.a.m.
- Diese Maßnahmen haben nur dann den Charakter einer staatlichen Beihilfe, wenn sie bestimmte Unternehmen oder Produktionszweige begünstigen. Damit fallen Zuwendungen an private Haushalte gewöhnlich nicht unter den Beihilfebegriff – es sei denn, diese Zuwendungen führen mittelbar zu einer Begünstigung bestimmter Unternehmen oder Wirtschaftszweige. Insbesondere bei Unternehmen, die „Dienstleistungen von allgemeinem wirtschaftlichen Interesse" gemäß Art. 86 Abs. 2 bereitstellen, tritt häufig die Frage auf, in welchem Maße Zuwendungen an diese Unternehmen eine Begünstigung oder einen Ausgleich für eine spezifische, vom Staat geforderte Leistung darstellen. Im Urteil *Altmark Trans* (EuGH Slg. 2003, Rs. C-280/00)

stellte der Europäische Gerichtshof erstmals klar, nach welchen Grundsätzen er eine staatliche Beihilfe von einer Ausgleichszahlung abgrenzt. Ein Ausgleich liegt vor und unterliegt nicht der Beihilfenkontrolle,

- wenn das begünstigte Unternehmen mit einer klar definierten Verpflichtung betraut ist,
- wenn der Ausgleich anhand objektiver und transparenter Parameter erfolgt,
- wenn der Ausgleich nicht über das hinausgeht, was zur Erfüllung der entsprechenden Verpflichtung erforderlich ist,
- und wenn die Höhe des Ausgleichs sich entweder aus einem transparenten, nichtdiskriminierenden Vergabeverfahren für die Auswahl des mit der öffentlichen Aufgabe betrauten Unternehmens ergibt oder auf Grundlage einer Analyse der Kosten bestimmt wird, die einem für die Erfüllung der Aufgaben angemessen ausgestatteten durchschnittlichen, gut geführten Unternehmen entstünden.

Art. 295 EG schützt, wie wir bereits sahen, das Eigentümerverhalten des Staates. Bei öffentlichen Unternehmen tritt nun die Frage auf, wie man dagegen ihre Begünstigung gegenüber konkurrierenden Unternehmen durch staatliche Zuwendungen abgrenzen kann. Die Kommission hat hierzu eine Reihe von Prüfkriterien entwickelt, die darauf abstellen, wie sich ein privater Investor vernünftigerweise verhalten hätte. Ein solcher Test trug letztlich dazu bei, dass in Deutschland nach langjährigen Konflikten die Anstaltslast und Gewährträgerhaftung bei öffentlich-rechtlichen Banken gekippt wurden (siehe Box 9.14).

Box 9.14: Anstaltslast und Gewährträgerhaftung ade! Zur Umgestaltung des öffentlich-rechtlichen Bankensektors in Deutschland

Traditionell spielen öffentlich-rechtliche Sparkassen und Landesbanken im Bankensystem Deutschlands eine bedeutende Rolle. Sparkassen sind im 18. Jahrhundert entstanden, „... um durch die ‚Förderung von Sparsinn und Vermögensbildung' in gemeinnütziger Weise einer Verelendung der Bevölkerung entgegen zu wirken" (Obst/Hintner 2000: 464). Bis heute sind die Sparkassen satzungsgemäß verpflichtet, sich bei der Kreditvergabe regional zu orientieren. Darüber hinaus wirken Sparkassen als Hausbanken der sie kontrollierenden Gebietskörperschaften. Die Landesbanken sind die Zentralinstitute des Sparkassensektors, wirken als Staatsbank für das entsprechende Bundesland, dienen als Kommunalbank für die Gemeinden und sind als Geschäftsbank im Privat- und Firmenkundengeschäft engagiert (ebenda). Insbesondere die Landesbanken haben sich nach dem Zweiten Weltkrieg immer mehr zu Konkurrenten der privaten Banken entwickelt und ihre Tätigkeit auch international ausgedehnt.

Die Beziehung der öffentlich-rechtlichen Banken zu ihren Trägern, d.h. den entsprechenden Gebietskörperschaften, ist traditionell durch zwei Besonderheiten gekennzeichnet:

- Die Anstaltslast verpflichtet den Träger nach innen, seine Anstalt (die Sparkasse oder Landesbank) in dem für den Betrieb erforderlichen Zustand zu halten.

- Die Gewährträgerhaftung verpflichtet den Träger nach außen, d.h. gegenüber den Gläubigern, für alle Schulden vollständig zu haften.

Das war natürlich eine komfortable Situation für die Begünstigten. Hinter den Sparkassen und Landesbanken standen letztlich die Steuerzahler der entsprechenden Gebietskörperschaft, was zur Folge hatte, dass die öffentlich-rechtlichen Finanzinstitutionen eine hohe Bonität genossen und sich zu günstigen Bedingungen refinanzieren konnten.

Das Unheil nahm seinen Lauf, als zwei Richtlinien der Gemeinschaft eine Änderung des deutschen Kreditwesengesetzes veranlassten und die Banken verpflichteten, ab 30.6.1993 einen bestimmten Mindestprozentsatz ihrer ausstehenden Kredite durch Eigenkapital abzusichern. Da die Westdeutsche Landesbank (WestLB) diese Anforderung nicht erfüllte, beschloss die Landesregierung von Nordrhein-Westfalen, das Immobilienvermögen der landeseigenen Wohnungsbaugesellschaft WfA an die WestLB zu übertragen, um deren Eigenkapital aufzustocken. Hiergegen, sowie gegen ähnliche Maßnahmen sechs weiterer Landesbanken, legte der Bundesverband deutscher Banken, die Interessenvertretung der Privatbanken in Deutschland, Beschwerde bei der Europäischen Kommission ein. Die Privatbanken sahen in der Vermögensübertragung eine den Wettbewerb verfälschende staatliche Beihilfe, da die Verzinsung, die das Land Nordrhein-Westfalen als Gegenleistung von der WestLB forderte, weit unter den marktüblichen Konditionen lag.

Mehrjährige ergebnislose Verhandlungen zwischen allen Beteiligten machten klar, dass sich hierbei das gesamte System der Anstaltslast und Gewährträgerhaftung auf dem Prüfstand befand. Schließlich leitete die Kommission 1997 ein formelles Prüfverfahren ein und verpflichtete 1999 den deutschen Staat, einen Betrag von 1,58 Milliarden DM von der WestLB zurückzufordern (Entscheidung 2000/392). Gegen diese Entscheidung klagten die WestLB, das Land Nordrhein-Westfalen und die Bundesrepublik Deutschland mit Erfolg beim Gericht Erster Instanz, welches bemängelte, dass die Berechnung der Höhe der rechtswidrigen Beihilfe nicht nachzuvollziehen sei (Rs. T-228/99 und T-233/99, Entscheidung vom 6.3.2003). Die Kommission leitete ihrerseits beim EuGH gegen die Bundesrepublik Deutschland erfolgreich ein Vertragsverletzungsverfahren ein (Rs. C-209/00, Entscheidung vom 12.12.2002). Parallel zu diesen Gerichtsverfahren fanden aber auch Verhandlungen zwischen der Bundesrepublik Deutschland und der Kommission statt, um eine generelle Einigung bezüglich Anstaltslast und Gewährträgerhaftung zu erzielen. Am 17.7.2001 wurde diesbezüglich der folgende Kompromiss erzielt:

- Die Anstaltslast wird in eine ganz normale marktwirtschaftliche Eigentümerbeziehung umgewandelt, d.h. die Nachschusspflicht des Trägers entfällt.
- Die Gewährträgerhaftung wird nach einer Übergangszeit von vier Jahren aufgegeben.

Den betroffenen Landesbanken blieben allerdings milliardenschwere Rückzahlungen an die entsprechenden Landeshaushalte nicht erspart, die Anfang 2005 fällig wurden. Damit findet eine elfjährige Auseinandersetzung um die Vereinbarkeit von Anstaltslast und Gewährträgerhaftung mit dem Gemeinschaftsrecht, an der drei Wettbewerbskommissare (Van Miert, Monti, Kroes) mitgewirkt haben, ihren (vorläufigen) Abschluss.

Literatur: Van Miert 2000: 134–143; Mestmäcker/Schweitzer 2004: 1073 ff.; *Wirtschaftswoche* vom 27.1.2005: 46.

- Ein weiteres Tatbestandsmerkmal der staatlichen Beihilfe ist die Selektivität der Begünstigung. Damit sollen allgemeine staatliche Maßnahmen, die in die Regelungskompetenz der Mitgliedstaaten fallen und nicht der Beihilfenkontrolle unterliegen, von beihilfenrechtlich relevanten Maßnahmen abgegrenzt werden. Aus diesem Grund nimmt die Kommission inzwischen den Schienenverkehr aus der Berechnung des Gesamtvolumens der staatlichen Beihilfen in den einzelnen Mitgliedstaaten heraus, da diese Subventionen letztlich der breiten Öffentlichkeit zugutekämen und nicht einzelne Empfänger selektiv bevorzugten (*Frankfurter Allgemeine Zeitung* vom 21.4.2004: 13). In diesem Zusammenhang trat auch das grundsätzliche Problem auf, in welchem Maße Differenzierungen bei der Steuererhebung noch unter die – beihilfenrechtlich nicht relevanten – allgemeinen staatlichen Maßnahmen fallen. Es stellte sich insbesondere im Zusammenhang mit der Unternehmensbesteuerung. Nach gescheiterten Bemühungen um eine Harmonisierung der Steuersysteme verpflichtete sich die Kommission Ende der 1990er Jahre, beihilfenrechtliche Vorschriften auf die Prüfung der Unternehmensbesteuerung anzuwenden, um einen unfairen Steuerwettbewerb zwischen den Mitgliedstaaten zu vermeiden.
- Schließlich hat der EuGH durch ständige Rechtsprechung klargestellt, dass nur solche staatlichen Maßnahmen unter die Beihilfenkontrolle fallen, die auch tatsächlich zu einer Belastung staatlicher Mittel führen. Maßnahmen, die weder unmittelbar noch mittelbar zu einer Belastung des Staatshaushaltes führen, wie beispielsweise die Festsetzung von Mindestpreisen, sind damit ausgenommen.

Staatliche Beihilfen, die diese Tatbestandsmerkmale erfüllen, fallen allerdings nur dann unter das grundsätzliche Verbot, wenn sie den Wettbewerb verfälschen, d.h. die Stellung des Begünstigten im Leistungswettbewerb gegenüber tatsächlichen oder potentiellen Konkurrenten stärken, und wenn dadurch Volumen oder Struktur des Handels zwischen den Mitgliedstaaten beeinflusst wird.

Wie bereits erwähnt, handelt es sich hierbei nicht um ein absolutes Verbot, sondern es gibt Rechtfertigungsgründe auch für solche staatlichen Beihilfen, die den Wettbewerb verfälschen und den Handel zwischen den Mitgliedstaaten beeinträchtigen. So definiert Artikel 87 Abs. 2 EG drei Legalausnahmen und privilegiert damit die folgenden Typen von Beihilfen:

- Beihilfen sozialer Art an einzelne Verbraucher, wenn sie ohne Diskriminierung nach Herkunft der Waren gewährt werden (lit. a);
- Beihilfen zur Beseitigung von Schäden, die durch Naturkatastrophen oder sonstige außergewöhnliche Ereignisse entstanden sind (lit. b);

- Beihilfen für bestimmte, durch die Teilung Deutschlands betroffene Gebiete der Bundesrepublik Deutschland, soweit sie zum Ausgleich der durch die Teilung verursachten wirtschaftlichen Nachteile erforderlich sind (lit. c).

Von praktisch größerer Bedeutung sind allerdings die Ermessenstatbestände des Art. 87 Abs. 3 EG, wonach die Kommission nach einer Abwägung aller Vor- und Nachteile weitere Typen von staatlichen Beihilfen vom Verbot ausnehmen kann:

- Beihilfen zur Förderung der wirtschaftlichen Entwicklung von Gebieten, in denen die Lebenshaltung außergewöhnlich niedrig ist oder eine erhebliche Unterbeschäftigung herrscht (lit. a);
- Beihilfen zur Förderung wichtiger Vorhaben von gemeinsamem europäischen Interesse oder zur Behebung einer beträchtlichen Störung im Wirtschaftsleben eines Mitgliedstaats (lit. b);
- Beihilfen zur Förderung der Entwicklung gewisser Wirtschaftszweige oder Wirtschaftsgebiete, soweit sie die Handelsbedingungen nicht in einer Weise verändern, die dem gemeinsamen Interesse zuwiderläuft (lit. c);
- Beihilfen zur Förderung der Kultur und der Erhaltung des kulturellen Erbes, soweit sie die Handels- und Wettbewerbsbedingungen in der Gemeinschaft nicht in einem Maß beeinträchtigen, das dem gemeinsamen Interesse zuwiderläuft (lit. d);
- sonstige Arten von Beihilfen, die der Rat durch eine Entscheidung mit qualifizierter Mehrheit auf Vorschlag der Kommission bestimmt (lit. e).

9.7.3 Das Verfahren der Beihilfenkontrolle

Art. 88 EG unterscheidet zwischen bestehenden Beihilferegelungen (Abs. 1) und neu eingeführten oder umgestalteten Beihilfen (Abs. 3). Die vor Inkrafttreten des EWG-Vertrages bzw. vor dem Beitritt des jeweiligen Mitgliedstaates bestehenden Beihilferegelungen werden von der Kommission in Zusammenarbeit mit den Mitgliedstaaten fortlaufend auf ihre Vereinbarkeit mit dem Gemeinsamen Markt überprüft. Bei neu eingeführten oder umgestalteten Beihilfen besteht ein zentralisiertes System der *ex-ante* Kontrolle. Die Einzelheiten des Verfahrensrechts haben sich auf Grund der Unvollständigkeit von Art. 88 EG zunächst durch die Rechtsprechung des EuGH und die Verwaltungspraxis der Kommission entwickelt. 1999 wurden sie durch eine spezielle Verordnung kodifiziert (VO Nr. 659/1999).

Jede von einem Mitgliedstaat beabsichtigte Veränderung der bestehenden Beihilfen ist grundsätzlich bei der Kommission anzumelden und darf bis zur abschließenden Entscheidung der Kommission, die an bestimmte Fristen gebunden ist, nicht durchgeführt werden. Als einzige Beihilfenvorschrift entfaltet dieses Durchführungsverbot unmittelbare Wirkung, d.h. es kann von Wettbewerbern des begünstigten Unternehmens vor nationalen Gerichten geltend gemacht werden. Von der Anmeldepflicht sind allerdings Beihilfen ausgenommen, soweit sie unter die Bagatellklausel der De-minimis-Verordnung fallen oder von Gruppenfreistellungsverordnungen erfasst werden. Erst

1998 hatte der Rat die Kommission durch die Verordnung Nr. 994/98 ermächtigt, Gruppenfreistellungsverordnungen für horizontale staatliche Beihilfen zu erlassen, die typischerweise eine Ausnahme vom Beihilfeverbot rechtfertigen. Hier müssen die Mitgliedstaaten selbst einschätzen, ob die Freistellungskriterien erfüllt sind. Kommen sie zu einer positiven Einschätzung, sind sie lediglich zur Veröffentlichung einer Kurzbeschreibung der entsprechenden Beihilfe im Amtsblatt verpflichtet. Durch De-minimis-Verordnungen und Gruppenfreistellungsverordnungen soll die Kommission von Routineentscheidungen entlastet werden und mehr Kapazitäten für die Prüfung der wirklich kritischen Fälle zur Verfügung haben. Um die Rechtssicherheit zu erhöhen, hat die Kommission darüber hinaus zahlreiche Leitlinien, Mitteilungen und sogenannte Gemeinschaftsrahmen erlassen, wodurch ihre Kriterien bei der Ausfüllung des Ermessensspielraums transparenter werden. Alle anderen Beihilfen, die nicht bei der Kommission angemeldet wurden, sind rechtswidrig. Bei Vorliegen außergewöhnlicher Umstände kann der Rat allerdings auf Antrag des betroffenen Mitgliedstaates einstimmig bestimmte Beihilfen für mit dem Gemeinsamen Markt vereinbar erklären und damit die Kompetenz der Kommission brechen.

Mit dem „Aktionsplan Staatliche Beihilfen" von 2005 kündigte die Kommission für die kommenden Jahre eine Reform des Beihilferechts an, die auf vier Grundsätzen beruht. Zum einen wird angestrebt, die Mitgliedstaaten dazu zu veranlassen, weniger und besser ausgerichtete staatliche Beihilfen zu gewähren. Als zweiten Grundsatz sieht der Aktionsplan effizientere Verfahren, bessere Rechtsanwendung, größere Berechenbarkeit und mehr Transparenz vor. Zu diesem Zweck wurde einerseits der Anwendungsbereich der De-minimis-Verordnung erweitert (durch Anhebung von 100.000 auf 200.000 Euro) und andererseits im August 2008 die Allgemeine Gruppenfreistellungsverordnung verabschiedet, die nicht nur die bisherigen fünf Gruppenfreistellungsverordnungen zusammenfasst und harmonisiert, sondern darüber hinaus zusätzliche Kategorien von Beihilfen freistellt. Drittens soll die Verantwortung zwischen der EU-Kommission und den Mitgliedstaaten geteilt werden, indem die Mitgliedstaaten beispielsweise unabhängige Behörden einrichten, um sich an der Durchsetzung des Beihilferechts zu beteiligen.

Schließlich soll der bereits aus dem Kartellverbot, der Fusionskontrolle und der Missbrauchsaufsicht bekannte „more economic approach" nun auch für die Durchsetzung der beihilferechtlichen Vorschriften nutzbar gemacht werden. Hierzu schlägt die Kommission vor, bei der Prüfung der Rechtfertigungsgründe für staatliche Beihilfen gemäß Art. 87 Abs. 3 EG einen dreistufigen Abwägungstest einzuführen, der die positiven und negativen Wirkungen einer Beihilfe gegeneinander abwägt. In einem ersten Schritt wird geprüft, ob die geplante Beihilfemaßnahme einem genau definierten Ziel von gemeinsamem Interesse, der Beseitigung eines Marktversagens oder einem anderen Ziel (z.B. regionaler oder sozialer Art) dient. Anschließend ist zu prüfen, ob das Beihilfeinstrument geeignet und erforderlich ist, das im gemeinsamen Interesse liegende Ziel zu verwirklichen. Schließlich ist im dritten und letzten Schritt zu prüfen, ob die Nachteile der Beihilfe, insbesondere die

Wettbewerbs- und Handelsverzerrungen, begrenzt sind, so dass die positiven Auswirkungen der Beihilfe die negativen überwiegen.

Als Beispiel für die Nutzung dieses stärker ökonomischen Ansatzes kann der Gemeinschaftsrahmen für Forschung, Entwicklung und Innovation vom 22. November 2006 dienen, der Beihilfen betrifft, die nicht durch De-minimis-Verordnung oder Gruppenfreistellungsverordnungen von der Anmeldepflicht ausgenommen sind. Wie bei den anderen Instrumenten des Wettbewerbsrechts wird der „more economic approach" in der Beihilfekontrolle kontrovers diskutiert. Abgesehen von der allgemeinen Frage, inwiefern der so verstandene ökonomische Ansatz sich zu stark auf die Prüfung von Einzelfällen beschränkt und insofern *ex ante* die Rechtssicherheit beeinträchtigt, gibt es noch einige Besonderheiten, die nur die Beihilfekontrolle betreffen (vgl. die Beiträge in Oberender 2008). Zum einen wird kritisiert, dass die eingehende ökonomische Prüfung erst bei den Rechtfertigungsgründen für staatliche Beihilfen ansetzt, und nicht bereits beim Merkmal der Wettbewerbsverfälschung innerhalb des Verbotstatbestands des Art. 87 Abs. 1 EG (Monopolkommission 2008: 389 ff.). Zum anderen ist aus der Theorie des *second best* bekannt, dass die Beseitigung von Marktversagen nicht notwendig zu einer Wohlfahrtssteigerung führt, wenn gleichzeitig noch andere Allokationsverzerrungen fortbestehen. Darüberhinaus ist zu beachten, dass staatliche Beihilfen in der Regel durch Steuern finanziert werden, deren Erhebung ihrerseits Verhaltensänderungen hervorruft und mit Wohlfahrtsverlusten verbunden ist. Bei der Abschätzung der Wohlfahrtseffekte von staatlichen Beihilfen sollte somit das gleiche Gewicht auf die Finanzierungsseite wie auf die Ausgabenseite gelegt weden, was bisher nicht der Fall ist (siehe Schwalbe in Oberender 2008: 23 ff.).

Alles in allem scheint eine gewisse abschreckende Wirkung von der Beihilfekontrolle auszugehen. So reduzierte sich der Anteil der von den EU-15 Mitgliedstaaten gewährten staatlichen Beihilfen (ohne Schienenverkehr) am Bruttoinlandsprodukt von 1,1 % im Jahr 1992 auf 0,5 % 2007. Auch für die EU-27 Mitgliedstaaten beträgt dieser Anteil 2007 0,5 %. Staatliche Beihilfen haben in den Mitgliedstaaten der Europäischen Union sehr unterschiedliche Bedeutung. Überdurchschnittlich war ihr Anteil am Bruttoinlandsprodukt im Jahr 2007 in Ungarn und Bulgarien (jeweils 1,4 %), Portugal (1,3 %) sowie Rumänien und Finnland (jeweils 1,2 %), während Estland und Luxemburg (jeweils 0,2 %) klar unter dem Durchschnitt lagen (http://ec.europa.eu/competition/state_aid/studies_reports/ws2_2.xls). De-minimis-Verordnung und Gruppenfreistellungsverordnungen trugen dazu bei, dass eine steigende Zahl von Beihilfemaßnahmen von einer vorherigen Prüfung durch die Kommission ausgenommen wurden. So fielen 2007 bereits 65 % aller gewährten Beihilfen unter die entsprechenden Gruppenfreistellungsverordnungen, gegenüber 40 % im Jahr 2002 (Anzeiger für staatliche Beihilfen. Herbstausgabe 2008: 9).

Sofern eine staatliche Beihilfe rechtswidrig ist, kann die Kommission den betroffenen Mitgliedstaat dazu verpflichten, alle notwendigen Maßnahmen zu ergreifen, um die rechtswidrige Beihilfe zurückzufordern. Das gleiche gilt unter bestimmten Bedingungen für die missbräuchliche Anwendung von Beihilfen. Wie wir bereits bezüglich der Landesbanken in Deutschland festgestellt haben, wird von dieser Rückforderungspflicht durchaus Gebrauch gemacht. Die vorliegenden Daten deuten allerdings darauf hin, dass die Kommission in der Vergangenheit in der Durchsetzung dieser Sanktion nur bedingt erfolgreich war. So wurden beispielsweise im Zeitraum 1982 bis 1993 sieben Mitgliedstaaten (Italien, Belgien, Frankreich, Niederlande, Spanien, Deutschland, Großbritannien) von der Kommission verpflichtet, rechtswidrig gewährte Beihilfen im Umfang von über 1,5 Mrd. ECU zurückzufordern, wovon nicht einmal 30 % den Begünstigten tatsächlich wieder entzogen wurden. Im Jahre 2001 betrug die Summe aller noch ausstehenden Rückzahlungsforderungen mehr als 2,5 Mrd. Euro (Curzon Price 2004: 227 f.). In den letzten Jahren war die Kommission allerdings erfolgreicher in der Durchsetzung der Rückforderung rechtswidriger Beihilfen. Mitte 2008 betrug die Summe aller noch ausstehenden Rückforderungen lediglich knapp 730 Mio. Euro, das waren 8 % der rechtswidrigen und mit dem Gemeinsamen Markt unvereinbaren Beihilfen (gegenüber 75 % Ende 2004) (Anzeiger für staatliche Beihilfen. Herbstausgabe 2008: 10).

9.7.4 Beihilfenkontrolle in der Finanz- und Wirtschaftskrise 2008–2009

Im Herbst 2008 spitzte sich die tiefste internationale Finanzkrise nach dem zweiten Weltkrieg dramatisch zu und weitete sich zu einer Weltwirtschaftskrise aus. In einer solchen Situation taucht wieder die Parole auf: „Rette sich, wer kann". So kam es zunächst zu Spannungen zwischen den Finanzministern der Mitgliedstaaten, die ihren „notleidenden" Banken mit umfangreichen staatlichen Beihilfen unter die Arme greifen wollten, und EU-Wettbewerbskommissarin Neelie Kroes, die auf einer strengen Auslegung der Beihilfevorschriften beharrte. Denn es galt, einen letztlich für alle Beteiligten schädlichen Subventionswettlauf und massive Wettbewerbsverzerrungen zu vermeiden (Spiegel vom 8.12.2008: 38). Andererseits ist die Kommission zu der Auffassung gelangt, „dass die derzeitige globale Krise nicht nur Maßnahmen zur Stützung des Finanzsystems, sondern auch außergewöhnliche wettbewerbspolitische Maßnahmen erforderlich macht", und hat dies in dem „Vorübergehenden Gemeinschaftsrahmen für staatliche Beihilfen zur Erleichterung des Zugangs zu Finanzierungsmitteln in der gegenwärtigen Finanz-und Wirtschaftskrise" vom 22. Januar 2009 verankert und spezifiziert. Rechtsgrundlage für die vergleichsweise großzügige Behandlung staatlicher Beihilfen in Krisenzeiten ist Artikel 87 Abs. 3 (lit. b) EG, wonach die Kommission eine Beihilfe für mit dem Gemeinsamen Markt vereinbar erklären kann, wenn diese zur Behebung einer beträchtlichen Störung im Wirtschaftsleben eines Mitgliedstaats beiträgt. Dadurch werden den Mitgliedstaaten großzügige, gemeinschaftsrechtskonforme Barzuwendungen, subventionierte Kreditgarantien, Zinsschüsse und Risikokapitalbeihilfen zur Bekämpfung der Finanz- und Wirtschaftskrise ermöglicht. Gleichzeitig hat die Kommission das Genehmigungsverfahren für diese Beihilfen vereinfacht und beschleunigt.

Tatsächlich haben die Mitgliedstaaten mittlerweile Beihilfen in bisher unbekannter Höhe zur Rettung von Banken aufgebracht. In Deutschland seien nur die umfangreichen Hilfen für die Sachsen LB, die IKB, die Hypo Real Estate, die Bayern LB, die Nord LB und die West LB erwähnt. Dabei lässt sich durchaus trefflich darüber streiten, welche dieser Banken tatsächlich eine „Systemrelevanz" haben, so dass sich aus volkswirtschaftlicher Sicht eine staatliche Unterstützung rechtfertigen lässt. Nicht in jedem Fall ist eine Insolvenz die schlechteste Lösung, bestraft sie doch Management und Eigentümer für eine schlechte Geschäftspolitik und eröffnet die Chance, Arbeitnehmer und nicht-menschliche Ressourcen einer produktiveren Verwendung zuzuführen. Volkswirtschaftlich schädliche Ansteckungseffekte lassen sich in vielen Fällen auch auf andere Weise vermeiden, als erfolglose Unternehmen künstlich am Leben zu erhalten. Im Kielsog der Hilfen für Banken beanspruchten auch Industrieunternehmen wie Opel oder die Schaeffler Gruppe eine „Systemrelevanz" für sich und damit staatliche Garantien und Mittel, so dass sich die Frage aufdrängt, wo die Grenzen staatlicher Beihilfen zur Lösung gesamtwirtschaftlicher Probleme sind.

Die Krise hat natürlich nicht nur in Deutschland den Staat als Retter in höchster Not auf den Plan gerufen. Auch in den übrigen Mitgliedländern, allen voran Frankreich, werden ordnungspolitische Grundsätze allzu rasch über Bord geworfen. Hier die Ruhe zu bewahren und auf die Prinzipien der Wettbewerbspolitik zu achten, um die am Ende erfolglose „beggar-my-neighbour" Politik der Depression der 1930er Jahre zu vermeiden, ist eine wichtige Aufgabe der Kommission und der Gemeinschaft insgesamt. Das damalige Gefangenendilemma-Spiel der Krisenbewältigung sollte sich nicht wiederholen, und dafür sind koordinierte Maßnahmen erforderlich. In der Geld- und Währungspolitik steht dafür die Europäische Zentralbank (siehe Kapitel 14 und 15). In der Wettbewerbspolitik liegt große Verantwortung bei der Kommission. Eine multilaterale Konjunkturpolitik hatte Alfred Müller-Armack bereits in den 1950er und 1960er Jahren gefordert. Die Gemeinschaft hat sich aber auch mit der Gründung der Europäischen Wirtschafts- und Währungsunion nicht dazu verstanden, die dafür erforderlichen Kompetenzen – und auch Finanzmittel – über die Geld- und Währungspolitik hinaus der Union zuzuweisen. Deshalb kann die Koordinierung bei systemweiten Krisen nur *ad hoc* erfolgen. Es ist noch zu früh um zu behaupten, die Europäische Gemeinschaft habe sich als stabilisierende Kraft in einer tiefen Weltwirtschaftskrise bewährt, auch wenn wir davon überzeugt sind. Die dabei gemachten Erfahrungen werden aber sicher den evolutorischen Prozess des institutionellen *fine tuning* in Gang setzen.

Kapitel 10
Welche Politik braucht der Gemeinsame Markt?

Worum geht es in diesem Kapitel?

TE: Mit einer Privatrechtsordnung und einer gesetzlich fixierten Wettbewerbsordnung, die im Prinzip von einer neutralen Behörde wie dem Bundeskartellamt und den Gerichten kontrolliert werden kann, sind die Institutionen in Stellung gebracht, die für eine funktionsfähige Marktwirtschaft erforderlich sind.

HJW: Und ein orthodoxer Liberaler wird hinzufügen: Alles, was darüber hinausgeht, ist vom Übel.

HF: Die Realität sieht etwas komplexer aus: Jeder Staat, auch der liberalste, nimmt wirtschaftspolitische Maßnahmen vor, die in die Tätigkeit der autonomen Wirtschaftssubjekte eingreifen und sie zu lenken und zu koordinieren versuchen.

HJW: Dafür gibt es triftige Gründe. Sie laufen alle irgendwo auf Marktversagen hinaus.

TE: Das ist evident, denn wenn der Markt bereits optimale Zustände herstellen würde, wozu sollte der Staat dann noch eingreifen?

HF: Wird das Marktresultat wirklich besser durch das Eingreifen des Staates und weiß denn der Staat überhaupt, was optimal ist?

HJW: Mit diesen Fragen geraten wir in gefährliches Fahrwasser. Wir schreiben kein Buch über die Theorie der Wirtschaftspolitik.

HF: Aber wir kommen zu einem Kapitel über Wirtschaftspolitik, und da sind solche Fragen nicht zu umgehen.

TE: Es wird sich zeigen, dass die EU äußerst zurückhaltend mit wirtschaftspolitischen Eingriffen ist – es sein muss, um die dabei unvermeidlichen Kontroversen zu minimieren und Konsens zu finden.

HJW: Das trägt ihr von anderer Seite den Vorwurf neoliberaler Markthörigkeit ein.

TE: Damit wird sie leben müssen. Denn ihre Kompetenzen in der Wirtschaftspolitik sind, von der Handelspolitik, der Landwirtschaftspolitik und neuerdings der Geldpolitik (die beiden letzteren behandeln wir in späteren Kapiteln) einmal abgesehen, eher ordnender und koordinierender Natur. Auf mehr wird man sich kaum einigen können.

HF: Andererseits ist nicht zu leugnen, dass die wirtschaftspolitische Aktivität der Gemeinschaft im Laufe der Jahre ständig zugenommen hat und inzwischen ein breites Spektrum von Politikfeldern abdeckt.

HJW: Das scheint mir selbstverständlich. Diese Politikfelder werden auch von der nationalen Wirtschaftspolitik erfasst und sind dort in den letzten 100, ja nur 50 Jahren ständig angewachsen. Das heißt, sie scheinen für ein gutes Funktionieren des Marktes mehr oder minder unumgänglich zu sein. Das trifft auch auf den gemeinsamen Markt zu. Auch er braucht seine regulierenden Prinzipien.

TE: Klingt gut, klingt so, als ob alle marktbezogene Wirtschaftspolitik nur dem Ziel eines wohl geordneten, fairen Wettbewerbs diente. So ist es doch wohl nicht immer. Ich sage nur Industriepolitik.

HJW: Ja, ja, die Industriepolitik – daran reiben sich die deutschen Ökonomen seit eh und je. Im Fall der europäischen Industriepolitik vielleicht etwas zu aufgeregt.

HF: Aber es besteht doch ein Unterschied zwischen strategischer Industriepolitik und liberalisierender Verkehrs- oder Transportpolitik.

TE: Nicht immer. Denn wo die Verkehrspolitik Infrastrukturpolitik ist, wird sie strategische Ziele verfolgen.

HF: Da geht es um öffentliche Güter, und das ist unbestritten: Eine gute Versorgung mit öffentlichen Gütern führt positive Marktgleichgewichte und wirtschaftliche Dynamik herbei.

HJW: Mit dem jüngst eingeführten Handel mit Umweltzertifikaten erhalten wir aber zum Schluss ein schönes Beispiel dafür, dass manches vermeintliche Marktversagen mit marktwirtschaftlichen Instrumenten gelöst werden kann.

10.1 Nationale Wirtschaftspolitik – Europäische Wirtschaftspolitik

Wirtschaftspolitik als staatliche Regelung und staatlicher Eingriff in das Wirtschaftsgeschehen findet seine Begründung – wenn man einmal ausgeht vom Subsidiaritätsprinzip, d.h. dem Vorrang der autonomen Wirtschaftssubjekte – in einer der vielfältigen Formen des Marktversagens. Diese Feststellung ist fast trivial. Denn Wirtschaftspolitik produziert ein öffentliches Gut, wozu der Markt bekanntlich nicht im Stande ist. Ihrer Natur nach reine öffentliche Güter sind allerdings sehr seltene Vögel. Theorie und historische Episoden des *free banking* (z.B. Hayek 1978) machen beispielsweise deutlich, dass man ein Geldsystem auch ohne zentralstaatliche Regulierung und ohne Zentralbank konzipieren kann. Doch ist es die fast einmütig vorherrschende Meinung der Geldtheorie, dass hier aus den verschiedensten Gründen eine genuine öffentliche Aufgabe liegt. Die Nachfrage nach dem öffentlichen Gut Wirtschaftspolitik beruht auf einer vermuteten geringeren Effektivität des Marktes, die entweder in technisch-ökonomischen Unvollkommenheiten oder in sozialen Fehlleistungen gesehen wird.

In vielen Fällen machen es die Verbundvorteile (*economies of scope*) und die Transaktionskosten geradezu naturnotwendig, dass die Regelung auf dem Niveau erfolgt, das den gesamten Markt erfasst. Das waren lange Zeit der nationale Markt und das Niveau des Nationalstaates. Integriert man die nationalen Märkte zu einem gemeinsamen Markt, dann muss die Regelungskompetenz in diesen Fällen auf das Gemeinschaftsniveau übergehen. Bei der Bildung der EWG war es selbstverständlich, dass eine Zollunion eine gemeinsame Handelspolitik bedingt und dass ein gemeinsamer Binnenmarkt eine einheitliche Regelung der Wettbewerbsordnung erfordert. Ebenso macht die Währungsunion die Übertragung der geldpolitischen Kompetenz auf eine gemeinschaftliche Institution notwendig.

Etwas anders liegt der Fall, wenn es keinen grundsätzlichen wirtschaftspolitischen Handlungsbedarf gibt. Agrarmärkte könnten nach dem *laissez faire* Prinzip funktionieren. In den entwickelten Industrieländern tun sie es in der Regel nicht: Jedes Land versucht seine Landwirtschaft bzw. seine Bauern durch protektionistische Maßnahmen zu fördern und zu stützen. Eine Integration solcher Agrarmärkte ist mit einem fairen Wettbewerb der nationalen Produzenten untereinander nur dann möglich, wenn die nationalen Agrarpolitiken in einer gemeinsamen Agrarpolitik vereinheitlicht werden (vgl. Kapitel 12). Wo das auf Grund unterschiedlicher agrarpolitischer Präferenzen nicht möglich ist, muss der Agrarmarkt vom gemeinsamen Binnenmarkt ausgeschlossen bleiben. So hielt man es z.B. in der Freihandelszone der EFTA. In diesem zweiten Fall folgt die gemeinsame Wirtschaftspolitik aus der Nachfrage nach aktiver Wirtschaftspolitik auf dem nationalstaatlichen Niveau, und zwar dann, wenn die nationalstaatliche Politik sich auf den grenzüberschreitenden Wirtschaftsverkehr auswirken würde.

Nationale Wirtschaftspolitik begleitet und beeinflusst die autonomen Wirtschaftssubjekte praktisch auf Schritt und Tritt. Ob das notwendig ist oder nicht, soll uns hier nicht näher beschäftigen. Wir können die entsprechenden Maßnahmen in makro-, meso- oder mikroökonomische Eingriffe einteilen. Wir können sie funktional oder sektoral klassifizieren. Die Liste von Handelspolitik, Konjunktur-, Geld- und Fiskalpolitik, von Arbeitsmarkt-, Verteilungs- und Sozialpolitik, von Verkehrs-, Energie- und Infrastrukturpolitik, von Umwelt-, Agrar-, Industrie-, Stahl- und Atompolitik ist beliebig zu verlängern und unterstreicht nur den ersten Satz dieses Abschnitts: Jedes wirtschaftliche Handeln unterliegt wirtschaftspolitischen Einflüssen. In allen Fällen ist aber das Ergebnis der Wirtschaftspolitik ein Eingriff in die spontane Allokationsleistung des Marktes. Soweit das beabsichtigt ist, mag es in Ordnung sein. Die Risiken und Nebenwirkungen sind jedoch nur in den seltensten Fällen einem Beipackzettel zu entnehmen, deshalb aber nicht weniger real.

Muss die Europäische Gemeinschaft, deren tragende Säule der Gemeinsame Markt ist, nun auf allen wirtschaftspolitischen Feldern tätig werden, auf denen die Nationalstaaten aktiv sind? Die spontane Antwort ist ein dezidiertes Nein! Und wenn wir uns die Frühphase der wirtschaftlichen Integration Europas ansehen, dann stellen wir fest, dass im EWG-Vertrag von Rom nur die funktionalen Bereiche der Handels- und Wettbewerbspolitik und der sektorale Bereich der Agrarpolitik ausgestaltet waren. Die Transportpolitik wurde zumindest als Desiderat erwähnt. Für zwei weitere Sektoren, die auf nationaler Ebene einer starken wirtschaftspolitischen Beeinflussung ausgesetzt waren, hatte man allerdings eine gemeinsame Wirtschaftspolitik in eigenen

Verträgen begründet, dem Pariser Vertrag zur Europäischen Gemeinschaft für Kohle und Stahl (EGKS) und dem zweiten der römischen Verträge über die Europäische Atomenergiegemeinschaft (Euratom). Im übrigen zeichnet sich der EWG-Vertrag jedoch durch weitgehende wirtschaftspolitische Zurückhaltung auf der suprastaatlichen Ebene aus.

Zwei Faktoren haben das dezidierte Nein im Laufe der Zeit aufgeweicht. Zum einen brachte die Vollendung des Binnenmarkts in der Folge der Einheitlichen Europäischen Akte von 1986 die Notwendigkeit mit sich, die Wettbewerbsbedingungen für die vier Grundfreiheiten so zu gestalten, dass das Spielfeld für alle Beteiligten auch gleichermaßen eben ist. Nationale Wirtschaftspolitiken, die sich auf den grenzüberschreitenden Verkehr mit Gütern, Dienstleistungen, Arbeit und Kapital auswirken, waren, wenn schon nicht zu harmonisieren, so doch zumindest einheitlichen Rahmenbedingungen zu unterwerfen, die positive oder negative Diskriminierung ausschließen. Und dort, wo eine positive Diskriminierung beabsichtigt ist – eine Subvention zum Beispiel –, muss sie im Prinzip allen Wirtschaftssubjekten in der Gemeinschaft zugänglich sein. Zum anderen setzt sich das auf europäischer Ebene fort, was in den Jahrhunderten zuvor auf nationaler Ebene stattgefunden hat: Wirtschaftswachstum und Integration der Märkte erhöhen die Komplexität und Interdependenz der wirtschaftlichen Tätigkeiten und bringen zunehmend externe Effekte mit sich, die eine Regelung auf zentraler Ebene sinnvoll erscheinen lassen.

Wenn wir deshalb den EG-Vertrag von Nizza oder den neuen Vertrag von Lissabon mit dem EWG-Vertrag von Rom vergleichen, dann können wir eine fundamentale Erweiterung und Vertiefung feststellen. Die Liste der in Art. 3 EG aufgeführten wirtschaftspolitischen Tätigkeiten der Gemeinschaft hat sich von den 11 Punkten a) bis k) von Rom (wobei einige ihrem Inhalt nach verändert worden sind) auf die 21 Punkte a) bis u) von Nizza verlängert. Diese Liste ist im Vertrag von Lissabon über mehrere Artikel (Art. 2–6 AEU) verteilt worden, wobei die Zuständigkeit der Union deutlicher bestimmt wird: In 5 wirtschaftspolitischen Bereichen hat die EU eine ausschließliche Zuständigkeit (Art. 3 AEU), in 13 Bereichen eine geteilte Zuständigkeit (Art. 4 AEU), in 9 weiteren Bereichen kann sie koordinierend auftreten (Art. 5 und 6 AEU). Was heute den dritten Teil ausmacht (im Vertrag von Nizza „Die Politiken der Gemeinschaft" (Art. 23–181 EG), im Vertrag von Lissabon „Die internen Politiken und Maßnahmen der Union (Art. 26–197 AEU)) waren im Vertrag von Rom der zweite Teil „Die Grundlagen der Gemeinschaft" und der dritte Teil „Die Politik der Gemeinschaft". Ersterer beschrieb den gemeinsamen Markt mit den Titeln zum freien Warenverkehr, zum freien Verkehr von Personen, Dienstleistungen und Kapital, zu Landwirtschaft und Transport. Letzterer enthielt die Politik, die den gemeinsamen Markt aufrecht erhalten sollte: Wettbewerbspolitik an erster Stelle, dann Wirtschaftspolitik (Konjunktur- und Handelspolitik), Sozialpolitik und die Einrichtung der Europäischen Investitionsbank, wobei die Konjunktur- und Sozialpolitik Leerstellen blieben. Heute sind die insgesamt 8 Titel von damals auf 21 bzw. im Vertrag von Lissabon auf 24 Titel angewachsen (wobei auf Grund der Zusammenführung von EUV und EGV auch nicht-ökonomische Titel enthalten sind, während andere ökonomische Titel, wie z.B. die Handelspolitik, in den fünften Teil „Das auswärtige Handeln der Union" verlegt wurden). Noch deutlicher wird die zunehmende wirtschaftspolitische Aktivität der Gemeinschaft aber aus der wachsenden Zahl der politischen Akte, die wir in Kapitel 5 (Tab. 5.1) für die Perioden 1971–75 und 1996–2000 aufgelistet haben. Es ist schon so: Die EG hat sich als ein wichtiger wirtschaftspolitischer Akteur etabliert und bestimmt zusammen mit den nationalen Regierungen die Bedingungen, unter denen die Wirtschaftssubjekte auf dem Markt tätig werden.

Jede wirtschaftspolitische Maßnahme wirkt sich, wie schon erwähnt, direkt oder indirekt auf die Allokation der Ressourcen aus und ist somit marktrelevant. Wir könnten deshalb in diesem Kapitel das gesamte Spektrum der im dritten Teil des EG-Vertrages aufgeführten Politikfelder abhandeln. Das scheint uns allerdings wenig sinnvoll, zumal es dafür eine ausgedehnte Spezialliteratur und auch umfangreiche Übersichten (z.B. Klemmer 1998) gibt. Im Folgenden wollen wir vielmehr exemplarisch auf vier Politikfelder eingehen, die Handelspolitik, die Industriepolitik, die Verkehrspolitik und die Umweltpolitik, an Hand derer wir das Tätigwerden der Gemeinschaft weiter verdeutlichen können und die innerhalb der Gemeinschaft zum Teil heftig umstritten sind. Diese Politikfelder sind für das Funktionieren des Gemeinsamen Marktes von nicht zu unterschätzender Bedeutung. Doch anders als die im letzten Kapitel behandelte Wettbewerbspolitik, die vornehmlich einen ordnungspolitischen Charakter hat, sind diese Politikfelder in der Regel durch einen höheren Grad an Interventionismus gekennzeichnet.

In der Wettbewerbspolitik kann man noch eine vertragliche Vereinbarung auf intergouvernementaler Ebene sehen, die die Spielregeln für den gemeinsamen Markt festlegt und die von einem (unpolitischen) Schiedsrichterkollegium (der Kommission) und einem Sportgericht (dem Europäischen Gerichtshof) auf ihre Einhaltung überwacht wird. Dagegen wächst der Gemeinschaft und ihren Organen durch diese Politikfelder, wenn sie denn dazu wirklich ermächtigt werden, diskretionärer Entscheidungsspielraum zu, der dann notwendigerweise in supranationale Eingriffe mündet. Andere Politikfelder werden in späteren Kapiteln vorgestellt, so die Budget-, Agrar-, Sozial- und Strukturpolitik im Rahmen der innergemeinschaftlichen Umverteilung und die Geld- und Fiskalpolitik im Rahmen der Wirtschafts- und Währungsunion.

10.2 Handelspolitik: Europa in der Welt

10.2.1 Die gemeinsame Handelspolitik

Der gemeinsame Binnenmarkt kann nur dann reibungslos funktionieren, wenn für den Wirtschaftsverkehr mit Drittländern einheitliche Regeln gelten. Die Binnengrenzen innerhalb der Gemeinschaft sind aufgehoben, und es ist für den Drittländerverkehr belanglos, wo die Außengrenze überschritten wird. Das setzt eine gemeinsame Handelspolitik voraus. Hier haben wir es mit einem klassischen Beispiel für das Subsidiaritätsprinzip zu tun: Wenn das

Land hinter dem Deich gegen die Fluten des Meeres geschützt werden soll, muss man durch Übereinkunft oder zentrale Entscheidung dafür sorgen, dass die Deiche überall gleich hoch sind. Denn wenn sie an der niedrigsten Stelle brechen, steht das gesamte Land, ohne Binnendeiche, unter Wasser.

Den Begriff Handelspolitik muss man dabei sehr weit fassen und nicht nur an den Warenhandel denken. Es geht eigentlich um den Außenwirtschaftsverkehr, wie er zum Beispiel im deutschen Außenwirtschaftsgesetz definiert worden ist, nämlich den „Waren-, Dienstleistungs-, Kapital-, Zahlungs- und sonstigen Wirtschaftsverkehr mit fremden Wirtschaftsgebieten sowie den Verkehr mit Auslandswerten und mit Gold" (§ 1.1 AWG). Der EG-Vertrag kennt eine derartige zusammenfassende Definition nicht. Unter dem Titel „Gemeinsame Handelspolitik" erfasst der Vertrag von Lissabon den Handel mit Waren und Dienstleistungen, die Handelsaspekte des geistigen Eigentums und ausländische Direktinvestitionen (Art. 207 AEU). Den Kapital- und Zahlungsverkehr mit dritten Ländern behandelt Art. 56 EG (Art. 63 AEU), wo lapidar festgestellt wird, dass Beschränkungen des Kapital- und Zahlungsverkehrs zwischen den Mitgliedländern und gegenüber dritten Ländern verboten sind.

Ähnlich lapidar könnten auch die übrigen Bestimmungen zur Handelspolitik lauten, wenn sich die Gemeinschaft an das wohlfahrtsmaximierende Freihandelsrezept der ökonomischen Theorie halten würde. Danach sind Grenzkontrollen nur erforderlich, um verbotene oder gefährliche Güter vom Markt zu wehren, um steuerliche Anpassungen vorzunehmen (schon hier sehen wir, dass mit einem reibungslosen Handelsverkehr gewisse Schwierigkeiten verbunden sind, weil es keinen einheitlichen EU-Mehrwertsteuersatz gibt, vgl. Kapitel 7) und um den Handel überhaupt statistisch zu erfassen. Darauf beschränkt sich die Gemeinschaft nun aber keineswegs. Es lassen sich allerdings für eine aktive Handelspolitik, d.h. zumeist für protektionistische Maßnahmen, auch valide ökonomische Argumente anführen (siehe Kapitel 2 und Krugman/Obstfeld 1997):

- Das *terms of trade* Argument: Für ein großes Land – und das ist die EU zweifellos –, das nicht mit einer horizontalen Angebotskurve konfrontiert ist, kann ein niedriger Zollsatz, auch optimaler Zollsatz genannt, eine Wohlfahrtssteigerung mit sich bringen.
- Das Marktversagen-Argument: Sind die Bedingungen des vollständigen Wettbewerbs nicht gegeben, weil zum Beispiel positive Externalitäten oder zunehmende Skalenerträge auftreten, dann kann ein Zoll einen positiven Nettowohlfahrtseffekt haben. Verstärkt wird dieses Argument noch im dynamischen Zusammenhang von Innovation und Lerneffekten.

In der Regel sind es aber nicht solche theoretischen Überlegungen, die eine aktive Handelspolitik hervorbringen, sondern konkrete Produzenteninteressen, die so ihre Märkte zu schützen versuchen und sich politisch durchzusetzen verstehen.

Wenn es schon eine aktive Handelspolitik gibt, dann scheint es fast selbstverständlich, dass sie in einer Zollunion, und *a fortiori* in einem gemeinsamen Markt, gemeinsam sein muss. Schließlich geht der Binnenmarkt von gleichen Wettbewerbsbedingungen für alle aus. Natürlich können die Wettbewerbsbedingungen für Drittländer durch handelspolitische Maßnahmen eingeschränkt werden. Aber diese müssen sich auf alle Mitgliedländer der Gemeinschaft in gleichem Maße auswirken. Soweit es sich um den Güterverkehr handelt, ist das allgemein akzeptiert. Warum sollten England, Frankreich, Spanien und Italien keine freiwilligen Exportbeschränkungen für Kleinwagen mit Japan verabreden, wie sie das in den 1970er und 1980er Jahren getan hatten? Nun, ihre Einhaltung widerspricht dem Prinzip des Binnenmarkts, nämlich keine internen Grenzkontrollen, und so wurden die Absprachen dann auch nach 1992 nicht mehr fortgeführt. Sobald es aber um Dienstleistungen und andere Formen des internationalen Wirtschaftsverkehrs geht, scheint die Notwendigkeit einer gemeinsamen Handelspolitik weniger evident. Warum sollte Deutschland seine Praxis einer nationalen Exportkreditversicherung nicht beibehalten? Dagegen spricht die potentielle Wettbewerbsverzerrung auf dem Binnenmarkt (man denke nur an Folgendes: Geringere Kreditkosten lassen das Handelsvolumen und damit das Produktionsvolumen steigen, wodurch Skaleneffekte und Lerneffekte ausgebeutet werden können).

Für eine gemeinsame Handelspolitik lassen sich auch politisch-ökonomische Argumente anführen. Denn ein wichtiges Feld der Handelspolitik sind multilaterale internationale Verhandlungen, wie sie im Rahmen des GATT und seiner Nachfolgeorganisation, der Welthandelsorganisation (WTO), geführt werden. Die EU-15, oder jetzt die EU-27, tritt dort mit einem ganz anderen Gewicht auf, als jedes einzelne Mitgliedland es könnte. Die Verhandlungsmacht der EU kann man beispielsweise am Optimalzoll ablesen, der für die Gemeinschaft als ganze erheblich höher ist als für einzelne Mitgliedländer.

Wenn die EU international als einheitlicher Akteur auftritt, dann braucht sie hierfür auch ein Mandat. Das war lange Zeit umstritten und hat z.B. bei der Uruguay-Runde des GATT zur Frage geführt, wer denn nun das Abkommen unterzeichnen solle. Der EuGH wurde um Rat gefragt und hat sich 1994 für eine sehr weitgehende ausschließliche EU Kompetenz ausgesprochen. Dabei hat der Gerichtshof auch die Zuständigkeit Brüssels für Verhandlungen über Kohle- und Stahlprodukte festgestellt, obwohl nach dem EGKS-Vertrag die Handelspolitik in diesem Bereich Sache der Mitgliedländer war. Man lese aber nur Art. 133 EG bzw. Art. 207 und 218 AEU um zu sehen, dass Mandat und Kompetenzzuweisung eine äußerst delikate Angelegenheit sind. Die Kommission hat das Vorschlagsrecht für die Durchführung der Handelspolitik und sie führt die Verhandlungen. Der Rat beschließ mit qualifizierter Mehrheit. Der Handel mit Dienstleistungen und die Handelsaspekte des geistigen Eigentums (*trade related aspects of intellectual property rights,* TRIPs) werden ausdrücklich erwähnt. Aber andere Regeln, nämlich eine gemischte Zuständigkeit und Einstimmigkeit in den Ratsbeschlüssen, gelten für Abkommen im Bereich des Handels mit kulturellen und audio-visuellen Dienstleistungen und solchen in den Bereichen Bildung, Soziales und Gesundheit. Hier handelt es sich um Bereiche, die auch intern in der Gemeinschaft nur mit Einstimmigkeit geregelt werden können.

10.2.2 Prinzipien der gemeinsamen Handelspolitik

Die Gemeinschaft ist „dem Grundsatz einer offenen Marktwirtschaft mit freiem Wettbewerb verpflichtet" (Art. 4.1 EG). Der Wortlaut ist im Lissabonner Vertrag geblieben, die prominente Stellung in den Grundsätzen des ersten Teils hat das marktwirtschaftliche Prinzip jedoch verloren (jetzt Art. 119.1 AEU). Ganz so einfach, wie der Grundsatz einer offenen Marktwirtschaft vermuten lässt, ist es jedoch leider nicht. Zwar entspricht das Gegenbild von der Festung Europa, die sich hinter hohen Zollmauern verschanzt, ebenfalls nicht den Gegebenheiten. Aber die europäische Handelspolitik ist ein komplexes Feld der gemeinsamen Wirtschaftspolitik, das in den Verträgen weder was den Gegenstand, noch was die Ziele, noch was die Instrumente betrifft, klar geregelt ist. Nur allzu lange haben die Mitgliedländer versucht, trotz der grundsätzlich einheitlichen Festlegung eines Außenzolls, die für eine Zollunion nun einmal notwendig ist, in einzelnen Bereichen besondere Schutzmaßnahmen aufrecht zu erhalten. Erst der gemeinsame Binnenmarkt hat dem Wettbewerbsprinzip zu einem echten Durchbruch verholfen und auch die Handelspolitik wesentlich vereinheitlicht.

Die Komplexität der Handelspolitik rührt daher, dass sie im Spannungsfeld von fünf Einflussfaktoren steht:

1. Dem durchaus ernst gemeinten Grundsatz einer offenen Marktwirtschaft mit freiem Wettbewerb.
2. Der internationalen ökonomischen Integration mit Handelspartnern, die ihre eigene, häufig stark protektionistische Handelspolitik führen. Diese Integration findet vor allem im Rahmen multilateraler Verhandlungen (GATT, WTO) statt und führt zu Verträgen, die den Handlungsspielraum der EU einschränken.
3. Der nationalen Wirtschaftspolitik, die sich in der Regel über den politischen Prozess sektorale Interessen zueigen gemacht hat und die in der einen oder anderen Form auf Wettbewerbsbeschränkungen hinausläuft.
4. Der bi- oder multilateralen Außenwirtschaftspolitik der EU, die einzelnen Ländern oder Ländergruppen eine präferentielle Behandlung zugesteht. Das kann auf alten, häufig kolonialen, Bindungen beruhen, wie bei den sogenannten AKP Ländern (Afrika-Karibik-Pazifik Länder). Das kann auch in Hinblick auf eine künftige Mitgliedschaft in der Gemeinschaft geschehen, wie bei den Europa-Abkommen mit den Transformationsländern in Ostmitteleuropa und Südosteuropa oder bei der Zollunion mit der Türkei.
5. Anderen Politiken der EU, für die die Handelspolitik instrumentell werden kann. Zu nennen sind hier die Landwirtschaftspolitik, die Wettbewerbs- und Industriepolitik, die Außen- und Entwicklungspolitik.

So erhalten wir ein äußerst differenziertes Bild der konkreten Handelspolitik sowohl mit Bezug auf die Güter, als auch mit Bezug auf die Partnerländer.

Das Instrumentarium, das dabei zum Einsatz kommt, ist dementsprechend vielfältig. Die Welthandelsorganisation ist bemüht, wenn es schon handelspolitische Eingriffe in den freien Wirtschaftsverkehr geben muss, diese auf transparente feste Zollsätze zu beschränken. So wurden mit der Uruguay-Runde der WTO zum Beispiel die variablen Einfuhrabschöpfungen der EU im Handel mit Agrargütern durch feste Zölle ersetzt. Mengenmäßige Handelsbeschränkungen oder Quoten widersprechen grundsätzlich den GATT/WTO Regeln und sind seit der Uruguay-Runde ebenfalls weitgehend beseitigt. Die sogenannten freiwilligen Exportbeschränkungen (*voluntary export restraints, VERs*) zählen auch zu den mengenmäßigen Handelsbeschränkungen und wurden von der WTO verboten, was nicht bedeutet, dass sie völlig von der Bildfläche verschwunden sind. In der noch nicht abgeschlossenen Doha-Runde zielt die WTO nun auf die Exportsubventionen, die von der EU im Landwirtschaftssektor gewährt werden. Schwieriger wird es mit den nationalen, nicht unmittelbar exportbezogenen Subventionen, die grundsätzlich der europäischen Wettbewerbspolitik und auch den WTO Regeln unterliegen. Wir sehen, dass über internationale Vereinbarungen versucht wird, in der Folterkammer der Handelspolitik gründlich aufzuräumen.

Das heißt aber nicht, dass der Gemeinschaft außer den Zöllen keine weiteren Instrumente zur Verfügung ständen. Ein sehr beliebtes Instrument sind Anti-Dumping Maßnahmen in der Form von Ausgleichszöllen. Dumping ist eine Form der Preisdiskriminierung, die als unfairer Wettbewerb gilt. Ein Wettbewerber innerhalb der Gemeinschaft kann bei der Kommission ein Anti-Dumping Verfahren anstrengen, wenn der Importpreis unter dem „normalen" Preis im Exportland liegt und wenn dadurch der Markt gestört wird bzw. gestört zu werden droht. Die erlaubte Gegenmaßnahme sind Anti-Dumping Zölle, die sich natürlich nicht gegen das Exportland, sondern gegen das exportierende Unternehmen richten. Einen ähnlichen Effekt wie Anti-Dumping Zölle haben Preisuntergrenzen, die mit den betroffenen Unternehmen ausgehandelt werden können. In der Vergangenheit traten Anti-Dumping Verfahren besonders häufig bei Eisen- und Stahlprodukten, chemischen Erzeugnissen und bei Elektronik-Produkten auf. Der protektionistische Charakter der Anti-Dumping Politik führt zu einem möglichen Konflikt zwischen der Handelspolitik und der Wettbewerbspolitik der Gemeinschaft.

Box 10.1: Preisdiskriminierung und Dumping

Preisdiskriminierung ist ein normales Marktverhalten der Verkäufer auf Märkten mit unvollständigem Wettbewerb, das unterschiedliche Reservationspreise der Käufer (d.h. Höchstpreise, die der Käufer zu zahlen bereit ist) und die Trennung der Teilmärkte (oder Verhinderung von Arbitrage) voraussetzt. Typische Beispiele sind Studentenrabatte oder Sondertarife für Menschen über 65. Abb. 10.1 zeigt das Verhalten eines Anbieters mit Preissetzungsmacht. Ist er mit einem einheitlichen Markt konfrontiert, wird er den Monopolpreis p_M setzen, bei dem die produzierte und gemäß der Nachfragefunktion (N) abgesetzte Menge so festgelegt wird, dass die Grenzkosten (GK) den Grenzerlösen (GE) entsprechen. Bei diesem Preis gibt es aber Käufer, die zusätzliche Mengen des Gutes zu einem noch immer gewinnbringenden Preis p_1 ($p_M > p_1 > p_K$) kaufen würden. Kann der Verkäufer letztere gesondert bedienen, dann erzielt er einen über den normalen Monopolgewinn hinausgehenden Extragewinn.

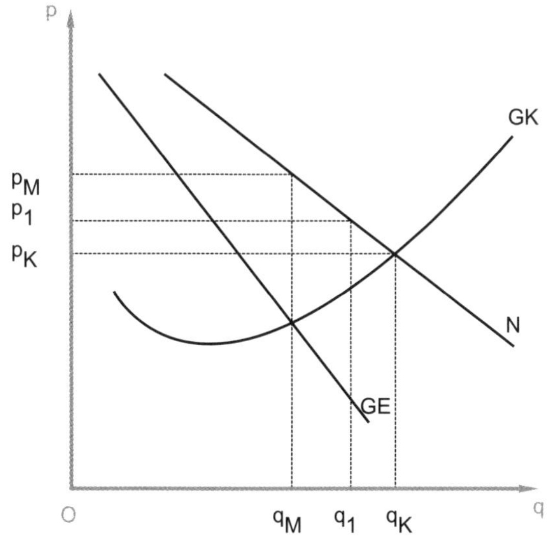

Abbildung 10.1: Preisdiskriminierung

Vom wettbewerbspolitischen Standpunkt ist dagegen nichts einzuwenden, solange der Preis die Grenzkosten deckt, d.h. solange $p_1 > p_K$. Preissenkungen werden von Wettbewerbsbehörden erst dann sanktioniert, wenn der Preis die Kosten nicht mehr deckt. Man spricht dann von räuberischer Preispolitik (*predatory pricing*). Die GATT Regeln sprechen aber schon von Dumping, wenn der Exportpreis niedriger als der „normale" Wert ist, worunter der durchschnittliche Marktpreis im Exportland selbst verstanden wird. Wenn also im Exportland Preis p_M gilt und für den Export Preis p_1 ($p_1 < p_M$) gesetzt wird, liegt eine wesentliche Voraussetzung für Dumping vor, auch wenn $p_1 > p_K$ ist und die Kosten deckt. Damit ist klar, dass Anti-Dumping in solchen Fällen als wettbewerbsbeschränkende Maßnahme zu gelten hat. Auf der anderen Seite ist auch klar, dass der durchschnittliche Marktpreis im Gegensatz zu den Grenzkosten sehr viel leichter zu ermitteln ist.

Der moderne internationale Wirtschaftsverkehr beschränkt sich schon lange nicht mehr auf den reinen Güterverkehr, auf den sowohl die Theorie als auch das handelspolitische Instrumentarium ausgerichtet sind. Dienstleistungen spielen eine immer größere Rolle. Aber genauso wie innerhalb der Gemeinschaft die Liberalisierung des Dienstleistungsverkehrs sehr viel später und mit größeren Schwierigkeiten und Verzögerungen auf die Liberalisierung des Güterverkehrs gefolgt ist (siehe Kapitel 7), ist auch die internationale Liberalisierung dieses Sektors jüngeren Datums. 1994 wurde im Rahmen der WTO das Allgemeine Abkommen über den Dienstleistungshandel (*general agreement on trade in services, GATS*) abgeschlossen, das hier den wichtigen ersten Schritt machte. 1997 folgten Vereinbarungen über die Öffnung der Finanzmärkte.

Keineswegs befriedigend geregelt sind der Schutz geistigen Eigentums und ausländischer Direktinvestitionen. Trotz entsprechender Abkommen über handelsbezogene Aspekte intellektueller Eigentumsrechte (*trade-related aspects of intellectual property rights, TRIPs*) und über handelsbezogene Investitionsmaßnahmen (*trade-related investment measures, TRIMs*) wird hierüber, auch in der laufenden Doha-Runde, weiter verhandelt. Der Beitritt Chinas zur WTO, der vor dem noch ausstehenden Beitritt Russlands stattfand, hat in diesem Zusammenhang große Bedeutung. Dem Vorteil, den das beitretende Land aus der Mitgliedschaft zieht, vor allem durch die Meistbegünstigungsbehandlung, steht das Bemühen der WTO-Mitglieder gegenüber, Sanktionsmöglichkeiten gegen die in China üblichen Verletzungen geistiger Eigentumsrechte zu erhalten.

Eine einheitliche Handelspolitik, die von der Kommission formuliert und vom Rat mit qualifizierter Mehrheit beschlossen wird, bedeutet für die einzelnen Mitgliedländer einen Verlust an Souveränität in einem besonders sensiblen Bereich, nämlich ihrer Außenpolitik. Hinzukommt der Umstand, dass internationale Verträge für die EU und für ihre Mitgliedländer bindend sind, dass also die Möglichkeit besteht, auf dem Umweg über internationale Verträge Regelungen einzuführen, die innerhalb der Gemeinschaft dem Einstimmigkeitsprinzip unterliegen. Beide Gegebenheiten erklären die bereits erwähnte äußerst komplizierte Formulierung von Art. 133 EG (bzw. Art. 207 und 218 AEU). Der Grundsatz der uneingeschränkten Zuständigkeit der EU, die für internationale Verhandlungen notwendige Verhandlungsvollmacht der Kommission und das Prinzip der Mehrheitsentscheidung werden durch Kontrollorgane und Klauseln so eingeschränkt, dass die maximale Mitwirkung der Mitgliedländer bei Entscheidungen sichergestellt und eine unerwünschte externe Begrenzung der Handlungsspielräume ausgeschlossen ist. Dies hat nichts mit dem Subsidiaritätsprinzip zu tun, sondern darin äußert sich vielmehr das in der Gemeinschaft praktizierte Modell der Mehrebenenentscheidung (siehe Kapitel 6). Das Subsidiaritätsprinzip kommt in der Handelspolitik vor allem bei ihrer Durchführung zur Geltung. Obwohl die Zölle dem EU Haushalt zufallen, verfügt die EU über kein eigenes Zollwesen. Sie überlässt das gesamte Geschäft der Grenzkontrollen und der Zollerhebungen den Mitgliedländern.

10.2.3 Geschützte Sektoren, bevorzugte Länder

Es würde nun zu weit führen, die Regelungen des Handelsverkehrs mit einzelnen Gütern oder Dienstleistungen exakt nachzuzeichnen. Wie man schon aus den vorangegangenen Abschnitten ersehen konnte, unterliegen diese Regelungen vor allem auf Grund der internationalen Vereinbarungen einem ständigen Wandel. Die Grundtendenz ist dabei eine allmähliche Liberalisierung und transparente Berechenbarkeit der angewendeten Handelsbeschränkungen. Dies ist ein Geschäft auf Gegenseitigkeit. Auch wenn es im Rahmen von GATT/WTO Verhandlungen manchmal zu einseitigen Zugeständnissen, zumeist an die Entwicklungsländer, kommen kann, handelt es sich hier längerfristig immer um ein *quid pro quo*. Die EU sucht für ihre

Produkte einen besseren Marktzutritt auf ausländischen Märkten oder sie sucht mehr Sicherheit für internationale Investitionen. Dafür muss sie eigene Schutzmaßnahmen zu einem gewissen Grad abbauen.

Was die Güter betrifft, so können wir ganz grob drei Gruppen unterscheiden:

– *Agrarprodukte*: Für sie gilt grundsätzlich eine Gemeinschaftspräferenz (siehe Kapitel 12). Das bedeutet, die Gemeinschaft zieht ihre eigenen Agrarprodukte vor und möchte Produkte aus Drittländern eigentlich nur zum Ausgleich von Defiziten auf den Markt lassen. In dieser Politik muss man das Gegenteil des Freihandelsprinzips, nämlich Autarkiestreben sehen. Damit sind erhebliche Wohlfahrtsverluste verbunden, und entsprechend vehement ist deshalb auch die Kritik daran, vor allem natürlich von Seiten wettbewerbsfähiger Agrarproduzenten, die so vom EU-Agrarmarkt ausgeschlossen werden. Das sind viele Schwellen- und Entwicklungsländer und beispielsweise auch die USA, Australien und Neuseeland.
  In Kapitel 12 sehen wir im einzelnen, wie die Handelspolitik für landwirtschaftliche Güter instrumentell für eine Agrarpolitik eingesetzt wird, die die Einkommen der Bauern stützen soll. Autarkie gehört dabei nicht zu den ausdrücklich erwähnten Zielen. Die Ziele der Agrarpolitik könnten aber, wie dort nachzulesen ist, mit anderen Mitteln effizienter erreicht werden. Unter dem Druck der internationalen Verhandlungen reformiert die Gemeinschaft ihre Agrarpolitik in dieser Richtung, so dass wir eine gewisse Liberalisierung der Handelspolitik für Agrargüter feststellen können. Der erste Schritt war die Einführung fester Zollsätze in der Uruguay-Runde, anstelle der variablen Einfuhrabschöpfungen. Ein zweiter Schritt ist die allmähliche Senkung der Zollsätze. Ein dritter Schritt wird möglicherweise die Abschaffung der Exportsubventionen in der Doha-Runde.

Tabelle 10.1: Saldo des Außenhandels mit Lebensmitteln (SITC 0–1) und insgesamt 1997–2007, in Mrd. €

	1997–2001	2004–2007
EU-15	-5,4	-9,6
EU-27		-11,2
AKP	-5,3	-5,3
Brasilien	-4,3	-7,1
Argentinien	-2,9	-4,8
USA	2,2	5,1
Japan	3,5	3,6
EU-15 insgesamt	-16,4	-80,0
EU-27 insgesamt		-145,0
USA insgesamt	-356,9	-641,8

Quelle: Eurostat

Tabelle 10.1 zeigt die EU als Nettoagrarimporteur, auch wenn das Defizit nicht gerade hoch ist. Die Osterweiterung hat das Handelsdefizit insgesamt erheblich anwachsen lassen, im Handel mit Lebensmitteln allerdings nur unwesentlich. Aber im Vergleich zum US Außenhandelsdefizit macht sich der negative EU Saldo bescheiden aus.

- *Sensible Güter*: Eine dem Freihandels- und Wettbewerbsprinzip diametral entgegenstehende Gemeinschaftspräferenz gibt es für die übrigen Güter nicht. Allerdings gibt es Güter, oder Industriezweige, die als besonders schützenswert angesehen werden. Dabei handelt es sich zumeist um wenig innovative oder arbeitsintensive Industrien, die den Zenith des Produktzyklus schon lange überschritten haben und starker Konkurrenz aus weniger entwickelten Ländern ausgesetzt sind – Eisen und Stahl, Schiffbau, Textil, Bekleidung, Schuhe. Diese Sonnenuntergangsindustrien (*sunset industries*) waren in frühen Phasen der Industrialisierung einmal die größten Arbeitgeber, und der Schutz ihrer sowieso rückläufigen Beschäftigung ist dann auch das Hauptmotiv für Protektion.

Als typisches Beispiel kann man die Textil- und Bekleidungsindustrie nehmen. 1960 verdienten in Deutschland dort 12,4 % der Industriebeschäftigten ihr Brot, 1999 waren es gerade noch 5,3 %: 60 % der Arbeitsplätze in diesen beiden Sektoren sind in den vierzig Jahren verloren gegangen. Für die Entwicklungsländer, die sich in einer frühen Phase der Industrialisierung befinden, ist die Textil- und Bekleidungsindustrie dagegen eine Wachstumsbranche und ein wichtiger Devisenbringer. Wenn nicht, ja wenn nicht die alten Industrieländer sich gegen die entsprechenden Importe durch sehr restriktive quantitative Handelsbeschränkungen gewehrt hätten. Um den Entwicklungsländern zumindest einen minimalen Marktzutritt zu garantieren, handelte man im GATT Vereinbarungen aus:

- 1962 die langfristige Vereinbarung über Baumwolltextilien (*long term agreement on cotton textiles, LTA*),
- 1974 das weitere Produkte umfassende Multi-Faser Abkommen (*multifibre agreement, MFA*), das mehrfach verlängert wurde,
- 1995 schließlich das Textil- und Bekleidungsabkommen (*agreement on textiles and clothing, ATC*).

Ziel der Abkommen war die kontinuierliche Steigerung der Importquoten für Textilien und Bekleidung in den Industrieländern, darunter auch der EU. Das jüngste ATC-Abkommen bestimmte dann die endgültige Abschaffung der Importquoten nach einer zehnjährigen Übergangsfrist im Jahre 2005. Als es im Jahre 2005 dann soweit war, nahm der EU-Import von Bekleidung aus China sprunghaft zu, so dass sich der Handelskommissar von den europäischen Produzentenländern (Frankreich, Italien, Spanien) gezwungen sah, neuerliche Übergangsregelungen mit China zu vereinbaren. Das stieß bei den europäischen Textilhändlern erwartungsgemäß auf wütende Proteste, deren Importe an der Grenze blockiert wurden. Eine Beseitigung der Importquoten bedeutet nicht, dass damit auch alle Zölle auf Textilien und Bekleidung abgeschafft wären. Hier handelt es sich aber nur noch um Nachhutgefechte. Inzwischen ist der Strukturwandel in Produktion und Handel in diesem Industriezweig mehr oder minder abge-

schlossen. Die handelsbeschränkenden Maßnahmen haben ihn allerdings über Jahrzehnte hinausgezögert.
- *Alle anderen Güter*: Für die übrigen Güter gelten unterschiedliche Zollsätze, aber keine zusätzlichen quantitativen Beschränkungen.

Die meisten Handelspartner der Europäischen Union sind Mitglieder der Welthandelsorganisation WTO. Das Grundprinzip dieser Organisation ist die Meistbegünstigung (*most favoured nation treatment, MFN*), d.h. jedes Mitgliedland der WTO ist so zu behandeln wie das am meisten begünstigte. Daraus würde man schließen, dass fast alle Handelspartner der EU gleich behandelt werden. Weit gefehlt! Meistbegünstigungszölle, die normale Behandlung also, treffen nur auf eine kleine, aber wichtige Gruppe von Ländern zu: die USA, Kanada, Japan, Australien, Neuseeland, Süd Korea, Singapur, Hongkong und einige Nicht-WTO Länder wie Russland und die Ukraine. Und der Rest? Die restlichen Länder genießen die eine oder andere Form von Präferenzbehandlung.

Handelspolitik, und das heißt konkret ein System von Handelspräferenzen, ist das einzige relativ einfach zu handhabende außenpolitische Instrument der Gemeinschaft, „because the EC has no other way (foreign policy or army) to express its political views" (Messerlin 2001: 1). In der Asymmetrie zwischen starkem wirtschaftspolitischen Einfluss und schwachem außenpolitischen Gewicht wird oft ein Defizit der europäischen Konstruktion gesehen. Die zweite Säule des EU-Vertrages von Maastricht, die gemeinsame Außen- und Sicherheitspolitik, war ein erster Ansatz, dieses Defizit zu beheben. Es ist aber bislang eine dünne Säule geblieben. Die Institutionalisierung eines europäischen Außenministers bzw. des Hohen Vertreters der Union für Außen- und Sicherheitspolitik (Art. 18 EU n.F.) ist ein weiterer Schritt in diese Richtung. Es ist aber leicht einzusehen, dass man sich in der Gemeinschaft beispielsweise sehr viel eher über den Abschluss eines Präferenzabkommens mit dem Irak verständigen kann als über den Einmarsch europäischer Truppen in dieses Land.

Die Präferenzbehandlung beruht auf multilateralen oder bilateralen Abkommen oder auf einer einseitigen Entscheidung der EU. Die längste Tradition hat die Beziehung der Gemeinschaft zu den sogenannten AKP Staaten (Afrika-Karibik-Pazifik). Als der Vertrag von Rom unterzeichnet wurde, waren die meisten von ihnen noch Kolonien. Mit 22 überseeischen Ländern und Territorien, auf Grund der Zusammensetzung der Gründungsmitglieder der EWG vor allem französischen Kolonien, schloss die EWG 1957 Assoziationsabkommen ab, die diesen Ländern den Zugang zum neu geschaffenen europäischen Markt sichern und für die europäische Entwicklungspolitik einen Rahmen liefern sollten. Die Zusammenarbeit der EWG mit 18 inzwischen unabhängig gewordenen Ländern in Afrika wurde 1963 in der Konvention von Jaunde festgeschrieben. Mit dem Beitritt Großbritanniens 1973 kamen 20 Commonwealth-Länder hinzu. Diese erweiterte Gruppe nannte sich jetzt AKP-Gruppe, und die Zusammenarbeit mit der EWG wurde in der Konvention von Lomé 1975 stärker formalisiert und mit einer eigenen Struktur versehen. Das Motto von Lomé I „Partnerschaft unter Gleichen" war mehr als optimistisch, und die Schwierigkeiten, in die die Weltwirtschaft in der Folge der Ölpreisschocks (1973/1974 und 1979/1980) geriet, holten die Partner rasch auf den Boden der Tatsachen zurück. Die Konvention von Lomé wurde mehrfach erneuert und im Jahr 2000 im Vertrag von Cotonou substantiell neu gefasst. Inzwischen gehören 79 Länder der AKP-Gruppe an (48 in Afrika, 16 in der Karibik und 15 im Pazifik). Zusammen mit den 27 EU Mitgliedern sind das mehr als die Hälfte der Mitgliedländer der Vereinten Nationen.

Das Programm von Lomé und von Cotonou umfasst ein weites Spektrum entwicklungspolitischer Maßnahmen, die zum Teil von den EU-Mitgliedländern direkt, zum Teil aus dem Europäischen Entwicklungsfonds finanziert werden. Im Bereich der Handelspolitik, der uns hier interessiert, bedeutet Lomé für die AKP-Staaten eine sehr weit gehende Zollfreiheit. Selbst im Bereich der konkurrierenden Agrarprodukte (Zucker zum Beispiel) werden ihnen erhebliche zollfreie Kontingente und darüber hinaus niedrigere Zölle zugestanden. Da ihre Hauptexportprodukte aber Rohstoffe und Energieträger sind, auf die die Gemeinschaft sowieso keine Zölle erhebt, hat die Präferenzbehandlung nur einen bescheidenen Effekt. Der wird durch die Liberalisierungen im Rahmen der WTO Runden und durch die ständige Erweiterung des Präferenzregimes der Gemeinschaft im Laufe der Zeit auch noch erodiert. Das heißt die AKP Staaten, zu einem gewissen Grad verwöhnt durch die Präferenz, treffen auf dem europäischen Markt mehr und mehr auf die Konkurrenz der übrigen Länder. Deshalb richtet der Vertrag von Cotonou sein Augenmerk stark auf die Wettbewerbsfähigkeit der AKP Staaten im Zusammenhang mit der Globalisierung. Das eigentliche Problem dieser Länder wird aber an ihrem niedrigen Governance-Niveau festgemacht: Staatsvereinahmung, Korruption, Vetternwirtschaft, mangelnde Rechtssicherheit. Dem ist nur schwer durch Hilfe von außen beizukommen.

Box 10.2: Ausgerechnet Bananen!

Eine *cause célèbre* der EU-Handelspolitik ist die Bananenmarktordnung (Cascante/Sander 1999). Deutschland ist nicht erst seit der Wende eine „Bananenrepublik" und hat sich schon bei der Gründung der EWG die zollfreie Einfuhr von Bananen ausbedungen. England und Frankreich sahen sich ihren ehemaligen Kolonien, den AKP Staaten, gegenüber in der Pflicht und importierten bevorzugt aus diesen Ländern ihre Bananen. Benachteiligt fühlten sich die übrigen Bananen produzierenden Entwicklungsländer, vor allem aber die US-amerikanischen Handelskonzerne, die den internationalen Bananenmarkt beherrschen.

Mit der Einführung des Binnenmarktes musste auch dieser Handelszweig vereinheitlicht werden – folglich wurde 1993 eine einheitliche Bananenmarktordnung erlassen. Nun ist Banane nicht gleich Banane. Es gibt Gemeinschaftsbananen, traditionelle AKP-Bananen, nicht-traditionelle AKP-Bananen und Drittländerbananen, die mit differenzierten Kontingenten und Zollsätzen belegt oder, wie die Gemeinschaftsbananen aus den französischen Überseegebieten, den Kanaren, Azoren, Madeira und Griechenland, gefördert werden. Diese Bananenmarktordnung ist mit den GATT Bestimmungen nicht vereinbar, wie mehrfach von einem WTO-Schiedsgericht festgestellt wurde. Denn Importquoten sind nach den GATT Regeln grundsätzlich verboten. Damit erhalten die Drittländer die Erlaubnis, EU-Produkte mit Strafzöllen zu belegen – fragt sich nur, wen die Strafe stärker trifft.

Das Problem ist ein tragbarer Kompromiss zwischen dem Vertrag von Lomé, der grundsätzlich von der WTO akzeptiert wird und der eine präferentielle Behandlung der AKP Staaten durch die EU vorsieht, und den GATT/WTO Regeln, die eine diskriminierende Handelspolitik verbieten. So wird seit Jahren in der noch immer nicht abgeschlossenen Doha-Runde der WTO Verhandlungen um einen akzeptablen Zollsatz der EU für Drittländerimporte gestritten. Nicht zu übersehen ist die Tatsache, dass die Bananenmarktordnung auch die europäischen Händler, die vornehmlich mit AKP-Bananen handeln, gegenüber den US-amerikanischen Handelskonzernen schützt, die vor allem lateinamerikanische Drittländerbananen vertreiben. Der Versuch von Importeuren von Drittländerbananen, das Bundesverfassungsgericht zum Schutz ihres Eigentums und ihrer Berufsfreiheit anzurufen, ist im Jahr 2000 gescheitert: Im Anschluss an die *Solange II Entscheidung* (vgl. Kapitel 5) lehnte das Gericht eine entsprechende Vorlage als unzulässig ab, da der Grundrechtsstandard der EU unverändert hoch sei und somit das Urteil des EuGH, die Bananenmarktordnung verletze keine EU-Rechte, nicht gegen das deutsche Grundgesetz verstoßen könne.

Am Ende langwieriger Streitigkeiten über die Bananenmarktordnung hat die EU zum 1. Januar 2006 die Quoten abgeschafft und ist zu einer reinen Zollregelung übergegangen. Der Zoll wurde auf 176 € pro Tonne festgesetzt und den AKP-Ländern wurde ein zollfreies Kontingent von 775 000 t zugestanden (VO 1964/2005).

Die Präferenzbehandlung der AKP Staaten hatte ihre Wurzeln in der kolonialen Vergangenheit. Es war aber eigentlich nicht einzusehen, warum andere, ähnlich schwach entwickelte Länder der Dritten Welt durch die unverminderten Außenzölle der EU in ihren Entwicklungschancen eingeschränkt werden sollten. So entschied sich die Gemeinschaft 1971, für diese Länder ein allgemeines Präferenzsystem (*generalised system of preference, GSP*) einzuführen, das die zollfreie Einfuhr ihrer Produkte bis zu einer bestimmten Quote ermöglichte und das nicht reziprok war. Das heißt, diese Länder wurden nicht gezwungen, den Zollschutz ihrer gerade erst aufkeimenden Industrie aufzugeben. 1999 wurde das GSP grundlegend revidiert, denn es widersprach mit der Quotenregelung den WTO Prinzipien. Der Grad der Zollpräferenz hängt seitdem ab vom Entwicklungsstand des jeweiligen Landes und von der Sensibilität des Produktes:

- Sehr sensible Produkte werden mit 85 % des Normalzolls, des Meistbegünstigungszolls also, belegt. Das sind, wir erraten es, viele Agrarprodukte, Textilien, Bekleidung, und gewisse Stahlprodukte.
- Sensible Produkte werden mit 70 % des Normalzolls belegt. Die Liste der betroffenen Güter ist schon um einiges länger.
- Semi-sensible Produkte kommen auf 35 % des Normalzolls und
- Nicht-sensible Produkte können zollfrei eingeführt werden.

Dieses System besticht natürlich nicht durch Einfachheit und Transparenz. Um den ärmsten Ländern bessere Exportchancen einzuräumen, gewährt die EU den 48 am wenigsten entwickelten Staaten jetzt zollfreien Zutritt zum europäischen Markt. Das geht allerdings nur dort reibungslos, wo der

Binnenmarktpreis nicht durch Zoll, Interventionspreis und Quoten künstlich hoch gehalten wird, wie bei einigen Agrarprodukten.

Die Transformation der politischen und ökonomischen Systeme in Osteuropa konfrontierte die Europäische Gemeinschaft mit einer völlig neuen Situation. Rangierten diese Länder bis 1989 als Staatshandelsländer weit unten in der Präferenzpyramide der EU Handelspolitik, galt es nun, die neuen Marktwirtschaften rasch zu integrieren. Als erstes wurde das allgemeine Präferenzsystem auf die potentiellen Beitrittskandidaten ausgedehnt. Dann wurden im Laufe der 1990er Jahre mit diesen Ländern sogenannte Europa-Verträge abgeschlossen, die im wesentlichen auf die Schaffung einer Freihandelszone innerhalb von zehn Jahren hinausliefen, wobei die Abschaffung der Zölle asymmetrisch erfolgen sollte, d.h. die EU verpflichtete sich, ihre Handelsbeschränkungen rascher abzubauen als die Transformationsländer. Durch den Beitritt zur EU ist für zehn Länder der Region diese Phase allerdings schneller als geplant überwunden worden.

Die präferentielle Behandlung der Länder in Ostmitteleuropa und Südosteuropa und dann die Osterweiterung trafen naturgemäß nur auf ein bescheidenes Interesse bei den Mittelmeeranrainern der EU – Portugal, Spanien, Frankreich und Italien. Griechenland ist hier als südosteuropäisches Land ein Sonderfall. Für sie ist der mediterrane Raum mindestens ebenso wichtig. Und so nahm man die Initiative der Europa-Abkommen zum Modell für den „Euro-Mediterranen Prozess", auch Barcelona-Prozess genannt (zum Begriff der Prozessplanung siehe Box 10.7), der auf einer Ministerkonferenz in Barcelona 1995 aus der Taufe gehoben wurde. Dieses Projekt hat 2008 mit der vor allem von Frankreich betriebenen Mittelmeerunion eine Erweiterung gefunden. Sie erfasst alle EU-Mitgliedländer und die übrigen Anrainerstaaten einschließlich von Jordanien und Mauretanien, die keine Mittelmeerküste besitzen. Libyen, das in Barcelona noch nicht gleichberechtigt mitspielen durfte, hat auch jetzt noch nur Beobachterstatus. Das Programm von Barcelona sieht die Konsolidierung der Präferenzbehandlung vor, und plant außerdem die Schaffung einer Freihandelszone auf mittlere Sicht und einen Finanzierungsrahmen für Entwicklungsprojekte. Die Mittelmeerunion geht nur unwesentlich darüber hinaus. Es ist klar, dass der Euro-Mediterrane Prozess eine delikate Angelegenheit darstellt, da er Israel, die Palästinenser und ihre islamischen Nachbarn an einen Tisch bringt. Die Türkei wiederum sieht in der Mittelmeerunion keinen adäquaten Ersatz für eine Mitgliedschaft in der EU.

An bilateralen Vereinbarungen seien hier nur jene mit der Türkei und mit Südafrika erwähnt. Die Türkei, die schon lange die Mitgliedschaft in der Gemeinschaft anstrebt (siehe Kapitel 4), hat 1996 eine Zollunion (unter Ausnahme von Agrarprodukten und einigen sensiblen Produkten) mit der EU geschlossen, was konkret bedeutet, dass sie freien Zutritt zum europäischen Markt erhalten und den gemeinsamen Außenzoll der Gemeinschaft übernommen hat. Das bilaterale Handels-, Entwicklungs- und Kooperationsabkommen mit Südafrika aus dem Jahr 2000 misst diesem Land auf dem afrikanischen Kontinent eine besondere Bedeutung zu, weshalb es nicht einfach in die AKP Gruppe integriert wurde. Es sieht, ähnlich wie bei anderen Schwellenländern, bei denen die EU auf einen gewissen Grad von Reziprozität achtet, eine asymmetrische Liberalisierung des Handels über einen Zeitraum von 12 Jahren vor.

Box 10.3: Festung Europa?

Die EU Mitgliedländer handeln vor allem mit sich selbst. 2007 gingen 68,1 % ihrer Exporte in EU Partnerländer, aus denen 64,3 % der Importe kamen. Der Rest der Welt trägt also nur etwa ein Drittel zum EU-Außenhandel bei: Festung Europa? Festung Europa ist ein Schlagwort, womit eine extrem protektionistische Handelspolitik der Europäischen Gemeinschaft angeprangert werden soll. Stellt sich die Frage: Ist Europa wirklich eine Festung? Für Agrargüter, das haben wir gesehen, ist das mit der Politik der Gemeinschaftspräferenz noch immer der Fall. Aber allgemein?

Woran wäre eine extrem protektionistische Position zu messen? Am Grad der Autarkie oder umgekehrt am Grad der Offenheit der Wirtschaft. Nun ist es klar, dass eine Wirtschaft in der Tendenz offener ist, je kleiner sie ist. Denn eine normale Wirtschaftstransaktion wird um so eher eine Außengrenze überqueren, je näher sich diese zum Ort der Produktion befindet. Das heißt, Belgien und Holland sind automatisch offener als Deutschland, und dieses ist wiederum offener als die EU insgesamt oder die USA. Doch der Grad der Offenheit, gemessen als 1/2 (Export + Import)/BIP, wird durch weitere Faktoren bestimmt.

Tabelle 10.2: Wirtschaftsgröße und Grad der Offenheit 2007

Land	*BIP in Mrd. €*	*Offenheitsgrad in %*	*Land*	*BIP in Mrd. €*	*Offenheitsgrad in %*
EU-27	12304	11,2	Griechenland	228	16,0
EU-15	11443	12,8	Irland	191	39,0
USA*	10495	11,2	Finnland	180	35,0
Japan*	3485	14,0	Portugal	163	29,1
Deutschland	2423	35,9	Tschechien	127	68,9
Großbritannien	2047	18,9	Rumänien	121	33,1
Frankreich	1892	22,5	Ungarn	101	69,3
Italien	1536	23,6	Slowakei	55	78,2
Spanien	1051	21,3	Luxemburg	36	50,0
Niederlande	567	67,1	Slowenien	34	66,2
Belgien	335	92,1	Bulgarien	29	60,3
Schweden	332	35,1	Litauen	28	55,4
Polen	309	36,1	Lettland	20	42,5
Österreich	271	43,9	Zypern	16	21,9
Dänemark	228	32,5	Estland	15	63,3
			Malta	5	50,0

* 2006

Quelle: Eurostat

Die Tabelle bestätigt die generelle Tendenz und zeigt auch die Unterschiede zwischen den Ländern. Wir sehen: Belgien und die Niederlande sind besonders offene, Griechenland und Zypern sehr geschlossene Wirtschaften, Deutschland ist offen und Japan eher geschlossen. Was die EU betrifft, so ist sie weder absolut geschlossener als die USA, noch relativ zur Wirtschaftsgröße geschlossener als Japan. Die Festung Europa ist ein Mythos.

10.3 Industriepolitik

10.3.1 Industriepolitik – ein Sündenfall?

Sünde ist, was jeder einzelne von Zeit zu Zeit gerne begeht in der Hoffnung, ungestraft davon zu kommen, über das alle gemeinsam sich aber einig sind, dass es dem ewigen Leben nicht zuträglich ist. Ökonomen nennen das opportunistisches Verhalten. Für einen Großteil der traditionell praktizierten Industriepolitik trifft *mutatis mutandis* genau das zu: Einzelne Gruppen oder Sektoren werden bevorzugt behandelt oder geschützt auf Kosten der übrigen Marktteilnehmer, wobei der gesellschaftliche Nettoertrag negativ ist – das sind die berüchtigten *beggar-thy-neighbour* Politiken (im Deutschen auch als Sankt-Florians-Prinzip bekannt). Die Theorie hat aber auch Fälle aufgezeigt, in denen eine bevorzugte Behandlung eines einzelnen Sektors oder einer Gruppe auf Grund von positiven externen Effekten zu einem Nettowohlfahrtsgewinn führen kann. Das wird noch immer auf Kosten Dritter geschehen. Denn eines der vornehmsten Ziele der Industriepolitik ist die Steigerung der internationalen Wettbewerbsfähigkeit einer Wirtschaft. Und wachsende Wettbewerbsfähigkeit des einen Konkurrenten geht nun einmal auf Kosten der übrigen Konkurrenten, auch wenn dadurch die Gesamtwohlfahrt zunimmt. Solange dies im Rahmen der Regeln für einen fairen Wettbewerb stattfindet, müssen solche Fälle der Industriepolitik als wirtschaftspolitische Tugenden gesehen werden. Doch bevor wir über Tugend oder Untugend der gemeinsamen Industriepolitik weiter sprechen, ist etwas näher auf die Sache selbst einzugehen. Was verstehen wir unter Industriepolitik und worin besteht die Industriepolitik der EU?

Der Begriff Industriepolitik ist unter marktwirtschaftlich orientierten Ökonomen, die in einer klassischen oder neo-klassischen Tradition stehen, nicht sehr beliebt – so zum Beispiel unter britischen oder deutschen Ökonomen. In Frankreich, wo seit Colbert (1619–1683) ein stärker etatistisch geprägter Wirtschaftsstil vorherrscht, hat Industriepolitik einen weniger ordnungswidrigen Beigeschmack. Dieser Gegensatz prägt die Grundeinstellung zur Industriepolitik in der Gemeinschaft. Das hat allerdings keinen Einfluss auf die Tatsache, dass weitgehende Einigkeit über zahlreiche Entscheidungen besteht, die zwar industriepolitische Auswirkungen haben, aber unter einer anderen Flagge segeln. Denn Industriepolitik lässt sich nur schwer eingrenzen, wenn wir darunter alle staatlichen Maßnahmen verstehen, die sich direkt oder indirekt auf die Ressourcenallokation in der Industrie auswirken. Das sind alle wirtschaftspolitischen Aktionen, die sich auf die Input- oder Output Gestaltung der Produktion und auf die Preisbildung auswirken. Schon die Einschränkung auf angebotsseitige Maßnahmen wäre bei dieser weiten Definition unzulässig. Denn ein beliebtes industriepolitisches Instrument operiert von der Nachfrageseite her – die staatliche Beschaffungspolitik. So gesehen haben alle wirtschaftspolitischen Entscheidungen, die die Randbedingungen der wirtschaftlichen Tätigkeiten beeinflussen oder die sich fördernd oder schützend auf diese auswirken, einen industriepolitischen Aspekt. Insbesondere fallen darunter:

- die Außenhandelspolitik, die mit tarifären und nicht-tarifären Maßnahmen, mit Handelsverträgen und mit ihrer Antidumping-Politik die Bedingungen für den internationalen Wettbewerb bestimmt,
- die Struktur- und Sozialpolitik, die den Strukturwandel in seinem Zeitablauf zu beeinflussen und ihn sozial verträglich zu gestalten versucht,
- die Wettbewerbspolitik, die in spontane Marktvorgänge eingreift, die aber auch die staatlichen Eingriffe kontrolliert und steuert (schon hier zeigt sich ein Spannungsverhältnis zwischen Industrie- und Wettbewerbspolitik),
- die Bildungs-, Forschungs- und Entwicklungspolitik, die die Entfaltung dieser Voraussetzungen für eine dynamische Wirtschaftsentwicklung nicht allein dem Markt überlassen.

Im engeren Sinn umfasst Industriepolitik horizontale Eingriffe, die sich auf die Entwicklung konkreter Industriesektoren oder einzelner Unternehmen beziehen und diese in eine bestimmte Richtung zu lenken versuchen. Die Maßnahmen können nun rückwärts gerichtet sein, d.h. auf die Stützung rückläufiger Sektoren (so genannter *sunset industries*): Ein Industriezweig, die Stahlindustrie zum Beispiel, verliert im Prozess des Strukturwandels an Bedeutung, es treten Überkapazitäten auf, die zurückgefahren werden müssen, was zu Beschäftigungsverlusten führt, die bei Schließung einzelner Werke erhebliche, meist regional konzentrierte Arbeitslosigkeit verursachen. Der Schrumpfungsprozess einer solchen Industrie kann durch Subventionen oder Außenhandelsprotektion zeitlich in die Länge gezogen werden. Vom Effizienzgesichtspunkt aus macht das wenig Sinn, denn die knappen Ressourcen, die in dieser Industrie gebunden sind, könnten woanders produktiver genutzt werden. Beim Faktor Arbeit ist das allerdings nicht so ohne weiteres möglich – ein fünfzigjähriger Stahlarbeiter lässt sich nicht problemlos in der Mikroelektronik einsetzen. Deshalb kann es gute ökonomische und soziale Gründe dafür geben, die unproduktive Stahlfabrik zwar sofort zu schließen, die freigesetzten Arbeiter aber umzuschulen oder direkt zu unterstützen. Auf der anderen Seite können die industriepolitischen Maßnahmen auch vorwärts gerichtet sein, d.h. auf die Förderung aufstrebender Sektoren (der so genannten *sunrise industries*): Ein Industriezweig, die Mikroelektronik oder die Biotechnologie zum Beispiel, zeichnet sich im Prozess des Strukturwandels als Industrie mit großen Zukunftschancen ab. Um ihr vor allem auf dem internationalen Markt einen Vorsprung zu verschaffen, ist eine staatliche Subventionierung denkbar.

Solange die 30 goldenen Nachkriegsjahre des stürmischen Wirtschaftswachstums in Europa währten, spielte Industriepolitik kaum eine Rolle. Wozu auch? Der Laden brummte, der Handel wuchs, und es herrschte Vollbeschäftigung. Als sich mit dem ersten Ölpreisschock ein längerer Konjunkturabschwung abzeichnete, griffen viele nationale Regierungen auf das industrie- und handelspolitische Instrumentarium zurück, um für ihre Industrien die nationalen Märkte zu schützen und die Wettbewerbsfähigkeit auf den internationalen Märkten zu fördern. Innerhalb der EWG war das zwar auf Grund der gemeinsamen Wettbewerbs- und Handelspolitik nur beschränkt möglich. Aber die Mitgliedländer fanden immer wieder Wege, das Grundprinzip des Gemeinsamen Marktes, Nicht-Diskriminierung, zu umgehen. Den Strukturwandel industriepolitisch zu begleiten, wenn man das für unerlässlich hielt, machte folglich einen gemeinsamen Ansatz erforderlich. Er war auch erforderlich, um der leidigen Subventionsspirale zu entgehen. Denn Industriepolitik kann leicht in ein Gefangenendilemma-Spiel ausarten:

Tabelle 10.3: Das Gefangenendilemma der Subventionsspirale

		Land B	
		subventionieren	*nicht subventionieren*
Land A	subventionieren	– 2/– 2	2/– 3
	nicht subventionieren	– 3/2	0/0

Das Ergebnis für A steht in der Auszahlungsmatrix vor dem Querstrich, das für B danach. Wir sehen: Die Subventionspolitik ist eine dominante Strategie, d.h. sie ergibt für beide Länder ein günstigeres Ergebnis unabhängig davon, wie das jeweils andere handelt. Das Strategiepaar (subventionieren/subventionieren) konstituiert folglich ein Nash-Gleichgewicht, das aber mit erheblichen Verlusten der Beteiligten verbunden ist, nämlich den Kosten der Subventionen, die keinen Effekt haben, wenn sie in beiden Ländern in gleicher Weise eingesetzt werden. Das lässt sich nur durch gemeinsame Vereinbarungen, durch Kooperation vermeiden: Man muss sich wechselseitig glaubhaft verpflichten, den verschwenderischen Subventionswettlauf zu unterlassen, bzw. eine höhere Instanz unterbindet das schädliche Verhalten.

Box 10.4: Die europäische Stahlkrise

Anfang der 1970er Jahre arbeiteten in der europäischen Stahlindustrie rund 775 000 Beschäftigte. Zusammen mit dem Ölpreisschock 1973 setzte eine Stahlkrise ein, die bis zum Jahr 2003 andauerte. Zu diesem Zeitpunkt war die Zahl der Beschäftigten auf rund 250 000 gesunken, es begann aber auch eine neue Stahlkonjunktur. Der notwendige Prozess der Umstrukturierung, der im wesentlichen aus Kapazitätseinschränkungen zusammen mit Beschäftigungsabbau, aus Unternehmenszusammenschlüssen (auch grenzüberschreitenden) und aus der Einführung neuer Techniken und Verfahren bestand, wurde über die gesamte Zeit zuerst von der EGKS (bis zu ihrer Auflösung im Jahr 2002) und dann von der

EG durch industriepolitische Maßnahmen begleitet. Diese bestanden vor allem in einer Kooperation der Europäischen Kommission und der nationalen Regierungen. Denn der ernorme Subventionsbedarf hätte von den europäischen Institutionen allein nicht gedeckt werden können. Außerdem wollten die Regierungen auf eine eigene Politik nicht verzichten, bestanden doch zwischen den Mitgliedländern sehr unterschiedliche Vorstellungen darüber, wie viel Mittel dafür aufgewendet werden sollten.

Die Kooperation beinhaltete deshalb auf der einen Seite die zentrale Vereinbarung von verbindlichen Produktionsquoten, auf der anderen Seite die zentrale Bewilligung für nationale Subventionen. Hinzu kamen Mittel aus dem EGKS Haushalt (und später aus dem auf die EG übergegangenen Restvermögen der EGKS bzw. aus dem Forschungsförderungsprogramm der EG) für Forschung und Entwicklung im Bereich von Kohle und Stahl. Die unterschiedlichen nationalen Präferenzen sehen wir z.B. daran, dass zwischen 1975 und 1985 Deutschland eine Tonne Stahl mit 16 DM gefördert hat, Frankreich mit 102 DM und Großbritannien mit 142 DM. Die Stahlkrise ist den Steuerzahler sehr teuer zu stehen gekommen. Im Ergebnis hat Europa aber eine international wettbewerbsfähige und relativ umweltverträgliche Stahlindustrie erhalten und ehemalige Stahlregionen (Ruhrgebiet, Lothringen, Wallonien) restrukturiert. Ob Ähnliches ohne Industriepolitik zu erreichen gewesen wäre, bleibe dahingestellt. Im Vergleich zu den USA, die ihre Stahlindustrie in der Krise ebenfalls nicht im Regen haben stehen lassen, ohne sie aber tiefgreifend und vorwärts gerichtet umzustrukturieren, schneidet die Gemeinschaft zumindest nicht schlecht ab.

10.3.2 Die Strategie der Vorwärtsverteidigung

Eine rückwärts gewandte Politik lässt sich ökonomisch nur schwer verteidigen. Deshalb finden wir in der Literatur plausible Argumente für eine Industriepolitik fast nur im Zusammenhang mit einer vorwärts gewandten Strategie. Dabei geht es um die internationale Wettbewerbsfähigkeit der heimischen Produktion: Industriepolitik ist Handelspolitik. Der Grundgedanke lautet, dass komparative Kostenvorteile nicht naturgegeben sind, sondern Ergebnis eines konkreten Entwicklungsprozesses. Das mag der spontane Marktprozess sein, das kann aber auch eine bewusste, staatlich geförderte Entwicklung sein, zum Beispiel in den Bereichen Ausbildung, Forschung und Innovation. Wir müssen deshalb die gemeinsame Forschungspolitik der EU als integralen Bestandteil der Industriepolitik betrachten.

Die neuere Theorie der strategischen Industrie- und Handelspolitik (z.B. Brander/Spencer 1985, Brander 1995) verstärkt die Begründung einer wirtschaftspolitischen Unterstützung dadurch, dass sie zeigt, wie bei Vorliegen von externen Effekten und positiven Skalenerträgen der endogene Wachstumsprozess zu unterschiedlichen Gleichgewichten führen kann. Im günstigen Fall überwindet man bei der Einführung neuer Produkte oder neuer Techniken die Anfangsschwierigkeiten, arbeitet sich auf der Lernkurve rasch in kostengünstige Bereiche der Massenproduktion vor und erreicht so auf dem Markt eine beherrschende Position. Im ungünstigen Fall verpasst man den Zug.

Nehmen wir das Beispiel des Flugzeugbaus. Die Entwicklung eines neuen Flugzeugs ist mit enormen Kosten verbunden, die nur bei entsprechend hohen Verkaufszahlen zurückverdient werden. Für zwei Produzenten ist der Markt eigentlich zu klein. Das kann zu folgender strategischen Spielsituation führen:

Tabelle 10.4: Ein Dyopol bei extrem hohen Entwicklungskosten

		Airbus	
		produzieren	*nicht produzieren*
Boeing	*produzierenn*	– 5/– 5	50/0
	nicht produzieren	0/50	0/0

Offensichtlich gibt es hier keine dominante Strategie. Aber wenn A nicht produziert, würde B gerne produzieren und umgekehrt. Wer zuerst auf dem Markt ist, erreicht günstigere Stückzahlen und kann billiger anbieten – der so genannte *first mover* Vorteil. Damit schließt sich der Markt für den Konkurrenten. Eine staatliche Subvention für Airbus würde die Entscheidungssituation jedoch verändern:

Tabelle 10.5: Strategische Handelspolitik

		Airbus	
		produzieren	*nicht produzieren*
Boeing	*produzieren*	– 5/(– 5+10)	50/0
	nicht produzieren	0/(50+10)	0/0

Jetzt ist „Produzieren" für Airbus die dominante Strategie, und sie werden sofort damit beginnen. Die an Airbus beteiligten Unternehmen erarbeiten sich einen komparativen Kostenvorteil im Flugzeugbau, der vor allem im entsprechenden *know-how* der Entwicklungsingenieure, der Techniker und der qualifizierten Arbeiter beruht. Für *newcomer* ist der Markt praktisch geschlossen. Und der Konkurrent Boeing muss sich anstrengen, beim nächsten Flugzeugtyp der *first mover* zu sein. Die Sache artet natürlich zu einer wohlfahrtsschädlichen Subventionsspirale aus, sobald beide Regierungen gleichzeitig versuchen, ihre Industrie in die *first mover* Position zu bringen. Die Vorteile liegen dann beim Rest der Welt, der von Wettbewerbspreisen für Flugzeuge profitiert (vgl. Baldwin/Krugman 1987). Die WTO, vor der die beiden Kontrahenten Klagen gegen unzulässige Subventionierung vorbringen, ist praktisch überfordert. Aber auch ein bilaterales Abkommen, wie es zwischen Airbus und Boeing zusammen mit der US-Regierung und der EU 1992 abgeschlossen wurde, um die Subventionen zu beschränken, führt nicht zu einem dauerhaften stabilen Gleichgewicht. Es wurde 2004 einseitig von der amerikanischen Seite gekündigt (vgl. Braunberger 2006).

Box 10.5: Der Concorde-Flop und der Airbus-Hit – Beispiele europäischer Industriepolitik?

In den ersten Nachkriegsjahrzehnten besaß fast jedes europäische Land eine eigene Flugzeugindustrie. Keine davon wäre in der Lage gewesen, sich auf dem rasch wachsenden Markt der strahlgetriebenen Verkehrsflugzeuge gegen die amerikanische Konkurrenz zu behaupten. Folglich kam es in den 1960er Jahren zu zwei Kooperationsprojekten, der britisch-französischen Concorde und dem deutsch-französischen (unter britischer und spanischer Beteiligung) Airbus. Ökonomisches Kennzeichen für beide Projekte ist ein gewaltiger Subventionsbedarf, um die enormen Marktzutrittskosten – versunkene Kosten (*sunk costs*) also, die bei einer wettbewerblichen Marktpreisgestaltung nicht vergütet werden – zu decken. Die Argumentation dieses kostspieligen industriepolitischen Engagements der beteiligten Länder widerspiegelt das gesamte Arsenal der Motive für eine aktive Industriepolitik. 40 Jahre nach Aufnahme der Projekte hat die Concorde, von der nur wenige Exemplare gebaut wurden, ihren Abschiedsflug hinter sich, während Airbus eine Flugzeugfamilie entwickelt hat und der inzwischen einzig übriggebliebenen amerikanischen Konkurrenz Boeing auf Augenhöhe gegenübersteht. Beide, Airbus und Boeing, sind nach wie vor Subventionsempfänger.

Die Concorde war ein industriepolitischer Flop. Ob Airbus ein industriepolitischer Hit ist, hängt von einer praktisch undurchführbaren Kosten-Nutzen Analyse ab. Also behilft man sich mit Simulationsmodellen. Neven und Seabright haben eine Reihe von Simulationen durchgerechnet (damals gab es allerdings neben Boeing und Airbus noch einen dritten Anbieter auf dem Markt) und kamen zum Ergebnis: „Airbus had a large negative impact on world social welfare, but a comfortably positive impact on European welfare" (Neven/Seabright 1995: 320). Das bedeutet: Erfolgreiche Industriepolitik hat vor allem einen Umverteilungseffekt. Der Nutzen in Europa (Preiseffekte, Spillover-Effekte, Wertschöpfung) geht auf Kosten von Boeing und des amerikanischen Steuerzahlers. Darüberhinaus ist Airbus ein Lehrbuchbeispiel für strategische Industrie- und Handelspolitik nach den Modellvorstellungen von Brander-Spencer (Brander/Spencer 1985, Brander 1995), seitdem Boeing den *first mover* Vorteil von Airbus bei der Entwicklung des Großraumflugzeugs A 380 anerkannt und die Entwicklung seines Konkurrenzmodells B 7x7 eingestellt hat.

In unserem Zusammenhang ist nun aber anzumerken, dass beide Projekte in erster Instanz nur am Rande etwas mit der gemeinsamen Industrie- oder Handelspolitik der Europäischen Gemeinschaft zu tun hatten. Hier geht es um zwischenbetriebliche und zwischenstaatliche Kooperation, an der Mitgliedländer der Gemeinschaft beteiligt sind – die spanische Beteiligung bei Airbus trat allerdings lange vor Spaniens Beitritt zur EU ein. Die umfangreichen Subventionen für beide Projekte wurden direkt aus den jeweiligen Staatshaushalten gewährt. Brüssel und das Budget der Gemeinschaft sind nicht aktiv geworden. Wir können in dieser Tatsache ein Beispiel für das Subsidiaritätsprinzip sehen: Die nationalen industriepolitischen Maßnahmen wirken sich nicht verzerrend auf den Intra-Gemeinschaftshandel aus. Die Länder, die eine politische Präferenz für solche Maßnahmen haben, führen sie auf nationalem Niveau durch; die

Gemeinschaft kann außen vor bleiben. Das ist allerdings so nicht ganz richtig. Denn die Subventionen wirken sich durchaus verzerrend auf den Extra-Gemeinschaftshandel aus, und da werden sich Boeing und die USA bei der Gemeinschaft als dem zuständigen handelspolitischen Akteur über Wettbewerbsverzerrungen beschweren. Das bedeutet, die GATT- oder WTO-Verträglichkeit der nationalen Industriepolitik liegt in der Verantwortung der Gemeinschaft. Auch deswegen sind nationale Maßnahmen grundsätzlich genehmigungspflichtig.

Wie praktisch jede Wirtschaftspolitik wird auch Industriepolitik durch Marktunvollkommenheiten motiviert. Diese können aus den unterschiedlichsten Ursachen entstehen (vgl. z.B. Jovanovič 1997: 174 ff.): Landesgröße, regionale Disparitäten, Ausbildung, Mobilität und Organisierungsgrad der Beschäftigten, versunkene Kosten (*sunk costs*) in Forschung und Entwicklung, Skalenerträge, die Wettbewerbs-, Konkurs-, Steuer-, Patentgesetzgebung, Infrastruktur, usw. Entsprechend vielfältig sind auch die Instrumente, die der Politik zur Verfügung stehen, wenn sie sich dazu entschließt, die Marktunvollkommenheiten auszugleichen: tarifäre und nicht-tarifäre Handelsbeschränkungen, Wechselkurspolitik, Steuerprivilegien, nicht-kommerzielle Kredite und Kreditbürgschaften, Ausfallversicherungen und andere Subventionen, öffentliche Beschaffungspolitik, Bildung und Umschulung, Forschungsförderung, Infrastrukturpolitik. Die Liste lässt sich beliebig verlängern.

Vieles von dem, was hier genannt ist, steht im Widerspruch zu den Regeln des gemeinsamen Marktes und der gemeinsamen Wettbewerbspolitik. Und vieles davon ist mit einem erheblichen finanziellen Aufwand verbunden. Die Gemeinschaft, die, wie wir sahen, ihre Politik nach dem Grundsatz *rules not money* gestaltet und ausführt, steht folglich vor der Aufgabe, ihre Industriepolitik, sofern sie überhaupt eine solche führen möchte, auf folgende Gesichtpunkte hin zu überprüfen:

- es darf nicht viel kosten,
- es muss die Wettbewerbsposition der Gemeinschaft auf dem internationalen Markt gestärkt werden,
- es darf dadurch nicht der Wettbewerb innerhalb der Gemeinschaft verzerrt werden.

Diese Einschränkungen bedingen drei Schlussfolgerungen:

- Der Handlungsspielraum für eine eigene gemeinsame Industriepolitik, die finanziell unterfüttert ist, ist äußerst beschränkt. Was wir im EU-Haushalt diesbezüglich finden, ist praktisch nur der Posten Forschung und Entwicklung, der in der Haushaltsperiode 2007–13 rund 6 % der Ausgaben für sich in Anspruch nimmt.
- Einen weiteren Handlungsspielraum besitzt die Gemeinschaft, soweit sie sich auf Regeln als industriepolitisches Instrument beschränkt. Da sind an erster Stelle natürlich die tarifären und nicht-tarifären Handelsbeschränkungen zu nennen, an zweiter Stelle die Praxis, nationale Subventionsmaßnahmen oder Unternehmenszusammenschlüsse (zu so genannten

Euro-Champions) im Interesse der internationalen Wettbewerbsfähigkeit zu genehmigen.

- Dabei sind die Bestimmungen der gemeinsamen Wettbewerbspolitik (Art. 81–89 EG) zu berücksichtigen, insbesondere Art. 87.1 EG (bzw. Art. 107.1 AEU); danach

  „sind staatliche oder aus staatlichen Mitteln gewährte Beihilfen gleich welcher Art, die durch die Begünstigung bestimmter Unternehmen oder Produktionszweige den Wettbewerb verfälschen oder zu verfälschen drohen, mit dem Binnenmarkt unvereinbar, soweit sie den Handel zwischen Mitgliedstaaten beeinträchtigen".
- Unternehmenszusammenschlüsse sind nach der Fusionskontrollverordnung von 2004 zu behandeln, die festlegt:

  „Zusammenschlüsse, durch die wirksamer Wettbewerb im Gemeinsamen Markt oder in einem wesentlichen Teil desselben erheblich behindert würde, insbesondere durch Begründung oder Verstärkung einer beherrschenden Stellung, sind für mit dem Gemeinsamen Markt unvereinbar zu erklären" (Art. 2 Abs. 3 FusKontrVO, siehe Kapitel 9).

Box 10.6: Euro-Champions – lohnt sich Doping?

Picking winners, d.h. die Auswahl von Investitionsprojekten mit hinreichend großen Erfolgssaussichten, ist eine wichtige Funktion des Kapitalmarkts. Aussichten auf Gewinn lassen private Investoren auf den Zug aufspringen und setzen ihn damit in Bewegung. Das ist das Schumpeter-Prinzip. Es ist aber nicht ohne Risiko, da die Zukunft bekanntlich unsicher ist, und, was ursprünglich als brillantes Projekt aussah, kann sich am Ende als Verlustgeschäft entpuppen. Nicht nur der Kapitalmarkt, auch Politiker trauen sich zu, produktive und innovative Investitionsprojekte selektieren zu können. Und der Staat steigt in dieses Geschäft – Industriepolitik – mit dem Argument ein, dass dies zur Sicherung der internationalen Wettbewerbsfähigkeit dort notwendig sei, wo der Markt zu kurzsichtig oder zu kurzatmig ist. Besonders riskante, vor allem auf potentiell neue Schlüsseltechnologien gerichtete Unternehmen bedürften einer staatlichen Unterstützung: Daraus werden dann mit der Zeit nationale Champions. Ist der nationale Markt zu klein, können sich solche Unternehmen nur grenzüberschreitend entfalten – dann werden daraus Euro-Champions, Objekte einer europäischen Industriepolitik.

Ein ordnungspolitisches Argument gegen Industriepolitik besteht darin, dass Maßnahmen, die in den Markt eingreifen, die marktwirtschaftliche Wirtschaftsverfassung verletzten, auf die man sich in Rom geeinigt habe (z.B. Behrens 1994; vgl. auch Kapitel 5). Solche Bedenken würden rasch beiseite gelegt, wenn *picking winners* sichtbare Erfolge aufweisen könnte. Es gibt inzwischen aber auch ausreichende ökonomische Argumente, die sich gegen eine *picking winners* Politik des Staates anführen lassen (vgl. Seabright 2005). Zwar scheinen nach empirischen Untersuchungen Politiker nicht einmal so viel schlechter als der Markt bei der Auswahl der Projekte abzuschneiden, obwohl sie einen Bias für prestigeträchtige Großprojekte haben und deshalb den Mittelstand vernachlässigen. Man kann deshalb vermuten, dass der Grad des Nicht-Wissens bei privaten und öffentlichen Investoren gleich hoch sei. Demgegenüber schneidet der Markt aber eindeutig besser ab, wenn es gilt, erfolglose Projekte rasch zu beenden. Die besonders knappen Ressourcen für hochriskante Investitionen werden durch die Dickköpfigkeit des Staates, Recht behalten zu wollen, vergeudet. In diesem Fall kann man vermuten, dass private Investoren, die ihr eigenes Geld riskieren, entschlossener reagieren als öffentliche Investoren, die politisch Verantwortung ablegen müssen. *Creative destruction*, wie Schumpeter das Ausscheiden von Aktivitäten mit geringer Produktivität aus dem Markt genannt hat, ist eine Triebfeder wirtschaftlicher Dynamik. Weiche Budgetbeschränkungen, wie sie staatliche Subventionen zur Folge haben, sind dem nicht förderlich.

Auch hier gibt es allerdings Ausnahmen. Und mit Airbus haben wir bereits einen Anwärter auf den Titel „Euro-Champion" kennen gelernt. Genauere Untersuchungen (Neven/Seabright 1995; Sutton 1998) machen jedoch deutlich, dass die Luftfahrtindustrie ganz besondere Eigenschaften (extrem hoher Fixkostenanteil, fallende variable Durchschnittskosten, relativ wenig differenzierte Produkte) aufweisen, die sie eben zu einem Ausnahmefall machen.

Wirtschaftspolitik allgemein und Industriepolitik im Besonderen gewähren Begünstigungen oder schaffen Schutzräume für einzelne Gruppen von Wirtschaftssubjekten. Im Vergleich zum unbeeinflussten Marktresultat entstehen so in einigen Fällen tatsächlich Wohlfahrtssteigerungen im Sinne von Kaldor-Hicks, d.h. die Gewinne der Gewinner sind höher als die Verluste der Verlierer. Verlierer wird es immer geben, da man nicht davon ausgehen kann, dass alle, die sich als Steuerzahler an der Finanzierung der Subventionen beteiligen, auch unmittelbar in entsprechendem Maße an den Vorteilen der Subvention partizipieren werden. In zahlreichen anderen Fällen entstehen jedoch gesamtwirtschaftliche Wohlfahrtsverluste, d.h. die Gewinne der Gewinner sind geringer als die Verluste der Verlierer. Das wird dann der Fall sein, wenn es den begünstigten Wirtschaftssubjekten gelingt, sich zu organisieren und den Staat dahingehend zu beeinflussen, ihnen mit seiner Politik entsprechende Renteneinkommen zu verschaffen und die dadurch verursachten Effizienzverluste auf weniger gut organisierte Wirtschaftssubjekte im In-und Ausland zu überwälzen. Dafür werden erhebliche Mittel aufgewendet (*rent seeking*). Wenn es in der modernen Ökonomie den bei Adam Smith und Karl Marx so beliebten Begriff der unproduktiven Arbeit noch gäbe, dann wäre er hier auf die Aktivität des *rent seeking* anzuwenden. Das politisch-ökonomische Problem jeder Wirtschaftspolitik, insbesondere der Industriepolitik, liegt nun darin, dass die Regierungen in Berlin, Rom oder Tallin, aber auch in Brüssel einem erheblichen Druck von seiten der einzelnen Interessenvertreter oder Lobbies ausgesetzt sind und es bei den jeweiligen Entscheidungen häufig unklar bleibt, ob diese Partikularinteressen dienen oder im allgemeinen Interesse liegen.

Die Aktivitäten der Interessenvertreter richten sich vor allem an die Regierungen der einzelnen Mitgliedländer. Denn deren Subventionspolitik lässt substantielle Beihilfen erwarten. Machten die Beihilfen aber in der Periode 1981–86 im Durchschnitt der EU-12 noch 3 % des BIP aus, so ist der Prozentsatz für die EU-15 bis zur Periode 1998–2000 auf knapp über 1 %

gesunken (Curzon Price 2004: 222). Danach sind sie noch weiter bis auf rund 0,6 % gesunken. Die Eindämmung der staatlichen Beihilfen, die von der Gemeinschaft betrieben wird, ist folglich durchaus erfolgreich gewesen. Die Rettungsaktionen im Zusammenhang mit der Finanzmarktkrise 2008 werden die Zahlen hier jedoch wieder sprunghaft ansteigen lassen. Das ist unter anderem auch Industriepolitik, denn eines der erklärten Motive für die staatliche Intervention war die ausreichende Versorgung der Wirtschaft mit Krediten.

Deutschland ist in dieser Zeit immer ein Hoch-Subventionsland gewesen – und zwar auch vor der Wiedervereinigung und der damit verbundenen Hilfe für die ostdeutsche Wirtschaft. Der deutsche Staat ließ seiner Wirtschaft sogar noch mehr finanzielle Unterstützung zukommen als das „etatistische" Frankreich, während Großbritannien in der Regel kaum die Hälfte des EU-Durchschnitts erreichte. Entsprechend niedrig fällt für Großbritannien auch die Zahl der Kommissionsentscheidungen aus, die staatliche Beihilfen sanktionieren. Demgegenüber hat die Kommission mit Deutschland, Spanien und Italien erheblich mehr Arbeit. (Dabei ist zu berücksichtigen, dass föderale Staaten auf Grund der höheren Zahl staatlicher Instanzen einfach mehr Fälle bei nicht notwendigerweise größeren Summen aufweisen werden.) Unzulässige staatliche Beihilfen sind auf Aufforderung der Kommission von den nationalen Regierungen bei den begünstigten Unternehmen zurückzufordern. Das wird nicht immer möglich sein, vor allem dann nicht, wenn die Subvention nicht den gewünschten Erfolg und das Unternehmen wieder in die Gewinnzone zurückgeführt hat. Solche Fälle sind z.B. in Ostdeutschland zahlreich aufgetreten.

10.3.3 Europäische Industriepolitik: Viel Lärm um nichts?

Was kann die Gemeinschaft nun konkret tun? Eigentlich recht wenig. Und das sehen wir auch, wenn wir uns die entsprechenden Verlautbarungen der Kommission näher anschauen. Zwei davon seien hier besonders erwähnt, das so genannte Bangemann-Papier, d.h. die industriepolitischen Vorstellungen der Gemeinschaft, die die Einführung des Binnenmarkts begleiteten (EG 1990), und der so genannte Lissabon-Prozess, der eine Strategie für das erste Jahrzehnt des 21. Jahrhunderts formulierte. Wenn das Bangemann-Papier feststellt: „Das Programm zur Vollendung des Binnenmarkts schafft einen ‚Heimmarkt' von beträchtlicher Größe und Qualität. Es kann deshalb als eine industriepolitische Maßnahme par excellence betrachtet werden" (EG 1990: 16), dann werden damit zwei Tatsachen angesprochen:

- erstens die zweifellos richtige Überlegung, dass jede Vertiefung und Vergrößerung des gemeinsamen Marktes die internationale Wettbewerbsfähigkeit der auf diesem Markt erfolgreich operierenden Unternehmen stärkt, und
- zweitens – eher implizit – die beschränkten industriepolitischen Handlungsspielräume der Gemeinschaft.

Das Positionspapier der Kommission hat dazu geführt, dass der EG-Vertrag in Maastricht um einen Artikel erweitert wurde, der für die Industriepolitik eine Rechtsgrundlage schafft – Art. 157 EG. Als Ziele werden dabei vor allem genannt:

- Anpassung der Industrie an strukturelle Änderungen,
- Förderung des Unternehmensumfelds, insbesondere für kleine und mittlere Unternehmen,
- Förderung eines Umfelds, das die Zusammenarbeit zwischen den Unternehmen stärkt,
- Förderung des Potentials in den Bereichen Innovation, Forschung und Entwicklung.

Die Formulierungen sind betont zurückhaltend gefasst, und, um jeglichen Missverstand auszuräumen, heißt es am Ende von Art. 157 EG (ebenso Art. 173 AEU): „Dieser Titel bietet keine Grundlage dafür, dass die Gemeinschaft irgendeine Maßnahme einführt, die zu Wettbewerbsverzerrungen führen könnte." Das beruhigt allerdings weniger als es den Verdacht derer weckt, die hinter Industriepolitik prozesspolitische Interventionen vermuten, welche sie grundsätzlich als wettbewerbswidrig ansehen. Und der Verdacht wurde nicht gerade dadurch zerstreut, dass man das in Maastricht vorgesehene Einstimmigkeitsprinzip bei Beschlüssen nach Art. 157 EG in Nizza in ein Mehrheitsvotum abänderte.

Die Ratstagung 2000 in Lissabon hat den so genannten Lissabon-Prozess verabschiedet, eine Strategie der Gemeinschaft mit dem Ziel, die Union bis 2010 zum wettbewerbsfähigsten und dynamischsten wissensbasierten Wirtschaftsraum der Welt zu machen. Der Ansatz ist typisch für die gemeinschaftliche Industriepolitik, denn er sieht nicht konkrete industriepolitische Maßnahmen vor, sondern eine umfassende Weiterentwicklung der Ordnungs-, Wirtschafts-, Sozial-, Bildungs- und Umweltpolitik. Entsprechend vage bleiben die konkreten Festlegungen. Doch schaut man sich die Handlungsfelder im einzelnen an, die hier einer strategischen Planung unterworfen werden, dann zeigt sich, dass vor allem die Marktintegration weiter vorangetrieben werden soll. Auch wenn die Ziele und das Vokabular typisch für Prozesspolitik sein mögen (Vollbeschäftigung und Wettbewerbsfähigkeit einzelner Sektoren), der Kern der Strategie ist Ordnungspolitik. Zentrale Handlungsfelder des Lissabon-Prozesses sind:

- Ein vollständig integrierter und liberalisierter Telekommunikationsmarkt,
- Schaffung eines europäischen Forschungsraums,
- ein ordnungspolitisches Klima, das für Investitionen, Innovation und unternehmerische Initiative förderlich ist,
- weitere Vertiefung des Binnenmarkts,
- effiziente und integrierte Finanzmärkte,
- Förderung der sozialen Integration in der Beschäftigungs- und Bildungspolitik, sowie der Gesundheits- und Wohnungspolitik.

Box 10.7: Prozessplanung – ein neues wirtschaftspolitisches Instrument der Gemeinschaft?

Ein neuer Begriff im Brüsseler Jargon ist der „Prozess“: Barcelona-Prozess (1995: die bereits erwähnte Mittelmeerintiative), Luxemburg-Prozess (1997: eine koordinierte Beschäftigungsstrategie), Cardiff-Prozess (1998: eine strukturelle Reform und Modernisierung der Güter-, Dienstleistungs- und Kapitalmärkte), Köln-Prozess (1999: Koordinierung der makroökonomischen Wirtschaftspolitik), Bologna-Prozess (1999: Harmonisierung im Hochschulbereich), Lissabon-Prozess (2000: Integration dieser Ansätze mit den Zielen der Vollbeschäftigung und der internationalen Wettbewerbsfähigkeit). Diese „Prozesse“ werden auch „Strategie“ genannt, was ihren Planungscharakter deutlicher hervortreten lässt. Dahinter verbergen sich längerfristige Programme zur Steigerung der Wettbewerbsfähigkeit, der Bildungspolitik, der sozialen Integration, der Beschäftigungspolitik usw., genannt nach den Orten, wo sie verabschiedet wurden. Doch stellt sich die Frage, ob wir es da mit einer substantiellen Neuerung in der gemeinschaftlichen Wirtschafts- und Sozialpolitik zu tun haben oder mit des Kaisers neuen Kleidern.

Ein solcher „Prozess“ formuliert ein längerfristiges Ziel, zum Beispiel das Ziel, die Union innerhalb von 10 Jahren zum wettbewerbsfähigsten und dynamischsten wissensbasierten Wirtschaftsraum der Welt zu machen. Zur Erreichung des Ziels wird eine Strategie festgelegt, d.h. es werden die Hauptansatzpunkte für die Politik bestimmt, z.B.:

- der Übergang zu einer wissensbasierten Wirtschaft und Gesellschaft,
- das europäische Gesellschaftsmodell zu modernisieren,
- ein dafür geeigneter makroökonomischer Policy-mix.

Und dann wäre die Umsetzung der Strategie zu konkretisieren. Hier jedoch bleibt der Rat relativ vage. Aus gutem Grund. Denn im Einklang mit dem Subsidiaritätsprinzip soll völlig dezentral vorgegangen werden. Das lässt sich auch anders formulieren: Die notwendigen Maßnahmen liegen mehrheitlich nicht in der Kompetenz der Gemeinschaft. Die Rolle der Gemeinschaft ist die des Koordinators (vgl. Kapitel 5), der Leitlinien festlegt, gegebenenfalls quantitative oder qualitative Indikatoren formuliert, und der die Umsetzung dieser Leitlinien in konkreten Maßnahmen der nationalen und regionalen Politik überwacht. Erst wenn sich hierbei Defizite zeigen, kann der Rat mit qualifizierter Mehrheit länderspezifische Empfehlungen machen.

Die so genannte „offene Methode der Koordinierung“ (vgl. hierzu die ausführlichere Behandlung in Kapitel 13.4) trägt wesentliche Züge der indikativen Planung, wie sie vor allem in den ersten Nachkriegsjahrzehnten in Frankreich praktiziert wurde. Indikative Planung beruht auf Information und Konsensbildung. Auch hier galt: Für direktive Planung fehlte dem Staat die notwendige Kompetenz. Es wäre falsch zu glauben, dass das Fehlen planerischer Autorität die indikative Planung zu einer Sonntagvormittagsveranstaltung verdamme. Die Umgestaltung der Hochschulstudiengänge in ganz Europa nach dem Bachelor-Master-Modell, wie sie der Bologna-Prozess vereinbart hat, belehrt uns eines besseren. Solange Konsens darüber besteht, dass die Strategie sinnvoll ist, wird sie auch dezentral umgesetzt.

Die einzelnen Prozessplanungen mögen ihre hochgesteckten Ziele nicht immer erreichen – in vielen Fällen fehlt ihnen dafür einfach das geeignete Instrumentarium nicht nur auf der Gemeinschaftsebene, sondern auch auf der nationalen und regionalen Ebene. Ziel der Luxemburg- und Lissabon-Strategie z.B. ist Vollbeschäftigung. Die lässt sich in einer Marktwirtschaft nicht planen; im besten Fall können günstige Rahmenbedingungen dafür geschaffen werden. Aber die auf Konsultation und Konsens gegründeten Prozessplanungen der Gemeinschaft geben der nationalen Wirtschafts-, Sozial- und Bildungspolitik in vielen Aspekten die Richtung vor und schränken den Raum ihrer Handlungsalternativen ein. Inwieweit die politischen Prozesse dadurch optimiert werden, bleibe dahingestellt. „Even if these measures prove insufficient, nevertheless, they will furnish us with better knowledge than we have now for taking the next step", so vermutete schon Keynes (1972: 292), ein früher Advokat indikativer Planung, in seinem Aufsatz *The End of Laissez-faire* von 1926.

Bei Halbzeit des Lissabon-Prozesses musste man im Jahr 2005 feststellen: Die hochgesteckten Ziele werden mit Sicherheit auch nicht annähernd erfüllt. Die Dynamik der europäischen Wirtschaft hinkt nach wie vor hinter dem Rest der Welt her. Das ist vielleicht auch nicht verwunderlich. Denn Länder wie China und Indien befinden sich in einem Aufholprozess von einem sehr niedrigen Niveau aus und erzielen deshalb Wachstumsraten, die für hochentwickelte Industrieländer nicht mehr erreichbar sind. Doch auch im Vergleich zu den USA, dem eigentlichen *benchmark* von Lissabon, schließt sich die europäische Wachstumslücke nicht. Was im Bereich der Beschäftigung gewonnen wird – und da weist die europäische Beschäftigungsquote durchaus eine steigende Tendenz auf –, geht im Bereich der Produktivität wieder verloren. Das mag auch ein Konjunkturproblem sein. Aber genau in diesem Punkt bleibt die Lissabon-Strategie defizitär: Eine koordinierte makroökonomische Konjunkturpolitik wird weder von den Mitgliedländern noch von der Europäischen Zentralbank geführt. Hier hat man sich mit dem Stabilitätspakt (der offiziell Stabilitäts- und Wachstumspakt heißt, siehe Kapitel 15) und mit der stabilitätspolitischen Fixierung der Zentralbank praktisch die Hände gebunden. Vor allem die großen Länder Deutschland, Frankreich und Italien machen ihre Wirtschaftspolitik und vor allem ihre Reformpolitik ohne einen spürbaren Bezug auf die Lissabon-Strategie.

Finanziell ist, wie gesagt, nur die Forschungs- und Technologiepolitik der Gemeinschaft von einiger Bedeutung. Abgesehen davon, dass man hier sozusagen an der Basis die internationale Wettbewerbsfähigkeit der Gemeinschaft fördern zu können glaubt, sind Subventionen in diesem Bereich auch am wenigsten kontrovers. Da sie unternehmensübergreifend und noch nicht produktbezogen gewährt werden, können sie weder im internationalen Kontext als Wettbewerbsverzerrungen inkriminiert werden, noch sind darin gemeinschaftsintern unmittelbare Verstöße gegen das Wettbewerbsprinzip zu sehen. Die Rechtsgrundlage der gemeinsamen Forschungs- und Technologiepolitik wurde mit der Einheitlichen Europäischen Akte 1986, also noch vor der Ergänzung um die Industriepolitik, dem Vertrag zugefügt und ist in den Art. 163–173 EG zu finden. Die Maßnahmen der Gemeinschaft ergänzen die entsprechende nationale Politik (die in einem föderalen Land wie Deutschland wiederum eine Aufgabenteilung zwischen Bund und Ländern kennt). Der nach dem Subsidiaritätsprinzip erforderliche Mehrwert gemeinschaftlicher Aktivität wird in *economies of scope* gesehen und vor allem in der Stimulierung grenzüberschreitender Initiativen.

Seinen materiellen Niederschlag findet das im wichtigsten Instrument der Forschungs- und Technologiepolitik, dem mehrjährigen Rahmenprogramm für Forschung und Entwicklung, das die Aktivitäten der Gemeinschaft formuliert und bündelt. Das erste dieser Programme ist bereits für die Periode 1984–87 aufgestellt worden und fand seine regelmäßige Fortschreibung in weiteren Rahmenprogrammen mit immer höheren finanziellen Zuweisungen. Die Forschungsfelder, die dabei vor allem im Mittelpunkt standen, sind die Informations- und Telekommunikationstechnologie, Energie (wobei eine Verschiebung der Gewichte zugunsten der nicht-nuklearen Energie von Programm zu Programm bemerkenswert ist), die Werkstoff- und die Biotechnologie. Praktisch gleichzeitig mit dem ersten Rahmenprogramm wurde auch das erste umfangreiche Einzelprogramm gestartet – ESPRIT (*European Programme for Research in Information Technology*, eines unter vielen Beispielen für den Brüsseler Erfindungsreichtum einprägsamer Abkürzungen). ESPRIT war in mehrfacher Hinsicht ein Vorreiter. Diesem Modell folgten zahlreiche weitere selektive Einzelprogramme. Seine bahnbrechenden Eigenschaften beruhten vor allem in der Kooperation zwischen Gemeinschaft, Mitgliedland und Industrie bei der Beschlussfassung und bei der Finanzierung.

Tabelle 10.6: Die Rahmenprogramme für Forschung und Entwicklung

Rahmenprogramm Periode	*Budget Mrd. € bzw. ECU*
1. (1984–87)	3,75
2. (1987–91)	5,40
3. (1990–94)	6,60
4. (1994–98)	13,10
5. (1998–2002)	15,00
6. (2002–06)	17,50
7. (2007–13)	50,52

Quelle: Kommission der EU

Das Budget für Forschung und Entwicklung hat, wie Tabelle 10.6 ausweist (die Zahlen sind nicht inflationsbereinigt und auch die unterschiedlichen Perioden sind zu berücksichtigen), zwei große Sprünge gemacht: 1993, als das 4. Rahmenprogramm beschlossen wurde, und 2006, als das 7. Programm beschlossen wurde. Den ersten Sprung wird man wohl im Zusammenhang mit der Einführung des Binnenmarkts sehen müssen, den zweiten im Zusammenhang mit der Neuorientierung der Ausgabenpolitik – weg von der Landwirtschaft und hin zu zukunftsträchtigen Initiativen.

Das Schlüsselproblem jeder Wirtschaftspolitik, ganz sicher aber der Forschungs- und Entwicklungspolitik, ist das Kenntnisproblem: Woher weiß die politische Instanz, welche Forschungsrichtungen erfolgversprechend sind im Sinne einer verstärkten internationalen Wettbewerbsfähigkeit? Ganz einfach: Sie weiß es nicht oder, wie Hayek sagt, sie maßt sich Wissen an. Diesen Wissensmangel versucht die Kommission durch den „Team-Ansatz" (Starbatty/ Vetterlein 1998: 676) zu beheben. An einem „Runden Tisch" berät sie mit den größten Industrieunternehmen der Gemeinschaft über die erforderlichen Maßnahmen. So werden dezentrales Wissen und zentraler Überblick zusammengeführt. Das ist die positive Seite der Geschichte. Die negative besteht darin, dass ein solcher „Runder Tisch" nichts anderes ist als ein institutionalisierter *rent seeking* Prozess: Die voraussichtlich größten Nutznießer der Forschungspolitik sind in den Entscheidungsprozess eingebunden. Das Dilemma lässt sich nicht auflösen. Beide Seiten sind praktisch untrennbar miteinander verbunden. Eine Forschungspolitik, die nicht unmittelbar an der Praxis ansetzt, ist zum Scheitern verurteilt. Die einzige Alternative ist der therapeutische Nihilismus, zu dem Hayek neigte: Die Defizite, die der Markt nicht spontan heilt, sind fatalistisch hinzunehmen.

Die Finanzierung von Einzelprojekten erfolgt häufig nach dem Prinzip des *matching grant*: Die Union trägt die Hälfte der Kosten eines Projekts, das grundsätzlich den Richtlinien der Gemeinschaft entspricht. Die andere Hälfte ist von den beteiligten Unternehmen oder den Mitgliedländern aufzubringen. Entscheidend ist, dass die Kooperation der Unternehmen nach der Entwicklungsphase beendet wird. Eine womöglich noch geförderte gemeinsame Produktion würde den Wettbewerbskommissar auf den Plan rufen und ebenso die internationalen Wettbewerber bzw. die Welthandelsorganisation.

Hier ist nicht der Ort, eine Wirkungsanalyse der Forschungsförderung oder generell der Industriepolitik anzustellen. Bedenken gegen staatliche Wirtschaftspolitik in diesen Bereichen kommen von zwei Seiten. Zum einen sind es ordnungstheoretische Einwände: die Gefahr einer Wettbewerbsverzerrung. Zum anderen sind es wohlfahrtstheoretische Einwände: die Gefahr eines Missverhältnisses zwischen Kosten und Nutzen der Maßnahmen. Beide Einwände sind sehr ernst zu nehmen und erfordern eine ständige Überprüfung der Wirtschaftspolitik. Wir haben gesehen, dass die Industriepolitik der Gemeinschaft immer mehr den Charakter einer angebotsorientierten Ordnungspolitik angenommen hat. Kosten-Nutzen Analysen vor allem der budgetintensiven Forschungspolitik sind ein schwieriges Feld und werden bislang nicht ausreichend aufgestellt. Grundsätzlich ist festzuhalten, dass Forschung, je weiter sie von der unmittelbaren Prozess- und Produktinnovation entfernt ist, umso mehr den Charakter eines öffentlichen Gutes annimmt. Daraus folgt ein Argument für ihre öffentliche Finanzierung. Aufwendige Grundlagenforschung, wie z.B. die Kernfusion, erfordert ein Poolen der Mittel und eine Koordination oberhalb der nationalen Ebene. Damit kommt der Gemeinschaft in diesem Bereich eine wichtige Funktion zu.

10.4 Transportpolitik – wenn es denn sein muss

Transportpolitik ist eine der ältesten Varianten protektionistischer Wirtschaftspolitik. Der Streit um die Freiheit der Meere datiert aus dem frühen 17. Jahrhundert, wobei der berühmteste Jurist der damaligen Zeit, Huigh de Groot (Hugo Grotius, 1583–1645), je nach Auftraggeber naturrechtliche Begründungen für ein *mare liberum* und ein *mare clausum* fand. 1651 erließ das englische Parlament die erste Navigationsakte, der in kurzen Abständen weitere ähnlich lautende Gesetze folgten. Darin wurde festgelegt, dass der Handel mit England und den englischen Kolonien nur auf in England gebauten Schiffen, unter einem englischen Kapitän und mit einer mindestens zu drei Vierteln englischen Mannschaft ausgeführt werden dürfe (bei bestimmten Massengütern waren Schiffe der Produktionsländer erlaubt). Hier haben wir es mit einer typischen *infant industry* Maßnahme zu tun: Die führende Seemacht, der wichtigste Transporteur und der größte Umschlagplatz waren zur damaligen Zeit die Niederlande. Sie wurden auf diese Weise eines Großteils ihres Geschäftes beraubt, während der englische Schiffbau und die Handelsflotte sich unter dem Schutz dieser Maßnahme entwickeln konnten. Das löste unmittelbar den ersten Anglo-Niederländischen Krieg (1652–1654) aus, den die Engländer gewannen. Sie holten binnen kürzester Zeit den holländischen Vorsprung in der Schiffbautechnik und im Seefahrtswesen ein und verdrängten die Niederländer von der Vorherrschaft auf den Weltmeeren und von vielen lukrativen Transportrouten, so dass es bald hieß: *Britannia rules the waves*. Es ist bezeichnend, dass Adam Smith, ein großer Verfechter des Freihandelsprinzips und ein scharfer Kritiker des Merkantilismus, diese merkantilistische Politik uneingeschränkt verteidigt hat: „the act of navigation is, perhaps, the wisest of all the commercial regulations of England" (Smith 1776/1976: 465).

Box 10.8: Kabotage oder die Freiheit der Luft, der Straßen und der Meere

Kabotage (vom französischen *cabotage* – Küstenschifffahrt) ist ein Begriff aus dem Seetransportwesen und bezeichnet das Recht, Transportdienstleistungen zwischen den Häfen eines Hoheitsgebietes anzubieten. Inzwischen wendet man den Begriff aber allgemein auf das gesamte Transportwesen an. Typisch für die aus dem Merkantilismus stammende Wirtschaftspolitik der modernen Nationalstaaten ist der Kabotage-Vorbehalt: Die Küstenschiffahrt wird der eigenen Flagge vorbehalten, der Binnentransportverkehr den heimischen Spediteuren, der Binnenland-Luftverkehr den nationalen Fluggesellschaften. Dann bleibt nur noch der grenzüberschreitende Transportverkehr zu regeln. Hier greift man in der Regel auf bilaterale zwischenstaatliche Abkommen zurück, in denen Kontingente und Tarife festgelegt werden. Dabei können gleichzeitig auch gewisse Kabotage-Kontingente gewährt werden.

Die ökonomischen Probleme des Kabotage-Vorbehalts und der Kontingentierungen liegen auf der Hand. Der internationale Wettbewerb wird ausgeschlossen, wodurch die Transportkosten unnötig hoch sind und der Zwang zur Effizienz steigerung sich abschwächt. Verfechter des Vorbehalts haben immer daraufhingewiesen, dass nur so die Einhaltung von Sozial- und Sicherheitsvorschriften garantiert werden könne, während in einem liberalisierten Transportmarkt entweder unfairer Wettbewerb herrsche oder das berühmte *race to the bottom* einsetze, eben das Unterlaufen der Sozial- und Sicherheitsstandards. Ein spezifisches Problem des Kabotage-Vorbehalts und der Kontingentierungen ist das Problem der Leer-Rückfahrten: Bei grenzüberschreitenden Lieferungen müssen die Spediteure häufig ohne Fracht zurückfahren. Hier wird von der Transportpolitik argumentiert, dass die Grenzkosten einer Frachtdienstleistung auf der (sowieso notwendigen) Rückfahrt besonders niedrig liegen und der Wettbewerb deshalb ohne Tarifregulierung verfälscht würde.

Für die Europäische Gemeinschaft stellt sich nun die Frage, ob sie als ein einheitliches Hoheitsgebiet betrachtet werden und die Kabotage sich folglich auf das gesamte Territorium der Gemeinschaft erstrecken müsse. Nichts anderes liegt dem Konzept des gemeinsamen Marktes zugrunde, und daraus folgt notwendigerweise der politische Auftrag, die Kabotage-Vorbehalte abzubauen und den Transportmarkt zu liberalisieren.

In neuerer Zeit sind derartige protektionistische Maßnahmen der Transportpolitik unter der Bezeichnung Kabotage-Vorbehalt bekannt (Box 10.8). Hinzukommt, dass das Schienennetz und zumeist auch die Bahngesellschaften staatliche Monopole sind. Jedes sich selbst respektierende Land unterhielt bis vor kurzem eine nationale Fluggesellschaft, oder zumindest eine Fluggesellschaft mit starker staatlicher Beteiligung. Die Flughäfen und die Seehäfen, die Straßen, schiffbaren Flüsse und Kanäle, kurz die gesamte Verkehrsinfrastruktur ist ohne staatliche Investitionen kaum denkbar. Folglich war die Verkehrs- und Transportpolitik traditionell ein bevorzugtes Terrain für nationale Wirtschaftspolitik. Und dass man die Entwicklung dieses Sektors nicht einfach dem Markt überlassen könne, war dann eine Selbstverständlichkeit. Zu deutlich treten hier öffentliche Güter, Skalenerträge, positive und negative externe Effekte auf. Erst in allerjüngster Zeit wurde auch dieser Sektor teilweise liberalisiert und stärkerem Wettbewerb unterworfen – nicht zuletzt dank der Verkehrs- und Transportpolitik der Gemeinschaft. Auch früher hatte es bereits Liberalisierungstendenzen gegeben. Davon zeugt die Mannheimer Akte von 1868, die die Schiffahrt auf dem Rhein und seinen Nebenflüssen den Spediteuren aus allen Anrainerstaaten öffnete. Doch das blieb eine Ausnahme.

Da der Transportsektor in den 1950er Jahren in jedem künftigen Mitgliedland der EWG ein hochregulierter Sektor war und da die Integration der Wirtschaftsräume und der Märkte zu einem Gutteil von der Integration der Verkehrsinfrastruktur und der Transportmärkte abhängt – schließlich sind die Transportkosten ein wesentlicher handelshemmender Faktor –, war den Verfassern des EWG-Vertrages klar, dass ein gemeinsamer Markt eine gemeinsame Transportpolitik voraussetze. Wir sahen bereits, dass diese im Zielkatalog (Art. 3 EG) und im zweiten Teil „Grundlagen der Gemeinschaft" als notwendige Ergänzung zum Binnenmarkt neben der Landwirtschaft Erwähnung fand, dem anderen hochregulierten Sektor in den Gründerstaaten. Doch während die Aufforderung für eine gemeinsame Landwirtschaftspolitik nach 1958 rasch zu konkreten Maßnahmen führte (vgl. Kapitel 12), sahen sich die EWG-Mitgliedländer nicht gedrängt, die Aufforderung für eine gemeinsame Transportpolitik in die Tat umzusetzen. Der gemeinsame Markt der ersten Jahrzehnte war eine Zollunion, bestenfalls ein gemeinsamer Gütermarkt. Die Dienstleistungsmärkte blieben erst einmal national, d.h. weitgehend geschützt. Und beim Transportmarkt trat der Staat zusätzlich als führender Unternehmer auf (z.B. Deutsche Bundesbahn, Lufthansa), der seine Monopolstellung nicht so leicht abgibt, schon gar nicht, wenn das Unternehmen (z.B. die Staatsbahnen) mit Verlusten operiert.

Die Kommission hat sich mit Vorschlägen für die Verwirklichung der gemeinsamen Transportpolitik redlich bemüht, fand im Rat jedoch keine Mehrheiten. Der Unterschied zur gemeinsamen Agrarpolitik ist offensichtlich. Dort ging es vor allem darum, die Gemeinschaft gegenüber dem Wettbewerb des Weltmarkts durch Zölle abzuschirmen und das Einkommen der Bauern durch Preis- und Mengenregulierungen auf Kosten der Konsumenten sicherzustellen. Darauf hatte man sich im Prinzip bereits bei Abschluss des EWG-Vertrages geeinigt. Eine gemeinsame Transportpolitik musste zum Ziel haben, eine einheitliche Marktordnung zu schaffen und die Wirtschaftsräume zu integrieren, wobei ein Schutz vor der Konkurrenz von außerhalb der Gemeinschaft nur eine untergeordnete Rolle spielte. Die einheitliche Marktordnung müsste vielmehr den Wettbewerb innerhalb der Gemeinschaft stimulieren, und genau das fürchteten einzelne Mitgliedländer. Zwei Wege führen zu einer einheitlichen Marktordnung: Harmonisierung oder Liberalisierung. Der Streit darüber, welcher von beiden der Königsweg sei, hielt den Rat über Jahrzehnte davon ab, auf die Vorschläge der Kommission einzugehen.

Länder, die in den staatlichen Unternehmungen und Regulierungen des Transportsektors quasi naturnotwendige Eingriffe sahen, um ihr Territorium infrastrukturell zu erschließen und fairen Wettbewerb sicherzustellen, plädierten für eine europaweite Harmonisierung der Produkt- und Sozialvorschriften, der Steuern und der Quoten- und Tarifregelungen. Dazu zählten vor allem Frankreich und Deutschland. Demgegenüber waren die Niederlande stärker marktorientiert und sahen in Transportdienstleistungen eine normale wirtschaftliche Aktivität, die bei Einhaltung minimaler Vorschriften am effizientesten über den Markt koordiniert werde. Sie setzten sich dafür ein, den Sektor erst einmal zu liberalisieren, wodurch nicht nur die räumliche Integration vorangetrieben werden würde, sondern unter dem Zwang des verstärkten Wettbewerbs würde auch die Harmonisierung der verbleibenden Regulierungen leichter fallen. Der Beitritt neuer Mitgliedländer (Großbritannien und Dänemark) und ein allmählich sich wandelndes ordnungspolitisches Klima verschob im Laufe der 1980er und 1990er Jahre die Gewichte zugunsten der zweiten, marktorientierten Auffassung.

Der Europäische Gerichtshof hatte einen entscheidenden Anteil am Stilwandel in der Transportpolitik. In einer Entscheidung vom 22.5.1985 gab er einer Klage des Europäischen Parlaments gegen den Rat der Gemeinschaft statt. Das Parlament hatte von seinem Recht Gebrauch gemacht, den Rat vor den EuGH zu zitieren, wenn dieser den Vorschriften der Verträge nicht nachkomme. Und genau das war ja in der Transportpolitik passiert. Eine Untätigkeitsklage also, der sich die Kommission, die Niederlande und Belgien angeschlossen hatten. So kam der EuGH zu der Entscheidung, dass die Dienstleistungsfreiheit auch im Transports- und Verkehrsbereich durchzusetzen sei. Damit war einer der Anlässe gegeben, die im gleichen Jahr zur umfangreichen Initiative führte, den Binnenmarkt bis 1993 zu realisieren, was bekanntlich seinen Niederschlag in der Einheitlichen Europäischen Akte fand (vgl. Kapitel 3 und 5). Die Liberalisierung der einzelnen Teilbereiche des Transportsektors schreitet seitdem langsam voran. Zusammen mit der ebenfalls schrittweise vorangehenden Privatisierung der zahlreichen staatlichen Monopolunternehmen hat sie jedoch die Organisation des Sektors im Laufe der Zeit grundlegend geändert.

War bis zur Jahrtausendwende das Hauptaugenmerk der europäischen Transportpolitik auf die ordnungspolitische Organisation des Sektors gerichtet, so sind die Weichen inzwischen so gestellt, dass die Liberalisierung unumkehrbar erscheint. Damit gewinnen die substantiellen Probleme des Sektors mehr an Gewicht, und die sind nicht gering. Nach dem ersten Weißbuch von 1992 ist 2001 ein zweites Weißbuch von der Kommission veröffentlich worden, in dem die Ziele der Politik bis zum Jahr 2010 formuliert werden (Europäische Kommission 2001). Mit der Liberalisierung wird der Verkehrssektor allerdings nicht einfach dem Markt überlassen. „Kontrollierter (oder nach der englischen Fassung: regulierter) Wettbewerb" ist das ordnungspolitische Stichwort des Weißbuchs. Das heißt, die Kommission sieht einen Bedarf für aktive Wirtschaftspolitik in diesem Sektor. Da ihr Handlungsspielraum, insbesondere ihr finanzieller Handlungsspielraum, äußerst beschränkt ist, bleibt ihr als Instrument wiederum vor allem die indikative Prozessplanung im Einvernehmen mit den Mitgliedländern. Die Gemeinschaft ist sehr viel weniger als die nationalen Regierungen politischen Konjunkturzyklen unterworfen. Sie kann deshalb eher als diese längerfristig planen. Das äußert sich im Planungshorizont, der im Weißbuch einen Zeitraum von 10 Jahren abdeckt, genauso wie das im nächsten Abschnitt zu besprechende Umweltaktionsprogramm.

Wir wollen hier nicht die einzelnen Vorschläge und Maßnahmen des Weißbuchs Revue passieren lassen, sondern uns nur auf einige Kernpunkte beschränken. So wird deutlich, was Verkehrspolitik im Rahmen der Europäischen Gemeinschaft bedeutet.

Entkoppelung: Der Umfang der Transportdienstleistungen ist eng mit dem Umfang der Wirtschaftsleistung korreliert. Mit den Transportdienstleistungen nimmt dann auch die Verkehrsintensität zu und mit dieser die Umweltbelastung (CO_2 Ausstoß) und der Verbrauch nicht erneuerbarer Energie. Diese fatale Verbindung, die in den Zentren wirtschaftlicher Aktivität zum Verkehrsinfarkt und zu unerträglicher Luft- und Lärmbelastung führt, gilt es aufzubrechen. Dazu reicht einfache Verkehrspolitik nicht aus. Gefragt sind technologische Innovationen: Energie-effiziente Maschinen und umweltverträglichere Energieträger. Gefragt sind intelligentere Transportsysteme, der Wechsel zu effizienteren Verkehrsträgern (von der Straße auf die Schiene), bessere Kapazitätsauslastung. Gefragt sind aber auch Anpassungen im Wirtschaftssystem allgemein: Raumordnung, Stadtplanung, Standortplanung, Produktions- und Arbeitsorganisation.

Das geht nicht ohne Konflikte ab. Die moderne Produktionsorganisation hat sich von einer Lagerwirtschaft zu einer Stromwirtschaft gewandelt. Sie versucht den Güterstrom zu optimieren und dabei die Lagerbestände zu minimieren. Die Integration der Märkte und der Transportsysteme erlaubt es, relativ geringe Mengen an Vor- und Zwischenprodukten über große Entfernungen in kurzen Frequenzen (*just in time*) anzuliefern. So werden zwar Spezialisierungsvorteile genutzt und Kapitalkosten gespart, es wird dadurch aber auch einer Entkoppelung von Transportdienstleistungen und Wirtschaftsleistung insgesamt entgegengewirkt. Es kommt aus dieser Perspektive darauf an, die externen Effekte der Überlastung des Verkehrsnetzes, der Umweltbelastung und des Verbrauchs nichterneuerbarer Energie zu internalisieren. Unter Einbeziehung aller Kosten stellt es sich möglicherweise heraus, dass Zulieferer in unmittelbarer Nähe des Produktionsbetriebs anzusiedeln wären. Für die Aufrechterhaltung ausreichenden Wettbewerbs ist das allerdings nicht immer ohne weiteres möglich. Kurzum: Planen lässt sich die optimale Lösung nur schwer. Wichtig ist, dass die Preise stimmen, d.h. dass die Kosten auch den sie verursachenden Aktivitäten in Rechnung gestellt und nicht von der Allgemeinheit getragen werden. Genau hier liegt aber eines der schwierigsten Ausführungsprobleme der Weißbuch-Empfehlungen: Die Preisgestaltung der Transportdienstleistungen auf der Grundlage der sozialen Grenzkosten hat zum Beispiel durch die deutsche Lastwagenmaut in einem beschränkten Bereich gewisse Fortschritte gemacht. In anderen Bereichen des Transportsektors wird sie aber noch blockiert – z.B. im Luftverkehr, wo die Mitgliedländer sich nicht auf eine (einheitliche) Besteuerung des Kerosins einigen können.

Wiederbelebung des Schienenverkehrs: Der Markt für Transportdienstleistungen in der EU-15 wird von der Straße beherrscht. Im Güterverkehr hat sie einen Marktanteil (gemessen in Tonnenkilometer) von 44 % gegenüber 8 % für die Schiene; der Kurzstrecken-Seeverkehr (Küstenschiffahrt) übernimmt 41 % und die Binnenschiffahrt 4 %. Im Personenverkehr ist die Dominanz (gemessen in Personenkilometer) noch deutlicher: 79 % gehen über die Straße, 6 % über die Schiene und 5 % durch die Luft. Vielleicht noch beunruhigender ist es aber, dass über die dreißig Jahre von 1970 bis 1999 die Transportleistung der Schiene im Güterverkehr absolut abgenommen, während die Leistung der Straße sich mehr als vervierfacht hat. Ähnlich Entwicklungen weist auch der Personenverkehr auf, wo die Bahn stagnierte und Straße und Luft das gesamte Wachstum für sich in Anspruch genommen haben. Unter unveränderten Bedingungen würde sich das gesamte künftige Wachstum auf die Straße konzentrieren – wahrlich ein Horrorszenario.

Warum ist das so? Und muss das so sein? Die erste Frage ist in einer Marktwirtschaft rasch beantwortet: Die Bahn ist nicht wettbewerbsfähig. Das Weißbuch illustriert diese Tatsache mit einem Indikator: Die Durchschnittsgeschwindigkeit im Güterschienenverkehr beträgt 18 km/h in der EU-15. Hinzu kommt die zweifellos höhere Flexibilität des Straßenverkehrs. Doch wenn man liest, dass die Energieeffizienz der Bahn gegenüber dem LKW fast doppelt so hoch ist (1 kg Kraftstoff schafft im LKW 50 tkm, auf der Bahn jedoch 97 tkm), dann darf man vermuten, dass das Potential der Bahn nicht ausgereizt ist. Und es drängt sich der Verdacht auf, dass hieran weniger falsche Preise und die Technologie schuld sind, als vielmehr die Organisation der Betriebe (Staatsbahnen) und fehlender Wettbewerb im engeren Bereich (Monopole). Denn es geht auch anders, wie das Weißbuch bemerkt: In den USA werden 40% (und nicht 8% wie in der EU-15) des Güterverkehrs über die Schiene abgewickelt. Zwar ist bei einem solchen Vergleich zu berücksichtigen, dass sich die geographischen Bedingungen und die historisch gewachsene Organisation des Schienennetzes und -verkehrs zwischen den USA und der Europäische Union beträchtlich voneinander unterscheiden. In den USA muss aber beispielsweise nicht an jeder Staatsgrenze die Lokomotive gewechselt werden. Der große Unterschied in der Bedeutung des Schienenverkehrs am gesamten Güterverkehr in den USA und der Europäische Union lässt sich durchaus als ein Indiz dafür werten, dass in Europa noch nicht alle Möglichkeiten des Schienenverkehrs ausgeschöpft sind.

Den Schienenverkehr wieder zu beleben, wird erhebliche Anstrengungen und auch Investitionen kosten. Zweifellos spielen dabei die Preise eine zentrale Rolle. Das heißt, die Verkehrsträger müssen mit den vollen Kosten, die sie direkt und indirekt verursachen, belastet werden. Und die positive Diskriminierung des Flugverkehrs durch steuerfreies Kerosin ist ein Anachronismus aus den Zeiten der nationalen Luftverkehrsgesellschaften. Auch die Förderung der Intermodalität, d.h. des kombinierten Einsatzes unterschiedlicher Verkehrsträger für eine Transportdienstleistung (z.B. Schiene-Straße Kombination), weist in die richtige Richtung. Nur sind bei der gegebenen Ineffizienz der Schiene die Kapazitäten hier wahrscheinlich bald erschöpft. Schlichte Verbote, wie das Wochenendfahrverbot für LKW, dürften auf Unionsebene keine Mehrheit finden und werden als nationale Maßnahmen von anderen Mitgliedländern bereits in Frage gestellt – ein Beispiel für die Anwendungsproblematik des Subsidiaritätsprinzips. Von entscheidender Bedeutung ist wohl, die Unternehmen zu reorganisieren und sie dem Wettbewerb auf ihren Teilmärkten auszusetzen. Für die EU-Politik bleibt dabei vor allem die Aufgabe, die Liberalisierung dieser Teilmärkte durchzusetzen.

Finanzausgleich zwischen den Verkehrsträgern: Wettbewerb im Transportsektor ist eines der Ziele der europäischen Wirtschaftspolitik. Das schließt auch den Wettbewerb zwischen den verschiedenen Verkehrsträgern ein. Wie bereits erwähnt führt Wettbewerb dann nicht zu Marktversagen, wenn die Preise die gesellschaftlichen Kosten reflektieren. So lautete auch die Grundeinstellung der Kommission, die vom Rat eine Richtlinie (1999/62/EG) hatte beschließen lassen, in der die Grundsätze für Straßenbenutzungsgebühren festgelegt sind. Anlass war die Eurovignette, die Deutschland nach langem Streit mit den Partnerländern durchgesetzt hatte, um die Kosten der Belastung eines Transitlandes auf die Verursacher zu verteilen. Die Richtlinie besagt nun, dass die Benutzungsgebühren nicht die Kosten des Ausbaus und der Nutzung des Straßennetzes übersteigen dürfen. Gleichzeitig ist es ausnahmsweise erlaubt, die Gebühreneinnahmen für den Umweltschutz und den Ausbau anderer Verkehrsnetze einzusetzen (was offensichtlich widersprüchlich ist, uns hier aber nicht weiter beschäftigen soll). Dem liegt das Grundprinzip des Wettbewerbs zwischen den Verkehrsträgern zugrunde. Das Mautsystem, das die Eurovignette abgelöst hat, weist ihr gegenüber den Vorteil auf, die tatsächlich verursachten Kosten besser zuzurechnen.

Inzwischen ist die Kommission zur Einsicht gelangt, dass auf diese Weise die Wiederbelebung des Schienenverkehrs am Fehlen der Investitionsmittel scheitern wird. Im unkontrollierten Wettbewerb wird sich die Straße bald als Monopolist im Landverkehr durchsetzen. Daher der Ruf nach reguliertem Wettbewerb. Konkret bedeutet das ein Abweichen von den Grundsätzen der Richtlinie (1999/62/EG) – nun wird ein Finanzausgleich zwischen den Verkehrsträgern angestrebt. Im Kontext der Intermodalität könnte man auch Straße und Schiene zusammen als einheitliches Transportsystem des Landverkehrs betrachten. Es ist leicht vorstellbar, dass es dagegen Widerstände geben wird, zum einen von den Interessenvertretern des Straßenverkehrs und zum anderen von jenen Mitgliedländern der Union, deren Spediteure vor allem im Straßentransport aktiv sind, also von seiten der Niederlande, Dänemarks und Polens zum Beispiel. Als leuchtendes Vorbild führt das Weißbuch die Schweiz an, wo der Schienenausbau (Alpentunnel) zu mehr als 50 % von der Straße finanziert wird. Die gesetzliche Grundlage dafür hat die Schweiz sogar in ihrer Verfassung festgelegt. Das Beispiel zeigt, dass solche Formen der Regulierung in einem kleinen Land mit weitgehender Interessenharmonie sehr viel einfacher durchzusetzen sind, als dies in der großen Europäischen Union der Fall sein dürfte.

Zum Schluss dieses Abschnitts sei schließlich noch erwähnt, dass die Gemeinschaft gewisse Kompetenzen in der Infrastrukturpolitik hat. Diese wurden ihr im Maastricht-Vertrag im Titel XV „Transeuropäische Netze" (Art. 154–156 EG) zugewiesen. Sie beziehen sich auf die Verkehrs-, Telekommunikations- und Energie-Infrastruktur, womit deutlich wird, dass die Gemeinschaft neben der Verkehrspolitik auch eine Telekommunikations- und Energiepolitik führt, auf die wir hier aber nicht näher eingehen wollen (siehe dazu Knieps 1998; Martin/El-Agraa 2004). Die Begründung für diese Kompetenzen folgt aus dem Subsidiaritätsprinzip. Denn es geht darum, die Infrastrukturnetze der einzelnen Mitgliedländer miteinander zu verbinden, zentrale Stränge gemeinschaftlich zu planen, die technischen Normen, aber auch die sozialen Bestimmungen zu harmonisieren, um die Anschlussfähigkeit sicherzustellen, sowie darum, entlegene periphere Gebiete der Gemeinschaft im Rahmen der Kohäsionspolitik (vgl. Kapitel 13) an das Zentrum anzubinden. Durch die Osterweiterung sind der Infrastrukturpolitik umfangreiche neue Aufgaben zugewachsen. Denn hier handelt es sich um infrastrukturell schwach entwickelte Regionen, die zum Teil auch noch weit entfernt vom Zentrum der europäischen Wirtschaftstätigkeit liegen.

Man muss sich allerdings unter den infrastrukturellen Kompetenzen der Gemeinschaft nicht allzu viel vorstellen. Die Union identifiziert im Rahmen der

Transeuropäischen Transportnetze die wichtigsten Straßen-, Schienen- und Binnen-Wasserstraßennetze und die wichtigsten See- und Lufthäfen. Der Autofahrer kennt z.B. die grün ausgeschilderten Europastraßen. Im Schienenverkehr werden die Hochgeschwindigkeitsstrecken so geplant, dass sie einander ergänzen. Nur ist deutlich, dass die Hauptlast der Planung und Ausführung und natürlich auch der Finanzierung bei den nationalen Regierungen liegt. Was Brüssel dabei bieten kann, ist ein Forum für multilaterale Koordination und in sehr beschränktem Maß finanzielle Zuschüsse. Bevor aber auf der Strecke Lyon – Turin, die als Hochgeschwindigkeitsstrecke ausgebaut wird und für die Interoperabilität Modellcharakter haben soll, französische Lokomotiven mit französischen Lokomotivführern auf italienischem Territorium fahren können und umgekehrt, sind zahlreiche technische, regulative, ausbildungsbezogene und sozialpolitische Vereinheitlichungen erforderlich bis hin zur einfachen Vorschrift, dass eine Lokomotive in Frankreich einen Zugführer, in Italien aber deren zwei braucht. Auf bilateraler Basis ist das in Europa in mehr als 150 Jahren Eisenbahngeschichte nicht gelungen, was unter anderem auch für die schwache Wettbewerbsfähigkeit der Schiene verantwortlich ist.

Ein weiteres Tätigkeitsfeld der Gemeinschaft ist die Schaffung eines einheitlichen europäischen Luftraums. Zum einen dient dazu die Liberalisierung der Märkte. In den Bereich der Infrastrukturpolitik fällt die Vereinheitlichung und Rationalisierung der Luftverkehrskontrolle, die bislang hochgradig fragmentiert ist. Es geht dabei auch um die Aufgabe nationaler Souveränitätsrechte, was nicht übersehen werden sollte. Hier wird noch einmal die säkulare Tendenz der Integration deutlich: Ein gemeinsamer Markt erfordert einen einheitlichen Wirtschaftsraum, der nach dem Subsidiaritätsprinzip nur durch die Aufgabe bestimmter dezentraler Kompetenzen zu schaffen ist. Und dabei kann man nicht an den Grenzen einzelner Wirtschaftsbereiche stehen bleiben. Die Interdependenz der einzelnen Politikfelder macht integrale Ansätze notwendig. Daraus folgt allerdings nicht, wie das Beispiel der Europäischen Union zeigt, ein Zwang zur politischen Union.

10.5 Auch die Umwelt ist ein Gemeinschaftsziel

10.5.1 Umweltpolitik zwischen Markt und Regulierung

Produktion und Konsum finden nicht einem luftleeren, abstrakten Raum statt, sondern in einer konkreten Umgebung. Sie greifen quasi selbstverständlich in natürliche Ökosysteme ein und verändern damit diese Umgebung. Vielen Menschen bereiten die Eingriffe Sorgen, und sie plädieren deshalb für eine Umweltpolitik, die auf die Wahrung der natürlichen Ökosysteme gerichtet ist. Dieser Ansatz ist legitim, er hat aber unmittelbar nichts mit Wirtschaftspolitik und mit dem europäischen Binnenmarkt zu tun. Wäre dieser – in einem gewissen Sinne fundamentalistische – Ansatz ausschließlich bestimmend für die europäische Umweltpolitik, dann müsste er unabhängig von der Realisierung der Grundfreiheiten und den sonstigen Zielen der wirtschaftlichen Integration diskutiert werden.

Es gibt aber auch einen zweiten Ansatz für die Umweltpolitik, der in der ökonomischen Wohlfahrtstheorie gründet. Produktion und Konsum finden in einem Wettbewerbssystem so lange ihren optimalen Umfang, wie die damit tätigen Individuen alle Kosten und Nutzen in ihre Kalkulation einbeziehen. Das ist nicht immer möglich: Treten Externalitäten auf, dann weichen die individuell wahrgenommenen und in die Wirtschaftsrechnung einbezogenen privaten Kosten und Nutzen systematisch von den sozialen Kosten und Nutzen ab.

Das Lehrbuchbeispiel ist die Umweltverschmutzung. Wenn die Elsässer Kaligruben den Rhein verschmutzen, dann muss die Stadt Köln, die ihr Trinkwasser aus dem Fluss bezieht, dieses aufwendig reinigen. Hätte die Stadt Köln ein Recht auf sauberes Wasser, dann könnte sie die Elsässer Kaliproduktion untersagen. Hätten die Kaligruben ein uneingeschränktes Verschmutzungsrecht, dann würden sie ohne Rücksicht auf die Stadt Köln produzieren. In beiden Fällen ist der Produktionsumfang der Gruben suboptimal. Wir sehen: Das Problem sind nicht das natürliche Ökosystem Rhein und seine Lachse, sondern die Anrainer, die sich wechselseitig externe Effekte verursachen, und ihre Eigentumsrechte. Wie wir spätestens seit Ronald Coase (1960) wissen, findet der Markt hier keine adäquate Lösung, wenn die Eigentumsrechte zwischen den Anrainern nicht eindeutig definiert sind (Verschmutzungs- oder Abwehrrecht) oder wenn die Transaktionskosten einer Verhandlung zwischen den betroffenen Parteien zu hoch sind. In diesem Fall wird eine staatliche Umweltpolitik erforderlich, die Fehlallokationen korrigiert.

Der staatlichen Umweltpolitik stehen unterschiedliche Instrumente zur Verfügung (vgl. zu den verschiedenen Instrumenten der Umweltpolitik mit ausführlichem Bezug zum europäischen Recht Faure/Skogh 2003). Das traditionelle und bei der Europäischen Union und ihren Mitgliedstaaten trotz aller Reformen immer noch sehr beliebte Instrument ist der Umweltstandard. Dabei kann es sich um Produktionsstandards handeln, wobei der Gesetzgeber den Produzenten vorschreibt, welche Schadstoffmenge durch die entsprechenden Produktionsanlagen maximal emittiert werden darf, welche Lärmemission maximal zulässig ist, welche Sicherheitsvorkehrungen die Produktionsanlagen mindestens vorweisen müssen u.a.m. Es kann sich aber auch um Produktstandards handeln, wie beispielsweise maximal zulässige Autoabgase oder das Verbot bestimmter gesundheitsschädlicher Materialien (Asbest).

Diese traditionellen Instrumente stoßen bei Ökonomen zunehmend auf Kritik. Da sie in der Regel für eine Vielzahl unterschiedlicher Produktionsverfahren und Produkte einheitlich definiert sind, wird verhindert, dass die jeweilige Umweltqualität zu minimalen volkswirtschaftlichen Kosten gesichert wird. Die volkswirtschaftlich optimale Lösung ist dadurch gekennzeichnet, dass Unternehmen, welche die Umweltqualität zu relativ geringen Kosten verbessern können, einen größeren Beitrag zur Umweltqualität leisten sollten als Unternehmen, die dies nur zu relativ hohen Kosten erreichen. Einheitliche Umweltstandards scheren aber alle über einen Kamm. Eine Differenzierung der Umweltstandards nach der Höhe der Schadensvermeidungskosten scheitert daran, dass Gesetzgeber und Regulierungsbehörde unzureichend informiert sind.

Ein weiterer Kritikpunkt am Instrument des Umweltstandards sind die geringen dynamischen Anreize, durch Forschung und Entwicklung nach neuen Produktionsverfahren und Produkten zu suchen, welche die Umweltqualität über die festgelegten Standards hinaus verbessern. Und schließlich ist es relativ kostspielig, die Standards durchzusetzen. Die Durchsetzung kann durch ein geeignetes Haftungsrecht verbessert werden. Erleichtert man es den Opfern von Umweltschäden, diese im Rahmen eines Zivilprozesses ersetzt zu bekommen, so werden dadurch auch den Regulierungsbehörden zusätzliche Informationen an die Hand gegeben. Im Bereich von Umweltschäden kann allerdings das Haftungsrecht immer nur eine ergänzende Funktion haben, da aufgrund der großen Bedeutung von Summations- und Distanzschäden der Anreiz zur Zivilklage häufig zu gering sein wird – die Geschädigten müssten sich aufwendig organisieren.

Die meisten Ökonomen bevorzugen eine pretiale Lenkung durch Steuern („Ökosteuern", „Pigou-Steuern") gegenüber Standards, die ja letztlich Mengen festlegen. Tatsächlich lassen sich durch eine geeignete Steuer alle mit Umweltstandards verbundenen Probleme lösen. Besteuert man Produzenten sowie Nutzer von Wirtschaftsgütern entsprechend dem Schaden, den ihre Aktivitäten der Umwelt zufügen, so werden alle Externalitäten vollständig internalisiert, und die Akteure haben einen Anreiz, nach geeigneten Wegen zu suchen, die Umweltbelastung zu verringern. Das Problem dieser Lösung besteht allerdings darin, dass sich der Umweltschaden, den eine bestimmte Aktivität verursacht, in der Praxis häufig nicht korrekt bewerten lässt. Man besteuert deshalb nicht den Schaden, der schwer beobachtbar ist, sondern einen leicht beobachtbaren Input, bei dem man vermutet, dass sein Verbrauch stark mit dem eigentlichen Umweltschaden korreliert. Jede Fehlbewertung des Schadens verzerrt aber sofort die Anreize der „Umweltfrevler". Wird beispielsweise der Benzinverbrauch besteuert, so trifft das gleichermaßen Automobile mit und ohne Katalysator. Effiziente Verhaltensanreize lassen sich dann nur durch zusätzliche Instrumente erzeugen, wie etwa eine steuerliche Begünstigung von Fahrzeugen mit Katalysator. Ökosteuern sind auch dann ein weniger geeignetes Instrument der Umweltpolitik, wenn es darum geht zu verhindern, dass bestimmte kritische Schadstoffmengen überschritten werden. Eine präzise Steuerung der Schadstoffmengen über Steuern setzt voraus, dass die Regierung bzw. der Regulierer über die Schadensvermeidungskosten der entsprechenden Emittenten informiert sind.

Ein letztes Instrument, das die meisten Ökonomen ebenfalls positiv bewerten, ist die Ausgabe von handelbaren Emissionsrechten. Hier wird – ähnlich wie beim Umweltstandard – eine mengenmäßige Beschränkung für die Schadstoffemission definiert. Anders als beim Umweltstandard handelt es sich bei diesen Mengen allerdings um eine Ausgangsausstattung mit Rechten, die zwischen den Unternehmen gehandelt werden können. Dies impliziert, dass durchaus ein Anreiz besteht, die Schadstoffemission unter die durch den ursprünglichen Standard definierten Höchstmengen zu senken, wenn nämlich die Erlöse aus dem Verkauf der Rechte höher sind als die Grenzvermeidungskosten, d.h. die Mehrkosten, die diese Schadstoffreduktion verursacht.

10.5.2 Brauchen wir eine gemeinsame Umweltpolitik?

Es stellt sich die Frage, warum die Gemeinschaft eine gemeinsame Umweltpolitik benötige. Sollte man die Umweltpolitik nicht besser den einzelnen Mitgliedstaaten überlassen, als allen Mitgliedern einen einheitlichen europaweiten Standard aufzupfropfen?

Zum einen sind unterschiedliche Umweltbestimmungen mit unterschiedlichen Kosten verbunden, so dass Unterschiede in der nationalen Umweltpolitik zu Wettbewerbsverzerrungen auf dem europäischen Binnenmarkt führen könnten. Aber dieses Argument ist keineswegs so eindeutig, wie es auf den ersten Blick erscheinen mag. Nehmen wir in einem ersten Schritt an, dass keine grenzüberschreitenden Umweltschäden bestehen und dass die Unterschiede in der Umweltpolitik der Mitgliedstaaten die Präferenzen der Bevölkerung adäquat reflektieren. In diesem Fall stellen unterschiedlich strenge Umweltvorschriften in den Mitgliedländern eine wichtige Information über die relative Knappheit der Ressource „intakte Umwelt" bereit, genau so wie unterschiedliche Bodenpreise in München und in der Eifel Auskunft über die relative Knappheit des Faktors Boden an den beiden Standorten geben. Wenn etwa in dünn besiedelten Staaten mit geringem Pro-Kopf-Einkommen der geldwerte Schaden einer bestimmten Schadstoffimmission geringer ist als in dichter besiedelten Staaten mit höherem Pro-Kopf-Einkommen, dann sollten Unternehmen mit einer vergleichsweise hohen Schadstoffemission auch durch entsprechend unterschiedliche Umweltvorschriften veranlasst werden, dort zu produzieren, wo sie den geringsten Schaden anrichten. Unterschiede in den Umweltstandards haben zunächst einmal nichts mit „Ökodumping" zu tun.

Ähnliche Argumente spielen auch bei der Instrumentwahl eine Rolle. Man kann nämlich Umweltstandards als Qualitätsstandards definieren oder als einheitliche Emissionsstandards. Qualitätsstandards können auf Grund geographischer und klimatischer Unterschiede zu unterschiedlichen Kostenbelastungen führen. Dank der Wind- und Strömungsverhältnisse um die britischen Inseln würden die britischen Produzenten die gleiche Luft- und Wasserqualität mit erheblich höheren Emissionen erreichen, als dies auf dem Kontinent möglich ist. Es verwundert deshalb nicht, dass die Briten für Qualitätsstandards plädierten, wobei sie einfach auf die Selbstverständlichkeit komparativer Kostenvorteile verwiesen. Diese Argumentation wird in den neuen Mitgliedländern Ostmitteleuropas wieder aufgenommen. Sie sehen in hohen Umweltstandards Kostenbelastungen, die ihrem Entwicklungsniveau und ihren natürlichen Bedingungen nicht entsprechen und die ihren wirtschaftlichen Aufholprozess bremsen.

Etwas anders stellt sich das Problem bei umweltbezogenen Produktstandards, wie beispielsweise bei Regelungen, welche die Verunreinigung der Luft durch Kfz-Emissionen betreffen. Wie wir in Kapitel 7 gesehen haben, behindern unterschiedliche Produktstandards den freizügigen Warenverkehr. Andererseits können unterschiedliche Produktstandards auch unterschiedliche Umweltpräferenzen der Bevölkerung reflektieren. Hier muss im Einzelfall abgewogen werden, welche Beschränkungen des freizügigen Warenverkehrs aus „zwingenden Gründen des Allgemeininteresses" gerechtfertigt werden können. Der EuGH hatte sich mit mehreren Fällen auseinanderzusetzen, in denen einzelne Mitgliedstaaten strengere Produktstandards als die gemeinschaftsweit gültigen Minimumstandards festgelegt hatten, und erkannte dabei generell den Umweltschutz als zwingenden Grund des Allgemeininteresses zur Rechtfertigung von Beschränkungen des freien Warenverkehrs an, sofern die entsprechenden Nebenbedingungen (keine Diskriminierung, Grundsatz der Verhältnismäßigkeit) erfüllt sind (vgl. Nagel 2003: 236ff.).

Ein eindeutiges ökonomisches Argument für eine gemeinschaftsweite Umweltpolitik ist eigentlich nur bei grenzüberschreitenden Umweltbelastungen gegeben. Umweltbeeinträchtigungen machen nicht an den nationalen Grenzen halt. Wenn nördlich der Alpen Singvögel geschützt sind und südlich der Alpen zum Verzehr freigegeben, dann bringt das den Artenschutz kaum voran. Wenn die britischen Inseln die Luft belasten, dann werden sie selbst dank der vorherrschenden Windrichtung wenig davon im Mitleidenschaft gezogen: Der saure Regen fällt im Schwarzwald. In diesem Fall hat der nationale Gesetzgeber zunächst einmal keinen Anreiz, die bei den Nachbarn anfallenden Umweltschäden zu berücksichtigen, und wird somit eher aus der Sicht aller betroffenen Parteien eine zu laxe Umweltpolitik betreiben. Mögliche Lösungen sind Coasesche Verhandlungen zwischen den beteiligten Staaten (was allerdings klar definierte Eigentumsrechte und geringe Transaktionskosten voraussetzt) oder eben eine gemeinsame Umweltpolitik auf EU-Ebene.

10.5.3 Die Umweltpolitik der Gemeinschaft

Im EWG-Vertrag von 1957 fand die Umwelt noch keine Erwähnung. Der zweite Vertrag von Rom, der Euratom-Vertrag, konnte allerdings die Sicherheits- und Gesundheitsrisiken der Kernkraftnutzung nicht außer Acht lassen. Es dauerte bis zur Einheitlichen Europäischen Akte von 1986, ein Umweltkapitel (Art. 174–176 EG) in den dritten Teil des Vertrages über die Politiken der Gemeinschaft aufzunehmen. Der Vertrag von Maastricht (1992) hat einige wesentliche Umformulierungen und Ergänzungen vorgenommen sowie den Umweltschutz dem Zielkatalog in Art. 3 EG zugefügt. In Amsterdam wurde schließlich 1997 die Nachhaltigkeit der Wirtschaftsentwicklung unter die Ziele aufgenommen (Art. 2 EU und Art. 2 EG) und der Umweltschutz als Querschnittsaufgabe definiert (Art. 6 EG). Der Vertrag von Nizza brachte keine wesentlichen Veränderungen.

Obwohl es also erst seit 1987 eine explizite primärrechtliche Grundlage für eine Umweltpolitik auf Gemeinschaftsebene gibt, wurde die Gemeinschaft bereits in früheren Jahren umweltpolitisch aktiv. Anfang der 1970er Jahre wurden erste Richtlinien über den zulässigen Geräuschpegel und die Auspuffvorrichtung von Kraftfahrzeugen sowie über die Qualität des

Trinkwassers verabschiedet. Das erste Umweltaktionsprogramm wurde für die Periode 1973–78 aufgelegt. Diese frühen umweltpolitischen Aktivitäten der Gemeinschaft stützten sich insbesondere auf die Generalermächtigung durch Art. 235 EWG (heute Art. 308 EG) sowie auf die Rechtsangleichungskompetenz gemäß Art. 100 EWG (heute Art. 94 EG).

Heute setzt sich die Umweltpolitik der Gemeinschaft vier Ziele (Art. 174 EG bzw. Art. 191 AEU):

- Erhaltung und Schutz der Umwelt,
- Schutz der menschlichen Gesundheit,
- Umsichtige und rationelle Verwendung der natürlichen Ressourcen,
- Internationale Kooperation in Umweltfragen.

Die zur Erfüllung dieser Ziele vorzunehmenden Maßnahmen müssen unterschiedlichen Grundsätzen und Kriterien entsprechen:

- *Vorsorge und Vorbeugung*: Potentielle Umweltfolgen privater und öffentlicher Aktivitäten sind bereits in der Planungsphase zu berücksichtigen, um sie zu vermeiden.
- *Beseitigung*: Die Umweltbelastung ist an ihrer Quelle und so rasch wie möglich abzustellen bzw. zu minimieren.
- *Verursacherprinzip*: Während die Wohlfahrtstheorie keinen Verursacher kennt und die Kosten der Internalisierung von externen Effekten entsprechend der Verteilung der Eigentumsrechte zuweist, gilt nach diesem Prinzip grundsätzlich, dass der materielle Verursacher die Kosten trägt: *polluter pays*. Das impliziert auch, dass Subventionen zur Vermeidung von Umweltschäden grundsätzlich ausgeschlossen sind.
- *Inklusionsprinzip*: Umweltaspekte sind bei Entscheidungen über andere Gemeinschaftspolitiken zu berücksichtigen. Das gilt natürlich vor allem für die gemeinsame Agrarpolitik und die Verkehrspolitik.
- *Wissenschaftliche Fundierung*: Das Wissen um Umweltschädigungen unterliegt einer großen Informationsunsicherheit. Um die Verhältnismäßigkeit der Maßnahmen zu wahren, sind Risikoeinschätzungen, Analysen der Kosteneffektivität und des Kosten-Nutzen Verhältnisses erforderlich.
- *Risikoaversion*: Wegen der gegebenen Informationsunsicherheit und der häufigen Irreversibilität von Umweltschädigungen sind dabei nicht die nachgewiesenen Kosten und Nutzen zu berücksichtigen, sondern, wie bereits gezeigt, die potentiellen Kosten und Nutzen. Dem entspricht auch das Vorsorgeprinzip: Maßnahmen sind angebracht, wenn zwar keine umfassende Risikobewertung möglich, aber ein potentielles Risiko feststellbar ist. Inwieweit sich das mit der Kosteneffektivität verträgt, ist nicht immer deutlich.

Die Umweltpolitik der Europäischen Gemeinschaft wird aus beiden Quellen gespeist, der fundamentalistischen, die grundsätzlich auf die Wahrung der natürlichen Umwelt gerichtet ist, und der wohlfahrtstheoretischen, die externe Effekte zu internalisieren versucht. Die Gewichte sind dabei in den einzelnen Mitgliedländern unterschiedlich verteilt. Wo die „Grünen" einen signifikanten politischen Einfluss haben, spielt der fundamentalistische Ansatz eine wichtige Rolle, so z.B. in Deutschland und den Niederlanden. Diese Kräfte waren es vor allem, die im Vertrag von Amsterdam (1997) „ein hohes Maß an Umweltschutz und Verbesserung der Umweltqualität" in den Zielkatalog (Art. 2 EG) der Gemeinschaft eingefügt haben. Wo der Umweltschutz nicht zu den primären politischen Präferenzen zählt, wie z.B. in Großbritannien, liegt die Betonung auf dem wohlfahrtstheoretischen Ansatz, der in der Formulierung von Art. 174 Abs. 3 EG (Art. 191.3 AEU) seinen Niederschlag gefunden hat. Dort heißt es, dass die Umweltpolitik der Gemeinschaft „die Vorteile und die Belastung aufgrund des Tätigwerdens bzw. eines Nichttätigwerdens" zu berücksichtigen habe (in der englischen Fassung des Artikels sind die im Deutschen etwas wolkigen „Vorteile und Belastung" klar als *the potential benefits and costs of action or lack of action* genannt – man beachte, dass in der deutschen Fassung des Artikels auch noch das Adjektiv *potential* unter den Tisch gefallen ist).

Als Orientierungsrahmen für die europäische Umweltpolitik werden seit 1973 regelmäßig sogenannte Umweltaktionsprogramme verabschiedet, welche die Ziele und Prioritäten der gemeinschaftlichen Umweltpolitik bestimmen und inzwischen eine umfangreiche Rechtssetzungstätigkeit zugunsten des Umweltschutzes auslösten. Allein bis 1987, also bevor der Umweltschutz explizit primärrechtlich verankert war, ergingen über 200 verbindliche Rechtsakte (insbesondere Richtlinien) zum Umweltschutz. Heute umfasst das europäische Umweltrecht Hunderte von Sekundärrechtsakte, die ca. 50 Seiten im Fundstellenverzeichnis des geltenden Gemeinschaftsrechts beanspruchen (Oppermann 2005: § 29, Rz. 4, 21).

Umweltpolitik erfordert lange Zeithorizonte. Die Gemeinschaft trägt dem insofern Rechnung, als sie die Planungsperiode ihrer Umweltaktionsprogramme von fünf auf zehn Jahre ausgeweitet hat. Das zur Zeit gültige Programm erstreckt sich auf die Periode 2001–2010. Die Schwerpunkte dieses sechsten Aktionsprogramms zeigen die Breite der Gemeinschaftsaktivitäten:

- Klimawandel,
- Natur und biologische Vielfalt,
- Umwelt und Gesundheit,
- Bewirtschaftung der natürlichen Ressourcen und des Abfalls.

Auch hier gilt wieder der Grundsatz der gemeinsamen Politik: *rules not money*. Natürlich taucht die Umwelt im Budget der Gemeinschaft auf, vor allem im Etat für Forschung und Entwicklung. Aber das bevorzugte umweltpolitische Instrumentarium sind regulative Lenkungsinstrumente: Richtlinien, Verordnungen und technologisch definierte Standards, die es den Wirtschaftssubjekten überlassen, auf welchem konkreten Weg die politisch festgelegten Ziele erreicht werden. Wie so oft – und ganz dem Subsidiaritätsprinzip entsprechend – ist die Union dabei auf die Mitwirkung der Mitgliedländer angewiesen, was konkrete Implementierung und Kontrolle der Einhaltung ihrer Politik betrifft.

Betrachtet man das Sekundärrecht etwas genauer, so lassen sich vier Kategorien umweltrechtlicher Maßnahmen der Gemeinschaft unterscheiden (vgl. im einzelnen Epiney 2005: 172 ff.).

Erstens wurde eine Vielzahl allgemeiner Regeln verabschiedet, die bereichsübergreifend sind und verfahrens- bzw. organisationsrechtlichen Charakter haben. So gibt es inzwischen zahlreiche Richtlinien, Verordnungen und Entscheidungen, die den Austausch von Umweltinformationen zwischen Gemeinschaft und Mitgliedstaaten, die Beteiligung der Öffentlichkeit an relevanten Entscheidungsverfahren sowie den Zugang zu Gerichten in Umweltangelegenheiten regeln. Weiterhin wurden die Mitgliedstaaten durch die Richtlinie 85/337 (erweitert durch die RL 2001/42) verpflichtet, für bestimmte öffentliche und private Projekte eine Umweltverträglichkeitsprüfung einzurichten. Die Verordnung 1980/2000 ermöglicht die Vergabe gemeinschaftlicher Umweltzeichen, d.h. vereinheitlichter „Ökolabels", für Produkte, die gewisse umweltpolitische Auflagen erfüllen. Mit der Öko-Audit-Verordnung (VO 762/2001) schuf die Gemeinschaft die Voraussetzungen für Unternehmen, sich auf freiwilliger Basis glaubwürdig eine Art „ökologische Unbedenklichkeit" zertifizieren zu lassen. Weiterhin stellt die Gemeinschaft finanzielle Mittel für Maßnahmen zur Verfügung, die der Förderung der Umweltqualität dienen. Mit der Verordnung 1655/2000 wurde der spezielle Umweltfonds LIFE geschaffen und auch der Kohäsionsfonds (siehe Kapitel 13) dient unter anderem der Finanzierung von Umweltschutzmaßnahmen in wirtschaftlich schwächeren Mitgliedstaaten.

Die Richtlinie 96/61 EG zur integrierten Vermeidung und Verminderung der Umweltverschmutzung fordert die Mitgliedstaaten auf, die Genehmigung von besonders umweltrelevanten Industrieanlagen an bestimmte Anforderungen zu binden, die „medienübergreifend" definiert sind, so dass ein koordiniertes Vorgehen gegen Umweltverschmutzung in Boden, Luft und Wasser ermöglicht werden soll (kritisch hierzu: Epiney 2005: 253ff.). Schließlich ist nach langjährigen kontroversen Diskussionen am 30.4.2004 die Richtlinie 2004/35/EG über Umwelthaftung zur Vermeidung und Sanierung von Umweltschäden in Kraft getreten. Danach sind die Mitgliedstaaten aufgefordert, bis zum 30.4.2007 zusätzlich zu den nationalen zivilrechtlichen Haftungsregelungen eine öffentlich-rechtliche Haftung für Umweltschäden einzuführen, die für bestimmte riskante Wirtschaftstätigkeiten als (verschuldensunabhängige) Gefährdungshaftung auszugestalten ist. Inzwischen (am 21.5.2008) haben das Europäische Parlament und der Rat auch den Vorschlag der Kommission für eine Richtlinie über den strafrechtlichen Schutz der Umwelt mit einigen Änderungen gebilligt. Diese Richtlinie verpflichtet die Mitgliedstaaten, in ihren nationalen Rechtsvorschriften strafrechtliche Sanktionen für schwere Verstöße gegen das gemeinschaftliche Umweltschutzrecht vorzusehen. Da aber weder das Strafrecht noch das Strafprozessrecht in die Zuständigkeit der Gemeinschaft fallen, verbleibt das Recht, die Höhe der Sanktionen und deren Durchsetzung im Einzelfall zu regeln, in der Zuständigkeit der Mitgliedstaaten (Europäische Zeitschrift für Wirtschaftsrecht, 2008–13: 388).

Die zweite Kategorie umweltrechtlicher Maßnahmen umfasst Regelungen zum Schutz bestimmter Umweltmedien, insbesondere Luft und Wasser. So besteht im Bereich der Binnengewässer sowie des Grund- und Meerwassers bereits seit den 1970er Jahren ein umfangreiches Regelwerk. Es ist allerdings dadurch gekennzeichnet, dass die einzelnen Gewässer nach unterschiedlichen Kriterien und mit unterschiedlichen Methoden (emissionsorientierten Vorgaben und verbindlichen Qualitätsnormen) geschützt sind. Wegen eklatanter Umsetzungs- und Vollzugsdefizite in den Mitgliedstaaten wurde vor einigen Jahren die Wasserrahmenrichtlinie (RL 2000/60) verabschiedet, die einen einheitlichen Ordnungsrahmen für den Schutz der Gewässer schaffen soll.

Die Luftreinhaltung wird in der Gemeinschaft durch ein Nebeneinander von Immissionsnormen, Emissionsnormen und Qualitätsanforderungen an Produkte reguliert. So legten in den 1980er Jahren mehrere Richtlinien Grenzwerte für Schwefeldioxid, Schwebestaub, Blei und Stickstoffdioxid fest. Durch die Luftqualitätsrahmenrichtlinie (RL 96/62) wurde dieser immissionsbezogene Ansatz auf eine neue Grundlage gestellt und eine stärkere Beteiligung der Öffentlichkeit vorgesehen. Darüber hinaus sieht eine Reihe von Richtlinien seit Anfang der 1970er Jahre die Angleichung der Rechtsvorschriften der Mitgliedstaaten zur Regelung der Autoabgase vor, eine weitere Reihe von Richtlinien seit Mitte der 1980er Jahre die Begrenzung der Emission aus Industrie bzw. Müllverbrennungsanlagen. Die Richtlinie 2001/81 verpflichtet schließlich die Mitgliedstaaten in Ergänzung der bestehenden quellenbezogenen Regelungen, den jährlichen Gesamtausstoß an bestimmten Schadstoffen auf festgelegte nationale Emissionshöchstmengen zu begrenzen. Ein drittes gemeinschaftsrechtliches Instrument der Luftreinhaltepolitik definiert Qualitätsanforderungen an bestimmte Kraft- und Brennstoffe. Während ein spezifisches Bodenschutzrecht der Gemeinschaft bisher noch nicht existiert, hat die Gemeinschaft seit den 1970er Jahren eine Reihe von Richtlinien zum Lärmschutz verabschiedet.

Die dritte Kategorie umweltrechtlicher Maßnahmen der Gemeinschaft bekämpft Gefahren, die von bestimmten umweltgefährdenden Stoffen oder Tätigkeiten ausgehen (Epiney 2005: 307ff.). Bereits 1967 wurde die Richtlinie 67/548 zur Angleichung der Rechts- und Verwaltungsvorschriften für die Einstufung, Verpackung und Kennzeichnung gefährlicher (chemischer) Stoffe verabschiedet. Es folgte eine Reihe von Richtlinien und Verordnungen zur Verhütung und Verringerung der Umweltverschmutzung durch Asbest (RL 87/217), zur Ausfuhr bestimmter chemischer Stoffe, die zur Herstellung chemischer Waffen geeignet sind (VO 428/89), zur umweltverträglichen Verwertung und Beseitigung von Batterien und Akkumulatoren (RL 91/157), zur Verhütung von Gefahren, die von chemischen Altstoffen ausgehen (VO 793/93) etc. Weiterhin wurden inzwischen eine Reihe von Richtlinien zu Pflanzenschutzmitteln und Bioziden, zur Beherrschung der Gefahren bei schweren Industrieunfällen mit gefährlichen Stoffen (im Anschluss an die Dioxin-Katastrophe in Seveso, 1976) sowie zur Bio- und Gentechnologie verabschiedet. Nach langjähriger Diskussion ist schließlich im Dezember 2006 die Chemikalienverordnung REACH verabschiedet worden, welche die Registrierung, Bewertung, Zulassung und Beschränkung chemischer Stoffe regelt. Zur Wahrnehmung dieser Aufgaben wurde im Juni 2007 mit der Einrichtung der Europäischen Chemikalienagentur ECHA in Helsinki begonnen, die seit Juni 2008 die ersten Registrierungen chemischer Stoffe durchführt.

Die vierte und letzte Kategorie umweltrechtlicher Maßnahmen der Gemeinschaft setzt sich zum Ziel, knappe Umweltressourcen so zu nutzen, dass nachhaltige Entwicklung ermöglicht wird. Hierbei handelt es sich um den Schutz der Erdatmosphäre und des Klimas, was weiter unten noch einmal zur Sprache kommt, sowie um den Schutz der natürlichen Umwelt durch zahlreiche artenbezogene Richtlinien und Verordnungen wie die Vogelschutzrichtlinie (RL 79/409) und die Habitat-Richtlinie (RL 92/43). Schließlich hat sich ein ausdifferenziertes Abfallrecht entwickelt mit der Folge, dass heute nur noch wenige Abfallarten nicht gemeinschaftsrechtlich geregelt sind (Epiney 2005: 346ff.). Im Dezember 2005 hat die Europäische Kommission einen Vorschlag zur Veränderung der seit über 30 Jahren existierenden und 2006 neu kodifizierten Abfallrahmenrichtlinie vorgelegt. Nach langen Diskussionen im Europäischen Parlament und in den Mitgliedstaaten hat das Europäische Parlament die neue Abfallrahmenrichtlinie, die unter anderem Recycling-Quoten für bestimmte Abfallarten vorgibt, am 17. Juni 2008 in zweiter Lesung verabschiedet. Eine formelle Verabschiedung durch den Rat ist am 22. November 2008 erfolgt.

10.5.4 Es geht auch anders

Der bunte Strauss umweltrechtlicher Regeln der Gemeinschaft macht deutlich, dass das Umweltrecht noch immer zu einem beträchtlichen Teil Ordnungsrecht ist, das den Schutz der Umwelt durch feste Grenzwerte, Genehmigungsvorbehalte u.a.m. sicherstellen soll. Andere Instrumente der Umweltpolitik, wie beispielsweise Energiesteuern, ließen sich bisher auf der Gemeinschaftsebene nicht durchsetzen (Box 10.9).

Box 10.9: Energiesteuern und Wettbewerbsverzerrung

Der Verbrauch von Energie in Produktion und Konsum hat einschneidende Folgen für die Umwelt. Ein Großteil der verbrauchten Energie stammt aus nicht erneuerbaren Ressourcen, die irgendwann einmal fehlen werden. Gleichzeitig geht der Energieverbrauch einher mit Wärmeerzeugung und zumeist auch schädlichen Abgasen. Beiden Nebeneffekten wird unter anderem die Schuld an der Klimaerwärmung zugeschrieben. Umweltpolitik im Energiebereich muss letztlich die Energieverbraucher dazu veranlassen, diese Kosten zu internalisieren.

1990 gab es in der Europäischen Gemeinschaft den Vorschlag, zu diesem Zweck eine Energiesteuer einzuführen. Um den Verdacht einer rein fiskalischen Maßnahme zu zerstreuen, wurde von Anfang an die Verwendung der Steuereinnahmen zur Senkung der Lohnnebenkosten angeregt. Steuerpolitische Entscheidungen der Gemeinschaft bedürfen der Einstimmigkeit. Der Vorschlag konnte sich nicht durchsetzen. Allerdings hat einige Jahre später die Bundesregierung eine Energiesteuer eingeführt und zwar mit eben dem gleichen beschäftigungspolitischen Nebenmotiv.

Soweit die Energiesteuer nur dazu führt, dass die Konsumenten höhere Preise für Benzin, Heizöl, Gas und Strom bezahlen, scheint das zunächst eine rein innerdeutsche Angelegenheit zu sein. Doch eine nationale Energiesteuer verzerrt die Wettbewerbsposition der energieintensiven einheimischen Produzenten auf dem internationalen Markt. Ihr Ruf nach Ausnahmeregelungen lässt dann auch nicht lange auf sich warten. Dem kann sich der Staat nur schwer verschließen. Denn vom Gesichtspunkt des Klimaschutzes ist es belanglos, ob eine Aluminiumhütte bei Hamburg oder bei Danzig steht. Und so kann es passieren, dass der Konsument brav Energiesteuern zahlt und die größten Energieverbraucher davon ausgenommen werden.

Allgemein wird darüber geklagt, dass in keinem Sektor der gemeinsamen Politik die Distanz zwischen den politischen Intentionen und gesetzlichen Verpflichtungen auf der einen Seite und der tatsächlichen Realisierung auf der anderen so groß ist wie im Umweltbereich. Das kann man darauf zurückführen, dass die gesetzlichen Instrumente absichtlich schwach formuliert werden, um auf der Implementierungsebene Interpretationsspielräume zu schaffen. Wenn Richtlinien die beste verfügbare Technologie, die keine übermäßigen Kosten verursacht, (das *best available technology not entailing excessive costs* Prinzip) vorschreiben, dann ist eben offen, was die „beste Technologie" und was „übermäßige Kosten" sind. Der weiter oben erwähnte Konflikt zwischen den Grundprinzipien der Umweltpolitik äußert sich in solchen Formulierungen. Die Lücke zwischen Gesetz und Realität rührt aber auch daher, dass die Präferenzen und Interessenkonstellationen sich zwischen den Mitgliedländern und ihren Regionen unterscheiden. Umweltpolitik ist kostenintensiv und stößt deshalb auf immer größeren Widerstand, je tiefer die Entscheidungsebene liegt. Wenn man Konkretisierung und Durchführungskontrolle der Maßnahmen den unteren Ebenen überlässt, dann steigt die Wahrscheinlichkeit von opportunistischem Verhalten.

Mit dem Jahr 2005 trat innerhalb der Europäischen Gemeinschaft eine umweltpolitische institutionelle Innovation in Kraft, die bislang jahrzehntelang von Ökonomen empfohlen worden war, aber keine politische Unterstützung finden konnte. Gemeint ist der Handel mit Treibhausgasemissionszertifikaten (ein herrliches deutsches Wort, das sicher die Bewunderung von Mark Twain auf sich gezogen hätte; die Abkürzung lautet EU ETS für *EU greenhouse gas emission trading scheme;* siehe Richtlinie 2003/87/EG). Es geht um quantitative Emissionsbeschränkungen, wobei den Betreibern von umweltbelastenden Anlagen Emissionsrechte zugewiesen werden, die sie untereinander, auch grenzüberschreitend handeln können. Dem liegt die einfache Überlegung zugrunde, dass ein Markt für knappe Emissionsrechte das Recht auf eine bestimmte Umweltschädigung derjenigen Aktivität überträgt, die dabei den höchsten gesellschaftlichen Nutzen stiftet. Es handelt sich somit um eine Umsetzung des Coase-Theorems. Auf diese Weise können die Kosten des Umweltschutzes minimiert werden. Ökonomisch sinnvoll wäre es, die Verschmutzungsrechte nicht zuzuteilen, sondern die Verschmutzer sie in einem Auktionsverfahren erwerben zu lassen. Zum einen würde dadurch jede Verschmutzung mit adäquaten Kosten belegt. Zum anderen hätte der Staat eine Einnahme, die er für Umweltmaßnahmen verwenden könnte. Im

Vergleich zum *status quo ante* würde dies allerdings eine entschädigungslose Enteignung von Eigentumsrechten bedeuten (und auch kostenlos zugeteilte Zertifikate, die einen positiven Marktpreis haben, gehen in die (Opportunitäts-)Kostenkalkulation ein). Kommission und Parlament bemühen sich neuerdings (2008), die Zuteilung von Verschmutzungsrechten ab 2013 kostenpflichtig zu machen.

Das Verfahren sieht einen nationalen Zuteilungsplan vor, der in erster Runde für die Periode 2005–2007 und danach für 5-Jahresperioden den Betreibern von besonders umweltbelastenden Anlagen Verschmutzungsrechte zuweist. Der Gesamtumfang der zugewiesenen Rechte leitet sich aus den Zielen ab, zu denen sich die Mitgliedländer im Klimaschutzprotokoll von Kyoto für den Zeitraum von 2008–2012 verpflichtet haben. Damit hat das Kyoto-Protokoll von 1997 bereits vor seinem Inkrafttreten Ende 2004 durch die ETS-Richtlinie 2003 für die EU rechtliche Wirksamkeit erhalten. Die Richtlinie formuliert 11 Kriterien, die die nationalen Zuteilungspläne erfüllen müssen und die von der Kommission geprüft werden. Von der Maßnahme werden mehr als 12 000 Anlagen in der EU-25 erfasst, vor allem in der Energieerzeugung, der Erdölraffinerie, der Koks-, Eisen- und Stahlerzeugung, sowie in der Baustoff- und Papierindustrie.

Ein Markt für ein beliebiges Gut, auch für Emissionszertifikate, funktioniert nur dann, wenn das Gut knapp ist und wenn die Käufer harten Budgetbeschränkungen unterworfen sind. Das bedeutet in unserem Fall zum einen, dass der Gesamtumfang eines nationalen Zuteilungsplans kleiner als die erwartete CO_2-Emission der betroffenen Anlagen sein muss. In diesem Zusammenhang überprüft die Kommission zum einen, ob ein Verstoß gegen die Artikel 87 und 88 EG (Beihilfenkontrolle) vorliegt, und zum anderen, ob die nationalen Zuteilungspläne der ersten Runde kontinuierlich zu den Kyoto-Verpflichtungen für 2012 führen und ob eine eventuelle Absicht, Emissionsrechte auf dem internationalen Markt hinzuzukaufen, ausreichend spezifiziert ist. Zum anderen würden *ex post* Anpassungen der Gesamtzahl der Zertifikate und ihrer Zuteilung die Budgetbeschränkungen aufweichen und die Betreiber von Anlagen zu opportunistischem *rent seeking* Verhalten verleiten. Vor allem in letzterer Hinsicht entsprach der nationale Zuteilungsplan für Deutschland nicht den Kriterien der Richtlinie und wurde von der Kommission in erster Instanz zurückgewiesen (Entscheidung der Kommission vom 7. Juli 2004).

Der Handel mit Emissionsrechten ist ordnungspolitisch für viele Ökonomen das adäquate Instrument der Umweltpolitik. Dementsprechend positiv fällt die allgemeine Einschätzung der gemeinschaftlichen Regelung aus (z.B. Graichen/Requate 2005). Wie überall liegt allerdings auch hier der Teufel im Detail. So gibt es zahlreiche kritische Anmerkungen zur konkreten Implementierung durch die Europäische Union (Hillebrand et al. 2002; Endres/Ohl 2005). Die Beschränkung auf nur ein Treibhausgas (CO_2) und auf bestimmte Industriezweige, bzw. energieintensive Aktivitäten, ist durch spätere Erweiterungen reparabel. Inzwischen haben sich beispielsweise das Europäische Parlament und der Rat in Erweiterung eines Vorschlags der Kommission darauf geeinigt, ab 2012 alle Flüge, die auf Flughäfen der EU starten und landen, in das Emissionshandelssystem einzubeziehen. Drei Probleme scheinen dagegen fast unlösbar:

- *Das Transformationsproblem*: der Übergang vom *status quo ante* zur Situation mit Zertifikatshandel. Einige Länder haben bereits in der Vergangenheit eine aktive Umweltpolitik mit dem Ziel des Klimaschutzes betrieben. Dabei kamen die unterschiedlichsten Instrumente und Verfahren zum Einsatz. Mit der Einführung einer EU-einheitlichen Politik besteht die Gefahr, dass Untätigkeit *ex post* belohnt wird, dass die nationalen Maßnahmen unterlaufen werden und dass die Unternehmen, die sich auf diese eingestellt haben und einstellen, nun doppelt belastet werden.
- *Das Leckage-Problem*: Klimaschutz ist ein globales öffentliches Gut. Wenn nicht alle Aktivitäten mit seinen Produktionskosten belastet werden, gibt es Trittbrettfahrer, die sich an die Emissionseinschränkungen nicht halten und damit ein Erreichen des optimalen Produktionsniveaus des öffentlichen Gutes erschweren. Und nicht nur das: Die mit den gesellschaftlichen Kosten des Klimaschutzes belasteten Aktivitäten in Ländern, die sich zu Einschränkungen verpflichtet haben (den so genannten Annex B Ländern des Kyoto-Protokolls), können in die „freien" Länder ausweichen. Die dadurch entstehende lokale Entlastung trägt nichts zum globalen Klimaschutz bei.
- *Das Wettbewerbsproblem*: Schon das Leckage-Phänomen hat makro-ökonomische Folgen – bestimmte Produktionslinien (z.B. Basischemie, Zement, Glas) wandern aus der regulierten Europäischen Union in „freie" Zonen ab (vor allem Schwellenländer, denen das Kyoto-Protokoll zunehmende Umweltbelastungen in Verbindung mit ihrem ökonomischen Aufholprozess zugestanden hat). Der gleiche Effekt wird auch dadurch erreicht, dass die europäischen Produzenten ihre erhöhten Kosten auf Grund der Wettbewerbssituation nicht auf die Preise überwälzen können und damit die Produkte aus den Nicht-Annex B Ländern Marktanteile auf dem EU-Markt gewinnen. Dieses Wettbewerbsproblem gibt es auch innerhalb der Union zwischen Ländern mit unterschiedlichen Reduktionsverpflichtungen.

Wir sehen: Umweltschutzregelungen auf der Gemeinschaftsebene können in bestimmten Fällen nur *second best* Lösungen sein. Das ist nicht weiter verwunderlich. Denn schon die Gemeinschaft, ein regionales Integrationsabkommen (siehe Kapitel 2), ist nur eine *second best* Lösung im Vergleich zur Einführung eines globalen gemeinsamen Marktes. Doch wenn man sich auf globaler Ebene nicht verständigen kann, und das scheint zur Zeit sowohl bei der Marktliberalisierung als auch beim Klimaschutz – trotz WTO, trotz Kyoto-Protokoll – nicht im wünschenswerten Umfang der Fall zu sein, dann ist eine regionale Lösung in Betracht zu ziehen. Voraussetzung dafür ist, dass der Nutzen der regionalen Lösung höher als ihre Kosten ist, wie wir das bei der Theorie der Zollunion (Kapitel 7) bereits gesehen haben.

Kapitel 11
Der Haushalt der Union: Was kostet Brüssel?

unter Beteiligung von *Heiko Fritz*

Wovon handelt dieses Kapitel?

TE: Das weiß man doch: Die Europäische Gemeinschaft hat einen gewaltigen Haushalt und gibt viel mehr Geld aus als zum Beispiel die Bundesregierung. Stimmt das?

HF: Nichts wäre falscher. Aber diese Meinung hat sich in den Köpfen der Normalbürger festgesetzt, die darüber hinaus noch der Ansicht sind, ein Großteil des Geldes werde leichtfertig verschwendet.

HJW: Wie kommt es zu solchen Fehleinschätzungen?

HF: Die Leute sind nicht informiert über den Haushalt – in den alten Mitgliedländern noch weniger als in den neuen.

HJW: Dort spielte das EU-Budget, und was man von ihm erwartet, im Zusammenhang mit dem Beitritt auch eine größere Rolle in der öffentlichen Diskussion.

TE: Trotzdem sind die Ergebnisse der Eurobarometer Umfragen erstaunlich: Fast ein Drittel der europäischen Bürger meint, Verwaltungskosten machten bei weitem den größten Ausgabenposten aus, während ein Achtel der Bürger der Ansicht ist, das meiste Geld fließe in die Außenpolitik und die Hilfe für Länder außerhalb der EU.

HJW: Wenn 50 oder 100 Mio. € für pakistanische Erdbebenopfer oder vom Tsunami betroffene Regionen in Indonesien bereitgestellt werden, dann steht es in der Presse. Bei einem Ausgabenvolumen von 100 Mrd. € sind das aber buchstäblich *peanuts*.

HF: Tja, nur ein Viertel weiß, dass die Landwirtschaft und die weniger entwickelten Regionen der Gemeinschaft die größten Empfänger von Gemeinschaftsgeldern sind.

HJW: Und warum sind es gerade die Deutschen, die meinen, das meiste Geld gehe für Verwaltungsausgaben drauf?

TE: Ich denke, in großen Ländern bleiben die geringen Summen, um die es sich in Wirklichkeit handelt, noch mehr der öffentlichen Aufmerksamkeit vorenthalten als in kleinen.

HF: Und dann darfst du nicht vergessen: Was die deutsche Politik thematisiert, ist die Nettozahlerposition Deutschlands. Und dieses Thema lässt sich am leichtesten emotionalisieren, wenn der Eindruck erweckt wird, das Geld werde eigentlich verschwendet.

TE: Wird kein Geld verschwendet? Man liest doch immer wieder von erschlichenen Agrarsubventionen und ähnlichen Dingen.

HF: Natürlich, bei allen öffentlichen Ausgaben tritt so etwas auf. Wäre es anders, bräuchten wir keinen Rechnungshof, in Brandenburg nicht, in Deutschland nicht, in der Gemeinschaft nicht.

HJW: Doch versuche einmal, Mittel aus dem Forschungsförderungsprogramm zu erhalten! Dann wirst Du sehen, wie hoch die Hürden sind und wie peinlich genau die Abrechnungen, die verlangt werden.

11.1 EU-Finanzpolitik

Warum sollte man sich mit dem EU-Haushalt befassen? Öffentliche Finanzen gelten als trockene Materie. Mit dem Makel dieser Reputation ist auch das EU-Budget belastet. Abgeordnete des Europäischen Parlaments, die sich für visionär halten, bezeichnen ihre Kollegen aus den Haushaltsausschüssen gerne etwas geringschätzig als Erbsenzähler. Finanzpolitik ist die quantitativ-monetäre Umsetzung von politischen Entscheidungen, die in der Öffentlichkeit nicht gerade als sexy gilt. Luxemburg 1970, Fontainebleau 1984, Berlin 1999, das sind – wie wir schon gesehen haben – Ratstagungen, auf denen wegweisende Reformen verabschiedet wurden. Gleichzeitig fassten diese Gipfeltreffen auch wichtige Beschlüsse über die Finanzen der EU. „A study of EU public finances provides us with an important lens through which to analyse the political and economic capacity and potential of the Union" (Laffan, 1997: 16).

Die erste Frage, die zu Beginn geklärt werden sollte, lautet: Welche Funktion hat das zentrale Budget in einem Mehrebenensystem, oder konkret: Welche Rolle kommt dem EU-Haushalt gegenüber den Haushalten der Mitgliedländer zu? Die Theorie der öffentlicher Finanzen sieht – Richard Musgrave (1959) folgend – Stabilisierung, Effizienz (Allokation) und Gerechtigkeit (Distribution) als die drei Hauptfunktionen öffentlicher Finanzen an. Für Mehrebenensysteme fügt dem die Theorie des Fiskalföderalismus (Oates 1999) ein prinzipielles Dezentralisierungsgebot hinzu, das wir auch als Subsidiaritätsprinzip kennengelernt haben (siehe Kapitel 5). Das bedeutet dreierlei:

- zum einen die Frage, ob staatliches Handeln überhaupt erforderlich ist und nicht der Markt das Problem adäquat lösen kann,
- zum zweiten die Frage, ob es für das staatliche Handeln erforderlich ist, Geld in die Hand zu nehmen, und nicht eine Lösung auf dem Weg der Regulierung möglich ist,
- und drittens müssen zentral finanzierte Aktivitäten deutliche Kostenvorteile bzw. Effizienzvorteile gegenüber dezentralen Lösungen aufweisen.

Konsens bei der Beantwortung dieser Fragen wäre ein Wunder, und, da es um Geld geht, spielen die individuellen bzw. nationalen Interessen neben der ökonomischen Rationalität eine wichtige Rolle. So sehen Budgetverhandlungen dann auch aus.

Für jede der drei genannten Funktionen, Allokation, Distribution und Stabilisierung, braucht die Finanzpolitik eine kritische Masse an Mitteln. Bei einem Haushaltsvolumen von rund 1 % des BIP der Gemeinschaft ist offensichtlich, dass das EU-Niveau und das EU-Budget nur im Ausnahmefall für zuständig erachtet werden. Hier ist die politische Ökonomie mit im Spiel. Denn welcher nationale Politiker läßt sich sein wählerwirksamstes Instrument, die Verteilung von Geld, aus den Händen nehmen, nachdem er sein unbeliebtestes Instrument, die Eintreibung von Steuern, eingesetzt hat? Bei der Regelsetzungskompetenz ist das schon etwas anderes: Ihr Produkt wird öffentlich generell weniger wahrgenommen und wenn, dann wird es eher negativ gesehen und als Bevormundung erfahren. So ist die bekannte Maxime der Gemeinschaft *„rules not money"* auch Resultat der politischen Ökonomie der Integration. Und der schlechte Ruf, den die Gemeinschaft in weiten Kreisen der Bevölkerung genießt, findet hier eine seiner Wurzeln.

Eine allokative Funktion der EU setzt innerhalb des gemeinsamen Marktes positive Skalenerträge oder externe Effekte voraus oder die Vermeidung von negativen externen Effekten (vgl. Pelkmans 2006: 413–4). In vielen Fällen läßt sich das regulativ lösen, z.B. im Fall von Antidiskriminierung und Wettbewerb, beim Umwelt- und Konsumentenschutz. Ob bei Vorliegen von Marktunvollkommenheiten und Marktversagen das zentrale Niveau dann tatsächlich zum Tragen kommen sollte, hängt unter anderem von der Informationsverteilung ab: Stark asymmetrische Informationen zugunsten der unteren Ebene machen zentrale Lösungen möglicherweise ineffizient. Ein weiteres Problem in dem Zusammenhang sind unterschiedliche Präferenzen. Eine Gemeinschaft, die fast den gesamten Kontinent umfasst, kann nicht davon ausgehen, das jeder das Gleiche für wünschenswert hält. Adäquate Berücksichtigung der Präferenzen war ein wichtiges Argument für Subsidiarität.

Das Beispiel der Gemeinsamen Agrarpolitik sticht hier unmittelbar ins Auge. Großbritannien, der vehementeste Gegner dieser Politik, hatte bei seinem Beitritt diese Kröte zu schlucken. Denn das war *acquis communautaire*. Die Gemeinsame Agrarpolitik ist aber auch ein Beispiel für die Vermeidung von negativen externen Effekten oder eines Gefangenendilemmas. Nehmen wir an, Ziele der Politik seien gleichzeitig ein gemeinsamer Markt für Landwirtschaftsprodukte und eine preis- und subventionspolitische Stützung der bäuerlichen Einkommen. Findet letztere auf dezentralem Niveau statt, dann sind Wettbewerbsverzerrungen auf dem gemeinsamen Markt und Subventionsspiralen sehr wahrscheinlich. Das lässt sich nur mit einer zentralen Lösung vermeiden, eben der Gemeinsamen Argrarpolitik. Kann man sich auf Grund zu unterschiedlicher Präferenzen nicht darauf einigen, dann ist eine Liberalisierung des Handels mit Landwirtschaftsprodukten nicht möglich, wie zum Beispiel in der EFTA oder der europäisch-türkischen Zollunion. Soweit die Agrarpolitik (sektorale) Umverteilung ist, fällt sie unter die Funktion Gerechtigkeit und könnte durchaus dezentral geregelt werden. Zur zentralen Aufgabe wird sie erst auf Grund von Effizienzüberlegungen, und die (regionale) Umverteilung ist zwar nicht ungewollt, aber ein Nebeneffekt.

Eine redistributive Funktion der EU setzt vor allem ähnliche Sozialpräferenzen und einen gemeinsamen politischen Willen voraus, hier aktiv zu werden. Solidarität als grundlegender Wert hatte im gescheiterten Verfassungsvertrag ein besonderes Gewicht erhalten. Im Vertrag von Lissabon ist das weniger deutlich, da das entscheidende Kapitel in die Charta der Grundrechte aufgenommen wurde. Und auch da macht Art. 34 (Soziale Sicherheit und soziale Unterstützung) deutlich, dass der Union in diesem Bereich keine eigentliche Kompetenz zugestanden wird, was in Art. 6 EU n.F. noch ausdrücklich unterstrichen wird: „Durch die Bestimmungen der Charta werden die in den Verträgen festgelegten Zuständigkeiten der Union in keiner Weise erweitert". Das Umverteilungsbudget bleibt fest in nationaler Hand. Dafür gibt es gute Gründe, die sich aus dem Subsidiaritätsprinzip ableiten lassen. Das gleiche gilt für eine Umverteilungspolitik auf der Einnahmenseite, eine redistributive Steuerpolitik: Die Union verfügt nicht über die dafür erforderliche Steuerhoheit. Mit dem gleichen Prinzip ließe sich aber argumentieren, dass ein interregionaler Finanz- und Wohlfahrtsausgleich dann zentral geregelt werden muss, wenn die einzelnen Mitgliedländer auf Grund ihrer wirtschaftlichen Situation dazu nicht in der Lage sind. Kurz gesagt: Der Aufbau Ost ist Sache der Bundesrepublik, die Förderung Bulgariens bedarf der internationalen Umverteilung. Die Kohäsionspolitik (siehe Kapitel 13) folgt diesem Grundsatz nicht ganz, da sie auch Regionen in Ländern fördert, die als ganze selbst dazu in der Lage wären. Die zur Verfügung stehenden Mittel, und das heisst der gemeinsame politische Wille, sind mit weniger als einem halben Prozent des BIP der Gemeinschaft aber äußerst bescheiden. Die Analyse der Nettobeiträge zum Gemeinschaftshaushalt zeigt allerdings, dass innerhalb der EU eine gewisse interregionale Umverteilung stattfindet.

Schließlich die Frage: Hat das Budget der Gemeinschaft eine makro-ökonomische Stabilisierungsfunktion? Konjunkturpolitisch können die Staatseinnahmen und -ausgaben als intertemporale Stabilisatoren wirken. Zum Teil erfolgt das automatisch durch den Rückgang der Einnahmen und die Zunahme der Ausgaben in Rezessionszeiten bzw. den umgekehrten Vorgang in Boomperioden. Zum Teil kann das aber auch bewusst erfolgen, wenn die Politik durch Extraausgaben (*deficit spending*) die makro-ökonomische Nachfrage zu stimulieren versucht – das so genannte und sehr umstrittene keynesianische Stabilisierungsprogramm. Ein fiskalpolitischer Spielraum in dieser Hinsicht ist der Gemeinschaft grundsätzlich vorenthalten. Denn der Haushalt ist nach Art. 268 EG auszugleichen.

11.2 Der Budgetprozess

Als Finanzverfassung der Europäischen Union können Art. 268–280 EG (im Lissabonner Vertrag sind es die Art. 310–324 AEU mit einigen bedeutenden Veränderungen), die Haushaltsverträge von 1970 und 1975 sowie seit 1988 zumindest in Teilen auch die interinstitutionellen Vereinbarungen zwischen der Kommission, dem Rat und dem Parlament verstanden werden. Zusammen bieten sie die Rechtsgrundlage für die Beschlussfassung über die EU-Finanzen. Prinzipiell sind zwei Verfahren zu unterscheiden: erstens das über die Aufstellung und die Verabschiedung des jährlichen Budgets, und zweitens jenes über den Beschluss des mittelfristigen Finanzrahmens der EU (vgl. ausführlich Laffan, 1997).

Beschränkte Finanzhoheit erlangte die Union durch den ersten Haushaltsvertrag von 1970; das Recht, eigene Steuern zu erheben, besitzt sie jedoch (noch) nicht. Ausgeübt wird die Finanzhoheit durch zwei Organe, den Ministerrat und das Europäische Parlament, wobei die Kompetenzen von letzterem durch den zweiten Haushaltsvertrag von 1975 deutlich erweitert wurden. Seitdem ist die Entscheidungsgewalt über den jährlichen Haushalt zwischen beiden Organen aufgeteilt. Das komplexe Entscheidungsverfahren ist in Artikel 272 EG geregelt, der wohl nicht zufällig zu den längsten Artikeln des EG-Vertrags gehört (Art. 314 AEU ist nicht kürzer ausgefallen).

Box 11.1: Das Haushaltsverfahren der EU – vereinfacht in 5 Schritten

1) Die Kommission erstellt einvernehmlich einen Vorentwurf des Haushalts und leitet diesen dem Ministerrat bis zum 1. September des dem jeweiligen Haushaltsjahr vorausgehenden Jahres zu. (Nach Art. 314 AEU erstellt die Kommission den Entwurf des Haushalts. Das bedeutet, dass der Rat in Schritt 2 nicht mehr den Entwurf beschließt, sondern nur noch seinen Standpunkt zum Entwurf festlegt.)
2) Der Ministerrat berät und ändert gegebenen Falles den Vorentwurf, beschließt mit qualifizierter Mehrheit einen Haushaltsentwurf und lässt diesen bis zum 5. Oktober dem Europäischen Parlament zukommen (nach Art. 314 AEU bis zum 1. Oktober).
3) Das Parlament hat nun 45 Tage (Art. 314 AEU: 42 Tage) Zeit, sich mit dem Entwurf zu befassen. Stimmt es zu oder schweigt es, ist der Haushaltsplan rechtskräftig. Stimmt es mit einfacher Mehrheit über einen geänderten Haushaltsentwurf ab, geht dieser zurück an den Rat. Änderungen kann das Parlament für Ausgaben vornehmen, die sich nicht zwingend aus dem EG-Vertrag ergeben oder aus Rechtsakten erlassenen aufgrund des Vertrags (die so genannten *dépenses non-obligatoires*). Für zwingende Ausgaben (die so genannten *dépenses obligatoires*) kann das Parlament lediglich Änderungsvorschläge unterbreiten. (Art. 314 AEU lässt diese Unterscheidung fallen: Das Parlament hat generell das Recht, den Entwurf abzuändern. Dieser geänderte Entwurf geht nicht allein an den Rat zurück, sondern an Rat und Kommission.)
4) Der Ministerrat hat nun 15 Tage Zeit, auf die Änderungen bzw. Änderungsvorschläge des Parlaments zu reagieren. Die Änderungen des Parlaments kann er mit qualifizierter Mehrheit neuerlich ändern. Soweit die Änderungsvorschläge die Gesamtausgaben eines EU-Organs nicht erhöhen, muss der Rat, so er das will, sie explizit ablehnen, soweit sie die Gesamtausgaben eines EU-Organs erhöhen, muss er, so er das will, sie explizit annehmen – beides mit qualifizierter Mehrheit. (Nimmt das Parlament Änderungen vor, dann wird nach Art. 314 AEU sofort ein Vermittelungsausschuss einberufen, der nur dann nicht tätig wird, wenn der Rat binnen 10 Tagen dem Parlament mitteilt, dass er mit allem einverstanden ist. Der Vermittlungsausschuss besteht paritätisch aus

den Mitgliedern des Rats, die dort nur mit qualifizierter Mehrheit entscheiden können, und ebenso vielen Mitgliedern, die das Parlament vertreten und mit einfacher Mehrheit entscheiden. Die Kommission nimmt an den Beratungen als Vermittler ohne Stimmrecht teil. Der Ausschuss hat 21 Tage Zeit, sich auf einen gemeinsamen Entwurf zu einigen. Tut er das nicht, geht das Verfahren für einen neuen Entwurf zurück an die Kommission.)

5) Hat der Rat Änderungsvorschläge des Parlaments abgelehnt bzw. nicht angenommen, so ist das defintiv. Hat er Änderungen des Parlaments abgelehnt bzw. verändert, dann geht der Entwurf zurück ans Parlament, das binnen 15 Tagen mit einfacher Mehrheit der Mitglieder und 3/5 der abgegebenen Stimmen die Abänderungen des Rats ändern oder ablehnen kann. Damit steht der Haushaltsplan fest. (Nach Art. 314 AEU muss der gemeinsame Entwurf des Vermittlungsauschusses nun innerhalb von 14 Tagen vom Rat und vom Parlament gebilligt werden. Tun sie es nicht, beide oder auch nur das Parlament allein, dann muss die Kommission einen neuen Entwurf erstellen. Lehnt der Rat ab, während das Parlament zustimmt, dann hat das Parlament das letzte Wort und die Möglichkeit, mit einfacher Mehrheit der Mitglieder und 3/5 der abgegebenen Stimmen sogar seine ursprünglichen Änderungen zu bestätigen.)

Wir haben hier ein schönes Beispiel für die kleinen, aber deutlichen Fortschritte in Richtung Demokratisierung vor uns, die der Vertrag von Lissabon gegenüber dem Vertrag von Nizza beinhaltet: Das Budgetrecht des Parlaments ist in mehrfacher Hinsicht gestärkt. Der Fortfall der Unterscheidung in obligatorische und nichtobligatorische Ausgaben hat seinen Entscheidungsbereich erweitert. Und die Position gegenüber dem Rat ist gefestigt. Dass der Haushaltsentwurf nicht mehr vom Rat, sondern von der Kommission ausgeht, mag materiell wenig bedeuten, da die Kommission bislang den Vorentwurf erstellt hat. Doch eine symbolische Bedeutung ist nicht zu leugnen.

Die gemeinsame Ausübung der Budgethoheit fand nicht immer reibungslos oder gar auf freundschaftlichem Fuße statt. 1979 kam es bei den Verhandlungen über den Haushalt von 1980 zur ersten großen Kraftprobe zwischen dem Rat und dem Europäischen Parlament, das sich – demokratisch legitimiert durch die erste Direktwahl im selben Jahr – mit neuem Selbstbewusstsein gegenüber den Mitgliedstaaten profilieren wollte. Der Haushaltsentwurf wurde durch das Parlament abgelehnt, und die EG musste das Jahr 1980 ohne einen gültigen Haushalt beginnen. Zur Vermeidung der Handlungsunfähigkeit der Gemeinschaft konnten im Einklang mit der Finanzverfassung monatlich lediglich Ausgaben bis zur Höhe von 1/12 des Haushaltsvolumens des Vorjahres getätigt werden. Ähnliches ereignete sich nochmals 1985 und 1986.

Inhaltlich ging es bei den Konflikten zwischen dem Parlament und dem Rat um die Kompetenzverteilung zwischen beiden Institutionen, die Zuordnung von Einzelpositionen zu Ausgabenkategorien, die Einstufung von Ausgabenkategorien in zwingende oder nicht-zwingende, das gesamte Haushaltsvolumen sowie um die Gewichtung der einzelnen Ausgabenkategorien zueinander. Da der Rat das letzte Wort über Ausgaben hat, die zwingend aus dem EG-Vertrag hervorgehen, und das Parlament das letzte Wort über nicht-zwingende Ausgaben besitzt, kommt der entsprechenden Ausgabenzuordnung hohe Bedeutung bei der Frage der Machtverteilung über das Budget zu. Dieses Problem ist, wie wir in Box 11.1 sahen, im Vertrag von Lissabon zugunsten des Parlaments gelöst, was dem Rat wohl nicht allzu schwer gefallen sein wird, hat das Gewicht der obligatorischen Ausgaben doch ständig abgenommen und betrug 2008 nur noch 1/3 der Gesamtausgaben.

Im Zusammenhang mit dem Budget beschäftigten in den 1980er Jahren den Europäischen Gerichtshof zahlreiche Klagen des Parlaments gegen den Rat, des Rates gegen das Parlament, aber auch der Mitgliedstaaten gegen die Kommission und umgekehrt. Diese im einzelnen nachzuvollziehen, würde hier zu weit führen. Klar ist aber, dass offene Verfahren und schwelende Machtkonflikte zwischen allen am Budgetprozess beteiligten Organen mit Unsicherheit für die finanzielle Handlungsfähigkeit der EU einhergingen. Zum Abbau dieser Unsicherheiten kam es daher im Jahre 1988 auf Vorschlag der Kommission im Rahmen des so genannten Delors I Plans zur Unterzeichnung einer inter-institutionellen Vereinbarung. Darin verständigten sich der Rat, das Parlament und die Kommission über die Spielregeln im Budgetprozess. Die Vereinbarung hat die Konflikte zwischen den beteiligten Organen weitgehend ausräumen können, und seit Ablauf seiner Geltungsdauer im Jahre 1993 wurde sie in verschiedenen Neuauflagen verlängert. Die jüngste datiert von 2006 und legt die Regeln für die Budgetperiode 2007–2013 fest.

Der Delors I Plan hat außerdem den mehrjährigen Finanzrahmen geschaffen, der neben dem jährlichen Haushalt das zweite, finanzpolitisch wichtige Planungsinstrument der EU darstellt. Erstmals durch den Rat von Brüssel für eine fünfjährige Periode von 1988 bis 1992 eingeführt, wurde die Planungsperiode 1992 durch den Rat von Edinburgh für 1993 bis 1999 um zwei Jahre verlängert. Der Rat von Berlin verabschiedete 1999 die Vorausschau für die Periode von 2000 bis 2006. Nach zähen Verhandlungen verabschiedete der Rat vom Dezember 2005 den Finanzrahmen für die Periode 2007–2013. Wie zäh die Verhandlungen waren, macht der Stoßseufzer des österreichischen Bundeskanzlers Schüssel deutlich: „Bei den Finanzen ist das System ausgereizt. So können wir nicht weitermachen. Das nächste Mal werden wir uns an die Gurgel springen" (*Süddeutsche Zeitung* vom 31.12.2005).

Im Unterschied zu Diskussionen über den jährlichen Haushalt, in denen es häufig auf der Ebene von Komitees um technische Details und definitorische Feinheiten geht, finden die Beratungen über den Finanzrahmen auf höchster politischer Ebene statt, und er wird von den Staats- und Regierungschefs der Mitgliedstaaten einstimmig verabschiedet. Der Finanzrahmen legt Höchstgrenzen für die Ausgaben der EU, untergliedert in eine Reihe von Ausgabekategorien, in den einzelnen Jahren des Planungszeitraums fest mit dem Ziel einer geordneten Entwicklung im Rahmen der zur Verfügung stehenden Eigenmittel. Die vom Rat beschlossene Eigenmittelobergrenze ist das abolute Limit. Sie beträgt zur Zeit 1,24 % des Bruttonationaleinkommens der Union insgesamt. Dieses Limit wird in der Regel nicht erreicht, was schon zum

Auffangen unvorhergesehener Konjunktureinbrüche bei einem Planungszeitraum von sieben (und inklusive Vorlaufzeit mehr) Jahren erforderlich ist. Die Verpflichtungsermächtigungen des Finanzrahmens 2007–2013 sind zum Beispiel auf durchschnittlich 1,02 % des Bruttonationaleinkommens beschränkt. Mit der Festlegung auf die Gewichtung der einzelnen Kategorien zueinander und deren zeitliche Veränderung legen die Politiker der Mitgliedstaaten ihre Präferenzen für die Ausgestaltung der EU-Politik offen, wodurch die Verhandlungen ihre politische Brisanz erhalten. Um sich bei der nächsten Runde für die Periode 2014–2020 nicht an die Gurgel zu springen, beschloß der Rat vom Dezember 2005 gleichzeitig, eine umfassende Neubewertung des Finanzrahmens vorzunehmen, wofür die Kommission 2008–09 einen Bericht vorlegen soll.

Worum es dabei geht, ist klar. Sowohl die Struktur der Ausgaben mit ihrem Schwergewicht der Agrarausgaben als auch die Transparenz und Gerechtigkeit der Beitragsbelastungen auf der Einnahmenseite stehen seit Jahren in der Diskussion. Die gegensätzlichen Interessenlagen liegen auf der Hand. Da gibt es die Länder, die vor allem für eine Beschränkung des Haushalts und eine drastische Rückführung der Agrarausgaben plädieren – und wenn schon Ausgaben, dann zugunsten einer Steigerung der Wettbewerbsfähigkeit der Gemeinschaft. Großbritannien, das zusätzlich noch seinen Sonderrabatt zu retten versucht, ist hier führend. Dann Länder wie Deutschland, die ebenfalls eine Beschränkung des Haushalts und mehr Gerechtigkeit bei der Beitragsbelastung (sprich eine Verringerung der Nettozahlerposition) wünschen, dies um so mehr in Zeiten, da das Schuldenkriterium der gemeinschaftlichen Währungs- und Wirtschaftspolitik sich als harte Beschränkung erweist. Dann sind da die Vertreter des *status quo*: Frankreich kämpft seit Jahr und Tag für die Beibehaltung der Agrarpolitik; die neuen Mitgliedstaaten in Ostmitteleuropa möchten für ihre Landwirtschaft gerne das erhalten, was die alten Mitgliedländer in der Vergangenheit bekommen haben, und zugleich die Umverteilung der Kohäsionspolitik gestärkt sehen. Sie müssen folglich für eine Ausweitung des Budgets stimmen. Dieser generelle Gegensatz zwischen Nettozahlern und Nettoempfängern setzt sich bei Verhandlungen über die Ausgabenstruktur im Detail fort: Man setzt sich dort für Ausgabenerweiterungen ein, wo man einen hohen Mittelrückfluss erwartet, und stimmt für Kürzungen in Bereichen, die für das eigene Land unergiebig sind. Bei 27 Mitgliedländern kann man sich die Komplexität der möglichen Koalitionen, der Paketlösungen, des *logrolling* vorstellen. Da aber Beschlüsse nur einstimmig gefasst werden können, ist die Wahrscheinlichkeit von Reformen in sehr kleinen Schritten besonders hoch. Denn die Einstimmigkeitsregel bedingt nun einmal einen *status quo* Bias.

11.3 Die Einnahmenseite des EU-Haushalts

Die Einnahmen der EU und ihrer Vorgängerorganisationen haben sich seit der Gründung in den 1950er Jahren hinsichtlich der zugrunde liegenden Prinzipien, ihrer strukturellen Zusammensetzung sowie ihrer Höhe deutlich verändert (ausführlich dazu Begg und Grimwade 1998: Kap. 3; Europäische Kommission 1998, 2004e).

Der EG-Vertrag regelt in Art. 269, dass sich die EU ausschließlich aus Eigenmitteln finanziert. Wie wir sogleich sehen werden, hat sich ihre Zusammensetzung infolge verschiedener Ratsbeschlüsse mehrfach geändert. Kontrovers ist der Charakter der Eigenmittel. So definiert z.B. die Kommission in ihren Erläuterungen der EU-Finanzverfassung Eigenmittel als Steuern, die der Gemeinschaft von Rechts wegen zustehen, ohne dass irgendwelche weiteren Beschlüsse auf nationaler Ebene notwendig seien (Europäische Kommission 1995: 43). Hingegen gesteht der wissenschaftliche Beirat beim Bundesministerium für Wirtschaft und Technologie lediglich den traditionellen Eigenmitteln – Zölle und Agrarabschöpfungen – steuerähnlichen Charakter zu, während es sich bei Eigenmitteln, die später hinzu getreten sind, um Finanzzuweisungen der Mitgliedstaaten handele, die eher den Beiträgen zu anderen internationalen Organisationen gleichen (Wissenschaftlicher Beirat 1998: 13). Die Union betrachtet als Eigenmittel Steuern und Abgaben, an denen ihr vertraglich Eigentumsrechte übertragen worden sind. Die Steuerhoheit der Mitgliedländer wird dabei ausdrücklich gewahrt: Das System der Eigenmittel bedarf ihrer Zustimmung „im Einklang mit ihren jeweiligen verfassungsrechtlichen Vorschriften" (Art. 311 AEU).

Box 11.2: Was sind Eigenmittel der EU?

Nach Art. 269 EG (Art. 311 AEU) soll sich die EU aus Eigenmitteln finanzieren. Eine genaue Definition von Eigenmitteln gibt es nicht.

Traditionelle Eigenmittel sind Einnahmen aus Politikbereichen, für die bereits durch die Römischen Verträge die Souveränität auf die EU-Ebene übertragen wurde:

> *Zölle* werden im Rahmen der gemeinsamen Handelspolitik vor allem auf industriell gefertigte Importe aus Drittländern erhoben und fallen in demjenigen Land als Einnahmen der EU an, in dem das importierte Gut erstmals EU-Territorium erreicht. Die Zollbehörden des jeweiligen Landes führen 75 % der Einnahmen an die EU ab und behalten 25 % als Entschädigung für ihren Verwaltungsaufwand.
>
> *Agrar-, Zucker- und Isoglukoseabschöpfungen* sind zollähnliche Einnahmen, die nach den Bestimmungen der Gemeinsamen Agrarpolitik auf landwirtschaftliche Importe der EU erhoben werden. Für ihre Erhebung ist ebenso das unmittelbare Einfuhrland verantwortlich und wird für die Erhebungskosten entsprechend vergütet.

Mehrwertsteuereigenmittel sind anteilige Einnahmen der EU aus dem Mehrwertsteueraufkommen der Mitgliedstaaten, wobei die Bemessungsgrundlage harmonisiert ist.

BNE-Eigenmittel werden durch die EU von den Mitgliedstaaten nach ihrem Anteil am gemeinschaftlichen Bruttonationaleinkommen eingefordert. Ihre Gesamthöhe berechnet sich als Residuum aus den EU-Ausgaben und den Einnahmen aus den anderen Einnahmequellen.

Die Grundlage des Eigenmittelsystems, wie wir es heute kennen, wurde erst durch den Luxemburger Haushaltsvertrag von 1970 geschaffen. Zuvor finanzierten sich die drei Europäischen Gemeinschaften auf unterschiedliche Weise. Die Europäische Wirtschaftsgemeinschaft erhielt ihre Mittel aus Beiträgen der Gründungsmitglieder entsprechend ihrer relativen Größe. Für Beiträge zum Europäischen Sozialfonds galten abweichende Gewichtungen. Die Mittel für Euratom waren ebenfalls Beiträge, wobei die Anteile der Mitgliedstaaten wiederum andere waren. Durch die relative Beitragshöhe zu den einzelnen Gemeinschaften drückten die Mitgliedstaaten die unterschiedliche Bedeutung aus, die sie den Tätigkeiten der einzelnen Gemeinschaften beimaßen. Im Gegensatz zur EWG und Euratom verfügte die EGKS über Einnahmehoheit in Form von Abgaben auf die Eisen- und Stahlproduktion. Die Mitgliedstaaten setzten lediglich eine Höchstgrenze von 1 % fest. Kommissionsvorschläge ab Mitte der 1960er Jahre, Zolleinnahmen und Agrarabschöpfungen zu direkten Gemeinschaftseinnahmen zu deklarieren, scheiterten am vehementen Widerstand Frankreichs. Erst im Rahmen des Luxemburger Kompromisses (siehe Kap. 3) konnten durch die Übertragung des Eigentums an bestimmten Steuern und Abgaben von den Mitgliedstaaten auf die EU Eigenmittel geschaffen werden.

Abb. 11.1 zeigt die Entwicklung der EU-Einnahmen von 1971 bis 2009. In dieser Zeit hat der Haushalt absolut einen beachtlichen Umfang angenommen, aber wohlgemerkt: Das sind nur rund 1 % des BIP der Union. Wie zu erkennen ist, veränderte sich die strukturelle Zusammensetzung der Einnahmen deutlich. Während traditionelle Eigenmittel 1971 den Löwenanteil ausmach-

Abbildung 11.1: Die Entwicklung der EU-Einnahmen 1971–2009 (in Mrd. € des jeweiligen Jahres)

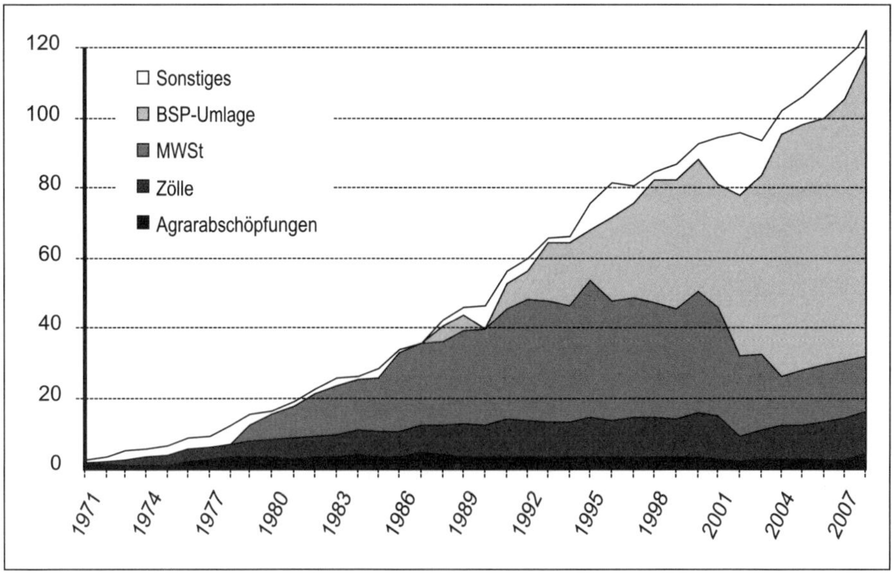

Quelle: EUR-Lex, Haushaltsplan online; Die Angaben für 2009 entstammen dem Vorentwurf für 2009.

ten, liegen sie heutzutage nur noch bei ungefähr 16 %. Das Volumen von Agrarabschöpfungen ist seit jeher recht gering gewesen, da sie annähernd prohibitiv sind. Zolleinnahmen steigen durch regionale Freihandelsabkommen und multilaterale Zollsenkungen (siehe Kap. 10.2) trotz zunehmender Importe nur unbedeutend an. Eigenmittel aus der Mehrwertsteuer avancierten sofort mit ihrer erstmaligen Erhebung im Jahre 1979 zur zeitweise wichtigsten Finanzierungsquelle. Mit der Einführung der BNE-Eigenmittel im Jahre 1987 sank zuerst ihre relative, dann auch ihre absolute Bedeutung und beträgt heutzutage ebenfalls ungefähr 16 %. Mehr als zwei Drittel der EU-Einnahmen stammen 2008 aus BNE-Eigenmitteln. Die sonstige Einnahmen enthalten Geldbußen, Einnahmen aus der Verwaltungstätigkeit von EU-Organen, Verzugszinsen etc. und vor allem Haushaltsüberschüsse aus den vorangegangenen Jahren.

Box 11.3: Wie finanzieren sich internationale Organisationen? Das Beispiel der Vereinten Nationen (UN)

Die Finanzierung der UN erfolgt im Rahmen eines ordentlichen Haushalts sowie eines außerordentlichen Haushalts, dessen Volumen weitaus größer ist.

Durch den ordentlichen Haushalt werden sämtliche Ausgaben des Sekretariats, der Generalversammlung und anderer zwischenstaatlicher Gremien getätigt. Die Mittel stammen aus Pflichtbeiträgen der UN-Mitgliedstaaten. Die Berechnung des Anteils eines Mitgliedstaates an den gesamten Pflichtbeiträgen basiert auf dessen Anteil am Weltsozialprodukt. Die so ermittelte *capacity to pay* unterliegt zwei Korrekturmechanismen. Erstens wird der Finanzierungsanteil von bevölkerungsreichen Entwicklungsländern auf 80 % ihres Anteils am Welt-BSP reduziert. Zweitens stellen Ober- und Untergrenzen sicher, dass der Finanzierungsanteil eines Mitgliedstaates nicht über 25 % und nicht unter 0,001 % des Gesamthaushalts liegt. Die Obergrenze führt z.B. dazu, dass der Pflichtbeitrag der USA unter ihrem Anteil am Welt-BSP liegt, während insbesondere kleine Entwicklungsländer aufgrund der Untergrenze einen überproportional hohen Finanzierungsanteil leisten.

Der außerordentliche Haushalt dient der Finanzierung von Friedensoperationen sowie der Tätigkeit von Spezial- und Nebenorganen der UN, wie z.B. dem Kinderhilfswerk UNICEF oder der Flüchtlingsorganisation UNHCR. Die entstehenden Kosten für Friedensoperationen werden durch Beitragsumlagen gedeckt. Ausgehend von den Anteilen der Mitgliedstaaten an den Pflichtbeiträgen, errechnen sich die Beitragsumlagen durch folgenden Korrekturmechanismus. Entwicklungsländer zahlen lediglich 20 % ihres Pflichtbeitragssatzes, wobei der Mindestbeitragssatz für die ärmsten Entwicklungsländer mit 0,0001 % einem Zehntel des Pflichtbeitrags entspricht. Industrieländer zahlen ihren Pflichtbeitragsanteil. Das Defizit, das durch die Entlastung der Entwicklungsländer entsteht, wird durch zusätzliche Beiträge der ständigen Mitglieder des UN-Sicherheitsrates entsprechend ihrem Pflichtbeitragsanteil finanziert. Spezial- und Nebenorgane finanzieren sich durch freiwillige Beiträge der UN-Mitgliedstaaten. Durch die zum Teil stark voneinander abweichenden Finanzierungsanteile an den Organisationen drücken die UN-Mitgliedstaaten ihre Präferenzen zugunsten einzelner Politikfelder aus.

Die Finanzierung des gesamten UN-Systems erfolgt also nach drei Prinzipien: (i) der Zahlungsfähigkeit, (ii) der Zahlungsbereitschaft sowie (iii) dem Einfluss, den ein Mitgliedstaat nach den formalen Entscheidungsregeln auf Beschlüsse über Friedensoperationen ausüben kann. Im Fall des Ausbleibens von Pflichtbeiträgen sieht die UN-Charta den Entzug des Stimmrechts in der Generalversammlung vor. Die unbefriedigende Zahlungsmoral einzelner Mitglieder, allen voran der USA, zeigt jedoch, dass dies kein hinreichender Sanktionsmechanismus ist.

Das Luxemburger Abkommen von 1970 überführte die traditionellen Eigenmittel ins Eigentum der Gemeinschaft und ergänzte sie um Mehrwertsteuer-Eigenmittel, deren Höhe einen Prozentpunkt der harmonisierten Bemessungsgrundlage nicht überschreiten durfte. Obwohl bereits 1970 geschaffen, konnten die Mehrwertsteuer-Eigenmittel erst ab 1979 erhoben werden, da die Mitgliedstaaten keine Einigung über eine einheitliche Basis zu ihrer Erhebung erzielen konnten. Schon 1980 zeichnete sich ab, dass das geltende Eigenmittelsystem den steigenden Finanzierungsbedarf der EG, insbesondere die Gemeinsame Agrarpolitik, nicht decken konnte. 1984 und 1985 mussten die Mitgliedstaaten außerordentliche zusätzliche Mittel gewähren.

Dem wachsenden Mittelbedarf trugen die Mitgliedstaaten durch einen neuen Eigenmittelbeschluss 1984 auf der Ratstagung in Fontainebleau Rechnung. Die Obergrenze für Mehrwertsteuer-Mittel wurde mit Wirkung ab 1986 auf 1,4 % erhöht; eine weitere Erhöhung auf 1,6 % wurde für 1988 in Erwägung gezogen. Damit blieben die Mitglieder jedoch deutlich hinter den von der Kommission für notwendig erachteten 2 % zurück. So kam es auch unmittelbar in der zweiten Hälfte der achtziger Jahre zu Finanzierungsproblemen, welche die strukturelle Schwäche eines Mehrwertsteuer-basierten Eigenmittelsystems offen legten: Die Wachstumsraten von Mehrwertsteuer-Einnahmen sind in hochentwickelten Ländern wie den EU-Mitgliedstaaten niedriger als das BIP-Wachstum. Hinzu trat ein Verteilungsproblem: Mehrwertsteuern haben tendenziell eine regressive Verteilungswirkung, so dass weniger wohlhabende Länder wie Spanien und Portugal (aber damals auch Großbritannien) infolge höherer Konsumneigung überproportionale Finanzierungsbeiträge leisteten.

Mit den BNE-Eigenmitteln wurde im Rahmen des Delors I Plans 1988 die vierte Ressource der EU eingeführt. Da die Mitgliedstaaten keinen Blankoscheck unterschreiben wollten, erforderte die Akzeptanz der BNE-Eigenmittel die verbindliche Festsetzung einer Ausgaben-Höchstgrenze, die schrittweise von 1,15 % im Jahre 1988 bis 1992 auf 1,2 % des EU-BIP anwachsen sollte. Die Mehrwertsteuer-Grenze von 1,4 % wurde beibehalten. Gleichzeitig sollte ein Korrekturmechanismus für Länder mit hoher Konsumquote die regressive Wirkung dieser Finanzierungsquelle beschränken (siehe weiter unten). Der Europäische Rat von Edinburgh beschloss 1992 eine Erhöhung der maximal zur Verfügung stehenden Mittel auf 1,27 % des EU-BIP bis 1999 und blieb damit erneut hinter dem Vorschlag der Kommission in Höhe von 1,37 % zurück. Der Berliner Rat von 1999 bestätigte 1,27 % als Obergrenze bis 2006. Für die Periode 2007–2013 wurde der Satz beibehalten. Allerdings wird der

Satz neuerdings nicht im Verhältnis zum Bruttoinlandsprodukt, sondern zum (höheren) Bruttonationaleinkommen ausgewiesen und beträgt dann 1,24 %. Durch die Absenkung der Mehrwertsteuer-Obergrenze auf 1 % kam es zu einer deutlichen Verschiebung von Mehrwertsteuer- zu BNE-Mitteln. Diese Tendenz setzte sich durch die weitere Reduzierungen auf 0,75 % im Jahre 2002 und 0,5 % seit 2004 fort.

Obwohl die Finanzierung der EU seit der Verabschiedung des Delors I Plans eine sichere Basis hat, bemüht sich die Kommission in ihren Berichten über das Funktionieren des Systems der EU-Eigenmittel um die Einführung einer fünften Komponente. Im ersten Bericht von 1992 stellt sie Kriterien auf, die eine fünfte Ressource erfüllen sollte. Im zweiten Bericht von 1998 überprüft sie eine ganze Reihe von möglichen Finanzierungsquellen im Hinblick auf ihre Erfüllung der Kriterien. Ein 2004 veröffentlichter Bericht geht noch einen Schritt weiter. Die Kommission schlägt drei alternative Finanzierungsquellen vor, die die bisherigen Mehrwertsteuer-Mittel ersetzen sollen. Eine davon sollte der Rat bis 2014 beschließen.

Die Kriterien, nach denen die EU-Kommission Kandidaten für neue Eigenmittel beurteilt, sind

(i) Einfachheit und Transparenz aus Sicht des Steuerzahlers,
(ii) Autonomie im Sinne der Unabhängigkeit von nationalen Budgets,
(iii) Effizienz,
(iv) Ergiebigkeit, zur Sicherung ausreichender Einnahmen für die Tätigkeit der EU,
(v) administrative Kosten der Erhebung,
(vi) Einnahmestabilität,
(vii) horizontale Gerechtigkeit für Individuen und Mitgliedstaaten.

Unter vorrangiger Berücksichtigung der ersten beiden Kriterien – Transparenz und Autonomie – schlägt die EU-Kommission drei gleichwertige Alternativen für eine neue Eigenmittelressource vor: eine Energiesteuer, eine eigene Mehrwertsteuer, die als solche auch auf Produkten und Rechnungen ausgewiesen ist, oder eine Unternehmenssteuer. Während die Unternehmenssteuer angesichts einer fehlenden Harmonisierung der Bemessungsgrundlage vermutlich allenfalls auf äußerst lange Sicht umgesetzt werden könnte, ließen sich Energie- und Mehrwertsteuer bis 2014 einführen. Dafür müsste allerdings vorher eine politische Lösung für den Umgang mit ihrer regressiven Wirkung gefunden werden.

11.4 Die Ausgabenseite des EU-Haushalts

Öffentliche Haushalte gehorchen einer Reihe von Haushaltsgrundsätzen, die aus der Finanzverfassung der jeweiligen Gebietskörperschaft hervorgehen. Aus Art. 268 ff. EG können folgende Grundsätze entnommen werden, wie wir sie in ähnlicher Form mit einigen Einschränkungen auch für nationale Haushalte kennen:

- *Einheit* – alle Einnahmen und Ausgaben sollen in einem einzigen Haushaltsplan zusammengefasst werden. Anfangs waren die Budgets von EWG,

EGKS und Euratom noch getrennt. Durch den Vereinigungsvertrag von 1965 und die Einbeziehung von Euratom in die EG seit 1970 ist der EU-Haushalt dem Einheitsgrundsatz ein großes Stück näher gekommen. Der 1959 erstmals aufgelegte Europäische Entwicklungsfonds (EEF) zur Finanzierung der Zusammenarbeit mit den AKP-Staaten (siehe Kapitel 10) wird jedoch bis heute außerhalb des normalen EU-Haushaltsverfahrens verwaltet.

- *Jährlichkeit* – alle Einnahmen und Ausgaben im Haushalt beziehen sich auf dieselbe Haushaltsperiode, die vom 1. Januar bis zum 31. Dezember eines Jahres dauert. In gewissem Widerspruch hierzu praktiziert die EU mehrjährige Ausgabenprogramme in zahlreichen Politikfeldern, woraus im laufenden Haushaltsjahr Verpflichtungen für künftige Haushaltsperioden entstehen. Die EU-Kommission stellt deshalb zwei Haushaltspläne auf: einen für tatsächliche Zahlungen, die aus der Erfüllung von Verpflichtungen der Vorjahre sowie auf im selben Haushaltsjahr beschlossene und getätigte Ausgaben bestehen, und einen weiteren für Zahlungsverpflichtungen, der mehrjährige Ausgabenprogramme umfasst.
- *Ausgeglichenheit* – Ausgaben in einem Haushaltsjahr müssen vollständig durch Einnahmen gedeckt sein. In diesem Verschuldungsverbot besteht zweifelsohne der größte Unterschied zwischen dem EU-Haushalt und den Budgets der Mitgliedstaaten.
- *Universalität* – alle Einnahmen und Ausgaben müssen im Haushalt aufgeführt werden.
- *Nonaffektation* – eine Zweckbindung von Einnahmen zur Finanzierung bestimmter Ausgaben ist unzulässig.
- *Spezifikation* – Ausgaben müssen einem bestimmten Zweck dienen und dementsprechend zielgerichtet sein.

Die EU-Ausgaben sind im Betrachtungszeitraum enorm gewachsen und betragen bei inzwischen 27 Mitgliedländern im Haushaltsjahr 2008 rund 130 Mrd. €. Zum Vergleich: Das Ausgabenvolumen des Bundeshaushalts der Bundesrepublik Deutschland liegt 2008 bei 283 Mrd. €. Der rasante Anstieg des Haushaltsvolumens über die letzten 50 Jahre ist vorrangig inflationsbedingt, da wir hier nominale Ausgaben betrachten. In Relation zum BIP stiegen die EU-Ausgaben von 0,74 % im Jahre 1970 auf 0,96 % (für die Zahlungsermächtigungen) im Jahre 2008. Das hält sich vergleichsweise in Grenzen. Die allgemeinen Staatsausgaben der Bundesrepublik (d.h. einschließlich der Länder und Gemeinden) betrugen 1970 28,9 % des BIP und 2008 45,4 %, d.h. dieser Anteil ist in Deutschland doppelt so schnell gewachsen wie in der Europäischen Gemeinschaft.

Box 11.4: Gibt die EU zuviel Geld aus?

Vergleichen wir die maximale Ausgabenquote der EU von 1,27 % des BIP mit der Ausgabenquote einiger OECD Staaten, worunter natürlich auch die EU Mitgliedländer fallen, dann zeigt sich ein gewaltiger Unterschied.

Tabelle 11.1: Ausgabenquoten 2006

Land	*Staatsausgaben in % des BIP*
Schweden	55,6
Frankreich	53,3
Ungarn	51,9
Österreich	49,3
Deutschland	45,4
Großbritannien	44,7
Polen	43,8
Tschechien	43,1
Spanien	38,6
USA	36,7
Japan	36,6
Irland	34,1

Quelle: CESifo-DICE 2008

Der Unterschied liegt darin begründet, dass die Gemeinschaft zwar ein föderatives System sein mag, aber kein föderaler Staat ist. Die meisten Ausgabenaktivitäten, wofür diese Staaten gewaltige Summen aufwenden, fallen nicht in die Kompetenz der Union: Verteidigung, Bildung, Gesundheit, Soziale Sicherheit und Wohlfahrt und, da die Union keine Schulden machen darf, auch der Schuldendienst. Da ist es leicht, knapp bei Kasse zu sein. Keiner der föderalen Staaten (Schweiz, Deutschland, USA z.B.) hat ein vergleichbar schwach ausgestattetes zentrales Budget. Das Verhältnis zwischen zentralen Staatsausgaben (Bund) und dezentralen Staatsausgaben (Länder und Gemeinden) ist in der Schweiz ungefähr 1/3 zu 2/3, in den USA 1/2 zu 1/2 und in Deutschland 2/3 zu 1/3. Für die EU wäre das fast 1 zu 50. Kurzum, budgetmäßig wird der EU nur ein Taschengeld zugestanden.

Einflussgrößen für die Entwicklung der EU-Ausgaben sind neben dem Wirtschaftswachstum vor allem die Erweiterung der EU und die Vertiefung des Integrationsprozesses. Sprunghafte Erhöhungen der Ausgaben sind erwartungsgemäß 1973, 1986, 1995 und 2004 durch die Aufnahme neuer Mitglieder sowie 1988 und 1991/92 infolge der Umsetzung der Einheitlichen Europäischen Akte und des Maastrichter Vertrags zu beobachten. Hinsichtlich der strukturellen Zusammensetzung fällt insbesondere die Dominanz von Agrarausgaben („Europäischer Ausrichtungs- und Garantiefonds für die Landwirtschaft" – EAGFL) auf. Allerdings hat sich ihr Anteil infolge eines systematischen Bedeutungszuwachses der Strukturpolitik (vgl. Kapitel 13) seit den 1980er Jahren verringert. Die den skizzierten Entwicklungen zugrunde liegenden politischen Initiativen und Beschlüsse sollen im folgenden kurz erörtert werden.

Bis 1966 bestand das EU-Budget beinahe ausschließlich aus Ausgaben im Zusammenhang mit dem EGKS-Vertrag sowie aus Verwaltungsausgaben.

1967 setzte die budgetintensive Ausgestaltung der Agrarpolitik ein. Ihr Anteil an den Gesamtausgaben schnellte bis 1970 auf 87 % hoch und bewegte sich in den folgenden 10 Jahren stets im Bereich von etwa 70 %. Eine Initiative der Kommission rief 1975 den Europäische Fonds für regionale Entwicklung ins Leben, dessen finanzielle Ausstattung jedoch hinter den Plänen der Kommission zurückblieb und lediglich mit 2,5 % des Budgets zu Buche schlug. Die Budgetverhandlungen in den Folgejahren waren vor allem durch Auseinandersetzungen über den britischen Beitrag zum EU-Haushalt und über Möglichkeiten zur Eindämmung der stark wachsenden Kosten der Gemeinsamen Agrarpolitik charakterisiert.

Die Einheitliche Europäische Akte sah im Jahre 1986 zur Flankierung des Binnenmarktprojektes u.a. den Ausbau der Strukturpolitik sowie der Forschungs- und Technologiepolitik vor. Das kostet Geld, denn die wichtigsten Instrumente dieser Politikbereiche sind Subventionen und Beihilfen. Um die Finanzierung dieser neuen bzw. verstärkten Aufgabenbereiche der EU zu ermöglichen, legte die Kommission 1987 mit dem Delors I Plan eine Strategie zur umfassenden Budgetreform vor, die nach einigen Veränderungen durch den Rat 1988 auch in Kraft trat. Durch zusätzliche Mittel, die vor allem der Strukturpolitik zugute kamen, und durch kostendämpfende Maßnahmen im Agrarbereich führte diese Kommissionsinitiative bis 1992 zu einer Verdopplung des Ausgabenanteils der Strukturpolitik auf 30 %, während der Anteil der Agrarpolitik auf 51 % absank. Die Bedeutung des Delors I Plans für die Entwicklung der EU-Ausgaben kann kaum überschätzt werden. Er hat nicht nur die Marschrichtung für die Umstrukturierung des Budgets bis in die Gegenwart hinein vorgegeben, sondern mit der Einführung der mittelfristigen Finanzplanung, wie wir sahen, auch in planerischer Hinsicht zu entscheidenden Veränderungen geführt.

Der anschließende Delors II Plan wurde im Jahre 1992 veröffentlicht und sollte der Union primär die finanzielle Grundlage für die im Maastrichter Vertrag vorgesehenen Politikmaßnahmen schaffen sowie Mittel für externe Politikbereiche insbesondere zur Unterstützung von Transformationsländern in Ostmitteleuropa bereitstellen. Die Verhandlungsergebnisse von Maastricht sahen vor, die finanzielle Ausstattung der Strukturfonds zu verdoppeln und zusätzlich einen Kohäsionsfonds einzurichten (vgl. auch Kapitel 13). Ähnlich wie im Delors I Paket wollte die Kommission dies durch eine Parallelstrategie aus einer deutlichen Erhöhung des gesamten Haushaltsvolumens und einer tendenziellen Kostensenkung bei der Agrarpolitik mittels der MacSharry-Reform (vgl. Kapitel 12) erreichen. Der dadurch entstehende finanzielle Spielraum sollte nach den Vorstellungen der Kommission sogar ausreichen, um einen Fonds zur industriellen Restrukturierung aufzulegen. Letztere Vorstellung fand jedoch im Dezember 1992 keine Zustimmung durch den Europäischen Rat von Edinburgh, der zudem die Planungsperiode der finanziellen Vorausschau um zwei Jahre verlängerte. Dementsprechend wuchs im Zeitraum von 1993 bis 1999 der Haushaltsanteil der Strukturpolitik weiter auf 35 %, wiederum zulasten der Agrarpolitik, deren Gewicht auf 46 % schrumpfte.

Auf dem Berliner Gipfel des Europäischen Rates von 1999 wurde schließlich mit der Agenda 2000 die finanzielle Vorausschau für den Zeitraum 2000 bis 2006 verabschiedet. Wie die EU-Kommission bei der Vorstellung der Agenda 2000 im Jahre 1997 erläuterte, bestand das vorrangige Ziel für diese Planungsperiode darin, die EU in finanzieller Hinsicht für die bevorstehende Osterweiterung fit zu machen. Geplante Änderungen im Ausgabenbereich sollten durch eine weitere Agrarreform sowie durch die Konzentration von Mitteln der Strukturpolitik auf Neumitglieder realisiert werden. Zu einer nennenswerten Gewichtsverschiebung zwischen den einzelnen Ausgabekomponenten kam es nicht. Die laufende Budgetperiode 2007–2013 führt diesen Trend fort. Sie ist aber vor allem vom Willen gekennzeichnet, die Ausgaben nicht stärker wachsen zu lassen. Das äußert sich darin, dass der Anteil der Verpflichtungsermächtigungen am BNE über die sieben Jahre hinweg auf die 1 % Marke fällt.

Bevor wir zur laufenden Ausgabenplanung kommen, sei kurz eine Randbemerkung zu den Verwaltungsausgaben der EU angeführt, die sich häufiger Kritik ausgesetzt sehen. Natürlich sind sie im Laufe der Zeit deutlich, jedoch keineswegs überproportional angestiegen – 27 Mitglieder machen nun einmal mehr Aufwand als 6. Ihr Anteil an den Gesamtausgaben schwankte stets zwischen 5 % und 6 %. Angesichts der erheblichen Erweiterung und Vertiefung des Tätigkeitsbereichs der EU seit ihrer Gründung muss man die relative Konstanz der Verwaltungsausgaben eher als bemerkenswerte Leistung werten. Diese Ausgaben halten außerdem jedem Vergleich mit nationalen Verwaltungsausgaben stand, wie wir auch schon in Kapitel 6 im Zusammenhang mit der Personalausstattung der Gemeinschaft feststellen konnten. Hier ist auch auf den Europäischen Rechnungshof zu verweisen, den wir ebenfalls in Kapitel 6 als eines der Gemeinschaftsorgane bereits kennengelernt haben. Er überprüft regelmäßig das Ausgabenverhalten der Gemeinschaft. Das geschieht nicht nur in Form der üblichen Jahresberichte, sondern auch in zahllosen Spezialberichten, die sich die Mittelverwendung einzelner Institutionen oder einzelner Programme vornehmen und auch die Effektivität des Mitteleinsatzes überprüfen. Verständlicherweise konzentrieren sich die Berichte auf die gemeinsame Agrar- und Strukturpolitik, die die größten Ausgabenposten darstellen.

Zu Beginn des Jahres 2004 hat die Europäische Kommission ihren Vorschlag für die finanzielle Vorausschau für die Periode von 2007 bis 2013 vorgelegt. Darin werden Prioritäten für die EU-Politik spezifiziert, die dann auch als Ausgabenkategorien die Struktur des Haushaltsplans bestimmen. Damit wird die eigentliche Bestimmung der Mittel etwas verschleiert, so dass es notwendig ist, genauer hinzusehen, was in den einzelnen Posten enthalten ist:

- *Nachhaltiges Wachstum* – ein Begriff, unter dem die Kommission Wettbewerbsfähigkeit und Kohäsion für Wachstum und Beschäftigung fasst. Der größte Einzelposten bei der Wettbewerbsfähigkeit ist das Rahmenprogramm für Forschung. Die Mittel für die Kohäsionspolitik teilen sich die Strukturfonds (im Haushaltsjahr 2008 zu 82,6 %) und der Kohäsionsfonds (die restlichen 17,4 %).

- *Bewahrung und Bewirtschaftung der natürlichen Ressourcen* – das ist die gute alte Landwirtschafts- und Fischereipolitik, wovon der größte Teil (im Haushaltsjahr 2008 74,3 %) für marktbezogene Ausgaben und Direktzahlungen und ein kleinerer Teil (im gleichen Jahr 23,5 %) für die Entwicklung des ländlichen Raums aufgewendet werden.
- *Unionsbürgerschaft* – im Mittelpunkt steht hier die innere Sicherheit für EU-Bürger, die durch die Sicherung der Außengrenzen, die Weiterentwicklung einer gemeinsamen Asyl- und Einwanderungspolitik sowie die Zusammenarbeit zwischen Justiz und den Organen der Kriminalitätsverhütung und -bekämpfung gewährleistet werden soll. Daneben spielen der Konsumtenschutz, die Jugend- und die Medienpolitik eine Rolle. Die zur Verfügung stehenden Mittel sind allerdings äußerst beschränkt.
- *Die EU als globaler Partner* – hierbei geht es um den Ausbau gemeinsamer oder zumindest koordinierter Außen- und Sicherheitspolitik, vor allem aber auch um die Entwicklungszusammenarbeit. Für letztere stellte die Union im Haushaltsjahr 2008 1,7 % ihrer Ausgabenmittel zur Verfügung, das sind 0,017 % ihres BIP. Das ist wahrlich nicht viel und verdeutlicht, dass die Mitgliedländer trotz möglicher Vorteile einer koordinierten Entwicklungspolitik lieber eigenen Prioritäten folgen.

Tabelle 11.2: Struktur der Haushaltsausgaben 2006–2013, in %

Ausgabenkategorie	*Haushalt 2006*	*Haushalt 2008*	*Rahmenplanung 2013*
1. Nachhaltiges Wachstum	39,4	44,9	45,8
a) Wettbewerbsfähigkeit für Wachstum und Beschäftigung	6,5	8,6	10,1
b) Kohäsion für Wachstum und Beschäftigung	32,9	36,3	35,7
2. Bewahrung und Bewirtschaftung der natürlichen Ressourcen	46,2	42,6	40,3
– Marktbezogene Ausgaben und Direktzahlungen	35,2	31,7	32,0
3. Unionsbürgerschaft, Freiheit, Sicherheit und Recht	1,0	1,0	1,6
4. Die EU als globaler Partner	7,1	5,7	6,3
5. Verwaltung	5,5	5,6	6,0
Mittel für Verpflichtungen	100	100	100

Quelle: Europäische Kommission 2007a, 2008a; Beschluss 2008/371/EG

Tabelle 11.2 zeigt die Struktur der Ausgaben und ihre geplante Änderung bis 2013. Letztere fand vor allem zu Beginn der neuen Haushaltsperiode statt und fällt in ihrem weiteren Verlauf eher moderat aus, so wie auch das Haushaltswachstum innerhalb des Planungszeitraums mit realen 8,4 % weit unter dem erwarteten Wirtschaftswachstum bleibt. Die Umsetzung der Lissabon-Agenda, die einen Strukturwandel der EU-Wirtschaft zu einer dynamischen wissensbasierten Volkswirtschaft anstrebt (vgl. Kapitel 10), spiegelt sich im wachsenden Anteil der Ausgaben für Wettbewerbsfähigkeit wider. Die Kohäsionspolitik erfuhr zu Beginn der Planungsperiode auf Grund der Osterweiterung eine deutliche Zunahme. Mit der vollständigen Einbeziehung der neuen Mitgliedstaaten werden aber keine weiteren nennenswerten Steigerungen der Ausgaben erfolgen. Das alles geht auf Kosten der Agrarpolitik. Insgesamt lässt sich eine gewisse Abkehr von personeller (Agrarpolitik) und regionaler (Strukturpolitik) Umverteilungspolitik zugunsten einer effizienzorientierter Wachstumspolitik konstatieren.

11.5 Haushaltsungleichgewichte, die Nettozahlerdebatte und der „Briten-Rabatt"

Wenn in Diskussionen über das EU-Budget, die in den Hauptstädten und in den Medien der Mitgliedstaaten geführt werden, der Begriff „Gerechtigkeit" auftaucht, geht es zumeist um ganz andere Dinge als das Umverteilungspotential der Gemeinschaft. Es dominiert das nationale Interesse, und aus der eigenen Perspektive wird nach der Nettoposition bzw. dem Finanzierungssaldo des jeweiligen Landes gefragt. Schnell wird dabei eine Nettozahlerposition – wenn ein Land mehr in den EU-Haushalt einzahlt als es Leistungen aus dem EU-Haushalt empfängt – als ungerecht empfunden, und es wird ein Korrekturmechanismus oder sogar eine Finanzreform gefordert.

In Tab. 11.3 sind die Mitgliedstaaten genau so angeordnet wie in Tabelle 4.7, d.h. links finden wir die Länder, deren BIP pro Kopf über dem Durchschnitt der EU-27 liegen nach der Höhe ihres BIP pro Kopf angeordnet; rechts entsprechend die Länder, deren BIP pro Kopf unter dem Durchschnitt liegen. Die Erwartung einer „gerechten" Umverteilung wäre nun, dass die linken Länder ein negatives Vorzeichen aufweisen, also Nettozahler sind und zwar mit sinkenden pro Kopf Aufwendungen und dass die rechten Länder ein positives Vorzeichen aufweisen, also Nettoempfänger sind und zwar mit steigenden pro Kopf Einnahmen.

Tabelle 11.3: Nettozahlerposition 2007

Land	*Nettoposition*		*Land*	*Nettoposition*	
	absolut in Mio. €	*pro Kopf in €*		*absolut in Mio. €*	*pro Kopf in €*
Luxemburg	985	1970	Griechenland	5409	483
Irland	581	135	Zypern	-43	-54
Niederlande	-4387	-268	Slowenien	31	16
Österreich	-620	-75	Tschechien	554	54
Dänemark	-770	-143	Malta	32	80
Belgien	1307	123	Portugal	2444	231
Schweden	-1256	-138	Estland	200	154

Land	*Nettoposition*		*Land*	*Nettoposition*	
	absolut in Mio. €	*pro Kopf in €*		*absolut in Mio. €*	*pro Kopf in €*
Großbritannien	-6016	-99	Slowakei	564	104
Finnland	-206	-39	Ungarn	1558	154
Deutschland	-9226	-112	Litauen	985	227
Frankreich	-3092	-49	Lettland	773	207
Spanien	2958	66	Polen	4977	131
Italien	-2709	-46	Rumänien	513	24
			Bulgarien	301	39

Quelle: Europäische Kommission 2008b; Tabelle 4.3

In der Tendenz wird die Erwartung bestätigt, allerdings mit bedeutenden Ausnahmen:

- Die Ausgaben der Gemeinschaft betreffen nicht nur Umverteilungsmaßnahmen, denen Gerechtigkeitsüberlegungen zugrunde liegen. Die auf Effizienzsteigerung gerichteten Ausgaben können unsere Erwartungen durchkreuzen. Ganz sicher tun das die Verwaltungsausgaben, durch die die merkwürdige Nettoempfängerposition von Luxemburg und Belgien zustande kommt, den Hauptverwaltungssitzen der EU.
- Die Einnahmen der Gemeinschaft bestehen unter anderem aus den traditionellen Eigenmitteln, Zöllen und Agrarabgaben. Sie werden, wie wir sahen, im Eingangsland der entsprechenden Waren erhoben und dann zu 75 % an die Gemeinschaft abgeführt. Diese Einnahmen aus traditionellen Eigenmitteln sind verhältnismäßig hoch in Belgien und den Niederlanden, Großbritannien und Deutschland. Das kann verschiedene Gründe haben. Belgien und die Niederlande sind klassische Einfuhr- und Durchfuhrländer auf Grund ihrer geographischen Lage. Das wird manchmal Rotterdam-Effekt genannt. Nach der Osterweiterung gilt ähnliches auch wieder für Deutschland. Das bedeutet, nicht die gesamten Zolleinahmen dieser Länder sind vom Konsumenten der Länder zu tragende Aufwendungen, sondern eigentlich Beiträge ans EU-Budget aus anderen Ländern. Großbritannien hat dagegen einen überdurchschnittlichen Drittländerimport, vor allem auch an Nahrungsmitteln, auf Grund seiner traditionellen Bindungen im Commonwealth, und somit werden die hohen Zollaufwendungen auch vom britischen Konsumenten aufgebracht.
- Die Ausgabenpolitik der EU reagiert nicht unmittelbar auf Veränderungen in der wirtschaftlichen Position eines Landes. Die alten Kohäsionsländer und Nettoempfänger der EU-15, Griechenland, Irland, Spanien und Portugal, sind nach wie vor Nettoempfänger und erhalten überproportional viel Mittel. Bulgarien und Rumänien, die Ärmsten im Klub, sind erst 2007 Mitglied geworden und werden erst allmählich in die verschiedenen Programme eingegliedert.

Es ist wichtig festzustellen, dass Finanzierungssalden ein Maß für direkte budgetäre Kosten und Nutzen eines Landes aus der EU-Mitgliedschaft darstellen. Nicht mehr und nicht weniger. Die weitaus größeren, nicht unmittelbar budgetwirksamen Kosten und Nutzen, wie wir sie in den meisten Kapiteln des Buches diskutieren, und die indirekten budgetären Vor- und Nachteile erfasst die Nettoposition nicht. Das große öffentliche Interesse an den Finanzierungssalden lässt jedoch eher befürchten, dass sie als Maß für die gesamten Vor- und Nachteile der EU-Mitgliedschaft fehlinterpretiert werden. Nationalistisch und populistisch agierende Organe tun das bisweilen auch gezielt. Nicht ohne Erfolg, wie die Ergebnisse einer Eurobarometer-Umfrage nahe legen. Während im EU-Durchschnitt 19 Prozent der Befragten die EU-Mitgliedschaft ihres Landes als „große Geldverschwendung" einstufen, sind es in Deutschland 28 % und in Schweden sogar 51 %. Die Rede von Deutschland als dem Zahlmeister der EU ist aber eine Irreführung: Das Industrieland Deutschland hat einen gewaltigen, allerdings schwer zu quantifizierenden Wohlfahrtsgewinn aus dem Gemeinsamen Markt. Die Gemeinsame Agrarpolitik als jahrelang größter Ausgabenposten eines bescheidenen Gemeinschaftsbudgets, zu dem Deutschland einen Nettobeitrag leistet, war auch als Kompensation für die stärker landwirtschaftlich geprägten Länder Frankreich und Italien konzipiert worden. Dass dies heutzutage durch die Konvergenz vielleicht nicht mehr ganz zeitgemäß ist, steht auf einem anderen Blatt (siehe Kapitel 12).

Akut wurde das Problem der Nettopositionen erst mit dem Beitritt Großbritanniens im Jahre 1973. Die strukturelle Zusammensetzung des EU-Haushalts zu dieser Zeit war für die Briten besonders unvorteilhaft. Auf der Einnahmenseite führten zwei Faktoren zu einer starken Belastung: zum einen die ausgeprägte britische Präferenz für Importe aus Commonwealth-Staaten, die, wie erwähnt, die britischen Konsumenten besonders stark mit Zöllen und Agrarabschöpfungen belegte; zum anderen der Mehrwertsteuer-Beitrag, der auf Grund der besonders hohen Konsumneigung der Briten (das ist auch heute noch so: Die Konsumquote betrug 2007 in Großbritannien 84,9 %, in der Eurozone 76,4 %) überproportional ausfiel. An den EU-Ausgaben, die 1973 eindeutig von Zahlungen im Rahmen der Agrarpolitik dominiert wurden, partizipierte Großbritannien infolge seines relativ kleinen Agrarsektors nur unterdurchschnittlich. In der Summe ergab sich daraus eine Nettozahlerposition in Höhe von annähernd 1 % des britischen BIP – für ein zu jener Zeit nicht überdurchschnittlich produktives Land schien das inakzeptabel.

Es dauerte mehr als 10 Jahre bis eine grundsätzliche Regelung gefunden und umgesetzt werden konnte (vgl. Wallace 1980). Zunächst wurde das Problem in den Beitrittsverträgen aller 1973 neu beigetretenen Mitglieder durch eine fünfjährige Übergangsfrist bis zur uneingeschränkten Teilnahme am Budgetprozess entzerrt. Erst auf der Ratstagung von Fontainebleau 1984 gelang es Margaret Thatcher mittels ihrer berühmt gewordenen Handtaschendiplomatie eine spezifische Regelung für den Umgang mit dem britischen Haushaltsdefizit durchzusetzen, die 1986 in Kraft trat (siehe Kapitel 3). Vor allem Frankreich hatte sich dem bis zuletzt vehement widersetzt mit der Begründung, dass die

Mitgliedschaft in der Gemeinschaft nun einmal Solidarität impliziere, wie das auch in Art. 2 EG festgeschrieben sei. Was Art. 2 EG natürlich nicht festlegen kann, sind Antworten auf die Fragen, was Solidarität genau bedeute und wo die Schmerzgrenze für Solidarität liege. Die neue Regelung sieht vor, dass der Beitrag des Vereinigten Königreichs zum EU-Haushalt um zwei Drittel seines Haushaltsungleichgewichts gekürzt wird. Mit einiger Vereinfachung ist das Haushaltsungleichgewicht dabei als Produkt von den zurechenbaren EU-Zahlungen an Großbritannien und der Differenz aus dem prozentualen Anteil an den Mehrwertsteuer-Eigenmitteln und dem prozentualen Anteil an den gesamten zurechenbaren Ausgaben definiert. Ein fiktives Zahlenbeispiel verdeutlicht die Berechnung des Briten-Rabatts. Nehmen wir an, Großbritannien erhalte Zahlungen aus dem EU-Haushalt in Höhe von 10 Mrd. €, was 5 % der EU-Ausgaben entspreche. Weiterhin sei angenommen, der Anteil Großbritanniens an den Mehrwertsteuer-Einnahmen der EU betrage 10 %. Dementsprechend beträgt das Haushaltsungleichgewicht 500 Mio. €, so dass der britische Beitrag zum EU-Budget um 333 Mio. € gekürzt wird.

Die durch den britischen Rabatt entstehenden Mindereinnahmen der EU werden durch zusätzliche Beiträge der anderen Mitgliedstaaten kompensiert, wobei der Anteil jedes Mitgliedstaats seinem Anteil an den Mehrwertsteuer-Einnahmen entspricht. Hierbei gilt allerdings für Deutschland ein Korrekturmechanismus zur Begrenzung seiner Nettozahlerposition, wonach der deutsche Anteil um ein Drittel seines Anteils an den Mehrwertsteuer-Einnahmen reduziert wird. Der daraus wiederum entstehende Fehlbetrag wird auf die anderen Mitgliedstaaten nach demselben Verteilungsschlüssel umgelegt wie der britische Rabatt. Es geht dabei um mehrere Milliarden Euro, und deshalb war der Briten-Rabatt immer wieder Gegenstand der Budgetverhandlungen. Die britische Sonderstellung wurde in der Folge leicht modifiziert, aber stets vom Grundsatz her bestätigt, zuletzt in Berlin 1999. Insgesamt hat sich ein äußerst komplexes und intransparentes Ausgleichssystem entwickelt.

Es gibt gute Gründe dafür, die exklusive Behandlung Großbritanniens abzuschaffen, denn die Ursachen, deretwegen sie eingeführt wurde, liegen nun schon seit einigen Jahren nicht mehr vor. Das Einkommen pro Kopf lag in Großbritannien bereits vor der Osterweiterung deutlich über dem Durchschnitt der EU. Zudem spielen BNE-Eigenmittel heutzutage eine viel größere Rolle für die Finanzierung der EU als Mehrwertsteuer-Eigenmittel, so dass es von der Einnahmeseite nicht mehr zu einer überproportionalen Belastung von Staaten mit hoher Konsumquote kommt. Auch auf der Ausgabenseite hat sich das britische Problem durch den relativen Bedeutungsverlust von Agrarausgaben entschärft. Zudem steigt das Ausmaß der Ungleichbehandlung zwischen dem Vereinigten Königreich und den restlichen Mitgliedstaaten durch die Osterweiterung, da die britische Regierung auf dem Berliner Gipfel von 1999 durchsetzen konnte, dass erweiterungsbezogene Ausgaben der EU bei der Berechnung des britischen Rabatts mit einbezogen werden. In den Beratungen über den Finanzrahmen 2007–2013 war die Abschaffung des Briten-Rabatts das Thema, das die Verhandlungen in die Länge zog. Der entsprechende Kommissionsvorschlag wurde von Großbritannien abgelehnt, und man konnte sich nur darauf einigen, den Rabatt bis 2013 zu reduzieren. Eine Abschaffung des Briten-Rabatts, die auf Grund der Einstimmigkeitsregel für Budgetentscheidungen nur mit Zustimmung Londons erfolgen kann, dürfte die Begeisterung für Europa in Großbritannien kaum anstacheln.

Wo steht die EU in finanzpolitischer Hinsicht auf ihrem Weg von einer klassischen internationalen Organisation zu einem staatenähnlichen Gebilde? Internationale Organisationen haben im Vergleich zu ihren Mitgliedstaaten ein sehr kleines Budget. Sie verfügen nicht über eigene Einnahmekompetenz, sondern hängen von Beiträgen der Mitglieder ab. Ausgaben bestehen zum größten Teil aus Verwaltungsausgaben. Darüber hinausgehende Positionen müssen von den Mitgliedern gesondert bewilligt werden. Im Gegensatz dazu verfügen Staaten über ein relativ großes Budget auf zentraler Ebene, finanzieren sich durch die Erhebung von Steuern und durch Kreditaufnahme. Abgesehen von Zinszahlungen sind die größten Ausgabepositionen typischerweise die Bereiche Verteidigung und soziale Sicherung.

Wir haben gesehen, dass das Budget der EU im Vergleich zu ihren Mitgliedstaaten gering ist, wenngleich sein Anteil im Zeitablauf angestiegen ist. Zentralisierungstendenzen gehen von der Kommission und vom Parlament aus, die ihren Einfluss auf den mittelfristigen Finanzrahmen bzw. den jährlichen Haushalt stets zugunsten einer Expansion geltend zu machen versuchen. Die Mitgliedstaaten wirken einer Ausweitung der EU-Finanzen in der Regel entgegen, da sie sie in Konkurrenz zu den nationalen Budgets sehen. Trotz Eigenmitteln ist die EU von den Mitgliedstaaten finanziell abhängig. Diese Abhängigkeit ist jedoch geringer als es bei internationalen Organisationen der Fall ist, da die EU nicht jährlich neu um ihre Finanzausstattung kämpfen muss, sondern mit einer justitiablen Finanzverfassung ausgestattet ist. Die Ausgabenstruktur der EU ist sowohl im Vergleich zu einer internationalen Organisation wie auch zu einem Staat einzigartig.

Steuerhoheit und Kreditaufnahme blieben der EU in der Vergangenheit verwehrt und werden es wohl auch in absehbarer Zukunft bleiben. Wenngleich sie über steuerähnliche Einnahmekomponenten verfügt, so kann sie die Bemessungsgrundlage sowie Steuersätze nicht autonom festlegen oder verändern. Auch ein Erfolg der EU-Kommission mit Blick auf die Einführung einer fünften Eigenmittelkomponente wird daran nichts ändern.

Kapitel 12
Agrarpolitik – eine Altlast?

Worum geht es in diesem Kapitel?

HJW: „Der Bauer ist auch ein Mensch – so zu sagen" heißt es bei Schiller in Wallensteins Lager.

HF: Und deshalb verdient er besondere Fürsorge durch den Staat?

TE: Es ist ja noch die Frage, was der Staat mit seiner Landwirtschaftspolitik absichern möchte, die Einkommen der Produzenten oder das tägliche Brot der Konsumenten.

HJW: Historisch sicher letzteres: Hunger macht Herrscher nicht beliebter. Heute ist es die Arbeitslosigkeit, für die die Regierung verantwortlich gemacht wird.

HF: Eben nicht mehr das tägliche Brot. Es wird als selbstverständlich hingenommen und es macht nur noch einen geringen Teil in den Haushaltsausgaben der Konsumenten aus. Sicher, früher war das anders.

HJW: Aber schon der französische Baron Turgot hat in der zweiten Hälfte des 18. Jahrhunderts in seinen berühmten Briefen über Produktion und Handel mit Getreide seine Aufmerksamkeit sowohl auf die Einkommen der Produzenten wie auch auf die Versorgung der Bevölkerung gerichtet.

HF: Und was empfahl er der staatlichen Politik, der Herr Baron?

HJW: Liberalisierung im Inneren des Landes und im Außenhandel.

TE: Es ist schon merkwürdig, seit Hunderten von Jahren machen die Ökonomen einmütig und überzeugend klar, dass Wettbewerb und freier Handel die effektivsten Mittel für eine sichere und preisgünstige Versorgung sind, und trotzdem herrschen Autarkiedenken und Schutzzollpolitik vor.

HF: So merkwürdig finde ich das nicht: Gelingt es einer Erzeugergruppe – mit welchen emotionalen Argumenten auch immer, da müssen die natürlichen Grundlagen, die Nation, die gesunde bäuerliche Familie und heute auch die agrartechnische Denaturierung der Nahrungsmittel im bösen Ausland herhalten – gelingt es ihr also, Schutzmauern zu errichten, dann erfreut sie sich eines sicheren Absatzes und höherer Preise. Die Sache ist also politisch-ökonomisch zu erklären.

TE: Bei einem Anteil der Bauern von rund 5 % an der Gesamtbeschäftigung der Union und rund 2 % in der ursprünglichen EU-6 hieße das doch wohl, der Schwanz wedele mit dem Hund.

HJW: Das war nicht immer so. Als die gemeinsame Agrarpolitik der Europäischen Gemeinschaft eingeführt wurde, arbeiteten fast zehn mal soviel Menschen auf dem Lande. Und mit der Erfahrung von zwei Kriegen in noch frischer Erinnerung, hatte der Begriff Hunger in vielen Ländern Europas durchaus eine konkrete Bedeutung.

TE: Das heißt, die Agrarpolitik ist historisch zu verstehen?

HJW: Würde ich so sehen. Und damit haben wir auch ein schönes Beispiel für die Trägheit einmal eingeführter Institutionen. Denn es ist offensichtlich äußerst schwer, sie wieder los zu werden.

HF: Schon 1957, als die Sechs sich auf diese Politik einigten, war das nicht rational.

HJW: Doch, doch, rational war das schon – es gab gute Gründe, nämlich nationale Interessen, die dafür sprachen. Nur war es nicht optimal. Man hätte die Sache vielleicht besser einrichten können.

TE: Wie dem auch sei, jetzt hängt die Agrarpolitik der Gemeinschaft wie ein Mühlstein um den Hals und sie muss abgewickelt werden.

HF: In 20 Jahren gibt es in einem solchen Lehrbuch kein eigenes Kapitel Agrarpolitik mehr, sondern nur noch einen Absatz im Kapitel Geschichte der Integration.

HJW: Warten wir es ab. Totgesagte haben ein langes Leben.

12.1 Agrarpolitik als Umverteilungspolitik

Die gemeinsame Agrarpolitik (GAP) nimmt über 40 % des EU-Budgets und einen mindestens ebenso großen Anteil an der Kritik der europäischen Wirtschaftspolitik für sich in Anspruch. Das gilt es zu erklären. Abgesehen von der Handelspolitik, die in einer Zollunion definitionsgemäß gemeinsam sein muss, ist die Agrarpolitik die älteste Form der gemeinsamen Wirtschaftspolitik in der EWG. Sie gehört sozusagen zum Gründungsinventar.

Die meisten Länder der Welt kennen eine staatliche Landwirtschaftspolitik. Die Landwirtschaft und der bäuerliche Stand werden quasi wie ein öffentliches Gut behandelt, das, dem Markt überlassen, sich nicht so entwickeln würde, wie es der Wohlfahrtsmaximierung entspricht. Motive hinter solchen Überzeugungen sind jahrhundertealte Erfahrungen mit regelmäßig wiederkehrenden Hungersnöten und Versorgungsengpässen in Kriegs- und Krisenzeiten. Die zwei großen Kriege des 20. Jahrhunderts haben diese Erfahrungen noch einmal bestätigt. So nimmt es nicht Wunder, dass in der Zeit der Gründung der EWG, als die Landwirtschaft noch durchschnittlich 20 % der Arbeitsplätze bot, Einkommenssicherung, Versorgungssicherheit und Selbstversorgung Westeuropas aktuelle Themen waren. Und jedes Land besaß seinen eigenen wirtschaftspolitischen Mix aus Zolltarifen, Handelsbeschränkungen, Subventionen, Abnahmegarantien und anderen Instrumenten, um seine Bauern zu stützen, die Preise und damit die Reallöhne zu stabilisieren und die Versorgung mit Nahrungsmitteln sicherzustellen.

Ein gemeinsamer Markt, in dem ein Sektor durch nationale staatliche Eingriffe tiefgreifend reguliert wird, kann nicht funktionieren. Viele der wirtschaftspolitischen Instrumente wirken wettbewerbsverzerrend. Aus diesem Grund beschränken sich viele Freihandelszonen und Zollunionen auf das warenproduzierende Gewerbe und schließen die Primärproduktion aus. So zum Beispiel die EFTA. Das hat die EWG nicht getan, sondern von Anfang an einen gemeinsamen Agrarmarkt angestrebt. Damit entstand die Notwendigkeit, entweder den Agrarmarkt zu liberalisieren und ganz auf Agrarpolitik zu verzichten oder eben eine gemeinsame Agrarpolitik zu schaffen. Das hat man auch gleich in den Vertrag geschrieben:

> **„Mit dem Funktionieren und der Entwicklung des gemeinsamen Marktes für landwirtschaftliche Erzeugnisse muss die Gestaltung einer gemeinsamen Agrarpolitik Hand in Hand gehen". (Art. 32.4 EG)**

Ein weiteres Motiv kam hinzu. Eine Zollunion ist, wie wir gesehen haben, nicht notwendigerweise für alle Beteiligten vom Vorteil. Sie ist es mit großer Wahrscheinlichkeit für ein exportorientiertes, kostengünstig operierendes Industrieland wie die Bundesrepublik Deutschland. Frankreich, aber auch die Niederlande und Italien besaßen komparative Vorteile in der Landwirtschaft. Das ist erst einmal nur ein Argument für einen gemeinsamen Agrarmarkt, bzw. die Aufnahme auch der einfachsten Verarbeitungsstufen landwirtschaftlicher Produkte in die Zollunion.

Ist es aber unklar, ob ein potentielles Mitgliedland einer Zollunion einen positiven Wohlfahrtseffekt haben wird, während ein anderes Land einen klaren Vorteil hat, dann wird die Zollunion nur zustande kommen, wenn eine Umverteilung der Wohlfahrtsgewinne stattfindet. Die gemeinsame Agrarpolitik stellt eine solche Umverteilung dar und war Frankreichs Bedingung für das Zustandekommen der EWG. Die Umverteilung findet über zwei Kanäle statt: direkt von den Konsumenten auf die Produzenten über die Preispolitik, wobei Länder mit EU-internen Agrarexportüberschüssen profitieren, und indirekt über die Ausgaben für die Landwirtschaft aus dem EU-Budget, wobei die Nettozahler (zu Anfang fast ausschließlich Deutschland) die Nettoempfänger (vor allem Frankreich und Italien) subventionieren.

Die gemeinsame Agrarpolitik entspringt also verschiedenen Überlegungen:

- Der gemeinsame Markt soll für alle Güter und Dienstleistungen geschaffen werden, um die komparativen Kostenvorteile optimal zu nutzen.
- Der Agrarsektor soll durch geeignete Maßnahmen stabilisiert und gestützt werden.
- Die Agrarpolitik wird als Umverteilungsmechanismus zum Ausgleich der Vorteile aus dem gemeinsamen Markt verwendet.

Die Einwände gegen die Agrarpolitik, die wir in diesem Kapitel näher kennenlernen werden, richten sich fast ausschließlich gegen den zweiten Aspekt und hier vor allem gegen die konkrete Ausgestaltung der Politik. Die relative

Reformresistenz der Agrarpolitik ist auf den dritten Aspekt zurückzuführen und hier vor allem auf den Widerstand Frankreichs gegen eine Abschwächung oder Aufhebung der kompensatorischen Umverteilung. Die faktische Notwendigkeit einer kompensatorischen Umverteilung, die Frage also, ob die Vorteile aus dem gemeinsamen Markt noch immer sehr ungleich verteilt sind, wird dabei nicht zur Diskussion gestellt. Ein exakter quantitativer Nachweis der Vor- und Nachteile stößt auch auf erhebliche analytische und statistische Schwierigkeiten. Doch eines ist sicher: Nach fünfzig Jahren Integration hat eine weitgehende strukturelle Konvergenz stattgefunden, was zum interregionalen Ausgleich der Vor- und Nachteile führt.

Als die römischen Verträge verhandelt wurden, also Mitte der 1950er Jahre, war die Landwirtschaft in Europa, mit Ausnahme Großbritanniens, ein bedeutender Wirtschaftssektor. Sie sorgte allerdings für mehr Beschäftigungsmöglichkeiten, als ihr Beitrag zum Bruttoinlandsprodukt (BIP) ausmachte. Das heißt, die Landwirtschaft wies eine unterdurchschnittliche Produktivität auf, zum Teil von so großem Ausmaß, dass man von versteckter Arbeitslosigkeit sprechen kann. Daraus folgt zweierlei: Zum einen werden auch die Einkommen in diesem Sektor unterdurchschnittlich sein, und zum anderen ergibt sich ein Zwang zum sektoralen Strukturwandel, zum Abbau der landwirtschaftlichen Beschäftigung. Auch dieser Strukturwandel hat in den folgenden 50 Jahren stattgefunden, ob dank oder trotz der gemeinsamen Agrarpolitik, bleibe dahingestellt.

Vergleichbare Statistiken für die frühen Jahre stehen praktisch nicht zur Verfügung, und die Erfassung der relativen Produktivität, d.h. des Quotienten aus dem Anteil der Landwirtschaft an der Wertschöpfung und dem Anteil der Landwirtschaft an der Gesamtbeschäftigung, weist notorisch Probleme auf, da der Beitrag der Landwirtschaft zur Wertschöpfung in vielen Fällen nur grob geschätzt wird. Die Zahlen in Tab. 12.1 sind deshalb mit Vorsicht zu interpretieren. Drei Fakten verdeutlicht die Tabelle jedoch klar:

- In Europa hat in diesem halben Jahrhundert ein enormer sektoraler Strukturwandel stattgefunden.
- Die relative Produktivität war 1955 in Westeuropa mit Ausnahme Großbritanniens, der Niederlande und Belgiens weit unterdurchschnittlich. Sie hat sich nur in Deutschland, Frankreich und den Niederlanden deutlich verbessert. Trotzdem konnte die Landwirtschaft in ihrer Produktivitätsentwicklung nur in Einzelfällen zur Industrie und zum Dienstleistungssektor aufschließen.
- Die neuen Mitgliedländer in Ostmitteleuropa, vor allem die ehemalige Tschechoslowakei, haben den Strukturwandel zum Teil bereits weit vorangetrieben. In anderen Länder ist die Landwirtschaft noch ein wichtiger Beschäftigungsfaktor, aber sehr wenig produktiv.

Wenn die europäische Landwirtschaft auf ein durchschnittliches Produktivitätsniveau und damit auch auf ein durchschnittliches Einkommensniveau gebracht werden soll, dann muss der sektorale Strukturwandel noch weiter fortschreiten.

Tabelle 12.1: Anteil der Landwirtschaft an der Gesamtbeschäftigung und ihre relative Produktivität 1950–2007, in %

Land	*Beschäftigung 1950*	*Rel. Produktivität 1955*	*Beschäftigung 2007*	*Rel. Produktivität 2006*	*Land*	*Beschäftigung 2007*	*Rel. Produktivität 2006*
Belgien	10,1	87	1,6	56	Bulgarien	15,3	56
Dänemark	25,1	76	2,1	76	Tschechien	2,6	90
Deutschland	22,2	45	1,5	60	Estland	5,6	55
Irland	38,8[1]	76	7,2	24	Zypern	5,5	44
Griechenland	57,1[2]	–	13,3	28	Lettland	11,6	30
Spanien	42,3[2]	–	4,6	63	Litauen	7,8	67
Frankreich	28,3	47	3,5	57	Ungarn	12,7	32
Italien	45,4	55	5,0	42	Malta	2,6	108
Luxemburg	25,0[1]	36	2,0	20	Polen	15,1	28
Niederlande	13,9	88	2,2	100	Rumänien	28,5	31
Österreich	34,0	–	3,9	44	Slowenien	8,9	26
Portugal	43,9[2]	–	7,7	36	Slowakei	3,7	105
Finnland	46,0	–	3,7	68			
Schweden	20,3	–	1,6	81			
Großbritannien	5,1	104	1,0	90			

[1] 1955
[2] 1960
Quellen: Maddison 1991: 248; Eurostat

Wir haben es hier mit einem marginalen Sektor zu tun, der zur Wertschöpfung der EU-27 im Jahre 2006 nur 1,8 % beitrug und 2007 5,5 % der Arbeitskräfte beschäftigte. Dass dieser Sektor noch immer über 40 % des EU Budgets beansprucht, scheint dann natürlich erstaunlich. Dieser Umstand wird jedoch dadurch relativiert, dass das EU Budget nur etwa 1 % des Sozialprodukts umverteilt, während diese Rate für die nationalen Staatshaushalte der Mitgliedländer zwischen 40 und 50 % liegt (vgl. Kapitel 11). Solange die EU keinen Verteidigungshaushalt, keinen nennenswerten Arbeitsmarkt- und Sozialhaushalt hat und auch die übrigen Wirtschaftspolitiken eher regulativ als budgetär betreibt, bleibt die Landwirtschaftspolitik neben der Struktur- und Kohäsionspolitik ein herausragender Ausgabenposten.

12.2 Ziele der gemeinsamen Agrarpolitik

Der gemeinsamen Agrarpolitik liegen drei Prinzipien zugrunde, die einen wesentlichen Einfluss auf ihre Struktur haben:

- Ein einheitlicher Binnenmarkt für Agrargüter: Der einheitliche Binnenmarkt ist das Grundprinzip der Gemeinschaft. Seine Verwirklichung erforderte, wie wir gesehen haben, sehr viel mehr Zeit als ursprünglich erwartet. Die Einbeziehung der Agrargüter in den gemeinsamen Markt, ja die bevorzugte Behandlung des Agrarbinnenmarktes, war für Frankreich eine wichtige Voraussetzung für die Bildung der EWG.
- Eine Gemeinschaftspräferenz für Agrargüter: Jede Zollunion hat grundsätzlich eine Gemeinschaftspräferenz für die innerhalb ihrer Grenzen hergestellten Güter. Das ist der Sinn der Veranstaltung. Die Präferenz kann aber stärker oder schwächer ausgeprägt sein, d.h. der Zollschutz kann hoch oder niedrig sein. Die Gemeinschaftspräferenz für Agrargüter der EWG bedeutete eine Hochzollpolitik, bzw. das Bemühen, sich so weit wie möglich selbst zu versorgen.
- Finanzielle Solidarität unter den Mitgliedländern: Die Kosten einer gemeinsamen Agrarpolitik, von denen von Beginn an klar war, dass sie nicht unerheblich sind, werden von den Mitgliedländern solidarisch getragen. Das heißt vor allem, dass nicht das Verursacherprinzip bestimmend ist, sondern das Prinzip der Tragfähigkeit. Dem liegt die erwähnte Idee zugrunde, auf diese Weise die Nettovorteile aus der Integration im industriellen Bereich umzuverteilen. Die Gründungsmitglieder der EWG waren sich in dieser Sache einig. Probleme traten erst mit dem Beitritt Großbritanniens auf, das auf Grund seiner Wirtschaftsstruktur zu einem bedeutenden Nettozahler der EWG wurde, ohne gleichzeitig in anderen Bereichen besonders hohe Nettovorteile aus der Integration zu ziehen. Das Prinzip der finanziellen Solidarität war ihm deshalb kaum schmackhaft zu machen, und so kam es zur berühmten „Handbag banging Episode" und Margaret Thatchers Schlachtruf: „I want my money back" (siehe Kapitel 3).

„Ziel der gemeinsamen Agrarpolitik ist es:

a) die Produktivität der Landwirtschaft durch Förderung des technischen Fortschritts, Rationalisierung der landwirtschaftlichen Erzeugung und den bestmöglichen Einsatz der Produktionsfaktoren, insbesondere der Arbeitskräfte, zu steigern;

b) auf diese Weise der landwirtschaftlichen Bevölkerung, insbesondere durch Erhöhung des Pro-Kopf-Einkommens der in der Landwirtschaft tätigen Personen, eine angemessene Lebenshaltung zu gewährleisten;

c) die Märkte zu stabilisieren;

d) die Versorgung sicherzustellen;

e) für die Belieferung der Verbraucher zu angemessenen Preisen Sorge zu tragen."

Art. 33.1 EG (unverändert in Art. 39.1 AEU) listet fünf Ziele der Landwirtschaftspolitik auf. Für sich genommen sind diese Ziele durchaus sinnvoll. Bei jedem einzelnen ist aber die Frage zu stellen, inwiefern dieses Ziel nicht vom freien Markt realisiert werden könne, sondern eine staatliche Landwirtschaftspolitik notwendig mache.

Die Ziele a) und b) hängen eng miteinander zusammen. Grundsätzlich gilt für jeden Wirtschaftsbetrieb in einer Marktwirtschaft, dass er ein angemessenes, d.h. ein annähernd durchschnittliches Einkommen nur dann hervorbringt, wenn er über Investition und Innovation Schritt hält mit der allgemeinen Wirtschaftsentwicklung. Wirtschaftszweige mit systematisch unterdurchschnittlicher Produktivität werden im Prozess des Strukturwandels Beschäftigung abbauen, Unternehmen zu konkurrenzfähigen Einheiten ausbauen oder zusammenlegen und marginale Betriebe schließen. Das erfolgt normalerweise im Wettbewerbsprozess. Dieser Wettbewerbsprozess ist durch die gemeinsame Agrarpolitik, insbesondere durch ihre hohen externen Handelsbarrieren, erst einmal auf den EU-Raum beschränkt, auf den gemeinsamen Markt, auf dem mehr oder minder gleiche Marktbedingungen herrschen. Doch wo Marktordnungen vorliegen, sind diese Bedingungen geplant.

Der Protektionismus erlaubt es, das EU Agrarpreisniveau vom Weltmarktpreisniveau abzukoppeln und über höhere Preise Einkommen zu generieren, die wiederum Investition und Innovation ermöglichen. Naturbedingte Produktivitätsunterschiede, die für die Landwirtschaft, besonders den Ackerbau, typisch sind, können dann nur durch geeignete Spezialisierungsmaßnahmen oder Sonderförderungen, wie zum Beispiel für Hochgebirgsregionen, ausgeglichen werden. Mit jeder Erweiterungsrunde ist der EU Raum und damit der gemeinsame Agrarmarkt größer geworden. Damit nimmt das Wettbewerbspotential zu. Tab. 12.1 hat aber bereits gezeigt, dass es der europäischen Landwirtschaft nicht gelungen ist, zur allgemeinen Wirtschaftsentwicklung aufzuschließen. Das scheint nicht ein europäisches, sondern ein universelles Problem zu sein: Alle hoch entwickelten Länder betreiben eine Agrarpolitik, die die heimische Produktion bevorteilt und Einkommen zugunsten der Bauern umverteilt.

Box 12.1: Sind landwirtschaftliche Produkte besondere Güter?

Die Produkte der Landwirtschaft sind Rohstoffe, die zum Teil in nur gering verarbeiteter Form in den Konsum eingehen, zum Teil aber in komplexe Weiterverarbeitungsprozesse. Nahrungsmittel sind ein wichtiges Endprodukt, aber keineswegs das einzige. Nahrungsmittel sind Subsistenzgüter, sie können aber auch zu Luxusgütern werden. Subsistenzgüter haben die Eigenschaft einer niedrigen Preiselastizität der Nachfrage: Wenn das Mehl 10% billiger wird, wird man kaum mehr davon kaufen. Luxusgüter weisen dagegen eine höhere Preiselastizität auf: Wenn die Spargel billiger werden, nimmt der Absatz spürbar zu. (Zur Erinnerung: Die Preiselastizität der Nachfrage ε_p ist definiert $\varepsilon_p = (\Delta q/q)/(\Delta p/p)$, wobei *ceteris paribus* q für die nachgefragte Menge und p für den Preis stehen. Normalerweise ist $\varepsilon_p < 0$. Wenn wir von einer niedrigen Preiselastizität sprechen, dann ist $|\varepsilon_p| < 1$ gemeint.)

Für Nahrungsmittel insgesamt gilt das Engelsche Gesetz (1857 von dem sächsischen Statistiker Ernst Engel aufgestellt): Die Einkommenselastizität der Nachfrage ist positiv, aber kleiner eins – bei steigendem Einkommen nehmen die Ausgaben für Nahrungsmittel zu, dies aber unterproportional. (Zur Erinnerung: Die Einkommenselastizität der Nachfrage ε_y ist definiert $\varepsilon_y = (\Delta q/q)/(\Delta y/y)$, wobei *ceteris paribus* q wiederum für die nachgefragte Menge und y für das Einkommen stehen. Das Engelsche Gesetz bezieht sich allerdings auf die Ausgaben (pq) für Nahrungsmittel und wird erst über die *ceteris paribus* Annahme mit der Einkommenselastizität verbunden.) Darüber hinaus nimmt die Einkommenselastizität der Nachfrage nach Nahrungsmitteln mit wachsendem Wohlstand ab: In den Entwicklungsländern beträgt $\varepsilon_y^{Nahrung} \approx 0{,}6$, d.h. von jedem zusätzlichen Euro werden 60 Cents für Nahrungsmittel ausgegeben. In den entwickelten Industrieländern dagegen ist $\varepsilon_y^{Nahrung} \approx 0{,}2$. So können wir in Europa sehen, wie der Anteil der Nahrungsmittel (und alkoholfreien Getränke) an den Konsumausgaben mit dem Entwicklungsniveau variiert und im Laufe der Zeit rasch abnimmt.

Tabelle 12.2: Anteil der Nahrungsmittel und alkoholfreien Getränke an den Konsumausgaben 1991 und 2006, in %

Land	*1991*	*2006*	*Land*	*2006*
Deutschland	13,5	11,0	Tschechien	15,4
Frankreich	15,6	13,4	Estland	17,0
Italien	18,3	14,7	Litauen	25,8
Niederlande	13,5	10,9	Ungarn	16,9
Österreich	14,1	11,0	Polen	20,9
Portugal	21,9	16,7	Rumänien	29,7
Großbritannien	12,5	9,1		

Quelle : Eurostat

Solche Nachfrageeigenschaften haben Agrargüter mit vielen anderen Basisgütern (z.B. Kleidung, Schuhe) gemein, ohne dass es dort zu nennenswerten wirtschaftpolitischen Interventionen käme. Auf der Angebotsseite stechen zwei Eigenschaften hervor. Zum einen ist die kurzfristige Preiselastizität des Angebots niedriger als die langfristige. Auch das gilt für viele Güter, ist hier auf Grund der natürlichen Produktionszyklen aber besonders ausgeprägt. Zum anderen ist die kurzfristige Angebotskurve auf Grund der Wetterbedingungen erheblichen Schwankungen unterworfen. Zusammen mit der niedrigen Preiselastizität der Nachfrage kann das zu größeren Preis- und damit auch Erlösschwankungen führen. Zum Auffangen entsprechender Risiken bieten die Termin- und Versicherungsmärkte geeignete Produkte an. Doch kollektive Stabilisierungsmaßnahmen machen hier ebenfalls durchaus Sinn.

Aus den Angebots- und Nachfragebedingungen für landwirtschaftliche Produkte lassen sich nur mit Mühe besondere Merkmale ableiten, die eine staatliche Intervention in den Markt und eine staatliche Fürsorge für den Agrarsektor unerlässlich machen. Solche besonderen Merkmale müssen woanders gesucht werden: vor allem im hohen Stellenwert, den Ernährung in der Bedürfnispyramide hat, in der sozialen Bedeutung, die traditionell der bäuerlichen Familie zugeschrieben wird, und im Reiz, die der ländliche Raum als Erholungsgebiet für die vorwiegend urbane Bevölkerung bietet. Landwirtschaft, so hat es den Anschein, ist ein öffentliches Gut, von dem der Markt, auf sich selbst gestellt, zu wenig produzieren würde.

Abb. 12.1 gibt schematisch die Besonderheiten des Marktes für Agrarprodukte wieder. N_1 ist die relativ starre Nachfragekurve, A_{l1} die langfristige Angebotskurve. (p_0, q_0) ist *ceteris paribus* das langfristige Gleichgewicht. Natürlich bleiben die *cetera* nicht *paria*: Nach einer Periode von, sagen wir

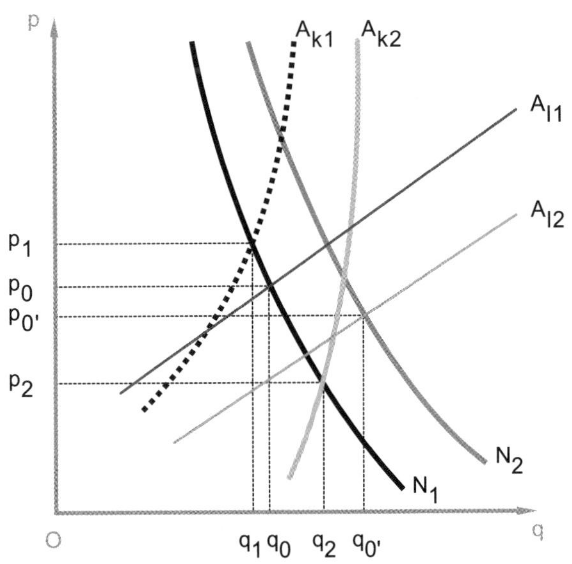

Abbildung 12.1: Der Markt für Agrarprodukte

einmal, zehn Jahren ist die Produktivität im Wirtschaftssystem insgesamt gestiegen, ebenso die Produktivität im landwirtschaftlichen Sektor, und es ist das Gesamteinkommen gestiegen. Die Produktivitätssteigerung in der Landwirtschaft äußert sich in der Verschiebung der langfristigen Angebotskurve zu A_{l2}, die Zunahme des Gesamteinkommens verursacht eine Verschiebung der Nachfragekurve zu N_2. Auf Grund der niedrigen Einkommenselastizität der Nachfrage nach Agrarprodukten fällt die Verschiebung der Nachfragekurve weniger ausgeprägt aus als die Verschiebung der Angebotskurve. Das neue langfristige Gleichgewicht ($p_{0'}$; $q_{0'}$) weist damit den typischen relativen Preisverfall für Agrarprodukte auf. Ob die Erlöse (pq) steigen, gleichbleiben oder fallen, hängt vom konkreten Verlauf der beiden Angebots- und Nachfragekurven ab. Aber selbst wenn sie gleichbleiben oder etwas steigen, können die Bauern am allgemeinen Anstieg der Einkommen nur teilhaben, wenn ihre Zahl rückläufig ist: Sektoraler Strukturwandel ist für angemessene Einkommen im Agrarsektor unerlässlich.

Die drei weiteren Ziele, Stabilisierung der Märkte, Sicherstellung der Versorgung und angemessene Konsumgüterpreise werden unter normalen Bedingungen vom Wettbewerb in ausreichendem Maß erfüllt. Dabei ist nicht zu übersehen, dass angemessene Konsumgüterpreise und angemessene Einkommen der Bauern in einem gewissen Konflikt stehen. Der Vertrag spricht sich nicht darüber aus, was angemessen sei. Wenn aber das europäische Agrarpreisniveau durch protektionistische Maßnahmen über das Weltmarktpreisniveau angehoben wird, um den Bauern angemessene Einkommen zu sichern, dann müssen die Konsumenten die Rechnung mit höheren als weltüblichen Preisen bezahlen.

Die Notwendigkeit, die Märkte zu stabilisieren und auch die Versorgung sicherzustellen, folgt aus den naturbedingten Outputschwankungen. Bei einer Missernte in einem geschlossenen Wirtschaftsraum werden die Agrarprodukte knapp und die Preise steigen – das nannte man früher eine Teuerung. In Abb. 12.1 wird diese Situation durch den Schnittpunkt der kurzfristigen Angebotskurve A_{k1} mit der Nachfragekurve N_1 wiedergegeben. Im kurzfristigen Gleichgewicht (p_1; q_1) steigt der Preis und möglicherweise sinkt der Erlös. Eine stabilisierende Reaktion auf diese Eventualität ist Vorratshaltung, die Joseph im alten Ägypten staatlich organisiert hat, was heutzutage zwar nicht zwingend, aber in vielen Ländern üblich ist. Die andere Reaktion ist Freihandel – hier hat die liberale Maxime *laissez faire, laissez passer* ihren Ursprung. Der mögliche Einkommensausfall beim lokalen Produzenten kann entweder durch eine staatliche Subvention oder durch eine Ernteausfallversicherung aufgefangen werden.

Für die moderne Agrarpolitik spielt die entgegengesetzte Situation eine viel wichtigere Rolle – eine besonders gute Ernte. Auf Grund der Nachfragebedingungen fallen die Preise und die Erlöse bei steigenden Mengen rasch. In Abb. 12.1 wird diese Situation durch den Schnittpunkt der kurzfristigen Angebotskurve A_{k2} mit der Nachfragekurve N_1 wiedergegeben. Gutes Wetter verschiebt die kurzfristige Angebotskurve für Weizen nach rechts. Die Nachfrage nach Weizen ist relativ starr (auf Grund der niedrigen

Preiselastizität). Im Ergebnis sinkt der Preis erheblich und wir erhalten das landwirtschaftliche Paradox: Eine gute Ernte verursacht einen Erlösverfall ($p_2q_2 < p_0q_0$).

Die Konsumenten profitieren davon, aber die Produzenten erleiden Einkommenseinbußen. Um diesen Einkommensverfall zu verhindern, muss man einen Teil der Angebotsmenge aus dem Markt nehmen und damit den Preis stützen. Das kann der einzelne Anbieter nicht leisten. Eine kollektive Aktion ist erforderlich. Entweder der Staat fixiert die Preise und garantiert die Abnahme überschüssiger Produktion. Oder eine genossenschaftliche Organisation der Produzenten nimmt bei Unterschreitung eines Mindestpreises das Angebot aus dem Markt und entschädigt den betroffenen Anbieter. So funktionieren zum Beispiel die Gemüse- und Blumenmärkte in den Niederlanden. Und dieses Beispiel macht schon deutlich, dass derartige Stabilisierungsmaßnahmen in der Regel nur bei gering transport- und lagerfähigen Produkten erforderlich sind. Die Stabilisierung der Märkte für die übrigen Agrarprodukte wird hinreichend durch Freihandel garantiert, was Preisschwankungen natürlich nicht grundsätzlich ausschließt, wie die Entwicklung der Weltagrarpreise zeigt.

Den Verfassern von Art. 33 EG über die Ziele der gemeinsamen Agrarpolitik scheinen ebenfalls Zweifel gekommen zu sein, ob diese durchaus plausiblen Ziele eine staatliche Lenkung des Agrarsektors notwendig machen. Sie haben dem ersten Absatz deshalb einen zweiten hinzugefügt (Art. 33.2 EG; ebenso unverändert in Art. 39.2 AEU):

> „Bei der Gestaltung der gemeinsamen Agrarpolitik und der hierfür anzuwendenden besonderen Methoden ist folgendes zu berücksichtigen:
> a) die besondere Eigenart der landwirtschaftlichen Tätigkeit, die sich aus dem sozialen Aufbau der Landwirtschaft und den strukturellen und naturbedingten Unterschieden der verschiedenen landwirtschaftlichen Gebiete ergibt;
> b) die Notwendigkeit, die geeigneten Anpassungen stufenweise durchzuführen;
> c) die Tatsache, dass die Landwirtschaft in den Mitgliedstaaten einen mit der gesamten Volkswirtschaft eng verflochtenen Wirtschaftsbereich darstellt."

Dieser zweite Absatz macht die Sache keineswegs besser. Hinter jedes der drei Argumente für eine besondere Behandlung des landwirtschaftlichen Sektors kann man ein dickes Fragezeichen setzen:

a) Die besondere Eigenart des sozialen Aufbaus der Landwirtschaft zielt auf den bäuerlichen Familienbetrieb, der sich im Eigentum des Betriebsleiters befindet (Ausnahmen trifft man vor allem in Großbritannien und Italien an, wo Pachtverhältnisse eine große Rolle spielen, und nach der Osterweiterung in den neuen Mitgliedländern einschließlich den neuen Bundesländern, wo landwirtschaftliche Großbetriebe als Erbschaft der Kollektivierung weiter bestehen). Landwirtschaft wird von Selbständigen und ihren Familienangehörigen betrieben. Diese Situation gilt es zu erhalten und zu fördern. Das ist ökonomisch nur dann sinnvoll und möglich, wenn die Familienbetriebe wettbewerbsfähig sind. Wo die absoluten und komparativen Kostenvorteile landwirtschaftliche Produktion unrentabel machen, bringt eine agrarpolitische Kompensation der natürlichen Unterschiede erhebliche Wohlfahrtsverluste mit sich.

b) Die geeigneten Anpassungen sind der sektorale Strukturwandel, der sozial verträglich zu gestalten ist. Das gilt in koordinierten Marktwirtschaften nicht nur für die Landwirtschaft, sondern generell. Im konkreten Fall fand der sektorale Strukturwandel vor allem in den dreißig goldenen Nachkriegsjahren statt, von Mitte der vierziger bis Mitte der siebziger Jahre des 20. Jahrhunderts. In dieser Periode raschen Wirtschaftswachstums war die Absorptionsfähigkeit der Industrie und des sich noch schneller entwickelnden Dienstleistungssektors hoch, und die Verlagerung der Beschäftigung aus der Landwirtschaft in diese Sektoren erfolgte problemlos. Hier hat vor allem der Markt funktioniert.

c) Der hohe Verflechtungsgrad der Landwirtschaft mit den übrigen Wirtschaftssektoren wäre erst einmal in einer Input-Output Analyse zu überprüfen. Dabei stellte sich sicher heraus, dass die Landwirtschaft auf der Outputseite relativ konzentrierte Lieferbeziehungen hat und andere Sektoren, Energie und Transport zum Beispiel, stärker integriert sind. Es ist nun richtig, dass man zur Zeit der Verhandlung und Formulierung des EWG-Vertrages in den 1950er Jahren dem Staat eine besondere Verantwortung zuschrieb für stark verflochtene Basissektoren (eben Transport, Energie, die sogenannten „öffentlichen" Versorgungsbetriebe allgemein), von denen die Wirtschaft auf breiter Basis abhängig ist. Die einer solchen Einstellung zugrunde liegende Vermutung des Marktversagens war jedoch nicht zu belegen. Und so plädiert inzwischen auch die EU, zum Beispiel im Rahmen der Realisierung des gemeinsamen Marktes, für eine Liberalisierung dieser Sektoren.

12.3 Die Instrumente der gemeinsamen Agrarpolitik

Die liberale Orthodoxie kennt nur ein Instrument für erfolgreiche Agrarpolitik – Freihandel. Durch die Öffnung der Grenzen für den Handel mit Agrargütern steht einem das Angebot der ganzen Welt zur Verfügung: Versorgungssicherheit und angemessene Preise sind garantiert. Durch den scharfen Wettbewerb werden die marginalen Betriebe zur Aufgabe gezwungen, während die überlebenden Betriebe mittels Innovation und Investition ihre Produktivität erhöhen. Damit sind auch angemessene Einkommen garantiert: Die abwandernden Arbeitskräfte finden in den übrigen Wirtschaftszweigen produktivere Beschäftigung, und die verbleibenden Bauern kommen durch die Produktivitätssteigerung auf durchschnittliche Einkommen. Tatsächlich vertraut kein Industrieland auf diesen Mechanismus, sondern stützt seine Landwirtschaft auf die eine oder andere Weise. Dies kann allerdings mit mehr oder minder hohen Wohlfahrtskosten geschehen.

Tabelle 12.3: Übersicht über die Instrumente der Agrarpolitik

	An der Grenze	*Auf dem heimischen Markt*	*Beim landwirtschaftlichen Betrieb*
Preisinstrumente	Zölle Variable Importabgaben	steuerliche Vergünstigungen	Preisausgleichszahlungen
Mengenregulierungen	Importquoten	Aufkäufe und Lagerhaltung	Produktionsquoten Stillegungs- und Abschlachtprämien
Subventionen	Exportsubventionen	FuE Subventionen Konsumsubventionen	Inputsubventionen Kreditsubventionen
Andere Regulierungen	Importverbote	Qualitätskontrolle	Gesundheits- und Qualitätsvorschriften

Um das zentrale Ziel der Agrarpolitik, die Sicherung der bäuerlichen Einkommen, zu verwirklichen, kann die Politik an der Grenze, d.h. am Übergang zum Weltmarkt, ansetzen, am heimischen Markt oder direkt an den landwirtschaftlichen Betrieben.

An der Grenze: Wichtigstes Instrument auf der Importseite sind Zölle und Importquoten. In der gemeinsamen Agrarpolitik waren die Zölle lange Zeit variabel (sogenannte variable Einfuhrabgaben), um einen fixierten Richtpreis bei variablen Weltmarktpreisen sicherzustellen. Importquoten sind nicht mit den Regeln der Welthandelsorganisation (WTO) kompatibel. Sie tauchen nur im Zusammenhang mit präferentiellen Importen zum Beispiel aus den AKP-Staaten (siehe Kapitel 10) auf. Nicht-tarifäre Handelshemmnisse sind ebenfalls stark verbreitet: Importverbote (z.B. aus seuchengefährdeten Regionen oder von genmanipulierten Produkten), Qualitäts- und Kontrollvorschriften und ähnliche. Interventionen an der Grenze bewirken – direkt durch die Zölle und indirekt durch Beschränkungen der Importmengen – eine Erhöhung des Preises. Sie treffen folglich die Konsumenten negativ und die Produzenten positiv.

Auf der Exportseite hat die Politik die Möglichkeit, Exporte zu subventionieren. Administrativ scheint das nicht ganz unproblematisch zu sein. Denn der Europäische Rechnungshof deckt immer wieder unsachgemäße Verfahren und Betrugsfälle gerade in diesem Bereich auf. Außerdem werden durch subventionierte Exporte, ebenso wie durch Beschränkungen der Importe, die potentiellen Exporteure in Drittländern in Mitleidenschaft gezogen. Deshalb ist es klar, dass Interventionen an der Grenze die internationalen Wettbewerber auf den Plan rufen. Im Rahmen des GATT und später der WTO versuchen die einzelnen Wettbewerber und die Handelsblöcke in immer wiederkehrenden Verhandlungsrunden, den Abbau der Interventionen an der Grenze zu vereinbaren, d.h. den internationalen Handel mit Agrargütern zu liberalisieren.

Auf dem heimischen Markt: Am einfachsten ist die öffentliche Intervention – der Aufkauf von überschüssiger Produktion und ihre Einlagerung. Das kann natürlich auch im Staatsauftrag durch privatwirtschaftliche

Unternehmen erfolgen. Der Abbau dieser Lager, wenn sie das normale Maß der Produktionsschwankungen überschreiten, kann dann nur über Subventionen erfolgen, entweder die bereits erwähnten Exportsubventionen oder Konsumsubventionen (die sogenannte Weihnachtsbutter zum Beispiel). Generelle Konsumsubventionen treten in der Form von niedrigeren indirekten Steuern für Nahrungsmittel auf. Steuerinstrumente kann die Politik auch auf der Angebotsseite einsetzen, z.B. niedrigere Kraftstoffsteuern für Diesel (das hat zu strukturellen Verschiebungen im Fahrzeugbau geführt, so dass kompensierende Steuern für den nichtagrarischen Einsatz von Dieselfahrzeugen erforderlich wurden – ein typisches Beispiel dafür, wie ein wirtschaftspolitischer Eingriff unerwünschte Nebenwirkungen hat und durch einen weiteren Eingriff ergänzt werden muss).
Weitere wichtige Instrumente auf der Angebotsseite des Marktes sind die Bildungspolitik und die Forschungs- und Entwicklungspolitik. Die Produktivität der Landwirtschaft hängt neben den Fähigkeiten der Bauern wesentlich von der Entwicklung neuer Sorten, neuer Rassen, neuer Pflanzenschutzmittel und veterinärmedizinischer Medikamente ab. Viele dieser Innovationen sind entweder öffentlich subventioniert oder werden in öffentlichen Forschungseinrichtungen entwickelt. Man könnte hier auch die Infrastrukturpolitik mit einbeziehen, denn die Transportkosten spielen in der Landwirtschaft keine unwesentliche Rolle. Hiermit sind wir aber an der Grenze zur Regionalpolitik, unter die dann auch in der EU-Praxis die Entwicklung des ländlichen Raumes fällt (siehe Kapitel 13).

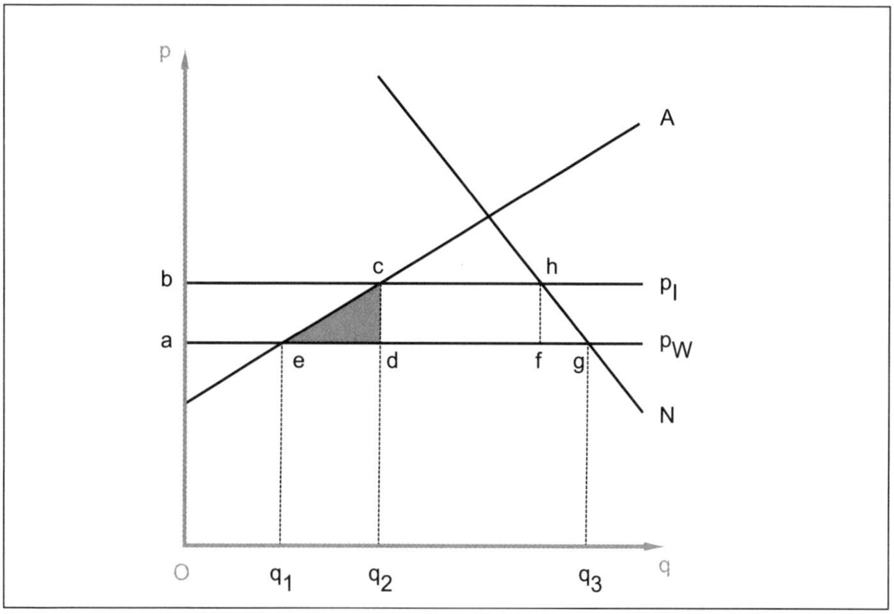

Abbildung 12.2: Preisausgleichszahlungen

Beim landwirtschaftlichen Betrieb: Das preispolitische Instrument, das am landwirtschaftlichen Betrieb ansetzt, sind die sogenannten Preisausgleichszahlungen (*deficiency payments*, die vor allem in Großbritannien vor dem Beitritt zur Europäischen Gemeinschaft üblich waren). Sie haben ähnliche Mengenwirkungen wie ein Zoll mit der Ausnahme, dass der endgültige Wohlfahrtsverlust (*dead weight loss*) einer Zollerhebung nicht auftritt. Im Unterschied zur Intervention an der Grenze bleibt der Weltmarktpreis im Inland gültig und für die Konsumenten preisbestimmend. Der Unterschied zum gewünschten Produktionsrichtpreis wird den Bauern direkt aus Steuermitteln ausbezahlt. Abb. 12.2 verdeutlicht das:

p_W ist der Weltmarktpreis, p_I der angestrebte Produktionsrichtpreis, d.h. die Bauern erhalten pro produzierter Einheit eine Subvention von $(p_I - p_W)$. Damit können sie beim Marktpreis p_W ihre Angebotsmenge von q_1 auf q_2 erhöhen. Die Differenz zur konsumierten Menge q_3 wird importiert. Konsummenge, Konsumpreis und Konsumentenrente bleiben unverändert. Die bäuerlichen Erlöse steigen von (0, q_1, e, a) auf (0, q_2, c, b), wovon abcd vom Steuerzahler getragen wird. Wohlfahrtsökonomisch ist das Dreieck (cde) als Verlust (erhöhte Produktionskosten) zu betrachten. Im Unterschied zur Zollerhebung tritt aber nicht der endgültige Wohlfahrtsverlust (fgh) auf. Preisausgleichszahlungen kombinieren folglich das Ziel eines angemessenen Einkommens der Bauern mit dem Ziel eines angemessenen Preises für die Konsumenten. Bei Inputverflechtungen verursachen Preisausgleichszahlungen bei den Verwendern bestimmter landwirtschaftlicher Produkte keine politikbedingten Substitutionseffekte.

Preisausgleichzahlungen schränken den Import weniger stark ein als über Zölle geregelte Mindestpreise, sie haben aber noch immer eine tarifähnliche handelsbeschränkende Wirkung. Deshalb werden ihnen in den internationalen Verhandlungen direkte produktionsunabhängige Zahlungen an die bäuerlichen Betriebe vorgezogen. Damit findet überhaupt kein unmittelbarer Eingriff in den Agrarmarkt statt, und die Politik kann das für angemessen erachtete Einkommen realisieren. Direkte Einkommenszahlungen sind aber meistens an die bewirtschaftete Fläche gebunden, d.h. genau genommen gehen sie an den Boden und nur indirekt an die bäuerliche Familie. Die Folge ist klar: Die Bodenpreise steigen und der sektorale Strukturwandel wird erschwert.

Ob dieses in neuerer Zeit stärker eingesetzte Instrument der gemeinsamen Agrarpolitik gesellschaftlich längerfristig akzeptabel bleibt, wird erst die Zukunft erweisen. Eine rationale Bevölkerung müsste dieses Instrument allen anderen vorziehen, da es eine reine Umverteilungsmaßnahme darstellt und die internen wie die externen Wohlfahrtsverluste der Agrarpolitik minimiert. Emotional erwecken direkte Zahlungen an die Bauern jedoch den Eindruck, dass hier Einkommen ohne produktive Eigenleistung entstehe, was den Grundprinzipien der Marktwirtschaft widerspreche. Der Begriff der „grünen Arbeitslosenunterstützung" (*green dole*) macht das Dilemma deutlich. Auch die Politik zieht die Preisregulierung den direkten

Zahlungen vor. Denn erstere lässt die Kosten im Dunkel der höheren Preise, die von den Konsumenten bezahlt werden, während letztere in voller Höhe im Budget aufscheinen und durch höhere Steuern gedeckt werden müssen.

Weitere agrarpolitische Instrumente, die direkt beim landwirtschaftlichen Betrieb ansetzen, sind Inputsubventionen, z.B. verbilligte Kredite. Eine große Bedeutung spielen schließlich Produktionsbeschränkungen. In der Europäischen Gemeinschaft treten sie eigentlich nur im Zusammenhang mit einem tarifären Außenschutz auf, um die Gefahr der Überproduktion zu verhindern (Beschränkung der Anbaufläche, Zucker- und Milchquoten). In Ländern, die bei einzelnen Produkten einen wesentlichen Einfluss auf den Weltmarkt haben, können sie auch direkt zur Preisbeeinflussung eingesetzt werden. Diese Politik ist bekannter im Zusammenhang mit den Ölförderquoten, mit denen die OPEC den Ölpreis zu beeinflussen versucht.

Wie wir sehen, verfügt die gemeinsame Agrarpolitik über eine Fülle von Instrumenten. Sie werden in den einzelnen Marktordnungen in jeweils unterschiedlichem Mix eingesetzt Das klassische Instrument der Agrarpolitik war die Preisregulierung in Verbindung mit Importzöllen, Aufkaufgarantien und Exportsubventionen. Die Ökonomie der Preisregulierung entspricht in wesentlichen Zügen der Ökonomie des Zolls, die wir in Kapitel 2 dargestellt haben. Abb. 12.3 sollte deshalb vertraut sein.

A_W stellt das Weltmarktangebot dar und damit auch den Weltmarktpreis p_W, p_I ist der Interventionspreis, d.h. der Mindestpreis innerhalb der EU. Zu diesem Preis gibt es – meistens quantitativ beschränkte – Abnahmegarantien. Der

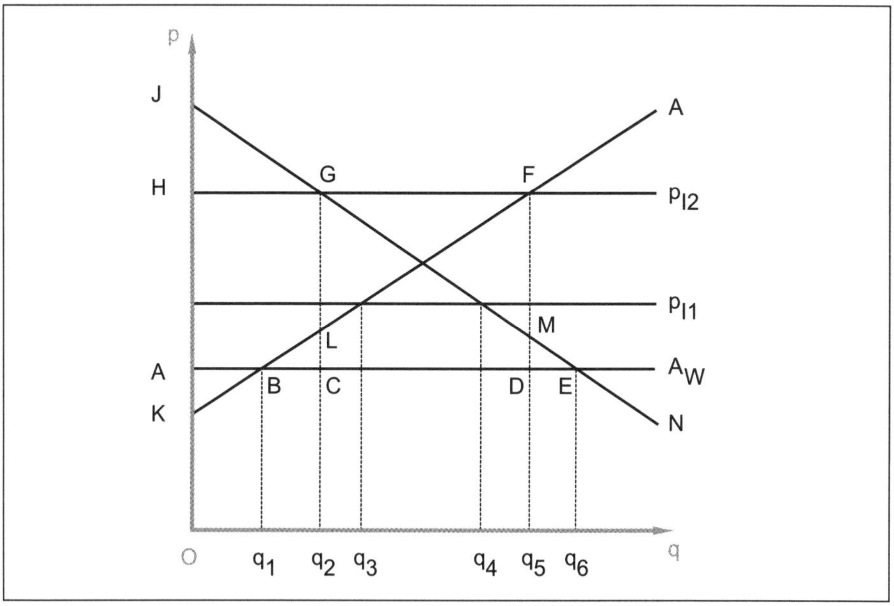

Abbildung 12.3: Preisregulierung

Zollsatz muss mindestens so hoch sein, dass Importe den Interventionspreis nicht unterbieten können. (Bis 1995 waren die Zollsätze variabel – genannt variable Importabgaben –, wodurch dieses Ziel absolut sicher erreicht wurde.) Abb. 12.3 zeigt zwei Interventionspreise p_{I1} und p_{I2}, um zwei mögliche Situationen wiederzugeben, nämlich einen Interventionspreis p_{I1} unter dem internen Gleichgewichtspreis p_G (der durch den Schnittpunkt der internen Angebotskurve A und der Nachfragekurve N verläuft und hier aus Übersichtlichkeitsgründen nicht eingezeichnet ist), der noch gewisse Importe ($q_4 - q_3$) zulässt, und einen Interventionspreis p_{I2}, der Überproduktion ($q_5 - q_2$) stimuliert. Diese Überproduktion kann nicht im Inland abgesetzt werden, sie muss ihren Absatz im Ausland finden, was nur zum Weltmarktpreis p_W möglich ist. Die Differenz ($p_{I2} - p_W$) wird durch eine Exportsubvention aus dem EU-Haushalt gedeckt.

Betrachten wir die Wohlfahrtseffekte nur für diesen zweiten, den schlimmsten Fall:

- Die Konsumentenrente sinkt von AEJ auf HGJ.
- Die Produzentenrente steigt von ABK auf FHK. Von der Zunahme der Produzentenrente gehen ABLGH auf Kosten der Konsumenten und LFG auf Kosten des Steuerzahlers, beziehungsweise des EU-Haushalts.
- Die Exportsubvention beträgt CDFG. Sie deckt zum einen die erhöhte Produzentenrente LFG und zum anderen die erhöhten Produktionskosten CDFL. Bei der Betrachtung der Zuckermarkordnung (Box 12.2) werden wir sehen, dass hierfür auch haushaltsneutrale Lösungen denkbar sind.
- Die Nettowohlfahrtsveränderung besteht aus den erhöhten Produktionskosten, d.h. einer Ressourcenfehlallokation, BDF und aus dem *dead weight loss* DEM.

Die Analyse wird komplizierter, wenn man auch Inputverflechtungen im Landwirtschaftssektor betrachtet – zum Beispiel Futtergetreide für die Viehwirtschaft. Die Preisregulierung für Getreide verteuert die Inputs für Fleisch und Milch. Gibt es Substitute für Futtergetreide, die keiner Preisregulierung unterliegen (z.B. weil sie nicht in der EU produziert werden) wie Sojabohnen oder Tapioka, dann werden durch die Preisregulierung für Getreide Substitutionseffekte in der Viehwirtschaft ausgelöst. Das wollen wir nicht im einzelnen verfolgen. Die Steigerung der Produzentenrente ist das eigentlich Ziel der Agrarpolitik. Das bleibt bei Einsatz dieses Instruments aber nicht eine reine Umverteilungsmaßnahme, sondern ist mit erheblichen allokativen Verzerrungen und Wohlfahrtsverlusten verbunden.

Marktordnungen gibt es zum Beispiel für Getreide, für Zucker, für Milch und Milchprodukte, für Rindfleisch, für Schaffleisch, für Schweinefleisch, für Obst und Gemüse, für Hülsenfrüchte, für Ölsaaten und selbst für Tabak, was besonders delikat ist, da die EU-Gesundheitspolitik Regulierungen gegen den Tabakkonsum erlässt. Box 12.2 stellt als Beispiel die Zuckermarktordnung dar, die ein besonders rigides Interventionsregime aufweist, und zeigt ihre Auswirkungen.

Box 12.2: Die EU-Zuckermarktordnung

Zum Verständnis der Zuckermarktordnung ist es wichtig zu wissen:

- Zucker wird aus zwei unterschiedlichen Rohstoffen hergestellt, Zuckerrüben oder Zuckerrohr. Das Endprodukt, raffinierter Weißzucker, ist identisch.
- Zuckerrüben werden in der gemäßigten Zone angebaut, d.h. vorwiegend in entwickelten Industrieländern. Zuckerrohr wird in den Tropen und Subtropen angebaut, d.h. vorwiegend in Entwicklungsländern.
- Die Produktion von Zucker aus Zuckerrohr ist drei- bis viermal billiger als aus Rüben.
- Dreiviertel der Weltzuckerproduktion basieren auf Zuckerrohr, ein Viertel auf Rüben. Der größte (Rohr-)Zuckerproduzent, Brasilien, stellt mehr Zucker her als die gesamte EU. Indien, China, Thailand, Australien und Mexiko folgen, wobei selbst Mexiko noch mehr Zucker produziert als der größte europäische Produzent, Frankreich.
- Der Zuckerpreis betrug 2000–2002 in Japan das Siebenfache des Weltmarktpreises, in der Europäischen Union das Dreifache und in den USA das Zweieinhalbfache.

Es ist offensichtlich, dass ohne rigide Importbeschränkungen und Marktordnungen die internationale Produktions- und Handelsstrukturen für Zucker ein völlig anderes Bild aufweisen und in Europa sehr viel weniger Rüben angebaut würden.

Die EU Zuckermarktordnung geht aus von einem Interventionspreis und von den sogenannten A- und B-Höchstquoten, die den Zuckerfabriken für eine Marktordnungsperiode (z.B. 2001/02–2005/06) zugeteilt werden. Die Zuckerfabriken vereinbaren wiederum mit den Bauern entsprechende Rübenanlieferungsquoten. A-Zucker genießt eine volle Absatzgarantie zum Interventionspreis mit einem Abschlag von höchsten 2%. Diese Produktionsabgabe kann bei B-Zucker bis auf 39,5% steigen, d.h. die Preisgarantie beträgt 60,5% des Interventionspreises. Die Produktionsabgabe dient zur Finanzierung der Exportsubventionen für Quotenzucker, d.h. von A- und B-Zucker, der nicht auf dem Binnenmarkt abgesetzt werden kann. Produktionsmengen, die die Quoten übersteigen, heißen C-Zucker und müssen innerhalb einer bestimmten Frist auf dem Weltmarkt ohne Exportsubvention untergebracht werden. Nach außen wird dieses System von einem Einfuhrzoll abgeschirmt, der das Doppelte des Weltmarktpreises beträgt.

Die europäische Zuckerindustrie behauptet, das System der Zuckermarktordnung finanziere sich selbst, sei haushaltsneutral. Gemeint ist damit die Finanzierung der Export- und Lagerhaltungskosten aus der Produktionsabgabe. Hierzu sind drei Anmerkungen zu machen:

- Faktisch ist das nicht ganz richtig, da rund 40% (im Jahre 2000 rund 800 Mio. €) der direkten Kosten der Zuckermarktordnung vom EU-Budget getragen werden. (*Official Journal of the EC*, C50, Vol. 44, 15.2.2001: 18)
- Auf Grund der unelastischen Nachfrage kann die Produktionsabgabe voll auf die Konsumenten abgewälzt werden.

- Haushaltsneutralität bedeutet nicht Kostenneutralität. Der Nettowohlfahrtsverlust durch die Zuckermarktordnung ist erheblich höher als die direkten Kosten (siehe Abb. 12.3).

Wie die gemeinsame Agrarpolitik insgesamt ist auch die Zuckermarktordnung ein Umverteilungsmechanismus: Es wird Wohlfahrt von den Konsumenten auf die Produzenten umverteilt und es wird Wohlfahrt vom Ausland ins Inland umverteilt. Die OECD schätzt die interne Umverteilung mit Hilfe des *consumer support estimate* (CSE, siehe Box 12.5), der den Unterschied zwischen den Kosten eines Gutes für den Konsumenten und dem Weltmarktpreis misst (OECD 2008). Der CSE für Zucker betrug 1986 bis 1988 durchschnittlich 3 Mrd. € und 2005–07 im Durchschnitt rund 2 Mrd. €. Die internationale Umverteilung lässt sich kaum schätzen, da Weltmarktpreis und Handelsvolumen ohne Marktinterventionen der Industrieländer (EU, USA, Japan) nicht bekannt sind. Es ist deutlich, dass die europäische Zuckermarktordnung den potentiellen Exporteuren den Absatzmarkt sperrt. Dadurch und durch die Exportsubventionen wird der Weltmarktpreis abgesenkt. Der Weltmarkt ist ein Restmarkt, was ihn wiederum besonders volatil macht. Für eine Reihe besonders armer AKP-Staaten (siehe Kapitel 10) macht die EU eine Ausnahme und gewährt ihnen präferentielle Importquoten zu einem Garantiepreis, der an den Interventionspreis gebunden ist. Damit wirken sich Reformen der Zuckermarktordnung aber auch auf diese Entwicklungsländer aus. Am stärksten betroffen von der internationalen Umverteilung sind die großen Zuckerproduzenten Brasilien und Australien, die das Doppelte, bzw. Dreieinhalbfache ihres Eigenverbrauchs produzieren. Der Selbstversorgungsgrad der EU betrug bis zur Reform der Zuckermarktordnung (siehe Box 12.3) immerhin auch 115 %.

Wir haben gesagt, das klassische Instrument der gemeinsamen Agrarpolitik *war* die Preisregulierung. Es gibt mehrere Gründe dafür, dass dies aus wohlfahrtsökonomischer Sicht das aufwendigste Verfahren ist, einen Wirtschaftssektor zu stützen und zu stabilisieren (siehe auch Kapitel 2, Box 2.3). So ist es wenig verwunderlich, dass im Laufe der Zeit politisch-ökonomischer Druck auf die gemeinsame Agrarpolitik ausgeübt wurde, das Verfahren zurückzuführen oder ganz aufzugeben. Der Druck kam sowohl von innen aus der Gemeinschaft, ganz generell von den Nettozahlern, aber vor allem von seiten Englands, das grundsätzliche Einwände gegen die europäische Hochpreis-Politik hatte und nach wie vor hat. Und der Druck kam von außen, von den Konkurrenten auf dem Weltmarkt, die einerseits kaum Zutritt zum europäischen Markt haben und andererseits mit den subventionierten EU-Exporten konfrontiert sind. Vor allem die internationalen Integrationsbemühungen im Rahmen der GATT- und WTO-Runden führen zu Verhandlungspaketen, in denen Konzessionen an die EU, zum Beispiel im Handel mit Industriegütern oder bei Auslandsinvestitionen, durch Konzessionen an die Agrarexportstaaten ausgeglichen werden. Damit werden die Möglichkeiten für Interventionen an der Grenze verringert.

Wenn man gleichzeitig das Ziel Einkommenssicherung für die bäuerlichen Betriebe nicht aufgeben will, dann führt der Weg über die Preisausgleichszahlungen zu direkten Zahlungen an die Betriebe. Dieser Reformprozess ist 1992 mit der sogenannten MacSharry-Reform eingeleitet worden und noch nicht abgeschlossen. Die Zuckermarktordnung zum Beispiel ist über Jahrzehnte unverändert geblieben und erst im Jahre 2004 hat die Kommission einen Reformvorschlag vorgelegt, der sofort auf den erbitterten Widerstand der Zuckerindustrie und der bäuerlichen Verbände gestoßen ist. Nach mehreren Verhandlungsrunden hat dieser Vorschlag den Rat am 24.11.2005 passiert. Er ist exemplarisch für den Wandel in der Instrumentenwahl der gemeinsamen Agrarpolitik und macht den externen Druck auf diese Politik deutlich.

Box 12.3: Eine Reform der Zuckermarktordnung

Ziel der Reform ist es, die Marktorientierung der Zuckerwirtschaft zu stärken und die Handelsverzerrungen abzubauen, um damit den Entwicklungsländern Exportchancen zu bieten (siehe: Verordnung Nr. 2006R0318 des Rates in der Fassung von 2008). Dazu wird

- der Interventionsmechanismus abgeschafft und der Interventionspreis durch einen Referenzpreis ersetzt,
- eine private Lagerhaltung als Sicherheitsnetz für den Fall eingeführt, dass der Marktpreis unter den Referenzpreis sinkt, allerdings werden bis 2010 bestimmte überschüssige Mengen von Interventionsstellen zu einem Preis von 80% des Referenzpreises aufgekauft,
- der institutionelle Preis für Weißzucker in drei Jahresschritten um 36% gesenkt,
- der Mindestpreis für Zuckerrüben in zwei Jahresschritten um 39% gesenkt,
- den Bauern eine Ausgleichszahlung für 60% der Preissenkungen bei Einhaltung von Umweltschutz- und Bodenbewirtschaftungsbestimmungen gewährt.

Im Ergebnis sollen die Zuckerproduktion um 6 Mio. t sinken und die Exporte weitgehend fortfallen. Entgegen dem ursprünglichen Reformvorschlag gibt es keine obligatorische Quotenkürzung, sondern eine über vier Jahre laufende Umstrukturierungsregelung, bei der den Fabriken hohe finanzielle Anreize (eine Konversionssubvention) zur Kapazitätsreduzierung und zu freiwilligem Quotenverzicht geboten werden. Erst danach werden Quotenkürzungen in Erwägung gezogen. Waren die ursprünglichen Reformankündigungen noch davon ausgegangen, dass der Handel mit den Quoten freigegeben wird, so ist das inzwischen nicht mehr der Fall. Hierin können wir wahrscheinlich ein Ergebnis erfolgreicher Arbeit der Zuckerlobby sehen. Denn bei freiem Handel mit den Quoten würde sich die Produktion sehr rasch aus den weniger produktiven Regionen verabschieden (und so wird in der Verordnung Finnland, das denkbar ungeeignet ist für den Rübenanbau, die nationale Subventionierung der Rübenbauern gestattet).

Die Reaktion der Zuckerwirtschaft auf den ursprünglichen Vorschlag wollen wir den Lesern nicht vorenthalten. Denn sie ist ein schönes Beispiel für die Lobbyarbeit, mit der sich Kommission und Rat regelmäßig konfrontiert sehen. Sie ließ nicht auf sich warten. Noch am selben Tag wie die Kommission ihren ersten Vorschlag veröffentlichte auch die Wirtschaftliche Vereinigung Zucker ihre Kritik (http://www.zuckerwirtschaft.de/1_1_1_590.htm vom 14.7.2004). Man beachte die Reihenfolge der Argumente:

- Wir produzieren umweltschonend, unsere internationalen Konkurrenten nicht, d.h. die Reform belastet die Umwelt,
- die AKP-Staaten, die präferentiell Zugang zum europäischen Zuckermarkt unter den Bedingungen der Zuckermarktordnung haben, sehen ihre im Aufbau befindliche Zuckerindustrie durch die Preissenkung gefährdet,
- in zahlreichen Regionen wird der Rübenanbau unrentabel, damit wird die Rohstoffversorgung gefährdet,
- Tausende Bauern verlieren ihre Existenz, Fabriken müssen schließen – gerade in strukturschwachen Regionen hat das verheerende Folgen,
- die rasche Einführung der Reform greift in die Rentabilität langfristiger Investitionen ein, usw.

Kurzum, die Zuckermarktordnung bleibt bestehen, nur wird sie erheblich zurückgefahren, und ein Teil der Preisregulierung wird durch direkte Zahlungen ersetzt, die Exportförderung reduziert. Der neue Referenzpreis beträgt nur noch das Doppelte des Weltmarktpreises. Die Reform sieht auch institutionelle Änderungen vor. Es ist nur konsequent, die öffentliche Intervention durch ein privatwirtschaftliches Lagerhaltungssystem zu ersetzen. Denn die Intervention wurde schon bisher großenteils systemintern aus der Produktionsabgabe finanziert. Die Reform geht ökonomisch in die richtige Richtung. Mehr Markt auf dem Zuckermarkt kommt aber kaum zustande.

12.4 Eine Bilanz der gemeinsamen Agrarpolitik

Im letzten Abschnitt haben wir bereits gesehen, dass die gemeinsame Agrarpolitik mit Hilfe der Preisregulierung negative Allokations- und Wohlfahrtseffekte aufweist. Ökonomen, die diese Politik kritisieren, stehen deshalb auf sicherem Boden. Natürlich könnte man einwenden, dass die Voraussetzungen der statischen Wohlfahrtstheorie in der Regel nicht gegeben sind, vor allem nicht die vollständige Konkurrenz auf allen Märkten. Deshalb kann man nicht mit Sicherheit annehmen, dass die durch eine Liberalisierung der Agrarmärkte freigesetzten Produktionsfaktoren eine produktivere Beschäftigung in anderen Sektoren fänden. Längerfristig ist das aber sehr wohl der Fall, wie der erhebliche Strukturwandel zu Lasten der landwirtschaftlichen Beschäftigung gezeigt hat.

Eine Kosten-Nutzen Analyse der gemeinsamen Agrarpolitik wird sich allerdings nicht auf statische Wohlfahrtseffekte beschränken können. Sie wird vor allem auf die Ziele eingehen müssen, die sich die Politik vorgenommen hat – ausgehend von der Annahme, dass diese Ziele hinreichend demokratisch legitimiert sind. Davon darf man tatsächlich ausgehen: Eurobarometer (siehe Kapitel 1) stellt immer wieder eine hohe Zustimmung der EU-Bevölkerung zu den Zielen der Politik fest, d.h. der ländliche Raum, die Landwirtschaft, der bäuerliche Stand und eine naturnahe Produktion der Nahrungsmittel genießen nach wie vor eine hohe Sympathie unter der Bevölkerung aller Mitgliedländer, wofür man auch bereit ist zu zahlen. Interessanterweise sind die Antworten auf die Frage, ob die gemeinsame Agrarpolitik nun mehr den Bauern oder den Konsumenten nütze, verteilt (*Eurobarometer* 57.0, 2002). Das bedeutet, die Bevölkerung geht von anderen Argumenten aus als nur denen der statischen Wohlfahrtstheorie. Das setzt allerdings hinreichende Information voraus, und es ist nicht gerade einfach für den ökonomisch nicht vorgebildeten Bürger, die Allokations- und Verteilungseffekte der europäischen Agrarpolitik zu durchschauen. Diese lassen keinen Zweifel darüber, dass die Agrarpolitik eine Umverteilung von den Konsumenten auf die Produzenten darstellt, die aber – so meinen viele Konsumenten – durch qualitativ bessere Produkte honoriert wird.

Die gemeinsame Agrarpolitik wurde eingeführt, um einen einheitlichen Agrar-Binnenmarkt zu ermöglichen. Den gibt es heute. Es hat lange Zeit gedauert, bis er tatsächlich verwirklicht wurde. Denn der freie Verkehr mit landwirtschaftlichen Produkten und die EWG-weiten einheitlichen Preise wurden durch zahlreiche nicht-tarifäre Handelshemmnisse und durch ständige Verschiebungen in den Währungsrelationen (in den Wechselkursen also) behindert. Erstere muss man vor allem in gesundheitspolitischen Vorschriften und entsprechenden Kontrollen beim Grenzübertritt sehen. Dieses Problem wurde durch eine Harmonisierung der Vorschriften (minimale Harmonisierung) und durch die Einführung des Prinzips der wechselseitigen Anerkennung im Zusammenhang mit der Realisierung des Binnenmarkts 1992 gelöst. Wechselkursschwankungen hatten zur Folge, dass bei einer Aufwertung die (in ECU definierten) einheitlichen Preise in Landeswährung sanken, was die Konsumenten erfreute, aber den Bauern Einkommensverluste bescherte. Die umgekehrte Wirkung trat bei einer Abwertung auf. Um diesen Effekt zu kompensieren, wurde ein Grenzausgleich über Währungsausgleichszahlungen (MCAs, *monetary compensatory amounts*) geschaffen. Dadurch kam ein eigenes agrar-monetäres System zustande, das mit dem Prinzip eines einheitlichen Binnenmarkts kaum zu vereinbaren war. Dieses Beispiel zeigt besonders deutlich, dass ein einheitlicher Binnenmarkt auch eine einheitliche Währung braucht. Durch die Einführung des Euro hat sich das Problem gelöst. Damit bleiben den heutigen Studenten die Komplikationen der Währungsausgleichszahlungen erspart.

Hauptziel der gemeinsamen Agrarpolitik ist es, den Bauern ein angemessenes Einkommen zu verschaffen. Wenn man unter einem angemessenen ein durchschnittliches Einkommen versteht, dann wird dieses Ziel nicht erreicht. Denn wir haben bereits gesehen (in Tabelle 12.1), dass die relative Produktivität in den starken Agrarländern rund 2/3 des nationalen Durchschnitts beträgt und in den weniger begünstigten Ländern zum Teil weit darunter liegt. Die Einkommenssituation der Bauern ist dementsprechend schwach im Vergleich zu den Durchschnittseinkommen. Das ist aber nur die erste Hälfte der Geschichte. Die zweite betrifft die Verteilung der landwirtschaftlichen Einkommen, die extrem schief ist. Rund 80 % der Bauern verdienen ein unterdurchschnittliches, die Mehrheit davon ein sehr niedriges Einkommen, und nur 20 % liegen über dem Durchschnitt, wobei nur die Großbauern mit einer Betriebsgröße über 50 ha auf „angemessene" Einkommen kommen. Solche großen Einkommensunterschiede gibt es unter den Selbständigen außerhalb der Landwirtschaft natürlich auch: Zwischen Tante Emma und Aldi liegen Welten.

Zwei Gründe sind hierfür verantwortlich. Zum einen die erheblichen Produktivitätsunterschiede zwischen großen und kleinen Betrieben. Dabei sind nur 5 % aller Betriebe über 50 ha groß, während 72 % der Betriebe unter 5 ha bewirtschaften. Die Großbetriebe sind geographisch sehr unterschiedlich verteilt: In Frankreich, Dänemark, Großbritannien und Schweden hatten im Jahr 2005 mehr als ein Viertel der Betriebe über 50 ha, in Griechenland, Polen, Rumänien, Bulgarien und Slowenien weniger als 1 %. Und umgekehrt gilt das auch für die Kleinstbetriebe unter 5 ha: In Italien, Griechenland, Portugal und Polen liegt ihr Anteil zwischen 70 und 80 %, in Bulgarien, Rumänien und der Slowakei über 90 %. Von einer so kleinen Fläche ist natürlich kein „angemessenes" Einkommen zu erzielen, in der Regel nicht einmal ein ausreichendes. Das bedeutet, dass diese Kleinstbetriebe im Nebenerwerb bewirtschaftet werden, und damit werden die statistischen Aussagen problematisch. Im Wirtschaftsjahr 2000/01 betrug das Familieneinkommen pro Einheit nicht-bezahlter Arbeit (das sind die Selbständigen und die mithelfenden Familienangehörigen) im EU Durchschnitt 15 500 €, in Portugal aber nur 3 800 € und in Belgien 31 300 €. Wie gesagt, die Durchschnitte verschleiern eine extrem schiefe Verteilung – zwischen den Mitgliedländern und innerhalb der Mitgliedländer. Der zweite Grund ist die gemeinsame Agrarpolitik selbst. Sie ist lange Zeit produktionsbezogen gewesen. Und das bedeutet, dass 20 % der Bauern 80 % der Vorteile aus der Politik auf sich ziehen konnten (Commission of the EC 1994: 27). Gefördert wurden also die Großbetriebe. Aber auch der Übergang zu direkten Zahlungen hat diese Situation nicht verbessert, da die direkten Zahlungen flächenbezogen berechnet werden: Wiederum erhalten die Großen den Löwenanteil.

Natürlich stellt sich die Frage: Sollte die EU die mittleren und kleinen Agrarbetriebe stärker stützen und die großen sich selbst überlassen? Über das Instrument der direkten Zahlungen wäre das durchaus möglich, aber ist es ökonomisch sinnvoll? Das Ziel der Einkommenssicherung für die Bauern lässt offen, für wen es gelten solle – alle heute wirtschaftlich tätigen Bauern, nur diejenigen, die längerfristig im Wettbewerb bestehen können, oder bevorzugt die Einkommensschwachen? Je stärker sich die Politik mit der Einkommenssicherung auf letztere Gruppe konzentriert, desto mehr kommt dieses Ziel in Konflikt mit einem anderen Ziel der gemeinsamen Agrarpolitik, dem Strukturwandel. Denn Strukturwandel macht es nun einmal erforderlich, dass die weniger produktiven, einkommensschwächeren Betriebe ausscheiden. Eine produktionsbezogene Preisregulierung, aber auch flächenbezogene direkte Zahlungen begünstigen automatisch die größeren, produktiveren Betriebe und stimulieren so den strukturellen Wandel.

Ein weiteres Ziel der Politik war die Versorgungssicherheit. Wir haben bereits gesehen, dass ein liberalisierter Weltmarkt und diversifizierte Lieferbeziehungen eine gute Garantie dafür darstellen. Die gemeinsame Agrarpolitik stellte jedoch auf Selbstversorgung ab. Das ist weitgehend gelungen, ja für viele landwirtschaftliche Erzeugnisse wurde die hundertprozentige Selbstversorgung zeitweise weit überschritten. Damit entsteht die Notwendigkeit, die Überschüsse auf dem Weltmarkt unterzubringen, was bei dem hohen internen Preisniveau nur mit erheblichen Subventionsaufwendungen möglich ist.

Tabelle 12.4: Selbstversorgungsgrad 2001, in %

Produkt	*Deutschland*	*Großbritannien*	*Frankreich*	*Italien*	*Spanien*	*Niederlande*
Getreide	129	91	181	77	62	21
Kartoffeln	108	87	106	71	76	–
Eier	75	90	101	105	106	267
Wein	43	0	122	132	130	0
Fleisch	94	71	105	77	110	211
Ölsaaten	45	41	110	47	21	0

Quelle: Eurostat

Tab. 12.4 macht deutlich:

- Der Selbstversorgungsgrad mit landwirtschaftlichen Produkten ist in der EU-15 generell hoch und, was die Tabelle nicht zeigt, er ist seit den 1950er und 1960er Jahren zum Teil erheblich gestiegen: Europa kann sich selbst ernähren.
- Produkte, für die keine Marktordnung vorliegt, z.B. Kartoffeln und Eier, überschreiten die 100-prozentige Selbstversorgung weniger stark als Produkte mit Marktordnungen und damit möglichen Exportsubventionen.
- Innerhalb der Gemeinschaft findet eine regionale Spezialisierung statt auf Grund von absoluten und komparativen Kostenvorteilen. Es steht allerdings zu vermuten, dass ohne die gemeinsame Agrarpolitik mit ihrem hohen Preisniveau die regionale Spezialisierung noch ausgeprägter wäre.

Eine nicht durch Kostenvorteile, sondern durch die Marktordnungen hervorgebrachte Überschussproduktion (Butterberge, Milchseen) kann nicht im Interesse der Gemeinschaft liegen, da sie das Budget und die außenwirtschaftlichen Beziehungen zu produktiveren Partnerländern belastet. Am Beispiel der Zuckermarktordnung haben wir bereits gesehen, dass die Politik solche Überschüsse abzubauen versucht.

Insgesamt ist Europa ein Nettoimporteur von Agrarprodukten, allerdings mit nur einem relativ geringen Importüberschuss. Bei vielen einzelnen Produkten ist die Gemeinschaft aber im Laufe der Zeit zu einem Nettoexporteur geworden, häufig unterstützt von Exportsubventionen. Auf Grund der wechselnden Mitgliederzahl der Gemeinschaft sind längerfristige Vergleiche schwierig. Aber zwei Grundtendenzen lassen sich klar feststellen:

- Der Binnenhandel mit Agrarprodukten hat sehr viel stärker zugenommen als der Handel mit Drittländern. Das lässt auf Handelsumlenkung schließen.

- Im Drittländerhandel haben die Exporte stärker zugenommen als die Importe. Das lässt auf handelshemmende Importbeschränkungen und handelsstimulierende Exportförderungen schließen.

Beide Tendenzen rufen den schon erwähnten externen Druck auf die Gemeinschaft hervor, ihre Agrarpolitik zu ändern.

Das Ziel der Marktstabilisierung musste, was die Preise betrifft, mittelfristig erreicht werden. Denn diese waren, solange ein Interventionsregime herrschte, geplant und im Rahmen der Interventionskontingente garantiert. Die notorischen Überschüsse machen deutlich, dass die Marktstabilisierung, was die Mengen betrifft, nicht perfekt war. Zum Teil handelte es sich dabei allerdings um geplante Überschüsse, d.h. Exportmengen, deren Subventionierung vorgesehen war, um die Gesamtproduktion und damit die Einkommen der Bauern hoch zu halten. Je mehr zu direkten Zahlungen übergegangen wird, desto stärker sind die Agrarmarktpreise den Preisschwankungen des Weltmarkts ausgeliefert.

Box 12.4: Planung in der EU und Planung im real existierenden Sozialismus

Die gemeinsame Agrarpolitik wies und weist noch immer eindeutig planwirtschaftliche Züge auf: Preisregulierung, Quotenregelungen, Abnahmegarantien, Exportsubventionen, Wechselkursmanipulationen (im Rahmen des Grenzausgleichs) sind planwirtschaftliche Instrumente. Im Ergebnis produzierte die Agrarplanwirtschaft der Europäischen Gemeinschaft jedoch Produktivitätssteigerungen und damit auch Überschüsse. Die Planwirtschaft des real existierenden Sozialismus (seligen Angedenkens) war dagegen bekannt für geringe Produktivitätssteigerungen und für generelle Mangelerscheinungen – es gab von allem zu wenig. Woher rührt dieser Unterschied?

Als erstes ist hier natürlich die hohe politische Präferenz zu erwähnen, die die Landwirtschaft in der Gemeinschaft genoss, während sich im Sozialismus die Politik auf den industriellen Sektor konzentrierte. Daneben spielt eine wichtige Rolle, dass im Westen der agrarpolitischen Planung selbständige Bauern gegenüberstehen, die in einem marktwirtschaftlich organisierten Umfeld von Liefer- und Absatzbeziehungen operieren. Im Osten gab es, mit Ausnahme Polens, nur staatliche und genossenschaftliche Großbetriebe, die weder auf der Input- noch auf der Outputseite vom Wettbewerb profitierten oder ihm unterworfen waren.

Überschuss und Mangel sind aber Abweichungen vom Gleichgewicht, die die Planung zu verantworten hat. Die gemeinsame Agrarpolitik verfolgte eine Hochpreispolitik, bei der es passieren kann, dass der Planpreis über dem internen Gleichgewicht liegt. Die Folge sind Überschüsse. Die sozialistischen Planer verfolgten, was Nahrungsmittel betraf, eine Niedrigpreispolitik, bei der der Endverbraucherpreis weit unter dem internen Gleichgewicht lag und der in der Regel höhere Produzentenpreis häufig ebenfalls. Die Folge sind Mangel und die notorischen Schlangen vor den Geschäften. Erschwerend kam hinzu, dass auch das Angebot an Nicht-Nahrungsmitteln im Verhältnis zu den Einkommen beschränkt war, so dass sich die kaufkräftige Nachfrage auf Nahrungsmittel konzentrierte. Trotz einer vergleichsweise hohen Produktion konnte die sozialistische Landwirtschaft so viel Fleisch nicht auf den Markt bringen, wie die Konsumenten verlangten. So kommt es, dass die Bürger der Gemeinschaft mit Qualität, Sortiment und Versorgungssicherheit ihrer Nahrungsmittel relativ zufrieden sind (Eurobarometer 68.2, 2008), während die Bürger der sozialistischen Länder darüber nur Klagen hatten. Zu klagen verstehen die EU-Bürger natürlich auch, vor allem über die Angemessenheit der Preise. Hier macht sich wohl die gößere Volatilität der Agrarpreise im Zuge der Reformen bemerkbar.

Der Ausgleich der jeweiligen Differenzen muss über den Außenhandel stattfinden. Die damit verbunden Kosten bereiteten den Planern in beiden Systemen Schwierigkeiten. Die Exportsubventionen der gemeinsamen Agrarpolitik stoßen an die Budgetbeschränkungen des EU-Haushalts (siehe Kapitel 11). Die Ausgaben für Nahrungsmittelimporte aus dem Westen wurden durch die Devisenknappheit der sozialistischen Wirtschaften beschränkt. Im ersten Fall entsteht ein Zwang, das System zu reformieren und Überschüsse abzubauen. Im zweiten Fall entsteht ebenfalls ein Zwang, das System zu reformieren und ein Gleichgewicht herzustellen. Systemreformen treffen überall auf Widerstände. Gelingen sie nicht, dann kann es zu einem Systemzusammenbruch kommen, wie die Geschichte des real existiert habenden Sozialismus zeigt.

Ein weiteres Ziel der gemeinsamen Agrarpolitik waren angemessene Preise für die Konsumenten. Angesichts der Tatsache, dass die Produzentenpreise in der Gemeinschaft über die letzten 25 Jahre real ständig gesunken sind (von 1990 bis 1998 zum Beispiel um rund ein Viertel; Commission of the EC 2002), waren die europäischen Konsumenten längerfristig mit real sinkenden Nahrungsmittelpreisen konfrontiert. Da konnte man doch nicht meckern. Das tun die Ökonomen aber trotzdem. Denn die Weltmarktpreise sind ebenfalls gefallen und zwar sogar noch etwas stärker. So hat sich die Lücke zwischen dem europäischen Preisniveau und dem Weltmarktpreis nicht geschlossen. Wir haben bereits gesehen, dass diese Lücke nicht ganz aussagekräftig ist, da das Weltmarktpreisniveau durch den Agrarprotektionismus der großen Industrieländer und vor allem auch durch die europäischen Exportsubventionen nicht von Gleichgewichtspreisen bei Freihandel bestimmt wird, sondern darunter liegt. Aber auch ein direkter Vergleich der Nahrungsmittelpreise, zum Bespiel zwischen den USA und der Europäischen Union, hat seine Probleme. Abgesehen von Qualitäts- und Sortimentsunterschieden muss ein einheitlicher Währungsstandard gefunden werden. Der täglich schwankende Wechselkurs ist dafür nicht geeignet. Kaufkraftparitäten gehen aber gerade von den Preisen aus, die verglichen werden sollen. Sie wären also gesondert für Nahrungsmittel und Non-Food Güter zu berechnen, um bei einer Diskrepanz auf ein erhöhtes relatives Preisniveau für Nahrungsmittel im einen oder anderen Land schließen zu können. Kurzum, angemessene Preise für die Konsumenten sind ein sehr unklares und nur schwer zu operationalisierendes Ziel. Die jüngsten Entwicklungen der Jahre 2007 und 2008 machen aber deutlich, dass dank der Reformen die europäischen Nahrungsmittelpreise mehr und mehr vom Weltmarkt beeinflusst werden, und das hieß in jenen Jahren nach oben gedrückt wurden. Dem Verbraucher, anders als dem Bauern, erschien das, wie wir in Box 12.4 schon sahen, keineswegs „angemessen".

Box 12.5: Was kostet der Spaß?

Alle Industrieländer haben eine Agrarpolitik. Seit 1986 schätzt die OECD den Umfang, bzw. die Kosten dieser Politik. Hierfür verwendet sie unterschiedliche Indikatoren, die das Instrumentarium der Politik widerspiegeln. Im Jahr 2007 wurden diese Indikatoren den neueren Formen der Landwirtschaftspolitik angepasst (OECD 2008: 48–56):

- *Producer support estimate (PSE)*: der Geldwert der Bruttotransfers von den Konsumenten und den Steuerzahlern an die Landwirtschaftsproduzenten absolut gemessen und als Prozentsatz der Bruttoeinnahmen der Agrarbetriebe.
- *Market price support (MPS)*: der Geldwert der Bruttotransfers, die aus Maßnahmen hervorgehen, durch die ein Keil zwischen den Preis eines Produkts auf dem heimischen Markt und den Importpreis (Weltmarktpreis) getrieben wird (dieser Wert kann auch negativ sein auf Grund von Marktpreissubventionen).
- *Consumer support estimate (CSE)*: der Geldwert der Bruttotransfers von den Konsumenten, die im wesentlichen auf die erhöhten Marktpreise zurückzuführen sind.
- *General services support estimate (GSSE)*: der Geldwert der Bruttotransfers, die nicht einzelnen Produzenten, sondern der Landwirtschaft generell zugute kommen: Forschung und Entwicklung, Ausbildung, Marketing, öffentliche Lagerhaltung usw.
- *Total support estimate (TSE)*: der Gesamtwert aller Transfers an die Landwirtschaft abzüglich der Budgeteinnahmen aus der Landwirtschaft (wie z.B. der Produktionsabgabe für Zucker in der EU, siehe Box 12.3). Aus diesen Budgeteinnahmen erklärt es sich, dass sich die Beiträge der Konsumenten und Steuerzahler zum TSE in Tabelle 12.5 nicht zu 100 aufaddieren.

Schon die Bezeichnungen machen deutlich, dass es sich hierbei um Schätzungen handelt. Eine zentrale Rolle spielt dabei der Weltmarktpreis als Referenzgröße. Der ist aber keine fixes Datum, sondern wird zum einen von der Agrarpolitik der Industrieländer beeinflusst und zum anderen von den jeweiligen Wechselkursen. Steigt zum Beispiel der Wechselkurs des Euro gegenüber dem US-Dollar, dann sinkt *ceteris paribus* der Weltmarktpreis in Euro und die Protektion der europäischen Agrarpolitik nimmt zu, obwohl sich in der Politik nichts geändert hat.

Tab. 12.5 zeigt uns, dass es OECD Mitgliedländer mit sehr niedriger Stützung der Landwirtschaft gibt, Australien ist ein Beispiel. Und es gibt Länder, die ihrer Landwirtschaft besonders umfangreichen Schutz angedeihen lassen. Hierzu zählen Japan und die Schweiz. Die EU, Kanada und die USA bewegen sich dazwischen. Die Instrumentierung der Agrarpolitik über Marktpreisbeeinflussung oder Budgetsubventionen unterscheidet sich ebenfalls erheblich. Die generelle, in der WTO vereinbarte Tendenz, die Marktpreisstützung zugunsten der Budgetsubventionen abzubauen, zeigt sich deutlich.

Tabelle 12.5: Stützung der Landwirtschaft 1986–88 und 2007

Land	*PSE in % der Einnahmen*		*TSE in % des BIP*		*Beitrag der Konsumenten zum TSE in %*		*Beitrag der Steuerzahler zum TSE in %*	
	1986–88	*2007*	*1986–88*	*2007*	*1986–88*	*2007*	*1986–88*	*2007*
EU	40	26	2,69	0,91	78,1	33,0	23,6	68,5
Australien	7	6	0,6	0,8	19,1	0,2	80,8	99,9
USA	22	10	1,34	0,73	23,1	13,1	79,3	88,3
Kanada	36	18	1,77	0,68	40,9	29,5	59,2	70,6
Japan	64	45	2,38	1,04	104,7	87,0	24,6	33,8
Schweiz	77	50	3,84	1,11	90,0	45,9	29,4	68,2

Quelle: OECD 2008

Was die Europäische Gemeinschaft betrifft, so kostete 1986–88 die Agrarpolitik insgesamt (TSE) noch fast 2.7 % des Bruttoinlandsprodukts der EU-12. Innerhalb von 20 Jahren ist dieser Prozentsatz auf 0,9 % für die EU-25 gesunken. Auch der Beitrag der Transfers zu den Bruttoeinnahmen der landwirtschaftlichen Betriebe (PSE) war in diesem Zeitraum rückläufig, nämlich von 40 % auf 26 %. Bis 1990 beruhten die Transfers an die Agrarproduzenten vor allem auf der Marktpreisunterstützung (im wesentlichen durch den Zollschutz verursacht), und das bedeutet, sie wurden fast ausschließlich von den Konsumenten getragen. Nimmt man die allgemeinen Maßnahmen hinzu (GSSE), dann kamen mehr als drei Viertel der Gesamttransfers an die Landwirtschaft (TSE) von den Konsumenten und weniger als ein Viertel vom Steuerzahler. Nach 1990 änderten sich auf Grund der Reformen die Verhältnisse. 2007 trugen die Konsumenten nur noch ein Drittel der Kosten und die Steuerzahler zwei Drittel, d.h. die Konsumenten waren wesentlich entlastet worden. Dieser Prozess wird sich in Zukunft noch fortsetzen.

Da bei einer nur langsam rückläufigen Stützung der Landwirtschaft der Anteil der Steuerzahler an der Finanzierung ständig zunimmt, könnte man vermuten, dass die Belastung des Gemeinschaftsbudgets ebenfalls zunimmt. Das ist in absoluten Zahlen auch der Fall, nicht aber in Prozent der Budgetsumme. Der Anteil der Agrarpolitik an den Gesamtausgaben ist von 1986–88 bis 2008 von fast 70 % auf etwas über 40 % gefallen. Die häufig als Horrormeldungen gedachten Informationen „Zwei Drittel oder – später – die Hälfte der EU Ausgaben gehen an die Bauern" sind auch deshalb zu relativieren, weil das Gemeinschaftsbudget außer in der Agrarpolitik und der Strukturpolitik getreu der Devise *rules, not money* keine wirtschaftspolitische Rolle spielt (siehe Kapitel 11).

Die Transfers an die Agrarproduzenten verteilen sich sehr unterschiedlich auf die einzelnen Güter. Machten sie 1986–88 bei Rind- und Kalbfleisch über 53 % der Bruttoeinnahmen aus, lag der Prozentsatz bei Schweinefleisch nur bei 8 % (im Durchschnitt für alle Güter, wie gesagt, 40 %). Zucker, Milch,

Ölsaaten und Getreide waren ebenfalls überdurchschnittlich gestützte Produkte. Das bedeutet, die Agrarpolitik hat eine erheblich verzerrende Wirkung auf die Produktionsstruktur. Das ließe sich dann vertreten, wenn es sich hier um Defizitprodukte handelte, obwohl Autarkiedenken nicht mehr angebracht ist. Davon kann aber nicht die Rede sein. Rindfleisch, Zucker, Milch und Getreide sind Produkte, die inzwischen über den Eigenbedarf hinaus erzeugt werden (siehe auch Tab. 12.4). Es werden offensichtlich bestimmte Erzeugergruppen besonders begünstigt, die sich politisch durchzusetzen verstehen. Die betroffenen Güterkategorien deuten an, dass es Erzeugergruppen vor allem aus den nördlichen Regionen der Gemeinschaft sind. Hier macht sich der bestimmende Einfluss Frankreichs auf die gemeinsame Agrarpolitik bemerkbar, dem sich Länder wie die Niederlande, Dänemark oder Deutschland kaum widersetzen werden. Eine Umstrukturierung der Agrarförderung auf direkte Zahlungen, die sich am historischen Stützungsumfang orientieren, wird daran grundsätzlich wenig ändern. Allerdings ist dadurch die produktbezogene Förderung stark zurückgefahren worden. Bei Getreide (mit Ausnahme des Mais), Ölsaaten und Milch ist sie praktisch fortgefallen, bei Rind- und Kalbfleisch und Zucker bleibt sie überdurchschnittlich hoch.

Unter den Zielen der Agrarpolitik, die in den römischen Verträgen niedergelegt wurden, fehlt der Umweltschutz. Er fehlte auch generell im EWG-Vertrag. Das war zur damaligen Zeit noch kein Thema, das auf den Nägeln brannte (was nicht heißen soll, dass die Umwelt sich in einem paradiesischen Zustand befand). Die landwirtschaftliche Produktionsweise war wenig intensiv. Der Einsatz von Maschinen, Kunstdünger, Pestiziden und Herbiziden war gering, die Konzentration in der Viehwirtschaft stellte kein Problem dar. Das sollte sich rasch ändern. Mit der sogenannten „grünen Revolution" hielt auf den Höfen der technische Fortschritt seinen Einzug und brachte die enormen Produktivitätssteigerungen hervor, die für die moderne Landwirtschaft kennzeichnend sind. Von einem Hektar werden nicht mehr 25 dt. Weizen geerntet, sondern 80 dt. und mehr. Eine Kuh gibt nicht mehr 2500 kg Milch pro Jahr, sondern 7500 kg. Diese Intensivierung geht nicht spurlos an der Umwelt vorüber: Überdüngung, Bodenverdichtung, Grundwasserverseuchung, Luftverschmutzung, Reduzierung der Artenvielfalt sind nur einige der vielen Folgen.

Viele Autoren (z.B. Baldwin, Wyplosz 2004: 226–8) sehen die gemeinsame Agrarpolitik als unmittelbaren Verursacher der intensiven Wirtschaftsweise und damit als einen der großen Umweltsünder. Das scheint uns, zumindest was den ökologisch bedenklichen Einsatz von Kunstdünger betrifft, auch zuzutreffen. Ein liberalisierter Markt für Agrargüter würde vermutlich niedrigere Preise und einen harten internationalen Wettbewerb mit der Konsequenz einer weiteren Spezialisierung, Rationalisierung und Konzentration sowie der Aufgabe marginaler Böden mit sich bringen. Dabei würde auch der Einsatz von Kunstdünger zurückgehen, da er bei sinkenden Preisen für Agrargüter weniger lohnend ist (Koester 2005, S. 260). Es ist wohl so, dass die gemeinsame Agrarpolitik mehr produktive Ressourcen in die Landwirtschaft gelenkt hat, als unter normalen Marktbedingungen dort zum Einsatz gekommen wären. Somit könnte eine Liberalisierung der Agrarmärkte durch die Reformen der Agrarpolitik zu einer gewissen Umweltentlastung führen.

Inzwischen hat die Umwelt Eingang in den EG-Vertrag gefunden (Art. 174–176 EG). Umweltpolitik ist eines der mittlerweile zahlreichen Politikfelder der Gemeinschaft (siehe Kapitel 10). Zu den Zielen der Umweltpolitik zählen unter anderen (Art. 174.1 EG):

- Schutz der menschlichen Gesundheit
- umsichtige und rationelle Verwendung der natürlichen Ressourcen.

Das müssen auch Ziele der Agrarpolitik sein, und genau darin sehen die Bürger der Union auch eines der wichtigsten Ziele dieser Politik:

- Sicherstellen, dass die landwirtschaftlichen Produkte gesund sind, und
- den Respekt vor der Umwelt fördern,

das sind die beiden Ziele, die bei den Erhebungen von *Eurobarometer* (EB 68.2, 2008) eine hohe Zustimmung erhalten. Doch auch der Schutz mittlerer und kleiner Bauernbetriebe, d.h. der Schutz der sozio-kulturellen Umwelt auf dem Lande, genießt eine hohe Priorität. Damit wird das Dilemma der Agrarpolitik deutlich: Sie muss einen Kompromiss finden zwischen produktivitätssteigerndem Strukturwandel auf der einen Seite und der Wahrung von Natur und traditioneller Kultur auf der anderen.

12.5 Zur politischen Ökonomie der Reformen der Gemeinsamen Agrarpolitik

Eurobarometer macht deutlich, dass die Bürger der Gemeinschaft mit den Zielen der Agrarpolitik und mit dieser Politik insgesamt weitgehend einverstanden sind. Das mag erstaunen, schließlich läuft die Politik darauf hinaus, dass erhebliche Mittel von den Konsumenten und Steuerzahlern, der Mehrheit der Bevölkerung, auf die Bauern, eine kleine Minderheit, umverteilt werden. Nach Schätzung der OECD (1999) handelte es sich in den 1990er Jahren um rund 300 € pro Kopf der Bevölkerung pro Jahr, die jedem Vollzeit-Bauern einen Einkommenszuwachs von 14 000 € pro Jahr brachten. Der geringe Widerstand gegen die gemeinsame Agrarpolitik in der öffentlichen Meinung hat seine Auswirkungen auf die Reformbemühungen:

- Der Druck von innen auf Reformen ist relativ schwach. Er kommt vor allem von seiten der Haushaltspolitik. Mit wachsendem Erfolg der Agrarpolitik wuchsen auch die Ausgaben ins Unermessliche, so dass hier Pflöcke eingeschlagen werden mussten, die die Ausgabensteigerungen beschränken.
- Eine wohl organisierte landwirtschaftliche Lobby operiert in einem ihr freundlich gesinnten politischen Umfeld, wodurch ihr Einfluß die Stärke der Gruppe, die sie repräsentiert, weit übersteigt.
- Reform der Agrarpolitik bedeutete in erster Instanz nicht, die Umverteilung zugunsten des landwirtschaftlichen Sektors zurückzufahren, sondern die offensichtlichen Fehlplanungen zu korrigieren, die sich in Marktungleichgewichten äußerten.

Eine kostspielige Agrarpolitik und ihre hohe Akzeptanz waren keine Besonderheiten der Europäischen Gemeinschaft. Die USA und Japan wiesen vor Beginn der Reformrunden Anfang der 1990er Jahre ähnlich umfangreiche Umverteilungsmechanismen auf, und die verbliebenen kleineren EFTA-Länder wie die Schweiz, Österreich, Norwegen, Schweden und Finnland unterstützten ihre Bauern noch sehr viel stärker.

Den ersten Reformplan legte Sicco Mansholt (1908–1995), der damalige EWG-Kommissar für Landwirtschaft, im Jahr 1968 vor, kurz nachdem die gemeinsame Agrarpolitik vollständig umgesetzt worden war. Mansholt, selbst ein Bauer aus den nördlichen Niederlanden, sah, dass die Preisstützung zur Ausdehnung der Anbauflächen, der Viehherden und zur Steigerung der Produktivität führe und es absehbar sei, wann die Produktion auf dem heimischen Markt nicht mehr abgesetzt werden könne. Damit würden der Interventionsmechanismus und die Exportförderung in Wirkung treten und das Gemeinschaftsbudget belasten. Der Mansholt-Plan sah Flächenstillegungen und einen beschleunigten Abbau der Beschäftigung im Agrarsektor vor, um so das Marktgleichgewicht wiederherzustellen. Ganz im Sinne Jean Monnets sollte die Durchführung des Mansholt-Plans sektoralen Planungsorganen übertragen werden, d.h. ihm lag ein korporatistisches Modell einer gelenkten Marktwirtschaft zugrunde. Er kam nicht zur Ausführung, weil Ende der 1960er Anfang der 1970er Jahre die Probleme noch nicht drängend waren.

Das sollte sich bald ändern. Mit der ersten Erweiterungsrunde kam 1973 Großbritannien in die EWG, das von Beginn an der Agrarpolitik kritisch gegenüberstand und eine unbeschränkte Ausweitung des Gemeinschaftsbudgets zur Finanzierung der Agrarpolitik blockierte. Mit der Ölkrise von 1973 endete die lange Nachkriegsprosperität, so dass auch in den übrigen Mitgliedländern die Regierungen mit Haushaltsproblemen konfrontiert wurden. England wurde allerdings mit dem Kompromiss von Fontainebleau (siehe Kapitel 3) zufrieden gestellt, ohne dass es zu einer tiefer greifenden Reform der Agrarpolitik gekommen wäre. Es dauerte bis zur zweiten Erweiterungsrunde in den 1980er Jahren, bevor neuerliche substantielle Reformen angestrengt wurden. Denn Spanien, Portugal und Griechenland waren wenig geneigt, die alte Agrarpolitik fortzuführen, die einseitig die Produkte der reichen nördlichen Mitgliedländer bevorzugte: Weizen, Rindfleisch und Milch. Diesen Ländern und auch Irland schien es sinnvoller, eine gemeinschaftliche Strukturpolitik ins Leben zu rufen mit dem Ziel, die Konvergenz der weniger entwickelten Regionen zu fördern. Damit erhielt die gemeinsame Agrarpolitik im Gemeinschaftsbudget Konkurrenz, und der Zwang zur Ausgabenbeschränkung wurde akut.

In diese Phase fallen die Reformen der gemeinsamen Agrarpolitik von 1984 und 1988, die beide in die gleiche Richtung gingen. Dabei wurde zum einen das inzwischen aufwendig gewordene agrar-monetäre System reformiert, durch das bei Paritätsänderungen der Währungen der einheitliche Binnenmarktpreis aufrechterhalten werden sollte. Zum anderen führte man, um die Überschüsse abzubauen, insbesondere bei Milcherzeugnissen Garantieschwellen (Quoten) ein, bei deren Überschreiten die automatische

Intervention ausgesetzt, bzw. die Garantiepreise gesenkt wurden (Box 12.6). Hinzukamen Stillegungs- und Abschlachtprämien für die Reduzierung der Kapazitäten und eine budgetäre Obergrenze: Das Wachstum der Agrarausgaben durfte höchstens 75 % des BIP-Wachstums der Gemeinschaft erreichen. Ziel war die Wiederherstellung des Marktgleichgewichts und eine Ausgabenbeschränkung. Die Methode war eine Verstärkung der planwirtschaftlichen Elemente in der gemeinsamen Agrarpolitik. Dieses Ziel wurde nur unvollkommen erreicht.

Box 12.6: Warum Quoten und keine Senkung der Interventionspreise?

Um die durch die hohen Interventionspreise verursachten Überschüsse zu reduzieren, wurden 1984 für einige Agrarprodukte, insbesondere Milch, Quoten eingeführt. Das bedeutet, dass die hohen Interventionspreise nur bis zu einer festgelegten Maximalmenge garantiert waren. Ein Überschreiten der Maximalmenge hatte Strafsteuern zur Folge, so dass ein Anreiz bestand, die Quoten einzuhalten. Die Mitgliedstaaten erhielten Länderquoten auf der Basis von historischen Produktionsmengen zugeteilt. Die Länderquoten wurden dann auf die einzelnen Betriebe aufgeteilt – wiederum auf Grundlage ihrer vergangenen Produktionsmengen.

Dieses System hat sich bis heute gehalten, obwohl Ökonomen am Quotensystem immer wieder Kritik übten. Denn eine Quotierung verursacht höhere Effizienzverluste als eine Senkung der Interventionspreise mit dem gleichen Mengeneffekt. Folgende Wohlfahrts- und Verteilungsanalyse zeigt, warum das der Fall ist.

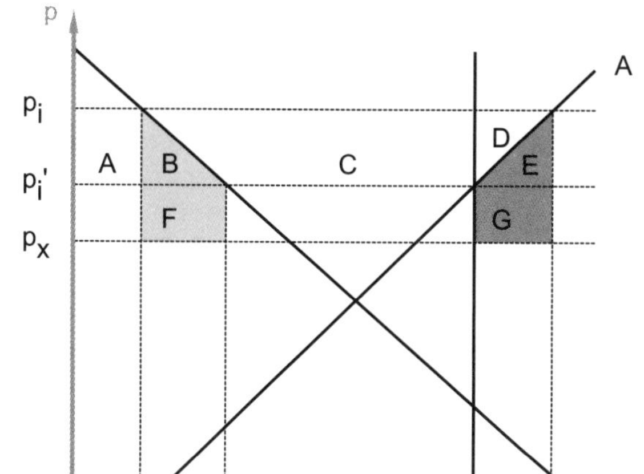

Abbildung 12.4: Quoten oder Preissenkung

Ausgangspunkt sei ein hoher Interventionspreis p_i, bei dem auch ein hoher Überschuss $(q_4 - q_1)$ entsteht, der nur zum Preis p_x auf dem (Welt-)Markt mit Hilfe von

Exportsubventionen untergebracht werden kann Vergleichen wir nun die Wohlfahrts- und Verteilungseffekte der Einführung einer Quote q_3 bei Beibehaltung des hohen Interventionspreises mit einer Senkung des Interventionspreises auf p_i', bei der der gleiche Mengeneffekt – nämlich Reduzierung der Produktion auf q_3 – erreicht wird.

Tabelle 12.6: Wohlfahrtsveränderungen bei einer Quotenregelung

Konsumentenrente	0
Produzentenrente	–D
Budgeteinsparungen	D + E + G
Nettowohlfahrtsgewinn	E + G

Vorausgesetzt ist allerdings, dass die Quoten gehandelt werden. Ist das nicht der Fall, ist der Wohlfahrtsgewinn geringer. Das hängt damit zusammen, dass bei der Konstruktion der Angebotsfunktion in der Abbildung unterstellt wurde, dass bei niedrigen Preisen zunächst die produktivsten Produzenten zum Zuge kommen und mit steigenden Preisen auch die weniger produktiven Anbieter eine Chance haben. Bei einer starren Quotenregelung ohne Übertragungsmöglichkeit werden ab einer bestimmten Angebotsmenge alle Anbieter kontingentiert, produktive wie unproduktive. Werden die Quoten gehandelt, dann wandern sie von den weniger produktiven zu den produktiveren Anbietern, das heißt, die marginalen Produzenten scheiden aus: Die verringerte Menge wird tatsächlich auch zu verringerten Grenzkosten produziert, wie es die Angebotsfunktion widerspiegelt.

Tabelle 12.7: Wohlfahrtsveränderungen bei einer Preissenkung

Konsumentenrente	A + B
Produzentenrente	– A – B – C – D
Budgeteinsparungen	B + C + D + E + F + G
Nettowohlfahrtsgewinn	B + E + F + G

Der Wohlfahrtsgewinn einer Senkung des Interventionspreises ist somit beträchtlich höher als der Wohlfahrtsgewinn einer entsprechenden Quote (B + E + F + G > E + G). Warum haben sich die Quoten trotzdem so hartnäckig gehalten? Die Frage lässt sich leicht beantworten, wenn man auf die unterschiedlichen Verteilungswirkungen der beiden Maßnahmen schaut. Der Wechsel von einer Quote zur Senkung des Interventionspreises würde die Konsumenten und die Steuerzahler (über den EU-Haushalt) begünstigen, die Produzenten aber deutlich benachteiligen. Da sich die Interessen der Produzenten in der Regel politisch leichter organisieren und geltend machen lassen als die Interessen der Konsumenten und Steuerzahler, wird deutlich, warum die ökonomisch ineffiziente Lösung die politisch stabile ist. Wir haben weiter oben (in Box 12.3) gesehen, dass die Zuckerwirtschaft mit Genugtuung die Beibehaltung der „bewährten und unverzichtbaren Quotenregelung" bei der Zuckermarktreform unterstrichen hat.

Wenn nun Quoten so vorteilhaft für die (politisch gut organisierten) Produzenten sind, dann stellt sich die Frage, warum man dieses Instrument nicht für alle Agrarprodukten genutzt hat. Der Grund liegt in den unterschiedlichen Transaktionskosten der Durchsetzung einer Quotenregelung. Auf dem Milch- und Zuckermarkt lässt sich die Quote vergleichsweise leicht kontrollieren, weil es hier einen Flaschenhals gibt. Die zahlreichen Produzenten liefern ihre Milch an eine vergleichsweise geringe Zahl von Molkereien, wo sich der Output der einzelnen Produzenten mit geringem Aufwand kontrollieren lässt. Das gleiche gilt für den Zuckermarkt, auf dem bereits seit 1958/59 eine Quotierung besteht.

Literatur: Colman/Roberts (1997); Koester (2005: 341 ff.).

Der stärkste Druck, die gemeinsame Agrarpolitik zu reformieren, kommt aber von außen. Wir haben gesehen, dass die EU-Politik erhebliche Rückwirkungen auf den Weltmarkt hat, sowohl was die Preise, wie auch was die umgesetzten Mengen betrifft. Betroffen sind dabei vor allem zwei Gruppen von Ländern: andere OECD-Länder, d.h. entwickelte Industrieländer, die einen produktiven Agrarsektor haben wie die USA, Kanada, Australien und Neuseeland, und weniger entwickelte Länder des Südens mit bereits produktiver Landwirtschaft, vor allem in Südamerika. Während die erste Gruppe selbst eine aktive Landwirtschaftspolitik führt und vor allem für eine Änderung der Instrumentwahl in der Europäischen Gemeinschaft plädiert, um ihren eigenen Exportprodukten bessere Chancen zu verschaffen, fordert die zweite Gruppe einen generellen Abbau der Protektion. Diese internationalen Auseinandersetzungen finden im Rahmen der Zollsenkungsrunden des GATT und seiner Nachfolgeorganisation, der WTO, statt. Zwei Runden sind für die gemeinsame Agrarpolitik von besonderer Bedeutung – die sogenannte Uruguay-Runde, die von 1986 bis 1994 dauerte, bis ein Abschluß zustande kam, und die sogenannte Doha-Runde, die 2001 begann und 2008 entgegen den ursprünglichen Absichten noch nicht zu einer Einigung gekommen ist.

Die Uruguay-Runde und die weiterhin steigenden Budgetkosten der Agrarpolitik haben die MacSharry-Reform von 1992 ausgelöst, genannt nach dem damaligen irischen Agrarkommissar. Die Details dieser Reform sind so komplex, wie die Praxis der Agrarpolitik. Wir wollen hier nur die Grundzüge wiedergeben:

- Eine Reduktion der Interventionspreise.
- Kompensation durch direkte, flächenbezogene Zahlungen an die Ackerbaubetriebe. In der Viehwirtschaft sind die direkten Zahlungen auf die Herdengröße bezogen.
- Diese direkten Zahlungen waren gebunden an eine 15-prozentige Rotationsbrache, d.h. die jährlich wechselnde Stillegung von 15 % der Anbaufläche.
- Die Umsetzung der variablen Einfuhrabschöpfung in einen festen Zollsatz.

- Förderung der Frühverrentung von Bauern, um den Arbeitskräfteeinsatz zu verringern.
- Ausbau der sogenannten zweiten Säule der Landwirtschaftspolitik, nämlich der Förderung der ländlichen Entwicklung im Rahmen der Strukturpolitik.
- Förderung von umweltpolitischen Maßnahmen und Tierschutzmaßnahmen.

Die Stoßrichtung der Reform ist deutlich: Abkoppelung der Einkommensunterstützung vom Produktionsumfang, Aufrechterhaltung der Umverteilung zugunsten der Bauern, Reduzierung der Umverteilung vom Konsumenten auf die Bauern, dafür eine stärkere Umverteilung vom Steuerzahler auf die Bauern (das sollte auch den Vorwurf der regressiven Verteilungswirkung der bisherigen Agrarpolitik abschwächen), Beschränkung der Budgetausgaben für Marktintervention, um die wachsenden Budgetausgaben für direkte Zahlungen decken zu können, schließlich bescheidene Konzessionen an die internationalen Handelspartner. Die MacSharry-Reform hat aber keineswegs die gesamte landwirtschaftliche Produktion erfasst. Eine Reihe wichtiger Produkte wie Zucker, Wein und Oliven blieben außen vor. Die Reform hat den planwirtschaftlichen Charakter der gemeinsamen Agrarpolitik weiter verstärkt. Der administrative Aufwand und der Kontrollaufwand nahmen zu, und zugenommen haben auch die Möglichkeiten für opportunistisches Verhalten oder direkten Betrug. Hier zeigt sich ein aus den sozialistischen Planwirtschaften bekanntes Phänomen: Die Planung wird „vervollkommnet" (was für ein Wort! Aber so hieß es damals), wenn die Ergebnisse den Erwartungen nicht entsprechen, konkret wenn die Märkte nicht im Gleichgewicht sind und allokative Verzerrungen auftreten.

Die Aussicht auf die Osterweiterung, d.h. die Aufnahme weniger entwickelter Wirtschaften in die Gemeinschaft, die zum Teil umfangreiche landwirtschaftliche Sektoren mitbringen, und die Aussicht auf eine weitere WTO-Runde, in der die internationalen Handelspartner ihren Druck weiter verstärken würden, waren Auslöser für eine neuerliche Reformrunde, die auf dem Berliner Gipfel von 1999 im Rahmen der „Agenda 2000" beschlossen wurde. Im Prinzip ist die „Agenda 2000" eine Fortführung der MacSharry Reform, und die weiter laufenden Verhandlungen in der Doha-Runde sorgen dafür, dass es eine Art permanenter Reform bleibt. Denn die Europäische Union muss, um ihre Außenhandelsinteressen im Bereich der Industriegüter und der Dienstleitungen zu wahren, Konzessionen in der Agrarpolitik machen. Die Reform der Zuckermarktordnung, die wir bereits in Box 12.4 kennengelernt haben, ist ein typisches Beispiel dafür.

Eine Herausforderung an die Agrarpolitik war die Osterweiterung der Gemeinschaft, vor allem was die „großen" Agrarproduzenten Polen und ab 2007 Rumänien betrifft. Diese Länder sind große Agrarproduzenten, weil in ihnen noch ein bedeutender Teil der Bevölkerung von der Landwirtschaft lebt – 46 % aller EU-Landwirtschaftsbetriebe befinden sich in Rumänien und Polen. Und sie besitzen bei einigen Produkten bereits jetzt, bei anderen aber sicher in Zukunft ein erhebliches Produktionspotential. Deshalb spielte die

Aushandlung der Quoten (Milch, Zucker) bei den Beitrittsverhandlungen eine wichtige Rolle. Relativ leicht viel es den Unterhändlern der EU-15, den Neumitgliedern von Beginn an die gleichen Richt- und Interventionspreise zuzugestehen. Allerdings können hier die Wechselkurse ein Problem darstellen. Anders war es bei den Direktzahlungen, für die man eine Übergangsperiode bis 2013 festlegte, in der die EU-Zahlungen von 30 % der vollen Rate im Jahr 2005 jährlich um 10 % bis eben auf 100 % im Jahr 2013 ansteigen. Der nationalen Agrarpolitik in den Beitrittsländern wurde eingeräumt, diese Beträge mit 30 % der vollen Rate anzufüllen (in den letzten drei Jahren dann auf 0 % zurückgehend) (vgl. OECD 2003).

Die bislang jüngste Reformrunde wurde im Juni 2003 auf einer Ratssitzung in Luxemburg eingeläutet. Ihr Hauptziel ist die weitere Entkoppelung der Agrarsubventionen von der Produktion und von den Produktionskapazitäten (Bodenfläche und Herdenumfang). Bemerkenswert ist aber vor allem die Aufgabe des Prinzips der Einheitlichkeit: Die Gemeinschaft gibt die Grundregeln der Agrarpolitik vor, die Mitgliedländer erhalten Optionen, wie sie ihre nationale Agrarpolitik in diesem Rahmen konkret ausgestalten. Man kann hierin ein Vordringen des Subsidiaritätsprinzips in die gemeinsame Agrarpolitik sehen. So hat sich Deutschland für eine maximale Entkoppelung entschieden: Zahlreiche, nicht alle, produktbezogenen Zahlungen werden in Pauschalbeihilfen (*single farm payment*) für die landwirtschaftlichen Betriebe umgewandelt. Frankreich und andere Mitgliedländer behalten eine breitere Palette produktbezogener Zahlungen bei, um die Bodenbewirtschaftung in ertragsschwachen, abgelegenen Regionen aufrecht zu erhalten, und natürlich auch, um die Wettbewerbsfähigkeit der Produkte zu stützen. Die zweite Schiene der Entkoppelung ist in der Verstärkung der „zweiten Säule" der Agrarpolitik zu sehen. Die Reform von 2003 sieht vor, dass der Fonds für ländliche Entwicklung erheblich aufgestockt wird. Und auch hier wird das Subsidiaritätsprinzip wirksam: Die Mitgliedländer sind zur Ko-Finanzierung angehalten und können die Verwendung der Mittel im Rahmen allgemeiner Regelungen selbst bestimmen.

Problem der Pauschalbeihilfen ist das Kriterium, nach dem sie berechnet werden (Details der Reform untersucht OECD 2004b). Auch dieses Problem kennen wir aus den Planwirtschaften des Sozialismus – das Indikatorproblem: Welchen Planungsindikator man auch wählt, er hat unerwünschte Nebenwirkungen. Um diese soweit wie möglich einzuschränken, wird ein einfacher Planungsindikator differenziert oder es werden Randbedingungen und Sonderregelungen eingeführt. So auch hier. Ein einfaches Beispiel sind Umwelt- und Tierschutz: Pauschalbeihilfen können gekürzt werden, wenn entsprechende Auflagen nicht eingehalten werden (die sogenannte *cross compliance*). Die Pauschalbeihilfen der neuen gemeinsamen Agrarpolitik werden nach dem Prinzip des rekurrenten Anschlusses verteilt: Sie basieren auf den historischen Produktbeihilfen, die die Betriebe in der Periode 2000–2002 erhalten haben. Das kann man für jeden Betrieb einzeln berechnen, das kann auch für eine ganze Region erfolgen, was zu einem einheitlichen regionalen Hektarbetrag führt. Die erste Methode schreibt die bisherige

Verteilung fest. Die zweite erlaubt zumindest interregionale Umverteilungen. Deutschland zum Beispiel hat sich für das Regionalmodell entschieden, das allerdings erst ab dem Jahr 2013 vollständig wirksam sein soll. Für die neuen Mitglieder in Ostmitteleuropa wurden eigene Übergangsbestimmungen und *phasing-in* Regeln festgelegt.

Die Differenzierung der Agrarpolitik hebt nicht den gemeinsamen Markt auf. Was hier passiert, ist vielmehr eine Angleichung des Binnenmarkts für Agrargüter an den gemeinsamen Markt für industrielle Güter und Dienstleistungen. Die Möglichkeit nationaler Regelungen bringt die Gefahr von Wettbewerbsverzerrungen mit sich. Es ist nun Aufgabe der Kommission zu überwachen, dass es dazu nicht kommt. Dazu lässt sich die Kommission die nationalen Regelungen vorlegen und kann, falls eine Wettbewerbsverzerrung droht, Änderungen verlangen. In ähnlicher Weise sind zum Beispiel Beihilfen im industriellen Bereich genehmigungspflichtig (siehe Kapitel 9). Die Reform von 2003 hebt die gemeinsame Agrarpolitik nicht auf. Der Grundcharakter dieser Politik als Umverteilungsmechanismus bleibt erhalten. Die Entkoppelung verstärkt die Wirkung der Marktfaktoren auf die landwirtschaftliche Produktion, was zumindest eine Tendenz zu mehr Marktgleichgewicht auslösen sollte. Der Außenschutz des Binnenmarkts bleibt grundsätzlich bestehen, auch wenn es im Rahmen der Doha-Runde zu Reduzierungen der Zollsätze kommt.

Kapitel 13
Die soziale Dimension Europas

Worum geht es in diesem Kapitel?

TE: Ein Kapitel Soziales? Die Europäische Gemeinschaft ist keine Sozialunion, wie wir sie zum Beispiel von der deutsch-deutschen Wirtschafts-, Währungs- und Sozialunion aus dem Jahr 1990 kennen.

HJW: Ist sie nicht. Aber das bedeutet nicht, dass wir den sozialen Aspekt vernachlässigen könnten, und schon gar nicht, dass die EU hier einen blinden Fleck hätte.

HF: Wirklich nicht? Immer wenn die Gemeinschaft unter kritischen Beschuss gerät, wie jüngst mit der Ablehnung des Verfassungsvertrages in Frankreich und den Niederlanden, heißt es, man müsse die soziale Dimension stärken, damit die Bevölkerung sich mit dem Integrationsprojekt auch identifizieren könne.

HJW: Deshalb ist Solidarität eines der Grundprinzipien der Gemeinschaft von Beginn an.

TE: Solidarität – wunderbar. Aber die Leute sind doch auf der anderen Seite von Sozialneid und Sozialprotektionismus befallen: „Sozialtourismus", „social dumping" sind hier die Stichworte.

HJW: Stichworte? Das sind Schlagworte im wörtlichen Sinne, und das gilt es zu zeigen.

TE: Steckt das Soziale nicht bereits in der Marktintegration? Die EuGH-Entscheidungen zur Arbeitskräftemobilität zum Beispiel, die wir im 8. Kapitel behandelt haben, besitzen eine soziale Dimension.

HJW: Schon richtig. Aber dahinter verbirgt sich genau eine der Kernfragen des vorliegenden Kapitels: Worin besteht die soziale Dimension und wer ist dafür zuständig, die Gemeinschaft oder das einzelne Mitgliedland? Sozialpolitik verbinden viele mit budgetintensiver Umverteilung, ...

HF: Dafür fehlt der Union das Geld, wie Kapitel 11 gezeigt hat, und das wird sie wohl auch nie bekommen.

HJW: ... doch auch wenn man den Menschen die Möglichkeit schafft, angemessen für sich selbst zu sorgen, wird das sozialpolitische Ziel erreicht.

TE: Das sind nicht notwendigerweise Alternativen: Um Chancengleichheit und Wettbewerbsfähigkeit auf dem Markt herzustellen, muss zuvor dort, wo sie nicht vorliegen, investiert werden – in Bildung, in soziale Integration, in Infrastruktur.

HF: Soziale Rückständigkeit und fehlende Wettbewerbsfähigkeit sind in der Regel nicht ein rein individuelles, sondern ein regionales, d.h. ein geographisches Problem.

HJW: Deshalb spielt die Regional- und Strukturpolitik eine so bedeutende Rolle in der EU, und deshalb behandeln wir sie auch im Rahmen dieses Kapitels. Da gehört sie hin. Denn was ist Zusammenhalt, Kohäsion, anderes als ein Aspekt der sozialen Dimension?

TE: Sozialer Zusammenhalt war und ist eine zentrale Funktion des Nationalstaates. Wird er sich diese Aufgabe, die praktisch seine Daseinsberechtigung beinhaltet, aus den Händen nehmen lassen?

HJW: Freiwillig kaum. Doch machen Globalisierung, und auf einer etwas niedrigeren Ebene Europäisierung hier supra-nationale Ansätze erforderlich.

HF: Die Bürger befürchten etwas ganz anderes: Europäisierung und Globalisierung sind marktgetriebene Prozesse, die am Ende das Soziale ganz unter den Tisch fallen lassen.

HJW: Das lässt sich mit Zahlen kaum belegen. Man sollte die Reformen der Sozialsysteme nicht mit ihrem Abbau verwechseln.

13.1 Was verstehen wir unter Sozialpolitik?

Die Tätigkeit der Europäischen Gemeinschaft umfasst „eine Sozialpolitik mit einem Europäischen Sozialfonds" (Art. 3 EG). Titel XI des Vertrages legt im einzelnen fest, was die Ziele und welches die Politikfelder sind, die hier die Gemeinschaft tätig werden lassen. Die Ziele sind:

- Förderung der Beschäftigung
- Verbesserung der Lebens- und Arbeitsbedingungen
- angemessener sozialer Schutz
- sozialer Dialog
- Entwicklung des Arbeitskräftepotentials
- und die Bekämpfung von Ausgrenzungen.

Damit sind auch im weiteren die Politikfelder benannt, für die die Gemeinschaft sich verantwortlich fühlt und die in Art. 137 EG in 11 Einzelpunkten unterteilt sind. Merkwürdigerweise werden in Art. 140 EG die Politikfelder noch einmal in 7 Punkten aufgezählt. Dabei fällt auf, dass Art. 140 das Koalitionsrecht als eines der Gebiete nennt, auf denen die Gemeinschaft die Zusammenarbeit zwischen den Mitgliedstaaten fördert, während Art. 137 Abs. 5 das Koalitionsrecht zusammen mit der Lohnpolitik und dem Streik- und Aussperrungsrecht explizit aus dem gemeinschaftlichen Tätigkeitsbereich ausnimmt. Wir befinden uns offensichtlich auf heißem Boden: Die Formulierungen sind gewunden, jeder Artikel hat seine Geschichte, und in den wichtigen Bereichen gilt das Einstimmigkeitsprinzip. Die vertragschließenden Parteien wünschen keine Harmonisierung der Rechts- und Verwaltungsvorschriften. Und wo die Gemeinschaft durch Richtlinien Mindestvorschriften erlassen darf, sollten diese so gefasst sein, dass sie die Mitgliedländer weder rechtlich, verwaltungsmäßig noch finanziell binden. Kurzum, man gewinnt den Eindruck, Sozialpolitik solle in der Gemeinschaft auf kleiner Flamme gekocht werden, sie liegt vornehmlich in der Kompetenz der Mitgliedländer.

Bei der Abfassung der römischen Verträge 1957 war diese Intention noch deutlicher. Im EWG-Vertrag gab es zwar auch einen eigenen Titel „Sozialpolitik", aber keine sozialpolitische Kompetenz der Gemeinschaft. Zwei Ausnahmen sind zu erwähnen. Der EWG-Vertrag schuf einen Europäischen Sozialfonds, um die Beschäftigungsbedingungen für Arbeitnehmer und ihre Mobilität zu verbessern, und er legte in Art. 119 (heute Art. 141 EG) den Grundsatz der Entgeltgleichheit für Männer und Frauen fest. Hierbei handelte es sich aber um *ad hoc* Maßnahmen, die im ersten Fall von Italien, im zweiten von Frankreich aus aktuellem Anlass in den Vertrag eingebracht wurden. Für Italien war die Mobilität der Arbeiter aus dem *Mezzogiorno* ein Problem, für das man die finanzielle Solidarität der Gemeinschaft in Anspruch nehmen wollte. Frankreich hatte gerade ein Gleichstellungsgesetz verabschiedet und fürchtete nun einen Wettbewerbsnachteil, wenn seine Konkurrenten unter Ausnutzung billiger Frauenarbeit auf dem gemeinsamen Markt kostengünstiger anbieten könnten. Hier sehen wir zum ersten Mal den – in diesem Fall erfolgreichen – Versuch, durch Harmonisierung der Sozialvorschriften die Kosten der Wettbewerber auf dem Markt zu beeinflussen.

Die Frage nach der sozialen Dimension der Europäischen Gemeinschaft ist allerdings kein *ad hoc* Problem. Um sie zumindest für den beschränkten Rahmen dieses Buches zu klären, ist kurz zu untersuchen, was unter Sozialpolitik verstanden wird. Eine häufig zitierte (so bei Pierson/Leibfried 1998: 13) Definition von T.H. Marshall (1975: 15) stellt ab auf den Gebrauch „politischer Macht, um Funktionsweisen des ökonomischen Systems zu ergänzen, zu modifizieren oder abzulösen und so Ergebnisse zu bewirken, die das ökonomische System aus sich selbst heraus nicht erreichen würde". Einerseits ist diese Definition unzureichend, da sie grundsätzlich die gesamte interventionistische Wirtschaftspolitik umfasst und ihr deshalb eine *differentia specifica* fehlt. Andererseits ist sie theoretisch interessant, da sie das ökonomische System als autonom funktionsfähiges System unterstellt, das nur gelegentlich unbefriedigende Ergebnisse zeitigt. Wir unterschreiben diese Annahme nicht, die – natürlich nur in einer liberalen Wirtschaftsordnung – das Marktsystem mit dem gesamten Wirtschaftssystem gleichsetzt. Denn wir können uns auch in einer liberalen Wirtschaftsordnung Markt und Staat nur als notwendige Komplemente vorstellen. Die Fiktion eines autonomen Marktes ist aber heuristisch fruchtbar, um die Rolle von Marktprozess und Wirtschafts- und Sozialpolitik klarer zu fassen. Man muss in der Folge den autonomen Markt nicht zwingend zur gesellschaftlichen Norm erheben, wie F.A. von Hayek dies tut (s. Box 13.1). Dem Markt kommt aber im Rahmen einer liberalen Wirtschaftsordnung ein Primat zu, wie wir das in Kapitel 9 dargelegt haben.

Box 13.1: Hayek und die soziale Dimension Europas

Nach Hayek (1969) ist in einer großen, komplexen Gesellschaft eine liberale Wirtschaftsordnung, die über den Markt koordiniert wird, polyzentrisch, d.h. zusammengesetzt aus autonomen Wirtschaftssubjekten. Da diesen ein gemeinsames Zielsystem abgeht, lässt sich das Ergebnis des Marktprozesses nicht *ex ante* vorhersehen (und damit auch nicht planen, wofür es noch weitere, praktische Gründe gibt). Es entsteht vielmehr als spontane Ordnung. Anders wäre es in einer organisierten Gesellschaft, die nicht offen, sondern auf ein konkretes Organisationsziel ausgerichtet ist. Wenn wir uns aber einmal für die Marktwirtschaft als Lenkungsmethode des wirtschaftlichen Handelns entschieden haben, „dann dürfen wir hinterher nicht mehr fragen, ob die Resultate, die sich im einzelnen für bestimmte Personen ergeben, gerecht oder ungerecht sind" (*ibid.:* 118–9).

„Die Vorstellung, man könne die Zwangsgewalt der Regierung einsetzen, um ‚positive' (d.h. soziale oder distributive) Gerechtigkeit zu erlangen, zerstört jedoch nicht nur mit Notwendigkeit die persönliche Freiheit, was einigen vielleicht kein zu hoher Preis scheinen würde, sondern sie entpuppt sich bei näherem Hinsehen als Fata Morgana oder Illusion, die unter keinen Umständen verwirklicht werden kann. Denn dieses Ideal setzt Einverständnis über die relative Wichtigkeit konkreter Ziele voraus, das in einer großen Gesellschaft aber nicht existieren kann, da ihre Mitglieder weder einander noch die gleichen Tatsachen kennen" (*ibid.:* 119).

Drei Aspekte der Argumentation Hayeks scheinen uns im Zusammenhang mit einer europäischen Sozialpolitik bedenkenswert:

- Die Gemeinschaft hat sich eindeutig für Markt und Wettbewerb als Lenkungsmethode des wirtschaftlichen Handelns entschieden; der gemeinsame Markt ist die tragende Säule des europäischen Hauses;
- Europa ist keine organisierte Gesellschaft, es ist ein offenes Gebilde, in dem man sich vielleicht auf prozedurale Gerechtigkeit, nämlich Chancengleichheit und Verbot von Diskriminierung, verständigen kann, kaum aber auf konkrete Parameter distributiver Gerechtigkeit;
- Das Informationsproblem lässt es geraten erscheinen, interventionistische Entscheidungen, wenn überhaupt, auf möglichst dezentraler Ebene zu treffen.

Für eine europäische Sozialpolitik würde diese Argumentation die Unterordnung unter einen funktionsfähigen Wettbewerb bedeuten, was heißt, dass nicht Resultate korrigiert, sondern Voraussetzungen für Resultate geschaffen werden. Im weiteren sind eine strikte Einhaltung des Subsidiaritätsprinzips und eine nichtdirektive, offene Methode der Koordinierung impliziert, die den dezentralen Einheiten weitgehende Gestaltungsfreiheit belässt. Das bedeutet also nicht den Verzicht auf Sozialpolitik, genau so wenig wie Hayek grundsätzlich etwas gegen soziale Mindeststandards einzuwenden gehabt hat.

Jetzt wissen wir aber immer noch nicht, was genau unter Sozialpolitik zu verstehen ist. Es geht dabei, soviel ist schon sicher, um praktisches politisches Handeln – die Tätigkeit der kirchlichen Wohlfahrtsverbände ist sicher sozial, wir würden sie aber nicht als politisches Handeln betrachten. Dieses Handeln ist auf die Verbesserung der wirtschaftlichen und sozialen Lage relativ oder absolut schwach gestellter Personen gerichtet,

- um ihnen im Marktprozess eine normale, faire Chance zu verschaffen,
- um sie in den Marktprozess wieder einzugliedern,
- um ihnen hinreichende wirtschaftliche und soziale Sicherheit zu geben, wenn sie am Marktprozess nicht teilnehmen können.

Für all das zu sorgen, hat natürlich erst einmal jedes Individuum selbst, wenn es dazu in der Lage ist. Sozialpolitik tritt dann subsidiär zur individuellen Verantwortung auf (vgl. Lampert 1980). Wie man sieht, ist Sozialpolitik mit zahlreichen Werturteilen von hohem normativen Gehalt verbunden. Die ihr zugrunde liegenden gesellschaftlichen Primärziele, Entfaltung der Persönlichkeit, soziale Sicherheit und soziale Gerechtigkeit, bedürfen einer verallgemeinerungsfähigen Interpretation und Operationalisierung, was um so schwerer fallen wird – wie schon erwähnt – je komplexer, größer und offener die jeweiligen Gesellschaften sind. Daraus folgt, dass der Zusammenhalt von Solidargemeinschaften mit ihrem Umfang tendenziell abnimmt. Ist es in der Familie selbstverständlich, für Kinder, Kranke und Alte ohne institutionalisierte Umverteilungsmechanismen zu sorgen, und fühlte sich – zumindest bis vor kurzem – die Gemeinde für ihre Mitglieder, die als Bürger identifizierbar waren, verantwortlich, so ist Solidarität auf der Ebene des Staates anonym und folglich weniger intensiv. Eine Solidargemeinschaft Europäische Union mit 450 Millionen Mitgliedern wird über ein absolutes Minimum an Solidarität nicht hinauskommen.

Nach dieser Definition ist Sozialpolitik auf das fokussiert, was wir gewöhnlich den Wohlfahrtsstaat nennen, das ausgabenintensive System der Risikovorsorge und der Transferzahlungen, die auf Solidarität und Überlegungen sozialer Gerechtigkeit basieren. Es ist in den einzelnen Mitgliedländern auf die unterschiedlichste Weise organisiert und hat auch einen sehr unterschiedlichen Umfang. Auf dem Feld wird die Gemeinschaft fast überhaupt nicht tätig. Man kann Sozialpolitik auch etwas weiter fassen und sowohl die Arbeitsmarktregulierung als auch die Regelung der industriellen Beziehungen darunter subsumieren. Hier treffen wir einige Aktivitäten der Gemeinschaft an, wenn auch in bescheidenem Umfang. Kurzum, der *acquis communautaire* im Bereich der Sozialpolitik ist schmal und vor allem auf den Arbeitsmarkt konzentriert.

13.2 Das europäische Sozialmodell – gibt es das?

Wenn es darum ging, die Wirtschaftsordnungen der kapitalistischen Marktwirtschaften zu klassifizieren, dann musste in der Regel die Sozialordnung als *differentia specifica* herhalten. Zwar gab es auch, was die Wirtschaftsordnung betrifft, Unterschiede zwischen dem konservativ – liberalen Wettbewerbsprinzip und der sozial-demokratisch – keynesianischen staatlichen Gesamtverantwortung für Stabilität und Wachstum. Doch diese Unterschiede sind auf Grund der praktischen Erfahrungen und der theoretischen Entwicklungen weitgehend eingeebnet worden. *New Labour* in Großbritannien ist hierfür das auffälligste Beispiel.

Die Sozialordnungen wiesen dagegen deutliche nationale Unterschiede auf und erlaubten so eine Einteilung in entweder drei oder vier Grundtypen. Esping-Anderson (1990, 1996) sah drei Welten des Wohlfahrtskapitalismus, die sich nach dem Grad des Warencharakters der Arbeit, nach dem Verhältnis von Stratifikation und Gleichheit und nach dem Mix öffentlicher und privater Vorsorge unterscheiden:

- das liberale Modell (auch angelsächsisches Modell genannt) mit einem minimalen Sicherheitsnetz gegen Armut und einem starken Akzent auf privater Verantwortung und Initiative – das prominenteste Beispiel sind die USA, deren öffentliche Ausgaben für soziale Sicherheit und Gesundheit 1990 14,6 % des BIP ausmachten;
- das konservativ-korporatistische Modell (auch kontinentales oder rheinisches Modell genannt) mit obligatorischen versicherungsartigen Regimen und Subsidiarität zwischen Familie, Betrieb und Staat – hier wird Deutschland als Beispiel angeführt, wo die öffentlichen Sozialausgaben 1990 23,5 % des BIP betrugen;
- das sozialdemokratische Wohlfahrtsstaat-Modell (auch skandinavisches Modell genannt), das soziale Bürgerrechte garantiert und auf eine an der Zahlungsfähigkeit orientierte Umverteilung setzt – insbesondere Schweden ist das Musterbeispiel, wo 1990 immerhin 33,1 % des BIP für soziale Sicherheit und Gesundheit aufgewendet wurden.

Boyer (1997) differenzierte das kontinentale Modell und unterschied vier Grundtypen, die wir hier nur kurz nennen wollen:

- das marktorientierte anglo-amerikanische Modell,
- das korporatistische Modell in Deutschland und Japan,
- das etatistische Modell in Frankreich und Italien,
- das sozial-demokratische Modell in Skandinavien.

Wie sinnvoll diese Klassifizierungen im einzelnen sein mögen, bleibe dahingestellt – man denke nur an das britische *National Health System* und die Sozialausgaben in diesem Lande, die nur unwesentlich niedriger sind als in Deutschland (vgl. Tab. 13.1), um ins Grübeln zu kommen. Was hier interessiert, ist die Tatsache, dass wir es in der Welt des Kapitalismus, aber auch in der engeren Welt der Europäischen Union, mit einer Vielfalt von Sozialordnungen zu tun haben. Mit umso größerem Erstaunen stellt man deshalb fest, dass seit ungefähr einem Jahrzehnt oder etwas länger von *einem* europäischen Sozialmodell die Rede ist (z.B. Kaelble/Schmid 2004). Gibt es das? Wie verträgt sich das mit der konstatierten Vielfalt in den Mitgliedländern der Gemeinschaft?

Kaelble (2004) folgend kann man dazu erst einmal feststellen, dass der Sozial- oder Wohlfahrtsstaat, wie wir ihn kennen, und die Werte, die ihn tragen, historisch eine europäische, und zwar eine westeuropäische Entwicklung sind. Wir brauchen uns nur an den sozialistischen Wohlfahrtsstaat im Sowjetimperium zu erinnern oder in die islamische Welt zu schauen, um zu sehen, dass Motivation und Organisation der sozialen Sicherung auch andere Wege gehen können. Die grundsätzlich gleich gelagerten Anforderungen an das Sozialsystem haben dann zu einer relativen Angleichung der Modelle geführt, wobei sich das europäische Modell im Vergleich zu den USA und Japan durch eine verhältnismäßig hohe staatliche Ausgabenintensität und eine weitgehende Verrechtlichung der Ansprüche auszeichnet. Der dritte Faktor, der zu einem einheitlichen europäischen Sozialmodell beiträgt, ist der supranationale Einfluss der Gemeinschaft, der in diesem Kapitel näher beschrieben wird. Da hier die Gemeinschaft erst in jüngster Zeit aktiv geworden ist und da das Subsidiaritätsprinzip eine wichtige Rolle spielt, d.h. die Vielfalt der nationalen Politiken keineswegs aufgehoben werden soll (wenn nicht im Hegelschen Sinne), geht es dabei eher um ein europäisches Sozialmodell im Werden.

Genau hier liegt aber das Problem. Man kann vielleicht von einem wohlfahrtsstaatlichen Konsens der kapitalistischen Nachkriegsgesellschaften Europas (Aust/Leitner/Lessenich 2002) sprechen, der auch durch den externen Druck des Systemwettbewerbs zwischen Ost und West aufrecht erhalten wurde. Es scheint uns allerdings etwas zu weit zu gehen, dabei eine einheitliche europäische Gesellschaftsformation zu unterstellen, die gesellschaftliche Vielfalt durch Koordination, Korporatismus, Verhandlungsdemokratie und Subsidiarität institutionalisiert hat und einen sozialen Ausgleich schafft durch die Institutionalisierung von Universalismus, Marktregulierung, Umverteilung und Solidarität (*ibid.*). Denn zum einen geht diese Beschreibung an der Wirtschaftsordnung vorbei, und zum anderen werden die unterschiedlichen Welten des Kapitalismus dabei zu sehr über einen Kamm geschoren. Doch der wohlfahrtsstaatliche Konsens ist spätestens seit dem Zusammenbruch des Kommunismus in Konflikt zur Wirtschaftsordnung und damit in eine Krise geraten. Das europäische Sozialmodell im Werden bewahrt zwar die Grundwerte von Solidarität und Subsidiarität, geht aber andere institutionelle und wirtschaftspolitische Wege. Den einen muss als Verrat am europäischen Sozialmodell erscheinen, was die anderen als notwendige Reform des europäischen Sozialmodells vorantreiben.

Durch den Zusammenbruch der kommunistischen Herrschaftssysteme und ihrer sozialistischen Planwirtschaften wird die erweiterte Gemeinschaft in zwei sozialpolitische Lager geteilt: die mehr oder minder wohlfahrtsstaatlich orientierten EU-15 und eine Reihe der neuen Mitgliedländer in Ostmitteleuropa. Wir können hier nicht den kommunistischen Sozialstaat analysieren (er war nicht weniger ausgabenintensiv, und schon gar nicht weniger kostenintensiv als der kapitalistische, da er vor allem eine Arbeitsplatzgarantie und eine Subventionierung der Grundbedarfsgüter beinhaltete, die sich beide effizienzmindernd auswirkten). Doch in der Transformation wurde rasch deutlich, dass dieses Modell nicht mit einer Marktwirtschaft vereinbar ist. Viele Transformationsländer, vor allem die baltischen Staaten und die beiden Nachfolgestaaten der Tschechoslowakei, wählten dann aber, zum Erstaunen mancher Beobachter, nicht das sozialdemokratische skandinavische Modell, sondern wohl auch mit Rücksicht auf den erforderlichen *catching-up* Prozess das liberale, anglo-amerikanische Modell, wie es in der alten EU besonders in Irland anzutreffen ist (vgl. Wagener 2002). Die sich signifikant von den Altmitgliedern unterscheidende Ausgabenintensität (siehe Tabelle 13.1) zusammen mit den Produktivitätsunterschieden (siehe Tabelle 4.7) machen deutlich, dass das Sozialbudget pro Kopf der Bevölkerung in diesen neuen Mitgliedländern erheblich niedriger ist als selbst in den am wenigsten entwickelten Staaten der EU-15, Portugal und Griechenland.

„Das europäische Sozialmodell" kann nicht eine Harmonisierung oder Vereinheitlichung der organisatorischen Lösungen des Problems der sozialen Sicherung in einer Marktwirtschaft bedeuten: Das britische *National Health System* würde in Deutschland auf wenig Gegenliebe stoßen, die deutsche Arbeitsmarktordnung ebensowenig in Großbritannien akzeptiert werden. Harmonisierung kann nur in einem Wertekonsens bestehen, den zum Teil die historische Entwicklung geschaffen hat, zum Teil der sozialpolitische Diskurs auf europäischer Ebene schaffen muss. Inwieweit das neueste politische Instrumentarium der weiter unten zu besprechenden „offenen Methode der Koordinierung" für ein europäisches Sozialmodell konstitutiv wird, muss die Zeit erweisen. Denn damit wird erst seit der Jahrtausendwende gearbeitet. Natürlich stellt sich die Frage, ob in einer Gemeinschaft, die durch einen gemeinsamen Markt, Freizügigkeit und Nicht-Diskriminierung gekennzeichnet ist, so eklatante sozialpolitische Systemunterschiede langfristig bestehen bleiben können, wie sie zur Zeit zwischen Alt- und Neumitgliedern der EU bestehen.

13.3 Schritte der Entwicklung der europäischen Sozialpolitik

Der Vertrag von Rom, wir sahen es bereits, enthält zwar ein Kapitel Sozialpolitik mit punktuellen *ad hoc* Maßnahmen, aber ansonsten kein Programm zur sozialen Integration der neu geschaffenen Sechsergemeinschaft. Dies ist der Fall, obwohl die sozialpolitischen Modelle der Gründerstaaten nicht allzu weit auseinanderlagen. Erst mit der ersten Erweiterungsrunde kamen mit Großbritannien und Dänemark Länder in die Gemeinschaft, die anderen Sozialstaatsmodellen anhingen. Schon damals gab es einen Dissens zwischen liberal orientierten Marktwirtschaftlern und sozial orientierten Sozialpolitikern. Erstere vertrauten ganz auf die Erhardsche Formel „Wohlstand durch Wachstum", d.h. darauf dass der gemeinsame Markt wettbewerbs- und damit wachstumsfördernd wirke und sich daraus quasi automatisch eine Angleichung der Wohlfahrtsniveaus ergebe. Letztere sahen in einer sozialpolitischen Harmonisierung einerseits ein eigenständiges Ziel eines sozialen Europa, anderseits eine Voraussetzung für die Angleichung der Wettbewerbsbedingungen im gemeinsamen Markt. Konkret war es ein Dissens zwischen Deutschland, das sozialplanerische Intervention befürchtete, und Frankreich, das seine Sozialordnung für die fortschrittlichste hielt und sie zur Norm für die Gemeinschaft machen wollte. Da die Nicht-Zuweisung einer Kompetenz den *status quo* repräsentiert, genügt bei Einstimmigkeit ein einziges Veto, um eine aktive Sozialpolitik der Gemeinschaft zu verhindern. Die EWG wurde als gemeinsamer Markt gegründet und nicht als Sozialgemeinschaft. Daran hat sich bis heute grundsätzlich nichts geändert.

An dieser Feststellung können wir auch angesichts der großen Veränderungen in den sozialpolitischen Kompetenzen der Gemeinschaft vor allem nach 1985 festhalten. Viele der im Laufe der Zeit aufgestellten sozialpolitischen Regeln dienen dem Funktionieren des gemeinsamen Marktes und dabei vor allem der Freizügigkeit der Arbeitskräfte. Eine solche Freizügigkeit bleibt auf dem Papier, wenn zum Beispiel nicht gleichzeitig geregelt ist, dass sozialrechtliche Ansprüche über die Grenzen mitgenommen werden können. Das heißt, die nationalen Systeme der Sozialversicherung brauchen zwar nicht harmonisiert zu werden, sie müssen aber koordiniert werden. Auch der Europäische Sozialfonds, der bereits mit der Gründung der EWG aufgelegt wurde, war von Anfang an arbeitsmarktbezogen und keineswegs ein reines Umverteilungsinstrument. Seine vornehmliche Aufgabe war (und ist noch heute) die Förderung der geographischen und berufsbezogenen Mobilität der Arbeitskräfte.

Die marktorientierte Formel „Wohlstand durch Wachstum" blieb solange plausibel, wie die Wirtschaft kontinuierlich wuchs und Arbeitslosigkeit auf das absolute Minimum der reinen friktionellen Arbeitslosigkeit reduziert wurde. Diese „goldenen 30 Jahre" der Nachkriegsperiode gingen Anfang der 1970er Jahre zu Ende. Und zwar in zweierlei Hinsicht. Zum einen schien das Problem der Existenzsicherung und der materiellen Versorgung gelöst, was aber nicht die soziale Unruhe im Gefolge von 1968 verhinderte. Das hatte Alfred Müller-Armack (1962/1976: 302) bereits im Jahre 1962 wahrgenommen:

> „die Vollbeschäftigung wurde gelöst, die Vollversorgung rückt für die europäischen Länder nah heran. Aber gerade in diesem Vorgang der objektiven Lösung der Knappheitsprobleme durch die bisherige Wirtschaftsordnung wird in der ganzen Öffentlichkeit eine Unruhe, eine Malaise spürbar. So töricht gelegentlich ihre Äußerungen sein mögen, sie ist ein Faktor und deutet auf ein tieferes Problem unserer gesellschaftlichen Existenz hin, die zwar mit der Vollbeschäftigung viel gewonnen hat, aber von einem Zustand gesellschaftlichen Gleichgewichtes noch weit entfernt ist."

Das heißt Sozialpolitik als Gesellschaftspolitik wurde zu einem Thema – auch auf der europäischen Ebene. Zum anderen erwies sich in der Folge des Ölpreisschocks von 1973 der Eindruck einer immerwährenden ökonomischen Stabilität als Illusion: Konjunkturelle Abschwünge und Arbeitslosigkeit machten deutlich, dass die kapitalistische Marktwirtschaft ihre Schattenseiten keineswegs verloren hatte.

So beschloss die Pariser Gipfelkonferenz von 1972 die Ausarbeitung eines sozialpolitischen Aktionsprogramms, das die Verbesserung der Arbeitsbedingungen und der Lebensqualität und die betriebliche Mitbestimmung der Arbeitnehmer zum Ziel haben solle. Das Aktionsprogramm wurde 1974 vom Rat verabschiedet. Und daran schloss sich tatsächlich eine verstärkte sozialpolitische Aktivität der Gemeinschaft an. Seit 1975 wurden regelmäßig Sozialrichtlinien verabschiedet, wobei eine Konzentration der Aktivität in den 1990er Jahren auftrat (Falkner 2004). Schaut man sich die Maßnahmen an, die diese Richtlinien zum Gegenstand haben, so wird deutlich, dass es hier nicht um Sozialpolitik als Gesellschaftspolitik geht, sondern um Arbeitsbedingungen, insbesondere Sicherheit und Gesundheit am Arbeitsplatz, und um die Nichtdiskriminierung, d.h. vor allem die Gleichstellung der Geschlechter. Das sozialpolitische Aktionsprogramm hatte Sozialpolitik auf die Tagesordnung der Gemeinschaft gebracht. Wenn es je beabsichtigt hatte, Sozialpolitik zu einer Kernaktivität der Gemeinschaft zu machen, so war ihm das allerdings nicht gelungen.

Der nächste Wendepunkt in der Entwicklung der europäischen Sozialpolitik ist auf das Jahr 1985 anzusetzen. In diesem Jahr wurde in der Einheitlichen Europäischen Akte mit dem gemeinsamen Markt ernst gemacht: Ab 1992 sollten nicht nur Güter, sondern auch Dienstleistungen, Kapital und Arbeit ungehindert über die Grenzen verkehren. Das machte die Koordinierung bestimmter sozialpolitischer Regelungen und auch gewisse Harmonisierungen notwendig. Gleichzeitig wurden aber auch die unterschiedlichsten Ängste geweckt: auf Grund der europäischen Richtlinien zu kostenintensiven arbeitsmarktpolitischen Maßnahmen gezwungen zu werden oder auf Grund des Regimewettbewerbs in eine Abwärtsspirale des Sozialabbaus zu geraten. Die Vielfalt der Sozialmodelle in den Mitgliedländern ließ Konflikte unvermeidlich erscheinen, und es war nur logisch zu versuchen, Einstimmigkeit in diesem Bereich eher zur Regel und qualifizierte Mehrheitsentscheidungen, wie sie in Sachen gemeinsamer Markt ja die Regel sein sollten, eher zur Ausnahme zu machen. Mit der Einheitlichen Europäischen Akte bekam auch der Begriff der wirtschaftlichen und sozialen Kohäsion seinen ersten Auftritt. Zwar bezog sich das vornehmlich auf die regionalen Entwicklungsunterschiede innerhalb der Union, doch hatte es tiefgreifende Folgen für den Sozialfonds, der dadurch neue Aufgaben zugewiesen erhielt.

Und 1985 trat die erste Kommission Delors an. Jacques Delors hatte sich vorgenommen, die europäische Integration nicht nur zu vertiefen, sondern sie auch um eine soziale Dimension zu erweitern. Abgesehen davon, dass dies als ein eigenständiges Ziel für sich gesehen wurde, besteht hier eine Verbindung zum übergeordneten Ziel der politischen Integration der Union. Nationalstaaten, vor allem die europäischen Nationalstaaten, sind nicht durch Marktordnungen bestimmt. Sie definieren sich vielmehr als Verfassungsstaat, Rechtsstaat und Sozialstaat. Natürlich können Markt und Staat nicht unabhängig voneinander existieren, sondern ergänzen einander. Doch ein ausschließlich vom Markt getriebenes Integrationsprojekt kommt mit einem Minimum an politischer Integration aus, wenn die notwendigen verfassungs-, rechts- und sozialpolitischen Komplemente auf die untere Ebene des Nationalstaates beschränkt bleiben. Gelingt es, diese Komplemente teilweise in die Kompetenz der oberen Ebene der Union zu verlagern, dann wird, so scheint es, politische Integration unvermeidlich. Das bedeutet nicht notwendigerweise den Abschied vom Nationalstaat, sondern nur sein Zurückfallen auf die zweite Ebene eines Mehrebenensystems politischer Ordnung. Dank des Subsidiaritätsprinzips impliziert die zweite Ebene keineswegs ein niedrigeres Niveau politischer Kompetenz als die erste Ebene. Verfassungs-, rechts- und sozialpolitische Kompetenz sind die wesentlichen Identifikationsmerkmale moderner Staaten – sie halten das ganze zusammen. Gelingt es also, sie zumindest teilweise auf die europäische Ebene zu übertragen, dann könnte das entstehen, was für eine politische Integration unerlässlich ist und was immer wieder als Defizit der Europäischen Union herausgestellt wird – eine Identifikation der Bevölkerung mit der Union, ein „Europa der Bevölkerung". Hierin kann man die langfristige Strategie der Kommissionen Delors sehen. Auf der anderen Seite ist leicht einzusehen, dass die Nationalstaaten diese ihre „Bindemittel" mit Klauen und Zähnen verteidigen werden sowie mit der Behauptung, eine solche Identität könne es nur auf der nationalen Ebene geben. Da am Ende die Nationalstaaten einstimmige Beschlüsse nehmen müssen, erscheint die Sache höchst unwahrscheinlich.

Die Intentionen von Jacques Delors und seiner Kommission fanden ihren ersten Niederschlag in der Gemeinschaftscharta der sozialen Grundrechte der Arbeitnehmer, der so genannten Sozialcharta, die 1989 verabschiedet wurde. Sie ist als soziale Ergänzung zur Realisierung des gemeinsamen Marktes in der Einheitlichen Europäischen Akte zu sehen. Aber während die einzelnen Vorschriften für den Binnenmarkt rechtsverbindlich gemacht wurden, ist die Sozialcharta nur ein Programm, eine Liste von Maßnahmen, die dem Arbeitsmarkt einen sozial verantwortlichen und ökonomisch verantwortbaren Rahmen verschaffen sollten, eine Liste von wünschenswerten Minimalstandards für den Arbeitsmarkt und die industriellen Beziehungen. Einige Mitgliedländer hatten bereits strengere Vorschriften eingeführt. Nach den Vorstellungen der Kommission sollten diese nicht auf das neue Mindestniveau zurückgeführt werden, sondern beibehalten bleiben.

Die Sozialcharta stieß auf den erbitterten Widerstand der konservativen britischen Regierung, die ihre gerade Früchte abwerfende Reformpolitik zur Flexibilisierung der Arbeitsmärkte dadurch in Gefahr gebracht sah und deren liberale Grundhaltung sich mit keiner neuen Regulierung von Märkten vertrug. In Fortführung der Sozialcharta wollte die Kommission dann das Sozialkapitel im Vertrag von Maastricht neu formulieren. Insbesondere sollten in die Ziele des Art. 117 EG (neu Art. 136 EG, jetzt Art. 151 AEU) ein angemessener sozialer Schutz, der soziale Dialog und die Entwicklung des Arbeitskräftepotentials im Hinblick auf ein hohes Beschäftigungsniveau und die Bekämpfung der Ausgrenzung aufgenommen werden. Eine Reihe der diesbetreffenden Tätigkeitsfelder wurden dem Mitentscheidungsverfahren nach Art. 251 EG (siehe Abb. 6.1) unterworfen. Das bedeutete für den Rat in der Regel, dass Entscheidungen mit qualifizierter Mehrheit getroffen werden können. Bestimmte Entscheidungsbereiche (vor allem soziale Sicherheit, sozialer Schutz und budgetrelevante Entscheidungen) sind davon allerdings explizit ausgenommen. Gegen diese Neufassung des Sozialkapitels legte Großbritannien sein Veto ein, und so konnte es nur als Protokoll einer Vereinbarung unter 11 der 12 Mitgliedländer dem Vertrag von Maastricht zugefügt werden. Erst die Labour-Regierung Blair war bereit, das Sozialkapitel zu unterschreiben, womit es im Vertrag von Amsterdam in das Vertragswerk einging. Der Vertrag von Lissabon hat daran keine wesentlichen Veränderungen vorgenommen.

Wie schon erwähnt haben die Delors-Kommission und die Sozialcharta zahlreiche Richtlinien und Verordnungen auf den Weg gebracht. Tiefer greifende Änderungen der Arbeitsmarktbedingungen und der industriellen Beziehungen sind dadurch für die meisten Mitgliedländer nicht aufgetreten. Sozialpolitik blieb allerdings seitdem auf der Tagesordnung der Gemeinschaft. Die Sozialpolitische Agenda der Kommission für die Periode 2000–2006 setzte sich zum Ziel, das europäische Sozialmodell zu modernisieren. Gleichzeitig machte sie aber deutlich, dass dies nicht über eine Harmonisierung der Sozialpolitik erfolgen solle, sondern über die offene Methode der Koordinierung. Spätestens zu dieser Zeit war deutlich, dass das zentrale soziale Problem der Gemeinschaft das Beschäftigungsproblem ist. Es hat zwei Seiten: die Verwaltung der Arbeitslosigkeit und die soziale Absicherung der davon betroffenen Personen einerseits und die Stimulierung der Beschäftigungsmöglichkeiten und des Wachstums andererseits. Ersteres überlässt die Gemeinschaft integral den Mitgliedländern. Nur auf dem zweiten Feld versucht sie, mit geeigneten Maßnahmen dem Problem zu Leibe zu rücken. Das ist der wesentliche Inhalt des so genannten Luxemburg-Prozesses und des Lissabon-Prozesses.

Der Europäische Rat von Luxemburg hatte 1997 damit begonnen, der Beschäftigungspolitik einen konsistenten Rahmen zu verschaffen, der aus jährlichen Leitlinien, nationalen Aktionsplänen und einem gemeinsamen Beschäftigungsbericht besteht. In Kombination mit dem so genannten Cardiff-Prozess (verstärkter Wettbewerb auf den Arbeits-, Waren-, Dienstleistungs- und Kapitalmärkten) und dem so genannten Köln-Prozess (makroökonomische Abstimmung in der Lohn-, Finanz- und Geldpolitik) wird eine wirtschaftspolitische Gesamtstrategie angestrebt, versehen mit dem wohlklingen Namen „Europäischer Beschäftigungspakt". Einen gewissen Abschluss hat die Gesamtstrategie auf dem Rat von Lissabon im Jahr 2000 erhalten, wo Innovation und Wachstum direkt angesprochen wurden (vgl. Kapitel 10).

13.4 Was heißt europäische Sozialpolitik nun konkret?

Ein Problem der sozialen Dimension der Gemeinschaft ist darin zu sehen, dass sie sich in einem Nebel von schönen Worten und guten Absichten verbirgt. Gehen wir vom Sozialkapitel des Vertrages von Amsterdam aus, das in Nizza noch Änderungen erfahren hat (Art. 136–145 EG), dann macht das Betätigungsfeld der europäischen Sozialpolitik einen eher bescheidenen Eindruck. Sozialpolitik fällt in die gemeinsame Zuständigkeit der Gemeinschaft und ihrer Mitgliedländer. Sie ist also dem Subsidiaritätsprinzip unterworfen, und das meiste auf diesem Feld kann auf der Ebene der Nationalstaaten erledigt werden. Dem europäischen Niveau hat man vor allem die Festlegung gewisser Mindeststandards zugewiesen in den Bereichen (siehe auch Ribhegge 2006):

- Gesundheit und Sicherheit am Arbeitsplatz
- Arbeitsbedingungen
- Unterrichtung und Anhörung der Arbeitnehmer
- Chancengleichheit von Männern und Frauen

Hier können Entscheidungen mit qualifizierter Mehrheit und im Mitentscheidungsverfahren nach Art. 251 EG gefällt werden. Einstimmigkeit wird dagegen verlangt in Fragen wie

- sozialer Sicherheit und sozialer Schutz
- Kündigungsschutz
- Mitbestimmung
- Ausgaben zur Beschäftigungsförderung.

Sozialpolitik ist in allen Mitgliedländern einer der aufwendigsten Ausgabenposten des Staates. Und das ihm zugrundeliegende System der sozialen Sicherheit unterscheidet sich, wie wir sahen, von Land zu Land. Das lässt sich auch am unterschiedlichen Umfang der Aufwendungen für den Sozialschutz ablesen:

Tabelle 13.1: Gesamtausgaben für Sozialschutz 1990–2005, in % des BIP

Land	*1990*	*2000*	*2005*	*Land*	*2000*	*2005*
Portugal	15,2	19,4	23,0[1]	Rumänien	12,9	13,9
Irland	18,4	13,4	17,0	Estland	13,8	12,3
Spanien	19,9	19,8	20,3	Lettland	14,9	11,9
Griechenland	22,9	22,7	23,5	Bulgarien	–	15,5
Großbritannien	23,0	25,9	26,3	Slowakei	18,7	16,4
Deutschland	25,4	28,2	28,4	Tschechien	18,9	18,5
Frankreich	27,9	27,7	29,6	Ungarn	18,9	21,4
Niederlande	32,5	24,7	26,3	Polen	19,1	19,2
Schweden	33,1	30,1	30,9	Slowenien	24,0	22,9

1) 2004
Quelle: Eurostat

In der EU-15 hat von 1990 bis 2005 ein deutlicher Konvergenzprozess des Ausgabenniveaus stattgefunden. Die neuen Mitgliedländer liegen signifikant unter diesem Niveau, was zum Teil, wie schon erwähnt, einem anderen Grundmodell, zum anderen Teil ihrem niedrigeren Entwicklungsstand zuzuschreiben ist. Während Ungarn, Polen und Slowenien sich eher auf das westliche Niveau zubewegen, ist das für die baltischen Staaten, Tschechien und die Slowakei weniger deutlich. Rumänien und Bulgarien als die ärmsten Mitglieder der Gemeinschaft können sich zur Zeit wohl kaum einen höheren Sozialstandard leisten.

Was die Gemeinschaft auch beschließt, die Mitgliedländer haben ihr ins Stammbuch geschrieben (Art. 137 Abs. 4), sie darf damit nicht an die Grundprinzipien der nationalen Systeme rühren und sie darf damit nicht das finanzielle Gleichgewicht der Systeme stören. Damit sind ihr die Hände weitgehend gebunden. Es sind aber nicht nur die Nationalstaaten, die eifersüchtig über ihre Kompetenzen wachen. Eine europäische Sozialpolitik hat auch die Rolle der Sozialpartner zu berücksichtigen, denen z.B. das deutsche Grundgesetz Tarifautonomie garantiert. Wenn der Vertrag (Art. 136) zusichert, dass bei sozialpolitischen Maßnahmen „der Vielfalt der einzelstaatlichen Gepflogenheiten, insbesondere in den vertraglichen Beziehungen" Rechnung zu tragen sei, (Art. 152 AEU legt noch einmal explizit fest: Die Union „fördert den sozialen Dialog und achtet dabei auf die Autonomie der Sozialpartner") dann werden folglich die Handlungsalternativen weiter eingeengt.

Der Spielraum für eine umverteilende Sozialpolitik auf europäischem Niveau ist gering. In Übereinstimmung mit dem regulativen Grundcharakter der Wirtschaftsordnung (siehe Kapitel 5) konzentrieren sich die Maßnahmen auf die Vereinbarung von arbeitsrechtlichen Mindeststandards. Damit wird auch in diesem Politikfeld der Ordnungspolitik der Vorzug gegeben vor der Prozesspolitik. In der letzteren die eigentliche Sozialpolitik zu sehen, wie Majone (1993) das tut, scheint uns nicht gerechtfertigt. Allerdings ist soziale Regulierung wenig spektakulär, schon gar nicht revolutionär – wie könnte sie das auch sein bei der zumeist erforderlichen Einstimmigkeit in der Beschlussfassung – sollte aber nicht gering geschätzt werden. Denn für einige Mitgliedländer entstand dadurch ein beträchtlicher Anpassungsdruck auf das nationale Arbeitsrecht, wonach es in diesem Bereich durchaus berechtigt ist, von der Evolution eines europäischen Sozialmodells zu sprechen. Untersuchungen zu sechs sozialpolitischen Richtlinien der EU (Falkner/Treib 2005) haben ergeben, dass sie vor allem in Ländern wie Großbritannien, Irland und Dänemark den Arbeitnehmern zu erheblich verbesserten Rechten verholfen haben. In Deutschland, Frankreich und Spanien waren die Mindeststandards dagegen bereits weitgehend erfüllt, so dass der gesetzliche Anpassungsbedarf nur gering blieb. Ein Problem ist die Kontrolle der Einhaltung von arbeitsrechtlichen Vorschriften. In Ländern wie Griechenland, Irland, Italien und Portugal weist sie beträchtliche Mängel auf. Doch die Betroffenen können sich mit dem Müller von Sans-Souci (leicht abgewandelt) darauf berufen: *il y a des juges à Luxembourg*. Und das ist kein historisches Märchen; vielmehr haben wir vor allem in Kapitel 8 gesehen, dass der EuGH dem Gemeinschaftsrecht unnachsichtig zur Durchsetzung verhilft. Grundsätzlich ist die Durchsetzung von Gesetzen ein Governance-Problem, und es ist wohl kein Zufall, dass die zuletzt genannten vier Länder zur Gruppe der Mitgliedländer der EU-15 gehören, in denen die Regierungsqualität vergleichsweise bescheiden ist (siehe Kapitel 6.3).

Über die Definition von Mindeststandards hinaus besteht die europäische Sozialpolitik vor allem aus der Koordinierung der Systeme der sozialen Sicherheit und einer wachstumsorientierten Beschäftigungsstrategie. Ersteres verdeutlicht eine wichtige Funktion der europäischen Sozialpolitik: Sie soll den Binnenmarkt funktionsfähig machen, insbesondere die Dienstleistungsfreiheit und die Freizügigkeit der Personen ermöglichen. Denn diese Freiheiten bleiben auf dem Papier, wenn die Arbeitskräfte, die dem Versprechen der Freizügigkeit folgen, mit dem Überschreiten der Grenze in ein sozialrechtliches schwarzes Loch fallen. Zwar hat jedes Mitgliedland sein eigenes System der sozialen Sicherung. Diese sind aber so zu koordinieren, dass Arbeitnehmer aus anderen Mitgliedländern nicht diskriminiert werden und ihre Ansprüche unabhängig vom jeweiligen Arbeits- oder Wohnort geltend machen können. Kurz, ein in Deutschland erworbener Anspruch muss auch in Sizilien gültig sein, z.B. Beschäftigungs-, Versicherungs- und Wohnzeiten müssen überall anerkannt werden und kumulierbar sein, Sozialleistungen müssen exportierbar sein. Eine Verordnung von 1971 hat diese Dinge zum ersten Mal geregelt. Der EuGH hat richtungweisende Urteile in dieser Sache gefällt (vgl. Kapitel 8), die zu stetigen Anpassungen der Koordinierungsregeln führen. Eine integrale Neufassung der Verordnung von 1971, die von der Kommission bereits 1998 vorgeschlagen wurde, kommt aber nur langsam voran.

Die Wahl einer wachstumsorientierten Politik nach der Devise „Wohlstand durch Wachstum" ist wahrscheinlich weniger einem liberalen Grundkonsens zu danken als der Tatsache, dass dies der kleinste gemeinsame Nenner ist, auf den man sich einigen kann. Damit wollen wir die liberale Prägung der Wirtschaftsordnung des Gemeinsamen Marktes nicht in Abrede stellen, die in Kapitel 5 näher erläutert worden ist. Eine keynesianisch orientierte Nachfragepolitik zur Konjunktursteuerung dürfte kaum auf die Zustimmung aller Mitgliedländer rechnen abgesehen davon, dass der Haushalt der Union dafür nicht eingerichtet ist. Das gleiche gilt für eine wohlfahrtsstaatliche Umverteilungspolitik. Flexibilisierung der Arbeitsmärkte, mehr Wettbewerb auf den Märkten ganz allgemein, Wiedereingliederung der Arbeitslosen in den Arbeitsprozess, Vermeidung von Ausgrenzung bestimmter sozialer Gruppen, Verbesserung der Qualifikationen – all das sind dagegen weitest gehend anerkannte Maßnahmen, die die wirtschaftliche Tätigkeit und damit auch die Beschäftigung fördern können. Auch die angebotspolitischen Maßnahmen kosten Geld, Geld über das die Gemeinschaft nicht verfügt. Deshalb kann sie derartige Maßnahmen nur in Ausnahmefällen in Eigenregie durchführen. Das sozialpolitische Programm PROGRESS für die Haushaltsperiode 2007–2013 ist mit insgesamt 743 Mio. € ausgestattet! Die eigentlichen Akteure einer wachstumsorientierten Beschäftigungspolitik müssen die Mitgliedländer sein, und der Union kommt die Aufgabe zu, sie hier zur Aktivität zu stimulieren und diese Aktivitäten dann zu koordinieren.

13.5 Ist die EU ein Hort des Neo-Liberalismus?

Neo-Liberalismus ist ein Schlagwort, für viele sogar ein Schimpfwort: Jürgen Habermas (2008: 91) zum Beispiel spricht von „den Lebenslügen einer neoliberalen Orthodoxie". Soweit es sich um die Charakterisierung einer wirtschaftspolitischen Grundeinstellung handelt, kann man darunter subsumieren:

- ein grundsätzliches Vertrauen in Märkte als Koordinationsmechanismus
- damit auch ein Plädoyer für freien Handel
- eine starke Präferenz für private gegenüber staatlichen Wirtschaftsaktivitäten

- uneingeschränkte Verteidigung der Geldwertstabilität
- individuelle Eigenverantwortlichkeit und damit eine Beschränkung des Sozialstaates auf das Notwendige (wie auch immer definiert)
- Bevorzugung angebotsorientierter gegenüber nachfrageorientierten wirtschaftspolitischen Maßnahmen.

Was daran „neo" ist, bleibt unklar. Alte Liberale wie z.B. Walter Eucken (1952) oder Ludwig Erhard, die sich selbst allerdings als Neoliberale bezeichneten, haben nichts anderes vertreten.

Wo bleibt da das Soziale? Diese Frage wird seit Müller-Armack (1962/1976) immer wieder gestellt. Fritz Scharpf (2002) stellt eine Entkoppelung von ökonomischer Integration und Sozialschutz auf dem Weg von Rom nach Maastricht fest, die zu einer konstitutionellen Asymmetrie zwischen Wirtschafts- und Sozialpolitik geführt habe, und zwar auf beiden Niveaus, dem europäischen und dem nationalen. Einerseits werden die Handlungsspielräume des nationalen Wohlfahrtsstaates von der europäischen Liberalisierungspolitik und der Wirtschafts- und Währungsunion eingeschränkt. Andererseits findet auf dem europäischen Niveau keine adäquate Kompensation statt. Bezeichnenderweise wird über den Binnenmarkt mit qualifizierten Mehrheiten entschieden, während sozialpolitische Entscheidungen dem Einstimmigkeitsprinzip unterliegen (vgl. Streeck 1998). Vor allem das Instrumentarium einer keynesianisch inspirierten Nachfragepolitik ist in Mitleidenschaft gezogen worden: Geld- und Fiskalpolitik, Subventionen, öffentliche Beschäftigung und Beschaffung. Übriggeblieben sind die Instrumente der liberalen Angebotspolitik: Deregulierung, Steuerpolitik, Lohnpolitik, Flexibilisierung. Die Erweiterung und Vertiefung der Märkte durch die Wirtschaftspolitik (*market making*) schreitet erfolgreich voran; die Korrektur unerwünschter Marktresultate durch die Sozialpolitik (*market correcting*) bleibt zurück.

Die Kritik an der fehlenden sozialen Dimension Europas hat recht: Der gemeinsame Markt, die Wirtschafts- und Währungsunion schaffen eine Wirtschaftsordnung, die in vielem liberalen Grundsätzen entspricht (sehen wir einmal von der Gemeinschaftspräferenz ab, die dem liberalen Freihandelspostulat widerspricht). Und die zur Aufrechterhaltung und Entwicklung der Wirtschaftsordnung erforderliche Wirtschaftspolitik ist vornehmlich markt- und angebotsorientiert (sehen wir einmal von der Agrarpolitik ab). Den institutionellen Rahmen der Gemeinschaft und die europäische Wirtschaftspolitik würde man eher nicht als typisch für einen Sozialstaat bezeichnen. Fragt sich nur: Ist das so, weil die Architekten der Union in der Wolle eingefärbte Liberale waren und sind, oder ist das einfach das Resultat des Subsidiaritätsprinzips?

Ersteres kann kaum der Fall sein; denn diese Architekten waren und sind gleichzeitig die führenden Politiker ihrer Nationalstaaten, unter denen nur das Großbritannien von Margret Thatcher im Ruch steht, einen rücksichtslosen Neo-Liberalismus vertreten und das Sozialstaatsprinzip in diesem Sinne interpretiert zu haben (Tab. 13.1 zeigt, dass die Sozialausgaben in Großbritannien in der Zeit nach Thatcher keineswegs unterdurchschnittlich sind). Sicher, wo es um einstimmige Entscheidungen geht, bestimmt das langsamste

Schiff das Tempo des Geleitzuges. Hier mag gelten: *Britannia rules the waves.* Doch zeigt die Geschichte des Sozialprotokolls von Maastricht, dass man auch ohne die Briten Fortschritte machen kann, wenn man will, und sie früher oder später wieder ins Boot bekommt.

Den Grund für eine im Wesentlichen liberale Wirtschaftsordnung und Wirtschaftspolitik der Gemeinschaft sehen wir weniger in der vorherrschenden Wirtschaftsgesinnung als im Mehrebenencharakter der Union und im Subsidiaritätsprinzip. Unterschiedliche nationale Präferenzen in der Sozialpolitik, eine mit der Distanz abnehmende Solidaritätsneigung, die hohe Budgetintensität dieses Politikfeldes und die daraus folgenden besonderen Anforderungen an seine demokratische Kontrolle, die Kosten einer adäquaten administrativen Handhabung der Sozialpolitik – all das spricht dafür, die sozialpolitische Aktivität auf der Ebene des Nationalstaates zu konzentrieren. Abgesehen davon bezieht die nationale Politik daraus einen Großteil ihrer Legitimität und wird diese kaum freiwillig an ein höheres Entscheidungsniveau abtreten.

Die Wirtschaftsordnung der europäischen Staaten und das darin verwirklichte europäische Sozialmodell wird als gleichberechtigtes Nebeneinander von liberalem Wettbewerbsprinzip und (sozialistisch oder christlich-) sozialem Sozialstaatsprinzip charakterisiert. Die analoge Anwendung dieses Modells auf die Unionsebene wäre nur dann folgerichtig, wenn man als Endzustand eine mehr oder minder zentralistische politische Union anstrebte. Das ist nicht der Fall. Und so kann es zu einer Arbeitsteilung zwischen dem oberen Gemeinschaftsniveau kommen, das vor allem für die Aufrechterhaltung des Wettbewerbsprinzips verantwortlich ist, und dem unteren Nationalstaatsniveau, auf dem die soziale Solidarität wirksam wird. Die Forderung nach der sozialen Dimension Europas bedeutet dann für die Gemeinschaft vor allem eine Verantwortung dafür, dass die nationale Sozialstaatlichkeit nicht unter die Räder des europaweiten (oder globalen) Wettbewerbs gerät. Festzuhalten ist: Auch das europäische Sozialmodell ist ein Mehrebenensystem – man muss beide zusammen sehen, das europäische und das nationale Niveau.

Fritz Scharpf hat zu recht auf die Asymmetrie hingewiesen zwischen der sozialpolitischen Marktkorrektur und der wirtschaftspolitischen Marktstimulierung. Soweit sich erstere wirtschaftspolitischer Instrumente bedient, sind diese eher nachfrageorientiert. Ihre Effektivität ist allerdings in der ökonomischen Profession mehr und mehr umstritten. So kommt es zu der fast paradox anmutenden Situation, dass eine Mehrheit der Ökonomen auf das angebotsorientierte Instrumentarium zurückgreift, um sozialpolitische Ziele zu verfolgen: Marktkorrektur durch Marktstimulierung. Das ist natürlich ein liberales Rezept, das auf dem Feld der Theorie die gerade beschriebene strukturelle Asymmetrie zugunsten der Angebotspolitik ergänzt.

Fassen wir zusammen: Der soziale *acquis communautaire* hat einen bescheidenen Umfang. Er umfasst im wesentlichen vier Ebenen:

- die Ebene des gemeinsamen Marktes mit Gesundheits- und Sicherheitsvorschriften,

- die Ebene des Sozialprotokolls, die in den Vertrag von Amsterdam aufgenommen wurde, mit Regeln zur Arbeitszeit und der Gleichbehandlung der Geschlechter,
- die Ebene des sozialen Dialogs, auf der verstärkte Sozialpartnerschaft angestrebt wird,
- und die Ebene des so genannten „weichen *acquis*", die eine Art europäischer Sozialkultur beschreibt, die zwar nicht verbindlich im rechtlichen Sinne ist, aber doch als Konsens unter den Mitgliedländern erwartet wird.

Solidaritätsorientierte Umverteilung findet auf dem europäischen Niveau nur im Rahmen der Agrar- und der Strukturpolitik statt. Die ausgabenintensiven Bereiche der sozialen Sicherheits- und Wohlfahrtspolitik sind auf dem nationalen Niveau angesiedelt. Unterschiedliche Präferenzen, unterschiedliche historische Pfade, aber auch unterschiedliche Interessenkonstellationen haben hier ein breites Spektrum nationaler Systeme hervorgebracht. Wachsender Wettbewerb, demographische Änderungen und mehr oder minder harte Budgetbeschränkungen führten diese nationalen Systeme sozialer Sicherheit in vielen Mitgliedländern in eine Krise, die sowohl ihre Nachhaltigkeit, wie ihre Wettbewerbskonformität in Frage stellt. Die erforderlichen Strukturreformen sind, das scheint auf der Hand zu liegen, auf nationalem Niveau einzuleiten. Doch gibt es durchaus Bestrebungen, diesen Prozess von der Gemeinschaftsebene aus subsidiär zu unterstützen. Das ist die Aufgabe der offenen Methode der Koordinierung. Ein Blick zurück auf Tabelle 13.1 macht jedoch deutlich, dass die Realisierung des Gemeinsamen Marktes 1992 nicht zu einer Verringerung der sozialpolitischen Ausgaben geführt hat mit Ausnahme der Länder, die wie Schweden und die Niederlande in eigenen Augen ein exzessives Ausgabenniveau hatten.

13.6 Die offene Methode der Koordinierung

Die EU und ihre Mitgliedstaaten haben drei ordnungspolitische Probleme:
- Auf vielen Feldern der Wirtschaftspolitik hat die Gemeinschaft nur eine geringe oder keine Kompetenz, so z.B. in der hier besprochenen Sozialpolitik, aber auch in der Industriepolitik (vgl. Kapitel 10). Gleichzeitig gibt es Probleme, die effektiv auf koordinierte Weise anzugehen sind.
- Durch die Einführung der Wirtschafts- und Währungsunion (und einige andere, frühere Maßnahmen) sind den Mitgliedländern wichtige nachfrageorientierte wirtschaftspolitische Instrumente abhanden gekommen (z.B. die Wechselkurs- und Geldpolitik) oder eingeschränkt worden (z.B. die Fiskalpolitik), ohne dass dafür eine Kompensation auf dem europäischen Niveau erfolgt wäre.
- Die vertiefte Integration macht erhebliche *spillovers* möglich (z.B. eine undisziplinierte nationale Fiskal- oder Tarifpolitik: Die Kosten (höhere Zinsen) werden auf alle Mitglieder der Wirtschafts- und Währungsunion verteilt). Weder der Stabilitäts- und Wachstumspakt, noch die Tarifpolitik unterliegen jedoch einer harten Koordinierung. *De facto* ist die Wirt-

schafts- und Währungsunion eine Währungs- aber keine Wirtschaftsunion (vgl. Kapitel 14).

Daraus folgt zum einen, dass nationale Wirtschaftspolitik stärker Angebotspolitik sein muss – Flexibilisierung der Güter- und Faktormärkte. (Das ist also nicht notwendigerweise aus einer so genannten neo-liberalen Ideologie zu erklären; siehe Box 13.3). Zum anderen folgt daraus, dass eine gemeinschaftliche Politik nur im Konsens betrieben werden kann. Die pragmatische Reaktion darauf ist die so genannte „offene Methode der Koordinierung". Sie unterscheidet sich von der „Gemeinschaftsmethode" dahingehend, dass letztere vor allem im Bereich der Marktregulierung zu verbindlichen Gesetzen bzw. Verordnungen führt (harte Regelsetzung), soweit man sich nicht mit dem Prinzip der wechselseitigen Anerkennung begnügen kann, während die offene Methode der Koordinierung letztlich unverbindlich, eben offen, bleibt (weiche Regelsetzung). Beides sind Governance-Methoden und Politikbildungsprozesse (Chalmers/Lodge 2003), d.h. Verfahren des Regierens auf mehreren Ebenen und Prozesse, die geeignete Politiken generieren sollen.

Was beinhaltet nun die offene Methode der Koordinierung? Die Grundelemente sind:

- gemeinsame Situationsanalyse und ein makro-ökonomischer Referenzrahmen,
- Übereinstimmung in den Zielsetzungen der Wirtschaftspolitik: Leitlinien, die auch zeitlich strukturiert sind,
- Übersetzung der Ziele von der Gemeinschaftsebene auf die nationalen und regionalen Ebenen: nationale Aktionsprogramme (Wahrung der nationalen Souveränität),
- *Benchmarking*: Es werden Indikatoren definiert, die einen Vergleich und die Erfolgskontrolle erlauben,
- wechselseitiges Lernen: Der Erfolg weist *best practices* aus, die vom rationalen Politiker übernommen werden,
- Periodische Evaluierung, aber keine formalen Sanktionen (wie z.B. beim Stabilitäts- und Wachstumspakt), sondern Empfehlungen,
- *Peer pressure*: Die regelmäßige Evaluation im Europäischen Rat stimuliert das wechselseitige Lernen über das, was auf Englisch so anschaulich *blaming and shaming* genannt wird.

„The method institutionalizes the sharing of experience and reform experimentation, removing any real or apparent risk of regulatory competition and replacing it with a co-operative but non-binding method" (Hodson/Marer 2001: 725). Es sollte aber nicht übersehen werden, dass die offene Methode der Koordinierung vor allem aus der Notwendigkeit entstanden ist, die fehlende gemeinschaftliche Wirtschaftspolitik, die eine Währungsunion eigentlich erfordert, durch eine intergouvernementale Abstimmung der nationalen Wirtschaftspolitiken zu substituieren. Hier liegt dann auch die neoliberale Wurzel der offenen Methode der Koordinierung: Die Akzeptierung einer Politik stabilen Geldes und stabiler Staatsfinanzen hat Folgen für die Beschäftigungs- und Sozialpolitik ebenso wie für die Industriepolitik. Diese liegen aber außerhalb des engeren Kompetenzbereichs der Gemeinschaft.

Entscheidungszentralisierung oder eine „harte" Harmonisierung werden deshalb nicht als machbar, aber auch nicht als wünschenswert gesehen:

- Sie würde zu sehr in nationale Souveränitäten und Identitäten eingreifen;
- das Instrumentarium, das die einzelnen Mitgliedländer in diesen Politikfeldern anwenden, ist so unterschiedlich, dass eine Harmonisierung den Grundsatz der Verhältnismäßigkeit verletzen würde;
- die Mitgliedländer haben auch kein Interesse an einer „harten" gemeinschaftlichen Regelsetzung.

Die offene Methode der Koordinierung beabsichtigt zweierlei, einen zeitlich und inhaltlich strukturierten Prozess und den Transfer erfolgreicher Politiken. Im Ergebnis sollten sich kognitive Konvergenz der politischen Planer einstellen und daraus folgend politische Konvergenz. Es ist aber fraglich, inwieweit das funktionieren kann:

- *Benchmarking* ist ein aus dem Planungskontext übernommenes Verfahren. Es wird nicht nur mit Erfolg in der kapitalistischen Wirtschaft angewendet; es wurde auch in der sowjetischen Planwirtschaft mit weniger Erfolg angewendet (die Jahrespläne nannten sich z.B. „Kontrollziffern"). Der Erfolg hängt entscheidend von harten Sanktionen, d.h. vom Wettbewerb ab: Findet man nicht die *best practice*, dann droht dem kapitalistischen Unternehmen Marktaustritt durch Konkurs. Dem Sowjet-Manager drohte im schlimmsten Fall etwas ähnliches wie *blaming and shaming*.
- Wenn die offene Methode der Koordinierung einem Planungsverfahren gleicht, dann der indikativen Planung, d.h. einer Planung ohne Hierarchie und Planungsautorität, wie sie in Frankreich vor allem in den ersten Nachkriegsjahrzehnten praktiziert wurde. Die Idee der indikativen Planung bestand in der Koordination durch Information. Die Entscheidungen auf der dezentralen Ebene bleiben im Prinzip autonom. Der französische Planer hatte keine Autorität gegenüber den Unternehmen. Die Gemeinschaft hat bei den betroffenen Politiken keine Autorität gegenüber den Mitgliedländern.
- Wer oder was motiviert und stimuliert eine nationale Regierung, erfolgreiche Modelle anderer Länder für anwendbar zu halten und gegen nationale Widerstände durchzusetzen? Die offene Methode unterstellt den rationalen und wohlmeinenden Politiker, der nur das nationale Wohl vor Augen hat. Die politische Ökonomie lehrt uns leider, dass Politiker hartgesottene Realisten sind, denen die Wiederwahl wichtig ist und die unter dem Einfluss unterschiedlichster nationaler Interessengruppen stehen.
- „Erklärungen im Europäischen Rat haben keinerlei Bedeutung für das interne politische Spiel im einzelnen Land, und kein Staats- oder Regierungschef wird öffentlich – nicht einmal privat – seine Kollegen schelten, weil sie in Fragen versagt haben, die ihn nicht unmittelbar berühren." (Tabellini/Wyplosz 2004: 51). *Peer pressure* verfehlt ihre Wirkung. Was Wirkung hätte, wäre der Druck der öffentlichen Meinung und der nationalen Parlamente – das zeigt auch die Ablehnung der Verfassung in Frankreich und den Niederlanden, die mehr einem Unbehagen über die Leistungen

der Gemeinschaft als dem eigentlichen Verfassungstext zuzuschreiben war. Doch beide, nationales Parlament und öffentliche Meinung, sind in die offene Methode der Koordinierung nicht eingebunden.

- Hinzu kommt das generelle Wissensproblem: Können wir die richtige Wirtschaftspolitik, können wir *best practice* identifizieren? Darin besteht vielleicht aber auch gerade der Charme der offenen Methode: Wenn es theoretisch unterschiedliche Wege nach Rom gibt, so zeigt der Erfolg nationaler Politik in bestimmten Ländern wenn schon nicht *best practice*, so doch empirisch einen gangbaren Weg an. Allerdings: Pfadabhängigkeiten, unterschiedliche konkrete Situationen, anders gelagerte Interessengruppierungen – es gibt viele Gründe, warum man das erfolgreiche dänische oder niederländische Modell der Sozialpolitik in Deutschland für nicht anwendbar halten kann.

Es ist eines, Gütermärkte zu liberalisieren und ihre Marktordnungen zu harmonisieren. Es ist etwas ganz anderes, Bildungssysteme, Sozialordnungen, Arbeitsmarktordnungen auf einen Nenner zu bringen und sie einer einheitlichen Politik zu unterwerfen. Es gibt, auch innerhalb der EU, unterschiedliche Spielarten des Kapitalismus (Hall/Soskice 2001; vgl. Kap. 2), die durch eine offene Methode der Koordinierung nicht aufgehoben werden. Außerdem wissen wir aus der Geschichte der indikativen Planung, dass Planung durch Information, d.h. ohne Planungsautorität und ohne harte Sanktionen, vor allem in Schönwetterperioden funktioniert. Wird die See rauer, dann segelt jeder seinen eigenen Kurs. Das gilt schon für den mit sehr viel „härteren" Sanktionen versehenen Stabilitäts- und Wachstumspakt, wie viel eher muss es dann für die offene Methode der Koordinierung gelten.

Box 13.2: Stellt die offene Methode das europäische Sozialmodell zur Disposition?

Zu dieser Frage äußerte sich der luxemburgische Ministerpräsident Jean-Claude Juncker in einem Interview in der *Frankfurter Allgemeine Zeitung* vom 29.7.2005:

„Aber das Sozialmodell wird doch jetzt zur Disposition gestellt?"

„Mir ist nicht klar, was daran jetzt in Frage gestellt werden muß. So abstrakt, wie manche sich das vorstellen, lässt sich die Diskussion über das Sozialmodell nicht führen. Sie wird Punkt für Punkt im Einzelfall geführt werden müssen. Es ist doch offensichtlich, dass es ein europäisches Sozialmodell ohnehin nicht gibt. Es gibt viele Varianten. Wir können kein flächendeckendes Sozialmodell anstreben, das gleichermaßen in Estland, Deutschland und der Slowakei gilt. Die britische Sozialordnung lässt sich auch nicht nach Frankreich exportieren. Umgekehrt gilt das genauso."

„Gerade in Frankreich wird häufig der Verdacht geäußert, Europa sei ein Einfallstor für neoliberale Konzepte."

„Für mich ist die Auffassung völlig irrig, das europäische Projekt für Generationen dadurch am Leben zu halten, dass man immer wieder den arbeitenden Menschen das Gefühl vermittelt, sie wären die eigentliche Feinde der Beschäftigung und sollten Stück für Stück Teile ihrer Lebenssicherheit einbüßen. Die EU braucht die Zustimmung der Bürger zu ihren Konzepten. Ich will keinem sturen Strukturkonservativismus das Wort reden. Aber ich bin ziemlich genervt über die flotten Sprüche zu Deregulierung, Flexibilisierung und Privatisierung – ohne dass man sich dabei genau zu den Inhalten äußert. Viele Arbeitnehmer empfinden das geradezu als ein Kriegsvokabular."

Die offene Methode der Koordinierung entspricht sehr gut den erklärten Governance-Prinzipien der EU:

- Subsidiarität
- Flexibilität
- Legitimität.

Letzteres aber nur deshalb, weil sie eigentlich auf intergouvernementaler Ebene stattfindet, wo nationale Souveränitäten nicht berührt werden. Damit stellt sich die Frage, wo die Rolle des Europäischen Parlaments und, in etwas schwächerem Maße, die des Rates liegen. Die offene Methode ist eine Angelegenheit der Exekutive, denn es ist schließlich eine Planungsmethode. Der Kommission käme eigentlich die Aufgabe des *commissariat général au plan* zu, das in der indikativen Planung Frankreichs die Planung vorbereitete. Es sind aber wieder die berühmten Komitees (Wirtschaft und Finanzen, Wirtschaftspolitik, Beschäftigung, Sozialschutz), die vor allem bei der Vorbereitung des Entscheidungsprozesses aktiv werden. Die strategischen Entscheidungen müssten dann vom Rat, bzw. von Coreper, ausgehen. Das scheint, allein schon aus Zeitmangel, nur unzureichend der Fall zu sein. Wir haben folglich einen Planungsprozess nicht nur ohne Planungsautorität vor uns, sondern auch ohne einheitlichen Planer. Der Prozess ist komplex, technisch anspruchsvoll und lässt deshalb bezüglich seiner Transparenz einiges zu wünschen übrig. Während die nationalen Parlamente bei der Umsetzung der nationalen Aktionsprogramme noch zu ihrem Recht kommen könnten, bleibt das Europäische Parlament mehr oder minder außen vor. Vor allem aber findet die Formulierung der Leitlinien, die erste Phase der Planung, kaum eine demokratische Kontrolle. Diese institutionellen Defizite der offenen Methode lassen eine vage und ineffektive Planung erwarten.

Und genau das wird häufig am Lissabon-Prozess kritisiert: zahlreiche wohlklingende, nicht immer konfliktfreie Zielsetzungen (die Zahl der Indikatoren geht über die 100); diese bleiben aber unspezifisch und bieten deshalb der nationalen Kreativität beim *window-dressing* große Entfaltungsmöglichkeiten. Bliebe es bei solchem „Viel Lärm um nichts", wäre das bedauerlich, aber nicht weiter schädlich. Doch es gibt andere Stimmen (Chalmers/Lodge 2003), die Schlimmeres vermuten: Die Mitgliedländer könnten Gefallen an den größeren Freiheiten finden, die ihnen die offene Methode lässt, und auch andere Politikfelder aus der Gemeinschaftsmethode der Governance in die offene Methode überführen, wodurch der *acquis* aufgeweicht würde. Besonders das neuerlich manifest gewordene Misstrauen gegen die Gemeinschaft könnte eine solche Strategie anziehend machen. „The system, in short, seeks to make a virtue out of the inevitable and continuing diversity institutionally and ideationally in the way that Member States define and conduct their economic policy" (Hodson/Maher 2001: 739). Das genau ist es, was Scharpf (2002) und Streeck (1998) als voluntaristisch an dem Verfahren kritisieren.

Doch schaut man sich diese Kritik genauer an, dann befürchtet sie weniger ein Aufweichen des *acquis* und ein Auseinanderdriften der politischen Lösungen als vielmehr die Möglichkeit, dass die offene Methode tatsächlich funktionieren könnte und sich ein liberaler wirtschaftspolitischer Konsens einstellt:

> „Aus den intergouvernementalen Entwicklungsgrenzen supranationaler Staatlichkeit hervorgegangen, kann nicht-bindende Regulierung auf europäischer Ebene leicht als eine Steuerungsmethode glorifiziert werden, die für eine demokratische Gesellschaft großer Vielfalt und bürgerlicher Reife einzigartig passend ist. Auf diese Weise dargestellt, könnte ein voluntaristisches sozialpolitisches Regime auf EU-Ebene nach unten in die nationalen Systeme ausstrahlen, wo es den derzeitigen Reformdruck in Richtung auf ‚Liberalisierung', ‚Deregulierung', ‚Dezentralisierung', ‚Flexibilität' und ‚individuelle Verantwortlichkeit' verstärken könnte." (Streeck 1998: 414)

Der Lissabon-Prozess findet im Schatten des Stabilitäts- und Wachstumspaktes statt: Europäische Sozialpolitik handelt weniger von verteilungsorientierten sozialen Bürgerrechten als vielmehr von Wachstum und Wettbewerbsfähigkeit – der Wohlfahrtsstaat wird von der Stabilitäts- und Wachstumspolitik kolonisiert (Chalmers/Lodge 2003: 10). Das führt unweigerlich zur Vernachlässigung der Wohlfahrtsziele, sagen die einen. Die anderen halten dagegen, dass nur eine angebotsorientierte Wirtschaftspolitik längerfristig Wohlfahrt für alle generieren kann. Die offene Methode der Koordinierung als institutionelles Komplement des Lissabon-Prozesses ist damit drei typischen Kritiksträngen ausgesetzt:

- dem inhaltlichen: Betonung der Angebotspolitik, Vernachlässigen der sozialen Dimension;
- dem theoretischen: Worauf gründet der Optimismus, dass nationale Politiker lernfähig und bereit seien, sich am Gemeinwohl zu orientieren?
- dem organisatorischen: wohlklingende Rhetorik, wenig politischer Einfluss, potentiell kontra-produktive Effekte.

Ihre Wirksamkeit muss sie noch unter Beweis stellen. Der Lissabon-Prozess wurde im Jahre 2000 in Gang gesetzt. Die Zwischenbilanz im Jahre 2005 machte deutlich, dass er seine hochgesteckten Ziele bis 2010 nicht erreichen wird. Als Reaktion hat sich die Kommission darauf verständigt, die Strategie zu vereinfachen, die quantitativen Ziele aufzugeben und die verschiedenen Koordinationsprozesse (Luxemburg: Arbeitsmarktpolitik, Cardiff: mikroökonomische und strukturelle Reformen, Köln: makroökonomische und haushaltspolitische Maßnahmen) mit dem Lissabon-Prozess zu verbinden. Das heißt ja nichts anderes, als eine integrierte Wirtschaftspolitik über die offene

Methode zu führen. Die Erfolgsaussichten eines solchen Vorgehens müssen skeptisch stimmen. Doch ist es zu früh, die offene Methode der Koordinierung bereits für gescheitert zu erklären.

13.7 Sozialdumping – ein Kapitel für sich

Mit dem Beitritt relativ gering entwickelter Länder in Ostmitteleuropa hat der zuvor nur gelegentlich auftauchende Vorwurf des Sozialdumping eine rasante Karriere gemacht. Damit werden Fälle belegt, in denen entweder Produktionsstätten aus Regionen mit hohen Löhnen und Lohnnebenkosten in Regionen mit niedrigeren Kosten verlegt werden (Kapitalmobilität), oder Fälle in denen Firmen aus Ländern mit niedrigen Lohn- und Lohnnebenkosten Dienstleistungen in Ländern mit höheren Kosten erbringen (Dienstleistungs- und Arbeitskräftemobilität). Aus Gründen der Wettbewerbsgleichheit wird häufig eine Harmonisierung der Sozialstandards, wenn nicht gar der Löhne gefordert. Macht das Sinn?

Als erstes ist hier anzumerken, dass der Begriff des *social dumping* ökonomisch unsinnig ist. In Box 10.1 haben wir Dumping als Preisdiskriminierung definiert, die nach den Regeln der WTO unzulässig ist, wenn das Angebot für Ausländer (der Exportpreis) günstiger ist als das Angebot für Inländer (der Preis auf dem heimischen Markt). In den beiden erwähnten Fällen liegt eine solche Preisdiskriminierung nicht vor, und deshalb sollte man hier im Gebrauch des Wortes Dumping Zurückhaltung üben.

Als zweites kann man theoretisch davon ausgehen, dass unter Wettbewerbsbedingungen die Arbeitskraft mit ihrem Wertgrenzprodukt entlohnt wird. Ist in einem Land das Gesamtlohnniveau niedriger als in einem anderen, so steht zu vermuten, dass auch die Produktivität entsprechend niedriger ist. Wie nun der Bruttolohn jeweils in Nettolohn, direkte Steuern und Sozialabgaben aufgeteilt wird, ist Sache der nationalen Sozialpräferenzen. Die können sehr unterschiedlichen sein und sind es auch. Eine europaweite Harmonisierung der Sozialstandards und ihrer Finanzierungsmodi würde nicht nur in diese Präferenzen eingreifen. Sie müsste auch, wenn die Harmonisierung oberhalb des Minimums stattfände, in den Ländern mit niedriger Produktivität zur Absenkung der Nettolöhne führen, damit sie wettbewerbsfähig bleiben.

Ganz so einfach ist die Sache allerdings nicht. Auf den Arbeitsmärkten herrscht in der Regel alles andere als vollständige Konkurrenz. Und ein Ereignis wie die Osterweiterung muss mit den Worten von Schumpeter als *creative destruction* eines bestehenden Gleichgewichts betrachtet werden. Im neuen Gleichgewicht, das insgesamt eine höhere Wohlfahrt produziert (s. Kap. 8.2.3), werden Lohn- und Produktivitätsniveau einander wieder ungefähr entsprechen. Bis das erreicht ist, können die beiden Niveaus jedoch voneinander abweichen und somit die Lohnstückkosten zum Beispiel in Polen oder der Slowakei niedriger als in Deutschland sein. Der Prozess, der zum neuen Gleichgewicht führt, ist von Güter-, Dienstleistungs-, Kapital- und Arbeitskräftemobilität gekennzeichnet. Soweit es sich um den Güterverkehr handelt, haben wir uns an das Phänomen – wenn auch langsam und widerwillig – gewöhnt: T-Shirts werden in China billiger produziert als in Deutschland, also führt man sie von dort ein. Das neue Gleichgewicht hebt den internationalen Güterhandel allerdings nicht auf: Komparative Kostenvorteile bleiben bestehen.

Im Fall von Dienstleistungs-, Kapital- und Arbeitskräftemobilität taucht dagegen der Vorwurf des Sozialdumping auf. Grundsätzlich gilt hier aber das gleiche. Wenn es unter Einbeziehung aller Kosten und Risiken auch auf mittlere Sicht billiger ist, in Ungarn zu produzieren als in Frankreich, dann wird ein rationaler französischer Unternehmer eine Verlagerung seiner Produktion nach Ungarn in Erwägung ziehen. Und der Konsument wird ihm die niedrigeren Preise danken. Für die Arbeitnehmer des betroffenen französischen Unternehmens ergeben sich daraus mit hoher Wahrscheinlichkeit Beschäftigungsprobleme. Ob solche Probleme auch für die französische Wirtschaft insgesamt auftreten, ist weniger eindeutig. Denn die Wirtschaftsaktivität im gemeinsamen Raum wird insgesamt zunehmen, und die Importe der verlagerten Produktion werden teilweise, wenn nicht sogar vollständig, nach einer gewissen Anpassungszeit, von Exporten anderer Güter kompensiert.

Box 13.3: Lohnstückkosten oder was dem Kapital Beine macht

Der französische Unternehmer oder sein deutscher Kollege können in wissenschaftlichen Publikationen, aber auch in der Tagespresse häufig Vergleiche der Einkommen, der Löhne oder der Arbeitskosten in den alten und neuen Mitgliedländern der Gemeinschaft lesen. Was ist davon für ihre Investitionsentscheidungen relevant? Da sie annahmegemäß Gewinne maximieren wollen, müssen sie potentielle Erlöse und Kosten vergleichen. Sie werden ihre Produktion dort ansiedeln, wo dieser Vergleich am günstigsten ausfällt. Sehen wir von allen anderen Einflüssen und Risiken ab (die bekannte *ceteris paribus* Annahme), dann sind es die Preise, die Arbeits- und Kapitalkosten, die Kosten der übrigen Inputfaktoren und die Produktivität der Faktoren, die das Ergebnis bestimmen.

Bei einer nahezu perfekten Kapitalmobilität innerhalb der Gemeinschaft sind die Kapitalkosten für den französischen oder deutschen Investor in jedem Land gleich. Tendenziell gilt das auf Grund des gemeinsamen Marktes auch für die Produktpreise, soweit es um handelbare Güter geht. In Box 4.3 haben wir aber bereits gesehen, dass die Wechselkurse nicht immer den Kaufkraftparitäten entsprechen. Das heißt, ein Güterpaket X, das in Deutschland 1 000 € kostet, hat in Polen einen (hypothetischen) Preis von 2000 Zloty (Kaufkraftparität 1 : 2). Der Wechselkurs beträgt aber (wieder hypothetisch) 1 : 4, er ist unterbewertet. Der deutsche Unternehmer, der das Güterpaket X in Polen verkauft, erlöst damit umgerechnet nur 500 €. Verkauft er X in Deutschland, erhält er 1 000 €. Das gilt unabhängig vom Produktionsstandort.

Es sind die Arbeitskosten und die Produktivität, die den Ausschlag geben. Die übrigen Inputkosten sollte man nicht ganz übersehen. Für die energieintensive Aluminiumproduktion spielen die Energiekosten, die häufig durch staatliche Interventionen, also nicht allein vom Markt beeinflusst werden, eine wesentliche Rolle, für umweltintensive Güter die von den Umweltschutzregelungen bestimmten Reinhaltungskosten. Bei einer Unterbewertung des Wechselkurses werden die Inputkosten generell in den neuen Mitgliedländern günstiger sein. Je arbeitsintensiver die Produktion aber ist, umso größer ist die Bedeutung der relativen Arbeitskosten. Sie sind Resultat des Zusammenwirkens von nominellen Arbeitskosten, Wechselkurs und Arbeitsproduktivität. Der Wechselkurs ist ein Risikofaktor, solange die neuen Mitgliedländer noch nicht den Euro übernommen haben.

Das Güterpaket X wird von polnischen Unternehmen mit polnischer Technologie produziert, d.h. mit einer Kapital- und Arbeitsintensität, die dem polnischen Kapitalakkumulations- und Entwicklungsstand entspricht. Der deutsche Unternehmer arbeitet mit deutscher Technologie. Nehmen wir an, die physische Arbeitsproduktivität sei doppelt so hoch, er brauche also nur die Hälfte der Arbeitskräfte wie die polnische Firma. Der polnische Lohn kann den Arbeitsproduktivitäten entsprechend nur 50 % des deutschen betragen, zu Kaufkraftparitäten umgerechnet. In diesem Fall sind die Lohnstückkosten, das sind die Lohnkosten, die eine Einheit von X enthält, in beiden Ländern gleich. Die Lohnstückkosten ergeben sich aus der Division von Stundenlohn und Stundenproduktivität. Beide Unternehmen sind konkurrenzfähig, und eine Verlagerung der Produktion von Deutschland nach Polen macht keinen Sinn abgesehen von der Nähe zum polnischen oder allgemein zum osteuropäischen Markt.

Sie wird aber unter zwei Umständen sinnvoll:

1. Unterbewertung des Wechselkurses: Unterstellen wir die oben hypothetisch eingeführten Zahlen, dann betragen die Lohnstückkosten in Polen zum Wechselkurs umgerechnet nur 50 % der deutschen Lohnstückkosten. Man kann, sehen wir von den übrigen Kosten ab, das Güterpaket X in Polen für 500 € produzieren und in Deutschland für 1 000 € verkaufen. Das betrifft polnische wie verlagerte deutsche Unternehmen gleichermaßen.
2. Verlagerung der deutschen Technologie nach Polen: Wird die Stundenproduktivität verdoppelt, dann sinken bei unverändertem Stundenlohn die Lohnstückkosten in dem verlagerten Betrieb ebenfalls auf 50 %. Jetzt ist der verlagerte Betrieb konkurrenzfähiger als der alte polnische Betrieb. In der Ausgangssituation bestimmen die polnischen Firmen das Lohnniveau. Doch es ist leicht einzusehen, dass dies kein Zustand auf Dauer sein kann. Im neuen Gleichgewicht werden die polnischen Löhne dem (höheren) Wertgrenzprodukt entsprechen.

Bislang haben wir die Motive für Kapitalmobilität untersucht. Wir können die gleichen Zahlen verwenden um zu sehen, wie sich die Situation für die Arbeitskräfte darstellt. Ein polnischer Arbeiter verdiene im Monat in Posen 1 000 Zloty und in Berlin 1 000 €. Für seinen polnischen Lohn kann er in Posen 1/2 X kaufen, für seinen deutschen Lohn in Berlin 1 X. Zu Kaufkraftparitäten ist sein Realeinkommen in Polen 50 % des Realeinkommens in Deutschland. Transferiert er seinen gesamten deutschen Lohn zum Wechselkurs nach Polen, dann vervierfacht sich dort seine Kaufkraft – für 4 000 Zloty kann er 2 X kaufen. Da er in Berlin nicht von Luft und an der freien Luft leben kann, muss er bei seiner Mobilitätsentscheidung die Kaufkraftparitäten in Rechnung stellen und nur für den transferierbaren Rest seines Einkommens die Wechselkurse. Wir sehen, Lohnvergleiche zu Wechselkursen überschätzen unter realistischen Bedingungen die Differenzen und damit die Mobilitätsanreize.

Tabelle 13.2: Preisniveau und Lohnstückkosten in den neuen Mitgliedländern 2000–2007

Land	Preisniveau		Lohnstückkosten		
	(EU-27 = 100)		Kaufkraft (Österreich = 100)		Wechselkurs (2000 = 100)
	2000	2007	2000	2007	2007
Tschechien	46	62	31	44	155
Ungarn	48	63	28	42	166
Polen	53	60	45	49	120
Slowakei	43	60	25	37	164
Slowenien	71	74	65	66	112
Bulgarien	32	40	17	24	153
Rumänien	36	56	31	49	174
Estland	52	65	36	46	144
Lettland	51	61	35	43	135
Litauen	47	56	32	38	129

Quelle: Podkaminer et al. 2008

Tabelle 13.2 macht die Dynamik der neuen Mitgliedländer deutlich. Die Lohnstückkosten können um die Wechselkursänderungen oder um die Kaufkraftänderungen bereinigt werden. Was können wir dieser Tabelle entnehmen?

- Das Preisniveau in den Transformationsländern steigt im Vergleich zum Durchschnitt der Gesamtunion rapide an, auch wenn es generell noch weit unter dem Durchschnitt liegt.
- Das gleiche gilt für die Lohnstückkosten bereinigt um Wechselkursänderungen. Zum Vergleich: Die Lohnstückkosten in Österreich sind von 2000 bis 2007 um 11 % gestiegen.
- Damit schwindet auch der Lohnkostenvorteil zu Kaufkraftparitäten berechnet, hier im Vergleich zu Österreich.

Fassen wir zusammen:

1. Die so genannte „Unterbewertung" der Wechselkurse (vgl. Box 4.3) ist für Ostmitteleuropa dringend erforderlich, um auf westlichen Märkten überhaupt konkurrenzfähig zu sein.
2. Von der „Unterbewertung" profitiert, wer in Ostmitteleuropa produziert und im Westen verkauft.
3. Die „Unterbewertung" kann nur vollständig ausnutzen, wer im Westen die den Kaufkraftparitäten entsprechenden höheren Preise erzielt; das ist vor allem

multinationalen Unternehmen vorbehalten, die Teile in Ostmitteleuropa produzieren und in westliche Produkte einbauen.

4. Im verarbeitenden Gewerbe ist deshalb vor allem die nach Osten ausgelagerte Produktion eine Konkurrenz für die westlichen Arbeitnehmer, sehr viel weniger die einheimische Produktion.
5. Die Unterbewertung kann grundsätzlich auch nach Einführung des Euro bestehen bleiben, wenn der Euro z.B. zum heutigen Wechselkurs eingeführt wird – dann ist das Preisniveau in Ostmitteleuropa einfach niedriger als im Westen.
6. Wie schon angedeutet handelt es sich dabei aber um eine Momentaufnahme. Es gibt mehrere Gründe, die ein relatives Ansteigen der Preise, der Reallöhne und auch eine stärkere Annäherung der Wechselkurse an die Kaufkraftparitäten wahrscheinlich machen. Tabelle 13.2 hat diese Tendenz aufgezeigt.
7. Die schärfste Konkurrenz für westliche Arbeitnehmer stellen Dienstleistungsunternehmen dar, die unter östlichen Bedingungen tätig sind und ihre Leistungen auf westlichen Märkten verkaufen; denn hier sind die Produktivitätsunterschiede sehr viel geringer als im verarbeitenden Gewerbe, während das Lohnniveau von der Produktivität im verarbeitenden Gewerbe bestimmt wird (s. das Balassa-Samuelson Theorem in Box 15.3).

Im Zusammenhang mit Dienstleistungen ergibt sich somit eine Komplikation. Die Löhne in einer Volkswirtschaft richten sich tendenziell am Wertgrenzprodukt der Arbeit im verarbeitenden Gewerbe aus, d.h. am Sektor der handelbaren Güter. Sind Produktivität und Lohn in diesem Sektor niedrig, dann werden auch die Löhne in den meisten Dienstleistungssektoren niedrig sein. Das Wertgrenzprodukt der Arbeit ist bei vielen Dienstleistungen praktisch nicht vom Lohn zu trennen. Die physische Produktivität der Dienstleistungen variiert dagegen international sehr viel weniger als im verarbeitenden Gewerbe. Kommt nun eine polnische Maurerkolonne auf eine Berliner Baustelle, dann leistet sie nicht viel weniger als eine deutsche Maurerkolonne, beansprucht aber nach polnischen Tarifen bezahlt nur einen Bruchteil des Lohns der deutschen Maurer. Das ist zwar kein *dumping*, aber ein Problem, obwohl es sich faktisch von den chinesischen T-Shirts nicht wesentlich unterscheidet: Die Lohnstückkosten der deutschen Textilarbeiter sind signifikant höher als die der chinesischen und folglich kommen letztere zum Zuge. Die Äquivalenz von Waren- und Dienstleistungsverkehrsfreiheit wird am Beispiel der inzwischen berüchtigten Schlachtbetriebe besonders deutlich. Wenn die Schlachtereien in Chemnitz nicht mit kostengünstigen Dienstleistern aus Ostmitteleuropa kooperieren dürfen, werden sie dazu tendieren, ihre Betriebe 50 km weiter südlich in Tschechien anzusiedeln, das Lebendvieh zu exportieren und das Fleisch zu importieren – auf dem Binnenmarkt ein völlig normaler Vorgang. Dadurch gehen natürlich in Chemnitz noch mehr Arbeitsplätze verloren als durch den Import von Dienstleistungen.

Nun ist eines sicher: Eine harmonisierte europäische Tarif- und Sozialpolitik wird, solange nicht weitgehende ökonomische Konvergenz erreicht ist, erhebliche negative Konsequenzen haben. Die Länder mit unterdurchschnittlicher Produktivität verlieren ihre Konkurrenzfähigkeit, und die Länder mit überdurchschnittlicher Produktivität machen beträchtliche Gewinne. Das wiedervereinigte Deutschland hat vorgeführt, wohin das führt. Dort hatte man allerdings nicht eine Harmonisierung auf dem durchschnittlichen, sondern auf dem hohen westdeutschen Niveau angepeilt. Das hatte zur Folge, dass die westdeutschen Unternehmer vor lästiger Konkurrenz aus Ostdeutschland bewahrt wurden und die westdeutschen Arbeitnehmer vor schmerzhaften Einschnitten in ihre Einkommen. Bezahlt haben die Rechnung die ostdeutschen Unternehmen, die schließen mussten, und die ostdeutschen Arbeitnehmer, die arbeitslos wurden.

Die Angleichung der Tarif- und Sozialpolitik im erweiterten Europa kann nicht über eine Harmonisierung, sie muss über einen Konvergenzprozess oder über *catching-up* erfolgen. Und das erfordert Zeit (siehe Box 4.4). Solange dieser Prozess andauert, werden die Löhne und die Sozialstandards – unabhängig von Präferenzunterschieden – in den aufholenden Ländern niedriger sein. Es gibt keinen theoretischen Grund anzunehmen, dass die Regierung in diesen Ländern das Tarif- und Sozialniveau unter eine von der Produktivität gerechtfertigte Höhe ansetzen könnte oder würde, vorausgesetzt es herrschen ausreichender interner Wettbewerb und internationale Güter- und Faktormobilität. Die Schlussfolgerung von Sinn (2003: 111) scheint deshalb gerechtfertigt:

> „A simple but important insight for the assessment of systems competition follows from this. Because private competition and systems competition carry out the gradual transformation of the joining countries perfectly, there is no need for a supra-national government like the EU to intervene by harmonizing social standards. Both the EU Social Charter and the ILO conventions are interventions of dubious use."

Letztere Feststellung ist nicht zwingend, da die EU-Sozialcharta, wie wir bereits gesehen haben, nur eine partielle Harmonisierung zum Ziel hat, d.h. die Einführung von Mindeststandards mit einer *ratchet* Klausel (Sperrklinkenklausel) für Länder mit höheren Standards. Dadurch bleiben die Unterschiede in den Sozialstandards im Konvergenzprozess bestehen. Es wird nur versucht, diesen Konvergenzprozess zu beschleunigen. Ob das unabhängig von der ökonomischen Konvergenz allerdings möglich und sinnvoll ist, ließe sich diskutieren.

So weit, so gut: Es gibt nicht gleichen Lohn für gleiche Arbeit, wenn die Produktionsbedingungen, vor allem die Kapitalausstattung, nicht auch gleich sind. Denn dann ist das Ergebnis gleicher Arbeit, ihr Wertgrenzprodukt, unterschiedlich. Doch wie steht es mit unserer polnischen Maurerkolonne auf der Berliner Baustelle? Sie produziert mehr oder minder das gleiche Ergebnis wie die deutsche Maurerkolonne, die aber dafür einen höheren Lohn verlangt und deshalb nicht zum Zuge kommt. Dass die deutschen Bauarbeiter von Dumpinglöhnen sprechen, ist verständlich, auch wenn die Polen Löhne erhalten, die noch über dem Niveau in ihrem Heimatland liegen. Hier ist nun zu differenzieren:

- Soweit es sich um Gastarbeiter oder Zuwanderer handelt, d.h. temporär oder dauerhaft eingewanderte Arbeitskräfte, erhalten sie grundsätzlich die gleichen Tariflöhne wie deutsche Arbeitskräfte. Das folgt schon aus dem Diskriminierungsverbot des Vertrags über die Europäische Gemeinschaft. Der Effekt der Migration liegt vor allem in einem erhöhten Arbeitsangebot und entsprechendem Druck auf das Lohnniveau im Einwanderungsland. Es ist deshalb kaum verwunderlich, dass sich die Länder, die aus geographischen Gründen nach der Osterweiterung mit dem größten Einwanderungsdruck zu rechnen haben, Deutschland und Österreich also, Übergangsfristen für die volle Freizügigkeit der Arbeitskräfte ausbedungen haben.
- Soweit es sich um den Export von Dienstleistungen aus anderen Mitgliedländern handelt, gelten grundsätzlich die Sozialvorschriften des exportierenden Landes. Hier greifen die harmonisierten europäischen Mindeststandards. Darüberhinaus ist es aber möglich, dass ungleicher Lohn für gleiche Arbeit am gleichen Ort bezahlt wird. Ein tschechischer Fernfahrer unterliegt zwar der deutschen Straßenverkehrsordnung, sobald er die Grenze überschreitet. Er erhält dann aber nicht einen höheren Lohn, obwohl er Transportleistungen innerhalb Deutschlands erbringen kann. Das ist ein gewollter Effekt der vier Grundfreiheiten des gemeinsamen Marktes. Um die daraus folgenden Verdrängungstendenzen für deutsche Arbeitskräfte abzuschwächen, hat die Bundesregierung 1996 für bestimmte Branchen, vor allem das Baugewerbe, das so genannte Entsendegesetz verabschiedet. Dieses Gesetz wurde noch im gleichen Jahr durch die Entsenderichtlinie der Gemeinschaft legitimiert.

Box 13.4: Entsendegesetz und Entsenderichtlinie zum zweiten

Entsendegesetz und Entsenderichtlinie (siehe auch Kapitel 7) sind Ergebnis eines längeren Streites in der Gemeinschaft darüber, ob die Dienstleistungsfreiheit nach Art. 49 EG zu unfairem Wettbewerb führe und deshalb einer einschränkenden Regelung bedürfe. Den Tatbestand des unfairen Wettbewerbs sehen die Befürworter einer Regelung darin, dass Unternehmen aus Ländern mit niedrigem Lohnniveau und bescheidenen Sozialstandards in Hochkosten-Ländern ihre Dienste zu erheblich günstigeren Preisen anbieten können als die einheimischen Unternehmen. Nach 1992, als der gemeinsame Markt mit der Dienstleistungsfreiheit wirksam wurde, hatte sich das vor allem in der Bauindustrie, wo die Arbeitskosten ungefähr die Hälfte der Gesamtkosten ausmachen, deutlich bemerkbar gemacht. In der Folge fanden sich trotz anfänglich guter Baukonjunktur deutsche Bauarbeiter vermehrt arbeitslos.

Rasch wurden Stimmen laut, die als Reaktion auf diese Situation eine Regelung verlangten, nach der zumindest für Dienstleistungen, die von ausländischen Arbeitnehmern, nicht von Selbständigen, erbracht werden, die Tarifbestimmungen und Sozialstandards des Produktionsortes gültig sein sollten. Aus praktischen Gründen wäre eine solche Regelung bei einigen Dienstleistungen absurd, so zum Beispiel im Transportsektor (der Fernfahrer, dessen Lohn sich bei jedem Grenzübertritt ändern müsste) oder im Medienbereich (der Sportreporter, der während der Olympischen Spiele in Athen arbeitet). Doch für die Bauindustrie kann man sich das durchaus vorstellen. Und nach der Osterweiterung hat der Fall der Schlachtereien Schlagzeilen gemacht.

Auf europäischem Niveau haben sich Großbritannien und Portugal einer derartigen Regelung widersetzt. Dafür gibt es gute Gründe: Theoretisch ist sie einem Zoll vergleichbar, d.h. sie schützt zum Beispiel deutsche Unternehmen und Arbeitnehmer vor der ausländischen Konkurrenz. Denn man darf nicht übersehen: Bei Dienstleistungen ist der Produktionsort in der Regel auch der Konsumort. Damit widerspricht sie völlig der Logik und der Intention des gemeinsamen Marktes, schränkt den Wettbewerb ein und verlangsamt den angestrebten Konvergenzprozess. Eine sekundärrechtliche Einschränkung (Entsenderichtlinie) eines primärrechtlichen Rechtes (Dienstleistungsfreiheit, Art. 49 EG) müsste vom EuGH für nichtig erklärt werden – es sei denn, es gäbe eine zwingende Rechtfertigung dafür. Diese findet man in zwingenden Gründen des Allgemeininteresses oder in einer konkurrierenden Bestimmung des Primärrechtes, z.B. fairer Wettbewerb nach Art. 3.1g EG, worüber man im vorliegenden Fall offensichtlich unterschiedlicher Meinung sein kann (s. hierzu auch Koberski/Asshoff/Hold 2002 und Görres 2003). Eine ökonomische Rechtfertigung schöpft eine Entsenderichtlinie aus der Tatsache, dass die erforderlichen Anpassungsprozesse, anders als in der Theorie zuweilen vereinfachend unterstellt, weder kostenlos noch unmittelbar erfolgen. Ein deutscher Bauarbeiter lässt sich nicht ohne weiteres zum IT-Arbeiter umschulen. Das werden in der Regel erst sein Sohn oder seine Tochter werden. Das heißt, der Wettbewerb impliziert in vielen Fällen eine Verdrängung in die Arbeitslosigkeit. Und damit sind die wohlfahrtssteigernden Annahmen über den gemeinsamen Markt verletzt.

Die einschlägigen Regelungen in der Entsenderichtlinie und im deutschen Entsendegesetz haben wir bereits in Kapitel 7 kennengelernt. Wie alle protektionistischen Maßnahmen, die den Strukturwandel begleiten sollen, läuft auch das Entsendegesetz Gefahr, zur Dauereinrichtung und damit kontraproduktiv zu werden. Es ist Aufgabe der Europäischen Kommission, darüber zu wachen, dass dies nicht geschieht. Eine Initiative in dieser Richtung ist die dem Rat 2005 vorgelegte Dienstleistungsrichtlinie. Sie hat in einzelnen Mitgliedländern zu vehementen Reaktionen geführt. Die Ablehnung der Verfassung in Frankreich war weniger eine Reaktion auf den Verfassungstext als eben auf diese nach ihrem Autor benannte Bolkestein-Richtlinie. Denn der Verfassungstext entzieht sich dem Allgemeinverständnis; dass polnische Klempner aber das französische Handwerk bedrohen, das versteht jeder (auch wenn es nicht den Tatsachen entspricht). Ziel der Dienstleistungsrichtlinie ist es, dem Sitz- oder Heimatlandprinzip und damit dem Wettbewerb wieder mehr Geltung zu verschaffen. Nach vielen Änderungen wurde die Richtlinie (RL 2006/123) schließlich Ende 2006 verabschiedet.

Mit *social dumping* wird zuweilen auch die Verdrängung des Wohlfahrtsstaates durch den Systemwettbewerb bezeichnet: Wohlfahrtsstaatsdumping. Dieser Vorgang hat noch weniger mit *dumping*, d.h. einer unfairen Preisdiskriminierung, zu tun als die bislang besprochenen Fälle. Doch auch hier geht es um Wettbewerb, Systemwettbewerb, und um die freie Mobilität von Kapital und Arbeit, die, so wird gesagt, eine Form von Wettbewerbsversagen hervorbringen.

Der Wohlfahrtsstaat ist ein Versicherungs- und Umverteilungsmechanismus: Zum einen werden die Bürger gegen Risiken versichert, für die der Markt keine geeignete Versicherung bereitstellt. Zum anderen werden Mittel zur Bedürfnisbefriedigung von tragfähigen Schichten auf bedürftige Schichten umverteilt, sei es unmittelbar in der Form eines Kaufkrafttransfers oder mittelbar in der Form des nicht äquivalenten Tausches (z.B. in der gesetzlichen Krankenversicherung, wo die Beiträge einkommens- und nicht risikoabhängig, die Leistungen aber bedürfnisorientiert sind). Unterscheidet sich nun das Volumen des Wohlfahrtsstaates von Land zu Land, so steht zu erwarten, dass die Träger der Kosten, kurz die Reichen, in das System mit dem niedrigsten Volumen abwandern und die potentiell Begünstigten, kurz die Bedürftigen, im System mit dem höchsten Volumen zuwandern. Vorausgesetzt, die Mobilitätskosten sind hinreichend niedrig. Das sind sie sicher nicht. Zwar sind die Kosten der Kapitalmobilität in einem Raum mit freier Kapitalmobilität, keinen Wechselkursrisiken und keinen großen Unterschieden in den politischen Risiken, z.B. innerhalb des Euro-Raumes, vergleichsweise niedrig. Kapital ist ein mobiler Faktor. Die Kosten der Arbeitskräftemobilität sind unter den gleichen Bedingungen aber erheblich höher, sowohl die sozialen als auch die ökonomischen Kosten. Arbeit ist ein sehr viel weniger mobiler Faktor. Daraus folgt erst einmal, dass die steuerliche Belastung des Kapitals bei ungehinderter Mobilität international weniger Unterschiede aufweisen wird als die Belastung des Faktors Arbeit und einem ständigen Druck nach unten ausgesetzt ist. Inwieweit die einzelnen Segmente des Faktors Arbeit, z.B. hochbezahlte Selbständige oder unterstützungsbedürftige Arbeitslose, unterschiedliche Mobilitätskosten und unterschiedliche Mobilitätsneigungen aufweisen, ist nicht so ohne weiteres festzustellen. Doch wird man vermuten dürfen, dass es solche Unterschiede gibt.

Der beschriebene Abwanderungsprozess ist Folge eines internationalen Ungleichgewichts, das durch die Öffnung der Grenzen entstanden ist. Es stellt sich nun die Frage, wie das neue Gleichgewicht aussieht, das danach wieder angestrebt wird: Erhalten wir einen Wohlfahrtsstaat auf durchschnittlichem Niveau oder erfahren wir ein *race to the bottom*, den totalen Abbau des Wohlfahrtsstaates? Hans-Werner Sinn (2003: 64 ff.) hat gezeigt, dass bei vollständiger Mobilität aller Personen und Faktoren der Systemwettbewerb zu einem *race to the bottom* führen und letztlich jegliche Umverteilung von Besitzenden zu Bedürftigen unmöglich machen kann.

Nun ist selbst bei vollständiger Mobilität aller Personen und Faktoren nicht zu erwarten, dass die Politiker diesen „Rüstungswettlauf" bis zum bitteren Ende durchhalten werden. Sind die beteiligten Länder tatsächlich identisch und haben die gleichen Umverteilungspräferenzen, so ist zu erwarten, dass sie sich einigen, den Teufelskreis in diesem Bereich zu durchbrechen und ein einheitliches, ihren ursprünglichen Sozialpräferenzen entsprechendes

Niveau der Umverteilung für alle Staaten festzuschreiben, das auch in allen Staaten Unterstützung durch eine Mehrheit der Bevölkerung findet. Schwierig wird die Angelegenheit allerdings dann, wenn – wie es in der Europäischen Union tatsächlich der Fall ist – sich die nationalen Präferenzen für Wohlfahrtsstaat und Umverteilung voneinander unterscheiden. In diesem Fall ist eine Harmonisierung der Umverteilungsregelungen, die in allen Staaten Unterstützung findet, nicht möglich.

Ein *race to the bottom*, d.h. ein neues Gleichgewicht auf niedrigstem Niveau, das Schreckgespenst vieler Globalisierungskritiker und Europaverächter, kann sich vor allem also bei unterschiedlichen Präferenzen ergeben. Ist in dem Raum mit sonst gleichen Bedingungen ein Wohlfahrtsmuffel vorhanden, d.h. ein Land mit extrem niedrigen Umverteilungspräferenzen, dann wird es die mobilen Nettozahler anziehen, was ein weiteres Absenken der Steuersätze ermöglicht. Alle übrigen Länder gerieten in Finanzierungsprobleme und müssten sich im Endeffekt an dieses niedrigste Niveau anpassen, bzw. ihre höheren Umverteilungskosten den weniger mobilen Faktoren aufbürden, was natürlich auch deren Mobilität stimuliert. Im Endzustand gibt es dank der nicht perfekten Mobilität aller Faktoren zwar gewisse Unterschiede im Volumen des Wohlfahrtsstaates, allerdings in der Nähe des niedrigsten Niveaus. Wenn innerhalb der EU überhaupt von „Wohlfahrtsmuffeln" die Rede sein kann, dann wären dazu Irland, die baltischen Staaten, Bulgarien und Rumänien zu zählen (siehe Tabelle 13.1). Von einer besonderen Anziehungskraft dieser Länder auf einkommensstarke Schichten ist nichts bekannt. Die gleiche Tabelle 13.1 lässt aber auch sehen, dass ein *race to the bottom* nicht stattfindet.

Kurzum, der Konvergenzprozess kann bei ungleichen Präferenzen in einem Gleichgewicht mit niedrigeren Niveaus enden als bei gleichen Präferenzen. Die Frage der Angleichung der Sozialpräferenzen ist nun genau die Frage nach dem europäischen Sozialmodell. Während einige Autoren (z.B. Kaelble 2004) hier bereits einen weitgehenden Konsens feststellen, sehen andere darin erst eine noch zu leistende Koordinierungsaufgabe der Europäischen Union. *Ex ante* Harmonisierung, d.h. die Schaffung eines europäischen Sozialstaates auf oberstem Niveau, ist aus den verschiedensten Gründen kein gangbarer Weg. Zum einen treffen hier alle Argumente, die schon zuvor im Zusammenhang mit den Löhnen und Lohnnebenkosten genannt worden sind, unverändert zu. Zum anderen würde bei der notwendigen Einstimmigkeit einer solchen Entscheidung der „Wohlfahrtsmuffel" natürlich sein Veto einlegen und eine Entscheidung oberhalb des Minimalniveaus verhindern. Die offene Methode der Koordinierung ist dazu eine Alternative. Sie versucht, einen Konsens auch bezüglich der Ziele der Sozialpolitik zu schaffen.

Eine andere, auf gewissen historischen Vorbildern (in der Schweiz, aber auch im Mittelalter, wo die Städte nur gegenüber ihren Bürgern soziale Verpflichtungen hatten) aufbauende Methode schlägt Sinn (2003: 78–81) vor, das Heimatlandprinzip. Wenn Migranten mit ihren wohlfahrtsstaatlichen Rechten und Pflichten an ihr Heimatland gebunden bleiben, dann fallen die Motive für Sozialtourismus und Steuerflucht weitgehend fort. Die effizienz-orientierte

Migration wird dadurch nicht beeinträchtigt. Die steuerlich bedingte Kapitalmobilität wird man dadurch nicht in den Griff bekommen. Denn Kapital kennt kein Heimatland. Es ist allerdings auch weniger Gegenstand von Umverteilungsmaßnahmen wie die natürlichen Personen. Persönliche Einkommen aus Kapitalbesitz lassen sich auf diese Weise sehr wohl einbeziehen. Die rechtlichen (z.B. Beschränkung des Wechsels der Staatsbürgerschaft) und administrativen Probleme wollen wir nicht diskutieren. Vielmehr zeigt uns dieser Vorschlag, dass eine Trennung des wohlfahrtsfördernden Wettbewerbs, den der gemeinsame Markt stimuliert, und der opportunistischen Mobilität, die der gemeinsame Markt ermöglicht, durchaus denkbar ist.

13.8 Strukturpolitik als Sozialpolitik?

Die Sozialpolitik der Gemeinschaft verfügte seit den Verträgen von Rom über einen eigenen Fonds, den Europäischen Sozialfonds. Das war ursprünglich eine *ad hoc* Einrichtung zur Förderung der Mobilität der Arbeitskräfte aus dem italienischen Mezzogiorno. Im Laufe der Zeit erweiterte sich der Aufgabenbereich, der mit Mitteln des Sozialfonds gefördert werden konnte. Doch er blieb konzentriert auf Maßnahmen zur Unterstützung der Arbeitskräftemobilität, der Qualifikationsverbesserung und der Beschäftigungspolitik generell. Schon der Sozialfonds hatte eine starke regionalpolitische Komponente. Mit der Agrarpolitik kam ein weiterer Fonds hinzu, der Europäische Ausrichtungs- und Garantiefonds für die Landwirtschaft, dessen Ausrichtungsteil für die Entwicklung des ländlichen Raumes bestimmt ist, während der Garantieteil für die Strukturpolitik nur untergeordnete Bedeutung hat. 1975 legte die Gemeinschaft einen eigenen Regionalfonds (den Europäische Fonds für regionale Entwicklung) auf. Schließlich gibt es noch einen besonderen Fonds für die Fischereipolitik.

In einer integralen Reform der europäischen Regionalpolitik im Jahre 1989 wurden die Fonds unter dem Namen „Strukturfonds" zusammengeführt und stärker koordiniert. Sie sind allerdings noch immer eigenständig und können in bestimmten Fällen gleichzeitig zur Förderung eines Projektes herangezogen werden. 1994 kam als weiterer Fonds der Kohäsionsfonds hinzu, der ähnliche Aufgaben erfüllt, formell aber von den Strukturfonds getrennt bleibt. Zur Zeit verfügt die Gemeinschaft also über insgesamt sechs Instrumente für die Regional- und Strukturförderung. Diese organisatorische Entwicklung ist begleitet von einer beachtlichen Ausdehnung der zur Verfügung stehenden Mittel. Die Struktur- und Kohäsionsfonds sind nach der Agrarpolitik der zweitgrößte Ausgabenposten des Gemeinschaftsbudgets und beanspruchen inzwischen ungefähr 36 % der Gesamtausgaben (vgl. Tabelle 11.2).

Nun stellt sich die Frage: Was ist die ökonomische Begründung für die zunehmenden Anstrengungen der Gemeinschaft in der Struktur- und Kohäsionspolitik? Zwei Argumentationsstränge spielen hier eine zentrale Rolle, ein theoretischer, der die Wirkung von Integration untersucht, und ein empirischer, der die faktischen Disparitäten in der Europäischen Union aufzeigt.

Letztere sind erheblich und auch erheblich größer als z.B. in den USA, einem Wirtschaftsraum, der nicht nur ökonomisch, sondern auch politisch sehr viel länger integriert ist. Schon das Europa der sechs wies zwischen dem Mezzogiorno und dem Pariser Becken oder dem Rhein-Main-Gebiet immense Unterschiede auf. Mit jeder Erweiterungsrunde haben die Disparitäten dann noch zugenommen. Die erste Erweiterung brachte die unterentwickelte Nordwest-Peripherie in Großbritannien und Irland ein, die Süderweiterung die unterentwickelte südliche Peripherie mit den zurückgebliebenen Regionen Spaniens, Portugals und Griechenlands, die Norderweiterung ließ die nördliche Peripherie der weitgehend unbewohnten Polargebiete in Schweden und Finnland hinzukommen, und die Osterweiterung fügt dem nun die östliche Peripherie hinzu, die noch einmal einen erheblichen Rückstand zur südlichen aufweist. Im Jahr 2000 betrug das BIP pro Kopf im obersten Dezil (den reichsten 10 %) der Regionen das 2,6 Fache des untersten Dezils. Die Osterweiterung um die 10 neuen Mitgliedländer erhöht die Relation auf das 4,4 Fache, und nach dem Beitritt von Bulgarien und Rumänien 2007 stieg die Relation noch einmal an auf das 6 Fache (Europäische Kommission 2003d). Das ist das Erbe der Vergangenheit.

Das ökonomische Hauptmotiv für die Integration ist Konvergenz, ein Wohlfahrtsausgleich auf hohem Niveau. Und die ökonomische Theorie erklärt auch, entlang welcher Wege Konvergenz erfolgt. Ungehindert operierende Märkte setzen einen Gleichgewichtsprozess in Gang, an dessen Ende der Ausgleich der Entwicklungsunterschiede steht. Alle vier Freiheiten, des Güter-, Dienstleistungs-, Kapital- und Personenverkehrs, tragen dazu bei. Der ungehinderte Güter- und Dienstleistungsverkehr lässt nach der Heckscher-Ohlin-Samuelson-Theorie die Regionen ihre komparativen Kostenvorteile durch Spezialisierung ausnutzen, was tendenziell zum Ausgleich der Faktorpreise führt. Dieser Prozess wird noch verstärkt durch Wanderungen der Produktionsfaktoren Kapital und Arbeit. Die moderne neoklassische Wachstums- und Außenhandelstheorie hat diesen Ansatz verfeinert und kommt zu einer ähnlichen Prognose (Sala-i-Martin 1996; siehe auch Armstrong 2004). Das ist aber zum einen ein sehr langwieriger Prozess, und zum anderen gibt es Gegenkräfte, die ein solches Zusammenwachsen bremsen.

Box 13.5: Beta- und Sigma-Konvergenz

Konvergenz ist, wie erwähnt, eines der zentralen Ziele der europäischen Integration. Aber was heisst genau Konvergenz (siehe hierzu Sala-i-Martin 1996)? Nach allgemeinem Verständnis bedeutet Konvergenz die Verringerung der Variationsbreite von Gegenstandsmerkmalen, in unserem Fall z.B. die Verringerung der Variation des Bruttoinlandsprodukts pro Kopf der 27 Mitgliedländer der EU. Statistisch wird die Variation üblicherweise durch folgende Formel gemessen:

$$\sigma^2 = (1/n)\ \Sigma\ [\log(y_{it}) - \mu_t]^2 \quad \text{mit } i = 1, \dots, 27$$

wobei y_{it} – BIP pro Kopf in Mitgliedland i im Jahr t

μ_t – der Durchschnittswert des logarithmierten BIP pro Kopf über alle Mitgliedländer.

Nimmt σ ab, dann liegt Sigma-Konvergenz vor: Die Abweichungen vom Durchschnitt reduzieren sich.

Man kann sich aber auch auf den Prozess der Konvergenz konzentrieren und fragen, ob die ärmeren Regionen schneller wachsen als die reicheren. Ein solcher Prozess lässt sich mit folgender Schätzgleichung beschreiben:

$$\log(y_{it}) = a + (1 - \beta) \log(y_{i,t-1}) + u_{it}$$

wobei a und β Parameter sind und u ein Störterm mit dem angenommenen Mittelwert 0.

Ist $0 < \beta < 1$, dann bedeutet das Beta-Konvergenz: Die Wachstumsrate des BIP pro Kopf $[\log(y_{it}/y_{i,t-1})]$ ist negativ korreliert mit dem Entwicklungsniveau in der Ausgangsperiode $[\log(y_{i,t-1})]$.

Es lässt sich leicht zeigen, dass Beta-Konvergenz eine notwendige, aber keine hinreichende Voraussetzung für Sigma-Konvergenz ist. Das ist auch intuitiv einzusehen: Es ist denkbar, dass gleichzeitig die ärmsten Regionen sich dem Durchschnitt annähern und bislang durchschnittlich gelagerte Regionen sich von diesem nach oben oder unten entfernen.

Was nun wichtiger sei, Beta- oder Sigma-Konvergenz, ist eine normative Frage. Beta-Konvergenz entspricht dem Gerechtigkeitskriterium von Rawls (1975): Die relative Position der am wenigsten Begünstigten wird verbessert. Sigma-Konvergenz entspricht dagegen einem egalitaristischen Gerechtigkeitskriterium: Die Lage aller nivelliert sich. Vor allem im dynamischen Kontext einer rasch wachsenden Wirtschaft, was in der Regel mit Differenzierung verbunden ist, mag man der Beta-Konvergenz den Vorzug geben.

Die ökonomischen Disparitäten Europas weisen, wie wir gerade sehen konnten, ein Zentrum – Peripherie Muster auf. Das deutet darauf hin, dass sie kaum zufällig entstanden sind. Das Zentrum – oder besser: die Zentren, denn wir haben es in Europa natürlich mit mehreren Zentren zu tun wie Greater London, das Pariser Becken, die Räume um München und Stuttgart, Norditalien; diese Zentren haben innerhalb Europas aber wiederum eine zentrale Lage – das Zentrum also hat zahlreiche Agglomerationsvorteile wie Bevölkerungs- und Wissenskonzentration, kurze Entfernungen, strukturelle Vielfalt. Diese externen ökonomische Effekte lassen Wachstumspole (Perroux 1955) entstehen, die sich kumulativ verstärken und nur durch Überlastungskosten und erhöhte Preise etwas abgeschwächt werden. Die alte Theorie der Wachstumspole wurde ebenfalls verfeinert und zwar von der neuen ökonomischen Geographie (Fujita/Krugman/Venables 1999). Die Grundaussage bleibt aber erhalten. Mit großer Wahrscheinlichkeit wächst die Attraktivität der Kernregionen mit der Vergrößerung der Märkte und der Verringerung der Transport- und Transaktionskosten, beides erwünschte Folgen der europäischen Integration. Die Konsequenzen sind:

- ein Ausdünnen der Peripherie (z.B. *brain drain*),
- innovative Industrien, vor allem die wachstumsintensiven Dienstleistungen, meiden die peripheren Räume,

- und handelsinduziertes Wachstum überspringt solche abgelegenen Regionen.

Denn der Handel zwischen entwickelten Volkswirtschaften ist bevorzugt Intra-Industrie-Handel in den innovativen, hoch spezialisierten Industrien.

Das Phänomen ist altbekannt und seit langem Gegenstand kompensatorischer staatlicher Politik, der Regionalpolitik. Vor allem mit Infrastrukturmaßnahmen im Transport- und Kommunikationsbereich und mit Bildungsinvestitionen versucht die Regionalpolitik die Distanz der Peripherie zum Zentrum zu verringern in der Hoffnung, dass sich das zentrale Wachstum auf die Peripherie ausdehnt, was in der Theorie *trickling down effect* genannt wird, aber häufig eben nur ein tröpfchenweises Durchsickern darstellt. Hier geht es also darum, die Angebotssituation der Randregionen zu verbessern und damit ihre Beschäftigungsmöglichkeiten. Ein weiteres Hauptmotiv, den offensichtlich starken zentripetalen Marktkräften entgegenzuwirken, ist direkt sozialpolitischer Natur. In einer stark egalitär ausgerichteten Gesellschaft sind größere Einkommensunterschiede unerwünscht. Soweit man sie beispielsweise durch einheitliche Flächentarifverträge verhindert, nimmt man den Randregionen allerdings die Möglichkeit, mit dem Zentrum auf dem Markt zu konkurrieren. Alternativ ist ein Ausgleich über Transfers denkbar, die über die vielfältigen Formen des Finanzausgleichs erfolgen können, vor allem über die Haushalte der regionalen Körperschaften und der Sozialversicherungen. Hier geht es darum, die Nachfragesituation der Peripherie zu verbessern.

Aus dem, was weiter oben bereits zur europäischen Sozialpolitik gesagt worden ist, lässt sich die regional- oder strukturpolitische Grundhaltung der Gemeinschaft leicht ableiten. Für eine direkte Verbesserung der Nachfragesituation der peripheren Regionen fehlen das Instrumentarium, die Mittel und wohl auch die Überzeugung, dass das längerfristig zur Konvergenz führe. Dieses Feld wird auch hier der nationalen Wirtschaftspolitik überlassen. Dagegen wird eine Verbesserung der Angebotssituation angestrebt über Infrastruktur-, Bildungs- und arbeitsmarktpolitische Maßnahmen. Die Aktivität der Gemeinschaft hat sich mit der Verwirklichung des gemeinsamen Marktes verstärkt: Der Gemeinschaftsvertrag erhielt in der Einheitlichen Europäischen Akte ein neues Kapitel „Wirtschaftlicher und sozialer Zusammenhalt" (heute Art. 158–162 EG), ein Ziel, das auch in die Liste der Gemeinschaftsaufgaben in Art. 2 EG aufgenommen wurde. Das bedeutet, dass sich die Gemeinschaft durchaus der Gefahren bewusst ist, die der Binnenmarkt für periphere Regionen mit sich bringen kann: Man setzt im Prinzip auf die Konvergenzkräfte des Marktes und versucht sie zu verstärken oder zu beschleunigen, indem man den Divergenzkräften entgegenwirkt. Das ist die Aufgabe der Strukturfonds.

Wie jede Politik, die sich nicht in der ausschließlichen Kompetenz der Union befindet, unterliegt auch die Strukturpolitik dem Subsidiaritätstest. Ein Großteil der regionalpolitischen Anstrengungen wird von den Mitgliedländern selbst erbracht. Soweit es sich bei den peripheren Regionen um integrale Mitgliedstaaten handelt, spielt natürlich die gesamtstaatliche Wirtschaftspolitik für die Konvergenz eine wichtige Rolle. Hier nun führt der Integrationsprozess zu einer Beschneidung der Handlungsspielräume. Vor allem die Wirtschafts- und Währungsunion hat einen solchen Effekt. Den Mitgliedländern, vor allem wenn sie der Währungsunion beitreten, werden wichtige wirtschaftspolitische Instrumente genommen oder eingeschränkt: Sie können die Konkurrenzfähigkeit ihrer Wirtschaft nicht mehr über Währungsabwertungen stimulieren; das Instrument der Geldpolitik zur Behandlung kurzfristiger konjunktureller Probleme geht auf die Europäische Zentralbank über und wird nur noch europaweit wirksam; und dank des Stabilitäts- und Wachstumspakts sind auch die fiskalpolitischen Möglichkeiten z.B. für Umverteilungsmaßnahmen beengt. (Wir werden in Kapitel 14 näher untersuchen, wie gravierend diese Einschränkungen tatsächlich sind.)

Den peripheren Regionen der Gemeinschaft sind auf bestimmten wirtschaftspolitischen Feldern die Hände gebunden, so wie das innerhalb von Nationalstaaten auch der Fall ist (schließlich kann Sachsen keine eigene Wechselkurs- oder Geldpolitik führen, um seine Konkurrenzfähigkeit zu erhöhen). Um hierfür einen gewissen Ausgleich zu schaffen, und um erst einmal überhaupt die Zustimmung der weniger entwickelten peripheren Mitgliedländer zum Maastricht-Vertrag, zur Wirtschafts- und Währungsunion, sicherzustellen, hat die Gemeinschaft 1994 den Kohäsionsfonds eingerichtet. Seine Mittel fließen nicht in einzelne Regionen wie die Strukturfondsmittel, sondern in die ärmeren Mitgliedländer, genau in solche, deren BIP pro Kopf weniger als 90 % des EU-Durchschnitts beträgt. Förderfähig sind kostenintensive Projekte im Bereich der Infrastruktur- und Umweltpolitik, die die nationalen Haushalte überstrapazieren und damit in Konflikt mit den stabilitätspolitischen Vorschriften von Art. 104 EG („Die Mitgliedstaaten vermeiden übermäßige öffentliche Defizite") geraten könnten. Bis zur Osterweiterung zählten nur Griechenland, Spanien, Portugal und Irland zu den Kohäsionsländern. In den Jahren 2004 und 2007 sind dann alle 12 neuen Mitgliedländer zu dieser Gruppe hinzugestoßen. Inzwischen sind Irland, Spanien und Griechenland nicht mehr dazuzurechnen (vgl. Tab. 4.7). Das ist zum einen dem erfolgreichen *catching-up* zu danken – Irland sticht hier besonders hervor –, zum anderen auch der statistischen Absenkung des Durchschnitts

Wir kommen zu dem Schluss: Die Gemeinschaft betreibt Struktur- und Regionalpolitik mit einer deutlichen sozialpolitischen Intention, nämlich der Ausweitung der Vorteile des gemeinsamen Marktes auf die Bevölkerung in weniger entwickelten Randgebieten. Diese Politik ist durchaus im Einklang mit dem, was das europäische Sozialmodell genannt wird. Denn die wohlfahrtsstaatlichen und nachfragepolitischen Funktionen des Sozialstaates bleiben den Mitgliedländern vorbehalten, und die Gemeinschaft konzentriert sich vor allem auf die Verbesserung der Angebotssituation, um ein Mithalten, besser noch ein Aufholen im verschärften Wettbewerb des gemeinsamen Marktes zu ermöglichen.

13.9 Die Strukturpolitik etwas näher betrachtet

Die Strukturpolitik setzte 1975 für die Gemeinschaft der EU-9 ein und verfügte damals noch über relativ bescheidene Mittel. Inzwischen richtet sich die Politik auf 27 Mitgliedländer und hatte für die Haushaltsperiode 2000–2006 ein Volumen von 212 Mrd. €, für die laufende Haushaltsperiode 2007–2013 immerhin bereits 347 Mrd. € zur Verfügung (vgl. Tab. 13.3). Zusammengenommen sind das jährlich weniger als 0,5 % des Bruttoinlandsprodukts der Union. Doch sollten mit einer so beachtlichen absoluten Summe bei konzentriertem und zweckdienlichem Einsatz auch signifikante Effekte erzielt werden können. Das ist vor allem ein politisches und ein administratives Problem. Die Politik hat erst einmal die Ziele festzulegen.

Bis 1999 gab es für die Strukturpolitik sechs Ziele, von denen eines noch unterteilt war. Mit der Haushaltsperiode 2000–2006 fand eine Umstrukturierung statt, die für die laufende Haushaltsperiode noch einmal stark vereinfacht wurde. Jetzt gibt es nur noch drei Ziele (Konvergenz, Regionale Wettbewerbsfähigkeit und Beschäftigung, und Europäische territoriale Zusammenarbeit) und drei Finanzinstrumente (den Europäischen Fonds für regionale Entwicklung (EFRE), den Europäischen Sozialfonds (ESF) und den Kohäsionsfonds).

- Das Konvergenzziel soll Regionen mit dem größten Entwicklungsrückstand (Konvergenzregionen und Kohäsionsländer) fördern. Konvergenzregionen sind Regionen, in denen das BIP pro Kopf < 75 % des Gemeinschaftsdurchschnitts (und zwar der EU-25 im Zeitraum 2001–2003) beträgt. Kohäsionsländer sind Mitgliedstaaten mit einem BIP pro Kopf < 90 % des Gemeinschaftsdurchschnitts (ebenfalls der EU-25 im Zeitraum 2001–2003). Regionen und Länder, die bei der Berechnung des Durchschnitts auf der Basis EU-15 unterhalb der Schwellenwerte geblieben wären, erhalten bis 2013 abnehmende Übergangsunterstützung (*phasing-out*). Dieses Ziel ist das Hauptziel der europäischen Strukturpolitik und nimmt in der Haushaltsperiode 2007–2013 über 80 % der gesamten Mittel in Anspruch.
- Das Ziel Regionale Wettbewerbsfähigkeit und Beschäftigung richtet sich auf alle anderen Regionen. Insbesondere erhalten jene Regionen, die im Laufe der letzten Haushaltsperiode die Schwelle von 75 % des EU-15 Durchschnitts überschritten haben, eine Übergangsunterstützung (*phasing-in*). Etwas mehr als 15 % der Mittel werden für dieses Ziel bereitgestellt.
- Das Ziel Europäische territoriale Zusammenarbeit ist das zu einem selbständigen Ziel ausgebaute frühere Interreg-Programm und richtet sich auf die Förderung grenzüberschreitender Projekte. Der Natur der Sache nach sind dabei vor allem Grenzregionen förderungsfähig. Der Umfang der zur Vefügung stehenden Mittel ist mit 2,5 % der Gesamtsumme bescheiden.

Regionen sind zentrales Objekt der Strukturpolitik, aber wie sind die Regionen definiert? Was den Kohäsionsfonds betrifft, geht es, wie schon gesehen, um integrale Mitgliedländer. Auch wenn die Projekte, die mit diesen Mitteln finanziert werden, sich bevorzugt auf strukturpolitische Maßnahmen richten, war die Begründung für die Einrichtung des Fonds makroökonomischer Natur – eine Kompensation für die zum Teil radikale Einschränkung des geld- und fiskalpolitischen Instrumentariums bei gleichzeitig hohen Ansprüchen an eine staatliche Investitionspolitik in den ärmeren, peripheren Ländern der Gemeinschaft. Das heißt, der Kohäsionsfonds ist seiner Intention nach kein Instrument der regionalen Strukturpolitik. Deshalb schließen Vorschläge der Kommission, die einzelnen Strukturfonds zur besseren Koordination und einfacheren Handhabung in einen einzigen Fonds zusammenzuführen, den Kohäsionsfonds auch nicht ein. Für die neue Haushaltsperiode sind jedoch die auf die Landwirtschaft, den ländlichen Raum und die Fischerei gerichteten Finanzinstrumente aus der Kohäsionspolitik ausgegliedert worden.

Unterhalb der gesamtstaatlichen Ebene kann man nun Regionen auf unterschiedlichem Aggregationsniveau definieren. Das ist in der Regel abhängig von der Verwaltungsstruktur des jeweiligen Landes. In Frankreich gibt es die Regionen (z.B. Elsaß, Provence, Franche-Comté), die Départements (z.B. im Elsaß Bas-Rhin, Haut-Rhin) und die Gemeinden. In Deutschland haben wir Bundesländer, Regierungsbezirke, Kreise und Gemeinden. Die EU hat ausgehend von den nationalen Gegebenheiten eine eigene regionale Nomenklatur entwickelt, die so genannten *Niveaux d'Unités Territoriales Statistiques* (NUTS). Drei Ebenen werden unterschieden:

- NUTS-1, in Deutschland sind das die Bundesländer, in Frankreich die Großregionen, die innerhalb des Landes keinerlei administrative Funktion haben (z.B. der Osten: Elsaß, Lothringen, Franche-Comté),
- NUTS-2, in Deutschland können das Regierungsbezirke sein, aber auch nur die Zusammenführung mehrer Kreise (und kreisfreier Städte), in Frankreich sind das die Regionen,
- NUTS-3, das sind in Deutschland die Kreise und kreisfreien Städte, in Frankreich die Départements.

Objekte der Konvergenzziel-Förderung sind Regionen, die ihrem Umfang nach dem NUTS-2 Niveau entsprechen. Das können durchaus Regionen auf der NUTS-1 Ebene sein (z.B. Hamburg, Bremen, Saarland).

Box 13.6: NUTS-Probleme

Die Abgrenzung der Regionen bleibt im Rahmen der allgemeinen Richtlinien den Mitgliedländern, bzw. ihren Regionen überlassen. Die Frage, welche Regionen besonders benachteiligt sind, ist ein Problem der Kriterien. Generell bieten sich für solche Fragen die Daten der Volkswirtschaftlichen Gesamtrechnung an. Aber was ist nun relevant, das produzierte oder das verwendete Sozialprodukt? Dazwischen können Welten liegen. Ostdeutschland ist sicher ein Extremfall, wo im Jahr 2004 das verwendete BIP rund 24 % höher lag als das produzierte. Das BIP pro Kopf betrug im Osten 2004 64,3 % des westdeutschen Niveaus, das verfügbare Einkommen aber 82,9 % (Institut für Wirtschaftsforschung Halle 2005). Den Unterschied machen vor allem zwei Faktoren aus, die Transfers (Finanzausgleich, Sozialversicherungen, Solidarpakt) und die Pendler, die zur außerregionalen Produktion beitragen, ihr Einkommen aber innerhalb der Region verwenden. Regionen in der Nachbarschaft von Agglomerationszentren und diese Zentren selbst, vor allem die Hauptstadtregionen, werden stark vom Pendlerphänomen betroffen sein. Die angestrebte Konvergenz bezieht sich auf den Ausgleich der Produktivitätsunterschiede. Deshalb geht man bei der Einstufung der Regionen vom produzierten BIP aus und lässt die Transfers, die ja Folge der Disparitäten sind, außer Betracht. Das Pendlerproblem bleibt allerdings eine statistische Herausforderung.

Bei einer europaweiten Schwelle von 75 % des Durchschnitts für eine Konvergenzziel-Förderung muss das BIP pro Kopf natürlich zu Kaufkraftparitäten umgerechnet werden, um einen einheitlichen Maßstab abzugeben. Kaufkraftparitäten sind, wie wir in Kapitel 4 sahen, kein exaktes Maß und sie liegen nur für die Mitgliedländer insgesamt vor, nicht für einzelne Regionen. Es ist durchaus plausibel anzunehmen, dass das Preisniveau der Konsumgüter in weniger entwickelten Regionen eines Landes niedriger liegt als in den höher entwickelten; d.h. die Entwicklungsunterschiede werden überschätzt. Wieweit das auch für die Produzentenpreise gilt, ist weniger klar. Schon aus diesem Grund sind Übergangsregelungen (*phasing-out* und *phasing-in*) bei Erreichen des Schwellenwertes sinnvoll.

Mit einer Schwelle von drei Viertel des Unionsdurchschnitts erfasst die Gemeinschaft zweifellos die Regionen, die trotz aller statistischen Probleme außerhalb einer als normal anzusehenden Streuung um den Mittelwert liegen und in einen Konvergenzprozess einbezogen werden sollten. In einer sich erweiternden Union ist ein solches Kriterium allerdings eine relative Größe (siehe Box 13.7).

Der konzentrierte und zweckdienliche Einsatz der umfangreichen Strukturfondsmittel ist nicht nur ein politisches, sondern eben auch ein administratives Problem. Hier muss die Kommission in Brüssel mit den nationalen und lokalen Behörden zusammenarbeiten, wobei möglicherweise sehr unterschiedliche Verwaltungspraktiken aufeinanderstoßen. Die Effizienz der Mittelverwendung steht wiederholt im Zentrum der Kritik und daraus folgender Reformen der Verwaltungsvorgänge. Programmplanung, Programmausführung, finanzielles Management und Kontrolle werden immer strikteren Regeln unterworfen, was auf der einen Seite zu den bekannten Klagen über den Brüsseler Amtsschimmel führt, auf der anderen Seite aber aus der Notwendigkeit zu verstehen ist, mit sehr knappen Mitteln verantwortlich umzugehen.

Zwei Grundprinzipien der Strukturförderung sind strategische Planung und Additionalität. Der Einsatz der Mittel erfolgt nicht mehr *ad hoc* für Einzelprojekte, wie es bis zur Reform von 1989 üblich war. Vielmehr werden sie auf Grund vorgegebener Prioritäten für mehrjährige Programme vergeben, die für die Förderregionen erstellt werden müssen. Vor allem für die neue Haushaltsperiode 2007–2013 ist die Lissabon-Strategie, das heißt sind Wettbewerbsfähigkeit und Innovation die leitenden Prinzipien. Hier tritt wieder einmal das Subsidiaritätsprinzip in Wirkung: Die Entwicklung und die Ausführung der Programme bezieht alle drei Ebenen ein – die Region, das Mitgliedland und die Gemeinschaft. Dabei sollte die Initiative von der untersten Ebene ausgehen und der Schwerpunkt der Verantwortung auch auf dieser Ebene liegen. Die Programmdokumente sind strategische Pläne für die Entwicklung der Regionen. Sie enthalten zahlreiche Projekte, die auf Grundlage einer Stärke-Schwäche Analyse der Region ihre Wettbewerbsfähigkeit und ihre Konvergenzchancen verbessern sollen. Wie bei jeder Planung liegt auch hier eine Schwierigkeit darin, dass sie die Entwicklung des Marktes antizipieren muss, um sie unterstützen zu können. Solange sich die Regionalpolitik auf klare Fälle, d.h. wenige Prioritäten und nur die am weitesten zurückgebliebenen Regionen konzentriert, dürfte dieses Problem beherrschbar bleiben. Je mehr die Gießkanne eingesetzt wird, desto weniger wahrscheinlich wird ein akzeptables Kosten-Nutzen Verhältnis.

Additionalität bedeutet erst einmal, dass die Förderung durch die Gemeinschaft nationale Maßnahmen nicht ersetzen, sondern diese ergänzen soll. Das lässt sich nur schwer kontrollieren. Denn die nationalen Haushalte werden in der Regel auf jährlicher Basis verabschiedet, während das EU-Budget und auch die Strukturförderung einer mehrjährigen Planung unterliegen. Darüberhinaus muss jedes geförderte Projekt auf der nationalen bzw. regionalen Ebene kofinanziert werden. Der Hintergedanke ist einfach nachzuvollziehen. Zum einen sind die Mittel der Gemeinschaft knapp. Durch den Einsatz zusätzlicher nationaler Mittel wird eine Hebelwirkung erzielt: Die entwicklungsbedürftigen Regionen erhalten eine stärkere Förderung, als es sich die Union und das jeweilige Mitgliedland für sich leisten könnten. Voraussetzung dafür ist natürlich, dass die zusätzlichen Mittel wirklich additional sind und nicht aus einer einfachen Umwidmung sowieso geplanter Maßnahmen bestehen. Zum anderen steigt das nationale oder regionale Interesse an einem zweckdienlichen und effizienten Einsatz der Mittel, wenn eigene Gelder damit verbunden sind. Additionalität bringt es mit sich, dass neben dem Subsidiaritätsprinzip für die Strukturpolitik auch ein Prinzip der Partnerschaft zwischen Gemeinschaft, Mitgliedland und geförderter Region gültig ist.

Schauen wir uns kurz die Verteilung der Strukturfondsmittel auf die Mitgliedländer der EU-27 in der Haushaltsperiode 2007–2013 an (Tabelle 13.3). Wenn der Posten insgesamt pro Jahr ungefähr 0,4 % des BIP der Gemeinschaft ausmacht, dann ist klar, dass diese Mittel in den meisten Mitgliedländern nur einen bescheidenen Umfang haben können. Für die Kohäsionsländer und die Konvergenzregionen sieht das anders aus: Hier spielt die europäische Regionalpolitik eine signifikante Rolle, wie das insbesondere an den neuen Mitgliedländern deutlich wird, die jährlich 2–3 % ihres BIP aus Brüssel erhalten. Denn die Herausforderung der neuen Haushaltsperiode liegt in der Osterweiterung. Alle 2004 und 2007 in die Gemeinschaft aufgenommenen neuen Mitgliedländer in Ostmitteleuropa und Südosteuropa weisen, wie wir schon in Kapitel 4 sehen konnten, die Eigenschaften peripherer Entwicklungsrückstände auf und sind somit Objekte der Struktur- und Regionalpolitik. Die Rückstände sind dabei im Vergleich zur bisherigen EU-15 so groß, dass es zu einer integralen Neuverteilung der hierfür vorgesehenen Haushaltsmittel kommen musste. Dementsprechend schwierig hat sich die Verabschiedung des Haushaltsplanes für 2007–2013 gestaltet.

Tabelle 13.3: Zuweisungen der Kohäsionspolitik 2007–2013

Land	*Zuweisung Mio. €*	*In %*	*Pro Kopf, € (Bev. 2007)*	*In % des BIP (2007)*	*Land*	*Zuweisung Mio. €*	*In %*	*Pro Kopf, € (Bev. 2007)*	*In % des BIP (2007)*
Belgien	2258	0,65	213	0,68	Bulgarien	6853	1,97	890	23,71
Dänemark	613	0,18	114	0,27	Tschechien	26692	7,68	2591	20,66
Deutschland	26340	7,58	320	1,09	Estland	3456	0,99	2658	22,23
Irland	901	0,26	210	0,49	Zypern	640	0,18	800	4,09
Griechenland	20420	5,88	1823	8,92	Lettland	4620	1,33	2009	23,17
Spanien	35217	10,14	791	3,35	Litauen	6885	1,98	2025	24,57
Frankreich	14319	4,12	226	0,77	Ungarn	25307	7,28	2506	25,04
Italien	28812	8,29	488	1,88	Malta	855	0,25	2138	15,84
Luxemburg	65	0,02	130	0,18	Polen	67284	19,37	1766	21,80
Niederlande	1907	0,55	116	0,34	Rumänien	19668	5,66	911	16,20
Österreich	1461	0,42	176	0,54	Slowenien	4205	1,21	2103	12,54
Portugal	21511	6,19	2029	13,22	Slowakei	11588	3,34	2146	21,14
Finnland	1716	0,49	324	0,95					
Schweden	1891	0,54	208	0,57					
Großbritan.	10613	3,05	175	0,53					
					Insgesamt	347410	100	702	2,82

Quelle: Europäische Kommission 2007b: 25; Eurostat

Box 13.7: Bedürftigkeit ist ein relativer Begriff

Von den 268 NUTS-2 Regionen der EU-27 hatten im Jahr 2004 70 Regionen mit immerhin einem Viertel der Gesamtbevölkerung der Union ein Pro-Kopf-BIP < 75 % des EU-25-Durchschnitts. 49 davon liegen in den neuen Mitgliedländern mit 88 % ihrer Bevölkerung, 21 liegen in der EU-15 mit 8 % deren Bevölkerung. Vergleichen wir die Situation im Jahre 1995. Damals hatten 50 der 197 NUTS-2 Regionen der EU-15 mit rund 20 % der Bevölkerung ein Pro-Kopf-BIP < 75 % des Durchschnitts der EU-15. Bis 2004 hatten von diesen 50 Regionen 12 die 75 % Marke überschritten. Aber Dynamik ist keine Einbahnstraße: 5 Regionen waren dagegen unter diese Marke gefallen – in Deutschland zum Beispiel die Region Lüneburg, die einzige im Westen gelegene Konvergenzregion (Europäische Kommission 2007c).

Mit der Osterweiterung kamen 12 neue Mitgliedländer in die Gemeinschaft, die alle Kohäsionsländer sind und deren Entwicklungsniveau zum Teil erheblich unter dem Durchschnitt der Union liegt (vgl. Tab. 4.7). Nach Adam Riese muss das zu einem Absinken des Durchschnitts führen, wodurch Regionen, die sich in der EU-15 unterhalb der 75 %-Schwelle befanden, in der EU-25 (und *a fortiori* in der EU-27) über diese Schwelle geraten. Damit würden sie nicht mehr für eine Konvergenzziel-Förderung in Frage kommen. Das betrifft immerhin 16 der genannten 47 Regionen. Die tatsächliche Wirtschaftssituation in diesen 16 Regionen hat sich natürlich keineswegs von einem Tag auf den anderen geändert. Doch gibt es jetzt eben Regionen, die noch schlechter gestellt sind.

Eine denkbare Reaktion auf die neue Situation ist die Neuabgrenzung einer Region. Von dieser Möglichkeit hat in Deutschland das Land Brandenburg Gebrauch gemacht, das bislang eine Konvergenzregion darstellte, die förderungsfähig war. Durch Aufspaltung in zwei Regionen bleibt dies zumindest der strukturschwache Nordosten des Landes auch weiterhin. Eine andere zu erwartenden Reaktion ist politischer Druck, um die Förderung nicht völlig mit der neuen Haushaltsperiode 2007–2013 abbrechen zu lassen. Das hat zu Übergangsregelungen geführt, so dass die Förderung in den vom statistischen Effekt betroffenen Regionen, den so genannten *phasing-out* Regionen, nicht schlagartig abgebrochen, sondern schrittweise auslaufen wird.

Nur schwer entscheiden lässt sich die Frage, ob und inwieweit die gemeinschaftliche Kohäsionspolitik wirksam ist. Was sich messen lässt, ist Konvergenz. Und in der Tat: Konvergenz hat seit 1985 in der EU-15 stattgefunden. Die Sigma-Konvergenz ist minimal, die Beta-Konvergenz dagegen signifikant positiv, auch wenn sie nicht den von Sala-i-Martin (1996) festgestellten „normalen" Wert von 2 % erreicht (Europäische Kommission 2004a: 146). Das bedeutet, die ärmsten Regionen haben aufgeholt, ohne dass die regionalen Disparitäten generell stärker nivelliert worden wären. Die Abstände nach unten verkürzen sich, aber die Wachstumspole legen nach wie vor ein überdurchschnittliches Entwicklungstempo vor. Für die EU-27 ist diese Tendenz seit dem Jahr 2000 ebenfalls festzustellen, wobei auch eine deutliche Sigma-Konvergenz auffällt: Die reicheren Regionen wachsen nicht mehr überdurchschnittlich (Europäische Kommission 2007c: 7 ff.).

Wir haben drei Einflussfaktoren, die zu diesem Ergebnis beitragen:

- die Konvergenzkräfte des Marktes
- die nationale Struktur- und Regionalpolitik
- und die gemeinschaftliche Kohäsionspolitik.

Wer von den dreien darf sich den Erfolg auf die Fahnen schreiben? Darauf gibt es keine einfache Antwort. Einiges spricht für die Vermutung, dass die spontanen Marktkräfte nicht gleichzeitig den Konvergenzprozess der ärmeren Regionen und den Divergenzprozess der reicheren Regionen verursachen. Vielmehr wird man ihnen vor allem letzteren zurechnen können, während der Aufholprozess der am wenigsten entwickelten Regionen der Wirtschaftspolitik zuzuschreiben ist. Durch die enge Verzahnung (Additionalität) der nationalen und der gemeinschaftlichen Regional- und Strukturpolitik lassen sich diese beiden Einflüsse jedoch kaum voneinander trennen. Soviel lässt sich sagen: Kohäsions- und Strukturpolitik unterstützen den Aufholprozess der am wenigsten entwickelten Regionen. Damit ist noch nichts gesagt über ein adäquates Verhältnis von Kosten und Nutzen der Politik.

In diesem Zusammenhang taucht ein interessante Frage auf: Hätte man die knappen Mittel nicht mit größerem Erfolg in die Wachstumspole investieren, auf diese Weise das allgemeine Wirtschaftswachstum noch stärker stimulieren und damit auch das absolute Entwicklungsniveau der ärmer Regionen anheben können? Auf dem nationalen Niveau würde so der Wohlstand der ärmeren Regionen steigen, auch wenn es weder Sigma- noch Beta-Konvergenz gäbe. Auf dem europäischen Niveau könnte eine solche Politik, nur in den weniger entwickelten Mitgliedländern angewendet, sogar zu Beta-Konvergenz führen, wenn nämlich das Wachstum in den ärmeren Regionen dieser Länder auf Grund des hohen nationalen Wachstums über dem Gemeinschaftsdurchschnitt liegt. Das bedeutet, was für die hochentwickelten Industrieländer der Union, die rückständige Regionen aufweisen, gültig und sinnvoll ist – nämlich die Strukturpolitik auf diese Regionen zu konzentrieren –, muss nicht gleichzeitig für die weniger entwickelten Beitrittsländer in Ostmitteleuropa gültig und sinnvoll sein. Die knappen Strukturfondsmittel könnten dort bei einem Einsatz in den nationalen Wachstumspolen möglicherweise größere Wohlfahrtsgewinne produzieren und den nationalen Aufholprozess stärker stimulieren, als wenn sie in die entlegeneren Regionen dieser Länder fließen.

Auch hier kommen wir wieder zur Frage, ob Wachstums- und Sozialpolitik miteinander im Konflikt liegen oder einander ergänzen. Kurzfristig ist eher ersteres der Fall: Eine Stimulierung der Wachstumspole lässt die Disparitäten auf nationalem Niveau steigen. Langfristig ist jedoch auch letzteres möglich: Wachstum bringt Wohlstand, auch in die ärmeren Regionen. Irland zum Beispiel ist in zwei Konvergenzziel Regionen unterteilt: Das Pro-Kopf Einkommen im Landesinneren und Westen lag 2001 bei 66,1 % des Südens und Ostens. Von 1995 bis 2004 wuchs das BIP in letzterer Region jährlich um 8,2 %, in ersterer „nur" um 7,7 % bei einem durchschnittlichen Wachstum der EU-27 von 2,3 % (Europäische Kommission 2007c: 182). Klar, die regionale Ungleichheit hat auf nationalem Niveau zugenommen: Das Pro-Kopf

Einkommen im Landesinneren und Westen betrug 2004 nur noch 63,9 % im Vergleich zum Süden und Osten. Doch auf europäischem Niveau hat die ärmere Region offensichtlich rasch aufgeholt und die reichere sich noch rascher vom Durchschnitt abgesetzt: sicher Beta-Konvergenz, aber wahrscheinlich keine Sigma-Konvergenz. Die Wohlfahrtssteigerung in der ärmeren Region ist eindrucksvoll und möglicherweise höher als bei einer Konzentration der Investitionsmittel allein auf sie. Das damit verbundene Entscheidungsproblem für die europäische Kohäsionspolitik ließe sich leicht über den Kohäsionsfonds lösen, dessen Mittel nicht an einen Einsatz in den ärmeren Regionen gebunden sind. Nur haben wir oben gesehen, dass der Kohäsionsfonds im Vergleich zum Fonds für regionale Entwicklung sehr viel bescheidener ausgestattet ist. Dies kann auch als ein Plaidoyer verstanden werden, dem langjährigen Vorschlag der Kommission zu folgen, die verschiedenen Fonds zusammenzulegen, und gleichzeitig das Subsidiaritätsprinzip, d.h. die Strategiewahl auf nationaler und regionaler Ebene, zu stärken.

Teil VI: Integration für Fortgeschrittene

Kapitel 14
Von der D-Mark zum Euro: Währungsintegration
unter Beteiligung von *Heiko Fritz*

Worum geht es in diesem Kapitel?

HF: *L'Europe se fera par la monnaie ou ne se fera pas* – Europa entsteht durch das Geld oder gar nicht.

TE: Das ist natürlich eine einseitige Übertreibung. Denn in den vorangegangenen Kapiteln haben wir gesehen, dass man weit eher behaupten könnte: Europa entsteht durch das Recht oder gar nicht.

HF: Jacques Rueff (1896–1978), der liberale französische Ökonom und Finanzminister General de Gaulles, von dem dieses Zitat stammt, wies den Währungsbeziehungen eine herausragende Bedeutung für den europäischen Integrationsprozess zu. Gerne wird es deshalb von Vertretern der Europäischen Zentralbank verwendet, um die Wichtigkeit sowohl ihrer Institution als auch der gemeinsamen Währung herauszustellen.

HJW: Europa gab es als politisches Projekt schon vor der Einführung des Euro und auch die Währungsunion stellt nicht den Beginn europäischer Währungsintegration dar. Doch ist die Währungsunion ein großer Schritt auf dem Weg zur europäischen Integration.

HF: Das steht wohl außer Frage. Aber war es ein notwendiger und ein kluger Schritt? Unter meinen britischen Kollegen herrscht diesbezüglich große Skepsis.

TE: Die Skepsis gab es auch in Deutschland. Die Kläger, die einen Beitritt zur Währungsunion durch das Bundesverfassungsgericht zu verhindern versuchten, hatten durchaus Argumente.

HJW: Warum eine etablierte, akzeptierte und gut funktionierende Institution, die D-Mark, aufgeben und sich den Risiken von etwas Neuem aussetzen? *Mutatis mutandis* galt und gilt das auch für das britische Pfund.

TE: Aber nicht für die meisten übrigen Währungen der Gemeinschaft, die von der D-Mark dominiert waren, ohne an den geldpolitischen Entscheidungen teilnehmen zu können.

HF: Das ist im Wettbewerb, also auch im Wettbewerb der Währungen normal.

TE: Entspricht aber eben nicht dem Symmetrieprinzip der europäischen Integration.

HJW: Neben den politischen Argumenten, die hier eine große Rolle gespielt haben, muss man auch die ökonomischen Bedingungen sehen, die für eine erfolgreiche Währungsunion Voraussetzung sind.

HF: Du meinst reale Konvergenz, Flexibilität, Mobilität, interregionale Solidarität?

HJW: Ja, und da könnte man doch der Meinung sein, die Währungsunion sei zu früh gekommen.

TE: Das war ein verbreiteter Kritikpunkt. Aber hier vergisst man den dynamischen Charakter des Integrationsprozesses: Die Entscheidung für die Währungsunion hat genau diese Bedingungen vorangebracht.

HF: Ganz ähnlich war es mit der Transformation in Ostmitteleuropa. Die Entscheidung, diese Länder in die Gemeinschaft aufzunehmen, hat den Prozess des institutionellen Wandels nachhaltig beschleunigt.

HJW: Ist es dann ins Belieben der Politik gestellt, wann einzelne Integrationsschritte vollzogen werden?

TE: Das denke ich nicht. Nur glaube ich nicht, dass man einen optimalen Zeitpunkt bestimmen kann.

HF: In unserem Fall, der Europäischen Wirtschafts- und Währungsunion, war 1991 der optimale Zeitpunkt. Denn nur im Zusammenhang mit der deutschen Wiedervereinigung konnte sich Deutschland von der lieb gewonnenen D-Mark trennen, ohne einen politischen Aufstand zu riskieren.

14.1 Währungsintegration – ein eigenes Feld

Es gibt unterschiedliche Ansichten darüber, wann und mit welchem institutionellen Arrangement die Europäische Währungsintegration ihren Ausgang genommen hat. Verstehen wir darunter institutionell abgesicherte, stabile Währungsrelationen in Europa bei hoher Kapitalmobilität, so reichen die Wurzeln mindestens bis ins 19. Jahrhundert zum System des klassischen Goldstandards zurück. Dabei handelt es sich ebenso wie beim späteren Bretton Woods System um ein Weltwährungssystem, das Europa mit einschloss. Beschränken wir uns hingegen auf spezifisch europäische Arrangements, so ist der Beginn Europäischer Währungsintegration in der Europäischen Zahlungsunion (EZU) zu sehen, die von 1950 bis 1958 Bestand hatte (vgl. Kapitel 3). Manche Beobachter sehen die Anfänge erst in den frühen 1970er Jahren, als nach dem Zusammenbruch des Bretton Woods Systems eine verstärkte Währungskooperation in der Gemeinschaft einsetzte.

Trotz ihrer Unterschiede liegen den einzelnen Sichtweisen zwei Gemeinsamkeiten zugrunde. Erstens scheint Währungsintegration in Europa nicht unmittelbar mit der EU verknüpft zu sein. Das Gründungsdatum der Europäischen Gemeinschaften taucht jedenfalls nirgendwo im Zusammenhang mit der Währungsintegration auf. Auch ist die geographische Reichweite monetärer Integration in Europa nur in den wenigsten Fällen mit den Grenzen der EU deckungsgleich. Der Kreis der EZU-Mitglieder war größer als derjenige der späteren Unterzeichner der Römischen Verträge, wohingegen der Euro nur von einem Teil der EU-Mitgliedstaaten eingeführt wurde. Monetäre Integration hat ihren eigenen Rhythmus und ihren eigenen Raum. Realwirtschaftliche und politische Integration in der EU sind lediglich Faktoren, diesen Rhythmus zu erkennen und zu verstehen. Zweitens ist das jeweilige Weltwährungssystem ein wichtiger Bestimmungsgrund für währungspolitische Kooperation in Europa. Nachfrage nach europäischen Arrangements für stabile Währungsbeziehungen besteht nur, wenn diese durch das Weltwährungssystem nicht sichergestellt werden können.

Box 14.1: Währungsunion – was verstehen wir darunter?

Da unter Währungsintegration oder einer Währungsunion nicht immer das gleiche verstanden wird, ist es angebracht, diese kurz zu definieren. Dabei hilft uns der Werner-Bericht von 1970, der weiter unten noch einmal erwähnt werden wird (zitiert nach Gandolfo 1992: 765):

- Innerhalb einer Währungsunion müssen die Währungen voll und unveränderlich konvertibel sein, es darf keine Schwankungsbreiten um die Wechselkurse geben, die Paritäten sind unwiderrufbar zu fixieren, und der Kapitalverkehr ist völlig frei.
- Primäre Bedeutung hat eine zentralisierte Geldpolitik, ob ihre Entscheidungen nun die Liquidität, die Zinssätze, Interventionen auf den Devisenmärkten, das Management der Währungsreserven oder die Festlegung der Paritäten gegenüber dem Rest der Welt betreffen.
- In einem solchen System können die nationalen Währungen bestehen bleiben, oder man schafft eine gemeinsame Währung. Vom technischen Standpunkt gesehen scheinen zwischen diesen beiden Varianten wenig Unterschiede zu bestehen. Aber psychologische und politische Faktoren geben den Ausschlag zugunsten einer einheitlichen Währung, die die unumkehrbare Natur des Unterfangens demonstriert.

Vergleichen wir das System von Bretton Woods mit der Europäischen Währungsunion, dann zeigt sich ersteres zwar als eine internationale Währungsordnung, aber nicht als Währungsunion. Denn die Wechselkurse schwankten in einer bestimmten Bandbreite um den Mittelkurs und die Geldpolitik blieb in nationaler Kompetenz, auch wenn sie erheblichen Beschränkungen unterworfen war, um die festen Kurse aufrecht zu erhalten.

Wir betrachten in diesem Kapitel nur jene europäischen Währungssysteme, die ihren Ursprung in Verhandlungen zwischen politischen Entscheidungsträgern der EU haben, ohne dabei notwendigerweise auf die EU beschränkt zu sein. Im einzelnen sind dies die Europäische Währungsschlange, das Europäische Währungssystem (EWS), die Europäische Wirtschafts- und Währungsunion (EWWU) sowie der Wechselkursmechanismus II (WKM II) und ähnliche Systeme, welche die Beziehungen zwischen der Eurozone und den übrigen Mitgliedstaaten regeln. Bei der Behandlung jedes einzelnen Arrangements gehen wir vor allem folgenden Fragen nach: Welche Kernelemente weist das jeweilige Währungssystem auf? Wie ist seine Entstehung, seine institutionelle Ausgestaltung und seine Entwicklung im jeweiligen politisch-ökonomischen Kontext zu erklären? Welchen Beitrag hat das jeweilige Währungssystem zur ökonomischen Integration in Europa geleistet?

14.2 Elementare Zusammenhänge: Währungssystem, Zahlungsbilanz und ökonomische Aktivität

Bevor wir uns der Entwicklung der europäischen Währungsintegration zuwenden, ist es hilfreich, sich zunächst einige Gedanken darüber zu machen, welchen Stellenwert ein Währungssystem eigentlich für eine Volkswirtschaft hat. Im Zentrum eines Währungssystems steht der Devisenmarkt, auf dem die eigene gegen andere Währungen gehandelt wird. Der nominale Wechselkurs ist das Austauschverhältnis der beiden Währungen zueinander, also der Preis auf dem Devisenmarkt.

Aber der Wechselkurs ist weit mehr als einfach nur ein Preis auf einem Teilmarkt. Zusammen mit dem Zinssatz, dem Lohnsatz und dem Preisniveau gehört er zu den zentralen Preisvariablen, die in einer offenen Marktwirtschaft für makroökonomisches Gleichgewicht sorgen. Wie schnell und flexibel diese vier Preisvariablen auf Ungleichgewichte reagieren, ist entscheidend für die kurz- bis mittelfristige wirtschaftliche Entwicklung eines Landes. Wenn alle Preisgrößen völlig flexibel sind, dann sind die monetären und realwirtschaftlichen Sphären einer Volkswirtschaft voneinander getrennt: Es herrscht Dichotomie im klassischen Sinne, das Geld hat keinen Einfluss auf die realwirtschaftliche Entwicklung. Einige Autoren sprechen auch von Neutralität des Geldes. Reagieren hingegen einzelne Preisgrößen träge, so gilt diese Trennung nicht mehr: Die Märkte sind interdependent, so dass Veränderungen von nominalen Größen, wie z.B. dem Wechselkurs, realwirtschaftliche Reaktionen, etwa im Bereich von Produktion und Beschäftigung, auslösen können. Der Gestaltungsspielraum für die Wirtschaftspolitik verändert sich.

Inwieweit von flexiblen Preisen auf den einzelnen Märkten ausgegangen werden kann, hängt von der Marktstruktur und dem institutionellen Rahmen ab, in dem sich die Preisbildung vollzieht. Zinsen auf den Finanzmärkten gelten in der Regel als flexibel, Gütermarktpreise schon etwas weniger. Der Lohnsatz ist relativ starr, wobei international große Unterschiede bestehen aufgrund verschiedener Arbeitsmarktregulierungen und Lohnverhandlungssysteme. Und der Wechselkurs? Nun, das hängt vom Währungssystem ab, und genau deshalb ist es für die gesamtwirtschaftliche Entwicklung von großer Bedeutung.

Box 14.2: Nominale und reale Wechselkurse

Der nominale Wechselkurs einer Währung ist der tatsächliche Preis, den man für eine Einheit auf dem Devisenmarkt in einer anderen Währung zahlen muss, z.B. zahlt man für einen Euro 1,40 US-Dollar. Steigt dieser Preis, dann wird der Euro nominal aufgewertet, fällt er, dann wird der Euro nominal abgewertet. Sind die Güterpreise in nationalen Währungen in beiden Währungsgebieten gleich geblieben, dann fallen nominale und reale Veränderungen der Wechselkurse zusammen. Durch die Aufwertung des Euro werden amerikanische Güter in Europa billiger und europäische Güter in Amerika teurer. Die reale Aufwertung der eigenen Währung verringert die internationale Wettbewerbsfähigkeit, aber verbilligt die Importe.

Bleiben die Güterpreise in nationalen Währungen in beiden Währungsgebieten nicht gleich, hat z.B. Amerika eine höhere Inflation als Europa, dann verändern sich die realen Wechselkurse auch bei unveränderten nominalen Wechselkursen. Ein Beispiel: Das amerikanische Preisniveau habe im Jahr 2009 den Indexwert 100 und im Jahr 2010 den Wert 110 – eine US-Inflation von 10%. Das europäische Preisniveau bleibe in dieser Periode stabil. In beiden Jahren herrsche der gleiche nominale Wechselkurs von 1,40 $/€. Der reale Wechselkurs des Dollar zum Euro errechnet sich jetzt aus dem Verhältnis des europäischen zum amerikanischen Preisniveau multipliziert mit dem nominalen Wechselkurs, d.h. 100/110 x 1,40 = 1,27. Der Dollar ist bei konstantem nominalen Wechselkurs real aufgewertet worden mit den oben genannten Folgen für die internationale Wettbewerbsfähigkeit.

Wir sehen, auch in einer Währungsunion, in der die nominalen Wechselkurse absolut fixiert sind, können sich die realen Austauschverhältnisse verschieben. Ja selbst in einer Währungsunion mit einheitlicher Währung ist das der Fall, verläuft die Inflation in einem Mitgliedland nicht im Gleichschritt mit den anderen. Wenn die Inflation in Westdeutschland höher ist als in Ostdeutschland, dann wertet der westdeutsche Euro gegenüber dem ostdeutschen Euro real auf: Für Unternehmer und Konsumenten wird es günstiger, in Ostdeutschland einzukaufen, die Kaufkraft eines Euro ist in Ostdeutschland höher.

Gesamtwirtschaftliche reale Effekte entstehen, wenn sich der reale Wechselkurs verändert. Bei flexiblen nominalen Wechselkursen und Kapitalmobilität ist der reale Wechselkurs langfristig relativ konstant. Eine kurzfristige reale Aufwertung, verursacht von einer höheren Inflation im Inland als im Ausland, lässt die Nachfrage nach Auslandsgütern steigen. Da diese mit ausländischer Währung bezahlt werden müssen, erhöht sich auch die Nachfrage nach dieser Währung am Devisenmarkt, ihr Preis steigt, und die Währung des höher inflationierenden Landes wertet nominal ab. Das Ausmaß der nominalen Abwertung entspricht dem Inflationsgefälle, so dass der reale Wechselkurs sein ursprüngliches Niveau wieder annimmt und die Nachfrageverschiebung ins Ausland rückgängig gemacht wird. Reale Effekte, wenn sie überhaupt auftreten, sind äußerst kurzfristig, denn der nominale Wechselkurs reagiert als Finanzmarktpreis schnell. Ist der nominale Wechselkurs infolge eines Festkurssystems starr oder haben wir es mit einer einheitlichen Währung zu tun, dann kann es nicht zu den beschriebenen Anpassungsreaktionen kommen. Eine höher inflationierende Volkswirtschaft verliert dann sukzessiv an Wettbewerbsfähigkeit. Deshalb wird die Wechselkursfixierung bisweilen als Strategie von Ländern betrieben, in denen Hyperinflation herrscht. Dahinter steckt der Gedanke, dass der drohende Verlust von Wettbewerbsfähigkeit disziplinierend auf die Zentralbank wirkt, wodurch eine Politik der Inflationssenkung Glaubwürdigkeit gewinnt.

Etwas längerfristige reale Effekte können ausgelöst werden, wenn am Anfang der Wirkungskette eine Veränderung des nominalen Wechselkurses steht und so den realen Wechselkurs beeinflusst. Mögliche Ursache sind entweder Marktprozesse, z.B. Bestandsumschichtungen von Anlegern auf den internationalen Kapitalmärkten, oder ein gezielter wirtschaftspolitischer Eingriff in Verbindung mit Kapitalverkehrsbeschränkungen. Die so genannte *beggar thy neighbour policy* der 1930er Jahre oder auch die derzeit vermutete Unterbewertung der chinesischen Währung sind Beispiele dafür, wie Regierungen durch eine gezielte Manipulation des nominalen Wechselkurses ausländische Nachfrage anzuziehen versuchen. Die Gütermarktpreise reagieren darauf erst mit einiger Verzögerung, weshalb die Strategie kurzfristig mit Erfolg Produktion und Beschäftigung stimulieren kann. Der Preis ist eine Übertragung von Wohlfahrt an das Ausland. Nach Anpassung der Gütermarktpreise ist der reale Wechselkursvorteil allerdings zunichte gemacht. (In einer noch weitreichend geplanten Volkswirtschaft wie der chinesischen kann das lange Zeit dauern.)

Das Währungssystem beschränkt oder unterstützt kurzfristig vor allem auch die Geld- und Fiskalpolitik. In einem System fester Wechselkurse mit uneingeschränktem Kapitalverkehr können fiskalpolitische Maßnahmen kurzfristig Einkommenswirkungen erzielen. Anders bei der Geldpolitik – vorausgesetzt die Zentralbank verteidigt den festen Wechselkurs: Eine nachfragestimulierende Zinssenkung, welche tendenziell die Geldmenge erhöht, führt unmittelbar zu Kapitalabfluss und entsprechendem Abwertungsdruck auf die Währung. Die Zentralbank muss intervenieren um die Währung zu stützen, was die Geldmengenerhöhung respektive Zinssenkung wieder rückgängig macht.

In einem System flexibler Wechselkurse verhält es sich genau umgekehrt. Expansive Geldpolitik kann kurzfristig positive Einkommenswirkungen erzielen, auch wenn sie langfristig Inflation hervorruft, die zu Wechselkursanpassungen führen wird. Demgegenüber erzielen fiskalpolitische Nachfrageimpulse nicht die gewünschte Einkommenssteigerung, da sie zu Wechselkursanpassung und in der Folge zu einer Senkung des Außenbeitrags führen.

Box 14.3: Die unheilige Trinität

Es gibt ein ordnungspolitisches Dilemma (genau genommen ein Trilemma), welches daraus besteht, dass mit einer freiheitlichen Wirtschaftsordnung vornehmlich drei Aufgaben erfüllt werden sollen:

- Die Verwirklichung der wirtschaftspolitischen Ziele Stabilität und Gleichgewicht: Preisstabilität, und diese schließt feste Austauschverhältnisse mit dem Rest der Welt ein, Output- und Beschäftigungsstabilität bzw. Wachstum bei Vollbeschäftigung und ein außenwirtschaftliches Gleichgewicht.
- Die Freiheit der Märkte, und das schließt internationale Güter- und Kapitalverkehrsfreiheit ein.
- Gestaltungsfreiheit für eine nationale Wirtschaftspolitik, um über die Geld- oder Fiskalpolitik eventuellen konjunkturellen Schwankungen entgegenzusteuern und die drei wirtschaftspolitischen Ziele zu realisieren.

Das ist leider nicht gleichzeitig möglich. Warum das so ist, wird in Lehrbüchern der Makroökonomie offener Volkswirtschaft in umfangreichen Kapiteln dargestellt.

Wir können hier nur auf ein stark vereinfachtes Argument zurückgreifen. Die Ursache des Dilemmas ist darin zu sehen, dass für die Verwirklichung der drei wirtschaftspolitischen Ziele im engen Sinn nur zwei Instrumente zur Verfügung stehen, die Geld- und die Fiskalpolitik. Wir würden aber ein drittes Instrument brauchen oder müssen eines der Ziele aufgeben (vgl. die Beschreibung des so genannten Mundell-Fleming Modells z.B. bei Caves/Frankel/Jones 1993: 480ff.).

Nehmen wir an, die Freiheit der Märkte stehe nicht zur Disposition. (In Planwirtschaften erlauben Kapitalverkehrskontrollen bzw. Inkonvertibiltität der Währung eine autonome Kontrolle des außenwirtschaftlichen Gleichgewichts.) Wir haben also perfekte Kapitalmobilität, so wie sie auch von der Europäischen Gemeinschaft im gemeinsamen Markt angestrebt wird (siehe Kapitel 8). Dann können die internen Zinsen eines Landes nicht vom Weltmarktzinssatz bzw. vom Zinssatz innerhalb des Euro-Raumes abweichen, oder jede solche Abweichung führt zu einem ungebremsten Zustrom bzw. Abfluss von Kapital.

In einem Fixkurssystem ist dann für eine autonome Geldpolitik kein Raum, da der Zinssatz als Instrument nicht zur Verfügung steht. Fiskalpolitische Maßnahmen, z.B. staatliche Schuldenaufnahme, können kurzfristig Einkommenswirkungen erzielen. Das erhöht kurzfristig auch die Zinsen, was ausländisches Kapital zuströmen lässt, wodurch die Geldmenge zunimmt und der Zins auf sein Gleichgewichtsniveau zurückfällt – eigentlich die ideale Ergänzung zur stimulierenden Fiskalpolitik. Allerdings ruft das unweigerlich inflationäre Tendenzen hervor, und längerfristig verliert der feste Wechselkurs an Glaubwürdigkeit. Feste Wechselkurse und autonome Geldpolitik vertragen einander schlecht bei offenen Kapitalmärkten. Inwieweit eine autonome Fiskalpolitik noch möglich ist, ist Gegenstand des Streites um den Stabilitäts- und Wachstumspakt (siehe Kapitel 15).

In einem System mit flexiblen Wechselkursen ist offensichtlich die Preisstabilität bezüglich der internationalen Austauschraten nicht garantiert. Geldmengenvermehrung und Zinssenkungen, um die Konjunktur wieder in Gang zu bringen, sind jetzt möglich. In der Regel allerdings um den Preis von Wechselkursanpassungen. Denn die unmittelbar einsetzende Kapitalflucht in die höher rentierlichen ausländischen Kapitalmärkte treibt die Nachfrage nach ausländischer Währung hoch und damit zur Abwertung der heimischen, wodurch die Zinsdifferenz wieder ausgeglichen wird – eigentlich auch das eine ideale Ergänzung zur stimulierenden Geldpolitik, denn die Exportnachfrage steigt. Bei einer fiskalpolitischen Erhöhung des Haushaltsdefizits dagegen erhöht sich der Zinssatz, ausländisches Kapital strömt herein, d.h. die Nachfrage nach der heimischen Währung steigt: Sie wird aufgewertet mit der Folge abnehmender Konkurrenzfähigkeit. Der Stimulierungseffekt ist zunichte gemacht. Flexible Wechselkurse und autonome Fiskalpolitik vertragen einander bei offenen Kapitalmärkten schlecht, während die autonome Geldpolitik kurzfristig von Erfolg gekrönt sein kann, längerfristig aber zu höheren Preisen führen wird.

Wir haben die theoretische Betrachtung auf die Extremfälle fixer und flexibler Wechselkurse reduziert. Das Spektrum möglicher Alternativen bei der Wahl eines Währungssystems ist jedoch breiter und reicht von völlig freiem *floating*, bei dem die Kursbildung am Devisenmarkt alleine den Aktivitäten privater Anbieter und Nachfrager überlassen bleibt, bis hin zu einem *currency board* oder einer Währungsunion, wobei nicht nur die eigene Währung in einem unveränderlichen Austauschverhältnis zu einer anderen Währung steht, sondern auch die geldpolitische Souveränität der nationalen Zentralbank durch das Währungssystem institutionell beschränkt, beziehungsweise aufgehoben ist. Dazwischen liegen unterschiedliche Formen der Wechselkursgestaltung durch die Zentralbank, wie *managed floating*, ein *crawling peg*, eine einseitige Wechselkursanbindung oder ein mehrseitiges Abkommen über die Wechselkursfixierung (siehe unten Box 14.9).

14.3 Alles oder nichts: die Anfänge europäischer Währungsintegration

In den Römischen Verträgen sucht man vergeblich nach Artikeln, die Maßnahmen währungspolitischer Integration in der EU vorsehen. Es finden sich einige allgemeine Formulierungen, wonach z.B. jeder Mitgliedstaat aufgefordert wird, eine angemessene Politik zur Aufrechterhaltung eines Zahlungsbilanzgleichgewichts zu betreiben (Art. 104 EWG) und den Wechselkurs seiner Währung als eine Angelegenheit von gemeinsamem Interesse zu betrachten (Art. 107 EWG). Institutionell sind diese Forderungen allerdings schwach verankert, da lediglich ein beratender Ausschuss eingesetzt wird, um die Koordinierung der Währungspolitik zu fördern (Art. 105 EWG).

Die Debatte über Währungsintegration in der Gemeinschaft begann 1960 mit einem Vorschlag von Robert Triffin (1911–1993), einem belgischen Währungsexperten, der in den USA lehrte, die Gemeinschaft schrittweise in eine Währungsunion zu überführen. Die Kommission griff diese Idee in einem Aktionsprogramm auf und produzierte verschiedene Vorschläge. Sie stieß jedoch beim Ministerrat zunächst auf wenig Gegenliebe. Erst im Jahre 1968 führte der Vorstoß des damaligen luxemburgischen Premier- und Finanzministers Pierre Werner (1913–2002) zu einer erneuten Belebung der Diskussion und schließlich auch zu einigen konkreten Maßnahmen. Hervorzuheben ist insbesondere der zwei Jahre später vorgelegte Werner-Bericht (siehe Box 14.4) über die stufenweise Verwirklichung der Wirtschafts- und Währungsunion, der die Grundlage für einen entsprechenden Beschluss des Ministerrates im März 1971 darstellte.

Box 14.4: Kernpunkte des Werner-Plans

Inhaltlich: Zwischen den EU-Währungen wird vollständige Konvertibilität hergestellt und die Wechselkurse werden unwiderruflich fixiert. Die Einführung einer gemeinsamen Währung ist nicht notwendig, trägt aber zur Glaubwürdigkeit der Währungsunion bei. Die Zuständigkeit für die Geld- und Währungspolitik wird auf der Gemeinschaftsebene angesiedelt. Eckpunkte der Haushaltspolitik (Haushaltsvolumen, Höhe des öffentlichen Finanzierungssaldos, Art der Finanzierung und der Mittelverwendung) werden gemeinschaftlich festgelegt. Auf Gemeinschaftsebene finden außerdem regelmäßige und systematische Konsultationen zwischen den Sozialpartnern statt, um ein gewisses Maß an Koordinierung der Einkommenspolitik zu erreichen.

Institutionell: Ein nicht näher spezifiziertes wirtschaftspolitisches Entscheidungsgremium erhält Entscheidungskompetenz in der Haushalts- und Währungspolitik und ist dem Europäischen Parlament rechenschaftspflichtig. Darüber hinaus wird die Verantwortung für andere vergemeinschaftete Wirtschafts- und Sozialpolitiken auf dieses Gremium übertragen. Ein gemeinschaftliches Zentralbanksystem mit föderalem Aufbau betreibt die Geldpolitik.

Zeitplan: Die Währungsunion sollte in einer Übergangsfrist von 10 Jahren realisiert werden. Die Übergangsphase war in zwei Stufen eingeteilt, wobei der Plan für die erste drei und für die zweite sieben Jahre vorsah. In der ersten Phase fanden auf den Gebieten der Haushaltspolitik sowie der Konjunktur- und Währungspolitik Konsultationen und Koordinierungsverfahren statt, die jedoch nicht bindend waren. Zusätzlich erwartete man eine graduelle Verringerung der bilateralen Schwankungsbreiten zwischen den europäischen Währungen bei Beibehaltung der Dollar-Anbindung. Die zweite Stufe wurde nicht näher präzisiert.

Zu viel mehr als seiner Verabschiedung ist der Werner-Plans freilich nicht gediehen. Das lag zum einen an den weltwirtschaftlichen Turbulenzen in den frühen 1970er Jahren, die im Oktober 1971 im Zusammenbruch des Bretton Woods Systems sowie 1973 im Ölpreisschock gipfelten. Zum anderen war der Werner-Plan insbesondere für die erste Phase zu wenig konkret hinsichtlich der institutionellen Ausgestaltung für die Koordination der Währungspolitik. Die fehlende institutionelle Absicherung degradierte die Wechselkursstabilität in Europa zu einer bloßen Absichtserklärung, die ohne den Hintergrund des Bretton Woods Systems keine Glaubwürdigkeit an den Devisenmärkten besaß.

Dies zeigte sich besonders deutlich in den unterschiedlichen Reaktionen der Mitgliedländer auf die Ölkrise. Während z.B. Deutschland und die Niederlande versuchten, den Preisauftrieb in Grenzen zu halten, konzentrierten Italien und Frankreich ihre wirtschaftspolitischen Anstrengungen darauf, die negativen Folgen auf dem Arbeitsmarkt in Grenzen zu halten. Hier ist nicht der Ort zu beurteilen, welche der beiden Strategien überlegen war. Tatsache ist auf jeden Fall, dass sich sowohl die preisstabilitäts- als auch die beschäftigungsorientierten Länder in ihrer Wirtschaftspolitik allein auf die Beeinflussung heimischer Wirtschaftsgrößen konzentrierten und sich dabei wenig um den Wechselkurs scherten. Genau dieses fehlende Engagement kennzeichnet die institutionelle Schwäche des Währungssystems, das feste Kurse zum Ziel hatte. Zu jener Zeit hatte man sich auf die so genannte Währungsschlange verständigt, mit der die Gemeinschaft auf den Zusammenbruch des Bretton Woods Systems reagierte.

Im Bretton Woods System fixierten alle teilnehmenden Länder ihre Währungen gegenüber dem US-Dollar, der seinerseits in einem festen Umtauschverhältnis zum Gold stand. Mit Ausnahme der US-Notenbank hatten alle Zentralbanken die Aufgabe, den Dollar-Wechselkurs ihrer Währungen gegebenenfalls durch Interventionen am Devisenmarkt innerhalb einer zulässigen Schwankungsbreite von ± 1 % um den Leitkurs zu halten. Das bedeutete, dass zwei teilnehmende Währungen untereinander um ± 2 % schwanken konnten. Die maximale Abwertung einer Währung gegenüber einer anderen betrug also 4 %, die dann erreicht wurde, wenn eine Währung von der unteren Grenze der Schwankungsbreite gegenüber dem US-$ bis zur oberen Grenze abwertete, während gleichzeitig eine andere umgekehrt maximal aufwertete.

Nachdem die USA im August 1971 die Konvertibilität des US-Dollar gegenüber dem Gold aussetzten, wurde im Dezember desselben Jahres mit dem Washingtoner *Smithsonian Agreement* ein Versuch zur Rettung des Bretton Woods Systems unternommen. Dieser sah unter anderem vor, die zulässige Schwankungsbreite einer teilnehmenden Währung gegenüber dem US-Dollar auf ± 2,25 % zu erweitern. Damit stieg die maximale bilaterale Schwankung zwischen zwei europäischen Währungen auf 9 %. Das erschien den EU-Mitgliedern zu hoch. Im Abkommen von Basel, das im April 1972 in Kraft trat, vereinbarten sie daher zusätzlich zu ihrer Mitgliedschaft im reformierten Bretton Woods System ein System verringerter Bandbreiten innerhalb der Gemeinschaft. Die bilaterale Schwankung zwischen EU-Währungen sollte nicht größer als ± 2,25 % sein („Währungsschlange"), während man gleichzeitig die zulässige Schwankungsbreite gegenüber dem US-Dollar („Währungstunnel") einhalten wollte. Zeitweise schlossen sich dem Abkommen auch Währungen europäischer Staaten an, die nicht Mitglied der Gemeinschaft waren. Nun, die Schlange erwies sich als schwer zu bändigendes Reptil, und ihr behagte das Leben im Tunnel nicht wirklich. Mehrmals kam es zu Aus- und späteren Wiedereintritten einzelner Währungen, mehrmals auch zu Paritätsänderungen im Umfang von 5 % oder mehr. Dabei kristallisierte sich ein Hartwährungsclub heraus, dessen Mitglieder Deutschland, die Niederlande und zeitweise auch Belgien gegenüber den anderen Teilnehmern der Schlange stetig aufwerteten.

Die Tatsache, dass die Diskussion über währungspolitische Zusammenarbeit in Europa erst relativ spät einsetzte, dann aber als erste umfassende Maßnahme eine Währungsunion, also maximale Integration, beschlossen wurde, erscheint auf den ersten Blick paradox und passt nicht recht in das Bild einer sich relativ träge und langsam fortentwickelnden Integration. Welche Faktoren haben zum damaligen Zeitpunkt die Nachfrage nach europäischer Währungskooperation sprunghaft steigen lassen? Verschiedene gemeinschaftsinterne und -externe Bestimmungsgründe helfen, den Zeitablauf und die inhaltliche Ausgestaltung zu verstehen:

- *Der Zusammenbruch des Bretton Woods Systems:* Wie bereits ausgeführt, sorgte das Bretton Woods System bis zu seinem Zusammenbruch für weltweite Währungsstabilität. Solange es weitgehend reibungslos funktionierte, bestand also keine Notwendigkeit für ein spezifisch europäisches Währungsarrangement, es sei denn, man wollte in der monetären Integration über das Bretton Woods System hinausgehen, wie etwa der Werner-Plan.

- *Ein ökonomischer Paradigmenwechsel:* Trotz einiger Versuche, das Bretton Woods System zum Teil in veränderter Form wieder zu beleben, trat ein ökonomischer Paradigmenwechsel im Gefolge der Ölkrise auf. Das bis dahin für die Gestaltung der Wirtschaftspolitik einflussreiche keynesianische Gedankengebäude wurde mehr und mehr durch liberal-monetaristische Ansätze verdrängt. Staatliche Eingriffen in den Marktprozess stießen auf wachsende Skepsis. Der Devisenmarkt bildete da keine Ausnahme, und ein gegenseitiges *Floating* der wichtigsten Reservewährungen setzte sich als neues Weltwährungssystem durch. Stabile Währungsrelationen in Europa bedurften also eines regionalen Regimes.
- *Die wachsenden ökonomischen Verflechtungen der EU-Staaten*: Die Mitgliedstaaten waren durch den realwirtschaftlichen Integrationsprozess stärker abhängig voneinander geworden, und der Handel innerhalb der Gemeinschaft hatte sich besonders dynamisch entwickelt. In den frühen 1970er Jahren betrug der Intragemeinschaftshandel zwischen den sechs Gründungsmitgliedern bereits mehr als 50 % ihres gesamten Außenhandels. Die Kosten von Unsicherheiten infolge von Währungsinstabilität waren in der Gemeinschaft deshalb höher als in anderen, realwirtschaftlich weniger integrierten Wirtschaftsräumen der Welt.
- *Die Gemeinsame Agrarpolitik (GAP):* Der ohnehin komplizierte Vollzug der gemeinsamen Agrarpolitik wurde durch Währungsinstabilität weiter erschwert (siehe Kapitel 12). Die Richtpreise für Agrarerzeugnisse wurden in Europäischen Rechnungseinheiten (ERE) notiert, eine 1962 eingeführte Kunstwährung mit fester Parität zum Gold – und somit im Bretton Woods System auch zum US-Dollar (praktisch war die Rechnungseinheit der Dollar). Instabile europäische Währungsrelationen, aufgrund derer z.B. die DM gegenüber der ERE aufwertete, während der französische Franc abwertete, hätten zu einem Anstieg der Agrarpreise in Frankreich und zu einem Absinken in Deutschland geführt. Der reale Wert von Ausgleichszahlungen hätte sich ebenfalls verändert. Um das zu verhindern, wurde das agro-monetäre System um „grüne Wechselkurse" bereichert, die von den Kursen an den Devisenmärkten abwichen. Hinzu kamen Währungsausgleichsbeträge zur Begrenzung von EU-internen Agrarpreisdifferenzen. Die gemeinsame Agrarpolitik entwickelte sich zu einem undurchdringbaren Dschungel.
- *Die anstehende erste Erweiterung der Gemeinschaft:* Insbesondere Frankreich versuchte, das vermeintliche Spannungsverhältnis zwischen Vertiefung und Erweiterung der europäischen Integration auszunutzen. Auf dem Tisch lag zu jener Zeit Großbritanniens Antrag auf EWG-Mitgliedschaft. Da die Briten aus ihrer Abneigung gegenüber monetärer Integration in Europa keinen Hehl machten und gleichzeitig Frankreich der Aufnahme des Nachbarn jenseits des Kanals nicht allzu begeistert zujubelte, hoffte man in Paris durch ehrgeizige Projekte auf dem Gebiet der Währungsintegration die EWG hinreichend unattraktiv für Großbritannien machen zu können.

So stand man in der zweiten Hälfte der 1970er Jahre in der Gemeinschaft vor einem währungspolitischen Scherbenhaufen. Anstelle der

Vollendung der Währungsunion, wie es der Werner-Bericht vorgesehen hatte, waren die Wechselkurse deutlich volatiler als ein Jahrzehnt zuvor und der Intra-EU-Kapitalverkehr blieb nach wie vor Beschränkungen unterworfen.

Während der unruhigen Lebensdauer der Schlange gab es vereinzelte Vorstöße, die währungspolitische Integration zu forcieren. Auf Grund von Interessenunterschieden der Mitgliedländer kam es jedoch nicht zu konkreten Fortschritten. Das soll aber nicht heißen, diese Vorschläge wären bedeutungslos für den anschließenden Prozess der europäischen Währungsintegration gewesen. Denn einzelne Elemente fanden in geänderter Fassung Umsetzung im Europäischen Währungssystem (EWS). So sah der Plan des französischen Finanzministers Jean-Pierre Fourcade (geb. 1929) von 1974 unter anderem die Schaffung eines Währungskorbs als Bezugsgröße für eine europäische Währungspolitik vor. Im Jahre 1976 schlug der damalige niederländische Finanzminister und spätere Präsident der EZB Wim Duisenberg (1935–2005) vor, das Ausmaß von Wechselkursschwankungen nicht allein bilateral, sondern multilateral durch den effektiven Wechselkurs zu messen und eine auf diese Größe bezogene Interventionspflicht einzuführen. Unter Roy Jenkins (1920–2003), ihrem Präsidenten von 1977–1981, leitete die Kommission dem Ministerrat im November 1977 einen Vorschlag für eine parallele Strategie von wirtschaftlicher und monetärer Integration zu. Das war die ambitionierteste Initiative seit dem Scheitern des Werner-Plans. Auch wenn der Ministerrat den Vorschlag abgelehnt hat, machte er die Notwendigkeit einer kohärenten Strategie doch sehr deutlich. Erst das im Jahre 1979 von einer deutsch-französischen Initiative ins Leben gerufene europäische Währungssystem sollte die Gemeinschaft in währungspolitisch ruhigeres Fahrwasser bringen.

14.4 Das Europäische Währungssystem (EWS)

Dem Scheitern des Kommissionsplans von Roy Jenkins folgte in der Chronologie der europäischen Währungsintegration im April 1978 auf der Ratstagung von Kopenhagen der deutsch-französische Vorschlag zur Gründung des Europäischen Währungssystems. Angesichts der Anzahl vorangegangener erfolgloser Initiativen brachten die Partnerländer der Idee überraschend schnell Sympathie entgegen, und der Europäische Rat von Bremen verständigte sich bereits drei Monate später auf die konstitutiven Elemente des Systems. Einzelheiten wurden bis zur Ratstagung im Dezember desselben Jahres geklärt, so dass eine Resolution verabschiedet werden konnte, aufgrund derer das EWS im April 1979 ins Leben trat. Wie kam es zu dieser vergleichsweise schnellen und schmerzfreien Geburt?

Für das Scheitern früherer Vorschläge waren nicht selten währungspolitische Differenzen zwischen Deutschland und Frankreich verantwortlich. Deshalb war eine Voraussetzung für die erfolgreiche EWS-Gründung ein Einvernehmen zwischen dem damaligen deutschen Bundeskanzler Helmut Schmidt (geb. 1918) und dem französischen Präsidenten Valéry Giscard d'Estaing (geb. 1926). Vor allem folgende drei Faktoren begünstigten ein gemeinsames Interesse:

- Erstens beschäftigte beide Politiker die Frage, wie ihre Länder mehr Unabhängigkeit von den USA gewinnen könnten. Für Frankreich war dies traditionell ein wichtiges Anliegen. Für Deutschland erlangte eine gewisse Unabhängigkeit zumindest in wirtschaftlicher Hinsicht mit der zunehmenden Schwäche des US-Dollars Bedeutung. Denn die deutsche Exportwirtschaft litt unter der Aufwertung der DM gegenüber dem US-Dollar und den europäischen Partnerwährungen, die nicht an der Schlange teilnahmen.
- Zweitens waren sowohl Deutschland als auch Frankreich beunruhigt über die politischen Entwicklungen in Italien, wo die immer stärker werdende sozialistische Partei neben einer sowieso schon starken kommunistischen Partei aus Sicht der westlichen Partner einen Unsicherheitsfaktor im geopolitischen Gefüge des kalten Kriegs darzustellen drohte. Die politische Allianz zwischen italienischen Christdemokraten und Sozialisten (und der anvisierte *compromesso storico* mit den Kommunisten) sorgte bei den EU-Partnern für Verunsicherung. Durch eine klare Einbindung in gestärkte westeuropäische Strukturen wollte man sich die italienische Regierung als verlässlichen Partner sichern.
- Drittens hatten beide Politiker zu diesem Zeitpunkt relativ großen politischen Handlungsspielraum im Inneren, der es ihnen erlaubte, auf europäischer Ebene von Maximalforderungen zugunsten von Kompromissen abzurücken. Giscard d'Estaing ging 1977 gestärkt aus den französischen Wahlen hervor, und die Regierung wurde von seinem Parteifreund Raymond Barre (1924–2007) mit komfortabler Mehrheit geführt. Helmut Schmidts sozial-liberale Koalitionsregierung erfreute sich ebenfalls wachsender Unterstützung in der Bevölkerung, nicht zuletzt wegen ihres kompromisslosen Umgangs mit den terroristischen Bedrohungen durch die Rote Armee Fraktion (RAF).

Das Europäische Währungssystem war ein System mit festen aber veränderlichen Wechselkursen, dessen Kernelemente – den Wechselkursmechanismus, die ECU und den Kreditmechanismus – wir in Box 14.5 näher erläutern. Neben den unmittelbaren Interessen der Architekten Frankreich und Deutschland, spiegelte es auch Elemente aus vorangegangenen Vorschlägen von Vertretern anderer EU-Mitgliedstaaten wider. So hatte z.B. die Idee des Abweichungsindikators als Maß für die Abweichung einer Währung gegenüber dem Gemeinschaftsdurchschnitt ihren Ursprung im Duisenberg-Plan, die ECU im Fourcade-Plan. Die zeitweise diskutierte Errichtung eines Europäischen Währungsfonds in Anlehnung an das Modell des Internationalen Währungsfonds fand hingegen keinen Eingang in das EWS. Statt dessen wurde der Kreditmechanismus eingeführt.

Box 14.5: Die Elemente des EWS

Die Europäische Währungseinheit (European Currency Unit, ECU)

Die ECU war ein Währungskorb, der sich aus festgelegten Beträgen der Währungen zusammensetzte, die am EWS teilnahmen. Der prozentuale Anteil einer Währung am Währungskorb war demgemäß nicht festgeschrieben, sondern berechnete sich als Relation zwischen dem festgelegten Betrag einer Währung und dem aktuellen Marktwert der ECU gemessen in dieser Währung. Die Abwertung einer Währung führte so zu einem geringeren Gewicht dieser Währung in der ECU. Um die Gewichte der Korbwährungen zueinander annähernd konstant zu halten, kam es daher einige Male zur Neudefinition der ECU, wobei die Beträge der aufwertenden Währungen gesenkt und diejenigen der abwertenden Währungen erhöht wurden. Erst 1991 schrieb man die Zusammensetzung des ECU-Korbs unveränderlich fest, um einer weiteren graduellen Aufweichung der ECU vorzubeugen. Darüberhinaus diente die ECU in der Gemeinschaft als Recheneinheit, vor allem auch in der gemeinsamen Agrarpolitik.

Der Wechselkursmechanismus (WKM)

Der Wechselkursmechanismus (*exchange rate mechanism – ERM*) war das Herzstück des Systems, wobei nicht alle Währungen des EWS zu jeder Zeit am WKM teilnahmen. Durch den Wechselkursmechanismus war die Parität jeder teilnehmenden Währung gegenüber der ECU fixiert. Aus der Beziehung der einzelnen ECU-Leitkurse zueinander konnten bilaterale Leitkurse ermittelt werden. Eine beteiligte Zentralbank wurde aufgrund von zwei unterschiedlichen Interventionsmechanismen zu kursstützenden Interventionen am Devisenmarkt veranlasst, dem bilateralen Interventionsmechanismus und dem Abweichungsindikator:

- Der bilaterale Interventionsmechanismus: Die zulässige Schwankungsbreite des Wechselkurses zwischen zwei EWS-Währungen betrug bis 1993 im Regelfall ± 2,25 % des bilateralen Leitkurses. Für Italien galt eine erweiterte Schwankungsbreite in Höhe von ± 6 %, die auch Großbritannien, Portugal und Spanien für sich in Anspruch nahmen. Erreichte eine WKM-Währung gegenüber einer anderen die maximal zulässige Abweichung, so mussten beide betroffenen Zentralbanken intervenieren und die abwertende Währung gegen Zahlung der aufwertenden ankaufen.
- Der Abweichungsindikator: Die maximale Schwankung einer WKM-Währung gegenüber der ECU war ebenfalls begrenzt. Sie wurde als maximale Abweichungsspanne (MAS) bezeichnet und war für jede Währung unterschiedlich, da sie vom Gewicht einer Währung im ECU-Korb abhing. Das erklärt sich daraus, dass die maximale Abweichung gegenüber der ECU genau dann erreicht war, wenn eine Währung zu einem bestimmten Zeitpunkt gegenüber allen anderen Währungen des ECU-Korbs den oberen (unteren) Rand der zulässigen bilateralen Schwankungsbreiten erreichte. Die betrachtete Währung machte aber selbst einen Teil der ECU aus, und gegenüber diesem Teil war die Abweichung natürlich immer gleich Null. Der Abweichungsindikator gab Auskunft darüber, inwieweit eine Währung ihre maximale Abweichungsspanne gegenüber der ECU ausschöpfte. Wenn die Ausschöpfung 75 % erreichte, wurden angemessene Korrekturmaßnahmen von dem betroffenen Mitgliedstaat erwartet.

Der Kreditmechanismus

Das EWS verfügte im Rahmen des Europäischen Fonds für Währungspolitische Zusammenarbeit über drei unterschiedliche Kreditmechanismen, die sich in ihrer Laufzeit, ihrem Kreditvolumen und in anderen Konditionen unterschieden:

- Sehr kurzfristige Kreditfazilitäten standen in unbegrenzter Höhe zur Finanzierung von Interventionsverpflichtungen für einen Zeitraum von 45 Tagen zur Verfügung. Eine Verlängerung des Zeitraums war unter bestimmten Umständen um 3 Monate möglich.
- Der kurzfristige Währungsbeistand diente der Finanzierung von kurzfristigen, unvorhersehbaren Zahlungsbilanzschwierigkeiten. Die Höhe des Beistands, den eine Zentralbank erhalten konnte oder leisten musste, beruhte auf einem System von Schuldner- und Gläubigerquoten. Die maximale Laufzeit betrug 3 Monate und konnte zweimal jeweils um denselben Zeitraum verlängert werden.
- Mittelfristiger finanzieller Beistand konnte durch einen Ratsbeschluss gewährt werden, wenn ein Mitgliedstaat von Zahlungsbilanzschwierigkeiten betroffen oder ernstlich bedroht war. Er war in der Regel mit Auflagen an das Empfängerland hinsichtlich seiner Wirtschafts- und Währungspolitik verknüpft. Obergrenzen wurden für jeden Mitgliedstaat in Form von Bereitstellungsplafonds festgeschrieben. Die Laufzeit des mittelfristigen finanziellen Beistands betrug zwischen zwei und fünf Jahren.

Als besonderes Charakteristikum im Vergleich zum Dollar-dominierten Bretton Woods System sollte das Europäische Währungssystem Symmetrie aufweisen. Es gab formal keine Leitwährung, sondern mit der ECU einen Währungskorb aus allen teilnehmenden Währungen als Bezugsgröße. Interventionen zur Stützung des bilateralen Leitkurses sollten immer von beiden betroffenen Zentralbanken in gleichem Umfang erfolgen. Eine Neubewertung der Parität sollte sich stets zu gleichen Teilen in eine Abwertung einer relativ schwachen Währung und eine Aufwertung einer relativ starken Währung gegenüber der ECU aufteilen. Neudefinitionen der ECU hielten die relativen Anteile der einzelnen Währungen mehr oder weniger konstant.

Bevor wir uns mit der Entwicklung des EWS beschäftigen, ist es hilfreich, sich das Zusammenwirken der einzelnen Elemente zu veranschaulichen. Abbildung 14.1 liefert hierzu in Anlehnung an De Grauwe (1996: 20) eine vereinfachte Darstellung des Devisenmarktes im EWS.

Wir betrachten den Devisenmarkt für DM in Frankreich, d.h. die DM wird als gehandelte Währung auf der Abszisse abgetragen und der in französischen Franc (FF) gemessene Preis pro DM, also der Wechselkurs e, wird auf der Ordinate wiedergegeben. Ein Anstieg des Wechselkurses geht folglich mit einer nominalen Abwertung des FF gegenüber der DM einher und umgekehrt. In der Ausgangssituation gelte die Nachfragekurve N_0 und die Angebotskurve A. Weiterhin wird angenommen, der vereinbarte bilaterale Leitkurs e_0 entspreche dem Gleichgewichtskurs in der Ausgangssituation. Die grau markierte Zone um den Leitkurs kennzeichnet die zulässige Schwankungs-

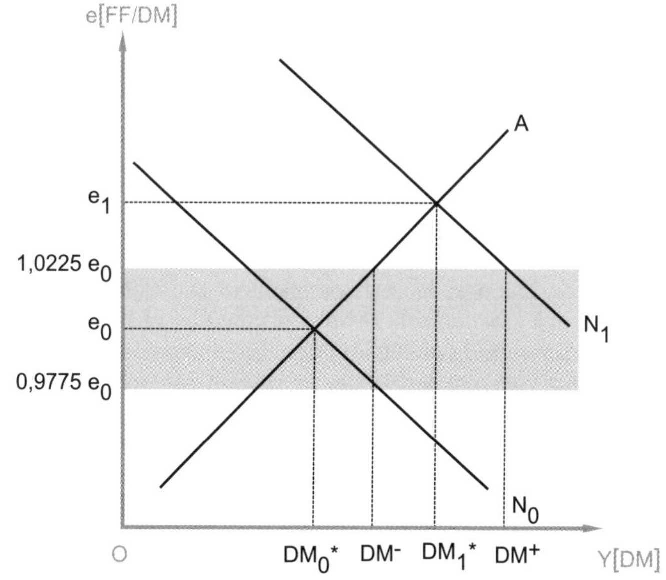

Abbildung 14.1: Der Devisenmarkt in einem Festkurssystem

breite, innerhalb derer die offiziellen Währungsbehörden in Frankreich und in Deutschland nicht in den Devisenmarkt einzugreifen brauchen.

Angenommen, es komme zu einer Rechtsverschiebung der DM-Nachfragekurve auf N_1. Dafür kann es vielfältige Ursachen geben: ein Anstieg der Zinsdifferenz zwischen Deutschland und Frankreich, steigende Wettbewerbsfähigkeit deutscher Produkte oder einfach veränderte Erwartungen, die zu spekulativen Kapitalströmen führen. Hier interessieren uns weniger die Ursachen, als vielmehr die Wirkung des exogenen Schocks. Der neue Gleichgewichtskurs e_1 liegt außerhalb der zulässigen Schwankungsbreite, wodurch Handlungsbedarf für die wirtschaftspolitischen Akteure in einem oder beiden Ländern besteht. Welche Optionen bieten sich ihnen?

- Interventionen: Die beteiligten Zentralbanken können die DM-Angebotslücke in Höhe von ($DM^+ - DM^-$) schließen, die am oberen Rand der zulässigen Schwankungsbreite besteht. Symmetrie im EWS erfordert, dass die Deutsche Bundesbank und die Banque de France sich in gleichem Umfang an den kursstützenden Interventionen beteiligen. Die unmittelbaren Kosten für die Bundesbank sind relativ gering, da sie DM selbst herausgibt. Mittelbar kann sich ein Preisauftriebsproblem in Deutschland ergeben, da die Intervention *ceteris paribus* die DM-Geldmenge anwachsen lässt. Durch eine Sterilisationspolitik, etwa eine Zinserhöhung, kann die Bundesbank dies abwenden, wodurch sich allerdings die Rechtsverschiebung der DM-Nachfragekurve tendenziell verstärkt. Anders in Frankreich: Die Banque de France muss die Interventionen aus ihren DM-Reserven oder über die Kreditmechanismen des EWS finanzieren. Beides verursacht unmittelbare Kosten, ersteres in Form von entgangenen Zinserträgen, da Zentralbanken ihre Reserven in der Regel in Form von zinstragenden Aktiva halten, letzteres durch direkte Zinszahlungen. Sowohl aus der Sicht der Bundesbank wie auch aus derjenigen der Banque de France sind Interventionen daher allenfalls zur kurzfristigen Kursstützung geeignet. Ist die Verschiebung der DM-Nachfragekurve hingegen von Dauer, müssen andere Maßnahmen ergriffen werden.

- Kursanpassung (*realignment*): Wenn die Gleichgewichtsverschiebung auf dem Devisenmarkt von Dauer ist, kann der Leitkurs von e_0 auf e_1 verändert werden. Um den neuen Leitkurs e_1 besteht die zulässige Schwankungsbreite von ± 2,25 % weiter fort. Dem für Währungspolitik zuständigen Organ eines Landes darf der Weg zur Kursanpassung nicht zu einfach gemacht werden. Je leichter die Neufestsetzung beschlossen werden kann, um so geringer ist der Einsatz zur Verteidigung eines festen Wechselkurses und um so weniger kann man *de facto* von einem Festkurssystem sprechen. Im EWS verständigte man sich zur Stabilisierung des Systems daher zumindest informell auf das Erfordernis der Einvernehmlichkeit für eine Kursanpassung.
- Erweiterung der Schwankungsbreite: Eine hinreichend weite Ausdehnung der zulässigen Schwankungsbreite, die den neuen Gleichgewichtskurs e_1 mit einschließt, kann das Problem ebenfalls lösen. Ähnlich wie bei einer Neufestsetzung des Leitkurses wird durch diese Option aber der Einsatz für feste Wechselkurse reduziert und Akteuren, die sich in grenzüberschreitenden Transaktionen engagieren, Planungssicherheit genommen. Zudem hat eine Erweiterung der Schwankungsbreite den Nachteil gegenüber einer Kursanpassung, dass es in der Zukunft dauerhaft zu größerer Volatilität des Wechselkurses kommen kann, die keine Intervention der Zentralbanken begründet.
- Korrektur anderer wirtschaftspolitischer Maßnahmen: Ein viertes Maßnahmenbündel zielt auf eine Rückverlagerung der DM-Nachfragekurve ab. Das lässt sich mit zahlreichen Maßnahmen bewirken, die aber zum Teil hohe Kosten aufweisen. Kapitalverkehrsbeschränkungen können die DM-Nachfrage drosseln, würden aber Wechselkursstabilität als wirtschaftspolitisches Ziel der EU eindeutig vor die Vollendung des gemeinsamen Marktes stellen. Das entspricht seit der Verabschiedung der Einheitlichen Europäischen Akte nicht den herrschenden Präferenzen. In Frankreich kann dämpfend auf die inländische Absorption gewirkt werden, wodurch die Nachfrage nach Importen aus Deutschland und dementsprechend auch nach DM zurückginge. Davon ist aber auch die Nachfrage nach französischen Produkten betroffen; ein Rückgang der Produktion und steigende Arbeitslosigkeit wären die Folge. Des weiteren kann versucht werden, über die Zinspolitik einen Zustrom von Kapital aus Deutschland nach Frankreich zu induzieren, was entweder eine Zinssenkung in Deutschland, einen Zinsanstieg in Frankreich oder eine Kombination aus beiden erfordert. Mögliche Kosten haben wir bereits erwähnt: Inflationstendenz in Deutschland, Investitionsrückgang in Frankreich. In jedem Falle stellt

sich die Frage nach einer Verteilung der Anpassungslast, worüber das EWS-Abkommen nichts sagt. Anders ausgedrückt, die Frage nach der Leitwährung im EWS wurde im Währungswettbewerb entschieden: Wenn sich eine relativ stabile Währung herausschält, der man die Instabilitätssünden der übrigen Währungen nicht anlasten kann, dann wird diese nur einen geringen Teil der Anpassungskosten tragen müssen. Und das nennt man eine Leitwährung.

Als seriöse Maßnahmen, die nicht auf Kosten der Glaubwürdigkeit des Festkurssystems gehen, sollten kurzfristig Interventionen und langfristig die Anpassung heimischer Wirtschaftspolitik angesehen werden. Wie wir im Verlauf der folgenden Ausführungen noch sehen werden, hat man im EWS von allen Möglichkeiten Gebrauch gemacht.

Als das EWS 1979 aus der Taufe gehoben wurde, nahmen Belgien und Luxemburg – sie bildeten ohnehin bereits eine Währungsunion –, Dänemark, Deutschland, Frankreich, Irland, Italien und die Niederlande am Wechselkursmechanismus teil. Für Italien galt, wie erwähnt, bis 1990 eine erweiterte bilaterale Schwankungsbreite von ± 6 %. Obwohl Großbritannien eine Teilnahme am WKM zunächst ablehnte, enthielt der ECU-Währungskorb von Beginn an das britische Pfund. Zur späteren Teilnahme am EWS entschlossen sich Spanien (Juni 1989), Großbritannien (Oktober 1990) und Portugal (April 1992). Sie alle nahmen die italienische Option der weiten Bandbreite für sich in Anspruch. Österreich (Januar 1995) und Finnland (Oktober 1996) traten später einem institutionell bereits veränderten EWS bei.

14.5 Die Entwicklung des EWS

Um die Entwicklung des EWS nachzuvollziehen und zu beurteilen, müssen wir zunächst nach Kriterien fragen, anhand derer die Leistung eines Wechselkursregimes gemessen werden kann. Das ist zuallererst natürlich die Stabilität des nominalen Wechselkurses, denn diese ist schließlich das erklärte Ziel eines Festkurssystems. Die Erwartungen der Architekten des EWS an das System gingen jedoch über Wechselkursstabilität hinaus und erstreckten sich auf monetäre Stabilität insgesamt. Inwieweit das EWS zu einer Absenkung und einer gleichzeitigen Konvergenz der Inflationsraten in den Mitgliedstaaten führte, ist daher ein weiteres Beurteilungskriterium. Monetäre Stabilität nach innen und nach außen kann freilich auf unterschiedlichen Wegen erreicht werden, die mit volkswirtschaftlich unterschiedlich hohen Kosten wie z.B. Wachstumseinbußen oder einem Anstieg von Arbeitslosigkeit einhergehen. Ein Festkurssystem wie das EWS mag ein effektives Arrangement zur Realisierung der angestrebten Ziele sein, muss aber nicht effizient sein. Mögliche volkswirtschaftliche Kosten ziehen wir daher als drittes Beurteilungskriterium heran. Als letztes Kriterium ist für uns schließlich wichtig, ob und inwieweit das Währungssystem zu koordinierter oder gemeinsamer Entscheidungsfindung in der EU beigetragen und damit einen Baustein zu einer weiteren Integration der Union gesetzt hat.

Die Entwicklung des EWS kann in vier Phasen eingeteilt werden (vgl. Gros/Thygesen 1998; Tsoukalis 1997):

(i) die unruhige frühe Phase von 1979 bis Anfang 1983,
(ii) die Konsolidierungsphase von 1983 bis Anfang 1987,
(iii) die Stabilitätsphase von 1987 bis September 1992, sowie
(iv) die Turbulenzen der Jahre 1992 und 1993 und die Phase nach der Krise.

Im Folgenden soll jede dieser Phasen kurz mit Hilfe der oben genannten Kriterien behandelt werden. Die Anfangsphase bis März 1983 wird im Hinblick auf das Kriterium der Wechselkursstabilität zurecht als unruhige Phase bezeichnet. Insgesamt kam es zu sieben Kursanpassungen, von denen zwei Paritätsänderungen aller am EWS teilnehmenden Währungen mit sich brachten. Das Ausmaß der Wechselkursänderungen war zum Teil erheblich, so z.B. im Juni 1982 als die DM gegenüber dem französischen Franc um 10,6 % aufwertete. Abgesehen von einer kurzen Schwächeperiode der DM um den Jahreswechsel 1980/81 herum, setzte sich generell das Muster der Schlange fort, wonach die Währungen Belgiens/Luxemburgs, Dänemarks, Frankreichs, Italiens und Irlands unter andauerndem Abwertungsdruck gegenüber der DM und dem niederländischen Gulden standen. In der Anfangsphase fand weder eine Absenkung der Inflation im EWS noch Inflationskonvergenz zwischen den Teilnehmern statt. Sicher, der zweite Ölpreisschock 1979/80 stellte die EWS-Mitglieder gleich zu Beginn vor große wirtschaftspolitische Herausforderungen, auf die sie ähnlich wie bereits 1973 unterschiedlich reagierten. Konvergenz konnte also kaum erwartet werden. Bemerkenswert ist aber, dass es die Gruppe der OECD-Staaten, die nicht Mitglieder des EWS waren, verstand, die durch die Ölkrise beschleunigte Inflation deutlich schneller wieder zurückzuführen.

Trotz mäßiger oder ausbleibender Erfolge im Hinblick auf monetäre Stabilität, sind gewisse Erfolge bei der Koordination der Wechselkurspolitik zwischen den EWS-Mitgliedern nicht zu übersehen. Im Unterschied zur Schlange wurden Paritätsänderungen nie einseitig vorgenommen, sondern – in der Regel in zähen Verhandlungen, die bis in die frühen Morgenstunden dauern konnten – zwischen den Vertretern der EWS-Mitgliedstaaten abgestimmt. Eine Paritätsänderung wurde bisweilen sogar in einer Höhe beschlossen, die nicht im Interesse der Vertreter des Landes war, dessen Währung sie betraf. Im Gegensatz zu den Lippenbekenntnissen vor 1979 wurde Währungspolitik in der Frühphase des EWS also tatsächlich zur Angelegenheit von gemeinsamem Interesse.

Von 1983 bis Januar 1987 durchlebte das EWS eine ruhigere Phase. Es gab zwei umfassende Kursanpassungen, im Zuge derer alle anderen Währungen gegenüber der DM und dem niederländischen Gulden moderat abwerteten. Die Ursachen für die erste Kursanpassung von 1986 sind EU-intern zu sehen – in Frankreich kam es nach dem Regierungswechsel im März zur *cohabitation* zwischen dem sozialistischen Präsidenten François Mitterand (1916–1996) und der konservativen Regierung von Jacques Chirac (geb. 1932). Die zweite vom Januar 1987 ist eher auf äußere Entwicklungen zurückzuführen, die in einer zunehmend globalisierten Welt mit internationaler Kapitalmarktverflechtung in die EU überschwappten. Der US-Dollar befand sich im freien Fall und die Anleger auf den internationalen Finanzmärkten sahen in der DM einen sicheren Hafen, weshalb sie unter Aufwertungsdruck geriet. Jeweils eine weitere Leitkursanpassung im Umfang von etwa 8 % wurde für die italienische Lira und das irische Pfund beschlossen, die beide deutlich höher inflationierten als das restliche EWS. Die Regierungen beider Länder ersuchten von sich aus um die jeweilige Anpassung, um der realen Aufwertung ihrer Währung und einem Wettbewerbsverlust entgegen zu wirken.

Eine wesentliche Ursache für die relative Wechselkursstabilität während der zweiten Phase war eine erfolgreiche Politik der Senkung der durchschnittlichen Inflationsrate im EWS von etwa 10 % auf 2 % bei gleichzeitiger Inflationskonvergenz – Italien und Irland bildeten Ausnahmen. Die EWS-Partnerländer importierten Preisstabilität aus Deutschland, wo die Bundesbank eine strikte monetaristische Geldmengenpolitik führte. Die französische Politik des *franc fort* kam aus Frankfurt. Die DM wurde langsam zur Leitwährung des EWS, die viel gepriesene Symmetrie des Systems wich einer Dominanz der deutschen Währung. Allerdings ist die empirische Evidenz für die Effizienz dieser EWS-weiten Stabilisierungsstrategie nicht eindeutig. Die Inflation wurde in europäischen nicht-EWS Ländern wie auch in außereuropäischen OECD-Ländern in derselben Periode ohne entsprechende Wechselkursarrangements ebenfalls erfolgreich gesenkt. Zugleich konnten in diesen Ländern zumeist bessere Ergebnisse bei der Bekämpfung von Arbeitslosigkeit und zum Teil auch hinsichtlich des Wirtschaftswachstums erzielt werden.

Die dritte Phase des EWS, die von 1987 bis September 1992 andauerte, fand ohne Anpassungen der Leitkurse statt. Das ist mindestens aus zwei Gründen besonders bemerkenswert. Zum einen wurden in dieser Phase zuvor vereinzelt noch bestehende Kapitalverkehrsbeschränkungen im Zuge des europäischen Binnenmarktprojektes abgebaut (vgl. Kapitel 8). Zum anderen wurde das EWS auf alle EU-Mitgliedstaaten mit Ausnahme Griechenlands ausgedehnt. Vertiefung und Erweiterung der europäischen Integration verliefen also auch im monetären Bereich parallel. Die durchschnittliche Inflation im EWS beschleunigte sich, was im wesentlichen auf den besonderen Umstand der deutschen Wiedervereinigung zurückzuführen war. Die zuvor bereits erreichte Inflationskonvergenz wurde dadurch aber nicht in Mitleidenschaft gezogen. Einen wichtigen Schritt zur Verbesserung wirtschaftspolitischer Koordinationsmechanismen stellte in der Anfangszeit der dritten Phase das Basel-Nyborg-Abkommen dar. Das Abkommen hatte zum Ziel, durch eine koordinierte Vorgehensweise die Wirkung von externen Schocks auf das EWS abzufedern. Die Motivation dafür stammte aus der letzten Kursanpassung von 1987, die der Dollar-Schwäche geschuldet war. Neben einer Veränderung der Modalitäten des Kreditmechanismus wurde durch das Abkommen eine verbesserte Abstimmung der intra-marginalen Interventionen vereinbart, womit Zinsdifferenzen und Wechselkursschwankungen innerhalb der Bandbreiten gezielt eingesetzt werden können.

Nach dieser Phase hoher Stabilität stellt sich um so deutlicher die Frage, warum es zur vierten Phase des Zerfalls des EWS kam. Zunächst die Fakten: Im September 1992 wurden massive Interventionen der deutschen und der italienischen Zentralbank zur Stützung der Lira notwendig, die dennoch kurzzeitig ihre Bandbreite verließ. Die Bundesbank bat sogar darum, die Interventionen aussetzen zu dürfen, da infolge ihres enormen Umfangs die Preisstabilität in Deutschland in Gefahr gerate, und drängte auf umfassende Paritätsänderungen im EWS. Die folgende Abwertung der Lira um 7 % erwies sich als nicht ausreichend. Noch im September wurde die Teilnahme der Lira und des britischen Pfund am Wechselkursmechanismus ausgesetzt und die spanische Peseta um 5 % abgewertet. Weitere Abwertungen der Peseta, des portugiesischen Escudo und des irischen Pfund folgten. Im Juli 1993 fiel der Wert des französischen und des belgischen Franc sowie der dänischen Krone unter das untere Interventionsniveau der Bandbreite. Um eine weitere, schrittweise Erosion des EWS zu verhindern, beschlossen der Ecofin-Rat und die Notenbankgouverneure am 1.8.1993 die Erweiterung der zulässigen Schwankungsbreiten auf ± 15 %. Das EWS als Festkurssystem hörte damit praktisch auf zu existieren. Dennoch setzte danach wieder eine relativ ruhige Phase ein, in der von den weiten Bandbreiten kein Gebrauch gemacht wurde. 1995 kam es lediglich zu einer neuerlichen Kursanpassung der Peseta. Die italienische Lira kehrte im September 1996 in das System zurück, das 1999 mit dem Beginn der dritten Phase der Währungsunion obsolet wurde.

Für den Zusammenbruch des EWS gab es verschiedene Ursachen:

- Erstens ist trotz der Erfolge bei der Inflationsbekämpfung in den vorigen Phasen unzureichende Konvergenz festzustellen. Die Inflationsraten in Ländern wie Spanien und Italien lagen seit der Gründung des EWS ständig über den deutschen. Während die reale Aufwertung ihrer Währungen in der ersten und zweiten Phase durch Anpassungen der Leitkurse in Grenzen gehalten werden konnte, verloren die italienische und die spanische Wirtschaft in der dritten Phase bei anhaltender Stabilität der nominalen Wechselkurse massiv an Wettbewerbsfähigkeit.
- Zweitens gab es eine unzureichende Koordinierung der nationalen Geld- und Wirtschaftspolitik in dieser Phase. Im Gefolge der Wiedervereinigung sah sich die Bundesbank unter relativ hohem inflationärem Druck, dem sie mit einer Hochzinspolitik begegnete. Gleichzeitig befand sich der Rest Europas in einer Rezession, die es für die EWS-Partner nicht sinnvoll erscheinen ließ, die Zinspolitik der Bundesbank nachzuvollziehen. Ein Zinsgefälle entstand, Finanzkapital wanderte aus dem übrigen EWS nach Deutschland und erzeugte Aufwertungsdruck für die DM.
- Drittens verstärkten spekulative Kapitalströme den Druck auf einige Währungen. Ausgelöst wurden sie vor allem von Zweifeln am weiteren geschlossenen Voranschreiten aller Mitgliedländer beim monetären Integrationsprozess, deren Ursache wiederum in Problemen bei der Ratifizierung des Maastricht-Vertrags zu sehen ist. Dieser hatte ja eine Währungsunion beschlossen. Allein er wurde in erster Instanz von den Dänen nicht bestätigt. Dieses negative Votum destabilisierte die kurzfristigen Erwartungen einer effektiven europäischen Währungskooperation.

Es ist natürlich schwierig, eine Gesamtbeurteilung des EWS vorzunehmen. Zu unterschiedlich sind die einzelnen Phasen verlaufen, und das Bild stellt sich mit Blick auf die einzelnen Beurteilungskriterien differenziert dar. Auch ökonometrische Untersuchungen, die bestenfalls technisch raffinierte Schätzungen darstellen, können keine abschließende Kosten-Nutzen-Analyse liefern. Es fehlt das kontrafaktische Experiment, so dass die Frage letztlich nicht geklärt werden kann, ob die nicht zu übersehenden positiven Entwicklungen in der Gemeinschaft trotz oder wegen des Währungssystems stattgefunden haben, wie z.B. die Senkung der Inflation und ein hohes Wachstum im Güterhandel und Kapitalverkehr. Das EWS stand weiteren Integrationsschritten zumindest nicht im Wege, es hat sie möglicherweise sogar forciert. Das Projekt einer Währungsunion in der EU scheiterte unter der Ägide des Bretton Woods Systems. Es konnte später nicht zuletzt aufgrund der Erfahrungen währungspolitischer Zusammenarbeit realisiert werden, die in beinahe 20 Jahren EWS gewonnen wurden.

14.6 Die Theorie des optimalen Währungsraums

Wir haben in Abschnitt 14.2 bereits einige makroökonomische Zusammenhänge in offenen Volkswirtschaften diskutiert, sind der Frage nach den Bestimmungsgründen von Wechselkursen nachgegangen und haben umgekehrt auch die Wirkung von Wechselkursänderungen auf die Gesamtwirtschaft beleuchtet. Was ist nun aber, wenn gar kein Wechselkurs mehr existiert, weil zwei oder mehr Länder ihre Währungen durch eine gemeinsame ersetzen? Werden dann all diese Überlegungen hinfällig und die Makroökonomie dadurch viel einfacher? Vermutlich nicht.

Klar ist: Der Wechselkurs hat in einer offenen Volkswirtschaft zusammen mit anderen makroökonomischen Preisgrößen die Funktion, ein gesamtwirtschaftliches Gleichgewicht herzustellen. Wie aber kann das erreicht werden, wenn der Wechselkurs nicht mehr als Variable der Wirtschaftspolitik zur Verfügung steht? Dieser Frage ist als erster der kanadische Ökonom Robert A. Mundell (geb. 1932) nachgegangen (Mundell 1961) und er wurde 1999 dafür mit dem Nobelpreis für Wirtschaftswissenschaften ausgezeichnet. Denn er hatte den Anstoß zu einer über Jahrzehnte andauernden Diskussion gegeben, ob und wie ein optimaler Währungsraum bestimmt werden könne. Die währungspolitischen Entwicklungen in verschiedenen Teilen der Welt haben dazu geführt, dass die Diskussion nicht rein akademisch geblieben ist, sondern für die wirtschaftspolitische Beratung außerordentlich hohe Relevanz erhielt. Solches Glück ist Ökonomen selten beschert.

Die Theorie des optimalen Währungsraums stellt konkret die Frage nach der optimalen Größe eines Integrationsraums – allerdings beschränkt auf die Währungsintegration. In den vorangegangenen Kapiteln ist wiederholt eine ähnliche Frage bezüglich anderer Integrationsaspekte gestellt worden. Wir haben dabei in Kapitel 2 gesehen, dass es Inkongruenzen geben kann, z.B. zwischen Gütermärkten, deren Integration sich nach dem Freihandelstheorem grundsätzlich über die ganze Welt erstrecken sollte, und politischen Verbänden, die bei hoher Präferenzhomogenität in kleinem Rahmen effizient funktionieren. Der optimale Währungsraum liegt, wie wir sehen werden, irgendwo dazwischen, so dass eine multidimensionale Integration kaum sektorale Optimalitätskriterien erfüllen kann. Im Folgenden sollen die wichtigsten Entwicklungslinien der Theorie des optimalen Währungsraums nachgezeichnet werden, bevor wir einige empirische Überlegungen diskutieren, ob es sich bei der EU bzw. der europäischen Währungsunion nun um einen optimalen Währungsraum handele oder nicht.

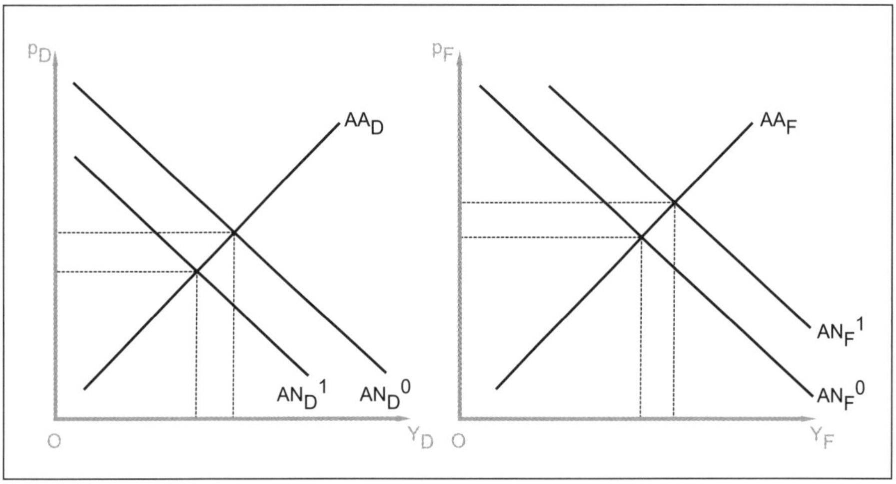

Abbildung 14.2: Asymmetrischer Nachfrageschock

Das klassische Beispiel, mit dem Mundell (1961) mögliche Kosten der Abschaffung einer eigenen Währung veranschaulicht, ist ein asymmetrischer Nachfrageschock, wie er in Abb. 14.2 für Deutschland und Frankreich dargestellt wird. Deutsche Verbraucher oder Investoren verlagern ihre Nachfrage nach heimisch produzierten Gütern und Dienstleistungen zugunsten von Importen aus Frankreich. Die exogenen Ursachen dafür können vielfältig sein: z.B. eine Präferenzverschiebung der Konsumenten oder wachsende technische Überlegenheit französischer Investitionsgüter. Dadurch verschieben sich die aggregierten Nachfragefunktionen in Deutschland von AN_D^0 nach links auf AN_D^1 und in Frankreich von AN_F^0 nach rechts auf AN_F^1. Deutsche Unternehmen reagieren mit einem Rückgang der Produktion, entlassen Arbeitskräfte und das Volkseinkommen sinkt. Wirtschaftspolitiker in Deutschland sehen sich einem Abschwung gegenüber, der einhergeht mit steigender Arbeitslosigkeit und einem Leistungsbilanzdefizit. Umgekehrt in Frankreich, wo Produktion und Volkseinkommen steigen, ein Leistungsbilanzüberschuss entsteht und gleichzeitig aufgrund der gestiegenen Nachfrage die Preise anziehen werden. Die französische Wirtschaftspolitik muss also vor allem auf den Inflationsdruck reagieren.

Wenn beide Länder über eigenes Geld verfügen, können die wirtschaftspolitischen Probleme rasch durch eine nominale Abwertung der deutschen

Währung gegenüber der französischen behoben werden. Deutsche Produkte werden in Frankreich billiger und wettbewerbsfähiger und französische Produkte werden in Deutschland teurer, so dass sich tendenziell die aggregierten Nachfragekurven in beiden Ländern in Richtung ihres ursprünglichen Niveaus zurückverlagern. Längerfristige Wirkungen, die von Veränderungen der Preise importierter Inputs ausgehen, seien hier zunächst vernachlässigt.

Welche anderen Anpassungsmechanismen stehen den beiden Volkswirtschaften zur Verfügung, wenn sie sich in einer Währungsunion befinden, die definitionsgemäß Abwertungen nicht mehr zulässt? Ein möglicher Anpassungsmechanismus besteht in der Mobilität der Arbeitskräfte. Wenn die in Deutschland entlassenen Arbeitskräfte nach Frankreich wandern, kann dort die zusätzliche Nachfrage nach Arbeitskräften bei unveränderten Löhnen befriedigt werden. Das deutsche Produktionsniveau und damit auch das Inlandsprodukt bleiben zwar geringer als in der Ausgangssituation, aber die Vollbeschäftigung ist wiederhergestellt und darüber hinaus lassen die Auslandseinkünfte der nach Frankreich wandernden Arbeitnehmer die Inlandsnachfrage steigen (vgl. Kapitel 8).

Ein weiterer Anpassungsmechanismus wird in Lohnflexibilität gesehen, was allerdings möglicherweise unangenehme Nebenwirkungen nach sich zieht, wie die nachfolgenden Überlegungen zeigen. Die aggregierten Angebotskurven AA_D und AA_F in Abb. 14.2 gelten nur für einen bestimmten Nominallohnsatz. Sinkende Arbeitsnachfrage in Deutschland führt bei Lohnflexibilität zu einer Lohnsenkung, welche die Angebotskurve nach rechts verschiebt, so dass tendenziell das Produktionsniveau der Ausgangssituation wieder hergestellt wird. Deutschland kann sein Arbeitslosigkeitsproblem über angepasste Löhne also lösen. In Frankreich kommt es durch die zusätzliche Nachfrage nach Arbeitskräften zu Lohnauftrieb, der die Angebotskurve nach links ebenfalls in Richtung auf das alte Gleichgewicht verschiebt. Frankreich kann sein Problem der Überhitzung des Arbeitsmarkts über Lohnanpassungen lösen, aber nicht sein Inflationsproblem. Lohnflexibilität stellt also das Gleichgewicht auf den Arbeitsmärkten, d.h. Vollbeschäftigung, wieder her, aber nur auf Kosten von Deflation in der Region, aus der sich die Nachfrage wegverlagert hat, und Inflation in der Region, in die sich die Nachfrage hinverlagert hat.

Also: Wechselkursänderungen können im Falle von Schocks, die zwei Volkswirtschaften ungleich, d.h. asymmetrisch treffen, kurzfristig ein wichtiges Instrument sein, das die Wiederherstellung des makroökonomischen Gleichgewichts zu volkswirtschaftlich geringen Kosten erlaubt. In einer Währungsunion bedarf es der Faktormobilität oder flexibler Arbeitsmärkte, um die beteiligten Volkswirtschaften wieder ins Gleichgewicht zu bringen.

Doch wie wahrscheinlich ist eigentlich ein asymmetrischer Schock? Von einem makroökonomischen Nachfrageschock sprechen wir nur, wenn sich die aggregierte Nachfrage verlagert. Die meisten Nachfrageschocks bleiben auf das mikroökonomische Niveau beschränkt. Ein BSE-Skandal in Großbritannien zum Beispiel trifft die britischen Viehzüchter schwer, auf dem aggregierten Niveau macht er sich jedoch nicht bemerkbar, und er wird von einer vermehrten Nachfrage nach Schweinefleisch teilweise ausgeglichen. In hoch entwickelten Volkswirtschaften, die über eine breit diversifizierte Produktions- und Außenhandelsstruktur verfügen, sind asymmetrische Nachfrageschocks eher unwahrscheinlich (vgl. Kenen 1969). Anders ist die Situation bei Angebotsschocks, wie z.B. drastischen Ölpreiserhöhungen, die durchaus eine ganze Volkswirtschaft in Mitleidenschaft ziehen können. Sie treffen aber hoch entwickelte Volkswirtschaften häufig gleichgerichtet und in vergleichbarem Ausmaß, so dass es sich um symmetrische Schocks handelt. Allerdings sind Wechselkursanpassungen bei Angebotsschocks ein fragwürdiges Instrument.

Auch im Falle von Nachfrageschocks ist eine Abwertung nur unter bestimmten Bedingungen ein sinnvolles Anpassungsinstrument. Einem Land, das einen hohen Offenheitsgrad aufweist, ist mit einer Wechselkursänderung als Reaktion auf eine Nachfrageverlagerung langfristig nicht geholfen (vgl. McKinnon 1963). Die Gründe sind sowohl auf der Export- als auch auf der Importseite zu finden. Bei handelbaren standardisierten Produkten ist eine nennenswerte Abkopplung von Weltmarktpreisen aufgrund des Gesetzes vom einheitlichen Preis gar nicht möglich. Einer nominalen Abwertung folgt sehr schnell ein Anstieg der heimischen Preise bei den entsprechenden Gütern, wodurch der kurzfristige preisliche Wettbewerbsvorteil egalisiert wird. Die Preisanpassung wird durch Sektoren beschleunigt, die auf importierte Rohstoffe und Inputs angewiesen sind, welche sich durch die Abwertung verteuern.

Wenn die beiden Länder, die von einem asymmetrischen Nachfrageschock betroffen sind, über ein hohes Maß an Solidarität und an politischer oder zumindest fiskalischer Integration verfügen, so kann man ebenfalls auf den Wechselkurskurs als Anpassungsinstrument verzichten. Das zusätzliche Einkommen in Frankreich könnte in einem System ähnlich dem deutschen Länderfinanzausgleich nach Deutschland transferiert und dort am Gütermarkt nachfragewirksam werden. In den Kapiteln 12 und 13 haben wir gesehen, dass ähnliche Überlegungen bei der Einführung der gemeinsamen Agrarpolitik eine Rolle spielten und im Zusammenhang mit der Wirtschafts- und Währungsunion zur Einrichtung des Kohäsionsfonds führten. Ein derartiger Finanzausgleich wird auf internationaler Ebene aber eher selten in ausreichendem Umfang und zeitnah bereitgestellt werden können, es sei denn, es handele sich um besonders bedürftige Länder und besondere Katastrophen wie Tsunami, Erdbeben oder Vogelgrippe. Als Solidargemeinschaft hat die Europäische Union noch sehr enge Handlungsspielräume.

Abgesehen von adäquaten Reaktionen auf einen asymmetrischen Schock ist es für einen optimalen Währungsraum erforderlich, dass ähnliche Präferenzen im Hinblick auf den Umgang mit wirtschaftspolitischen Problemen herrschen. Wir haben im Zusammenhang mit der Währungsschlange unterschiedliche Reaktionen der EU-Mitglieder auf die Ölkrise als Ursache für Wechselkursinstabilitäten ausgemacht. Der kurzfristige Phillips-Kurven *trade-off* zwischen Arbeitslosigkeit und Inflation wurde in Italien anders gelöst als in Deutschland. In einer Währungsunion geht das nicht. Die Geldpolitik muss gemeinsam betrieben werden, und die wirtschaftspolitischen Instanzen der beteiligten Länder müssen sich einig darüber sein, welche kurzfristigen Ziele sie verfolgen und mit welchem Maßnahmenkatalog diese realisiert werden können.

Überträgt man die voranstehenden Überlegungen auf die Frage, ob es sich bei der EU um einen optimalen Währungsraum handele, kommt man zu einem gemischten Ergebnis. Die Arbeitsmobilität ist nicht zuletzt aufgrund der Sprachbarrieren begrenzt und dürfte nicht ausreichen, um asymmetrische Schocks auszugleichen (hierzu auch Kapitel 8). Gleiches gilt für interregionale Transferzahlungen. Der EU-Haushalt ist zu gering hierfür, und die Regionalpolitik, die langfristige Einkommensangleichung zum Ziel hat, folgt ganz anderen Kriterien. Allerdings handelt es sich bei den EU-Mitgliedern – das galt zumindest für die EU-9, die den Maastricht-Vertrag ausgehandelt haben – um wohldiversifizierte Volkswirtschaften, die in regem Austausch miteinander stehen und von denen auch die größeren einen relativ hohen Offenheitsgrad aufweisen. Der Eindruck, dass ein gemeinsamer Markt von hochentwickelten Volkswirtschaften quasi automatisch einen optimalen Währungsraum bilde, wird allerdings durch einen Einwand von Paul Krugman (1991) getrübt: Der gemeinsame Markt erlaubt es, positive Skalenerträge auszunutzen, und führt deshalb zu vermehrter regionaler Spezialisierung. Damit werden einzelne Regionen für asymmetrische Schocks stärker anfällig. Die Waren- und Arbeitsmärkte der Mitgliedländer sind schließlich weit entfernt davon, voll flexibel zu sein, so dass die klassische Anpassung über die Preise sich nicht automatisch einstellen wird.

Doch selbst wenn der Euroraum vor Einführung der gemeinsamen Währung nicht die Eigenschaften eines optimalen Währungsraumes aufweisen sollte, so hat die Theorie die Vermutung aufgestellt, und die Empirie hat das im Wesentlichen bestätigt, dass sich diese Eigenschaften *ex post* einstellen können. Das bedeutet, die Schaffung einer Währungsunion zieht die Bildung eines optimalen Währungsraums nach sich. Das wird „Effekt der Endogenität eines optimalen Währungsraums" genannt (Frankel/Rose 1997). Man könnte es auch den Münchhausen-Effekt einer Währungsunion nennen: Sie zieht sich am eigenen Schopf aus dem Sumpf ungünstiger Voraussetzungen. Die theoretische Vermutung wird mit verschiedenen Prozessen begründet (De Grauwe/Mongelli 2005):

- Endogenität der wirtschaftlichen Integration: Währungsunterschiede stellen wirtschaftliche Grenzen dar. Schafft man sie ab, dann sinken die Handelskosten oder anders ausgedrückt, die Distanz zwischen Wirtschaftsräumen nimmt ab und damit nimmt die Intensität ihres Austausches zu. Das heißt, die Währungsintegration hat eine handelsschaffende Wirkung (vgl. Kapitel 7). In einem einheitlichen Währungsraum werden zum Beispiel die Risiken des Außenhandels auch für kleinere Unternehmen überschaubar.
- Endogenität der finanziellen Integration: Dass eine einheitliche Währung die finanzielle Integration fördert, scheint auf der Hand zu liegen.

Eine stärkere interregionale Risikoverteilung federt regional beschränkte, asymmetrische Schocks bis zu einem gewissen Grad ab, abgesehen von der handelsschaffenden Wirkung finanzieller Integration. Der Fortfall des Wechselkursrisikos und zunehmende Transparenz in einer Währungsunion lassen eine stärkere interregionale Risikoverteilung erwarten. In Kapitel 8 haben wir gesehen, dass die Finanzmarktintegration in der Gemeinschaft noch einiges zu wünschen übrig lässt. Das bedeutet, dass dieser Effekt sich erst über längere Zeiträume auswirken wird.

- Endogenität der Symmetrie von Schocks: Wirtschaftliche und finanzielle Integration erhöhen die Interdependenz der Teilräume eines einheitlichen Währungsraums und führen dadurch zu einer stärkeren Korrelation der Konjunkturentwicklung. Darüber hinaus machen sie eine gewisse Koordination der Wirtschaftspolitik erforderlich, so dass sich auch die Politik-Schocks gleichmäßiger verteilen. Dem wirken Spezialisierungs- und Agglomerationseffekte auf Grund von Skalenvorteilen in vergrößerten Märkten entgegen.
- Endogenität der Produkt- und Arbeitsmarktflexibilität: Die gemeinsame Währung, die einen hohen Grad von Inflationskonvergenz erforderlich macht, um die internationale Wettbewerbsfähigkeit zu sichern, erzwingt sozusagen die Absorption von asymmetrischen Schocks über die Arbeitsmärkte. Die Rolle der Produktmarktintegration ist im zugenommenen Wettbewerb zu sehen: Wenn aus den Preisen die Renten gedrückt werden, nehmen die Verteilungsspielräume ab und Tarifverhandlungen entscheiden unmittelbar über die Konkurrenzfähigkeit. In Kapitel 15 werden wir noch näher sehen, wie die Gemeinschaft über den Luxemburg- und Lissabon-Prozess versucht, die Wirtschafts- und Währungsunion zu stabilisieren. Die Währungsunion ruft eine politische Reaktion hervor mit dem Ziel, den institutionellen Rahmen und damit auch das Verhalten wenn nicht zu harmonisieren, so doch zumindest zu koordinieren.

Die Theorie des optimalen Währungsraums beschäftigt sich vorrangig mit der Frage nach den Kosten einer Währungsunion bzw. nach Mechanismen, diese zu begrenzen. Wie wir gesehen haben, sind dafür in erster Linie makroökonomische Argumente relevant. Die Frage nach dem Nutzen einer gemeinsamen Währung ist natürlich ebenso zu stellen, wofür eher mikroökonomische Überlegungen in Betracht kommen. Allen voran ist hier die Reduzierung von Transaktionskosten zu nennen. Denn für den Umtausch von einer Währung in eine andere verlangen Banken eine Gebühr. Mit der Währungsunion entfällt die Notwendigkeit des Umtauschs, und die Gebühr kann gespart werden. Den Banken entgeht dadurch zwar eine Einnahmequelle, was aus allokativer Sicht aber unerheblich ist.

Eine weitere Nutzenkomponente besteht in der Reduzierung von Unsicherheit. Der Wert von Fremdwährungsbeträgen in eigener Währung ist unsicher, solange es zu Währungsschwankungen kommen kann. Dagegen kann man sich durch *hedging*-Geschäfte versichern, die aber mit Kosten einhergehen. Der Nutzen einer Währungsunion besteht dann in den eingesparten Kosten des *hedging*. Darüber hinaus führt eine Währungsunion zu mehr Preistransparenz. Preise in unterschiedlichen Ländern werden leichter vergleichbar, es kommt zu Aufhebung von Marktsegmentierung und zu einer Steigerung des Wettbewerbs. Inwieweit eine Absenkung von Inflation oder des Zinsniveaus ebenfalls Nutzen einer Währungsunion sind, hängt stark von den Bedingungen eines Landes bei ihrer Gründung ab und natürlich auch von den Gegebenheiten in der Währungsunion, insbesondere dem geldpolitischen Kurs. Im Übrigen kann eine Währungsunion in einem bereits in anderer Hinsicht integrierten Raum erhebliche Kosten sparen. Wir sahen bereits, dass sie zum Beispiel den aufwendigen und intransparenten Währungsausgleich im Rahmen der gemeinsamen Agrarpolitik überflüssig macht.

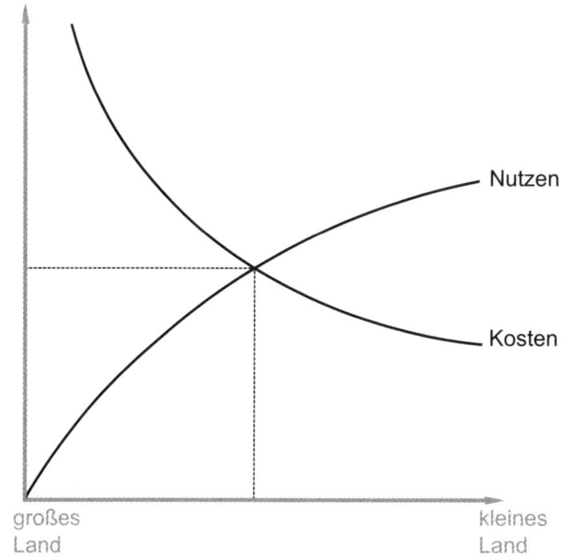

Abbildung 14.3: Kosten und Nutzen einer Währungsunion und Größe eines Landes

Aus der Sicht eines Landes lassen sich die Überlegungen zu den Kosten und Nutzen der Teilnahme an einer Währungsunion vereinfacht in der in Abb. 14.3 dargestellten Weise zusammenfassen: Die Vorteilhaftigkeit einer Währungsunion ist um so wahrscheinlicher, je kleiner ein Land ist und umgekehrt. Die Größe eines Landes widerspiegelt dabei gleichermaßen seine Bevölkerungsstärke, seine Wirtschaftskraft sowie seine Fläche. Wir gehen selbstverständlich davon aus, dass Staaten einheitliche Währungsräume sind. Das war in der Vergangenheit nicht immer so: Die Überlegungen, die heute auf europäischem Niveau angestellt werden, waren in früheren Jahrhunderten auf nationalem Niveau relevant. Der Verlust des Wechselkurses als wirtschaftspolitisches Instrument wiegt für ein kleines Land nicht besonders schwer, da kleine Länder in der Regel einen vergleichsweise hohen Offenheitsgrad aufweisen, so dass eine Abwertung ohnehin kein sinnvolles Instrument zum Auffangen eines asymmetrischen Schocks sein kann. Der Nutzen einer Währungsunion ist hingegen für ein kleines Land besonders hoch, da viele Leute in Auslandsgeschäfte verwickelt sind und die Transaktionskostengewinne daher besonders hoch ausfallen.

Die Übertragbarkeit der Überlegungen der Theorie des optimalen Währungsraums auf die reale Welt unterliegt wie jede Theorie bestimmten Beschränkungen. Die wichtigste besteht in der gerade erwähnten Tatsache, dass die Grenzen eines Währungsgebietes in der Regel mit den politischen Grenzen eines Landes zusammenfallen. Nach den Kriterien der Theorie des optimalen Währungsraums ist das nicht selbstverständlich. Ein optimaler Währungsraum kann kleiner oder größer als ein Nationalstaat sein und die Theorie somit gleichermaßen eine Theorie der Währungsintegration wie der -desintegration. Die Einführung von zwei oder mehr Währungen in einem Land kann man sich – zumindest heutzutage (obwohl die Beibehaltung von zwei Währungen im wiedervereinigten Deutschland durchaus diskutiert worden ist) – ebenso wenig vorstellen wie eine Währungsunion zwischen einem Land und einem Teil eines anderen Landes. Tatsächlich geht es bei Verhandlungen zwischen Politikern souveräner Staaten eher darum, eine konkrete Ausgestaltung einer Währungsunion zu finden, welche für alle beteiligten Länder eine akzeptable Verteilung von Kosten und Nutzen erwarten lässt. Der Weg zur Europäischen Wirtschafts- und Währungsunion (EWWU) liefert ein anschauliches Beispiel dafür.

14.7 Die EWWU à la Maastricht

Maastricht, eine 120000 Einwohner zählende Stadt im Südosten der Niederlande, ist zum Synonym für die Wirtschafts- und Währungsunion geworden, wie sie heute in der EU existiert. Die Revision der Europäischen Vertragswerke auf der Maastrichter Regierungskonferenz von 1991 (vgl. Kapitel 3 und Kapitel 5) ist wohl auch der wichtigste Meilenstein auf dem Weg zum Euro, nicht jedoch der Grundstein. Der wurde bereits im Juni 1988 gelegt, als sich der Europäische Rat von Hannover darauf verständigte, das Ziel der Wirtschafts- und Währungsunion nach dem fehlgeschlagenen Versuch von 1970 ein zweites Mal in Angriff zu nehmen. Die Motive waren unterschiedlich: Frankreich und Italien forderten ein neues monetäres Arrangement in Europa, da sie nicht glücklich mit der entstandenen Asymmetrie des Europäischen Währungssystems waren. Obwohl von den europäischen Partnern heftig für die deutsche Dominanz im EWS kritisiert, reagierte die Bundesregierung nicht ablehnend, sondern ergriff die Chance, erste Vorschläge für die Gestaltung eines solchen Arrangements zu machen. Parallelen zum „deutschen Modell", namentlich der Koexistenz von Bundesbankgesetz und Stabilitätsgesetz, waren in diesen Vorschlägen nicht zu übersehen. Großbritannien verhielt sich traditionsgemäß reserviert. Die Europäische Kommission sah eine Wirtschafts- und Währungsunion als logischen und notwendigen Schritt zur Vollendung des gemeinsamen Marktes, wie nicht zuletzt der Titel „Ein Markt, eine Währung" einer später publizierten umfassenden Kosten-

Nutzen-Analyse deutlich macht (Emerson et al. 1992). Beginnen wir mit einer kurzen Chronologie der Ereignisse, bevor wir einzelne Elemente der EWWU näher beleuchten.

Eine Arbeitsgruppe unter Leitung von Jacques Delors präsentierte im April 1989 den so genannten „Delors-II-Bericht" über die Wirtschafts- und Währungsunion in Europa, wodurch sich der französische Kommissionspräsident, nachdem er bereits 1985 die Vollendung des gemeinsamen Marktes auf die Bahn gebracht hatte, endgültig einen Platz in den europäischen Geschichtsbüchern sicherte. Die anschließenden Beschlüsse zur Umsetzung des Projektes folgten eng den Kernelementen des Delors-II-Berichts, den der Europäische Rat von Madrid im Juni 1989 annahm. Ein Drei-Stufen-Plan für den Übergang zur EWWU war somit beschlossen.

Die erste Stufe begann am 1.7.1990 mit der Aufhebung aller Beschränkungen für den Intra-EU Kapitalverkehr. Der Ausschuss der Zentralbankpräsidenten bekam die Organisation der Vorbereitungen für die dritte und zugleich letzte Stufe übertragen und erstellte ein entsprechendes Arbeitsprogramm. Ferner wurde seine Verantwortlichkeit im Hinblick auf die Koordination der nationalen Geldpolitiken erweitert, was nicht ausreichend war, wie die gut zwei Jahre später einsetzenden Währungsturbulenzen des EWS belegten. Und schließlich musste der EG-Vertrag geändert werden, wozu man eine Regierungskonferenz zur Europäischen Wirtschafts- und Währungsunion parallel zur Konferenz über die politische Union einberief. Maastricht wurde damit zu einem Eckdatum in der europäischen Integrationsgeschichte. Denn nicht nur der EG-Vertrag erfuhr vor allem durch die EWWU eine tiefgreifende Neuformulierung. Sondern es wurde gleichzeitig mit dem EU-Vertrag die Europäische Union aus der Taufe gehoben, die allerdings noch weit entfernt von einer politischen Union blieb.

Im Verlauf des Jahres 1991 fanden die Mitgliedstaaten Kompromisse zu Fragen wie der Satzung der gemeinsamen Zentralbank sowie den Kriterien und dem Zeitablauf des Übergangs von der zweiten zur dritten Stufe. Das Ergebnis war der Vertrag von Maastricht einschließlich der viel diskutierten Konvergenzkriterien, der im Februar 1992 unterschrieben wurde. In Kraft trat er erst im November 1993, da sich Verzögerungen bei der Ratifizierung ergaben. In Dänemark akzeptierte die Bevölkerung ihn per Referendum erst im zweiten Anlauf, und in Deutschland musste das Urteil des Bundesverfassungsgerichts über eine Klage von Maastricht-Gegnern abgewartet werden. Mit dem Inkrafttreten des Vertrags bekamen das Ziel der EWWU und der Weg dorthin quasi Verfassungsrang.

Box 14.6: Die Maastrichter Konvergenzkriterien

Eine Währungsunion macht nur dann Sinn, wenn die Währungs- und Finanzsysteme der teilnehmenden Länder gewissermaßen im Gleichschritt marschieren. Der Vertrag von Maastricht sieht deshalb Konvergenzkriterien vor, die ein Land erfüllen muss, um sich für die Mitgliedschaft in der EWWU zu qualifizieren. Diese finden sich heute in Art. 121 EG und werden durch Art. 104 EG sowie im Protokoll über die Konvergenzkriterien spezifiziert. Im einzelnen handelt es sich dabei um folgende Kriterien:

Das Inflationskriterium: Die Inflationsrate eines Landes darf die durchschnittliche Inflationsrate der drei preisstabilsten Länder der EU um nicht mehr als 1,5 Prozentpunkte überschreiten.

Das Defizitkriterium: Das Defizit des öffentlichen Haushalts eines Landes darf 3% seines BIP nicht überschreiten. Ein geringfügig höheres Defizit ist zulässig,

(i) wenn es erheblich und laufend zurückgegangen ist, oder
(ii) der Referenzwert von 3% nur ausnahmsweise und vorübergehend überschritten wird.

Das Schuldenstandskriterium: Die öffentlichen Schulden eines Landes dürfen 60% seines BIP nicht überschreiten. Eine Überschreitung ist zulässig, wenn das Verhältnis hinreichend rückläufig ist und sich rasch genug dem Referenzwert von 60% nähert.

Das Zinskriterium: Der langfristige Nominalzinssatz in einem Land darf den durchschnittlichen langfristigen Zinssatz der drei preisstabilsten Länder der EU um nicht mehr als 2 Prozentpunkte überschreiten.

Das Wechselkurskriterium: Die Währung eines Landes muss mindestens zwei Jahre vor der Überprüfung der Konvergenzlage spannungsfrei, d.h. insbesondere ohne Abwertung des bilateralen Leitkurses, Mitglied im Wechselkursmechanismus des EWS gewesen sein. Seit der Abschaffung des EWS erfordert die Erfüllung des Wechselkurskriteriums ein entsprechend spannungsfreies WKM II Arrangement.

Institutionelle Kriterien: die Unabhängigkeit nicht nur der Europäischen Zentralbank, sondern auch der nationalen Zentralbanken (Art. 108 EG) und das Verbot einer monetären Finanzierung von Staatsschulden durch die EZB oder die nationalen Zentralbanken (Art. 101 EG).

Am 1.1.1994 begann die zweite Stufe der Wirtschafts- und Währungsunion. In institutioneller Hinsicht war ihr wichtigster Schritt die Auflösung des Ausschusses der Zentralbankpräsidenten, der durch das Europäische Währungsinstitut (EWI) ersetzt wurde, das als Vorläufer der Europäischen Zentralbank (EZB) zu sehen ist. Die Aufgaben des Währungsinstituts umfassten die Verstärkung der Zusammenarbeit zwischen den Zentralbanken im Bereich der Geldpolitik sowie notwendige Vorarbeiten für die Errichtung des Europäischen Systems der Zentralbanken (ESZB), die Durchführung einer einheitlichen Geldpolitik und die Schaffung einer einheitlichen Währung. Die Zuständigkeit für die Geldpolitik blieb aber in dieser Phase noch in den Händen der nationalen Zentralbanken. Im Dezember 1995 beschloss der Europäische Rat von Cannes den Beginn der dritten Stufe, der in Maastricht spätestens auf den 1.1.1999 terminiert worden war, für genau dieses Datum. Im Mai 1998 einigte sich der Europäische Rat von Brüssel auf Mitglieder für das erste Direktorium der EZB, die im Juni 1998 errichtet wurde. Außerdem entschied der Rat von Brüssel, welche Länder ein hinreichendes Maß an Konvergenz aufwiesen, um sich von Beginn an für die Teilnahme an der dritten

Stufe zu qualifizieren (vgl. Tab. 14.1), und legte für die Währungen dieser Länder den Umstellungskurs auf den Euro fest.

Tabelle 14.1: Konvergenz der EU-Mitgliedstaaten (1997)

Land	*Inflation*	*Zinsen*	*HH-Defizit*	*Schulden*
Belgien	1,5	5,75	– 2,0	124,8
Dänemark	1,9	6,26	– 0,5	65,7
Deutschland	1,5	5,64	– 2,7	61,0
Finnland	1,2	5,96	– 1,5	54,1
Frankreich	1,3	5,58	– 3,0	59,3
Griechenland	5,4	9,92	– 4,0	108,2
Großbritannien	1,8	7,13	– 2,0	50,8
Irland	1,2	6,29	1,1	64,5
Italien	1,9	6,86	– 2,7	120,5
Luxemburg	1,4	–	3,2	6,8
Niederlande	1,9	5,58	– 1,1	69,9
Österreich	1,2	5,68	– 1,8	63,8
Portugal	1,9	6,36	– 3,0	59,1
Schweden	1,8	6,62	– 0,9	70,6
Spanien	1,9	6,40	– 3,2	66,6
Referenzwert	2,7	7,98	3,0	60,0

Quelle: Eurostat; eigene Berechnungen

Ein blau markiertes Feld zeigt an, dass ein Land den Referenzwert des entsprechenden Konvergenzkriteriums verfehlte. Mit Blick auf Inflation und Zinsen wies lediglich Griechenland zu geringe Konvergenz auf, wohingegen eine ganze Reihe von Ländern Probleme hinsichtlich der Finanzlage der öffentlichen Haushalte hatte. Während das Haushaltsdefizit relativ kurzfristig verändert werden kann, wenngleich sich die EU-Staaten hierzu zum Teil fragwürdiger kosmetischer Maßnahmen bedienten, wie Box 14.7 zeigt, kann der Schuldenstand nur langfristig nennenswert gesenkt werden. Deswegen fand im Maastricht-Vertrag eine Relativierung des Kriteriums statt, wonach eine Bewegung in Richtung auf die 60 %-Marke ausreichend sei, um das Kriterium zu erfüllen. Der Ministerrat sah die diesbezüglichen Konsolidierungsanstrengungen aller EU-Mitgliedstaaten mit Ausnahme Griechenlands als ausreichend an. Da weder Griechenland noch Schweden zu diesem Zeitpunkt Mitglieder im EWS waren, erfüllten sie das Wechselkurskriterium nicht. Hingegen genügten alle Länder dem institutionellen Erfordernis der Zentralbankunabhängigkeit. Da Dänemark und Großbritannien ein *opting out* für sich in Anspruch nahmen und Schweden und Griechenland eines oder mehrere Kriterien nicht erfüllten, beschloss der Ministerrat 1998, dass die dritte Stufe der Wirtschafts- und Währungsunion Anfang 1999 mit den übrigen 11 Mitgliedern beginnen solle.

Box 14.7: Die Kreativität von EU-Finanzministern

Die Finanzminister der Mitgliedstaaten, die von Anfang an bei der EWWU dabei sein wollten, haben bei der Erfüllung des Defizitkriteriums erstaunliche Kreativität unter Beweis gestellt. Um den magischen Wert von 3,0 % nicht zu überschreiten, wurde insbesondere versucht, im Beurteilungsjahr einmalig anfallende Staatseinnahmen zu erzielen, die nicht selten in den Folgejahren zu mindestens ebenso hohen Ausgaben führten. Nachfolgend werden einige Beispiele wiedergegeben, die vor der Öffentlichkeit nicht verborgen werden konnten.

Italien führte unter der Regierung des späteren Kommissionspräsidenten Romano Prodi eine auf das Jahr 1997 befristete Euro-Steuer ein. Gleichzeitig mit der Einführung der Steuer versprach die Regierung ihre Rückzahlung an die Steuerpflichtigen in den Folgejahren.

In Frankreich erhielt der Staatshaushalt eine hohe Finanzspritze im Jahre 1997 von der bereits privatisierten France Telekom. Die Regierung erklärte sich im Gegenzug bereit, Verpflichtungen für Pensionszahlungen des Unternehmens in späteren Jahren zu übernehmen.

Der deutsche Finanzminister Theo Waigel regte eine Neubewertung sowie den Verkauf eines Teils der Goldreserven der Deutschen Bundesbank an. Ziel war es, dadurch den Buchgewinn der Bundesbank zu erhöhen, der indirekt die Staatseinnahmen erhöht und das Defizit senkt. Die Bundesbank widersetzte sich diesen Plänen zumindest im Jahre 1997 erfolgreich.

Griechenland schließlich hat seine Daten schlichtweg gefälscht. Die Haushaltszahlen, die das griechische Finanzministerium meldete, entsprachen mehrere Jahre in Folge nicht den Tatsachen. Unter anderem wurden Militärausgaben verschwiegen, und der Haushalt wurde durch fiktive Überschüsse in den Kassen des sozialen Sicherungssystems schön gerechnet.

Am 2.5.1998 schrieb man die Wechselkurse zwischen den teilnehmenden Währungen bzw. den Umstellungskurs auf den Euro unwiderruflich fest. Die dritte Stufe begann dann schließlich am 1.1.1999: Der Euro war in 11 Mitgliedländern die gemeinsame Währung, der Französische Franc, die D-Mark hörten auf zu existieren. Als Denominationen des Euro blieben sie allerdings noch drei Jahre bestehen, da das Euro-Bargeld erst zu einem späteren Zeitpunkt eingeführt werden sollte. Gleichzeitig ging die Verantwortung für die Durchführung der einheitlichen Geldpolitik auf die EZB über. Im Zuge einer weiteren Überprüfung der Konvergenzlage ergab sich im Jahre 2000, dass Griechenland die Kriterien nun auch erfüllte – zumindest unter Verwendung der etwas geschönten Daten, welche die griechische Regierung der Europäischen Kommission übermittelt hatte. Ab dem 1.1.2001 nahmen also 12 Staaten an der dritten Stufe teil. Am 1.1.2002 kam schließlich das Euro-Bargeld in Umlauf. Abgesehen von kleineren Irritationen bei der Bevölkerung wegen eines wahrgenommenen, aber statistisch nicht nachweisbaren Preisschubs (vgl. Box 14.8), verlief die Umstellung reibungslos.

Aus den 12 Staaten der Eurozone sind inzwischen 16 geworden. Denn zum 1.1.2007 wurde Slowenien in den Klub aufgenommen, zum 1.1.2008 Malta und Zypern und zum 1.1.2009 die Slowakei. Der Euroraum ist noch etwas größer: Auf Grund früher bestehender Währungsunionen haben Andorra, Monaco, San Marino und der Vatikanstaat den Euro eingeführt, und Montenegro und das Kossovo haben die Währung auf einseitigen Beschluss übernommen. Alle diese Länder sind nicht Mitglied des Eurosystems, haben also keine Stimme in der Beschlussfassung über Geld- und Währungspolitik

Box 14.8: Euro = Teuro?

In Deutschland wie auch in anderen Ländern gewannen viele Menschen den Eindruck, die Einführung des Euro-Bargeldes am 1.1.2002 habe zu einem massiven inflationären Schub geführt. Vereinzelt gab es Berichte, Einzelhändler tauschten auf den Preisschildern lediglich die Währungsbezeichnung *DM* gegen *Euro* aus ohne den Betrag zu ändern, was einer annähernden Verdopplung des Preises entsprochen hätte. So wurde der *Euro* schnell zum *Teuro* – eine Wortschöpfung, die die Gesellschaft für Deutsche Sprache sogar zum Unwort des Jahres 2002 kürte.

Nach den Berechnungen des Statistischen Bundesamtes betrug die Steigerung der Verbraucherpreise im Januar 2002 jedoch nur 2,1 % gegenüber dem gleichen Monat des Vorjahres. Die Deutsche Bundesbank schätzte, dass davon lediglich 0,2 Prozentpunkte auf die Einführung des Euro zurückzuführen seien. Worin liegen die Ursachen für die Differenz in der hohen „gefühlten" Inflation und der moderaten, tatsächlich gemessenen Inflation?

Die „gefühlte" Inflation wird von Preissteigerungen bei Gütern des täglichen oder zumindest regelmäßigen Bedarfs bestimmt, deren Preise man kennt und in der Regel häufig direkt beim Kauf bezahlt. Dazu gehören vor allem Nahrungsmittel und andere Artikel aus dem Supermarkt, das Bier in der Stammkneipe oder der Haarschnitt beim Friseur und die Autowäsche. Bei einigen dieser Güter und Dienstleistungen kam es in der Tat mit der Umstellung auf den Euro zu hohen Preissteigerungen. Die Berechnung des durchschnittlichen Preisanstiegs legt jedoch einen repräsentativen Warenkorb zugrunde, in dem z.B. Gurken ein Gewicht von weniger als 0,05 % haben. Ähnlich gering schlagen viele andere Produkte des täglichen Bedarfs zu Buche. Anders sieht das bei Mieten und haushaltsnahen Dienstleistungen wie der Stromversorgung aus, die im repräsentativen Warenkorb zusammen 28 % der Ausgaben ausmachen. Und die wurden in der Regel exakt nach dem Umstellungskurs ohne Preisaufschlag im Januar 2002 in Euro ausgewiesen. Der Euro hat also nicht zu einer realen Verarmung der Bevölkerung geführt, auch wenn das viele meinen.

Das heißt freilich nicht, dass es unter den Einzelhändlern nicht schwarze Schafe gegeben hätte, die die zeitweise Intransparenz der Umstellung auf den Euro für schnelle Gewinne nutzten. In Branchen, in denen hinreichender Wettbewerb herrscht, handelt es sich dabei aber allenfalls um kurzfristige Effekte. Im Falle von einigen Dienstleistern, wie z.B. der Gastronomie, sind zudem die Kosten von Preisänderungen zu berücksichtigen, die treffenderweise auch als *menu costs* bezeichnet werden. Das Drucken von Speisekarten kostet Geld und das mag dazu geführt haben, dass Preisänderungen, die eigentlich bereits im Verlauf des Jahres 2001 vorgenommen werden sollten, zeitlich auf Januar 2002 verschoben wurden, da mit der Euro-Einführung ohnehin neue Preistafeln gedruckt werden mussten. Schließlich müssen auch preissteigernde Effekte berücksichtigt werden, die zeitlich zufällig mit der Einführung des Euro zusammen trafen. Dazu gehören in Deutschland z.B. der Beginn der vierten Stufe der ökologischen Steuerreform oder auch die Preisauftriebstendenz, die von einem steigenden Ölpreis ausging. Doch insgesamt war die Inflationsrate mit 2,1 % nicht signifikant höher als in den Vorperioden.

Die zentralen Elemente im Maastricht-Prozess, der zur Wirtschafts- und Währungsunion hinführte, sind das Erfordernis der Konvergenz und die Errichtung des Europäischen Systems der Zentralbanken (ESZB) bzw. der EZB. Auf beide soll im Folgenden daher ausführlicher eingegangen werden.

Die Theorie des optimalen Währungsraums liefert gute Gründe dafür, ein gewisses Maß an Konvergenz für die Teilnahme an einer Währungsunion zu fordern. Allerdings bezieht sich diese Konvergenz eher auf realwirtschaftliche und institutionelle Größen, wie die Produktions- und Exportstruktur, die Bedeutung des bilateralen Handels, Arbeitsmarktinstitutionen und Umverteilungsmechanismen. Denn all das ist wichtig, wenn einzelne Länder auf den Wechselkurs als wirtschaftspolitisches Instrument verzichten sollen und es nur noch eine einheitliche Geldpolitik für alle Mitgliedländer gibt. Die Gemeinschaft hat, wie wir in Kapitel 8 sehen konnten, große Anstrengungen unternommen, die Mobilität der Arbeitskräfte durch den Abbau der meisten künstlichen Mobilitätsbarrieren zu fördern. Aber es gibt innerhalb Europas eben wirkungsvolle natürliche Mobilitätshindernisse, die die Wanderungsströme innerhalb der Gemeinschaft – anders als in den USA – auf einem niedrigen Niveau halten. Ebenso wurden die interregionalen Finanztransfers im Zusammenhang mit der Einführung der EWWU verstärkt. Man legte in Maastricht den Kohäsionsfonds auf (vgl. Kapitel 13), der den weniger entwickelten Mitgliedländern, zum damaligen Zeitpunkt Griechenland, Spanien, Portugal und Irland, Finanztransfers zusicherte. Damit sollten sie die reale Konvergenz voranbringen und eventuelle Asymmetrien in einer Währungsunion verringern. Doch ist das finanzielle Volumen der Transfers äußerst bescheiden. Man hätte sich also durchaus reale Konvergenzkriterien als Bedingung für die Mitgliedschaft in einer Währungsunion vorstellen können. Darauf wurde – sicher auch aus politischen Gründen (eine europäische Zweiklassengesellschaft) – verzichtet, und selbst nach der Osterweiterung, die das Problem der realen Entwicklungsunterschiede innerhalb der Union erheblich verstärkt hat, griff man diese Idee nicht auf, sondern mahnte höchstens Bedachtsamkeit beim Beitritt zur EWWU an.

Die Formulierung von nominalen Konvergenzkriterien im Maastrichter Vertrag muss aus der Sicht der Theorie des optimalen Währungsraums überraschen. Politisch-ökonomische Überlegungen über die Verteilung des Nutzens der Währungsunion zwischen den EU-Mitgliedstaaten helfen uns an dieser Stelle eher weiter, und wir wollen sie im folgenden für jedes einzelne der Kriterien anstellen (vgl. auch De Grauwe, 2003).

Warum gibt es das Inflationskriterium? Wie wir bei der Diskussion des EWS bereits feststellen konnten, hat es in den Ländern der Gemeinschaft über lange Zeit unterschiedliche Auffassungen hinsichtlich der Bedeutung von Preisniveaustabilität gegeben. Eine Politik des stabilen Geldes wird traditionell mit Deutschland verknüpft, während z.B. in Italien höhere Inflationsraten toleriert, bzw. ökonomisch nicht gerechtfertigte Lohnsteigerungen durch eine von der Zentralbank akkomodierte Inflation zurückgeschnitten wurden. Die Folgen für die internationale Wettbewerbsfähigkeit ließen sich durch regelmäßige Wechselkursanpassungen auffangen.

Auch im Jahre 1991, als der Maastricht-Vertrag verhandelt wurde, waren diese unterschiedlichen gesellschaftlichen Präferenzen evident. Obwohl Deutschland damals vereinigungsbedingt mit 3,6 % sogar eine relativ hohe Inflationsrate aufwies, lag die italienische mit 6,3 % noch erheblich höher. In einer Währungsunion betreiben beide Länder eine einheitliche Geldpolitik und müssen sich auch über ein gemeinsames Inflationsziel verständigen. Wenn dieses höher ist als das deutsche, ist Deutschland durch die Währungsunion schlechter gestellt. Wird das entsprechend höhere Inflationsziel auch noch vorher angekündigt, können nicht einmal kurzfristige Beschäftigungsgewinne realisiert werden, da es sich nicht um überraschende Inflation handelt.

Anders sieht die Situation in Italien aus, wo die Ankündigung einer niedrigen Inflationsrate im gemeinsamen Währungsraum zunächst prinzipiell begrüßt wird, denn bei hinreichender Glaubwürdigkeit entspricht sie einem kostenlosen Stabilitätsimport. Angesichts der gegebenen gesellschaftlichen Präferenzen ist aber zu befürchtet, dass italienische Entscheidungsträger bei der Gestaltung der gemeinsamen Geldpolitik auf ein überraschendes Überschreiten des Inflationsziels hinwirken werden, um kurzfristige Beschäftigungsgewinne erzielen zu können. Dagegen wollen sich deutsche Politiker versichern, die ihrer Bevölkerung angekündigt haben, die gemeinsame Währung werde so stark sein wie die D-Mark. Sie erklären sich nur zur Währungsunion bereit, wenn Italien bereits vor dem Eintritt eine Änderung seiner Präferenzen zugunsten von Preisstabilität signalisiert und die Inflationsrate senkt. Die Tatsache, dass Italien dabei den steinigen Weg des kurzfristigen Phillips-Kurven *trade-offs* gehen muss, verleiht diesem Signal Glaubwürdigkeit. Das heißt, kurzfristig wirkt eine solche Stabilisierungspolitik kontraktiv. Gleichzeitig haben die Tarifparteien in ihren Verhandlungen auf das stabilitätspolitische Ziel und auf die internationale Wettbewerbsfähigkeit des Landes direkt Rücksicht zu nehmen. Das alles muss in der Hinführungsphase zur Währungsunion passieren. Ansonsten würde es diese destabilisieren.

Das Wechselkurskriterium ist beinahe selbsterklärend. In einer Währungsunion kann ein Land nicht durch eine Abwertung einen Schock abfedern und vorübergehend seine Wettbewerbsposition verbessern. Der Verzicht darauf bereits vor dem Eintritt zur Währungsunion signalisiert, dass die wirtschaftspolitischen Akteure eines Landes bereit und fähig sind, ihren *policy mix* entsprechend einzustellen. Das ist insbesondere in der Übergangsphase wichtig, in der die Wechselkurse bereits unwiderruflich festgeschrieben sind, aber das Euro-Bargeld noch nicht eingeführt ist. Denn die Kosten des Ausstiegs aus der Währungsunion sind in dieser Phase geringer als nach Abschaffen der nationalen Währung. Darüber hinaus hilft das Wechselkurskriterium, Abwertungen kurz vor dem Eintritt in die Währungsunion zu vermeiden, die das Ziel haben, einen günstigeren Umstellungskurs von der nationalen Währung auf den Euro, d.h. Wettbewerbsvorteile, zu erreichen.

Im Grunde genommen ist das Zinskriterium redundant, wenn die anderen Kriterien erfüllt sind. Die wesentlichen Ursachen für differierende langfristige Zinsen sind erwartete Wechselkursänderungen, Inflationsdifferenzen sowie eine unterschiedliche Bonität von Schuldnern. Hierauf beziehen sich die anderen Konvergenzkriterien. Schließlich bringt die Integration der Kapitalmärkte bei Inflationskonvergenz mehr oder minder automatisch Zinskonvergenz mit sich (vgl. Kapitel 8). Für sich genommen kann die Existenz des Zinskriteriums aber ebenfalls mit Interessen in den stabilitätsorientierten Ländern durch folgende Überlegung erklärt werden. Ein Land mit einer niedrigen Inflationsrate weist relativ niedrige nominale Zinsen auf. Bei festverzinslichen Wertpapieren ist das Spiegelbild einer niedrigen Verzinsung ein hoher Marktwert. Mit der Gründung einer Währungsunion entfallen einige Differenzierungsmerkmale von Staatsschuldtiteln der teilnehmenden Länder. Das Substitutionsverhältnis zwischen den Papieren wird enger und die Anleger reagieren mit Vermögensumschichtungen. Sie wollen die Papiere mit niedrigerem Zins durch höher verzinste ersetzen. Der Zinsausgleich findet in Form eines Anstiegs des Marktwertes der höher verzinsten Papiere und eines Absinkens der niedrig verzinsten Papiere statt. Die Halter der zuvor niedrig verzinsten Papiere, zum großen Teil Banken, Investmentfonds und andere Kapitalsammelstellen aus dem Emissionsland, und das sei ein stabilitätsorientiertes Land, erleiden daraus einen Vermögensverlust. Folglich plädieren sie dafür, dass die Zinskonvergenz vor Einführung der Währungsunion stattzufinden habe.

Am umstrittensten sind Schuldenstands- und Defizitkriterium. Fallen diese Größen nicht in die souveräne Verantwortung der Mitgliedländer? Aus diesem Grund hat man das Element Wirtschaftsunion in der EWWU nicht konsequent implementiert und die Fiskalpolitik in der Kompetenz der Mitgliedländer belassen. Doch die Interessenlage der stabilitätsorientierten Länder machte eine fiskalpolitische Mindeststabilität wünschenswert. Je höher der Schuldenstand eines Landes ist, um so größer ist der Anreiz für die Regierung, durch Inflation den realen Wert der Staatsschulden zu senken. Bei einer unabhängigen Zentralbank ist dies natürlich nicht direkt möglich. Aber die Politik kann immerhin indirekt versuchen, die Geldpolitik zu beeinflussen, zum Beispiel indem über entsprechende Äußerungen von Regierungsmitgliedern versucht wird, die öffentliche Meinung gegen die Linie der Währungshüter aufzubringen und dadurch Druck auf sie auszuüben. Um den Anreiz dafür zu begrenzen, haben die Länder mit einer hohen Präferenz für Preisstabilität darauf bestanden, eine Obergrenze für den Staatsschuldenstand als Kriterium für die Teilnahme an der Währungsunion zu formulieren.

Die Höhe von 60 % ist freilich willkürlich gewählt und entspricht etwa dem Durchschnitt der nationalen Schuldenquoten in der Gemeinschaft vor Unterzeichnung des Maastricht-Vertrags. Unterstellt man ein durchschnittliches jährliches Wachstum des nominalen Sozialproduktes von 5 %, so erfordert die Stabilisierung des Schuldenstandes bei maximal 60 % die Begrenzung der jährlichen Neuverschuldung auf 3 % des Sozialprodukts. (Die Verbindung der 3 % Marke mit der deutschen Verfassungsregel, dass öffentliche Schulden nur zur Finanzierung von öffentlichen Investition gemacht werden dürfen, welche normalerweise eine Größenordnung von 3 % des BIP annehmen, kann weniger überzeugen. Denn Haushaltsdefizite treten in der Regel in Konjunkturabschwüngen auf und werden von zunehmenden Ausgaben und abnehmenden Einnahmen verursacht.) Die Notwendigkeit zur Koordinierung der Fiskalpolitik findet eine weitere Begründung in Spillover- oder externen Effekten, wodurch in einer Währungsunion übermäßiges Schuldenmachen eines Mitgliedlandes die Kosten und Risiken in allen übrigen Mitgliedländern erhöht. So ist das Defizitkriterium ebenfalls auf die Interessen stabilitätsorientierter Länder, insbesondere Deutschlands, zurückzuführen.

Halten wir fest: Das Erfordernis nominaler Konvergenz ergibt sich nicht aus der Theorie des optimalen Währungsraums. Die ökonomische Rechtfertigung des Inflations- und Wechselkurskriteriums ist fast intuitiv einzusehen: Stabil kann eine Währungsunion nur dann sein, wenn schon auf dem Weg dorthin die Wechselkurse der Beteiligten in einem nachhaltig festen Verhältnis zueinander stehen, und das setzt weitgehende Inflationskonvergenz voraus. Da Geldwertstabilität vorrangiges Ziel der gemeinsamen Geldpolitik sein sollte, ist die Orientierung an den stabilsten Mitgliedländern logisch. Die Maastrichter Kriterien sind darüber hinaus als Versicherung für zuvor bereits stabilitätsorientierte Länder, allen voran Deutschland, gegen eine asymmetrische Verteilung von Kosten und Nutzen zu ihren Ungunsten zu verstehen. Die Konvergenzkriterien sind aber nur das eine Standbein dieser Versicherung. Das zweite besteht in der Geldverfassung des ESZB, die in vielen Bereichen eine annähernde Kopie des Bundesbankgesetzes ist.

14.8 Das Europäische System der Zentralbanken (ESZB)

Das Europäische System der Zentralbanken (ESZB) umfasst die Zentralbanken aller EU-Mitgliedstaaten und die EZB. Mit „Eurosystem" oder „Eurogruppe" werden die EZB und die Gruppe jener nationalen Zentralbanken bezeichnet, die uneingeschränkt an der dritten Stufe der Wirtschafts- und Währungsunion teilnehmen und den Euro eingeführt haben. Der „Euroraum" oder das „Eurogebiet" umfasst diejenigen Länder, in denen der Euro gemäß dem EG-Vertrag als gemeinsame Währung eingeführt wurde. Davon zu unterscheiden ist wiederum die „Eurozone", die zusätzlich Länder einschließt, die den Euro einseitig eingeführt haben. Abb. 14.4 zeigt den institutionellen Aufbau des ESZB (siehe auch Art. 107 und 112 EG).

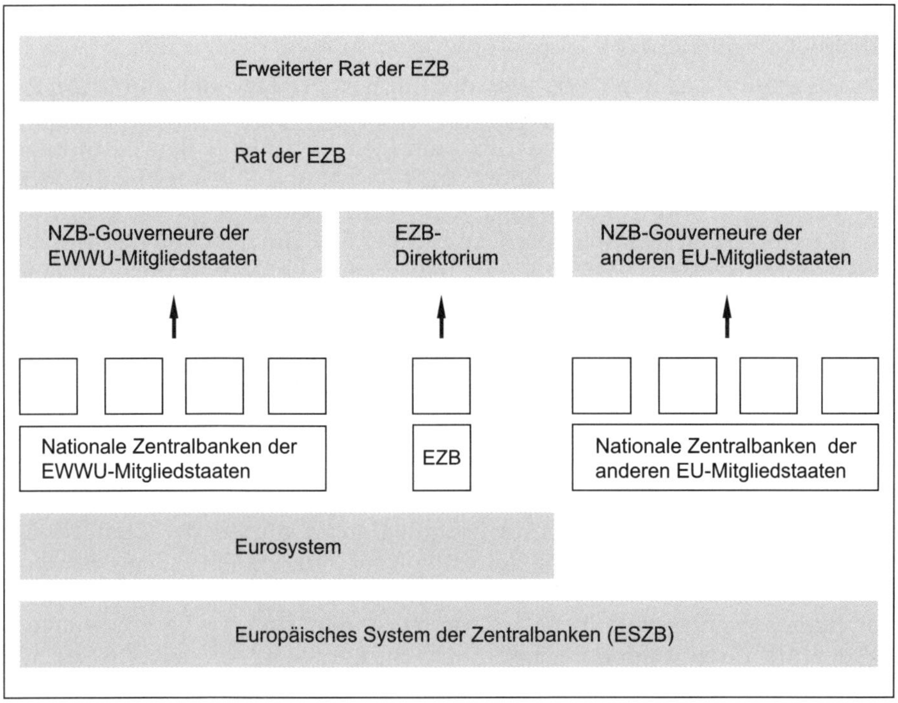

Abbildung 14.4: Der institutionelle Aufbau des ESZB

Die EZB wird von einem Direktorium geleitet, dem sechs Mitglieder angehören, darunter der Präsident und ein Vizepräsident. Ihre Ernennung erfolgt durch den Europäischen Rat einvernehmlich für eine nicht erneuerbare Amtszeit von acht Jahren. Die Aufgabe des Direktoriums ist die Führung der laufenden Geschäfte der EZB, die Ausführung der geldpolitischen Entscheidungen des EZB-Rates und anderer dem Direktorium durch den Rat übertragenen Aufgaben, sowie die Vorbereitung der Sitzungen des EZB-Rates, dem geldpolitisch wichtigsten Entscheidungsgremium.

Der Rat der EZB setzt sich aus dem EZB-Direktorium und den Gouverneuren der nationalen Zentralbanken des Eurosystems zusammen. Derzeit besteht er also aus 22 Mitgliedern. Seine Aufgaben umfassen den Erlass von Leitlinien und Entscheidungen, durch die das Eurosystem seine Aufgaben erfüllen kann, und die Festlegung der Geldpolitik. Der EZB-Rat trifft die meisten Entscheidungen formal mit der einfachen Mehrheit seiner Mitglieder, wobei jedes Mitglied nach dem Prinzip *one person, one vote* über eine Stimme verfügt. Die Mitglieder des Rates bestehen darauf, dass in der Praxis stets im Konsens entschieden wird. Das dürfte die Bedeutung der formalen Entscheidungsgrundlage aber nur unwesentlich schmälern, denn die Zentralbanker wissen sehr genau, welche Positionen im Falle einer Abstimmung mehrheitsfähig wären. Genaues erfahren wir darüber jedoch nicht; denn Geldpolitik ist in Europa eine elitäre Angelegenheit, die sich hinter verschlossenen Türen abspielt. Anders als die US-amerikanische Notenbank publiziert die EZB weder Protokolle der Ratssitzungen noch das Abstimmungsverhalten der Mitglieder, wenn es denn zu Abstimmungen kommt.

Das vorrangige Ziel der Geldpolitik des ESZB ist Preisniveaustabilität im Euro-Währungsgebiet. Nachrangig soll das ESZB auch zur Realisierung anderer wirtschaftspolitischer Ziele der EU beitragen, wie hoher Beschäftigungsstand, stetiges Wachstum, Wettbewerbsfähigkeit und Konvergenz der Wirtschaftsleistung, wenn dadurch die Preisniveaustabilität nicht gefährdet wird. Zur Durchführung der Geldpolitik stehen der EZB die üblichen Instrumente einer Zentralbank zur Verfügung, zu denen neben der Mindestreservepolitik vor allem Offenmarktgeschäfte und die Diskontpolitik, bzw. Wertpapierpensionsgeschäfte zählen, bei denen die Zentralbank die Zinssätze für die Refinanzierung der Geschäftsbanken festsetzt. Geldpolitik ist im wesentlichen Zinspolitik. (Näheres werden wir im folgenden Kapitel besprechen).

Um ihrem primären Ziel, die Sicherung der Geldwertstabilität, optimal gerecht werden zu können, wurde der Zentralbank im EG-Vertrag (Art. 108) vollständige Unabhängigkeit zugesichert: Weder die Organe der Gemeinschaft noch die Regierungen der Mitgliedländer dürfen der Zentralbank Weisungen erteilen. Dass eine derartige Unabhängigkeit für die Durchsetzung stabiler Preise erforderlich ist, lässt sich leicht verstehen. Zu groß ist das Interesse unterschiedlichster Gruppierungen, durch eine etwas laxere Geldpolitik ihren eigenen Zielen näher zu kommen. Als erstes ist da die Regierung zu nennen. Sie hat ein Interesse, wiedergewählt zu werden. Und zu diesem Zweck könnte sie versucht sein, auf Kosten der Preisstabilität eine kurzfristig etwas günstigere Beschäftigungssituation zu schaffen. Daneben würde ihr eine monetäre Finanzierung des Haushalts das Leben erheblich erleichtern. Gegen die daraus folgende Inflation hat sie prinzipiell nichts einzuwenden, denn sie verringert den Realwert ihrer Schulden. So sehen es grundsätzlich alle Schuldner. Auch dem Finanzsektor geht es in der Regel besser, ist mehr Liquidität im Unlauf. Kurzum, wenn die Geldpolitik unmittelbarem politischem Einfluss ausgesetzt ist, wenn sie z.B. den Anweisungen des Finanzministeriums unterworfen ist, dann besteht große Gefahr, dass das Ziel Geldwertstabilität ins Hintertreffen gerät. Dass dies nicht nur eine theoretische Vermutung ist, sondern harte Realität, haben zahlreiche empirische Untersuchungen belegt. Vor allem das Beispiel der Bundesbank hat gezeigt, dass strikte Unabhängigkeit ein vergleichsweise hohes Niveau an Preisstabilität hervorbringt. Nicht von ungefähr hat deshalb auch die Bundesregierung darauf bestanden, dass die Europäische Zentralbank nach dem Modell der Bundesbank gestaltet wird, zumal die deutsche Zentralbankordnung darüber hinaus eine föderale Struktur aufweist, die auch für das europäische System erforderlich ist.

Box 14.9: Geldwertstabilität und Unabhängigkeit der Zentralbank

Das theoretische Argument für Unabhängigkeit der Zentralbank (Eijffinger/De Haan 2000: 38–46) beruht darauf, dass eine enge Anbindung der Geldpolitik an die Regierung eines Landes zu einem Inflationsbias führt. Der Bias entsteht aus der Kombination des Problems der Zeitinkonsistenz mit rationalen Erwartungen.

Zeitinkonsistenz bedeutet Folgendes: Die Regierung kündigt eine bestimmte, für optimal angesehene Inflationsrate an; die Wirtschaft nimmt diese Ankündigung für bare Münze und stellt sich darauf ein; in diesem Moment hat die Regierung einen Anreiz, von ihrer Ankündigung abzuweichen und eine höhere, jetzt unerwartete Inflation in die Wege zu leiten. Denn unerwartete Inflation kann reale Effekte erzielen: Dadurch sinken z.B. die Reallöhne (auf Grund der längeren Laufzeit von Tarifverträgen, die mit Rücksicht auf die erwartete Inflation abgeschlossen wurden), und es verbessert sich kurzfristig die Beschäftigungslage. Da die Wirtschaft aber rationale Erwartungen hegt, weiß sie all dies im Vorhinein und geht bei ihren Entscheidungen von dem vermeintlich unerwarteten Inflationsschub der Regierung aus. Diesen Erwartungen wird die Regierung in ihrer Geldpolitik dann *nolens volens* entsprechen. Im Ergebnis ist die Inflation höher als optimal, und irgendwelche realen Effekte stellen sich nicht ein.

Die Verlagerung der geldpolitischen Kompetenz auf eine unabhängige Zentralbank vermeidet dieses Dilemma insofern, als den Zentralbankern unterstellt wird, sie seien „konservativ", d.h. vor allem an der Geldwertstabilität interessiert. Das muss natürlich nicht der Fall sein, und es ist durchaus denkbar, dass Zentralbanker auch anderweitige politische Ambitionen haben. Deshalb wird die „konservative" Grundeinstellung der Geldpolitik häufig auch in die Verfassung der Zentralbank hineingeschrieben (z.B. Art. 105 EG). Ein weiterer Vorteil von Zentralbankern liegt in der Vermutung, sie hätten einen längeren Zeithorizont als Politiker, die relativ kurzfristigen Wiederwahlkampagnen unterliegen. Da sich die inflationären Folgen einer laxen Geldpolitik erst mit der Zeit einstellen, spielen sie für Politiker eine geringere Rolle.

Was heißt nun Unabhängigkeit konkret? Wim Duisenberg, der erste Präsident der EZB, hat das in einem kurzen Satz zusammengefasst: „Ich höre die Politiker, aber ich höre ihnen nicht zu". Hier sind unterschiedliche Aspekte zu berücksichtigen (vgl. Scheller 2004: 122–4):

- *Institutionelle Unabhängigkeit*: Darunter versteht man ganz allgemein die Autonomie der Zentralbank, so wie sie für die EZB in Art. 108 EG festgeschrieben ist. Die Zentralbank erhält und sucht von niemandem Anweisungen, und die Gemeinschaftsorgane wie die nationalen Regierungen verpflichten sich, keinen Einfluss auf ihre Entscheidungen zu nehmen. Das schließt nicht aus, dass es einen Informations- und Meinungsaustausch zwischen den einzelnen Institutionen geben kann.
- Rechtliche Unabhängigkeit: Die EZB besitzt Rechtspersönlichkeit (Art. 107 EG). Damit hat sie beispielsweise die Möglichkeit, Verstöße der Gemeinschaftsorgane oder von Regierungen der Mitgliedländer vor den EuGH zu bringen und so ihre Unabhängigkeit zu verteidigen.
- *Personelle Unabhängigkeit*: Eine personelle Unabhängigkeit der Zentralbank von der Politik ist perfekt nicht erreichbar. Denn irgendwie müssen Zentralbanker ausgewählt und ernannt werden. Doch hat man sie einmal ernannt, dann kann man sie vor weiterem politischen Einfluss schützen. Zum einen erfolgt das über die Amtszeit, die in den Statuten der EZB für die Direktoriumsmitglieder auf acht Jahre bei Ausschluss der Wiederwahl

und für die Präsidenten der nationalen Zentralbanken auf mindestens fünf Jahre mit der Möglichkeit der Wiederwahl festgelegt wurde. Zum anderen können sie auch nicht aus dem Amt entlassen werden, es sei denn, sie machten sich krimineller Vergehen schuldig. Die Statuten räumen den Präsidenten der nationalen Zentralbanken für den eventuellen Fall einer politischen Entlassung den Gang vor den EuGH ein.

- *Funktionale und operationale Unabhängigkeit*: Wichtig in diesem Zusammenhang ist erst einmal die alleinige Kompetenz für die Geldpolitik, die auch das Monopol der Banknotenausgabe beinhaltet (die Mitgliedländer haben sich das alte Münzregal vorbehalten, doch ist der Umfang ihrer Münzprägung der Zustimmung der EZB unterworfen). Die EZB verfügt über die offiziellen Devisenreserven, und es ist ihr in Art. 101 EG untersagt, den Organen der Gemeinschaft oder der Mitgliedländer irgendwelche Kredite zu gewähren, was umgekehrt einen Schutz vor entsprechenden Ansinnen bedeutet.
- *Unabhängigkeit von Ziel- und Instrumentenwahl:* Darin manifestiert sich im Zusammenhang mit der Geldpolitik die funktionale und operationale Unabhängigkeit. Unabhängigkeit der Wahl der Ziele ist insofern nicht gegeben, als Art. 105 EG klar die Preisstabilität als vorrangiges Ziel vorgibt. Im Unterschied z.B. zur Bank of England ist der EZB die Operationalisierung des Begriffs Preisstabilität nicht vorgegeben. Es bleibt der EZB überlassen zu bestimmen, welche Inflationsrate sie als Zielgröße anstreben will. Mit der unabhängigen Instrumentenwahl erhält die EZB alle Freiheit, das gesamte geldpolitische Arsenal in Stellung zu bringen, um ihr Ziel auch zu verwirklichen. Es ist anzunehmen, aber nirgendwo festgelegt, dass nicht marktkonforme Instrumente, z.B. eine Devisenbewirtschaftung, davon ausgenommen sind.
- *Finanzielle und organisatorische Unabhängigkeit*: Diese sind erforderlich, damit die EZB ihre Aufgaben optimal erfüllen kann.

Vom ökonomischen Standpunkt aus betrachtet ist die Unabhängigkeit der Zentralbank zweifellos als Gewinn zu sehen. Vom politischen Standpunkt aus betrachtet wirft sie allerdings einige Fragen auf. Denn wem ist die Zentralbank verantwortlich? In einer Demokratie gehört es zu den allerersten Grundsätzen, dass die Ziele der Politik letztlich vom Souverän bestimmt werden und dass die Organe, die die Politik implementieren, letztlich dem Souverän verantwortlich sind. Kurzum, das Handeln der politischen Organe bedarf der Legitimität.

Die vor allem auch von der EZB (Scheller 2004: 125) betonte Unterscheidung in Input-Legitimität (Konstituierung und Zielbestimmung eines Organs) und Output-Legitimität (Aufgabenerfüllung) ist nicht ganz unproblematisch. Zwar ist das ESZB unbestritten durch eine legitime Entscheidung der Mitgliedländer zustande gekommen und mit einer Verfassung und einem Mandat ausgestattet worden. Ebenso werden die Mitglieder des Direktoriums und des Rates auf legitimem Wege ernannt. Diese Input-Legitimität weist aber Züge auf von Thomas Hobbes' (1588–1679) vertraglicher Übertragung der Rechte der Individuen auf einen Herrscher: Ist diese Übertragung einmal erfolgt, ist der Herrscher absolut souverän, und die Bürger werden zu Untertanen. Output-Legitimität auf der anderen Seite gibt sich mit der erfolgreichen Ausübung einer einmal zugewiesenen Aufgabe zufrieden. Eine volle demokratische Verantwortlichkeit erlaubte es dagegen dem Souverän, d.h. dem Parlament beziehungsweise der Regierung im Auftrag des Parlaments und diesem verantwortlich, die Aufgabe zu spezifizieren und eventuell auch zu ändern, und sie ermöglichte es ihm, erfolglose Organe zu sanktionieren, und wäre es durch Änderung des Zentralbankgesetzes mit einfacher Mehrheit im Parlament. All das steht in einem gewissen Konflikt zur Unabhängigkeit der Zentralbank und ist im Fall der EZB ausgeschlossen.

Daraus folgt, dass es eine *ex ante* Verantwortlichkeit einer unabhängigen Zentralbank nicht geben kann. Ist ihr Mandat Geldwertstabilität und nur in zweiter Linie und unter absoluter Wahrung des primären Zieles auch konjunkturpolitische Stabilisierung, dann lässt sich diese Priorität, auch wenn im konkreten Fall eine Mehrheit der Mitgliedländer, bzw. der nationalen Parlamente das wollte, nicht umkehren. Die Verfassung der EZB hat auch darauf verzichtet, das mit der Unabhängigkeit der Zentralbank verträgliche Element einer *ex ante* Verantwortlichkeit der Legislative vorzubehalten, nämlich die Quantifizierung des Inflationszieles. Um so wichtiger wird die *ex post* Verantwortlichkeit. Darunter sind die Berichtspflicht und die Transparenz der Entscheidungsfindung zu verstehen. Der Berichtspflicht kommt die EZB mit einem Jahresbericht und Quartalsberichten nach, die dem Parlament, dem Europäischen Rat, dem Ministerrat und der Kommission vorgelegt werden. *In puncto* Transparenz wird der EZB, vor allem auch im Vergleich zum Federal Reserve System der Vereinigten Staaten und der Bank of England, von vielen Seiten mangelhafte Rechenschaftslegung vorgeworfen. Denn weder die Protokolle der Ratssitzungen noch das Abstimmungsverhalten der Mitglieder werden der Öffentlichkeit zugänglich gemacht. Diese in den Statuten des ESZB (Art. 10.4) festgeschriebene Vertraulichkeit soll die Ratsmitglieder generell und vor allem die Präsidenten der nationalen Zentralbanken davor schützen, auf ihre Wahrung „nationaler" Interessen hin überprüft und möglicherweise in dieser Richtung beeinflusst zu werden. Die Wahrung „nationaler" Interessen liegt nicht im Aufgabenbereich der Ratsmitglieder abgesehen davon, dass diese nicht individuell, sondern nur kollektiv für Ratsentscheidungen verantwortlich sind.

Zum Schluss bleibt zu fragen, wieso es sich die europäischen Partner gefallen ließen, dass die institutionelle Ausgestaltung der Wirtschafts- und Währungsunion so stark die deutschen Präferenzen und damit das Modell der Bundesbank widerspiegelte. Die Antwort ist einfach: Die deutsche Position war in den Verhandlungen über die EWWU sehr stark, denn Deutschland hatte in ökonomischer Hinsicht in der EWWU nur wenig zu gewinnen, aber viel zu verlieren. Die beiden Hauptinteressen der europäischen Partner, die DM-Dominanz im EWS zu brechen und das wiedervereinigte Deutschland durch noch engere Kooperation einzubinden, teilte Deutschland naturgemäß nicht. Als größte Volkswirtschaft der Gemeinschaft konnte Deutschland nach den Überlegungen, die zu Abb. 14.3 geführt haben, am wenigsten profitieren. Hinzu kommt, dass die DM den Stellenwert einer internationalen Reservewährung hatte und es dadurch deutschen Ex- und Importeuren leicht fiel, in DM zu fakturieren und Kurssicherungskosten auf Handelspartner abzuwälzen. Eine deutsche Zustimmung zur EWWU war nur unter der Bedingung mindestens gleicher Geldwertstabilität zu haben. Für die weniger stabilitätsorientierten Länder bot die Einführung des Euro die große Chance, einen Wandel ihrer wirtschaftspolitischen Präferenzen und Verhaltensweisen, der im Laufe der 1980er Jahre sowieso bereits stattgefunden hatte, wie wir an Hand der Stabilisierung innerhalb des EWS feststellen konnten, durch einen entsprechenden Institutionenwandel nachdrücklich zu unterstützen. Es war nicht das Modell der Bundesbank, das den europäischen Partnern missfiel, sondern die Tatsache, dass sie an ihren Entscheidungen nicht beteiligt waren. Für dieses Problem war die Europäische Zentralbank eine adäquate Lösung.

Vor der Osterweiterung der Union sah der Europäische Rat von Nizza zurecht die Notwendigkeit, die Institutionen und Entscheidungsfindungsmechanismen den Erfordernissen einer erweiterten Gemeinschaft anzupassen. Was passiert mit der Zentralbank, wenn dem Eurosystem neue Mitglieder beitreten? Zwei Probleme können auftauchen:

- Erstens wächst die Anzahl der Mitglieder im EZB-Rat, so dass die Entscheidungsfindung langwieriger, weniger flexibel und ineffizient zu werden droht. Zum Vergleich: Der Rat von Nizza sah die Handlungsfähigkeit der Kommission, die formal auf Grundlage derselben Abstimmungsregeln entscheidet, bei mehr als 26 Mitgliedern bedroht. Übertragen hieße das, der EZB-Rat würde spätestens mit der Aufnahme des 21. Mitglieds in das Eurosystem handlungsunfähig werden.
- Das zweite Problem wird darin gesehen, dass sich die Gewichte innerhalb des EZB-Rates von Vertretern des Zentrums – dem Direktorium – zu Vertretern der Regionen – den nationalen Zentralbankpräsidenten – verschieben. Zwei Annahmen machen dieses Problem akut. Erstens, die EZB-Vertreter orientieren ihr Votum stets an aggregierten Größen bzw. Durchschnittsgrößen für den gesamten Euroraum, während die Gouverneure der nationalen Zentralbanken einen Bias zugunsten ihres Heimatlandes haben und im Extremfall ihr Stimmverhalten ausschließlich an der jeweiligen nationalen Situation ausrichten. Zweitens, die Wirtschaftslage unterscheidet sich innerhalb des Euroraums systematisch zwischen großen und kleinen Mitgliedern. Asynchrone Konjunkturzyklen oder externe Schocks können die Ursache sein. Durch ihre zahlenmäßige Überlegenheit im EZB-Rat können die kleinen Länder eine geldpolitische Entscheidung durchsetzen, die ihre Interessen reflektiert, nicht jedoch die Situation im gesamten Euroraum. Es wird ‚falsche' Geldpolitik betrieben.

Da in Nizza dringendere Fragen behandelt werden mussten, um den Erweiterungsprozess nicht ins Stocken geraten zu lassen, begnügten sich die Staats- und Regierungschefs damit, den EZB-Rat einen Reformvorschlag für die eigene Zusammensetzung und die Entscheidungsregeln ausarbeiten zu lassen. Das hat der EZB-Rat im Dezember 2002 mit folgendem Vorschlag getan, der vom Europäischen Rat übernommen wurde. Der Vorschlag folgt Vorbildern in anderen föderal strukturierten Zentralbanken, wie dem Federal Reserve System der USA oder der Bundesbank nach der Wiedervereinigung. Im EZB-Rat wird die Anzahl der stimmberechtigten Mitglieder auf 21 begrenzt. Wohlgemerkt: Nicht-stimmberechtigte Mitglieder haben das Recht, an den Sitzungen des Rates teilzunehmen. Die sechs Mitglieder des EZB-Direktoriums haben ständiges Stimmrecht. Die restlichen 15 stimmberechtigten Sitze werden nach einem Schema auf die nationalen Zentralbanken verteilt, das die Prinzipien Repräsentation und Rotation miteinander verknüpft, wenn die Zahl der Mitglieder in der EWWU 15 übersteigt. Dafür wird ein Indikator für die Größe eines Mitgliedstaates ermittelt, der sich zu 5/6 aus dem BIP und zu 1/6 aus den Aktiva der monetären Finanzinstitute des Landes zusammensetzt. Beträgt die Anzahl der EWWU-Mitglieder zwischen 16 und 21, werden die Mitgliedstaaten in zwei Gruppen eingeteilt. Die Gruppe der fünf größten Mitglieder hat bis zu einer Gesamtzahl von 18 Mitgliedern fünf, bei einer höheren Mitgliederzahl 4 Sitze im EZB-Rat, die restlichen Mitglieder teilen sich die verbleibenden Sitze. In einer größeren EWWU mit 22 oder mehr Mitgliedern werden drei Gruppen gebildet. Für die Gruppe der fünf größten Mitglieder gibt es vier Sitze. In der zweiten Gruppe ist die Hälfte der gesamten EWWU-Mitglieder enthalten, die nach dem Größenindikator den fünf größten folgen. Auf sie entfallen acht Sitze. In der dritten Gruppe mit drei Sitzen befindet sich der Rest der EWWU-Mitgliedstaaten. Innerhalb jeder Gruppe wechselt das Stimmrecht nach einem nicht näher spezifizierten Rotationssystem. Seit dem 1.1.2009 hat das Eurosystem 16 Mitglieder. Die Reform des EZB-Rates tritt also in Wirkung.

Die Einführung der EZB hat natürlich tiefgreifende Folgen für die nationalen Zentralbanken. Sie verlieren ihr Hauptbetätigungsfeld, die Geld- und Währungspolitik. In Deutschland führte das zu einer grundlegenden Änderung der Organisationsstruktur der Bundesbank (vgl. den Bundesbank Monatsbericht Mai 2002). Es wurde nämlich die föderale Struktur der Bundesbank aufgegeben, die Landeszentralbanken und damit auch der Zentralbankrat wurden abgeschafft. Die Leitung der Bundesbank liegt nun in Händen eines zentralen Vorstands. Diese Änderung findet ihre Motivierung im Umstand, dass die wesentlichen politischen Funktionen der Bundesbank, für deren Ausübung in einem föderalen Staat die dezentralen Einheiten Mitverantwortung beanspruchen, auf die EZB übergegangen sind. Als weitgehend administratives Organ bedarf die Bundesbank aber nicht der komplexen föderalen Struktur.

14.9 Der Euro und die Welt

Die Wirtschaftsleistung des Euroraums betrug im Jahre 2007 etwa 8,9 Billionen €. Nur die USA waren mit 10,1 Billionen € ein größerer Währungsraum (die EU-27 insgesamt ist mit 12,3 Billionen € der größte Wirtschaftsraum). Angesichts dieser hohen Wirtschaftskraft kann erwartet werden, dass der Euro einen hohen Stellenwert für die Währungspolitik anderer Staaten und an den internationalen Finanzmärkten erhält. Das wollen wir in diesem Abschnitt kurz überprüfen.

Naturgemäß spielt der Euro für die übrigen EU-Mitglieder eine außerordentlich wichtige Rolle. Sie wickeln ihren Handel zum größten Teil mit dem Euroraum ab, Unternehmensverflechtungen sind selbstverständlich, und die öffentlichen Finanzbeziehungen mit der Union werden ebenfalls in Euro durchgeführt. Zusätzlich zementiert wird die Euro-Dominanz durch institutionelle Vorkehrungen zur Erfüllung der Konvergenzkriterien. Mit dem Beginn der dritten Stufe der EWWU stellte sich nämlich die Frage, wie das Wechselkurskriterium künftig ohne das EWS interpretiert werden solle. Ein neuer Wechselkursmechanismus, der so genannte WKM II, wurde eingeführt, und das Wechselkurskriterium bezieht sich auf eine entsprechende zweijährige reibungsfreie WKM II-Mitgliedschaft. Ein WKM II-Abkommen wird zwischen der EZB und der Zentralbank eines EU-Mitgliedstaates geschlossen, der (noch) nicht dem Eurosystem angehört, aber die Mitgliedschaft anstrebt. Es wird ein Euro-bezogener Leitkurs festgesetzt mit einer bilateralen Schwankungsbreite von maximal ± 15 %. Eine geringere Schwankungsbreite, sowie *currency boards* können also ebenfalls dem Wechselkurskriterium genügen, sofern ein WKM II-Abkommen mit der EZB unterzeichnet wurde. Tab. 14.2 zeigt, dass zur Zeit nur vier Abkommen vorliegen, wobei allein die baltischen Staaten den Euro möglichst bald einführen wollen. Die neuen Mitgliedländer, die vor der Einführung des Euros auf Konvergenz wert legen, meinen damit nicht nur die Erfüllung der Maastrichter Konvergenzkriterien (vgl. Tabelle 14.3), die eine notwendige Voraussetzung ist, sondern einer weitergehende Konvergenz der wirtschaftlichen Entwicklung, wodurch sich die Kosten eines Verzichts auf eine eigene Geldpolitik reduzieren.

Tabelle 14.2: Wechselkursregime der EWWU-Außenseiter

Land	*Wechselkurs-regime*	*Mitgliedschaft WKM II*	*Euro-Einführung*
Bulgarien	Currency Board	Nein	Sobald wie möglich
Tschechien	Floating	Nein	Erst Konvergenz
Dänemark	Fixing ± 2,25 %	Seit 1.1.1999, ± 2,25 %	Abhängig von Referendum
Estland	Currency Board	Seit 28.6.2004, ± 15 %	Sobald wie möglich
Lettland	Fixing ± 1 %	Seit 2.5.2005, ± 15 %	Sobald wie möglich
Litauen	Currency Board	Seit 28.6.2004, ± 15 %	Sobald wie möglich
Ungarn	Foating	Nein	Erst Konvergenz
Polen	Floating	Nein	Erst Konvergenz
Rumänien	Crawling band	Nein	Erst Konvergenz
Schweden	Floating	Nein	Abhängig von Referendum
Großbritannien	Floating	Nein	Abhängig von Referendum

Quelle: EZB 2008: 93

Box 14.10: Fest oder flexibel: Die Beitrittsländer haben die Wahl

Mit dem Beitritt verpflichten sich die neuen Mitgliedländer der Gemeinschaft, auch der EWWU beizutreten. Denn die Wirtschafts- und Währungsunion gehört zum *acquis communautaire*, der uneingeschränkt zu übernehmen ist. Was allerdings nicht in den Beitrittsverträgen steht, ist das Datum, wann die Einführung des Euro vollzogen sein muss. Der Einführung geht vertragsgemäß eine zweijährige Mitgliedschaft im WKM II, d.h. ein Fixkursregime, voraus. Bis dahin haben die Länder jedoch die freie Wahl ihres Wechselkursregimes. Folgende Optionen stehen zur Verfügung, wobei Tabelle 14.2 deutlich macht, dass so genannte Ecklösungen, also entweder Fest- oder Flexkurssysteme, der Theorie folgend den Vorzug genießen:

Feste Wechselkurse (fixing): Dieses Regime haben wir bereits ausführlicher behandelt. Seine Vorteile sind Stabilität und verminderte Unsicherheit. Sein Nachteil ist, dass die Zentralbank gegebenen Falls auf dem Devisenmarkt intervenieren muss, um den festen Kurs zu verteidigen. Die damit verbundene Veränderung der Zentralbankgeldmenge – und folglich erhöhte Gefahr von Inflation oder Kontraktion – kann sie mit Sterilisierungsmaßnahmen auf dem inländischen Geldmarkt zum Teil auffangen (z.B. kann die Zunahme ausländischer Titel im Portfolio der Zentralbank mit eine Abnahme inländischer Titel durch Verkauf auf dem offenen Markt kompensiert und somit die Geldmenge konstant gehalten werden).

Crawling peg oder *Crawling band*: Sind die Inflationsunterschiede zwischen dem Inland und dem Ausland zu groß, so dass periodische Kursanpassungen unumgänglich werden, dann kann das Festkurssystem in ein Kriechkurssystem umgestaltet werden, d.h. es finden zu bestimmten Zeitpunkten Anpassungen des Festkurs bzw. Anpassungen des Bandes, innerhalb dessen der Wechselkurs schwankt, in einem vorangekündigten Umfang statt.

Currency board: Von einem *currency board* spricht man dann, wenn in einem Festkurssystem die Zentralbank praktisch abgeschafft wird. Die inländische Geldmenge ist zu 100 Prozent an die Devisenreserven gebunden, d.h. sie verändert sich nach Maßgabe des Saldos der laufenden Rechung und des Kapitalverkehrs in der Zahlungsbilanz. Die Zentralbank hat nur noch zahlungstechnische Funktionen, für eine eigene Geldpolitik fehlt ihr der Handlungsspielraum. Dieses Regime wählen manchmal mittlere und vor allem kleinere Länder, die einen absolut glaubwürdigen Anker für ihre Stabilisierungspolitik benötigen. Estland, Lettland und Bulgarien haben das mit Erfolg gemacht (das Gegenbeispiel Argentinien ist vor allem auf eine unsolide Fiskalpolitik zurückzuführen). Ein *currency board* kann als automatische Hinführung zur EWWU gesehen werden, denn der Wechselkurs ist absolut fix, Geldpolitik steht nicht zur Verfügung und eventuelle Schocks müssen vor allem über die Güter- und Arbeitsmarktflexibilität aufgefangen werden.

Flexible Wechselkurse (floating): Hier herrscht der Markt, und die Zentralbank greift nicht ein. Das hat den Vorteil, dass die Zentralbank bezüglich der Geldpolitik völlige Handlungsfreiheit genießt. Mittlere und größere Länder, die naturgemäß einen nicht allzu hohen Offenheitsgrad haben und damit möglicherweise eine eigene Konjunkturentwicklung, was Stabilisierung über die Geldpolitik sinnvoll machen kann, werden zu diesem Regime neigen. Ein weiterer Vorteil liegt darin, dass dieses System Spekulationen auf Kursanpassungen (wie z.B. 1992 im EWS) unmöglich macht. Die Volatilität flexibler Wechselkurse bringt viele Zentralbanken dazu, ihre grundsätzlich flexiblen Wechselkurse durch Interventionen am Devisenmarkt zu steuern (*managed floating*), soweit das möglich ist (was nur in sehr beschränktem Umfang der Fall ist). In normalen Zeiten genießt man die Vorteile flexibler Kurse, werden deren Schwankungen zu groß, versucht man diese einzuschränken, möglichst unbemerkt, um keine Spekulation hervorzulocken. Die meisten Länder, die sich offen zu frei flexiblen Kursen bekennen, intervenieren jedoch bei Gelegenheit auf den Märkten.

Während die kleineren unter den neuen Mitgliedstaaten den Euro so rasch wie möglich eingeführt haben (Slowenien, Zypern, Malta und die Slowakei) bzw. einführen wollen (die baltischen Staaten und Bulgarien), lassen sich die größeren damit Zeit: Polen Rumänien, Tschechien und Ungarn. Das entspricht perfekt unserer in Abbildung 14.3 aufgestellten Hypothese. Auf mittlere Sicht meinen diese Länder, eine eigenständige Geldpolitik nicht entbehren zu können. Ganz ähnlich verhält es sich bei den drei EU-15 Mitgliedern, die den Euro bislang ablehnen. Das kleine Dänemark befindet sich durch den engen Festkurs praktisch in der Eurozone, während die größeren Schweden und Großbritannien sich mit flexiblen Wechselkursen monetäre Selbständigkeit bewahrt haben. Die fiskalpolitische Stabilitätskriterien von Maastricht sind Inhalt des Vertrags und gelten unabhängig von der Mitgliedschaft im Eurosystem. Doch während sie für einen Beitritt zu diesem System uneingeschränkt erforderlich sind, findet man vor dem Ecofin-Rat eher Nachsicht. Tabelle 14.3 macht aber deutlich, dass mit Ausnahme Ungarns die fiskalpolitischen Kriterien eingehalten werden. In Folge der Wirtschaftskrise 2008–09 wird sich das allerdings kurzfristig ändern.

Tabelle 14.3: Konvergenzlage der EWWU-Außenseiter 2007

Land	*Inflationsrate*	*Zinssatz*	*HH-Saldo in % des BIP*	*Schulden in % des BIP*
Dänemark	1,7	4,29	4,4	26,0
Schweden	1,7	4,17	3,5	40,6
Großbritannien	2,3	5,06	–2,9	43,8
Bulgarien	7,6	4,54	3,4	18,2
Tschechien	3,0	4,30	–1,6	28,7
Estland	6,7	6,09	2,8	3,4
Lettland	10,1	5,28	0,0	9,7
Litauen	5,8	4,55	–1,2	17,3
Ungarn	7,9	6,74	–5,5	66,0
Polen	2,6	5,48	–2,0	45,2
Rumänien	4,9	7,13	–2,5	13,0
Referenzwert	2,8	6,26	–3,0	60

Quelle: Eurostat

Größere Probleme, die Maastrichter Zielvorgaben einzuhalten, bestehen offensichtlich beim Inflationskriterium. Es ist aufgrund des Balassa-Samuelson-Effekts (siehe Kapitel 15) allerdings zu erwarten, dass die neuen Mitgliedstaaten übergangsweise eine höhere Inflation aufweisen als der Euroraum. Vergleichen wir die Inflationsraten mit den Zinssätzen (Eurostat weist die für das Konvergenzkriterium maßgeblichen Zinssätze gesondert aus), dann versteht man, dass die EZB unter Konvergenz mehr versteht als nur die Einhaltung der Maastrichter Kriterien. Zinssätze in der Nähe oder gar unter der Inflationsrate lassen auf einen noch nicht voll funktionsfähigen Finanzsektor schließen. Auf Grund des Wechselkurskriteriums könnten bis 2010 außer Dänemark nur die baltischen Staaten der Eurozone beitreten. Dazu müssten sie aber erhebliche Anstrengungen in der Inflationsbekämpfung machen, die ihren Preis haben. Für alle übrigen stellt sich die Frage des Beitritts wohl erst im zweiten Jahrzehnt.

Box 14.11: Großbritannien – der ewige Außenseiter?

Großbritannien haftet trotz seines Beitritts 1973 das Etikett des ewigen Außenseiters und Bremsers bei weiteren Integrationsschritten an. Die Haltung gegenüber der EWWU passt in das Bild, obwohl die Briten damit nicht alleine stehen. Im Vergleich zu anderen Zweiflern wie Dänemark und Schweden, aber auch in den neuen Mitgliedländern, gibt es einen Unterschied: Nicht nur die Bevölkerung, sondern auch die politischen und wirtschaftlichen Eliten sind tief gespalten zwischen Euro-Gegnern und einer derzeit noch geringeren Zahl von Euro-Befürwortern. Nicht nur die Regierung und das Parlament, auch die Bevölkerung müssten nach der ungeschriebenen Verfassung bzw. dem Willen der Regierung dem Euro zustimmen.

Die Labour-Regierung ist grundsätzlich für eine Teilnahme an der dritten Stufe der EWWU – allerdings nicht, bevor nicht fünf Kriterien erfüllt sind. Wir können sie die Westminster-Kriterien nennen, die mit den Maastricht-Kriterien nichts zu tun haben, sondern sich eher auf die Theorie des optimalen Währungsraums zurückführen lassen:

- Hat die britische Volkswirtschaft nachhaltige Konvergenz mit dem Euroraum erreicht?
- Ist die britische Volkswirtschaft hinreichend flexibel, um sich an unvorhersehbare Ereignisse anzupassen?
- Verbessert die Einführung der gemeinsamen Währung die Bedingungen für die Wirtschaft, langfristige Investitionsentscheidungen zu treffen?
- Sind die Auswirkungen der Einführung der gemeinsamen Währung auf den Finanzdienstleistungssektor positiv?
- Fördert die Einführung der gemeinsamen Währung die Vollbeschäftigung?

Nach einer entsprechenden Überprüfung im Jahre 2003 stellte der damalige Finanzminister Gordon Brown fest, dass lediglich das vierte Kriterium erfüllt sei.

Die Bevölkerung ist mehrheitlich gegen den Euro. Zum einen wohl aufgrund einer etwas irrationalen Liebe zum Pfund. (Das wäre in Deutschland, hätte man die Bevölkerung gefragt, nicht anders gewesen.) In Großbritannien ist auf jeder Banknote das Konterfei der *Queen* zu sehen. Nach der Euro-Einführung müssten Briten künftig nach Kanada oder Australien reisen, um sich auch weiterhin an ihrem Lächeln erfreuen zu können – das *Commonwealth* reicht weit und tief. Jean Monnet (1988: 399) zitiert in seinen Memoiren einen Vorstand der Labour Partei 1950, um den britischen Eigensinn zu dokumentieren: „Wir sind durch Sprache, Herkunft, Sitten, Institutionen, politische und Interessenkonzeptionen Australien und Neuseeland näher als Europa".

Zum anderen gibt es auch einen guten ökonomischen Grund. Ein britischer Privathaushalt weist eine der höchsten Durchschnittsverschuldungen in Europa auf – Studiengebühren, die Neigung in Eigenheimen zu wohnen und eine ausgeprägte Konsumneigung tragen dazu bei. Hypotheken zur Eigenheimfinanzierung sind in der Regel variabel verzinst. Zinsänderungen der Zentralbank sind trotz deren Unabhängigkeit ein Politikum, und kein Brite mag sich vorstellen, dass sie künftig von der EZB in Frankfurt am Main beschlossen werden. Schließlich sitzt ihm der Schock der EWS-Krise von 1992 noch tief in den Knochen, als die Zinsen zur Verteidigung des Pfundes in nicht mehr bezahlbare Höhen stiegen. Dafür wurde in Großbritannien – nicht ganz zu Recht – die Stabilisierungspolitik der Bundesbank – in Frankfurt am Main – verantwortlich gemacht.

Auch in Ländern Europas, bei denen es nicht um eine bevorstehende Teilnahme an der Wirtschafts- und Währungsunion geht, spielt der Euro eine wichtige Rolle. Montenegro hat ihn gar als gesetzliches Zahlungsmittel eingeführt, im Kosovo ist das *de facto* der Fall. Bosnien und Herzegowina verfolgt ein Euro-basiertes *currency board*-Regime. Währungssubstitution, d.h. die private Verwendung des Euro als Transaktions- oder Wertaufbewahrungsmittel, obwohl es eine eigene nationale Währung gibt, ist darüber hinaus vor allem in Mittel- und Osteuropa ein weit verbreitetes Phänomen. Hier hat der Euro die Stellung eingenommen, die zuvor die D-Mark inne hatte.

Mit Blick auf den Dollarwechselkurs hatte der Euro einen schlechten Start. In den ersten 22 Monaten nach seiner Einführung im Januar 1999 büßte er gegenüber dem US-Dollar fast 30 % seines Wertes ein. Euroskeptiker sahen hierin ein nachhaltiges Vertrauensproblem und eine Bestätigung ihrer kritischen Einwände, dass die EWWU in der Ausgestaltung von Maastricht ein unzureichendes institutionelles Gefüge aufweise. Andere Kommentatoren betonten, dass eine Währung immer nur so stark sein könne wie die ökonomische Leistungsfähigkeit ihres Wirtschaftsraums im internationalen Vergleich, und forderten deshalb Maßnahmen zur Stärkung der internationalen Wettbewerbsfähigkeit des Euroraums. Die EZB argumentierte während dieser Zeit, ihre Aufgabe bestehe darin, Preisniveaustabilität im inneren zu sichern und nicht Währungsstabilität nach außen. So lange die Abwertung gegenüber dem US-Dollar nicht die Gefahr einer Abwertungs-Inflations-Spirale auslöse, bestehe deshalb auch kein Handlungsbedarf. Eine einfache Erklärung für den anfänglichen Kursverfall des Euros ist neben der Unsicherheit über den Wert und die Stabilität der neuen Währung in der Tatsache zu sehen, dass mit dem Ende der D-Mark umfangreiche Bargeldbestände, die in

Osteuropa, aber auch in anderen Ländern unter der sprichwörtlichen Matraze lagerten, in Dollar umgewandelt wurden. Denn Euro-Bargeld gab es ja erst später. Ende Oktober 2000 kehrte sich die Entwicklung um, und der Euro wertete nominal seitdem auf ein Niveau auf, das deutlich über demjenigen von 1999 liegt und zeitweise das Band der Kaufkraftparitäten übersteigt. Ebenso konnte der Euro seine Position an den internationalen Anlage- und Kreditmärkten ausbauen und sich auch als Reservewährung gegenüber dem Dollar etablieren. Nach seinen ersten zehn Jahren wird man ihm kaum absprechen können, eine der führenden Währungen der Welt geworden zu sein (vgl. auch EZB 2008).

Kapitel 15
Wirtschaftspolitik für die Währungsunion

Worum geht es in diesem Kapitel?

TE: Wieso wird mit Maastricht eigentlich immer nur der Euro verbunden? Dort hat man doch eine *Wirtschafts- und* Währungsunion beschlossen.

HF: Ich vermute, die Menschen können sich unter der Währungsunion etwas vorstellen. Den Euro haben sie in der Hand, und der EZB-Präsident tritt ab und an in den Tagesnachrichten auf.

TE: Was aber ist eigentlich eine Wirtschaftsunion?

HJW: Du solltest mehr Zeitung lesen. Der Stabilitäts- und Wachstumspakt lieferte in den letzten Jahren fast täglich eine Schlagzeile.

HF: Eine kenne ich noch aus *Le Monde*: Romano Prodi sagt, er sei dumm – der Pakt.

TE: Als Kommissionspräsident hätte er sich da vielleicht etwas diplomatischer ausdrücken können …

HF: … und als Wirtschaftsprofessor etwas differenzierter.

HJW: Denn es gibt gute Argumente für ein gewisses Maß an Koordinierung der Haushaltspolitik in einer Währungsunion.

HF: Prodi meinte offensichtlich, es gebe bessere Argumente dagegen. *One size fits all* wird unter bestimmten Umständen für die Geldpolitik allgemein akzeptiert, für die Haushaltspolitik eher nicht.

HJW: Den Pakt, den Preis, den Deutschland für die Aufgabe der D-Mark forderte, mochte von Anfang an kaum jemand. Aber im Gesamtsystem der Wirtschafts- und Währungsunion ist er sinnvoll.

HF: Sinnvoll mag er schon sein, aber leider nur wenig wirksam. Außerdem ist es mit einem Stabilitäts- und Wachstumspakt allein nicht getan.

TE: Heißt das, die Wirtschafts- und Währungsunion müsse über Geld- und Fiskalpolitik hinausgehen?

HF: Ich denke, ja. In den Mitgliedstaaten gibt es Beschäftigungspolitik, Konjunkturpolitik, Wachstumspolitik …

HJW: … und die werden in der Wirtschaftsunion über zentrale Kooperationsmechanismen koordiniert.

TE: Das sind doch alles Absichtserklärungen, die nicht mit Sanktionen bewehrt sind. Da hält sich keiner daran, wenn es ernst wird.

HJW: Im augenblicklichen Stadium der Integration kann man kaum mehr als Absichtserklärungen erwarten. Die wirtschaftspolitischen Systeme der EU-Mitglieder sind zu unterschiedlich.

HF: Perspektivisch mag die Wirtschaftsunion einiges bieten, substantiell derzeit wenig.

HJW: Aller Anfang ist schwer. So wie der gemeinsame Markt bereits ein wenig Wirtschaftsunion brauchte, braucht das Projekt Wirtschaftsunion jetzt einen Schuss politische Union.

HF: Ist das wirklich eine ausgemachte Sache? Kann man sich nicht vorstellen, dass eine Währungsunion mit einer zentralen Geldpolitik und eine Wirtschaftsunion mit einer dezentralen Finanzpolitik fruchtbar zusammenarbeiten?

TE: Kann ich mir vorstellen. Tatsächlich operiert doch jeder föderale Staat so.

HJW: Und die EU hat es in den ersten zehn Jahren der Wirtschafts- und Währungsunion auch nicht ganz ohne Erfolg gemacht.

15.1 Wirtschaftsunion: Gipfel der ökonomischen Integration oder Begleiterscheinung der Währungsunion?

Schon den Vätern der europäischen Integration war klar, dass ein gemeinsamer Markt „nur funktionieren könne, wenn zur Zollunion die Wirtschaftsunion hinzugefügt würde" (Müller-Armack 1964/1976: 393). Damals war die Erinnerung an die Weltwirtschaftskrise der 1930er Jahre noch frisch, in der jedes Land durch unkoordinierte, zumeist protektionistische Maßnahmen die schlimmsten Folgen des Schocks von sich abzuwehren versuchte – auf Kosten der Nachbarn. Das führte nicht nur zum Zusammenbruch der internationalen Handelsverflechtungen mit entsprechenden Wohlfahrtsverlusten. In manchen Ländern trug es auch zu einer verhängnisvollen politischen Entwicklung bei, die schließlich in der Katastrophe des Krieges endete. Die Einsicht in die Notwendigkeit einer wirtschaftspolitischen Koordination fand ihren Niederschlag im Vertrag von Rom, der im Art. 103 feststellte, dass die Mitgliedstaaten ihre Konjunkturpolitik als Angelegenheit von gemeinsamem Interesse betrachten. Was das konkret zu bedeuten habe, blieb offen. Für Müller-Armack war klar, das es darum gehen müsse, festere Regeln für die einzelstaatliche Konjunkturpolitik zu akzeptieren, während eine Währungsunion erst in ferner Zukunft realisierbar sein werde: „Eine Einheitswährung, wenn auch nur bei den sechs Staaten der EWG, würde ein solches Maß der Preisgabe einer eigenen Währungs- und Wirtschaftspolitik verlangen, dass dieser Schritt identisch mit einer politischen Integration wäre, für die gegenwärtig doch allgemein die Voraussetzungen fehlen" (Müller-Armack 1958/1976: 337).

Mit den theoretischen Einsichten haben sich im Laufe der Zeit auch die Bezeichnungen geändert. Von Konjunkturpolitik ist heute kaum noch die Rede; die Makroökonomie spricht von Stabilitäts- und Wachstumspolitik.

Die ausführliche Diskussion unterschiedlicher Formen ökonomischer Integration in Kapitel 2 hat uns bereits gezeigt, dass eine Wirtschafts- und Währungsunion einer weitreichenden positiven Integration bedarf, und sie wird in ihren höher entwickelten Formen auch Elemente der Koordinierung von makroökonomischer Wirtschaftspolitik aufweisen. Dazu gehören die Nachfragepolitik zur kurzfristigen Steuerung des gesamtwirtschaftlichen Ausgabeverhaltens und die Angebotspolitik, welche darauf abzielt, mittel- bis langfristig die Produktionsbedingungen in einer Volkswirtschaft zu verbessern. Zur ersteren werden üblicherweise die Fiskal- und Geldpolitik gezählt, letztere umschließt z.B. Maßnahmen der Arbeitsmarktpolitik und der Wachstumspolitik.

Die Koordinierung der makroökonomischen Wirtschaftspolitik ließ allerdings in der Gemeinschaft lange auf sich warten. Während vom Werner-Plan über das Europäische Währungssystem bis hin zum Euro die währungspolitische Integration kontinuierlich vorangetrieben wurde, blieben Wachstum, Arbeitsmarkt und Staatshaushalt lange Zeit Sache der Mitgliedländer ohne den Versuch einer effektiven Koordinierung. Und so haben wir heute eine Wirtschafts- und Währungsunion, in der das Element der Währungsunion eindeutig die führende Rolle spielt. In ordnungspolitischer Hinsicht erscheint die Währungsunion dabei klarer umrissen als die Wirtschaftsunion. Die Kompetenz für Geld- und Währungspolitik liegt ausschließlich bei der Union, der Euro und die EZB sind deutlich wahrnehmbare Institutionen und Organe, die auch die Währungsunion nach außen repräsentieren. Die Architekten der Währungsunion hatten dabei eine relativ leichte Aufgabe, aus den unterschiedlichen Währungsordnungen der Mitgliedländer eine gemeinsame geldpolitische Verfassung zu entwickeln: Es galt eigentlich nur das im eingeschränkten Währungswettbewerb des Europäischen Währungssystems erfolgreiche Bundesbankmodell zu vergemeinschaften. Anders liegen die Dinge im Zusammenhang mit der Wirtschaftsunion.

Die EU ist dem Prinzip der Marktwirtschaft verpflichtet, was aus Art. 4 EG hervorgeht. Die Ordnungstheorie lehrt uns, dass es unterschiedliche Idealtypen der Marktwirtschaft gibt, die in mehr oder minder ausgeprägter Form auch in den Mitgliedstaaten der EU vorzufinden sind. Wir haben die deutsche soziale Marktwirtschaft und die anglo-amerikanische liberale Marktwirtschaft, die französische Ökonomie mit starken etatistischen Elementen, das sozialstaatliche skandinavische Modell und das patriarchalische mediterrane Modell, um nur einige Ordnungstypen aufzuzählen. Fakt ist: Jeder Staat hat seine eigene wirtschaftspolitische Tradition, die zum Teil weit in die Historie zurückreicht oder erst im Zuge der Transformation vom nicht ganz freiwillig übernommenen Modell der Zentralverwaltungswirtschaft zur privaten Wettbewerbswirtschaft in den Jahren nach 1989/90 gewählt wurde. Ohne diese Ordnungsformen hier im einzelnen behandeln zu wollen (vgl. den in Kapitel 2 erwähnten Ansatz von Hall/Soskice 2001, sowie Crouch/Streeck 1997 und Abelshauser 2003), sei darauf hingewiesen, dass ein wesentliches Unterscheidungskriterium in der Rolle des Staates besteht: Welche Aufgaben nimmt der Staat wahr und inwieweit interveniert er in den Wirtschaftsprozess? Hier haben die Architekten der Europäischen Wirtschaftsunion eine ungleich schwierigere Aufgabe. Denn kein Modell, das in den Mitgliedstaaten praktiziert wird, ist den anderen eindeutig überlegen. Das macht die Festlegung auf eine gemeinsame Wirtschaftspolitik in einer Wirtschaftsunion so konfliktträchtig.

Aber braucht die Wirtschaftsunion eine solche Festlegung überhaupt? Die Theorie des Fiskalföderalismus (s. Kapitel 5) nähert sich dieser Frage auf Grundlage von Effizienzüberlegungen. Wenn sich Präferenzen für öffentliche Güter wie soziale Sicherung, Infrastruktur und ähnliches zwischen den Mitgliedstaaten stark voneinander unterscheiden, dann sollten diese Güter auch auf der nationalen Ebene bereitgestellt werden. Zur Deckung der dadurch verursachten Kosten benötigen die Mitgliedstaaten nach dem Prinzip der fiskalischen Äquivalenz auch Einnahmehoheit. Wenn aber Einnahmen- und Ausgabenkompetenz bei den Mitgliedländern liegen, wo bleibt da Raum für eine Wirtschaftsunion? Die Theorie des Fiskalföderalismus sieht ihn zum Beispiel in Bereichen, in denen es regionale *spill-over* Effekte gibt (s. Kapitel 5). Wenn ein Staat für seine Bürger ein Gut bereitstellt, von dem auch andere Unionsbürger oder ganze Volkswirtschaften profitieren, dann haben wir es mit Externalitäten zu tun. Der Kreis der Nutzer ist nicht mehr mit dem Kreis derjenigen identisch, die für die Bereitstellung des öffentlichen Gutes zahlen. Das rechtfertigt zumindest ein gewisses Maß an Kooperation auf der EU-Ebene. In anderen Bereichen kann die Produktion eines öffentlichen Gutes mit steigenden Skalenerträgen einhergehen. Wenn die Kosteneinsparung durch zentrale Bereitstellung größer ist als die Nutzeneinbuße der Konsumenten infolge regional unterschiedlicher Präferenzen, sollte das Gut zentral bereitgestellt werden. Die Wirtschaftspolitik selbst ist so ein öffentliches Gut, das in einem gemeinsamen Markt Externalitäten aufweisen kann, möglicherweise auch mit Skalenerträgen verbunden ist. Das heißt aber noch nicht, dass jegliche Wirtschaftspolitik zentralisiert werden müsste.

Eine eindeutige Antwort, ob Wirtschaftspolitik in einer Wirtschaftsunion zentralisiert werden solle, gibt die Theorie des Fiskalföderalismus uns somit nicht. Statt dessen ist es erforderlich, für einzelne wirtschaftspolitische Bereiche regionale Präferenzen, mögliche Externalitäten und technische Charakteristika bei der Bereitstellung der jeweiligen öffentlichen Güter zu ermitteln und Vor- und Nachteile von Zentralisierung gegeneinander abzuwägen. Aber selbst unter diesem engen Blickwinkel der Effizienz gibt es zusätzliche Aspekte zu berücksichtigen. Die Herausforderungen, denen sich Wirtschaftspolitik gegenübergestellt sieht, verändern sich ständig, zum Beispiel infolge von technischem Fortschritt oder mit der Globalisierung. Darauf müssen ständig neue Antworten gefunden werden, und ein Wettbewerb der Systeme kann helfen, die bestmögliche zu finden. Dieser dynamische Effizienzvorteil einer wirtschaftspolitischen Vielfalt in der EU sollte nicht vernachlässigt werden.

Box 15.1: Ein Plaidoyer für die politische Union

Paul de Grauwe (2006), einer der führenden europäischen Theoretiker der monetären Integration, stellt fest, dass die monetäre Union ohne eine weiter gehende politische Union stark gefährdet sei. Denn sie wird von nichts anderem als der positiven Kosten-Nutzen Bilanz ihrer Mitglieder zusammengehalten. Und diese Bilanz falle zur Zeit, so de Grauwe, nur schwach positiv aus. Die darauf einwirkenden Faktoren haben wir in der Theorie des optimalen Währungsraums (vgl. Kapitel 14) bereits kennengelernt. Der Nutzen nimmt mit wachsender Integration zu, die Kosten nehmen mit mit der Häufigkeit und der Schwere von asymmetrischen Schocks zu. Letztere entstehen unter anderem durch eine fehlende politische Integration und könnten bei Bestehen einer solchen durch einen interregionalen Finanzausgleich kompensiert werden. Und so kommt de Grauwe zu demselben Schluss wie Tommaso Padoa-Schioppa (2004: 180), das erste italienische EZB-Direktoriumsmitglied: „Ultimately, the security on which a sound currency assesses its role cannot be provided exclusively by the central bank. It rests on a number of elements that only the state, or more broadly, a polity can provide".

Ein Beispiel für destabilisierende asymmetrische Schocks in der Eurozone ist nach de Grauwe die deutsche Lohnpolitik, die zwischen 1998 und 2006 die relativen Lohnstückkosten (und so auch die effektiven Wechselkurse) gesenkt und damit für andere Länder, z.B. Portugal, Italien und die Niederlande, das Leben schwer gemacht hat. Ein anderes Beispiel ist die isolierte Einführung der 35-Studen Woche in Frankreich. In einer politischen Union würden solche einschneidende Entscheidungen gemeinsam beschlossen, und damit würde die Symmetrie gewahrt bleiben. Gleichzeitig würde eine politische Union über ein größeres Zentralbudget verfügen als die heutige EU und unvermeidliche asymmetrische Schocks kompensieren können.

Es ist nun so, dass jeder neu gewonnene Wettbewerbsvorteil eines Marktteilnehmers als asymmetrischer Schock auf die übrigen wirkt. Daran schließt sich die Frage an, ob man jeden asymmetrischen Schock entweder *ex ante* verhindern oder *ex post* kompensieren müsse. Dass die Tarifparteien in Deutschland eine andere Politik geführt haben als in den Niederlanden, wird unmittelbar einsichtig, wenn man die durchschnittliche deutsche Arbeitslosenquote in diesem Zeitraum von 8,9 % (wobei diese Quote in den neuen Bundesländern ungefähr doppelt so hoch war) mit der niederländischen von 3,5 % vergleicht. Wenn die französische Politik eine 35-Stunden Woche beschließt, dann tut sie das im vollen Bewußtsein der Folgen für die Wettbewerbsfähigkeit – müssen ihr das die anderen Mitglieder der Eurozone ausreden oder die Folgen kompensieren? Kurzum, eine politische Integration, die Wettbewerb verhindert und politische Präferenzen nivelliert, kann nicht das Ziel der europäischen Einigung sein.

Besteht dann aber nicht die Gefahr eines *race to the bottom*, zwingen die Deutschen mir ihrer restriktiven Lohnpolitik nicht alle anderen zu schmerzhaften nachholenden Maßnahmen? Wäre die Lohnpolitik Resultat staatlicher Planung, d.h. eines systematischen Versuchs, dauerhafte Wettbewerbsvorteile zu sichern, könnte das der Fall sein. Sie ist aber Resultat tarifpolitischer Auseinandersetzungen (auch wenn der Arbeitsmarkt nicht gerade ein Vorbild vollständigen Wettbewerbs ist), und man darf sicher sein, dass eine Verbesserung der Lage auf dem Arbeitsmarkt zu einer weniger restriktiven Lohnpolitik führt. Nur wenn absolute Konvergenz in Konjunktur- und Beschäftigungsentwicklung vorläge, wäre eine gemeinsame Politik sinnvoll. Das ist bei einem Wirktschaftsraum von der Größe der Eurozone kaum zu erwarten. Die Frage der politischen Integration wird somit zu einem Dilemma zwischen Flexibilität und Koordination.

Über den Effizienzaspekt hinaus bestimmen eine Reihe anderer Überlegungen die Gestalt der Wirtschaftsunion. Da ist zunächst das Subsidiaritätsprinzip: Europäischer Mehrwert muss deutlich sichtbar sein. Soweit herrscht Übereinstimmung mit der Theorie des Fiskalföderalismus. Im Zweifelsfall ist die untere der oberen Ebene grundsätzlich vorzuziehen. Noch wichtiger sind aber wohl politische Überlegungen. Die Kompetenz für Wirtschaftspolitik, allen voran für Finanzpolitik, verleiht den Entscheidungsträgern Macht, die sie nicht gerne teilen oder aufgeben. Genau dieselben Akteure sind aber im Ecofin-Rat maßgeblich an den Entscheidungen über die konkrete Ausgestaltung der EWWU beteiligt. Widerstand gegen eine weitreichende und konsequente Übertragung wirtschaftspolitischer Kompetenzen auf die Gemeinschaft scheint in dieser Konstellation vorprogrammiert. Zu erwarten ist, dass eine Wirtschaftsunion allenfalls graduell verwirklicht wird.

Vor allem dieser letzte Aspekt erklärt, wieso sich der Maastrichter Vertrag in ökonomischer Hinsicht primär mit der Währungsunion beschäftigt und die Wirtschaftsunion nur in wenigen Artikeln abgehandelt wird. Kontinentaleuropa wollte eine gemeinsame Währung, die Wirtschaftsunion erschien vielen eher als notwendiges Übel. Es ging allenfalls um die Frage, wie viel Wirtschaftsunion eine Währungsunion brauche, um zu funktionieren. Wir begegnen hier wieder dem Spillover-Theorem der fuktionalistischen Integrationstheorie (s. Kapitel 2): So, wie die heutige Währungsunion als notwendiges Element zur Vollendung des gemeinsamen Marktes angesehen wird, zieht der Euro die Frage nach der Zentralisierung von Wirtschaftspolitik nach sich. In der Tat besteht ein enger Zusammenhang zwischen Geldpolitik und Fiskalpolitik. Im keynesianischen IS/LM-Modell können sowohl Geldpolitik als auch Fiskalpolitik zur Beeinflussung des Volkseinkommens verwendet werden. Sie können ihre Wirkung gegenseitig verstärken oder abschwächen. In jedem Falle sind sie nicht unabhängig voneinander, und es kommt auf eine geeignete Politikmischung (*policy mix*) an. Um einen entsprechenden *policy mix* in einer Währungsunion zu erreichen, müssen die (zentrale) Geldpolitik und die (nationale) Fiskalpolitik aufeinander abgestimmt werden, und das macht es ebenfalls notwendig, die nationalen Fiskalpolitiken untereinander zu koordinieren.

Freilich ist das keynesianische IS/LM-Modell nicht mehr die alleinige und unumstrittene theoretische Basis für die Wirtschaftspolitik. Heutzutage sieht man die Aufgabe der Wirtschaftspolitik eher darin, die Erwartungen der Akteure auf den Märkten zu stabilisieren. Strikte Regelbindung der Politik heißt das Rezept dafür. Was das im einzelnen für Geld- und Fiskalpolitik bedeutet, werden wir unten diskutieren. An dieser Stelle ist lediglich festzuhalten, dass Regelbindung der Wirtschaftspolitik in der EU eben auch gemeinsame Regeln voraussetzt. Das heißt unabhängig vom zugrundeliegenden wirtschaftstheoretischen Modell erfordert das reibungslose Funktionieren einer Währungsunion in jedem Falle die Begleitung durch eine Wirtschaftsunion. Deren Charakter und Tiefe hängen allerdings vom wirtschaftspolitischen Credo ab.

Fassen wir zusammen: Wir sollten von der Wirtschaftsunion keine einheitliche Wirtschaftspolitik in der EU oder gar ein einheitliches europäisches Wirtschaftsordnungsmodell erwarten. Vielmehr ist davon auszugehen, dass wir in unterschiedlichen Politikbereichen spezifische Lösungen aus dem Kontinuum zwischen nationaler und Gemeinschaftskompetenz vorfinden, die Kooperation, Koordination und Harmonisierung einschließen. Schauen wir uns das also im einzelnen an.

15.2 Economic governance in der Wirtschafts- und Währungsunion

Der europäischen Wirtschaftsunion liegen die Art. 2, 4 und 99 EG zugrunde. Danach besteht die Aufgabe der Gemeinschaft in makroökonomischer Hinsicht darin, ein hohes Beschäftigungsniveau und beständiges, nicht-inflationäres Wachstum zu fördern (Art. 2). Dies sind somit auch die wirtschaftspolitischen Ziele der EWWU, und wir kennen sie in ähnlicher Formulierung aus dem deutschen Gesetz zur Förderung der Stabilität und des Wachstums der Wirtschaft („Stabilitätsgesetz"). Zur Verfolgung dieser Ziele stimmen die Mitgliedstaaten darin überein, ihre Wirtschaftspolitik eng zu koordinieren (Art. 4) und die eigene Wirtschaftspolitik als Angelegenheit von gemeinsamem Interesse zu betrachten (Art. 99).

Papier ist bekanntlich geduldig, und die Geschichte der europäischen Integration ist nicht arm an Beispielen, dies zu untermauern. Wir erinnern uns: Eine Orientierung am Gemeinschaftsinteresse sollte auch in der ersten Hälfte der 1970er Jahre im Bereich der Währungspolitik gelten, was die Mitgliedstaaten nicht daran hinderte, Wechselkursänderungen weitgehend unkoordiniert im eigenen Interesse vorzunehmen. Bereits in Art. 6 EWG war zu lesen, dass die Mitgliedstaaten ihre Wirtschaftspolitik in enger Zusammenarbeit mit den Organen der Gemeinschaft zur Verfolgung der Gemeinschaftsziele koordinieren. Eine solche Koordination erfolgte aber über die Jahrzehnte hinweg bestenfalls *ad hoc*. Wenn seit Maastricht, spätestens aber seit 1999 von einer Europäischen *Wirtschafts- und* Währungsunion die Rede ist, dann muss mehr im Spiel sein als ein unverbindliches Bekenntnis zum Gemeinschaftsinteresse. Dieses „Mehr", durch das die Wirtschaftsunion in der EU seit der Maastrichter Regierungskonferenz mit Leben gefüllt worden ist, finden wir in den Art. 98 bis 104 EG zur Wirtschaftspolitik sowie den Art. 125 bis 130 EG zur Beschäftigungspolitik sowie in darauf basierenden Erlassen des Ministerrates zu prozeduralen Aspekten.

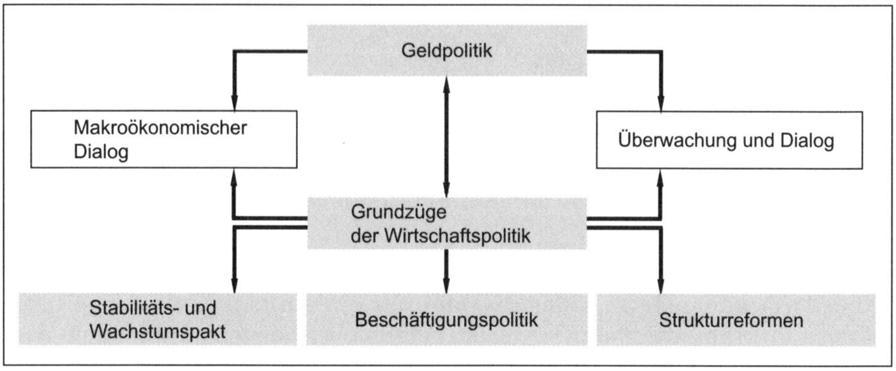

Abbildung 15.1: Koordinierung der Wirtschaftspolitik in der EWWU

Im Zentrum der Wirtschaftsunion stehen demnach die „Grundzüge der Wirtschaftspolitik der Gemeinschaft und der Mitgliedstaaten" oder die allgemeinen Richtlinien der Wirtschaftspolitik (vgl. Abbildung 15.1), die seit dem Inkrafttreten des Maastrichter Vertrags jährlich vom Ecofin-Rat mit qualifizierter Mehrheit auf Grundlage eines Kommissionsvorschlages verabschiedet werden. Hierdurch werden im wesentlichen zwei Ziele verfolgt:

- Zum einen geht es darum, nationalen Akteuren Empfehlungen zur Ausgestaltung der makroökonomischen Politik und zu strukturpolitischen Maßnahmen zu unterbreiten, die dazu dienen sollen, die gemeinsamen wirtschaftspolitischen Zielsetzungen zu verwirklichen. Die gemeinsamen Ziele sind jene aus Art. 2 EG, oder sie basieren auf zusätzlichen Ratsbeschlüssen, wie zum Beispiel der Lissabon-Agenda (vgl. Kapitel 10.3).
- Zum anderen sollen die Grundzüge einen Maßstab für die Beurteilung der Wirtschaftspolitik eines Mitgliedstaates abgeben, welche die Kommission in einem Implementierungsbericht ebenfalls einmal pro Jahr vornimmt. Dazu berichten die Mitgliedstaaten der Kommission über ihre entsprechenden Aktivitäten zur Umsetzung der Empfehlungen. In Deutschland findet sich häufig in den offiziellen Begründungen für den Erlass oder die Novellierung von Gesetzen ein Verweis auf Empfehlungen aus den Grundzügen der Wirtschaftspolitik der EU.

Eng mit den allgemeinen Richtlinien verknüpft sind weitere Koordinationsmechanismen für einzelne Politikbereiche. Nationale Fiskalpolitik wird durch die Vorkehrungen des Stabilitäts- und Wachstumspaktes koordiniert, Beschäftigungspolitik durch den so genannten Luxemburg-Prozess und durch den Cardiff-Prozess Reformen, die allgemein die Markt- und Wirtschaftsstruktur betreffen. Die Grundzüge der Wirtschaftspolitik haben eine koordinierende Funktion zwischen diesen Prozessen, d.h. Maßnahmen, die ein Mitgliedstaat zum Beispiel zur Erfüllung der Ziele des Stabilitäts- und Wachstumspaktes ergreift, müssen mit den Grundzügen der Wirtschaftspolitik kompatibel sein.

Die allgemeinen Richtlinien der Wirtschaftspolitik haben mit der Zeit an Gewicht gewonnen – zumindest im wörtlichen Sinne. Ihre erste Veröffentlichung bestand 1993 in einem vierseitigen Dokument, im Jahre 2004 umfassten sie 359 Seiten. Keine Frage, im selben Zeitraum ist die Gemeinschaft von zwölf auf 25 Mitglieder angewachsen, aber das ist nicht der alleinige und schon gar nicht der wichtigste Grund für die immer umfangreicheren Berichte der Kommission. Die Ursachen sind eher in zwei anderen Entwicklungen zu suchen.

Erstens zielt die Wirtschaftsunion in ihrem Kern darauf ab, das Funktionieren der Währungsunion zu gewährleisten (vgl. auch Pelkmans, 2006: 380ff.), und letztere besteht eben erst seit 1999. Implizit ist das Hauptanliegen der Wirtschaftsunion darin zu sehen, die Geldpolitik der Zentralbank zu unterstützen und ihre Akzeptanz zu erhöhen. Dadurch erklärt sich auch die Auswahl der Politikbereiche, die im Zuge der Wirtschaftsunion „europäisiert" wurden. Eine wirkungsvolle Koordinierung von Staatsausgabenpolitik reduziert bei geeigneter Ausgestaltung inflationären Druck und erleichtert dadurch der Zentralbank die Erfüllung geldpolitischer Ziele. Die Unterstützung der Währungsunion kann aber nicht nur nachfrageseitig erfolgen, sondern wird auch durch die Koordinierung angebotsseitiger Politik erreicht. Betrachten wir die Währungsunion als Vollendung des gemeinsamen Marktes, so ist klar, dass sie über eine Verschärfung des Wettbewerbs und eine verbesserte Arbeitsteilung zu einer Beschleunigung des Strukturwandels in den Mitgliedstaaten führt. Das erfordert vor allem flexible Arbeitsmärkte, um unvermeidbare Perioden von Sucharbeitslosigkeit möglichst kurz ausfallen zu lassen. Hierbei handelt es sich um ein ergänzendes Argument für Arbeitsmarktflexibilität, die die Theorie des optimalen Währungsraums für den Fall asymmetrischer Nachfrageschocks fordert (vgl. Kapitel 14).

Zweitens haben die Grundzüge der Wirtschaftspolitik keinen rechtlich bindenden, sondern lediglich einen politisch selbstverpflichtenden Charakter. Ihre Erfüllung kann dementsprechend nicht eingeklagt werden. Um diesem Problem zumindest teilweise zu begegnen, haben länderspezifische Empfehlungen in die Grundzüge der Wirtschaftspolitik Eingang gefunden, und sie machen heute etwa 3/5 des Umfangs der Grundzüge aus. Sie erlauben es, Zielverfehlungen einzelner Mitgliedstaaten gezielt anzuprangern. Läuft die Wirtschaftspolitik eines Mitgliedstaates den gemeinschaftlichen Grundzügen zuwider, so kann der Rat dem Mitgliedstaat öffentlich empfehlen, seine Politik zu ändern. Erstmals wurde davon im Jahre 2001 Gebrauch gemacht, als Irland nach Ansicht der Kommission eine pro-zyklische Finanzpolitik verfolgte. Diese Form des *naming and shaming* ist die einzige Sanktionsmaßnahme (abgesehen vom Stabilitäts- und Wachstumspakt), die der Gemeinschaft gegenüber einem wirtschaftspolitisch abweichenden Mitgliedstaat zur Verfügung steht.

Im Zuge der Formulierung der Grundzüge der Wirtschaftspolitik führt die Kommission Konsultationen mit zahlreichen Akteuren auf der nationalen und auf der EU Ebene durch. Eine institutionalisierte Form dieser Konsultationen ist der makroökonomische Dialog, wobei regelmäßig Informationen mit den Sozialpartnern ausgetauscht werden. Deren Sichtweisen sind natürlich auch für die geldpolitische Ausrichtung der EZB von Bedeutung. Darüber hinaus gibt es Institutionen, die nicht nur dem Informationsaustausch dienen, sondern in gewissem Maße auch eine Überwachungsfunktion haben. Dazu gehören zum Beispiel das Wirtschafts- und finanzpolitische Komitee des Europäischen Parlaments sowie die Eurogruppe, die sich aus den Wirtschafts- und Finanzministern jener Staaten zusammensetzt, die den Euro eingeführt haben.

Frankreich hatte der Eurogruppe eine mächtigere Funktion zugedacht. Denn sie geht auf eine Initiative des damaligen französischen Finanzministers Dominique Strauss-Kahn (1949 –) aus dem Jahre 1997 zurück. Seiner Auffassung nach sollte die Eurogruppe den Charakter einer „Wirtschaftsregierung" für den Euro aufweisen, was sich jedoch nicht als konsensfähig erwies (vgl. Hix, 2005: 319). Natürlich stieß der Vorschlag auf wenig Gegenliebe bei Dänemark und Großbritannien, die den Euro nicht einführen wollten. Sie sahen die Gefahr, dass die Eurogruppe den Stellenwert des Ecofin-Rates und somit die eigenen Einflussmöglichkeiten auf die Wirtschaftspolitik in der EU mindern würde. Auch Deutschland hatte Bedenken. Denn es sah in dem Vorschlag, die Eurogruppe mit der Macht einer Wirtschaftsregierung auszustatten, die Gefahr einer schleichenden Aushöhlung der Unabhängigkeit der Europäischen Zentralbank.

Formal besitzt die Eurogruppe daher keine Entscheidungskompetenz – die zentrale Instanz für die Koordination der makroökonomischen Politik ist weiterhin der Ecofin-Rat. Aber nicht zuletzt die Terminierung der Treffen der Eurogruppe, die stets vor denen des Ecofin-Rates stattfinden, legt die Vermutung nahe, dass innerhalb der Eurogruppe Positionen abgestimmt werden, wodurch eine *de facto* Machtverschiebung zugunsten der Eurogruppe zustande kommt. Wenn sich aus der gemeinsamen Geldpolitik eine Notwendigkeit zur Koordinierung anderer makroökonomischer Politiken ergibt, wie wir bereits festgestellt haben, dann ist das unvermeidlich.

In den folgenden Abschnitten behandeln wir die einzelnen Politikbereiche der Wirtschafts- und Währungsunion und die Art und Weise, wie sie auf der europäischen Ebene formuliert oder koordiniert werden. Wir beginnen mit der Geldpolitik, da die anderen Politikbereiche der Wirtschaftsunion ihr weitgehend untergeordnet sind.

15.3 Die Politik der Europäischen Zentralbank

15.3.1 Aufgabenfelder einer Zentralbank

Die Geldpolitik ist das Hauptbetätigungsfeld der Zentralbank, das steht fest. Allerdings ist sie nicht das einzige Betätigungsfeld. Die anderen Aufgaben dürfen nicht übersehen werden. Sie sind in Art. 105 EG und im Statut des Europäischen Systems der Zentralbanken (ESZB) festgelegt:

- Wechselkurspolitik
- Management der Währungsreserven
- Entwicklung und Sicherung eines effizienten Zahlungs- und Clearingsystems

- Bereitstellung von Banknoten und Münzen
- Sammlung und Aufbereitung statistischer Daten
- Wirtschaftsforschung
- Koordinierung der Bankenaufsicht.

Diese Aufgaben sind mehr oder minder eng miteinander verbunden. Nicht in allen Fällen verfügt die EZB über zentrale Entscheidungsbefugnisse und sie ist, wie in einem föderativen System nicht anders zu erwarten, bei der Implementierung ihrer Politik häufig auf die dezentralen nationalen Zentralbanken angewiesen.

Zusammen mit der Geldpolitik hat die Wechselkurspolitik auf das Funktionieren offener Volkswirtschaften tiefgreifende Wirkung. Das haben wir in Kapitel 14 verdeutlicht. Die erste Entscheidung der Wechselkurspolitik betrifft das Wechselkursregime. Es beeinflusst, wie wir schon feststellen konnten, den Handlungsspielraum der Geldpolitik: Ein Festkurssystem zum Beispiel bindet die Geldpolitik, wenn es darum geht, den festen Kurs zu verteidigen. Bei der Bestimmung des Wechselkursregimes ist die Zentralbank nicht autonom, sondern nach Art. 111 EG hat der Rat ein gewichtiges Wort mitzureden. Dabei handelt es sich aber vor allem um förmliche Vereinbarungen mit Drittländern. Vorstellbar ist beispielsweise eine neue Bretton Woods Konferenz: Hier wäre es der Rat, der verhandelt und unterzeichnet – wie könnte es anders sein? Denn nur der Rat kann völkerrechtliche Verträge schließen. Weniger hypothetisch ist der Wechselkursmechanismus II (WKM II; *exchange rate mechanism, ERM II*), der mit Beginn der dritten Stufe der Wirtschaft- und Währungsunion ins Leben gerufen wurde und zwar auf Basis einer Ratsentscheidung von 1997.

Das Eurosystem hat sich generell für ein System flexibler Wechselkurse gegenüber Drittländern entschieden mit Ausnahme der Länder, die am Wechselkursmechanismus II teilnehmen. Dafür gibt es gute ökonomische Gründe, die wir aus dem vorangegangenen Kapitel bereits kennen. Grundsätzlich sind die Wechselkurse frei variierend. Doch Interventionen der EZB am Devisenmarkt sind nicht ausgeschlossen, und sie haben im Herbst des Jahres 2000 auch bereits stattgefunden, um ein zu starkes Absinken des Euro-Kurses gegenüber dem US-Dollar zu verhindern. Interventionen am Devisenmarkt setzen Verfügungsmacht über die Währungsreserven voraus und ebenso das Recht, mit Zentralbanken von Drittländern zu verhandeln und Kreditgeschäfte abzuschließen.

Der Wechselkursmechanismus II verfolgt das Ziel, die Währungen von Mitgliedländern außerhalb des Eurosystems an den Euro anzubinden. Das geschieht über einen festen, aber prinzipiell anpassbaren Kurs mit einer Schwankungsbreite von ± 15 % (die dänische Krone hat die Schwankungsbreite auf ± 2,25 % eingeschränkt, und Länder, die wie Estland, Lettland und Bulgarien ein *currency board* System eingeführt haben, verzichten *de facto* völlig auf eine Schwankungsbreite, vgl. Tabelle 14.2). Stößt eine Währung an die obere oder untere Grenze der Schwankungsbreite, so erfolgt grundsätzlich eine automatische und unbeschränkte Intervention, um sie innerhalb der Schwankungsbreite zu halten. Solche Operationen können natürlich die

Preisstabilität gefährden. Wird das befürchtet, dann kann eine Anpassung des Mittelkurses (*realignment*) in Erwägung gezogen werden. Wir haben in Kapitel 14 bereits gesehen, dass der Wechselkursmechanismus II als Schleusenkammer für den Beitritt zur Wirtschafts- und Währungsunion dient.

Die Erstausstattung der EZB mit Währungsreserven erfolgte durch eine Übertragung von Reserven (rund 40 Mrd. €; Scheller 2004: 94) der am Eurosystem teilnehmenden Mitgliedländer entsprechend ihren Anteilen an der Zentralbank (im Gegensatz zum Stimmrecht im EZB-Rat variieren die Anteile der Mitgliedländer an der Zentralbank nach Größe). Im Gegenzug erhielten die nationalen Zentralbanken verzinsliche Forderungen an die EZB. Weitere Aufstockungen der zentralen Reserven sind möglich, unterliegen aber einem Ratsbeschluss. Der Bestand der Währungsreserven verändert sich mit den Interventionsoperationen der EZB und mit den Schwankungen der Wechselkurse der Reservewährungen (US-Dollar und Yen) und des Goldpreises. Die Unterbringung der Währungsreserven ist ein investitionstechnisches Problem, das im Wesentlichen von den nationalen Zentralbanken auf Anweisung der EZB bearbeitet wird. Die nationalen Zentralbanken besitzen überdies nach wie vor erhebliche eigene Währungsreserven, so dass das Eurosystem Mitte 2008 insgesamt über Reserven im Wert von rund 356 Mrd. € verfügte (EZB). Die Reserven der nationalen Zentralbanken dienen natürlich nicht mehr der Wechselkurspolitik, sondern abgesehen von ihrer Funktion als Anlagevermögen werden sie eventuell zum Ausgleich der Zahlungsbilanz benötigt. Um einen Konflikt mit der gemeinsamen Geld- und Wechselkurspolitik zu vermeiden, müssen derartige Operationen allerdings vorab von der EZB genehmigt werden.

Die Einrichtung eines effizienten Zahlungs- und Clearingsystems ist erst einmal Aufgabe des Bankensektors. Im nationalen Rahmen ist das unter anderem dank der modernen Kommunikationstechnik auf einem relativ hohen Niveau erfolgt, zumindest was die eingespielten Marktwirtschaften der EU-15 betrifft. Die Neumitglieder in Ostmitteleuropa und Südosteuropa, deren Wirtschaften unter dem kommunistischen System nur schwach monetarisiert waren, hatten in diesem Punkt einen großen Nachholbedarf. Jeder, der Geld ins Ausland überweisen muss oder aus dem Ausland empfängt, weiß allerdings, dass die Effizienz der Zahlungssysteme im internationalen Zahlungsverkehr stark zu wünschen übrig lässt. Nicht nur für einen integrierten gemeinsamen Geld- und Kapitalmarkt, sondern auch für das reibungslose Funktionieren der gemeinsamen Geldpolitik sind integrierte Clearing- und Zahlungssysteme eine Voraussetzung. Und hier kommt dem Eurosystem, konkret der EZB, eine lenkende und koordinierende Aufgabe zu. Denn die nationalen Zahlungssysteme, die jeweils ihre eigene Geschichte haben, weisen naturgemäß erhebliche Unterschiede auf, wobei in manchen Ländern die nationale Zentralbank eine wichtige Rolle spielt, in anderen völlig außen vor bleibt.

Ziel der Bemühungen des Eurosystems zusammen mit dem europäischen Bankensektor war es, einen einheitlichen europäischen Zahlungsraum (*Single Euro Payments Area, SEPA*) zu schaffen. Er wird dann als gegeben betrachtet, wenn die Bürger im Euroraum (unter Einschluss weiterer Länder, vor allem der übrigen EU-Mitgliedstaaten, Norwegens, Islands, der Schweiz und Liechtensteins) Zahlungen über den gesamten Raum hinweg von einem einzigen Bankkonto aus unter Verwendung eines einheitlichen Instrumentariums vornehmen können und zwar so einfach, kostengünstig und sicher, wie das bislang im nationalen Rahmen möglich ist. Das impliziert eine Harmonisierung der Zahlungssysteme und stößt in Bankenkreisen deshalb auch auf Kritik. Denn eingespielte Prozesse und Standards müssen dabei verändert werden. Die Standards, die Euro-Zahlungssysteme zu erfüllen haben, sind von der EZB definiert worden. Die Aufgabe, die Zahlungssysteme zu überwachen, teilt sich die EZB mit den nationalen Zentralbanken, wobei die EZB vor allem die europaweiten Systeme für umfangreiche Zahlungen (z.B. TARGET) im Auge hat. Die Früchte der Bemühungen (Früchte sind hier wörtlich zu nehmen, wie z.B. die so genannten PEACHes, *Pan-European Automated Clearing Houses*) wollen wir nicht im Einzelnen betrachten. Doch sollte deutlich sein, dass darin nach der Schaffung einer einheitlichen Währung ein weiterer wichtiger Integrationsschritt zu sehen ist. SEPA war im Januar 2008 operativ.

Die statistischen Aufgaben einer Zentralbank ergeben sich einerseits aus der Natur der Sache. Hier laufen die Informationen über die Geld- und Finanzmärkte zusammen, ebenso die Informationen über die internationale Position der Währung (Zahlungsbilanz und internationaler Kapitalverkehr). Andererseits sind diese Informationen auch der wichtigste Input für die Geldpolitik und die damit verbundene Geld- und Finanzmarktforschung der Zentralbank.

Ein umstrittenes Thema ist die Bankenaufsicht. Zwar legt Art. 105 EG fest, dass der Rat der EZB mit einstimmigem Beschluss Aufsichtsfunktionen in diesem Bereich (unter ausdrücklichem Ausschluss der Versicherungsunternehmen) übertragen kann. Aber sollte er das? Das Problem ist im Zusammenhang mit der Dienstleistungs- und Kapitalverkehrsfreiheit zu sehen (vgl. Kapitel 7 und 8). Zur Zeit gelten innerhalb der EU für die Bankenaufsicht die Prinzipien der Heimatlandkontrolle und der wechselseitigen Anerkennung bei einer minimalen Harmonisierung der Standards (Zulassungskriterien, Accounting-Grundsätze, gemeinsame Standards der Aufsicht). Die Bankenaufsicht erfolgt also durch die zuständigen Behörden des Mitgliedlandes, in dem eine Bank zugelassen ist. Das können die nationalen Zentralbanken sein, aber auch eigene Aufsichtsbehörden. Wechselseitige Anerkennung garantiert dann den freien Verkehr von Dienstleistungen und Kapital. Zentralisten würden gerne eine für die Gemeinschaft einheitliche Finanzaufsicht sehen. Doch hat das geltende System bislang keine größeren Probleme verursacht, die man vor allem in einem erhöhten Systemrisiko suchen müsste, d.h. einer Gefährdung der Stabilität des Finanzsektors insgesamt. Die Maßnahmen zur Integration der Finanzmärkte, die wir in Kapitel 8 unter dem Begriff „Lamfalussy-Prozess" kennen gelernt haben, sehen eine weiter gehende Koordinierung und Vereinheitlichung auch in diesem Bereich vor. Aber die Entscheidungsorgane sind Komitologie-Ausschüsse (vgl. Kapitel 6) wie z.B. der Europäische Bankenausschuss. Für die Zentralbank bleiben nur beratende Funktionen. Die Finanzmarktkrise von 2008 wird auch hier zu neuen Überlegungen führen.

15.3.2 Die Geldpolitik der EZB

Das ist ein weites Feld, auf dem sich zahlreiche, zum Teil konkurrierende theoretische Ansätze und komplexe empirische Funktionszusammenhänge tummeln. All das können wir hier auch nicht andeutungsweise zusammenfassen (vgl. aber Issing et al. 2001; Vollmer 2005; EZB 2004; Bofinger/Reischle/Schächter 1996). Aufgabe dieses Abschnitts kann es nur sein, etwas zur Operationalisierung der Ziele, zum Instrumentarium und zur Strategie der EZB zu sagen, wodurch es möglicherweise leichter fällt, den Erfolg der monetären Integration Europas zu beurteilen.

Die Tatsache, dass Preisstabilität ein ökonomisch sinnvolles Ziel ist, brauchen wir hier nicht zu diskutieren. Problematischer ist es, sie als primäres, ja ausschließliches Ziel der Geldpolitik zu institutionalisieren. Die EZB begründet das implizit mit der Feststellung, dass unter Ökonomen ein breiter Konsens über die monetaristische Position bestehe, der zu Folge eine Veränderung der Geldmenge *ceteris paribus* langfristig nur zu einer Veränderung des Preisniveaus führt (Scheller 2004: 77; EZB 2004: 41). Gleichzeitig untermauert die Zentralbank damit die zweite, monetäre Säule ihrer geldpolitischen Strategie. Die langfristige Neutralität des Geldes wird als positive Tatsache genommen und nicht, wie z.B. bei Hayek, als normatives Desiderat (vgl. Wagener 1996). Dem sei, wie es mag. Doch verschließt sich die EZB nicht der Tatsache, dass eine Anhebung des Zinssatzes neben der positiven Rückwirkung auf das Niveau der Verbraucherpreise kurzfristig eine negative Rückwirkung auf das reale BIP hat. Und diese kurze Frist dauert immerhin vier Jahre und länger. Man muss sich den langfristigen Effekten nicht mit Keynes' berühmtem Bonmot „in the long run we are all dead" entziehen, kann aber andererseits die kurzfristigen Effekte der Geldpolitik nicht ganz aus dem Blick verlieren. Es sei denn, es gäbe ein gleichwertiges Substitut für eine angemessene Konjunkturpolitik. Das wird allgemein in der Fiskalpolitik gesehen, und so lässt sich eine Arbeitsteilung zwischen Zentralbank und Regierung postulieren, wobei erstere für die Preisstabilität und letztere für die konjunkturelle Stabilisierung verantwortlich sind.

Unter Preisstabilität versteht die EZB eine Preissteigerungsrate, gemessen am „Harmonisierten Verbraucherpreisindex", die im Euroraum insgesamt auf Jahresbasis mittelfristig 2 % nicht überschreitet, aber nahe bei 2 % liegen soll. Der Begriff „Preissteigerungsrate" zeigt an, dass fallende Preise oder Deflation grundsätzlich zu vermeiden sind. Eine Inflationsrate von 0 %, die wohlfahrtstheoretisch das Optimum darstellt, da auch geringe Inflationsraten Wohlfahrtsverluste verursachen, gilt praktisch als nicht wünschenswert. Denn sie ist ja ein Mittelwert und würde deshalb für viele Wirtschaftszweige, aber auch Regionen negative Preisveränderungen zur Folge haben. Die Intention, die so definierte Preisstabilität mittelfristig zu erreichen, berücksichtigt den Umstand, dass unvorhersehbare externe Schocks kurzfristig zu höheren Preisveränderungen führen, die auf Grund der Reaktionszeit der Geldpolitik nicht unmittelbar ausgeglichen werden können. Schließlich geht es um den Euroraum insgesamt und nicht um einzelne Mitgliedländer oder Regionen. In einem großen Währungsgebiet wie dem Euroraum sind regionale Inflationsunterschiede normal. Die gemeinsame Geldpolitik kann nur auf den Euroraum insgesamt einwirken. Sie muss aber so ausgelegt sein, dass von ihr regional keine deflationären Tendenzen ausgehen. Auch das ist ein Grund darauf zu verzichten, eine Inflationsrate in der unmittelbaren Nähe von 0 % anzustreben.

Box 15.2: Der Harmonisierte Verbraucherpreisindex

Eurostat stellt harmonisierte Verbraucherpreisindizes (HVPI; *harmonised indices of consumer prices, HICP*) her, um die Inflation zwischen Ländern der Gemeinschaft, aber auch des Europäischen Wirtschaftsraums, vergleichen zu können. Die dafür erforderliche Harmonisierung bezieht sich nicht nur auf die Verfahren der Preiserhebung, sondern auch auf die Gewichtung der Güter und Dienste im Warenkorb. Regional unterschiedliche Verbrauchergewohnheiten, die sich durchaus auf die aggregierte Preisentwicklung auswirken können, werden insofern berücksichtigt, als die Gewichtung der Preise über nationale Warenkörbe und nicht einen einheitlichen „Euro-Korb" stattfindet. Durch Aggregierung der Landesindizes mit geeigneten Gewichten (dem Anteil des jeweiligen Landes an den gesamten Konsumausgaben der privaten Haushalte) lassen sich dann für die entsprechenden Räume (EWR, EU, Euroraum) aggregierte Indizes herstellen. Sie stehen konsistent für die Zeit nach 1995 zur Verfügung.

Es sollte klar sein, dass ein Preisindex für Konsumgüter die Preisentwicklung für Investitionsgüter nicht berücksichtigt. Für private Haushalte bedeutet das vor allem die Preisentwicklung von Immobilien und Finanzinvestitionen. Die Statistiker haben auch hier, wie bei jedem anderen Preisindex, mit zahlreichen Problemen (z.B. Qualitätsveränderungen, selbstgenutztes Wohneigentum) zu kämpfen. Um endogen verursachte Preisveränderungen von exogen verursachten zu unterscheiden, wird neben dem allgemeinen HVPI auch eine so genannte Kerninflation veröffentlicht, die die Preisentwicklung bei Energie und witterungsabhängigen agrarischen Primärprodukten ausschließt.

Tatsächlich entwickeln sich die Verbraucherpreise in den einzelnen Ländern des Euroraumes durchaus unterschiedlich, wie Abb. 15.2 verdeutlicht.

Was wir aus Abb. 15.2 erst einmal entnehmen, ist die Tatsache einer Konvergenz der Inflationsentwicklung, die im Anlauf zur dritten Phase (1999) der Einführung der Währungsunion stattgefunden hat. (Wir zeichnen die übrigen Euromitglieder nicht ein, denn das würde das Bild unübersichtlich machen. Sie liegen im Wesentlichen bei oder zwischen den Extremen Deutschland und Griechenland, bzw. Irland.) Danach findet innerhalb einer sehr viel geringeren Variationsbreite als vor 1999 durchaus eine Differenzierung der Inflationsraten statt. Das kann unterschiedliche Ursachen haben.

Im Fall von Irland werden häufig Preisniveau-Konvergenz und der so genannte Balassa-Samuelson-Effekt angeführt. Denn Irland war am Ende der 1980er noch ein Land mit vergleichsweise niedriger Produktivität (vgl. Kapitel 4), was in der Regel auch von einem niedrigeren Preisniveau begleitet wird. Über die Jahre von 1995–2005 legte das Land ein erheblich höheres Wachstum als

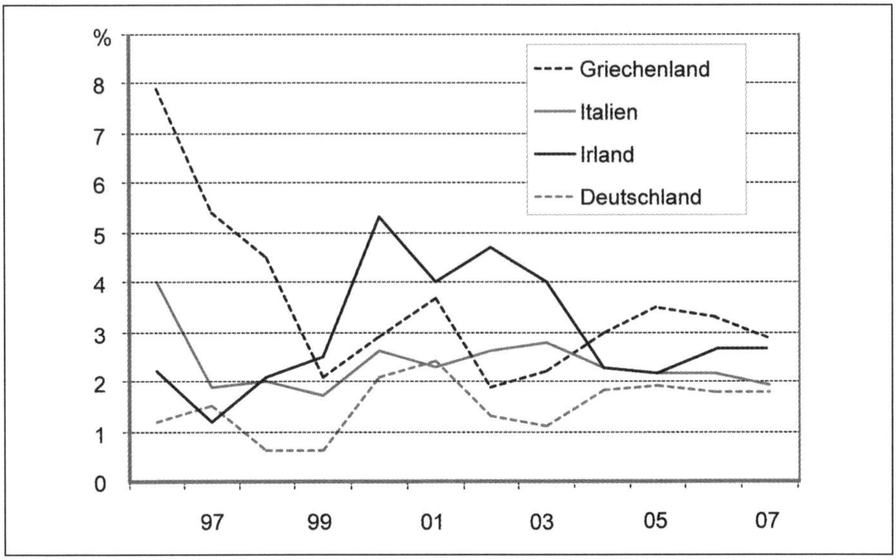

Abbildung 15.2: Entwicklung des HVPI in vier Euromitgliedländern

der restliche Euroraum an den Tag, was mit einem höheren Produktivitätswachstum und mit Preiskonvergenz bei den handelbaren Gütern einhergeht. Der Balassa-Samuelson-Effekt erklärt dann die Preiskonvergenz bei nichthandelbaren Gütern. Auf diese Weise verursachte Inflationsunterschiede sind weitgehend unschädlich für die internationale Wettbewerbsfähigkeit und verlangen keine geldpolitische Reaktion (vgl. De Haan/Eijffinger/Waller 2005: 148 ff.). Beide, die Preisniveau-Konvergenz und der Balassa-Samuelson-Effekt, spielen auch im Konvergenzprozess der Neumitglieder in Ostmitteleuropa eine gewichtige Rolle.

Die nach 2001 erhöhte Inflation Italiens wird eher auf *cost-push* Faktoren zurückgeführt, und das ist der internationalen Wettbewerbsfähigkeit des Landes abträglich. Denn dadurch werden vor allem auch die handelbaren Güter betroffen. In der Vor-Euro-Ära erlaubten Wechselkursanpassungen eine fast schmerzlose Korrektur (und deshalb hörte man in Italien schon vereinzelte Rufe nach einer Wiedereinführung der Lira). In der Währungsunion würde die Zentralbank erst dann geldpolitisch reagieren, wenn sich eine solche Tendenz für den gesamten Euroraum abzuzeichnen droht. Bis dahin muss das einzelne Mitgliedland, hier also Italien, durch arbeitsmarktpolitische Disziplin den Wettbewerbsnachteil auszugleichen versuchen.

Box 15.3: Warum sollten die Friseure in der Einkommensentwicklung zurückbleiben? Der Balassa-Samuelson-Effekt

Der Balassa-Samuelson-Effekt versucht folgendes Phänomen zu erklären (Balassa 1964; Samuelson 1964): Länder mit einem relativ niedrigen Pro-Kopf-Einkommen, die sich im Aufholprozess zu Ländern mit relativ hohem Pro-Kopf-Einkommen befinden, oder generell Länder mit vergleichsweise hohem Produktivitätswachstum, unterliegen in der Regel einem gewissen Inflationsdruck. Wie kommt er zustande und wovon hängt er ab?

Wohlstandsunterschiede zwischen Volkswirtschaften spiegeln unterschiedliche Faktorproduktivitäten wider. Die Produktivitätsunterschiede sind jedoch nicht über alle Sektoren gleich verteilt. Insbesondere muss zwischen handelbaren und nicht-handelbaren Gütern unterschieden werden, aber auch zwischen dem warenproduzierenden Gewerbe und dem Dienstleistungssektor. Die Produktion handelbarer Güter steht bei Freihandel im internationalen Wettbewerb. Die Produktpreise und indirekt auch die Entlohnung der Produktionsfaktoren werden durch den Weltmarkt bestimmt. Besonders deutlich wird das bei festen Wechselkursen. Die Löhne entwickeln sich im Sektor der handelbaren Güter, so die Annahme, im Gleichschritt mit der Produktivität.

Dadurch kommt es in einem Land mit relativ niedrigem Pro-Kopf-Einkommen in den Sektoren, die handelbare Güter herstellen und ein hohes Produktivitätswachstum aufweisen, zu einem vergleichsweise schnellen Anstieg der Löhne. Da die Lohnzuwächse in Einklang mit dem Produktivitätswachstum stehen, schaffen sie keinen Inflationsdruck.

Der entsteht allerdings, wenn die gleichen Lohnsteigerungen von Sektoren übernommen werden, die nicht-handelbare Güter produzieren und/oder ein niedriges Produktivitätswachstum aufweisen. Ihr Lohn- und Preisniveau entspricht in der Ausgangssituation dem Produktivitätsniveau des Sektors der handelbaren Güter. Dabei ist ihre Produktivität häufig vergleichsweise hoch. Warum sollte ein Friseur in einem armen Land mehr Zeit für einen Haarschnitt benötigen als sein Kollege in einem reicheren Land? Die Lohnsteigerungen in den Sektoren mit raschem Produktivitätswachstum schwappen in den Rest der Wirtschaft über: Das ist eine Folge des Wettbewerbs auf dem Arbeitsmarkt. Der Friseur tendiert dazu, in den Hochlohnsektor abzuwandern, oder er passt seine Preise und damit sein Einkommen an die generelle Einkommensentwicklung an. Haare schneiden wird teurer. Das äußert sich in Inflation.

War die Geldpolitik in früheren Jahren reaktiv, so ist sie gegen Ende des 20. Jahrhunderts proaktiv geworden. Was heißt das? In Zeiten fester Wechselkurse, wie unter dem Bretton Woods System, wird die Zentralbank nur tätig, wenn der feste Kurs in Gefahr gerät. Sie operiert mit einem Wechselkursanker. Das war in vielen Ländern auch nach dem Zusammenbruch des Bretton Woods Systems noch der Fall. Doch auch bei einer generellen Verpflichtung auf die Preisstabilität wurde die Zentralbank häufig erst tätig, wenn das Kind bereits in den Brunnen gefallen war. Eine proaktive Geldpolitik bedeutet dagegen die Antizipation künftiger Preisentwicklungen unter der Annahme einer unveränderten Politik, um gegebenen Falls im Vorhinein steuernd einzugreifen. Das impliziert die Notwendigkeit einer geldpolitische Strategie. Sie sollte rational sein, d.h. wissenschaftlich nachvollziehbar, und sie sollte transparent sein. Denn wenn die Wirtschaft weiß, auf welche Signale hin die Zentralbank wie reagieren wird, und die Bank die Reputation genießt, strategisch konsequent zu handeln, dann wird die Wirtschaft wiederum diese

Strategie antizipieren und sie damit unterstützen: Größere Ausschläge in der Preisentwicklung werden unwahrscheinlicher.

Nun kann die geldpolitische Strategie einer Zentralbank einerseits nur so gut sein, wie es unser Wissen um die Faktoren ist, die die Preisentwicklung bestimmen, und wie es unser Wissen um die Mechanismen ist, über die geldpolitische Maßnahmen sich auf diese Faktoren auswirken. Und sie kann andererseits nur so gut sein, wie das ihr zur Verfügung stehende Instrumentarium, im wesentlichen die Zinssätze, eine effektive Steuerung der Zielvariablen erlaubt. Lange Zeit wurde dieses Wissen von der monetaristischen Theorie dominiert, wodurch einerseits die Geldmenge zur strategischen Größe der Geldpolitik aufstieg und andererseits Geldpolitik nur auf mittlere Sicht betrieben werden konnte. Mit der Geldmenge als Zwischenziel ein konkretes Inflationsziel anzusteuern, ist allerdings nicht immer leicht gefallen, da sich das Verhalten der Wirtschaftssubjekte auf mittlere Sicht unvorhersehbar verändern kann, d.h. der Kassenhaltungskoeffizient, bzw. die Umlaufgeschwindigkeit des Geldes sind schockartigen Veränderungen unterworfen. Mit der Verbesserung der realwirtschaftlichen Konjunkturmodelle eröffnete sich die Möglichkeit, ein konkretes Inflationsziel direkt anzusteuern und dies auch auf kürzere Frist. Damit erhalten wir die beiden Grundtypen für eine geldpolitische Strategie: Geldmengensteuerung (*monetary targeting*) und Inflationssteuerung (*inflation targeting*).

Da unser ökonomisches Wissen weder perfekt, noch so gesichert ist wie naturwissenschaftliches Wissen, gibt es relativ weite Spielräume für unterschiedliche Auffassungen über die beste Strategie. Das spiegelt sich in der Diskussion um die geldpolitische Strategie der EZB wieder, die wir hier nicht im Einzelnen wiedergeben wollen. Moderne Geldpolitik ist in der Regel direkte Inflationssteuerung. Nach Issing (2004: 393) umfasst das die folgenden Elemente:

- Preisstabilität als primäres Ziel,
- Ankündigung einer Zielrate der Inflation, die über einen bestimmten Zeitraum verwirklicht werden soll,
- Transparenz der Strategie und
- eine erhöhte Rechenschaftspflicht der Zentralbank über die Erfüllung ihrer Aufgabe.

In diesem Sinn betreibt die EZB Inflationssteuerung. Das bedeutet auch, dass die Geldmenge als Zwischenziel aus dem Zentrum der Aufmerksamkeit gerückt ist, aber nicht notwendigerweise, dass ihr keine Bedeutung mehr zuerkannt würde. Dafür ist der langfristige Zusammenhang zwischen dem Geldmengenwachstum und der Inflation zu eindeutig und gut gesichert. In der Literatur wird unter *inflation targeting* zuweilen eine quantitative modellgebundene Planung verstanden, die einer strikten Regelbindung unterworfen werden kann. Vom geldpolitischen Automatismus der Goldwährung unterscheidet sich diese Planung dadurch, dass sie auf der Basis eines bekannten Modells alternative Simulationsszenarien entwickelt, von denen mehr oder minder mechanisch dasjenige ausgewählt wird, dessen geldpolitische Maßnahmen die Zielvariable optimiert. Das Schlüsselelement in diesen Szenarien ist die Inflationsprognose, die natürlich mit großen Unsicherheiten behaftet ist. Ein derartiger Ansatz hatte sich selbst in Planwirtschaften als zu starr und deshalb als nicht praktikabel erwiesen: Gute Planer brauchen diskretionäre Spielräume. Angesichts der zahlreichen Unsicherheiten zieht die gemeinsame europäische Geldpolitik zwar modellgestützte, aber diskretionäre Entscheidungen einer starren Regelbindung vor. Das bedeutet, dass man aus den inzwischen auch veröffentlichten Inflationsprognosen nicht unmittelbar die Reaktionen der Bankpolitik ableiten kann. Hier setzt verständlicherweise die Kritik an, die darin eine Verletzung der geforderten Transparenz sieht (z.B. De Haan/Eijffinger/Waller 2005: 56f.). Wenn man unter Politik auch die Kunst des Möglichen versteht, dann wird es eine perfekte Vorhersehbarkeit allerdings nicht geben können.

Box 15.4: Eine einfache Regel

Die Geldpolitik reagiert mit Zinsveränderungen, wenn der projektierte Wert der Zielvariablen von ihrem Normwert abweicht. Haben wir ein vollständiges Modell des Transmissionsmechanismus (vgl. Abb. 15.3), dann ist die erforderliche Abweichung des Zinssatzes vom Gleichgewichtszins (das ist der gleichgewichtige Realzins plus der angestrebten Inflationsrate) determiniert. Da das Modell des Transmissionsmechanismus exogene Variable enthält, ist damit natürlich nicht garantiert, dass das Ziel auch erreicht wird.

Hat die Geldpolitik ein Inflations- und ein Outputziel, dann lässt sich das in einer einfachen Gleichung wiedergeben:

$$i = i^* + a(\pi - \pi^*) + b(y - y^*)$$

wobei i den Zinssatz, π die Inflationsrate und y den Output (BIP) repräsentieren und die Sternchen die Gleichgewichts- bzw. Normwerte kennzeichnen. Bei a und b handelt es sich um Parameter, die die Intensität der Reaktion auf die entsprechenden Abweichungen wiedergeben. Diese hängt unter anderem davon ab, welches Gewicht die Zentralbank den beiden Zielvariablen zumisst. Ist zum Beispiel $b = 0$, dann ist Preisstabilität das einzige Ziel der Zentralbank. Die Gleichung wird Taylor-Regel genannt (Taylor 1993).

Es sieht so aus, als hätte eine rationale Geldpolitik nichts zu wählen. Das ist nicht ganz richtig. Denn eine operationale Planung muss einen Zeitpfad der Anpassung bestimmen. Dieser Anpassungspfad kann einen längeren oder kürzeren Zeithorizont haben, was unter anderem auch vom *trade-off* zwischen den beiden zuweilen konfligierenden Zielen abhängt. In einer Stagflation zum Beispiel würde das Output-Ziel eine Zinssenkung erforderlich machen, während das Inflationsziel eine Anhebung des Zinses nach sich zieht. Gemäß ihrem Mandat hat die EZB den *trade-off* zugunsten der Preisstabilität zu entscheiden. Das heißt, Parameter b kann in ihrer Politik nur dann positiv sein, wenn die Preisstabilität nicht gefährdet ist.

Die EZB gründet ihre geldpolitische Strategie auf zwei Säulen:

- *Die wirtschaftliche Analyse*: Gemeint ist damit eine Projektion der wahrscheinlichen wirtschaftlichen Entwicklung und die Abschätzung der Risiken, die sie für die kurz- und mittelfristige Preisentwicklung mit sich bringt. Die wirtschaftliche Analyse ist also unmittelbar auf die Inflationsrate gerichtet. Sie schließt sämtliche Märkte ein: den Außenhandel, die Warenmärkte, die Arbeitsmärkte und die Finanzmärkte. Der Wechselkurs, die Rohölpreise, die Lohnabschlüsse, das Konsumverhalten, die Kursentwicklung an der Börse (steigende Vermögenswerte lassen möglicherweise die kurzfristige Sparneigung fallen, was zu erhöhter Nachfrage auf den Gütermärkten führt), die Fiskalpolitik der Regierung, die mittelfristigen Erwartungen, die häufig wiederum an der Entwicklung der Finanzmärkte abzulesen sind, kurzum das ganze Spektrum makroökonomischer Variablen, die in ein Konjunkturmodell eingehen können, wird in die ökonomische Analyse einbezogen. Auch wenn man hier auf Untersuchungen und Projektionen der Wirtschaftsforschungsinstitute, der Banken, der Verbände, der Regierung und anderer Institutionen zurückgreifen kann, findet ein Großteil der Analyse im Hause der EZB statt. Eine Zentralbank, die eine rationale Geldpolitik führen will, ist forschungsintensiv.

- *Die monetäre Analyse*: Sie hat zu vielen Missverständnisse geführt. Sie ist auf die Geldmenge gerichtet, und die Tatsache, dass die EZB einen Referenzwert für die wünschenswerte Geldmengenentwicklung veröffentlicht, wurde ihr verschiedentlich als Geldmengenziel ausgelegt (und damit als Inkonsistenz, denn mit einem Instrument, den Zinsen, kann man nicht gleichzeitig zwei Ziele, die Inflationsentwicklung und die Geldmengenentwicklung, ansteuern). Ein Referenzwert ist aber keine Zielgröße. Vielmehr liefern erwartete Abweichungen vom Referenzwert Informationen über mögliche mittelfristige Gefahren für die Preisstabilität. Gegenstand des Referenzwertes ist die Geldmenge M3 (s. Box 15.3), und er wird bestimmt von der angestrebten Inflationsrate von knapp unter 2 % und den Annahmen, das BIP im Euroraum werde mittelfristig mit 2–2,5 % wachsen und die Umlaufgeschwindigkeit des Geldes um 0,5 –1 % abnehmen. Vor allem letztere Annahme steht erst einmal auf schwachen Füßen. Denn die Einführung der Währungsunion hat das Geldsystem im Euroraum schockartig verändert mit unvorhersehbaren Folgen für das Verhalten der Wirtschaftssubjekte. Insgesamt dient die monetäre Analyse sozusagen als Gegenprüfung zu den Ergebnisse der wirtschaftlichen Analyse.

Box 15.5: Was ist Geld? Die monetären Aggregate der Geldmengenanalyse

Was Geld sei, ist ein schwieriges Problem, dem wir hier nicht nachgehen wollen. Für die Geldpolitik wichtig ist die Frage, was sie als Geld betrachten, bzw. welche Geldmenge sie ihrer Analyse zugrunde legen will. In diesem Zusammenhang werden die Verbindlichkeiten der monetären Finanzinstitute, das sind in der Regel die Banken, gegenüber den Nicht-Banken (ohne die Zentralregierungen) als Geld definiert. Da das Ziel Preisstabilität lautet, versteht es sich von selbst, dass es sich bei der relevanten Geldmenge um die Geldmenge handeln muss, die unmittelbar für Kaufprozesse eingesetzt werden kann, d.h. die hoch liquide und konvertierbar in Güter ist. Die Geldtheorie unterscheidet Geldmengenaggregate an Hand ihrer Liquidität: Wie rasch können sie in gesetzliche Zahlungsmittel umgesetzt oder zum Kauf von Waren eingesetzt werden?

Tabelle 15.1: Abgrenzung der monetären Aggregate

Verbindlichkeiten	*M1*	*M2*	*M3*
Bargeld	x	x	x
Täglich fällige Einlagen	x	x	x
Einlagen mit vereinbarter Laufzeit ≤ 2 Jahre		x	x
Einlagen mit vereinbarter Kündigungsfrist ≤ 3 Monate		x	x
Repogeschäfte			x
Geldmarktfondsanteile			x
Schuldverschreibungen mit Laufzeit ≤ 2 Jahre			x

Quelle: EZB 2004: 38

Ausgangspunkt der als Geld zu betrachtenden Verbindlichkeiten ist M0, das so genannte Zentralbankgeld: das Bargeld und die Einlagen der Banken und Nicht-Banken bei der Zentralbank. Diese Geldmenge kann die Zentralbank unmittelbar kontrollieren und zum Beispiel durch Diskont- und Offenmarktgeschäfte variieren. Die für die monetäre Analyse relevante Geldmenge M3 unterscheidet sich von M1, d.h. von dem, was der Normalbürger als Geld betrachtet, nämlich sein Bargeld und sein Kontokorrentkonto, durch Einlagen, die gegebenen Falls nur mit einer gewissen Verzögerung liquidiert werden können (M2), und durch Finanzinstrumente der monetären Finanzinstitute, die auf Grund ihrer Kurssicherheit und ihrer Laufzeit ebenfalls rasch „zu Geld zu machen" sind (M3).

Geld wird vom Finanzsektor „gemacht". Nur auf einen kleinen Bereich dieses Prozesses hat die Zentralbank unmittelbaren Einfluss. Dabei handelt es sich um das Angebot an Zentralbankgeld (M0), das die Banken benötigen, um die Nachfrage nach Bargeld zu befriedigen, ihre Salden im Zahlungsverkehr untereinander auszugleichen und um die Mindestreserveanforderungen der Zentralbank zu erfüllen. Im übrigen sind die Einwirkungsmöglichkeiten der Zentralbank indirekter Natur und verlaufen über die Zinssätze, die sie für die Bereitstellung von Zentralbankgeld fordert. In dem komplexen Geflecht der Wirkungszusammenhänge innerhalb eines Wirtschaftssystems ist der Faktor Zinsen nur einer unter vielen. Abb. 15.3 zeigt in einem stark vereinfachten Schema, wie man sich bei der EZB die Transmission einer zinspolitischen Entscheidung auf die Zielvariable Preisentwicklung vorstellt. Es wäre ideal, könnte man im Vorhinein angeben, welchen Effekt eine konkrete geldpolitische Maßnahme auf die Preisentwicklung haben und wann genau dieser Effekt eintreten wird. Davon sind wir meilenweit entfernt, nicht zuletzt deswegen, weil unvorhersehbare exogene Schocks erhebliche Störungen hervorrufen können.

Nun ist es keineswegs so, dass die Transmission geldpolitischer Maßnahmen, auch wenn sie generell überall diesem Modellschema folgte, in jedem Land quantitativ die gleichen Resultate hervorbrächte. Je nachdem, wie flexibel die im Modell wirksamen Märkte sind, welche konkreten Werte die dahinter

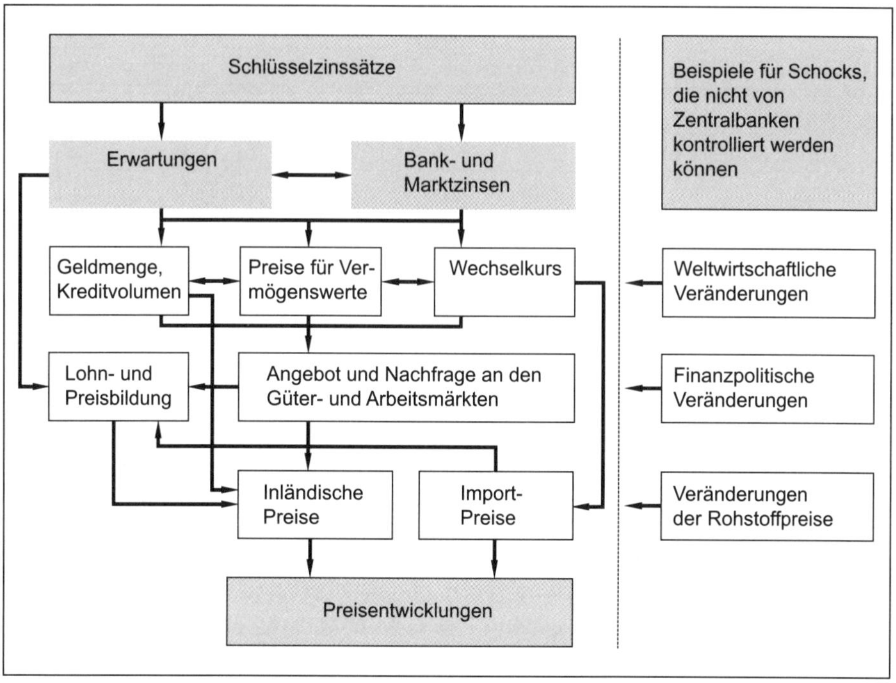

Quelle: EZB 2004: 45

Abbildung 15.3: Ein einfaches Schema des geldpolitischen Transmissionsmechanismus

verborgenen Verhaltensparameter und Reaktionsfunktionen haben und wie die nationalen Finanzsysteme konkret strukturiert sind, werden zinspolitische Maßnahmen früher oder später und mit unterschiedlicher Intensität für die Preisentwicklung in den einzelnen Mitgliedländern wirksam. Daraus ergibt sich vor allem ein Transformationsproblem: Der Übergang von einer nationalen auf die europäische Geldpolitik macht es schwer wenn nicht ganz unmöglich, das Funktionieren des Transmissionsmechanismus und damit die Wirkung der Geldpolitik genau vorherzusagen. Die Zentralbank kann erst im Laufe der Zeit Erfahrungen gewinnen, so dass sie mit einem doppelten Unsicherheitsproblem konfrontiert ist: Der institutionelle Strukturbruch belastet die Geldpolitik mit Risiken und gleichzeitig verursacht er nach außen ein Reputationsdefizit. Die EZB wird darauf in der ersten Phase ihrer Existenz mit einer besonders konservativen Geldpolitik reagieren, um im Laufe der Zeit Erfahrung und Glaubwürdigkeit zu gewinnen.

Das Schema macht auch deutlich, dass sich die Europäische Zentralbank mit ihrer Geldpolitik konsequent auf Preisstabilität als Zielvariable beschränkt. Die allgemeine Wirtschaftspolitik hat die Stabilität des Outputs und damit die Beschäftigungssituation als weitere Zielvariable zu berücksichtigen. Art. 105 EG legt es der EZB zwar nahe, soweit es mit ihrem primären Ziel vereinbar sei, auch die Ziele der allgemeinen Wirtschaftspolitik zu fördern.

Doch von den „Risiken und Nebenwirkungen" der gemeinsamen Geldpolitik für Output und Beschäftigung lesen wir in den offiziellen Verlautbarungen der EZB zur Geldpolitik (EZB 2004) fast nichts. Die Konzentration auf eine mittelfristige Stabilisierung der Preisentwicklung würde möglicherweise kurzfristige Spielräume eröffnen. Hier setzt allerdings die Kritik an: Eine angestrebte Inflationsrate von unter 2 % lässt kaum Raum für Zinssenkungen zur Stabilisierung des Outputs (vgl. De Haan/Eijffinger/Waller 2005: 39ff.). Die US Notenbank bei-spielsweise hat in der Vergangenheit eine etwas höhere Inflationsrate zugelassen, um konjunkturpolitischen Spielraum zu gewinnen. Andererseits kann man sich leicht vorstellen, dass der Konsens im EZB-Rat großen Spannungen ausgesetzt wäre, müssten hier auch noch konjunkturpolitische Maßnahmen ausdiskutiert werden. Umso wichtiger wird die Fiskalpolitik, die nach wie vor auf nationalem Niveau betrieben wird, in einer Wirtschaftsunion aber zumindest zentral koordiniert werden sollte.

15.4 Fiskalpolitik in der Währungsunion

15.4.1 Zentralisierung der Fiskalpolitik?

Die Konstruktion der Europäischen Wirtschafts- und Währungsunion hat keine Vorbilder, an denen sich ihre Designer hätten orientieren können. Insbesondere der Gegensatz von zentralisierter Geldpolitik und dezentralisierter Fiskalpolitik stellt eine Herausforderung dar – oder, wenn man so will, einen ordnungspolitischen Konstruktionsfehler (vgl. Box 15.1). Zwar weist jedes föderative Staatengebilde eine gewisse Dezentralisierung der Fiskalpolitik auf; doch der europäische Zentralhaushalt (vgl. Kapitel 11) kann seinem Umfang und seinem gesetzlichen Rahmen (obligatorischer Budgetausgleich) nach keine makroökonomische wirtschaftspolitische Funktion ausüben. Die Gemeinschaft ist deshalb in der Fiskalpolitik auf Koordinierung und Harmonisierung der nationalen Fiskalpolitik angewiesen.

In einer Wirtschafts- und Währungsunion gibt es prinzipiell drei Begründungen für eine Beschränkung nationaler Souveränität im Bereich der Fiskalpolitik:

- *free rider* Verhalten nationaler Regierungen,
- Übertragungseffekte von der Fiskalpolitik auf die Geldpolitik
- sowie die Zentralisierung der öffentlichen Finanzen in Anlehnung an Überlegungen der Theorie des optimalen Währungsraums.

Diskutieren wir kurz jedes dieser Argumente.

In einem hoch integrierten Wirtschaftsraum kann es zu *free rider* Verhalten von Regierungen bei öffentlichen Defiziten kommen. Ein Haushaltsdefizit muss durch die zusätzliche Emission von Staatsschuldtiteln am Kapitalmarkt finanziert werden, wenn wir die monetäre Finanzierung durch die Zentralbank ausschließen. Die Kosten, die einem Staat daraus entstehen, sind Zinszahlungen. Der Staat muss um so höhere Zinsen für seine Neuverschuldung zahlen, je größer das Haushaltsdefizit ist. Denn die Aufnahmefähigkeit des Kapitalmarktes ist begrenzt. Außerdem hängt der Zins positiv vom Staatsschuldenstand ab, da ein hoch verschuldeter Staat relativ geringe Bonität bei Anlegern genießt. Insgesamt kann man davon ausgehen, dass die Kosten der Neuverschuldung disziplinierend auf Staatsdefizite wirken. Dieser disziplinierende Effekt wird durch die Kapitalmarktintegration im Zuge einer Währungsunion abgeschwächt. Der Zinsanstieg ist für den Staat mit defizitärem Haushalt geringer oder fällt ganz fort, trifft dafür aber alle Emittenten im integrierten Kapitalmarkt. Denn das Substitutionsverhältnis zwischen Wertpapieren verschiedener öffentlicher Emittenten (in geringerem Maße auch der privaten: der *crowding-out* Effekt) wird enger. Ein substantieller Teil des Kapitals, das die Sparer im integrierten Wirtschaftsraum anbieten, wird von dem Land mit einer hohen Neuverschuldung angezogen. Das geht zulasten der übrigen Mitgliedländer, bzw. der Nachfrage auf ihren Kapitalmärkten, und treibt den Zinssatz nach oben. Infolge dieser Externalisierung der Kosten von Staatsverschuldung ist zu erwarten, dass die Neigung jedes Staates, sich zu verschulden, in einem hoch integrierten Wirtschaftsraum zunimmt (vgl. Fuest 1995).

Box 15.6: Zinskonvergenz

Die Integration des europäischen Kapitalmarktes und die Schaffung eines einheitlichen Währungsraumes bringen eine weitgehende Konvergenz der unterschiedlichen Zinssätze mit sich. Am deutlichsten wird das bei Staatspapieren sichtbar, die nach Fortfall des Wechselkursrisikos innerhalb des Euroraums in normalen Zeiten geringe Risikounterschiede aufweisen. Abb. 15.4 macht das für langfristige Staatspapiere deutlich.

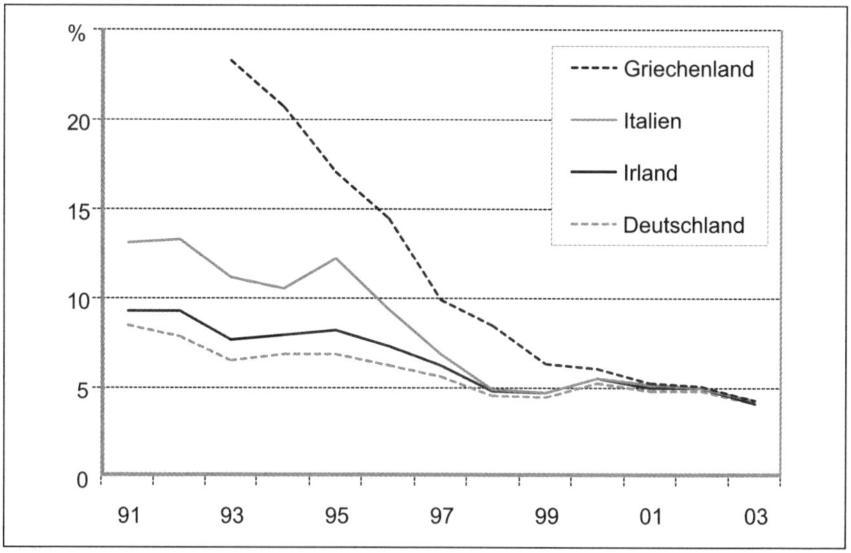

Abbildung 15.4: Nominale Zinssätze für 10-jährige Staatspapiere

Während vor Einführung des Euros Inflationsunterschiede, Wechselkursrisiken und Länderrisiken zu erheblichen Unterschieden der nominalen Zinsen zwischen den

Mitgliedländern geführt haben, sind diese bereits in der Hinführungsphase zum Euro weitgehend ausgeglichen worden. Interessanterweise spiegeln sich unterschiedliche Inflationsraten (vgl. Abb. 15.2) nicht in den nominalen Zinssätzen wider, so dass der Realzins, den der irische Staat 2003 für seine Schulden bezahlen musste, erheblich niedriger lag als zum Beispiel in Deutschland. Warum ist das so? Nun, der Anleger, egal ob Ire oder Deutscher, erhält in beiden Ländern nominal 5 % Rendite auf 10-jährige Staatspapiere. Real erhält der deutsche Anleger mehr als der irische, allerdings aus beiden Anlagen. Bei nationalen Währungen schlagen sich die Inflationsunterschiede in Wechselkursrisiken und damit in Zinsaufschlägen nieder. Bei einer einheitlichen Währung gibt es dieses Risiko nicht mehr. Abb. 15.4 zeigt auch, dass der Kapitalmarkt längere Zeit keine unterschiedlichen Länderrisiken für die Mitglieder der Eurozone einkalkulierte: Der maximale Zinsunterschied in der Eurozone betrug 2007 26 Basispunkte oder 1/4 %. Das hat sich mit der Finanzmarktkrise 2008–09 schlagartig geändert. Dem Markt sind die Risikounterschiede zwischen den Euro-Ländern bewusst geworden, und Länder wie Irland, Griechenland oder Spanien müssen bis zu 3 % höhere Zinsen zahlen als der deutsche Staat.

Von einer Zinskonvergenz profitieren aber nicht nur die Regierungen der Mitgliedländer, sondern auch die Wirtschaft. Bei gleichen unternehmensspezifischen Risiken können die Unternehmen in den einzelnen Mitgliedländern mit tendenziell gleichen Nominalzinsen rechnen. Das dies noch nicht so perfekt wie bei den langfristigen Staatspapieren der Fall ist, liegt an der immer noch unvollständigen Integration der entsprechenden Kapitalmärkte (vgl. Kapitel 8). Auch hier ist der Realzins in den Ländern mit höherer Inflation niedriger als in den preisstabileren Ländern. Man könnte deshalb behaupten, dass sich durch die Einführung des Euros der Zinsvorteil der Preisstabilität umgekehrt hat: Hatten bei nationalen Währungen die deutschen Unternehmen einen deutlichen Kostenvorteil durch niedrige Zinsen und damit einen internationalen Wettbewerbsvorteil, so ist dieser durch den Euro verschwunden, während Unternehmen in Ländern mit höherer Inflation jetzt niedrigere Realzinsen bezahlen (das führt wegen der den Unterschied verursachenden höheren Inflation natürlich nicht zu einem internationalen Wettbewerbsvorteil, schwächt aber die Nachteile aus der höheren Inflation etwas ab).

Das Argument eines *free rider* Verhaltens bedarf allerdings einer gewissen Relativierung. Zum einen ist es nicht auf eine Währungsunion beschränkt, sondern trifft prinzipiell auf jede Form ökonomischer Integration zu. Die Aufhebung von Kapitalverkehrsbeschränkungen im Zuge der Vollendung des gemeinsamen Marktes hat hier bereits einen wesentlichen Beitrag geleistet. Wieso kam es dann aber nicht bereits zu einer Beschränkung fiskalpolitischer Autonomie im Gefolge von Europa 92? Nun, wir sehen, dass der Maastricht Vertrag generell fiskalpolitische Disziplin und Koordinierung fordert, auch für die Länder, die nicht Mitglied der Währungsunion sind. Zum anderen geht das Argument implizit davon aus, dass sich das Angebot am Kapitalmarkt nicht verändert. Wieso sollte aber nicht ein britischer Haushalt durch den zinstreibenden Effekt eines deutschen Budgetdefizits zu größerer Sparneigung veranlasst werden? Ein zinselastisches Angebot an Ersparnissen schwächt den Zinsauftriebseffekt einer Staatsverschuldung ab.

Mögliche negative *spill-over* Effekte von der Finanzpolitik auf die Geldpolitik werden häufig als weitere Begründung für die Beschränkung nationaler finanzpolitischer Autonomie genannt. Ein Staat, der einen hohen Schuldenstand aufweist, muss einen entsprechend hohen Anteil seiner Einnahmen für den Schuldendienst verwenden, wodurch der finanzpolitische Gestaltungsspielraum abnimmt. Ein vermeintlich bequemer Ausweg für die betroffene Regierung besteht darin, auf einen Anstieg der Inflationsrate hinzuwirken, um dadurch den realen Wert der Staatsschuld zu senken. Das macht das Leben für eine auf Preisstabilität verpflichtete Zentralbank schwer. Derartige Versuche, die Zentralbankpolitik zu beeinflussen, werden unwahrscheinlicher, wenn die Staatsschuld durch harte Regeln begrenzt wird und laufende Defizite an eine Obergrenze gebunden sind. Die Gültigkeit dieses Arguments setzt allerdings voraus, dass andere Institutionen als nur die Zentralbank die Geldpolitik beeinflussen können, dass also die Unabhängigkeit der Zentralbank eingeschränkt ist. Insofern muss es ein wenig verwundern, wenn die formal unabhängigen Repräsentanten der EZB dieses Argument anführen, um finanzpolitische Regelbindung einzuführen oder zu verteidigen.

Schließlich haben wir im Zusammenhang mit der Theorie des optimalen Währungsraums verschiedene Möglichkeiten diskutiert, wie sich Volkswirtschaften an asymmetrische Nachfrageschocks anpassen können, wenn der Wechselkurs nicht mehr zur Verfügung steht. Eine der Maßnahmen ist die Einrichtung eines Mechanismus zum interregionalen Finanzausgleich, wie er etwa zwischen den deutschen Bundesländern oder in anderer Form zwischen den Staaten der USA besteht. Dies erforderte allerdings einen höheren Anteil des EU-Budgets an den öffentlichen Finanzen in der Währungsunion. Und das wiederum würde bedeuten, dass die Verfügungsgewalt der Mitgliedstaaten über ihr derzeitiges Budget *a priori* eingeschränkt ist.

Abgesehen vom Souveränitätsproblem gibt es gute ökonomische Argumente dafür, dass die Mitgliedländer einer Währungsunion einen hohen Grad fiskalpolitischer Autonomie benötigen. Denn nach der Zentralisierung der Geld- und Wechselkurspolitik ist die Fiskalpolitik das einzige verbliebene Instrument, mit dem bei einer nicht perfekten Synchronisierung der konjunkturellen Entwicklung makroökonomische Stabilisierungspolitik betrieben werden kann. In diesem Zusammenhang ist nun interessant, dass sich die Befürworter eines uneingeschränkten nationalen Entscheidungsspielraums im Bereich der Fiskalpolitik ebenfalls auf die Theorie des optimalen Währungsraums berufen. Zu Recht wird darauf hingewiesen, dass die fiskalische Zentralisierung mit der Möglichkeit eines umfangreichen Finanzausgleichs unter den Mitgliedländern lediglich einen von mehreren Anpassungsmechanismen dargestellt. Sie ist zugleich aus polit-ökonomischer Sicht die unwahrscheinlichste Variante. Denn das EU-Budget wird auf absehbare Zeit in Relation zu den nationalen Haushalten nicht nennenswert anwachsen. Das Anpassungsproblem bei Nachfrageschocks bleibt also bestehen, und hier, so das Argument, ist besonders die Fiskalpolitik gefragt, da sie angesichts von partieller oder vollständiger Autonomie der Tarifparteien das einzige Instrument ist, das der Staat in einer Währungsunion überhaupt zur Nachfragesteuerung einsetzen kann. Zudem würde eine weitgehende Zentralisierung der Entscheidungskompetenz über die Staatsausgaben kaum dem Subsidiaritätsprinzip gerecht.

Doch gegen die aktive Nutzung der Fiskalpolitik zur konjunkturpolitischen Steuerung gibt es auch gewichtige Bedenken. Der am schwersten wiegende Einwand hat einen Anflug des Unwissenheitsarguments von Hayek: Da die Wirtschaftspolitiker die Zukunft nicht kennen und auch von der Gegenwart nur eine unvollständige Vorstellung haben, können sie bestenfalls auf unmittelbar zurückliegende Ereignisse reagieren. Zusammen mit den Implementierungslags (den zeitlichen Wirkungsverzögerungen) wirtschaftspolitischer Maßnahmen führt das dazu, dass diese erst zu einem Zeitpunkt effektiv werden, da sie nicht mehr angebracht sind. So können aus antizyklischen Maßnahme prozyklische Effekte entstehen. Der keynesianische Versuch, das Argument *ad absurdum* zu führen, denn es müsse dann auch im Rahmen der monetären Stabilisierungspolitik gelten und die Möglichkeit der Preisstabilisierung einschränken (Spahn 2004: 436), trifft nicht ganz die Sache. Denn Preisstabilisierung ist sehr viel weniger als Outputstabilisierung auf korrektes *timing* angewiesen: Es geht in der Regel um die Dämpfung von Auftriebstendenzen, während Anti-Deflationsmaßnahmen nur selten erforderlich sind. Dabei ist es jedoch nicht so wichtig, ob die inflationshemmende Wirkung der Maßnahmen ein Quartal früher oder später eintritt.

Des weiteren ist der Erfolg einer aktiven Konjunkturpolitik in einer offenen Wirtschaft begrenzt, denn sie wirkt sich eben auch über die Grenzen hinweg aus: Die zusätzliche Nachfrage aus einem staatlichen Investitionsprogramm wird möglicherweise von ausländischen Firmen befriedigt. Wir haben bereits im Rahmen der Wettbewerbspolitik gesehen, dass eine Beschränkung der Staatsaufträge auf nationale Anbieter unzulässig ist. Gemeinsamer Markt und Währungsunion haben den Handel unter den Mitgliedländern auch in diesem Bereich stimuliert. So erstaunt es nicht sehr, dass neuere empirische Untersuchungen die Wirkung diskretionärer fiskalpolitischer Maßnahmen eher gering einschätzen.

Unkoordinierte Aktivitäten aktiver nationaler Budgetpolitik können zusammen mit dem erwähnten *free rider* Problem in einer Währungsunion schließlich die erforderliche Politikmischung durcheinander bringen und damit die Zentralbank auf den Plan rufen, die mit ihrer Geldpolitik stabilisierend gegensteuert (Europäische Kommission 2004 g: 99 f.). Das gegen Haushaltsdefizite, d.h. Schuldenbildung, häufig angeführte Ricardianische Äquivalenztheorem (die privaten Haushalte antizipieren die aus der öffentlichen Schuld folgenden höheren Steuern und reagieren mit vermehrtem Sparen, wodurch der Nachfrage-Effekt des Haushaltsdefizits wieder aufgehoben wird) ist solange nicht relevant, wie die aktive Konjunkturpolitik symmetrisch ist und man rational erwarten darf, dass die entstandenen Schulden in Boomzeiten wieder abgebaut werden.

Offensichtlich haben wir es bei der Fiskalpolitik in einer Währungsunion mit einer klassischen *trade-off* Situation zu tun. Finanzpolitische Regelbindung auf EU-Ebene dient dem Ziel der Preisniveaustabilität und der Nachhaltigkeit der öffentlichen Finanzen. Eine weitgehende nationale Autonomie ist hingegen erforderlich, um es den nationalen Regierungen zu ermöglichen, auf asymmetrische Schocks und zyklische Schwankungen zu reagieren, die nicht in allen Mitgliedländern der Währungsunion gleichläufig sind. Zugunsten welches Ziels haben die Entscheidungsträger der Gemeinschaft den *trade-off* gelöst? Schauen wir uns dazu die Regelungen bezüglich der Finanzpolitik in der Gemeinschaft an.

15.4.2 Die vertraglichen Regelungen

Artikel 4 EG fordert als „richtungweisenden Grundsatz" gesunde öffentliche Finanzen der Mitgliedstaaten. Was darunter zu verstehen ist, wird in Artikel 104 EG sowie dem Protokoll über das Verfahren bei einem übermäßigen Defizit spezifiziert: Ein geplantes oder tatsächliches Haushaltsdefizit darf 3 % des BIP nicht überschreiten, die Obergrenze für den öffentlichen Schuldenstand liegt bei 60 %. Wir haben diese Werte bereits als Maastrichter Konvergenzkriterien kennen gelernt. Bei der Beschneidung fiskalischer Autonomie der Mitgliedstaaten geht es folglich auch darum, den beim Eintritt in die dritte Stufe der Währungsunion erreichten Konvergenzstand dauerhaft zu sichern. Die Regeln von Art. 104 EG gelten aber auch für Mitgliedstaaten, die den Euro nicht eingeführt haben. Lediglich die Vorkehrungen des Stabilitäts- und Wachstumspaktes beziehen sich nur auf die Länder, die den Euroraum bilden. Mit der Verabschiedung des Maastricht-Vertrags verfolgte die Gemeinschaft offensichtlich die Absicht, die Fiskalpolitik zu harmonisieren und einen ersten Schritt in Richtung auf eine Wirtschaftsunion zu nehmen, die prinzipiell unabhängig von der Währungsunion existiert.

Box 15.7: Haushaltsdefizite – warum oder warum lieber doch nicht?

Der Umfang des Staatshaushalts ist über die letzten 150 Jahre dem von Adolph Wagner 1864 formulierten „Gesetz der wachsenden Staatsausgaben" folgend gewaltig gestiegen. Dafür sind die wachsenden Aufgaben verantwortlich, die man im Rechts- und Wohlfahrtsstaat der öffentlichen Hand zugewiesen hat. Bis zur wirtschaftspolitischen Revolution von John Maynard Keynes (1883–1946) galt allerdings unumstößlich die orthodoxe finanzpolitische Doktrin, das der Staatshaushalt ausgeglichen und so klein wie möglich zu sein habe. Ausnahmen davon wurden nur in Kriegs- und Katastrophenzeiten gemacht. Für die Europäische Gemeinschaft gilt, wie wir in Kapitel 11 gesehen haben, diese Doktrin bis heute – nicht so für ihre Mitgliedländer. Keynes sah im tiefen konjunkturellen Einbruch der Weltwirtschaftskrise nach 1929 eine Katastrophenzeit, die eine Ausnahme von der Regel rechtfertige. Die keynesianisch beeinflusste Theorie der Wirtschaftspolitik verallgemeinerte seine Argumentation zur so genannten anti-zyklischen Finanzpolitik.

Grundsätzlich kann anti-zyklische Finanzpolitik mit einem mittelfristigen Schuldenstand von Null gefahren werden. Inzwischen wird aber in jeder Phase der

Wachstumsverlangsamung nach finanzpolitischen Maßnahmen zur Wiedererreichung des „normalen" Wachstumspfades gerufen. Die Korrekturen des Stabilitäts- und Wachstumspaktes von 2005 (s. weiter unten) reflektieren diese Einstellung. Im Ergebnis führt das progressive Aufweichen der orthodoxen Doktrin zu einem zunehmenden Schuldenstand: In den 20 Jahren von 1977 bis 1997 wuchsen die öffentlichen Schulden der EU-12 von 31% auf 75,4% des BIP. Der Vertrag von Maastricht und der Stabilitäts- und Wachstumspakt haben diesen Trend vorläufig gebrochen : Von 1997 bis 2007 nahm der Schuldenstand der EU-15 69,9% auf 60,4% ab.

Gegen konjunkturell bedingte Defizite, die durch automatische Stabilisatoren (s. Box 15.9) verursacht werden, ist nichts einzuwenden. Der Versuch, in Abschwungsphasen das Budget auszugleichen, verstärkt die Krise nur, genauso wie in Boomphasen die Ausgabe möglicher Überschüsse eine Überhitzung verursachen kann. Probleme tauchen vor allem dann auf, wenn Regierungen einen diskretionären Handlungsspielraum in der Finanzpolitik erhalten und diesen aktiv nutzen. Einige der Probleme haben wir bereits benannt. Sie resultieren in der Feststellung, dass die Fiskalpolitik in zahlreichen Ländern eher eine pro- als eine anti-zyklische Wirkung aufweist: „Discretionary fiscal policies in Euro area countries over the past three decades have generally been pro-cyclical – that is expansionary in good times, contractionary in bad times – thereby undermining the role of automatic stabilizers" (IMF 2004: 111, zitiert nach Tanzi 2005: 57). Auch die Hoffnung auf eine wachstumsstimulierende Wirkung einer schuldenfinanzierten Expansionspolitik scheint zu trügen: Es sind eher Länder, in denen der Haushalt konsolidiert wurde, die rasch zu einem Aufschwung kommen.

Literatur: Tanzi 2005.

Art. 104 EG weist der Gemeinschaftsebene Überwachungsbefugnisse zu. Aufgabe der Kommission in diesem Zusammenhang ist es, einen Bericht über die Haushaltslage von Mitgliedstaaten zu verfassen, die mindestens eines der beiden Kriterien nicht erfüllen oder das Defizitkriterium nicht zu erfüllen drohen. Aufgrund einer entsprechenden Empfehlung der Kommission kann der Ministerrat dann mit qualifizierter Mehrheit ein übermäßiges Defizit in dem entsprechenden Land feststellen und geeignete Maßnahmen zur Defizitbegrenzung vorschlagen sowie eine Frist setzen, in der diese Maßnahmen ergriffen werden müssen. Für den Fall, dass der betreffende Mitgliedstaat innerhalb dieser Frist keine wirkungsvollen Korrekturen vornimmt, sieht Art. 104 verschiedene Möglichkeiten vor, Sanktionen zu verhängen. Sie reichen von der Veröffentlichung der Empfehlungen, die auf eine Disziplinierung durch den Reputationsmechanismus abzielt, bis hin zu einer Geldbuße in angemessener Höhe. Jede dieser Maßnahmen erfordert im Ministerrat eine qualifizierte Mehrheit.

Trotz dieser Bewehrung mit Sanktionsmöglichkeiten sahen einige Mitgliedstaaten, allen voran Deutschland, das Regelwerk des Maastricht-Vertrags nicht als ausreichenden Garant für finanzpolitische Disziplin in der Währungsunion an. Dafür gab es auch gute Gründe. Art. 104 Abs. 9 EG erklärt ausdrücklich, dass die Einhaltung fiskalischer Disziplin nicht beim EuGH eingeklagt werden könne. Entscheidungen obliegen also ausschließlich dem Ecofin-Rat, dem Kreis der Wirtschafts- und Finanzminister. Wer aber trägt maßgebliche Verantwortung für ein Budgetdefizit wenn nicht der Finanzminister? Täter, tatsächliche von heute und potentielle von morgen, richten über sich selbst. Was anders als ein Freispruch ist da zu erwarten? Zudem enthält Artikel 104 zahlreiche unpräzise und interpretationsbedürftige Formulierungen, so dass ein solcher Freispruch nicht einmal im Widerspruch zum EG-Vertrag stehen würde. Kurzum: Auf deutschen Druck wurde im Jahre 1997 ergänzend der von Beginn an ungeliebte Stabilitäts- und Wachstumspakt ins Leben gerufen. Als einziges Mitgliedland der Union hatte Deutschland schon seit längerer Zeit (1967) im „Gesetz zur Förderung der Stabilität und des Wachstums der Wirtschaft" (StWG) einen gesetzlichen Rahmen für die Stabilitätspolitik. Ob dadurch das gesamtwirtschaftliche Gleichgewicht gestärkt worden ist oder nicht, ist Gegenstand der Diskussion. Doch über die Jahre hat auch das Gesetz nicht verhindern können, dass der deutsche Staatshaushalt seit 1990, mit Ausnahme des Jahres 2000, ein Defizit aufwies, das 1996 und von 2002 bis 2005 > 3 % war. Erst 2007 gelang es, den Haushalt auszugleichen. Die Krise von 2008–09 resultierte dann wieder in einem negativen Haushaltssaldo.

Box 15.8: Haushaltsdefizit – aber welches?

Das laufende Haushaltsdefizit, auf das sich die fiskalischen Regeln der Wirtschafts- und Währungsunion beziehen, ist der tatsächliche Finanzierungssaldo des öffentlichen Sektors, also die Einnahmen abzüglich der Ausgaben eines Mitgliedstaates in einem bestimmten Jahr. Der öffentliche Sektor schließt neben dem Zentralhaushalt (Bundeshaushalt) auch die Haushalte nachgelagerter Gebietskörperschaften (Länder und Gemeinden) sowie der öffentlichen Sozialhaushalte mit ein. Genaue Definitionen sowie weitere Regelungen, etwa zum Umgang mit Parafisci oder der Behandlung öffentlicher Unternehmen, sind europaweit durch das ESA (*European System of Integrated Economic Accounts*) harmonisiert. Zur Ermittlung von Konsolidierungsanstrengungen im Rahmen von ökonomischen Analysen ist bisweilen das laufende Primärdefizit aussagekräftiger, bei dessen Berechnung Zinszahlungen und Zinserträge nicht berücksichtigt werden.

Vom laufenden Defizit zu unterscheiden ist das konjunkturbereinigte Haushaltsdefizit, bei dem es um die Frage nach der mittelfristigen Haushaltsposition geht. Das laufende Defizit wird dafür in eine strukturelle und eine zyklische Komponente zerlegt und die zyklische Komponente herausgerechnet. Der so genannte strukturelle oder zyklisch angepasste Budgetsaldo (ZAB) ist eine nicht beobachtbare, hypothetische Größe, der zahlreiche theoretische Annahmen zugrunde liegen. Die Kommission berechnet diese Größe nach der Gleichung

$$ZAB = B - \alpha G$$

wobei B den aktuellen Budgetsaldo wiedergibt und αG die zyklische Komponente darstellt. G ist dabei die Output-Lücke, d.h. die Differenz zwischen dem tatsächlichen und einem kontrafaktuellen potentiellen Output, und α die Sensitivität des Budgetsaldos bezüglich der Output-Lücke.

Vor allem die Schätzung der Output-Lücke wirft einige theoretische und praktische Probleme auf (vgl. Europäische Kommission 2004 g: 97f.). Die Sensitivität des Budgetsaldos setzt sich zusammen aus den Elastizitäten der einzelnen Budgetposten bezüglich der Output-Lücke. Sie kann sich von Land zu Land unterscheiden. In der Tendenz ist sie höher in Ländern mit einem hohen Anteil der Staatsausgaben am BIP und in Ländern mit progressiveren und konjunkturempfindlichen Steuersystemen, also z.B. den skandinavischen Ländern (Girouard/André 2005, van den Noord 2000). Die zyklische Komponente stellt im wesentlichen die Wirkung der automatischen Stabilisatoren (s. Box 15.9) dar, die man durch Haushaltsregeln natürlich nicht außer Kraft setzen will. Es ist das strukturelle Defizit, das im Zentrum der fiskalpolitischen Stabilisierungsbemühungen steht.

In seiner ursprünglichen Form bestand der europäische Stabilitäts- und Wachstumspakt aus einer Resolution des Europäischen Rates von Amsterdam und aus zwei Richtlinien, die der Ministerrat im Jahre 1997 erlassen hat. Letztere wurden im März 2005 geändert. In ihrer Amsterdamer Resolution verständigten sich die Staats- und Regierungschefs der Mitgliedstaaten darauf, gesunde öffentliche Finanzen als mittelfristig annähernd ausgeglichenen Haushalt oder einen Haushaltsüberschuss zu definieren. Diese Formulierung zielt darauf ab sicher zu stellen, dass in Zeiten eines ökonomischen Abschwungs ausreichend Raum für das Wirken automatischer Stabilisatoren (vgl. Box 15.9) oder im Einzelfall auch für diskretionäre Maßnahmen antizyklischer Fiskalpolitik besteht. Weiterhin bekräftigt die Resolution nachdrücklich den Willen der Unterzeichner, die begleitenden Richtlinien fristgerecht und strikt in nationales Recht umzusetzen.

Box 15.9: Was sind automatische Stabilisatoren?

Als automatische Stabilisatoren werden diejenigen Einnahme- und Ausgabekomponenten des öffentlichen Haushalts bezeichnet, die antizyklisch wirken, ohne dass die Politik mit diskretionären konjunkturabhängigen Beschlüssen eingreift. Auf der Einnahmenseite zählen dazu vor allem einkommensabhängige Steuern und Sozialabgaben und in geringerem Maße Verbrauchssteuern, auf der Ausgabenseite verschiedene Transferzahlungen (Sozialausgaben) an private Haushalte.

Eine Rezession führt zu steigender Arbeitslosigkeit und einem Rückgang von Unternehmensgewinnen. Dementsprechend sinken die Einnahmen aus der Besteuerung von Arbeitseinkommen und Gewinnen. Umgekehrt steigen die Ausgaben der Arbeitslosen- und Sozialversicherung. Es kommt also gewissermaßen automatisch zu einem steigenden Haushaltsdefizit, das den Konjunktureinbruch abfedert. Der weitaus größere Effekt wirkt dabei über die Einnahmenseite, wohingegen der automatische Anstieg der Ausgaben im Staatshaushalt – anders als bei den Sozialhaushalten – eher gering ist.

Nach Berechnungen der OECD führt ein einprozentiges Absinken des BIP in Deutschland zu einem Anstieg des Haushaltsdefizits um 0,5 % des BIP. In Box 15.8 haben wir diesen Parameter als Sensitivität des Budgetsaldos bezüglich der

Output-Lücke bereits kennen gelernt. Ein plötzlicher Wachstumseinbruch von + 1,5 % auf – 2,0 % würde also von einem anfangs ausgeglichenen Haushalt zu einem Defizit in Höhe von ca. 1,8 % des BIP führen. Das Zahlenbeispiel macht deutlich, dass ein Haushaltsdefizit von mehr als 3 % des BIP bei einem Wirtschaftswachstum von etwas unter + 1 % offensichtlich eine Ausgangssituation mit einem strukturellen Budgetdefizit voraussetzt. Das erklärt die Bedeutung, die die Gemeinschaft einem mittelfristig ausgeglichenen Haushalt beimisst. In den 1990er Jahren haben die automatischen Stabilisatoren in der OECD etwa ein Viertel der zyklischen Schwankungen der Wirtschaftsentwicklung ausgeglichen (Girouard/André 2005, van den Noord 2000).

Die beiden Richtlinien verleihen dem Stabilitäts- und Wachstumspakt einen präventiven Arm zur Vermeidung übermäßiger öffentlicher Defizite sowie einen korrektiven Arm, der das Verfahren beschreibt, womit ein übermäßiges Defizit bekämpft werden soll. Schauen wir uns zunächst diese Regelungen an, wie sie bis März 2005 galten, bevor wir ihre Modifikation diskutieren und die Gründe, die dazu geführt haben.

Ein öffentliches Defizit gilt als übermäßig, wenn es 3 % des BIP übersteigt. Allerdings gelten Ausnahmen, wenn ein Mitgliedstaat im selben Jahr einen BIP-Rückgang von mindestens 2 % zu erleiden hatte oder wenn der betroffene Mitgliedstaat bei einem BIP-Rückgang zwischen 0,75 % und 2 % deutlich machen kann, dass der Abschwung unerwartet kam und sich aus dem Produktionstrend vergangener Perioden nicht bereits ablesen ließ. Das heißt, ein übermäßiges Budgetdefizit kann nur bei einer ernsthaften Rezession oder im Fall eines unerwarteten Konjunktureinbruchs toleriert werden. Beides sind eher seltene Fälle. Keiner der Verstöße gegen den Stabilitätspakt, die zwischen 1999 und 2008 aufgetreten sind, erfüllt diese Bedingungen.

Um dem Entstehen eines übermäßigen Defizits vorzubeugen, übermitteln die Mitgliedstaaten der Kommission Stabilitätsprogramme, die auf einen mittelfristig ausgeglichenen oder überschüssigen Haushalt abzielen müssen. Auf Grundlage einer Empfehlung der Kommission beschließt der Ministerrat, ob die nationale Haushaltsplanung ausreichenden finanziellen Handlungsspielraum lässt, um ein übermäßiges Defizit auch bei ungünstiger Wirtschaftsentwicklung zu vermeiden, und ob die Haushaltsplanung im Einklang mit den Grundsätzen der Wirtschaftspolitik steht. Des weiteren überwacht der Rat die Umsetzung des Stabilitätsprogramms und erteilt gegebenenfalls einem Mitgliedstaat Empfehlungen für notwendige Anpassungsmaßnahmen, sofern der Rat das mittelfristige Haushaltsziel gefährdet sieht.

Sollte all dies den Finanzminister eines Mitgliedstaates nicht Sparsamkeit lehren und es zu einem übermäßigen Defizit kommen, so präzisiert und unterstützt der korrektive Arm des Paktes das in Art. 104 EG genannte Verfahren bei einem übermäßigen Defizit. Danach ist der Rat aufgefordert, innerhalb von 10 Monaten Sanktionen gegen einen Mitgliedstaat zu verhängen, der die Empfehlungen zum Defizitabbau auch nach Ablauf der vom Rat gesetzten Frist nicht einhält. Die Entscheidung, eine Sanktion zu verhängen, geht in jedem Falle mit einer nicht verzinsten Einlage des betreffenden Mitgliedstaates in Höhe von 0,2 % des BIP einher. Hinzu kann eine ebenfalls unverzinste variable Einlage in Höhe von maximal 0,5 % des BIP kommen. Wenn nach weiteren zwei Jahren keine Korrektur des exzessiven Defizits erfolgt, wird die Einlage automatisch in eine Strafe umgewandelt, die in keinem Falle zurückerstattet wird. Das sind drakonische Maßnahmen, die Wirkung zeigen sollten – oder etwa nicht?

Sie taten es nicht. Die Erfahrung mit den Regelungen aus Art. 104 EG und dem Stabilitäts- und Wachstumspakt zeigt zum einen, dass die finanzpolitische Disziplin in der Anlaufphase zur Währungsunion höher war als nach ihrem Inkrafttreten. Die Drohung, nicht in den Euroraum aufgenommen zu werden, war offensichtlich wirksam, die Drohungen des Stabilitäts- und Wachstumspaktes sind es nicht. Und zum anderen zeigt die Erfahrung, dass die mittleren und kleineren Mitgliedländer sich eher an die gemeinsamen Regeln halten als die großen. Das ist natürlich besonders fatal, da von den kleineren Ländern eine sehr viel geringere Gefahr für die Stabilität der gemeinsamen Währung ausgeht als von den großen. Das Ziel eines mittelfristig ausgeglichenen Staatshaushalts mit Überschüssen in guten Jahren ist nur in wenigen Ländern erreicht worden (vgl. Tab. 15.2). Deutschland war, wie erwähnt, in der Zeit von 1990 bis 2006 weit davon entfernt. Ob der Wiedervereinigungsschock das über den gesamten Zeitraum rechtfertigt, mag bezweifelt werden.

Im Jahr 2003 kam es zu einem Eklat, den man durchaus als Feuerprobe für die Wirtschafts- und Währungsunion bezeichnen kann. Deutschland und Frankreich wiesen im zweiten Jahr in Folge ein übermäßiges Defizit auf (vgl. Tabelle 15.2). Die Kommission als Hüterin der Verträge empfahl dem Ecofin-Rat die entsprechenden Maßnahmen zu ergreifen, die das Verfahren bei einem übermäßigen Defizit vorsieht. Der Ecofin-Rat entschied abweichend davon, das Defizitverfahren gegen Deutschland und Frankreich auszusetzen. Es hagelte Kritik von allen Seiten: Kleine Länder monierten eine Ungleichbehandlung im Vergleich zu großen und fühlten sich benachteiligt. Die Defizitsünder versuchten, besondere Umstände für ihre jeweilige Lage verantwortlich zu machen und forderten eine Flexibilisierung des Paktes. Die europäischen Währungshüter reklamierten eine Verschärfung des Paktes zur wirkungsvollen Disziplinierung laxer Finanzpolitik. Aus der Kommission gab es Stimmen, die den Pakt insgesamt verdammten. Und zu guter letzt ließ der griechische Haushaltsschwindel grundsätzliche Fragen daran aufkommen, inwieweit man dem kooperativen Verhalten europäischer Partner trauen könne. Nicht nur die Glaubwürdigkeit des Stabilitäts- und Wachstumspaktes war erschüttert, sondern es kamen sogar Zweifel an der Dauerhaftigkeit der Wirtschafts- und Währungsunion auf. Jedenfalls flammte in Italien kurzzeitig eine populistische Diskussion auf über eine Wiedereinführung der Lira.

Tabelle 15.2: Budgetdefizite der EU-Mitgliedstaaten 1999–2007, in % des BIP

Land	*1999–2001*	*2002–2005*	*2006*	*2007*	*Land*	*1999–2001*	*2002–2005*	*2006*	*2007*
Eurozone					*Nicht-Euro-Länder*				
Belgien	0,1	-0,6	0,3	-0,2	Bulgarien	–	0,4	3,0	3,4
Deutschland	-1,0	-3,7	-1,6	0,0	Dänemark	1,6	1,8	4,8	4,4
Finnland	4,5	3,0	4,1	5,3	Estland	-1,3	1,4	3,4	2,8
Frankreich	-1,6	-3,4	-2,4	-2,7	Großbrit.	1,7	-3,0	-2,6	-2,9
Griechenland	–	-5,7	-2,6	-2,8	Lettland	-3,0	-1,1	-0,2	0,0
Irland	2,8	0,8	3,0	0,3	Litauen	-3,2	-1,1	-0,5	-1,2
Italien	-1,9	-3,5	-3,4	-1,9	Polen	-3,5	-5,3	-3,8	-2,0
Luxemburg	5,2	0,3	1,3	2,9	Rumänien	-4,1	-1,5	-2,2	-2,5
Malta	-5,1	-5,8	-2,6	-1,8	Schweden	2,3	0,2	2,3	3,5
Niederlande	0,7	-1,8	0,5	0,4	Tschechien	-3,3	-5,0	-2,7	-1,6
Österreich	-1,3	-1,8	-1,5	-0,5	Ungarn	-4,1	-7,6	-9,2	-5,5
Portugal	-3,3	-3,8	-3,9	-2,6					
Slowakei	-8,6	-4,0	-3,6	-2,2					
Slowenien	-3,6	-2,3	-1,2	-0,1					
Spanien	-1,0	0,0	1,8	2,2					
Zypern	-2,9	-4,4	-1,2	3,3					

Quelle: Eurostat

Die Kommission hat die Ablehnung ihrer Empfehlungen durch den Rat nicht auf sich beruhen lassen, sondern vor dem EuGH gegen den Rat geklagt, um die richtige Interpretation und Anwendung des Paktes gerichtlich klären zu lassen. Das Urteil des Gerichtshofes erging im Juli 2004 (Rs. C-27/04) und fiel vergleichsweise zögerlich aus. Zwar erkannte der Gerichtshof an, dass die Bestimmungen des Paktes keine *per se* Regeln aufstellen, sondern im Einzelfall zu überprüfen sind, so dass der Rat bei ihrer Anwendung einen Ermessensspielraum hat. Grundsätzlich sind Kommission und Rat zur Zusammenarbeit angehalten, was aber ein Abweichen des Rates von den Kommissionsempfehlungen nicht ausschließt. Der zentralen Frage, wo die Grenzen des Ermessensspielraums liegen und wie die Macht zwischen Rat und Kommission in diesem Bereich verteilt sein sollte, wich der EuGH allerdings aus.

Wie konnte es zu dieser Entwicklung kommen? Zwei Gruppen von Ursachen sind zu nennen. Zum eine weist der Stabilitäts- und Wachstumspakt eine inhaltliche Fehlspezifizierung der fiskalischen Regeln mit Blick auf das Ziel eines mittelfristig ausgeglichenen Haushalts der Mitgliedstaaten auf. Zum anderen mangelt es an Durchsetzbarkeit der Regeln insbesondere hinsichtlich des Verfahrens bei einem übermäßigen Defizit.

Das wesentliche inhaltliche Problem des Paktes ist seine asymmetrische Ausgestaltung. In wirtschaftlich schlechten Zeiten sieht er eine Begrenzung öffentlicher Defizite vor, aber er enthält keine Regeln für die fiskalische Konsolidierung in guten Zeiten. Damit sieht er sich mit dem gleichen Problem konfrontiert, wie schon die Protagonisten keynesianischer antizyklischer Fiskalpolitik in den 1960er und 1970er Jahren: Finanzminister geben gerne Geld aus, aber sie sparen nur ungern, selbst dann nicht, wenn sie es sich eigentlich leisten könnten. Wir haben in Box 15.9 gesehen, dass die Defizitgrenze von 3 % des BIP selbst im Falle einer drastischen Rezession ausreichend Raum für automatische Stabilisatoren bietet, aber eben nur dann, wenn der Haushalt vorher ausgeglichen war.

Das Jahr 2000 war ein ökonomisch positives Jahr, in dem das Wachstum im Euroraum bei 3,5 % lag. Aber von den elf Mitgliedern des Eurosystems haben nur vier – Finnland, Irland, Luxemburg und die Niederlande – den entstandenen Spielraum zu einer entschlossenen Haushaltskonsolidierung genutzt, Belgien und Deutschland hatten immerhin einen schwach positiven Saldo. In der Eurozone insgesamt waren die öffentlichen Haushalte gerade einmal ausgeglichen. Von den übrigen vier EU-Mitglieder, die nicht dem Stabilitäts- und Wachstumspakt unterlagen, haben Großbritannien, Schweden und Dänemark auch in guten Zeiten tendenziell antizyklische Fiskalpolitik betrieben. Nur Griechenland machte da eine Ausnahme und hat sein Verhalten nach dem Eintritt in den Euroraum auch nicht gebessert. Der Stabilitäts- und Wachstumspakt ist folglich in wirtschaftlich guten Zeiten bestenfalls wirkungslos.

Die Kritik hat weitere inhaltliche Probleme aufgespießt, so z.B. die allzu simple, rigide und ökonomisch nicht gut fundierte Gestaltung der numerischen Werte. Die Defizitmarke von 3 % gilt uniform für alle Mitglieder der Währungsunion. Die numerische Ausprägung der Defizitgrenze entstammt den Maastrichter Konvergenzkriterien. Sie beruht, wie schon erwähnt, auf der Idee, dass eine dreiprozentige Neuverschuldung das Staatsschuldenniveau bei 60 % stabilisiert, wenn das nominale BIP-Wachstum 5 % pro Jahr beträgt. Der Wachstumstrend in den EU-Mitgliedstaaten variiert aber erheblich. Die logische Konsequenz für die Fiskalpolitik lautet: *one size does not fit all.* In Deutschland und Frankreich, deren durchschnittliches nominales Wachstum unter 5 % liegt, müsste die Defizitgrenze zur Stabilisierung der Staatsschuld geringer als 3 %, in Irland hingegen könnte sie deutlich höher sein. Ähnlich kann argumentiert werden, dass die zulässige Defizitmarke vom Staatsschuldenstand abhängen sollte. Hoch verschuldete Staaten würden demnach engere Verschuldungsgrenzen zu beachten haben als Länder mit moderatem Schuldenstand (vgl. Fatás et al. 2003).

Eine weitere, ökonomisch sinnvolle Flexibilisierungsmöglichkeit eröffnet sich, wenn man nicht nur die Höhe des öffentlichen Defizits betrachtet, sondern auch dessen Struktur. In Deutschland z.B. gilt die so genannte goldene Regel, wonach ein öffentliches Defizit verfassungskonform ist, so lange es die Höhe der öffentlichen Investitionen nicht überschreitet. Dahinter steckt die normale wirtschaftliche Überlegung, dass Investitionen kreditfinanziert sein können, laufende Ausgaben dagegen nicht. Infrastrukturinvestitionen machen den Standort attraktiver, locken Unternehmen an und führen zu höheren Einnahmen bei der Körperschaftssteuer. Investitionen in das Bildungssystem ermöglichen Humankapitalbildung, die zu höheren Einkommen und dementsprechenden Einkommensteueraufkommen führen. Nun ist es nicht so, dass öffentliche Investitionen sich in jedem Fall in Form höherer Steuereinnahmen „rentieren". Doch haben sie einen sozialen Ertrag, der nicht nur der gegenwärtigen, sondern auch künftigen Generationen zugute kommt. Die Transparenz des öffentlichen Haushalts und die Fairness gegenüber den Generationen lassen eine Trennung von laufenden und investiven Ausgaben und ihre unterschiedliche Behandlung in den Budgetregeln sinnvoll erscheinen (Fatás 2005). Mitgliedstaaten mit hohen öffentlichen Investitionen dürften nach dieser Regel ein höheres Defizit aufweisen.

Das Problem der Durchsetzbarkeit des Verfahrens bei einem übermäßigen Defizit ist durch den oben beschriebenen Umgang mit dem deutschen und dem französischen Defizit im Jahre 2003 evident. Wenn Finanzminister, die für die Defizite verantwortlich sind, sich selbst sanktionieren sollen, dann ist das keine glaubwürdige Ordnungskonstruktion. Zudem birgt das Entscheidungsverfahren mit qualifizierter Mehrheit in der Tat eine Unleichbehandlung großer und kleiner Mitgliedländer in sich. Zwei große Länder wie Deutschland und Frankreich besitzen zusammen 58 Stimmen im Ministerrat und benötigen von den restlichen 287 lediglich 30 weitere Stimmen für eine Sperrminorität. Die Fortsetzung des Defizitverfahrens im Jahre 2003 (damals hatten Deutschland und Frankreich gemeinsam 20 Stimmen und benötigten von den restlichen 67 nur weitere 6 Stimmen für die Sperrminorität) wäre unter diesen Umständen eine größere Überraschung gewesen als dessen Aussetzen. Kleine Länder mit geringerem Stimmengewicht können sich darauf nicht verlassen. Um das Glaubwürdigkeitsproblem zu beheben, ist verschiedentlich vorgeschlagen worden, die Überwachung der öffentlichen Finanzen (wohlgemerkt: nicht die Entscheidungskompetenz) an ein unabhängiges Gremium zu delegieren (vgl. Fatás et al. 2003, Sapir et al. 2004).

Im März 2005 verabschiedete der Ecofin-Rat eine Änderung des Stabilitäts- und Wachstumspaktes, durch die der Pakt Glaubwürdigkeit zurückgewinnen sollte (vgl. im einzelnen Tab. 15.3). Die neuen Regelungen gehen zum Teil auf die oben festgestellten inhaltlichen Problemen der ursprünglichen Fassung ein. So wurde eine Flexibilisierung des mittelfristigen Haushaltsziels in Abhängigkeit vom Schuldenstand eines Mitgliedstaates eingeführt. Zudem wurde dem asymmetrischen Charakter des Paktes entgegengewirkt, indem nun auch Vorschriften zur Haushaltskonsolidierung in wirtschaftlich guten Zeiten bestehen. Alle anderen Änderungen hingegen lockern den finanzpolitischen Spielraum der Mitgliedstaaten. Die Liste der Ausnahmen, unter denen man ein Defizit von 3 % überschreiten darf, wurde verlängert, die Fristen zur Korrektur eines Defizits ebenfalls.

Tabelle 15.3: Änderungen im Stabilitäts- und Wachstumspakt vom März 2005

	Bis März 2005	*Seit März 2005*
Umstände, unter denen das Haushaltsdefizit 3 % vorübergehend geringfügig überschreiten darf	Außergewöhnliches Ereignis, wie z.B. Naturkatastrophen,	Zusätzlich: Strukturreformen, andere relevante Faktoren, wie Ausgaben für Forschung, europäische politische Ziele, internationale Solidarität, Investititionsprogramme, Rentenreformen, Konsolidierungspakete, besonders hohe EU-Beiträge
Umstände, unter denen ein übermäßiges Defizit zulässig ist	BIP-Rückgang > 2 % BIP-Rückgang > 0,75 %, wenn der Abschwung jäh ist, ein starker Produktionsrückgang gegeben ist, weitere außerordentliche Umstände vorliegen	Zusätzlich: Längere wirtschaftliche Stagnation, oder sehr schwaches Wachstum
Frist zur Korrektur eines übermäßigen Defizits	Innerhalb von einem Jahr nach der Feststellung	Zusätzlich: Jährliche Mindestkorrektur des zyklisch korrigierten Defizits um mindestens 0,5 % des BIP, unter besonderen Umständen innerhalb von 2 Jahren nach der Feststellung, Fristverlängerung bei erkennbaren Anstrengungen und schwacher Konjunktur

	Bis März 2005	*Seit März 2005*
Frist zur Umsetzung von Korrekturempfehlungen	4 Monate	6 Monate
Mittelfristiges Haushaltsziel	Ausgeglichenes Budget oder Überschuss	1 % Defizit bei geringem Schuldenstand und hohem Potentialwachstum Ansonsten ausgeglichenes Budget oder Überschuss
Haushaltskonsolidierung in guten Zeiten	–	Defizitabbau um 0,5 % des BIP abzgl. einmaliger Maßnahmen, unerwartete Mehreinnahmen müssen für Schuldenabbau verwendet werden Frühwarnung

Quelle: Deutsche Bank Research (2005: 9)

Das Problem der Durchsetzbarkeit des Paktes griff der Rat allerdings nicht auf. Das konnte man auch nicht erwarten, denn es waren wiederum die Finanzminister, die für die Verabschiedung der Revision verantwortlich zeichneten. Insgesamt zeigt sich, dass einfache und starre numerische Regeln auf Widerstand stoßen und dann zu Anpassungen und Aufweichungen führen. Je offener die Regeln werden und je mehr sie der Interpretation bedürfen, desto größere Möglichkeiten bieten sie für „kreative Buchführung" und Ausweichstrategien. Es hätte möglicherweise genügt, den Stabilitäts- und Wachstumspakt durch die „goldene Regel", d.h. die Ausgliederung des Investitionsbudgets zu ergänzen. Die Einführung einer unabhängigen Monitoring-Instanz, die die Transparenz und Vergleichbarkeit der Daten sicherstellen würde, darf man von den Finanzministern ebenfalls nicht erwarten. Sie würde ihre Spielräume ernstlich einengen.

Es ist nicht frei von Ironie und wird von den europäischen Partnern verständlicherweise mit einer gewissen Süffisanz quittiert, dass vor allem Deutschland, einst ein unerbittlicher Vorkämpfer für die gesetzliche Regelung der Stabilitätspolitik, nun wiederholt Probleme mit der Einhaltung des Paktes hat. Befürworter des Paktes stricken aber gerade hieraus ein Argument zu seinen Gunsten: Wenn selbst ein vermeintlich stabilitätsorientiertes Land den Anreizen einer Währungsunion zur exzessiven Verschuldung erliegt, dann bedarf es um so strikterer Regeln, diese in den Griff zu bekommen. Die neuen Regeln des Paktes werden der Forderung allerdings kaum gerecht.

15.5 Angebotspolitik in der EWWU

Fiskalpolitische Harmonisierung wird in der Regel damit begründet, dass budgetäre Disziplin und Harmonisierung zur Unterstützung der Preisstabilität und damit der zentralisierten Geld- und Wechselkurspolitik erforderlich sind. Solange wie die Europäische Zentralbank wachstums- und beschäftigungspolitische Ziele der Preisstabilität völlig unterordnet, könnten gemeinsame fiskalpolitische Bemühungen auch die gesamteuropäische Konjunkturentwicklung von der Nachfrageseite her zu steuern versuchen. Nationale fiskalpolitische Autonomie bezieht ihre ökonomische Rationalität aus Situationen, in denen asymmetrische Schocks und eine asynchron verlaufende Wirtschaftsentwicklung regional beschränkte Nachfragesteuerung wünschenswert machen. Während die fiskalpolitischen Implikationen der Preisstabilisierung wenig umstritten sind, tauchen im Fall der Outputstabilisierung zwei Fragen auf:

- inwieweit ist Nachfragesteuerung effektiv und
- inwieweit sind regionale Eigenentwicklungen in einer Wirtschafts- und Währungsunion wahrscheinlich?

Der Monetarismus hat die geldpolitische Nachfragesteuerung weitestgehend diskreditiert, was einige Zentralbanken wie z.B. das amerikanische Federal Reserve Board nicht daran hindert, Preisstabilisierung und Outputstabilisierung gleichzeitig zu verfolgen. Die Einwände gegen eine fiskalpolitische Nachfragesteuerung, von denen wir einige weiter oben erwähnt haben, sind dagegen noch nicht so schwerwiegend, dass dieses Instrument grundsätzlich auszuschließen wäre, auch wenn seine Effektivität beschränkt ist. Zur Parallelität der Wirtschaftsentwicklung in den Mitgliedländern der Gemeinschaft gibt es unterschiedliche Überlegungen. Die Annahme, dass Handel und Integration die Synchronisierung förderten, ist nicht zwingend. Denn Handel kann zur verstärkten regionalen Spezialisierung und damit zu vergrößerter Anfälligkeit gegenüber asymmetrischen Schocks führen (Krugman 1991). Doch die Tatsache, dass die Gründungsmitglieder der EU 6 zusammen mit Österreich eine hohe Parallelität der Konjunkturentwicklung aufweisen, während die peripheren und später hinzugestoßenen Länder wie Irland, Finnland, Griechenland und Portugal eher zu Eigenentwicklungen neigen, zeigt, dass mit der Integration auch die Notwendigkeit fiskalpolitischer Autonomie geringer wird (vgl. De Haan/Eijffinger/Waller 2005: 137 ff.). Die Wirtschaftsentwicklung in den neuen Mitgliedländern in Ostmitteleuropa ist demgegenüber zur Zeit noch weniger mit dem Kern des Euroraumes synchronisiert. Daraus folgt eines der gewichtigsten Argumente gegen ihren baldigen Beitritt zur Wirtschafts- und Währungsunion.

Wenn aber die Nachfragepolitik nicht alles zu leisten imstande ist, was die keynesianische Theorie einmal von ihr erwartet hat, dann rückt die Angebotspolitik zur makroökonomischen Steuerung ins Blickfeld. Angebotspolitik ist schwieriger zu umreißen als Nachfragepolitik, da sie facettenreicher ist. Das wird bereits bei Betrachtung des grundlegenden klassischen Modells einer Volkswirtschaft deutlich. Dabei ist das gesamtwirtschaftliche Angebot bei vollständigem Wettbewerb durch die Ausstattung mit Produktionsfaktoren – im einfachsten Fall Arbeit und Kapital – bestimmt sowie durch die Produktionstechnologie, mit der die Produktionsfaktoren in Güter und Dienstleistungen transformiert werden. Angebotspolitik muss darauf ausgerichtet sein, Wettbewerb zu intensivieren, die Verfügbarkeit der Produktionsfaktoren zu erhöhen und ihre Qualität zu verbessern sowie technischen Fortschritt zu fördern, der eine effizientere Produktion erlaubt.

Ein breites Spektrum mikro- und makroökonomischer Politikbereiche kann durch die angebotspolitische Brille betrachtet werden. Wettbewerbspolitik gehört dazu ebenso wie jede Form der Arbeitsmarktpolitik, insbesondere wenn wir die unrealistische Annahme der Vollbeschäftigung im klassischen Modell fallen lassen. Aber selbst wenn wir diese Annahme akzeptieren, müssen wir Immigrationspolitik, wie sie in der Bundesrepublik in den 1960er Jahren betrieben wurde, Maßnahmen zur Steigerung des Bevölkerungswachstums oder die derzeit in vielen Mitgliedstaaten diskutierte Erhöhung des Renteneintrittsalters als angebotspolitische Optionen interpretieren. Die Unterscheidung unterschiedlicher Qualität von Arbeit erfordert die Einbeziehung der Bildungspolitik oder die Schaffung von Ausbildungsplätzen. Der Kapitalstock kann durch eine Förderung der Sparneigung erhöht werden – Eigenheimzulage, Sparerfreibeträge oder die Förderung der kapitalbildenden Rentenversicherung sind Beispiele hierfür. Technischer Fortschritt wird gemeinhin durch das Patentwesen, das Erfindern zeitweise Monopolrenten garantiert, und durch eine gezielte Subventionierung von Forschungs- und Entwicklungsaktivitäten stimuliert.

In einigen dieser Politikbereiche ist die EU seit langem vor allem in geteilter Kompetenz mit den Mitgliedstaaten tätig. Wie wir in vorangegangenen Kapiteln bereits sehen konnten, gibt es eine europäische Wettbewerbspolitik, eine gemeinsame Industriepolitik sowie einen Budgetposten für Bildung und Forschung (und die damit verbundenen Einrichtungen wie das Europäische Hochschulinstitut in Florenz und die Erasmus- und Socrates-Programme). Dazu bedurfte es nicht einer Wirtschafts- und Währungsunion. So stellt sich die Frage, in welcher Hinsicht die Wirtschaftsunion angebotspolitisch mehr erwarten lasse und mehr zu bieten habe als der Gemeinsame Markt.

Bevor wir uns dieser Frage im einzelnen zuwenden, müssen wir zunächst eine normative Überlegung anstellen: Unter welchen Umständen sollte die Gemeinschaft überhaupt angebotspolitisch tätig werden (vgl. Tabellini/Wyplosz, 2004)? Zentrale oder harmonisierte wirtschaftspolitische Maßnahmen sollten ganz allgemein auf Situationen beschränkt bleiben, in denen Externalitäten oder ausgeprägte *economies of scale* vorliegen. Das haben wir wiederholt festgestellt, vor allem in den Kapiteln 5 und 10. Natürlich gibt es zahlreiche Beispiele von positiven oder negativen *spill-overs* angebotspolitischer Aktionen. So führen z.B. die Senkung von Lohnnebenkosten oder wirksame produktivitätssteigernde Maßnahmen in einem Mitgliedstaat zu Anpassungsdruck in einem anderen, der dort eine Senkung der Produktion und einen Anstieg der Arbeitslosigkeit nach sich ziehen kann. Gleichzeitig kommt es durch die Produktivitätssteigerungen zu einem Einkommenszuwachs, wovon wiederum die Exportindustrien aller übrigen Mitgliedländer profitieren. Bei solchen Externalitäten handelt es sich aber um marktmäßige oder pekuniäre externe Effekte. Im Unterschied zu den Motiven für viele nachfragepolitische Maßnahmen liegt kein Marktversagen vor, das einen korrektiven Eingriff des

Staates rechtfertigen würde. Gerade das Gegenteil ist der Fall. Denn der hier beschriebene Übertragungseffekt setzt das grenzüberschreitende Funktionieren des Marktmechanismus voraus: Das ist die Wirkung des Wettbewerbs. Aus wohlfahrtstheoretischer Sicht ist das positiv zu beurteilen, und von einer Koordination oder Zentralisierung auf EU-Ebene, die darauf abzielte, derartige Übertragungseffekte, d.h. den Wettbewerb, zu verhindern, wäre dringend abzuraten (vgl. Box 15.1).

Aus dem Blickwinkel der Wohlfahrtstheorie ist das Argument, auf Grund von *economies of scale* makroökonomische angebotspolitische Kompetenzen auf die EU-Ebene zu übertragen, ähnlich schwach. Betrachten wir beispielsweise die Arbeitsmarktpolitik. Viele EU-Mitglieder, darunter große Länder wie Deutschland, Frankreich und Spanien, kämpfen mit ähnlichen Arbeitsmarktproblemen: anhaltend hohe, über mehrere Konjunkturzyklen hinweg ansteigende Arbeitslosigkeit, von der insbesondere Jugendliche und ältere Menschen sowie gering qualifizierte Arbeitskräfte betroffen sind. Zudem steigt der Anteil der so genannten Langzeitarbeitslosen. Gemeinsame Probleme begründen aber noch lange nicht die Vorteilhaftigkeit einer gemeinsamen Lösung. Vielmehr scheinen Arbeitsmarktrigiditäten die Ursachen der Probleme zu sein, die auf spezifischen nationalen Rahmenbedingungen beruhen und deshalb auch nationaler Lösungen bedürfen. Koordinierung kann in diesem Zusammenhang – das haben wir bereits in Kapitel 13 im Zusammenhang mit der Sozialpolitik gesehen – nur heißen, dass die Gemeinschaft ihre Mitglieder dazu anhält, solche Probleme aktiv in Angriff zu nehmen und erfolgreiche Maßnahmen anderer Mitgliedländer auf ihre Brauchbarkeit im nationalen Kontext zu prüfen.

Stärker sind hingegen Argumente für eine koordinierte Angebotspolitik in einer Wirtschaftsunion, die gleichzeitig eine Währungsunion ist. Flexible und offene Arbeitsmärkte können makroökonomische Anpassungskosten im Falle von asymmetrischen Nachfrageschocks reduzieren, wie die Diskussion der Theorie des optimalen Währungsraums (Kapitel 14) gezeigt hat. Die Koordination arbeitsmarktpolitischer Flexibilisierung kann dazu beitragen, dass derartige Maßnahmen leichter akzeptiert werden und damit das Funktionieren der Währungsunion unterstützen. Ähnliches gilt für Deregulierungs- und Liberalisierungsprozesse auf den Gütermärkten. Der Nutzen des Euro besteht zu einem großen Teil aus wettbewerbsfördernden Effekten im Gemeinsamen Markt. Er ist um so höher, je mehr man diese Effekte durch Schritte begleitet, verbleibende Marktschranken zu beseitigen. Im Einklang mit solchen Überlegungen steht, dass die Angebotspolitik, die erst nach den Beschlüssen zur Währungsunion aus der Taufe gehoben wurde, im wesentlichen Ansätze zu einer gemeinsamen Arbeitsmarkt- und Deregulierungspolitik aufweist. Damit wird aber nicht das europäische Sozialmodell, wie auch immer wir es definieren (vgl. Kapitel 13), automatisch zur Disposition gestellt, selbst wenn das manche Liberale und manche Kritiker des „Neoliberalismus" so sehen. Die krude Alternative: „Either a social model or a strong currency – make a choice", die Alan Greenspan (*Wall Street Journal*: 4.12.2001), langjähriger Gouverneur des amerikanischen

Federal Reserve Systems, den Europäern vorhielt, hat das Wiedererstarken des Euro gegenüber dem Dollar, das genau zu diesem Zeitpunkt einsetzte, falsifiziert.

Die gemeinsame Beschäftigungspolitik wurde in den EG-Vertrag im Zuge der Revision durch die Amsterdamer Regierungskonferenz im Sommer 1997 eingeführt. Das Beschäftigungskapitel – es umfasst die Art. 125–130 EG –, geht auf französisches Drängen zurück und konnte trotz anfänglichem deutschen Widerstand durchgesetzt werden, weil Deutschland umgekehrt die Zustimmung Frankreichs zur Verabschiedung des Stabilitäts- und Wachstumspaktes brauchte. Obwohl der Amsterdamer Vertrag erst 1999 in Kraft trat, hat die praktische Umsetzung einer gemeinsamen Beschäftigungspolitik bereits im November 1997 auf dem Treffen des Europäischen Rates in Luxemburg stattgefunden, und das Amsterdamer Beschäftigungskapitel firmiert seitdem häufiger als Luxemburg-Prozess.

Das Kernstück der gemeinsamen Herangehensweise an Arbeitsmarktfragen stellen die jährlichen Leitlinien für die Beschäftigungspolitik dar, welche die Kommission nach Art. 128 EG dem Rat zur Verabschiedung mit qualifizierter Mehrheit vorschlägt. Das Verfahren ist prinzipiell das gleiche, wie wir es weiter oben im Zusammenhang mit den Grundsätzen der Wirtschaftspolitik kennen gelernt haben. Die Leitlinien sollen es den Mitgliedstaaten ermöglichen, ihre Arbeitsmarktpolitik am Gemeinschaftsinteresse und am *state of the art* auszurichten. Die alleinige Kompetenz der Mitgliedländer in diesem Politikfeld bleibt unangetastet. Gleichzeitig sind die rechtlich nicht bindenden Leitlinien ein Maßstab, mit dem die Kommission auf Grundlage von jährlichen Implementierungsberichten der Mitgliedstaaten die nationale Beschäftigungspolitik beurteilt. Als einzige Sanktionsmaßnahme kann der Rat eine öffentlichen Empfehlung an ein Mitgliedland aussprechen, in der Ausgestaltung seiner Arbeitmarktpolitik konsequenter die gemeinschaftlichen Leitlinien zu berücksichtigen. Die Europäische Kommission (2002: 28) sieht hierin eine besonders starke Form von *peer pressure*. Inwieweit die nationalen Regierungen sich davon beeindrucken lassen, inwieweit vor allem eine öffentliche Empfehlung durch den Rat im nationalen politischen Diskurs Gewicht hat, bleibe dahingestellt.

Inhaltlich liegt der Schwerpunkt der beschäftigungspolitischen Leitlinien auf Maßnahmen zur Erhöhung der Beschäftigung und zum Abbau von Arbeitslosigkeit, zweifelsohne die wichtigsten sozio-ökonomischen Probleme der Gemeinschaft. Die Formulierung der Leitlinien beruht auf vier Säulen, die folgendermaßen umschrieben werden können:

- Die Arbeitnehmersäule zielt darauf ab, die ‚Beschäftigungsfähigkeit' (*employability*) von Arbeitnehmern zu verbessern. Hierbei geht es um Qualifizierungsmaßnahmen sowie die Verbesserung von Anreizeffekten zur Aufnahme einer Beschäftigung.
- Die Arbeitgebersäule beschäftigt sich mit Anreizen für Unternehmer, Arbeitsplätze zu schaffen, z.B. mittels eines beschäftigungsfreundlichen Steuersystems, sowie der Unterstützung von Unternehmensgründungen unter anderem durch Arbeitslose.

- Die Anpassungssäule beinhaltet Maßnahmen zur beschäftigungspolitischen Begleitung von wirtschaftlichem Strukturwandel.
- Die Gleichheitssäule forciert die Herstellung von Chancengleichheit für männliche und weibliche Arbeitskräfte, nicht zuletzt um die Beschäftigungsquote von Frauen zu erhöhen.

Um die gemeinschaftliche Beschäftigungspolitik in eine koordinierte makroökonomische Politik einzubetten und auf einen breiteren gesellschaftlichen Konsens zu gründen, wurde im Jahre 1999 der Köln-Prozess ins Leben gerufen, den wir bereits als makroökonomischen Dialog kennen gelernt haben. Was der Luxemburg-Prozess für den Arbeitsmarkt ist, ist seit 1998 der Cardiff-Prozess für die Güter- und Dienstleistungsmärkte sowie den Kapitalmarkt. Einmal jährlich berichten die Mitgliedstaaten über die Maßnahmen, die sie für strukturelle Reformen der Güter- Dienstleistungs- und Kapitalmärkte unternommen haben. Diese Berichte finden Eingang in die Formulierung der Grundzüge der Wirtschaftspolitik. Eine Beurteilung der Implementierung durch die Mitgliedstaaten erfolgt im Zuge der jährlichen Berichte über die Umsetzung der Grundzüge der Wirtschaftspolitik. Strukturelle Reformen werden ebenfalls durch den Lissabon-Prozess aus dem Jahre 2000 vorangetrieben, dessen industriepolitischen Geist wir in Abschnitt 10.3 diskutiert haben. Die Vielzahl der „Prozesse" und damit der Versuche, die nationale Wirtschaftspolitik auf ein gemeinsames Ziel auszurichten und zu koordinieren, kann allerdings nicht darüber hinwegtäuschen, dass die Gemeinschaft hier eigentlich keine Entscheidungskompetenzen besitzt und die Wirtschaftsunion noch weitgehend eine leere Hülle ist.

Eine Übertragung von weiteren arbeitsmarktpolitischen Kompetenzen auf die EU-Ebene ist in absehbarer Zeit kaum zu erwarten, da die nationalen Systeme der Mitgliedstaaten in vielerlei Hinsicht stark differieren und es politisch kaum durchsetzbar sein dürfte, tradierte Institutionen aufzubrechen und zu harmonisieren. Die Tarifverhandlungssysteme sind mit Blick auf die beteiligten Akteure und den Zentralisierungsgrad unterschiedlich ausgestaltet. In Deutschland herrscht Tarifautonomie der Tarifparteien, d.h. der Gewerkschaften und der Arbeitgeberverbände. Der Staat ist lediglich in seiner Rolle als Arbeitgeber an Tarifverhandlungen beteiligt. Die so ausgehandelten Flächen- und Branchentarifverträge sind charakteristisch für ein System mit mittlerem Zentralisierungsgrad. In anderen Ländern ist der Staat aktiver in den Lohnbildungsprozess eingebunden. Beispiele dafür sind die Niederlande mit tripartiten (d.h. dreiseitigen) Verhandlungen – der Staat hat bestimmte Interventionsrechte – und in gewisser Hinsicht auch Großbritannien; denn dort gibt es einen gesetzlich festgelegten Mindestlohn. Hinsichtlich der Zentralisierung von Tarifverhandlungen reicht das Spektrum von Großbritannien mit zahlreichen Tarifabschlüssen auf Betriebsebene bis hin zu Österreich und den skandinavischen Ländern mit landesweiten Vereinbarungen. Zu den Unterschieden in den Arbeitsmarktinstitutionen tritt die enge Verzahnung mit den Systemen der sozialen Sicherung, die ebenfalls in nationaler Kompetenz liegen. Die Wirksamkeit von Arbeitsmarktreformen erfordert häufig parallele Reformschritte im Bereich der sozialen Sicherung, um Anreizeffekt zur Aufnahme, bzw. zum Angebot von Beschäftigung zu setzen.

Im Unterschied zum Stabilitäts- und Wachstumspakt ist die Koordinierungsmethode im Bereich der Angebotspolitik weich. Wir haben die offene Methode der Koordinierung bereits eingehend in Kapitel 13.6 behandelt. An dieser Stelle seien nur noch einmal drei Argumente in Erinnerung gerufen, die im Zusammenhang mit der Wirtschaftsunion als Vorteile der Methode gewertet werden (vgl. auch Tabellini/Wyplosz, 2004):

- Gemeinschaftliche Koordinierung ist auch in solchen Bereichen sinnvoll, in denen wohlfahrtstheoretische oder polit-ökonomische Argumente für eine gemeinschaftliche Beschlussfassung eher schwach sind.
- Milder Druck in Form von *peer pressure, naming and shaming* kann über Bewusstseinsveränderungen von Akteuren zu einem Politikwechsel auch in politisch sensiblen Bereichen führen, in denen die formale Entscheidungskompetenz bei den Mitgliedstaaten liegt.
- Die offene Methode der Koordinierung kann den Anfang eines dynamischen Prozesses bilden, im Zuge dessen schrittweise Kompetenzerweiterungen auf der EU-Ebene erfolgen.

Ob die offene Methode der Koordinierung zu einer substantiellen Verbesserung der nationalen Wirtschaftspolitik führt, wird erst die Zeit erweisen. Der Luxemburg-Prozess und die ersten Jahre des Lissabon-Prozesses sind diesbezüglich nicht ermutigend.

15.6 Die Wirtschafts- und Währungsunion – eine Erfolgsstory?

Die Einführung des Euro am 1.1.1999 war ein großer Schritt zur Vertiefung der ökonomischen Integration in der Europäischen Union oder zumindest in 11 ihrer damals 15 Mitgliedländer. Inwieweit das auch die politische Identität des Euroraums beeinflusst, wird man erst zu einem späteren Zeitpunkt beurteilen können. Gleichzeitig ist die europäische Wirtschafts- und Währungsunion ein einmaliges ökonomisches Experiment. Sicher hat es auch in der Vergangenheit stabile internationale Währungsordnungen gegeben: Die Länder, die im 19. Jahrhundert den Goldstandard zur Grundlage ihres Währungssystems gemacht hatten, bildeten zusammen eine internationale Währungsordnung genauso wie das System von Bretton Woods in den ersten Nachkriegsjahrzehnten. Der britische Sterling-Block, der nach 1931 in Großbritannien, seinen Kolonien und Dominions und einigen anderen Ländern die Währungsgemeinschaft des Goldstandards ablöste, war *de facto* eine Art Währungsunion. Doch die Einführung einer einheitlichen Währung, und damit die völlige Aufgabe der nationalen währungspolitischen Autorität, in 16 mehr oder minder hochentwickelten, souveränen Staaten, die einen Wirtschaftsraum von über 300 Mio. Einwohnern bilden, ist historisch ohne Beispiel. Und das bedeutet auch, dass die theoretischen Voraussetzungen für das Funktionieren dieses Experiments bei seinem Beginn keineswegs befriedigend geklärt waren. Denn eine Theorie wird erst dann robust, wenn sie sich an der Empirie bewährt hat. Auch die Theorie des optimalen Währungsraums leistete diese Aufgabe nur unzureichend.

Warum hat man dann das Experiment in Angriff genommen? Wir sahen, dass in der Europäischen Wirtschaftsgemeinschaft bereits in den letzten Jahren des Bretton Woods Systems der Wunsch nach einer europäischen Lösung aufkam, um das Handels- und Wachstumspotential des gemeinsamen Marktes voll zur Geltung zu bringen. Dieser Wunsch schlug sich 1970 im Werner-Plan nieder. Eine Währungsunion musste umso dringender erforderlich scheinen, als man 1986 in der Einheitlichen Europäischen Akte mit dem Gemeinsamen Markt wirklich ernst machte. Beseitigung des Wechselkursrisikos, Verringerung der Transaktionskosten, Steigerung der Transparenz und verstärkte finanzielle Integration würden, so die Erwartung, die Vorteile des gemeinsamen Marktes unterstützen. Auf dem makroökonomischen Feld erwartete man eine höhere Stabilität zum einen davon, dass notorisch instabile Mitgliedländer einem glaubwürdigen gemeinsamen Regime unterworfen werden, und zum anderen von einer Koordination der nationalen Wirtschaftspolitik, die das Risiko und die Intensität asymmetrischer Schocks verringern hilft. Die Bedenken, die gegen das Experiment angeführt wurden, brauchen wir hier nicht im einzelnen zu wiederholen. Sie richteten sich vor allem gegen die mit der einheitlichen Währung verbundene Einschränkung der wirtschaftspolitischen Souveränität, wodurch die einzelnen Mitgliedländer nicht mehr adäquat auf Schocks und Änderungen in ihrer wirtschaftlichen Umgebung reagieren können. Und sie zweifelten an der Fähigkeit der Zentralbank wie des Ministerrates, die für eine stabile Geld- und Wirtschaftspolitik erforderlichen Maßnahmen zu beschließen und durchzusetzen.

Die ersten zehn Jahre der Existenz des Euro – eine kurze Periode für eine völlig neue Währung – bieten ein gemischtes Bild, lassen aber am generellen Erfolg des Experiments keinen Zweifel. Das vorrangige Ziel der Geldpolitik, Preisstabilität, darf für diese Periode als erfüllt angesehen werden, auch wenn die Inflation im Durchschnitt etwas über der anvisierten Rate von 2 % pro Jahr lag. Diese Geldwertstabilität hat dem Euro trotz des anfänglichen äußeren Wertverlustes relativ rasch zu internationaler Anerkennung verholfen. Die Funktion als Reservewährung, die ihm auf Grund seiner Bedeutung im Handel zweifellos zukommt, gewinnt stetig an Bedeutung. Und auch die Euro-Banknoten erfreuen sich größter Beliebtheit: Es zirkulieren inzwischen mehr Euro-Noten als US-Dollar-Noten (Financial Times 27.12.2006). Die Konvergenz der Inflationsraten und der Zinssätze ist markant. Die Integration der europäischen Finanzmärkte hat zugenommen. Der fiskalpolitischen Stabilität lässt sich dagegen kein so gutes Zeugnis ausstellen, wie wir sahen. Die guten Vorsätze und Ergebnisse in der Anlaufphase zum Euro sind nach seiner Einführung nicht beibehalten worden.

Das hat zweifellos auch mit der allgemeinen wirtschaftlichen Entwicklung zu tun. Die ersten zehn Jahre waren von einer langanhaltenden Wachstumsschwäche gekennzeichnet, die 2001 einsetzte und erst 2006 zu Ende gekommen ist. Das kann man nicht dem Euro anrechnen; denn vor allem zahlreiche negative externe Schocks haben dazu geführt. Die Erwartungen bei der Konzipierung der Wirtschafts- und Währungsunion liefen jedoch darauf hinaus, dass sie derartige Schwächeperioden rascher bewältigen könne als die jeweilige nationale Wirtschaftspolitik der Mitgliedländer. Solche Erwartungen haben sich bislang nicht bestätigt. Dafür kann man wohl zwei Ursachen ausmachen. Zum einen war die Europäische Zentralbank in der ersten Periode vor allem um die Geldwertstabilität und damit ihre Reputation besorgt. Zum anderen hatten gerade die großen Euro-Mitgliedländer strukturelle Wachstumsprobleme, bei deren Bewältigung die europäische Wirtschaftspolitik wenig helfen kann. Die tief greifende Krise des Finanzsystems, die 2008 von den USA ausging, ist im Euroraum verhältnismäßig erfolgreich abgewettert worden.

„Die letzten zehn Jahre haben … gezeigt, dass die WWU auf einem soliden Fundament ruht und dass die Länder, die den Euro eingeführt haben, einen hohen Grad an wirtschaftlicher Konvergenz erzielt haben", stellt die EZB (2008: 167) in ihrem Monatsbericht zum zehnjährigen Jubiläum des Euro selbstzufrieden fest. Man kann mit einigem Wohlwollen bei der EU eine kohärente wirtschaftspolitische Strategie ausmachen, die makroökonomische nachfrage- und angebotsseitige Politik, Beschäftigungspolitik und mikroökonomisch orientierte Maßnahmen struktureller Reformen von Produkt- und Faktormärkten umfasst. Dominiert wird diese Strategie von der Geldpolitik der EZB bzw. ihrer vertragsgemäßen Verpflichtung auf Preisstabilität. Die inhaltliche Ausgestaltung des Stabilitäts- und Wachstumspaktes, des Luxemburg-Prozesses, des Cardiff- und des Lissabon-Prozesses dienen zu allererst dem Funktionieren der Währungsunion, d.h. die Ausgestaltung der Wirtschaftsunion ist dem Stabilitätsprimat untergeordnet. Genau hierin liegt das übergeordnete wirtschaftspolitische Credo der Wirtschafts- und Währungsunion, das bisweilen als neoliberal kritisiert wird. Daran ist soviel richtig, dass stabiles Geld zum Kern des wirtschaftspolitischen liberalen Credo gehört.

Trotz dieser vermeintlich neoliberalen Ausrichtung existiert keine klare ordnungspolitische Orientierung der Wirtschafts- und Währungsunion auf ein einheitliches marktwirtschaftliches Modell. Das ist nicht verwunderlich, erfordern Entscheidungen in solchen Grundsatzfragen im Rat doch immer noch Einstimmigkeit. Kein Politiker eines Mitgliedstaates möchte aber seiner Bevölkerung zu Hause erklären müssen, warum er die tradierte nationale Wirtschaftsordnung und mit ihr langfristig auch einen großen Teil der Gesellschaftsordnung auf dem europäischen Altar geopfert hat. Die Kernfrage, wie viel positive Integration eine Wirtschaftsunion erfordere und wie viel Systemwettbewerb sie vertrage, muss damit empirisch – und im übrigen auch wohlfahrtstheoretisch – zunächst noch unbeantwortet bleiben.

Lediglich in der Geldordnung hat sich das Modell eines Mitgliedstaates als überlegen erwiesen: jenes der Bundesbank. Dementsprechend fiel es vergleichsweise leicht, sich auf die Währungsunion zu einigen. Hinsichtlich der anderen Teilordnungen ist die Wirtschafts- und Währungsunion zunächst noch der kleinste gemeinsame Nenner der Mitgliedstaaten. Koordinations- und Kooperationsformen reichen über einen institutionell gut organisierten

Informationsaustausch kaum hinaus. Im Bereich der Fiskalpolitik bemühen sich diejenigen Staaten, die den Euro eingeführt haben, um weitergehende gemeinsame Regeln. Es ist zu früh, diese Bemühungen als gescheitert zu erklären, aber als Fundament einer Wirtschaftsunion erscheinen sie doch recht brüchig.

Wenn wir zu Beginn des Kapitels festgestellt haben, die Wirtschafts- und Währungsunion sei vor allem eine Währungsunion und noch nicht eine Wirtschaftsunion, dann kann man das für die Beurteilung des Experiments nur wiederholen: Die Währungsunion, der Euro, zeichnet sich als Erfolg ab, die Wirtschaftsunion, ob wir sie nun durch den Stabilitäts- und Wachstumspakt oder durch die offene Methode der Koordinierung repräsentiert sehen wollen, ist weder allgemein akzeptiert, noch hat sie in der Phase der Wachstumsverlangsamung in den ersten fünf Jahren des neuen Jahrhunderts merklich zur Stabilisierung beigetragen. Was längerfristig positive Wirkung zeigen kann, die angebotsseitige Flexibilisierung der Märkte und die Reformen der sozialen Sicherungssysteme angesichts der demographischen Veränderungen, wird zwar auf dem nationalen Niveau beschlossen, ist aber nicht unabhängig von den Erfordernissen einer Währungsunion und den zentralen Koordinationsbemühungen.

Diese Maßnahmen werden auch von der Bevölkerung als Ausfluss europäischer Wirtschaftspolitik wahrgenommen – und das nicht mit ungeteilter Zustimmung. Der Euro mag als technokratisches Phänomen hingenommen werden, die damit verbundene Wirtschafts- und Sozialpolitik ist unmittelbar „politisch" relevant. Das in vorausgegangenen Kapiteln schon mehrfach angesprochene Demokratiedefizit der Europäischen Union wird mit jeder weiteren Vertiefung der Integration akuter und äußert sich in einem wachsenden Unbehagen gegenüber intransparenten Entscheidungsprozessen. Für eine Wirtschafts- und Währungsunion bedarf es anderer politischer Vermittlungs- und Entscheidungsstrukturen als für eine Zollunion. Darauf ist im abschließenden Kapitel noch einmal zurückzukommen.

Kapitel 16
Ausblicke

Worum geht es in diesem Kapitel?

HF: Lehrbücher haben kein abschließendes Kapitel. Brauchen wir wirklich eines?

HJW: Da hast du wohl recht. Aber in diesem Fall scheint mir ein solches Kapitel angebracht. Und zwar aus dem einfachen Grund, dass es hier nicht nur um die Vermittlung etablierten Wissens geht, sondern gleichzeitig um die Beschreibung und Analyse eines *ongoing process*, der europäischen Integration.

TE: Wir haben in den voranstehenden Kapiteln versucht, dem Leser klarzumachen, dass dies ein evolutorischer Prozess ist, bei dem die Natur des Tieres, das unter dem Mikroskop liegt, sich stetig wandelt.

HF: So wird das abschließende Kapitel ein Ausblick auf die Zukunft: Wo geht die Reise hin?

TE: Evolutorische Prozesse haben die Eigenschaft, nicht finalistisch oder teleologisch zu sein. Sie sind offen. Wo die Reise hingeht, wissen wir nicht, und darüber sollten wir dann auch nicht spekulieren.

HJW: In allgemeinen Begriffen haben die Mitgliedländer das aber schon gesagt und in den Unionsvertrag von Maastricht und auch in den Reformvertrag von Lissabon geschrieben: Ziel ist eine „immer engere Union der Völker Europas".

TE: Unter einem Ziel stelle ich mir etwas Konkretes vor, die Vereinigten Staaten von Europa zum Beispiel. Dergleichen hat man wohlweislich in keinen Vertrag geschrieben. Die „immer engere Union der Völker Europas" gibt dem Prozess der Evolution nur eine gewünschte Richtung vor. Mehr nicht.

HF: Die Völker Europas wollen doch aber wohl etwas mehr Butter bei die Fische.

HJW: Oh ja. Und wenn sie den europäischen Mehrwert nicht sehen, dann sagen sie nein! zu der ganzen Veranstaltung. Das hat den Verfassungsvertrag zu Fall gebracht.

TE: Einerseits fehlt den Unionsbürgern die Butter bei die Fische, wie du dich ausdrückst. Aber andererseits haben sie einen europäischen Traum. Bei aller Kritik und Ablehnung zeigen die Umfragen immer wieder eine breite Zustimmung zum Integrationsprojekt.

HJW: Der Traum vom ewigen Frieden und gesicherten Wohlstand, der wird an jeden Staat herangetragen. In Europa soll die Utopie nun einen festen Platz erhalten. Das ist ein hoher Anspruch. Wie er verwirklicht werden kann, auch darüber sollten wir nicht spekulieren.

HF: Wenn wir nicht über die Ziele der europäischen Entwicklung spekulieren wollen, worauf kann man dann im abschließenden Kapitel einen Ausblick geben?

HJW: Auf die Probleme, vor denen die Gemeinschaft zur Zeit steht, d.h. am Ende des ersten Jahrzehnts des neuen Jahrhunderts.

TE: Das scheint mir richtig. Denn wenn man in einem evolutorischen Prozess überhaupt Prognosen machen kann, dann nur für den unmittelbar anstehenden nächsten Schritt. Und den determinieren die aktuellen Probleme.

HJW: Schockartige Veränderungen der Umgebung, wie zum Beispiel der Zusammenbruch der kommunistischen Systeme in Osteuropa 1989–90, sind nicht vorherzusehen. Wie sehr dieses Ereignis die Entwicklung Europas beeinflusst hat, haben wir gesehen.

HF: Ein Ausblick auf aktuelle Probleme – ist das nicht ein etwas trüber Ausblick? Haben wir nichts Positives?

TE: So ist es doch in der Wissenschaft: Am Ende stehen die noch offenen Fragen.

16.1 Denkpause oder Ende der Vorstellung?

Ende des Jahres 2005 hieß es : Die Union befindet sich in einer Krise. Der große Anlauf zu einem Verfassungsvertrag war durch die Ablehnung in Frankreich und in den Niederlanden zu einem jähen Halt gekommen. Die Verabschiedung der mittelfristigen Finanzplanung für die Haushaltsperiode 2007–2012 wurde durch Streitigkeiten um die Agrarpolitik, den Britenrabatt und die Nettozahlerpositionen verzögert. Die Halbzeitbilanz des Lissabon-Prozesses fiel ernüchternd aus. Die Produktivitätslücke zu Amerika schloß sich nicht. Die europäische Wirtschaft kam aus ihrem Konjunkturtal nicht heraus. Niedrige Wachstumsraten und hohe Arbeitslosigkeit deuteten auf Stagnation hin. Eine Krise – ganz offensichtlich. Vier Jahre später ist das Bild nicht unbedingt heller. Der Reformvertrag von Lissabon kann auf Grund des ablehnenden Referendums in Irland nicht fristgerecht in Kraft treten. Die Bilanz des Lissabon-Prozesses hat sich nicht wesentlich aufgehellt. Nach einem konjunkturellen Zwischenhoch hat die globale Finanzkrise, in Amerika ausgelöst, auch die europäische Wirtschaft erfasst.

Über die Ursachen wird spekuliert. Was ins Auge sticht, sind die Diskrepanzen zwischen Erwartung und Wirklichkeit. Dabei geht es keineswegs nur um enttäuschte Erwartungen:

- Wer hätte 1951, als die erste europäische Gemeinschaft von den sechs Gründerstaaten in Paris beschlossen wurde, erwartet, dass dies ein säkulares Projekt wird, das nach einem halben Jahrhundert mit 27 und bald mehr Mitgliedländern ganz Europa umfasst eingeschlossen zahlreiche Länder des sozialistischen Lagers?

- Wer hätte 1957, als die gleichen Gründerstaaten sich für den funktionalen Weg zur europäischen Integration entschieden, erwartet, dass nach einigen Jahrzehnten die über Jahrhunderte heiß umkämpften Grenzen bedeutungslos sein würden und nicht nur Güter, sondern auch Menschen sich frei in einem gemeinsamen Markt und einem europäischen Raum bewegen können?
- Wer hätte am Ende des Zweiten Weltkriegs erwartet, dass es ein direkt gewähltes Europäisches Parlament geben wird, in dem Polen neben Deutschen, Engländer neben Franzosen, Griechen neben Türken – nein, das können sich viele auch heute noch nicht vorstellen! – Sitz und Stimme haben und dass die oberste rechtliche Instanz in Europa ein Europäischer Gerichtshof sein wird?
- Wer hätte am Ende der 1940er Jahre mit der Großen Depression und ihren protektionistischen Folgen in frischer Erinnerung erwartet, dass man nach der nächsten Jahrhundertwende von Helsinki bis Palermo und von Pressburg bis Lissabon mit gleicher Münze bezahlen kann?
- Wer hätte 1957, als Heinrich Böll (1957/1961: 24) in seinem „Irischen Tagebuch" schrieb: „Regen fällt über die Armut, und Schmutz könnte hier selbst von einem unverbesserlichen Ästheten nicht mehr als malerisch empfunden werden; das Elend hockt hier in den Slums um St. Patrick herum, in manchen Winkeln, manchen Häusern noch so, wie Swift es 1743 gesehen haben mag", wer hätte damals erwartet, dass Irland binnen 50 Jahren zu den Ländern Europas mit dem höchsten Sozialprodukt pro Kopf der Bevölkerung zählen wird?

Andererseits wurden dem breiten Publikum der Gemeinsame Markt und die Währungsunion mit dem Argument schmackhaft gemacht, dass dies eine gewaltige wirtschaftliche Dynamik in Gang setzen werde, die zu Wachstum und Vollbeschäftigung führe. Längerfristig mag das auch der Fall sein: Zumindest was die Produktivitätsentwicklung betrifft, konnte Europa seinen Rückstand zu den Vereinigten Staaten weitgehend aufholen. Doch seit Ende der 1990er Jahre hat sich dieser Trend umgekehrt, und seit Anfang des neuen Jahrhunderts sind niedriges Wachstum und hohe Arbeitslosigkeit vor allem in den größeren Mitgliedländern der Gemeinschaft die zähen Hauptprobleme der Politik. Inwieweit kann man die Gemeinschaft dafür verantwortlich machen? Das mag eine berechtigte Frage sein, die aber wenig relevant ist, wenn sie von der Bevölkerung dafür verantwortlich gemacht wird.

Und das scheint der Fall zu sein. Eurobarometer (2005a, 2005b) hat nach den Referenden in Frankreich und den Niederlanden die Motive für die Stimmabgabe untersucht, die eine solche Schlussfolgerung nahe legen. Danach war in beiden Ländern die wirtschaftliche und soziale Situation im Lande das Schlüsselelement für die ablehnende Entscheidung. Die französischen Wähler hatten eine klare Vorstellung darüber, was zur Enttäuschung ihrer Erwartungen geführt hat: Die Wirtschaftsordnung und die Politik der Gemeinschaft ist zu liberal, die soziale Dimension ist unterentwickelt. Damit stehen sie in krassem Gegensatz zu den Meinungen der Ökonomen (siehe Blanchard 2004, Sapir et al. 2004, Tabellini/Wyplosz 2004), die den Erfolg der Union in den ersten Jahrzehnten ihres Bestehens zwar in einer Ordnung und einem Sozialmodell sehen, die nach innen und außen Wirtschaft und Gesellschaft beschützt und ihnen so den Aufholprozess ermöglicht hätten, die aber in der dünnen Luft der globalisierten Märkte und der Innovationsanforderungen für weiteres Wirtschaftswachstum nicht mehr geeignet und flexibel genug seien.

Ein solcher Dissens macht natürlich vor allem der nationalen Politik der Mitgliedländer zu schaffen. In Frankreich und den Niederlanden spielte die Unzufriedenheit mit der nationalen Regierung eine wichtige Rolle für die ablehnende Haltung: Hier wird der europäische Sack geschlagen und der nationale Esel gemeint. In Irland fürchtete man wohl eher um die nationale Souveränität und das Gewicht eines kleinen Landes in der reformierten Union. Soweit sich die Unzufriedenheit auf die Gemeinschaft bezieht, sind zwei unterschiedliche Reaktionen denkbar. Die eine Reaktion ist eine Wiederbelebung des Nationalismus, ein Pochen auf die nationale Souveränität („wir sollten unsere Angelegenheiten selber regeln und nicht so viel Geld in die EU einbezahlen"). So reagierten vor allem die Nein-Sager in den Niederlanden und auch in Irland. Die andere Reaktion ist sehr viel europa-gerichteter und eher in Frankreich anzutreffen. Dort ging es vor allem darum, mit einem neuen Vertrag Europa sozialer zu gestalten.

Eine der Alternativen, über die gesprochen wurde, lautete: Verbrennt die Schiffe! (z.B. Peter Stothard im *Times Literary Supplement* 23.9.2005). Das Bild bringt uns zurück zu Vergils *Aeneis*, dem Gründungsmythos von Rom, der uns bereits im ersten Kapitel begegnet ist. Denn auf dem langen Weg von Troja über Karthago nach Rom, wo sie der Bestimmung nach ein universales Reich, eben Rom, gründen sollten, kamen die trojanischen Flüchtlinge nach Sizilien. Dort gefiel es vielen von ihnen gut: wozu weiter ziehen? Juno, der das ganze Projekt sowieso missfiel, veranlasste die Frauen, die Schiffe in Brand zu setzen; dann hätte der mühselige Zug ein Ende. Für die EU bedeutet das Bild: warum sich nicht mit dem Erreichten zufrieden geben und auf die utopische „immer engere Union der Völker Europas" (Präambel EU) verzichten?

Nun sind Vertiefung und Erweiterung für die europäische Gemeinschaft nicht gottgegeben wie bei Vergil (*Aeneis* I, 278–9), der Jupiter für die Zukunft Roms klarstellen lässt:

> His ego nec metas rerum nec tempora pono,
> imperium sine fine dedi …
> Weder im Raum noch der Zeit setz eine Grenze ich ihnen,
> sondern habe ein Reich ohne Ende bestimmt …

Man kann auch Europa – ausgehend von Kants ebenfalls im ersten Kapitel bereits erwähnter Schrift *Vom ewigen Frieden* – eine kosmopolitische

Mission unterstellen (so z.B. Beck/Grande 2004; Rifkin 2004), die sich mit einer Bescheidung im „sizilischen" Winkel nicht vertragen würde. Auf solch weites Feld wollen wir uns hier allerdings nicht begeben.

Wo liegt dann aber die Grenze des europäischen Integrationsprojektes? Müssen wir sie bestimmen? Mit der vermeintlichen Krise der EU kam auch die Frage nach der Finalität Europas auf (z.B. Pernice 2005). Sie ist durch zwei Überlegungen motiviert: Wenn wir wissen, wohin die Reise geht, können wir eine Route, auf der das Ziel erreicht wird, festlegen und den Bürgern verständlich machen; und zweitens besteht ein weit verbreitetes Bedürfnis, einmal festzustellen, dass die europäische Integration keine unendliche Geschichte ist, die sich im Raum und in der Tiefe der rechtlichen Zusammenführung beliebig ausdehnen könnte. Das Problem mit der Finalität historischer Prozesse ist allerdings, dass diese grundsätzlich offen sind und nur im Mythos der Gott im Vorhinein weiß, dass die Reise nach Rom führt. Man kann eine Vision haben oder wie Rifkin (2004) einen europäischen Traum von der „leisen Supermacht", die sich als Rechtsgemeinschaft ohne Gewalt und Gewaltmonopol universell konstituiert. Oder man kann erklären: „Bis hierher und nicht weiter!" und die Schiffe verbrennen. Doch dazwischen ist viel Raum, dessen Besetzung von vielen kontingenten Faktoren abhängt, die sich erst im Laufe der Zeit ergeben.

Wir haben in diesem Buch klarzumachen versucht, dass die europäische Integration ein sehr dynamischer Prozess ist, der sich vor allem aus zwei Quellen speist – der ökonomischen Zweckmäßigkeit und dem politischen Willen. Es ist nicht einzusehen, warum beide Quellen, oder auch nur eine davon, mit dem Ereignis der Zurückweisung des Verfassungsvertrages versiegt sein sollten. Am 3.10.2005 hat die EU Betrittsverhandlungen mit Kroatien und der Türkei aufgenommen. Dahinter steht erst einmal ein politischer Wille. Zweckmäßigkeitsüberlegungen lassen bereits aus der erfolgten Osterweiterung, sicher aber im Zusammenhang mit dieser Südosterweiterung, Anpassungen in der institutionellen Struktur der Gemeinschaft notwendig erscheinen, vor allem in ihren Entscheidungsprozessen. Das war eines der inhaltlichen Ziele der Verfassung, und sie sind mit dem Lissabonner Reformvertrag wieder auf die Tagesordnung gekommen.

16.2 Ansätze zur Überwindung der Krise

Das Rezept, das die ökonomische Wissenschaft dem alten Kontinent gegen seine Sklerose verschreibt, zielt auf eine angebotsökonomische Therapie. Das entspricht der *mainstream* Auffassung der Wissenschaft, auch wenn in den Vereinigten Staaten Konjunkturkrisen wiederholt (d.h. unter Ronald Reagan, unter George W. Bush, aber auch unter seinem Nachfolger) mit keynesianischer Medizin, mit Steuersenkungen und erhöhten Staatsausgaben und entsprechenden Haushaltsdefiziten also, (in der Vergangenheit zumindest) erfolgreich behandelt wurden, ohne allerdings offiziell dem neoliberalen Glauben abzuschwören. Hier haben sich die Mitgliedländer der EU ihren Handlungsspielraum durch die strikten Regeln des Stabilitäts- und Wachstumspaktes erheblich eingeengt. Der Disput um diesen Pakt läuft dann auch darauf hinaus, strukturelle Haushaltsdefizite von konjunkturellen deutlicher zu trennen und unterschiedlich zu behandeln. Keynesianische Rezepte, die bei der ablehnenden Fraktion im linken politischen Spektrum Frankreichs – und nicht nur dort – populär sind, schlagen aber nur dann an, wenn es sich bei der Wachstumskrise um ein rein konjunkturelles und nicht um ein strukturelles Phänomen handelt.

Tatsächlich ist wohl beides der Fall. Auch wenn es Stimmen (Blanchard 2004) und Daten gibt, die andeuten, dass Europa im Vergleich zu den Vereinigten Staaten mittelfristig gar nicht so schlecht dasteht. Zwar hat sich der Rückstand der EU-15 zu den USA, was das Bruttoinlandsprodukt pro Kopf der Bevölkerung betrifft, zwischen 1970 und 2000 nicht verringert. Doch diese Stagnation setzt sich aus zwei sehr dynamischen Teilprozessen zusammen: einer Produktivitätssteigerung (gemessen an der Stundenproduktivität), die die Produktivitätslücke praktisch geschlossen hat, und einer relativen Verringerung der geleisteten Arbeitsstunden. Zum Teil stecken da demographische Unterschiede dahinter, zum Teil äußern sich darin aber auch unterschiedliche Präferenzen: Europa substituiert Einkommen mit Freizeit. Kein Grund zur Aufregung also? Vielleicht doch, denn über die letzten zehn Jahre sieht das Bild nicht mehr so beruhigend aus, wie die folgende Tabelle zeigt.

Tabelle 16.1: Wachstum des BIP und seiner Komponenten 1987–2008, jährlicher Durchschnitt in %

	EU-15	*EU-12*	*USA*	*Japan*
1987–1995				
BIP pro Stunde	2,2		1,1	2,8
Arbeitsstunden	0,0		1,6	0,1
BIP	2,2		2,7	2,9
1995–2000				
BIP pro Stunde	1,8	4,0*	2,1	2,3
Arbeitsstunden	0,9	0,1*	1,9	-0,9
BIP	2,7	4,1*	4,1	1,4
2000–2008				
BIP pro Stunde	1,1	4,4	2,0	1,8
Arbeitsstunden	0,8	0,5	0,2	-0,4
BIP	1,9	4,8	2,2	1,4

* 1995–2007
Quelle: The Conference Board and Groningen Growth and Development Centre, 2009

Erwartungsgemäß weisen die Neumitglieder Union, die EU-12, das höchste Wachstum auf. Sie haben einen ernormen Nachholbedarf, und nach Beendigung der Transformationskrise in der ersten Hälfte der 1990er Jahre werden dort beachtliche Produktivitätsgewinne realisiert. In der Periode 2000–2008 spielt für die EU-15 die anfänglich schlechte Konjunktur sicher eine Rolle. Denn das Produktivitätswachstum ist mit dem Wirtschaftswachstum korreliert (Verdoorns Gesetz) und der Arbeitskräfteeinsatz kann sich nicht perfekt der Nachfragesituation anpassen. Doch der Vergleich mit Japan macht deutlich, dass man in Europa eher an Beschäftigungsgewinnen als an Produktivitätsgewinnen interessiert war.

Strukturelle Faktoren, die Produktivitätsfortschritte behindern, sind rasch gefunden, denn es sind immer die gleichen Verdächtigen: der Arbeitsmarkt, die Regulierungswut, die Ineffizienz des öffentlichen Sektors, demographische Änderungen, zu wenig Bildung und Forschung. Wir wollen dem hier nicht im einzelnen nachgehen. Es ist nur klar, dass in den meisten dieser Fälle der Schwarze Peter erst einmal bei den nationalen Regierungen liegt. Auch wenn von europäischer Krise die Rede ist, handelt es sich vor allem um Probleme der Mitgliedländer der Gemeinschaft, insbesondere der größeren unter ihnen. Sie weisen ein ähnliches Profil der Problemlagen auf, das auf Ähnlichkeiten in Wirtschaftsordnung und Wirtschaftsstil zurückgeführt werden kann. Es sei nur an das so genannte europäische Sozialmodell erinnert (Kapitel 13). Damit ist die Europäische Union nicht außer Obligo, sie kommt aber erst in zweiter Instanz ins Spiel. Arbeitsmarktreformen, Mittel für Forschung und Bildung, die fiskalische Stabilisierung der Alterssicherungssysteme – all das sind primär Aufgaben der nationalen Regierungen, und Brüssel kommt dabei eher eine koordinierende Aufgabe zu. Das sollte der Lissabon-Prozess leisten.

Der ist, nachdem das Jahrzehnt fast vorüber ist, eine große Enttäuschung. Das mag man begrüßen, wie Alesina und Perotti (2004) es schon vor Jahren getan haben. Im „Kampf der Kulturen" zwischen Laissez-Faire und Dirigismus sei der Lissabon-Prozess mit seiner Betonung von Koordination, Intervention und quantitativen Zielsetzungen ein Produkt eben des Dirigismus. Seine bislang geringen Auswirkungen seien nur den beschränkten Kompetenzen der Gemeinschaft auf den entsprechenden Politikfeldern zu danken. Letzteres ist zweifellos zutreffend, und dass die offene Methode der Koordinierung und konkret der Lissabon-Prozess Planungselemente enthalten, haben auch wir weiter oben (Kapitel 10 und 13) festgestellt. Allerdings können wir in einer strategischen Planung, um die Angebotssituation auf dem Markt zu verbessern, keinen ordnungspolitischen Sündenfall erkennen. Den eigentlichen Schaden von Maßnahmen wie dem Lissabon-Prozess sehen Alesina und Perotti in der pompösen Rhetorik, mit der diese Politik in die Öffentlichkeit getragen wird: „An empty rhetoric can mislead the public debate, generating unreasonable expectations in the public, thus creating obstacles for well-intentioned policymakers facing tough choices" (ebenda: 34). Die resultierende Glaubwürdigkeitskrise der europäischen Politik hat dann wohl auch zu den ablehnenden Referenden in Frankreich, den Niederlanden und in Irland geführt.

Die Diskrepanzen zwischen Erwartung und Wirklichkeit folgen zu einem guten Teil aus der historischen Dynamik des europäischen Integrationsprozesses. Die Formen der Governance der Gemeinschaft entwickeln sich im Laufe der Zeit im Spannungsfeld von zwei Kräften, dem eigentlichen Integrationsprojekt und den ständig wechselnden Herausforderungen der Umgebung. Es ist unvermeidlich, dass in einem solchen Entwicklungsprozess Spannungen auftreten zwischen den Regierungsverantwortlichkeiten und den dafür verfügbaren Instrumenten. Für die Periode bis 1985 wird man vielleicht von einer weitgehenden Übereinstimmung zwischen Verantwortlichkeit und Kompetenzen der Gemeinschaft sprechen können. Danach wurden vor allem in Maastricht die Kompetenzen mit der Währungsunion erheblich erweitert, während man 2000 in Lissabon die Erwartungen an die Union hochgeschraubt hat. In beiden Fällen erfuhr das wirtschaftspolitische Instrumentarium keine adäquate Ergänzung oder Vertiefung. Dem Stabilitäts- und Wachstumspakt – einmal abgesehen davon, ob er grundsätzlich sinnvoll ist – fehlen effektive Sanktionsmechanismen und die gemeinschaftliche Entschlossenheit, sie einzusetzen. Die offene Methode der Koordinierung bleibt bislang im Unverbindlichen und findet in der nationalen Politik gerade der größeren Mitgliedländer keinen Widerhall. Die möglichen Reaktionen auf solche Governance Probleme sind entweder Verzicht auf politische Maßnahmen, wodurch mögliche Ineffizienzen zementiert werden, oder Reform und Weiterentwicklung der Governance-Struktur.

Europäische Wirtschaftspolitik unter dem Aspekt des Kampfes der Kulturen zu sehen, scheint uns in diesem Zusammenhang genauso wenig sinnvoll, wie das in der Weltpolitik der Fall ist. Laissez-faire setzt zu einem konkreten Zeitpunkt voraus, dass der ordnungspolitische Status quo optimal ist. Inwieweit das generell möglich sei, wollen wir dahingestellt sein lassen. Dass dies für die Mitgliedländer der Europäischen Union zur Zeit nicht der Fall ist, dürfte wohl von niemandem bestritten werden. Es besteht also Reformbedarf. Die wichtige Frage lautet allerdings: Wo ist da der Platz, welches sind die Aufgaben der Gemeinschaft? Denn die entscheidenden Reformschritte müssen auf dem nationalen Niveau der Mitgliedländer getan werden, in der Arbeitsmarktregulierung, in den sozialen Sicherungssystemen, in den Verwaltungsstrukturen. Es mag in einzelnen Fällen eine erfolgversprechende Strategie sein, die Initiative von Brüssel ausgehen zu lassen, um auf dem nationalen Niveau die Widerstände mit der Bemerkung zu brechen: Da können wir nichts machen, das kommt aus Brüssel. In den angegebenen Fällen wäre das mit Sicherheit kontraproduktiv und würde die Reaktion herausfordern: Zum Teufel dann mit der Europäischen Gemeinschaft. Andererseits ist es in einem integrierten Raum und einem gemeinsamen Markt wenig sinnvoll, die Regulierungssysteme und Governance-Strukturen völlig unkoordiniert neu zu gestalten. Abgesehen von diesem Mehrebenenproblem der Reformpolitik stellt die Union eine umfangreiche eigene politische Einheit dar, die den an sie gestellten Anforderungen nicht immer gerecht wird, sowohl was Governance-Struktur wie auch was ihre konkreten Politiken betrifft.

Eine Gruppe von Wirtschafts- und Politikwissenschaftler aus verschiedenen Mitgliedländern hatte 2004 im Auftrag der Kommission die Probleme und Herausforderungen analysiert, vor die sich Europa gestellt sieht, und eine Agenda entwickelt, was im einzelnen zu tun sei. Angesichts des Auftraggebers der Studie ist klar, dass die Problematik vor allem aus der Gemeinschaftsperspektive behandelt wird. Dabei kommt der Mehrebenenaspekt der Reformpolitik nur unzureichend zur Geltung. Uns interessiert hier aber besonders die Gemeinschaftsperspektive. Der Sapir-Bericht (Sapir et al. 2004) entwirft geradezu einen Feldzugsplan, um die Wachstumskrise und damit weitergehende Defizite der Union zu überwinden:

- die Wirtschaftsordnung überdenken, lautete die strategische Devise,
- die Wirtschaftspolitik neu gestalten, lautete die taktische Devise,
- die Formen der politischen Umsetzung ändern, lautete die operative Devise.

Indem wir kurz auf diese Punkte eingehen, können wir gleichzeitig zeigen, wo der Schuh jeweils drückt.

Wenn der Sapir-Bericht eine strategische Priorität für Wirtschaftswachstum fordert, so mag er damit bei erstem Hinsehen auf breiten Konsens stoßen. Implizit ist darin aber eine Absage an das soziale Europa als gleichberechtigtes und eigenständiges Ziel enthalten. Wachstum sei das Mittel, um die ökonomischen, sozialen und umweltpolitischen Ziele der Union zu realisieren, schreiben die Autoren. Und da bedarf es einiger Überzeugungsarbeit, um dem breiten Publikum klar zu machen, dass dies auch das einzige Mittel ist. Die liberale Grundeinstellung wird noch unterstrichen durch die Betonung der makroökonomischen Stabilität, die als unabdingbare Voraussetzung für wirtschaftliches Wachstum gesehen wird.

Wachstumsorientierte Wirtschaftspolitik ist, so die Überzeugung des Berichts und des ökonomischen *mainstream*, angebotsorientierte mikroökonomische Politik. Die Stichworte sind: Stärkung der Mobilität von Gütern, Diensten, Kapital und Arbeit innerhalb des gemeinsamen Marktes, Verbesserung der grenzüberschreitenden Infrastruktur, Erleichterung und Förderung der Innovation und des Marktzutritts neuer Unternehmen, Offenheit gegenüber Migranten aus Drittländern, Investition in Qualifikation und Wissen. Soweit es sich dabei um Regulierungen und den Wettbewerb auf dem gemeinsamen Markt handelt, verfügt die Gemeinschaft über Kompetenzen, wachstumsfördernde Maßnahmen durchzusetzen. Sobald für die Politik Geld erforderlich ist, kommt sie rasch an die Grenzen ihrer Handlungsfähigkeit. Wo es aber, wie bei der Immigrationspolitik, um nationale Reizthemen geht, ist die Gefahr direkter Konflikte groß. Das zeigt das Beispiel der Niederlande („das Boot ist voll").

Bei der stabilitätsorientierten Makropolitik befindet sich der Bericht, nicht so sehr was den Inhalt, wohl aber was die politische Ökonomie der Durchsetzung betrifft, auf ähnlich unsicherem Boden. Hier gibt es zwar inhaltliche Differenzen zwischen klassischen und keynesianischen Ansätzen, zwischen einer regelbasierten und einer diskretionären Politik. Aber die hohen Verhandlungskosten und *moral hazard* Probleme innerhalb einer Euro-Gruppe von jetzt 16 und demnächst vielleicht 22 oder mehr Mitgliedern lassen eine diskretionäre Politik und *fine tuning* rasch zu einem unmöglichen Unterfangen werden. Die von französischer Seite immer wieder vorgebrachte Idee einer „Wirtschaftsregierung" für die EU oder zumindest für die Eurozone ist deshalb wohl noch für längere Zeit unrealistisch. Also Koordinierung und Regelbindung der nationalen Politikansätze, und zwar so, dass das bislang erreichte Niveau an Preisstabilität nicht gefährdet wird. Wenn dann von zyklischer Stabilisierung die Rede ist, meint das nicht so sehr eine echte Konjunktur- und Beschäftigungspolitik, als vielmehr eine symmetrische Fiskalpolitik, die in guten Zeiten jene Defizite ausgleicht, die in schlechten Zeiten notwendigerweise anfallen.

Fiskalische Disziplin impliziert eine strikte Budgetkontrolle. Die nationale Politik hat sich in vielen Ländern als notorisch unzuverlässig in diesem Punkt erwiesen. Hier ist die Wirtschafts- und Währungsunion, die bislang vor allem eine Währungsunion ist, nicht vollendet. Zumindest sieht es der Bericht so und fordert für die Kommission mehr Kompetenz und Autorität, die Einhaltung der fiskalischen Regeln zu überwachen und zu sanktionieren. Dabei könnte die Kommission durchaus differenziert vorgehen. Denn ein strukturelles Defizit von 1,5 % des Bruttoinlandsprodukts bedeutet in einem Land mit einer Schuldenlast von 40 % des BIP und einer Wachstumsrate von nominal 7 % und real 4 % etwas anderes als das gleiche Defizit in einem Land mit einer Schuldenlast von 60 % des BIP und einer Wachstumsrate von nominal 2 % und real 1 %. Wirtschaftswachstum, das ist deutlich, erleichtert makroökonomische Stabilität. Wieweit dieser Satz umkehrbar ist, liegt nicht so klar auf der Hand.

Je strikter die Budgetregeln und je stärker die Kontrolle durch die Europäische Kommission werden, desto geringer wird auch der fiskalpolitische Spielraum der nationalen Regierungen. Mit unabhängigen nationalen fiskalischen Rechnungshöfen (*fiscal auditing boards*) schlägt der Bericht eine Professionalisierung und Versachlichung der budgetrelevanten Informationen vor. Schließlich ist die Asymmetrie von einer geldpolitischen und sechzehn fiskalpolitischen Autoritäten innerhalb der Eurogruppe einer effektiven Koordinierung abträglich. All das läuft tendenziell darauf hinaus, die Fiskalpolitik genauso wie die Geldpolitik unabhängig vom politischen Tagesgeschäft der nationalen Regierungen zu machen oder zumindest in ein enges zentral gesteuertes Korsett zu zwängen. Den Aufschrei der nationalen Souveräne antizipieren die Berichtsautoren durchaus. Ihre Empfehlung, die fiskalpolitische Koordination stärker in das „Eigentum" der Mitgliedstaaten zu überführen, hat dagegen aber höchstens kosmetische Bedeutung. Diese Tendenz, Entscheidungen an der Politik vorbei von „unabhängigen" selbständigen Instanzen fällen zu lassen, besteht auch auf anderen Gebieten, wie wir gesehen haben. Im Falle der Geldpolitik und der Unabhängigkeit der Zentralbank gibt es dafür sehr plausible Gründe. Der so genannte Lamfalussy-Prozess (vgl. Kapitel 8) führt eine ähnliche Entpolitisierung in der Finanzmarktregulierung ein, und die jüngste Finanzmarktkrise hat die Notwendigkeit dafür bestätigt. Die betroffenen Fachleute begrüßen solche Vereinfachungen auch auf anderen Gebieten. Dem Konsumenten und dem Bürger kommen Zweifel darüber, wer ihn dann noch vertrete.

Schon Walter Hallstein hatte festgestellt, Europa gehorche einer Sachlogik, und Hans Peter Ipsen (1972) hat die Gemeinschaft einen „Zweckverband funktionaler Integration" genannt. Darin kann man die Kommissionsvision von Europa sehen: apolitische, technokratische, zweckrationale Lösungen für grenzüberschreitende Probleme finden. Das ist angemessen für ein europäisches Patentamt. Das ist auch angemessen für eine Freihandelszone. Doch ganz offensichtlich ist die heutige Europäische Union mehr als das, und ihre Bürger beklagen ein soziales und ein politisches Defizit. Die Entscheidungsmechanismen zu versachlichen, mit denen die Funktionen der politischen Organisation, nämlich Sicherheit und Wohlfahrt zu garantieren, realisiert werden sollen, das verstärkt geradezu das soziale und politische Defizit. Es mag sachlich richtig sein, dass nicht Umverteilung, sondern Entbürokratisierung, Flexibilisierung, Forschung und Bildung die von allen erwünschte Wohlfahrt und Sicherheit voran bringen. Aber aus Legitimationsüberlegungen ist es unmöglich, dies dann an der Politik, und das heißt an den Bürgern vorbei in die Realität umzusetzen. Für eine politische Gemeinschaft, die spätestens mit dem – wenn auch gescheiterten – Entwurf einer Verfassung intendiert ist, muss zur Sachlogik, den materiellen Interessen, in jedem Fall die Partizipation hinzukommen. Ob ebenso ein Identitätsbewusstsein und ein Gemeinschaftsgefühl erforderlich sind und durch geeignete Symbole und Prozesse geweckt werden müssen, steht zur Debatte. Es ist wohl angemessen, nach der europäischen Gesellschaft zu streben (Kaelble 2005), die über eine grenzüberschreitende Öffentlichkeit auch eine grenzüberschreitende Partizipation am politischen Prozess leisten kann. Dass diese Gesellschaft bei 500 Mio. Teilnehmern gleichzeitig eine fest gefügte Gemeinschaft sein könne, mag man mit Fug und Recht bezweifeln.

Auf festem Boden bewegt sich der Sapir-Bericht, wenn es um die Effektivität und Transparenz der Entscheidungsprozesse geht. Die Probleme sind immer wieder genannt worden. Klar und deutlich haben zum Beispiel Alesina und Perotti (2004) sie unter der Überschrift „überlappende Jurisdiktionen" zusammengefasst:

- Mangelnde Klarheit über die Machtverteilung zwischen Kommission und Rat und über Struktur und Rolle des Europäischen Rates. In föderativen Systemen tauchen Probleme überlappender Jurisdiktionen häufiger auf; man denke nur an die jüngste Föderalismusdebatte in Deutschland. Der Union ist es aber bislang nicht gelungen, sie durch adäquate *checks and balances* in den Griff zu bekommen.
- Die Verteilung der Kompetenzen zwischen den nationalen Regierungen und den Gemeinschaftsinstitutionen hat sich über die Jahre hinweg ständig zugunsten letzterer verschoben. Dagegen mag man einwenden: Wie könnte es bei einem evolutionären Integrationsprojekt anders sein! Aber das Subsidiaritätsprinzip und die Regeln des Fiskalföderalismus legen nahe, die Kompetenzverteilung klarer und rationaler festzulegen.
- Mangelnde Transparenz der Entscheidungsprozesse und mangelnde Verantwortlichkeit der politischen Gemeinschaftsinstitutionen haben bei den Bürgern der Union Informationsdefizite und das unbestimmte Gefühl zur Folge, von einer dunklen Macht regiert zu werden. Dabei gibt es das

Europäische Parlament, das nicht mehr so zahnlos ist wie in seinen Kindertagen.

Die Union ist längst über eine rein technokratische Koordinierungsinstanz auf intergouvernementaler Ebene hinausgewachsen und zu einer politischen Veranstaltung geworden. Ihre institutionelle Struktur und ihre Regierungsqualität trägt dem aber noch unzureichend Rechnung.

Die Verteilung der Kompetenzen ist Sache einer Verfassung oder eines entsprechenden Vertrages. Andererseits wird sie bestimmt vom *trade-off* zwischen Ausmaß und Reichweite von externen Effekten auf der einen Seite und der Inhomogenität der Präferenzen auf der anderen. Beide Seiten des *trade-off* verändern sich mit der Zeit, so dass eine vertragliche Festschreibung der Kompetenzverteilung die notwendige Flexibilität behindern würde. Der Reformvertrag von Lissabon ist ein Kompromiss: Er erfüllt die Aufgabe, die wesentlichen Kompetenzen zu formulieren und zuzuweisen; andererseits bleibt er dabei vage genug, um eventuell erforderliche Anpassungen ohne Vertragsänderungen vorzunehmen. Misstrauische Beobachter wie Alesina und Perotti (2004: 46) sehen darin bereits die Intention „to leave the door open for future more or less veiled extensions of competences on virtually all possible areas". Weniger misstrauische, aber durchaus kritische Beobachter wie die Autoren des Sapir-Berichts bemängeln die fehlende Eindeutigkeit. Die Union, so schreiben sie (Sapir et al. 2004: 184), handele in verschiedenen Rollen:

- als Normsetzer,
- als Politikmacher,
- als Regulator,
- als Kontrolleur,
- als Intermediär.

Auf den einzelnen Politikfeldern sind diese Rolle nicht klar voneinander geschieden. Das schadet der Transparenz und der Verantwortungskontrolle.

In der bisherigen Geschichte der Gemeinschaft war die Kompetenzzuweisung eine Einbahnstraße: Was einmal in den Verantwortungsbereich der Union fiel, wurde *acquis communautaire* und damit irreversibel. Wechselnde Konstellationen des erwähnten *trade-off* machen jedoch manchmal Umkehrungen möglich oder erforderlich, zum Beispiel in der Landwirtschaftspolitik. Um eine Auflösung des Zusammenhalts der Gemeinschaft zu verhindern, würden die Autoren des Berichts eine Dezentralisierungsentscheidung an größere Mehrheiten binden als eine Zentralisierungsentscheidung. Und schließlich wird empfohlen, dass Zuteilung einer Verantwortlichkeit nur zusammen mit den dafür notwendigen Instrumenten erfolgen solle. Wo das nicht möglich oder nicht erwünscht ist, müssen die Ziele entsprechend zurückgeschraubt werden.

Diese letzte Empfehlung zielt natürlich direkt auf den Lissabon-Prozess, der mit hochgesteckten Zielen Erwartungen geweckt hat, die mit dem verfügbaren Instrumentarium, insbesondere mit der offenen Methode der Koordinierung nicht erfüllt werden können. Da die offene Methode sozusagen eine

Notlösung für die Beeinflussung von Politikfeldern ist, in denen die Gemeinschaft keine Politik- und Planungshoheit besitzt, impliziert das erst einmal ein Ablassen der rhetorischen Luft. Dann sollte die EU aber ihre Anstrengungen dort konzentrieren, wo ihr Einflussmöglichkeiten zur Verfügung stehen. Das ist zum Beispiel im Bereich Bildung und Forschung denkbar, der für die längerfristigen Wachstumsaussichten von strategischer Bedeutung ist.

Und damit kommt der Sapir-Bericht genauso wie viele andere Kritiker zum Budget der Gemeinschaft (ebenda: 197 ff.). Dass dieses zu fast 50 % von der Landwirtschaft dominiert wird, ist ein Anachronismus. Das EU-Budget ist der Vergangenheit verpflichtet, nicht der Zukunft. Das ist grundsätzlich bei jedem Staatshaushalt der Fall, der von traditionellen Entscheidungsverfahren, von fest verankerten Interessengruppierungen und vom Prinzip des rekurrenten Anschlusses bestimmt wird. Der deutsche Kohlepfennig ist dafür geradezu Symbol. Da die Einnahmen praktisch auf nationalen Beiträgen und nicht auf einer eigenen Steuerquelle beruhen, versucht in der Union jeder, die Ausgaben so zu beeinflussen, dass er so viel wie möglich zurückerhält – auf Französisch heißt das anschaulich *juste retour*. Längerfristige politische Ziele, wie zum Beispiel Wachstum und Beschäftigung, spielen dabei nur eine sekundäre Rolle. Die Einstimmigkeitsregel bei der Beschlussfassung der mittelfristigen Finanzplanung unterstützt natürlich den Status quo. Und so wird es wohl noch einige Zeit dauern, bis der Etat für Bildung und Forschung den Etat für die Landwirtschaftspolitik überflügelt haben wird.

Der Sapir-Bericht stellt, wie es sich für Ökonomen geziemt, Sachlogik und Funktionalität zentral. Das grundlegende Demokratieproblem der Union wird nur insoweit gestreift, als es sich dysfunktional auswirkt. Es ist aber fundamental und wird durch die wiederholten negativen Referenden ins Bewustsein der Öffentlichkeit gebracht. Das Problem besteht in der Dominanz der Exekutive in Fragen der europäischen Politik sowohl auf der Unionsebene als auch im Verhältnis von Mitgliedland und Gemeinschaft und in dem aus dieser Dominanz abgeleiteten Paternalismus (Neyer 2008). Man muss nicht soweit wie Roman Herzog und Lüder Gerken (*Die Welt* vom 13.1.2007, zitiert bei Neyer 2008; ihre Kritik am EuGH haben wir in Box 5.3 bereits kennen gelernt) gehen und sich fragen, „ob man die Bundesrepublik Deutschland überhaupt noch uneingeschränkt als eine parlamentarische Demokratie bezeichnen kann". Aber es ist schon so, dass ein immer größerer Anteil der für die Bürger relevanten gesetzlichen Regelungen seinen Ausgang von Brüssel nimmt, wobei die Entscheidungsverfahren wenig transparent sind und die Bürger allein schon auf Grund der Entfernung kaum unmittelbaren Einfluss darauf haben. Es ist nicht tragisch, sondern symptomatisch, dass der Reformvertrag von Lissabon, der die Politisierung der Union einen Schritt voran bringen soll, im einzigen Bürgerreferendum, dem er unterworfen wurde, in erster Instanz gescheitert ist. Hätte es mehr Referenden gegeben, das Ergebnis hätte sich wahrscheinlich noch mehrfach wiederholt. Die Regierung eines Landes wirbt um die Bürger – zumindest wenn der Wahltermin naht. Rat und Kommission in Brüssel werben nicht um die Zustimmung der Bürger. Das sollten sie tun.

16.3 Anspruch und Wirklichkeit

Das fundamentale Dilemma der europäischen Wirtschaftspolitik und damit eine der wesentlichen Ursachen für die konstatierte Vertrauenskrise beruht darin, für etwas verantwortlich gemacht zu werden, wofür man keine Verantwortung trägt. Die Idee des gemeinsamen Marktes und der Wirtschafts- und Währungsunion beschränkt sich auf die ordnungspolitische Schaffung und Wahrung eines optimalen Rahmens für Innovation und Wachstum, umfasst aber nicht die Verantwortung für Innovation und Wachstum selbst. Der EG-Vertrag ist da sehr sorgfältig formuliert. In Art. 2 heißt es – wiederholen wir es noch einmal:

> Aufgabe der Gemeinschaft ist es, durch die Errichtung eines Gemeinsamen Marktes und einer Wirtschafts- und Währungsunion sowie durch die Durchführung der in den Artikeln 3 und 4 genannten gemeinsamen Politiken und Maßnahmen in der ganzen Gemeinschaft eine harmonisch, ausgewogene und nachhaltige Entwicklung des Wirtschaftslebens … usw., usw. … zu fördern.

In diesem Zusammenhang ist es unerheblich, ob dem Staat abgesehen von der Ordnungspolitik, überhaupt eine Rolle im Prozess der Wachstums- und Innovationsentscheidungen zukomme, was eine liberale Wirtschaftsauffassung grundsätzlich abstreitet. Der EU kommt sie auf jeden Fall nicht zu.

Die Bürger der Gemeinschaft sehen das allerdings etwas differenzierter. Auf die Frage nach der bevorzugten Entscheidungsebene stellte Eurobaromter (2008) fest: Politikfelder, die mit hoher Priorität auf europäischer Ebene behandelt werden sollten, sind Kampf gegen Terrorismus, Umweltschutz, wissenschaftlicher und technischer Fortschritt, Verteidigung und Außenpolitik; Polititkfelder die mit hoher Priorität auf nationaler Ebene behandelt werden sollten, sind Gesundheit, Bildung, Soziales, Steuern und Renten. Das entspricht nicht voll den tatsächlichen Kompetenzen der Union, widerspricht ihnen aber auch nicht eklatant. Auf die Frage, worum sich die Gemeinschaft in Zukunft stärker bemühen solle, werden nach Kriminalität und Einwanderung, und Umwelt und Energie allerdings vor allem die Sozialpolitik und Armutsbekämpfung genannt. Wir wollen damit die Tatsache unterstreichen, dass die überwiegende Mehrheit der Unionsbürger von der Gemeinschaft Leistungen im Bereich ihrer alltäglichen Sorgen, seien es Beschäftigung und soziale Sicherheit oder Schutz vor Terrorismus, erwartet und unter anderem auch die EU dafür verantwortlich macht, wenn die erwarteten Erfolge ausbleiben.

Die europäische Krise des ersten Jahrzehnts des 21. Jahrhunderts, wenn es denn eine Krise ist und nicht nur eine völlig normale Wachstumsstörung im Prozess der Integration, diese Krise verlangt zu ihrer Behebung eine Klarstellung von Anspruch und Wirklichkeit der europäischen Politik und sie verlangt eine Demokratisierung der europäischen Politik. Beides sind dynamische Prozesse. Denn im ersten Fall ist zu prüfen, welche Ansprüche berechtigt sind und inwieweit die Wirklichkeit ihnen hinterherhinkt. Das kann durchaus zu Vertiefung oder Verbreiterung der Integration führen. Es können aber auch Konflikte zu Tage treten, indem man einerseits Leistungen erwartet und andererseits die für ihre Erfüllung erforderlichen Kompetenzen und Instrumente nicht an die Hand geben will. Da sind Kompromisse zu schließen und nach außen zu verdeutlichen. Im zweiten Fall ist es wohl unvermeidlich, dass die Union den gläsernen (zugegeben mit viel intransparentem Mattglas) Turm technokratischer Isolation verlässt und sich auf den Marktplatz der politischen Auseinandersetzungen begibt. Das wird ihre Handlungsfähigkeit nicht immer verstärken. Aber für eine Gemeinschaft, die sich erklärtermaßen noch immer auf dem Wege in eine politische Union befindet, wie diese konstitutionell auch ausgestaltet sein mag, für eine solche Gemeinschaft sind demokratische Legitimierung und eine gewisse Identifikation ihrer Bürger unerlässliche Voraussetzungen.

Mit den genannten Aufgaben wird die Europäische Union noch einige Zeit zu tun haben. Es ist also sicher nicht richtig zu behaupten, der gemeinsame Markt, die Wirtschafts- und Währungsunion seien festgezurrt, und deshalb zu rufen: Auf zu neuen Ufern! Die Gemeinschaft wird noch lange mit sich selbst beschäftigt sein. Die Integration der neuen Mitgliedländer in Ostmitteleuropa und die Aufnahme weiterer Kandidaten in Südosteuropa ist nicht in ein, zwei Jahren erledigt. Dass darüber die Stellung der Union in der Welt nicht vergessen werden darf, spricht für sich. Wenn die Bürger von der Union ein stärkeres Auftreten in der Außen-, Sicherheits- und Verteidigungspolitik, in der Energie- und Umweltpolitik erwarten, wie Eurobarometer (2008) immer wieder feststellt, dann äußert sich darin die Einsicht, dass nur ein geeintes Europa ihre Interessen in diesen Bereichen im globalen Kontext adäquat vertreten kann. Die 2007–2008 aufgetretene Finanzmarkt- und Wirtschaftskrise bringt neue Herausforderungen mit sich. Damit ergeben sich aber auch Chancen, die Stabilität einer großen Wirtschafts- und Währungsgemeinschaft und die Vorzüge koordinierter oder gemeinsamer Entscheidungen unter Beweis zu stellen. Soweit man bisher sehen kann, hat sich die Union in dieser Krise bewährt.

Die Kantsche Idee Europas und der Welt (vgl. Kapitel 1) läuft hinaus auf eine Evolution hin zum Kosmopolitismus. Man versteht heute unter Kosmopolitismus vielleicht etwas anderes als Kant. Für Europa ist in 50 Jahren Geschichte der Integration deutlich geworden, dass Kosmopolitismus die Anerkennung der Andersheit und die Toleranz dieser Tatsache bedeutet, was zu Nicht-Diskriminierung und wechselseitiger Anerkennung als Grundprinzipien der Integration geführt hat. Damit hat man sich von der Idee des Nationalismus und Imperialismus verabschiedet. Andererseits bedarf es für den Zusammenhalt eines Kanons gemeinsamer Werte, von denen nicht von vornherein klar ist, wer sie definiert und welche Domäne sie erfassen müssen. Darin sehen Beck und Grande (2004) das universalistische Dilemma des Kosmopolitismus. Die Vereinigten Staaten von Amerika sind in ihrem Selbstverständnis ein großer *melting pot* und haben sich den Wahlspruch gegeben: *e pluribus unum*. Das genau ist nicht das Ziel der Europäischen Gemeinschaft, die stolz ist auf ihre politische und kulturelle Vielfalt. Wechselseitige Anerkennung setzt aber voraus – wir haben das in Kapitel 7 gesehen –, dass es äquivalente Zielsetzungen gibt. Sonst würde damit die Aufgabe der eigenen Identität eingeleitet. Für ein gemeinsames Europa ist das Motto folglich leicht abzuwandeln: *unum in pluribus* oder, wie die Devise tatsächlich lautet: *unité dans la diversité*. Der Test für die kosmopolitische Universalisierbarkeit der europäischen Idee wird das Aufnahmeverfahren der Türkei sein. Hier wird es sich erweisen, ob eine Gesellschaft, die nicht „aus dem kulturellen, religiösen und humanistischen Erbe Europas" (Präambel EU n.F.) ihre Werte schöpft, unter den „unverletzlichen und unveräußerlichen Rechte[n] des Menschen sowie [unter] Freiheit, Demokratie, Gleichheit und Rechtsstaatlichkeit" *(ibid.)* das Gleiche wie die „europäischen" Mitglieder der Union versteht. Hier wird es sich aber auch erweisen, wieviel Andersheit die Altmitglieder einem Kandidaten zuzugestehen bereit sind, der offensichtlich aus einer anderen religiösen und kulturellen Welt kommt.

Literatur

Das Schrifttum zur europäischen Integration füllt inzwischen Bibliotheken. Sich hier einen repräsentative und kritischen Überblick zu verschaffen, auch bei einer Beschränkung auf die Hauptsprachen der Gemeinschaft, übersteigt die Kapazität der Autoren. Deshalb darf die folgende Literaturliste nicht als ein solcher Überblick verstanden werden. Wir führen hier nur die Werke auf, die wir unmittelbar beim Verfassen des Textes herangezogen und zitiert haben. Der Liste muss deshalb trotz ihrer Länge ein gewisser unsystematischer Charakter anhaften. Sicher, es gibt Standardwerke auf die jeder zurückgreift, der sich mit dem Thema beschäftigt. Aber über manches, was instruktiv und bedenkenswert ist, stolpert man mehr oder minder zufällig – oder eben auch nicht. Der interessierte Leser, der sich mit einzelnen Fragen, die in den voranstehenden Kapiteln angeschnitten worden sind, etwas tiefer beschäftigen möchte, wird aber durch die Portale der zitierten Arbeiten Zugang finden zu weiterführender Literatur.

Abelshauser, Werner (2003), *Kulturkampf. Der deutsche Weg in die Neue Wirtschaft und die amerikanische Herausforderung,* Berlin (Kulturverlag Kadmos).

Adams, Michael (2002), Höchststimmrechte, Mehrfachstimmrechte und sonstige wundersame Hindernisse auf dem Markt für Unternehmenskontrolle, in: Michael Adams, *Ökonomische Theorie des Rechts: Konzepte und Anwendungen*, Frankfurt/Main (Lang): 251–282.

Alesina, Alberto/Romain Wacziarg (1999), Is Europe going too far?, *Carnegie-Rochester Conference Series on Public Policy* 51: 1–42.

Alesina, Alberto/Enrico Spolaore/Romain Wacziarg (2000), Economic Integration and Political Disintegration, *American Economic Review* 90: 1276–1296.

Alesina, Alberto/Ignazio Angeloni/Ludger Schuknecht (2001), What Does the European Union Do?, *NBER Working Paper* No. 8647, Cambridge, MA.

Alesina, Alberto/Enrico Spolaore (2003), *The Size of Nations*, Cambridge, Mass. (MIT Press).

Alesina, Alberto/Roberto Perotti (2004), The European Union: A Politically Incorrect View, *Journal of Economic Perspectives* 18(4): 27–48.

Alter, Karen J. (1998), Who are the „Masters of the Treaty"?: European Governments and the European Court of Justice, *International Organization* 52 (1): 121–147.

Alter, Karen J. (2001), *Establishing the Supremacy of European Law: the Making of an International Rule of Law in Europe*, Oxford (Oxford University Press).

Althusius, Johannes (1603/1995), *Politica. An Abridged Translation of Politics Methodically Set Forth and Illustrated with Sacred and Profane Examples* (Frederick S. Carney ed.), Indianapolis (Liberty Fund).

Alvarez-Plata, Patricia/Herbert Brücker/Boriss Siliverstovs (2003), *Potential Migration from Central and Eastern Europe into the EU-15 – An Update*, Report for the European Commission, DG Employment and Social Affairs, Brüssel.

Andreosso-O'Callaghan, Bernadette (2003), *The Economics of European Agriculture*, Basingstoke (Palgrave)

Antonioni, Peter/John Cubbin (2000), The Bosman Ruling and the Emergence of a Single Market in Soccer Talent, *European Journal of Law and Economics* 9: 157–173.

Apolte, Thomas (1999), *Die ökonomische Konstitution eines föderalen Systems. Dezentrale Wirtschaftspolitik zwischen Kooperation und institutionellem Wettbewerb*, Tübingen (Mohr Siebeck).

Apolte, Thomas (2004), Die eigentümliche Diskussion um Zentralisierung und Dezentralisierung in der Europapolitik, *Perspektiven der Wirtschaftspolitik* 5: 271–291.

Armstrong, Harvey (2004), Regional Policy, in: Ali M. El-Agraa (Hg.), *The European Union. Economics & Policies*, 7. Aufl., Harlow (Prentice Hall): 401–420.
Armstrong, Kenneth/Simon Bulmer (1998), *The governance of the Single European Market*, Manchester (Manchester University Press).
Arndt, Christian (2004), Die „Ökonomisierung" der EU-Fusionskontrolle: Steigt dadurch die Rechtssicherheit? Beitrag für den 4. Workshop „Ordnungsökonomik und Recht", Freiburg, Oktober 2004.
Arndt, Hans-Wolfgang (2003), *Europarecht*, 6. Auflage, Heidelberg (C.F. Müller).
Arrow, Kenneth J. (1963), Uncertainty and the Welfare Economics of Medical Care, *American Economic Review* 53: 941–973.
Arrowsmith, Sue (2004), An Assessment of the New Legislative Package on Public Procurement, *Common Market Law Review* 41: 1277–1325.
Asad, Talal (2002), Muslims and European Identity: Can Europe Represent Islam? in: Anthony Pagden (Hsg.), *The Idea of Europe. From Antiquity to the European Union*, Cambridge (Cambridge University Press), 2002: 209–27.
Assmann, Heinz-Dieter/Brüggemeier, Gert/Sethe, Rolf (Hg.) (2001), *Unterschiedliche Rechtskulturen, Konvergenz des Rechtsdenkens*, Baden-Baden (Nomos).
Aust, Andreas/Sigrid Leitner/Stephan Lessenich (2002), Konjunktur und Krise des Europäischen Sozialmodells. Ein Beitrag zur politischen Präexplanationsdiagnostik, *Politische Viertelsjahrsschrift* 42(2): 272–301.
Ayres, Ian/Nalebuff, Barry (2005), Going Soft on Microsoft? The EU's Antitrust Case and Remedy, in: *The Economists' Voice* 2(2): Article 4.

Bach, Stefan (2001), Kapitaleinkommensbesteuerung zwischen Wettbewerb und Harmonisierung, in: Müller, Walter/Fromm, Oliver/Hansjürgens, Bernd (Hg.): *Regeln für den europäischen Systemwettbewerb. Steuern und soziale Sicherungssysteme*, Marburg (Metropolis): 105–132.
Baele, Lieven, et al. (2004), Measuring Financial Integration in the Euro Area, *ECB Occasional Paper* No. 14, Frankfurt a.M. (ECB).
Balassa, Bela (1961), *The Theory of Economic Integration*, Homewood (Irwin).
Balassa, Bela (1975) Trade Creation and Trade Diversion in the European Common Market: An Appraisal of the Evidence, in: Bela Balassa (Hg.), *European Economic Integration*, Amsterdam (North Holland).
Baldwin, Richard/Paul Krugman (1987), Industrial policy and international competition in wide-bodied jet aircraft, in: Richard Baldwin (Hg.), *Trade Policy Issues and Empirical Analysis*, Chicago (University of Chicago Press).
Baldwin, Richard/Venables, Anthony J. (1995), Regional Economic Integration, in: Gene M. Grossman/Kenneth Rogoff (Hg.), *Handbook of International Economics*, vol. 3, Amsterdam (Elsevier): 1597–1644.
Baldwin, Richard/Charles Wyplosz (2006), *The Economics of European Integration*, 2. Aufl., London (McGraw-Hill).
Baltagi, Badi H./Griffin, James M./Xiong, Weiwen (2000), To pool or not to pool: Homogeneous versus heterogeneous estimators applied to cigarette demand, *Review of Economics and Statistics* 82: 117–126.
Barnard, Catherine (2004), *The Substantive Law of the EU. The Four Freedoms*, Oxford (Oxford University Press).
Barro, Robert J./Xavier Sala-i-Martin (1991), Convergence across States and Regions, *Brookings Papers on Economic Activity* 1, 107–182.
Barro, Robert J./Xavier Sala-i-Martin (1995), *Economic Growth*, New York (McGraw-Hill).
Barros, Pedro Pita, et al. (2005), *Integration of European Banking: The Way Forward*, Bilbao (Fundación BBVA), London (CEPR).
Basedow, Jürgen (1992), *Von der deutschen zur Europäischen Wirtschaftsverfassung*, Tübingen (Mohr Siebeck).
Basedow, Jürgen (Hg.)(2007), *Private Enforcement of EC Competition Law*, Alphen (Kluwer Law International).
Bauer, Thomas (1997), Do Immigrants Reduce Native Wages? Evidence from Germany, *Münchner Wirtschaftswissenschaftliche Beiträge* 97, Universität München.

Beck, Ulrich/Egar Grande (2004), *Das kosmopolitische Europa*, Frankfurt a.M. (Suhrkamp).

Becker, Ulrich (2003), Arbeitnehmerfreizügigkeit, in: Dirk Ehlers, *Europäische Grundrechte und Grundfreiheiten*, Berlin (De Gruyter): 214–239.

Beckmann, Klaus/Dieringer, Jürgen/Hufeld, Ulrich. (2005), *Eine Verfassung für Europa*, 2. Aufl., Tübingen (Mohr Siebeck).

Begg, Iain/Nigel Grimwade (1998), *Paying for Europe*, Sheffield (Sheffield University Press).

Behrens, Peter (1994), Die Wirtschaftsverfassung der Europäischen Gemeinschaft, in: Gert Brüggemeier (Hg.), *Verfassungen für ein ziviles Europa*, Baden-Baden (Nomos): 73–40.

Beichelt, Timm et al. (Hg.) (2006), *Europastudien. Eine Einführung*, Wiesbaden (Verlag für Sozialwissenschaften).

Beiser, Reinhold/Thomas Kühbacher (2008), Ertragssteuern im Spannungsfeld der Grundfreiheiten des EG-Vertrages, in: Günther H. Roth/Peter Hilpold (Hg.), *Der EuGH und die Souveränität der Mitgliedstaaten. Eine kritische Analyse richterlicher Rechtsschöpfung auf ausgewählten Rechtsgebieten*, Wien (Linde): 103–250.

Bellomo, Manlio (2005), *Europäische Rechtseinheit. Grundlagen und System des Ius Commune*, München (Beck).

Bergmann, Jan (2001), *Recht und Politik der Europäischen Union. Der Integrationsverbund vor der Osterweiterung*, Grevenbroich (Omnia).

Berndt, Arnold/Martin Kunz (2003), Immer öfter ab und an? Aktuelle Entwicklungen im Bahnsektor, in: Günter Knieps/Gert Brunekreeft, *Zwischen Regulierung und Wettbewerb*, Heidelberg (Physica): 165–218.

Bigus, Jochen/Patrick C. Leyens (2008), *Einlagensicherung und Anlegerentschädigung*, Tübingen (Mohr Siebeck).

Bishop, Simon/Mike Walker, (2002), *Economics of E.C. Competition Law: Concepts, Application and Measurement*, 2. Aufl., London (Sweet & Maxwell).

Blanchard, Olivier J./Lawrence F. Katz (1992), Regional Evolutions, *Brookings Papers on Economic Activity* 1: 1–61.

Blanchard, Olivier (2004), The Economic Future of Europe, *Journal of Economic Perspectives* 18(4): 3–26.

Blank, Jürgen E./Hartmut Clausen/Holger Wacker (1998), *Internationale ökonomische Integration. Von der Freihandelszone zur Wirtschafts- und Währungsunion*, München (Vahlen).

Böll, Heinrich (1957/1961), *Irisches Tagebuch*, München (DTV).

Bönker, Frank (2005). Konsequenzen des EU-Beitritts für die Sozialpolitik in den neuen Mitgliedstaaten, in: Amelie Kutter/Vera Trappmann (Hg.), *Das Erbe des Beitritts: Mittel- und osteuropäische Gesellschaften nach dem Beitritt zur EU*, Baden-Baden (Nomos): im Erscheinen.

Boeri, Tito/Herbert Brücker (2001), *The Impact of Eastern Enlargement on Employment and Labour Markets in the EU Member States*, Report for the European Commission, Employment, Social Affairs and Equal Opportunities DG, Brüssel.

Boeri, Tito/Brücker, Herbert (2005): Why are Europeans Getting so Tough on Migrants?, *Economic Policy* 41: 631–703.

Bofinger, Peter/Julian Reischle/Andrea Schächter (1996), *Geldpolitik. Ziele, Institutionen, Strategien und Instrumente*, München (Vahlen).

Borchardt, Klaus-Dieter (2002), *Die rechtlichen Grundlagen der Europäischen Union*, 2. Aufl., Heidelberg (C.F. Müller).

Borgolte, Michael (2005), Wie Europa seine Vielfalt fand. Über die mittelalterlichen Wurzeln für die Pluralität der Werte, in: Hans Joas/Klaus Wiegandt (Hsg.), *Die kulturellen Werte Europas*, Frankfurt a.M. (Fischer): 117–63.

Borjas, George J. (2001), Does Immigration Grease the Wheels of the Labor Market?, *Brookings Papers on Economic Activity* 1: 69–133.

Borjas, George J. (2003), The Labor Demand Curve *Is* Downward Sloping: Reexamining the Impact of Immigration on the Labor Market, *Quarterly Journal of Economics* 118: 933–458.

Boyer, Robert (1997), French Statism at the Crossroads, in: Crouch, Colin/Wolfgang Streeck (Hg.), *Political Economy of Modern Capitalism. Mapping Convergence & Diversity*, London (Sage): 71–101.
Brander, James A. (1995), Strategic Trade Policy, in: Gene M. Grossman/Kenneth Rogoff (Hg.), *Handbook of International Economics*, Vol. III, Amsterdam (Elsevier): 1395–1455.
Brander, James A./Barbara J. Spencer (1985), Export subsidies and market share rivalry, *Journal of International Economics* 18: 83–100.
Braunberger, Gerald (2006), *Airbus gegen Boeing. Wirtschaftskrieg der Giganten*, Frankfurt a.M. (Frankfurter Allgemeine Buch).
Brücker, Herbert (2002): Can International Migration Solve the Problems of European Labour Markets?, *UNECE Economic Survey of Europe* 2: 109–142.
Brücker, Herbert, Michael Kohlhaas (2004), *Migration, Qualification and Labor Markets*, Mimeo, DIW Berlin.
Brücker, Herbert/Philipp J.H. Schröder (2005), International Migration With Heterogeneous Agents: Theory and Evidence, Paper presented at the European Economic Association Annual Meeting 2005, Amsterdam.
Brücker, Herbert/Boriss Siliverstovs (2005), On the Estimation and Forecasting of International Migration: How Relevant Is Heterogeneity Across Countries?, *IZA-Discussion Paper* Nr. 1710.
Brücker, Herbert/Elke J. Jahn (2008), Migration and the Wage Curve: A Structural Approach to Measure the Wage and Employment Effects of Migration, *IZA-Discussion Paper* Nr. 3423.
Brunekreeft, Gert/Katja Keller (2003), Elektrizität: Verhandelter versus regulierter Netzzugang, in: Günter Knieps,/Gert Brunekreeft, *Zwischen Regulierung und Wettbewerb*, Heidelberg (Physica): 131–164.
Buchanan, James M./Robert D. Tollison/Gordon Tullock (Hg.) (1980),*Toward a Theory of the Rent Seeking Society*, College Station (Texas A&M University Press).
Buonanno, Laurie/Ann Deakin (2004), European Identity, in: Neill Nugent (Hg.), *European Union Enlargement*, Basingstoke (Palgrave Macmillan).
Burda, Michael C. (1995), Migration and the Option Value of Waiting, *Economic and Social Review*, 27, 1–19.

Caenegem, Raoul C. van (2002), *European Law in the Past and the Future. Unity and Diversity over Two Millenia*, Cambridge (Cambridge University Press).
Cascante, José Christian/Gerald G. Sander (1999), *Der Streit um die EG-Bananenmarktordnung,* Berlin (Duncker & Humblot).
Caves, Richard E./Jeffrey A. Frankel/Ronald W. Jones (1993), *World Trade and Payments. An Introduction*, 6. Aufl., New York (Harper Collins).
Cecchini, Paolo (1988), *The European Challenge 1992: The Benefits of a Single Market*, Aldershot (Wildwood House).
Chadwick, Edwin (1858), Results of Different Principles of Legislation in Europe, in: *Journal of the Royal Statistical Society*, series A 22.
Chalmers, Damian/Martin Lodge (2003), *The Open Method of Co-ordination and the European Welfare State*, Discussion Paper No. 11, London (ESRC Centre for Analysis of Risk and Regulation).
Chebel d'Appollonia, Ariane (2002), European Nationalism and European Union, in: Anthony Pagden (Hg.), *The Idea of Europe. From Antiquity to the European Union*, Cambridge (Cambridge University Press): 171–190.
Christiansen, Arndt (2005), Die „Ökonomisierung" der EU-Fusionskontrolle: Mehr Kosten als Nutzen?, *Wirtschaft und Wettbewerb* 55: 285–293.
Coase, Ronald (1960), The problem of social cost, *Journal of law and economics* 3: 1–44.
Cockfield, Lord A. (1994), *The European Union: Creating the Single Market*, Chichester (Chancery)
Colman, David/Deborah Roberts (1997), Economics of the CAP in Transition, in: Mike Artis,/Norman Lee, (Hg.), *The Economics of the European Union. Policy and Analysis*, Oxford (Oxford University Press): 89–117.

Commission of the EC, IMF, OECD, UN, WB (1993), *System of National Accounts 1993*, Brüssel/Luxemburg usw. (Commission of the EC, IMF, OECD, UN, WB).

Commission of the European Communities (1994), *EC Agricultural Policy for the 21st Century*, Brussels.

Commission of the European Communities (1996), *The Impact and Effectiveness of the Single Market*, COM (96) 520, Brussels.

Commission of the European Communities (2002), *The Agricultural Situation in the European Union*, Brussels.

Constant, Benjamin (1988), *The Political Writings of Benjamin Constant* (B. Fontana ed.), Cambridge (Cambridge University Press).

Cooter, Robert/Josef Drexl (1994), The Logic of Power in the Emerging European Constitution: Game Theory and the Division of Powers, *International Review of Law and Economics* 14: 307–326.

Cournot, Augustin (1838/1980), *Recherches sur les principes mathématiques de la théorie des richesses*, Paris (Vrin).

Craig, Paul P./Grainne de Búrca (2004), *EU Law. Text, Cases, and Materials*, 3. Aufl., Oxford (Oxford University Press).

Crouch, Colin/Wolfgang Streeck (Hg.) (1997), *Political Economy of Modern Capitalism. Mapping Convergence & Diversity*, London (Sage).

Curzon Price, Victoria (2004), Competition and industrial policies with emphasis on industrial policy, in: : Ali M. El-Agraa (Hg.), *The European Union. Economics and Politics*, 7. Aufl., Harlow (Prentice Hall): 212–37.

De Grauwe, Paul (1996), *International Money*, 2. Aufl., Oxford (Oxford University Press).

De Grauwe, Paul (2003), *Economics of Monetary Union*, 5. Aufl., Oxford, (Oxford University Press).

De Grauwe, Paul (2006), On Monetary and Political Union, *CESifo Forum* 4/2006: 3–10

De Grauwe, Paul/Francesco Paolo Mongelli (2005), *Endogeneities of Optimum Currency Areas. What Brings Countries Sharing a Single Currency Closer Together?* Working Paper Series No. 468, Frankfurt a.M. (ECB).

De Haan, Jakob,/Sylvester C.W. Eijffinger/Sandra Waller (2005), *The European Central Bank. Credibility, Transparency and Centralization*, Cambridge, Mass., (MIT Press).

Die Kairoer Erklärung der Menschenrechte im Islam (1990), *http://www.aidlr.org/german/mag/36_1 %20-5.pdf*

De Schoutheete, Philippe (2002), The European Council, in: John Peterson/Michael Shakleton, *The Institutions of the European Union*, Oxford (Oxford University Press): 21–46.

Demsetz, Harold (1968), Why Regulate Utilities?, *Journal of Law and Economics* 11: 55–65.

Dermine, Jean (2003), European banking, past, present, and future, in: Vítor Gaspar/Philipp Hartmann/Olaf Sleijpen (Hg.), *The transformation of the European financial system*, Frankfurt a.M. (ECB): 31–95.

Deutsche Bank Research (2005) Reform des Stabilitätspakts – Lizenz zur Verschuldung, *EU-Monitor* vom 07. April 2005.

Djajic, Slobodan/Ross Milbourne (1988), A general equilibrium model of guestworker migration, *Journal of International Economics* 25: 335–351.

Donges, Juergen B. et al. (2007), *Dienstleistungsmärkte in Europa weiter öffnen*, Schriftenreihe der Stiftung Marktwirtschaft, Band 45, Berlin.

Downs, Anthony (1957), *An Economic Theory of Democracy*, New York (Harper and Row).

EBRD (2005a), *Transition report 2005. Business intransition*, London.

EBRD (2005b), *Transition report update May 2005*, London.

Economic Advisory Group on Competition Policy (J. Gual et al.) (2005), *An Economic Approach to Article 82*, verfügbar unter http://ec.europa.eu/competition/publications/studies/eagcp_july_21_05.pdf.

Egan, Michelle (2001), *Constructing a European Market: Standards, Regulation, and Governance,* Oxford (Oxford University Press).

Eger, Thomas (1995), *Eine ökonomische Analyse von Langzeitverträgen*, Marburg (Metropolis).

Eger, Thomas/Hans-Bernd Schäfer (Hg.)(2007), *Ökonomische Analyse der europäischen Zivilrechtsentwicklung*, Tübingen (Mohr Siebeck).

Eger, Thomas/Peter Weise (2008), Grenzen einer privaten Durchsetzung des Verbots von Preiskartellen, in: Thomas Eger et al. (Hg.), *Internationalisierung des Rechts und seine ökonomische Analyse. Festschrift für Hans-Bernd Schäfer zum 65. Geburtstag*, Wiesbaden (Gabler): 509–24.

Egger, Johann (2008), Nationale Interessen und Nichtdiskriminierung im Arbeits- und Sozialrecht, in: Günther H. Roth/Peter Hilpold (Hg.), *Der EuGH und die Souveränität der Mitgliedstaaten. Eine kritische Analyse richterlicher Rechtsschöpfung auf ausgewählten Rechtsgebieten,* Wien (Linde): 55–102.

Eidenmüller, Horst (Hg.) (2004), *Ausländische Kapitalgesellschaften im deutschen Recht*, München (Beck).

Eidenmüller, Horst/Andreas Engert/Lars Hornuf (2008), Die Societas Europaea: Empirische Bestandsaufnahme und Entwicklungslinien einer neuen Rechtsform, *Die Aktiengesellschaft*, 53. Jg.: 721–30.

Eijffinger, Sylvester C./Jakob De Haan (2000), *European Monetary and Fiscal Policy,* Oxford, (Oxford University Press).

Eising, Rainer (2003), Europäisierung und Integration: Konzepte in der EU-Forschung, in: Markus Jachtenfuchs/Beate Kohler-Koch (Hg.), *Europäische Integration*, 2. Aufl., Opladen (Leske + Budrich): 387–416.

Emerson, Michael et al. (1988), *The Economics of 1992; The EC's Commission Assessment of the Economic Effects of Completing the Internal Market*, Oxford (Oxford University Press).

Emerson, Michael, et al. (1992), *One Market, One Money. An Evaluation of the Potential Benefits and Costs of Forming an Economic and Monetary Union*, Oxford (Oxford University Press).

Endres, Alfred/Cornelia Ohl (2005), Kyoto, Europe? – An Economic Evaluation of the European Emission Trading Directive, *European Journal of Law and Economics* 19: 17–39.

Engert, Andreas (2005), Gesellschaftsrecht, in: Katja Langenbucher, (Hg.), *Europarechtliche Bezüge des Privatrechts,* Baden-Baden (Nomos): 238–288.

Epiney, Astrid (2005), *Umweltrecht in der Europäischen Union*, 2. Aufl., Köln (Carl Heymanns).

EBRD (2002), *Transition report 2002*, London (EBRD).

EBRD (2003), *Transition report 2003. Integration and regional cooperation*, London (EBRD).

Erzan, Rafik/Umut Kuzubas/Nilufer Yildiz (2004), *Growth and Immigration Scenarios for Turkey and the EU*, CEPS EU-Turkey Working Papers, No. 13, Brüssel.

Esping-Anderson, Gosta (1990), *The Three Worlds of Welfare Capitalism*, Cambridge (Polity Press).

Esping-Anderson, Gosta, (Hg.) (1996), *Welfare States in Transition. National Adaptations in Global Economies*, London (Sage).

Eucken, Walter (1952/1990), *Grundsätze der Wirtschaftspolitik*, 6. Aufl., Tübingen (Mohr Siebeck).

Eurobarometer (2002), *Europeans and the Common Agricultural Policy 2001–2002*, Eurobarometer 57.0, Brussels.

Eurobarometer (2005a), *The European Constitution: post-referendum Survey in France*, Flash Eurobarometer 171.

Eurobarometer (2005b), *The European Constitution: post-referendum Survey in the Netherlands*, Flash Eurobarometer 172.

Eurobarometer (2005c), *Die öffentliche Meinung in der Europäischen Union*, Eurobarometer 63.

Europäische Kommission (1990a), *Industriepolitik in einem offenen und wettbewerbsorientierten Umfeld*, Brüssel (KOM (90) 556).

Europäische Kommission (1990b), Ein Markt, eine Währung, *Europäische Wirtschaft* 44.
Europäische Kommission (1995), Die Finanzverfassung der Europäischen Union, Luxemburg.
Europäische Kommission (1998), *Die Finanzierung der Europäischen Union. Bericht der Kommission über das Funktionieren des Eigenmittelsystems*, Brüssel (COM(1998) 560).
Europäische Kommission (2001), *Weissbuch. Die europäische Verkehrspolitik bis 2010. Weichenstellungen für die Zukunft*, Luxemburg.
Europäische Kommission (2002) Co-ordination of Economic Policies in the EU: A Presentation of Key Features of the Main Procedures, *Euro Papers* 45.
Europäische Kommission (2003a), *Empfehlung der Kommission für die Grundzüge der Wirtschaftspolitik der Mitgliedstaaten und der Gemeinschaft (im Zeitraum 2003–2005)*, KOM(2003) 170 endg., Brüssel.
Europäische Kommission (2003c), Public Finances in EMU 2003, *European Economy* 3/2003.
Europäische Kommission (2003d), *Zweiter Bericht über den wirtschaftlichen und sozialen Zusammenhalt*, Brüssel.
Europäische Kommission (2003e), *Aufteilung der operativen EU-Ausgaben nach Mitgliedstaaten – 2002*, Brüssel (GD Haushalt), September 2003.
Europäische Kommission (2004a), *Dritter Bericht über den wirtschaftlichen und sozialen Zusammenhalt*, Brüssel.
Europäische Kommission (2004b), Public Finances in EMU 2004, *European Economy* 3/2004.
Europäische Kommission (2004c), *Gesamthaushaltsplan der Europäischen Union für das Haushaltsjahr 2004 – Übersicht in Zahlen*, SEC(2004) 500 (http://europa.eu.int/comm/budget/pdf/budget/syntchif2004/de.pdf)
Europäische Kommission (2004d), *Unsere gemeinsame Zukunft aufbauen. Politische Herausforderungen und Haushaltsmittel der erweiterten Union – 2007–2013*, Brüssel (KOM(2004) 101).
Europäische Kommission (2004e), *Financing the European Union – Commission Report on the Operation of the Own Resources System*, Brüssel (COM(2004) 505).
Europäische Kommission (2004 f.), Report on the Implementation of the 2003–05 Broad Economic Policy Guidelines, *European Economy* 1/2004.
Europäische Kommission (2004 g), EMU after five years, *European Economy*, Special Report No. 1.
Europäische Kommission (2005), Public Finances in EMU 2005, *European Economy* 3/2005.
Europäische Kommission (2005a), *Gesamthaushaltsplan der Europäischen Union für das Haushaltsjahr 2005 – Übersicht in Zahlen*, SEC(2005) 50 (http://europa.eu.int/comm/budget/pdf/budget/syntchif2005/de.pdf).
Europäische Kommission (2007a), *Gesamthaushaltsplan der EU für das Haushaltsjahr 2007*, Brüssel.
Europäische Kommission (2007b), *Die Kohäsionspolitik 2007–2013 – Erläuterungen und offizielle Texte*, Luxemburg.
Europäische Kommission (2007c), *Wachsende Regionen, wachsendes Europa – Vierter Bericht über den wirtschaftlichen und sozialen Zusammenhalt*, Luxemburg.
Europäische Kommission (2008a), *Gesamthaushaltsplan der EU für das Haushaltsjahr 2008*, Brüssel.
Europäische Kommission (2008b), *EU-Haushalt 2007. Finanzbericht*, Luxemburg
Europäische Kommission (2009), *Die Mehrwertsteuersätze in den Mitgliedstaaten der Europäischen Gemeinschaft.*
Europäischer Islamrat (1981), *Die Allgemeine Erklärung der Menschenrechte im Islam, http://www.dadalos-d.org/deutsch/Menschenrechte/grundkurs_mr2/Materialien/dokument_8.htm.*
Europäische Zentralbank (2008), *10 Jahre EZB*, Monatsbericht, Frankfurta.M.
European Commission (2005), Special rights in privatised companies in the enlarged Union – a decade full of developments. Commission Staff Working Document, Brussels, 22.7.2005.

Eurostat (2003b), *EU International Transactions*, Brüssel.
Eurostat (2004), *Jahrbuch 2004. Der statistische Wegweiser durch Europa*, Luxemburg (EG).
Eurostat (2008), *Jahrbuch 2008. Der statistische Wegweiser durch Europa*, Luxemburg (EG).
Europäische Zentralbank (2004), *Die Geldpolitik der EZB*, Frankfurt a.M. (EZB).
Europäische Zentralbank (2005), *Review of the International Role of the Euro*, Frankfurt a.M. (EZB).

Falkner, Gerda (2004), *Kontinuität und/oder Wandel? Zahlen und Fakten zur EU-Sozialpolitik*, Reihe Politikwissenschaft 100, Wien (Institut für Höhere Studien).
Falkner, Gerda/Oliver Treib (2005), Europäische Sozialpolitik in der nationalen Praxis, *Zeitschrift für Sozialrecht* 51(2): 139–63.
Fastenrath, Ulrich/Maike Müller-Gerbes (2000), *Europarecht. Grundlagen und Schwerpunkte*, Baden-Baden (Nomos).
Fatás, Antonio (2005), *Is there a case for sophisticated balanced budget rules?* Economics Department Working Papers No. 466, Paris (OECD).
Fatás, Antonio et al. (2003), *Stability and Growth in Europe: Towards a Better Pact*, Monitoring European Integration 13, London (CEPR).
Faure, Michael/Göran Skogh (2003), *The Economic Analysis of Environmental Policy and Law. An Introduction*, Cheltenham (Elgar).
Feess, Eberhard/Gerd Mühlheußer (2001), How to Destroy Investment Incentives. The European Commission's Ban of Transfer Fees in Professional Football, Paper presented at the Workshop on Law and Economics, University of Hamburg, February 16th.
Fertig, Michael (2001), The economic impact of EU enlargement: assessing the migration potential, *Empirical Economics* 26: 707–720.
Fertig, Michael/Christoph M. Schmidt (2001), *Aggregate-Level Migration Studies as a Tool for Forecasting Future Migration Streams*, Discussionpaper Nr. 324, Universität Heidelberg, Wirtschaftswissenschaftliche Fakultät.
Fioretos, Orfeo (2001), The Domestic Sources of Multilateral Preferences: Varieties of Capitalism in the European Community, in: Peter A. Hall/David Soskice (Hg.), *Varieties of Capitalism: The Institutional Foundations of Comparative Advantage*, Oxford (Oxford University Press): 213–44.
Fischer, Klemens H. (2008), *Der Vertrag von Lissabon. Text und Kommentar zum Europäischen Reformvertrag*, Baden Baden (Nomos).
Fischer, Christoph/Bernd Rudolph (2000), Grundformen von Finanzierungssystemen, in: Obst/Hintner, *Geld-, Bank- und Börsenwesen*, 40. Auflage, (Jürgen von Hagen/Johann Heinrich von Stein Hg.), Stuttgart (Schäffer-Poeschel): 371–446.
Flam, Harry (1992), Product Markets and 1992: Full Integration, Large Gains?, *Journal of Economic Perspectives* 6: 7–30.
Frankel, Jeffrey/Andrew Rose (1997), Is EMU more justifiable ex post than ex ante? *European Economic Review* 41: 753–760.
Frenkel, Michael/Lukas Menkhoff (2000), *Stabile Weltfinanzen? Die Debatte um eine neue internationale Finanzarchitektur*, Berlin/Heidelberg/New York (Springer).
Fritsch, Michael/Thomas Wein/Hans-Jürgen Ewers (2003), *Marktversagen und Wirtschaftspolitik: Microökonomische Grundlagen staatlichen Handelns*, 5. Aufl., München (Vahlen).
Fuest, Clemens (1995), Budgetdefizite in einer europäischen Währungsunion: Bedarf es gemeinsamer Verschuldungsregeln? *Zeitschrift für Wirtschaftspolitik* 42: 123–149.
Fuest, Clemens (2001), Europäische Steuerpolitik, in: Renate Ohr/Theresia Theurl (Hg.), *Kompendium Europäische Wirtschaftspolitik*, München (Vahlen): 467–499.
Fuest, Clemens (2005), EuGH-Rechtsprechung zur Unternehmensbesteuerung, *Wirtschaftsdienst*, 1: 21–5.
Fujita, Masahisa/Paul Krugman/Anthony Venables (1999), *The Spatial Economy. Cities, Regions, and International Trade*, Cambridge, Mass., (MIT Press).

Gabelmann, Anne/Wolfgang Groß (2003), Telekommunikation: Wettbewerb in einem dynamischen Markt, in: Günter Knieps/Gert Brunekreeft, *Zwischen Regulierung und Wettbewerb*, Heidelberg (Physica): 85–130.
Gandolfo, Giancarlo (1992), Monetary Unions, in *The New Palgrave Dictionary of Money & Finance*, (Peter Newman/Milgate/John Eatwell Hg.), London (Macmillan): Bd. 2, 765–70.
Garret, Geoffrey (1995), The Politics of Legal Integration in the European Union, *International Organization* 49 (1): 171–81.
Garret, Geoffrey/R. Daniel Kelemen/Heiner Schulz (1998), The European Court of Justice, National Governments, and Legal Integration in the European Union, *International Organization* 52(1): 149–76.
Gavasto, Andrea/Alessandra Venturini/Claudia Villosio (1999), Do Immigrants Compete with Natives? *Labour* 13(3): 603–622.
Genschel, Phillipp (2002), *Steuerharmonisierung und Steuerwettbewerb in der Europäischen Union*, Frankfurt/Main (Campus-Verlag).
Gillingham, John (2003), *European Integration, 1950 – 2003. Superstate or New Market Economy?*, Cambridge (Cambridge University Press).
Girouard, Nathalie/Christophe André (2005), *Measuring cyclically-adjusted budget balances for OECD countries*, Economics Department Working Papers, No. 434, Paris (OECD).
Gligorov, Vladimir, et al. (2004), *As East You Go, the More They Grow: Transition Economies in a New Setting*, WIIW Research Reports 308, Wien (Wiener Institut für Internationale Wirtschaftsvergleiche).
Görres, Steffen (2003), *Grenzüberschreitende Arbeitnehmerentsendung in der EU*, Wien (Neuer wissenschaftlicher Verlag).
Goodspeed, Timothy J./Ann Dryden Witte (2000), International Taxation, in: *Encyclopedia of Law and Economics, Vol. IV: The Economics of Public Law and Tax Law* (Boudewijn Bouckhaert/Gerrit de Geest Hg.), Cheltenham (Edward Elgar): 256–300.
Graichen, Patrick/Till Requate (2005), Der steinige Weg von der Theorie in die Praxis des Emissionshandels: Die EU-Richtlinie zum CO2- Emissionshandel und ihre nationale Umsetzung, *Perspektiven der Wirtschaftspolitik* 6(1): 41–56.
Grimm, Dieter (1995), Braucht Europa eine Verfassung? *JuristenZeitung* 50: 581–91.
Grimm, Dieter (2002), Constitutionalism Beyond the Nation State, in: Stefan Voigt/ Hans-Jürgen Wagener (Hg.), *Constitutions, Markets and Law. Recent Experiences in Transition Economies*, Cheltenham (Edward Elgar): 317–323.
Grimwade, Nigel (2004), Measuring the impact of economic integration, in: Ali M. El-Agraa (Hg.), *The European Union. Economics and Politics*, 7. Aufl., Harlow (Prentice Hall): 118–141.
Gros, Daniel/Niels Thygesen (1998), *European Monetary Integration*, 2. Aufl., Harlow (Pearson).
Grundmann, Stefan/Florian Möslein (2003), Die Goldene Aktie – Staatskontrollrechte in Europarecht und wirtschaftspolitischer Bewertung, *Zeitschrift für Unternehmens- und Gesellschaftsrecht (ZGR)* 32(3): 317–366.
Grundmann, Stefan (2004), *Europäisches Gesellschaftsrecht. Eine systematische Darstellung unter Einbeziehung des Kapitalmarktrechts*, Heidelberg (C. F. Müller).

Haas, Ernst (1958/1968), *The Uniting of Europe: Political, Social and Economic Forces, 1950–1957*, 2. Aufl., Stanford (Stanford University Press).
Habermas, Jürgen (1999a), Der europäische Nationalstaat – Zu Vergangenheit und Zukunft von Souveränität und Staatsbürgerschaft, in: ders., *Die Einbeziehung des Anderen. Studien zur politischen Theorie*, Frankfurt a.M. (Suhrkamp): 128–53.
Habermas, Jürgen (1999b), Braucht Europa eine Verfassung? Eine Bemerkung zu Dieter Grimm, in: ders., *Die Einbeziehung des Anderen. Studien zur politischen Theorie*, Frankfurt a.M. (Suhrkamp): 185–91.
Habermas, Jürgen (1999c), Kampf um Anerkennung im demokratischen Rechtsstaat, in: ders., *Die Einbeziehung des Anderen. Studien zur politischen Theorie*, Frankfurt a.M. (Suhrkamp): 237–76.

Habermas, Jürgen (2008), *Ach, Europa*, Frankfurt a.M. (Suhrkamp).
Hakenberg, Waltraud (2000), *Grundzüge des Europäischen Gemeinschaftsrechts*, 2. Aufl., München (Vahlen).
Hall, Peter A./David Soskice (Hg.) (2001), *Varieties of Capitalism: The Institutional Foundations of Comparative Advantage*, Oxford (Oxford University Press).
Hamon, Dominique/Ivan Serge Keller, 1997, *Fondements et étapes de la construction européenne*, Paris (PUF).
Hansen, Jørgen Drud/Jørgen Ulff-Møller Nielsen (1997), *An Economic Analysis of the EU*, 2. Aufl., London (Mc Graw-Hill).
Hanson, Gordon H./Matthew J. Slaughter (2002), Labor Market Adjustment in Open Economies: Evidence from U.S. States, *Journal of International Economics* 57: 3–29.
Harris, John R./Michael P. Todaro (1970), Migration, Unemployment and Development: A Two-Sector-Analysis *American Economic Review* 60: 126–142.
Hayek, Friedrich A. von (1969), *Freiburger Studien. Gesammelte Aufsätze*, Tübingen (Mohr Siebeck).
Hayek, Friedrich A. von (1978), *Denationalising Money: the Argument Refined*, London (Institute of Economic Affairs).
Hayes-Renshaw, Fiona/Helen Wallace (1997), *The Council of Ministers*, London (Macmillan).
Heckscher, Eli (1932), *Der Merkantilismus*. Erster Band, Jena (Fischer)
Heijdra, Ben J./Christian Keuschnigg/Wilhelm Kohler (2002), *Eastern Enlargement of the EU: Jobs, Investment and Welfare in the Present EU Member Countries*, CESifo Working Paper Nr. 718 (7).
Heine, Klaus/Wolfgang Kerber (2002), European Corporate Laws, Regulatory Competition and Path Dependence, *European Journal of Law and Economics*, 13: 47–71.
Heinemann, Friedrich (2001), Europäische Finanzverfassung: Zwischen Umverteilung und Effizienz, in: Renate Ohr/Theresia Theurl (Hg.), *Kompendium Europäische Wirtschaftspolitik*, München (Vahlen): 205–239.
Hellwig, Martin (2007), *Wirtschaftspolitik als Rechtsanwendung: Zum Verhältnis von Jurisprudenz und Ökonomie in der Wettbewerbspolitik*, Reprints of the Max Planck Institute for Research on Collective Goods, Bonn 2007/19.
Hellwig, Martin (2008a), *Competition Policy and Sector-Specific Regulation for Network Industries*, Reprints of the Max Planck Institute for Research on Collective Goods, Bonn 2008/29.
Hellwig, Martin (2008b), *Zur Problematik staatlicher Beschränkungen der Beteiligung und der Einflussnahme von Investoren bei großen Unternehmen*, Reprints of the Max Planck Institute for Research on Collective Goods, Bonn 2008/44.
Hellwig, Martin (2008c), *Systemic Risk in the Financial Sector: An Analysis of the Subprime-Mortgage Financial Crisis,* Reprints of the Max Planck Institute for Research on Collective Goods, Bonn 2008/43.
Henrekson, Magnus/Johan Torstensson/Rasha Torstensson (1997), Growth Effects of European Integration, *European Economic Review*, 41: 1537–1557.
Herdegen, Matthias (2003), *Europarecht*, 5. Aufl., München (Beck).
Herder, Johann Gottfried (1784–91/1974), *Ideen zur Philosophie der Geschichte der Menschheit* (4 Teile), Stuttgart.
Herzfeld, Michael (2002), The European Self: Rethinking an Attitude, in: Anthony Pagden (Hg.), *The Idea of Europe. From Antiquity to the European Union*, Cambridge (Cambridge University Press): 139–170.
Herzog, Roman/Lüder Gerken (2008), *S*toppt den Europäischen Gerichtshof, *Frankfurter Allgemeine Zeitung* vom 8. September 2008: 8.
Hillebrand, Bernhard et al. (2002), *CO2 Emissions Trading Put to Test. Design Problems of the EU Proposal for an Emissions Trading System in Europe*, Münster (LIT Verlag).
Hirschman, Albert O. (1970), *Exit, Voice, and Loyalty: Responses to Decline in Firms, Organizations, and States*, Cambridge, Mass., (Harvard University Press).
Hirte, Heribert/Thomas Bücker (2005) (Hg.), *Grenzüberschreitende Gesellschaften. Praxishandbuch für ausländische Kapitalgesellschaften mit Sitz im Inland*, Köln (Heymanns).

Hirte, Heribert (2008), Die „Große GmbH-Reform“ – Ein Überblick über das Gesetz zur Modernisierung des GmbH-Rechts und zur Bekämpfung von Missbräuchen (MoMiG), *Neue Zeitschrift für Gesellschaftsrecht*, 11. Jg.: 761–6.
Hix, Simon (2005), *The Political System of the European Union*, 2. Aufl., Basingstoke (Palgrave).Hodson, Dermot/Imelda Maher (2001), The Open Method as a New Mode of Governance: The Case of Soft Economic Policy Co-ordination, *Journal of Common Market Studies* 39(4): 719–46.
Holland, Martin (2002), *The European Union and the Third World*, Basingstoke (Palgrave).
Homburg, Stefan, (2005), *Allgemeine Steuerlehre*, 4. Aufl., München (Vahlen).
Hopt, Klaus J./Hans Cristoph Voigt (Hg.) (2005), *Prospekt- und Kapitalmarktinformationshaftung,* Tübingen (Mohr Siebeck).
Huber, Peter M. (2002), *Recht der Europäischen Integration*, 2. Aufl., München (Vahlen).
http://europa.eu.int/comm/environment/climat/emission.htm
Hutchison, Terence (1988), *Before Adam Smith. The Emergence of Political Economy 1662–1776*, Oxford (Blackwell).

IMF (2004), *World Economic Outlook*, Washington, D.C.
Inman, Robert P./Daniel L. Rubinfeld (1998), Subsidiarity and the European Union, *The New Palgrave Dictionary of Economics and Law* (Peter Newman/Murray Milgate/John Eatwell Hg.), London (Macmillan): 545–51.
Ipsen, Hans Peter (1972), *Europäisches Gemeinschaftsrecht*, Tübingen (Mohr).
Issing, Otmar et al. (2001), *Monetary Policy in the Euro Area: Strategy and Decision Making at the European Central Bank*, Cambridge (Cambridge University Press).

Jaspers, Karl, 1958, Kants ‚Zum Ewigen Frieden‘, in: ders., *Philosophie und Welt. Reden und Aufsätze*, München (Piper): 97–135.
Jaspers, Karl (1949/1963), *Vom Ursprung und Ziel der Geschichte*, München (Piper).
Joas, Hans/Christof Mandry (2005), Europa als Werte- und Kulturgemeinschaft, in: Gunnar Folke Schuppert/Ingolf Pernice/Ulrich Haltern (Hg.), *Europawissenschaft*, Baden-Baden (Nomos): 541–72.
Johnson, Harry G. (1965), An economic theory of protectionism, tariff bargaining and the formation of customs unions, *Journal of Political Economy* 73: 256–283.
Jones, Eric (2003), *The European Miracle. Environments, Economics and Geopolitics in the History of Europe and Asia*, 3. Aufl., Cambridge (Cambridge University Press).
Jørgensen., Jan G. (2001), Foreign Direct Investment: Flows and Motives, in: Jørgen Drud Hansen (Hg.), *European Integration. An Economic Perspective*, Oxford (Oxford University Press): 141–61.
Jørgensen., Jan G./Teit Lüthje/Philipp J.H. Schröder (2001), Trade: The Workhorse of Integration, in: Jørgen Drud Hansen (Hg.), *European Integration. An Economic Perspective*, Oxford (Oxford University Press): 109–40.

Kaelble, Hartmut (2004), Das europäische Sozialmodell – eine historische Perspektive, in: Hartmut Kaelble/Günther Schmid (Hg.), *Das europäische Sozialmodell. Auf dem Weg zum transnationalen Sozialstaat,* WZB Jahrbuch 2004, Berlin (Edition Sigma): 31–50.
Kaelble, Hartmut (2005), Eine europäische Gesellschaft? in: Gunnar Folke Schuppert/Ingolf Pernice/Ulrich Haltern (Hg.), *Europawissenschaft*, Baden-Baden (Nomos): 299–330.
Kant, Immanuel (1795/1968), Zum ewigen Frieden. Ein philosophischer Entwurf, in: *Werke in Zehn Bänden* (Wilhelm Weischedel Hg.), Band 9, Darmstadt (Wissenschaftliche Buchgesellschaft): 193–251.
Kant, Immanuel (1784–5/1968), Zu Johann Gottfried Herder: Ideen zur Philosophie der Geschichte der Menschheit, in: *Werke in zehn Bänden* (Wilhelm Weischedel Hsg.), Band 10, Darmstadt (Wissenschaftliche Buchgemeinschaft): 779–806.

Kaufmann, Daniel/Aart Kraay/Pablo Zoido-Lobatón (1999a), *Aggregating Governance Indicators,* Policy Research Working Paper, 2195, Washington D.C. (The World Bank).
Kaufmann, Daniel/Aart Kraay/Pablo Zoido-Lobatón (1999b), *Governance Matters,* Policy Research Working Paper, 2196, Washington D.C. (The World Bank).
Kaufmann, Daniel/Aart Kraay/Pablo Zoido-Lobatón (2002), *Governance Matters II: Updated Indicators for 2000/01,* Washington D.C. (The World Bank).
Keen, Michael (1993), The Welfare Economics of Tax Co-ordination in the European Community: A Survey, *Fiscal Studies* 14(2): 15–36.
Kenen, Peter B. (1969), The Theory of Optimum Currency Areas: An Eclectic View, in: Robert A. Mundell/A. Swoboda (Hg.), *Monetary Problems of the International Economy,* Chicago (University of Chicago Press).
Keuschnigg, Christian/Wilhelm Kohler (2002), Eastern Enlargement of the EU: How Much Is It Worth For Austria? *Review of International Economics* 10: 324–342.
Keynes, John Maynard (1919/1971), *The Economic Consequences of the Peace,* The Collected Writings of John Maynard Keynes, Vol. II, London (Macmillan).
Keynes, John Maynard (1931/1972), The End of Laissez-faire, in: *Essays in Persuasion,* The Collected Writings of John Maynard Keynes, Vol. IX, London (Macmillan): 272–94.
Kieninger, Eva-Maria (2004), Internationales Gesellschaftsrecht nach „Centros", „Überseering" und „Inspire Art": Antworten, Zweifel und offene Fragen, *Zeitschrift für Europäisches Privatrecht* 2004: 685–704.
Kieninger, Eva-Maria (2005), The Legal Framework of Regulatory Competition Based on Company Mobility: EU and US Compared – Part I/II, *German Law Journal* 6(4): 741–770.
Kimms, Frank, (1996), *Die Kapitalverkehrsfreiheit im Recht der europäischen Union,* Frankfurt/Main (Lang).
Kirchner, Christian (1997), Competence Catalogues and the Principle of Subsidiarity in a European Constitution, *Constitutional Political Economy* 8: 71–87.
Kirchner, Christian (2005), Die Dynamik des Wettbewerbs. Der Fall Microsoft und die Instrumente des Zwangstechnologiezugangs sowie der Produktentbündelung/Folgen für die Innovationsanreize, *Frankfurter Allgemeine Zeitung,* 8. Januar 2005: 13.
Klemmer, Paul (Hg.) (1998), *Handbuch Europäische Wirtschaftspolitik,* München (Vahlen).
Kluth, Winfried/Frank Rieger (2005), Die neue EU-Berufsanerkennungsrichtlinie – Regelungsgehalt und Auswirkungen für Berufsangehörige und Berufsorganisationen, *Europäische Zeitschrift für Wirtschaftsrecht,* Heft 16: 486–92.
Knieps, Günter (1998), Telekommunikationspolitik, in: Paul Klemmer (Hg.), *Handbuch Europäische Wirtschaftspolitik,* München (Vahlen): 1193–1228.
Knieps, Günter/Gert Brunekreeft (Hg.) (2003), *Zwischen Regulierung und Wettbewerb. Netzsektoren in Deutschland,* 2. Aufl., Heidelberg (Physica).
Koberski, Wolfgang/Gregor Asshoff/Dieter Hold (2002), *Arbeitnehmer-Entsendegesetz,* 2. Aufl., München (Beck).
Koester, Ulrich (2005), *Grundzüge der landwirtschaftlichen Marktlehre,* 3. Aufl., München (Vahlen)
Kohler, Wilhelm (2003*), Eastern Enlargement of the EU: A Comprehensive Welfare Assessment,* Working Paper Nr. 0316, Johannes Kepler University Linz, Fakultät für Wirtschaftswissenschaften.
Kommission der Europäischen Gemeinschaften (2001), *Europäisches Regieren. Ein Weissbuch,* KOM(2001) 428, Brüssel.
Kommission der Europäischen Gemeinschaften (2002), *Der Stand des Binnenmarkts für Dienstleistungen. Bericht im Rahmen der ersten Stufe der Binnenmarktstrategie für den Dienstleistungssektor,* Brüssel, 30.7.2002.
Kommission der Europäischen Gemeinschaften (2003), *Binnenmarktstrategie: Vorrangige Aufgaben 2003 – 2006,* Mitteilung vom 7.5.2003.
Kommission der Europäischen Gemeinschaften (2004), *A report on the functioning of public procurement markets in the EU: benefits from the application of EU directives and challenges for the future,* Brüssel, 3.2.2004.

Kosior, Katarzyna (2004), *The Political Economy of the Polish Agricultural Sector's Accession to the European Union*, Diss., Frankfurt (Oder).
Kox, Henk/Arjan Lejour/Raymond Montizaan (2004), *The Free Movement of Services within the EU*, CPB Netherlands Bureau for Economic Policy Analysis, Document No. 69, The Hague.
Krämer, Gudrun (2005), Wettstreit der Werte: Anmerkungen zum zeitgenössischen islamischen Diskurs, in: Hans Joas/Klaus Wiegandt (Hsg.), *Die kulturellen Werte Europas*, Frankfurt a.M. (Fischer), 2005: 469–93.
Kramer, Heinz (2003), *EU-kompatibel oder nicht? Zur Debatte um die Mitgliedschaft der Türkei in der Europäischen Union*, SWP-Studie S 34, Berlin (Stiftung Wissenschaft und Politik).
Krieger, Hubert (2003), *Migration trends in an enlarged EU*, Dublin (European Foundation for the Improvement of Working and Living Conditions).
Krugman, Paul (1991), *Geography and Trade*, Cambridge, Mass., (MIT Press).
Krugman, Paul R./Obstfeld, Maurice, (1997), *International Economics. Theory and Policy*, 4. Aufl., Reading/Mass. (Addison-Wesley Longman).

Laffan, Brigid (1997), *The Finances of the European Communities*, London (Macmillan).
Lampert, Heinz (1980), *Sozialpolitik*, Berlin (Springer).
Layard, Richard et. al. (1992): *East-West Migration: The Alternatives*, Boston (MIT Press).
Leamer, Edward, E./James Levinsohn (1995), International Trade Theory: The Evidence. in: Gene M. Grossman/Kenneth Rogoff (Hg.), *Handbook of International Economics*, Vol. III, Amsterdam (Elsevier): 1339–1394.
Leggewie, Claus (Hg.) (2004), *Die Türkei und Europa. Die Positionen*, Frankfurt a.M. (Suhrkamp).
Leibfried Stephan/Paul Pierson (Hg) (1998a), *Standort Europa. Europäische Sozialpolitik*, Frankfurt a.M. (Suhrkamp).
Leibfried, Stephan/Paul Pierson (1998b), Halbsouveräne Wohlfahrtsstaaten: Der Sozialstaat in der Europäischen Mehrebenen-Politik, in: Leibfried Stephan/Paul Pierson (Hg), *Standort Europa.Europäische Sozialpolitik*, Frankfurt a.M. (Suhrkamp): 58–99.
Lejour, Arjan M./Ruud A. de Mooij/Clem A. Capel (2004), *Assessing the economic implications of Turkish accession to the EU*, CPB Document No. 56, Den Haag (Central Plan Bureau).
Leschke, Martin (2005), Die Verfassung der Europäischen Union: Eine kritische Betrachtung grundlegender Anreizwirkungen der europäischen Gewaltenteilung, in: Beckmann, Klaus/Jürgen Dieringer/Ulrich Hufeld (Hg.), *Eine Verfassung für Europa*, Tübingen (Mohr Siebeck).
Lévèque, Francois (2005), Innovation, Leveraging and Essential Facilities: Interoperability Licensing in the EU Microsoft Case, *World Competition* 28(1): 71–91.
Lévi-Strauss, Claude (1981), Ethnozentrismus und „falscher Evolutionismus", in: Otfried Höffe/Gerd Kadelbach/Gerhard Plumpe (Hsg.), *Praktische Philosophie/Ethik*, Band 2, Frankfurt a.M. (Fischer): 214–20.
Lewis, Jeffrey (2002), National Interests: Coreper, in: John Peterson/Michael Shakleton (Hg.), *The Institutions of the European Union*, Oxford (Oxford University Press): 277–98.
Leyens, Patrick C. (2007), Corporate Governance: Grundsatzfragen und Forschungsperspektiven, *JuristenZeitung*, 62: 1061–1112.
Leyens, Patrick C. (2009), Finanzintermediär, in: Jürgen Basedow/Klaus J. Hopt/Reinhard Zimmermann (Hg.), *Handbuch Europäisches Privatrecht*, Tübingen (Mohr Siebeck).
Lipp, Ernst-Moritz/Horst Reichert (1991), Konfliktfelder auf dem Weg zur Europäischen Währungsunion, in: Manfred Weber (Hg.): *Europa auf dem Weg zur Währungsunion*, Darmstadt (Wissenschaftliche Buchgesellschaft): 31–48.
Longhi, Simonetta/Peter Nijkamp/Jacques Poot (2005), A Meta-Analytic Assessment of the Effect of Immigration on Wages, *Journal of Economic Surveys* 19(3): 451–77.

Longhi, Simonetta/Peter Nijkamp/Jacques Poot (2006), The Impact of Immigration on Employment of Natives in Regional Labor Markets: A Meta-Analysis, *IZA Discussion Paper* 2044, IZA, Bonn.
Lutter, Marcus (Hrsg.) (2005), *Europäische Auslandsgesellschaften in Deutschland*, Köln (O. Schmidt).

Machlup, Fritz (1977), *A History of Thought on Economic Integration*, London (Macmillan)
Maddison, Angus (1991), *Dynamic Forces in Capitalist Development. A Long-Run Comparative View*, Oxford (Oxford University Press).
Maddison, Angus (2001), *The World Economy. A Millennial Perspective*, Paris (OECD).
Maddison, Angus (2003), *The World Economy: Historical Statistics*, Paris (OECD).
Maddison, Angus (2007), *Contours of the World Economy, 1–2030 AD. Essays In Macro-Economic Histroy*, Oxford (Oxford University Press).
Majone, Giandomenico (1993), The European Community between Social Policy and Social Regulation, *Journal of Common Market Studies* 31: 153–175.
Majone, Giandomenico (1998), From the Positive to the Regulatory State: Causes and Consequences of Changes in the Mode of Governance, *Journal of Public Policy* 17–2: 139–167.
Malcolm, Noel (1991), Hobbes and Spinoza, in: James H. Burns (Hg.), *The Cambridge History of Political Thought. 1450 – 1700*, Cambridge (Cambridge University Press): 530–557.
Marshall, Thomas H. (1975), *Social Policy*, London (Hutchinson).
Martin, Stephen/Ali El-Agraa (2004), Energy policy and energy markets, in: Ali M. El-Agraa, *The European Union. Economics and Politics*, 7. Aufl., Harlow (Prentice Hall): 270–289.
Martiny, Dieter/Norbert Witzleb (Hg.) (1999), *Auf dem Weg zu einem Europäischen Zivilgesetzbuch*, Berlin/Heidelberg/New York (Springer).
Mattli, Walter/Anne-Marie Slaughter (1995), Law and Politics in the European Union: A Reply to Garret, *International Organization*, 52 (1): 183–190.
Maurer, Andreas (2003), The Legislative Powers and Impact of the European Parliament, *Journal of Common Market Studies*, 41 (2): 227–47.
Mayes, David/Juha Kilponen (2004), Factor Mobility, in: Ali M. El-Agraa (Hg.), *The European Union. Economics and Politics*, Harlow (Prentice Hall): 311–332.
Mc Kinnon, Ronald I. (1963), Optimum Currency Areas, *American Economic Review* 53: 717–724.
Meade, James A. (1955), *The Theory of Customs Unions,* Amsterdam (North Holland).
Mearsheimer, John J. (1990), Back to the Future: Instability in Europe after the Cold War, *International Security* 15 (1): 15–56.
Mentler, Michael (1996), *Der Ausschuß der Ständigen Vertreter bei den Europäischen Gemeinschaften*, Baden-Baden (Nomos).
Messerlin, P. (2001), *Measuring the Costs of Protection in Europe*, Washington, D.C. (International Institute for Economics).
Mestmäcker, Ernst – Joachim/Heike Schweitzer (2004), *Europäisches Wettbewerbsrecht*, 2. Aufl., München (Beck).
Milner, Helen V. (1997), *Interests, Institutions and Information: Domestic Politics and International Relations*, Princeton (Princeton University Press).
Mitrany, David (1975), *The Functional Theory of Politics*, London (Martin Robertson).
Mock, Sebastian (2005), Review Essay – Perspectives of Regulatory Competition in European Company Law, *German Law Journal* 6(4): 771–792.
Monnet, Jean (1988), *Erinnerungen eines Europäers*, Baden-Baden (Nomos).
Monopolkommission (2008), Hauptgutachten XVII (2006/2007), *Weniger Staat, mehr Wettbewerb*, Bundestagsdrucksache 16/10140 vom 19.08.2008.
Montesquieu (Charles-Louis Secondat Baron de Montesquieu) (1748/1961), *De l'Esprit des lois,* Tome I, Paris (Garnier).

Moore, Lynden (1997), The Economic Analysis of Preferential Trading Areas, in: Michael J. Artis/Norman Lee, (Hg.): *The Economics of the European Union. Policy and Analysis*, 2. Aufl., Oxford (Oxford University Press): 60–88.
Moravcsik, Andrew (1993), Preferences and Power in the European Community: A Liberal Intergovernmentalist Approach, *Journal of Common Market Studies* 31 (4): 473–524.
Moravcsik, Andrew (1998), *The Choice for Europe: Social Purpose and State Power from Messina to Maastricht*, London (Palgrave).
Mors, Matthias (2001), Der EU-Verhaltenskodex zur Unternehmensbesteuerung. Bisherige Erfahrungen und Ergebnisse der „hochrangigen Arbeitsgruppe", in: Walter Müller/Oliver Fromm/Bernd Hansjürgens (Hg.), *Regeln für den europäischen Systemwettbewerb. Steuern und soziale Sicherungssysteme*, Marburg (Metropolis): 197–215.
Moser, Peter (1999), The impact of legislative institutions on public policy: a survey, *European Journal of Political Economy* 15: 1–33.
Motta, Massimo (2004), *Competition Policy. Theory and Practice*, Cambridge (Cambridge University Press).
Müller, Walter (1998), Was ist „fairer" Steuerwettbewerb und welche Regeln braucht er?, *Konjunkturpolitik*, 4: 313–352.
Müller, Walter (2005), *Funktionsfähiger Steuerwettbewerb. Zur Notwendigkeit, Ausgestaltung und Durchsetzung einer internationalen Steuerwettbewerbsordnung*, Marburg (Metropolis).
Müller-Armack, Alfred (1958/1976), Institutionelle Fragen der Europäischen Konjunkturpolitik,, in: ders., *Wirtschaftsordnung und Wirtschaftspolitik*, 2. Aufl., Bern (Haupt): 331–349.
Müller-Armack, Alfred (1962/1976), Das gesellschaftspolitische Leitbild der Sozialen Marktwirtschaft, in: ders., *Wirtschaftsordnung und Wirtschaftspolitik*, 2. Aufl., Bern (Haupt): 293–315.
Müller-Armack, Alfred (1964/1976), Europäische Konjunkturpolitik,, in: ders., *Wirtschaftsordnung und Wirtschaftspolitik*, 2. Aufl., Bern (Haupt): 393–400.
Mundell, Robert A. (1961), A theory of optimal currency area, *American Economic Review* 51: 657–665.
Musgrave, Richard A. (1959), *The Theory of Public Finance*, New York (McGraw-Hill).
Mussler, Werner (1998), *Die Wirtschaftsverfassung der Europäischen Gemeinschaft im Wandel: Von Rom nach Maastricht*, Baden-Baden (Nomos).

Nagel, Bernhard (2003), *Wirtschaftsrecht der Europäischen Union. Eine Einführung*, 4. Aufl., Baden-Baden (Nomos).
Nagel, Bernhard (2004), Stadtwerke und Verkehrsbetriebe unter dem Beihilfenrecht des EG-Vertrages, *Zeitschrift für Neues Energierecht*, Heft 04/2004: 353–355.
Nagel, Bernhard (2005), Die Europäische Aktiengesellschaft (SE): Bestandsaufnahme und Perspektiven, in: Thomas Beschorner/Thomas Eger (Hg.), *Das Ethische in der Ökonomie. Festschrift zum 60. Geburtstag von Hans G. Nutzinger*, Marburg (Metropolis): 373–399.
Nettesheim, Martin (2003), Die konsoziative Föderation von EU und Mitgliedstaaten, in: Burkhard Hess (Hg.), *Wandel der Rechtsordnung*, Tübingen, (Mohr Siebeck): 1–34.
Neven, Damien/Paul Seabright (1995), European Industrial Policy: The Airbus Case, *Economic Policy* 21: 313–58.
Neyer, Jürgen (2008), Europa als Res Publica – Wider die Dominanz der Exekutiven in der Europäischen Union, *Wirtschaftsdienst* 88–8: 491–95.
Niemeier, Wilhelm (2007), Die „Mini-GmbH" (UG) trotz Marktwende bei der Limited"?, *ZIP-Zeitschrift für Wirtschaftsrecht*, 38: 1794–1801.
North, Douglass C. (1990), *Institutions, Institutional Change and Economic Performance*, Cambridge (Cambridge University Press).
Nugent, Neill (2001), *The European Commission*, London (Palgrave).

o.V. (2005), Liberalisierung im Schienenverkehr, *dbb Europathemen*, Ausgabe Nr. 4/ Februar 1995.
Oates, Wallace E. (1972), *The Theory of Fiscal Federalism*, New York (Harcourt Brace Jovanovich).
Oates, Warren E. (1999), An Essay on Fiscal Federalism, *Journal of Economic Literature* 37: 1120–1149.
Oberender, Peter (Hg.)(2008), *Der „more economic approach" in der Beihilfenkontrolle*, Berlin (Duncker&Humblot).
Obst, Georg/Hintner, Otto (2000), *Geld-, Bank- und Börsenwesen. Handbuch des Finanzsystems*, 40. Auflage, (Jürgen von Hagen/Johann Heinrich von Stein Hg.), Stuttgart (Schäffer-Poeschel).
OECD (2003), *Agricultural Policies in OECD Countries: Monitoring and Evaluation*, Paris.
OECD (2004a), *Agricultural Policies in OECD Countries at a Glance*, Paris.
OECD (2004b), *Analysis of the 2003 CAP Reform*, Paris.
OECD (2008), *Agricultural Policies in OECD Countries at a Glance2008*, Paris (OECD).
Offe, Claus (2004), Political Corruption: Conceptual and Practical Issues, in: János Kornai/Susan Rose-Ackerman (Hg.), *Building a Trustworthy State in Post-Socialist Transition*, London (Palgrave): 77–99.
Office of Fair Trading (2004), *Assessing the Impact of Public Sector Procurement on Competition*, London.
Ogus, Anthony (1994), *Regulation: Legal Form and Economic Theory*, Oxford (Clarendon Press).
Ohr, Renate/Thorsten Gruber (2001), Zur Theorie regionaler Integration, in: Renate Ohr/Theresia Theurl (Hg.), *Kompendium Europäische Wirtschaftspolitik*, München, (Vahlen): 1–39.
Ohr, Renate/André Schmidt (2001), Europäische Geld- und Währungspolitik: Konsequenzen der gemeinsamen Währung, in: Renate Ohr/Theresia Theurl (Hg.): *Kompendium Europäische Wirtschaftspolitik*, München (Vahlen): 417–66.
Olivi, Bino/Alessandro Giacone (2007), L'Europe difficile. Histoire politique de la construction européenne, Paris (Gallimard).
Oppermann, Thomas (2005), *Europarecht: Ein Studienbuch*, 3. Aufl., München (Beck).
Optem S.A.R.L. (2001), *Perceptions de l'Union Européenne. Attitudes et attentes à son égard*, Gambais.
Ott, Claus/Hans-Bernd Schäfer (Hg.) (2002), *Vereinheitlichung und Diversität des Zivilrechts in transnationalen Wirtschaftsräumen*, Tübingen (Mohr-Siebeck).
Ottaviano, Gianmarco I.P./Giovanni Peri (2006), Rethinking the Effects of Immigration on Wages, *NBER Working Papers* 12497.
Öztürk, Yasar Nuri (2003), Islam und Europa: Konfrontation oder Umarmung? in: *Europa leidenschaftlich gesucht*, München (Piper): 210–24.

Pache, Eckhard (2003), Dienstleistungsfreiheit, in: Dirk Ehlers (Hg.), *Europäische Grundrechte und Grundfreiheiten*, Berlin (de Gruyter): 268–89.
Padoa-Schioppa, Tommaso, (2004), *The Euro and its Central Bank: Getting United after the Union*, Cambridge, MA (MIT Press).
Pechstein, Matthias/Christian Koenig (2000), Die Europäische Union, 3. Aufl., Tübingen (Mohr Siebeck).
Pelkmans, Jacques (2006), *European Integration. Methods and Economic Analysis*, 3. Aufl., Harlow (Prentice Hall).
Pelkmans, Jacques (2005), Mutual Recognition in Goods and Services: An Economic Perspective, in: Fiorella Kostoris Padoa Schioppa (Hg.), *The Principle of Mutual Recognition in the European Integration Process*, Basingstoke (Palgrave): 85–128.
Pelkmans, Jaques (2001), *European Integration. Methods and Economic Analysis*, 2. Aufl., Harlow (Prentice Hall).
Peltzman, Sam (1976), Toward a More General Theory of Regulation, *Journal of Law and Economics* 19: 211–40.

Pernice, Ingolf (2005), Zur Finalität Europas, in: Gunnar Folke Schuppert/Ingolf Pernice/Ulrich Haltern (Hg.), *Europawissenschaft*, Baden-Baden (Nomos): 743–792.
Perroux, François (1955), Note sur la notion de pôle de croissance, *Économie appliquée* 7: 307–20.
Pesaran, M.Hashem/Ron Smith (1995), Estimating Lon-Run Relationships From Dynamic Hetergenous Panels, *Journal of Econometrics* 68: 79–113.
Peterson, John/Michael Shakleton (Hg.) (2002), *The Institutions of the European Union*, Oxford (Oxford University Press).
Pierson, Paul/Stephan Leibfried (1998), Mehrebenen-Politik und die Entwicklung des „Sozialen Europa", in: Stephan Leibfried/Paul Pierson (Hg.), *Standort Europa. Europäische Sozialpolitik*, Frankfurt a.M. (Suhrkamp): 11–57.
Podkaminer, Leon, et al. (2008), *The Big Boom is Over, but Growth Remains Strong and Inflation Calms Down*, Current Analyses and Forecasts 2, Wien (WIIW).
Putnam, Robert (1988), Diplomacy and domestic politics: the logic of two-level games, *International Organization* 42: 427–61.

Quaisser, Wolfgang/Alexandra Reppegather (2004), *EU-Beitrittsreife der Türkei und Konsquenzen einer EU-Mitgliedschaft*, Osteuropa-Institut München, Working Papers Nr. 252.

Rapport et recommandations de la commission arabe permanente pour les droits de l'homme (2004), *http://www.humanrights.ch/home/upload/pdf/061015_Projet-Charte-arabe.pdf*
Rat der Europäischen Union (2004), *Interinstitutionelles Dossier 10865/04 zum Vorschlag für eine Richtlinie des Europäischen Parlaments und des Rates über Dienstleistungen im Binnenmarkt*, Brüssel, 25.6.2004.
Rawls, John (1975), *Eine Theorie der Gerechtigkeit*, Frankfurt a.M. (Suhrkamp).
Reding, Kurt/Walter Müller (1999), *Einführung in die Allgemeine Steuerlehre*, München (Vahlen).
Reim, Uwe (2005), Diagnose: Wirtschaftsschwäche! – Therapie: Deregulierung? – Der Vorschlag einer Richtlinie über Dienstleistungen im Binnenmarkt, in: *Neue Juristische Wochenschrift (NJW)*, Heft 22: 1553–1555.
Ress, Georg/Jörg Ukrow (2002), Der Kapital- und Zahlungsverkehr, in: Eberhard Grabitz/Meinhard Hilf (Hg.), *Das Recht der Europäischen Union, Kommentar*, Loseblattsammlung, München (Beck): Bd. II.
Ribhegge, Hermann (2006), Europäische Sozialpolitik, in: Timm Beichelt et al. (Hg.), *Europastudien. Eine Einführung*, Wiesbaden (Verlag für Sozialwissenschaften): 367–380.
Richter, Rudolf/Eirik G. Furubotn (1999), *Neue Institutionenökonomik*, 2. Aufl., Tübingen (Mohr Siebeck).
Robson, Peter (1998), *The Economics of International Integration*, 4. Aufl., London (Routledge).
Rodrik, Dani (1995), Political Economy of Trade Policy, in: Gene M. Grossman/Kenneth Rogoff (Hg.), Handbook of International Economics. Volume III, Amsterdam (Elsevier): 1457–1494.
Romano, Roberta (Hg.) (1993) *Foundations of Corporate Law*, New York (Oxford University Press).
Rosamond, Ben (2000), *Theories of European Integration*, Basingstoke (Palgrave).
Roth, Günther H. unter Mitarbeit von Mathias Demetz/Guido Donath (2008), Gesellschaftsrecht: Briefkastengründungen und Golden Shares, in: Günther H. Roth/Peter Hilpold (Hg.), *Der EuGH und die Souveränität der Mitgliedstaaten. Eine kritische Analyse richterlicher Rechtsschöpfung auf ausgewählten Rechtsgebieten*, Wien (Linde): 427–79.

Sala-i-Martin, Xavier X. (1996), Regional cohesion: Evidence and theories of regional growth and convergence, *European Economic Review* 40: 1325–52.
Sapir, André, et. al. (2004), *An Agenda for a Growing Europe*, Oxford (Oxford University Press).

Schäfer, Hans-Bernd/Claus Ott (2005), *Lehrbuch der ökonomischen Analyse des Zivilrechts*, 4. Aufl., Berlin-Heidelberg (Springer).
Schall, Alexander (2005), Englischer Gläubigerschutz bei der Limited in Deutschland, *Zeitschrift für Wirtschaftsrecht (ZIP)* 26(22): 965–975.
Scharpf, Fritz W. (1999), *Regieren in Europa. Effektiv und demokratisch?*, Frankfurt (Campus).
Scharpf, Fritz W. (2002a), Regieren im europäischen Mehrebenensystem – Ansätze zu einer Theorie, *Leviathan* 30(1): 65–92.
Scharpf, Fritz W. (2002b), The European Social Model. Coping with the Challenges of Diversity, *Journal of Common Market Studies* 40(4): 645–670.
Scheller, Hanspeter K. (2004), *The European Central Bank. History, Role and Functions*, Frankfurt a.M. (ECB).
Schluchter, Wolfgang (2005), Rationalität – das Spezifikum Europas? In: Hans Joas/Klaus Wiegandt (Hsg.), *Die kulturellen Werte Europas*, Frankfurt a.M. (Fischer): 237–64.
Schmidt, André (2001), Europäische Wettbewerbspolitik: Ordnungspolitische Weichenstellungen, in:Renate Ohr/Theresia Theurl (Hg.), *Kompendium Europäische Wirtschaftspolitik*, München (Vahlen): 363–416.
Schmidt, André/Stefan Voigt (2005), *Making European Merger Policy More Predictable*, Berlin (Springer).
Schmidt, Ingo/André Schmidt (2006), *Europäische Wettbewerbspolitik: eine Einführung*, 2. Aufl., München (Vahlen).
Schmidtchen, Dieter (1995), Territorialität des Rechts, Internationales Privatrecht und die privatautonome Regelung internationaler Sachverhalte. Grundlagen eines interdisziplinären Forschungsprogramms, in: *Rabels Zeitschrift für ausländisches und internationales Privatrecht* 59: 56–112.
Schmidtchen, Dieter/Robert Cooter (Hg.) (1997), *Constitutional Law and Economics of the European Union*, Cheltenham (Edward Elgar).
Schmidtchen, Dieter/Hans-Jörg Schmidt-Trenz (1990), The Division of Labor is Limited by the Extent of Law. A Constitutional Approach to International Private Law, *Constitutional Political Economy* 1: 49–71.
Schmidtchen, Dieter/Max Albert/Stefan Voigt (Hg.)(2007), *The More Economic Approach to European Competition Law*, Tübingen (Mohr Siebeck).
Schmitter, Philippe C. (1971), A Revised Theory of European Integration, in: Leon N. Lindberg/Stuart A. Scheingold (Hsg.), *Regional Integration: Theory and Research*, Cambridge, Mass., (Harvard University Press).
Schnyder, Anton K. (2005), *Europäisches Bank- und Versicherungsrecht*, Heidelberg (C. F. Müller).
Schrooten, Mechthild (2006), Europäische Finanzmarktintegration, in: Timm Beichelt et al. (Hg.) *Europastudien. Eine Einführung*, Wiesbaden (Verlag für Sozialwissenschaften): 381–400.
Schumpeter, Joseph A. (1950), The march into socialism, *American Economic Review* 40, Papers and Proceedings: 446–456.
Schuppert, Gunnar Folke/Ingolf Pernice/Ulrich Haltern (Hg.) (2005), *Europawissenschaft*, Baden-Baden (Nomos).
Schütz, Hans-Joachim/Thomas Bruha/Doris König (2004), *Casebook Europarecht*, München (Beck).
Seabright, Paul (2005), National and European Champions – Burden or Blessing? *CESifo Forum* 6(2): 52–5.
Seibt, Christoph H./Kristian J. Heiser (2005), Analyse der EU-Übernahmerichtlinie und Hinweise für eine Reform des deutschen Übernahmerechts, *Zeitschrift für Unternehmens- und Gesellschaftsrecht (ZGR)*, Heft 2: 200–251.
Smith, Adam (1776/1976), *An Inquiry into the Nature and Causes of the Wealth of Nations*, Oxford (Oxford University Press).
Sinn, Hans-Werner (1997), Deutschland im Steuerwettbewerb, *Jahrbücher für Nationalökonomie und Statistik* 216(6): 672–692.
Sinn, Hans-Werner (2003), *The New Systems Competition*, Oxford (Blackwell).
Sinn, Hans-Werner (2004), *Ist Deutschland noch zu retten?* 8. Aufl., Berlin (Econ).

Sinn, Hans-Werner et al. (2001), *EU-Erweiterung und Arbeitskräftemigration. Wege zu einer schrittweisen Annäherung der Arbeitsmärkte*, München (Ifo-Institut für Wirtschaftsforschung).
Sinn, Hans-Werner/Martin Werding, (2001), Zuwanderung nach der EU-Osterweiterung: Wo liegen die Probleme?, *Ifo Schnelldienst*, 54(8): 18–27.
Sjaastad, Larry A. (1962), The costs and returns of human migration, *Journal of Political Economy*, 70(5): 80–93.
Spahn, Heinz-Peter, 2004, Stabilität und Staatsschulden. Die europäische Wirtschaftspolitik in der strategischen Sackgasse, *Vierteljahrshefte zur Wirtschaftsforschung* 73: 429–444.
Spolaore, Enrico/Romain Wacziarg (2003), *Borders and Growth*, NBER Working paper 9223.
Starbatty, Joachim/Uwe Vetterlein (1998), Forschungs- und Technologiepolitik, in: Paul Klemmer,(Hg.) *Handbuch Europäische Wirtschaftspolitik*, München (Vahlen): 665–733.
Stark, Oded (1991), *The Migration of Labour*, Oxford (Basil Blackwell).
Stark, Oded (1995), Return and Dynamics: The Path of Labor Migration when Workers Differ in their Skills and Information is Asymmetric, *Scandinavian Journal of Economics* 97(1): 55–71.
Stephan, Andreas (2008), *The Direct Settlement of EC Cartel Cases*, Paper presented at the 25th Annual Conference of the European Association of Law and Economics, Haifa, September 24–26, 2008.
Stigler, George J. (1971), The Theory of Economic Regulation, in: *Bell Journal of Economics* 2: 3–21.
Stocker, Ferry (2001), *Der Euro. Kritischer Dialog und erläuterndes Glossar*, 2. Aufl., München (Oldenbourg).
Streeck, Wolfgang (1998), Vom Binnenmarkt zum Bundesstaat? Überlegungen zur politischen Ökonomie der europäischen Sozialpolitik, in: Stephan Leibfried/Paul Pierson (Hg.), *Standort Europa. Europäische Sozialpolitik*, Frankfurt a.M. (Suhrkamp): 369–421.
Streinz, Rudolf/Christoph Ohler/Christoph Herrmann (2008), *Der Vertrag von Lissabon zur Reform der EU. Einführung mit Synopse*, München (Beck).
Streit, Manfred E. (2000), *Theorie der Wirtschaftspolitik*, 5. Aufl., Düsseldorf (Werner)
Streit, Manfred E./Werner Mussler (1995), Wettbewerb der Systeme und das Binnenmarktprogramm der Europäischen Union, in: Lüder Gerken (Hg.), *Europa zwischen Ordnungswettbewerb und Harmonisierung. Europäische Ordnungspolitik im Zeichen der Subsidiarität*, Berlin (Springer): 75–107.
Sutton, John (1998), *Technology and Market Structure: Theory and History*, Cambridge, Mass., (MIT Press)

Tabellini, Guido (2003), Principles of Policymaking in the European Union, *CESifo Economic Studies* 49(1): 75–102.
Tabellini, Guido/Charles Wyplosz (2004), *Réformes structurelles et coordination en Europe*, Paris (La documentation Française).
Tanzi, Vito (2005), Fiscal Policy and Fiscal Rules in the European Union, *CESifo Forum* 6.3: 57–64.
Taylor, John (1993), Discretion vs. Policy Rules in practice, *Carnegie-Rochester Conference Series on Public Policy* 39: 195–214.
The Conference Board (2005), *Performance 2005*, New York.
Tiebout, Charles M. (1956), A Pure Theory of Local Expenditures, *Journal of Political Economy* 64: 416–424.
Tinbergen, Jan (1954), *International Economic Integration*, Amsterdam (North Holland).
Tönnies, Ferdinand (1887/1963), *Gemeinschaft und Gesellschaft*, Darmstadt (Wissenschaftliche Buchgesellschaft).
Transparency International, http://www. transparency.org.

Trabold, Harald/Parvati Trübswetter (2003), Schätzung der Beschäftigungs- und Lohneffekte der Zuwanderung, in: Herbert Brücker et al (Hg.), *Migration: Potential und Effekte für den deutschen Arbeitsmarkt*, Baden Baden (Nomos).

Trionfetti, Federico (2000), Discriminatory Public Procurement and International Trade, in: *The World Economy*. 23: 57–76.

Trionfetti, Federico (2003), Home-biased Government Procurement and International Trade: Descriptive Statistics, Theory and Empirical Evidence, in: Sue Arrowsmith/ Martin Trybus (Hg.), *Public Procurement. The Continuing Revolution*, The Hague, (Kluwer): 223–233.

Tsebelis, George/Geoffrey Garrett (1996), Agenda Setting Power, Power Indices, and Decision Making in the European Union, *International Review of Law and Economics* 16: 345–361.

Tsoukalis, Loukas (1997), *The New European Economy Revisited*, Oxford (Oxford University Press).

Tully, James (2002), The Kantian Idea of Europe: Critical and Cosmopolitan Perspectives, in: Anthony Pagden (Hg.), *The Idea of Europe. From Antiquity to the European Union*, Cambridge (Cambridge University Press): 331–58.

United Nations Population Division (2002), *World Population Prospects – Population Database*, Genf, http://esa.un.org/unpp/, 2002.

Van Aaken, Anne (2002), Comment, in: Stefan Voigt/Hans-Jürgen Wagener (Hg.), *Constitutions, Markets and Law. Recent Experiences in Transition Economies*, Cheltenham (Edward Elgar): 325–332.

Van den Bergh, Roger (2000), Towards an Institutional Legal Framework for Regulatory Competition in Europe, *Kyklos* 53: 435–466.

Van den Bergh, Roger/Peter D. Camesasca (2006), *European Competition Law and Economics. A Comparative Perspective*, 2. Aufl., London (Sweet & Maxwell).

Van den Bergh, Roger/Hans-Bernd Schäfer (2000), Member States Liability for Infringement of the Free Movement of Goods in the EC: An Economic Analysis, *Journal of Institutional and Theoretical Economics*, 156: 382–403.

Van den Noord, Paul (2000) *The size and role of automatic fiscal stabilizers in the 1990s and beyond,* Economics Department Working Paper, No. 230, Paris (OECD).

Van Miert, Karel (2000), *Markt – Macht – Wettbewerb. Meine Erfahrungen als Kommissar in Brüssel*, Stuttgart (Deutsche Verlagsanstalt).

Van Roosebeke, Bert (2007), *State Liability for Breaches of European Law. An Economic Analysis*, Wiesbaden (Deutscher Universitäts-Verlag).

Van Schendelen, M.P.C.M. (1996), „The Council Decides“: Does the Council Decide? *Journal of Common Market Studies* 34: 531–48.

Vanthoor, W.F.V. 2002, *A chronological History of the European Union 1946–2001*, Cheltenham (Elgar).

Van Ypersele, Jacques/Jean-Claude Koene (1985), *Das Europäische Währungssystem. Geschichte, Funktionsweise und Aussichten*, Luxemburg (EG).

Vaubel, Roland (2001), *Europa-Chauvinismus. Der Hochmut der Institutionen*, München (Universitas).

Vergil (Publius Vergilius Maro) (17 v.Chr./1994) *Aeneis*, 6. Aufl., Zürich (Artemis & Winkler).

Vertrag über eine Verfassung für Europa (2004), *Amtsblatt der Europäischen Union*, 47. Jg., 16.12.2004.

Viner, Jacob (1950), *The Customs Union Issue*, New York (Carnegie Endowment for International Peace).

Viscusi, W. Kip/John Mitcham Vernon/Joseph Emmet Harrington jr. (2000), *Economics of Regulation and Antitrust*, 3. Aufl., Cambridge, Mass., (MIT Press).

Voigt, Stefan (2002), *Institutionenökonomik*, München (Wilhelm Fink).

Vollmer, Uwe (2005), *Geld- und Währungspolitik*, München (Vahlen).

Wagener, Hans-Jürgen (1996), Stabiles Geld oder neutrales Geld. Eine ordnungspolitische Diskussion, in: Peter Bofinger/Karl-Heinz Ketterer (Hg.), *Neuere Entwicklungen in der Geldtheorie und Geldpolitik. Festschrift für Norbert Kloten*, Tübingen (Mohr Siebeck): 71–90.

Wagener, Hans-Jürgen (2002), The Welfare State in Transition Economies and Accession to the EU, *West European Politics* 25: 152–74.

Wagner, Gerhard (2007), Schadensersatz bei Kartelldelikten, in: Thomas Eger/Hans-Bernd Schäfer (Hg.)(2007), *Ökonomische Analyse der europäischen Zivilrechtsentwicklung*, Tübingen (Mohr Siebeck): 605–64.

Wagner, Helmut (1998), *Europäische Wirtschaftspolitik. Perspektiven einer Europäischen Wirtschafts- und Währungsunion (EWWU)*, 2. Aufl., Berlin/Heidelberg/New York (Springer).

Wallace, Helen (1980), *Budgetary Politics: The Finances of the European Communities*, London (Allen & Unwin).

Wallace, William (Hg.) (1990), *The Dynamics of European Integration*, London (Pinter).

Weber, Max (1920), *Gesammelte Aufsätze zur Religionssoziologie*, Band 1, Tübingen (Mohr Siebeck).

Weber, Max (1956), *Wirtschaft und Gesellschaft*, 4. Aufl., Tübingen (Mohr Siebeck).

Weiler, Joseph H.H. (2004), *Ein christliches Europa. Erkundungsgänge*, Salzburg (Pustet).

Weindl, Josef/Wichard Woyke (1999), *Europäische Union. Institutionelles System, Binnenmarkt sowie Wirtschafts- und Währungsunion auf der Grundlage des Maastrichter Vertrages*, 4. Aufl., München (Oldenbourg).

Weißbuch der europäischen Umweltverbände zum EG-Binnenmarkt vom März 1991, in: *Politische Ökologie*, Sonderheft 3, München (Verlag für Politische Ökologie) 1992.

Wendehorst, Christiane (2005), Internationales Privatrecht, in: Katja Langenbucher, (Hg.), *Europarechtliche Bezüge des Privatrechts*, Baden-Baden (Nomos): 333–373.

Wetter, Friedrich Kardinal (2003), Religiöse Herkunft und Zukunft Europas, in: *Europa leidenschaftlich gesucht*, München (Piper): 189–99.

White, William R. (2007), Are Changes in Financial Structure Extending Safety Nets? BIS Working Paper No. 145.

Wiegard, Wolfgang (2006), Internationaler Steuerwettbewerb und Reform der Unternehmensbesteuerung: 7 Fakten – 7 Thesen, in: Gerrit Frotscher (Hg.): *Anforderungen an ein modernes Steuersystem angesichts der Globalisierung*, Hamburg (Institut für Ausländisches und Internationales Finanz- und Steuerwesen): 97–128.

Willms, Manfred (1992), *Internationale Währungspolitik*, München (Vahlen).

Wils, Wouter P.J. (2001), The Modernization of the Enforcement of Articles 81 and 82 EC; A Legal and Economic Analysis of the Commission's Proposal for a New Council Regulation No. 17, *Fordham International Law Journal* 24: 1655–1690.

Wilmovsky, Peter von (2003), Freiheit des Kapital- und Zahlungsverkehrs, in: Dirk Ehlers (Hg.), *Europäische Grundrechte und Grundfreiheiten*, Berlin (de Gruyter): 290–317.

Windolf, Paul (2002), Die Zukunft des Rheinischen Kapitalismus, *Kölner Zeitschrift für Soziologie und Sozialpsychologie*, Sonderheft 42: 414–442.

Winter-Ebmer, Rudolf/Josef Zweimüller (1996), Immigration and the Earnings of Young Native Workers, in: *Oxford Economic Papers* 48: 473–491.

Wirtschaftliche Vereinigung Zucker (2004), *Gemeinsam handeln: Die Zuckermarktordnung der Europäischen Union* (URL: http://www.zuckerwirtschaft.de).

Wissenschaftlicher Beirat beim Bundesministerium der Finanzen (2001), *Freizügigkeit und soziale Sicherung in Europa*, Berlin.

Wissenschaftlicher Beirat beim Bundesministerium für Wirtschaft und Technologie (1999), *Neuordnung des Finanzierungssystems der Europäischen Gemeinschaft*, Bonn.

Sachverzeichnis

D

E

F

G

N

O

P

Q

T

Z